Berufliche Entwicklungserwartungen älterer Führungskräfte im Transformationsprozess eines Unternehmens

Daniela Dohmen

Berufliche Entwicklungserwartungen älterer Führungskräfte im Transformationsprozess eines Unternehmens

Eine empirische Untersuchung innerhalb der Finanzwirtschaft

Springer Gabler

Daniela Dohmen
München, Deutschland

Dissertation an der Universität Erlangen-Nürnberg, 2022

ISBN 978-3-658-41048-3   ISBN 978-3-658-41049-0 (eBook)
https://doi.org/10.1007/978-3-658-41049-0

Die Deutsche Nationalbibliothek verzeichnet diese Publikation in der Deutschen Nationalbibliografie; detaillierte bibliografische Daten sind im Internet über http://dnb.d-nb.de abrufbar.

© Der/die Herausgeber bzw. der/die Autor(en), exklusiv lizenziert an Springer Fachmedien Wiesbaden GmbH, ein Teil von Springer Nature 2023
Das Werk einschließlich aller seiner Teile ist urheberrechtlich geschützt. Jede Verwertung, die nicht ausdrücklich vom Urheberrechtsgesetz zugelassen ist, bedarf der vorherigen Zustimmung des Verlags. Das gilt insbesondere für Vervielfältigungen, Bearbeitungen, Übersetzungen, Mikroverfilmungen und die Einspeicherung und Verarbeitung in elektronischen Systemen.
Die Wiedergabe von allgemein beschreibenden Bezeichnungen, Marken, Unternehmensnamen etc. in diesem Werk bedeutet nicht, dass diese frei durch jedermann benutzt werden dürfen. Die Berechtigung zur Benutzung unterliegt, auch ohne gesonderten Hinweis hierzu, den Regeln des Markenrechts. Die Rechte des jeweiligen Zeicheninhabers sind zu beachten.
Der Verlag, die Autoren und die Herausgeber gehen davon aus, dass die Angaben und Informationen in diesem Werk zum Zeitpunkt der Veröffentlichung vollständig und korrekt sind. Weder der Verlag, noch die Autoren oder die Herausgeber übernehmen, ausdrücklich oder implizit, Gewähr für den Inhalt des Werkes, etwaige Fehler oder Äußerungen. Der Verlag bleibt im Hinblick auf geografische Zuordnungen und Gebietsbezeichnungen in veröffentlichten Karten und Institutionsadressen neutral.

Planung/Lektorat: Marija Kojic
Springer Gabler ist ein Imprint der eingetragenen Gesellschaft Springer Fachmedien Wiesbaden GmbH und ist ein Teil von Springer Nature.
Die Anschrift der Gesellschaft ist: Abraham-Lincoln-Str. 46, 65189 Wiesbaden, Germany

Geleitwort

Die digitale Transformation der Gesellschaft ist auch eine große Herausforderung für Unternehmen bzw. Organisationen. Dies meint weniger die Einführung und Nutzung von Technologien, sondern bezieht sich vielmehr auf deren Einbettung in soziale und kulturelle Bedingungen, die sowohl Ausdruck individueller Dispositionen und Präferenzen als auch von Macht- und Herrschaftsbeziehungen sind. Deshalb ist es eine wissenschaftlich wie praktisch höchst relevante Frage, wie diese Einbettung konkret realisiert wird und von welchen Einflussfaktoren diese abhängt. Die vorliegende Dissertation von Daniela Dohmen stellt hierbei den demografischen Wandel und die soziale Gruppe der Führungskräfte in den Vordergrund. Damit wird eine zentrale Bedingungskonstellation gesellschaftlicher und organisationaler Umwälzung aufgegriffen, in der sich die Einbettung digitaler Transformation vollzieht. Die Stärke dieser Untersuchung besteht in ihrer exemplarischen Tiefenschärfe, durch die am Beispiel eines Unternehmens der Finanzwirtschaft nachvollziehbar gemacht wird, dass die digitale Transformation nicht einfach am Reißbrett entworfen und realisiert werden kann. So wird die Pfadabhängigkeit organisationaler Entwicklung erkennbar, die wiederum die nicht beliebig veränderbare kulturelle Identität des Unternehmens prägt. Gleichzeitig werden Differenzierungen in den sozialen Beziehungen der relevanten Akteur*innengruppen wirksam sowie die Vielfalt individueller Wahrnehmungen und Interpretationen. In diesem Kontext bewältigen Führungskräfte eine Transformation, die nicht nur „ihr Unternehmen", für das sie tätig sind, betrifft. Vielmehr verändert diese Transformation auch sie selbst und stellt sie vor die Herausforderung, ihre soziale Identität auf den Prüfstand zu stellen und dabei sich selbst und andere zu führen. Dies führt die digitale Transformation geradezu zwangsläufig in Bereiche der Unsicherheit und Offenheit, die zu strukturierten Handlungs- und Zielfeldern digitaler Transformation gemacht werden müssen. Das ist riskant, bietet aber auch Chancen. Es ist das Verdienst der Untersuchung von Daniela Dohmen, hierfür den Blick systematisiert und geschärft zu haben. Das macht ihre Untersuchung zu einer spannenden Lektüre.

Prof. Dr. Werner Widuckel

Danksagung

Ein Promotionsvorhaben ist kein monolithischer Prozess, sondern angewiesen auf vielfältige Formen der Unterstützung sowie des Verständnisses aus dem persönlichen Umfeld. Ich möchte mich daher bei all denjenigen bedanken, die mich durch diese herausfordernde Lebensphase begleitet haben.

Besonderer Dank gilt meinem Doktorvater, Herrn Prof. Dr. Werner Widuckel, der mich auf unserem gemeinsamen Weg stets inspiriert und gelehrt hat, immer wieder eine neue Perspektive einzunehmen. Bei Herrn Prof. Dr. Lutz Bellmann bedanke ich mich für die freundliche Übernahme des Zweitgutachtens und seine herzliche Art.

Ferner möchte ich mich bei Eva Tolimir und Julia Gamradt bedanken, die mir in dieser Zeit nicht nur Kolleginnen, sondern vielmehr Freundinnen gewesen sind und deren Ratschläge und ermutigenden Worte ich immer sehr geschätzt habe. Meinen Freunden möchte ich für ihren bedingungslosen Rückhalt danken, vor allem Tine für ihre aufbauenden Worte und zahlreichen Karten. Ich freue mich, dass ich jetzt wieder mehr Zeit für euch haben werde.

Ein herzlicher Dank gilt Julian, der mich über weite Teile meiner Doktorarbeit begleitet hat. In unzähligen Stunden haben wir gemeinsam an unserem jeweiligen Dissertationsprojekt gearbeitet und uns durch den gegenseitigen Austausch stets von Neuem motiviert, um diese außergewöhnliche Zeit erfolgreich zu bewältigen. Seinen Beistand, gerade in der abschließenden Phase meines Vorhabens, werde ich immer in guter Erinnerung behalten.

Ich danke der Liebe meines Lebens für seine mentale Unterstützung. Sein fester Glaube an mich, sein fürsorgliches und warmherziges Wesen sowie seine grenzenlose Hilfsbereitschaft gaben mir die Ruhe und Kraft, diese Arbeit zu schreiben. Du bist nicht nur mein Partner, sondern auch mein bester Freund. Du gibst mir die Gewissheit, alles schaffen zu können, solange wir nur zusammen sind.

Schließen möchte ich mit Worten des besonderen Dankes an meine Familie, die Bildung stets als hohes Gut betrachtet und meine akademische Laufbahn fortwährend gefördert hat. Durch euch habe ich die Freude an der Wissenschaft entdeckt und konnte Interessen entfalten, die mich bis heute erfüllen.

München
im Dezember 2022

Daniela Dohmen

Inhaltsverzeichnis

1	**Einleitung**	1
1.1	Problemstellung	1
1.2	Zielsetzung	5
1.3	Aufbau der Arbeit	7
2	**Personalentwicklung**	11
2.1	Definition Personalentwicklung	11
2.2	Zielsetzung der Personalentwicklung	12
2.3	Trends innerhalb der Personalentwicklung	15
2.4	Führungskräfteentwicklung	18
3	**Unternehmenskultur**	25
3.1	Definition Unternehmenskultur	25
3.2	Einfluss von Werten auf die Unternehmenskultur	27
3.3	Wandel und Gestaltbarkeit von Unternehmenskultur	29
3.4	Unternehmenskultur und organisationales Lernen	32
4	**Führung in Unternehmen**	37
4.1	Definition Führung	37
4.2	Führungstheorien	39
4.3	Differenzen zwischen Führungstheorien und Führung in Unternehmen	44
5	**Wandel der Arbeit**	49
5.1	Flexibilisierung	54
5.1.1	Chancen und Risiken der Flexibilisierung	55
5.1.2	Life-Domain-Balance	64
5.1.3	Gesellschaftliche, organisationale und individuelle Herausforderungen	71

5.2	Digitalisierung		72
5.3	Demografischer Wandel		91
	5.3.1	Entwicklung des Altersaufbaus in Deutschland	92
	5.3.2	Auswirkungen des demografischen Wandels auf den Arbeitsmarkt	96
5.4	Rollen innerhalb des Transformationsprozesses		108
	5.4.1	Rolle der Führungskräfte	108
		5.4.1.1 Herausforderungen für Führungskräfte innerhalb der Transformation	108
		5.4.1.2 Kompetenzanforderungen an Führungskräfte	117
		5.4.1.3 Schlussfolgerungen zur Rolle der Führungskräfte	122
	5.4.2	Rolle des Personalwesens	125
		5.4.2.1 Herausforderungen für das Personalwesen innerhalb der Transformation	126
		5.4.2.2 Schlussfolgerungen zur Rolle des Personalwesens	132
	5.4.3	Rolle des Betriebsrats	134
		5.4.3.1 Herausforderungen für den Betriebsrat innerhalb der Transformation	135
		5.4.3.2 Schlussfolgerungen zur Rolle des Betriebsrats	141
6	**Zentrale Entwicklungen innerhalb der Finanzwirtschaft**		**145**
6.1	Transformation der Versicherungsbranche		146
6.2	Beschäftigungseffekte und demografische Entwicklungen		199
6.3	Zwischenfazit und weitere erwartete Entwicklungen		204
7	**Alter(n)smanagement**		**213**
7.1	Altersbegriff der Untersuchung		213
7.2	Wissenschaftliche Modelle des Alterns		214
7.3	Folgen des Alterungsprozesses für Führungskräfte		217
7.4	Relevanz und zentrale Elemente von Alter(n)smanagement innerhalb der Transformation		220
7.5	Alter(n)smanagement im Kontext organisationaler Spannungsfelder		235

Inhaltsverzeichnis

8	**Methodisches Vorgehen**	241
8.1	Methodenauswahl	241
8.2	Stichprobe	246
8.3	Vorgehen	248
	8.3.1 Datenerhebung	248
	8.3.2 Datenaufbereitung und -auswertung	253
8.4	Qualitative Gütekriterien der Untersuchung	255
	8.4.1 Sechs allgemeine Gütekriterien qualitativer Forschung	256
	8.4.2 Inhaltsanalytische Gütekriterien	262
9	**Darstellung und Reflexion der Befunde**	267
9.1	Soziodemografische Daten der Befragten und Beschreibung des Untersuchungsfeldes	267
9.2	Digitalisierung	271
	9.2.1 Notwendigkeit des digitalen Wandels	271
	9.2.1.1 Digitaler Wandel als Chance	273
	9.2.1.2 Digitaler Wandel als Bedrohung	281
	9.2.1.3 Perspektive des Personalwesens und der Betriebsräte	289
	9.2.2 Einbezug in den digitalen Wandel	291
	9.2.2.1 Typenzuordnung und Begründung	292
	9.2.2.2 Austausch mit der Unternehmensleitung	300
	9.2.3 Erfahrungen mit bisherigen Wandlungsprozessen	310
	9.2.4 Unterschied zu bisherigen Wandlungsprozessen	326
	9.2.5 Rolle der Führungskräfte im digitalen Wandel	343
	9.2.5.1 Erwartungen und Anforderungen an die Führungskräfte im digitalen Wandel	344
	9.2.5.2 Erwartungen und Anforderungen der Führungskräfte im digitalen Wandel	359
	9.2.5.3 Zielsetzungen und Strategien der Führungskräfte im digitalen Wandel	382
	9.2.6 Rolle des Personalwesens im digitalen Wandel	387
	9.2.6.1 Erwartungen und Anforderungen an das Personalwesen im digitalen Wandel	388
	9.2.6.2 Erwartungen und Anforderungen des Personalwesens im digitalen Wandel	393

		9.2.6.3 Herausforderungen und Zielsetzungen des Personalwesens im digitalen Wandel ...	396
	9.2.7	Rolle des Betriebsrats im digitalen Wandel	409
		9.2.7.1 Erwartungen und Anforderungen an den Betriebsrat im digitalen Wandel	409
		9.2.7.2 Erwartungen und Anforderungen des Betriebsrats im digitalen Wandel	414
		9.2.7.3 Herausforderungen und Zielsetzungen des Betriebsrats im digitalen Wandel	416
	9.2.8	Weiterbildungsbedarf im digitalen Wandel	425
	9.2.9	Kompetenzanforderungen im digitalen Wandel	433
9.3	Flexibilisierung		445
	9.3.1	Einflüsse des mobil-flexiblen Arbeitens auf die Unternehmenskultur	446
		9.3.1.1 Wahrnehmung und Veränderungen der Unternehmenskultur	446
		9.3.1.2 Erforderliche Veränderungen der Unternehmenskultur	459
	9.3.2	Life-Domain-Balance	471
		9.3.2.1 Positive Beurteilung der Life-Domain-Balance und Einflussfaktoren	472
		9.3.2.2 Negative Beurteilung der Life-Domain-Balance	477
		9.3.2.3 Erforderliche Verbesserungen der Life-Domain-Balance	479
		9.3.2.4 Perspektive des Personalwesens und der Betriebsräte	483
		9.3.2.5 Unterschiede zwischen der Mitarbeitenden- und der Managementebene	487
	9.3.3	Mobil-flexibles Arbeiten als möglicher Anreiz für einen späteren Ruhestand	492
9.4	Alter(n)smanagement		498
	9.4.1	Altersbegriff im Unternehmen	498
		9.4.1.1 Perspektive der Führungskräfte	498
		9.4.1.2 Perspektive des Personalwesens und der Betriebsräte	510

	9.4.2	Einfluss des Altersbildes sowie der Werte und Normen des Unternehmens auf das Verhalten älterer Beschäftigter	514
	9.4.3	Weiterbildungs- und Personalentwicklungsprogramme für ältere Beschäftigte im Unternehmen	523
	9.4.4	Beurteilung der Weiterbildungs- und Personalentwicklungsangebote im Unternehmen	527
		9.4.4.1 Perspektive der Führungskräfte	527
		9.4.4.2 Perspektive des Personalwesens	540
	9.4.5	Gewünschte Weiterbildungs- und Personalentwicklungsangebote für ältere Führungskräfte im Unternehmen	543
		9.4.5.1 Gewünschte Weiterbildungsangebote für ältere Führungskräfte	544
		9.4.5.2 Gewünschte Personalentwicklungsangebote für ältere Führungskräfte	549
	9.4.6	Spezifische Fragestellungen an das Personalwesen	556
	9.4.7	Spezifische Fragestellungen an den Betriebsrat	561

10 Schlussbetrachtung ... 567
- 10.1 Allgemeine Diskussion der Ergebnisse ... 567
- 10.2 Diskussion der Ergebnisse aus Sicht der Forschung ... 596
- 10.3 Limitationen der Untersuchung ... 609
- 10.4 Implikationen für Wissenschaft und Praxis ... 613
    - 10.4.1 Implikationen für das untersuchte Unternehmen ... 613
    - 10.4.2 Implikationen für die Finanzwirtschaft ... 626
    - 10.4.3 Implikationen für die Wissenschaft ... 628
- 10.5 Fazit und Ausblick ... 632

Literaturverzeichnis ... 639

Abkürzungsverzeichnis

ADM	Algorithmic Decision Making
API	Application Programming Interface
BAT	Baidu, Alibaba, Tencent
bearb.	bearbeitete
BetrVG	Betriebsverfassungsgesetz
BGM	Betriebliches Gesundheitsmanagement
BiB	Bundesinstitut für Bevölkerungsforschung
BMAS	Bundesministerium für Arbeit und Soziales
BMFSFJ	Bundesministerium für Familie, Senioren, Frauen und Jugend
BMWi	Bundesministerium für Wirtschaft und Energie
bzgl.	bezüglich
CBIRC	China Banking and Insurance Regulatory Commission
CX	Customer Experience
DAV	Deutsche Aktuarvereinigung
DIW	Deutsches Institut für Wirtschaftsforschung
engl.	englisch
erw.	erweiterte
GAFA	Google, Amazon, Facebook, Apple
GRV	gesetzliche Rentenversicherung
i. d. R.	in der Regel
i. e. S.	im engeren Sinne
i. O.	im Original
i. S. d.	im Sinne des
IAB	Institut für Arbeitsmarkt- und Berufsforschung
IDD	Insurance Distribution Directive
IKT	Informations- und Kommunikationstechnologien

IoT	Internet of Things
LPP	Linked Personnel Panel
MVP	Minimum Viable Product
N	Grundgesamtheit
n	Größe der Stichprobe
NatCat	natural catastrophe
NLP	Natural Language Processing
O*Net	Occupational Information Network
p.	page
PAYD	Pay as you drive
PHYD	Pay how you drive
pp.	pages
r	Reliabilitätskoeffizient
RPA	Robotic Process Automation
S.	Seite(n)
UBI	usage-based insurance
UI	User Interface
Vol.	Volumes
vzbv	Verbraucherzentrale Bundesverband
WIR	World Insurance Report
XAI	Explainable Artificial Intelligence
ZEW	Zentrum für Europäische Wirtschaftsforschung
zugl.	zugleich

Abbildungsverzeichnis

Abbildung 1.1	Aufbau der Arbeit	8
Abbildung 2.1	Ziele der Personalentwicklung	14
Abbildung 2.2	Maßnahmen und Instrumente der strategischen Führungskräfteentwicklung	20
Abbildung 3.1	Drei-Ebenen-Modell	27
Abbildung 5.1	Zentrale demografische und gesellschaftliche Entwicklungen	51
Abbildung 5.2	Zentrale technisch-ökonomische Entwicklungen	53
Abbildung 5.3	Verbreitung von Homeoffice nach Funktionsbereich und Leitungstätigkeit, Anteile in Prozent	59
Abbildung 5.4	Negative Erfahrungen mit Homeoffice aus Sicht der Beschäftigten nach Lage der Arbeitszeit	61
Abbildung 5.5	Interaktions- und Komplementaritätsmodell zwischen Lebensbereichen	68
Abbildung 5.6	Nutzung von Informations- und Kommunikationstechnologie und technologischer Wandel am Arbeitsplatz nach Berufsabschluss	75
Abbildung 5.7	Veränderung der Arbeitsbelastung infolge der Digitalisierung	84
Abbildung 5.8	Veränderung der Arbeitsanforderung durch die Digitalisierung	85
Abbildung 5.9	Automatisierungspotenzial und subjektive Gefahr durch technologische Substitution nach Bildungsgruppen	87

Abbildung 5.10	Umfang verschiedener Tätigkeiten nach Berufssegmenten 2019	88
Abbildung 5.11	Entwicklung des Altersaufbaus in Deutschland 2018 bis 2060	97
Abbildung 5.12	Prozentuale Entwicklung des Altersaufbaus in Deutschland 2020 bis 2060	98
Abbildung 5.13	Europäische Erwerbstätigenquoten 2018 der 55- bis unter 65-Jährigen in Prozent	100
Abbildung 5.14	Erwerbstätigenquoten nach Altersgruppen in Deutschland in Prozent	101
Abbildung 5.15	Projektion des Erwerbspersonenpotenzials in Deutschland 2020 bis 2060	105
Abbildung 6.1	Customer segments based on their distinct social behavior and shopping preferences	151
Abbildung 6.2	Customers preferring three or more channels for insurance research and purchase, 2020	154
Abbildung 6.3	Experience-led engagement model	156
Abbildung 6.4	Reaching customers at the right time	158
Abbildung 6.5	Usage-based insurance is now mainstream	160
Abbildung 6.6	Channels for educating customers	161
Abbildung 6.7	Channels for policy sales and distribution	162
Abbildung 6.8	Channels for policy serving	163
Abbildung 6.9	Insurers' implementation of tools/techniques for capturing customer preferences, 2020	178
Abbildung 6.10	Macro trends & emerging risks grab the attention of the insurance industry	188
Abbildung 6.11	Emerging risks and demand for new offerings, customers' view vs insurers' view, 2019	190
Abbildung 6.12	Insurers' Approaches to Leverage Digital Technologies, 2017	191
Abbildung 6.13	Executives' Perception on Benefits Realized by Leveraging InsurTech Capabilities, 2017	193
Abbildung 6.14	Customer Value Perception for Insurance and InsurTech Firms, 2017	194
Abbildung 6.15	Substituierbarkeitspotenziale nach Branchen 2016	201
Abbildung 6.16	Altersstruktur in der Finanzwirtschaft 2013 und 2019	204

Abbildungsverzeichnis

Abbildung 7.1	Auswirkungen von Altersdiversität und Altersdiskriminierung auf die Unternehmensleistung	221
Abbildung 7.2	Haus der Arbeitsfähigkeit	225
Abbildung 8.1	Stichprobe	247
Abbildung 8.2	Ablaufmodell inhaltlicher Strukturierung	259
Abbildung 8.3	Inhaltsanalytische Gütekriterien nach Krippendorf	262
Abbildung 9.1	Erfahrung als Führungskraft & Dauer der Betriebszugehörigkeit in Jahren	269
Abbildung 9.2	Aufschlüsselung der Führungskräfte mit akademischem Hintergrund nach Studienfächern	270
Abbildung 9.3	Einbezug in den digitalen Wandel	293

Tabellenverzeichnis

Tabelle 5.1	Altersspezifische Potenzialerwerbsquoten von Frauen und Männern in Prozent 2015 und 2060	105
Tabelle 8.1	Kriterienkatalog Pretest	251
Tabelle 8.2	Beispiel für die Anonymisierung der Forschungsdaten	254
Tabelle 9.1	Soziodemografische Daten der Expert*innen	268
Tabelle 9.2	Bildungshintergrund und Einstiegsart der Expert*innen in die Organisation	272

Einleitung

Im vorliegenden Kapitel erfolgt eine Darstellung der Hintergründe der Dissertation sowie der konkreten Zielsetzungen der Untersuchung. Ferner wird der Aufbau der Arbeit in einer Übersicht veranschaulicht.

1.1 Problemstellung

Historisch gesehen steht die Finanzwirtschaft weltweit vor ihrer bisher größten Aufgabe: dem Durchlaufen einer massiven Transformation, um weiterhin erfolgreich bestehen zu können. Veränderte Bedürfnisse und Erwartungen von Kund*innen, zunehmender (globaler) Wettbewerb durch neue Anbietende im Markt, die wachsenden Einflüsse von Start-ups, ein hohes Maß an Regulatorik und Verbraucherschutzanforderungen, die anhaltende Niedrigzinsphase, die Auswirkungen der COVID-19-Pandemie sowie die steigende Erfordernis von Agilität sind nur einige der zentralen Themen, die die Branche bewältigen muss (Capgemini & Efma, 2021, 2020, 2019, 2018, 2017; Weber, Bakker & Werring, 2020; Kotalakidis, Naujoks & Mueller, 2016; Altuntas & Uhl, 2016; Roßbach, Kuhlmann & Laszlo, 2015).

Insbesondere die Megatrends der Digitalisierung und Flexibilisierung haben weitreichende Folgen für die Finanzdienstleistungsbranche, da sie u. a. in einer

---

Ergänzende Information Die elektronische Version dieses Kapitels enthält Zusatzmaterial, auf das über folgenden Link zugegriffen werden kann https://doi.org/10.1007/978-3-658-41049-0_1.

© Der/die Autor(en), exklusiv lizenziert an Springer Fachmedien Wiesbaden GmbH, ein Teil von Springer Nature 2023
D. Dohmen, *Berufliche Entwicklungserwartungen älterer Führungskräfte im Transformationsprozess eines Unternehmens*, https://doi.org/10.1007/978-3-658-41049-0_1

schrittweisen Automatisierung von standardisier- bzw. algorithmisierbaren Aufgaben, einem Anstieg von flexiblen Arbeitsverhältnissen, sowie der Entstehung neuer beruflicher Aufgaben und einer stärkeren Vernetzung resultieren. Letztere führt zu einer gesteigerten Interaktionsdichte und zu höheren Interdependenzen, sodass einzelne Bereiche intensiver miteinander verkoppelt werden. Durch die digitalen Technologien und ihrer Wechselwirkung mit der Flexibilisierung verändern sich Geschäftsmodelle, Prozesse und nicht zuletzt Kompetenzanforderungen und Perspektiven für die Beschäftigten (Capgemini & Efma, 2020; Eckstein & Liebetrau, 2018; Rump & Eilers, 2018; LEAD, 2015). So bewirkt der gesellschaftliche Wandel nicht nur ein verändertes Kaufverhalten von Kund*innen, sondern hat gleichzeitig enorme Auswirkungen auf die gesamte Wertschöpfungskette von Finanzdienstleistungsunternehmen, die zunehmend stark datengetrieben ist und auf Informationstechnologien basiert (siehe Anhang A im elektronischen Zusatzmaterial). Darüber hinaus entwickeln sich neue Risikofelder, bspw. aufgrund von partiell selbstfahrenden Autos, Fortschritten in der Humangenetik sowie wachsenden Cybergefahren (Weber et al., 2020; Capgemini & Efma, 2020; Capgemini, 2020). Gleichzeitig erfährt diese Entwicklung eine Beschleunigung, Neustrukturierung und Erhöhung an Dimensionalität durch die Einflüsse der Globalisierung und der damit einhergehenden zunehmenden Verflechtung unterschiedlicher Weltregionen (Widuckel, 2018). Finanzdienstleistungsunternehmen, die sich am Markt behaupten wollen, sind dazu gezwungen sich zu Plattformen, Technologieunternehmen oder Marktplätzen zu entwickeln. Die wirtschaftliche Tragfähigkeit etablierter und profitabler Geschäftsmodelle wird in der Zukunft nicht mehr ausreichen, um markt- und wettbewerbsfähig zu sein. Dies wird die Finanzwirtschaft zu einer Transformation zwingen, deren Herausforderung in der Branche allerdings eher zögerlich angenommen worden ist (Weber et al., 2020; Capgemini & Efma, 2020; Capgemini, 2020; Kotalakidis et al., 2016).

Neben den angeführten Trends wird die zukünftige Arbeitswelt[1] von den Folgen des demografischen Wandels bestimmt werden (Rump & Eilers, 2017b). Der Anteil der älteren Beschäftigten an der Erwerbsbevölkerung steigt in Deutschland bereits seit über 20 Jahren (Anlauft, 2018), während gleichzeitig die Anzahl der Erwerbstätigen sinkt (Fuchs, Kubis & Schneider, 2018). Begleitet wird diese Entwicklung von einem arbeits- und sozialpolitischen Paradigmenwechsel, der innerhalb des gesellschaftlichen Diskurses vor allem unter dem Ausdruck „Rente

---

[1] In der vorliegenden Arbeit werden die Termini „Erwerbsarbeit" und „Arbeit" synonym verwendet. Innerhalb der Dissertation wird ein Fokus auf die Erwerbsarbeit gelegt in dem Bewusstsein, dass eine umfangreiche Definition von „Arbeit" weit hierüber hinausgeht (Voigt, 2018).

mit 67" bekannt ist und dazu führt, dass ältere Beschäftigte länger ihrer Erwerbstätigkeit nachgehen (Bellmann, Brandl & Matuschek, 2018a; Anlauft, 2018). Die Konsequenzen sind immer kleiner werdende Rekrutierungsspielräume bei jüngeren Beschäftigten und eine wachsende ältere Belegschaft (Arenberg, 2018), auf deren Bedürfnisse sich die Unternehmen zunehmend einstellen müssen (Gessler & Stübbe, 2008). So wird bereits im Jahr 2030 fast jede*r Zweite in Deutschland über 50 Jahre alt sein (Statista, 2018a). Die Prognose für 2040 verdeutlicht die fortschreitende Entwicklung und schätzt, dass jede*r Dritte 60 Jahre oder älter sein wird (Statista, 2019a). Auch wenn noch vielfach Unklarheit über die genauen Auswirkungen des demografischen Wandels auf die Unternehmen herrscht, so steht nach Prognosen des Instituts für Arbeitsmarkt- und Berufsforschung (IAB) fest, dass zukünftig die Einstellung jüngerer Nachfolger*innen nicht ansatzweise das Ausscheiden der älteren Mitarbeitenden kompensieren kann. Selbst unter der Berücksichtigung der Arbeitsmarkteffekte durch die fortschreitende Digitalisierung sind keinerlei Anzeichen für einen sinkenden Fachkräftebedarf und eine Bewältigung dieser Situation erkennbar (Fuchs et al., 2018). Noch gibt es in den meisten Unternehmen keine Strategie, wie der Verlust dieser Arbeitskräfte aufgefangen werden soll (Bellmann et al., 2018a; Gessler & Stübbe, 2008; Jäger, 2015; Stecker, Kühl & Conrads, 2011). Umso wichtiger wird die intensive Auseinandersetzung mit der Fragestellung, wie das Arbeitsleben älterer Erwerbstätiger als wachsende Anspruchsgruppe gestaltet werden kann, um diese zu einem längeren Verbleib im Arbeitsleben zu bewegen (Zacher, Kooij & Beier, 2018a; Bellmann et al., 2018a).

Die Erhaltung und Förderung der Beschäftigungs- und Arbeitsfähigkeit von Mitarbeitenden in allen Lebensphasen wird hierdurch zu einer zentralen (Führungs-)aufgabe für Unternehmen innerhalb der Transformation (Behrens, Bellmann & Widuckel, 2018). Diese Herausforderung ist mit Hinblick auf die steigenden Erwartungen der Beschäftigten an die Flexibilität der Lebensgestaltung nicht zu unterschätzen. So ist die starre Aufteilung der Lebensphasen in die drei Abschnitte Ausbildung, Arbeitstätigkeit und Lebensabend veraltet und spiegelt nicht mehr die Lebensgestaltung von Individuen wider (Ulich & Wiese, 2011; Sporket, 2008). Stattdessen nehmen die Anforderungen der Erwerbstätigen an ihre Life-Domain-Balance zu, Arbeitgebende werden gewechselt, Partnerschaften begründet, gelöst und neue eingegangen. Abhängig von den individuellen Lebensphasen wandeln sich auch hier die spezifischen Vorstellungen kontinuierlich. Diese Bedürfnisse können jedoch nicht in Abhängigkeit von Altersgruppen pauschalisiert werden, sondern stehen in einer engen Verbindung mit der Veränderung der Lebenssituation (z. B. zweite Familiengründung, Pflegefälle oder Enkelkinder). Besonders hervorzuheben ist, dass die Erwartungshaltung an die Life-Domain-Balance im Alter nicht anspruchsloser wird (Ulich, 2011). Vor allem ältere Leistungsträger*innen mit anspruchsvollen Funktionen, deren Beschäftigungsdauer in Zukunft wesentlich über die Wettbewerbsfähigkeit von Unternehmen entscheiden wird, weisen differenziertere Zukunftskonzepte bezüglich ihrer Pläne für die Lebensgestaltung jenseits der Erwerbsarbeit auf (z. B. Hobbies, Urlaube, Ehrenämter), als Arbeitnehmende mit restriktiven, anforderungsarmen Tätigkeiten. So nimmt die Arbeitsbiographie (bspw. Freiheitsgrade für selbstständige Zielsetzungen, Planungsanforderungen in der Arbeit) Einfluss auf die Alterspläne, da die im Berufsleben erarbeiteten sozialen und kognitiven Kompetenzen übergreifende Lebensbereiche in entscheidendem Maße strukturieren (Richter, 1992).[2] In diesem Rahmen stellt sich die Frage, welche Perspektiven älteren Beschäftigten angesichts der zunehmenden Einflüsse des demografischen Wandels und einem wachsenden Fachkräftemangel in Organisationen aufgezeigt werden und welche Wertschätzung sie erfahren.

Die beschriebenen Entwicklungen der Arbeitswelt wirken aufeinander sowie auf zahlreichen weiteren Ebenen (bspw. Makro- und Metaebene, Mikro- und Mesoebene in Unternehmen) und können als zentrale Herausforderungen für eine Arbeitskultur der Zukunft angesehen werden (Rump & Eilers, 2018; Widuckel, 2015b). Sie verlangen Organisationen und ihren Beschäftigten eine größtmögliche Flexibilität ab, in einem unbeständigen, risikobehafteten, vielschichtigen und zwiespältigen Arbeitsumfeld (Rump & Eilers, 2014; LEAD, 2015). Gleichzeitig prägen die Megatrends in erheblichem Maße die Führungsrolle in Unternehmen, da sie mit veränderten Arbeitsprozessen, -organisationen und -ergebnissen einhergehen. Zur Bewältigung der transformationsbedingten Anforderungen benötigen Führungskräfte ein umfassendes Kompetenzprofil, woraus sich zentrale Herausforderungen an die Weiterbildung und Personalentwicklung von Führungskräften ergeben. Insbesondere die Initiierung und Förderung der organisationalen Veränderungsprozesse innerhalb der Transformation erfordern zahlreiche Steuerungs- und Sozialkompetenzen, Selbstorganisation sowie ein hohes Maß an Veränderungsbereitschaft und -fähigkeit (Behrens et al., 2018).

Ein großer Teil der bestehenden Managementliteratur vernachlässigt jedoch die genannten Aspekte und erweckt stattdessen den Anschein, dass sich die erfolgreiche Bewältigung eines Wandels für Führungskräfte auf die Beteiligung an den Transformationsprozessen beschränkt. Die Loyalität von Führungskräften

---

[2] An dieser Stelle sei darauf hingewiesen, dass die Arbeitsbiographie allein keine Prognose über die Gestaltung der Lebensbereiche im Alter erlaubt, sondern viele weitere Faktoren wie bspw. der gesamte Lebensprozess, die bisherigen Freizeitaktivitäten, Qualifikationsgrade, Gesundheitszustände etc. zu berücksichtigen sind (siehe hierzu auch Büssing, 1992; Sporket, 2011).

wird aufgrund ihrer Rolle im Unternehmen meist umstands- und bedingungslos vorausgesetzt und eigene Interessen oder Bedürfnisse nicht thematisiert. Führungskräfte sind jedoch genauso Betroffene von Veränderungen, wie Mitarbeitende und haben mit den gleichen Auswirkungen und Ängsten zu kämpfen (Widuckel, 2018; Wollenweber, 2018; Kotter, 2012). Vor allem für Führungskräfte, die nicht der höchsten Hierarchiestufe im Unternehmen angehören, gestaltet sich dieser Prozess als herausfordernd, da sie zusätzlich ihrer ambivalenten Rolle im Unternehmen gerecht werden müssen. Sie führen, werden aber auch selbst geführt (Widuckel, 2018). Hierdurch befinden sie sich in einer sogenannten ‚Sandwichposition' mit begrenzten Handlungsspielräumen, woraus – gerade während eines Transformationsprozesses – ein weiterer Zwiespalt entstehen kann (Freude, 2007; Boes, Bultemeier, Kämpf & Trinczek, 2015). Darüber hinaus sind Führungskräfte aller Hierarchieebenen Akteur*innen und Zielobjekt des Personalmanagements zugleich und nehmen auch in diesem Kontext eine Doppelrolle ein (Kolb, Burkart & Zundel, 2010). Aufgrund dieser besonderen Bedeutung von Führungskräften als gestaltende aber auch betroffene Personen des digitalen Wandlungsprozesses und bestehenden Forschungslücken zu den Entwicklungsbedarfen und -anforderungen von älteren Beschäftigten in Unternehmen, erfolgt in der vorliegenden Untersuchung eine intensive Auseinandersetzung mit dieser Anspruchsgruppe.

1.2 Zielsetzung

Die Zielsetzung der vorliegenden Arbeit ist eine Tiefenanalyse der digitalen Transformation innerhalb eines Unternehmens der Finanzwirtschaft unter der besonderen Berücksichtigung von Führung und Demografie. Die tiefgreifenden Veränderungen aufgrund des Wandlungsprozesses erlauben die evidente Schlussfolgerung einer direkten bzw. indirekten Einflussnahme der Megatrends auf Führungskräfte und ihr Führungsverhalten (Widuckel, 2018). Aus diesem Grunde erfolgt innerhalb der Arbeit eine Verknüpfung der beiden Themen „Einflüsse von Megatrends" und „Veränderungen von Führung", um entstehende Anforderungen für Führungskräfte aufgrund der Transformation eruieren und hierdurch gestellte Entwicklungserwartungen besser nachvollziehen zu können. Die Dissertation verbindet somit auf der Grundlage einer wissenschaftlichen Fundierung erstmalig drei zentrale Themen der aktuellen und zukünftigen Arbeitswelt: den demografischen Wandel mit steigenden Erwartungen der älteren Talente als Herausforderung, die Themen Alter(n)smanagement und Personalentwicklung als Lösungsansätze und der steigende Digitalisierungsgrad als ambivalentes Phänomen, das Chancen und Risiken bietet.

Innerhalb der Analyse werden individuelle und organisationale Perspektiven miteinander verknüpft, um die wesentlichen Herausforderungen, Konfliktpotenziale und Spannungsfelder des Wandlungsprozesses für Finanzdienstleistungsunternehmen und ihre Beschäftigten zu erarbeiten. In diesem Zusammenhang wird eine Darstellung der unterschiedlichen Bedürfnisse und Interessen von älteren Führungskräften, den Mitarbeitenden aber auch des Personalwesens und der Betriebsräte als Stabilisator*innen innerhalb des Prozesses angestrebt. Durch den Einbezug dieser unterschiedlichen Perspektiven soll ein umfassendes Bild bezüglich der vielschichtigen Auswirkungen der Transformation auf die vorhandene Unternehmens- und Führungskultur, hierin bestehender Rollen sowie hieraus resultierender Gestaltungsmöglichkeiten und -erfordernisse für die Agierenden innerhalb der Organisation aufgezeigt werden.

Die Untersuchung beschränkt sich somit nicht nur auf die technologischen Gesichtspunkte der digitalen Transformation, sondern konzentriert sich ebenfalls auf die sozialen Konsequenzen für die Betroffenen des Wandels, wodurch sie sich gleichzeitig von einem Großteil der bestehenden Studien unterscheidet. So steht die bisherige wissenschaftliche Auseinandersetzung zu der sozialen Transformation innerhalb des digitalen Wandlungsprozesses noch am Anfang oder verläuft vorwiegend ohne erkennbare Systematik bzw. Struktur (vgl. Rump & Eilers, 2017b). Der vorliegenden Untersuchung liegt jedoch der Gedanke zu Grunde, dass die Einflussnahme der Digitalisierung auf die Erwerbsarbeit ebenso zu durchdenken ist, wie ihre Auswirkungen auf Wertschöpfungsketten, Produktgestaltungen, Geschäftsmodelle und Leistungserstellungsprozesse (vgl. Rump, Zapp & Eilers, 2017).

Aus den genannten Zielsetzungen ergeben sich die nachfolgenden übergeordneten Fragestellungen[3] der Untersuchung:

(1) Welche Haltung weisen ältere Führungskräfte gegenüber der Transformation auf? Welche Aspekte des Prozesses erleben sie als besonders fordernd?
(2) Wie nehmen ältere Führungskräfte ihre eigene sowie andere Rollen innerhalb der Transformation wahr?
(3) Welchen Einfluss haben vergangene Wandlungsprozesse auf die Transformation?

---

[3] Eine ausführliche Darstellung der Leitfragen der Untersuchung erfolgt in Abschnitt 8.1 Methodenauswahl.

(4) Welchen Einfluss nimmt die Transformation auf die Unternehmens- und Führungskultur?
(5) Welche Relevanz weist das Konzept des Alter(n)smanagement innerhalb der Transformation auf?

Durch eine Auseinandersetzung mit den aufgeführten Fragestellungen erfolgt eine systematische Analyse der Anforderungen, mit denen sich ältere Führungskräfte der mittleren Managementebene innerhalb des Transformationsprozesses konfrontiert sehen. In diesem Rahmen werden vor allem sich verändernde Erwartungshaltungen, Rollen, Führungsbeziehungen, die Bedeutung von organisationalen Rahmenbedingungen (Unternehmens- und Führungskultur, Struktur, etc.) sowie der Einfluss von externen Einflussgrößen (z. B. Entwicklung des Wettbewerbs) untersucht. Hierauf aufbauend können die Entwicklungserwartungen der Führenden nachvollziehbar aufgezeigt werden, die einen zentralen Aspekt für die erfolgreiche Bewältigung und Gestaltung des Wandels und somit der Zukunftsfähigkeit von Unternehmen darstellen. Vor dem Hintergrund einer fokussierten praxisnahen Anwendung der gewonnenen Erkenntnisse, werden auf Basis der Ergebnisse spezifische sowie allgemeingültige Implikationen für die untersuchte Organisation bzw. andere Finanzdienstleistungsunternehmen formuliert. So können die Handlungsempfehlungen für die ausgewählte Organisation auf viele Unternehmen der Finanzwirtschaft übertragen werden, die sich inmitten eines Digitalisierungsprozesses befinden und deren zentrale Herausforderung in der Bewältigung des digitalen Wandels in Form einer Auseinandersetzung auf der technologischen, organisationalen und kulturellen Ebene besteht. Darüber hinaus werden Implikationen für die Wissenschaft entwickelt, um bestehende Forschungslücken zu den wesentlichen Aspekten und Kausalitäten des digitalen Wandlungsprozesses, mit spezifischem Hinblick auf die gesellschaftliche Prägung des demografischen Wandels, schließen zu können.

1.3 Aufbau der Arbeit

Die vorliegende Arbeit untergliedert sich in zehn Kapitel. Im ersten Kapitel werden der Hintergrund sowie die Zielsetzung und der Aufbau der Untersuchung aufgezeigt, bevor in den darauffolgenden Abschnitten die theoretischen und konzeptionellen Grundlagen dargestellt werden.

Zu Beginn des theoretischen Teils der Arbeit werden die zentralen Themenbereiche „Personalentwicklung", „Unternehmenskultur" und „Führung in Unternehmen" (Kapitel 2 bis 4) betrachtet. Auf diese Weise können die zugrunde gelegten

Einleitung

- 1.1 Problemstellung
- 1.2 Zielsetzung
- 1.3 Aufbau der Arbeit

Theorieteil

- 2 Personalentwicklung
- 3 Unternehmenskultur
- 4 Führung in Unternehmen
- 5 Wandel der Arbeit
- 6 Entwicklungen in der Finanzwirtschaft
- 7 Alter(n)smanagement

Empirieteil

8 Methodisches Vorgehen

- 8.1 Methodenauswahl
- 8.2 Stichprobe
- 8.3 Vorgehen
- 8.4 Qualitative Gütekriterien

9 Darstellung und Reflexion der Befunde

- 9.1 Soziodemografische Daten
- 9.2 Digitalisierung
- 9.3 Flexibilisierung
- 9.4 Alter(n)smanagement

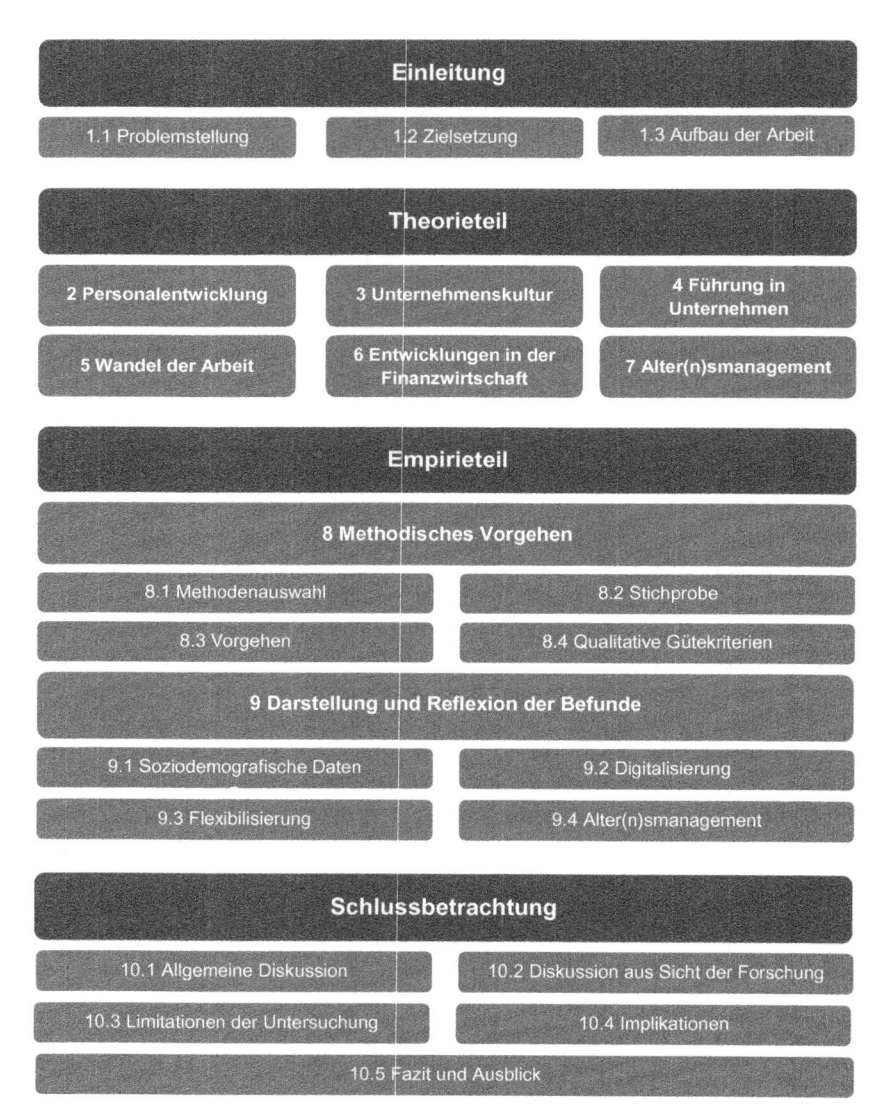

Schlussbetrachtung

- 10.1 Allgemeine Diskussion
- 10.2 Diskussion aus Sicht der Forschung
- 10.3 Limitationen der Untersuchung
- 10.4 Implikationen
- 10.5 Fazit und Ausblick

Abbildung 1.1 Aufbau der Arbeit.
(Quelle: Eigene Darstellung)

1.3 Aufbau der Arbeit

wissenschaftlichen Modelle für die empirische Untersuchung veranschaulicht werden. Innerhalb des fünften Kapitels erfolgt eine allgemeine Darstellung des Wandels der Arbeitswelt aufgrund der Flexibilisierung, der Digitalisierung sowie des demografischen Wandels. Hierauf aufbauend werden die Anforderungen, die sich aus dem Wandlungsprozess ergeben, für die Zielgruppen der Untersuchung in Form der Führungskräfte, des Personalwesens und der Betriebsräte aufgezeigt (Abschnitt 5.4). Mit Hinblick auf den gesetzten Branchenfokus der Arbeit werden anschließend die spezifischen Auswirkungen der genannten Megatrends auf die Finanzdienstleistungsbranche dargelegt (Kapitel 6). Daran anknüpfend wird das Konzept des Alter(n)smanagement erläutert und hinsichtlich seiner Bedeutung innerhalb der Transformation reflektiert (Kapitel 7).

Auf der Basis der aufgeführten theoretischen Grundlagen werden in Kapitel 8 die Leitfragen der explorativ-qualitativen Untersuchung sowie das methodische Vorgehen (Methodenauswahl, Stichprobe, Vorgehen und qualitative Gütekriterien) vorgestellt. In Kapitel 9 erfolgt eine ausführliche Darstellung und Reflexion der Befunde der Untersuchung. Ferner erfahren die Ergebnisse eine allgemeine Diskussion und Interpretation sowie eine Kontextualisierung zu anderen empirischen Studien (Abschnitte 10.1 und 10.2). Auf dieser Grundlage werden die Limitationen der Untersuchung aufgeführt sowie Implikationen für die Wissenschaft und Praxis erarbeitet (Abschnitt 10.3 und Abschnitt 10.4). Abschließend werden die zentralen Erkenntnisse der Studie in einem Fazit zusammengefasst und ein Ausblick gewährt (Abschnitt 10.5). Die nachfolgende Abbildung 1.1 stellt den Aufbau der vorliegenden Arbeit in Form einer Übersicht dar.

Nachfolgend wird der theoretische Bezugsrahmen der vorliegenden Arbeit ausführlich dargestellt. In diesem Kontext erfolgt innerhalb der ersten Hälfte des Theorieteils eine grundlegende Beschreibung der zentralen wissenschaftlichen Modelle für die Untersuchung, während innerhalb der zweiten Hälfte das Augenmerk auf den Wandel der Erwerbsarbeit und seine charakteristischen Folgen für die Finanzdienstleistungsbranche und ihre Akteur*innen gerichtet wird.

Personalentwicklung 2

Innerhalb des Kapitels erfolgt eine definitorische Abgrenzung der untersuchungsrelevanten Begriffe zu dem Themenfeld der Personalentwicklung. Während die Abschnitte 2.1 bis 2.3 den Begriff der Personalentwicklung, deren Ziele sowie aktuelle Trends grundlegend erläutern, veranschaulicht Abschnitt 2.4 den Begriff der Führungskräfteentwicklung als ein spezifisches Segment der Personalentwicklung.

2.1 Definition Personalentwicklung

Weder in der Theorie noch in der Praxis ist eine einheitliche Definition des Terminus Personalentwicklung vorzufinden bzw. abzusehen. Grundsätzlich kann zwischen engen und weiten Begriffsbestimmungen differenziert werden. Enge Definitionen beschreiben Personalentwicklung als eine Form der Aus- und Weiterbildung von Beschäftigten. Weite Begriffsbestimmungen beziehen darüber hinaus die Förderung der Organisationsentwicklung ein (Becker, 2004). Diese kann mit Hilfe von Prozessen, die das Lernen, Veränderungen und Entwicklungen betreffen, gestaltet werden. Laut dieser Sichtweise konvergieren einige Elemente zwischen der Personal- und der Organisationsentwicklung, sodass sich eine Verzahnung zwischen beiden Bereichen ergibt (Becker, 2013; Krämer, 2012; Drumm, 2008). Darüber hinaus kann Personalentwicklung auf verschiedene Zielgruppen (z. B. Führungskräfte, siehe hierzu auch Abschnitt 2.4) bezogen werden (Mentzel, 1997).

© Der/die Autor(en), exklusiv lizenziert an Springer Fachmedien Wiesbaden GmbH, ein Teil von Springer Nature 2023
D. Dohmen, *Berufliche Entwicklungserwartungen älterer Führungskräfte im Transformationsprozess eines Unternehmens*, https://doi.org/10.1007/978-3-658-41049-0_2

In der vorliegenden Arbeit werden sämtliche Aktivitäten, die der Förderung, der Bildung und der Organisationsentwicklung dienlich sind sowie zweckgebunden und zielgerichtet von einer Person oder einem Unternehmen strukturiert und methodisch vorbereitet, umgesetzt und evaluiert werden, als Personalentwicklung definiert (Becker, 2013). Des Weiteren wird die gesamte Zeitspanne der Unternehmenszugehörigkeit – von der ersten Kontaktaufnahme während der Rekrutierung bis zum Unternehmensaustritt der Mitarbeitenden – als Phase der Personalentwicklung betrachtet (Krämer, 2012). Dementsprechend wird Personalentwicklung als eine langfristig ausgerichtete personalwirtschaftliche Funktion angesehen, die zukunftsorientiert Veränderungen berücksichtigt und hieraus erforderliche Tätigkeitsprofile ableitet (Erten-Buch, Mayrhofer, Seebacher & Strunk, 2006).

Ferner wird Personalentwicklung innerhalb der vorliegenden Arbeit nicht nur als ein ‚Tool' des Personalmanagements angesehen, sondern vielmehr als ein wesentlicher Indikator für die Beziehung zwischen einem Unternehmen und den Beschäftigten. So stehen Personalentwicklungsmaßnahmen stets im Kontext von gewünschten Kompetenzen und Entwicklungszielen der Agierenden und der jeweiligen Organisation. Das Ausmaß der Gestaltung dieser Herausforderung gibt gleichzeitig Aufschluss über bestehende Menschenbilder sowie die strategische Einordnung der Bedeutung der Mitarbeitenden innerhalb eines Unternehmens. Darüber hinaus ist nicht zu vernachlässigen, dass die Personalentwicklung eines Unternehmens Ausdruck von organisationalen Herrschaftsverhältnissen und Hierarchien ist, sodass zahlreiche Fragestellungen zu beachten sind, wie beispielsweise das Ausmaß an Partizipation, den Beteiligungsrechten und der Mitverantwortung von Beschäftigten (Neuberger, 2002; Schlittler & Erb, 2008; Widuckel, 2014; Zaugg, 2008).

2.2 Zielsetzung der Personalentwicklung

Organisationen können nur in Ausnahmenfällen sehr weit entwickelte Mitarbeitende rekrutieren (Drumm, 2008). Vielmehr findet ein Auf- und Ausbau der erforderlichen Kompetenzen innerhalb des Unternehmens statt, wodurch die professionelle Förderung von Lern- und Veränderungsprozessen innerhalb einer Organisation zur zentralen Herausforderung für die Personalentwicklung wird (Becker, 2013; Krämer 2012). Aus diesem Grunde sollten Weiterbildungsmaßnahmen grundsätzlich mit den Zielen der Organisation und den Bedürfnissen sowie Interessen der Mitarbeitenden im Einklang stehen (Becker, 2013).[1] Unternehmens- und Personalentwicklungsmaßnahmen sind stets zu koordinieren und dürfen nie gegeneinander ausgerichtet sein. Eine Personalentwicklung, die innerhalb eines starren und nicht veränderungsbereiten Unternehmensumfeldes stattfindet, bleibt ebenso wirkungslos, wie unternehmerische Veränderungen ohne Einschluss und Förderung der Beschäftigten (Krämer, 2012).

Nach Drumm (2008) stehen vier zentrale Themen im Fokus der Personalentwicklung: die Förderung von organisationsspezifischem Wissen und Kompetenzen, die Erfüllung der individuellen Entwicklungsziele der Mitarbeitenden, die Institutionalisierung des lebenslangen Lernens im Unternehmen sowie die Einbeziehung von sich verändernden Werten der Beschäftigten (siehe Abbildung 2.1). Hierbei ist zu berücksichtigen, dass kein Konsens zwischen den ersten beiden Zielen bestehen muss. In einem solchen Fall gilt es Kompromisse zu definieren. Aus diesem Grund besteht eine der größten Herausforderungen der Personalentwicklung darin, diese mit den Beschäftigten auf Augenhöhe zu gestalten und eine Integration von Organisations- und Gruppenzielen sowie individuellen Zielen zu erreichen. Die dritte Zielsetzung sollte wiederum mit der Ersten und der Zweiten harmonieren (Drumm, 2008).

Personalentwicklung findet dementsprechend individuell statt und dient der Förderung von Kompetenzen, die für den erfolgreichen Fortbestand des Unternehmens benötigt werden. Mitarbeitende werden durch ihre entsprechende Funktion formal in die Organisation involviert. Durch die Verknüpfung der jeweiligen Perspektiven von Belegschaft und Organisation korreliert die Weiterentwicklung von Personal immer mit der Organisationsentwicklung. Unter dem Begriff „Organisationsentwicklung" wird in der vorliegenden Arbeit ein langfristig ausgerichteter, detaillierter Veränderungs- und Entwicklungsprozess von Unternehmen und den Beschäftigten, unter Einsatz verhaltenswissenschaftlicher Erkenntnisse verstanden (Jung, 2017; Staehle, Conrad & Sydow, 2020). Hauptziele der Organisationsentwicklung sind die Förderung von Raum für die Persönlichkeitsentwicklung und Selbstverwirklichung der Belegschaft sowie die Steigerung der Leistungsfähigkeit des Unternehmens. Insbesondere die Erfüllung der zweiten Zielsetzung steht in starker Abhängigkeit von dem Verhalten und den Kompetenzen der Beschäftigten, woraus sich eine enge Verflechtung zwischen der Personal- und

---

[1] Punktuell gilt es allerdings die Ziele von einer Seite, in Abhängigkeit der Rahmenbedingungen innerhalb derer sich die Organisation bewegt, bevorzugt zu behandeln (Becker, 2013).

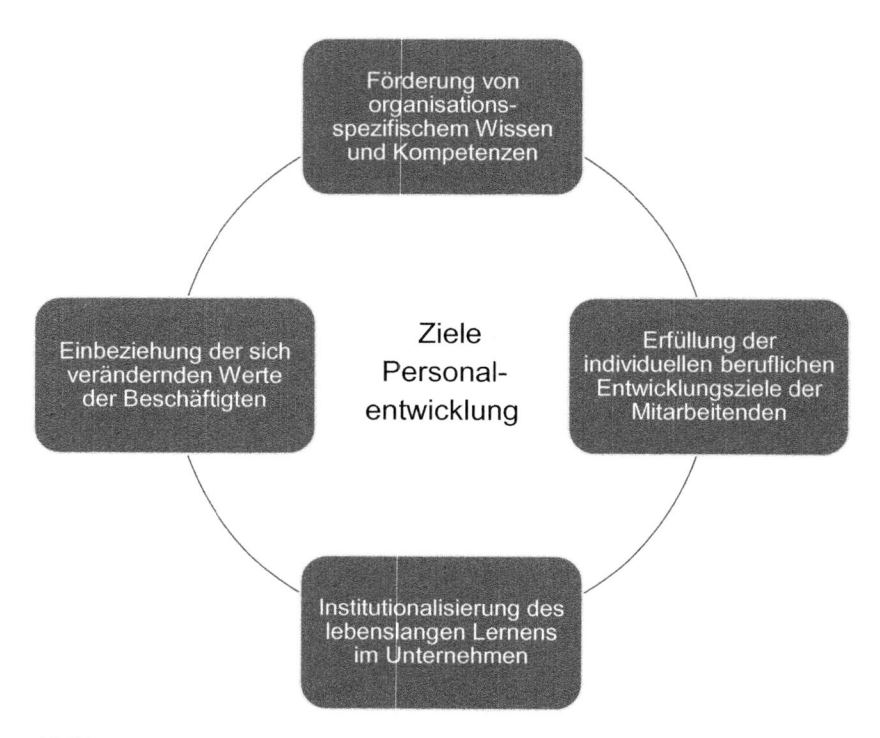

Abbildung 2.1 Ziele der Personalentwicklung.
(Quelle: Eigene Darstellung, in Anlehnung an Drumm, 2008, S. 334)

Die Abbildung zeigt vier Ziele der Personalentwicklung kreisförmig angeordnet:
- Förderung von organisationsspezifischem Wissen und Kompetenzen
- Erfüllung der individuellen beruflichen Entwicklungsziele der Mitarbeitenden
- Institutionalisierung des lebenslangen Lernens im Unternehmen
- Einbeziehung der sich verändernden Werte der Beschäftigten

der Organisationsentwicklung ergibt (Steinert, 2002; Gebert, 1974). Folglich sollten Organisationsentwicklungsmaßnahmen fortlaufend von Maßnahmen der Personalentwicklung flankiert werden (Steinert, 2002; Conradi, 1983).

Neben den vier allgemein gefassten Zielen wird innerhalb der wissenschaftlichen Literatur weitestgehend zwischen institutionellen und individuellen Personalentwicklungszielen differenziert. Beide Zielrichtungen sind nicht grundlegend verschieden, sondern weisen vielmehr einen komplementären Charakter auf. Darüber hinaus können die Ziele auf unterschiedliche Anspruchsgruppen – wie z. B. Führungskräfte – innerhalb des Unternehmens bezogen werden (Lang & Alt, 2004). So steht die Form der Personalentwicklung in Abhängigkeit von den jeweiligen Adressaten, auslösenden Faktoren sowie dem grundsätzlichen Ansatz der Entwicklung (Drumm & Scholz, 1988; Drumm, 2008; Hax, 1977).

Ein institutionelles Ziel der Entwicklung von Führungskräften ist bspw. die Förderung von Personalressourcen durch den Ausbau des gegebenen Führungspotenzials. Darüber hinaus erhofft sich die Unternehmensleitung häufig eine größere Einflussnahme auf die Mitarbeitenden durch qualifiziertere Führungskräfte. Weitere institutionelle Ziele können z. B. die Förderung einer lernorientierten Unternehmenskultur sowie die Eröffnung von Perspektiven für Talente[2] und potenzielle Bewerber (Außenwirkung) sein. Individuelle Ziele sind bspw. die Erfüllung des Bedürfnisses nach persönlicher Weiterentwicklung und Wissenserwerb, verbesserte Karrierechancen oder der Aufbau neuer Netzwerke (Lang & Alt, 2004).

2.3 Trends innerhalb der Personalentwicklung

Die hohe Geschwindigkeit und wachsende Komplexität von technologischen Fortschritten und Arbeitsprozessen haben zur Folge, dass erworbenes Wissen schnell veraltet. Die Einflüsse der Digitalisierung, Flexibilisierung und Dynamisierung sowie die steigende Bedeutung von Wissen, das sich an eine ständig ändernde Arbeitswelt anpassen muss, stellen hohe Anforderungen an die Personalentwicklung und erweitern dessen Aufgabenspektrum und Bedeutung (Hummel, 2010; Behrens et al., 2018). Die Basis einer erfolgreichen Bewältigung der Transformation ist in einer kontinuierlichen Entwicklung der Beschäftigten zu sehen, sodass diese auf die nötigen Kompetenzen zurückgreifen können und die Gewissheit haben, dem Wandel qualifiziert begegnen zu können (Becker, 2010).

Da Organisationen immer schneller auf Veränderungen innerhalb ihres Umfeldes reagieren müssen, treten digital unterstütze und informelle Lernformen zunehmend in den Vordergrund der Personalentwicklung (Frank, 2012). Die Studie des Centre for Learning & Performance Technologies veranschaulicht, dass digitale Angebote wie z. B. YouTube, Google Docs & Drive oder Twitter bereits zu den am häufigsten verwendeten informellen Lernmedien gehören (Hart, 2020). Ein zentraler Faktor im Rahmen des informellen Lernens stellt die Selbstmotivation sowie -organisation der Mitarbeitenden dar (Frank, 2012). Eine Diskussion der Erfassungsmöglichkeiten im Rahmen des informellen Lernens im Arbeitsalltag findet bisher relativ selten innerhalb von Untersuchungen statt. Eine der

---

[2] Der Terminus „Talente" umfasst in der vorliegenden Arbeit die Führungskräfte des unteren und mittleren Managements (Talentverständnis mit Fokus auf Hierarchiestufen) innerhalb des untersuchten Unternehmens (siehe hierzu auch Ritz & Sinelli, 2018).

wenigen Forschungsarbeiten ist von Marand, Noe und Tews (2013). Die Autoren haben mit Hilfe von neun Items eine Operationalisierung von drei informellen Lernwegen vorgenommen: Lernen von anderen Personen (z. B. anderen Mitarbeitenden), Lernen durch nicht-personenbezogene Quellen (z. B. fachliche Artikel) sowie Lernen durch sich selbst (z. B. Selbstreflexion).

Eine weitere zentrale Entwicklung ist das integrierte Lernen (engl. Blended Learning); eine Form des Lernens, die Präsenzlernen mit dem Ansatz des E-Learnings verbindet (Sauter, Sauter & Bender, 2003). Thalheimer (2017) hat im Rahmen seiner Untersuchungen fünf Meta-Studien analysiert (Tamim, Bernard, Borokhovski, Abrami & Schmid, 2011; Sitzmann, Kraiger, Stewart & Wisher, 2006; Means, Toyama, Murphy & Bakia, 2013; Schmid et al., 2014; Bernard, Borokhovski, Schmid, Tamim & Abrami, 2014), um die Effektivität von Blended Learning und E-Learning im Vergleich zum Präsenzlernen herauszuarbeiten. Der Autor kommt zu dem Ergebnis, dass E-Learning geringfügig bessere Ergebnisse als Präsenzveranstaltungen vorweisen kann, Blended Learning zeigt sich als effektivste Form der drei Bildungsangebote.[3] Diese Ergebnisse veranschaulichen den großen Entwicklungssprung, den E-Learning-Projekte gemacht haben. Zu Beginn des Lernens mit Hilfe von digitalen Medien wurde lediglich versucht, das Lesen von Literatur auf elektronische Datenträger zu übertragen, um auf diesem Wege Wissen zu vermitteln. Allerdings war die visuelle Gestaltung mäßig und die Interaktion zwischen Nutzenden und Medium reduzierte sich größtenteils auf das stundenlange Klicken des Weiter-Buttons. Den Anwendenden wurde kein wirklicher Mehrwert geboten, sodass keine positiven Lernerlebnisse entstehen konnten. Stattdessen wurde diese Lernform von den Nutzenden als passiv und eintönig erlebt (Clark, Tanner-Smith & Killingsworth, 2016; Hüppe,

---

[3] In Bezug auf das deklarative Wissen (Sachwissen wie bspw. Begriffe, Objekte, Prinzipien) generiert E-Learning geringfügig bessere Resultate als das Präsenzlernen. Bei der Betrachtung des prozeduralen Wissens (Handlungswissen, Darstellung von Vorgehensweisen und Prozessen zur Konstruktion, Verbindung und Nutzung von deklarativem Wissen) sind beide Lernformen ähnlich effektiv. Blended Learning erwies sich im Vergleich zum Präsenzlernen im Rahmen des deklarativen Wissens als 13 % und des prozeduralen Wissens als 20 % effektiver. Sitzmann et al., 2006 untersuchten darüber hinaus die Zufriedenheit der Studienteilnehmenden und konnten keine Differenzen zwischen Präsenzveranstaltungen und E-Learning finden. Die Blended Learning-Angebote weisen hingegen geringe Zufriedenheitswerte auf (sechs Prozent weniger). Die Forscher*innen erklären sich dieses Ergebnis mit dem Hintergrund, dass Blended Learning-Angebote ein etwas größeres Zeitfenster erfordern. Means et al. (2013) fokussieren sich in ihrer Untersuchung darüber hinaus auf die Lernintensität und stellten auch in diesem Bereich keine Unterschiede zwischen Präsenzlernen und E-Learning fest, wohingegen das Blended Learning als beste Lernmöglichkeit abschnitt.

2.3 Trends innerhalb der Personalentwicklung

2019; Thalheimer, 2017). Inzwischen gelingt es den Entwickler*innen von E-Learning-Angeboten deutlich häufiger effiziente und attraktive Lernumgebungen mit Hilfe von realistischen Übungen, individuellen Rückmeldungen, Wiederholungssequenzen und Szenarien, die sich sinnvoll am Arbeitsleben der Nutzenden orientieren, zu kreieren (Thalheimer, 2017).

Des Weiteren wächst aufgrund des Wandels der Arbeitswelt das Aufgabenspektrum der Führungskräfte im Rahmen der Personalentwicklung. Hierzu zählt z. B. die Motivation der Mitarbeitenden ihr Leistungs- und Entwicklungspotenzial einzusetzen aber auch beim Umgang mit den einhergehenden Herausforderungen unterstützend zu agieren (Behrens et al., 2018). Rump und Eilers (2015) betonen, dass personenbezogene Aspekte genauso stark an Bedeutung zunehmen, wie sachbezogene Einflüsse immer schwerer zu überschauen sind und in Folge an Unsicherheit und Komplexität gewinnen (z. B. sich verändernde Märkte). Deshalb ist die Entwicklung von Personal stärker an individuellen Gegebenheiten auszurichten. Die Dialogführung sowie Interaktionen zwischen Mitarbeitenden und Führungskräften nehmen somit zentrale Rollen innerhalb der Personalentwicklung ein. In diesem Zusammenhang beschränken sich die Inhalte nicht nur auf die vertikale und horizontale Entwicklung der Beschäftigten oder die Erwartungen aneinander. Vielmehr werden Aspekte thematisiert, die im Rahmen des demografischen Wandels und der Digitalisierung immer einflussreicher werden, wie die jeweilige Karriere- und Lebensplanung oder das richtige Maß an Arbeitsbelastung. Dies gilt vor allem für virtuelle Arbeitsgruppen und Strukturen. Hierbei arbeiten Personen zusammen, die trotz räumlicher Trennung Aufgabenstellungen gemeinschaftlich bearbeiten und deren Austausch mit Hilfe von modernen Medien und Kommunikationswegen optimiert wird (Behrens et al., 2018).

Aufgrund des demografischen Wandels steht Unternehmen eine geringere Anzahl an Fachkräften zur Verfügung. Mit Hinblick auf eine wachsende Vertiefung der Arbeitsteilung, immer kürzer werdenden Planungszeiträumen und eine steigende Dynamik innerhalb der Kommunikation nimmt die Bedeutung von Fachkräften gleichzeitig stetig zu. (Behrens et al., 2018). Hieraus ergibt sich ein weiterer zentraler Anspruch an die Personalentwicklung. Aufgrund eines zunehmend ansteigenden Durchschnittsalters der Beschäftigten, unter gleichzeitiger Berücksichtigung ihrer kontinuierlich sinkenden Anzahl, besteht eine wesentliche Aufgabe der Personalentwicklung darin, die Auswirkungen und möglichen Effekte auf die Leistungsfähigkeit der Organisation zu analysieren (Becker, 2018; Bellmann et al., 2018a). Ferner steuert sie negativen Tendenzen durch Förderung und Bewahrung der Arbeits- und Beschäftigungsfähigkeit der Mitarbeitenden in sämtlichen Phasen des Lebens entgegen, sodass auch das Führen von Mitarbeitenden mit diversen beruflichen, sozialen und kulturellen Hintergründen eine wachsende Bedeutung einnimmt. Dieser wachsenden Diversität der Belegschaft mit unterschiedlichsten Werdegängen gilt es mit neuen Laufbahnkonzepten der Personalentwicklung flexibel zu begegnen (Behrens et al., 2018).

Darüber hinaus wächst die Bedeutung einer arbeitsplatznahen Förderung der Mitarbeitenden, die mit einer Analyse der Tätigkeiten, Aufgaben und der hierfür erforderlichen Kompetenzen einhergeht. Vor allem die Einschätzung der zukunftstragenden Kompetenzen (Strategic Workforce Planning) stellt die Personalentwicklung vor hohe Herausforderungen (Krämer, 2012; World Economic Forum, 2018b). Nicht zuletzt stehen stärkere bzw. veränderte Personalentwicklungsmaßnahmen unter einem hohen Kosten- und Legitimationsdruck, wodurch die Bedeutung von Controlling- und Evaluationsmaßnahmen steigt (Krämer, 2012). Der zunehmende Einsatz von E-Learning, Blended Learning und des informellen Lernens geht mit erhöhten Anforderungen an die Erfolgskontrolle dieser Maßnahmen einher (Sattler & Sonntag, 2016).

2.4 Führungskräfteentwicklung

Führungskräfte wurden über die Jahrzehnte hinweg in zunehmendem Maße als wesentlicher Einflussfaktor in Bezug auf den Unternehmenserfolg angesehen. Mit Hinblick auf die Eigenschaftstheorie der Führung (siehe Abschnitt 4.2) wurde der Fokus jedoch für eine längere Phase auf die Auswahl von Führungskräften mit der ‚geeigneten' Persönlichkeit gelegt. Diese Führungspersönlichkeit wurde als von Natur aus gegeben bzw. als nicht erlernbare Fähigkeit betrachtet. Die systematische und in das Personalmanagement eingebettete Aus-, Fort- und Weiterbildung von Führungskräften wanderte jedoch spätestens in den 1980er Jahren stetig in den Mittelpunkt des Personalmanagements (Lang & Alt, 2004). Die Hintergründe für diese Entwicklung können in der wachsenden Komplexität, Dynamik sowie Instabilität innerhalb der Unternehmen und ihrer Umfelder sowie einem entscheidenden Wandel von Rollen innerhalb des Managements mit einer zunehmenden Bedeutsamkeit und Knappheit der Ressource Führungsfähigkeiten gesehen werden. Innerhalb eines sich immer schneller verändernden Umfeldes sind Kompetenzen zu einer zentralen organisationalen Ressource geworden, die über den Fortbestand eines Unternehmens entschieden hat und bis heute entscheidet (Ciupka, 1991; Widuckel, 2018). Führungskräfteentwicklung wird daher insbesondere in ökonomisch herausfordernden Phasen eine zunehmende Bedeutung beigemessen (Seeberg & Runde, 2004; Titzrath, 2011). Weitere Ursachen sind die wachsende Professionalisierung von Dienstleistungen für Führungskräfteentwicklung, die aus einer größeren Nachfrage der Unternehmen resultiert

2.4 Führungskräfteentwicklung

sowie der Wunsch der Führungskräfte an Aus- und Fortbildungsmaßnahmen zu partizipieren, da durch Entwicklungsmaßnahmen u.a. die Karriere positiv beeinflusst werden kann und eine Heranführung an zukünftig erwartete Aufgaben erfolgt (Lang & Alt, 2004; Erten-Buch et al., 2006).

Die Führungskräfteentwicklung stellt eine bedeutsame Aufgabe der Unternehmensleitung dar und ist im deutschsprachigen Raum ein Teilbereich der Personalentwicklung. Dieser Teilbereich richtet sich auf die Förderung und Entwicklung der Zielgruppe Führungskräfte aus (Becker, 2013). Im Rahmen der Versuche, die Potenziale und Kompetenzen von Führungskräften zu fördern und zu entwickeln, entstand ein fast unüberschaubarer Maßnahmenkatalog (Zaugg, 2008). Sämtliche Maßnahmen der Führungskräfteentwicklung können jedoch den bekannten Bereichen der Personalentwicklung zugeordnet werden (Armutat et al., 2007). Wunderer (2011) nimmt in diesem Zusammenhang eine Einordnung der Verfahren und Maßnahmen der Führungskräfteentwicklung vor, die von der räumlichen bzw. zeitlichen Nähe zum Arbeitsplatz sowie den Arbeitsinhalten beeinflusst wird. Hierbei findet eine Unterscheidung der nachfolgenden Kategorien statt: into-the-job, on-the-job, parallel-to-the-job, near-the-job, off-the-job sowie out-of-the-job (siehe Abbildung 2.2).

Die Möglichkeiten innerhalb der Führungskräfteentwicklung umfassen in diesem Rahmen den gesamten Personalzyklus, vom Eintritt ins Unternehmen (z. B. Patenprogramme) bis hin zum Ausscheiden (z. B. Nachfolgemanagement). Vor allem die on-the-job-Maßnahmen verdeutlichen die direkte Verbindung zu den Bereichen Arbeitsorganisation und Organisationsentwicklung. Die Zielsetzung besteht in diesem Rahmen darin, eine permanente Entwicklung innerhalb der und durch die Arbeit zu verwirklichen. Die ausgewählten Entwicklungsmaßnahmen sollten komplementär sein und auf ihre Konsistenz überprüft werden, um die Kernprozesse der Organisation nicht zu gefährden oder spezifisches Wissen zu verlieren. Gerade bei Generationenwechsel kommt diesen Aspekten eine hohe Bedeutung zu (Führing, 2004).

Zielsetzung der aufgeführten Maßnahmen ist eine Weiterentwicklung der Kompetenzen der Führungskräfte. In der vorliegenden Arbeit wird das Kompetenzverständnis von Erpenbeck & v. Rosenstiel (2003) zugrunde gelegt, die Kompetenzen als Disposition (Verhaltensbereitschaft) zur Selbstorganisation definieren. Diese Bereitschaft unterteilt sich in vier verschiedene Kompetenzarten: fachliche, soziale, personale/individuelle und Methodenkompetenz (Erpenbeck,

		Unternehmensstrategie ↕ Strategisches Human Resource Management				
	Führungskräfteentwicklung	↔		Organisationsentwicklung		

Maßnahmen und Instrumente

into-the-job	on-the-job		parallel-to-the-job	near-the-job	off-the-job	out-of-the-job
	Training on-the-job	Qualitätsfördernde Aufgabengestaltung				
Interne Ausbildung	Traineeprogramme	Handlungsspielraum	Coaching	Lernstatt	Planspiel, Cases	Sicherung der Arbeits- sowie Marktfähigkeit
Unterweisung	Planmäßige Unterweisung	Ganzheitlichkeit	Counselling	Qualitätszirkel bzw. Projektgruppeneinsatz	Erfahrungsaustauschgruppe	Flexibilisierung
Patenschaft	Einsatz in Assistenz- und Nachfolgestellen	Anforderungsvielfalt	Mentoring	Projektleitung	Förderkreis	Outplacementberatung
Einführungsprogramme		Lernmöglichkeiten (auch soziale)	Life-Domain-Balance		Kongresse	
	Stellvertretung	Job-Enlargement	Patenschaft		Fachseminare	Ruhestandsvorbereitung
	Projektarbeit	Job-Enrichment			Vorträge	Gleitender Ruhestand
	Sonderaufgaben	Job-Rotation			Workshops	Nachfolge- / Übergabemanagement
					Selbststudium	
					Computerbasiertes Training	

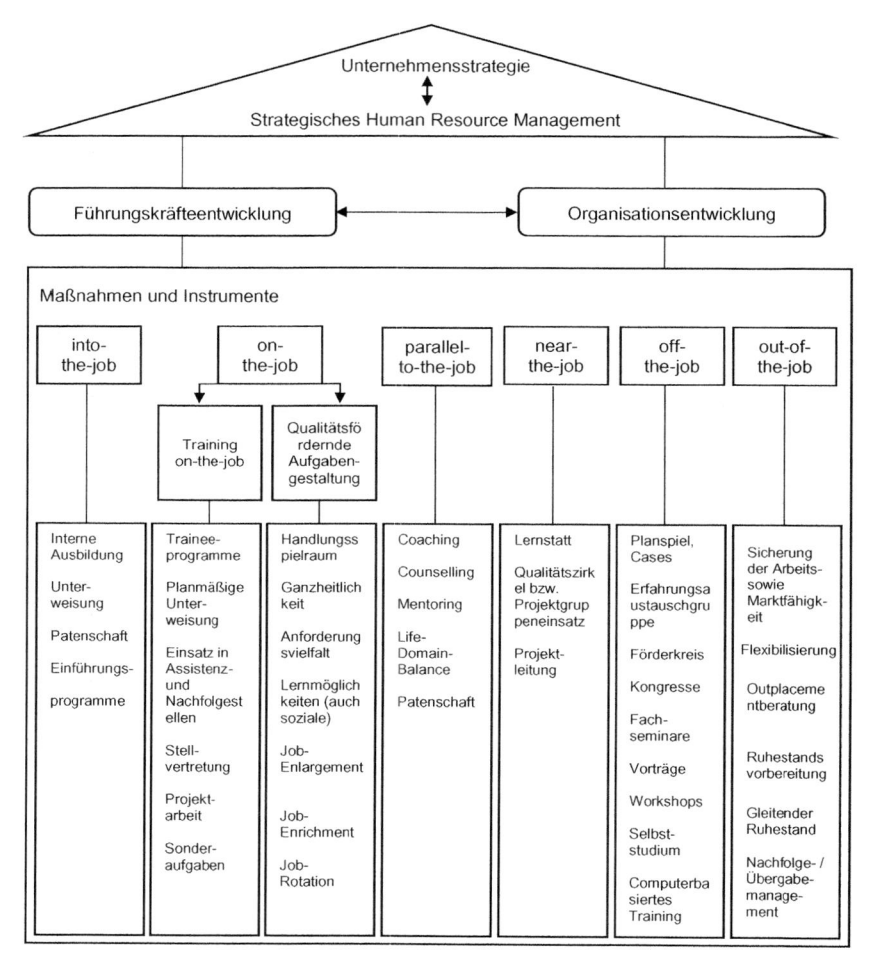

Abbildung 2.2 Maßnahmen und Instrumente der strategischen Führungskräfteentwicklung.
(Quelle: Eigene Darstellung, in Anlehnung an Wunderer, 2011, S. 363; Führing, 2004, S. 73)

2.4 Führungskräfteentwicklung

Grote & Sauter, 2017).[4] Kompetenzen stellen in diesem Rahmen die Verbindung von Wissen, Qualifikationen und Fertigkeiten dar. Ein kompetentes Agieren kann jedoch nicht allein auf diese drei Elemente zurückgeführt werden, sondern ist in hohem Maße an bestehende Wertvorstellungen geknüpft. Hierdurch bildet sich kompetentes Agieren stets unter der Einwirkung von extrinsischen und/oder intrinsischen Beurteilungen und Stimulationen aus (Widuckel, 2018).

Meist erfährt die Auseinandersetzung mit den Wertvorstellungen der Führenden als letzter aber sehr bedeutender Aspekt der Führungskräfteentwicklung eine Vernachlässigung, die in schwerwiegende Folgen für die Beziehung zwischen Führungskraft und Unternehmen resultieren kann. Das theoretische Konstrukt des sogenannten psychologischen Vertrags[5] – der aus impliziten und/oder expliziten Vorstellungen resultiert, die die Führungskräfte über die Bindung zwischen ihnen und ihrem Unternehmen haben – nimmt diesbezüglich eine zentrale Rolle ein (Marr & Fliaster, 2003; Nerdinger, 1997; Rousseau, 2005). In diesem Rahmen können transaktionale, tauschbezogene sowie beziehungsbezogene, relationale Vorstellungen von Bedeutung sein (Rousseau, 1996). Als potenzielle Erwartungen seien auf der Seite der Führungskräfte beispielhaft persönliche Entwicklungsmöglichkeiten, Gerechtigkeit[6] sowie ein betriebliches Gesundheitsmanagement

---

[4] Eine ausführliche Darstellung der besonderen Kompetenzanforderungen und ihrer Auswirkungen auf die Rolle der Führungskraft innerhalb des Transformationsprozesses erfolgt in Abschnitt 5.4.1.

[5] Der Terminus des „psychologischen Vertrags" wurde erstmalig von Argyris (1960) eingeführt. Argyris geht hierbei auf die Beziehung zwischen Arbeitenden und Vorarbeitenden ein, innerhalb derer die wechselseitigen Bedürfnisse eine Respektanz erfahren, um Produktionsabläufe verbessern zu können. Das Konzept und der hieraus entstandene Begriff wird von Argyris jedoch nicht in der Tiefe behandelt. Vielmehr haben Autoren wie Levinson (1972; Levinson, Price, Munden & Solley 1962) und Schein (1978, 1980) den bestehenden Ansatz weiterentwickelt und den Ausdruck des psychologischen Vertrags in Beziehung zu der Motivation und Zufriedenheit von Beschäftigten gesetzt. Beide Autoren betonen die zentrale Bedeutung der unausgesprochenen Aspekte des Beschäftigungsverhältnisses für die Gestaltung von Beziehungen.

[6] Hierbei sei angemerkt, dass sich Gerechtigkeitsanforderungen an Organisationen auch über psychologische Verträge hinaus zeigen. Hierunter zählen Transparenz bzw. Zugang und Verständlichkeit zu Informationen, Ressourcenallokation, Verfahrenskriterien und gelebte Verhaltensweisen (vor allem von direkten Führungskräften). Dementsprechend stellt die organisationale Gerechtigkeit eine zentrale Basis für die Bindungen der Beschäftigten an das Unternehmen dar (Greenberg & Colquitt, 2005). Neben dieser Bindung weist Siegrist (1996) anhand seines Modells der „beruflichen Gratifikationskrise" darauf hin, dass eine als ungerecht wahrgenommene Reziprozität (Ungleichgewicht zwischen Leistung und Entschädigung) erhebliche negative Auswirkungen auf die Gesundheit der Beschäftigten haben kann.

genannt, wohingegen auf der Seite des Unternehmens Inhalte wie Loyalität, Flexibilität und die Bereitschaft der Beschäftigten zur Weiterqualifizierung erwartet werden (Nissen, 2018). Psychologische Verträge beinhalten somit insbesondere unausgesprochene Themen und bestimmen generell, welche Leistung eine Organisation von seinen Mitgliedern erwarten kann und diese als Belohnung im Gegenzug vom Unternehmen (Führing, 2004; Rousseau, 1996). Hierdurch drückt der psychologische Vertrag aus Sicht der Beschäftigten die individuelle Wahrnehmung aus, inwieweit das eingebrachte Engagement von der Organisation gewürdigt wird (Stecker & Zierler, 2018). Nimmt bspw. eine Führungskraft einen Bruch des psychologischen Vertrags wahr, ist von einem geringeren Maß an Commitment, Engagement und Zufriedenheit auszugehen (Nissen, 2018).

Diese Gesichtspunkte sind von zentraler Bedeutung, da sie erkennen lassen, dass eine reine Entwicklung bzw. Existenz gewisser Kompetenzen allein nicht ausreichend ist, um die von der Organisation gewünschten Leistungen von den Führungskräften zu generieren. Stattdessen ist neben dem Leistungsvermögen (dem „Können") die Bereitschaft und somit das „Wollen" entscheidend. Zentraler Anspruch an die Führungskräfteentwicklung ist es daher, die Leistungsbereitschaft stetig zu erhalten und zu fördern. Aus diesem Grunde gilt es, die Erwartungshaltungen der Führungskräfte und des Unternehmens fortwährend zu ermitteln, um gegenseitige Missverständnisse zu vermeiden und sich im Zeitverlauf verändernden Anforderungen gerecht werden zu können (Nissen, 2018). Nicht zuletzt hat das Verhalten der Führungskräfte intern und extern eine maßgebliche Signalwirkung (Marr & Fliaster, 2003). Weitere Gegenstände der Führungskräfteentwicklung sind daher der verantwortungsvolle Umgang der Führungspersönlichkeiten mit ihrer Vorbildfunktion und die Motivation von Mitarbeitenden (Führing, 2004).

Im Rahmen eines Wandlungsprozesses sehen sich Führungskräfte mit einer zwiespältigen Situation konfrontiert, da sie auf der einen Seite die Rolle des Gestalters annehmen und der Antrieb des (nötigen) Wandels sind, auf der anderen Seite aber auch Betroffene des Wandels und ihrer Entscheidungen darstellen (siehe hierzu ausführlich Abschnitt 5.4.1). Nicht alle Entwicklungen, die positiv für das Unternehmen sind, haben auch positive Effekte für die Führungskräfte. Ferner kann im Falle einer Geringschätzung der Sichtweise der Führungskräfte auf die Transformation bzw. einer Verletzung ihrer Erwartungshaltung in Bezug auf Gerechtigkeit und Reziprozität von Reaktionen wie Passivität bis hin zu Widerständen ausgegangen werden (Widuckel, 2018). Die Vermittlung zwischen den Interessenslagen der Führungskräfte und des Unternehmens stellt daher eine dauerhafte Gradwanderung und Herausforderung dar (Führing, 2004). Die Führungskräfteentwicklung wird vor allem in dieser Phase gefordert, da es

2.4 Führungskräfteentwicklung

den Führenden Perspektiven aufzuzeigen gilt und diese an die Organisation zu binden. Eine wesentliche Rolle spielt in diesem Zusammenhang das Karrieremanagement[7], das die Gesamtheit der Führungskräfteentwicklungsmaßnahmen zeitlich, räumlich sowie inhaltlich koordiniert (Führing, 2004). Des Weiteren bietet das Karrieremanagement die Chance, eine Abstimmung der jeweiligen Ziele der Führungskräfte und der Unternehmensziele vorzunehmen und soweit möglich eine win–win-Situation zu erzielen. Besonders herausfordernd ist hierbei, nicht alten, bürokratischen und starren Laufbahnstrukturen anzuhängen, sondern flexibel und offen für neue Gestaltungswege zu sein, um wettbewerbsfähig zu bleiben. Ein strategisches Karrieremanagement fokussiert eine Koordination intra- und interorganisationaler Karrierebewegungen von Führungskräften bzw. Nachwuchsführungskräften (Kaschube, 1997; Staehle et al., 2020).

Nach Schein (1978) können drei Bewegungsrichtungen intraorganisationaler Karrieren differenziert werden: vertikal (Auf- bzw. Abstieg innerhalb der Hierarchie, auch bekannt als ‚klassische' Karriere), radial (ohne Auf- bzw. Abstieg innerhalb der Hierarchie findet eine Annäherung oder Entfernung an Macht- bzw. Einflusszentren statt) und horizontal (es wird ein Wechsel zwischen Funktionen bzw. Abteilungen vollzogen, ohne dass ein Auf- bzw. Abstieg innerhalb der Hierarchie stattfindet). Durch Entwicklungen wie zunehmend flache Hierarchien, Patchworklaufbahnen und der im Rahmen des demografischen Wandels erfolgenden Verlängerung der Lebensarbeitszeit ist zu erwarten, dass es in Zukunft in einigen Karrieren hierarchische Abstiege geben wird (Führing, 2004; Hofmann, 2018). Die Entwicklung von Führungskräften stellt somit keine Aufgabe dar, die sich auf das Personalwesen begrenzt. Vielmehr ist sie eine zentrale Managementaufgabe und steht in der Verantwortung der jeweiligen Führungskraft der zu entwickelnden führenden Person. Nicht zuletzt fällt sie unter den Aufgabenbereich der Führungskräfte selbst, die den Anspruch haben sollten ihre Beschäftigungsfähigkeit zu erhalten (Employability) und sich weiterzuentwickeln (Führing, 2004).

---

[7] In der vorliegenden Arbeit wird „Karrieremanagement" als systematische und langfristigorientierte Planung zur Besetzung und Weiterentwicklung vorhandener und zukünftiger Stellen und Aufgaben verstanden (Mayrhofer & Riedl, 2002).

Unternehmenskultur 3

Eine erfolgreiche Bewältigung der Transformation innerhalb der Arbeitswelt ist unweigerlich an die Veränderung unternehmenskultureller Bedingungen geknüpft. Die Unternehmenskultur nimmt innerhalb dieses Prozesses einen besonderen Stellenwert ein, da ihre Anpassung einerseits die Voraussetzung für den angestrebten Wandel darstellt, sie selbst aber auch den Charakter einer Ressource für die Transformation aufweist (Widuckel, 2015a). Aufgrund dieser zentralen Rolle erfolgt innerhalb des vorliegenden Kapitels eine ausführliche Darstellung des Begriffsverständnisses von „Unternehmenskultur" sowie ihrer Beeinflussung durch sich verändernde Werte im Rahmen eines Wandlungsprozesses. Ferner wird die Frage nach der grundsätzlichen Gestaltbarkeit der Unternehmenskultur diskutiert. Abschließend wird die Beziehung zwischen Unternehmenskultur und organisationalem Lernen erläutert.

3.1 Definition Unternehmenskultur

In der vorliegenden Arbeit werden unter dem Terminus „Unternehmenskultur" sämtliche bewusste und unbewusste Regeln, Werte, Normen bzw. Muster gemeinschaftlicher Grundannahmen innerhalb einer Organisation verstanden, die von einer gegebenen Gruppe erfunden, entdeckt oder entwickelt wurden. Eine Unternehmenskultur kann als Resultat eines Lernprozesses einer Gruppe in Bezug auf den Umgang mit Problemen durch externe Anpassung und interne Integration angesehen werden und genießt aufgrund ihrer Funktionalität Anerkennung, wird im Alltag gelebt und daher auch an neue Mitglieder weitergetragen (Wunderer, 2011; Krämer, 2012; Schein, 2017; Widuckel, 2015a).

Die Unternehmenskultur wird realisiert durch Sprache (bspw. Leitsätze, Unternehmensvision, Slogans), Handlungen (bspw. Ehrungen, Verhalten von Führungskräften, Einführung und Verabschiedung von Mitarbeitenden) und Objekte (bspw. Gestaltung von Gebäuden, Arbeitskleidung, Wunderer, 2011; Krämer, 2012; Sackmann, 2011, 2017). Von grundlegender Bedeutung ist die Abstimmung von Unternehmenskultur, -strategie und -struktur (Wunderer, 2011; Bleicher, 1992; Philip & McKeown, 2004). Durch die Unternehmenskultur gewinnt eine Organisation eine einzigartige interne und externe Systemidentität (Bleicher, 1992). Die gegebene bzw. angestrebte Kultur signalisiert den Systemmitgliedern, welches Verhalten von ihnen erwartet wird (Wilkins, 1983). Sie beeinflusst daher in hohem Maße die interne Zusammenarbeit, die externen Beziehungen und somit auch die Leistungsfähigkeit eines Unternehmens (Wunderer, 2011).

Schein (2017) differenziert drei Kulturebenen im Rahmen seiner Untersuchungen (siehe Abbildung 3.1). Die erste Ebene der Artefakte stellt die Oberfläche dar (sog. Erscheinungsebene), die für alle Unternehmensmitglieder direkt erlebbar bzw. zugänglich ist, wie sichtbare Verhaltensweisen, Rituale etc. Hierunter zählen bspw. das interne und externe Kommunikationsverhalten, die Unternehmensvision und genutzte Technologien. Ebene Zwei umfasst kollektive Werte (Höflichkeit, Offenheit für neue Entwicklungen, Traditionsbewusstsein etc.) und somit die Einstellung der Mitarbeitenden. Die dritte Ebene ist die tiefste Dimension, da sie Aspekte aufgreift, die als selbstverständlich für die Reaktionsweise auf Umweltfaktoren (z. B. Beziehungen zu anderen Personen, Zeitorientierung) angesehen werden. Sie sind so grundlegend verankert, dass sie von den Personen innerhalb des Unternehmens nicht bewusst wahrgenommen werden, aber das Verhalten wesentlich beeinflussen. Das Drei-Ebenen Modell verdeutlicht auf diese Weise, dass die Kultur eines Unternehmens zum einen Ausdruck gelebten Verhaltens und zum anderen eine normative Vorstellung darstellt.

Aufgrund des Einflusses, den die Unternehmenskultur auf die Organisationsleistung nimmt, wurde innerhalb der Wissenschaft versucht, mit Hilfe bestimmter Faktoren ‚starke' von ‚schwachen' Unternehmenskulturen zu unterscheiden und deren Hintergründe ermitteln zu können. Als zentrale Dimensionen stellen Schreyögg & Koch (2020) die „Prägnanz", den „Verbreitungsgrad" und die „Verankerungstiefe" der Unternehmenskultur heraus. Die Prägnanz repräsentiert das Ausmaß an klaren Orientierungsmustern und Werthaltungen und prüft die Homogenität von Grundannahmen wie Standards, Wert- und Symbolsystemen sowie die Universalität der Orientierungsmuster. Der Verbreitungsgrad steht für das Ausmaß, inwieweit die Organisationsmitglieder die Unternehmenskultur teilen und ihre Verhaltensweisen davon leiten lassen. Die Verankerungstiefe, als

Artefakte
direkt erlebbare, sichtbare Verhaltensweisen, Rituale etc. Bspw. internes und externes Kommunikationsverhalten, die Unternehmensvision und genutzte Technologien.

⇕

Kollektive Werte
betreffen z.B. Höflichkeit, Offenheit für neue Entwicklungen, Traditionsbewusstsein und somit die Einstellung der Mitarbeitenden.

⇕

Grundannahmen
tief verankert, werden nicht bewusst wahrgenommen, aber beeinflussen das Verhalten wesentlich, wie z.B. Beziehungen zu anderen Personen.

Abbildung 3.1 Drei-Ebenen-Modell.
(Quelle: Eigene Darstellung, in Anlehnung an Schein, 2017, S. 18; Schein, 1992, S. 17)

dritte Dimension, untersucht die Tiefe an Internalisierung von unternehmenskulturellen Mustern und bewertet den Grad an Selbstverständlichkeit innerhalb des alltäglichen Handelns, wobei zwischen Konformität und achtloser Verinnerlichung zu differenzieren ist. Die Internalisierung kann zu Stabilität und einem Gefühl von Sicherheit führen, Faktoren die eine hohe Bedeutung für eine ‚starke' Unternehmenskultur einnehmen (ebd.; Oechsler & Paul, 2018).

3.2 Einfluss von Werten auf die Unternehmenskultur

Grundsätzlich erwächst im Verlauf einer organisationalen Entwicklung eine kulturelle Ausprägung, die Überzeugungen und Wertvorstellungen zu einer festen Komponente der Identität des Unternehmens werden lässt. Dieser Prozess erfordert allerdings eine Legitimation, die sich nicht auf die Erfolgswirksamkeit von

Überzeugungen und Wertvorstellungen reduzieren lässt. Vielmehr kann in diesem Zusammenhang die Einwirkung gesellschaftlicher Wert- und Leitvorstellungen auf Organisationen festgestellt werden. Die besagte Einwirkung führt jedoch nicht immer zu einem eindeutigen Resultat, da Wert- und Leitvorstellungen gesellschaftlich strittig sein können (beispielsweise Toleranz). Aus diesem Grunde sind die gesellschaftlichen Erwartungen von Organisationen handlungsleitend zu interpretieren. Dieser Vorgang kann in Organisationen bzw. in einer Beziehung zur Unternehmensumwelt Kontroversen zur Folge haben, in deren Rahmen starke Einflüsse von Macht- und Interessenbeziehungen zu beobachten sind (Widuckel, 2015a).

Dieser mögliche Spannungszustand entfaltet sich vor allem, wenn bislang erfolgreiche Bewertungssysteme, Leistungsziele und im Geschäftsleben angewandte Praktiken innerhalb der Gesellschaft keine Akzeptanz mehr vorfinden. Diese Gegebenheit resultiert in einem ‚Veränderungszwang', der in Verbindung mit Widerständen steht. Veränderte Überzeugungen und Wertvorstellung allein zu postulieren ist in diesem Zusammenhang nicht ausreichend. Der gewünschte Kulturwandel hat sich erst erfolgreich vollzogen, wenn er zu neuen geteilten Überzeugungen und Wertvorstellungen führt, die in veränderten Praktiken münden. Hierfür muss jedoch die Ebene der Grundannahmen (siehe Abbildung 3.1) eine Veränderung erfahren, wodurch eine Reflexion der organisationalen Tiefenstruktur sowie der nötigen Veränderungen unabdingbar wird. Dieses Erfordernis kann allerdings nicht allein mit einer unverzichtbaren Anpassung an externe Zwänge begründet werden. Stattdessen gilt es, die Erwartungen der Umwelt sowie Überzeugungen und Wertvorstellungen in einen gemeinsamen Kontext zu stellen, der gleichzeitig eine moralische Legitimation impliziert. Dieser Vorgang stellt eine wesentliche Voraussetzung für die interne und externe Glaubwürdigkeit des Wandlungsprozesses dar. Organisationen, die einen Wandel lediglich auf ökonomische Erfolgskriterien gründen, könnten dem Verdacht fungibler Überzeugungen ausgesetzt werden. Nur Überzeugungen und Wertvorstellungen, die eine Begründung ‚als solches' erfahren und nicht rein instrumentellen Zielsetzungen dienlich sind, weisen eine stabilisierende Wirkung für ein Unternehmen auf. Wird der Wandlungsprozess nicht in die gemeinsamen Überzeugungen und Wertvorstellungen integriert und eine reflexive Auseinandersetzung mit der Tiefenstruktur der Organisation vernachlässigt, können nur oberflächliche Veränderungen vollzogen werden (Widuckel, 2015a).

3.3 Wandel und Gestaltbarkeit von Unternehmenskultur

Gemeinsame Überzeugungen und Wertvorstellungen stellen zentrale Bestandteile einer Unternehmenskultur dar, sodass die Kultur einer Organisation nie entkoppelt von gesellschaftlichem Wandel betrachtet werden kann (Widuckel, 2015a; Effron, Gandossy & Goldsmith, 2003). Insbesondere Megatrends[1] wie die Flexibilisierung und Digitalisierung nehmen einen erheblichen Einfluss auf bestehende Unternehmenskulturen (Krämer, 2012; Widuckel, 2015a). So lässt allein die Flexibilisierung vollkommen veränderte Leitvorstellungen von dem Verhältnis zwischen Erwerbsarbeit und anderen Lebensbereichen sowie der Rolle beruflicher Entwicklung erforderlich werden, wodurch diese zwischen den Beschäftigten und dem Unternehmen von neuem diskutiert und verhandelt werden müssen (Widuckel, 2015a). Wie stark sich die Folgen eines Wandels auf Unternehmen auswirken, hängt allerdings davon ab, wie bedeutsam dieser eingeschätzt wird und mit welchen Maßnahmen die Unternehmensführung reagiert (Krämer, 2012). Stuft eine Organisation einen Wandlungsprozess als wesentlich ein, sieht sie sich der Herausforderung gegenüberstehen sich einer Veränderung und damit einhergehend einem ‚Kulturwandel' zu unterziehen. Hierdurch wird der Unternehmenskultur die ambivalente Rolle zuteil, sowohl Ressource als auch Objekt von Veränderungen zu werden (Widuckel, 2015a).

Im Rahmen einer erforderlichen Anpassung der Unternehmenskultur stellt sich unweigerlich die Frage, inwieweit kulturelle Umgestaltungen überhaupt geplant vorgenommen werden können. Die Antwort auf diese Fragestellung ist äußerst komplex, steht sie doch in großer Abhängigkeit von zahlreichen externen Impulsen. Darüber hinaus bindet eine tiefgehende Veränderung der bestehenden Unternehmenskultur ein hohes Maß an zeitlichen Ressourcen und steht meist in Verbindung mit personellen Neuerungen auf den höheren Managementebenen. Hierdurch wird der Veränderungsprozess sich wandelnden internen sowie externen Impulsen ausgesetzt, sodass eine Plan- und Gestaltbarkeit nur bedingt vorhanden ist. Organisationen werden dementsprechend mit der Problematik konfrontiert, dass die Impulse zum Wandel durch eine zunehmende Umweltdynamik eine Beschleunigung erfahren. Vor allem ‚starke' Unternehmenskulturen, die eine hohe Überzeugung bezüglich ihrer Grundannahmen und kollektiven Werte

---

[1] Der Terminus „Megatrends" wurde von John Naisbitt 1982 durch seine Arbeit „Megatrends. Ten New Directions Transforming Our Lives" geprägt. Naisbitt umfasst mit dem Begriff Trends, die gesellschaftlich grundlegende und vor allem langfristige Veränderungen einläuten. Megatrends prägen sämtliche Gesellschaftsebenen (z. B. Politik, Wirtschaft, Wissenschaft und Kultur) und Branchen tiefgehend und langfristig (Wieden, 2016).

vorweisen, begegnen diesen Impulsen mit Widerständen. Stellt sich die Unternehmenskultur hingegen als fluider dar, ist ein geringerer Widerstand anzunehmen, was sich jedoch zuungunsten der sozialen Kohärenz in einer Organisation auswirken kann. Die Bereitschaft für Veränderungen sowie die Fähigkeit zu Lernen stellen daher zentrale Voraussetzungen dar, um diese Problematik überwinden zu können (siehe hierzu Abschnitt 3.4). Hierbei gilt es, dass potenzielle Widerstände und Ängste nicht einfach ausgeblendet werden, sondern vielmehr in den grundlegenden Überzeugungen eine Berücksichtigung erfahren. Zwar erscheinen die Anforderungen der Veränderungsbereitschaft und der Lernfähigkeit nicht als progressiv, jedoch ist zu berücksichtigen, dass innerhalb zahlreicher Branchen vorhandene Geschäftsmodelle und -praktiken grundlegend hinterfragt werden und sich diese mit hohen Veränderungsanforderungen konfrontiert sehen. Dieser Impuls erweckt den Eindruck eines äußert übergreifenden Charakters, der eine intensive Verknüpfung mit der Globalisierung[2], der Flexibilisierung und der Digitalisierung aufweist. Ferner ist zu beachten, dass diese technisch-ökonomischen Entwicklungen in enger Verbindung mit sozialen Wandlungsprozessen stehen, wie beispielsweise veränderten und diversifizierten Lebensentwürfen sowie dem demografischen Wandel (Widuckel, 2015a).

Darüber hinaus wird die Kultur eines Unternehmens von nationalen und branchenspezifischen Umkulturen beeinflusst und besteht aus diversen Subkulturen (Abteilungen, Teams, etc.). Die einzelnen Subkulturen hängen stark von der jeweiligen Führungskraft und ihrem Führungsstil ab, die wiederum von der Unternehmenskultur geprägt wird. Die Auswirkungen der direkten Teilhabe der Mitarbeitenden am Wirken von z. B. vorbildhaften Führungskräften sowie die mittelbare Vermittlung derer Werte durch Erzählungen innerhalb des Unternehmens sind nicht zu unterschätzen. Die Führungskräfte nehmen über den gesamten Personalzyklus eine wichtige kulturgestaltende Rolle ein: Von der Personalauswahl, über den Personaleinsatz bzw. dessen Planung bis hin zur Weiterentwicklung und Beförderung bzw. dem Ausscheiden der Mitarbeitenden prägen sie durch ihr Verhalten die Einstellungen und Arbeit der Beschäftigten in erheblichem Maße. Führungskräfte tragen in diesem Rahmen eine

---

[2] Die Globalisierung wird innerhalb der Arbeit als ein wirtschaftlicher und politischer Integrationsprozess angesehen, durch den wechselseitige Abhängigkeiten zwischen diversen Weltregionen wachsen und sich der Kontext für soziales und ökonomisches Wirken ausweitet. Diese Interdependenzen gehen soweit, dass keine vollständig autonome Problemlösefähigkeit einzelner Staaten oder globaler Regionen gegeben ist, sodass die Globalisierung deutlich weitreichendere Folgen als die Internationalisierung aufweist. Aufgrund dieser zunehmenden Abhängigkeiten erweitern sich Konfliktpotenziale und Unsicherheiten (Widuckel, 2015b).

3.3 Wandel und Gestaltbarkeit von Unternehmenskultur

hohe Verantwortung (Bleicher, 1992). So sind außerordentliche Leistungen eines Unternehmens erst durch ein starkes und zukunftstragendes Wertegefüge realisierbar, das wiederum zu einem großen Teil von den Führungskräften gestaltet sowie in hohem Maße beeinflusst wird und zu den wichtigsten Führungsaufgaben zählt (Peters & Waterman, 2006). Darüber hinaus stellt sich die Frage, welches Bild ein Unternehmen von seinen Führungskräften hat: stellen diese lediglich ein Instrument zur Zielerreichung dar, ohne eigene Erwartungshaltungen bzw. Ängste oder werden die Ansprüche von beiden Seiten berücksichtigt und bestehende Einwände grundsätzlich als berechtigt angenommen und nicht als reine Abwehrreaktion auf Veränderungen (Widuckel, 2018). Im letzteren Fall profitiert die Unternehmenskultur aufgrund einer Einbeziehung der jeweiligen Ansprüche von einer stärkeren Beziehung zu den Führungskräften und somit auch einem höheren Commitment (Bleicher, 1992; Ilmarinen, 2006).

Die Unternehmenskultur sollte grundsätzlich gesamthaft innerhalb der Organisation gelebt werden und nicht widersprüchlich sein, jedoch sollte dieser Anspruch nicht als Wunsch nach jeglicher Einebnung subkultureller Differenzen missverstanden werden. Wie bereits dargestellt, kann die Angleichung der Unternehmenskultur an zukünftige Anforderungen häufig auf Anpassungswiderstände stoßen, die wiederum Konflikte zur Folge haben (Bleicher, 1992). Dies wirft die Frage nach dem erforderlichen Grad an Harmonisierung in Bezug auf eine einheitliche Unternehmenskultur auf. Auf den ersten Blick scheint kein Aspekt gegen eine Kultur zu sprechen, die von Harmonie getragen wird und ohne Konflikte verläuft. Jedoch kann bei näherer Betrachtung der Drang nach Harmonie sowie die Angst vor Veränderungen, gerade in Zeiten steigender Dynamik und Volatilität, schnell zu einer ungewünschten Dysfunktionalität gegenüber den Anforderungen der Unternehmensumwelt führen und somit den Fortbestand der Organisation gefährden. So wird in einem Umfeld, das von stillschweigendem Konsens und impliziten Herangehensweisen geprägt ist, kein Perspektivenwechsel vorgenommen. Dieser ist jedoch insbesondere für eine Auseinandersetzung mit der Andersartigkeit zukünftiger Rahmenbedingungen unerlässlich. Ohne konfligierende Kräfte innerhalb eines Unternehmens, aus denen die neuen zukunftsweisenden Werte und Normen resultieren, ist weder eine Anpassung an ein verändertes Umfeld möglich, noch können Diskontinuitäten bewältigt werden. Angeglichene Einheitskulturen können daher schnell die Rolle von ‚Friedhofskulturen' einnehmen (Bleicher, 1992).

Um einen derartigen Zustand zu vermeiden, gilt es für Unternehmen sich innerhalb des Transformationsprozesses mit veränderten Bindungs-, Entwicklungs-, und Beteiligungserwartungen der Geführten auseinandersetzen, die auf die veränderten gesellschaftlichen Verhältnisse zurückzuführen sind

(Widuckel, 2018). So verdeutlichen wissenschaftliche Studien, die innovative Wandlungsprozesse untersuchen, dass die Offenheit der Beschäftigten gegenüber aufkommenden Veränderungen in enger Verbindung mit dem Ausmaß an Partizipation sowie der kulturellen Basis für soziale Austauschbeziehungen steht (exemplarisch Schwarz-Kocher et al., 2011; Sverdrup & Stensaker, 2018; Rump, Schabel, Eilers & Möckel, 2014, 2015; Hartl & Hess, 2017; Ristino & Michalak, 2018). Ein Beispiel hierfür stellen die Untersuchungsergebnisse von Schwarz-Kocher et al. (2011) dar, die darauf hinweisen, dass Anerkennung, Vertrauen und Wertschätzung von entscheidender Bedeutung sind, da sie für die Erarbeitung von gemeinsam anerkannten Lösungen eine fundamentale Rolle einnehmen.

3.4 Unternehmenskultur und organisationales Lernen

Anhand des Drei-Ebenen-Modells von Schein (2017) wird deutlich, dass ein tiefgreifender Wandel der Unternehmenskultur nur erfolgen kann, wenn sämtliche Ebenen („Artefakte", „kollektive Werte" und „Grundannahmen") eine Veränderung erfahren und die Organisationsmitglieder von einer ‚gemeinsamen Basis' ausgehen. Diese Basis wird innerhalb der vorliegenden Arbeit als die Zielsetzung eines gemeinsamen Lernfortschritts verstanden, um eine kulturelle Veränderung realisieren und das Verhalten der Agierenden auf eine neue Grundlage stellen zu können. So führen die hohe Dynamik und Einzigartigkeit des digitalen Wandels dazu, dass dieser die große Komponente eines Lernprozesses beinhaltet (vgl. Argyris & Schön, 2018; Schein, 1992).[3] Handlungs- und Denkweisen, die auf Erfahrungen aus der Vergangenheit basieren, sind hingegen nicht länger ausreichend zukunftsfähig, wodurch die kontinuierliche Realisierung von Lern- und Veränderungsprozessen über den Fortbestand von Unternehmen entscheiden (Dimitrova, 2009; Pieler, 2001).

Argyris und Schön (2018) veranschaulichen in diesem Zusammenhang, dass innerhalb von Wandlungsprozessen die Weiterentwicklung einzelner Personengruppen nicht ausreichend ist. Stattdessen sind Unternehmen dazu angehalten, in Gänze ein kulturelles Umfeld der sog. „lernenden Organisation" zu etablieren.[4]

---

[3] Schein weist bereits 1992 auf den Aspekt hin, dass Unternehmen, die sich innerhalb eines Umfelds bewegen, das von einem rasanten Wandel geprägt ist, einen immer schnelleren Lernprozess vollziehen müssen und verbindet unter diesem Gesichtspunkt sein Verständnis von Unternehmenskultur mit dem Konzept der lernenden Organisation.

[4] Der Terminus des „organisationalen Lernens" findet bereits 1963 in den Studien von Cyert und March Erwähnung. Neben den Arbeiten von Argyris und Schön (1978) gehören die

3.4 Unternehmenskultur und organisationales Lernen

Organisationales Lernen[5] kann als ein Prozess verstanden werden, der auf die Entwicklung von Verständnis, Einsichten und Wissen organisatorischer Zusammenhänge basiert, um die Effektivität des zukünftigen Handelns zu erhöhen. Vor allem wird innerhalb dieses Prozesses der Fokus verfolgt, ein gemeinsames Wertegefüge von und für die Beschäftigten einer Organisation zu entwickeln und deren Handlungs- und Problemlösungskompetenz zu steigern (vgl. Probst & Büchel, 1998). Die Beschäftigten sollen hierbei lernen, Veränderungen der Organisationsumwelt zu antizipieren, sodass sie diesen zukünftig mit einer proaktiven Verhaltensweise begegnen können. In diesem Rahmen nutzen und entwickeln sie vorhandenes Wissen der Organisation weiter und schaffen und verbreiten neues Wissen. Hierdurch profitieren Sie von einer Verbesserung ihrer Handlungskompetenz, wodurch sie einen wertvollen Beitrag zur stetigen Organisationsentwicklung und Arbeitsplatzsicherung leisten (Zaugg, 2009).

Die erforderliche Veränderung des Denkens und Handelns erfolgt nach Argyris und Schön (2018) durch drei verschiedene Lernarten: Anpassungslernen (Einschleifen-Lernen), Veränderungslernen (Doppelschleifen-Lernen) sowie Prozesslernen (Deutero-Lernen). Das Einschleifen-Lernen (single-loop learning) basiert auf einer einfachen Rückmeldeschleife, die aus einer Abweichung vom erwarteten Ergebnis resultiert. Die Beschäftigten versuchen trotz aufkommender Widrigkeiten das gewünschte Ergebnis fortwährend zu erreichen. Hierbei halten sie an den bestehenden Werten und Zielen des Unternehmens fest, sodass nur das Verhalten, das zum gewünschten Zielzustand führt, eine Anpassung erfährt. Beispielhaft sei in diesem Zusammenhang die Verfehlung eines Umsatzziels angeführt, dessen Erfüllung weiterhin angestrebt wird, indem auf der Grundlage einer Ursachenanalyse eine neue Verkaufsstrategie Entwicklung und Anwendung findet. In diesem Zusammenhang wird deutlich, dass die Rückmeldeschleife von einem unerwarteten Ergebnis ausgeht und in entsprechenden Handlungsstrategien resultiert (ebd.).

Untersuchungen von March & Olsen (1976) sowie Duncan & Weiss (1979) zu den ersten grundlegenden Werken, die sich mit dem Ansatz des organisationalen Lernens in den 1970er Jahren auseinandergesetzt haben. Ferner wurde eine Welle an Veröffentlichungen zu dem Konzept zu Beginn der 1990er Jahre durch den Autor Peter Senge im Rahmen seiner Bestsellerpublikation „The Fifth Discipline" ausgelöst (vgl. Senge, 1990; Senge, Kleiner, Roberts, Ross & Smith, 1994). Vor allem die Wettbewerbsschocks der 1980er führten zunehmend zu der Erkenntnis, dass Unternehmen ihre organisationale Anpassungsfähigkeit in beträchtlichem Maße erhöhen müssen, um weiterhin erfolgreich bestehen zu können.

[5] Die vorliegende Arbeit basiert auf der Grundannahme, dass sich die Fähigkeit zu lernen nicht nur auf Individuen begrenzt, sondern Unternehmen bzw. ihre einzelnen Bestandteile ebenfalls lernfähig sind. Hierbei lernt ein Unternehmen (Lernen als Ergebnis), wenn eine Verarbeitung von Informationen erfolgt (Lernen als Prozess). Bis in die 1970er Jahre wurde die Annahme zugrunde gelegt, dass allein Individuen eine Lernfähigkeit aufweisen. Inzwischen werden auch Unternehmen als lernfähig erachtet (Argyris & Schön, 2018).

Das Doppelschleifen-Lernen (double-loop learning) begrenzt sich hingegen nicht auf eine reine Verhaltensanpassung, sondern fokussiert eine Hinterfragung bestehender Ziele und Wertvorstellungen der Organisation. Das Veränderungslernen geht dementsprechend mit einem Wertewandel vorhandener Annahmen und Strategien sowie der handlungsleitenden Theorien einher. Der Ausdruck Doppelschleifen-Lernen ist hierbei auf die zwei enthaltenen Rückmeldeschleifen zurückzuführen, die das Resultat des Handelns mit dem Verhalten, den Zielsetzungen, der strategischen Ausrichtung sowie den dahinterliegenden Werten verknüpfen.[6] Ein Wertewechsel kann in diesem Rahmen zu veränderten Annahmen und Strategien führen. Ist beispielsweise eine neue Verkaufsstrategie nicht ausreichend, um eine Umsatzerhöhung zu erzielen, muss das Doppelschleifen-Lernen realisiert werden. Ein Chemiekonzern, der sich z. B. bisher auf die Herstellung von Zwischenerzeugnissen spezialisiert hat, dessen neue Forschungs- und Entwicklungsabteilung jedoch innovative Konzepte zur Produktion von Konsumgütern erarbeitet, wird unweigerlich mit einem erforderlichen Wandel seiner Werte und Normen konfrontiert. Zwar führt der Wechsel zu den gewünschten Umsatzsteigerungen, die vorherige Stabilität wird allerdings durch ein höheres Maß an Flexibilität verdrängt, aufgrund des deutlich kürzeren Lebenszyklus von Konsumgütern. Ferner sind veränderte Marketing-, Führungs- und Werbeansätze nötig, wodurch vorhandene Ziele und Normen gemäß dem Doppelschleifen-Lernen hinterfragt werden müssen (Argyris & Schön, 2018).

Das Deutero-Lernen (deutero learning) als dritte Lernart geht auf Gregory Bateson[7] zurück und verfolgt die Zielsetzung, die Lernfähigkeit des gesamten Unternehmens einer Verbesserung zu unterziehen. Hierbei wird das Lernen selbst zum Reflexionsgegenstand, indem es bezüglich ineffizienter Phasen sowie hindernder und fördernder Determinanten untersucht wird (Pawlowsky, 1998). Dadurch erfolgt eine Reflexion auf der Metaebene, in deren Rahmen die Art und Weise des Einschleifen- bzw. des Doppelschleifen-Lernens betrachtet wird. Auf diesem Wege können Lernhemmnisse reduziert, neue Voraussetzungen für verbesserte Lernprozesse geschaffen und eine transformative Veränderung des Unternehmens ermöglicht werden (Becker, 2002). Sollte der beispielhaft genannte Chemiekonzern den Produktionswechsel von Zwischenerzeugnissen zu Konsumgütern umsetzen, vollzieht sich ein Deutero-Lernen, wenn im Nachgang dieser

---

[6] Die Differenzierung zwischen den Termini „single-loop learning" und „double-loop learning" erfolgt erstmalig in der Arbeit „Design for a Brain" von W. Ross Ashbys im Jahre 1960.

[7] Bateson beschreibt bereits 1964 seinen Ansatz der „Lernarten" in dem Aufsatz „Die logischen Kategorien von Lernen und Kommunikation" (siehe hierzu auch weitere Publikationen wie bspw. Bateson, 1972, 1982).

3.4 Unternehmenskultur und organisationales Lernen

Prozess reflektiert wird und eine kritische Auseinandersetzung mit der Wandlungsfähigkeit des Unternehmens erfolgt. Die drei aufgeführten Lernformen zeichnen sich durch einen fließenden Übergang aus und können nicht präzise voneinander getrennt werden. Argyris und Schön gehen allerdings nur von einem organisationalen Lernen aus, wenn sich innerhalb eines Unternehmens das Doppelschleifen-Lernen bzw. das Deutero-Lernen vollzieht (Sonntag, 1996).

Die Grundlage für organisationales Lernen ist eine Lernkultur, die auf einem offenen Austauschprozess und Umgang mit Fehlern basiert. Eine derartige Unternehmenskultur ist darauf ausgerichtet Experimentierräume zu schaffen, das eigenverantwortliche Handeln der Beschäftigten zu fördern und diese zu verantwortungsvollen Regelüberschreitungen zu ermutigen. Beispiele hierfür stellen die Mitarbeit an Projekten von Kolleg*innen dar oder die Bereitstellung von Zeitfenstern zur Ideenentwicklung. Hierbei ist jedoch zu berücksichtigen, dass keine Gefährdung der Effizienz der bereits gelebten und gelernten Prozesse stattfindet. Nicht zuletzt nehmen die Erarbeitung gemeinsamer Zielsetzungen sowie Leistungsvereinbarungen eine entscheidende Rolle ein. (Konlechner & Güttel, 2009; Renzl, Rost & Kaschube, 2012; Wintermann, 2018).

Die Untersuchungen von Argyris und Schön (2018) weisen in diesem Rahmen auf den entscheidenden Aspekt hin, dass das Doppelschleifen-Lernen innerhalb vieler Unternehmen daran scheitert, dass die Diskrepanz zwischen postulierter und gelebter Kultur nicht überwunden wird.[8] Dieser Umstand kann darauf zurückgeführt werden, dass sich unter der Berücksichtigung des „Drei-Ebenen-Modells" nach Schein (2017) keine Veränderung auf der Ebene der „Grundannahmen" vollzieht. Stattdessen konzentrieren sich zahlreiche Organisationen auf die ‚kulturelle Oberfläche', indem sie sich im Rahmen ihrer Maßnahmen auf die Ebenen der „Artefakte" und der „kollektiven Werte" fokussieren. Eine Voraussetzung des organisationalen Lernens stellt hingegen eine Verschiebung der Grundannahmen der Beschäftigten dar. Wird beispielsweise lediglich kommuniziert, dass Fehler als Chance zur Verbesserung angesehen, diese im beruflichen Alltag jedoch sanktioniert werden und mit einem Reputationsverlust der Beschäftigten einhergehen, wird der gewünschten Lernkultur jegliche Basis genommen (Argyris & Schön, 2018).

---

[8] Zwar ist innerhalb der Praxis keine Organisation gegeben, innerhalb derer diese beiden Kulturebenen vollkommen identisch sind, allerdings weisen die Differenzen in Abhängigkeit des jeweiligen Unternehmens eine unterschiedliche Größe auf (Argyris & Schön, 2018).

Führung in Unternehmen 4

Mit Hinblick auf die Gegebenheit, dass Führungskräfte die zentrale Zielgruppe der Untersuchung darstellen, erfolgt im vorliegenden Kapitel eine Auseinandersetzung mit dem Themenfeld der Führung. Innerhalb des Kapitels werden der Terminus der Führung definiert sowie zentrale Führungstheorien beschrieben. Anschließend werden wesentliche Differenzen der aufgeführten theoretischen Konstrukte mit realen Führungssituationen in Unternehmen herausgestellt und eine Erläuterung des zugrunde gelegten theoretischen Führungsansatzes der vorliegenden Arbeit angeführt. Das Kapitel fokussiert eine allgemeine Darstellung, da eine Berücksichtigung der Besonderheiten aufgrund des digitalen Wandlungsprozesses vertiefend in Abschnitt 5.4 vorgenommen wird.

4.1 Definition Führung

Führung kann in diversen Bereichen seit Beginn des humanen Zusammenlebens beobachtet werden (Wunderer, 2011). Ulrich (1984) veranschaulicht die Weite und Bedeutung von Führung für die menschliche Gesellschaft durch die nachfolgenden Ausführungen:

> „Führung ist so alt wie die Menschheit. Es scheint, dass nicht nur der Aufbau und die Bewahrung einer Zivilisation, sondern bereits auch das Überleben in einer oft lebensfeindlichen Umwelt, ohne Führung nicht möglich ist. Immer wieder geht es darum, das Handeln vieler Menschen auf etwas Bestimmtes auszurichten, etwas zu erreichen, was jedem Einzelnen allein nicht möglich ist" (S. 301).

In Wissenschaft und Praxis haben sich diverse Definitionen von Führung ausgebildet, die in Abhängigkeit der jeweiligen Disziplin und Ausrichtung unterschiedliche Schwerpunkte[1], Grenzen und Erstreckungsbereiche setzen (exemplarisch Stogdill, 1974; Wunderer, 2011; Bass & Bass, 2008; Bartölke & Grieger, 2004; Blessin & Wick, 2021).[2] Ferner erklären Bass und Bass (2008) in ihren Ausführungen, dass vorwiegend keine klare begriffliche Trennung von weiteren Prozessen menschlicher Beeinflussungsmöglichkeiten (z. B. Kontrollhandlungen) stattfindet. Diese Prozesse sind allerdings bedeutsam und werden in der vorliegenden Arbeit als Möglichkeiten der Einflussnahme von Führungskräften angesehen. Die häufigsten aktuellen Begriffsbestimmungen lassen einen Grundkonsens erkennen, in Bezug auf das Verständnis von Führung als einen Prozess innerhalb dessen andere Personen absichtsvoll beeinflusst werden, um gemeinsame Zielsetzungen als eine Gruppe zu erreichen (Walenta, 2012; Blessin & Wick, 2021).

So definiert Wunderer (2011) den Terminus Führung wie folgt: „Führung wird verstanden als wert-, ziel- und ergebnisorientierte, aktivierende und wechselseitige, soziale Beeinflussung zur Erfüllung gemeinsamer Aufgaben in und mit einer strukturierenden Arbeitssituation" (S. 4). Den Begriff der Mitarbeitendenführung als spezifischere Form von Führung beschreibt Wunderer als Gestaltung von „(…) Einflussbeziehungen in führungsorganisatorisch differenzierten Rollen im Rahmen von Arbeitsverträgen" (ebd.). Diese Darstellung konvergiert inhaltlich mit weiteren Begriffsbestimmungen, die auf die Personalführung innerhalb von Organisationen ausgerichtet sind (exemplarisch Nieder, 1998; Bartölke & Grieger, 2004; Kühlmann, 2008; Comelli, von Rosenstiel & Nerdinger, 2014; Staehle et al., 2020). So beschreiben Bartölke und Grieger (2004) Führung ebenfalls als „(…) Beeinflussungsprozesse in Organisationen, mit denen beabsichtigt wird, das Handeln und Verhalten von Personen in bestimmter Weise auszurichten" (S. 778). In der vorliegenden Arbeit wird die Führungsdefinition von Wunderer (2011) zugrunde gelegt, da sie die wechselseitige Einflussbeziehung zwischen

---

[1] Häufige Schwerpunkte stellen bspw. Persönlichkeit, Einflussnahme und Aktivitäten der Führungskräfte, Macht und Zielerreichung, Rollen von Führungskräften und deren Mitarbeitenden sowie Führung als Resultat sozialer Interaktion dar (Kühlmann, 2008).

[2] Insbesondere die wissenschaftlichen Untersuchungen innerhalb der Wirtschaftswissenschaften, Soziologie, Psychologie, Pädagogik, Politologie, Historiographie sowie der vergleichenden Verhaltensforschung resultieren in zahlreichen Definitionsversuchen und mannigfachen impliziten Theorien (Winston & Patterson, 2006; Alvesson & Sveningsson, 2003; Kühlmann, 2008). Der Führungsforscher Stogdill wies bereits in den 1970er Jahren auf die Masse an Anmerkungen und Konzepten zum Thema Führung durch die Aussage hin, dass ebenso viele Führungsdefinitionen bestünden, wie Personen, die sich mit der Thematik auseinandersetzten (Stogdill, 1974).

Führungskräften und Mitarbeitenden herausarbeitet und gleichzeitig auf zu bewältigende Paradoxien und Spannungsfelder innerhalb der Führungsrolle hinweist. So sollen Führungskräfte bspw. einerseits beeinflussen, sich andererseits aber auch beeinflussen lassen (Wunderer, 2011; Nieder, 1998).

Neben der dargestellten Begriffsbestimmung fußt die Arbeit auf der Annahme, dass jede Führungskraft mindestens einen Mitarbeitenden führt und somit innerhalb einer Organisation als formell führende und hierzu legitimierte Person betrachtet wird (siehe hierzu auch Bass & Bass, 2008).[3] Dementsprechend werden Mitarbeitende und Führungskräfte als Komponenten innerhalb eines hierarchischen Konstruktes angesehen. Ferner erfolgt innerhalb der Untersuchung eine Auseinandersetzung mit Anforderungen und Erwartungshaltungen von Führungskräften der unteren und mittleren Managementebene. Die Auswahl dieser beiden Hierarchieebenen liegt in der herausfordernden Situation dieser Führungskräfte als Führende und Geführte begründet (siehe hierzu auch Abschnitt 5.4.1.1), die sich von höheren Managementebenen sowie Mitarbeitenden ohne Führungsverantwortung abhebt (vgl. Widuckel, 2018).

4.2 Führungstheorien

Seit Jahrzehnten versucht die Führungsforschung Aussagesysteme zum optimalen Führungsverhalten zu konzipieren und mit Hilfe von Führungsmodellen[4] zu operationalisieren (Stock-Homburg & Groß, 2019; Lang & Rybnikova, 2014; Oechsler & Paul, 2018; Weibler, 2016; Blessin & Wick, 2021; Yukl, 2019). Die Führungsliteratur weist daher diverse Führungstheorien auf, die auf unterschiedliche Erklärungsansätze bezüglich des Zusammenhangs zwischen Führungsbeziehung und Führungserfolg basieren (Widuckel, 2018; Bartscher & Nissen, 2017). In diesem Rahmen sind gesellschaftliche, personale sowie organisationale Faktoren als zentrale Einflüsse auf den Prozess der Personalführung herausgearbeitet worden. Jeder Ansatz – unabhängig ob er einen systemtheoretisch-, verhaltens- oder eigenschaftsbezogenen Fokus setzt – definiert hierbei eigene Erkenntnisse zum Führungsprozess und seinen wesentlichen Bedingungen, an den dieser geknüpft ist (Widuckel, 2018).

---

[3] Die informelle Führung kann im Gegensatz zur formellen Führung durch eine Person der gleichen Hierarchieebene erfolgen (Bass & Bass, 2008).
[4] Führungsmodelle versuchen das Führungsgeschehen – insbesondere das Führungshandeln innerhalb von Unternehmen – mit Hilfe von Abbildungen zu illustrieren, zu beschreiben und zu erklären (Weibler, 2004).

Eigenschaftstheorien stellen den ältesten Erklärungsversuch von Führungserfolg dar, werden aber gleichzeitig in diverse neue Diskussionen immer wieder einbezogen, sodass ihr Einfluss bis in die heutige Forschung reicht (Tisdale, 2004).[5] Eigenschaftstheoretische Ansätze führen den Erfolg von Führung[6] auf die Persönlichkeitsmerkmale der Führungskräfte zurück (z. B. Alter, Gesundheitszustand, Aussehen, Intelligenz, Bildungsniveau, Fachkenntnisse, Verantwortungsbereitschaft, Sozialkompetenz, Blessin & Wick, 2021; Bass & Bass, 2008). Im Zentrum dieser Ansätze steht die Leitfrage, welche Persönlichkeitseigenschaften eine Person zu einer erfolgreichen Führungskraft werden lassen (Stock-Homburg & Groß, 2019). Der Führungserfolg wird innerhalb dieser personalistischen Führungsansätze vor allem von der Führungsperson abhängig gemacht, sodass insbesondere unterschiedliche Eigenschaften der Führenden untersucht worden sind (Blessin & Wick, 2021).

Die Ergebnisse dieser Forschungen können als äußerst heterogen beschrieben werden (Stogdill, 1948; Delhees, 1995). Wegen der großen Streuung der Befunde sowie der ausbleibenden Erklärung von Kausalitäten konnten und können Eigenschaftstheorien nicht vollumfänglich überzeugen. Dennoch finden eigenschaftstheoretische Ansätze in der Praxis bis heute eine breite und meist unkritische Anerkennung (Weibler, 2016). Es wäre allerdings auch ein Irrtum davon auszugehen, dass Eigenschaften von Führungskräften und Geführten im Sinne von Dispositionen den Führungsprozess nicht beeinflussen würden. Aus diesem Grunde flossen Erkenntnisse aus der Eigenschaftstheorie in nachfolgende Forschungen und Theorien ein (Liebel, 1992), wobei vor allem die charismatische Führungstheorie[7] als eine Art Neo-Eigenschaftstheorie angesehen

---

[5] Die Psychologie bezeichnet Eigenschaften (engl. traits) als zeitlich fortbestehende und verhältnismäßig breit angelegte Dispositionen, die in variierenden Situationen konsistent auftreten (Tisdale, 2004). Erste psychologische Forschungsansätze, die sich mit der Fragestellung des Führungserfolges auseinandersetzten, liegen bereits über ein Jahrhundert zurück (Kohs & Irle, 1920).

[6] Innerhalb der Führungsforschung entwickelten sich verschiedene Perspektiven in Bezug auf die Frage wie die Resultate bzw. die Wirksamkeit von Führung bezeichnet und untersucht werden. Während bspw. Neuberger (2002) zu den Vertretern gehört, der den Begriff „Führungserfolg" verwendet, fokussiert sich Yukl (2019) innerhalb seiner Arbeiten auf die „Effektivität von Führung". Witte (1995) nutzt wiederum den Terminus „Führungseffizienz".

[7] Innerhalb der psychologischen Forschung sowie der Führungsforschung begann gerade zur Jahrtausendwende eine Renaissance der Einflussgröße „Persönlichkeit" in Bezug auf den Führungserfolg (Tisdale, 2004). Während jedoch die älteren eigenschaftstheoretischen Ansätze einzelne Eigenschaften untersuchten, die allgemeingültig über die Führungseffizienz entscheiden sollten, fokussieren sich neuere Ansätze auf Verhaltensaggregate (House &

4.2 Führungstheorien

werden kann (beide Theorien werden auch unter dem Terminus „personalistische Führungsansätze" gefasst, Tisdale, 2004; Blessin & Wick, 2021).

Nachdem die Eigenschaftstheorien keine zufriedenstellenden Ergebnisse vorweisen konnten, verlagerte sich der Forschungsschwerpunkt in den 1950er und 1960er Jahren auf die Verhaltenstheorien, die ihren Fokus auf das Verhalten von Führungskräften gegenüber ihren Mitarbeitenden setzten. Exemplarisch sei in diesen Zusammenhang Lewin angeführt, der verschiedene Verhaltensmuster in Führungsstile überführte (Bartscher & Nissen, 2017; Blessin & Wick 2021; Tisdale, 2004). Ansätze dieser Art beschäftigen sich mit der Fragestellung, welche Verhaltensweisen eine Führungskraft zum gewünschten Ziel führen (Stock-Homburg & Groß, 2019). In den 1950er Jahren führten zwei Forschungsgruppen fast zeitgleich umfangreiche Untersuchungen durch, die empirisch gesehen sehr ähnlich gelagert waren (Ohio-Studies und Michigan-Studies): Geführte wurden über das Verhalten der Führungsperson befragt. Die zahlreichen Beschreibungen wurden auf eine geringe Anzahl an relevanten Verhaltensdimensionen reduziert, die eine Voraussage von künftigen Verhaltensweisen ermöglichen sollten. Die Forschungsgruppe der Ohio State University kam zu dem Ergebnis, dass Mitarbeitende das Verhalten ihrer Führungskräfte grundsätzlich in zwei voneinander unabhängige Dimensionen fassten: die der Aufgaben- und jene der Personenorientierung (Tisdale, 2004; Blessin & Wick, 2021). Die Gruppe der University of Michigan veröffentlichte vergleichbare Resultate, sodass sogenannte Zwei-Faktoren-Modelle entwickelt wurden, die wiederum eine Führungsstildiskussion nach sich zogen. Die Theorien entwickelten sich zum Teil weiter und wurden um weitere Faktoren ergänzt (4-Faktoren-Modell nach Bowers & Seashore, 1966) oder verfeinert (Managerial Grid nach Blake & Mouton, 1969). Kritiker der verhaltensorientierten Ansätze weisen darauf hin, dass das Phänomen Führung eine solche Komplexität aufweist, die nicht allein mit Hilfe von zwei bzw. vier Dimensionen erfasst werden kann. Darüber hinaus wurde das methodische Vorgehen (Fragebögen zur Erhebung von Führungsverhalten)

Shamir, 1995). Wunderer (2011) erklärt, dass auch in der Praxis der Ruf nach charismatischen Führungspersonen – gerade aufgrund der starken Veränderungen innerhalb der Arbeitswelt – immer wieder aufkommt. Er weist jedoch darauf hin, dass wenngleich charismatische Führung vor allem in Transformations- bzw. Krisenzeiten starke positive Effekte haben kann, diese Form nicht auf die breite Masse an Führungskräften übertragbar ist. Diese Feststellung liegt in der geringen Anzahl an charismatischen Führungspersönlichkeiten begründet (der Anteil wird auf wenige Prozente bis hin zu Promille eingeschätzt). Führung sollte dementsprechend nicht als ein reines Gebiet für Charismatiker bzw. weitere Idealkonstruktionen betrachtet werden (ebd.).

eminent kritisiert.[8] Trotz der aufgeführten Kritikpunkte wurden die Ergebnisse der Michigan- und Ohio-Studies häufig rezipiert und als Grundlage für die Konzipierung von Führungstrainings verwendet (Tisdale, 2004).

Ausgangslage für die Entwicklung von Situationstheorien (auch als Kontingenztheorien bezeichnet) war die weiterhin nicht zufriedenstellende Begründung, Voraussage und Förderung von Führungserfolg mit Hilfe der Eigenschafts- und Verhaltenstheorien (Blessin & Wick, 2021). Situative Führungsansätze, wie z. B. das Kontingenzmodell nach Fiedler (1967), spiegeln die Ansicht wider, dass der Erfolg von Führungseigenschaften und -verhalten situationsabhängig ist und dementsprechend vom Führungskontext beeinflusst wird. Situativen Einflüssen (sog. Kontingenzfaktoren wie z. B. die Machtposition der Führungskraft, die Komplexität der Arbeitsaufgabe, zeitliche Rahmenbedingungen) wird eine zentrale Rolle zugesprochen, sodass unterschiedliche Führungsstile in variierenden Situationen unterschiedlich effizient sind. Somit gilt die Annahme, dass der Führungsstil der Führungseffizienz innerhalb einer Situation kontingent ist und eine intensive Verbindung zwischen beiden Faktoren besteht (Bartscher & Nissen, 2017).

Die dargestellten theoretischen Ansätze der Führung standen zunehmend unter massiver Kritik, da sie weder Führungserfolg erklären noch erhöhen konnten. Vor allem die Einseitigkeit und Beschränktheit sowie die schwache empirische Evidenz der bestehenden Theorien wurde bemängelt (Bryman, 1996; Heller, 2002; Avolio, Walumbwa & Weber, 2009; Parry, 2011). Aus diesem Grunde wurden weitere Forschungsansätze entwickelt, die ihren Fokus stärker auf die Interaktionsbeziehung der Führungskräfte und den Mitarbeitenden sowie den Veränderungen innerhalb der Arbeitswelt setzen (Blessin & Wick, 2021; Lang & Rybnikova, 2014; Wood, 2005; Seters & Field, 1990; Wunderer, 2011).

Eine Führungstheorie, die in diesem Zusammenhang innerhalb von Wissenschaft und Praxis eine besondere Popularität und Bedeutung erlangte, ist das Modell der transformationalen Führung (Judge & Piccolo, 2004; Bass & Riggio, 2006). Das transformationale Führungsmodell von Bass (1985) steht in Verbindung mit stetig volatiler werdenden sozio-ökonomischen Rahmenbedingungen mit denen Unternehmen, Beschäftigte aber auch ganze Gesellschaften konfrontiert werden und die mit einer gesteigerten Anfälligkeit für Krisen einhergehen. Die transformationale Führung basiert auf vier Eckpfeilern, die gerade innerhalb eines dynamischen Umfeldes als Erfolgsfaktoren angesehen werden:

---

[8] Eine ausführliche kritische Auseinandersetzung mit Verhaltenstheorien nehmen bspw. Liebel (1992) und Weibler (2016) vor.

4.2 Führungstheorien

Vorbildhandeln, inspirierende Motivation, individuelle Förderung sowie intellektuelle Anregung (Widuckel, 2018; Rump & Eilers, 2015). Die Führungskraft überzeugt die Mitarbeitenden nicht allein mittels Anreize, sondern vielmehr durch ihre Persönlichkeitseigenschaften sowie ihre Kompetenz des ‚transformationalen' Verhaltens und Agierens. Hierbei wird eine Identifikationsbeziehung der geführten Mitarbeitenden mit ihrer Führungskraft fokussiert, die auf Wertvorstellungen, Integrität, fachlichen und überfachlichen Kompetenzen, kognitiven Fähigkeiten sowie Leistungsorientierung beruht. Durch dieses Führungsstilmodell wird eine Stärkung der sozialen Bindung zwischen Führenden und Geführten angestrebt, da die Beschäftigten aufgrund innerer Überzeugung durch vorherige Sinnvermittlung handeln und nicht einem reinen Anreiz folgen, wie beispielsweise einer monetären Belohnung (Widuckel, 2018).[9] Diese gefestigte Bindung ist vor allem in ‚dynamischen Situationen', die von Ungewissheit und mangelnder Beständigkeit geprägt sind, von besonderer Bedeutung (Pundt & Nerdinger, 2012; Widuckel, 2018).

Der Ansatz der transformationalen Führung wird in das Modell des sogenannten „Full-Range-Leadership" eingegliedert, das darüber hinaus die Theorie der transaktionalen Führung nach Burns (1978) beinhaltet.[10] Das transaktionale Führungsmodell stellt den Austauschgedanken von Leistung und Belohnung in den Vordergrund. Hierbei wird die zu erwartende bzw. erbrachte Leistung als unmittelbare Voraussetzung für eine Belohnung angesehen. Zusätzlich soll die Leistung durch die besondere Einwirkung der transformationalen Führung eine Steigerung erfahren, sodass diese über die Erwartungen hinaus geht (Bass & Riggio, 2006). Zahlreiche empirische Untersuchungen heben die Einflüsse des transformationalen Führungsmodells hervor und verdeutlichen in diesem Rahmen die positiven Verknüpfungen zwischen den Aspekten Motivation, Zufriedenheit, Commitment, Leistungserbringung und darüber hinaus gehende Leistungen (bspw. Judge & Piccolo, 2004).

---

[9] In den genannten Aspekten ist ein wesentlicher Unterschied zu autoritären Führungsstilmodellen zu erkennen, da eine Leistungssteigerung vielmehr durch eine fördernde Stimulation als durch direktive Anweisungen und Druck angestrebt wird (Widuckel, 2018).

[10] Das von Bass und Avolio (1995) entwickelte „Full-Range-Leadership-Modell" ist ein übergeordneter Führungsansatz, der die Führungsstile der transformationalen, transaktionalen sowie der Laissez-Faire-Führung innerhalb eines zweidimensionalen Kontinuums (effektives vs. ineffektives sowie aktives vs. passives Führungsverhalten) in Bezug zueinander setzt.

4.3 Differenzen zwischen Führungstheorien und Führung in Unternehmen

In den Abschnitten 4.1 und 4.2 erfolgte mit Hilfe von Begriffsbestimmungen und Führungstheorien eine Annäherung an den Terminus „Führung". Theoretische Konstrukte vermögen jedoch nicht das Wesen der Realität abzubilden, sondern stellen lediglich den Versuch dar, einen vereinfachten Auszug aus der Führungswirklichkeit zu geben und ein einheitliches Begriffsverständnis sicher zu stellen (Neuberger, 2002). Der reale Alltag einer Führungskraft verläuft jedoch nicht auf die reduzierte und meist planmäßig dargestellte Art einer Definition oder eines Modells, sondern vielmehr fragmentiert, konfliktbehaftet und durchdrungen von unvorhersehbaren Ereignissen, die spontane und schnelle Entscheidungen erfordern (Kühlmann, 2008). Das vorliegende Kapitel dient daher einer Veranschaulichung weiterer zentraler Einflussfaktoren auf Führende[11] und schließt mit einer hierauf basierenden Darstellung des für die Untersuchung zugrunde gelegten Führungsmodells ab.

Der Begriff der Führung steht in einer starken Verbindung mit Leistungsorientierung (Ulrich, 1984). Dieser leistungsorientierte Charakter hat gleichzeitig zur Folge, dass Führungskräfte jeden Tag erneut vor der Herausforderung stehen einen Spagat zwischen unternehmerischen Interessen, den Anliegen ihrer Mitarbeitenden sowie weiteren Anspruchsgruppen zu leisten (Neuberger, 1992). Der Aspekt, dass Führung innerhalb von Organisationen über Individuen stattfindet, die zweifelsohne eigene Interessen und Bedürfnisse aufweisen, darf dementsprechend nicht vernachlässigt werden (Bruhn & Reichwald, 2005; Widuckel, 2018). Von besonderer Bedeutung ist hierbei die Entwicklung, dass die Erwerbsarbeit für Beschäftigte zunehmend einen identitätsstiftenden Charakter aufweist und zum ‚Spiegelbild' der eigenen Gestaltungsfähigkeiten und Kompetenzen wird.[12] In diesem Zusammenhang besteht die Erwartungshaltung, dass sich die ‚Erwerbsarbeit transformiert', indem sich die Erwerbstätigkeit eher an individuellen Interessen und Anforderungen anpasst und nicht die Individuen an die

---

[11] Eine ausführliche Darstellung der Dimension des Wandels erfolgt in Kapitel 5, sodass nachfolgend eine allgemeine Erläuterung erfolgt.

[12] Baethge weist bereits 1991 anhand seiner These der „normativen Subjektivierung der Arbeit" auf sich verändernde Ansprüche von Beschäftigten in Bezug auf die Bedeutsamkeit und die Sinnhaftigkeit der Erwerbstätigkeit als eine Form von persönlicher Identität hin.

4.3 Differenzen zwischen Führungstheorien und Führung in Unternehmen

Arbeit (Widuckel, 2018).[13] Darüber hinaus münden eine Zunahme des mobil-flexiblen Arbeitens, wachsende Bildungs- und Erwerbsquoten von Frauen sowie übergreifende Änderungen familiärer Strukturen in steigenden Flexibilitätsanforderungen der Beschäftigten. Diese können auf veränderte Ansprüche an die Balance der unterschiedlichen Lebensbereiche[14] zurückgeführt werden (siehe hierzu Abschnitt 5.1.2) und stehen immer höher werdenden Flexibilisierungsanforderungen von Organisationen entgegen (Ulich & Wiese, 2011). Ferner stellen Anforderungen in Bezug auf Fairness (psychologischer Vertrag) einen wesentlichen Bestandteil der Erwartungen und Anforderungen der Beschäftigten dar (siehe hierzu Abschnitt 2.4).[15]

Aufgrund ihrer Funktion und den einhergehenden Aufgaben wird Führungskräften Macht übertragen, um eigenständig Ziele zu definieren, eine Steuerung vorzunehmen, dynamische Arbeitsabläufe zu gewährleisten und Feedback zu geben (Krämer, 2012). Hierbei beschränkt sich ihr Interaktionsrahmen – entgegen dem Eindruck den viele Definitionen und Theorien auf den ersten Blick erwecken – nicht nur auf ihre Mitarbeitenden, sondern umfasst zahlreiche weitere Akteur*innen mit diversen Erwartungen. Neuberger (1992) weist im Rahmen seiner Betrachtung der Vorgesetzten-Mitarbeitenden-Beziehung auf das komplexe Einflussgeflecht hin, innerhalb dessen Führungskräfte mit internen und externen Erwartungshaltungen konfrontiert werden (Weibler, 2014):

„Konzentriert man sich auf Vorgesetzten-Mitarbeiter-Beziehungen, muss man sich bewusst sein, dass sie ein Aus-Schnitt [sic] aus einem viel umfassenderen Beziehungsnetz und oft genug erst von diesem her verständlich sind. Man ist zunächst geneigt, die Vorgesetzen-Mitarbeiter-Beziehung als eine *dyadische Relation* zu sehen, in der ein exklusives, d. h. von anderen Verbindungen abstrahierendes hierarchisches Verhältnis zur Diskussion steht (...). Dabei wird jedoch ausgeblendet, dass (...) Vorgesetzte und Mitarbeiter in weiteren organisations-internen und -externen Netzen verortet [sind] (z. B. Beziehungen zu Zentralabteilungen oder höheren Vorgesetzten oder zu Kunden (...))" (Neuberger, 1992, S. 2289, Hervorhebung i.O.).

---

[13] Dieser Wandel erfährt nicht nur in Bezug auf akademisch qualifizierte Berufsgruppen eine Diskussion, sondern wird ebenfalls im Rahmen von Tätigkeiten qualifizierter Facharbeit thematisiert (Widuckel, 2018).

[14] Diese Entwicklung kann auf veränderte familiäre und berufliche Rollen der Geschlechter sowie die steigende Komplexität der Lebensführung (Widuckel, 2015b) zurückgeführt werden. Allerdings erweckt es den Anschein, dass bestehende Ansprüche in Bezug auf eine Abwendung von traditionellen Rollenbildern weiter gehen als die gegebenen Spielräume für ihre Umsetzung (vgl. hierzu Allmendinger, Krug von Nidda & Wintermantel, 2016).

[15] Spezifische Interessen und Erwartungen der Führungskräfte innerhalb des Transformationsprozesses werden ausführlich in Abschnitt 5.4.1 dargestellt.

Neuberger (1992) führt hierzu weiter aus, dass im Rahmen jeder näheren Betrachtung einer Beziehung das Faktum der „Partialinklusion" Berücksichtigung erfahren muss. So steht jede Beziehung in Konkurrenz zu anderen Beziehungen sowie deren Anforderungen und Erwartungshaltungen, sodass sich diese wechselseitig beeinflussen (ebd.).

Des Weiteren stellen organisationale Rahmenbedingungen entscheidende Größen dar, die auf das Führungsverhalten einwirken (Widuckel, 2018). Wunderer (2011) führt innerhalb seiner Studien zu unterschiedlichen Führungsansätzen diese wesentliche Verbindung detailliert aus. Hierbei werden unter den organisationalen Rahmenbedingungen insbesondere systemisch-funktionale Komponenten verstanden (bspw. Entgelt-, Beförderungs- und Beurteilungssysteme), die vor allem durch ihre Institutionalisierung einen nicht zu vernachlässigenden Einfluss auf die Führungsbeziehung sowie ihre Interpretation und Realisierung nehmen. Ferner ist die Bedeutung von Betriebsräten und Gewerkschaften zu berücksichtigen, da sie die Interessen der Beschäftigten bündeln und verhandeln (siehe hierzu Abschnitt 5.4.3). Hierbei erfahren die Bedingungen des sozialen Austauschprozesses eine Integration in einen kollektiven Rahmen, der nicht durch das Verhalten einer Führungskraft unmittelbar verändert werden kann. Eher werden zentrale Komponenten der Austauschbeziehungen zwischen Führenden und Geführten bewusst den jeweiligen Einflussmöglichkeiten der Führungskräfte entzogen, um eine normative Basis zu generieren, die die Vorstellungen von Gerechtigkeit innerhalb einer Organisation bzw. Branche übergreifend repräsentiert (Widuckel, 2018).

Eine weitere zentrale organisationale Rahmenbedingung für das Verhalten von Führungskräften stellt die strategische Ausrichtung einer Organisation dar, die gerade innerhalb volatiler Umfelder häufig wechseln kann. Diese Ausrichtung kann grundsätzlich als eine ‚Überlebensstrategie' von Organisationen angesehen werden, um sich verändernden Umweltbedingungen, in die diese eingebettet sind, gerecht werden zu können. Sie resultieren in unterschiedlichen Geschäftsmodellen, Prozessen und Strukturen, individuellen und organisationalen Kompetenzanforderungen, Ressourcenausstattungen, Institutionalisierungen, Verantwortungsübertragung sowie Führungsanforderungen. Das Führungsverhalten ist daher nicht allein mit den Erwartungen und Anforderungen der geführten Beschäftigten bzw. anderer Agierender verbunden, sondern muss vielmehr auch die organisationalen Bedingungsfaktoren beachten, die von den Führungskräften jedoch lediglich in äußerst begrenztem Maße beeinflusst werden können (ebd.).

Nicht zuletzt ist Führung immer eingebettet in einen sozialen Kontext, wodurch sie normativ geprägt wird. Das bedeutet, dass im Rahmen einer Auseinandersetzung mit Führung stets eine Annäherung an die Frage erfolgt, wie

4.3 Differenzen zwischen Führungstheorien und Führung in Unternehmen

etwas sein sollte (siehe hierzu auch Abschnitt 3.2). Aufgrund sich wandelnder gesellschaftlicher Normen, die u. a. von Megatrends beeinflusst werden, unterscheiden sich bspw. die aktuellen normativen Vorstellungen von Führung deutlich von den Erwartungshaltungen vor 20 Jahren. Dies ist ein entscheidender Aspekt bei der Betrachtung der Beziehung zwischen Führenden und Geführten sowie dem Verhältnis zwischen dieser Führungsbeziehung und dem Umfeld dieser Beziehung, wie bspw. der Organisation (Neuberger, 2002; Blessin & Wick, 2021). So wird die Führung von Mitarbeitenden zwar in hohem Maße von Unternehmenserwartungen bzgl. der Rolle, den Eigenschaften und der Funktion der jeweiligen Führungskraft beeinflusst. Es gilt für Unternehmen jedoch fortlaufend zu hinterfragen, inwieweit deren normative Vorstellungen von Führung und die Anforderungen an die Führungskräfte mit den Erwartungen der Führenden und Geführten übereinstimmen (Wunderer, 2011; Neuberger, 2002; Widuckel, 2018).

Selbst bei dem transformationalen Führungsansatz kommen trotz aller Bekanntheit und Bedeutung Fragen auf, die die genannten Gesichtspunkte aufgreifen und somit über die charakteristischen Einwände in Bezug auf die verwendete Methodik bei der Führungsforschung hinausgehen.[16] Diese Fragen liegen in der Tatsache begründet, dass auch das transformationale Führungsmodell zweifelsohne eine Perspektive vertritt, die das Verhalten von geführten Beschäftigten innerhalb einer Führungsbeziehung hauptsächlich auf die Führungskraft zurückführt. Geführte Personen erfahren innerhalb des Modells in idealisierter Form eine Beeinflussung, inspirierende Motivation, individuelle Förderung und intellektuelle Stimulierung durch die Führungskraft, sodass sich die Interaktion zwischen beiden Seiten allein innerhalb dieser vier Eckpfeiler bewegt. Diese Sichtweise impliziert, dass Geführte nur ein besonderes Maß an Leistungen erbringen, wenn sie auf inspirierende Art und Weise motiviert, intellektuell gefördert und visionär begeistert werden. Hierbei kommt jedoch unweigerlich die Frage auf, welche Form von Vision unter welchen Voraussetzungen als passend erachtet werden kann und welche inspirierende Motivation, welche intellektuelle Stimulierung und welche individuelle Förderung grundsätzlich realisierbar sind, um die vorausgesetzte Beeinflussung des Verhaltens zu generieren? Diese Ziele können sicherlich nicht ohne eine Beachtung und Integration der Erwartungen und Anforderungen der geführten Beschäftigten erreicht werden. Diese

---

[16] Die Führungsforschung basiert vorwiegend auf den Selbstauskünften von Führungskräften. Aufgrund dieser Gegebenheit ist bspw. bezüglich der transformationalen Führung die Kritik geäußert worden, dass zwischen den vier Eckpfeilern hohe Interkorrelationen zu verzeichnen seien, sodass deren Abgrenzungen untereinander fragwürdig wären (Widuckel, 2018).

Erwartungen und Anforderungen stehen in enger Beziehung zu den Arbeitsaufgaben und wie diese gestaltet werden (Hackman & Oldham, 1980). Aspekte, wie die grundlegenden Arbeitsbedingungen (bspw. Arbeitszeiten und -umgebungen) sowie die Prämissen des sozialen Austausches wie z. B. die Vergütung, Wertschätzung und berufliche Möglichkeiten der Weiterentwicklung, sind in diesem Rahmen von zentraler Bedeutung (Siegrist, 1996). Ferner sollten Inspirationen, Visionen und intellektuelle Stimulierungen den kognitiven Erwartungsgefügen der Beschäftigten entsprechen (wie bspw. moralischen Vorstellungen, Werten und Überzeugungen) und glaubhaft durch die Führungskraft vermittelt werden (Widuckel, 2018).

Anhand der Ausführungen wird deutlich, dass Führungserfolg nicht allein auf das Verhalten und Handeln der Führungskraft zurückzuführen ist, sondern Führende vielmehr innerhalb eines vielschichtigen Geflechts aus differierenden organisationalen, individuellen und gesellschaftlichen Erwartungshaltungen agieren. Ferner kann sich durch wandelnde Rahmenbedingungen (z. B. Vorstandswechsel, neue strategische Ausrichtung, veränderte gesellschaftliche Normen) die Vorstellung von Führungserfolg stark verändern oder eine hohe Variation in Abhängigkeit des jeweiligen Gegenübers gegeben sein (Neuberger, 2002). Diese Tatsache veranschaulicht die Erwartungshaltung einer starken Anpassungsfähigkeit von Führungskräften. Wunderer (2011) fasst die hohen Anforderungen an Führende sowie alltägliche Führungsdilemmata auf anschauliche Weise zusammen, indem er darauf hinweist, dass Führungskräfte dazu angehalten werden Verständnis zu zeigen aber konsequent zu agieren, den richtigen Grad zwischen Nähe und Distanz zu ihren Mitarbeitenden zu finden, Offenheit für Veränderungen zu zeigen und im gleichen Moment Wichtiges zu bewahren sowie die emotionale und rationale Intelligenz miteinander zu vereinen.

Aufgrund der dargestellten Kritikpunkte bezüglich theoretischer Führungsansätze wird in der vorliegenden Arbeit die transformationale Führung zwar als zentrales Führungsstilmodell für eine erfolgreiche Bewältigung des digitalen Wandlungsprozesses erachtet, allerdings mit dem ergänzenden Hinweis, dass die Gestaltungsmöglichkeiten für Führungskräfte nur eingeschränkt beeinflussbar sind, da sie zahlreichen weiteren Bedingungsfaktoren unterliegen. Diese Faktoren sind den Führenden zu gewissen Teilen nicht einmal bewusst bzw. für diese unsichtbar. Dementsprechend wird innerhalb der Untersuchung die Haltung vertreten, dass sich Führungskräfte in einem komplexen Konstrukt aus diversen Interessen, Anforderungen und Spannungsfeldern bewegen, wodurch der Raum für Inspirationen, Visionen, individuelle Förderungen sowie intellektuelle Anregungen limitiert ist (Widuckel, 2018).

Wandel der Arbeit 5

Der Wandlungsprozess der Arbeitswelt ist gekennzeichnet von strukturellen Herausforderungen, Spannungsfeldern, permanenten Umbrüchen, schnellen und meist unerwarteten Veränderungen aber auch Kontinuitäten. Zahlreiche Interpretationsversuche, Prognosen und neue Konzepte der Arbeit veranschaulichen, wie diffizil sich eine Einschätzung dieses Bereiches und die Auswirkungen aktueller Entwicklungen gestaltet (Rump, Eilers & Wilms, 2011; Widuckel, 2015b). Kapitel 5 dient der Darstellung von Megatrends, die auf die Arbeitswelt einwirken und u.a. eine Transformation der Finanzdienstleistungsbranche erforderlich werden lassen. Anhand der beschriebenen Entwicklungstrends lassen sich anschließend Rollen, Spannungsfelder und Anforderungen ableiten, die sich für Führungskräfte, Betriebsräte und Personalwesen ergeben, sowie Konsequenzen für die Finanzbranchen erarbeiten.

Im Rahmen des Umbruchs der Erwerbsarbeit, ihrer Organisation und den dazugehörigen Sozialbeziehungen nehmen die drei strukturellen Veränderungen der Digitalisierung, der Globalisierung sowie der Flexibilisierung eine zentrale Rolle ein. Mit Hinblick auf die Themen- und Fragestellungen der Untersuchung erfolgt in den Unterkapiteln ein Fokus auf die Hauptlinien Digitalisierung und Flexibilisierung sowie deren wesentlichen gesellschaftlichen Prägungen: den demografischen Wandel, die wachsende Bedeutung der (Alters-)Diversität von Mitarbeitenden sowie steigende Anforderungen der Beschäftigten an ihre Life-Domain-Balance (Widuckel, 2015b; Ulich & Wiese, 2011). Bevor die einzelnen

Ergänzende Information Die elektronische Version dieses Kapitels enthält Zusatzmaterial, auf das über folgenden Link zugegriffen werden kann https://doi.org/10.1007/978-3-658-41049-0_5.

© Der/die Autor(en), exklusiv lizenziert an Springer Fachmedien Wiesbaden GmbH, ein Teil von Springer Nature 2023
D. Dohmen, *Berufliche Entwicklungserwartungen älterer Führungskräfte im Transformationsprozess eines Unternehmens*, https://doi.org/10.1007/978-3-658-41049-0_5

Entwicklungen in der Tiefe behandelt werden, ist es sinnvoll einen kurzen Überblick in Bezug auf die demografischen und gesellschaftlichen Entwicklungen sowie die technisch-ökonomisch bedingten Veränderungen zu geben, um zentrale Zusammenhänge und wechselseitige Beeinflussungen zu verdeutlichen.

Die Digitalisierung und der demografische Wandel durchdringen als Entwicklungstrends die Arbeitswelt auf diversen Ebenen, die in neuen Entwicklungen bzw. Anforderungen an die Arbeitsorganisation, -prozesse und -ergebnisse resultieren (Behrens et al., 2018; Rump & Eilers, 2015). Darüber hinaus stehen die demografischen und gesellschaftlichen Veränderungen in einer Wechselwirkung mit den technisch-ökonomischen Entwicklungen und ergeben somit ein sehr komplexes Geflecht aus diversen Abhängigkeiten, die auf Arbeitgebende und Arbeitnehmende einwirken (Rump & Eilers, 2015; Rump et al., 2011) und Einfluss auf die Art und Weise des Arbeitens, der Wertschöpfung und der gesamten Lebensführung nehmen (Rump & Eilers, 2018; Widuckel, 2018).

Aufgrund der demografischen und gesellschaftlichen Entwicklungen benötigen Organisationen zunehmend Fachkräfte auf sämtlichen unternehmerischen Ebenen, in allen Bereichen sowie in diversen beruflichen Feldern (Rump & Eilers, 2015). Die demografischen Veränderungen führen nicht nur zu einem Fachkräfteengpass oder in bestimmten Bereichen sogar zu einem Fachkräftemangel, sondern ebenfalls zu einer Verknappung von fachlichem Nachwuchs, die in Kombination mit einer alternden Gesellschaft zu einer Verlängerung der Lebensarbeitszeit drängen. Darüber hinaus weitet sich das Rekrutierungsfeld auf Frauen, geringer Qualifizierte, immigrierende Fachkräfte und nicht zuletzt ältere Personen aus und hat eine steigende Diversität und Alterung der Belegschaften zur Folge (Ristau-Winkler, 2015; Rump, Zapp & Eilers, 2017). Diese Entwicklungen führen in Kombination mit einer zunehmenden Komplexität und Veränderungsgeschwindigkeit von Anforderungen in allen Lebensbereichen zu dem subjektiven und individuellen Anspruch einer Life-Domain-Balance als dynamischem Lebensgestaltungsmuster (siehe hierzu Abschnitt 5.1.2). Aufgrund der technisch-ökonomischen sowie demografisch-gesellschaftlichen Veränderungen setzen sich folglich Individuen zunehmend mit der Vereinbarkeit ihrer verschiedenen Lebensbereiche auseinander, innerhalb derer sich durch die genannten Entwicklungen neue Herausforderungen und Möglichkeiten zugleich ergeben (Ulich, 2011; Rump & Eilers, 2015). Durch diese zentralen Entwicklungen sehen sich Unternehmen aber auch soziale Beziehungen mit einem Zwang zur Flexibilisierung konfrontiert, um die entstehende Veränderungsdynamik bewältigen zu können (Widuckel, 2015b, siehe Abschnitt 5.1). Die nachfolgende Abbildung 5.1 fasst die beschrieben Folgen in einer Übersicht zusammen.

5 Wandel der Arbeit

- Fachkräfteengpass und -mangel
- Life-Domain-Balance als Lebensgestaltungsmuster
- Verknappung der Nachwuchskräfte
- Demografisch und gesellschaftlich bedingte Veränderung
- Zunehmende Diversität im Unternehmen
- Alterung der Belegschaften
- Verlängerung der Lebensarbeitszeit

Abbildung 5.1 Zentrale demografische und gesellschaftliche Entwicklungen. (Quelle: Eigene Darstellung, in Anlehnung an Rump & Eilers, 2015, S. 293; Ulich, 2011)

Am Beispiel des Fachkräftemangels wird deutlich, wie sehr die demografischen und gesellschaftlichen Entwicklungen mit den technisch-ökonomischen Veränderungen verbunden sind, sich gegenseitig verstärken aber auch zu Spannungsfeldern führen können. So beeinflussen demografisch-gesellschaftliche Veränderungen separat betrachtet nur das Angebot an Fachkräften. Die hohe Nachfrage nach Fachkräften hingegen ist auf die ökonomischen und technologischen sowie Wettbewerbs- und Marktentwicklungen zurückführen. Nicht zuletzt nimmt die zunehmende Tendenz hin zu einer Wissens- und Innovationsgesellschaft eine tragende Rolle für diese Entwicklung ein (Rump, Zapp & Eilers, 2017). Zweifellos hat die Digitalisierung eine zunehmende Beschleunigung von Abläufen sowie einen rasanten Anstieg der Veränderungsgeschwindigkeit zur Folge. Diese zunehmende Geschwindigkeit führt zu einer wachsenden Arbeitskomplexität sowie -intensität, insbesondere aufgrund des stetig steigenden Informationsflusses, der Beschäftigte vor die Herausforderung stellt, mit einer regelrechten ‚Wissensexplosion' umzugehen. Inzwischen können einzelne Personen aufgrund der enormen Größe der Wissensbasis sowie einer hohen dynamischen Wissensentwicklung das individuell relevante Wissen nicht länger fassen.[1] Darüber hinaus ermöglichen digitale Fortschritte zwar eine Arbeitserleichterung (sog. Entlastungseffekte), da zunehmend sogar komplexe Arbeitsprozesse (teil-)automatisiert werden können, jedoch stehen dieser Zeitersparnis wachsende Kund*innenansprüchen gegenüber, die zunehmend innovative und passgenaue Lösungen erwarten (Rump & Eilers, 2018). Nicht zuletzt hat die Digitalisierung in erheblichem Maße die Globalisierung und die Vernetzungsdichte gefördert, die wiederum in einem gegenseitigen Wechselspiel technologische Fortschritte vorantreiben (Rump, 2013). Die steigende Anzahl an global ausgerichteten Unternehmen[2] führt zu einer Internationalisierung innerhalb der Belegschaft und die Digitalisierung eröffnet trotz zeitlicher und räumlicher Differenzen die Zusammenarbeit von weltweit verteilten Projektmitgliedern (Rump & Eilers, 2017d; Bundeszentrale für politische Bildung, 2020). Gleichzeitig fordern die aufgezeigten Entwicklungen von Unternehmen und Mitarbeitenden ein hohes Maß an Veränderungsfähigkeit und -bereitschaft und eine permanente Weiterentwicklung

---

[1] Die Schnelllebigkeit sowie die Verbreitungsgeschwindigkeit von Wissen, die mit den digitalen Einflüssen einhergehen, lässt sich anhand der Anwendung nachfolgender Produkte veranschaulichen: Bis das Medium Radio 50 Mio. Rezipient*innen erreicht hat vergingen 38 Jahre, das Fernsehen benötigte 13 Jahre, E-Mails wurden innerhalb von nur vier Jahren von dieser Gruppengröße genutzt, Facebook in zwei Jahren und die App „Pokémon GO" innerhalb von 19 Tagen (Statista, 2012; Zeppenfeld & Oimann, 2018). Aufgrund immer schnellerer Entwicklungen von digitalen Angeboten ist die Rede von einem beschleunigten „moralischen Verschleiß" (z. B. Widuckel, 2015b, S. 40).

[2] Die Globalisierung und die einhergehende globale Vernetzung steigt jedes Jahr an und führt zu einem wachsenden Austausch von Gütern, Dienstleistungen und Energie. Darüber hinaus reisen jährlich über eine Milliarde Menschen als Tourist*innen in andere Staaten. Dieser Trend wird vor allem durch technologische Entwicklungen sowie gemeinsame Sprachen gefördert und erleichtert (Bundeszentrale für politische Bildung, 2020).

von Kompetenzen, die aufgrund zunehmender Ungewissheiten sowie Instabilitäten der Märkte unerlässlich werden, um im Wettbewerb zu bestehen (siehe Abbildung 5.2, Rump & Eilers, 2017d).

Abbildung 5.2 Zentrale technisch-ökonomische Entwicklungen.
(Quelle: Eigene Darstellung, in Anlehnung an Rump & Eilers, 2015, S. 294)

Der Fokus innerhalb der öffentlichen Diskussion, in Bezug auf digitale Veränderungen, wird meist auf die Themen Geschäftsmodell[3], Technologie und Organisation gerichtet. Häufig wird jedoch ausgeblendet, dass Prozess- und technische Innovationen auch immer eine soziale Transformation sowie soziale Innovationen erfordern. Diese notwendigen Entwicklungen und Anpassungsprozesse werden häufig mit dem Begriff „Arbeiten 4.0" in Verbindung gebracht und beschäftigen sich mit den Auswirkungen der Digitalisierung auf das gesamte ‚System Arbeit' (Rump & Eilers, 2018). Debatten in Bezug auf die sozialen Innovationen und die soziale Transformation stehen entweder noch am Anfang oder verlaufen vorwiegend ohne erkennbare Systematik bzw. Struktur (Rump & Eilers, 2017b). Die nachfolgenden Unterkapitel verdeutlichen jedoch, dass die Einflussnahme der Digitalisierung auf die Erwerbsarbeit ebenso zu durchdenken ist, wie ihre Auswirkungen auf Wertschöpfungsketten, Produktgestaltungen, Geschäftsmodelle und Leistungserstellungsprozesse (Rump, Zapp & Eilers, 2017).

5.1 Flexibilisierung

Die Arbeitswelt unterzieht sich einem grundlegenden Wandel, der das berufliche Leben ebenso stark verändert wie das private und zu einer neuen Komplexität der Lebensführung führt. Die Beständigkeit einstiger Berufsbiographien ist heute kaum noch gegeben und das hohe Tempo innerhalb der Gesellschaft erfordert eine eminente Flexibilität (Ulich, 2011). Sennett (1998) veranschaulicht in seinem Essay „Der flexible Mensch" auf prägnante Weise, wie die Doktrin der Flexibilität die Gesellschaft und vor allem die Erwerbsarbeit vehement durchdringt und letztlich jede Form von Verlässlichkeit schwinden lässt. Hierdurch werden das Zusammenleben sowie die Planung weiterer Schritte kontinuierlich zersetzt und herausfordernder.

Die Flexibilisierung kann als ein tiefgehendes komplexes Phänomen des Wandels angesehen werden, wobei innerhalb der vorliegenden Arbeit ein besonderes Augenmerk auf die Arbeitswelt gelegt wird. Dieser Wandel bezieht sich nicht nur auf örtliche, zeitliche oder organisationale Faktoren, sondern umfasst ebenso Veränderungen von Rollen, Funktionen, sozialen Beziehungen und Kompetenzen (Widuckel, 2015b). Auch der Diskurs um die ‚entgrenzten Arbeitsformen',

---

[3] Digitale Entwicklungen haben eine Umwälzung ganzer Geschäftsmodelle zur Folge. Beispielsweise verfügt das international größte Taxiunternehmen „Uber" über keine Fahrzeuge und das Unternehmen „Airbnb" – ein globaler Anbieter von Unterkünften – nicht über eigene Immobilien (Zeppenfeld & Oimann, 2018).

die zu einer potenziellen Anpassung aller Lebensbereiche eines Menschen an die Erwerbsarbeit bzw. an die Ziele der Organisation, für die er tätig ist, führen können, gehört der Flexibilisierung an (Pongratz & Voß, 2004; Ulich & Wiese, 2011; ebd.).

5.1.1 Chancen und Risiken der Flexibilisierung

Widuckel (2015b) weist auf die entstehenden Chancen und Risiken[4] hin, die mit der Flexibilisierung einhergehen. Er betont, dass der Terminus „Flexibilisierung" meist mit sich auflösenden existierenden Eingrenzungen assoziiert wird, wohingegen „Flexibilität" gleichzeitig als das Ergebnis einer Einigung angesehen werden kann, die von Planungen, Regeln und vorherigen Verhandlungen geprägt ist. Aus diesen Gegebenheiten erwachsen Möglichkeiten sowie Herausforderungen auf beiden Seiten – Unternehmen wie Beschäftigten. Für Unternehmen steht Flexibilität für die Fähigkeit, sich an Markteinflüsse anzupassen und auf diese einzuwirken, aber auch für einen betriebswirtschaftlich bedachten Einsatz von Ressourcen. Für Beschäftigte ist Flexibilität hingegen verknüpft mit einer zunehmenden Komplexität der Lebensgestaltung, Erwartungshaltungen an die berufliche Weiterentwicklung und ihrer Würdigung sowie einer potenziellen Beschäftigungssicherung. In diesem Rahmen muss eine besondere Komplexität Beachtung finden: Flexibilität kann einschließende wie ausschließende Effekte haben. So können die Leiharbeit oder gewisse Formen von befristeten Arbeitsverhältnissen als ausschließende und eine Sicherung der Beschäftigung durch Arbeitszeitkonten als einschließende Effekte betrachtet werden (Widuckel, 2015b). Hieraus resultiert auch die Differenzierung der externen und internen Flexibilität (Promberger, 2012; Dütsch & Struck, 2010).

Das Ausmaß an Betroffenheit sowie die Art des Erlebens von flexiblem Arbeiten als flexibilisiert oder flexibel differiert dementsprechend sehr stark. Sobald Flexibilität dazu führt, dass Auswahlmöglichkeiten gegeben sind, aber auch Formen der Bindung und Verlässlichkeit nicht mehr bestehen können,

---

[4] In Rahmen der entstehenden Chancen nimmt Widuckel (2015b) u. a. Bezug auf Konzepte aus der Industriesoziologie und der Arbeitspsychologie wie die Polyvalenz, Anforderungsvielfalt oder innovative Arbeitspolitik (vgl. hierzu Hackman & Oldham, 1980; Ulich, 2011; Kuhlmann, Sperling & Bratzert, 2004). Der Grad an Polyvalenz kann bspw. als ein Flexibilitätsindikator eines Arbeitssystems angesehen werden. Die Polyvalenz der Beschäftigten setzt sich mit der Frage auseinander, wie viele Mitarbeitenden eines Arbeitssystems die Qualifikation aufweisen, die diversen Teilaufgaben des Arbeitssystems zu erfüllen bzw. auszuführen, sodass sie sich unterstützen bzw. vertreten können (Ulich, 2013).

stellt sie für betroffene Beschäftigte aufgrund unkalkulierbarer Unsicherheiten eine Belastung dar (Widuckel, 2015b). So führen bspw. einige neue Formen der Flexibilisierung von Arbeitszeiten zu begrenzten Möglichkeiten der Selbstregulation und mangelnder Planbarkeit (Ulich, 2011).[5] Die Anforderungen von Unternehmen und die Erwartungen der Beschäftigten entfernen sich hierbei immer weiter voneinander, sodass die entstehende Kluft nur durch stetig steigende Anstrengungen der Mitarbeitenden zu schließen ist (Reick & Kastner, 2001).[6] Um von einer einschließenden Flexibilität profitieren zu können, bedarf es klarer Regeln und Gestaltungsfelder. Als besondere inhaltliche Herausforderungen stellen sich in diesem Zusammenhang die berufliche Entwicklung sowie das lebenslange Lernen, die Unternehmensgestaltung, Zeitstrukturierungen und nicht zuletzt veränderte Erwartungen an die Lebensgestaltung heraus (Widuckel, 2015b).

Die Einschätzung von Widuckel (2015b), dass durch die Flexibilisierung Chancen aber auch Risiken entstehen, deckt sich mit bisherigen Untersuchungen, die sich mit einem Teilaspekt der Flexibilisierung – den flexiblen Arbeitsformen (örtlich und/oder zeitlich) – auseinandersetzen.[7] Diese betonen, dass zwar auf der einen Seite die Vereinbarkeit von Erwerbsarbeit und Familienleben erleichtert oder die Leistungsfähigkeit der Beschäftigten optimiert werden kann, auf der anderen Seite aber auch das Risiko einer höheren Arbeitsintensität bzw. eines gesteigerten Arbeitsvolumens sowie bei unterbrochenen Erholungsphasen potenzielle gesundheitliche Folgen entstehen können (vgl. z. B. Bosua, Gloet, Kurnia,

---

[5] Ulich (2011) bezieht sich im Rahmen seiner Ausführungen auch auf die Ergebnisse aus anderen Untersuchungen wie bspw. Wieland und Krajewski (2002), Riso (2007) sowie Lenhardt, Ertel und Morschhäuser (2010), die sich mit den Folgen von flexibilisierungsbedingten Anforderungen der Erwerbsarbeit auf außerberufliche Lebenssphären auseinandersetzen.

[6] Generell sind die Auswirkungen von Flexibilisierungen kein gänzlich neues Thema. Schon ältere Studien (z. B. Ulich, 1957, 1964; Ulich & Baitsch, 1979) weisen auf die negativen Auswirkungen bspw. von Schicht- und Nachtarbeit auf den Großteil der Mitarbeitenden hin (soziale Vereinsamung, emotionale Erschöpfung, vollständige Ausrichtung des Alltags auf die Erwerbstätigkeit etc., Ulich, 2011). Jedoch wachsen die Möglichkeiten der Flexibilisierung und ihrer Realisierung für eine wachsende Anzahl an Beschäftigten aufgrund des technologischen Fortschritts deutlich an und hiermit einhergehend auch die Herausforderungen, mit den entstehenden Risiken adäquat umgehen zu können (Arnold, Steffes & Wolter, 2015a; Grunau, Ruf, Steffes & Wolter, 2019).

[7] Die Auseinandersetzung mit zeit- und ortsflexiblem Arbeiten sowie einhergehenden Chancen und Risiken rückt innerhalb von wissenschaftlichen Studien, Unternehmen sowie gesellschaftspolitischen Diskursen zunehmend in den Mittelpunkt (Arnold et al., 2015a; Sauer, 2012). Ein gesellschaftspolitisches Beispiel hierfür ist der Vorstoß von Arbeitsminister Hubertus Heil (SPD), der das Thema Rechtsanspruch auf Homeoffice als Forderung bereits mehrfach in die öffentliche Diskussion einbrachte (Grunau et al., 2019; FAZ, 2022a).

5.1 Flexibilisierung

Mendoza & Young, 2013; Boswell & Olson-Buchanan, 2007; Collins, Cartwright & Hislop, 2013; Dahm, 2011; Park, Fritz & Jex, 2011; Sonntag, 2014; Tietze & Nadin, 2011). Die breiteste und tiefste Untersuchung, die sich in diesem Rahmen bereits vor der mit flexiblen Arbeitsformen[8] in Deutschland auseinandersetzt hat, ist eine Erhebung des Instituts für Arbeitsmarkt- und Berufsforschung (IAB). Im Gegensatz zu anderen Studien profitiert die Untersuchung von einer sehr hohen Stichprobengröße sowie einer zufälligen Auswahl von befragten Organisationen bzw. Beschäftigten. Für die Untersuchung wurden Daten aus dem IAB-Betriebspanel analysiert. Das IAB-Betriebspanel stellt eine Befragung von rund 16.000 Betrieben von unterschiedlicher Größe (mindestens eine Person, die sozialversicherungspflichtig beschäftigt ist) und Branche dar. Um detailliertere Ergebnisse in Bezug auf das spezifische Thema Homeoffice gewinnen zu können, wurde für die Untersuchung darüber hinaus die Beschäftigten- und Betriebsbefragung „Linked Personnel Panel (LPP)"[9], hinzugezogen (IAB, 2019; ZEIT ONLINE, 2019). Das LPP verknüpft die Perspektive von Unternehmen und Beschäftigten miteinander und basiert auf der Studie „Arbeitsqualität und wirtschaftlicher Erfolg", die vom IAB und dem Bundesministerium für Arbeit und Soziales getragen und zusammen mit dem Zentrum für Europäische Wirtschaftsforschung (ZEW) und der Universität zu Köln inhaltlich bearbeitet wird. Die Erhebung der Daten erfolgte seit 2012 in drei Befragungswellen, in die jeweils Personalverantwortliche und Beschäftigte deutscher Unternehmen des privaten Sektors mit mindestens 50 sozialversicherungspflichtigen Beschäftigten einbezogen wurden (Grunau et al., 2019). Aufgrund der Heterogenität, der Repräsentativität und der ungebrochenen Relevanz der Studie werden nachfolgend die zentralen Ergebnisse dargestellt.

Nach IAB-Betriebspanel ermöglichen 26 % aller Betriebe wenigstens einem Teil der Beschäftigten das mobile Arbeiten, davon bietet die Mehrheit (15 Prozentpunkte) Homeoffice sowie das Arbeiten von unterwegs an. Zwölf Prozent der Beschäftigten machen Gebrauch von diesem Angebot. Laut LPP bieten 37 % der Betriebe ihren Beschäftigten die Möglichkeit Homeoffice[10] zu betreiben. Betriebe

---

[8] Die Ergebnisse der Erhebung fokussieren sich auf räumliche (mobiles Arbeiten, insbesondere Homeoffice) und zeitliche Aspekte (berufliche Tätigkeiten innerhalb der regulären Arbeitszeit sowie in der Freizeit, ebd.).

[9] Das IAB-Betriebspanel bildet die Datenbasis für das LPP (Grunau et al., 2019).

[10] In der vorliegenden Arbeit umfassen die Begriffe „Homeoffice" bzw. „Arbeiten von zu Hause" Arbeitsformen, die innerhalb des Zuhauses der Beschäftigten stattfinden. Der Ausdruck „mobiles Arbeiten" steht hingegen für berufliche Tätigkeiten, die sich nicht an einen festen Arbeitsort ausrichten (Arnold et al., 2015b).

mit über 500 Beschäftigten ermöglichen es 57 % der Mitarbeitenden. Ein langsamer Anstieg lässt sich hinsichtlich der Nutzung von Homeoffice durch die Beschäftigten erkennen. So wählten 22 % im Jahr 2017 diese flexible Arbeitsform, wohingegen es 2013 noch 19 % nutzten (Anstieg von drei Prozentpunkten). Die Befragten nehmen Aspekte wie einige Tätigkeiten besser im Homeoffice erledigen zu können (56 %), weniger Fahrzeiten (55 %), eine bessere Vereinbarkeit von Privatem und Erwerbsarbeit (52 %) sowie eine höhere Wochenarbeitszeit (38 %) als besonders vorteilhaft wahr.[11] Die Angaben der Beschäftigten decken sich mit der Einschätzung der befragten Unternehmen zu den Vorteilen von Homeoffice. Diese sehen ebenfalls die größere Flexibilität (62 %) sowie die einhergehende Vereinbarkeit von Beruf und Familie (55 %) als großen Nutzen für die Beschäftigten an. Darüber hinaus gehen sie von Produktivitätsgewinnen (45 %) aus, die sie wahrscheinlich auf andere Vorteile wie bspw. Fahrzeitersparnisse (36 %) und ruhigere Arbeitsorte (26 %) zurückführen (Grunau et al., 2019).

Allgemein geben die Befragten an, dass in den meisten Betrieben zwar die Möglichkeit bestehe Homeoffice zu betreiben, dies jedoch nur unregelmäßig realisierbar sei und keine alltägliche Arbeitsform darstelle. Nur 16 % der Betriebe ermöglichen ein regelmäßiges Homeoffice von wöchentlich wenigstens einem Tag, sodass die Beschäftigten vorwiegend (63 %) nur stundenweise innerhalb ihres Zuhauses beruflich tätig sind (ebd.). Betriebe mit Betriebsrat ermöglichen zwar nicht vermehrt die Arbeit von zu Hause, weisen aber einen höheren Wert in Bezug auf das regelmäßige wöchentliche Homeoffice auf (17 % anstatt 7 %, Arnold et al., 2015a).

Besonders verbreitet ist Homeoffice unter kinderbetreuenden Frauen sowie Personen die Arbeitstätigkeiten ausüben, die von Zeitdruck und großer Autonomie geprägt sind sowie eine hohe Qualifizierung erfordern. Dieses Ergebnis passt zu dem Resultat, dass Homeoffice vermehrt Führungskräften ermöglicht und von diesen genutzt wird (in sämtlichen Funktionsbereichen mehr als doppelt so oft im Vergleich zu Beschäftigten, die keine Führungsverantwortung tragen, siehe Abbildung 5.3). Hierbei steigt die Wahrscheinlichkeit des Angebots mit wachsender Betriebsgröße. Ferner wird diese Gruppe in höherem Maße mit internetfähigen, mobilen Endgeräten ausgestattet (82 % ab einer Betriebsgröße von 500 Beschäftigten), um eine höhere Erreichbarkeit und Flexibilität zu

---

[11] Die Wahrnehmung der Vorteile wird stark davon beeinflusst, ob die Beschäftigten in ihrer Freizeit Homeoffice betreiben oder während ihrer regulären Arbeitszeit. So sehen fast drei Viertel der Befragten die Vorteile von Fahrzeitersparnissen und der besseren Vereinbarkeit von Privatleben und Erwerbsarbeit, wenn sie in der regulären Arbeitszeit von zu Hause aus tätig sind. Beschäftigte, die in ihrer Freizeit Homeoffice betreiben sehen diese Vorteile deutlich seltener (32 bzw. 30 %, Grunau et al., 2019).

5.1 Flexibilisierung

erzielen, während eine permanente Anwesenheit für die Koordinationsrolle nicht mehr durchgehend vorausgesetzt wird (ebd.; Arnold, Butschek, Steffes & Müller, 2016a).

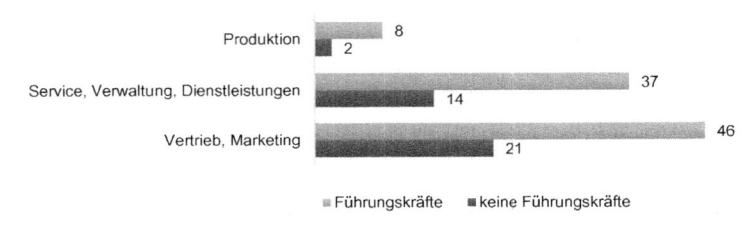

Anteil der Beschäftigten, die Zugang zu Homeoffice haben (Betriebsbefragung)

Bereich	Führungskräfte	keine Führungskräfte
Produktion	2	8
Service, Verwaltung, Dienstleistungen	14	37
Vertrieb, Marketing	21	46

Anteil der Beschäftigten, die mindestens ab und zu von zu Hause arbeiten (Beschäftigtenbefragung)

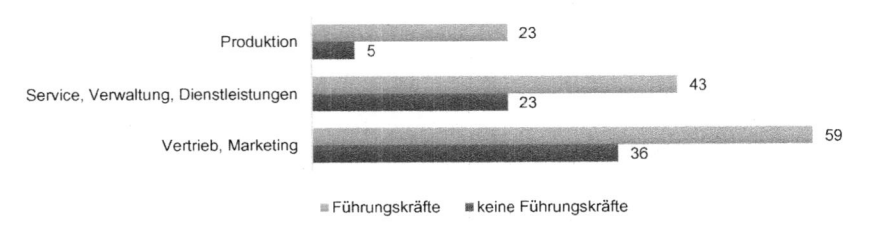

Bereich	Führungskräfte	keine Führungskräfte
Produktion	5	23
Service, Verwaltung, Dienstleistungen	23	43
Vertrieb, Marketing	36	59

Abbildung 5.3 Verbreitung von Homeoffice nach Funktionsbereich und Leitungstätigkeit, Anteile in Prozent.
(Quelle: Eigene Darstellung, in Anlehnung an Grunau et al., 2019, S. 3, Linked Personnel Panel (LPP)-Betriebsbefragung 2016 (N = 206), LPP-Beschäftigtenbefragung 2017 (N = 6.133), gewichtete Darstellung) © IAB

Als Hindernisse für eine Verlagerung des Arbeitsortes werden von den Betrieben hauptsächlich ungeeignete Tätigkeitsprofile wie z. B. die Arbeit an Maschinen (90 %), eine erschwerte Zusammenarbeit mit Kolleg*innen (22 %) sowie Datenschutzbedenken (16 %) geäußert. Befragte sehen mit 76 % ebenfalls die Art der Tätigkeit als größtes Hindernis an. 66 % verweisen auf den Anwesenheitswunsch der Führungskraft, 59 % sehen die Zusammenarbeit mit Kolleg*innen als diffizil an und für 56 % ist eine Trennung zwischen Erwerbsarbeit und Privatleben wichtig. Durch das letztgenannte Ergebnis wird erneut deutlich, dass ein großer Anteil an Beschäftigten den Eindruck hat, dass eine zunehmende Flexibilisierung eine wachsende Durchdringung des Privatlebens durch das Erwerbslebens zur Folge haben kann. Ferner steht dem genannten Vorteil, dass die Erwerbsarbeit mit dem Privatleben besser zu vereinbaren sei, eine beinahe ebenso hohe Anzahl an Befragten gegenüber, die eine Entgrenzung von beruflicher Tätigkeit und Privatem im Kontext von Homeoffice als problematisch ansehen. Die Ergebnisse zeigen, dass Homeoffice zwar mit Vorteilen verbunden sein, aber auch zu einer höheren Durchlässigkeit der Grenzen zwischen Erwerbsarbeit und Privatleben führen kann und somit eine Flexibilität in beide Richtungen – beruflich wie privat – gegeben ist. So lehnen ca. zwei Drittel der Befragten, die kein Homeoffice betreiben, diese Arbeitsform grundsätzlich ab (Arnold et al., 2015a, 2015b).

Auf der anderen Seite hat jeder neunte Befragte[12] den unerfüllten Wunsch seine berufliche Tätigkeit von zu Hause auszuüben, obwohl dies nach jeweils eigener Einschätzung ohne Probleme möglich wäre. Sieben Prozent der Befragten befürchten nachteilige Effekte auf ihre Karriere aufgrund von Homeoffice. Diese Ergebnisse sowie die Aussage, dass vielen Führungskräften eine Anwesenheit wichtig ist, verdeutlicht die hohe Präsenzkultur[13], die bei zahlreichen Arbeitgebenden in Deutschland verankert ist. Auch auf der Seite der Unternehmen äußern zehn Prozent Bedenken gegenüber Homeoffice, da eine erschwerte Kontrolle und Führung gegeben sei, was im Umkehrschluss auf mangelndes Vertrauen schließen lässt (ebd.). Die nachfolgende Abbildung 5.4 fasst die zentralen negativen Erfahrungen, die Beschäftigte mit Homeoffice gemacht haben, nach Lage der Arbeitszeit zusammen.

Darüber hinaus verdeutlicht die Erhebung den bereits thematisierten Gestaltungsbedarf, der aus Formen der Flexibilisierung resultiert. So geben 84 % der Angestellten an, dass ihre berufliche Tätigkeit im Homeoffice nicht vertraglich geregelt sei. 56 % dieser Gruppe verweisen darauf, dass sie in ihrer Freizeit zu Hause arbeiten. Die Arbeitsstunden werden bei 73 % dieser Beschäftigten über

---

[12] Nach Grunau war insbesondere dieses Ergebnis überraschend, da aufgrund der öffentlichen Wahrnehmung, innerhalb derer häufig postuliert würde, dass viele Beschäftigte wenigstens gelegentlich Homeoffice betreiben möchten, ein deutlich höheres Ergebnis von den Autoren der Studie erwartet worden ist (Die Welt, 2019).

[13] Unter dem Terminus „Präsenzkultur" wird in der vorliegenden Arbeit ein überhöhtes Kontrollbedürfnis von Führenden als Wirkung gewisser Verhaltenserwartungen und Regeln in Organisationen verstanden. In diesem Rahmen werden die zeitliche Verfügbarkeit sowie die Anwesenheit in Unternehmen als Indikatoren für Engagement und Leistungsbereitschaft angesehen. Gleichsam kann die Präsenzkultur als Ausdruck eines Kontrollanspruchs bewertet werden, der Leistungsresultate als unmittelbare Folge direkter hierarchischer Zugriffsmöglichkeiten auf Beschäftigte interpretiert. Die Legitimation der Präsenzkultur basiert hierbei auf der Sichtweise der Notwendigkeit hierarchischer Kontrolle, um den Unternehmenserfolg sicherstellen zu können (Widuckel, 2021).

5.1 Flexibilisierung

nur innerhalb der normalen Arbeitszeit	4 / 19 / 40	
außerhalb der normalen Arbeitszeit	8 / 16 / 51	
sowohl als auch	5 / 28 / 50	

Anteile an allen Beschäftigten mit Homeoffice, in Prozent

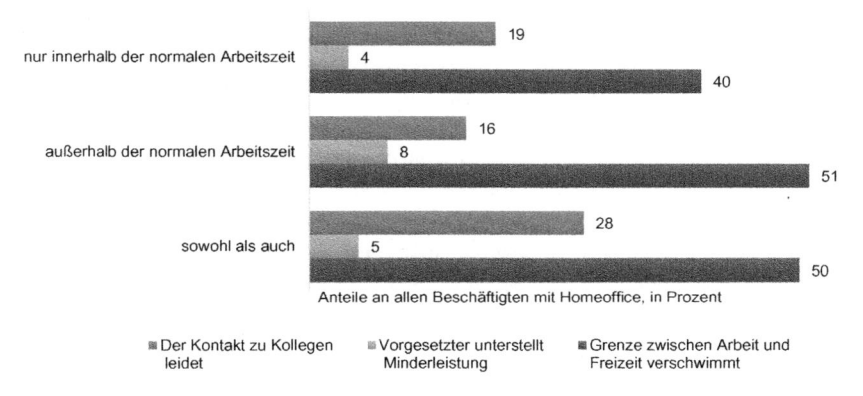

■ Der Kontakt zu Kollegen leidet   ■ Vorgesetzter unterstellt Minderleistung   ■ Grenze zwischen Arbeit und Freizeit verschwimmt

Abbildung 5.4 Negative Erfahrungen mit Homeoffice aus Sicht der Beschäftigten nach Lage der Arbeitszeit.
(Quelle: Grunau et al., 2019, S. 7, Linked Personnel Panel (LPP)-Beschäftigtenbefragung 2014 (N = 1.044 bis 1.085), gewichtete Darstellung) © IAB

das reguläre Gehalt abgegolten und nicht durch einen Zeitausgleich berücksichtigt, sodass diese Arbeitsform das Risiko birgt unbezahlte Überstunden zu fördern (Arnold et al., 2015a).[14]

Ein weiterer interessanter Aspekt ist die Frage, wie sich Homeoffice auf die Zufriedenheit der Mitarbeitenden und die Wahrnehmung der Führungskraft auswirkt. Hierfür sind multivariate Regressionen[15] durchgeführt worden, bei denen Befragte, die während der regulären Arbeitszeit von zu Hause arbeiten, die Referenzgruppe darstellen. Dieser Gruppe wurden drei weitere Gruppen an Beschäftigten gegenübergestellt: Personen, die ausschließlich in der Freizeit Homeoffice betreiben (Gruppe A), Beschäftigte, die kein Homeoffice betreiben und auch kein Interesse daran zeigen (Gruppe B), Personen, die nicht zu Hause arbeiten, es aber wenigstens gelegentlich gerne tun würden (Gruppe C, Arnold et al., 2015a).

---

[14] Eine Untersuchung der Hans-Böckler-Stiftung kam ebenfalls zu dem Ergebnis, dass Homeoffice vermehrte Überstunden bei den Befragten (Eltern) zur Folge hatte (Lott, 2019).
[15] Die Ergebnisse schließen die Gruppe der Arbeiter*innen aus. Bereits im Zwischenbericht zu dem Projekt (Bellmann et al., 2013a) wurde deutlich, dass diese Form der Arbeitstätigkeit unter Arbeiter*innen mit einem Wert von lediglich zwei Prozent kaum gegeben ist. Das geringe Ergebnis kann auf die Art der Tätigkeit zurückgeführt werden (Grunau et al., 2019; Arnold et al., 2015b).

Beschäftigte, die wenigstens gelegentlich Homeoffice während der regulären Arbeitszeit betreiben (Referenzgruppe), weisen im Durchschnitt die höchste Zufriedenheit auf (alle Ergebnisse unter Berücksichtigung fixer Betriebseffekte). Die geringste Zufriedenheit lässt sich hingegen bei Gruppe C feststellen, die gerne von zu Hause arbeiten würde, aber nicht kann (0,50 Skalenpunkte niedriger als Referenzgruppe, insgesamt beläuft sich der durchschnittliche Zufriedenheitswert in Bezug auf die Arbeit auf rund 7,5 Skalenpunkte). Personen, die nur in der Freizeit zu Hause beruflich tätig sind (Gruppe A), lassen eine um 0,39 Skalenpunkte niedrigere Zufriedenheit erkennen. Ein ähnliches Bild zeigt sich bei der Untersuchung der Frage, inwieweit die befragten Gruppen die Fairness ihrer Führungskraft einschätzen. Am ungerechtesten fühlte sich Gruppe C mit dem unerfüllten Homeoffice-Wunsch behandelt (0,27 Skalenpunkte niedriger als Referenzgruppe). Beschäftigte, die in der Freizeit von zu Hause arbeiten, (Gruppe A) stufen ihre Führungskraft um 0,18 Skalenpunkte geringer in Bezug auf die Fairness ein, wohingegen Gruppe B (keine Nutzung und kein Interesse an Homeoffice) keinen durchschnittlichen Unterschied zur Referenzgruppe zeigt (ebd.).[16]

Die dargestellten Ergebnisse verdeutlichen bereits vor den Auswirkungen der COVID-19-Pandemie den wachsenden Verbreitungsgrad und die Folgen des mobilen und entgrenzten Arbeitens in Deutschland. Die Angebote werden aufgrund der voranschreitenden Digitalisierung weiterhin zunehmen; vor allem durch den rasanten Breitbandausbau, die wachsende Nutzung mobiler Endgeräte sowie die Entwicklung von technischen Lösungen für die Sicherstellung des Datenschutzes (Arnold et al., 2015a; Grunau et al., 2019). Nicht zuletzt beschleunigt die COVID-19-Pandemie[17] die Digitalisierung sowie die Ausschöpfung der

---

[16] In diesem Rahmen stellt sich die Frage nach Wirkungsrichtungen. Die Resultate der Untersuchung basieren jedoch auf multivariaten Regressionen, bei denen ein Zusammenhang zwischen zwei Merkmalen nachgewiesen werden kann aber keine Wirkungsrichtungen nachvollziehbar sind. Inwieweit die wahrgenommenen Differenzen von flexiblen Arbeitsformen beeinflusst werden oder ob die Wirkungsrichtung umgekehrt ist und zufriedenen Beschäftigten eher die Möglichkeit von Homeoffice eröffnet wird, bleibt offen. So könnte es nicht beobachtete Faktoren geben, die die Zufriedenheit und Homeoffice-Wahrscheinlichkeit gleichzeitig beeinflussen (Arnold et al., 2015a).

[17] Der Ausdruck „COVID-19-Pandemie" bezeichnet den weltweiten Ausbruch der neu aufgetretenen Atemwegserkrankung COVID-19. Die WHO wurde im Dezember 2019 über Lungenentzündungen mit unbekanntem Ursprung in der Stadt Wuhan (China) in Kenntnis gesetzt. Im Januar 2020 identifizierten die chinesischen Behörden als Ursache für die Erkrankungen ein neuartiges Coronavirus (SARS-CoV-2). Am 11. März 2020 erklärte der Generaldirektor der WHO offiziell den Ausbruch einer Pandemie, da inzwischen 114 Länder mehr als 118.000 Fälle sowie 4.291 Todesfälle gemeldet hatten (WHO, 2020).

5.1 Flexibilisierung

Potenziale des mobilen und entgrenzten Arbeitens in einer bisher unbekannten Geschwindigkeit. Die Krise durchdringt die Arbeitswelt auf nahezu allen Ebenen und führt u. a. zu neuen Geschäftsmodellen, die das Arbeiten verändern sowie zu einer bisher nie dagewesenen Zahl an Beschäftigen im Homeoffice führt (Walwei, 2020). Hierdurch wird in besonderem Maße deutlich, dass zuvor bestehende Möglichkeiten der Flexibilisierung bei Weitem nicht ausgenutzt worden sind, obwohl sie technisch möglich gewesen wären (Grunau, Steffes & Wolter, 2020).[18] Die aktuelle Entwicklung veranschaulicht, wie eng die Digitalisierung und Flexibilisierung miteinander verwoben sind und in welcher Geschwindigkeit sie gerade in Krisenzeiten die Arbeitswelt verändern können. Inzwischen stellen Video- und Telefonkonferenzen einen selbstverständlichen Teil der Arbeit dar und der Art wie miteinander kommuniziert wird. Nach der Coronakrise wird das mobile und entgrenzte Arbeiten von der Gesellschaft, der Wirtschaft und der Politik sicherlich neu diskutiert und bewertet. Vor allem, da sich Phasen innerhalb dessen Homeoffice zwangsweise realisiert worden ist, aufgrund der Verletzung von Partizipationsansprüchen, vielfach für Beschäftigte als problematisch erwiesen haben (Walwei, 2020; Widuckel, 2021).

Das Resultat dieser Diskurse kann jedoch zum jetzigen Zeitpunkt nicht eingeschätzt werden (vgl. Walwei, 2020; FAZ, 2022a). Grundsätzlich ist davon auszugehen, dass vor allem in einem von Unsicherheit geprägten Umfeld und einer sich weiterhin wandelnden Arbeitswelt die Bedeutung der Flexibilisierung weiterhin steigen wird (Ellguth, Gerner & Zapf, 2018). Insbesondere, da anhand der COVID-19-Pandemie deutlich geworden ist, dass flexible Arbeitsformen zahlreichen Beschäftigten die Möglichkeit eröffnen, auch unter widrigsten Umständen weiterhin ihrer Erwerbstätigkeit nachgehen zu können und somit in die Lage versetzt werden, den Fortbestand von Unternehmen zu sichern. Unabhängig von diesem Ergebnis, werden sich allerdings flexible Arbeitsformen immer als ein ‚zweischneidiges Schwert' erweisen, bei dem entstehende Vorteile ebenso hohe Risiken bergen (IAB, 2019). Daher sollte eine bedachtere Auseinandersetzung mit der häufig verlangten ‚Abwendung von einer Präsenzkultur' erfolgen. So hat vor allem die COVID-19-Pandemie verdeutlicht, welch ein

---

[18] Die Anzahl der Beschäftigten, die aktuell Homeoffice betreiben, ist deutlich höher als die Anzahl der Beschäftigten, die bisher von zu Hause aus ihrer Erwerbstätigkeit nachgehen konnten. Insbesondere Beschäftigte aus Berufssegmenten, in denen Homeoffice häufig genutzt wird, nutzen diese flexible Arbeitsweise in Zeiten der Coronakrise. Bezogen auf die Qualifikationsniveaus sind vor allem große Potenziale bei „Experten" und „Spezialisten" gegeben. Im Vergleich zu der Situation vor der COVID-19-Pandemie könnten in den klassischen Bürojobs bis zu 30 % der Beschäftigten Homeoffice betreiben (Grunau et al., 2020, siehe Anhang B im elektronischen Zusatzmaterial).

großes Handlungs- und Gestaltungsfeld das Arbeiten im Homeoffice darstellt. Aufgrund von Risiken wie sozialer Isolation, Überlastungserscheinungen, Verunsicherungen sowie eine unzureichende soziale Unterstützung sind zukünftig klare Regeln erforderlich (Grunau et al., 2019; Bellmann & Widuckel, 2018; Widuckel, 2021). Die Formulierung dieser Regelungen sollte von drei Leitlinien getragen werden: Partizipation, Balancierung und Freiwilligkeit. Partizipation ist in diesem Zusammenhang als die Beteiligung der Mitarbeitenden an der Erstellung eines Reglements für eine flexible Homeoffice-Lösung zu verstehen, da eine gemeinsam erarbeitete Grundlage positive Auswirkungen auf die Motivation der Beteiligten erwarten lassen kann. Der Ausdruck Balancierung steht vor allem für vertrauensfördernde Regelungen sowie Werte und Verhaltensweisen, die eine Tätigkeit im Homeoffice in eine Arbeitskultur[19] inkludieren, die sich durch Gesundheits-, Motivations- und Entwicklungsorientierung auszeichnet. Nicht zuletzt nimmt der Aspekt der Freiwilligkeit eine besondere Bedeutung ein, da ein erzwungenes Homeoffice nach der COVID-19-Pandemie unweigerlich mit einer erzwungenen Bereitstellung von hierfür erforderlichen Ressourcen einhergehen und einer Rückentwicklung gleichen würde. Die Bewältigung dieser Aufgabe stellt alle Betroffenen (Führungskräfte, Mitarbeitende, Betriebsräte, Personalwesen etc.) ohne Zweifel vor eine große Herausforderung. Diese Aufgabe gemeinsam zu gestalten, ist jedoch für die Zukunft der Arbeitswelt äußerst erstrebens- und lohnenswert (Widuckel, 2021).

5.1.2 Life-Domain-Balance

Aufgrund der dargestellten Bedenken und negativen Erfahrungen der Befragten zur Trennung von Erwerbs- und Privatleben im Rahmen von flexiblen Arbeitsformen, erfolgt eine tiefergehende Auseinandersetzung mit dem Themenfeld „Work-Life-Balance". Der Aspekt der Work-Life-Balance nimmt eine wichtige Rolle im Rahmen der Flexibilisierung ein, da hierbei der Wunsch nach Flexibilität herausgestellt wird, um diverse Lebensbereiche vereinbaren zu können (Widuckel, 2015b; Rump, Wilms & Eilers, 2014). Ein ‚traditionelles Verständnis' von

---

[19] Unter dem Terminus „Arbeitskultur" werden in der vorliegenden Untersuchung die Arbeit sowie das Arbeitshandeln als gesellschaftliche und individuelle Tätigkeit prägende Normen und Werte sowie die an diese angelehnten sozialen Beziehungen verstanden. Hierbei wird die Annahme zugrunde gelegt, dass sich diese Normen, Werte und sozialen Beziehungen als Resultat von Spannungsfeldern und Konflikten ausbilden, die wiederum einen Ausdruck diverser Interessen, Bedürfnisse und Ungleichzeitigkeiten darstellen (Widuckel, 2015b).

5.1 Flexibilisierung

Lebensphasen[20], die einem strikten Ablauf folgen, ist nicht länger zeit- und realitätsgemäß (Ulich & Wiese, 2011; Sporket, 2008; Debler, Leuning, Osterwald & Schlegel, 2018). Vielmehr wird die Lebensführung[21] geprägt von Dynamik, Individualität und wachsenden Anforderungen, die extrinsischer und intrinsischer Natur sind, mit einer zunehmenden Bedeutung außerberuflicher Lebensbereiche (Ulich & Wiese, 2011; Widuckel, 2015b).

Die Forschung setzt sich zunehmend mit der Vereinbarkeit von Lebensbereichen auseinander. Diese Entwicklung ist auf die dominierenden Anforderungen der Erwerbsarbeit in Bezug auf die anderen Lebensbereiche sowie die wachsende Bedeutung der Nicht-Erwerbsarbeit und einer damit einhergehenden Wahrnehmung eines Ungleichgewichts verbunden (vgl. Guest, 2002). Terminologisch entstand daher der bisher bekannteste Begriff der „Work-Life-Balance", dessen Ursprung auf die 1970er Jahre zurückgeht (Becker, 2002).[22] Trotz dieses Zeitraums existiert bisher keine klare Begriffsbestimmung. Innerhalb des deutschsprachigen Raumes steht Work-Life-Balance für den Ausgleich zwischen Erwerbsarbeit und Privatleben eines Menschen (Ulich, 2007). Der Ausdruck „Work-Life-Balance" erweckt jedoch den trügerischen Eindruck einer vermeintlichen Trennung von „Arbeit" und „Leben" und lässt weitere Arbeitsformen bzw.

---

[20] Der Begriff der Lebensphasen und seine nähere wissenschaftliche Untersuchung geht auf die Pionierstudie „The Polish Peasant in Europe and America" zurück (Thomas & Znaniecki, 1918–1920). Vor allem seit den 1970er Jahren entwickelte sich die Tendenz, Lebensphasen mit dem kalendarischen Alter einer Person zu verbinden und zu untersuchen. Hierbei wurde das Alter auch als ein lebenslanger Prozess angesehen, in dem die jeweiligen Phasen im Rahmen ihrer Ursachen und Folgen zu betrachten sind (z. B. Elder & Rockwell, 1979; Riley, 1979). Darüber hinaus wurden Lebensphasen als ein soziales Konstrukt betrachtet, das von der Gesellschaft gegliedert bzw. bestimmt wird (Kohli, 1985). Diese Ansätze greifen jedoch zu kurz, da sie die Lebensphasen mit ihren Lebensbereichen fragmentiert und nicht ganzheitlich betrachten (Settersten, 2003; Levy & Pavie Team, 2005). Ferner veranschaulichen gerade die aktuellen Entwicklungen, dass Lebensphasen keiner festen Chronologie folgen bzw. extern vorgegeben verlaufen, sondern von Selbstbestimmung und Freiwilligkeit geprägt sein sollten (Hohensee, 2017).

[21] Unter dem Terminus „Lebensführung" werden in der Arbeit die diversen Tätigkeiten eines Menschen innerhalb seiner verschiedenen Lebensbereiche sowie die sich darauf beziehenden persönlich mitgestalteten Arrangements angesehen (Voß, 1995). Dementsprechend wird das gesamte Leben einer Person betrachtet, allerdings geht es nicht um die „Länge" des Lebens, sondern vielmehr um die „Breite" (Ulich & Wiese, 2011).

[22] Zuvor fokussierten sich Studien auf die Beziehung zwischen Erwerbsarbeit und Familie, sodass von „Work-Family" gesprochen wurde (Gambles, Lewis & Rapoport, 2006) und sich der Begriff der „Work-Family-Balance" herausbildete. Die Untersuchung der Vereinbarkeit von Erwerbsarbeit und Familienleben findet auch in aktuellen Studien weiterhin statt (exemplarisch Duncan & Pettigrew, 2012; Greenhaus & Allen, 2011; Laurijssen & Glorieux, 2013).

Tätigkeiten unberücksichtigt. Ein weitreichendes Verständnis von Arbeit geht jedoch weit über die Erwerbsarbeit hinaus und Erwerbsarbeit stellt wiederum einen festen Teil des „Lebens" dar (Widuckel, 2015b; Ulich & Wiese, 2011). Aus diesem Grund wird innerhalb der Arbeit der Ausdruck „Life-Domain-Balance"[23] verwendet, der eine Ausgewogenheit der Lebensbereiche repräsentiert (Ulich & Wiese, 2011). Diese Ausgewogenheit wird nicht als statisch, sondern dynamisch angesehen, da die Vereinbarkeit der Life Domains einen fortwährenden Gestaltungsprozess innerhalb eines persönlichen Lebensweges darstellen, der von einem individuellen Gestaltungsverhalten beeinflusst wird (vgl. Savickas et al., 2009; Smith, 2009). Darüber hinaus ist der Begriff „Ausgewogenheit" nicht als „gleichgewichtiges Engagement" in allen Lebensbereichen zu verstehen, sondern vielmehr als die Erfüllung der Erwartungen und Bedürfnisse einer Person in Bezug auf die verschiedenen Lebensbereiche, um eine höchstmögliche Lebensqualität[24] generieren zu können. Welchen Lebensbereichen eine hohe bzw. niedrige Bedeutung beigemessen wird steht dabei in Abhängigkeit der Definition von Lebensqualität jedes einzelnen Individuums, die sich im Verlauf des Lebens ändern bzw. zu zeitweisen Veränderung von Prioritäten führen kann (Ulich & Wiese, 2011; Baltes & Baltes, 1990).

Auch wenn keine allgemeingültigen Aussagen zu einer idealen Lebensgestaltung getroffen werden können, scheinen bisherige Untersuchungen zu zeigen, dass viele Personen sich eine gelungene Integration von Zielen, die die Erwerbstätigkeit und die Familie betreffen, wünschen, ohne größere Abstriche in einer der beiden Life Domains vornehmen zu müssen (z. B. Hoff, Grote, Dettmer, Hohner & Olos, 2005). Selbst Befragte, denen fiktive Lebensentwürfe vorgelegt wurden, gaben altersunabhängig an, dass sie die Lebenszufriedenheit einer Person, die familiäre und berufliche Ziele miteinander vereinbaren kann, größer

---

[23] In der Arbeit wird der Begriff „Life Domains" sowie der deutsche Ausdruck „Lebensbereiche" synonym verwendet. Innerhalb theoretischer Arbeiten zu diesem Themenfeld lässt sich keine einheitliche Begriffsbezeichnung erkennen, so werden bspw. auch die Termini „Life sphere", „Life role", „Life space" sowie „Life area" verwendet (z. B. Pines, Neal, Hammer & Icekson, 2011; Shockley & Allen, 2010; Savickas, 1997; Salvatore & Sastre, 2001), die alle als Synonyme betrachtet werden können.

[24] Innerhalb der vorliegenden Arbeit basiert das Verständnis von Lebensqualität auf der Definition von Noll (1992): „Lebensqualität schließt alle wichtigen Lebensbereiche ein und umfasst nicht nur das materielle und individuelle Wohlergehen, sondern auch immaterielle und kollektive Werte, wie Freiheit, Gerechtigkeit, die Sicherung der natürlichen Lebensgrundlagen und die Verantwortung gegenüber zukünftigen Generationen" (S. 435). Die Begriffsbestimmung verdeutlicht, dass die Wahrnehmung von Lebensqualität von subjektiven wie objektiven Faktoren beeinflusst wird, deren Beziehungen zueinander nicht immer nachvollziehbar sind (Ulich & Wiese, 2011).

5.1 Flexibilisierung

einschätzen, als die Zufriedenheit von Menschen, die nur Pläne in einem von beiden Lebensbereichen zu realisieren vermögen (Salmela-Aro & Wiese, 2006). Zu den zentralen Lebensbereichen zählen die Erwerbsarbeit (inkl. selbständige Erwerbstätigkeit), Familie (Herkunftsfamilie sowie selbst gegründete Familie und die einhergehende Kindererziehung), Partnerschaft (Ehepartner*in bzw. Lebensgefährt*in), soziale Beziehungen (z. B. Freunde und Bekannte), Freizeit (Sport, Hobbies, Urlaub etc.), Ehrenämter bzw. Engagement im politischen, religiösen oder gemeinnützigen Bereich und Aktivitäten mit Selbstbezug (z. B. Lesen, Zeichnen), Hausarbeit (Einkaufen, Reinigen der Wohnung etc.) und nicht zuletzt die Gesundheit (individuelle physische und mentale Entwicklung, Sagie & Elizur, 1996; Ulich & Wiese, 2011). Die einzelnen Life Domains stehen nicht isoliert für sich, sondern sind miteinander verbunden und nehmen Einfluss aufeinander. So können bspw. Hobbies gemeinsam mit der Familie ausgeübt oder Sport mit Freunden betrieben werden, was wiederum gesundheitliche Effekte zur Folge hat (Hohensee, 2017). Darüber hinaus wird deutlich, dass auch Zeit außerhalb der Erwerbsarbeit von Arbeit geprägt sein kann, bspw. durch Kindererziehung, Tätigkeiten im Haushalt oder ein Ehrenamt und die Arbeit somit einen wesentlichen Bestandteil des Lebens darstellt (Ulich, 2007).

Abbildung 5.5 veranschaulicht exemplarisch die verschiedenen Life Domains. Ehrenamtliche Tätigkeiten, die zur Freizeit gehören, werden in der Grafik separat aufgeführt, da diese eine besondere Rolle für eine Person einnehmen können, aufgrund von Verantwortungsübernahme, zeitlicher Aspekte sowie in Hinblick auf Kompetenzen, die benötigt bzw. angeeignet werden. Die Pfeile repräsentieren potenzielle Wechselwirkungen zwischen den Life Domains, wie z. B. Erfahrungen, Stimmungen und Kompetenzen, die sich von einer Life Domain auf die Andere übertragen können, sodass sich die Beziehungen zwischen den Life Domains durch eine hohe Komplexität und Dynamik auszeichnen. Pfeile, die nur in eine Richtung weisen, verdeutlichen, dass auch nur eine einseitige Beeinflussung stattfinden kann (Hohensee, 2017).

Die Life-Domain-Balance wird von der Gestaltungsfreiheit des Individuums sowie von Ansprüchen und Erwartungshaltungen diverser Akteur*innen beeinflusst, woraus sich zahlreiche Konfliktpotenziale ergeben können (Hohensee, 2017). Darüber hinaus wird die Life-Domain-Balance in hohem Maße von Veränderungen innerhalb der Arbeitswelt, demografischen Entwicklungen und psychischen Notwendigkeiten beeinflusst, wodurch deutlich wird, dass nicht nur individuelle Wünsche und Vorstellungen die Lebenspläne beeinflussen, sondern auch gesellschaftliche und organisationale Rahmenbedingungen (Greenhaus &

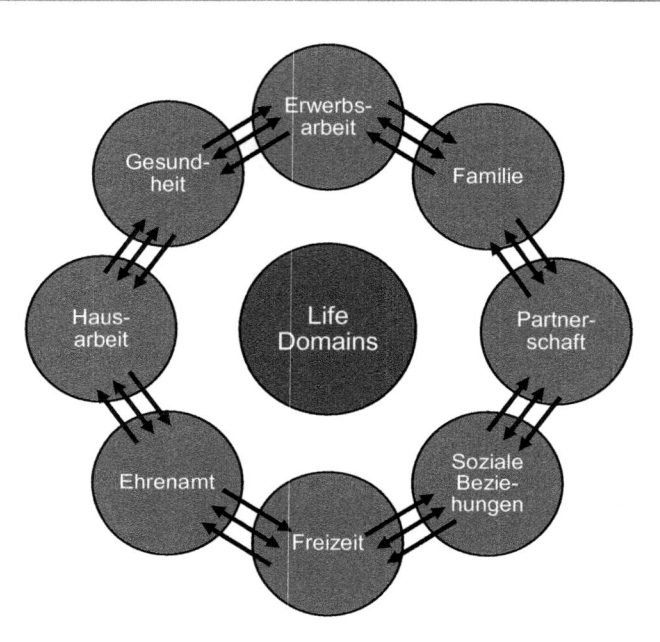

Abbildung 5.5 Interaktions- und Komplementaritäsmodell zwischen Lebensbereichen. (Quelle: Eigene Darstellung, in Anlehnung an Hohensee, 2017, S. 116; Ulich & Wiese, 2011, S. 41)

Beutell, 1985; Ulich & Wiese, 2011). Das Ziel eines Individuums sollte die Erreichung einer vorwiegend konfliktfreien Verflechtung der Life Domains sein. Entstehen dennoch Konfliktsituationen, muss eine Entscheidung getroffen werden, ob eine Verlagerung der Energie auf bestimmte Lebensbereiche erfolgt oder größere Anstrengungen unternommen werden, sodass die bisherige Life-Domain-Balance aufrechterhalten werden kann (Hohensee, 2017).

Darüber hinaus beeinflusst die individuelle Lebensphase einer Person die spezifischen Vorstellungen von der jeweiligen Lebensgestaltung. Diese Bedürfnisse können jedoch nicht altersspezifisch generalisiert werden, sondern resultieren aus der individuellen Lebenssituation und ihrer Veränderung (z. B. zweite Familiengründung, Pflegefälle oder Enkelkinder, Ulich, 2011). Gerade jüngere Erwerbstätige (unter 30 Jahren) können auf diese Weise in doppelter Hinsicht in eine Belastungssituation geraten, da sie sich einerseits für die Erziehung ihrer Kinder und andererseits für die Pflege ihrer Angehörigen verantwortlich fühlen.

5.1 Flexibilisierung

Darüber hinaus können sie zeitgleich mit höheren Erwartungen und spezifischen Mehrfachbelastungen innerhalb der Erwerbsarbeit konfrontiert werden, die bspw. aufgrund eines Fachkräftemangels oder veränderten Anforderungen durch Projektorganisationen[25] entstehen (Widuckel, 2015b; Kalkowski & Mickler, 2002). Auf diese Weise entwickelt sich eine Kombination aus konkurrierenden Zeit- und Aufmerksamkeitsansprüchen und einer veränderten Ausrichtung der Lebensführung (Widuckel, 2015b).

Die beschriebenen Entwicklungen verdeutlichen, dass eine Einstellung von Unternehmen auf die zunehmende Komplexität der Lebensführung ihrer Beschäftigten und die Einnahme einer aktiven Rolle als Gestaltungs- und Verhandlungspartner*in zentrale Herausforderungen der Zukunft darstellen. Hierzu zählt bspw. von einer Präsenzkultur Abstand zu nehmen, um den Mitarbeitenden die Balance zwischen anderen Lebensbereichen zu erleichtern (Widuckel, 2015b). So ist z. B. die Ermöglichung von wechselnden Schwerpunktsetzungen innerhalb der Erwerbsarbeit aber auch andere Life Domains zentral für den Kompetenzerwerb der Beschäftigten, der fachliche wie überfachliche Kompetenzen inkludiert. Nur auf diese Weise kann der Entwicklung von Kompetenzen in ausreichenden Maße Raum gegeben werden (ebd.).

Werden derartige Erwartungen der Beschäftigten vernachlässigt, können hieraus negative Folgen für die Gesundheit und die Motivation entstehen, woraus deutlich wird wie wesentlich eine Auseinandersetzung mit diesem Themenfeld für Unternehmen und Mitarbeitende ist (Widuckel, 2015b). Um Konflikte zu vermeiden, sind Beschäftigte gefordert, ein hohes Maß an Selbstmanagement, -disziplin, -reflexion und nicht zuletzt -bewusstsein zu entwickeln, um ihre Erwartungen und Bedürfnisse vertreten und realisieren zu können (Rump & Eilers, 2017e; ebd.).

---

[25] Gerlmaier & Latniak (2013) betonen die wachsende Bedeutung von Projektarbeit als eine hochgradig flexible Arbeitsform vor allem innerhalb wissensintensiver Dienstleistungsbranchen. Die Autoren warnen am Beispiel der IT-Branche vor den hohen Belastungen für die Beschäftigten, die sich aus Projektorganisationen ergeben. Sie verweisen ferner auf alterskorrelierte Erschöpfungsrisiken aufgrund von Mehrfachbelastungen (z. B. Arbeitsunterbrechungen, Zeitdruck, sich widersprechende Arbeitsanforderungen sowie Synchronisationserschwernisse zwischen beruflicher Tätigkeit und weiteren Lebensbereichen), deren Ursachen sie insbesondere in „dilemmatischen Arbeitssituationen" sehen (S. 165). Die Autoren ermitteln als zentrale Einflussfaktoren – die eine verbesserte Anforderungsbewältigung zur Folge haben – die erlebte Führungsqualität, den individuellen Gestaltungsspielraum und die gegebenen Regenerationsmöglichkeiten (ebd.). Auch Kalkowski und Mickler (2002) weisen bei Projektorganisationen innerhalb der IT-Branche auf die hohen Anforderungen und die Ambivalenz zwischen Selbstentfaltung und -ausbeutung hin, die bei dieser Arbeitsform gegeben ist. Sie betonen, dass vor allem in Projekten die gesetzten Ziele fast nie innerhalb der vereinbarten Arbeitszeit erfüllt werden können und gerade in der Schlussphase ein hohes Maß an Mehrarbeit zu beobachten ist (ebd.).

Gleichzeitig stehen Unternehmen und Mitarbeitende vor der Herausforderung, die Grundlagen der gemeinsamen Beziehung einer fortlaufenden Anpassung zu unterziehen und sich mit der Frage zu beschäftigen, welcher Grad an Flexibilität unter welchem Reglement, in welcher Form bis zu welchem Zeitpunkt erfolgen sollte. Veraltete und festgefahrene Strukturen in Bezug auf wöchentliche und jährliche Arbeitszeiten, der Zeitrahmen der Lebensarbeitszeit sowie unternehmensinterne altersbezogene Hindernisse im Rahmen von beruflichen Entwicklungsmöglichkeiten sind aufgrund der Flexibilisierung zu hinterfragen, aufzubrechen und gemeinsam neu zu verhandeln[26] (Widuckel, 2015b).

Mit Blick auf die Zielgruppe der älteren Beschäftigten innerhalb der Untersuchung sei darauf hingewiesen, dass die Erwartungshaltung in Bezug auf die Life-Domain-Balance im Alter nicht weniger ausgeprägt ist (Ulich, 2011). Vor allem Ältere, die fordernde Tätigkeiten ausüben, antizipieren differenziertere Freizeitgestaltungskonzepte (z. B. Hobbies, Urlaube, Ehrenämter) als Arbeitnehmende mit restriktiven, anforderungsarmen Tätigkeiten. So wirkt sich der berufliche Werdegang (bspw. in Bezug auf eigenständige Ziele) auf die Alterspläne aus, da die im Arbeitsleben erworbenen sozialen und kognitiven Kompetenzen die Life-Domain-Balance wesentlich strukturieren (Richter, 1992). Bereits im Jahr 1971 kam Meissner in einer Untersuchung zu ähnlichen Ergebnissen und resümierte, dass seine Resultate für eine „Carry Over"-Hypothese sprächen, da positive wie negative Effekte von Veränderungen bzw. Strukturen von einer Life Domain auf eine andere übertragen würden. Er formulierte daher die Metapher des „long arm of the job". Auch die Arbeiten von Lüders, Resch & Weyerich (1992) sowie von Bruggemann (1980)[27] bestärken diese Erkenntnis, da diese zu dem Ergebnis kommen, dass höhere Regulationserfordernisse (Niveau der Denk-, Entscheidungs- und Planungsanforderungen) bzw. vollständige Arbeitsaufgaben den Umfang und die zeitliche Ausrichtung der Freizeitaktivitäten beeinflussen bzw. persönlichkeitsfördernde Effekte zur Folge haben (in Form von gesteigertem Selbstvertrauen, Erweiterung der Interessen, Zunahme des Kompetenzerlebens, siehe hierzu auch Frei, 1993). Nicht zuletzt belegen Zülch & Starringer (1984),

---

[26] Diese Verhandlungen sollten grundsätzlich nicht nur auf der Mikro- und Mesoebene in Unternehmen (arbeitsplatzbezogene Aspekte bzw. Führung, Organisation etc.) erfolgen, sondern vielmehr auch auf der Makro- und Metaebene stattfinden, um mit Hilfe von gesellschaftlichen, rechtlichen und politischen Diskursen und Rahmenbedingungen diesen Prozess zu unterstützen (Widuckel, 2015b; Rump & Eilers, 2018).

[27] Während es sich bei Lüders et al. (1992) um eine Querschnittsanalyse handelt, bei der Selektionseffekte nicht ausgeschlossen werden können, untersucht Bruggemann einen betrieblichen Restrukturierungsprozess (Motoenmontage des VW-Werks Salzgitter), bei dem keine Selektionseffekte gegeben sind (Ulich, 1980, 2007, 2011).

dass eine differentielle Arbeitsgestaltung eine einseitige physische Belastung vermindert und somit der betrieblichen Gesundheitsförderung dient. Diese Resultate können nicht allgemeingültig auf alle Beschäftigten und Unternehmen übertragen werden, da es einzelne Personen gibt, die aufgrund verschiedenster Hintergründe Veränderungen dieser Art mit Distanz gegenüberstehen oder sogar ablehnen. Allerdings wird häufig pauschal älteren Personen unterstellt, eine Abwehrhaltung gegenüber Veränderungen einzunehmen und die Einstellung zu vertreten, dass ein Einbezug dieser Gruppe wegen einer angeblich geringeren Leistungsfähigkeit generell ausbleiben sollte. Einzelne Fälle, auf die diese Aussagen zutreffen könnten, sollten jedoch vielmehr auf volalternde Arbeitsbedingungen überprüft werden (siehe hierzu Kapitel 7, Ulich, 2007; Ulich & Wiese, 2011).

5.1.3 Gesellschaftliche, organisationale und individuelle Herausforderungen

Anhand der vorherigen Ausführungen wird deutlich, dass sich innerhalb von Unternehmen ein Paradigmenwechsel der Flexibilität, hin zu einer partizipativen Arbeitsgestaltung, einer demografischen Unvoreingenommenheit und Offenheit sowie einem ausgewogenen Zeitrhythmus vollziehen muss, der eine Verlegung von Schwerpunkten in den verschiedenen Life Domains ermöglicht. Muster einer kontinuierlichen Beschleunigung und Verfügbarkeit sind aufzulösen und stattdessen durch ein Wechselspiel aus Leistungserbringung, Lernphasen, Reflexion und Regeneration zu ersetzen. Ein derartiger Paradigmenwechsel erfordert einen angemessenen regulatorischen Rahmen und basiert auf Ergebnissen eines gesellschaftlichen Diskurses, der sich mit der Frage beschäftigt, welche Rolle unterschiedliche Arbeits- und Lebensbereiche einnehmen. Zwar blockieren die bestehenden Reglements Flexibilität nicht, allerdings könnten diese noch viel weiter greifen und in höherem Maße eine staatliche Flankierung erfahren. So könnten bspw. lebensphasenorientierte Arbeitszeiten, eine feste Einplanung von Lern-, Erholungs- und Unterbrechungsphasen sowie individuelle Lebensphasenverträge der wachsenden Komplexität der Lebensführung gerecht werden (Widuckel, 2015b).

Faktisch entsprachen bisherige flexible Arbeitsangebote, wie Homeoffice, nicht den bereits vorhandenen technischen Möglichkeiten, was vor allem anhand der COVID-19-Pandemie deutlich geworden ist. Die immer noch starke Anwesenheitskultur in Deutschland aber auch die Befürchtung einer zunehmenden

Verfügbarkeitskultur durch die Beschäftigten, die von diesen mit einer grenzenlosen Erreichbarkeit assoziiert wird, weisen auf die vorhandenen Spannungsfelder hin, die es gemeinsam zu bewältigen gilt (Grunau et al., 2020; Klammer, 2017). Eine wachsende Flexibilisierung zugunsten der Beschäftigten wird sich daher, auch nach der Coronakrise, nicht kurzfristig oder reibungslos vollziehen – vor allem da die Komplexität einer differenzierten Flexibilität für Unternehmen immer noch realisierbar bleiben muss – sondern wird vielmehr das Resultat von Kompromissen auf der Grundlage individueller sowie kollektiver Aushandlungsprozesse sein.[28] Dennoch sind erweiterte Flexibilitätsmöglichkeiten auf der Grundlage veränderter Entscheidungskriterien zu erwarten, da ansonsten von einer sinkenden Leistungsfähigkeit der Organisationen auszugehen ist. Dies bedeutet nicht nur der Erwerbsarbeit, sondern ebenfalls der Arbeit in anderen Life Domains eine angemessene Bedeutung einzuräumen und die notwendigen Aushandlungsprozesse als Fundament für die Arbeit anzusehen und nicht als erschwerendes Hindernis. Dieser Prozess ist nur möglich, wenn sich beide Seiten – Unternehmen wie Beschäftigte – öffnen und komplexer werdende Lebensführungen sowie veränderte Wertvorstellungen berücksichtigen (Widuckel, 2015b; Klammer, 2017). Auf diese Weise könnten, vor allem Beschäftigten mit Fürsorgeverpflichtungen für Kinder bzw. Pflegebedürftige, neue Möglichkeiten eröffnet und somit ein wertvoller Beitrag für mehr Chancengleichheit geleistet werden (Klammer, 2017). Mitarbeitende sind in diesem Rahmen dazu angehalten ihre individuelle Lebensführung als reflexiven Prozess zu gestalten und ein ausreichendes Maß an Transparenz zuzulassen, sodass Unternehmen individuelle Lebensführungen in ihre Planung einbeziehen können (Widuckel, 2015b).

5.2 Digitalisierung

Ohne Zweifel eröffnet die Digitalisierung zahlreiche Chancen, wie bspw. die Optimierung von Produktnutzen, die Generierung weltweiter Kooperationsgewinne sowie wachsende Potenziale in Bezug auf die Entwicklung nachhaltiger

---

[28] Sicherlich werden die Interessen, Belange und Werte eines Beschäftigten i. d. R. niemals vollkommen mit denen eines Unternehmens übereinstimmen. Das heißt allerdings nicht, dass sich eine einseitige Anpassung allein auf der Seite der Mitarbeitenden vollziehen sollte, da eine wechselseitige Beziehung zwischen Beschäftigten und Unternehmen gegeben ist und somit auch individuelle und gesellschaftliche Aspekte auf ein Unternehmen einwirken sollten (Hohensee, 2017).

5.2 Digitalisierung

Innovationskonzepte (Widuckel, 2015b). Jedoch sind Risiken – wie z. B. quantitative und qualitative Beschäftigungseffekte, die mit dem technologischen Fortschritt einhergehen – nicht zu unterschätzen (Rump & Eilers, 2018). Der Beginn der vierten industriellen Revolution wird erneut die Organisation menschlicher Arbeit entscheidend verändern. Während sich vergangene technische Fortschritte und Anpassungen von Arbeitsprozessen auf die Reduzierung körperlicher Routinearbeiten fokussierten, führt die sogenannte Arbeitswelt 4.0 zu einer veränderten Symbiose von Mensch und Maschine, wobei selbst kognitive und Nichtroutinetätigkeiten in höherem Maße automatisierbar werden (Wolter, Bellmann, Arnold & Steffes, 2016; Arntz, Gregory & Zierahn, 2020). Ferner substituieren Unternehmen im Rahmen der Digitalisierung nicht nur ältere Anlagen und Maschinen durch neue leistungsfähigere Technologien, sondern sie nehmen Anpassungen ihrer Unternehmensorganisation vor, um Potenziale besser ausschöpfen zu können (Bellmann, 2017a).

Die Fragen nach den Auswirkungen der Digitalisierung auf die Arbeitswelt und ihre Effekte auf die Beschäftigten[29] sind aktueller als je zuvor und wurden vom Bundesministerium für Arbeit und Soziales zu einem Leitthema im Grün- bzw. Weißbuch „Arbeiten 4.0" ernannt.[30] Technologische Entwicklungen stellen zwar kein neues Phänomen dar, aber die Schnelligkeit in der innerhalb der letzten Jahre Tätigkeiten und Berufe durch digitale Informations- und Kommunikationstechnologien (IKT)[31] verändert wurden, nimmt ein unbekanntes Ausmaß

---

[29] Der technologische Fortschritt hat nicht nur einen Wandel der Erwerbsarbeit, sondern ebenso einen gesellschaftlichen Wandel zur Folge, da die Digitalisierung der Erwerbsarbeit gleichzeitig zu einer wesentlichen Veränderung von Lebenszusammenhängen führt. Hierdurch verändert sich die Beziehung zwischen beruflicher Tätigkeit und anderen Life Domains (Widuckel, 2015b, siehe hierzu auch Abschnitt 5.1.2).

[30] Das Grünbuch skizziert zentrale Entwicklungen und gesellschaftliche Fragen und zeigt bedeutsame Handlungsfelder in Bezug auf die Arbeitswelt der Zukunft auf (Bundesministerium für Arbeit und Soziales, 2015). Auf der Grundlage dieser Fragen diskutieren Expert*innen (z. B. Vertreter*innen von Unternehmen, Sozialpartner*innen, Verbänden sowie aus der Wissenschaft) mögliche Lösungsansätze. Das Weißbuch trägt die Antworten und Schlussfolgerungen aus diesem Dialog zusammen und dokumentiert auf diese Weise das Resultat des Austauschprozesses (Bundesministerium für Arbeit und Soziales, 2016c). Das Weißbuch „Arbeiten 4.0" hebt vor allem die Bedeutung hervor, die digitale Transformation als stetigen Lern- und Anpassungsprozess zu begreifen, innerhalb dessen Experimentierräume geschaffen werden müssen, um neue Konzepte ausprobieren zu können (Bundesministerium für Arbeit und Soziales, 2017).

[31] Der Ausdruck „Informations- und Kommunikationstechnologien" (IKT) ist sehr umfangreich und beinhaltet bspw. Computer, Laptops, Smartphones, Tablets bzw. die Nutzung des Internets (Arnold et al., 2016a).

an. Darüber hinaus durchdringt die Digitalisierung nicht nur Berufe, die mit Computern oder Maschinen assoziiert werden, sondern nahezu alle Berufsbereiche. Hierbei entstehen zahlreiche Fragestellungen wie z. B. welche Arbeitsplatzeffekte die technologischen Entwicklungen haben, wie sie die tägliche Arbeit verändern, wie Beschäftigte und Unternehmen damit umgehen und welchen Strukturwandel dies zur Folge hat (Arnold et al., 2016a; Rump & Eilers, 2018).

Digitale Technologien verändern durch ihre stetige Weiterentwicklung kontinuierlich Arbeitsumfänge, sowie Arbeitsinhalte und deren Ausgestaltung. Bereits 83 % der Beschäftigten[32] verwenden digitale IKT, wobei diese generell dazu neigen, wöchentlich über zwei Stunden mehr zu arbeiten (40,78 h zu 38,72 h) als Beschäftigte, die diese Technologien nicht nutzen (Wolter et al., 2016; Bellmann, 2017b). Zwischen den Altersgruppen sind keine Unterschiede in Bezug auf die Nutzungswerte erkennbar, sodass nichts darauf hindeutet, dass ältere Beschäftigte die Verwendung neuer Technologien ablehnen.[33] Allerdings sind Differenzen zwischen unterschiedlichen Bildungsniveaus (siehe Abbildung 5.6) und Berufsgruppen festzustellen, sowohl in der Nutzung als auch im erlebten technologischen Wandel am Arbeitsplatz (durchschnittlich 79 %). Beschäftigte aus den Branchen Unternehmensorganisation (99 %) und unternehmensbezogene Dienstleistungen (98 %) nutzen am häufigsten digitale Technologien am Arbeitsplatz und erleben auch den größten Wandel aufgrund einer veränderten Ausstattung des Arbeitsplatzes innerhalb der letzten fünf Jahre (90 % bzw. 91 %). Branchen wie das Lebensmittel- und Gastgewerbe (52 %) sowie der Bau und Ausbau (59 %) weisen hingegen die geringsten Nutzungswerte bzw. zeigen die niedrigste Betroffenheit bzgl. Veränderungen in der IKT-Ausstattung auf (56 % bzw. 31 %). Am stärksten findet der technologische Wandel (veränderte Arbeitsplatzausstattungen) unter höher qualifizierten Beschäftigten mit größerem Handlungsspielraum (88 %) in größeren Betrieben statt (Wolter et al., 2016).

Der technologische Wandel ermöglicht eine wachsende Automatisierung sowie Digitalisierung von Wertschöpfungsprozessen. Dieser Trend beschränkt sich, bspw. innerhalb der Produktion, nicht nur auf eine wachsende Zahl an sich selbststeuernder Roboter und Anlagen, sondern führt bis hin zu sogenannten

---

[32] Die dargestellten Ergebnisse wurden ebenfalls im Rahmen des Projekts „Arbeitsqualität und wirtschaftlicher Erfolg" erhoben und entstammen dem LPP 2015 (siehe Abschnitt 6.1). Im ersten Schritt wurden 771 privatwirtschaftliche Betriebe befragt (Betriebsgröße mindestens 50 Beschäftigte) und darauffolgend 7.109 Beschäftigte dieser Betriebe (Wolter et al., 2016).

[33] Angestellte weisen sogar ein gesteigertes Nutzungsverhalten von IKT mit zunehmendem Alter auf (unter 25-Jährige: 80 %, 25 bis 39-Jährige: 92 % und ab 40-Jährige: 95 %, Arnold et al., 2016a).

5.2 Digitalisierung

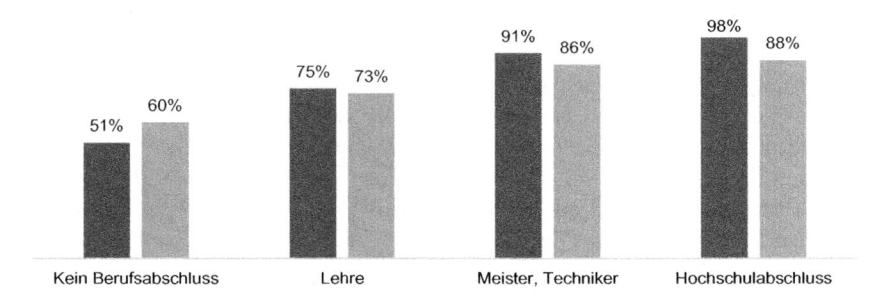

Bar chart data:
- Kein Berufsabschluss: 51%, 60%
- Lehre: 75%, 73%
- Meister, Techniker: 91%, 86%
- Hochschulabschluss: 98%, 88%

■ Nutzung von Informations- und Kommunikationstechnologie   ■ Technologischer Wandel am Arbeitsplatz

Abbildung 5.6 Nutzung von Informations- und Kommunikationstechnologie und technologischer Wandel am Arbeitsplatz nach Berufsabschluss.
(Quelle: Eigene Darstellung, in Anlehnung an Wolter et al., 2016, S. 99)

vollautomatisierten „Smart Factories". Diese charakterisieren sich durch eine Verbindung von Informations- und Anlagentechnologie sowie einer Vernetzung mit diversen vor- sowie nachgelagerten Geschäftsbereichen (Industrie 4.0, Arnold, Gregory, Arntz, Steffens & Zierahn, 2016b; Spath et al., 2013). Innerhalb des Dienstleistungssektors ermöglichen Algorithmen und intelligente Softwarelösungen – unter Einbezug riesiger Datenmengen sowie Internetschnittstellen – eine Realisierung digital unterstützter und automatisierter Geschäftsprozesse (Arnold et al., 2016b). Anhand der Beispiele wird deutlich, wofür der Begriff der Digitalisierung im Kern steht: Die Vernetzung von Systemen. Durch virtuelle Systeme können bisher getrennte Arbeitsprozesse miteinander verbunden werden und Informationen sind trotz örtlicher und zeitlicher Differenzen in Echtzeit zugänglich, ohne an physische Nutzungsgrenzen gebunden zu sein (Arnold et al., 2016b; Widuckel, 2015b). Darüber hinaus sind vernetzte Systeme dazu in der Lage, Handlungsaufforderungen auszulösen, aber auch durch Schutzvorkehrungen Handlungen zu verhindern, sodass bspw. nur eine Person die Möglichkeit hat, ein Dokument zu bearbeiten. Ferner können virtuelle Systeme mit Hilfe von Prozessautomatisierung eigenständig Handlungen vollziehen. Die nächste Entwicklungsstufe der Digitalisierung – die vor allem im Rahmen der Industrie 4.0

diskutiert wird – wird in der Selbstregulierung bzw. dem Lernen aus vergangenen Handlungen gesehen, um letztlich von adaptionsfähigen Handlungslogiken profitieren zu können (Widuckel, 2015b).[34]
Die wachsenden Möglichkeiten und Effekte, die mit dem technologischen Fortschritt und voranschreitenden Automatisierungsprozessen einhergehen, führen zu der Überlegung, ob Autoren wie Frey und Osborne (2013), Arendt (2007) oder Rifkin (1995) mit ihren düsteren Bildern von unzähligen bedrohten Arbeitsplätzen bzw. einem „Verschwinden der Arbeit" letztlich Recht behalten.[35] Diese Annahmen können jedoch stark relativiert werden (Widuckel, 2015b; Stettes, 2017b). Allerdings ist nicht zu leugnen, dass die Digitalisierung menschliche Arbeit substituieren und eine verdrängende Wirkung aufweisen kann (Arnold et al., 2016b; Dengler, Matthes & Wydra-Somaggio, 2018). Einige Untersuchungen verdeutlichen diesen verdrängenden Charakter der Digitalisierung indem sie bspw. die Abnahme von Routinetätigkeiten mit Nichtroutinetätigkeiten vergleichen (Autor, Levy & Murnane, 2003; Autor, Katz & Kearney, 2006; Spitz-Oener, 2006). Verdrängungseffekte müssen jedoch nicht zwingend mit einer vollständigen Auflösung von Berufsbildern einhergehen. Vielmehr resultieren sie meist

---

[34] In jüngster Zeit schwinden technologische Hindernisse der computerbasierten Automatisierung zunehmend aufgrund des maschinellen Lernens (vor allem durch Fortschritte innerhalb des sogenannten „Deep Learnings"). Diese Art des maschinellen Lernens wurde in seinen Anfängen als Kybernetik (1940er bis 1960er Jahre), dann als Konnektionismus (1980er und 1990er Jahre) und schließlich als Deep Learning (seit ungefähr 2006) bezeichnet (Goodfellow, Bengio & Courville, 2016). Das maschinelle Lernen ermöglicht es, Aufgaben, die nicht auf Regeln basieren, zu automatisieren. Maschinelles Lernen entspringt der Idee, Maschinen mit Hilfe von Daten bzw. Rückmeldungen beim Reinforcement Learning (verstärkendes Lernen) so zu trainieren, dass sie für die Ausführung von Aufgaben das menschliche Verhalten zu imitieren vermögen, ohne die zugrundeliegenden Regeln verstanden zu haben. Dementsprechend erfasst die Automatisierung auch Aufgaben, die in der Regel hochqualifizierte Beschäftigte erfordern (Brynjolfsson & McAffee, 2014; Pratt, 2015). Die steigende Nutzung von Smartphones und die Ausweitung der Internetaktivitäten führen zu einem riesigen Fundus an Trainingsdaten über menschliches Verhalten. In Kombination mit einer permanent wachsenden Rechenleistung verbreiten sich derartige Methoden zunehmend in der realen Welt (Brynjolfsson, Rock & Syverson, 2017).

[35] Technologischer Fortschritt ist seit jeher mit Hoffnungen auf steigenden Wohlstand und gleichermaßen mit Befürchtungen verbunden, dass die menschliche Arbeitskraft obsolet wird und hieraus steigende Arbeitslosigkeit und Armut resultieren (Mokyr, Vickers & Ziebarth, 2015). Derartige Ängste begleiten die Gesellschaft bereits seit vielen Dekaden und schlagen sich bspw. in den Titelthemen der Zeitschrift „Der Spiegel" als wiederkehrendes Phänomen nieder. So wird die Substituierbarkeit des Menschen durch Technik im Produktionsprozess bereits in den Jahren 1964 (Nr. 14) und 1978 (Nr. 16) in den Fokus gerückt und wird in Ausgabe Nr. 36 aus dem Jahr 2016 in erstaunlich ähnlicher Gestaltung erneut auf der Titelseite aufgegriffen (Stettes, 2017b).

5.2 Digitalisierung

in einem zunehmenden Anteil von Nichtroutinetätigkeiten (Acemoglu & Autor, 2011). Allerdings gibt es einige Berufe, die aufgrund technologischer Fortschritte bedroht sind (Arnold et al., 2016a; Dengler et al., 2018). Aktuelle gesellschaftspolitische Diskurse setzen sich daher zunehmend mit der Fragestellung auseinander, welche Berufe als gefährdet einzustufen sind und wie viele Arbeitsplatzverluste hiermit einhergehen könnten. Die Angst vor einer technologiegetriebenen wachsenden Arbeitslosigkeit wurde insbesondere durch die viel diskutierte Studie „The Future of Employment" von Frey & Osborne (2013) gefördert, die von einer Gefährdung von etwa der Hälfte der Arbeitsplätze spricht.[36] Die Untersuchung stützt sich auf die Einschätzungen von Expert*innen für maschinelles Lernen, in Bezug auf das Automatisierungspotenzial von Arbeitsplätzen. Die Expert*innen haben für 70 Berufe die Fragestellung diskutiert, inwieweit modernste computergesteuerte Maschinen auf der Grundlage einer großen Datenmenge diese ausführen könnten.[37] Ein Beruf wurde als automatisierbar eingeschätzt, wenn sich das Automatisierungspotenzial auf wenigstens 70 % beläuft. Demzufolge sind 47 % der US-Beschäftigten in Berufen tätig, die in den kommenden zehn bis 20 Jahren technisch automatisiert werden könnten (Arntz et al., 2020). Werden diese berufsspezifischen Automatisierungspotenziale auf Europa bzw. Deutschland bezogen, können ähnlich Befunde herangezogen werden (Bowles, 2014; Bonin, Gregory & Zierahn, 2015).

Bonin et al. (2015), Dengler et al. (2018) und Arntz et al. (2020) verweisen jedoch auf den Aspekt, dass innerhalb eines Berufes nicht sämtliche Tätigkeiten in derselben Weise automatisierbar sind und selbst bestehende Potenziale nicht

---

[36] Die Untersuchung von Frey und Osborne (2013, siehe auch 2017) führte zu einer Welle an wissenschaftlichen, politischen und gesellschaftlichen Diskussionen über die Substituierung von menschlicher Arbeit (z. B. Acemoglu & Restrepo, 2017; Nordhaus, 2015; Pratt, 2015) aufgrund voranschreitender technologischer Entwicklungen (vor allem Fortschritte innerhalb der Robotik und der künstlichen Intelligenz, Arntz, Gregory & Zierahn, 2017; Brynjolfsson & McAfee, 2014). Politische Forderungen wie bspw. eine Robotersteuer oder das bedingungslose Grundeinkommen wurden u. a. von diesen Diskussionen beeinflusst und getrieben (Arntz et al., 2017). Frey und Osborne gaben in Interviews an, dass sie sich wünschen, dass die Ergebnisse der Oxford-Studie eher als eine Diskussionsgrundlage angesehen werden und nicht als ein Szenario des vollkommenen Verschwindens der Erwerbsarbeit (ZEIT ONLINE, 2017).

[37] Frey und Osborne (2013) haben anschließend eine Verknüpfung zwischen den Expert*inneneinschätzungen und den Berufsbeschreibungen aus O*Net-Daten vorgenommen (siehe hierzu O*Net Online, 2020). In diesem Zusammenhang haben sie für die Automatisierungspotenziale der 702 Berufe in den O*Net-Daten eine Extrapolation vorgenommen (Arntz et al., 2020).

zwingend ausgeschöpft werden müssen, z. B. aufgrund ethischer, technischer oder rechtlicher Aspekte. Ferner kann menschliche Arbeit deutlich flexibler, qualitativ hochwertiger, ökonomischer[38] oder die handwerkliche Arbeit von Kund*innen explizit gewünscht sein. Auch die Unternehmenskultur kann gegen eine Realisierung sprechen (Arntz, Gregory, Lehmer, Matthes & Zierahn, 2016b; Dengler & Matthes, 2018; Acemoglu & Restrepo, 2019). Maschinen sind zudem nur in der Lage, gewisse Tätigkeiten eines Berufes zu übernehmen (Pajarinen & Rouvinen, 2014). Inwieweit ein vollständiger Beruf tatsächlich automatisiert werden kann, steht in Abhängigkeit von dem Bedeutungsgrad des Tätigkeitsbereiches, dessen Umsetzung durch Maschinen erfolgen kann (Arnold et al., 2016b). Ferner differieren Aufgaben selbst zwischen Beschäftigten desselben Berufs meist in erheblichem Maße (Autor & Handel, 2013). Somit kann das Automatisierungspotenzial sogar innerhalb von Berufen je nach Arbeitsplatz variieren (Arnold et al., 2016b), vor allem weil Beschäftigte eines Berufes differierende Schwerpunkte setzen und sich somit unterschiedlich spezialisieren (Arntz et al., 2020). Frey und Osborne (2013) verfolgen hingegen einen Ansatz, bei dem sämtliche Beschäftigte desselben Berufes exakt die gleichen berufscharakteristischen Aufgaben umsetzen. Nicht zuletzt kann der Rückgang an Routineaufgaben innerhalb der Wirtschaft hauptsächlich auf abnehmende Anteile von Routineaufgaben in den Berufen zurückgeführt werden, als auf reduzierte Anteile von Routineberufen (Spitz-Oener, 2006).

Eine Untersuchung des Automatisierungspotenzials anhand von tatsächlichen Tätigkeitsstrukturen spezifischer Arbeitsplätze (arbeitsplatzorientierter Ansatz) kommt dementsprechend zu vollkommen anderen Ergebnissen (Bonin et al., 2015; Arntz et al., 2020). So stuft der von Frey und Osborne (2013) gewählte berufsbasierte Ansatz – der für Deutschland vielen Arbeitsplätzen ein großes Automatisierungspotenzial (über 70 %) zuspricht – einen Anteil von 42 % an Berufen als technisch automatisierbar ein. Der arbeitsplatzbasierte Ansatz lässt hingegen nur einen Anteil von 12 % erkennen. Dieser deutlich geringere Wert lässt sich darauf zurückführen, dass diverse Berufe auf Tätigkeiten basieren, die als schwer automatisierbar eingestuft werden können (bspw. sozial-interaktive Tätigkeiten, Arnold et al., 2016b).[39] Ferner ist eine mögliche Automatisierung bestimmter Aufgaben nicht gleichzusetzen mit einer direkt stattfindenden vollständigen Automatisierung (100 %) eines Berufes (Brynjolfsson & Mitchell, 2017; Autor, 2015). Dieses Ergebnis von 12 % entspricht darüber hinaus deutlich

---

[38] So hat wahrscheinlich die eher moderate Lohnentwicklung innerhalb Deutschlands in den letzten 20 Jahren zu einer Bremsung von Automatisierungen geführt (Arntz et al., 2020).
[39] Eine Untersuchung des Instituts für Arbeitsmarkt- und Berufsforschung (IAB) kommt, trotz aktuell steigender Tendenzen, ebenfalls zu einem deutlich geringeren Ergebnis als 42 %.

5.2 Digitalisierung

eher der subjektiven Einschätzungen deutscher Beschäftigter, von denen 13 % davon ausgehen, dass innerhalb der kommenden zehn Jahre eine Übernahme ihrer beruflichen Tätigkeit durch Maschinen erfolgt (Arnold et al., 2016b).[40]

Die genannten Ergebnisse können für weitere OECD-Länder bestätigt werden. Vor allem kann auf der Grundlage des arbeitsplatzorientierten Ansatzes ein deutlich niedrigeres Automatisierungspotenzial für die 21 OECD-Länder bestimmt werden, als bisher vermutet wurde (Arntz, Gregory & Zierahn, 2016c). Jedoch differieren die Befunde zwischen den einzelnen Ländern. So ergibt sich für Österreich und Deutschland ein Automatisierungspotenzial in Höhe von zwölf Prozent, wohingegen der Anteil in Südkorea auf sechs Prozent beziffert wird (siehe Anhang C im elektronischen Zusatzmaterial). Dabei sinkt das Automatisierungspotenzial in Ländern, deren Beschäftigte einen höheren Bildungsgrad aufweisen und in denen höhere Investitionen in IKT-Technologien sowie eine kommunikations-intensivere Arbeitsplatzorganisation erfolgt (Arnold et al., 2016b).

Laut den Ergebnissen stellen sich durchschnittlich nur noch neun Prozent der Arbeitsplätze als automatisierbar heraus (Arntz, Gregory & Zierahn, 2016c; Arntz et al., 2017). Eine Arbeitslosigkeit, die mit diesen Werten einhergeht, ist hieraus nicht abzuleiten, da die Automatisierungspotenziale nur ein Spiegelbild der technischen Potenziale darstellen (Bonin et al., 2015; Arntz et al. 2016c). Diese Potenziale erfahren jedoch insbesondere im Rahmen von berufsbezogenen Ansätzen eine Überschätzung (siehe Anhang D im elektronischen Zusatzmaterial) und werden, soweit dies überhaupt geschieht, vorwiegend nur langsam in die betriebliche Realität überführt (zurückhaltende Technologiediffusion). So verdeutlichen Befunde aus der repräsentativen IAB-ZEW-Betriebsbefragung zur „Arbeitswelt 4.0", die 2016 durchgeführt wurde, dass bereits rund die Hälfte der befragten

---

So stufen Dengler & Matthes (2018) ca. 7,9 Mio. sozialversicherungspflichtig Beschäftigte als Personen ein, die eine berufliche Tätigkeit mit einem sehr hohen Substituierbarkeitspotenzial (über 70 %) ausüben, wodurch rund 25 % aller sozialversicherungspflichtig Beschäftigter von einem großem Substituierbarkeitspotenzial betroffen sind.

[40] Vor allem Beschäftigte ohne Berufsabschluss nehmen Substituierungen durch Technologien an (28 %). Ängste bzgl. eines Arbeitsplatzverlustes sind trotzdem sehr gering verbreitet (ca. ein Drittel der Befragten geht davon aus, durch eine Maschine ersetzt zu werden). Es zeigt sich, dass vor allem Beschäftigte, die wenig Weiterbildungsformate besucht haben, Angst davor haben, dass ihre Tätigkeit durch eine Maschine übernommen wird. Dies veranschaulicht den hohen Qualifizierungsbedarf bei Beschäftigten, deren berufliche Tätigkeiten am wahrscheinlichsten durch technologische Entwicklungen ersetzt werden könnten (Wolter et al., 2016).

Betriebe in Deutschland von Technologien der vierten industriellen Revolution[41] Gebrauch machen, jedoch im Schnitt lediglich fünf Prozent bzw. acht Prozent der betrieblichen Mittel den elektronischen Büro- sowie Kommunikationsmitteln 4.0 bzw. den Produktionsanlagen 4.0 zugeordnet werden (Arntz et al., 2016b). Zahlreiche Unternehmen investieren sogar weiterhin in ältere, computergestützte Technologien, die hauptsächlich der dritten industriellen Revolution zugeordnet werden können (Arntz et al., 2020).[42]

Die Ursachen für diese noch zögerliche Ausschöpfung technologischer Möglichkeiten sind vielfältig. Die zentralen Hürden stellen in diesem Rahmen Themen wie Cybersecurity und Datenschutz (siehe hierzu auch Abschnitt 6.1), hohe Investitionskosten, die Erfordernis von spezifischen Aus- und Weiterbildungsmaßnahmen[43] für Beschäftigte, der Mangel an Fachkräften, erforderliche organisatorische Umstrukturierungen sowie eine stärkere Abhängigkeit von Fremdleistungen dar (Arntz, Gregory, Jansen & Zierahn, 2016a; Arntz et al., 2020; Acemoglu, 1998; Bresnahan, Brynjolfsson & Hitt, 2002). Ferner sind zunehmende rechtliche, regulatorische aber auch gesellschaftliche Hürden nicht auszuschließen, wie bspw. das Bedürfnis, dass bestimmte Tätigkeiten von Menschen erbracht werden, z. B. im

---

[41] Diese Technologien werden in der Untersuchung unter dem Ausdruck „moderne digitale Technologien" zusammengefasst und beinhalten Cyber-Physische-Systeme, das Internet der Dinge, Smart Factories (intelligente Fabriken), Big Data, Cloud-Computing-Systeme, Online-Plattformen und Shop-Systeme (Arntz et al., 2016b).

[42] Die IAB-ZEW-Betriebsbefragung zur „Arbeitswelt 4.0" basiert auf einer Zusammenarbeit zwischen dem Institut für Arbeitsmarkt- und Berufsforschung (IAB) und dem Zentrum für Europäische Wirtschaftsforschung (ZEW). In die Befragung wurden 2.032 repräsentativ ausgewählte Betriebe einbezogen (Janssen, Leber, Arntz, Gregory & Zierahn, 2018). Die Untersuchung erlaubt erstmalig eine detaillierte Auswertung in Bezug auf die Nutzung moderner digitaler Technologien in deutschen Betrieben, die nach Wirtschaftszweig, Wissensintensität und Unternehmensgröße differenziert werden (siehe Anhang E und F im elektronischen Zusatzmaterial). Fast ein Fünftel der Betriebe gibt an, dass moderne digitale Technologien einen zentralen Baustein ihres Geschäftsmodells bilden. Ein weiteres interessantes Ergebnis ist, dass Dienstleistende bereits in höherem Maße moderne digitale Technologien verwenden, als Produzierende, von denen sich ca. die Hälfte noch nicht einmal mit der Verwendung dieser Technologien auseinandergesetzt hat. Tendenziell machen eher größere als kleinere Betriebe Gebrauch von Technologien der vierten Generation (Arntz et al., 2016b).

[43] Betriebe, die in den letzten fünf Jahren in 4.0-Technologien investiert haben, geben laut der IAB-ZEW-Betriebsbefragung „Arbeitswelt 4.0" an, höhere Gesamtausgaben für Weiterbildungsangebote zu tätigen, ihren Beschäftigten eher eine berufsbegleitende Höherqualifizierung zu ermöglichen und diese verstärkt im Umgang mit diesen Technologien sowie überfachliche Fähigkeiten zu fördern. Ferner nutzen diese Betriebe in deutlich höherem Maße moderne Lernformen bzw. E-Learning-Angebote (siehe Anhang G im elektronischen Zusatzmaterial, Janssen et al., 2018).

5.2 Digitalisierung

Rahmen von Pflegeleistungen. Hemmnisse dieser Art werden zwar die Implementierung von neuen Technologien nicht gänzlich verhindern, sie haben jedoch eine Verlangsamung der Ausbreitung zur Folge (Arnold et al., 2016b). Darüber hinaus führt eine Nutzung der technologischen Mittel nicht unweigerlich zu Arbeitsplatzverlusten. So können Beschäftigte berufliche Tätigkeiten ausführen, die durch die entwickelten Technologien zwar produktiver aber nicht vollständig substituiert werden. Diese Perspektive bietet eine mögliche Erklärung, weshalb nur 13 % der Beschäftigten davon ausgehen, dass die berufliche Tätigkeit, die sie verrichten, potenziell automatisierbar ist.[44] Ferner assoziieren Betriebe mit der Nutzung neuer Technologien wachsende Absatzmöglichkeiten durch die Entstehung neuer Dienstleistungen und Produkte sowie eine zunehmende Arbeitsproduktivität (Arntz et al., 2016b), sodass die Folgen der Digitalisierung auf die Gesamtbeschäftigung nicht zwangsläufig negativ ausfallen müssen (Arnold et al., 2016b).

Eine Untersuchung, die in Deutschland durchgeführt wurde, verdeutlicht sogar, dass Investitionen in 4.0-Technologien auf Branchenebene einen Beitrag für leicht positive Beschäftigungseffekte leisten können, weil die entstehenden Verdrängungseffekte mit Hilfe des technologiebedingten Wachstums der Betriebe mehr als kompensiert werden kann (Arntz, Gregory & Zierahn, 2018). Arntz et al. (2020) betonen in diesem Rahmen, dass die sogenannte Technologiediffusion (tatsächliche Anwendung in Unternehmen), die Beschäftigtenflexibilität (Anpassungsfähigkeit der Beschäftigten an neue Anforderungen) und die induzierte Arbeitsplatzschaffung (Entstehung von Arbeitsplätzen aufgrund indirekter Wirkungen des technologischen Fortschritts) als größte Einflussfaktoren auf die Beschäftigungseffekte einzustufen sind und die tatsächlichen Nettobeschäftigungseffekte zeitverzögert auftreten können.[45]

---

[44] Personen, die in den Arbeitsbereichen Produktion und Service tätig sind, nehmen hierbei das Risiko des Arbeitsplatzverlustes deutlich stärker war als Beschäftigte aus anderen Branchen. Auffällig ist, dass ältere Angestellte sich in ihren Einschätzungen im Vergleich zu anderen Altersgruppen nicht unterscheiden, wohingegen unter 25-Jährige ca. doppelt so häufig die Befürchtung hegen, durch eine Maschine ersetzt zu werden (Arnold et al., 2016a).

[45] Um Aussagen zum Einfluss der Digitalisierung auf die Gesamtbeschäftigung treffen zu können, sind arbeitsplatzeinsparende sowie arbeitsplatzschaffende Effekte zu berücksichtigen (vor allem dem Produktivitäts- und dem Wiederherstellungseffekt kommen hierbei eine hohe Bedeutung zu: Arbeitsanforderungen verändern sich, neue Produkte werden entwickelt, Produktionsstätten steigern ihre Effizienz, zusätzliches Einkommen entsteht und wird dem volkswirtschaftlichen Kreislauf zugeführt, Angebot und Nachfrage von Arbeit sowie Preise und Löhne passen sich an, Weber, 2017; Nordhaus, 2007; Arntz et al., 2020). Erste empirische Ergebnisse, die sich auf die Ebene europäischer Regionen beziehen, bekräftigen die

Trotz großer Ungewissheiten aufgrund vielfältiger Einflussfaktoren und zeitlich nachgelagerter Effekte, kann zum jetzigen Zeitpunkt festgehalten werden, dass der überwiegende Anteil an Tätigkeiten nur schwer durch Technologien zu ersetzen sind (Rump & Eilers, 2018). Zwar werden Arbeitsplätze einerseits durch die Automatisierung verdrängt, jedoch schaffen entstehende Produktivitätswirkungen und die Arbeitsnachfrage nach neuen, ergänzenden Tätigkeiten andererseits neue Arbeitsplätze (Arntz et al., 2020).

Auch wenn die Beschäftigungseffekte voraussichtlich deutlich geringer ausfallen, als sie die öffentliche Diskussion vermuten ließe, widerspricht diese Schlussfolgerung nicht der Annahme eines massiven Strukturwandels (Arnold et al., 2016b; Dengler et al., 2018; Zika, Helmrich, Maier, Weber & Wolter, 2018), vor allem da der technologische Wandel seit jeher mit nachhaltigen Veränderungen der Erwerbsarbeit einhergegangen ist (Wolter et al., 2016; Rump & Eilers, 2018). Der Strukturwandel führt zu sich kontinuierlich verändernden Qualifikations- und Kompetenzanforderungen (Arnold et al., 2016b; Stettes, 2017a), wodurch die Bildung und Weiterentwicklung der Beschäftigten sowie das lebenslange Lernen zur zentralen Herausforderung werden (Zika et al., 2018; Janssen et al., 2018). Die Digitalisierung lässt jedoch nicht nur ein erhöhtes Engagement von Aus- und Weiterbildungen erforderlich werden, sondern beeinflusst gleichzeitig die Rahmenbedingungen des Lernens. So eröffnen sich einerseits durch die Nutzung digitaler Lernangebote neue Möglichkeiten und Chancen der Weiterqualifizierung. Andererseits erfordert das häufig selbstgesteuerte Lernen ein hohes Maß an Selbstorganisation und -disziplin von Seiten der Beschäftigten und kann aufgrund der häufig örtlichen und zeitlichen Flexibilität zu einer Entgrenzung von Erwerbsleben und Privatem führen (Tietze & Nadin, 2011; Arnold et al., 2015a).

Es ist davon auszugehen, dass IT- und lehrende Berufe von den technologischen Entwicklungen profitieren werden, wohingegen innerhalb des Verarbeitenden Gewerbes ein wachsender Maschinen- und Anlageneinsatz erwartet wird, der einen Personalabbau zur Folge haben kann (Wolter et al., 2016). Grundsätzlich sprechen die Ergebnisse dafür, dass berufliche Tätigkeiten zukünftig geistig

---

Annahme, dass in der Vergangenheit die Nettobilanz insgesamt ein positives Resultat vorweisen kann (Gregory, Salomons & Zierahn, 2016, 2019). Auch eine Untersuchung von Carbonero, Ernst & Weber (2018) kommt zu dem Ergebnis, dass für Industrienationen keine schädlichen Effekte aufgrund der voranschreitenden Automatisierung für die Arbeitsmärkte zu erkennen sind. Jedoch verweisen sie auf negative Auswirkungen für Entwicklungsländer, die nicht von dem demografischen Wandel und einer Alterung der Gesellschaft betroffen sind (ebd.).

5.2 Digitalisierung

anspruchsvoller, komplexer und vielfältiger werden, dafür aber auch weniger körperlich anstrengend. Nach Angaben der Betriebe nehmen die Anforderungen insbesondere in Bezug auf das Prozessknow-how, die interdisziplinäre Arbeitsweise sowie die überfachlichen Fähigkeiten zu. Im Rahmen der überfachlichen Fähigkeiten gewinnen soziale Kompetenzen (z. B. Kund*innenkontakt), Kreativität und die Fähigkeit, individuelle Lösungen zu entwickeln, an Bedeutung (Arnold et al., 2016b; Reckwitz, 2017).

Darüber hinaus stimmen Expert*innen in dem Punkt überein, dass Nichtroutinetätigkeiten, hoch spezialisierte Tätigkeiten sowie Berufe, die Intuition und Erfahrungswissen erfordern, an Bedeutung gewinnen werden und somit Kompetenzfelder und Berufe, in denen der Mensch der Maschine überlegen ist (Arnold et al., 2016a; Rump, Zapp & Eilers, 2019). Eine Neuausrichtung der Aufgaben innerhalb der Berufe und eine Weiterentwicklung von Kompetenzen an die sich verändernden Rahmenbedingungen scheinen daher ein effektiver Anpassungsmechanismus zu sein (Arntz et al., 2020).[46]

Die steigenden Anforderungen führen allerdings auch zu einer höheren mentalen Belastung, da 65 % der Beschäftigten (75 % der Führungskräfte und 61 % der Mitarbeitenden) angeben, dass sie aufgrund der technologischen Neuerungen innerhalb der letzten fünf Jahre eine „Verdichtung der Arbeit" wahrgenommen haben (steigende Informationsmenge und Anzahl an Aufgaben), was dazu führt, dass sie mehrere Aufgaben parallel erledigen müssen. Hierdurch werden die Beschleunigung sowie Intensivierung der Arbeit deutlich, die aus der Digitalisierung resultieren. 40 % der Beschäftigten, die IKT nutzen, geben sogar an, die entstehenden Informationsmengen nur noch unter großen Anstrengungen bewältigen zu können. Das Ausmaß an Zustimmung, dass die IKT eine nur schwer zu bewältigende Informationsflut zur Folge haben würden, steigt mit dem Qualifikationsgrad (Arnold et al., 2016a; Wolter et al., 2016). Die Aufrechterhaltung von Motivation bei gleichzeitig steigenden Leistungsanforderungen sowie die

---

[46] Berufsbilder unterliegen seit jeher einem permanenten Wandel in Bezug auf die Arbeitsteilung zwischen Maschine und Mensch (Arntz et al., 2020). Inwieweit Unternehmen aufgrund der Implementierung neuer Technologien Stellen reduzieren, hängt vorwiegend davon ab, ob die Mitarbeitenden sich den neuen Anforderungen anpassen und komplementäre Aufgaben übernehmen können. Zum Beispiel stieg die Anzahl der Bankangestellten während der Einführung von Geldautomaten, obwohl diese vormals charakteristische Aufgaben der Beschäftigten übernahmen. Die Chance, sich nun intensiver mit der Kund*innenbetreuung auseinanderzusetzen, führte jedoch sogar zu einem ansteigenden Bedarf an Bankangestellten (Bessen, 2015). Allgemein passen sich Beschäftigte in Form von Weiterbildungen stärker an, wenn sie beruflich IKT verwenden und den technologischen Wandel durch veränderte Arbeitsplatzausstattungen wahrnehmen (Wolter et al., 2016).

Frage, wie Beschäftigte diesen noch gerecht werden können, stellen in diesem Rahmen zentrale Spannungsfelder dar (Widuckel, 2015b). Allerdings geben einige Beschäftigte auch an, dass sie aufgrund des technologischen Wandels immer weniger Kompetenzen für ihre berufliche Tätigkeit benötigen und eine körperliche Entlastung wahrnehmen (29 %), woraus deutlich wird, dass sich technische Entwicklungen äußerst differenziert auswirken können. Physischen Entlastungseffekten bedingt durch IKT stehen zunehmend psychische Belastungen aufgrund einer breiten Arbeitsverdichtung gegenüber, von der vor allem Hochqualifizierte betroffen sind (siehe Abbildung 5.7). Es kann davon ausgegangen werden, dass Arbeitsplatzbelastungen zukünftig weniger auf physischen, sondern vielmehr auf psychischen Beanspruchungen aufgrund von Arbeits- und Informationsintensivierungen basieren (Wolter et al., 2016).

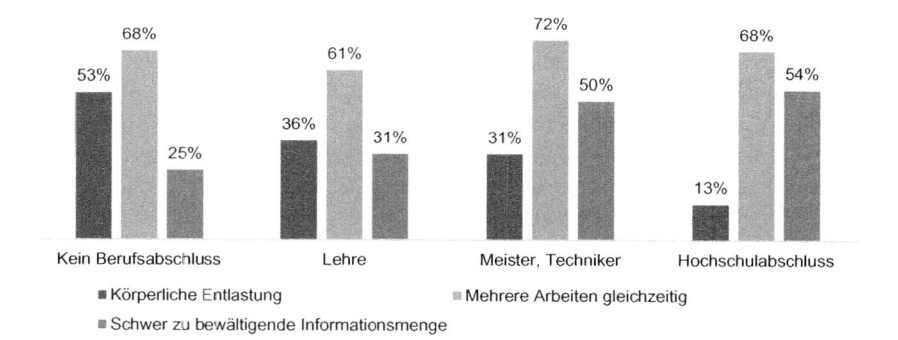

	Kein Berufsabschluss	Lehre	Meister, Techniker	Hochschulabschluss
Körperliche Entlastung	53%	36%	31%	13%
Mehrere Arbeiten gleichzeitig	68%	61%	72%	68%
Schwer zu bewältigende Informationsmenge	25%	31%	50%	54%

Abbildung 5.7 Veränderung der Arbeitsbelastung infolge der Digitalisierung. (Quelle: Eigene Darstellung, in Anlehnung an Wolter et al., 2016, S. 102)

Laut einer Untersuchung unter Betrieben findet aufgrund der Digitalisierung eine Verschiebung des Qualifikationsbedarfes statt. Insbesondere im Bereich der Dienstleistungen wird ein negativer Trend bzgl. der einfachen Tätigkeiten und eine positive Entwicklung bei Fach- und Spezialisten-Tätigkeiten (mit Berufsausbildung bzw. beruflicher Fort- und Weiterbildung) und hochqualifizierten Tätigkeiten (Hochschulabschluss) wahrgenommen (Arntz et al., 2016c). Diese Ergebnisse decken sich mit den Einschätzungen der Beschäftigten, die ebenfalls einen Aufwärtstrend bei der Höherqualifizierung bemerken. 78 % der Befragten sehen das Erfordernis, sich fortlaufend weiterzuentwickeln, aufgrund der technologischen Entwicklungen, da die Digitalisierung Arbeitsmethoden sowie -inhalte

5.2 Digitalisierung

verändert. Diese Wahrnehmung erstreckt sich über sämtliche Qualifikationsgruppen, nimmt allerdings auch in diesem Fall mit dem Grad der Qualifikation zu (Arnold et al., 2016b; Arnold, Bellmann, Steffes & Wolter, 2017). Somit entsteht das Bild, dass vor allem höher Qualifizierte aufgrund der zunehmenden Digitalisierung steigende Anforderungen bewältigen müssen und sich daher in besonders hohem Maße anpassen (Arnold et al., 2016b), wobei der ständigen Weiterqualifizierung in allen Bildungsstufen eine Schlüsselrolle zukommt. Ferner ermöglichen technische Neuerungen 32 % der Beschäftigten mehr Entscheidungsfreiheit im Rahmen der Arbeitsgestaltung (siehe Abbildung 5.8). Die Entscheidungsfreiheit nimmt wiederum Einfluss auf die Produktivität der Beschäftigten, da 70 % angeben, dass mit wachsenden Spielräumen für eigene Entscheidungen sich eine deutliche Steigerung der Arbeitsleistung vollzieht. Im Durchschnitt nehmen 56 % der Beschäftigten eine erhöhte eigene Produktivität durch den Einsatz von IKT wahr (Wolter et al., 2016).

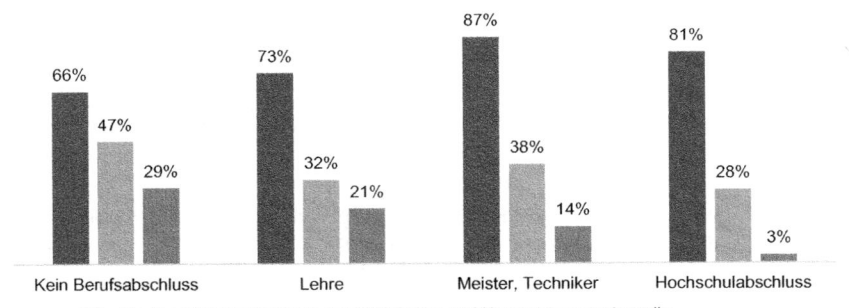

	Kein Berufsabschluss	Lehre	Meister, Techniker	Hochschulabschluss
Beständige Weiterentwicklung der Fähigkeiten und Kompetenzen notwendig	66%	73%	87%	81%
Mehr Entscheidungsfreiheit	47%	32%	38%	28%
Weniger Fähigkeiten und Kompetenzen erforderlich	29%	21%	14%	3%

Abbildung 5.8 Veränderung der Arbeitsanforderung durch die Digitalisierung. (Quelle: Eigene Darstellung, in Anlehnung an Wolter et al., 2016, S. 101)

Die wachsenden Anforderungen fördern ebenfalls die zukünftige Arbeitsteilung, bei der Maschinen Tätigkeiten ausführen, die leichter zu automatisieren bzw. zu programmieren sind und Menschen vorwiegend sozialinteraktive bzw. kreativintelligente Tätigkeiten ausüben, die tendenziell ein höheres Qualifikationsniveau erfordern. Der Trend zugunsten von Höherqualifizierten kann jedoch nicht verallgemeinert werden. So geben Betriebe aus der Fertigungsbranche an, vielmehr eine Polarisierung der Qualifikationsanforderungen zu erleben. Sie verweisen auf eine wachsende Nachfrage höher aber auch niedrig Qualifizierter, zu Lasten der Beschäftigten mit einem mittleren Ausbildungslevel als Facharbeiter*in. Nach diesen Ergebnissen entwickelt sich eine Tendenz zur Höherqualifizierung aber auch zur Dequalifizierung. Immerhin geben 15 % der Befragten an, dass sich die Anforderungen an die Fähigkeiten und Kompetenzen innerhalb der vergangenen fünf Jahre aufgrund technologischer Entwicklungen vermindert haben.[47] Vor allem niedrigqualifizierte Beschäftigte, und somit 29 %, geben an, eine Dequalifizierung zu erleben, wohingegen nur 3 % der Hochqualifizierten eine derartige Entwicklung wahrnehmen (Arnold et al., 2016a).

Die dargestellten Befunde verdeutlichen, dass selbst wenn der digitale Wandel keine negativen Gesamtbeschäftigungseffekte zur Folge haben sollte, eine grundlegende Verschiebung der Arbeitsnachfrage zwischen einzelnen Tätigkeits- und Berufsfeldern erfolgt. Der hieraus resultierende Anpassungsdruck für die Beschäftigten mit einem geringeren Qualifizierungsniveau ist besonders hoch, da hier ein höherer Anteil an Automatisierungspotenzial gegeben ist. Die erwartete Übernahme der beruflichen Tätigkeit durch eine Maschine verteilt sich ähnlich wie die Anteile der automatisierbaren Arbeitsplätze[48] unter den verschiedenen Bildungsgruppen (siehe Abbildung 5.9). Die Ergebnisse legen den Schluss nahe, dass eine Verschiebung des Anpassungsdrucks stattfinden könnte von den Beschäftigten mit einem mittleren Qualifikationsniveau, die insbesondere in den 1990er Jahren negativ betroffen waren, hin zu den niedrig Qualifizierten (Arnold et al., 2016b).

Die Folgen der technologischen Entwicklungen auf die Ungleichheit verändern sich: Einerseits profitieren die Hochqualifizierten mit einem hohen Grad an Nichtroutinetätigkeiten von einer Arbeitswelt mit steigenden Anforderungen. Sie werden von Algorithmen und Maschinen in ihrer Tätigkeit unterstützt und erleben diese als produktivitätssteigernde sowie komplementäre Begleiter*innen

---

[47] Diese Äußerung wird überproportional häufig von Beschäftigten mit einem niedrigen Qualifizierungsniveau (29 %) im Rahmen von physisch belastenden Tätigkeiten (25 %) sowie in der Produktion (20 %) getätigt. Diese Ergebnisse führen zu der Annahme, dass es sich um manuelle, routinisierte und anstrengende berufliche Tätigkeiten handelt, deren Automatisierung geringe Anforderungen an die steuernden Beschäftigten stellt (Arnold et al., 2017).

[48] Die Ergebnisse stellen eine Momentaufnahme dar. Die Einschätzungen von Substituierungspotenzialen sollten kontinuierlich überprüft und neu beurteilt werden; insbesondere da inzwischen neue Technologien die Marktreife erreicht haben, neue Berufe entstehen (z. B. Data Scientist, Interfacedesigner*in) und sich Berufsbilder, vor allem aufgrund der Digitalisierung, wandeln können. Tendenziell verändern sich Berufe nicht so schnell wie die potenziellen Einsatzmöglichkeiten, die aufgrund von 4.0 Technologien entstehen. Berufsbilder sind deshalb fortlaufend auf ihre Aktualität zu überprüfen (Dengler & Matthes, 2018).

5.2 Digitalisierung

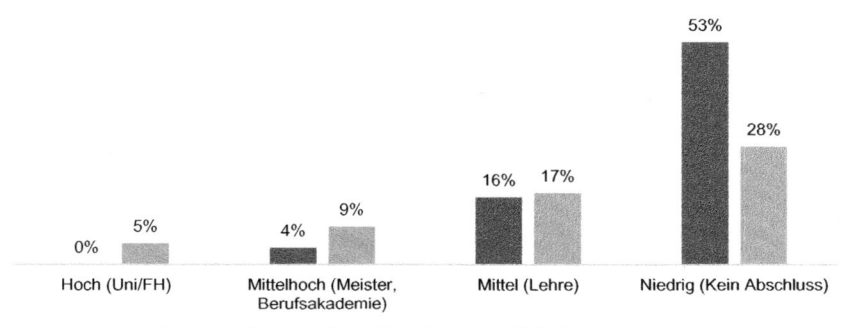

```
                                                      53%

                                                              28%
                                           16%  17%
                            9%
         5%        4%
  0%

Hoch (Uni/FH)   Mittelhoch (Meister,   Mittel (Lehre)   Niedrig (Kein Abschluss)
                Berufsakademie)
```

■ Anteil automatisierbarer Arbeitsplätze (Arntz et al., 2016a)
■ Erwartete Übernahme der eigenen Arbeit durch Maschinen (Arnold et al., 2016a)

Abbildung 5.9 Automatisierungspotenzial und subjektive Gefahr durch technologische Substitution nach Bildungsgruppen.
(Quelle: Eigene Darstellung, in Anlehnung an Arnold et al., 2016a, 2016b, S. 7; Arntz et al., 2016c)

(Arnold et al., 2016b). Andererseits mussten in der jüngeren Vergangenheit insbesondere Mittelqualifizierte, die starke Routinetätigkeiten ausführten, befürchten, durch eine Maschine substituiert zu werden. In den vergangenen zwei Jahrzehnten nahm vorwiegend die Beschäftigung Hochqualifizierter im oberen Bereich und im geringeren Maße im unteren Bereich der Lohnverteilung zu, wohingegen der Beschäftigungszuwachs im mittleren Segment eher schwach ausgeprägt war (Acemoglu & Autor, 2011; Arntz et al., 2020). In der Zukunft könnte jedoch eine noch wachsende Ungleichheit entstehen, wenn von zunehmenden Automatisierungspotenzialen verstärkt geringqualifizierte Beschäftigte betroffen sind (Arnold et al., 2016b).

Eine weitere zentrale Entwicklung, die durch die Digitalisierung vorangetrieben wird, sind die Veränderungen von Tätigkeiten innerhalb des beruflichen Alltags, wobei – neben der Arbeit am PC – insbesondere der Kommunikation innerhalb zahlreicher Branchen eine immer wichtigere Rolle zukommt (siehe Abbildung 5.10, Grunau et al., 2020). Der Bedeutungszuwachs von Kommunikation als Tätigkeit lässt sich darauf zurückführen, dass sich die Digitalisierung auf Prozesse der Wissens- und Informationsaneignung stützt, die wiederum Macht- und Herrschaftskonflikte zur Folge haben können. Durch die Integrierung von Kontrollmechanismen in digitalisierte Arbeitsprozesse können Beschäftigte – in Abhängigkeit der Ausgestaltung – den Eindruck eines Autonomieverlustes, einer

Wissensenteignung sowie einer Leistungsüberwachung durch die Führungskraft gewinnen (Widuckel, 2015b).

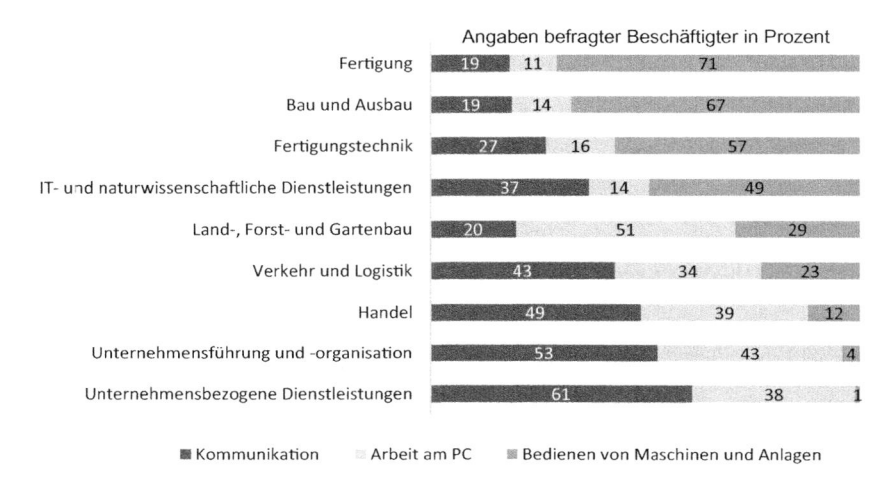

Berufssegment	Kommunikation	Arbeit am PC	Bedienen von Maschinen und Anlagen
Fertigung	19	11	71
Bau und Ausbau	19	14	67
Fertigungstechnik	27	16	57
IT- und naturwissenschaftliche Dienstleistungen	37	14	49
Land-, Forst- und Gartenbau	20	51	29
Verkehr und Logistik	43	34	23
Handel	49	39	12
Unternehmensführung und -organisation	53	43	4
Unternehmensbezogene Dienstleistungen	61	38	1

Angaben befragter Beschäftigter in Prozent

Abbildung 5.10 Umfang verschiedener Tätigkeiten nach Berufssegmenten 2019. (Quelle: Eigene Darstellung, in Anlehnung an Grunau et al., 2020, S. 6) © IAB

Digitale Lösungen können meist der hohen Komplexität beruflicher Tätigkeiten nicht gerecht werden, da soziale Praxis und reale Probleme in Unternehmen vorwiegend unbeachtet bleiben (Widuckel, 2015b; Remer, 2012).[49] So können ein Algorithmus bzw. eine Künstliche Intelligenz keine potenziellen offenen Ziel- und Handlungskonflikte bewältigen, da sie stets klaren Handlungsvorschriften folgen bzw. Parameter für diese benötigen (siehe hierzu ausführlich Abschnitt 6.1, Widuckel, 2015b; Süddeutsche Zeitung, 2019a; Cormen, Leiserson, Rivest & Stein, 2009; Zweig et al., 2018; Zweig, 2019). Hierdurch können sich Beschäftigte in widersprüchlichen Tätigkeitsanforderungen wiederfinden (Gerlmaier, 2006), die ihnen teilweise ein hohes Maß an Kompensationsleistungen abverlangt, sodass die eigentlich gewünschte Problemlösung selbst zum Problem wird. So können derartige Situationen Ressourcen-, Ziel-, Werte- und Normenkonflikte sowie

---

[49] Insbesondere Lehrbücher und Untersuchungen der (Wirtschafts-)Informatik zeichnen häufig ein technikzentriertes, -determiniertes und harmonisches Bild. In den seltensten Fällen werden jedoch Rückmeldungen von betroffenen und beteiligten Personen dargestellt bzw. potenzielle Konflikte oder Spannungen erwähnt (Wolff, Fuchs-Kittowski, Klischewski, Möller & Rolf, 1999).

5.2 Digitalisierung

Konflikte zwischen einzelnen Life Domains hervorrufen (Widuckel, 2015b). Dementsprechend kann die Einführung von Standardisierungen zur Sicherstellung von Prozesssicherheit unbeabsichtigt zur Erschwernis für die Beschäftigten werden und dazu führen, dass sie diesen nur vermeintlich folgen, da sie ansonsten Sanktionen befürchten. Darüber hinaus können Standardisierungen, aufgrund von geringeren Handlungsspielräumen, als Begrenzung von Kreativität angesehen werden (Pfeiffer, 2012).

Die aufgezeigten Herausforderungen des technologischen Wandels veranschaulichen, dass es nicht nur um die Anpassung von Arbeitsprozessen und -mitteln geht, sondern vielmehr um den sozialen und stofflichen Formenwandel der Erwerbsarbeit (Widuckel, 2015b). In welchem Maße die menschliche Arbeit durch die Digitalisierung substituiert wird oder ob eine vollkommen neue Interaktion zwischen Mensch und Maschine entsteht, die dazu führt, dass sich Beschäftige voll und ganz auf kreative Aufgaben und sozialen Interaktionen konzentrieren können, kann aktuell noch nicht eingeschätzt werden. Aufgrund bisheriger Wandlungsprozesse sowie ihrer Auswirkungen ist jedoch klar, dass sich für die Beschäftigten Kompetenz- und Qualifikationsanforderungen sowie Handlungsspielräume und Arbeitsbelastungen verändern werden (Wolter et al., 2016).

Neue Technologien und ihre Effekte haben bereits die meisten Beschäftigten erreicht, auch wenn klare Differenzen zwischen den diversen Berufsgruppen und Qualifikationsniveaus zu erkennen sind. Ferner scheint sich ein wachsendes Ungleichgewicht auf dem Arbeitsmarkt zu entwickeln. Auf der einen Seite stehen Beschäftigte (höheres Bildungsniveau), deren Tätigkeiten aufgrund des technologischen Wandels immer anspruchsvoller werden und auf der anderen Seite gibt es Personen (Niedrigqualifizierte und Beschäftigte mit physisch anstrengenden Tätigkeiten), deren Erwerbsarbeit zunehmend weniger Fähigkeiten und Kompetenzen erfordert, sodass hieraus eine Unterforderung entstehen könnte. Allerdings profitieren gerade diese Beschäftigten von einer abnehmenden physischen Arbeitsbelastung (mit Ausnahme von Bereichen wie bspw. Pflege und Logistik), während andere höherqualifizierte Beschäftigte auf permanent wachsende Anforderungen in Bezug auf kognitive und nichtkognitive Fähigkeiten hinweisen. Aktuell übersteigen zwar die positiven Effekte die negativen Auswirkungen deutlich, jedoch sind die zukünftigen Auswirkungen auf die physische und psychische Gesundheit der Beschäftigten noch unklar. Insgesamt ist allerdings davon auszugehen, dass die gesundheitliche Beanspruchung im Allgemeinen zunehmen wird (Wolter et al., 2016; Arnold et al., 2017).

Die Ergebnisse bisheriger Untersuchungen veranschaulichen, dass positive Beschäftigungswirkungen eng verbunden sind mit steigenden Produktivitätseffekten und gut ausgearbeiteten Anpassungsmechanismen, wie z. B. berufliche Bildungsmaßnahmen (Arntz et al., 2020). In Bezug auf die Entwicklungsrichtungen der Arbeit und die erforderlichen Tätigkeiten und Qualifikationen lassen sich drei Hauptströme aus den dargestellten Ergebnissen ableiten: Flexibilisierung und Entgrenzung (organisatorisch, räumlich und zeitlich), Upgrading (Verschiebung des Aufgabenspektrums in eine anspruchsvollere Richtung für viele Beschäftigte) und Polarisierung von Arbeit (wachsende Schere zwischen einfachen und komplexen Tätigkeiten, Hirsch-Kreinsen, 2017). Ferner wurde deutlich, dass die Fähig- und Fertigkeiten der Beschäftigten über ihr gesamtes Erwerbsleben hinweg zu schulen sind, sodass kontinuierliches Lernen zur Normalität wird, da bestehendes Wissen aufgrund des rasanten Wandels immer schneller veraltet (Janssen et al., 2018; Dengler & Matthes, 2018). Hierfür sind vor allem die Strukturen und Möglichkeiten zur Umschulung, Weiterbildung und Höherqualifizierung auszubauen (Kruppe, Leber & Matthes, 2017). Der inhaltliche Fokus sollte nicht nur auf den Umgang mit neuen Technologien gelegt werden, sondern vielmehr fachübergreifende Kompetenzen wie z. B. Selbstmanagement, Kommunikationsstärke und Kooperationsbereitschaft berücksichtigen, da die Digitalisierung die Art und Weise der Zusammenarbeit grundlegend verändert (bspw. durch virtuelle Teams oder Crowdworking). Darüber hinaus sollten Beschäftigte auch zukünftig Zusammenhänge zwischen Methoden, Prozessen und Arbeitsergebnissen vermittelt bekommen und nicht zu einem reinen Bediener von technischen Anlagen werden. Nur auf diese Weise können kreative Lösungen entwickelt, wertvolles Wissen über Herstellungsprozesse erhalten bleiben und die Beschäftigten weiterhin einen wesentlichen Erfolgsfaktor für die Betriebe darstellen (Dengler & Matthes, 2018).

Die zentrale Herausforderung der Digitalisierung besteht nicht in einem drohenden Ende der Arbeit, sondern in dem tiefgreifenden Strukturwandel der mit zunehmenden Anforderungen innerhalb vieler Berufe einhergeht und besonders Personen hart trifft, die nicht über die erforderlichen Kompetenzen verfügen (Arntz et al., 2020). Hieraus ergibt sich die Anforderung, die Schere zwischen Gewinnern und Verlierern der Digitalisierung, z. B. durch betriebliche Weiterbildungsangebote, nicht zu weit auseinander klaffen zu lassen[50] (Wolter et al., 2016) und steigenden Anforderungen mit Hilfe von Maßnahmen (z. B. stärkeres

---

[50] Die Schere bezieht sich nicht nur auf Beschäftigte, sondern auch auf Unternehmen, die bspw. eine bestehende Vorreiterrolle mit Hilfe von Weiterbildungsmaßnahmen ausbauen und auf diese Weise ihren Bedarf an neuen Fähigkeiten decken können, attraktiver auf potenzielle Bewerber wirken und sich die besten Fachkräfte sichern. Hierdurch könnte es auch auf dieser

Gesundheitsmanagement) zu begegnen (Arntz et al., 2020). Nicht zuletzt entsprechen die Befunde einer entscheidenden Erkenntnis der sozialwissenschaftlichen Arbeitsforschung, wonach zwischen der Implementierung neuer Technologien und den Folgen für die Arbeitswelt keine allgemeingültigen oder deterministischen Beziehungen existieren. Stattdessen gibt es große Handlungsspielräume in Bezug auf die Gestaltung von Arbeit, die von zahlreichen weiteren, meist sozialen, nicht-technischen und ökonomischen Effekten abhängen (Hirsch-Kreinsen, 2017).

Diese Herausforderungen können von Unternehmen und Beschäftigten jedoch nicht allein bewältigt werden. Der Weg zur Arbeitswelt 4.0 sollte ebenfalls von staatlicher und gesellschaftlicher Seite flankiert werden, indem Rahmenbedingungen geschaffen werden, die das produktive und innovative Potenzial des Wandels entfalten und darüber hinaus die Beschäftigtenteilhabe innerhalb des Wandels gewährleisten (Arnold et al., 2016b). In diesem Rahmen nehmen vor allem der Arbeits- und Gesundheitsschutz sowie die Gesundheitsförderung zur Erhaltung der Arbeitsfähigkeit eine zentrale Rolle ein (siehe Abschnitt 7.4). Besondere Bedeutung kommt hierbei Betriebsräten (siehe Abschnitt 5.4.3), Arbeitgeberverbänden und Gewerkschaften zu (Widuckel, 2020). Ferner könnten ethische Gesichtspunkte und sozialpolitische Herausforderungen gemeinsam mit Ethikkommissionen diskutiert werden, die durch politische Maßnahmen gefördert werden (Dengler et al., 2018). Zur Vermeidung potenziell wachsender Ungleichheiten bieten sich z. B. berufsbegleitende staatliche Programme zur Förderung von Beschäftigungsgruppen an, deren Kompetenzen ansonsten für die wachsenden Anforderungen nicht mehr ausreichend wären sowie die Unterstützung gewünschter beruflicher Umorientierungen (Arnold et al., 2016b; Wolter et al., 2016).

5.3 Demografischer Wandel

Zu Beginn der Arbeit und des Kapitels wurde bereits auf den Einfluss und die Folgen des demografischen Wandels hingewiesen. Das vorliegende Abschnitt 5.3 vertieft die Auswirkungen der demografischen Entwicklungen und untermauert bisherige Aussagen mit Werten, die auf Annahmen der 14. koordinierten

---

Ebene zu einer Polarisierung zwischen „digitalen Vorreitern" und „Schlusslichtern" kommen (Janssen et al., 2018).

Bevölkerungsvorausberechnung des Statistischen Bundesamts[51] basieren. Die beschriebenen Effekte sind gleichzeitig die Grundlage für die Darstellung der aktuellen und erwarteten Entwicklungen auf dem Arbeitsmarkt, aus denen u. a. ein sinkendes Erwerbspersonenpotenzial sowie eine wachsende Bedeutung älterer Beschäftigter und Fachkräfte hervorgeht.

5.3.1 Entwicklung des Altersaufbaus in Deutschland

Bevölkerungsvorausberechnungen verdeutlichen, wie sich feststellbare Veränderungen und angelegte Strukturen mittel- bis langfristig auf die zukünftige Entwicklung der Bevölkerung auswirken. Aufgrund sich langsam vollziehender demografischer Prozesse, deren Folgen erst nach einigen Jahrzehnten erkennbar sind, erstreckt sich die 14. koordinierte Bevölkerungsvorausberechnung bis zum Jahr 2060 und basiert auf dem Bevölkerungsbestand aus dem Jahr 2018. Mit wachsender Entfernung von diesem Jahr erhöht sich zwar der hypothetische Charakter der Aussagen, dennoch ist es möglich, mittel- und langfristige Veränderungen darzustellen und zu quantifizieren. Auf diese Weise können von Gesellschaft, Wirtschaft und Politik[52] rechtzeitig potenziell problematische Entwicklungen erkannt und gegensteuernde Maßnahmen ergriffen werden (Statistisches Bundesamt (Destatis), 2019c).

---

[51] An dieser Stelle sei methodisch darauf hingewiesen, dass nach Angaben des Statistischen Bundesamtes (Destatis) langfristige Bevölkerungsvorausberechnungen keine Prognosen darstellen. Die Berechnungen erlauben „Wenn-Dann-Aussagen" und veranschaulichen, wie sich die Bevölkerung Deutschlands sowie deren Struktur unter gewissen Annahmen verändern würden (Statistisches Bundesamt (Destatis), 2019b).

[52] Die Bundesregierung stützt sich hinsichtlich der Darstellung des demografischen Wandels auf die Resultate der koordinierten Bevölkerungsvorausberechnungen (z. B. Demografiestrategie 2011 sowie die demografiepolitische Bilanz 2017). Die Ergebnisse stellen die Basis für zahlreiche weiterführende Vorausschätzungen dar und hatten zentrale politische Diskurse und Entscheidungen innerhalb der letzten 15 Jahre zur Folge (bspw. die Anhebung des Renteneinstiegsalters, den Fokus auf die Geburtenentwicklung sowie die einhergehende Implementierung des Elterngelds und der Ausweitung der Kinderbetreuung, Statistisches Bundesamt (Destatis), 2019c).

5.3 Demografischer Wandel

Die koordinierten Bevölkerungsvorausberechnungen enthalten verschiedene Varianten[53], die sich aus einer Kombination von deterministischen Annahmen zu demografischen Faktoren (Geburtenhäufigkeit, Lebenserwartung und Wanderungssaldo[54]) ergeben (Statistisches Bundesamt (Destatis), 2019c). Das Statistische Bundesamt empfiehlt auf Rückfrage der Autorin die Verwendung der Variante 2 G2-L2-W2, die von einer moderaten Entwicklung aller drei Einflussgrößen ausgeht. Da diese aktuell als wahrscheinlichste Variante eingestuft wird, dient sie als Grundlage der nachfolgenden Befunde.[55]

Variante 2 geht von einer Stabilisierung der jährlichen Geburtenrate von 1,55 Kindern je Frau aus, die – bei einer stabilen Kinderlosigkeit um 20 Prozent – auf ein Niveau von 1,6 Kindern ansteigen wird (G2). Ferner wird im Vorausberechnungszeitraum ein Anstieg des durchschnittlichen Gebäralters um 1,3 Jahre angenommen. Die Basis für diese Annahmen stellen die Entwicklungen innerhalb der Kohortenfertilität von deutschen Frauen dar. Langfristige Tendenzen erfuhren eine stärkere Gewichtung als kurzfristige Trends der letzten Jahre, mit der Erwartungshaltung, dass sich die vorteilhaften Rahmenbedingungen des vergangenen Jahrzehnts nicht dauerhaft als Anreiz für Familienzuwachs auswirken werden (ebd.).

Darüber hinaus wird eine Lebenserwartung bei einer Geburt bis zum Jahr 2060 von ca. 84,4 Jahren für Jungen und 88,1 Jahren für Mädchen (L2) zu Grunde gelegt. Im Vergleich zur Sterbetafel 2015/2017 bedeutet dies einen Anstieg der Lebenserwartung um 6,1 Jahre für Männer sowie um 4,9 Jahre für Frauen. Dementsprechend erfolgt eine Reduktion des Abstandes der Lebenserwartung zwischen Frauen und Männern von 4,8 auf 3,7 Jahre. Ausgangsbasis für die moderate Entwicklung L2 ist eine Kombination aus der langfristigen Tendenz seit 1970/1972 sowie der kurzfristigen Entwicklung seit 2010/2012. Der Wanderungssaldo ist in Variante 2 im Zeitraum von 2018 und 2026 rückläufig und verbleibt in den darauffolgenden Jahren auf einem Wert von 206.000 p.a., sodass

---

[53] Die 14. koordinierte Bevölkerungsvorausberechnung enthält 21 Varianten und neun sogenannte Modellrechnungen. Die Modellrechnungen enthalten unwahrscheinliche Annahmen, wie bspw. Modell 7 G2-L2-W0, das von einer moderaten Entwicklung der Geburtenhäufigkeit und Lebenserwartung aber keinerlei Außenwanderung ausgeht (Statistisches Bundesamt (Destatis), 2019c).

[54] Der Wanderungssaldo ergibt sich aus dem Saldo der Fortzüge aus und der Zuzüge nach Deutschland und wird auch als Nettozuwanderung bezeichnet (Statistisches Bundesamt (Destatis), 2019c).

[55] Diese Variante wurde bereits vor der COVID-19-Pandemie als wahrscheinlichste vom Statistischen Bundesamt eingestuft. Die Rückfrage, ob die aktuellen Entwicklungen in Bezug auf die weltweite Ausbreitung von COVID-19 zu einer Veränderung dieser Einschätzung führen, wurde vom Statistischen Bundesamt verneint (Stand: 26. März 2020).

sich ein jährlich durchschnittlich positiver Wanderungssaldo von 221.000 Personen (W2) von 2019 bis 2060 ergibt. Dieser Wert entspricht der durchschnittlichen Nettozuwanderung zwischen den Jahren 1955 und 2018 (ebd.).

Die 14. koordinierte Bevölkerungsvorausberechnung verdeutlicht mit ihrer Einschätzung zur Entwicklung der Wohnbevölkerung[56] von Deutschland bis zum Jahr 2060 erneut die großen demografischen Veränderungen, die in den kommenden Jahrzehnten entstehen werden.[57] So wird die Bevölkerungszahl voraussichtlich von rund 83 Mio. Einwohner*innen im Jahr 2018 auf ca. 78,2 Mio. Einwohner*innen im Jahr 2060 sinken (Statistisches Bundesamt (Destatis), 2019c).

Darüber hinaus kommt die aktuelle Bevölkerungsvorausberechnung zu dem zentralen Ergebnis, dass die Alterung der deutschen Bevölkerung und die Anzahl an Senior*innen trotz steigender Geburtenzahlen und einer derzeit hohen Nettozuwanderung weiter zunehmen wird. Die Alterung der Gesellschaft in Deutschland stellt seit langer Zeit kein Zukunftsthema mehr dar, sondern befindet sich in einem fortschreitenden Stadium. So weicht die Bevölkerungsstruktur seit Jahrzehnten von der Form einer Bevölkerungspyramide ab, innerhalb derer die jüngsten Geburtsjahrgänge die Basis der Pyramide und gleichzeitig die am stärksten repräsentierten Jahrgänge bilden (ebd.).[58]

Der Bevölkerungsaufbau wurde im Jahr 2018 von den sogenannten „Babyboomern" dominiert, die stark besetzte Jahrgänge vorweisen und sich in einer Altersspanne von Ende 40 bis Mitte 60 bewegen. Innerhalb der kommenden Jahrzehnte werden diese Jahrgänge sukzessive in das Senior*innenalter und damit in den höheren Pyramidenbereich übergehen und kleinere Geburtsjahrgänge nachrücken (Statistisches Bundesamt (Destatis), 2019c). Diese Entwicklung beginnt

---

[56] Alle nachfolgenden Werte beziehen sich auf die amtlich gemeldete Wohnbevölkerung in Deutschland (Statistisches Bundesamt (Destatis), 2019c).

[57] Vergangene koordinierte Bevölkerungsvorausberechnungen des Statistischen Bundesamtes wiesen bereits mehrfach auf diese zu erwartenden Entwicklungen hin (exemplarisch 12. und 13. koordinierte Bevölkerungsvorausberechnung, Statistisches Bundesamt (Destatis), 2009, 2017).

[58] Ein pyramidenförmiger Aufbau bildet keinesfalls die ‚ideale Altersstruktur' ab, da sie auf einer hohen Sterblichkeitsrate basiert (Bundesinstitut für Bevölkerungsforschung (BiB), 2020). Dennoch wird der Aufbau der Altersstruktur weiterhin als Alterspyramide bezeichnet. Eine Pyramidenform hatte z. B. der Altersaufbau des Deutschen Reiches 1910. Aufgrund einer sinkenden Sterblichkeitsrate sowie einem Rückgang der Fertilität durchliefen zum Ende des 19. sowie im ersten Drittel des 20. Jahrhunderts die industriellen Gesellschaften einen Wandel in Bezug auf den Altersaufbau. Des Weiteren führten die Einflüsse von zwei Weltkriegen, der Spanischen Grippeepidemie sowie der Weltwirtschaftskrise zu erheblichen Einschnitten im Altersaufbau im Jahr 1950 (Statistisches Bundesamt (Destatis), 2019c).

5.3 Demografischer Wandel

ab dem Jahr 2021 (Fuchs & Reinberg, 2007). Bereits im Zeitraum von 1990 bis 2018 erfolgte ein hoher Anstieg der Personen ab 67 Jahren um 54 Prozent von 10,4 Mio. auf 15,9 Mio. (Statistisches Bundesamt (Destatis), 2019c). Es wird davon ausgegangen, dass bis zum Jahre 2039 diese Gruppe um weitere 5,5 Mio. Menschen auf 21,4 Mio. (26 Prozent der Gesamtbevölkerung) wachsen wird und bis 2060 relativ stabil bleibt. Die weitere Entwicklung der Altersgruppe wird hauptsächlich vom derzeitigen Altersaufbau vorherbestimmt. Faktoren wie die Geburtenrate oder die Nettozuwanderung nehmen so gut wie keinen Einfluss auf diese Entwicklung. Der Verlauf der Mortalität[59] lässt hingegen stärkere Auswirkungen erkennen, jedoch vorwiegend innerhalb der höheren Altersklassen gegen Ende des Betrachtungszeitraums bis 2060 (Statistisches Bundesamt (Destatis), 2019c).

Für das Jahr 2021 soll die Anzahl der 67- bis 79-Jährigen ca. 10 Mio. umfassen. Darauffolgend wird die Altersgruppe bis 2037 auf einen Wert von über 14 Mio. Personen ansteigen (17 Prozent der Gesamtbevölkerung). Im Anschluss wechseln diese Jahrgänge in die Altersgruppe der über 80-Jährigen. Daher wird sich die Anzahl an 67- bis 79-Jährigen zwischen 2038 und 2050 auf ca. 11,5 Mio. reduzieren und anschließend auf ungefähr 12,6 Mio. im Jahr 2060 ansteigen. Die Personengruppe ab 80 Jahren wächst voraussichtlich innerhalb des kurzen Zeitraumes von 2018 bis 2022 auf 6,2 Mio. an (7 Prozent der Gesamtbevölkerung) und nach aktuellen Schätzungen auf diesem Niveau bis Anfang der 2030er Jahre bleiben. In den darauffolgenden 20 Jahren soll sie erneut fortlaufend ansteigen, sodass im Jahr 2050 unter Berücksichtigung einer moderaten Entwicklung der Lebenserwartung diese auf 9,7 Mio. (12 Prozent der Gesamtbevölkerung) anwachsen wird (Statistisches Bundesamt (Destatis), 2019b, 2019a).

Im Jahr 2018 lässt sich bis zur Altersgruppe der ca. 57-Jährigen ein Überhang an Männern anhand der dunklen Hervorhebungen am linken Rand ablesen. Dieser Überhang verlagert sich in den darauffolgenden Lebensjahren (ca. 58–100) auf die Frauen (siehe dunkler rechter Rand). Bei der Betrachtung der höheren Altersklassen zeigt sich, dass zunehmend auch Männer ein höheres Lebensalter erreichen (Statistisches Bundesamt (Destatis), 2020b). Insgesamt ist

---

[59] Die durchschnittliche Lebenserwartung und Mortalität werden in regelmäßigen Abständen auf der Grundlage von Periodensterbetafeln bestimmt. Seit dem Jahr 2010 ist die Lebenserwartung bei beiden Geschlechtern in geringerem Maße angestiegen (um 0,1 Jahre) als in den vorherigen Jahrzehnten (0,2 bis 0,4 Jahre). Eine steigende Lebenserwartung lässt sich auf diverse Einflussfaktoren zurückführen wie z. B. Hygiene, Ernährung, Wohnsituation, Fortschritte bzgl. der medizinischen Versorgung, Arbeitsbedingungen und wachsender materieller Wohlstand. Die zukünftige Entwicklung der Lebenserwartung wird maßgeblich von diesen übergeordneten Faktoren beeinflusst (Statistisches Bundesamt (Destatis), 2019c).

die Bevölkerungspyramide symmetrischer geworden, woraus sich erkennen lässt, dass sich die Jahrgangsstärken bei Männern (links) und Frauen (rechts) allmählich angleichen (Statistisches Bundesamt (Destatis), 2019c).

Die nachfolgende Abbildung 5.11 veranschaulicht die beschriebenen Entwicklungen und vergleicht die Jahre 2018 und 2060 (als schwarzer Umriss hinterlegt) in Bezug auf den bundesweiten Altersaufbau miteinander. Die Grafik lässt deutlich den beschriebenen Rückgang der Bevölkerungszahlen anhand der abnehmenden Breite der Bevölkerungspyramide erkennen. Die zunehmende Alterung der Gesellschaft wird durch die Gesamtverschiebung der breitesten Stellen in die oberen Bereiche der Abbildung repräsentiert. Die Altersspannen unter 20, 20 bis unter 50 und über 50 wurden farblich hervorgehoben, da das Statistische Bundesamt Personen ab dem 20. Lebensjahr zur Gruppe der Personen im erwerbsfähigen Alter[60] zählt und Beschäftigte ab dem 50. Lebensjahr innerhalb der vorliegenden Arbeit als „ältere Beschäftigte" definiert und untersucht werden.

Aufgrund des Fokus der vorliegenden Arbeit auf ältere Personen ab 50 Jahren ist abschließend eine Betrachtung der prozentualen Veränderung der Größe dieser Altersgruppen bis zum Jahr 2060 sinnvoll. So zeigt sich – unter der Annahme einer in etwa konstant bleibenden Gruppengröße der unter 20-Jährigen (18 %) – eine Reduzierung der Anzahl an 20–49-Jährigen (auf 33 %) und eine Zunahme der über 50-Jährigen auf einen Anteil von 49 %. Bereits ab dem Jahr 2040 wird fast jeder Zweite in Deutschland über 50 Jahre alt sein, mit steigender Tendenz (Statistisches Bundesamt (Destatis), 2019c). Diese Entwicklung verdeutlicht die hohe Bedeutung dieser Zielgruppe (siehe Abbildung 5.12).

5.3.2 Auswirkungen des demografischen Wandels auf den Arbeitsmarkt

Eine Auseinandersetzung mit der Fragestellung, wie sich der demografische Wandel auf den Arbeitsmarkt in Deutschland auswirken wird, erfolgt aufgrund der hohen Bedeutung der Thematik bereits seit Jahren in diversen Untersuchungen und Vorausberechnungen (exemplarisch Kommission Nachhaltigkeit in der Sozialen Sicherung (Rürup-Kommission), 2003; Sachverständigenrat zur Begutachtung der gesamtwirtschaftlichen Entwicklung, 2011; Holthausen, Rausch & Wilke, 2012; European Commission, 2014, 2015; Werding, 2016; Bundesministerium

---

[60] Innerhalb der 14. koordinierten Bevölkerungsvorausberechnung werden Personen in der Altersspanne zwischen 20 und 66 Jahren als Menschen im erwerbsfähigen Alter (auch Erwerbsalter genannt) bezeichnet (Statistisches Bundesamt (Destatis), 2019c).

5.3 Demografischer Wandel

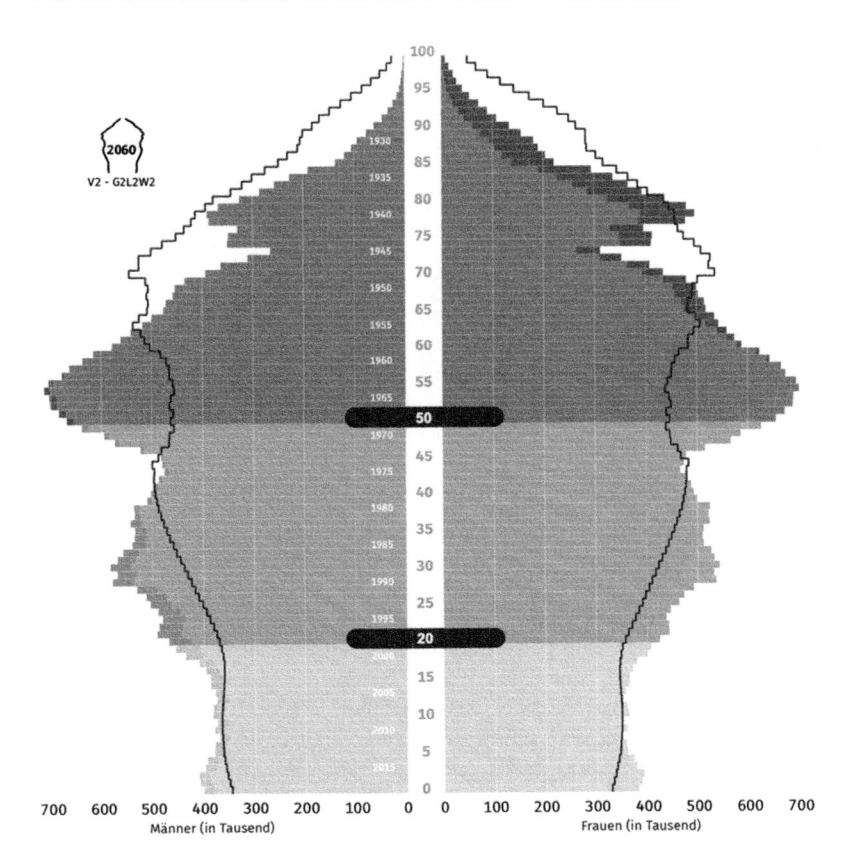

Abbildung 5.11 Entwicklung des Altersaufbaus in Deutschland 2018 bis 2060. (Quelle: Statistisches Bundesamt (Destatis), 2019a)

für Arbeit und Soziales (BMAS), 2016a, 2016b; Buslei, Haan & Kemptner, 2017; Ehrentraut & Moog, 2017; Brenke & Clemens, 2017).[61]

---

[61] Teilweise steht die Vorausberechnung des Erwerbspersonenpotenzials im Fokus der Studien, während einige Untersuchungen die Werte als ein Zwischenergebnis nutzen und hierauf Berechnungen von zukünftigen Beiträgen bzw. Leistungen innerhalb der gesetzlichen Rentenversicherung (GRV) stützen. Unabhängig von der Zielsetzung der jeweiligen Studie basieren die Vorausberechnungen auf Annahmen. Je nach Studie werden Vorausberechnungen zum Erwerbspersonenpotenzial und bzw. oder zu der erwarteten Anzahl an Erwerbspersonen, Erwerbstätigen und Beschäftigten durchgeführt.

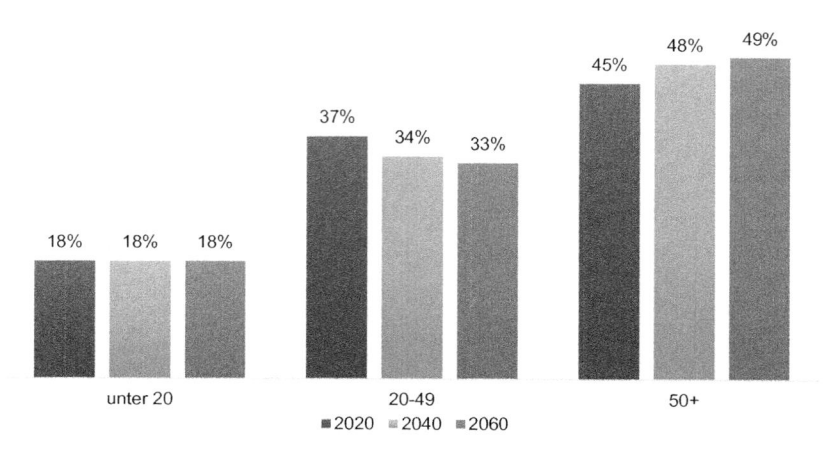

Abbildung 5.12 Prozentuale Entwicklung des Altersaufbaus in Deutschland 2020 bis 2060.
(Quelle: Eigene Darstellung, in Anlehnung an das Statistische Bundesamt (Destatis), 2019c)

Die demografischen Effekte beschränken sich nicht nur auf Deutschland, sondern betreffen zahlreiche europäische Nationen. Vor diesem Hintergrund wurde mit der Jahrtausendwende gemeinsam das Konzept des „active ageing"[62] erarbeitet (European Commission, 1999; OECD, 2000; WHO, 2002; Walker, 2002; Boudiny, 2013).[63] In diesem Rahmen wurden auf europäischer Ebene eine Reihe von Maßnahmen beschlossen, um die demografischen Entwicklungen und ihre voraussichtlichen Folgen (z. B. Arbeitskräftemangel, Gefährdung von

---

[62] Das Thema „aktives Altern" ist noch immer ein Thema von höchster Relevanz; das Jahr 2012 wurde zum „Europäischen Jahr des aktiven Alterns" ernannt (Europäisches Parlament, 2012).

[63] Bereits 1994 wurde die Bundesregierung vom Deutschen Bundestag dazu aufgefordert, „Altenberichte" von einer wissenschaftlichen Expert*innenkommission in jeder Legislaturperiode als Grundlage für altenpolitische Entscheidungsprozesse anfertigen zu lassen. Die Leitthemen des siebten und achten Alten- bzw. Altersberichts (2017, 2020) waren „Sorge und Mitverantwortung in der Kommune" bzw. „Ältere Menschen und Digitalisierung" (Bundesministerium für Familie, Senioren, Frauen und Jugend (BMFSFJ), 2017, 2020).

5.3 Demografischer Wandel

Gesundheits- und Rentensystemen[64] sowie wachsende Altersarmut) gesellschaftlich bewältigen zu können (Stückler, 2017; Rauch, Tisch & Tophoven, 2017). Die Maßnahmen forcieren zum Beispiel eine Gesundheitserhaltung bis ins hohe Alter mit Hilfe von Gesundheitsförderung und Prävention (sogenannter „Strategy and action plan for healthy ageing in Europe"), um potenziell steigende Kosten für das Gesundheits- und Pflegesystem, die im Rahmen einer „Überalterung" angenommen werden, so gering wie möglich ausfallen zu lassen (Stückler, 2017; WHO, 2012). Auch die Stärkung des bürgerschaftlichen Engagements im Rentenalter stellt einen Baustein dar, um die gesellschaftliche Teilhabe älterer Personen zu fördern und bisher ungenutzte Potenziale auszuschöpfen. Der politische Fokus liegt jedoch insbesondere auf einem längeren Verbleib im Erwerbsleben bzw. einer Erhöhung des faktischen und gesetzlichen Renteneintrittsalters (Stückler, 2017).

Neben der Verfolgung der Strategie des aktiven Alterns wurde in Verbindung mit der EU-2020-Strategie u. a. der Beschluss einer stärkeren Beteiligung älterer Personen am Erwerbsleben gefasst.[65] Das Ziel für Deutschland wurde hierbei auf eine Erwerbstätigenquote für die 55- bis unter 65-Jährigen auf 60 % festgelegt (Bundesministerium für Wirtschaft und Energie (BMWi), 2018). Dieser Wert wurde 2012 mit einem Ergebnis von 61,5 % bereits übertroffen (Bundeszentrale für politische Bildung, 2013). Im Vergleich zu anderen EU-Staaten stand Deutschland, in Bezug auf die Erwerbstätigenquote der 55- bis unter 65-Jährigen, 2018 mit 71,4 % an zweiter Stelle (nach Schweden: 77,9 %, Eurostat, 2019). Der durchschnittliche Wert der 28 Mitgliedstaaten im Erhebungsjahr (inkl. dem Vereinigten Königreich) belief sich auf 58,7 % (siehe Abbildung 5.13, Bundesagentur für Arbeit, 2019a).

Eine nähere Betrachtung der Erwerbsbeteiligungsentwicklung einzelner Altersspannen in Deutschland verdeutlicht den starken Wandel, der sich auf dem

---

[64] Beispielsweise streben in Deutschland das Renteneintrittsalter und die Lebenserwartung zunehmend auseinander. Während Männer 1970 im Schnitt mit ca. 65,2 Jahren ihre Rente bezogen und von knapp zwölf weiteren Lebensjahren ausgehen konnte, findet derzeit der Rentenbezug ungefähr ein Jahr eher statt, die Lebenserwartung ist jedoch um weitere sechs Jahre angestiegen. Diese Entwicklung verläuft bei den Frauen ähnlich. Hieraus resultieren eine längere Rentenbezugsdauer und wachsende Kosten für die Alterssicherung (Statista, 2019b).

[65] Die EU-2020-Strategie stellt die Agenda der Europäischen Union für Beschäftigung und Wachstum dar. Der Fokus liegt auf einem nachhaltigen, intelligenten und integrativen Wachstum, um von einer besseren Produktivität und Wettbewerbsfähigkeit in Europa profitieren zu können und eine nachhaltige soziale Marktwirtschaft zu stärken. Die Zielsetzungen untergliedern sich in die fünf Bereiche Klimawandel & Energie, Bildung, Beschäftigung, Forschung & Entwicklung sowie Armut und soziale Ausgrenzung (Eurostat, 2020).

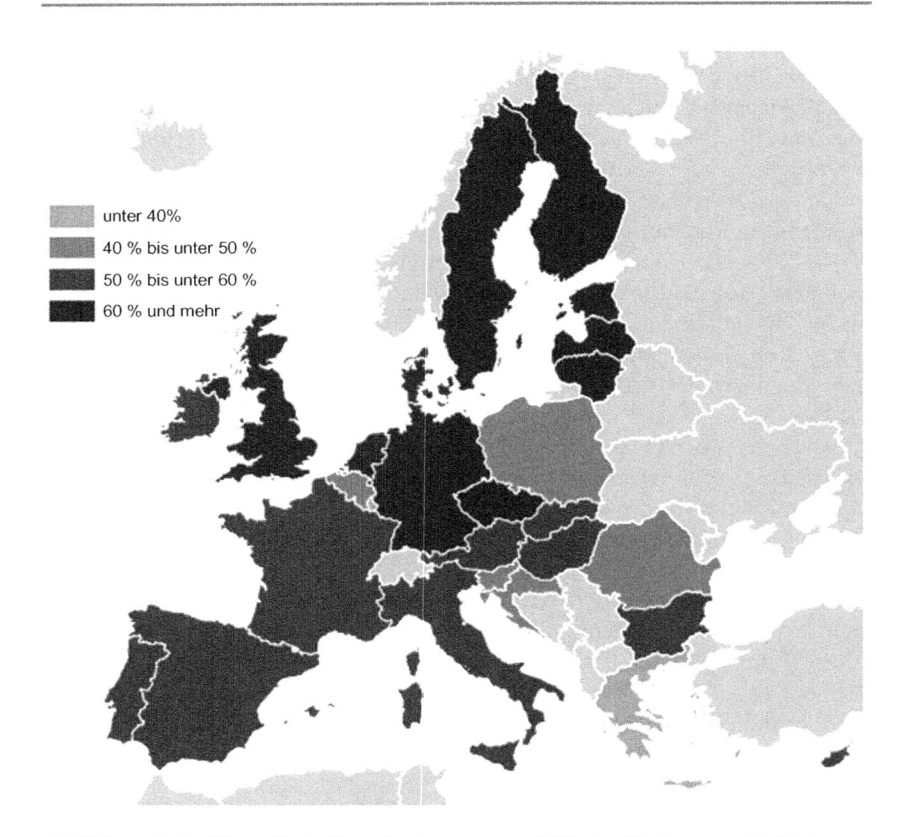

Abbildung 5.13 Europäische Erwerbstätigenquoten 2018 der 55- bis unter 65-Jährigen in Prozent.
(Quelle: Eurostat, 2018a)

deutschen Arbeitsmarkt in den vergangenen Jahren vollzogen hat. Insbesondere die Erwerbsbeteiligung der 60- bis 64-Jährigen nahm mit einer Steigerung von 35 % auf ca. 60 %, im Zeitraum von 2008 bis 2018, stärker zu als in jeder anderen Altersgruppe (siehe Abbildung 5.14). Auch die Anteile der Erwerbstätigen im Alter über 65 Jahre haben sich mit einem Zuwachs von 3,8 auf 7,4 % fast verdoppelt. Ferner liegt die Erwerbstätigenquote der 50 bis 54-Jährigen (86,2 %) sowie der 55- bis unter 60-Jährigen (80,8 %) deutlich über dem Durchschnitt (Altersspanne 15 bis unter 65 Jahre: 75,9 %). Grundsätzlich differieren

5.3 Demografischer Wandel

Frauen und Männer mit zunehmendem Alter in ihrer Erwerbstätigkeit. Im Jahr 2018 waren 64 % der 60- bis 64-jährigen Männer erwerbstätig, wohingegen Frauen einen Wert in Höhe von 54 % aufwiesen. In der Altersspanne 65- bis 69-Jahre sind 21 % der Männer und 13 % der Frauen erwerbstätig. Allerdings ist der Anteil geringfügiger Beschäftigungsverhältnisse in diesem Alter relativ hoch (Statistisches Bundesamt (Destatis), 2020a; Statistisches Bundesamt (Destatis), 2019c).[66]

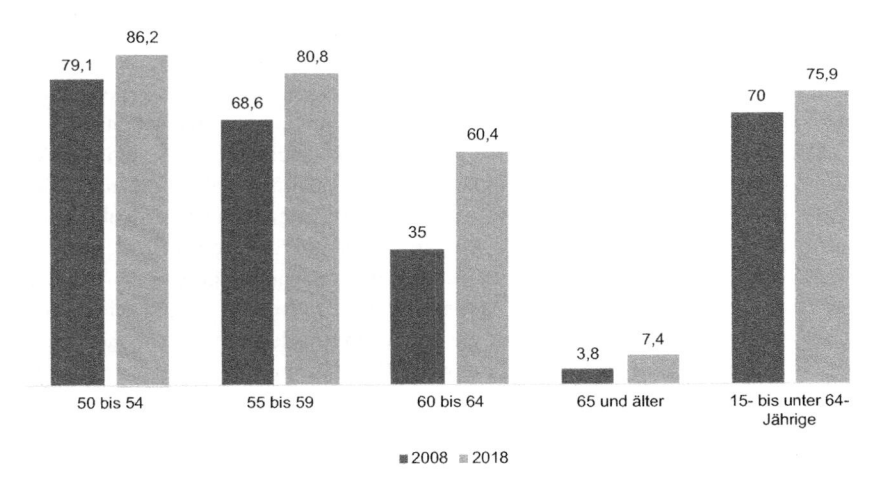

Altersgruppe	2008	2018
50 bis 54	79,1	86,2
55 bis 59	68,6	80,8
60 bis 64	35	60,4
65 und älter	3,8	7,4
15- bis unter 64-Jährige	70	75,9

Abbildung 5.14 Erwerbstätigenquoten nach Altersgruppen in Deutschland in Prozent. (Quelle: Eigene Darstellung in Anlehnung an Statistisches Bundesamt (Destatis), 2019c)

Ein zentraler Hintergrund der steigenden Anzahl der über 65-jährigen Erwerbstätigen sind die veränderten gesetzlichen Rahmenbedingungen, die seit

---

[66] Inwieweit eine Person im höheren Erwerbsalter noch einer Erwerbstätigkeit nachgeht, hängt von zahlreichen Faktoren ab, wie z. B. der Branche, dem Qualifikationsniveau der Erwerbstätigkeit sowie ihren Anforderungen und dem individuellen Gesundheitszustand (Rauch et al., 2017). In Deutschland bezogen 2018 rund 1,8 Mio. Personen eine Erwerbsminderungsrente, wodurch ca. jeder fünfte Rentenbezug vorzeitig erfolgte. Mit fast 43 % gelten weiterhin die psychischen Störungen als Hauptgrund für eine Erwerbsminderungsrente (Deutsche Rentenversicherung Bund, 2018). Seit Jahren bewegen sich über die Hälfte der Bezieher*innen der Erwerbsminderungsrente in der Altersspanne zwischen 50 und 59 Jahren. Hier zeigen sich deutliche Verbesserungspotenziale und die Notwendigkeit einen stärkeren Fokus auf Präventivmaßnahmen zur Erhaltung der psychischen Gesundheit zu legen (Rauch et al., 2017).

2012 zu einer stufenweisen Anhebung des Renteneintrittsalters auf 67 führen.[67] Darüber hinaus ist das Bildungsniveau fortwährend angestiegen; eine Entwicklung, die tendenziell mit einem längeren Verbleib im Erwerbsleben einhergeht (bspw. beteiligten sich Geringqualifizierte mit einer Erwerbstätigenquote von 47 % deutlich weniger am Erwerbsleben als Hochqualifizierte mit einem Ergebnis von 72 %). Dementsprechend kann von einer wachsenden Erwerbsbeteiligung älterer Personen in den kommenden Jahren ausgegangen werden (Statistisches Bundesamt (Destatis), 2020a).

Neben dem Einfluss des demografischen Wandels auf die Erwerbsbeteiligung älterer Personen und der Veränderung der Altersstruktur[68] der Beschäftigten, stellt sich die Frage nach der zukünftigen Entwicklung des Erwerbspersonenpotenzials.[69] Fuchs, Söhnlein & Weber (2017) vom Institut für Arbeitsmarkt- und Berufsforschung (IAB) setzen sich in einer Untersuchung mit diesem Aspekt auseinander und nehmen eine Projektion des Arbeitskräfteangebots bis zum Jahr 2060 vor. Der weitreichende Prognosezeitraum der Untersuchung verdeutlicht in besonderem Maße die langfristigen Folgen der demografischen Veränderungen. Das Erwerbspersonenpotenzial ergibt sich aus der Anzahl an den Erwerbstätigen, der Stillen Reserve und den Erwerbslosen (siehe Anhang H im elektronischen Zusatzmaterial) und stellt fast die Höchstgrenze des Arbeitskräfteangebots dar. Bevölkerungsumfang und -struktur (z. B. Alter und Geschlecht) nehmen ebenso Einfluss auf das Erwerbspersonenpotenzial wie Zuwanderungsströme und wachsende Fertilitäts- und Erwerbsquoten (Fuchs et al., 2017).

Die demografische Komponente im Rahmen des Erwerbspersonenpotenzials beinhaltet Veränderungen, die sich aus dem Ausscheiden älterer Beschäftigter aus dem Erwerbsleben bzw. dem Hineinwachsen jüngerer Beschäftigter ergeben. Eine Bevölkerungsalterung hat dementsprechend große potenzialwirksame

---

[67] Das durchschnittliche Renteneintrittsalter lag 2018 in Deutschland bei ca. 64,1 Jahren und belief sich somit auf ein ähnliches Niveau wie in den 1960er Jahren (1965 wurde bspw. ein Wert von ca. 64,8 Jahre verzeichnet) sowie ca. zwei Jahre länger als vor zwanzig Jahren (Statista, 2019b).

[68] Bereits im Jahr 2018 gehörten fast 38 % der Erwerbstätigen der Altersgruppe 50plus an (eigene Berechnung auf Datenbasis des Statistischen Bundesamts (Destatis), 2019d). Vor allem durch die Alterung der „Babyboom-Generation" und der erwarteten steigenden Erwerbsbeteiligung Älterer wird die Gruppengröße zukünftig deutlich wachsen (Rauch et al., 2017; Fuchs et al., 2017). Expert*innen sprechen aufgrund der genannten beiden Aspekte auch von einer ‚doppelten Alterung' des Arbeitsmarktes (z. B. Brussig, 2015, S. 299).

[69] Das IAB berücksichtigt bei den Berechnungen des Erwerbspersonenpotenzials nicht die Arbeitslosen nach der Statistik der Bundesagentur für Arbeit, sondern die Erwerbslosen gemäß der International Labour Organization (Fuchs et al., 2016).

5.3 Demografischer Wandel

Auswirkungen, da die Erwerbsbeteiligung in direkter Verbindung mit dem Alter steht. Bei gleichbleibenden altersspezifischen Erwerbsquoten reduziert sich daher das Erwerbspersonenpotenzial, wenn der Anteil älterer Beschäftigter ansteigt. Da sich die demografische Komponente trotz einiger Unwägbarkeiten in Bandbreiten verhältnismäßig gut prognostizieren lässt, ist von einem demografiebedingten Rückgang des Erwerbspersonenpotenzials um fast 18,2 Mio. bis zum Jahr 2060 auszugehen (Fuchs et al., 2017).[70]

Neben den demografischen Effekten nehmen Migrationseffekte einen hohen Einfluss auf das Erwerbspersonenpotenzial, sodass der dargestellte Rückgang abgebremst werden kann. Beispielsweise führte die ungewöhnlich hohe Zuwanderung von 2014 bis 2017 zu einem positiven Saldo von 2,6 Mio. vorwiegend junger Menschen, die nach Deutschland immigrierten. Von diesen waren 37 % unter 20 Jahre alt und 53 % in einem Alter zwischen 20 und 39 Jahre. Diese Zuwanderung wirkte sinkenden Bevölkerungszahlen entgegen, stärkte den Umfang an jüngeren Jahrgängen und leistete einen Beitrag zur Verjüngung des Erwerbspersonenpotenzials (Statistisches Bundesamt (Destatis), 2019c).[71] Die Zuwanderungskomponente wird von Fuchs et al. (2017) mit einem positiven Wanderungssaldo von 200.000 Personen pro Jahr[72] berücksichtigt, sodass sich ein Migrationseffekt von knapp 8,3 Mio. bis 2060 ergibt.

Ferner gehen die Autor*innen in ihrem Szenario von steigenden Erwerbsquotenpotenzialen von Frauen und älteren Personen aus, wohingegen sich die Erwerbsquotenpotenziale von unter 60-jährigen Männern kaum verändern (siehe

---

[70] Das Basisjahr dieser Bevölkerungsprojektion sowie der nachfolgenden Werte stellt das Jahr 2015 dar, sodass die Geburtenziffern des Statistischen Bundesamts aus dem Jahr 2015, die Mortalitätsrate der Sterbetafel 2013/15 sowie die Wanderungssalden aus dem Jahr 2014 einfließen. Die Geburtenraten verlaufen konstant und die Lebenserwartung steigt, analog zu den Annahmen des Statistischen Bundesamts, wobei die Mortalität für das Erwerbspersonenpotenzial keine große Bedeutung hat (Fuchs et al., 2017).

[71] Auf die Alterung der deutschen Bevölkerung, die vor allem von einer steigenden Lebenserwartung und der älter werdenden Babyboom-Generation gefördert wird, hatte die Zuwanderung jedoch kaum Einfluss (Statistisches Bundesamt (Destatis), 2019c). Ferner wird der Verjüngungseffekt durch abwandernde Personen aus Deutschland abgeschwächt, da die Emigrant*innen jünger als die durchschnittliche Bevölkerung sind. Zudem ist zu berücksichtigen, dass die Migrant*innen ebenfalls im Laufe der Zeit altern werden (Kubis, 2017).

[72] Insgesamt zeigen Fuchs et al. (2017) mehrere Szenarien auf (z. B. keine Zuwanderung sowie weitere Zuwanderungssalden von + 100.000, + 300.000 und + 400.000). Das Szenario mit einem Wanderungssaldo von + 200.000 wurde ausgewählt, da dieses die größtmögliche Übereinstimmung mit Variante 2 G2-L2-W2 des Statistischen Bundesamts vorweist und als wahrscheinlichstes Szenario angesehen werden kann (Statistisches Bundesamt (Destatis), 2019c; ebd.).

Tabelle 5.1).[73] Die höheren Potenzialerwerbsquoten älterer Beschäftigter folgern Fuchs et al. (2017) aus der Rentengesetzgebung („Rente mit 67"). Die größten Anstiege erwarten die Autoren in den Altersbereichen 55–64 bei Frauen und 60–69 bei Männern (siehe dunkelgraue Hervorhebung). Bei den Frauen führt nicht nur die Rente mit 67 zu der Annahme einer steigenden Potenzialerwerbsquote im Alter, sondern ebenso der Wegfall der „Altersrente für Frauen". Die sinkenden Potenzialerwerbsquoten von jüngeren Frauen (15 bis 24 Jahre) lassen sich auf eine erwartete zunehmende Bildungsbeteiligung (vor allem Studium) zurückführen. Größere Unsicherheiten sind hingegen bei der Einschätzung der Entwicklung der Potenzialerwerbsquoten von Ausländerinnen gegeben; besonders schwer ist die Erstellung einer Prognose für weibliche Flüchtlinge. Daher wurden Daten aus den Herkunftsländern herangezogen und vorerst eine Potenzialerwerbsquote von 30 % für die Altersgruppe 15 bis 64 Jahre angenommen.[74]

Aus dem Szenario wird der dominierende Effekt der demografischen Komponente ersichtlich, da selbst unter der Annahme eines positiven Wanderungssaldos von 200.000 Personen[75] pro Jahr und steigenden Erwerbsquoten die demografischen Effekte zunehmend nicht kompensiert werden können und das Erwerbspersonenpotenzial um rund 7 Mio. Personen auf voraussichtlich 38,9 Mio. sinken wird (siehe Abbildung 5.15).[76] Diese Entwicklung ist ein Spiegelbild der in Abschnitt 5.3.1 dargestellten Veränderung des Altersaufbaus in Deutschland. Der demografische Wandel führt jedoch nicht nur zu einer Reduktion des Erwerbspersonenpotenzials, sondern aufgrund des Rentenbezugs der geburtenstarken Jahrgänge in den kommenden Jahren ebenfalls zu einer deutlichen Verschiebung seiner Altersstruktur in den oberen Bereich (Fuchs et al., 2017).

---

[73] Die Erwerbsbeteiligung von Frauen und älteren Beschäftigten stieg im Zeitraum von 2008 bis 2018 deutlich an (Fuchs et al., 2017).

[74] Die Autor*innen gehen davon aus, dass sich mittelfristig eine Angleichungstendenz entwickeln wird, die zu einem durchschnittlichen Wert in Höhe von 66 % führt, wie er bereits für die in Deutschland lebenden Ausländerinnen besteht (Fuchs et al., 2017; Fuchs & Weber, 2016).

[75] Fuchs et al. (2017) errechnen, dass nur ein positiver Wanderungssaldo in Höhe von 400.000 zu einem gleichbleibenden Niveau des Erwerbspersonenpotenzials führen würde (Ausgangswert: 45,8 Mio. aus dem Jahr 2015).

[76] Auch die wachsenden Geburtenziffern seit 2012 können diese Entwicklungen nicht abwenden (Fuchs et al., 2017; Statistisches Bundesamt (Destatis), 2020b). Im Zeitraum von 1950 bis 2018 konnte ein Tiefstand der Geburtenziffern (Lebendgeborene) im Jahr 2011 mit einem Wert von 662.685 Geburten verzeichnet werden. Von 2011 bis 2018 stieg die Geburtenzahl auf 787.523 an (um fast 19 %, Statistisches Bundesamt (Destatis), 2020c).

5.3 Demografischer Wandel

Tabelle 5.1 Altersspezifische Potenzialerwerbsquoten von Frauen und Männern in Prozent 2015 und 2060.
(Quelle: Eigene Darstellung, in Anlehnung an Fuchs et al., 2017, Anhang S. 1) © IAB

Alter	Frauen			Männer		
	2015	2060	±	2015	2060	±
15–19 Jahre	35,9	31,2	−4,7	39,0	37,2	−1,8
20–24 Jahre	71,9	68,4	−3,5	75,6	77,8	2,2
25–29 Jahre	83,4	86,2	2,8	90,2	91,8	1,6
30–34 Jahre	84,3	90,9	6,6	97,6	98,6	1,0
35–39 Jahre	86,7	92,2	5,5	98,7	98,3	−0,4
40–44 Jahre	88,8	94,7	5,9	97,8	97,9	0,1
45–49 Jahre	91,4	96,9	5,5	98,6	99,4	0,8
50–54 Jahre	87,9	96,6	8,7	95,5	99,6	4,1
55–59 Jahre	81,2	92,4	11,2	90,5	92,9	2,4
60–64 Jahre	56,6	79,0	22,4	69,6	85,8	16,2
65–69 Jahre	18,1	25,2	7,1	26,2	36,9	10,7
70–74 Jahre	9,4	9,7	0,3	14,0	13,4	−0,6

2020	2040	2060
46.328	42.126	38.909

■ Erwerbspersonen (in 1.000 Personen)

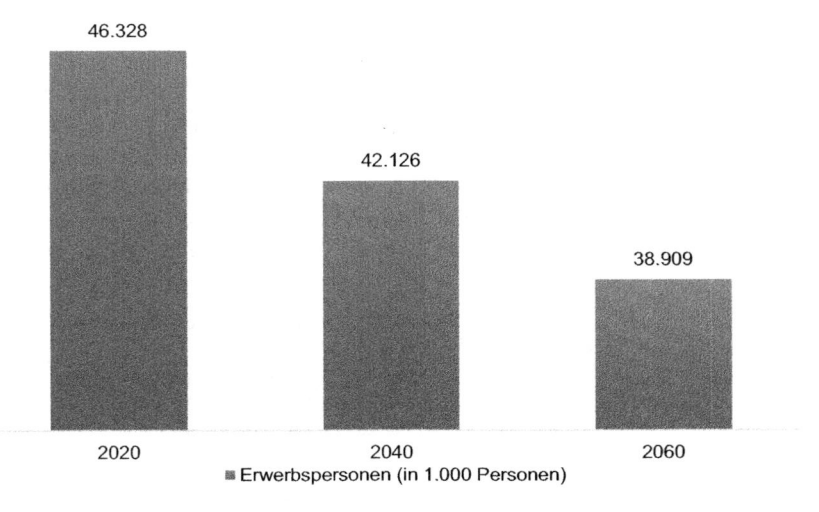

Abbildung 5.15 Projektion des Erwerbspersonenpotenzials in Deutschland 2020 bis 2060.
(Quelle: Eigene Darstellung, in Anlehnung an Fuchs et al., 2017)

Das beschriebene Szenario wurde von Klinger und Fuchs in einer Publikation aus dem Jahr 2020 erneut berechnet. Der Zeitraum beschränkt sich in der Folgeuntersuchung auf den Zeitraum 2017 bis 2035, kommt jedoch erneut zu dem Ergebnis einer deutlich erkennbaren Reduzierung des Erwerbspersonenpotenzials in Höhe von 2,7 Mio. Personen bzw. sechs Prozent.[77] Der tendenziell starke Rückgang des Arbeitskräfteangebots wird auch vom Statistischen Bundesamt (2019a) herausgestellt. Das Statistische Bundesamt geht in Variante 2 (moderate Entwicklung der Fertilität, Lebenserwartung und Wanderung) von einem Rückgang der Personen in der Altersspanne 15 bis 74 Jahre um 8,1 Mio. aus, d. h. von 62,5 Mio. im Jahr 2020 auf 54,4 Mio. im Jahr 2060 (eigene Berechnung auf Basis von Auswertungen des Statistischen Bundesamts (Destatis), 2019c).

Angesichts der dargestellten demografischen Entwicklungen stehen Wirtschaft, Wissenschaft und Politik vor der großen Herausforderung, weiterhin das Fachkräfteangebot sicherzustellen. Das Bundesministerium für Wirtschaft und Energie hebt die hohe Bedeutung von Fachkräften hervor, da diese eine Vorrausetzung für Wettbewerbsfähigkeit, Innovationskraft und Wachstum darstellen. Dementsprechend nehmen sie die Rolle eines Treibers für Wohlstand, Beschäftigung und Lebensqualität ein (siehe hierzu auch Horbach & Rammer, 2020). Aktuell sind von insgesamt 801 Berufsgattungen 352 von einem Fachkräftemangel betroffen. Insbesondere der Gesundheits- und der MINT-Bereich sowie die neuen Bundesländer und Süddeutschland beklagen einen spürbaren Fachkräfteengpass.[78] Ferner geben zahlreiche Unternehmen an, unter einem dauerhaften Fachkräftemangel zu leiden. 56 % der Unternehmen stufen den Fachkräftemangel als größtes Risiko für ihre Geschäftsentwicklung ein.[79] Im Vergleich zum Jahr 2010 ist dies ein deutlicher Anstieg, da in dem Jahr nur 16 % in Fachkräfteengpässen ein Entwicklungsrisiko sahen. Die Strategie vieler Unternehmen verfolgt daher ohne Beachtung der jeweiligen Konjunkturlage das Ziel, die Stammbelegschaft zu sichern, aufgrund negativer Erfahrungen aus der Vergangenheit, passende

---

[77] Fuchs et al. (2017) sowie Klinger & Fuchs (2020) setzen für die Berechnung des Erwerbspersonenpotenzials die Altersspanne von 15 bis 74 Jahren an.

[78] Von dem Fachkräftemangel sind vor allem der Pflegebereich (Alten-, Kranken- und Gesundheitspflege), das Handwerk (Maschinenbau, Rohrleitungsbau, Schweiß- und Zerspanungstechnik, Kunststoffverarbeitung, Elektroinstallation und -montage) und akademische Berufsgruppen der Bereiche IT und Softwareentwicklung/Programmierung, Ingenieurwesen im Maschinen- und Fahrzeugbau, Elektrotechnik und Medizin betroffen (Bundesministerium für Wirtschaft und Energie, 2020). Bei der Betrachtung der Engpassberufe nach Qualifikationslevel wird deutlich, dass die meisten Engpassberufe bei Fachkräften auftreten (Malin, Jansen, Seyda & Flake, 2019, siehe Anhang I im elektronischen Zusatzmaterial).

[79] Die Baubranche sowie Unternehmen mit expansiven Beschäftigungsplänen weisen besonders hohe Ergebnisse mit 88 bzw. 74 % auf (Vogelbach et al., 2019).

5.3 Demografischer Wandel

Beschäftigte für offene Stellen zu finden (Bundesministerium für Wirtschaft und Energie, 2020; Vogelbach et al., 2019).[80]

Die Reduzierung des Erwerbspersonenpotenzials muss jedoch nicht automatisch zu einer ebenso großen Verstärkung des Fachkräftemangels führen, da von volkswirtschaftlichen Anpassungsprozessen auszugehen ist (Weber, 2016). So kann bspw. die Digitalisierung durch entstehende Produktivitätssteigerungen[81] und letztlich wachsende Pro-Kopf-Volkseinkommen die Auswirkungen des demografischen Wandels mildern und Wohlfahrtsverlusten entgegensteuern (Fuchs et al., 2017). Jedoch gestaltet sich eine weitreichende Einschätzung dieser Effekte aufgrund des rasanten technologischen Fortschritts aber auch zahlreicher Hürden in der Umsetzung, mit noch ungewissem Ausgang, als äußerst diffizil (siehe Abschnitt 5.2). Ferner stellen Produktivitätssteigerungen keine sich selbsterfüllende Prophezeiungen innerhalb eines alternden Umfeldes dar. Zentrale Rollen werden zum einen der zukünftige Fachkräftebedarf und seine Deckung und zum anderen die Förderung von Bildung einnehmen, um das Qualifikationslevel des Erwerbspersonenpotenzials zu erhöhen (siehe Abschnitte 5.1 und 5.2, ebd.).

Die weiterhin hohen Arbeitslosenquoten von niedrig Qualifizierten verdeutlichen, dass ein Teil des bestehenden Potenzials nur in geringem Maße ausgeschöpft wird. Im Rahmen von eher wachsenden Qualifikationsanforderungen leisten steigende Bildungsinvestitionen einen wertvollen Beitrag dafür, die Effekte eines reduzierten Erwerbspersonenpotenzials für Arbeitsmarkt und Wirtschaft abzufedern. Darüber hinaus kann durch eine Verbesserung der Vereinbarkeit verschiedener Lebensbereiche, verstärkte Integrationsanstrengungen sowie eine weiterhin wachsende Einbindung von älteren Personen[82] das Arbeitskräfteangebot gesteigert werden (Fuchs et al., 2017; Burstedde, Malin & Risius, 2017).

---

[80] Seit dem Jahr 2006 erlebt der deutsche Arbeitsmarkt einen starken und bereits lang andauernden Aufschwung mit jährlichen Rekordniveaus in Bezug auf die Beschäftigung. 2018 gingen 44,8 Mio. Personen einer Beschäftigung nach, sodass 94 % des Erwerbspersonenpotenzials ausgeschöpft wurden. Gleichzeitig stiegen die Kosten- und Zeitaufwände, um Stellen zu besetzen, und der Anteil an Einstellungen, die mit Schwierigkeiten aufgrund eines Mangels an Bewerbungen verbunden war, verdoppelte sich innerhalb weniger Jahre auf 33 % (Klinger & Fuchs, 2020).

[81] Eine zunehmende Produktivitätssteigerung durch die Digitalisierung könnte den aktuellen Trend des geringen Produktivitätswachstums in Deutschland umkehren (Klinger & Fuchs, 2020).

[82] Vor allem ältere Beschäftigte können auf eine langjährige Berufserfahrung und ein weitreichendes Fachwissen zurückgreifen. Beispielsweise wird das Fachkräftepotenzial von Personen aus der Altersspanne 55 bis 64 Jahre zwischen 600.000 und 1,1 Mio. bis zum Jahr 2025 geschätzt (Bundesministerium für Wirtschaft und Energie, 2020).

5.4 Rollen innerhalb des Transformationsprozesses

Der durch die Einflüsse der Megatrends ausgelöste Wandel der Arbeitswelt weist auf zahlreiche Spannungsfelder hin, innerhalb derer sich Führungskräfte während der Transformation bewegen. Gleichzeitig wird deutlich, dass neben den Führungskräften weitere Stabilisatoren in Form des Personalwesens und der Betriebsräte erforderlich sind, da Führende nicht allein den Wandlungsprozess ganzheitlich begleiten, aufkommende Konfliktpotenziale erkennen und kooperative Konfliktbewältigung betreiben können. Im Rahmen der Transformation werden die genannten Akteur*innen mit zahlreichen Interessen und Erwartungen aber auch widersprüchlichen Situationen konfrontiert. Die hieraus resultierenden diversen Aufgaben und zu differenzierenden Rollen der Führungskräfte, des Personalwesens und des Betriebsrats erfahren daher nachfolgend eine ausführliche Diskussion.

5.4.1 Rolle der Führungskräfte

Der digitale Wandlungsprozess steht mit tiefgreifenden und komplexen Veränderungen in Verbindung und wirkt sich damit einhergehend auf die Rolle der Führungskräfte aus (Grote, 2012; Rump & Eilers, 2015; Widuckel, 2018). Dieser Rollenwandel geht mit zahlreichen Anforderungen einher und mündet in veränderten Kompetenzanforderungen bei den Führenden (Behrens et al., 2018; Widuckel, 2018). Aufgrund dieser Wirkungskette werden im vorliegenden Kapitel zunächst die spezifischen Herausforderungen der Transformation für die Führungskräfte erläutert (Abschnitt 5.4.1.1), um den hieraus erforderlich werdenden Wandel der Kompetenzanforderungen schlüssig darlegen zu können (Abschnitt 5.4.1.2). Auf dieser Grundlage werden in Abschnitt 5.4.1.3 die zentralen Erkenntnisse zusammengetragen und Schlussfolgerungen gezogen.

5.4.1.1 Herausforderungen für Führungskräfte innerhalb der Transformation

Mit Hinblick auf den Fokus der Untersuchung auf Führungskräfte der unteren und mittleren Managementebene werden zu Beginn des Kapitels die Besonderheiten, die sich aus dieser ‚Sandwichposition' ergeben, veranschaulicht. Darauffolgend werden die Auswirkungen der ‚agilen Arbeitsformen' als eine Reaktion der Unternehmen auf den Wandel der Arbeitswelt sowie die veränderten Interessenslagen und Bedürfnisse der Geführten diskutiert. Gleichzeitig dienen diese

5.4 Rollen innerhalb des Transformationsprozesses

Ausführungen als Fundament für die Darstellung der besonderen Anforderungen an das Führungsverhalten, aufkommender widersprüchlicher Anforderungen sowie entstehender Belastungssituationen für die Führenden innerhalb des Wandlungsprozesses.

(1) Sandwichposition

Aufgrund der in Abschnitt 5.1 bis 5.3 geschilderten veränderten Rahmenbedingungen durch die Digitalisierung, Flexibilisierung und des demografischen Wandels, sehen sich Führungskräfte mit deutlich instabileren und beschleunigten Umfeldern und Gegebenheiten konfrontiert. Hierdurch geraten gerade die Führenden der unteren und mittleren Managementebene in eine Sandwichposition. Sie sehen sich auf der einen Seite durch ihre Funktion im Unternehmen einer besonderen Loyalitätserwartung gegenüberstehen, die mit der Verpflichtung einhergeht, veränderten Zielsetzungen und Handlungskonzepten stets gerecht zu werden (Widuckel, 2018). Auf der anderen Seite sind diese Führungskräfte wie die Mitarbeitenden ebenso Betroffene von Veränderungen und müssen sich gleichermaßen mit inneren Widerständen und Ängsten auseinandersetzen, wie z. B. der Unsicherheit über den eigenen Arbeitsplatz (ebd.; Wollenweber, 2018). Trotz dieser Betroffenheit sollen sie mit Hilfe ihres Verhaltens Orientierung und Stabilität vermitteln, Erwartungshaltungen kommunizieren sowie koordinierend und kooperativ agieren. Überzeugungskraft, Zugewandtheit, Leistungsorientierung, Integrität und Kompetenz der Führenden sollen in diesem Zusammenhang zu einem „Identifikationsanker" (Widuckel, 2018, S. 211) für die Mitarbeitenden werden. Hierunter fällt auch die berufliche Entwicklung der Geführten (ebd.).

Der zentrale Aspekt der Sandwichposition erfährt allerdings in der Praxis und der Wissenschaft meist eine Vernachlässigung. So erweckt beispielsweise ein Teil der Managementliteratur den Anschein, dass sich die erfolgreiche Bewältigung eines Wandels für Führungskräfte auf die Beteiligung an den Wandlungsprozessen beschränkt (exemplarisch Oesterle, 2004; Führing, 2004; Kotter, 2012). Ihre Loyalität wird aufgrund ihrer Rolle im Unternehmen häufig vorausgesetzt und eigene Interessen oder Bedürfnisse nicht thematisiert. Ferner bleiben die in Abschnitt 4.3 dargestellten Interessen und Bedürfnisse der Geführten sowie die gesellschaftlichen und organisationalen Kontexte, in die die Personalführung eingebettet ist, häufig unberücksichtigt (Widuckel, 2018).[83]

---

[83] Beispielhaft seien in diesem Rahmen veränderte Erwartungen von Stakeholdern bzw. personelle Wechsel auf den höheren Hierarchieebenen angeführt, die oft mit einer strategisch veränderten Ausrichtung der Organisation einhergehen (siehe hierzu auch Abschnitt 4.3). Nicht selten sehen sich Unternehmen aufgrund diverser Interessen und Bedürfnisse mit

Führende sind jedoch ebenso Betroffene von Veränderungs- und Wandlungsprozessen mit eigenen Interessen und Bedürfnissen, die für eine erfolgreiche Transformation im Unternehmen Beachtung erfahren müssen (Kotthoff, 1998; Widuckel, 2018). Konzepte, die Führungskräfte auf die Rolle eines „Change Agent" limitieren (z. B. Doppler & Lauterburg, 2019) entsprechen daher nicht realen Gegebenheiten. Vielmehr reflektieren Führende die Wirkung volatiler Prämissen auf ihre individuelle Situation und bewerten diese. Darüber hinaus erfahren Macht- und Einflusspositionen im Management keine gleichmäßige Verteilung. Führende bekleiden unterschiedliche Managementfunktionen und definieren bzw. verhalten sich nicht wie eine monolithische Einheit. Daher liegt der Schluss nahe, Transformationsprozesse in Organisationen nicht als Managementaufgabe zu betrachten, da dieses Verständnis homogene Ziele und hierauf bezogene Verhaltensweisen implizieren würde. Stattdessen sind die Bestimmung und Priorisierung von operativen und strategischen Zielsetzungen das Resultat stetiger Aushandlungs- und Interpretationsprozesse zwischen den Agierenden im Management, die diverse Perspektiven einnehmen und vertreten. Innerhalb dieses Prozesses erfolgt gleichzeitig eine Entscheidungsfindung, welche Sichtweisen in die bestehende strategische Zielrichtung einer Organisation letztlich auch aufgenommen werden (Widuckel, 2018).

Dieser Aushandlungsprozess wird allerdings nicht von reiner Rationalität beeinflusst. Eine wesentlich zentrale Rolle spielen die Bedürfnisse und Interessen der Beteiligten und Betroffenen sowie organisationale und unternehmenskulturelle Bedingungen, auf denen die gemeinsamen Normen, Werte und Überzeugungen gründen (Schreyögg & Geiger, 2016). Nicht zuletzt weist Mintzberg (2010) auf die Limitationen im Rahmen von geplanten organisationalen Wandlungsprozessen hin, da Wahrnehmungen und Interpretationen der Realität sowie die Auswirkungen zukünftiger Entwicklungen nie vollständig erfolgen bzw. abgeschätzt werden können. Führungskräfte werden daher innerhalb von Transformationen von emergenten Prozessen beeinflusst, die sich zwar aus einem kontrollierten, nicht aber einem kontrollierbaren Zusammenwirken von unterschiedlichen Akteur*innen und Bedingungsfaktoren ergeben. Zahlreiche Beispiele aus der Praxis weisen in diesem Zusammenhang darauf hin, dass nicht davon ausgegangen werden kann, dass ‚rationale' Veränderungsabsichten stets der Unternehmensführung und ‚irrationale' Widerstände grundsätzlich den darunter liegenden Hierarchieebenen zuzuschreiben sind. So verdeutlicht eine nicht unerhebliche Zahl an Firmeninsolvenzen, dass

---

widersprüchlichen Anforderungen konfrontiert, wie die Einhaltung hoher ethischer Standards bei gleichzeitiger Sicherstellung niedriger Preise und stetiger Lieferfähigkeit (Widuckel, 2018).

unterbliebene Veränderungsprozesse weniger auf die hierarchischen Ebenen unterhalb des Topmanagements zurückzuführen sind, sondern eher auf ein zu starkes ‚Festhalten' an bisherigen Entwicklungspfaden (z. B. AEG, Kodak, Widuckel, 2018).

(2) Einflüsse von agilen Arbeitsformen sowie Interessen und Bedürfnisse der Geführten
Organisationen begegnen einer immer volatiler werdenden Umwelt – als Folge einer steigenden Wettbewerbsdynamik und veränderten Kund*innenerwartungen – mit einer Dynamisierung ihrer Zielsetzungen in Form von ‚agilen Arbeitsweisen'. Diese stehen nicht nur mit veränderten Organisationsansätzen wie bspw. Scrum[84] in Verbindung, sondern gleichzeitig mit der Anforderung zur kontinuierlichen Verbesserung standardisierter Geschäftsprozesse und strukturierter Arbeitssysteme (siehe hierzu ausführlich Abschnitt 6.1, Widuckel, 2018). Hieraus erwachsen steigende Kommunikations- und Kooperationsanforderungen an die Führenden (ebd.; Rump & Eilers, 2015; Behrens et al., 2018). Gleichzeitig verschiebt sich die Regulation der Agilität und des Arbeitshandelns zunehmend zu den Teams, wodurch der Erfolg agiler Ansätze stark von der Verhaltenssicherheit der Führungskräfte abhängt, sich auf veränderte Rollen und die Delegation von Verantwortung einzulassen (Widuckel, 2018; Behrens et al., 2018; Hollmann & Kluge, 2018; Boes et al., 2018).

Agilität i.s.v. zielverändernder Arbeit geht somit mit veränderten Verhaltenserwartungen der Beteiligten einher (Widuckel, 2018). Ein direktives Mikromanagement durch die Führungskräfte ist in diesem Rahmen nicht zielführend (ebd.; Behrens et al., 2018).[85] Hierdurch kommt den Führenden nicht die Rolle eines

---

[84] Der Terminus „Scrum" (englisch: Gedränge) beschreibt ein Vorgehensmodell des Produkt- und Projektmanagements, das ursprünglich aus dem Bereich der agilen Softwareentwicklung stammt. Hierbei wird davon ausgegangen, dass Projekte bzw. Produkte aufgrund ihrer hohen Komplexität nicht im Vorfeld detailliert geplant werden können und sie daher dem Leitsatz der graduellen Verfeinerung folgen. Das Entwicklungsteam arbeitet in diesem Rahmen nahezu gleichberechtigt zusammen (Siepermann, 2018c). Der Grundgedanke von Scrum basiert auf vier agilen Prinzipien bzw. Werten: Auf Wandel reagieren, anstatt einen strikten Plan einzuhalten, Menschen sind wichtiger als Tools und Prozesse, Zusammenarbeit mit Kund*innen ist zentraler. als die Ausrichtung an starren Verträgen und funktionierende Prototypen haben einen höheren Stellenwert als exzessive Dokumentationen (Müller, 2018).

[85] Diese Aussage ist allerdings nicht damit gleichzusetzen, dass agile Arbeitsformen automatisch mit keinerlei Kontrollmechanismen in Organisationen einhergehen. So weisen agile Managementmodelle weiterhin Elemente ‚voragiler' Methoden auf. Dieser Umstand kann darauf zurückgeführt werden, dass das Ziel einer effizienten Unternehmenssteuerung zeitgleich ein hohes Maß an Transparenz erfordert, das wiederum mit verstärkten Kontroll- und

‚ausgefallenen Visionärs' zu, sondern vielmehr die eines ‚Lotsen', der die agilen Zielpfade stabilisiert. Das bedeutet, dass die stetige Transformation von Zielsetzungen aufgrund von Agilität als ‚Anforderung' aus der Organisationsumwelt von den Führungskräften und Geführten verinnerlicht worden ist. Dieser Anforderung wird in Form einer spezialisierten und komplexen Arbeitsteilung durch die Mitarbeitenden Rechnung getragen und nicht infrage gestellt. In diesem Zusammenhang kommt allerdings die Frage auf, welche Leistung die Führungskräfte in diesem Kontext erbringen. Hierbei sei auf die zentrale Herausforderung verwiesen, die latenten bzw. akuten Konflikte zu bewältigen, die sich aus der Erreichung der agilen Zielpfade ergeben (Widuckel, 2018).

Auch wenn empirische Studien darauf hinweisen, dass Führende und Geführte Agilität als ‚erzwungene Antwort' auf den Wandel der Arbeitswelt akzeptieren (z. B. Kratzer, Menz, Tulius & Wolf, 2019; Kratzer, 2016; Gerlmaier, 2006), darf diese Gegebenheit nicht mit einer vollkommenen Unterordnung von Interessen und Bedürfnissen durch die Beschäftigten gleichgesetzt werden. So ist davon auszugehen, dass im Rahmen von Arbeitsverausgabung bzw. -regulation Ansprüche geltend gemacht werden, die bspw. von Kratzer et al. (2019) in ihren qualitativen Untersuchungen innerhalb von Produktions- und Dienstleistungsunternehmen identifiziert worden sind. Hierbei können Beteiligung, Würde, Fürsorge, Leistungsgerechtigkeit und Selbstverwirklichung als zentrale Erwartungen und Anforderungen sowie als stabile und übergreifende Legitimationsgrundlagen angesehen werden (ebd.). Legitimationsgrundlagen sind geteilte Orientierungen, die von Beschäftigten eine individuelle und subjektive Interpretation erfahren. Beteiligung spricht die Anforderung der Beschäftigten an, als Expert*in ihrer jeweiligen Arbeitssituation betrachtet zu werden und die Gestaltung der individuellen Arbeitsbedingungen selbst beeinflussen zu können. Würde steht für die Sicherung der persönlichen Integrität, indem Anerkennung und Respekt gezeigt werden. Fürsorge stellt die Beachtung sozialer und individueller Bedürfnisse dar und beinhaltet Aspekte der beruflichen Gratifikationskrise (siehe hierzu Abschnitt 2.4). Der Terminus Leistungsgerechtigkeit repräsentiert wiederum Erwartungen an eine als angemessen wahrgenommene Anerkennung und Vergütung der eingebrachten Kompetenzen und Qualifikationen sowie des Engagements. Dies impliziert ebenfalls den sozialen Vergleich zu Kolleg*innen und weist gleichzeitig darauf hin, wie bedeutsam organisationale Gerechtigkeit ist. Durch den Begriff Selbstverwirklichung werden identitätsbezogene bedürfnisorientierte Ansprüche an die Erwerbsarbeit aufgegriffen, die schon

---

Berichtsprozessen sowie einer klaren Rollenverteilung einhergeht (Boes et al., 2018). Sennett (1998) erklärt diesbezüglich, dass im Rahmen flexibler Arbeitsformen neue Kontroll- und Machtstrukturen entstünden, die weitaus diffiziler zu durchschauen seien, als die alten.

5.4 Rollen innerhalb des Transformationsprozesses

Baethge (1991) unter dem Ausdruck der „normativen Subjektivierung" subsumiert hat (siehe Abschnitt 4.3).

Die aufgeführten Legitimationsgrundlagen weisen den Charakter eines ‚normativen Grundrechteanspruchs' auf, der allerdings mit Rationalitätsanforderungen verbunden wird. So stellt beispielsweise eine Sachlogik, die Qualität und Effizienz anstrebt, eine Voraussetzung für die Erfüllung technisch-funktionaler Rationalitätsanforderungen dar. Hierin sind Bewertungen und Beurteilungen über die organisationalen Bedingungen enthalten, die einer qualitäts- und effizienzorientierten, technisch-funktionalen Sachlogik förderlich bzw. hinderlich sind. Die betriebswirtschaftliche Rationalitätsanforderung umfasst die ökonomische Sinnhaftigkeit von Standards, Vorgaben, Zielen, Entscheidungen und Prozessen. In diesem Rahmen erfahren generell jene Effizienzanforderungen eine Akzeptanz, die eine für nicht beeinflussbar angenommene Unternehmensumwelt in Form des Wettbewerbs ‚diktiert'. Die Antwort einer Organisation auf diese Vorgaben wird allerdings von den Beschäftigten kritisch hinterfragt bzw. reflektiert, sodass Managemententscheidungen von den darunter liegenden Hierarchieebenen nicht grundsätzlich als ökonomisch sinnvoll erachtet werden, woraus Spannungen und Auseinandersetzungen entstehen können. Die bürokratische Rationalitätsanforderung setzt sich mit den Standards, Regeln und Verfahren auseinander. Das Ausmaß an Regelhaftigkeit stellt in diesem Zusammenhang gerade in einem Transformationsprozess ein herausforderndes Thema dar, da Regeln zwar Sicherheit bieten aber auch in Konflikten resultieren können, wenn sie als zu zwanghaft empfunden werden, da sie unangemessen kontrollierend oder behindernd auf die Beschäftigten wirken (Widuckel, 2018).

(3) Besondere Anforderungen an das Führungsverhalten
Die dargestellten übergreifenden Bedürfnisse und Interessen der Geführten resultieren in besonderen Anforderungen an das Führungsverhalten und verdeutlichen, dass eine Simplifizierung der Rolle von Führungskräften als ‚transformationale Visionäre' zu kurz greift. Vielmehr werden Führende mit Ansprüchen konfrontiert, die sowohl auf einer gemeinsamen normativen Basis fußen, als auch einer individuellen Differenzierung in Bezug auf Interaktion und Kommunikation bedürfen. Die Kommunikation der Hintergründe für angestrebte Veränderungen ist daher nicht als eine Form von ‚Überzeugungsarbeit' aufgrund ‚irrationaler Widerstände' anzusehen, sondern vielmehr als eine zentrale Reaktion auf den Wunsch der Geführten nach Legitimation. Aus diesem Grund können Wertvorstellungen und Zielsetzungen der Geführten nur beeinflusst werden, wenn diese derartig veränderte Denkweisen als gerechtfertigt ansehen. Beschäftigte auf diese Weise zu überzeugen wird jedoch umso schwieriger, je mehr der gegebene organisationale

Rahmen und die vorhandene Arbeitssituation von den Ansprüchen der Geführten divergieren. Berücksichtigen Veränderungsabsichten nicht die bereits existierenden Enttäuschungen der Geführten oder beziehen diese mit ein, so ist von Widerständen auszugehen. Die ‚Vision' würde in einem derartigen Szenario nur zu einer weiteren Verfehlung von bestehenden Erwartungen führen. Hierdurch wird deutlich, wie entscheidend eine Auseinandersetzung der Führenden mit den Erwartungen und Anforderungen der Geführten ist. Darüber hinaus müssen Führungskräfte ihr eigenes Verhalten und dessen Wirkung innerhalb der Führungsbeziehung kritisch reflektieren. Das bedeutet gleichzeitig, dass im Rahmen einer intellektuellen Stimulierung bzw. einer inspirierenden Motivation die Erwartungen der Geführten beachtet und einbezogen werden müssen, was jedoch nicht automatisch damit gleichzusetzen ist, dass diese gänzlich oder auszugsweise geteilt werden (Widuckel, 2018). Hierbei besteht eine zentrale Aufgabe der Personalführung darin, die jeweiligen Erwartungen der Geführten in einen größeren Zusammenhang zu setzen, der Normen und Wertvorstellungen sowie Zielsetzungen, Prozesse und Strukturen der gesamten Organisation sowie einzelner Bereiche (z. B. Abteilung, Organisationseinheit) mit den Erwartungshaltungen vergleicht, und diesbezüglich in einen Dialog tritt, der von Respekt und Glaubwürdigkeit geprägt ist. Innerhalb dieses Dialogs könnten Grenzen und Möglichkeiten der Erwartungserfüllung reflektiert sowie Aspekte aufgenommen werden, die aus Sicht der Geführten als Missstand empfunden und geäußert werden. Für die Akteur*innen innerhalb der Führungsbeziehung (Geführte und Führende) ist ein derartiger Austausch gleichzeitig ein Test auf die soziale Realität sowie deren individuelle Wahrnehmung. Er stellt die geplanten Veränderungen von Strukturen, Prozessen, Zielsetzungen und Geschäftsmodellen den Sichtweisen der Geführten gegenüber und eröffnet die Chance und die Möglichkeit voneinander zu lernen und Korrekturen vorzunehmen, weil die Beteiligten der Führungsbeziehung mit der jeweils anderen Perspektive und empfundenen Realität konfrontiert werden (Widuckel, 2018).

Der durch die Führungskräfte ermöglichte Dialog stellt ein zentrales Element von individueller Berücksichtigung, inspirierender Motivation sowie intellektueller Stimulierung dar. Ferner erfolgt in diesem Rahmen ein Test bezüglich der Glaubwürdigkeit von Visionen, was als ein berechtigter Anspruch angesehen werden kann. Der Ausdruck „transformational" repräsentiert innerhalb dieses Verständnisses keine einseitige Beeinflussung der Mitarbeitenden durch Führungskräfte, die ‚visionär begeistern', sondern vielmehr eine Überprüfung, inwieweit die Vision mit Hinblick auf enttäuschte bzw. erfüllte Erwartungen von den Beschäftigten als legitim erachtet wird. Dementsprechend steht „transformational" in diesem Zusammenhang für eine wechselseitige Interaktion, deren Resultat in Korrekturen von Sichtweisen, Wahrnehmungen und Einstellungen auf beiden Seiten münden kann. Führende können

5.4 Rollen innerhalb des Transformationsprozesses

hierbei eine Sicht einbringen, die sich aus ihrer strukturierenden und koordinierenden Rolle sowie einer besseren Informationslage im Vergleich zu den Geführten ergibt. Die Geführten werden in die Lage versetzt ihrerseits Wahrnehmungen und Rückschlüsse einzubringen, die für Führende bisher nicht bemerkte Probleme darlegen können. Ein derartiges Vorgehen setzt allerdings eine Vertrauensbasis sowie eine Offenheit zur kritischen Reflexion des Unternehmens und des eigenen Verhaltens voraus. Vertrauen kann durch Führende in erheblichem Maße durch die Berücksichtigung von Fürsorge, Würde, Leistungsgerechtigkeit, Beteiligung und Selbstverwirklichung geschaffen bzw. gefestigt werden, soweit die Möglichkeit besteht, dass diese Aspekte eine direkte Beeinflussung durch die Führungskraft im Unternehmen erfahren (ebd.). Die Grundlage für das gegenseitige Vertrauen bilden positive Erfahrungen in Bezug auf wohlmeinende Absichten, Integrität und Kompetenz (Osterloh & Weibel, 2006). Die Offenheit für eine kritische Reflexion des eigenen Verhaltens bedarf eines Bewusstseins über die Unterschiede zwischen der eigenen Wahrnehmung und der anderer Personen. Ferner ist ein Verständnis des Unternehmens erforderlich, das auf der einen Seite auf Identifikation und Commitment fußt, jedoch auf der anderen Seite nicht den Aspekt vernachlässigt, dass diese Gegebenheiten potenzielle Defizite der Organisation nicht ausschließen. Diese können das Resultat nicht angestrebter Konsequenzen von Handlungsweisen sein oder treten in Form einer Diskrepanz zwischen handlungsleitenden Theorien und vertretenen Handlungstheorien auf (Argyris & Schön, 2018) bzw. in Unterschieden bezüglich der kommunizierten und gelebten Werte (Schein, 2017, siehe hierzu Kapitel 3). Die Differenzen in den Handlungstheorien haben veränderungsfreundliche Botschaften zur Folge, die allerdings mit Konditionen in Verbindung stehen, die diese wiederum behindern (z. B. „Sie können ihre Arbeitszeit in Eigenverantwortung gestalten, unter der Voraussetzung, dass Sie zwischen 09:15 und 17:15 Uhr anwesend sind"). Der Unterschied zwischen den kommunizierten und tatsächlich gelebten Werten folgt aus einer Täuschung, die sich aus einer vordergründigen Verhaltenserwartungsanpassung ergibt, ohne dass diese eigentlich erfüllt werden möchte. Ein weiterer Hintergrund kann in mikropolitischen Strategien gesehen werden, die die Durchsetzung partikularer und individueller Interessen unabhängig von der Wirkung auf das gesamte Unternehmen verfolgen (Neuberger, 2015).

(4) Widersprüchliche Anforderungen
Eine weitere anspruchsvolle Herausforderung innerhalb des Transformationsprozesses besteht für Führungskräfte in der Bewältigung von auftretenden ‚widersprüchlichen Arbeitsanforderungen', die aus Dilemmata und Konflikten resultieren (Widuckel, 2018). Widersprüchliche Arbeitsanforderungen können sich laut Gerlmaier (2006) auf Ressourcen, Zielsetzungen, Qualifikationen und Informationen

beziehen sowie zwischen individuellen und organisationalen Vorstellungen über Normen und Wertvorstellungen entstehen. Diese Widersprüche können als Resultat der Komplexität der Kund*innenbeziehungen, des Unternehmens und den gleichwertigen Anforderungen bezüglich der Zielgrößen Zeit, Kosten sowie hoher Qualität angesehen werden. Die Erfüllung dieser häufig auseinanderstrebenden Ansprüche wird von den Beschäftigten in Form von Stress und Druck wahrgenommen. Allerdings wird Teams, die größere Handlungsspielräume von ihren Führungskräften bezüglich der Regulation der Teamarbeit und Nachverhandlungen mit Kund*innen bei Zusatzanforderungen zugesprochen bekommen, ein besserer Umgang mit den genannten Anforderungen ermöglicht. ‚Enge Kontrollhandlungen' haben hingegen den empfundenen Druck weiter verschärft. Kratzer (2016) kommt in diesem Zusammenhang zu ähnlichen Ergebnissen, indem er darauf hinweist, dass Führende von Projektteams situationsgerecht zwischen den beiden Regulationsmodi „Pragmatismus" und „Perfektionismus" wechseln und hierbei die Expertise ihrer Mitarbeitenden berücksichtigen sollten. Während „Pragmatismus" ein Verhalten repräsentiert, dass zu Kompromissbildung führt, um Risiken und Gefährdungen zu reduzieren, steht der Ausdruck „Perfektionismus" für das permanente Bestreben, Risiken und Gefährdungen, die das Ergebnis widersprüchlicher Arbeitsanforderungen sind, zu kontrollieren. Derartige Handlungsweisen setzen allerdings unternehmenskulturelle Bedingungen voraus, um für den Perfektionismus die entsprechende Ressourcenausstattung zu gewährleisten und Pragmatismus in Situationen zuzulassen, in denen Perfektionismus nicht sinnvoll bzw. umsetzbar wäre. Die Realisierung bzw. der Wechsel zwischen beiden Regulationsmodi setzt nicht zuletzt eine vertrauensvolle Interaktionsbasis zwischen der Führungskraft und dem Projektteam voraus, um die erforderlichen flexiblen Handlungsspielräume sicherzustellen und im Falle eines potenziellen Eskalationsbedarfs Entscheidungen gemeinsam mit dem Team sowie unter Einbezug weiterer Beteiligter zu treffen (Widuckel, 2018).

(5) Belastungssituationen
Die vorangegangenen Ausführungen verdeutlichen, dass der Transformationsprozess mit äußerst anspruchsvollen und komplexen Führungsaufgaben einhergeht, da Führende stetig mit Spannungsfeldern organisationaler Entwicklungen bzw. Zielsetzungen und den Bedürfnissen und Interessen der Geführten konfrontiert werden. Sie tragen die Verantwortung für Resultate und Zielerreichungsgrade und sollen parallel den Entfaltungs- und Wertschätzungsbedürfnissen der Geführten gerecht werden. Hoch spezialisierte und komplexe Formen von Arbeitsteilung lassen entsprechende Handlungsspielräume, aber auch übergreifende Orientierungen für die Mitarbeitenden erforderlich werden. Gleichzeitig wird von Führenden erwartet,

5.4 Rollen innerhalb des Transformationsprozesses

stabilisierend, unterstützend und motivierend zu agieren, zahlreiche Schnittstellen und Ressourcen zu managen sowie die Positionierungen im organisationalen Herrschaftssystem sicherzustellen. Nicht zuletzt wird von ihnen die Aushandlung von Interessen sowie eine Verknüpfung zwischen strategischer Zielverfolgung und operativem Handeln gefordert. Trotz dieser zahlreichen Ansprüche sollen Führende sich nicht allein auf ihre Erwerbstätigkeit konzentrieren, sondern auch anderen Lebensbereichen gerecht werden. In diesem Zusammenhang sei darauf hingewiesen, dass es Führenden von relativ gering qualifizierter Erwerbsarbeit leichter fällt, Leistungsprozesse zu organisieren, da die Spielräume für Partizipation und Selbstverwirklichung kleiner sind; dafür gestaltet sich jedoch die Führungsaufgabe der motivationalen Anregung anspruchsvoller. Führende, die sich hierbei den Anforderungen der Mitarbeitenden entziehen und ein ‚Vermeidungsverhalten' präferieren (bspw. infolge von unbewältigten Konflikten, siehe hierzu Wunderer, 2011), werden zweifelsohne irgendwann mit Gegenreaktionen der Mitarbeitenden konfrontiert werden. Aus diesem Grunde dürfen psychische Beeinträchtigungen von Führenden keine Vernachlässigung erfahren (Widuckel, 2018). Risikofaktoren von besonderer Bedeutung scheinen in diesem Rahmen berufliche und Life-Domain-bezogene Konflikte sowie Arbeitszeiten darzustellen (Zimber, Hentrich, Bockhoff, Wissing & Petermann, 2015). Hierdurch wird der ‚Balanceakt' deutlich, dem Führende aufgrund lebensweltlicher und sozialer Konflikte ausgesetzt werden und mit der Anforderung verbunden ist, hieraus resultierende Spannungen zu regulieren sowie die damit einhergehende emotionale Belastung zu verarbeiten. Daher sind schützende Faktoren wie z. B. soziale Unterstützung äußerst wichtig. Ferner können die Fähigkeiten zur Reflexion des eigenen Wohlbefindens sowie zur Identifikation von Ursachen, die dieses negativ beeinflussen, als zentrale Kompetenzen für Führende angesehen werden, da sie deren Zufriedenheit, Motivation und Leistung beeinflussen. Eine wesentliche Voraussetzung hierfür stellen allerdings kulturelle Gegebenheiten innerhalb eines Unternehmens dar, die eine offene Kommunikation von Problemen ermöglicht, ohne dass die Beschäftigten aufgrund von befürchteten Benachteiligungen in ihrer Offenheit zurückgehalten werden. Würde und Fürsorge als ‚normative Grundrechte' sind dementsprechend nicht nur für Mitarbeitende von hoher Bedeutung, sondern genauso für Führende (Widuckel, 2018).

5.4.1.2 Kompetenzanforderungen an Führungskräfte

Die Rolle der Führungskraft als ‚Meister*in', die sich gerade vor den Einflüssen der Megatrends durch ein hohes Maß an Fachkompetenz auszeichnete, rückt zunehmend in den Hintergrund. Diese Entwicklung kann auf das Phänomen einer immer kürzer werdenden Halbwertszeit des Wissens in Kombination mit einem wachsenden Spezialisierungsgrad einzelner Wissensbereiche zurückgeführt werden.[86] Die steigende Komplexität in der aktuellen Arbeitswelt lässt somit die Anforderung, dass Führungskräfte über alle Themen innerhalb ihres Verantwortungsbereich die tiefsten Kenntnisse vorweisen, schwinden (Widuckel, 2018). Diese Tendenz ist nicht erst in den letzten Jahren zu beobachten, sondern nahm bereits im Rahmen des Outsourcings seinen Anfang, innerhalb dessen sich die Funktion der Führungskräfte in einem bestimmten Ausmaß zu der einer auftraggebenden Person verändert hat, die eher einzelne Parameter und Ziele kontrolliert (ebd.; Anlauft, 2018). Dieser Trend ist jedoch nicht mit einer Obsoleszenz fachlicher Kompetenz gleichzusetzen (Felfe, Ducki & Franke, 2014; Widuckel, 2018; Rump, Schabel, Eilers & Möckel, 2017). Fachliche Kompetenz bleibt eine wichtige Basis der beruflichen Sozialisation und hiermit einhergehend ein bedeutender Faktor bei der Entwicklung einer eigenen ‚Arbeitsidentität'. Unter diesem Gesichtspunkt scheint fachliche Kompetenz innerhalb komplexer Wissensgefüge sogar wichtiger zu werden, was beispielsweise an Studien deutlich wird, die sich mit den Beschäftigungseffekten des digitalen Wandels auseinandersetzen (siehe Abschnitt 5.2, Widuckel, 2018).

Jedoch wirkt sich die Veränderung der Rolle als Führungskraft unweigerlich auf die Beziehung zur fachlichen Kompetenz aus. Eine umfassende Kontrolle, inwieweit Mitarbeitende die ihnen übertragenen Aufgaben im fachlichen Sinne adäquat bewältigen, scheint mit Hinblick auf die enorme Komplexität und Dynamisierung der aktuellen Arbeitswelt so gut wie nicht mehr realisierbar. Dies führt aber nicht zu einer Loslösung der Führungskräfte von der Aufgabenbeurteilung der Arbeitsresultate der Mitarbeitenden, die zweifelsfrei eine Fachkompetenz

---

[86] In diesem Zusammenhang sei darauf hingewiesen, dass sich im Rahmen des Transformationsprozesses nicht nur die Kompetenzanforderungen an die Führungskräfte verändern, sondern ebenso an die Mitarbeitenden. Die Führenden übernehmen im Rahmen der Entwicklung der Kompetenzen der Geführten eine unterstützende bzw. gestaltende Rolle (Behrens et al., 2018). Führungskräfte sehen sich hierbei zunehmend mit der Herausforderung konfrontiert, die vorhandenen Kompetenzen der Mitarbeitenden stetig dem erforderlichen Kompetenzprofil der Zukunft gegenüberzustellen und ggf. Differenzen antizipativ und initiativ anzugehen. Die 2018 veröffentlichte Studie „Towards a Reskilling Revolution" des World Economic Forums und der Boston Consulting Group veranschaulicht in diesem Rahmen, wie insbesondere die neuen Technologien auf beispiellose Art und Weise zu einem rapiden Wandel der Arbeitswelt und der benötigten Kompetenzen für die Beschäftigten führen (World Economic Forum, 2018b; Süddeutsche, 2019a). Führungskräfte müssen daher ihre Mitarbeitenden von der Bedeutung des lebenslangen Lernens überzeugen, gemeinsam mit ihnen Entwicklungsfelder erarbeiten und sie dazu motivieren, eigenverantwortlich zu lernen, um zukünftige Aufgaben bewältigen zu können. Hierbei gilt es auf die individuelle Lebens- und Berufsplanung jedes Mitarbeitenden einzugehen und die jeweilige Biographie sowie soziale, kulturelle und nicht zuletzt altersbedingte Differenzen zu berücksichtigen (Behrens et al., 2018).

5.4 Rollen innerhalb des Transformationsprozesses

voraussetzt. Ferner sehen sich Führungskräfte im Zusammenhang mit ihren koordinatorischen Aufgaben mit der Herausforderung konfrontiert, die prozessbezogene Qualität zu überprüfen, sodass andere Interaktionspartner*innen mit den Zulieferungen entsprechend weiterarbeiten können. Hierbei ist eine fortlaufende Auseinandersetzung mit den Prozessen sowie potenziellen Konflikten notwendig. Diese Aufgabe erfordert die Fähigkeit zu argumentieren, wobei klar wird, dass eine überzeugende Argumentationskette auf einer fachlichen Grundlage aufbaut, um bspw. Ressourcenanforderungen erklären zu können (Widuckel, 2018).

Darüber hinaus spiegelt sich der Bedarf von Fachkompetenz im Rahmen von Rückmeldungsprozessen und Leistungsbeurteilungen wider. Dies ist allerdings nicht damit gleichzusetzen, dass Führungskräfte in Bezug auf die inhaltlich-methodische Planung sowie die Aufgaben- und Problembewältigung gegenüber den Mitarbeitenden eine Überlegenheit aufweisen (ebd.). Diese Gegebenheit resultiert wiederum in dem Erfordernis von Entscheidungs- und Handlungsspielräumen bei der Aufgabenerfüllung, die eine Vertrauensbasis sowie eine Berücksichtigung der Erwartungen und Anforderungen der Geführten voraussetzt (Bangerth & Danhof, 2018; Widuckel, 2018). Der Vertrauensbegriff impliziert allerdings nicht eine Führung, die keinerlei Kontrolle beinhaltet. Vertrauen muss zwischen der führenden Person sowie den Geführten erst entstehen, sodass Misstrauen durch stabilisierende positive Erfahrungen sukzessive überwunden werden kann (Lewicki, McAllister & Bies, 1998). Diese Erfahrungen stellen eine wesentliche Voraussetzung für Vertrauen dar. Kontrollhandlungen erfolgen vor allem über Rückmeldungen, da in diesem Rahmen gewünschte Soll-Zustände und -Verhaltensweisen mit der subjektiv wahrgenommenen Wirklichkeit abgeglichen und somit einer Kontrolle unterzogen werden. Hierbei ist allerdings eine Differenzierung zwischen Vertrauen beeinträchtigenden einerseits und festigenden Formen der Kontrolle andererseits vorzunehmen. So erschüttert Kontrolle die Vertrauensbeziehung, sobald sie diese ersetzt. Die Ausübung von Kontrollhandlungen beschränkt sich allerdings nicht auf die Führungskräfte, sondern umfasst vielmehr organisationale Vorgaben, die bei Verstößen mit Sanktionen verbunden sind (Widuckel, 2018).

Aufgrund der bisherigen Erläuterungen wird in der vorliegenden Arbeit angenommen, dass Fachkompetenz bei Führenden weiterhin eine wichtige Rolle einnimmt, um die Arbeitsergebnisse der Geführten beurteilen, Koordinationstätigkeiten übernehmen, Feedback geben und Entscheidungen treffen zu können. Jedoch besteht nicht länger der Anspruch an Führende, die Rolle von ‚Meister*innen' in Bezug auf die Ausführung von Aufgaben bzw. der Lösung von Problemen einzunehmen. Die fachliche Kompetenz wird in diesem Rahmen zu einem Element der Realisierung von Kontrolle und Vertrauen (Widuckel, 2018).

Eine andere Kompetenz, die innerhalb des Transformationsprozesses aufgrund veränderter Führungsbeziehungen und Führungsverhaltens in seiner Bedeutung stark zunimmt, ist die Sozialkompetenz.[87] Von einem Ersatz der Fachkompetenz durch die soziale Kompetenz wird allerdings nicht ausgegangen. Sozialkompetenz setzt innerhalb der Führungsrolle ein kommunikatives Verhalten voraus, das Respekt deutlich werden lässt und hierdurch der Anforderung auf Würde entspricht. Ferner fußt es auf der Maßgabe, hierarchische Differenzen mit einer Beziehung zu verknüpfen, die sich auf ‚Augenhöhe' bewegt, und die Mitarbeitenden als Expert*innen ihres eigenen Settings anzusehen. Kritik wird hierbei nicht ausgeschlossen, sondern als ein wesentlicher Bestandteil der Führungsbeziehung entsprechend einer verbindlichen Gerechtigkeit betrachtet. Die Qualität von Sozialkompetenz und somit auch von Führung wird vor allem in ‚instabilen Situationen' deutlich, in deren Rahmen Konflikte und Spannungen zu bewältigen sind. Vor allem das Kommunikationsverhalten erfordert ein hohes Maß an Interesse, Wahrnehmungsbereitschaft und Aufmerksamkeit, ohne weiteren Druck auszuüben. Darüber hinaus sollten kommunizierte Absichten und Ziele im Rahmen des Wandels keiner reinen Inkenntnissetzung gleichkommen, sondern vielmehr auf einer Interaktion aufbauen, die Reaktionen berücksichtigt. Nur auf diesem Wege können potenzielle ‚kritische Stimmen' als Resultat unerfüllter Erwartungen aufgegriffen werden. Transformationales Handeln bedeutet demgemäß, sich vollziehende Veränderungen mit den Erwartungen der Beschäftigten in Verbindung zu setzen und in den Wandlungsprozess zu integrieren. Auch ist eine Wahrnehmungs- und Beobachtungsmethodik gefragt, die darauf fokussiert ist, ein ganzheitliches ‚Bild' darzustellen, um Schlussfolgerungen bezüglich bestehender Erwartungen und Anforderungen sowie Stärken und Schwächen ziehen zu können. Auch stellt Wissen in Bezug auf Wahrnehmung, Kommunikation und Verhalten ein zentrales Element der Sozialkompetenz dar. Hierdurch wird klar, dass ebenfalls die Verhaltenswirkung einer Reflexion unterzogen wird. Die führende Person verfügt über dieses Wissen allerdings nicht automatisch aufgrund seiner Rolle, sondern muss es sich erst aneignen. Im Rahmen dieses Prozesses sind auch Stereotype, Vorurteile oder potenzielle Wahrnehmungsverzerrungen durch die Führungskraft zu hinterfragen (Widuckel, 2018).

Ein abschließender Gesichtspunkt, der im Zusammenhang mit der Sozialkompetenz Berücksichtigung erfahren sollte, ist der Umgang mit Kontrolle und Vertrauen. Im Rahmen von Kontrolle werden zwei Bedürfnisse erkennbar – das

---

[87] Unter dem Terminus „Sozialkompetenz" werden in der vorliegenden Untersuchung kooperative sowie sozial-kommunikative Dispositionen im Sinne des zuvor erläuterten Kompetenzbegriffs verstanden (vgl. Widuckel, 2018).

5.4 Rollen innerhalb des Transformationsprozesses

Bedürfnis nach Sicherheit sowie das Bedürfnis zur eigenen Kompetenzerfahrung. Der Grad an Sicherheit steigt allerdings nicht mit dem Grad an Kontrolle. In Bezug auf die soziale Kompetenz verlangt dies der Führungskraft ab, die Rückmeldungsanforderungen der Mitarbeitenden situativ und individuell zu differenzieren. Gleichzeitig muss die führende Person ein Gleichgewicht zwischen ausreichenden Freiräumen und einem aufmerksamen Fokus austarieren und mit den Mitarbeitenden gemeinsam ein zuverlässiges Reglement festlegen, ohne dabei die nötige Flexibilität zu verlieren (ebd.).

Die personale bzw. individuelle Kompetenz basiert hauptsächlich auf der Fähigkeit zur Reflexion der führenden Person. Dies fängt mit der Reflexion der Führungsmotivation (z. B. Freude an Kommunikation und Zusammenarbeit mit Menschen, Gestaltungswille) sowie dem damit zusammenhängenden Rollenverständnis an. Fehler, Konfliktsituationen und sachliche Auseinandersetzungen sollten als Chance zu lernen erachtet werden und nicht als ein Risiko, Kontrolle zu verlieren. Hierzu gehört ein ausgeprägtes Selbstbewusstsein, das jedoch nicht die Kenntnisse über individuelle Grenzen bzw. Begrenzungen ausblendet (ebd.). Des Weiteren darf die Einnahme einer Führungsposition nicht als der Endpunkt der beruflichen Entwicklung erachtet werden, sondern stattdessen als eine neue Ausgangsposition für das lebenslange Lernen (Hahn & Prüße, 2018; Widuckel, 2018). Daher ist Transformationalität nicht mit einer ‚gleißenden visionären Führungskraft' gleichzusetzen, sondern vielmehr mit der intrinsischen Motivation, sich permanent weiterzuentwickeln. Dazu zählt ebenfalls die Bereitschaft eine Identität zu verkörpern, die zwar die erforderliche Flexibilität für den Wandel aufweist, jedoch Ideen, Wertvorstellungen und Normen vorlebt, die einer inneren Überzeugung entspringen und nicht beliebig austauschbar sind (siehe hierzu auch Abschnitt 3.2). Die personale bzw. individuelle Kompetenz bedeutet allerdings auch, dass Führende ihre Grenzen in Bezug auf die Themen Wohlbefinden und Gesundheit kennen bzw. diese auch ziehen. Eine Bereitschaft für hohe Leistungen darf nicht zu Lasten der Gesundheit gehen. Achtsamkeit sowie Bedeutungs- und Gestaltungskenntnisse über Risiken und schützende Faktoren sind hierbei von zentraler Bedeutung (Widuckel, 2018).

Nicht zuletzt sei auf die Anforderungen an Methodenkompetenzen hingewiesen. Mit Hilfe von methodischen Kompetenzen werden Beschäftigte dazu in die Lage versetzt, Herausforderungen, Aufgaben und Probleme erfolgreich bewältigen zu können. Sie beinhalten methodisches Wissen, die Fähigkeit einer angemessenen Methodenauswahl und Anwendungsfertigkeit. Durch Methoden werden Wahrnehmungs-, Verarbeitungs-, Beurteilungs- bzw. Bewertungs- und Handlungsprozesse in den bereits genannten Kompetenzarten strukturiert. Ferner sind sie dazu in der Lage, Verknüpfungen zwischen den anderen Kompetenzarten zu generieren. Daher sei abschließend darauf hingewiesen, dass eine handlungsrelevante Ausbildung und Anwendung der zuvor dargestellten Kompetenzarten breite und tiefgehende methodische Kompetenzen als Basis erfordert. Jedoch kann trotz einer derartigen methodischen Grundlage eine Führungskraft im Alltag nicht auf Aspekte wie Pragmatismus und Intuition verzichten (ebd.).

5.4.1.3 Schlussfolgerungen zur Rolle der Führungskräfte

Führende stehen innerhalb des Transformationsprozesses vor der Herausforderung, innerhalb ihres Verantwortungsbereiches koordinierte zielgerichtete Handlungsweisen durch Verhaltensbeeinflussung sicherzustellen, um gesetzte Ziele erreichen zu können. In diesem Rahmen gestalten sie komplexe soziale Wechselbeziehungen im Unternehmen, die sie jedoch nur in begrenztem Maße kontrollieren können. Neben organisationalen, gesellschaftlichen und individuellen Einflüssen durch die Geführten, werden Führungskräfte von ihren eigenen Interessen und Bedürfnissen geleitet, woraus nicht zu vernachlässigende Anforderungs- und Vereinbarkeitskonflikte entstehen. Begleitet wird dieser Prozess von Widersprüchen und Dilemmata in Bezug auf Arbeitsanforderungen und Handlungskonstellationen, die als Spannungsfelder im Wandel eine Bewältigung erfahren müssen (Widuckel, 2018).

Die transformationale Arbeit von Personalführung fußt insbesondere auf einer kontinuierlichen Anpassung und Weiterentwicklung von Zielen, unter der Berücksichtigung sich permanent verändernder Bedingungsfaktoren (Widuckel, 2018). Zentral ist in diesem Rahmen, die Veränderungen nicht allein auf den höheren Führungsebenen zu definieren, sondern gemeinsam in der Interaktion mit den Geführten zu erarbeiten (Forchhammer, 2018; ebd.). Hierdurch werden Problembewältigung und Motivation ebenso zu einer fortlaufenden Herausforderung wie eine individuelle Differenzierung der Beteiligten. Aus diesen Gründen sollten Führende einerseits nicht überhöht bzw. mit überzogenen Ansprüchen konfrontiert, andererseits aber auch in ihrer Bedeutung nicht unterschätzt bzw. zu wenig unterstützt und wertgeschätzt werden (Widuckel, 2018).

Der schwindende Sozialtypus der ‚Führenden als Meister*in' kann bereits seit einer längeren Phase beobachtet werden, wird jedoch mit Hinblick auf die dargestellten Megatrends zunehmend angeregt. Die Ausführungen verdeutlichen allerdings, dass sich der Wandel des Sozialtypus nicht auf die Bezeichnungen ‚Change Agents' oder ‚transformationale Visionär*innen' reduzieren lässt. Diese Termini weisen zwar einen griffigen Charakter auf, vermögen jedoch nicht der Komplexität der Führungsrolle und der sozialen Austauschsituation von Führenden der unteren und mittleren Managementebene gerecht zu werden. Ferner steht das Verhalten von Führenden und dessen potenzieller Erfolg in Verbindung mit

5.4 Rollen innerhalb des Transformationsprozesses

organisationalen Entwicklungspfaden und der Erfüllung von Rationalitäten und ‚Grundrechten' der Mitarbeitenden. Tiefgreifende Wandlungsprozesse in Organisationen müssen mit Hinblick auf diese Aspekte eine ‚Prüfung auf die soziale Realität' bestehen, die wiederum von Entwicklungspfaden, Bedürfnissen und Interessen sowie deren Erfüllung bestimmt wird. Wie überzeugend Visionen bzw. Transformationen von den Geführten empfunden werden, hängt daher nicht nur von der Argumentationsfähigkeit der Führenden ab, Sinngehalt und Orientierung vermitteln zu können, sondern sie müssen sich stets auch mit Hinblick auf die soziale Realität bewähren. Führende haben hierbei die Aufgabe, die Geführten von der Sinnhaftigkeit der geplanten Veränderungen sowie ihrer Machbarkeit zu überzeugen und die Auswirkungen auf Bedürfnisse und Interessen sowie deren Erfüllung darzustellen. Nicht zuletzt dürfen Ängste der Beschäftigten innerhalb von Wandlungsprozessen von der Unternehmensleitung nicht aufgrund einer vorausgesetzten Irrationalität pauschal als unbegründet eingestuft werden. Führende der unteren und mittleren Managementebene nehmen daher eine zentrale Rolle als Vermittelnde zwischen unterschiedlichen Perspektiven und Erwartungen an Transformation ein (Widuckel, 2018). In diesem Rahmen können sich Führende mit fünf differierenden Konstellationen konfrontiert sehen:

1. Die Interessen und Bedürfnisse der Beschäftigten werden zufriedenstellend erfüllt und der Transformationsprozess führt zu einer Verbesserung der Entwicklungsperspektiven der Organisation, ohne die Erfüllung der Bedürfnisse zu gefährden.
2. Der Transformationsprozess resultiert in einer Verbesserung der Entwicklungsperspektiven der Organisation, gefährdet jedoch eine Befriedigung der Bedürfnisse der Beschäftigten.
3. Der Transformationsprozess hat eine Verbesserung der Entwicklungsperspektiven der Organisation sowie einer bisher unbefriedigenden Bedürfniserfüllung der Beschäftigten zur Folge.
4. Der Transformationsprozess vernachlässigt eine mangelhaft empfundene Bedürfniserfüllung.
5. Der Transformationsprozess überzeugt mit seinen Entwicklungsperspektiven in Bezug auf die Rationalitätserwartungen nicht.

Die aufgeführten fünf Konstellationen verdeutlichen, dass sich die potenziellen Konflikte und Möglichkeiten, die Geführten mit ‚Visionen zu begeistern', äußerst differenziert für die Führenden gestalten. Unter der Annahme, dass empfundene Verletzungen von Bedürfnissen und Interessen nicht als subjektive Verzerrungen angesehen werden, die ‚verfehlten Anforderungen' entspringen, stellen Führende transformational Vermittelnde für Sinndeutungen und Orientierungen dar, die nicht einseitig auf die Mitarbeitenden wirken, sondern gleichfalls deren Erwartungen und Bewertungen aufnehmen. Findet eine derartige Aufnahme statt, erfolgt eine Öffnung und Modifizierung des Transformationsprozesses für die Betroffenen. Wird eine Aufnahme der Erwartungen jedoch unterlassen, wird die Transformation durch Druck realisiert, ohne die Beschäftigten zu überzeugen. Partizipation wird in diesem Rahmen zur empfundenen ‚Schein-Beteiligung' (Widuckel, 2018).

Die genannten idealtypischen Konstellationen sind ohne Zweifel innerhalb der Praxis nicht in der dargestellten Eindeutigkeit zu beobachten, sondern treten in Tendenzen bzw. Zwischenstufen in Erscheinung, die sich dementsprechend auf äußerst unterschiedliche Elemente von Anforderungen und Wirkungen beziehen. Ein zentraler Kern der Führungsrolle innerhalb der Transformation ist daher in dem nötigen Abwägungs- und Bewertungsprozess zu sehen, der letztlich diverse Sichtweisen zusammenführt und den Wandlungsprozess für diese Einschätzung öffnet. Dies kann aber nur erfolgen, wenn ein derartiges Vorgehen im Unternehmen gewollt bzw. überhaupt erlaubt ist. Darüber hinaus werden Transformationen ebenfalls aus der Bedürfnis- und Interessensperspektive der Führenden bewertet. Dementsprechend dürfte die Einordnung der Führungskräfte in eine der fünf aufgeführten Konstellationen einen wesentlichen Einfluss auf ihr Engagement nehmen. In diesem Rahmen ist jedoch in der sozialen Realität eher von Abwägungsprozessen von hoher Komplexität auszugehen. Ferner ist die Bedeutung von entstehenden Dilemmata und widersprüchlichen Anforderungen im Rahmen des Transformationsprozesses veranschaulicht worden. Hierbei ist deutlich geworden, dass vor allem anspruchsvolle vielschichtige Aufgaben mit widersprüchlichen Anforderungen einhergehen, deren Bewältigung nicht in Form einer detaillierten Ausführungskontrolle erfolgen kann. Ähnlich verhält es sich mit den Regulationsmodi bezüglich des Umgangs mit Leistungs- und Zeitdruck (Stichwort Pragmatismus bzw. Perfektionismus). Dies setzt jedoch ein kompetentes Interagieren voraus, das von Vertrauen und unterstützender Kontrolle geprägt ist, fachliche Bezüge beinhaltet und nicht zuletzt die Prozess- und Aufgabengestaltung stetig überprüft. Eine wesentliche Bedingung ist hierbei, dass die Interaktion mit den Geführten auf ‚Augenhöhe' erfolgt und diese als Expert*innen ihrer eigenen Situation angesehen werden. Hierbei dürfte klar sein, dass diese Gegebenheiten äußerst komplexe und herausfordernde Kompetenzanforderungen zur Folge haben, die personale und individuelle Kompetenzen der Reflexion, des Bezugs zu Normen und Werten und zur Positionsbestimmung in der sozialen Realität sowie weiterhin ein entsprechendes Maß an Fachlichkeit für Entscheidungsprozesse erfordern. Ferner werden die Führenden mit kooperativen und sozial-kommunikativen Kompetenzanforderungen konfrontiert, die aus differenzierten interaktiven Sozialbeziehungen resultieren. Nicht zuletzt benötigen Führende umfassende Ressourcen und Grundlagen an methodischen Kompetenzen sowie an Intuition und Pragmatismus. Daher kann davon ausgegangen werden, dass Verantwortungsdelegation und flacher werdende Hierarchien Führungskräfte bzw. Personalführung nicht obsolet werden lassen. Jedoch geht der Transformationsprozess mit derart tiefgreifenden Veränderungen an die Anforderungen, Beziehungen und Rollen einher, was die Frage aufwirft, worin zukünftig der Unterschied zwischen Führungskräften und Mitarbeitenden bestehen wird. Diesbezüglich deutet sich eine Entwicklung zu einer verstärkt wechselseitigen Führung an. Jedoch werden auch weiterhin Unternehmen Herrschaftsorganisationen bleiben, innerhalb derer Hierarchien und ihre Differenzen untereinander nicht ohne Weiteres schwinden werden (Widuckel, 2018).

5.4.2 Rolle des Personalwesens

Mit Hilfe des Personalwesens und seiner Gegenstandsbereiche als ein zentraler Bestandteil des Personalmanagements wird ein institutionalisierter Rahmen zwischen Organisationen und Beschäftigten geschaffen, der relationale (beziehungsbezogene) und transaktionale (austauschbezogene) Aspekte beinhaltet. Der Wandel der Arbeitswelt prägt diese Gegenstandsbereiche tiefgreifend, wie beispielsweise die Arbeitsgestaltung, Vergütung und Personalentwicklung. Darüber hinaus wird die Ausgestaltung der Gegenstandsbereiche durch politische Regulierungsmaßnahmen wie z. B. gesetzliche Antidiskriminierungsregelungen beeinflusst. Nicht zuletzt ist das Personalwesen eng mit gesellschaftlichen Vermittlungszusammenhängen verknüpft, die eine gewisse Wirkung auf gesellschaftliche Erwartungen und Wettbewerbsstrategien der Organisationen haben (siehe hierzu Abschnitt 5.4.1.1). Aufgrund dieser Aspekte wird das Personalwesen in der vorliegenden Untersuchung als eine vermittelnde Institution verstanden, die den Wandel der Erwerbsarbeit in ihre Gegenstandsbereiche inkludiert. Die intermediäre Funktion begrenzt sich hierbei nicht auf die unterschiedlichen Interessen innerhalb von Organisationen, sondern bezieht sich auch auf gesellschaftliche Erwartungen, die an diese gerichtet werden (Widuckel, 2014). Die Mitarbeitenden des Personalwesens bewegen sich dementsprechend ebenso wie die Führungskräfte innerhalb eines Spannungsfeldes von Konflikten (Nienhüser, 2006) und leisten im Rahmen ihrer Dienstleistungs-, Ordnungs- und Gestaltungsfunktion einen wesentlichen Beitrag für deren Lösung (Widuckel, 2014).

Hierbei sieht sich das Personalwesen laut Nienhüser (2006), der in diesem Rahmen eine „polit-ökonomische" (S. 3) Sichtweise einnimmt, grundsätzlich mit vier zentralen Problemen konfrontiert: dem „Verfügbarkeitsproblem", welches das generelle Auffinden geeigneter Arbeitskräfte meint, dem „Wirksamkeits- und Transformationsproblem", das den Umwandlungsprozess von Arbeitsvermögen in Arbeitsleistung aufgreift, dem „Aneignungs- und Herrschaftsproblem" als Legitimation von Machtstruktur und Tauschordnung sowie dem „Kostenproblem" als stetige Herausforderung, Effizienz und Effektivität sicherzustellen (S. 3 f.). Inwieweit die dargestellten Megatrends die Bewältigung dieser Probleme beeinflussen wird in Unterkapitel 5.4.2.1 ausführlich dargestellt.

5.4.2.1 Herausforderungen für das Personalwesen innerhalb der Transformation

Auf der Grundlage der genannten vier Grundprobleme nach Nienhüser (2006) findet nachfolgend eine Annäherung an die transformationsbedingten Herausforderungen für das Personalwesen statt. Anhand der Ausführungen in den Kapiteln 5.1 bis 5.3 wurde veranschaulicht, dass die Megatrends der Digitalisierung, Flexibilisierung und des demografischen Wandels von weiteren ‚Strömungen' begleitet werden. Eine wesentliche Entwicklung für das Personalwesen stellt in diesem Rahmen die Dezentralisierung dar, die aufgrund ihrer Bedeutsamkeit zu Beginn des Kapitels eine ausführliche Diskussion erfährt. Anschließend werden die Folgen der Flexibilisierung sowie der Informatisierung als eine wesentliche Folge der Digitalisierung erläutert. Eine tiefgehende Darstellung der Folgen und Anforderungen, die sich aus dem demografischen Wandel für das Personalwesen ergeben, wird in Abschnitt 7.4 vorgenommen.

(1) Auswirkungen der Dezentralisierung

In den vorangegangenen Kapiteln ist bereits deutlich geworden, dass der Wandel der Arbeitswelt tiefgreifende Veränderungsprozesse und veränderte Steuerungsmodi in Unternehmen erforderlich werden lassen. In Bezug auf die Steuerungsmodi ist eine Verbindung zwischen der Dezentralisierung von Verantwortung in Organisationen für die Zielerreichung unter Weiterführung vorwiegend zentralisierter Entscheidungskompetenz und der Entwicklung von hierarchisch abgeleiteten Zielsystemen erkennbar (Latniak & Germaier, 2006). Kotthoff und Matthai (2001) veranschaulichen hierbei auf eindrückliche Weise die Auswirkungen der Dezentralisierung von Unternehmensorganisationen mit Hinblick auf veränderte Rollen- und Kompetenzanforderungen. Ihre empirische Studie zu den Folgen der Dezentralisierung weist in diesem Rahmen auf einen Trend zur ‚Fragmentierung des Personalwesens'

5.4 Rollen innerhalb des Transformationsprozesses

hin, mit einer Limitation auf eine dienstleistende Rolle. Ein gestaltendes Selbstverständnis der Mitarbeitenden des Personalwesens, das auf klar definierten Rollen und Zielsetzungen beruht, konnte hingegen nicht festgestellt werden (ebd.; Widuckel, 2014).

Das Verfügbarkeitsproblem repräsentiert den potenziellen Konflikt um personelle Kapazitäten. Dezentral agierende Organisationseinheiten erfahren eine Steuerung, die auf Zielsetzungen bzw. Resultaten basiert, während Vorgaben der Personalplanung einen Kostenfokus setzen. Beide Steuerungsmodi sind nicht automatisch kompatibel, vielmehr müssen sie fortlaufend hinsichtlich ihrer Passung überprüft werden. Des Weiteren gilt es, qualitative Anforderungen an die Beschäftigten aus dezentralen Unternehmenseinheiten in Personalanforderungen zu ‚übersetzen', die eine Kompatibilität zu Anforderungskriterien der gesamten Organisation aufweisen müssen. Die dezentralen Unternehmenseinheiten sind über Personalsysteme systematisch miteinander zu verbinden. Hierbei sollten vor allem Themenbereiche wie Arbeitszeiterfassung, Personalentwicklung und Vergütung eine Beachtung erfahren (Nienhüser, 2006; Widuckel, 2014).

Im Rahmen der Bewältigung des Verfügbarkeitsproblems bewegt sich das Personalwesen innerhalb einer dezentralisierten Unternehmensorganisation zwischen den Polen der Bedürfnisbefriedigung des jeweiligen Bereiches und der Anforderungserfüllung des gesamten Unternehmens bezüglich einer systematischen und übergreifenden Verbindung bzw. Verflechtung der Personalarbeit. Letztere entspringt dem Wunsch der Organisationen, eine zu starke Fragmentierung der Personalarbeit zu vermeiden, da diese mit einer begrenzten Flexibilität und Verfügbarkeit des Personals einhergehen könnte (Nienhüser, 2006; Widuckel, 2014).

Dieser Aspekt weist gleichzeitig einen Bezug zum Wirksamkeits- und Transformationsproblem auf, das in einem dezentralisierten Unternehmen auf ganz besondere Art die Bindung zwischen den Beschäftigten und der Organisation tangiert und in diesem Rahmen direkt mit dem Aneignungs- und Herrschaftsproblem verknüpft ist. Einerseits werden hohe Anforderungen an die Leistung der Mitarbeitenden gestellt, die, wie in Abschnitt 5.4.1.2 deutlich geworden ist, methodische, fachliche, individuelle und soziale Kompetenzen beinhalten. Wären diese Kompetenzen nicht vorhanden, könnten die verhaltensbezogenen Anforderungen (vor allem die Verantwortungsübertragung) nicht realisiert werden (Nienhüser, 2006; Widuckel, 2014). Diese können jedoch andererseits nur ihre Wirksamkeit entfalten, wenn die Verantwortungsanforderung von den Mitarbeitenden überhaupt als legitim angesehen wird. Ansonsten ist davon auszugehen, dass weder eine hohe Identifikation noch ein stabiles Commitment der Beschäftigten generiert werden kann (vgl. hierzu v. Dick, 2004). Ferner ist diese Legitimation durch berufliche Entwicklungsmöglichkeiten und eine entsprechende Vergütung zu sichern. Nicht zuletzt ist zu berücksichtigen, dass die Nutzung einer Dezentralisierung zugunsten von Beteiligung und Handlungsspielräumen zwar grundsätzlich Potenziale eines positiven Leistungserlebens entfaltet. Erfolgt allerdings im Rahmen der Verantwortungsübertragung keine Partizipation, Unterstützung bzw. Rollenklarheit, wandelt sich die scheinbare Freiheit in eine wahrgenommene Bedrohung, aufgrund von widersprüchlichen Arbeitsanforderungen zu scheitern (Gerlmaier, 2006) und/oder die Beziehung zur Organisation als unfairen sozialen Austausch zu empfinden (Stichwort „berufliche Gratifikationskrise", siehe Abschnitt 2.4, Siegrist, 2005; Siegrist & Dragano, 2008).

Das Kostenproblem setzt wiederum eine komplexe Gestaltungsleistung vom Personalwesen im Rahmen des Umgangs mit der Dezentralisierung voraus. Das Personalwesen kann sich mit Hinblick auf die aufgeführten Herausforderungen eher weniger eine überwiegende Reduzierung von Personalkosten zuschreiben. Ansonsten würden übergreifende, die gesamte Organisation betreffende Erfordernisse der Vergütung und der Personalentwicklung keine Berücksichtigung erfahren und die Gerechtigkeitserwartungen der Beschäftigten verletzt werden. Der erhöhte Verantwortungsanspruch an die Mitarbeitenden geht auch mit Kosten für die Organisationen einher (Nienhüser, 2006; Widuckel, 2014).

Die „Theorie der organisationalen Gerechtigkeit" von Greenberg & Colquitt (2005) liefert in diesem Zusammenhang die Möglichkeit, die Gerechtigkeitserwartungen der Beschäftigten systematisch zu erfassen und zwischen den vier Dimensionen informationeller, distributiver, prozeduraler und interpersoneller Gerechtigkeit zu differenzieren, die gerade hinsichtlich der Dezentralisierung von hoher Bedeutung sind. Die Dimension „informationell" greift den Bedarf der Verfügbarkeit und des Zugangs zu notwendigen Informationen auf, während die Dimension „distributiv" die Verteilung der Teilhabe an den materiellen Resultaten umfasst. Mit der Dimension „prozedural" sind die Verfahrenszuschreibungen von Leistung und Resultaten sowie die Möglichkeiten zur Einflussnahme und Beteiligung gemeint. Die Dimension „interpersonell" weist letztlich auf einen respektvollen und wertschätzenden Umgang im Führungsverhalten hin. Hieraus kann gefolgert werden, dass sich die Aufgabe des Personalwesens weder auf die Gestaltung von Personalsystemen reduzieren lässt, noch als ‚Diener zahlreicher dezentralisierter Herren' verstanden werden darf. Stattdessen werden die Mitarbeitenden des Personalwesens mit der Anforderung konfrontiert, die Unternehmensgestaltung und deren kulturelle Rahmung zu beeinflussen und in diesem Zusammenhang die Sicherheits- und Entwicklungsbedürfnisse der Mitarbeitenden zu beachten (Widuckel, 2014).

5.4 Rollen innerhalb des Transformationsprozesses

(2) Auswirkungen der Informatisierung

Die Digitalisierung weist nicht zu unterschätzende Folgen für das Aneignungs- und Herrschaftsproblem sowie das Wirksamkeits- und Transformationsproblem auf (Nienhüser, 2006; ebd.). So geht die voranschreitende Digitalisierung gleichzeitig mit einer Informatisierung einher, die nicht nur den Einsatz von Informationstechnologien, sondern ebenso den sich dadurch vollziehenden sozialen Prozess umfasst, eine Informationsverfügbarkeit unabhängig vom konkreten Subjekt sicherzustellen (Boes & Bultemeier, 2008). Gleichzeitig geht dieser Prozess mit einer Durchdringung der Erwerbsarbeit durch formalisierte Informationen einher, wodurch ebenso Elemente der Arbeits- und Verhaltenssteuerung sowie der Leistungs- und Verhaltenskontrolle berührt werden (siehe hierzu auch Abschnitt 5.4.3). Diese Form der Steuerung ist gleichzeitig mit Kostenzielen verbunden (Kostenproblem). Die als scheinbar objektivierter Sachzwang formalisierte Kontroll- und Steuerungslogik geht jedoch mit einigen Problematiken einher. So müssen die hierin enthaltenen Verhaltenserwartungen und Zielsetzungen nicht unbedingt mit der Motivation und den jeweiligen beruflichen Erwartungen der Mitarbeitenden übereinstimmen. Beispielsweise kann die aus der Informatisierung resultierende (reduzierende) Formalisierung zentrale Notwendigkeiten von Lern- und Leistungszielen sowie des Arbeitshandelns vernachlässigen, obwohl diese innerhalb der Praxis unverzichtbar sind (z. B. Reflexionsschleifen, Prüfaufwand und soziale Zuwendung). Hierbei besteht sogar die Gefahr, dass sich das Wirksamkeits- und Transformationsproblem verschärft, obwohl mittels der Informatisierung eigentlich eine Lösung dieses Aspektes angestrebt wird. Ferner darf das Aneignungs- und Herrschaftsproblem aufgrund möglicher schwacher Legitimationen der kommunizierten Zielsetzungen nicht unterschätzt werden. Hierbei können negative Auswirkungen auf das Verfügbarkeitsproblem sowie auf das Kostenproblem entstehen, bspw. aufgrund von motivationsbedingten Abwesenheiten bzw. als Konsequenz einer unzureichenden Qualität. Ein Personalwesen, das sich allein auf eine Übertragung der informatisierten Kontroll- und Steuerungslogik auf die Zielvereinbarungssysteme reduziert, wird schnell zu dem Schluss kommen, dass diese Systeme an ihre Grenzen gelangen. Das gilt zum einen für die Leistung- und Ergebniszuschreibung, zum anderen für die Zuweisung von Zielverfehlungen sowie das Vermeiden von ehemaligen Handlungsorientierungen, die im Zweifelsfall zur formalen Erledigung von Aufgaben führen, ohne dass eine wirkliche Akzeptanz ihrer Bedeutung gegeben wäre (Nienhüser, 2006; Widuckel, 2014; Pfeiffer, 2012).[88]

---

[88] Pfeiffer (2012) stellt in diesem Rahmen die Bedeutung der Standardisierung als eigene Dimension in Verbindung mit der Informatisierung heraus.

Die Mitarbeitenden des Personalwesens können deshalb ihr Handeln nicht darauf reduzieren, der Informatisierung mit einem Leistungsbeurteilungs- bzw. Zielvereinbarungssystem zu begegnen, um hierdurch Entwicklungs- und Leistungspotenziale zu beurteilen. Vor allem anspruchsvolle und vielschichtige Aufgaben erfordern einen Spielraum zur Verhandlung und Vereinbarung von Vorgehen sowie Interpretationen von Geschehnissen und Situationen. Die simple gedankliche Logik von Zielsetzungen, Organisationen, Strategien, Humanressourcen, Leistungen und Anreizen, die sich ihrer ‚Tools' gewiss ist und das Personalwesen als einen ‚Werkzeughüter' darstellt, vernachlässigt systematisch den Aspekt, dass die Komplexität der alltäglichen sozialen Beziehungen im Unternehmen sowie des Arbeitshandelns nicht eines bestimmten mechanischen Ablaufs entspricht, der mit Hilfe von ‚Stellschrauben' in jede beliebige Richtung manipuliert werden kann (Widuckel, 2014).

Vor allem setzt der Informatisierungsprozess voraus, dass sich das Personalwesen als Gestalter*in sieht und bei den Kommunikations-, Interaktions-, und Aushandlungsprozessen innerhalb der Organisation einen systematischen Rahmen schafft und an diesen aktiv mitwirkt. Dies verlangt ebenfalls eine kritische Infragestellung von dem sogenannten „Ulrich-Konzept", das das Personalwesen in der Rolle eines „Business-Partners" für das Management verortet, welches diesem die notwendigen Personalsysteme bereitstellt (vgl. Ulrich, 1998). Zwar spricht Ulrich dem Personalwesen zahlreiche strategische Aufgaben zu, die in Verbindung mit der Unternehmensstrategie und der Organisationsgestaltung stehen, dennoch limitiert er die Funktion des Personalwesens grundsätzlich auf eine Beratungsorganisation im Unternehmen. Ein derartiges ‚Toolverständnis' geht allerdings mit der Illusion einher, dass die Organisations- und Arbeitsgestaltung sowie die Entwicklung der Unternehmenskultur einem Mechanismus folgt, der allein durch die richtigen Eingriffe zum gewünschten Erfolg führt. Ferner wurde bereits anhand von Abschnitt 5.4.1.1 deutlich, dass innerhalb des Transformationsprozesses aufkommende Konfliktkonstellationen sowie Gerechtigkeits-, Entwicklungs- und Partizipationsansprüche der Beschäftigten berücksichtigt werden müssen. Das Personalwesen sollte in diesem Rahmen eine vermittelnde Funktion einnehmen, um Spannungs- und Konfliktfelder lösen zu können und die Bindung zwischen Beschäftigten und Unternehmen stärken, indem sie partizipative und reflexive Prozesse fördert. Hierbei steht außer Frage, dass auch in diesem Zusammenhang Vertrauen und gegenseitige Kontrolle die Basis für dieses Vorgehen darstellen (Widuckel, 2014).

5.4 Rollen innerhalb des Transformationsprozesses

(3) Auswirkungen der Flexibilisierung

Die Ausführungen zur Flexibilisierung in Abschnitt 5.1 verdeutlichen, dass die Flexibilisierung zwar mit Chancen verbunden ist, aber auch mit zahlreichen Risiken einhergeht, die ein besonderes Augenmerk des Personalwesens auf dieses Thema erforderlich werden lassen. Ferner können die in diesem Rahmen dargestellten Wege der Flexibilisierung als Lösungsoptionen für das Wirksamkeits-, Transformations- sowie Verfügbarkeitsproblem verstanden werden. Neben diesen Chancen kann die Flexibilisierung zu einem Auslöser von Konflikten werden, wie bspw. die bereits angesprochenen widersprüchlichen Arbeitsanforderungen oder eine Entgrenzung der Erwerbsarbeit. Hierbei sieht sich die Strategie der Ökonomisierung mit einem gesellschaftlichen und individuellen Wunsch nach einem gewissen Grad an Stabilität institutioneller Arrangements und sozialen Beziehungen konfrontiert. Verlässlichkeit und Planbarkeit nehmen eine wachsende Bedeutung ein. Daher ist es hilfreich, eine Differenzierung zwischen verlässlicher und geplanter Flexibilisierung sowie dem Bedürfnis nach weitgehend fast unbegrenzter Verfügbarkeit vorzunehmen (Nienhüser, 2006; ebd.).

Die Differenzierung zwischen einer verlässlichen und geplanten sowie einer erzwungenen Flexibilisierung kann anhand des Grades der Beeinflussung der Arrangements von Flexibilität sowie deren Regeln durch die Mitarbeitenden festgestellt werden. Herrschaft und Aneignung nehmen im Rahmen der Flexibilisierung eine große Bedeutung ein, da tiefe Eingriffe in die Lebensführung, -weise und identitätsbildende Prozesse erfolgen. Das Personalwesen muss daher zwischen prekären und absichernden Potenzialen von Flexibilisierung differenzieren sowie individuelle und soziale Grenzen von Verfügbarkeitsansprüchen ermitteln. Dies kann nicht durch reine Begrenzungen ermöglicht werden, sondern führt zu dem Erfordernis, sich in ausdifferenzierende Lebenssituationen, -entwürfe und -stile (bspw. Pendler, Alleinerziehende) einzufügen. Diesbezüglich steht der Diskurs um die Limitationen und Möglichkeiten einer Orientierung des Personalwesens an Lebensphasen noch am Anfang (vgl. bspw. Regnet, 2009; Hohensee, 2017; Tolimir, 2022). Ferner sind im Rahmen der Flexibilisierung die Gerechtigkeitserwartungen der Beschäftigten durch das Personalwesen zu ermitteln und zu berücksichtigen bzw. die Vereinbarung und Einhaltung von gerecht wahrgenommenen Normen und Regeln zu fördern, um das Commitment der Mitarbeitenden positiv zu beeinflussen (siehe hierzu auch Abschnitt 5.4.1.1). Hierdurch wird deutlich, dass ein kompetenter Umgang des Personalwesens mit der Flexibilisierung in enger Verbindung steht mit Maßstäben der Verlässlichkeit und Planbarkeit sowie arbeitswissenschaftlichen, arbeitssoziologischen, arbeitspsychologischen sowie arbeitsmedizinischen Erkenntnissen zur Organisations- und Arbeitsgestaltung. In Bezug auf die Verfügbarkeitsansprüche der Flexibilisierung ist das potenzielle Konflikt- und Spannungsfeld von

Gerechtigkeitserwartungen auszuloten und im Rahmen des Möglichen differenziert auszugestalten. Dadurch erfolgt eine gestalterische Aufnahme des Wirksamkeits- und Transformationsproblems, des Aneignungs- und Herrschaftsproblems sowie des Verfügbarkeitsproblems. Dem Kostenproblem kann in Form einer positiven Berücksichtigung der Entfaltungs- und Entwicklungserwartungen der Beschäftigten Rechnung getragen werden, da auf diesem Wege Produktivitäts- und Leistungspotenziale eine Steigerung erfahren können. Ferner kann in diesem Zusammenhang von positiven Effekten auf die Transaktionskosten ausgegangen werden, da eine konsensuelle Flexibilisierung angestrebt wird (Nienhüser, 2006; Widuckel, 2014).

Allerdings ist die Flexibilisierung auch mit einschließenden und ausschließenden Effekten (z. B. aufgrund von Arbeitszeitkonten, flexiblen Personalpools, Outsourcing, Befristungen und Leiharbeit, siehe hierzu Abschnitt 5.1) verknüpft. Hierbei sei darauf hingewiesen, dass die externe Flexibilisierung auch mit negativen Folgen einer konsensuellen internen Stabilisierung einhergehen kann. So gehen entstehende Sicherheiten für eine Gruppe mit Unsicherheiten für eine andere einher. Gleichermaßen können Handlungsmuster der Flexibilisierung festgestellt werden, die in ihrer Konsequenz zu einer Spaltung zwischen Kern- und Randbelegschaften führen (Promberger, 2012; Widuckel, 2014). Derartige strategische Ausrichtungen weisen auf die starke arbeitspolitische Dimension der Flexibilisierung hin. Diese lässt zusätzlich einen Bezug des Personalwesens auf sozioökonomische Entwicklungen (bspw. die Globalisierung) und deren gesellschaftliche Hintergründe sowie auf industrielle Beziehungen (z. B. Tarifautonomie, Arbeitsgesetzgebung und betriebliche Mitbestimmung) erforderlich werden. Die Legitimität bzw. Legitimation im Rahmen der Gestaltung des Transformationsprozesses kann sich nicht auf die Beachtung individueller Bedürfnisse und Interessen begrenzen, sondern ist vielmehr dazu angehalten, kollektive Interessenbezüge aufzunehmen. Das Personalwesen ist immer auch innerhalb eines gesellschaftlichen Kontexts eingebunden (siehe Abschnitt 3.2), der sich im Unternehmen auch interessenpolitisch niederschlägt. Daher könnten die dargestellten Probleme nach Nienhüser (2006) um eine zusätzliche Dimension im Sinne eines „Arbeitspolitischen Kooperations- und Integrationsproblems" ausgeweitet werden. Diese weitere Dimension würde die Gewerkschaften und Betriebsräte als eigenständige Akteur*innen berücksichtigen, die einen nicht zu unterschätzenden Einfluss auf die Lösung der anderen genannten Problemstellungen nehmen (Widuckel, 2014).

5.4.2.2 Schlussfolgerungen zur Rolle des Personalwesens

Aufgrund der Megatrends der Digitalisierung, Flexibilisierung und des demografischen Wandels sieht sich das Personalwesen mit neuen Herausforderungen

5.4 Rollen innerhalb des Transformationsprozesses

konfrontiert, die nicht allein durch Entwicklung und Anwendung adäquater Systeme und Instrumente bewältigt werden können. Der Wandel der Arbeitswelt geht hierbei mit einem sozialen Austausch- und Aushandlungsprozess einher und wird gleichzeitig von diesem geprägt. Der Austausch- und Aushandlungsprozess kann sich allerdings nicht aus sich selbst legitimieren, sondern muss seine Legitimation in der Beachtung differenzierter Interessen und Bedürfnisse finden. In diesem Rahmen nimmt das Personalwesen die Rolle einer intermediären Institution ein, die vier wesentliche Probleme lösen muss. Das Aneignungs- und Herrschaftsproblem, das Kostenproblem, das Verfügbarkeitsproblem sowie das Wirksamkeits- und Transformationsproblem sind zwar generell als Herausforderungen für das Personalwesen nicht vollkommen neu, jedoch gewinnen die genannten Probleme aufgrund des Wandels der Arbeitswelt eine veränderte Geltung (Nienhüser, 2006; ebd.).

In diesem Zusammenhang rückt die Fragestellung ins Zentrum, worin die Beziehungsgrundlage zwischen Beschäftigten und Organisationen besteht und wie diese in einem volatilen Umfeld weiterhin verlässlich und stabil aber ebenso anpassungsfähig gestaltet werden kann. Hierfür ist nicht nur ein expliziter Bezug auf Unternehmensstrategien und -ziele erforderlich, sondern gleichzeitig ein expliziter Bezug auf die Interessen und Bedürfnisse der Beschäftigten. Diese Bezüge sind in soziale Machtverhältnisse und ihre Legitimation eingebunden. Daher muss sich das Personalwesen bezüglich der eigenen Rolle im Unternehmen als ein*e Gestalter*in ansehen, wobei sich dieses Profil sich nicht auf eine technokratische Expert*innenfunktion reduzieren lässt, deren Aufgabe sich auf die Bereitstellung von Systemen und Instrumenten beschränkt. Vielmehr nehmen Themen wie die Arbeitsgestaltung, Personalentwicklung und Berücksichtigung der Erwartungen der Mitarbeitenden eine immer wichtigere Rolle ein. Das Personalwesen wird hierdurch geradezu unausweichlich zu einer Institutionalisierung von Konfliktlösung. Die Lösung aufkommender Konflikte innerhalb des Transformationsprozesses darf allerdings nicht als einmalige Handlung interpretiert werden, sondern ist vielmehr als ein stetiger Balanceakt anzusehen, der sich verändernde Anforderungen und Ansprüche aufnimmt, die sich innerhalb der Organisation entwickeln oder extern herangetragen werden (Widuckel, 2014).

Diese Entwicklungen haben zweifelsohne Auswirkungen auf die Position des Personalwesens. So wird dem Personalwesen – soweit eine aktive gestaltende Rolle beansprucht bzw. eingefordert wird – die Aufgabe einer Deutungsfunktion der entstehenden Konflikte zuteil sowie die Verantwortung, diese Konflikte konzeptionell und praktisch zu lösen bzw. deren Lösung zu fördern. Das Personalwesen wird innerhalb dieser Interpretation auch zu einer wichtigen Institution der Unternehmensgestaltung und -kultur, innerhalb derer sich Normen und

Werte sowie deren Bedeutsamkeit äußern. Darüber hinaus muss im Rahmen der Problemlösung der vier genannten Aspekte Bezug auf das System der industriellen Beziehungen genommen werden, sodass unweigerlich das arbeitspolitische Integrations- und Kooperationsproblem in den Fokus gerät (ebd.; Nienhüser, 2006).

Die zukünftigen Perspektiven des Personalwesens deuten daher auf eine wachsende Bedeutung in Organisationen hin. Allerdings kann dieser Bedeutungszuwachs nicht automatisch vorausgesetzt werden. Vielmehr wird diese Entwicklung von der eigenen Definition des Rollenverständnisses der Führungskräfte und der Mitarbeitenden des Personalwesens abhängen, inwieweit die aufgeführten Herausforderungen angenommen werden. Mit Hinblick auf die bisherige Zurückhaltung des Personalwesens bezüglich des eigenen Verständnisses als politische Institution erscheint dies allerdings fragwürdig (vgl. Nienhüser, 2006; Kotthoff & Matthai, 2001). Ferner ist eine gesellschaftlich vermittelte Legitimation von Konflikten in Organisationen notwendig, sodass diese nicht als reiner Störfaktor innerhalb eines globalisierten Wettbewerbs empfunden werden, sondern als grundsätzliche Voraussetzung, um die Transformation gestalten zu können. Der Wandel der Arbeitswelt kann seine Legitimation nicht durch sich selbst begründen, sondern kann sich erst im Rahmen der Lösung der genannten Grundprobleme herausbilden, wodurch dem Personalwesen auch eine politische Grundaufgabe zukommt. Welche Bedeutung dem Personalwesen zukünftig beigemessen wird, hängt daher von dessen Fähigkeit und der Legitimation ab, dieser zentralen Grundaufgabe gerecht werden zu können (Widuckel, 2014; Nienhüser, 2006).

5.4.3 Rolle des Betriebsrats

Die betriebliche Mitbestimmung wird aufgrund des dargestellten Wandels der Arbeitswelt mit erhöhten Anforderungen und Erwartungen konfrontiert. Die zunehmende Digitalisierung der Erwerbsarbeit, die Auswirkungen des demografischen Wandels sowie die wachsende Flexibilisierung mit veränderten Anforderungen der Beschäftigten an ihre Life-Domain-Balance lassen eine Neujustierung von individuellen Anliegen und kollektiven Belangen erforderlich werden. Gleichzeitig gilt es, für die Betriebsratsmitglieder eine Integration dieser Neujustierung in ihre interessenpolitischen Positionierungen vorzunehmen. Diesen neuen Herausforderungen gerecht zu werden, nimmt eine zunehmende Bedeutung in der betrieblichen Mitbestimmung ein, allein um sich aktuell und zukünftig in einer neuen Arbeitswelt als Betriebsrat behaupten zu können (Widuckel, 2020;

Niedenhoff & Knoob, 2018; Niedenhoff, 2018; Niewerth, Massolle & Grabski, 2016; Heitmann, 2018; Ahlers, 2018a, 2018b).[89] Zielsetzung der nachfolgenden Unterkapitel ist daher die Veranschaulichung der vielschichtigen Herausforderungen für die Betriebsratsmitglieder innerhalb des Transformationsprozesses sowie eine anschließende Erarbeitung von Schlussfolgerungen für die Rolle dieses Stabilisators.

5.4.3.1 Herausforderungen für den Betriebsrat innerhalb der Transformation

Die Anforderungen des voranschreitenden digitalen Wandels fordern nicht nur zunehmend die Schutzfunktion der betrieblichen Interessenvertretung, die vor allem Themen wie die Entgeltabsicherung, die Beschäftigungssicherheit sowie die Belastungsregulierung[90] in den Fokus nimmt (Ahlers, 2018a, 2018b; Gruber, 2018; Widuckel, 2020). Vielmehr führt der Wandel der Arbeitswelt zu steigenden Anforderungen bei der Gestaltung arbeitspolitischer Konzepte und wirft zahlreiche Fragen in Bezug auf die Entwicklung der Herrschaftsbeziehungen im Unternehmen auf (Widuckel, 2020; Niedenhoff, 2018; Ahlers, 2018a, 2018b). Die steigende Digitalisierung der Erwerbsarbeit geht stets mit dem Erfordernis organisationaler Anpassungen einher, da sich dieser Prozess allein durch

---

[89] Gerade in Deutschland hat der Betriebsrat zahlreiche Möglichkeiten die Arbeitswelt mitzugestalten, da in keinem anderen Land die Mitbestimmungs- und Mitwirkungsrechte der Arbeitnehmer*innen so weitgehend geregelt sind (z. B. durch das Betriebsverfassungsgesetz, das Mitbestimmungsgesetz, das Drittelbeteiligungsgesetz und das Sprecherausschussgesetz). Den ‚Kern' dieser Mitbestimmungsgesetze stellt das Betriebsverfassungsgesetz dar, dem die Beteiligungsrechte des Betriebsrats entnommen werden können und das im Oktober 2022 bereits 70 Jahre alt geworden ist (Niedenhoff & Knoob, 2018). In den vergangenen Jahrzehnten ist der Einfluss des Betriebsrats fortlaufend gestiegen. Im Rahmen der Novellierungen des Betriebsverfassungsgesetzes (1972, 1988, 2001) sind dem Betriebsrat vom Gesetzgeber zunehmend mehr Zuständigkeiten und Rechte eingeräumt worden. Niedenhoff und Knoob (2018) beschreiben diese Entwicklung als einen wandelnden Aufgabenwechsel des Betriebsrats von einer Bewachung der Rechte der Arbeiternehmer*innen hin zu einer aktiven Mitgestaltung des Arbeitslebens. Im Rahmen des digitalen Wandlungsprozesses heben die Autoren vor allem die Aspekte der Beständigkeit und Nachhaltigkeit positiv hervor, die die Betriebsräte aufgrund ihrer geringen Fluktuationsraten in Organisationen einbringen können.

[90] Eine Befragung von Betriebsräten unterschiedlicher Branchen weist in diesem Rahmen darauf hin, dass insbesondere Beschäftigte der Finanzdienstleistungsbranche von einer Arbeitsintensivierung aufgrund des digitalen Wandlungsprozesses betroffen sind (siehe Anhang J im elektronischen Zusatzmaterial, Ahlers, 2018a). Unter Arbeitsintensivierung wurde hierbei eine Zunahme der geleisteten Anstrengung im Beschäftigungsverhältnis verstanden (Green & McIntosh, 2001). Diese kann sich beispielsweise in Form einer verlängerten täglichen Arbeitszeit, Reduzierung von Pausen aber auch einer subjektiven Zunahme von Zeitdruck und Arbeitsgeschwindigkeit äußern (vgl. Beermann et al., 2017).

die Implementierung neuer Technologien nicht automatisch vollzieht (Widuckel, 2020; Hirsch-Kreinsen, 2018). Arbeitspolitische Aspekte, wie die Verfügbarkeit von Ressourcen, Informationen, Berechtigungen und Handlungsspielräumen von abhängig Beschäftigten nehmen hierbei eine zunehmende Bedeutung ein (Ahlers, 2018a, 2018b; Widuckel, 2020). Entsprechendes gilt ebenfalls bei der Gestaltung agiler Arbeitsformen, bei der die aufgeführten Punkte die Qualität des Arbeitens in hohem Maße zu beeinflussen scheinen (vgl. hierzu Boes et al., 2018).

In Bezug auf die Verfügbarkeit von Informationen und Berechtigungen spielt vor allem das Thema Datenschutz eine wichtige Rolle innerhalb der Betriebsratsarbeit, da ohne Zweifel die gefährdenden Potenziale für die Persönlichkeitsrechte der Beschäftigten an Brisanz gewonnen haben. So gilt es für den Betriebsrat, die Mitarbeitenden vor den wachsenden Möglichkeiten technischer Verhaltens- und Leistungskontrollen zu schützen (Ahlers, 2018a, 2018b; Heitmann, 2018). Laut dem Bundesarbeitsgericht kommt es dabei nicht auf die tatsächliche Kontrollabsicht der Arbeitgebenden an, sondern vielmehr auf die Möglichkeit, diese auszuüben. Hierdurch unterliegt grundsätzlich jede Einführung bzw. Nutzung oder Änderung von Software, Laptops, Smartphones, Tablets oder Wearables dem Mitbestimmungsrecht (Heitmann, 2018).

Studien belegen, dass sich zahlreiche Beschäftigte, trotz entstehender Freiheiten durch die Digitalisierung, aufgrund der stärkeren Kontrollmechanismen unter Druck gesetzt fühlen und das Gefühl haben, den gestellten Anforderungen dauerhaft nicht entsprechen zu können (vgl. u.a. Kratzer, Dunkel, Becker & Hinrichs, 2011). Ahlers (2018a) weist in diesem Zusammenhang darauf hin, dass eine detaillierte zeitliche Erfassung von Arbeitsprozessen für eine kontinuierliche Qualitäts-, Kosten- und Effizienzüberprüfung in besonders hohem Maße innerhalb der Finanzdienstleistungsbranche vertreten ist (siehe hierzu Anhang K im elektronischen Zusatzmaterial). Diese Entwicklung geht gerade in Bereichen, innerhalb derer Arbeitsschritte mittels elektronischer Software in Erfolg bzw. Zeit leicht gemessen werden können, mit einem steigenden Konkurrenzdruck unter den Kolleg*innen einher (z.B. Call-Centern, Ahlers, 2018a).[91]

Begleitet werden diese Entwicklungen von den Folgen des demografischen Wandels. So lassen die aktuelle Demografie-Politik sowie eine damit einhergehende Heraufsetzung des Rentenalters Reaktionen des Betriebsrats erforderlich werden. Hierbei stellen ein Arbeitsplatzerhalt für ältere Beschäftigte, Qualifizierungsanforderungen sowie eine altersgerechte Arbeitsplatzgestaltung nur einige

---

[91] Hierbei kommt § 87 Abs. 1 Nr. 6 BetrVG eine besondere Bedeutung für die Betriebsratsmitglieder innerhalb des digitalen Wandlungsprozesses zu. So hat der Betriebsrat bezüglich der Implementierung und Nutzung von technischen Einrichtungen, die die Leistung bzw. das Verhalten der Beschäftigten überwachen können, mitzubestimmen (Heitmann, 2018).

5.4 Rollen innerhalb des Transformationsprozesses

der zentralen Themenstellungen dar, mit denen sich die Betriebsratsmitglieder innerhalb des digitalen Wandlungsprozesses auseinandersetzen müssen (Niedenhoff, 2018).[92] Verändert sich beispielsweise aufgrund der Einführung digitaler Technologien das Tätigkeitsprofil für die Beschäftigten so weitgehend, dass ihre bisherigen Kenntnisse nicht mehr ausreichend sind, um ihre Funktion weiterhin ausüben zu können, kann der Betriebsrat sein erzwingbares Mitbestimmungsrecht ausüben (§ 97 Abs. 2 BetrVG). In diesem Rahmen ist es dem Betriebsrat möglich, ggf. mittels einer innerbetrieblichen Einigungsstelle, eine Betriebsvereinbarung zur Implementierung von betrieblichen Berufsbildungsmaßnahmen durchzusetzen (Heitmann, 2018).[93]

Eine weitere Herausforderung resultiert aus der zunehmenden Flexibilisierung in Form der nötigen Regulierung des mobil-flexiblen Arbeitens (ohne bzw. mit Homeoffice). Die Schutzaufgaben der Betriebsräte nehmen auch in diesem Rahmen deutlich zu (Widuckel, 2018; Romahn, 2019). Forschungsergebnisse des IAB verdeutlichen diesbezüglich, dass eine größere Flexibilität im Rahmen der Arbeitszeit, die durch die neuen Technologien ermöglicht wird, einen ambivalenten Charakter aufweist, da sie mit zahlreichen Chancen und Risiken zugleich verbunden ist. So hat bereits Abschnitt 5.1 verdeutlicht, dass der digitale Wandlungsprozess und die hierdurch ausgelösten Veränderungen tendenziell mit längeren Wochenarbeitszeiten und einer höheren Arbeitsleistung einhergehen (Grunau et al., 2019; Bellmann, 2017b). Ferner werden Beispiele aus der Praxis immer wieder in öffentlichen Diskussionen thematisiert, in denen Unternehmen das Angebot von Homeoffice wieder zurückgezogen haben, da die hieraus resultierenden Problemfelder größer waren, als die erhofften Vorteile (Bellmann, 2017b).[94]

---

[92] Eine ausführliche Darstellung der Anforderungen, die sich aus einem Alter(n)smanagement ergeben, erfolgt in Abschnitt 7.4.

[93] Unabhängig von sich verändernden Arbeitsplatzsituationen ist der Betriebsrat laut § 92 BetrVG über die betriebliche Personalplanung zu unterrichten. Hierbei haben Arbeitgebende auf Verlangen der Betriebsratsmitglieder eine Ermittlung des Berufsbildungsbedarfs durchzuführen und hiermit einhergehende Fragestellungen gemeinsam mit dem Betriebsrat zu erörtern (§ 96 Abs. 1 BetrVG). Hierdurch wird dem Betriebsrat grundsätzlich die Möglichkeit eröffnet, durch die Digitalisierung entstehende Fortbildungsmaßnahmen zu beeinflussen (Heitmann, 2018).

[94] Ein Beispiel hierfür ist das IT- und Beratungsunternehmen „IBM", das für lange Zeit eine absolute Pionierrolle bezüglich der mobil-flexiblen Arbeit einnahm. Schon 1980 bot das Unternehmen seinen Mitarbeitenden an, Homeoffice betreiben zu können und hierfür eine Heim-Installation von IBM-Terminals vorzunehmen. 2017 entschied sich die Marketing-Chefin von IBM (Michelle Peluso) dazu, dass die Marketingabteilungen wieder ausschließlich im Büro arbeiten sollten, da aus Pelusos Sicht nur in einem derartigen Umfeld von echter

Bisher gibt es für Beschäftigte in Deutschland – entgegen bestehender Regelungen für Teilzeitarbeit – keinen gesetzlichen Anspruch auf Homeoffice.[95] Zwar ist es grundsätzlich Arbeitnehmenden in Deutschland jederzeit möglich, den Wunsch nach mobiler Arbeit an ihre Arbeitgebenden heranzutragen; Regelungen in Form eines Gesetzes bestehen allerdings noch nicht.[96] Findet eine Einigung zwischen den Arbeitsvertragsparteien auf mobile Arbeit statt, basiert diese Absprache auf der reinen Freiwilligkeit des Arbeitgebenden. Unternehmen sind demgemäß nicht dazu verpflichtet, auf einen Homeoffice-Wunsch von Beschäftigten einzugehen. Möchte die Organisation diesen Wunsch ablehnen, bedarf dies keiner Form, Begründung oder einer Fristeinhaltung. In der Praxis eröffnen viele Unternehmen den Beschäftigten die Möglichkeit der mobilen Arbeit, bspw. zur Steigerung der Motivation, Arbeitszufriedenheit und Bindung der Mitarbeitenden. Jedoch herrscht an deutschen Arbeitsplätzen immer noch eine deutlich höhere ‚Anwesenheitskultur' als in anderen europäischen Ländern, wie bspw. den Niederlanden oder Finnland (FAZ, 2022a; BMAS, 2020; Die Welt, 2020; Eurostat, 2018b). Aufgrund der COVID-19-Pandemie rückt das Thema „gesetzlicher Homeoffice-Anspruch" allerdings zunehmend in den Fokus gesellschaftspolitischer Debatten. Bundesarbeitsminister Hubertus Heil forderte in diesem Rahmen im Oktober 2020 mit der Vorlage eines „Mobile Arbeit Gesetzes" erstmalig einen Rechtsanspruch für Arbeitnehmende auf mindestens 24 Tage Homeoffice im Jahr. Das Gesetz hätte vorsehen, dass Arbeitgebende dem Wunsch nach einer mobilen Erwerbstätigkeit nur nicht hätten nachkommen dürfen, soweit verständliche betriebliche oder organisatorische Gründe hierfür identifizierbar gewesen wären (FAZ, 2020; Kreutzmann, 2020; BMAS, 2020).[97] Auch wenn sich das Gesetz bzw. ein Recht auf Homeoffice bisher nicht etablieren

---

Inspiration und Kreativität profitiert werden könne. Die Beschäftigten wurden vor die Wahl gestellt, entweder an einem der sechs Standorte in amerikanischen Großstädten (Atlanta, Austin, Boston, New York, Raleigh und San Francisco) ins Büro zurückzukehren oder zu kündigen. Unternehmen wie „Yahoo", „Reddit" und „Best Buy" stellen ähnliche Beispiele aus der Unternehmenspraxis für die Abschaffung von Homeoffice dar (FAZ, 2017; Die Welt, 2017).

[95] Der deutsche Gesetzgeber schuf aufgrund der COVID-19-Pandemie mit Hilfe des § 28b Abs. 4 Infektionsschutzgesetz lediglich eine temporäre Verpflichtung zum Homeoffice. Diese Verpflichtung ist jedoch am 20. März 2022 beendet worden, sodass bisher keine dauerhafte gesetzliche Regelung der mobil-flexiblen Erwerbsarbeit gegeben ist (FAZ, 2022b).

[96] Bisher haben sich diesbezüglich Regelungen als sinnvoll erwiesen, die vorwiegend (aber nicht immer) in Betriebsvereinbarungen erarbeitet wurden (Bellmann, 2017b).

[97] Ein wichtiger Aspekt des Gesetzes stellte eine Verhinderung der Entgrenzung von Erwerbsarbeit und Privatleben dar. So sollten feste Übereinkünfte über die Erreichbarkeit der Mitarbeitenden im Homeoffice getroffen werden. Ferner sollten Beschäftigte im Homeoffice

5.4 Rollen innerhalb des Transformationsprozesses

konnte, werden von Expert*innen weiterhin sinnvolle und praktikable Lösungen für Arbeitnehmende und Arbeitgebende diskutiert. Anhand der Erfahrungen aus der COVID-19-Pandemie ist hierbei bereits deutlich geworden, dass vor allem die Aspekte der Arbeitszeit, der Ausstattung sowie der Freiwilligkeit aus Sicht der Beschäftigten eine Beachtung erfahren müssen und die Interessenvertretung auch zukünftig in hohem Maße in Aushandlungsprozessen fordern werden (Heimann, 2022).

Neben den aufkommenden Fragen und Herausforderungen für Betriebsräte aufgrund des mobil-flexiblen Arbeitens, nimmt die Einbettung der Erwerbstätigkeit in ein komplexes und differenziertes Geflecht der Lebensführung von Beschäftigten eine immer wichtigere Rolle ein (siehe Abschnitt 5.1.2).[98] Die Ermöglichung von Spiel- und Handlungsräumen für die Mitarbeitenden sowie deren Einbezug bei der Formulierung interessenpolitischer Ziele stellen besonders hervorzuhebende Themenfelder für Betriebsräte dar, wenn es um ihren gestaltenden Einfluss im Wandel der Arbeitswelt geht (Widuckel, 2020). Aufgrund des ansteigenden Digitalisierungsgrades und der wachsenden Komplexität von Aufgabenfeldern sind Betriebsräte in immer geringerem Maße dazu in der Lage, auf der Basis ihrer individuellen Erfahrungen und Kompetenzen interessenpolitische Ziele als Stellvertretende zu formulieren (Niewerth et al., 2016; Widuckel, 2020; Findeisen, 2018; Ahlers, 2018a).[99] Diese Entwicklung hat zur Folge, dass für die Konzipierung von regulatorischen Zielen für die mobil-flexible Erwerbsarbeit die Bildung von Projektgruppen unter Mitwirkung von Beschäftigten zunehmend erforderlich wird, um eine Überforderung der Betriebsräte zu vermeiden (siehe hierzu Anhang L im elektronischen Zusatzmaterial, Niewerth et al., 2016; Widuckel, 2020; Ahlers, 2018a).[100] Eine Möglichkeit, die sich für die Betriebsräte in diesem Zusammenhang ergibt, ist sich auf das Empowerment der Beschäftigten

---

weiterhin vom Unternehmen in innerbetriebliche Prozesse, sowie Fortbildungs- und Karriereprogramme eingebunden werden, sodass weiterhin ein einheitlicher Einbezug sämtlicher Mitarbeitender gewährleistet ist. Darüber hinaus fokussierte Heil eine verpflichtende digitale Arbeitszeiterfassung (innerhalb der medialen Berichterstattung auch als ‚digitale Stechuhr' bezeichnet). Führungskräften, die nicht die Arbeits- und Ruhezeiten ihrer Beschäftigten korrekt erfasst bzw. berücksichtigt hätten, sollten bis zu 30.000 € Bußgeld drohen (Kreutzmann, 2020; BMAS, 2020).

[98] Dieses Ergebnis kann auf eine Untersuchung von Bella et al. (2022) zurückgeführt werden.

[99] Erschwerend kommt hinzu, dass trotz stetig steigender Anforderungen die Aus- und Weiterbildung vieler Betriebsratsmitglieder in den Unternehmen häufig nach keinem systematischen Konzept bzw. Plan erfolgt (Niedenhoff & Knoob, 2018).

[100] Auch diese Aussage stellt ein Untersuchungsergebnis von Bella et al. (2022) dar.

zu konzentrieren und dieses zunehmend zu fördern, um einen wesentlichen Beitrag zur Verbesserung der Qualität der Erwerbsarbeit für die Beschäftigten zu leisten (Heitmann, 2018; Ahlers, 2018b; Widuckel, 2020). Ein derartiger partizipativer Ansatz wäre sinnvoll, da davon auszugehen ist, dass die Beschäftigten selbst die tiefgehendsten Kenntnisse über faktische Belastungen und Störungen an ihrem Arbeitsplatz aufweisen (Ahlers, 2018b).[101] Diese Vorgehensweise des Betriebsrats würde über die Rolle eines Co-Managers, der eine betriebswirtschaftliche Stabilität fokussiert, hinausgehen.[102] Eine Verbesserung der Qualität der Erwerbsarbeit sowie steigende Einflussmöglichkeiten für die Beschäftigten würden hierbei zu einer neuen Form der Mitbestimmung führen und Beschäftigte dazu in die Lage versetzt, auf einem zusätzlichen Wege die Leistung des Unternehmens beeinflussen zu können (Widuckel, 2020).

Ferner eröffnen die zusätzlichen Anforderungen, die an Betriebsräte im Zusammenhang mit einer zunehmenden Differenzierung der Lebensmodelle und einer steigenden Komplexität der Lebensführung gestellt werden (Widuckel, 2015b), gleichfalls die Möglichkeit, die Mitbestimmung auszuweiten. In diesem Rahmen könnten Themen wie eine Verbindung der Erwerbsarbeit mit anderen Life Domains, individuelle Herausforderungen in bestimmten Lebensphasen sowie die Lebensbewältigung für Frauen und Männer erörtert und Handlungsziele abgeleitet werden. Bedeutsame Punkte wie die Arbeitsorganisation, Arbeitszeiten sowie die Personalentwicklung könnten diskutiert und einer Weiterentwicklung unterzogen werden (Ahlers, 2018a; Widuckel, 2020; Bellmann, 2017b;

---

[101] Ferner heben Untersuchungsergebnisse von Kriegesmann et al. (2010) sowie Schwarz-Kocher et al. (2011) die positive Wirkung einer beteiligungsorientierten Unternehmenskultur auf die betriebliche Innovationsfähigkeit hervor.

[102] Die Auseinandersetzung innerhalb der wissenschaftlichen Literatur mit der potenziellen Rolle des „Co-Managers", die Betriebsräte einnehmen können, verläuft aus konzeptioneller sowie strategischer Sicht äußerst heterogen. Die Beschreibung des Co-Managers reicht von einer möglichen Ausweitung des gestaltenden Einflusses durch die Betriebsratsmitglieder (Müller-Jentsch & Seitz, 1998) über die Darstellung als „Ordnungsmacht" (Kotthoff, 1994) bis hin zum Risiko von „Legitimationsdefiziten", die aus der Rolle resultieren können (Rehder, 2006). Diese unterschiedlichen Blickwinkel auf das Co-Management stimmen jedoch in dem Punkt überein, dass die Betriebsräte eine betriebswirtschaftliche Funktion interessenpolitischen Agierens bewusst aufgreifen und reflektieren. Dieser Aspekt bedeutet nicht zwingend, einer festgelegten Managementlogik nachzugehen, die keinerlei Raum für Alternativen lässt. Vielmehr beinhaltet sie auch aus betriebswirtschaftlicher Sicht sinnvolle Alternativen, die gleichzeitig stärker mit interessenpolitischen Zielsetzungen im Einklang stehen als Managementkonzepte (vgl. hierzu Schwarz-Kocher et al., 2011).

Heitmann, 2018). Aktuelle Entwicklungen tariflicher Vereinbarungen, die Erweiterungen zeitlicher Wahlmöglichkeiten in den Fokus nehmen, unterstützen solche Perspektiven (Widuckel, 2020; Bellmann, 2017b).

Die genannten Ansätze würden die Möglichkeit eröffnen, betriebliche Mitbestimmung zu einem wesentlichen Element für die Gestaltung von Lebensentwürfen sowie die Verbesserung von Arbeitsbedingungen werden zu lassen (Widuckel, 2020). Eine Voraussetzung hierfür wäre allerdings, dass Beschäftigten ein Zugang zum interessenpolitischen Handeln von Betriebsräten gewährt wird, um ihnen eine direkte Partizipation zu ermöglichen und eine Prozessveränderung bezüglich der Formulierung von interessenpolitischen Zielen herbeizuführen (Ahlers, 2018b; Widuckel, 2020). Dies soll nicht bedeuten, dass sich in der Vergangenheit keinerlei Rückkopplungsprozesse zwischen Betriebsräten und den Beschäftigten vollzogen hätten. Jedoch führt der Wandel der Arbeitswelt und der Lebensbedingungen zu einer neuen Komplexität und Ausdifferenzierung der Erwerbstätigkeit und der Lebensprozesse. Daher müsste die genannte Rückkopplung systematisch strukturiert, organisiert und institutionalisiert werden und sich bspw. an Methoden und Prozessen der „Open Innovation"[103] anlehnen. Ferner sollte sie interessenpolitisch keine „Top-down-Steuerung" erfahren (Widuckel, 2020).

5.4.3.2 Schlussfolgerungen zur Rolle des Betriebsrats

Auch wenn sich die Darstellungen des Betriebsrats innerhalb des digitalen Wandlungsprozesses immer noch in einem weiten Spektrum zwischen ‚Innovationsbremser' und ‚Innovationstreiber' bewegen, kann er anhand der vorangegangenen Ausführungen als ein wichtiger Stabilisator innerhalb der Transformation angesehen werden (vgl. Ahlers, 2018a; Schwarz-Kocher et al., 2011).[104] Die

---

[103] Der Ausdruck „Open Innovation" repräsentiert eine Öffnung des Innovationsprozesses von Unternehmen für andere Stakeholder, wie bspw. Kund*innen, Forschungsinstitute oder Hochschulen. Die übergeordnete Zielsetzung besteht in einer Verbindung interner und externer Kompetenzen, um zielgerichtete Innovationen zu fördern. Beispielsweise kann hierdurch eine verbesserte Kund*innenorientierung bis hin zur Kund*innenintegration in Innovationsprozesse erfolgen und auf diesem Wege Innovationspotenziale tiefgehender ausgeschöpft werden (Markgraf, 2018).

[104] Eine Untersuchung von Genz, Bellmann und Matthes (2019) weist diesbezüglich darauf hin, dass deutschen Betriebsräten grundsätzlich weder eine behindernde noch eine fördernde Rolle bei der Einführung digitaler Technologien in Organisationen zugesprochen werden kann. Eine simplifizierte Darstellung als ‚Innovationsbremser' bzw. ‚Innovationstreiber' kann daher als unzutreffend eingestuft werden. Allerdings konnten die Autor*innen ermitteln, dass Betriebsräte scheinbar die Einführung digitaler Technologien in denjenigen Unternehmen unterstützen, die einen hohen Anteil an Beschäftigten mit körperlich anstrengenden Tätigkeiten aufweisen. Dieser positive Zusammenhang deutet auf die zentrale Rolle

dargestellten Kernthemen geben allerdings eine Vorstellung davon, wie sehr die Betriebsräte in Zukunft aufgrund der voranschreitenden Digitalisierung, Flexibilisierung sowie des demografischen Wandels zunehmend gefordert werden. Die auf die Arbeitswelt einwirkenden Megatrends lassen in diesem Rahmen nicht nur eine Transformation der Unternehmen erforderlich werden, sondern führen dazu, dass sich die betriebliche Mitbestimmung ebenfalls zu einem Handlungsfeld entwickelt (Widuckel, 2020; Ahlers, 2018a, 2018b; Gruber, 2018; Heitmann, 2018). Aspekte wie Arbeitszeiterfassung, Ausstattung, Anpassungen der Gefährdungsbeurteilung, Beginn und Ende der Arbeitszeit, betriebliche Kommunikationszeiten, Datenschutz und -Sicherheit, Freiwilligkeit, Kostenregelungen sowie der Versicherungsschutz stellen nur einige zentrale Themen dar, mit denen sich Betriebsräte immer mehr auseinandersetzen müssen, um auch weiterhin die Interessen der Beschäftigten angemessen vertreten zu können (Ahlers, 2018a, 2018b; Heitmann, 2018; Romahn, 2019; Heimann, 2022).[105] Die betriebliche Mitbestimmung steht in diesem Zusammenhang zwar zunehmend unter Druck, büßt jedoch keinesfalls an Bedeutung ein. Stattdessen konnte sie bisher in gewissen Teilen von Organisationen Innovationsentwicklungen und Wandlungsprozesse entscheidend zugunsten der Mitarbeitenden gestalten und prägen. Hierdurch kann sie als eine zentrale Interessenvertretung für politische und soziale Themenstellungen angesehen werden, auch wenn sie nicht das Ziel einer gesellschaftlichen Neuordnung verfolgt (Widuckel, 2020).

Jedoch sieht sich die betriebliche Mitbestimmung mit der Gefahr konfrontiert, aus Sicht der Beschäftigten einen Bedeutungsverlust zu erleiden. Um dieses Problem abzuwehren, ist eine Verbindung zwischen kollektiver Interessenvertretung und individuellen Anforderungen erforderlich (Widuckel, 2020). Ein ‚Recht der Beschäftigten auf Empowerment' könnte daher als ein allgemein formuliertes, zentrales interessenpolitisches Ziel bezeichnet werden (Widuckel, 2020; Ahlers, 2018b). Durch dieses Recht könnten Möglichkeiten für eine direkte Partizipation der Mitarbeitenden in der Mitbestimmung erreicht und durch diese erweitert werden. In diesem Rahmen dürfen allerdings der Schutz vor Überbelastungen sowie die Beschäftigungs-, Standort- und Entgeltsicherung keine Vernachlässigung erfahren (Widuckel, 2020; Heitmann, 2018). Die betriebliche

---

der Betriebsratsmitglieder bei der Gestaltung und Regulierung neuer Arbeitsanforderungen hin, die bspw. auch von Ahlers (2018a, 2018b) hervorgehoben wird.

[105] Diese Aspekte gehen gleichwohl mit dem Erfordernis von stetigen Anpassungen innerhalb des BetrVG einher, um die Veränderungen innerhalb der Arbeitswelt entsprechend berücksichtigen und vor allem die Gesundheit der Beschäftigten weiterhin schützen zu können (Findeisen, 2018).

5.4 Rollen innerhalb des Transformationsprozesses

Mitbestimmung ist gleichzeitig als eine Chance anzusehen, erforderliche Änderungen innerhalb der Gesellschaft sowie der Erwerbsarbeit vornehmen zu können. Partizipation und Empowerment stellen in diesem Rahmen legitime Anforderungen in Bezug auf die Gestaltung der zukünftigen Arbeitswelt dar, die aus Sicht der Beschäftigten nicht ausschlaggebend fremdbestimmt sein wird. Diese Anforderungen können jedoch nur mit einer wirksamen Tarifbindung und Mitbestimmung realisiert werden. Inwieweit diese Chance genutzt wird, entscheidet nicht nur über zukünftige Arbeits- sondern auch Lebensweisen (Widuckel, 2020).

Zentrale Entwicklungen innerhalb der Finanzwirtschaft

6

Die Finanzwirtschaft befindet sich inmitten eines radikalen Umbruchs. Vollkommen veränderte Rahmenbedingungen, die aus den dargestellten Megatrends hervorgehen (siehe Kapitel 5), stellen Versicherungsunternehmen[1] vor neuartige, sich rasant entwickelnde und vielschichtige Herausforderungen. Mit Hinblick auf das Untersuchungsfeld werden innerhalb des vorliegenden Kapitels die zentralen Herausforderungen für die Versicherungsbranche dargestellt. Ferner erfolgt eine Auseinandersetzung mit den Folgen der Automatisierungspotenziale für die Beschäftigten der Versicherungsindustrie. Anschließend werden die wesentlichen Erkenntnisse des Kapitels sowie weitere erwartete Entwicklungen innerhalb der Versicherungsbranche aufgezeigt.

---

[1] Unter dem Terminus „Versicherungsunternehmen" werden in der vorliegenden Arbeit Produzierende bzw. Anbietende von Versicherungsschutz verstanden. Versicherungsunternehmen übernehmen im Gegenzug für eine kalkulierte Prämie das versicherte Risiko von einem Versicherungsnehmenden und sind somit verpflichtet, bei Eintritt eines Versicherungsfalls (Auslösung durch Einwirkung auf versicherte Person bzw. Sache, versicherte Gefahren sowie Folgen durch versicherte Schäden), die zuvor festgelegte Versicherungsleistung (Geld- oder Sachleistung) zu erbringen. Versicherungsunternehmen stellen neben dem Versicherungsnehmenden die zweite Vertragspartei innerhalb eines Versicherungsvertrages dar (Wagner, 2018c, 2018d, 2018e).

Ergänzende Information Die elektronische Version dieses Kapitels enthält Zusatzmaterial, auf das über folgenden Link zugegriffen werden kann https://doi.org/10.1007/978-3-658-41049-0_6.

© Der/die Autor(en), exklusiv lizenziert an Springer Fachmedien Wiesbaden GmbH, ein Teil von Springer Nature 2023
D. Dohmen, *Berufliche Entwicklungserwartungen älterer Führungskräfte im Transformationsprozess eines Unternehmens*, https://doi.org/10.1007/978-3-658-41049-0_6

6.1 Transformation der Versicherungsbranche

Die weltweit größte Untersuchung, die sich mit der Frage auseinandersetzt, welche Herausforderungen von der Versicherungsbranche bewältigt werden müssen und welche Handlungen wesentlich für eine erfolgreiche Transformation sind, ist der sogenannte „World Insurance Report". Der World Insurance Report (WIR) stellt eine jährliche weltweite Befragung von Versicherungskund*innen und Führungskräften dar, mit dem Ziel, zentrale Entwicklungen innerhalb der Branche zu ermitteln und auf der Grundlage der Ergebnisse Handlungsempfehlungen ableiten zu können (Capgemini & Efma, 2020; Capgemini, 2020).

Die Untersuchung wird von dem Unternehmen „Capgemini"[2] sowie der Non-Profit-Organisation „Efma"[3] durchgeführt und berücksichtigt die Auswirkungen für alle drei großen Versicherungssegmente: Sach-, Leben- und Krankenversicherung. Jährlich werden unterschiedliche Themenschwerpunkte gesetzt. Aufgrund der intensiven Auseinandersetzung mit den Auswirkungen der Digitalisierung und Flexibilisierung im Jahr 2020 erfolgt nachfolgend insbesondere eine ausführliche Darstellung der Ergebnisse des World Insurance Reports aus diesem Jahrgang. Im Januar und Februar 2020 wurde die Studie zum 13. Mal durchgeführt und über 8.000 Kund*innen („2020 Global Insurance Voice of the Customer Survey") sowie mehr als 150 leitende Angestellte von führenden Versicherungsunternehmen („2020 Global Insurance Executive Interviews") aus insgesamt 32 Märkten

---

[2] Das Unternehmen Capgemini wurde vor über 50 Jahren gegründet und gehört zu den weltweit führenden Anbietenden von Beratungs- und IT-Dienstleistungen. Capgemini unterstützt Unternehmen insbesondere bei der Realisierung der digitalen Transformation, um die Wettbewerbsfähigkeit zu stärken und begleitet seine Kund*innen von der Strategieentwicklung bis zum Geschäftsbetrieb (Capgemini, 2020). Das Unternehmen verfügt über rund 270.000 Beschäftigte und ist in fast 50 Ländern vertreten (Capgemini, 2019a).

[3] Die globale Non-Profit-Organisation „Efma" wurde im Jahr 1971 von Versicherungsunternehmen und Banken gegründet. Efma verfolgt die Zielsetzungen eine intensivere Vernetzung von Entscheidungstragenden zu ermöglichen und qualitativ hochwertige Erkenntnisse für die Finanzdienstleistungsbranche zu erarbeiten. Die Ergebnisse sollen eine Grundlage für richtige Entscheidungsfindungen bieten und Innovationen fördern, die wiederum die aktuell erforderliche Transformation vorantreiben. Die Efma-Mitglieder setzen sich aus über 3.300 Marken zusammen (bspw. Allianz, AXA, Société Générale) und stammen aus 130 verschiedenen Ländern (Efma, 2020).

6.1 Transformation der Versicherungsbranche

in die Untersuchung eingebunden.[4] Die Erhebung bezieht Persönlichkeitsmerkmale von Kund*innen, wie z. B. Bildungsgrad und berufliche Tätigkeit, Lebensstil und Finanzverhalten, soziale Verhaltensweisen, Einkaufspräferenzen sowie die technologische Affinität mit besonderem Fokus auf die Versicherungsbranche, ein (Capgemini & Efma, 2020; Capgemini, 2020). Da sich die Studie durch eine vertiefte Untersuchung aktueller Entwicklungen innerhalb der Versicherungsbranche, repräsentative Daten sowie eine hohe Heterogenität auszeichnet, werden nachfolgend die zentralen Erkenntnisse dargestellt.[5]

Aufgrund der Megatrends der Digitalisierung und Flexibilisierung ist für die Autor*innen der Untersuchung im Jahr 2020 die Frage nach den Einflüssen dieser Entwicklungslinien auf die Produkt-, Zeit- sowie Kanalpräferenzen der Versicherungskund*innen von hohem Interesse gewesen.[6] Ferner ist untersucht worden, welche Faktoren als entscheidend für einen potenziellen Wechsel zu einem anderen Versicherungsanbietendem von den Befragten wahrgenommen werden und inwiefern diese bereit für einen Vertragsabschluss bei einem ‚nicht-traditionellen'

---

[4] Der World Insurance Report 2020 basiert auf den Ergebnissen der zwei Primärquellen „2020 Global Insurance Voice of the Customer Survey" und „2020 Global Insurance Executive Interviews". Eine Kombination von Ergebnissen aus Expert*innen-Interviews mit Führungskräften sowie Daten aus Fragebögen, die die Kund*innenperspektive repräsentieren, stellt die übliche Vorgehensweise innerhalb der World Insurance Serie dar. Die 32 untersuchten Märkte, deren Ergebnisse im Folgenden durch den Ausdruck „international" gekennzeichnet werden, setzen sich aus Argentinien, Australien, Belgien, Brasilien, China, Dänemark, Deutschland, Finnland, Frankreich, Hong Kong, Indien, Italien, Japan, Kanada, Kolumbien, Malaysia, Mexiko, Marokko, den Niederlanden, Nigeria, Norwegen, den Philippinen, Portugal, Saudi Arabien, Singapur, Spanien, Schweden, der Schweiz, der Türkei, Ungarn, dem Vereinigtem Königreich und den Vereinigten Staaten von Amerika zusammen. Durch die Auswahl dieser Märkte umfasst die Untersuchung die drei Weltregionen Amerika (Nord- und Lateinamerika), Asien-Pazifik (inkl. Japan) sowie EMEA (Europa, Naher Osten und Afrika, Capgemini & Efma, 2020).

[5] Neben den World Insurance Reports gibt es eine Reihe an wissenschaftlichen Untersuchungen, die sich mit einzelnen Aspekten der digitalen Transformation von Versicherungsunternehmen auseinandersetzen (exemplarisch Eling & Lehmann, 2018; Wiesböck, Li, Matt, Hess & Richter, 2017; Tiefenbacher & Olbrich, 2015; Power & Power, 2015; Cziesla, 2014) sowie weitere Industrie- oder Beratungs-Studien (exemplarisch Branchenkompass Insurance, 2019; McKinsey, 2018; Birkner, 2017; Kotalakidis et al., 2016; Roßbach et al., 2015).

[6] Der Fokus der jährlich veröffentlichten World Insurance Reports richtet sich nach den aktuellen Herausforderungen, denen Versicherungsunternehmen gegenüberstehen. So untersuchte z. B. der WIR 2019 vertieft die Frage nach neu entstehenden Risikobereichen aufgrund sich wandelnder Rahmenbedingungen wie der wachsenden Digitalisierung und dem demografischen Wandel (Capgemini & Efma, 2019). Aufgrund verschiedener Schwerpunkte, aber auch um Ergebnisentwicklungen von gleichbleibenden Fragen darstellen zu können, werden nachfolgend ebenfalls Report-Ergebnisse aus den Jahren 2016 bis 2019 eingebunden.

Versicherungsunternehmen[7] wären. Nicht zuletzt wurden die Teilnehmenden nach ihrem Interesse in Bezug auf die Implementierung neuer Versicherungsmodelle befragt (Capgemini & Efma, 2020).

(1) Einflüsse der Transformation auf das Verhalten der Kund*innen
Der World Insurance Report (WIR) 2020 verdeutlicht, dass Versicherungsnehmer*innen und potenzielle Kund*innen zunehmend auf die Ergebnisse ihrer eigenen Recherche über digitale Medien vertrauen. Ferner erstreckt sich die Nutzung digitaler Kanäle um Informationen zu sammeln, auf deren Basis letztlich Versicherungsprodukte erworben werden, über alle Altersgruppen. Der direkte Online-Abschluss einer Versicherung wird für fast alle Generationen zunehmend zur Normalität. So hat sich der Kund*innenanteil der Personen, die im Jahr 1980 oder früher geboren wurden und täglich mobil bzw. online Transaktionen durchführen, international verdoppelt. Während sich der Anteil dieser Altersgruppe im Jahr 2018 noch auf 30 Prozent der Befragten belief, konnte nur zwei Jahre später ein Ergebnis in Höhe von 64 Prozent verzeichnet werden.[8] In Deutschland ist der Anteil in diesem Zeitraum sogar von 18 auf 53 Prozent angestiegen und hat sich somit fast verdreifacht. Altersgruppenübergreifend werden vor allem die einfache Handhabung, die breiten Einsatzmöglichkeiten und der hohe Nutzen digitaler Transaktionen geschätzt. Es kann davon ausgegangen werden, dass die COVID-19-Pandemie diese Entwicklungen weiterhin verstärken wird (siehe hierzu auch Punkt

---

[7] Als „nicht-traditionelle Versicherungsunternehmen" werden innerhalb des World Insurance Reports 2020 Produktherstellende, BigTechs sowie Startups im Bereich „Insurance Technology" (abgekürzt „InsurTechs") angesehen. Analog zu der Fintech-Bewegung im Banken- und Kapitalmarkt nimmt der Terminus „Insurtechs" Bezug auf den Einsatz neuer digitaler Technologien, um ein effizienteres Vorgehen sowie Kostenersparnisse in der Versicherungsbranche realisieren zu können. InsurTechs treten zunehmend seit dem Jahr 2012 in Erscheinung und vertreiben Finanzdienstleistungen über digitale Kanäle (mobile, online & Social Media), wobei sie Innovationen wie bspw. personalisierte Policen nutzen und somit die Digitalisierung und Veränderung des Versicherungsmarktes stark vorantreiben. Der Ausdruck „nicht-traditionelle Versicherungsunternehmen" repräsentiert innerhalb der Untersuchung somit Unternehmen, die ein anderes Kerngeschäft verfolgen als Finanzdienstleistungen, aktuell jedoch in den Versicherungsmarkt drängen bzw. Startups, die erst seit dem Jahr 2012 im Markt bestehen und auf innovativen, digitalen Technologien basieren und nach Angaben der Autor*innen steigende Kund*innenzahlen aufweisen können (Capgemini & Efma, 2020, 2017; Weber et al., 2020; Mitschele, 2020). Versicherungsunternehmen, deren Kerngeschäft die Entwicklung und den Vertrieb von Finanzdienstleistungen umfasst und die bereits seit Jahrzehnten im Markt bestehen, werden als „traditionelle" bzw. „etablierte" Versicherungsunternehmen in der Studie bezeichnet (Capgemini & Efma, 2020).

[8] In der vorliegenden Arbeit werden die Ergebnisse der World Insurance Reports gerundet dargestellt.

6.1 Transformation der Versicherungsbranche

2), da Verbraucher*innen – unabhängig von ihren bisherigen technischen Kompetenzen oder ihrem Alter – in eine Situation versetzt werden, die eine Nutzung digitaler Kanäle für Alltags-Transaktionen entscheidend bis hin zu unumgänglich werden lässt (Capgemini & Efma, 2020; Capgemini, 2020).[9]

Ein zentraler Trend, der mit der zunehmenden Verwendung digitaler Medien verbunden ist, stellt die neue Vertrauensverteilung innerhalb des Versicherungswesens dar.

Das Ausmaß an Vertrauen, das Kund*innen in ihre Online-Recherche haben, steht hierbei in Verbindung mit der Kund*innengruppe, der die befragte Person laut der Untersuchung angehörig ist. So differenzieren die Autor*innen des WIR 2020 die Versicherungskund*innen anhand ihrer Einkaufspräferenzen und sozialen Verhaltensweisen in die vier Kategorien „Pioniere", „Neugierige", „Experimentierfreudige" und „Nachzügler".[10] Zu den Pionieren zählen 28 Prozent der Befragten der Untersuchung. Sie stellen Kund*innen dar, die aktiv nach Informationen innerhalb von Online-Bewertungen suchen und sich im Vorfeld mit Familienmitgliedern bzw. Freund*innen austauschen, bevor sie sich für einen bestimmten Versicherungsschutz von einem Unternehmen entscheiden. Die Pioniere sind eine Kund*innengruppe, die neue Versicherungsprodukte begrüßt und die Bereitschaft aufweist, für einen ausgezeichneten Service nach Vertragsabschluss höhere Versicherungsbeiträge zu zahlen. „Neugierige" (24 Prozent der Befragten) lassen einen sicheren Umgang mit sozialen Medien erkennen und recherchieren, ebenfalls wie die Pioniere, nach Online-Bewertungen. Die Suche nach Informationen hilft den Mitgliedern dieser Gruppe ein besseres Verständnis von den Produkten und Dienstleistungen zu gewinnen. Sie probieren jedoch nur neue Versicherungsangebote zu einem höheren Preis aus, wenn sie darin einen deutlichen Mehrwert erkennen. Rund 32 Prozent der Gruppe schließen nach ihrer Recherche ein neues Produkt ab. Insgesamt 36 Prozent

---

[9] Aufgrund des Erhebungszeitraumes im Januar bzw. Februar 2020 sind Ergebnisverzerrungen durch COVID-19 bzw. die getroffenen Maßnahmen zur Eindämmung der weiteren Ausbreitung der Pandemie auszuschließen. Bis zum 29.02.2020 lagen weltweit 86.100 gemeldete Fälle vor, die vorwiegend in China (78.800 Fälle) und Südkorea (3.100 Fälle) erfasst wurden (Statista, 2020c, 2020e). In Deutschland belief sich die gemeldete Fallzahl zu diesem Zeitpunkt auf einem Wert von elf Personen (Statista, 2020b). Südkorea wurde in die Untersuchung nicht einbezogen. Die Fälle in China (insgesamt rund 1,4 Mrd. Einwohner*innen) wurden zu einem Großteil in der 60-Millionen-Einwohner*innen-Provinz Hubei erfasst, wohingegen in den übrigen chinesischen Regionen vergleichsweise geringe Fallzahlen ermittelt wurden (Statista, 2020a, 2020d). Die Autoren der Studie gaben auf Nachfrage an, dass Hubei ebenfalls nicht als Erhebungsort in die Untersuchung einbezogen wurde.

[10] Nachfolgend werden diese vier ermittelten Kategorien auch als Kund*innengruppen oder Kund*innensegmente bezeichnet.

der Pioniere ergänzen zu ihren vorhandenen Produkten einen zusätzlichen Service, für den sie bereit sind, eine Prämie zu entrichten (Capgemini & Efma, 2020).

Die Kund*innengruppe der „Experimentierfreudigen" repräsentiert zehn Prozent der Befragten. Diese Kund*innen sind generell dazu bereit neue Produkte zu testen; allerdings sind sie weder besonders aktiv in den Sozialen Medien noch zeigen ein Interesse an Ratschlägen zu Versicherungsangeboten, die auf diesen Plattformen geäußert werden. Auch Online-Bewertungen oder Empfehlungen aus dem Umfeld der Angehörigen und Freund*innen stehen sie verhalten gegenüber, wenn es um eine Kaufentscheidung geht. Obwohl diese Gruppe über weniger Informationen als die Pioniere und die Neugierigen verfügt, haben sie keine Angst davor zu experimentieren und neue Produkte auszuprobieren. Insgesamt 47 Prozent dieser Gruppe sind offen dafür Beiträge für zusätzlichen Service zu zahlen (Capgemini & Efma, 2020).

Die „Nachzügler" stellen die inaktivste aber gleichzeitig größte ermittelte Gruppe dar (38 Prozent). Sie sind vorsichtiger, warten und beobachten den Markt. Sie haben kaum Interesse daran neue Versicherungsangebote zu testen bzw. einen höheren Preis für zusätzliche Dienstleistungen zu zahlen. Weniger als 40 Prozent dieser Gruppe suchen aktiv nach Online-Bewertungen bzw. Produkt- oder Dienstleistungsinformationen oder bitten um die Meinung von nahestehenden Personen bzgl. des Versicherungsschutzes bevor sie eine Kaufentscheidung treffen. Nachzügler präferieren gute Angebote und priorisieren den Preis deutlich höher als andere Kund*innengruppen. Sie stellen durch ihre zurückhaltende Art eine loyale Kund*innenbasis dar, weil sie selbst, wenn sie einen Mehrwert in einem Anbieterwechsel sehen, eine geringe Bereitschaft hierfür aufweisen (Capgemini & Efma, 2020). Die nachfolgende Abbildung 6.1 fasst die beschriebenen Kund*innengruppen sowie ihre zentralen Charakteristika in einer Übersicht zusammen.

Aus den dargestellten Ergebnissen können zwei zentrale Punkte herausgearbeitet werden, die für alle Kund*innensegmente zutreffend sind: Zum einen kann die Verfügbarkeit von Informationen einen wesentlichen Einfluss auf die Kaufentscheidung nehmen und zum anderen steigt die Kund*innenanzahl, die sich von Online-Bewertungen bzw. -Empfehlungen beeinflussen lässt, in extrem hohem Maße an. Folglich sind die Informationskanäle, die Kund*innen nutzen, um eine Kaufentscheidung in Bezug auf ihren Versicherungsschutz zu treffen, voller prägender Indikatoren. In diesem Rahmen stellt sich für Versicherungsunternehmen die zentrale Frage, welche Kanäle von den Kund*innen präferiert werden: der Austausch mit Kund*innenbetreuenden, die ausschließliche Recherche über digitale Kanäle oder ein hybrider Ansatz, der beide Wege beinhaltet (Capgemini & Efma, 2020).

6.1 Transformation der Versicherungsbranche

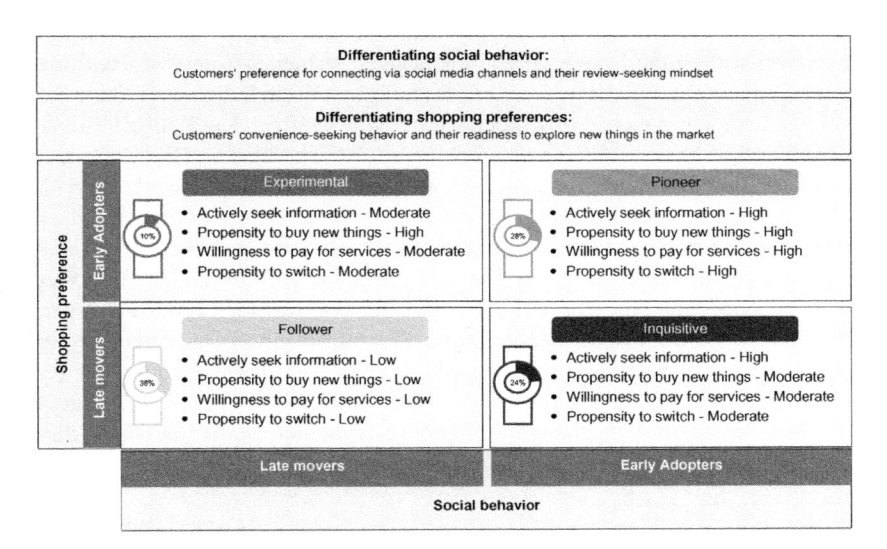

Differentiating social behavior:
Customers' preference for connecting via social media channels and their review-seeking mindset

Differentiating shopping preferences:
Customers' convenience-seeking behavior and their readiness to explore new things in the market

	Experimental (10%)	Pioneer (28%)
Early Adopters	• Actively seek information - Moderate • Propensity to buy new things - High • Willingness to pay for services - Moderate • Propensity to switch - Moderate	• Actively seek information - High • Propensity to buy new things - High • Willingness to pay for services - High • Propensity to switch - High
Late movers (38%)	**Follower** • Actively seek information - Low • Propensity to buy new things - Low • Willingness to pay for services - Low • Propensity to switch - Low	**Inquisitive (24%)** • Actively seek information - High • Propensity to buy new things - Moderate • Willingness to pay for services - Moderate • Propensity to switch - Moderate

Late movers — Early Adopters
Social behavior

Abbildung 6.1 Customer segments based on their distinct social behavior and shopping preferences.
(Quelle: Eigene Darstellung, in Anlehnung an Capgemini & Efma, 2020, S. 6; Capgemini Financial Services Analysis, 2020; Capgemini Voice of the Customer Survey, 2020)

Bevor das Internet zu einer permanenten Verfügbarkeit von Daten, Statistiken und Kommentaren führte, war eine derartige Transparenz und Vergleichbarkeit in Bezug auf Produkte und Dienstleistungen für Kund*innen unvorstellbar. Vor dem digitalen Informationsangebot stellten innerhalb der Versicherungsbranche Agenturist*innen, Kund*innenbetreuende und Versicherungsmakler*innen[11] die hauptsächliche Informationsquelle für einen Großteil der Versicherungsnehmer*innen bzw. der Interessent*innen dar. Den Vermittelnden war bewusst, dass ihr Erfolg von der Beziehung zu ihren Kund*innen abhängig war und somit vorwiegend von ihren Kenntnissen über die Gewohnheiten, die Familien- und Einkommenssituation sowie den wichtigsten Lebensereignissen ihrer Kund*innen, die sie üblicherweise aus erster Hand im Gespräch erfuhren. Handsignierte Geburtstagskarten, Urlaubsgrüße sowie ein regelmäßiger Austausch stellten hierbei wesentliche Elemente eines Beziehungs- und vor allem Vertrauensaufbaus dar. Ferner waren die Kund*innen auf der Suche nach den erfahrensten Institutionen, die auf eine lange

---

[11] In der vorliegenden Arbeit werden „Agenturist*innen", „Kund*innenbetreuer*innen" und „Versicherungsmakler*innen" auch unter dem Begriff „Vermittelnde" zusammengefasst.

Unternehmenshistorie zurückblicken konnten, Schutz repräsentierten und denen sie in finanzdienstleistungsbezogenen Entscheidungen vertrauten (Capgemini & Efma, 2020). Ferner stellte Vertrauen ein zentrales Element für die Kaufentscheidung dar, weil die Kund*innen nicht dazu in der Lage waren sich über andere Kanäle Informationen zu beschaffen, die ihnen eine Transparenz über verschiedene für sie relevante Angebote[12] verschafft hätte (Capgemini & Efma, 2020).[13] Die hinzukommende hohe Komplexität von Versicherungsverträgen, aus denen die versicherten Gefahren und entsprechenden Leistungen durch die Versicherungsunternehmen hervorgehen sowie mangelnde Kenntnisse über Angebote von anderen Anbietenden, führten zu einer Ex-Ante-Informationsasymmetrie zwischen Vermittelnden und Kund*innen, da die Vermittelnden bei Vertragsabschluss über Informationen verfügten, die den Kund*innen nicht vorlagen (Szczutkowski & Erlei, 2019). Die Vermittlung von Sicherheit, Beständigkeit und Vertrauen stellten daher das wichtigste Ziel bezüglich der gewünschten Außenwirkung von Versicherungsunternehmen dar (Gondring, 2015).[14]

---

[12] Die einzige Möglichkeit für eine bessere Transparenz hätte in dem Aufsuchen mehrerer Versicherungsagenturen von unterschiedlichen Anbietenden bestanden, um selbst einen Vergleich der verschiedenen Angebote bzgl. ihrer Leistungen und Kosten vorzunehmen. Dieses Vorgehen wäre jedoch mit einem hohen zeitlichen Aufwand verbunden gewesen und hätte ein umfassendes Verständnis der Versicherungsthematik vorausgesetzt. Darüber hinaus setzen sich einige Zeitschriften, wie z. B. der „Focus", mit Vergleichen bzgl. eines Versicherungsschutzes auseinander. Jedoch sind diese Übersichten allgemein gefasst und können nicht auf individuelle Gegebenheiten eingehen (Focus, 2015). Ferner kann das Erscheinen eines derartigen Artikels nicht von einzelnen Rezipient*innen zu einem gewünschten Zeitpunkt beauftragt werden.

[13] Eine Außenwirkung, die von Sicherheit, Beständigkeit und Vertrauen geprägt wird, ist auch heute noch von enormer Bedeutung. Aufgrund eines zunehmend volatilen Umfeldes und neu entstehenden Risiken, die durch die dargestellten Megatrends getrieben werden, sieht sich die Versicherungsbranche mit einem gesteigerten Sicherheitsbedürfnis ihrer Versicherungsnehmer*innen konfrontiert. Ferner sichern die Kund*innen auch weiterhin existenzielle Risiken ab und gehen nicht selten Verträge ein, die ihnen ein ganzes Leben lang Schutz und finanzielle Sorglosigkeit in kritischen oder unvorhersehbaren Situationen bieten sollen und meist mit hohen Beitragszahlungen einhergehen (z. B. Risikolebensversicherung, private Altersvorsorge, Haftpflichtversicherung). Allerdings ist eine verstärkte Fokussetzung auf die genannten Eigenschaften aufgrund der Einflüsse der Megatrends allein nicht länger ausreichend (Capgemini & Efma, 2020; Weber et al., 2020; Hasbargen & Hernandez, 2017).

[14] Dieser Anspruch spiegelt sich beispielsweise in den Werbesprüchen der Versicherungsunternehmen wider, die die genannten Themen aufgreifen: „Schutz und Sicherheit im Zeichen der Burg" (Nürnberger Versicherungsgruppe), „Wir begleiten Sie ein Leben lang" (Continentale Versicherungsverbund), „Immer da, immer nah" (Provinzial Versicherung), „Zurich machts wieder gut!" (Nürnberger Versicherungsgruppe, 2009; Continentale Versicherungsverbund, 2020; Provinzial Versicherung, 2020; Zurich Insurance Group, 2019).

6.1 Transformation der Versicherungsbranche

Aufgrund aktuell zahlreicher Informationsquellen, auf die über digitale Kanäle jederzeit zugegriffen werden kann, hat sich dieses Informationsgefälle deutlich verschoben. Kund*innen greifen nicht nur vermehrt auf Informationen aus dem Internet zu, bevor sie einen Vertrag abschließen, sondern versuchen sich ein möglichst umfassendes Bild über ihre Möglichkeiten zu verschaffen, indem sie auf Informationen von mehreren Kanälen zurückgreifen, ohne zwingend die Darstellungen der Anbietenden einzubeziehen. Im Rahmen ihrer Recherche präferieren alle aufgeführten Kund*innengruppen Methoden, die sie in die Lage versetzen, alle relevanten Informationen autonom zu überprüfen. Wenn es jedoch zum Abschluss einer Police kommt, suchen die Kund*innen das Gespräch mit Vermittelnden[15], sodass diese im Gesamtgeschehen immer noch einen großen Stellenwert besitzen. Dennoch nehmen für die meisten Kund*innensegmente Kanäle wie mobile Apps sowie Aggregator-Webseiten aber auch die Webseiten der Versicherungsunternehmen eine wichtigere oder zumindest gleichwertige Rolle für ihre Kaufentscheidung, wie die Empfehlungen von Vermittelnden, ein. Darüber hinaus präferieren die Befragten den Einbezug von Informationen aus drei oder mehr Kanälen für ihre Recherche bzw. den Abschluss einer Police (siehe Abbildung 6.2).

Die Phase, in der die Vermittelnden die primäre bzw. exklusive Quelle für Informationen in Bezug auf Versicherungsangebote darstellten und ausschließlich sie Versicherungsprodukte und -dienstleistungen an Kund*innen verkauften, ist aufgrund der Möglichkeiten, die die Digitalisierung eröffnet sowie dem wachsenden Wunsch der Kund*innen nach mehr Autonomie und Flexibilität vorbei. Kund*innen erwerben inzwischen Policen auf die Art und Weise, die sie bevorzugen. Über alle Altersgruppen hinweg vertrauen sie auf die vielfältigen verfügbaren Kanäle, um ein ‚maßgeschneidertes' Versicherungsangebot für sich zu finden und einen Vertrag abzuschließen. Sie fühlen sich dazu in der Lage, auf der Grundlage ihrer gesammelten Informationen, eigenständig eine Kaufentscheidung zu treffen (Capgemini & Efma, 2020). Diese zentrale Entwicklung beschränkt sich nicht auf einzelne Länder, sondern umfasst den europäischen Raum ebenso wie den nord- und südamerikanischen Markt sowie die Asien-Pazifik-Region. Die hohe Präferenz der Kund*innen für die Nutzung vielfältiger Kommunikationskanäle, die physische wie digitale Wege umfasst (engl. omnichannel communication), verdeutlicht, dass Kund*innen

---

[15] Diese werden auch als „ROPO-Kund*innen" bezeichnet. ROPO-Kund*innen stellen Personen dar, die online recherchieren, jedoch offline den Vertragsabschluss vollziehen (daher die Abkürzung ROPO – „Research Online, Purchase Offline"). Das „ROPO-Verhalten" steht hierbei in engem Zusammenhang mit der Komplexität und der Prämienhöhe des Versicherungsproduktes. So kann bspw. ein ROPO-Verhalten deutlich häufiger bei Lebensversicherungsprodukten festgestellt werden als bei Sachversicherungsprodukten (Eling & Lehmann, 2018; siehe hierzu auch Zurich Insurance Group, GfK & Google, 2016).

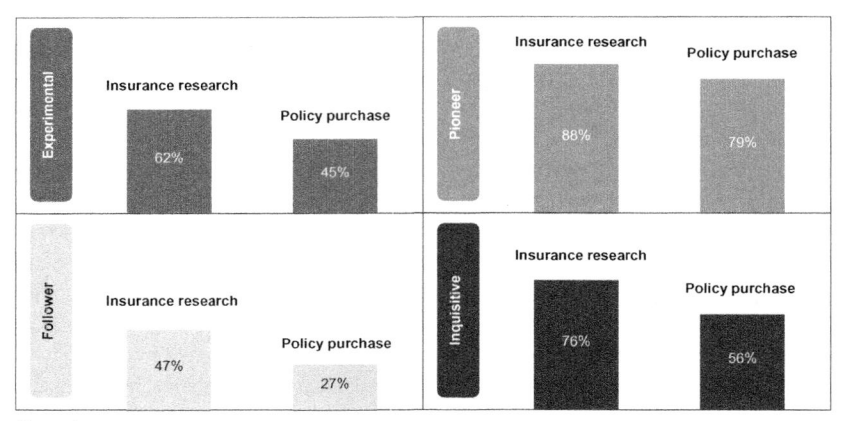

6 Zentrale Entwicklungen innerhalb der Finanzwirtschaft

Experimental
Insurance research 62%
Policy purchase 45%

Pioneer
Insurance research 88%
Policy purchase 79%

Follower
Insurance research 47%
Policy purchase 27%

Inquisitive
Insurance research 76%
Policy purchase 56%

Channels:
For insurance research: Policy comparison websites/aggregators; mobile app; interactive games based on insurance; company website; online reviews and ratings; review from friends, colleagues, and family; and inputs from branch/agent/broker.
For policy purchase: Aggregator websites; company website; mobile app; partner websites; banks offering insurance products; branch/agent/broker.

Abbildung 6.2 Customers preferring three or more channels for insurance research and purchase, 2020.
(Quelle: Eigene Darstellung, in Anlehnung an Capgemini & Efma, 2020, S. 9; Capgemini Financial Services Analysis, 2020; Capgemini Voice of the Customer Survey, 2020)

immer noch emotionale Bindungen und die persönliche Interaktion, im gegebenen Fall mit Vermittelnden, schätzen (Capgemini & Efma, 2020).

Trotz der zunehmenden Bedeutung von Onlinebewertungen, die insgesamt ca. 60 Prozent der Kaufentscheidungen im Versicherungsmarkt beeinflussen, beziehen immer noch rund 40 Prozent der Verbraucher*innen Informationen aus analogen Quellen (insbesondere Beratungsgespräch mit Vermittelnden und hierbei erhaltene Unterlagen) in ihren Entscheidungsprozess ein. Darüber hinaus sind ebenfalls rund 40 Prozent der Befragten dazu bereit, mehr Geld für einen renommierten Markennamen aus der Branche auszugeben, wohingegen 60 Prozent angeben, dass ihnen das Preis-Leistungsverhältnis wichtiger ist und sie auch dazu bereit wären, bei einer weniger bekannten Marke einen Vertrag abzuschließen. Aus diesem Grunde ist für Versicherungsunternehmen entscheidend, ihre (potenziellen) Kund*innen mit ihren unterschiedlichen Präferenzen zu kennen, um besser nachvollziehen zu können, welche Erwartungen diese haben und auf welche Weise diese optimal erfüllt werden können (Capgemini & Efma, 2020).

Da Vertrauen den zentralsten Faktor in der Beziehung zwischen Kund*innen und Vermittelnden bzw. Versicherungsunternehmen in der Vergangenheit darstellte, waren die Kund*innen sogar dazu bereit, leichte Unannehmlichkeiten, wie z. B. eine mangelnde Kund*innenorientierung, unzureichenden Service und eine geringe Flexibilität von Seiten der Anbietenden, in Kauf zu nehmen. Aufgrund des wachsenden Wettbewerbs, der zunehmenden Transparenz und dem steigenden Vertrauen der Kund*innen in die eigenen recherchebasierten Kenntnisse, stellen diese zunehmend höhere Anforderungen an die Versicherungsanbietenden. Sie wünschen sich vor allem eine verstärkte Orientierung der Versicherungsunternehmen an ihren individuellen Bedürfnissen sowie eine hohe Nutzungsfreundlichkeit. So geben bspw. 85 Prozent der Pioniere an, dass sie ihre Versicherungsanbietenden wechseln würden, wenn diese nicht dazu in Lage wären personalisierte und konsistente kanalübergreifende Kund*innenerlebnisse zu generieren, wodurch ebenfalls deutlich wird wie zentral eine Verzahnung aller Kommunikationskanäle im Sinne eines Omnichannel-Managements[16] für Versicherungsunternehmen wird (Capgemini & Efma, 2020; Elert, 2017; Wiesböck et al., 2017).

Die bisherigen Ausführungen verdeutlichen, dass Versicherungsunternehmen dazu angehalten sind, verstärkt auf die individuellen Bedürfnisse der Versicherungsnehmer*innen einzugehen und einen erfahrungsorientierten, stark personalisierten und praktischen Versicherungsschutz anzubieten, um wettbewerbsfähig zu bleiben. Dieser Anspruch geht gleichzeitig mit der zentralen Herausforderung einher, zum richtigen Zeitpunkt die richtigen Produkte über die richtigen Kanäle anzubieten (siehe Abbildung 6.3). Die Bedürfnisse und Präferenzen der Kund*innen müssen während des gesamten Produktlebenszyklus immer im Fokus stehen. Die Kund*inneninteraktionen sind über Kanäle zu führen, die von diesen bevorzugt und am häufigsten genutzt werden. Des Weiteren müssen die Kund*innen genau in den Momenten erreicht werden, in denen sie Versicherungsschutz besonders schätzen (Capgemini & Efma, 2020). Zwar geben grundsätzlich 70 Prozent der Befragten und sogar 85 Prozent der Pioniere an, die Notwendigkeit, ihr Leben bzw. ihren Besitz versichern zu müssen, verstanden zu haben. Dennoch verspüren kaum Kund*innen im Rahmen ihres Alltags das dringende Bedürfnis eine Versicherung

---

[16] Der lateinische Begriff „omnis" bedeutet „alle". Der Terminus „Omni-Channel-Management" (auch als „Omni-Channel-Retailing" und „All-Kanal-Vertrieb" bezeichnet) umfasst die synergetische Planung, Steuerung und Kontrolle aller verfügbaren Vertriebskanäle eines Unternehmens (online wie offline), um ein nahtloses und einheitliches Kund*innenerlebnis zu generieren. In diesem Rahmen werden sämtliche Vertriebskanäle und Prozessschritte einer Optimierung unterzogen (Oeser, 2018).

abschließen zu müssen. Stattdessen lösen bestimmte Szenarien das Kaufbedürfnis aus. Solche Momente sind bspw. zentrale Lebensereignisse[17], die Kund*innen bewusster und sensibler in Bezug auf Risiken werden lassen, der Kauf von wertvollen Gegenständen, die beschädigt oder gestohlen werden könnten, aber auch Katastrophen bzw. globale Gesundheitskrisen wie die COVID-19-Pandemie. So werden Versicherungsunternehmen, die proaktiv auf ihre Kund*innen zugehen und ihre Lebensphasen mit ereignisbasierten Angeboten begleiten, um 16 Prozentpunkte positiver wahrgenommen (44 Prozent berichten von positiven Serviceerfahrungen) als Versicherungsunternehmen, die nicht proaktiv agieren (Capgemini & Efma, 2020).

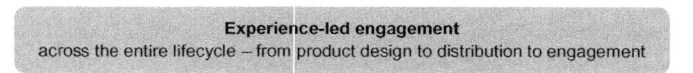

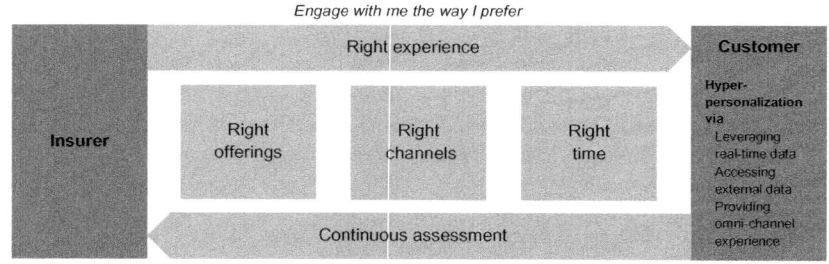

Abbildung 6.3 Experience-led engagement model.
(Quelle: Eigene Darstellung, in Anlehnung an Capgemini & Efma, 2020, S. 12; Capgemini Financial Services Analysis, 2020; Capgemini Voice of the Customer Survey, 2020)

Auch wenn traditionelle Versicherungsunternehmen bereits die Bedeutung eines Kund*innenkontakts zum richtigen Zeitpunkt verstanden haben, agieren sie meist nicht danach. Ein Grund hierfür liegt in dem Mangel an Techniken und Tools begründet, um einschätzen zu können, wann gewisse Produkte auf dem Markt erscheinen sollten, wodurch gleichzeitig die Fähigkeit im entscheidenden Zeitpunkt zu handeln eingeschränkt wird: Nur 25 Prozent der Versicherungsunternehmen in Deutschland und 36 Prozent international stellen ihren Vermittelnden digitale Werkzeuge zur Verfügung, mit denen sie wichtige Lebensereignisse der Kund*innen, wie z. B. eine anstehende Hochzeit, die Geburt eines Kindes oder den geplanten

---

[17] Siehe hierzu auch die Ausführungen zur Life-Domain-Balance in Abschnitt 5.1.2.

6.1 Transformation der Versicherungsbranche

Erwerb einer Immobilie in Erfahrung bringen können. Dabei ließen sich derartige zentrale Informationen über die Versicherungsnehmer*innen – im Rahmen der Datenschutzverordnungen – aus zahlreichen Quellen gewinnen, wie z. B. aus offenen API-Ökosystemen.[18] Noch überraschender ist das Ergebnis, das lediglich 24 Prozent der befragten Versicherungsunternehmen den Nutzen einer Einbeziehung von externen Daten erkennen (siehe Abbildung 6.4, Capgemini & Efma, 2020; Capgemini, 2020).

Als erschwerender Faktor kommt hinzu, dass sich die Präferenzen der Kundschaft in einem höheren Tempo als je zuvor verändern, sodass eine permanente Neubewertung, die auf Echtzeit-Daten basiert, zu einem entscheidenden Erfolgsfaktor wird. Nur auf diese Weise ist es möglich, für Unternehmen Kund*innerlebnisse zu generieren, die mit den Erwartungen und Wünschen der Versicherungskund*innen Schritt halten können. Die Generierung dieser Kund*innenerlebnisse ist vor allem

---

[18] Ein Application Programming Interface (API) ist eine Softwareschnittstelle, die einer anderen Software den Gebrauch einer gewissen Funktionalität ermöglicht. Zum Beispiel kann die Bestellung eines Produktes oder einer Dienstleistung durch Benutzer*innen über eine Benutzer*innenschnittstelle (User Interface) oder eine andere Software mittels API vorgenommen werden (Resch, 2018). Die Besonderheit von APIs liegt darin, dass im Gegensatz zu Benutzer*innenschnittstellen nur noch Anwendungen miteinander kommunizieren und nicht länger ein Mensch mit einem System: Eine bestellende Person kommuniziert bspw. ausschließlich mit einem Shop über seine Web-Oberfläche. Der Shop selbst prüft im Hintergrund über APIs die Bonität bei einer Kreditauskunft, kann eine Zahlung über PayPal veranlassen, eine Speditionsfirma beauftragen und bei einem Versicherungsunternehmen eine Garantieverlängerung abschließen. Die hierfür erforderliche Kommunikation findet zwischen den verschiedenen Unternehmen über APIs statt (Brown, Fishenden & Thompson, 2014). Eine Kombination mehrerer Softwaresysteme durch APIs zu einem Gesamtsystem führt zu einem sogenannten „API-Ökosystem". Das API-Ökosystem erfordert eine Koordination des Gesamtsystems und kann nur unter der Verwendung einer einheitlichen Beschreibungssprache der Schnittstellen funktionieren (Resch, 2018).

Customers' preferred time for researching an insurance policy (%), 2020

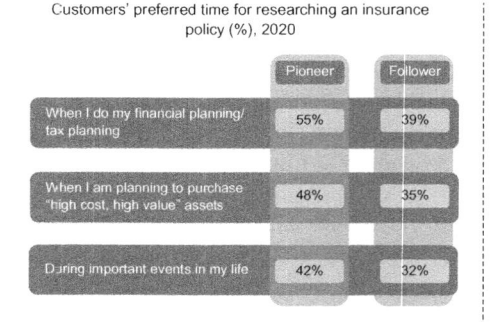

	Pioneer	Follower
When I do my financial planning/tax planning	55%	39%
When I am planning to purchase "high cost, high value" assets	48%	35%
During important events in my life	42%	32%

Insurers' view on the effectiveness of the channel reaching customers at the right time (%), 2020

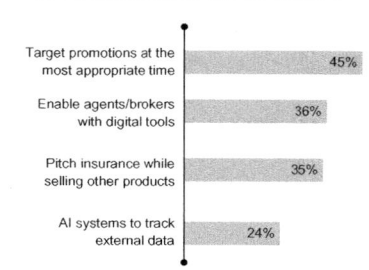

Target promotions at the most appropriate time	45%
Enable agents/brokers with digital tools	36%
Pitch insurance while selling other products	35%
AI systems to track external data	24%

Question to customers: When do you prefer researching the details related to your insurance needs? Select all that apply.

Question to insurers: What techniques do you use to reach out to customers at an appropriate/advantageous time? If you already leverage/invest in a technique, how effective is it? Rate on scale of 1 to 7, where 1 = Not effective at all, and 7 = Highly effective. Responses about 5 are shown in the figure.

Abbildung 6.4 Reaching customers at the right time.
(Quelle: Eigene Darstellung, in Anlehnung an Capgemini & Efma, 2020, S. 15; Capgemini Financial Services Analysis, 2020; Capgemini Voice of the Customer Survey, 2020; World Insurance Report 2020 Executive Interview, 2020)

durch die Sammlung und Verwendung von Daten über Wearables[19], Sprachassistenten (bspw. Alexa von Amazon, Siri von Apple) sowie weiteren IoT-Geräten[20] oder interaktiven Chat-Bots möglich.

---

[19] Wearables stellen Computertechnologien dar, die am Kopf oder Körper getragen werden. Ihr Verwendungszweck besteht vorwiegend in der Unterstützung einer Tätigkeit innerhalb der realen Welt, indem sie ihrer Verwender*in bspw. Auswertungen, Anweisungen sowie (Zusatz-)Informationen bereitstellen. Wearables benötigen hochentwickelte Sensoren, die permanent Daten verarbeiten. Bekannte Beispiele für Wearables sind Smartwatches, Datenbrillen sowie intelligente Armbänder. Viele dieser Geräte dienen als sogenannte „Activity Tracker", insbesondere im medizinischen und sportlichen Bereich. Hierbei erfolgen eine Erfassung, Analyse und Dokumentation von Daten des Körpers gemeinsam mit anderen Daten wie z. B. Zeit oder Raum. Die Ergebnisse können über Streaming mit anderen Personen geteilt werden. Derartige Nutzungen stehen jedoch aus Datenschutzsicht unter Kritik, da hochsensible Personendaten erfasst und bspw. unfreiwillige Bewegungsprofile von den Nutzer*innen erstellt werden könnten. Die Informations- und Wirtschaftsethik befassen sich darüber hinaus mit Fragestellungen, ob z. B. bestimmte Beschäftigte zum Tragen von Wearables gezwungen werden könnten (Bendel, 2019c; Capgemini & Efma, 2020).

[20] Die Abkürzung „IoT" steht für den Ausdruck „Internet of Things". Der Begriff „IoT-Geräte" umfasst sämtliche Geräte und Komponenten, die drahtlos oder drahtgebunden an ein Netzwerk angeschlossen sind und Daten erfassen, verarbeiten, speichern und übertragen können. IoT-Geräte bzw. Systeme sind in privaten Haushalten, z. B. in sog. Smart Homes mit intelligenten Heiz- und Lichtanlagen oder Fahrzeugen (z. B. virtuelle Schlüssel für das

6.1 Transformation der Versicherungsbranche

Ferner nehmen für Kund*innen, die sich mit Anbietenden von Versicherungen auseinandersetzen, die Themenfelder Benutzungsfreundlichkeit und Flexibilität eine wachsende Bedeutung ein. Insbesondere die Nachfrage nach nutzungsbasierten Versicherungen nimmt rapide zu (Capgemini & Efma, 2020; Capgemini, 2020). So geben 51 Prozent der internationalen bzw. 47 Prozent der deutschen Befragten an, sich eine nutzungsbasierte Versicherung zu wünschen, da diese in hohem Maße personalisiert ist und ein gutes Preis-Leistungs-Verhältnis bietet. Jedoch stellen nur die Hälfte der Versicherungsunternehmen weltweit derartige Angebote zur Verfügung. In Deutschland wird diese Nachfrage bereits von 65 Prozent der Versicherungsunternehmen durch entsprechende nutzungsbasierte Produkte (engl. usage-based insurance, abgekürzt UBI) berücksichtigt (Capgemini & Efma, 2020; Capgemini, 2020).[21] Versicherungsunternehmen werden zukünftig immer stärker von Universalprodukten Abstand nehmen und intensiver auf spezifische und individuelle Wünsche von Kund*innen eingehen müssen, um weiterhin im Markt bestehen zu können. Auch der Bedarf an On-Demand-Versicherungen (dt. situative Versicherungen), ist in diesem Rahmen nicht zu unterschätzen (siehe Abbildung 6.5).[22]

Ver- und Entriegeln via Smartphone) ebenso vertreten, wie in der Industrie, z. B. in Produktionseinrichtungen oder Maschinen, woraus sich auch der Begriff der Smart Factories entwickelt hat. Wichtige Fortschritte wurden mit Hilfe von IoT-Geräten auch in der Medizintechnik möglich, wie bspw. intelligente Blutzucker-Messgeräte, die über das Smartphone gesteuert werden können. Gleichzeitig stellt der medizinische Bereich einen der sensibelsten Segmente in Bezug auf die Nutzer*innendaten dar. Jedes IoT-Gerät verfügt über eine eigene Internetadresse (URL) und kann über eine Internetverbindung aktiviert werden, um bestimmte Aktionen auszuführen (Siepermann, 2018b; Lee & Lee, 2015).

[21] Ein Beispiel hierfür ist die nutzungsbasierte Kfz-Versicherung, die mit Hilfe eines eingebauten Mess- und Sendegerätes im Fahrzeug auf der Grundlage von Telematik (daher auch der Ausdruck Telematik-Tarif) den individuellen Fahrstil der fahrenden Person erhebt und daraufhin entsprechende Versicherungsprämien berechnet (Hess, 2019). In diesem Rahmen werden verschiedene Parameter berücksichtigt (z. B. das individuelle Brems- und Beschleunigungsverhalten sowie die Absolvierung längerer Fahrten ohne Pause). Einige Angebote bieten bereits weitere telematikbasierte Leistungen an, wie bspw. eine direkte Hilfe im Falle eines schweren Personen- oder Sachschadens. Hierbei wird eine Servicekette ausgelöst, indem – nach Erkennen eines Unfalls durch das Gerät – ein automatisches Signal an eines der Schadenservice-Center gemeldet wird. Telematik-Tarife werden in der Öffentlichkeit auch häufig unter den Ausdrücken „Pay as you drive (PAYD)" bzw. „Pay how you drive (PHYD)" subsumiert (Elert, 2017).

[22] Diese Entwicklung kann u. a. auf die wachsende Sharing Economy zurückgeführt werden, die die gegenseitige Bereitstellung von Flächen und Räumen sowie das systematische Ausleihen von Gegenständen (Gemeinschaftskonsum) für eine gewisse Zeitspanne umfasst (Bendel, 2019b). In diesem Rahmen führt die Sharing Economy zu einem steigenden Bedarf an On-Demand-Versicherungen (Eling & Lehmann, 2018).

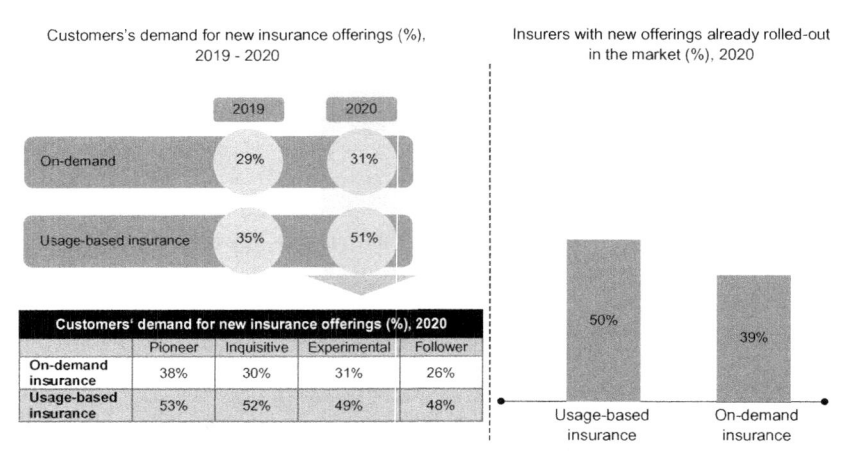

Customers's demand for new insurance offerings (%), 2019 - 2020

	2019	2020
On-demand	29%	31%
Usage-based insurance	35%	51%

Customers' demand for new insurance offerings (%), 2020

	Pioneer	Inquisitive	Experimental	Follower
On-demand insurance	38%	30%	31%	26%
Usage-based insurance	53%	52%	49%	48%

Insurers with new offerings already rolled-out in the market (%), 2020

- Usage-based insurance: 50%
- On-demand insurance: 39%

Question to customers: Of the following offerings, which could influence you to purchase a policy from an insurance firm? Select all that apply.

Question to insurers: Please rate your firm's progress when it comes to rolling out the following offerings. Use a scale of 1 to 4, where 1 = Already rolled out, 2 = Planning to roll out in the short to medium term (3-5 years), 3 = Planning to roll out in the long term (>5 years), and 4 = Not relevant for us. Only answer 1 is shown in the figure.

Abbildung 6.5 Usage-based insurance is now mainstream. (Quelle: Eigene Darstellung, in Anlehnung an Capgemini & Efma, 2020, S. 13; Capgemini Financial Services Analysis, 2020; Capgemini Voice of the Customer Survey, 2020; World Insurance Report 2020 Executive Interview, 2020)

Darüber hinaus nutzen immer mehr Verbraucher*innen Vergleichsportale, die verschiedene Policen von diversen Anbietenden gegenüberstellen und beziehen Informationen von Webseiten der Versicherungsanbietenden sowie weitere Kanäle in ihre Entscheidungsfindung ein (siehe Abbildung 6.6). Kund*innen, die valide Informationen aus erster Hand suchen, präferieren Unternehmens-Webseiten und mobile Apps. Trotz der hohen Popularität von digitalen Kanälen stellen Vermittelnde weiterhin die wesentliche Informationsquelle dar. Indes müssen sie über die zentralen Daten ihrer Kund*innen in Echtzeit verfügen, um auf ein optimales Kund*innenwissen zurückgreifen zu können (Capgemini & Efma, 2020).

Während bereits zahlreiche Kund*innen Vergleichsportale sowie die Webseiten von Versicherungsanbietenden nutzen, um Informationen sammeln zu können, sind nur weniger als 30 Prozent der Versicherungsunternehmen der Überzeugung, dass ihre Webseiten hierfür überhaupt hilfreich sind. Lediglich 37 Prozent der Versicherungsunternehmen auf internationaler Ebene vertreten die Ansicht,

6.1 Transformation der Versicherungsbranche

Customers' preferred channels for researching an insurance policy (%), 2020

Experimental
- Comparison websites: 54%
- Insurance firm's website: 53%

Pioneer
- Insurance firm's websites: 78%
- Insurance firm's mobile app: 71%

Followers
- Comparison websites: 44%
- Insurance firm's website: 42%

Inquisitive
- Insurance firm's website: 60%
- Agents and brokers: 56%

Insurers' view on the effectiveness of the channel for educating customers (%), 2020

- Pushing relevant information via agents and brokers: 53%
- Comparison websites: 37%
- Insurance firm's website: 28%
- Insurance firm's mobile app: 21%

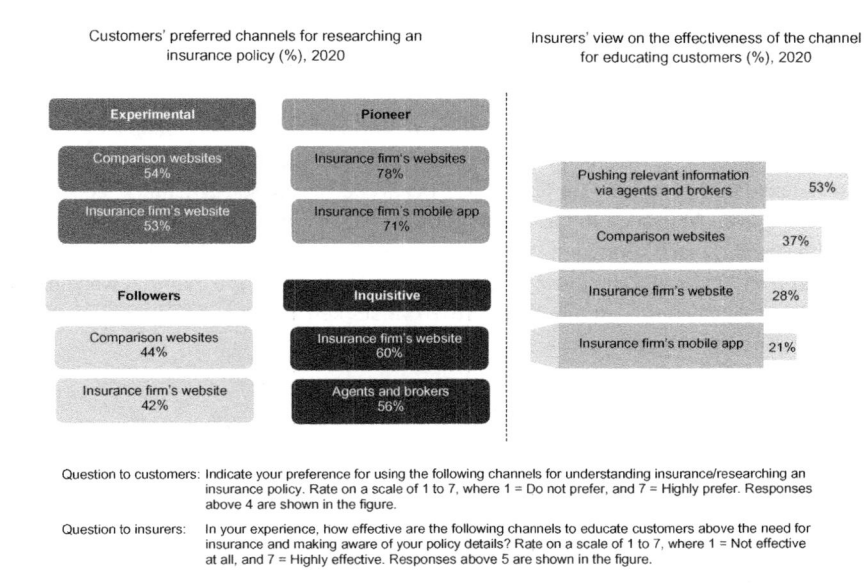

Question to customers: Indicate your preference for using the following channels for understanding insurance/researching an insurance policy. Rate on a scale of 1 to 7, where 1 = Do not prefer, and 7 = Highly prefer. Responses above 4 are shown in the figure.

Question to insurers: In your experience, how effective are the following channels to educate customers above the need for insurance and making aware of your policy details? Rate on a scale of 1 to 7, where 1 = Not effective at all, and 7 = Highly effective. Responses above 5 are shown in the figure.

Abbildung 6.6 Channels for educating customers.
(Quelle: Eigene Darstellung, in Anlehnung an Capgemini & Efma, 2020, S. 16; Capgemini Financial Services Analysis, 2020; Capgemini Voice of the Customer Survey, 2020; World Insurance Report 2020 Executive Interview, 2020)

dass Vergleichsportale einen Beitrag zur Aufklärung von Kund*innen leisten. In Deutschland sind es hingegen 71 Prozent. Dieses Ergebnis veranschaulicht ein deutlich besseres Verständnis von Versicherungsunternehmen in Deutschland für diese Entwicklung. Dennoch signalisieren diese Resultate immer noch eine Verständnislücke bei einem beachtlichen Teil der Versicherungsunternehmen in Bezug auf die Kund*innenerwartungen und -bedürfnisse sowie eine fehlende Realisierung des hohen Einflusses, den Onlineplattformen auf Kaufentscheidungen bereits nehmen. Obwohl der direkte Kund*innenkontakt über Vermittelnde bereits seit langer Zeit besteht, sind nur die Hälfte der befragten Führungskräfte der Ansicht, dass die Vertriebskräfte dazu in der Lage sind, personalisierte Angebote für Kund*innen zu erstellen. Dies liegt darin begründet, dass traditionelle Vertriebskanäle mit aufkommenden Innovationen nicht Schritt gehalten haben. So würde es zahlreiche Möglichkeiten geben, Vermittelnde mit Hilfe von digitalen Tools zu befähigen, geeignetere Angebote und aktuellere Informationen anbieten zu können. Versicherungsunternehmen sollten daher Investitionen in Online-Kanäle tätigen, insbesondere in die eigenen, bei denen Kund*innen den Erwerb einer Police mit nur einem Mausklick realisieren können (Capgemini & Efma, 2020; Capgemini, 2020).

Anhand von Abbildung 6.7 wird deutlich, dass Kund*innen – in Bezug auf den Erwerb einer Police – eine Mischung zwischen digitalen und traditionellen Kanälen präferieren. Die befragten Führungskräfte der Versicherungsunternehmen geben an, dass sie zwar Vertrauen in ihre Vermittelnden hegen und diese einen effektiven Vertrieb gewährleisten können, sie aber dennoch die Bedeutung der digitalen Kanäle erkannt haben und daher die unternehmenseigenen Webseiten und mobilen Kanäle verbessern möchten, um den direkten Vertrieb verstärken zu können (Capgemini & Efma, 2020; Capgemini & Efma, 2021).

Customers' preferred channels for purchasing an insurance policy (%), 2020

Experimental
- Insurance firm's website 52%
- Agents and brokers 48%

Pioneer
- Insurance firm's websites 79%
- Insurance firm's mobile app 76%

Followers
- Insurance firm's website 38%
- Agents and brokers 37%

Inquisitive
- Insurance firm's website 61%
- Agents and brokers 57%

Insurers' view on the effectiveness of the channel for sales and distribution (%), 2020

- Agents and brokers 66%
- Insurance firm's website 27%
- Insurance firm's mobile app 21%

Question to customers: Indicate your preference for using the channels listed below for purchasing an insurance policy. Rate on a scale of 1 to 7, where 1 = Do not prefer, and 7 = Highly prefer. Responses above 4 are shown in the figure.

Question to insurers: In your experience, how effective are the following channels for Policy Distribution? Rate on a scale of 1 to 7, where 1 = Not effective at all, and 7 = Highly effective. Responses above 5 are shown in the figure.

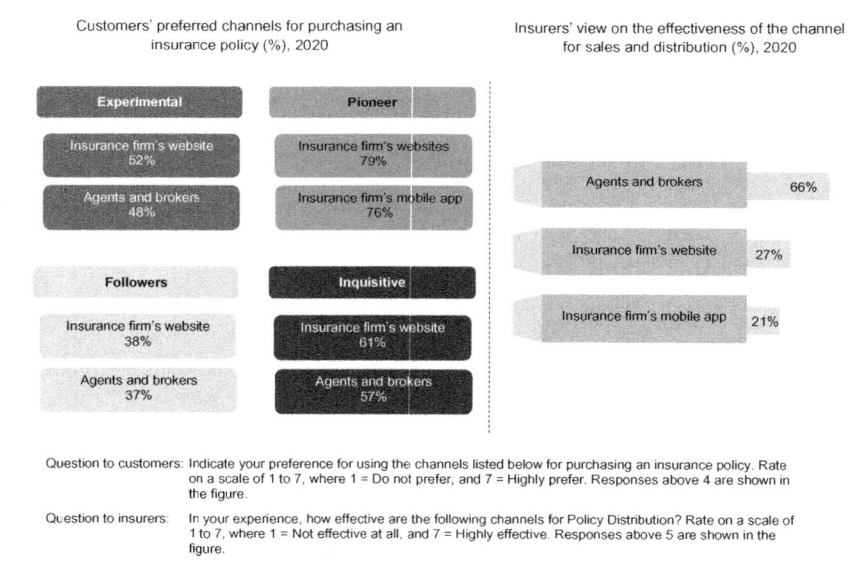

Abbildung 6.7 Channels for policy sales and distribution.
(Quelle: Eigene Darstellung, in Anlehnung an Capgemini & Efma, 2020, S. 17; Capgemini Financial Services Analysis, 2020; Capgemini Voice of the Customer Survey, 2020; World Insurance Report 2020 Executive Interview, 2020)

Abschließend verdeutlicht Abbildung 6.8 die unterschiedlichen Präferenzen der Kund*innengruppen innerhalb der Nachkaufphase: Pioniere bevorzugen es, sich digital mit ihren Versicherungsunternehmen zu verbinden, um Dienstleistungen,

6.1 Transformation der Versicherungsbranche

die in Verbindung mit der Police stehen zu nutzen, wohingegen die Nachzügler Callcenter sowie den direkten Kontakt zu Vermittelnden präferieren. Es ist nicht überraschend, dass Versicherungsunternehmen die Bedeutung traditioneller Kanäle wie Callcenter und ihrer Vermittelnden erkannt haben, um eine Betreuung auch nach dem Versicherungsabschluss gewährleisten zu können. Jedoch kämpfen sie erstaunlicherweise immer noch mit der Erstellung von Webseiten und mobilen Apps, die hilfreich in Bezug auf dienstleistungsbezogene Interaktionen sind. Der reibungslose Zugriff auf die angebotenen Dienstleistungen über sämtliche Kanäle wird jedoch von 75 Prozent aller Befragten als zentral angesehen bzw. als Grund, Anbietende zu wechseln (Capgemini & Efma, 2020; Capgemini, 2020).

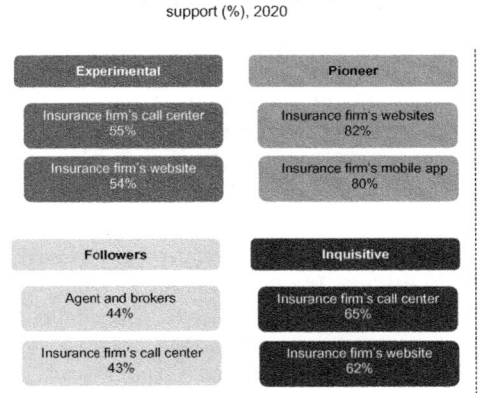

Customers' preferred channels for post-purchase support (%), 2020

Experimental
- Insurance firm's call center — 55%
- Insurance firm's website — 54%

Followers
- Agent and brokers — 44%
- Insurance firm's call center — 43%

Pioneer
- Insurance firm's websites — 82%
- Insurance firm's mobile app — 80%

Inquisitive
- Insurance firm's call center — 65%
- Insurance firm's website — 62%

Insurers' view on the effectiveness of the channel for policy servicing (%), 2020

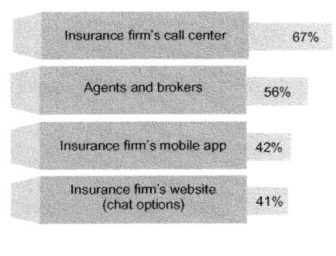

- Insurance firm's call center — 67%
- Agents and brokers — 56%
- Insurance firm's mobile app — 42%
- Insurance firm's website (chat options) — 41%

Question to customers: Indicate your preference for using the channels listed below for interacting with the insurance firm for resolving issues, updating information, or filing claims. Rate on a scale of 1 to 7, where 1 = Do not prefer, and 7 = Highly prefer. Responses above 4 are shown in the figure.

Question to insurers: In your experience, how effective are the following channels for policy servicing? Rate on a scale of 1 to 7, where 1 = Not effective at all, and 7 = Highly effective. Responses above 5 are shown in the figure.

Abbildung 6.8 Channels for policy serving.
(Quelle: Eigene Darstellung, in Anlehnung an Capgemini & Efma, 2020, S. 18; Capgemini Financial Services Analysis, 2020; Capgemini Voice of the Customer Survey, 2020; World Insurance Report 2020 Executive Interview, 2020)

Dennoch erscheint für Versicherungsunternehmen der Aufbau von konsistent digitalen Verbindungen mit Versicherungsnehmer*innen als problematisch. Über den gesamten Kund*innenlebenszyklus hinweg, von der Recherche bis hin zur Nachkaufphase, sind Versicherungsunternehmen bisher nicht dazu in der Lage, eine zuverlässige und qualitative Omnichannel-Kommunikation zu etablieren. Diese Problematik beschränkt sich nicht nur auf die Kund*innen, sondern umfasst ebenfalls die Unterstützung der eigenen Beschäftigten. Versicherungsunternehmen nehmen die wachsende Bedeutung von Omnichannel-Kommunikation allerdings zunehmend wahr. So geben rund 70 Prozent an, eine Bereitschaft für vermehrte Investitionen in traditionelle Kanäle (Callcenter, Niederlassungen, Vermittelnde) aufzuweisen. 80 Prozent äußern, dass sie darauf vorbereitet sind, stärker in digitale Kanäle (Webseiten, mobile Apps, Social Media) zu investieren. Allerdings sind nur 45 Prozent der befragten Führungskräfte dazu bereit, in Portale zu investieren, die Policen miteinander vergleichen. Im Informationszeitalter nicht in Vergleichsportale zu investieren, ist jedoch kurzsichtig, da ein Großteil der Kund*innen angibt, vor dem Treffen einer Kaufentscheidung verschiedene Angebote vergleichen zu wollen. Präsenz auf diesen Portalen zu zeigen, stellt daher einen wesentlichen Erfolgsfaktor dar (Capgemini & Efma, 2020).

(2) Die COVID-19-Pandemie als Treiber der Transformation
Wie die meisten Organisationen, sehen sich Versicherungsunternehmen einem erheblichen Veränderungsdruck aufgrund der COVID-19-Pandemie ausgesetzt. Die Veränderungen betreffen nicht nur die Gewährleistung der Sicherheit der eigenen Beschäftigten, sondern auch die Begleitung ihrer Kund*innen durch diese außergewöhnliche Phase, von denen viele weltweit um den Fortbestand ihrer Existenz kämpfen. Die ersten Auswirkungen der COVID-19-Pandemie auf Versicherungsunternehmen zeigten sich vor allem in einer Welle an Online-Recherchen über Policen, Anfragen über konkrete Deckungen und eine Vielzahl von Versicherungsfällen aufgrund von nicht angetretenen Reisen. Da traditionelle Kanäle wie Vermittelnde oder Callcenter nicht oder nur stark eingeschränkt für Kund*innen verfügbar waren, entwickelten sich digitale Kanäle nahezu zur einzigen Möglichkeit, um miteinander kommunizieren und interagieren zu können. Zentrale Fragen, mit denen sich Versicherungsunternehmen schlagartig auseinandersetzen mussten, waren beispielsweise: „Sind alle wichtigen Deckungsfragen in Bezug auf COVID-19 für Versicherte über Online-Kanäle wie Social Media oder die unternehmenseigene Webseite zugänglich und verständlich? Bestehen vollständig digitale Lösungen, um Ansprüche zu bearbeiten? Können vorkonfigurierte Chatbots überlastete Callcenter im Falle von allgemeinen Anfragen entlasten? Kann die Flut an online eingereichten Versicherungsansprüchen fristgerecht und auf eine kund*innenorientierte Art bewältigt werden?" Diese Fragen verdeutlichen, dass eine erfolgreiche Betreuung von Versicherungsnehmer*innen während dieses beispiellosen globalen Szenarios vor allem in Abhängigkeit von der Effektivität der Onlinekanäle steht. Verunsicherte Kund*innen suchen im Kontext der gesellschaftlichen Transformation mehr

6.1 Transformation der Versicherungsbranche

denn je bei ihren Versicherungsunternehmen nach Kontinuität und Sicherheit. Nur Versicherungsunternehmen, denen es in dieser Ausnahmesituation gelingt, ihren Versicherten mit kund*innenfreundlichen digitalen Lösungen zur Seite zu stehen, werden einen entscheidenden Grundstein für eine langfristige Bindung legen können (Capgemini & Efma, 2020; Capgemini & Efma, 2021).

Vor allem ist die Versicherungsindustrie jedoch von den indirekten Folgen der COVID-19-Pandemie betroffen. Zum Beispiel führen gestiegene Insolvenzanmeldungen von Unternehmen bei Kreditversicherungsunternehmen zu erhöhten Ausfällen. Hohe Auszahlungen aufgrund von Betriebsunterbrechungen fallen innerhalb der Versicherungsbranche allerdings nicht an, da eine Absicherung des Risikos „übertragbare Krankheiten" kaum verbreitet ist. Dies liegt in den schwer abzuschätzenden Folgen eines Virusausbruchs begründet, wodurch eine Pandemie zu den Kumulrisiken zählt. Unter Kumulrisiken werden Gefahren verstanden, die innerhalb eines geringen Zeitraums eine hohe Anzahl an Schäden verursachen und somit die Versicherungsunternehmen überfordern können. So ist das Prinzip der Risikostreuung nicht länger funktionsfähig, wenn Versicherte weltweit im selben Zeitraum Schäden melden. Andere Kumulereignisse, wie bspw. Erdbeben oder Hurrikans, charakterisieren sich hingegen durch eine regionale Begrenzung. Ferner zeigten Unternehmen für eine derartige Absicherung bisher nur ein geringes Interesse. COVID-19 könnte daher zu einem Treiber dieses Marktsegmentes werden. Vor allem bei internationalen Konzernen wird derzeit ein wachsendes Risikobewusstsein von den Versicherungsunternehmen festgestellt. Letztlich kann das Segment jedoch nur wachsen, wenn die Branche das Kumulrisiko „Pandemie" überhaupt bewältigen kann, indem das Risiko auf mehrere Akteur*innen verteilt wird. Dies könnten bspw. mehrere Versicherungsunternehmen sein, aber auch institutionelle Investor*innen, die im Rahmen von Katastrophenanleihen Risiken tragen, wie im Falle von Hurrikans (GDV, 2020a).

Ein weiterer Grund für die Zurückhaltung der Versicherungsunternehmen, wirtschaftliche und finanzielle Schäden durch Infektionskrankheiten abzusichern, ist das Risiko, das mit dem Lebensversicherungsgeschäft einhergeht. Versicherungsunternehmen müssen im Todesfall ihrer Versicherungsnehmer*innen die vertraglich vereinbarte Leistung erfüllen; hierbei ist unerheblich aufgrund welcher Krankheit der Tod eingetreten ist. Aus diesem Grunde überprüft die Versicherungsaufsicht durch sogenannte Stresstests[23] in regelmäßigen Abständen, ob die Versicherungsunternehmen auch bei einem plötzlichen Anstieg von Todesfällen

---

[23] Im Rahmen von „Stresstests" erfolgt eine Simulation krisenhafter Veränderungen des Kapitalmarkts und deren Auswirkungen auf die Bilanz eines Versicherungsunternehmens. Negative Ergebnisse signalisieren Versicherungsunternehmen rechtzeitig das Erfordernis, Gegenmaßnahmen zu veranlassen (Müller, 2017).

ihren Verpflichtungen nachkommen könnten. Die COVID-19-Pandemie verdeutlicht aktuell, wie schnell sich eine Krankheit innerhalb einer global vernetzten Welt ausbreiten kann. Nie zuvor hatte eine andere Epidemie ein derartiges Potenzial zu einer Pandemie zu werden (GDV, 2020a).

Nach der großen Finanzkrise in den Jahren 2008 und 2009 konnten keine nennenswerten Steigerungen der Stornoquoten in Bezug auf Lebensversicherungsprodukte festgestellt werden. Inwieweit die COVID-19-Pandemie zu einem Anstieg der Quoten führen wird, bleibt noch abzuwarten. Dennoch werden die Folgen für die Versicherungswirtschaft als weniger schwerwiegend eingeschätzt als für die gesamte Konjunktur, da die Krise die Versicherungsunternehmen nach einer Phase der starken Anpassung an veränderte Rahmenbedingungen trifft. Bereits seit Jahren werden Produkte an das vorhandene Niedrigzinsumfeld angepasst (z. B. in Form von flexiblen Garantien) und die 2016 durchgeführte Implementierung des Regelwerks Solvency II hat in den vergangenen Jahren die Kapitalpuffer der Versicherungsunternehmen gestärkt. Darüber hinaus profitiert die Versicherungsbranche von ihrer langfristigen Ausrichtung, die es den Gesellschaften erlaubt, ihre getätigten Investitionen während der Krise halten zu können und Notverkäufe zu ungünstigen Kursen zu vermeiden (GDV, 2020b).

Nicht zuletzt wurde durch COVID-19 für die Versicherungsunternehmen deutlich, wie zentral der Ausbau von Cloud-Diensten[24] und digitalen Kund*innenschnittstellen für beratungsintensive Produkte ist. Bisher erfolgte ein starker Fokus auf leicht erklärbare Leistungen, die meist mit niedrigen Beitragszahlungen und geringeren Margen einhergehen. Gerade in Krisenzeiten ist es jedoch entscheidend, auch die anderen, anspruchsvolleren Produkte digital vertreiben zu können (GDV, 2020b; Capgemini & Efma, 2021). So zeigen die Ergebnisse des WIR 2020, dass schon vor der Krise alle befragten Kund*innensegmente – neben Vermittler*innen – die Webseiten der Versicherungsanbietenden sowie deren mobile Apps zu den bevorzugten Kanälen für den Abschluss einer Versicherung zählen (Capgemini & Efma, 2020). Die COVID-19-Pandemie dürfte diese Entwicklung weiterhin antreiben.

---

[24] In der vorliegenden Arbeit werden unter „Cloud-Dienste" Geschäftsmodelle und Technologien verstanden, die IT-Ressourcen dynamisch bereitstellen und ihre Verwendung auf der Grundlage flexibler Bezahlmodelle abrechnen. Die IT-Ressourcen, wie bspw. Anwendungen oder Server, müssen somit nicht in organisationseigenen Rechenzentren betrieben werden, sondern sind flexibel und bedarfsorientiert durch ein dienstleistungsbasiertes Geschäftsmodells über das Intranet oder Internet verfügbar. Unternehmen werden durch die Nutzung von Cloud-Diensten dazu in die Lage versetzt, langfristige Investitionsausgaben für den Einsatz von IT zu reduzieren, da im Rahmen der Cloud-Nutzung vorwiegend operationale Kosten anfallen (Leymann & Fehling, 2018).

6.1 Transformation der Versicherungsbranche

(3) Veränderungen im Wettbewerb aufgrund der Transformation

Aktuelle Entwicklungen verdeutlichen, dass vor allem nicht-traditionelle Versicherungsanbietende wie digital-agile BigTechs[25] oder Produktherstellende zunehmend mit bisher beispiellosen Kund*innenerlebnissen überzeugen.[26] Seit 2018 setzt sich die World Insurance Serie mit der Frage auseinander wie globale BigTechs sich darauf vorbereiten, in den Versicherungsmarkt einzutreten oder erste Schritte innerhalb von diesem wagen (Capgemini & Efma, 2019, 2018). Gerade die chinesischen BigTechs Tencent und Alibaba machen hierbei innerhalb der Branche auf sich aufmerksam, da sie eine sehr hohe Kund*innenanzahl in kurzer Zeit gewinnen konnten (Capgemini & Efma, 2020).[27] Tencent, das chinesische Facebook-Pendant, führte die Versicherungsplattform „WeSure" im November 2017 in den Markt ein und konnte bereits Ende 2019 über 25 Mio. Kund*innen verzeichnen (Sheehan, 2019). Der chinesische Finanzdienstleister Ant Financial konnte innerhalb eines Jahres (Markteintritt Oktober 2018) rund 100 Mio. Versicherungsnehmer*innen akquirieren. Ant Financial ist eine Tochtergesellschaft des Amazon-Konkurrenten Alibaba und vertreibt seine Policen über die Onlineplattform „Xiang Hu Bao" (dt. „Gemeinsamer Schutz"). Xiang Hu Bao stellt eine auf Blockchain[28] basierende Plattform dar, die wiederum von den vorhandenen Strukturen von Alibaba profitiert, indem

---

[25] Als „BigTechs" werden innerhalb der Studie große, multinationale Technologieunternehmen wie bspw. Google, Amazon, Facebook und Apple angesehen (Capgemini & Efma, 2020). Innerhalb der medialen Berichterstattung werden diese vier Unternehmen auch als die amerikanischen „GAFAs" bezeichnet. Meist werden in diesem Zusammenhang auch die drei chinesischen BigTechs Baidu, Alibaba und Tencent erwähnt, die abgekürzt „BATs" genannt werden (exemplarisch The Economist, 2019; Manager Magazin, 2019; Handelsblatt, 2019a).

[26] In der vorliegenden Arbeit wird unter dem Begriff „Kund*innenerlebnis" die Qualität jeder Interaktion von Kund*innen mit einem Unternehmen, seinen Dienstleistungen oder Produkten verstanden. Das Kund*innenerlebnis nimmt eine zentrale Rolle in nahezu allen Märkten ein, aufgrund eines zunehmenden Wettbewerbs und einer wachsenden Anzahl an austauschbaren Dienstleistungen und Produkten sowie gleichzeitig sinkenden Loyalitätsraten und einer steigenden Wechselbereitschaft und Erlebnisorientierung der Kund*innen. Die Erzeugung von positiven Kund*innenerlebnissen stellt somit ein entscheidendes Handlungsfeld für Unternehmen dar, um sich im Wettbewerb zu differenzieren und von einer dauerhaften Kund*innenbindung profitieren zu können (Holland, 2018). Die Generierung gesteigerter Kund*innenerlebnisse wird im Englischen auch als „superior Customer Experience" (abgekürzt „superior CX") bezeichnet (Capgemini & Efma, 2020).

[27] Innerhalb des chinesischen Marktes engagieren sich die großen Tech-Konzerne bereits seit mehreren Jahren im Versicherungsgeschäft. So hatten sich Alibaba, Tencent und der Versicherungskonzern Ping An schon 2013 dazu entschlossen das Versicherungs-Start-up „ZhongAng" zu gründen (Der Aktionär, 2019).

[28] Unter dem Terminus „Blockchain" (dt. Blockkette) wird eine dezentrale Datenbank verstanden, die innerhalb eines Netzwerkes auf zahlreichen Rechnern gespiegelt vorzufinden

sie bspw. dessen mobilen Zahlungsabwicklungsdienst AliPay nutzt, der von über 500 Mio. Personen verwendet wird (South China Morning Post, 2019b; msg life, 2019; Fromme, 2019).

Xiang Hu Bao machte zu Beginn vor allem aufgrund seiner ausgefallenen Versicherungen – z. B. für selbst verursachte Alkoholvergiftungen (binge drinking insurance) – und seiner extrem hohen Verkaufszahlen von bis zu 200 Mio. Policen an einem Tag die weltweite Versicherungsbranche sowie Investoren auf sich aufmerksam. Unüblichen Versicherungsschutz dieser Art darf das Unternehmen inzwischen nicht mehr anbieten. Das größte chinesische Online-Versicherungsunternehmen fokussiert sich nunmehr auf die Absicherung der Rücktransporte von Paketsendungen über die Online-Einkaufsplattform Taobao, die wiederum Alibaba angehört und das chinesische Gegenstück zu Ebay darstellt. Nach eigenen Angaben können mehr als 300 verschiedene Versicherungsprodukte abgeschlossen werden (South China Morning Post, 2020; Fromme, 2019).

Im Februar 2020 fügte Xiang Hu Bao COVID-19 zu den versicherten Krankheiten hinzu, die für eine Auszahlung von bis zu 100.000 Yuan (rund 12.500 EUR) in Frage kommen. Im Rahmen der Bearbeitung der eingereichten Ansprüche profitiert die Onlineplattform in hohem Maße von ihrer Blockchain-Technologie, da diese schnell, dezentral sowie papier- und vertrauensfrei arbeitet. Versicherte reichen ihre Belege als Nachweis ein, während Ermittlungsfirmen auf die Dokumente direkt über die Blockchain zugreifen können. Darüber hinaus genießen Nutzende den Vorteil einer Personenerkennung, die durch Künstliche Intelligenz ermöglicht wird. Mit Hilfe der Systeme können Abrechnungen von über 10.000 verschiedenen Krankenhäusern aus China verifiziert werden, wobei alle Beteiligten in jedem Moment über eine vollständige Einsicht in den gesamten Prozess verfügen (South China Morning Post, 2020; Fromme, 2019).[29]

---

ist. Kennzeichnend für die Blockchain ist die Zusammenfassung und Speicherung von Einträgen in Blöcken. Aufgrund eines von sämtlichen Rechnern genutzten Konsensmechanismus kann eine Authentizität der Datenbankeinträge gewährleistet werden. Das Potenzial der Blockchain-Technologie beschränkt sich nicht auf die Finanzdienstleistungsbranche. Auch im Rahmen des sich fortentwickelnden Internet der Dinge könnte Blockchain eine effiziente Möglichkeit darstellen, um bspw. Identitätsverifizierungen vorzunehmen, Eigentumsverhältnisse zu verbriefen oder um Abwicklungen für Mikrozahlungen zwischen Geräten durchzuführen (Mitschele, 2018).

[29] Das Versicherungsunternehmen „Blue Cross Insurance", das zur Bank of East Asia gehört, setzt ebenfalls auf die Blockchain-Technologie und spricht dieser während der COVID-19-Pandemie eine Schlüsselrolle in der Schadenbearbeitung zu. Das Unternehmen bietet eine App an und erklärt hierzu, dass seine Plattform über 1.000 Transaktionen pro Sekunde ohne menschliche Eingriffe verwalten kann. Durch ein Mindestmaß an Bürokratie, ohne

Ferner setzt das Online-Versicherungsunternehmen auf Big Data und digitale Ökosysteme, was z. B. die Vernetzung mit rund 300 Partner*innen und das Teilen von Daten mit zahlreichen anderen Versicherungsunternehmen zur Optimierung des Risikomanagements verdeutlichen. Ein weiterer entscheidender Erfolgsfaktor ist die einfache Angebotsgestaltung, die einen Vertragsabschluss mit nur vier Klicks ermöglicht. Da die Produkte von Zhong An ausschließlich im Internet erworben werden können (Online-only-Versicherungsunternehmen) und das Unternehmen für die Personenerkennung, die Prüfung von Schadensansprüchen und die Auswertung von eingereichten Dokumenten, wie z. B. Krankenakten, Künstliche Intelligenz (KI)[30] nutzt, benötigt Xiang Hu Bao nach eigenen Angaben lediglich 50 Beschäftigte.[31] Die geringeren Personalkosten schlagen sich wiederum in günstigeren Preisen im Vergleich zur Konkurrenz nieder.[32] Nicht zuletzt greift Xiang Hu Bao im Streitfall auf das Kollektiv zurück und lässt eine Jury aus Hunderten von Kund*innen entscheiden, ob Versicherungsnehmer*innen letztlich Geld zugesprochen wird (South China Morning Post, 2019a; msg life, 2019; Der Aktionär, 2019; Bloomberg, 2019).

Das Beispiel von Xiang Hu Bao verdeutlicht, dass Einzelhandelsplattformen im Vertrieb von Versicherungspolicen äußerst effektiv sein können und lässt

---

das Erfordernis, Dokumente zu versenden oder persönlichen Kontakt, würde das Infektionsrisiko deutlich gesenkt werden. Patient*innen, die die App von Blue Cross Insurance verwenden, können das Resultat ihrer eingereichten Ansprüche innerhalb eines Tages nach ihrem Krankenhausbesuch einsehen (South China Morning Post, 2019b).

[30] Durch den Einsatz dieser Systeme konnte bereits eine zweistellige Millionenzahl an Abrechnungen analysiert werden (Fromme, 2019).

[31] Vor allem die niedrige Beschäftigtenzahl veranschaulicht, dass die neuen Technologien ein hohes Maß an Automatisierung, Standardisierung sowie höherer Effektivität und Effizienz von Geschäftsprozessen (z. B. durch Online-Vertrieb und digitale Schadenbearbeitung) ermöglichen (Eling & Lehmann, 2018), da ansonsten das anfallende Arbeitspensum von den Mitarbeitenden nicht zu bewältigen wäre. Vor allem Künstliche Intelligenz ist zunehmend dazu in der Lage komplexere Aufgaben zu erledigen. Auf der Grundlage einer wachsenden Datenbasis ist es KI möglich unbekannte Fälle mit zahlreichen datenbankgespeicherten Fällen abzugleichen, sodass sie mehr und mehr eigenständig komplexe Sachverhalte analysieren und bewerten kann und bspw. Versicherungsanträge vollautomatisch von dieser Technologie geprüft werden (Dengler & Matthes, 2018).

[32] Der Weltmarktführer Ping An, der in China durchschnittlich jede siebte Person versichert, beschäftigt beispielsweise 376.900 Mitarbeitende und gab für das Jahr 2018 Personal-Aufwände in Höhe von umgerechnet 8,4 Mrd. Euro an (Süddeutsche Zeitung, 2019b; Ping An, 2019).

Skeptiker*innen, die bisher Akteur*innen wie „Amazon" einen ernsthaften Eintritt in den Versicherungsmarkt nicht zutrauten, aufhorchen.[33] Ferner weist die Kombination aus einfachem Vertragsabschluss und dem intensiven Einsatz von KI, die wiederum einen starken Online-Vertrieb, eine einfache Handhabung und die Verbesserung des Portfolios ermöglicht, einen großen Vorbildcharakter für Versicherungsunternehmen auf. Weiterhin kann der Erfolg chinesischer Online-Versicherungsunternehmen auf einen konsequenten Aufbau digitaler Ökosysteme, ein tiefgreifendes Kund*innenverständnis sowie einen außergewöhnlichen und gleichzeitig hervorragenden Service zurückgeführt werden. Zwar stehen die hohen Verkaufszahlen und der Erfolg in Verbindung mit den besonderen Gegebenheiten des chinesischen Marktes, der sehr schnell wächst[34] und gleichzeitig ein hohes Maß an Zusatzdeckung aufgrund des mangelhaften Gesundheitswesens erfordert und dessen Bevölkerung gleichzeitig digital-affin und offen für neuartige Versicherungsprodukte ist. Dennoch besteht auch außerhalb von China ein großes Marktpotential in Bezug auf Versicherungsdienstleistungen für BigTechs, aus denen eine ernstzunehmende Konkurrenz für Versicherungsunternehmen weltweit erwachsen kann (South China Morning Post, 2019a; Fromme, 2019; msg life, 2019; Bloomberg, 2019).

---

[33] Sein Debüt innerhalb der Versicherungslandschaft feierte „Amazon Protect" im Jahr 2016 in Großbritannien mit dem Angebot, über Amazon erworbene Produkte wie Waschmaschinen, Smartphones, oder Laptops gegen Beschädigungen, Diebstahl oder Defekte abzusichern. In diesem Rahmen ging Amazon eine Kooperation mit dem britischen Versicherungsunternehmen „London General Insurance Company Limited" ein. Vor dieser Zusammenarbeit verkaufte Amazon deutlich günstigere Geräteversicherungen der „Ergo" (CB Insights, 2017; WirtschaftsWoche, 2018). Da der Abschluss einer Versicherung nur einen weiteren Klick erfordert, vergleichen die Kund*innen jedoch meist keine Preise oder überlegen, ob die Versicherung überhaupt sinnvoll ist und tätigen einen spontanen Abschluss, woraus Amazon seine Vorteile zieht. Die Einzelhandelsplattform verfügt auf Grundlage der getätigten Käufe seiner Kund*innen über umfangreiche Profile insbesondere hinsichtlich deren Interessen, Hobbys und Finanzkraft. Mit diesen Daten können personalisierte Versicherungsangebote entwickelt werden (WirtschaftsWoche, 2018).

[34] Gemessen am Beitragsaufkommen ist China seit dem Jahr 2017, nach den USA, der zweitgrößte Versicherungsmarkt und wird sich vss. bis zum Jahr 2030 zum größten Markt für Versicherungsdienstleistungen entwickeln (Staib & Puttaiah, 2018; Casanova-Aizpún, Krüger & Puttaiah, 2019). Ein unterstützender regulatorischer Rahmen sowie finanziell gut ausgestattete und technikaffine Internetkonzerne wie Tencent und Alibaba, die Versicherungsmodelle auf Basis einer Digital-First-Strategie erfinden, bieten nahezu perfekte Bedingungen für ein Marktwachstum. Internetfirmen werden die rasant wachsende Nachfrage nach digitalen Versicherungsprodukten nicht unberücksichtigt lassen und zukünftig eine Deckung des Bedarfs entlang der gesamten Lieferkette anstreben. Die aufgezeigten Entwicklungen stellen somit erst den Anfang der Disruption innerhalb des Versicherungsmarktes dar (msg life, 2019).

6.1 Transformation der Versicherungsbranche

Der hohe Nutzen, den BigTechs bieten, führt dazu, dass immer mehr Kund*innen dafür offen sind, neue Anbietende auszuprobieren. Das Interesse daran, eine Versicherung über ein BigTech-Unternehmen abzuschließen, steigt international rasant an. Während im Jahr 2016 nur 17 Prozent der Befragten äußerten, dass sie sich vorstellen können ein Versicherungsprodukt bei einem BigTech-Unternehmen abzuschließen, geben 2020 schon 36 Prozent an, einen derartigen Abschluss in Erwägung zu ziehen.[35] Deutsche Kund*innen weisen mit einer Entwicklung von 7 auf 21 Prozent in dem Zeitraum von 2016 auf 2018 zunächst eine stark zunehmende Bereitschaft auf, die seither jedoch stagniert (Capgemini & Efma, 2020; Capgemini, 2020). Ylva Wessèn, Präsidentin und CEO von Folksam, eine der größten Versicherungsgesellschaften in Schweden, äußert hierzu in einem Interview, dass ihrer Einschätzung nach Kund*innen, die ständig mit einem BigTech interagieren, eine deutlich stärkere Neigung dafür entwickeln würden, bei einer derartigen Organisation eine Versicherung abzuschließen.[36] Die Tage, an denen Kund*innen einfach das Versicherungsunternehmen ihrer Eltern übernehmen würden, seien hingegen lange vorbei (Capgemini & Efma, 2020).

Allerdings führen nicht nur BigTechs zu einem steigenden Wettbewerb, auch produzierende Unternehmen drängen in den Versicherungsmarkt. So startete Tesla im August 2019 sein eigenes Versicherungsprogramm für Kund*innen in Kalifornien

---

[35] Die Offenheit gegenüber BigTechs oder produzierenden Unternehmen steht hierbei in enger Verbindung mit der Kund*innengruppe. Von den Pionieren geben bspw. 68 Prozent der Befragten an, sich vorstellen zu können Versicherungsprodukte bei BigTechs bzw. 62 Prozent Policen bei Herstellenden abzuschließen. Die Follower zeigen hier ein deutlich zurückhaltenderes Bild mit einem Ergebnis von 13 bzw. 12 Prozent. Im Rahmen der Frage wurde eine Skala von 1 bis 7 gewählt, wobei der Wert 1 die Aussage „höchst unwahrscheinlich" und 7 die Angabe „sehr wahrscheinlich" repräsentierte. Antworten im Bereich 5 bis 7 wurden von den Autor*innen der Untersuchung als „Offenheit" interpretiert (Capgemini & Efma, 2020).

[36] Wie wichtig ein regelmäßiger Kund*innenkontakt ist, zeigen Ergebnisse des World Insurance Reports 2018, in dem über 10.000 Kund*innen international nach ihren Serviceerfahrungen in bestimmten Branchen befragt wurden. Versicherungsunternehmen schnitten zwar mit einem Ergebnis von 72 Prozent insgesamt gut auf der Zufriedenheitsskala ab (dritter Platz von sieben Branchen), jedoch ist auffällig, dass gerade die Banken mit 75 Prozent den zweiten Rang einnehmen konnten (nach den Handelsunternehmen mit 76 Prozent). Finanzdienstleistungskund*innen weisen eine signifikant geringere Zufriedenheit mit dem Kund*innenservice von Versicherungsgesellschaften auf, da diese deutlich weniger Kund*innenkontaktpunkte vorweisen konnten. In Deutschland sind deutliche Unterschiede bei einem Direktvergleich zwischen Versicherungsunternehmen und Banken bei einer näheren Betrachtung einzelner Serviceparameter zu erkennen. So wurde bei dem zentralen Aspekt „Leichte Handhabung" eine Differenz in Höhe von 17 Prozentpunkten ermittelt. Die Parameter „Schneller Service" (11 Prozentpunkte Unterschied) sowie „After Sales Service" (8 Prozentpunkte Unterschied) wiesen ebenfalls auf einen klaren Aufholbedarf der Versicherungsbranche hin (Capgemini & Efma, 2018).

mit dem Ziel, das Angebot kontinuierlich auszuweiten. Hintergrund des Einstiegs von Tesla in den Versicherungsmarkt waren die bisher sehr hohen Versicherungsprämien für die Fahrzeuge der Marke, da bestehende traditionelle Versicherungsunternehmen aufgrund einer mangelnden Datenlage über Elektrofahrzeuge aus der Historie teilweise eine Absicherung der Fahrzeuge ablehnten oder diese pauschal in die höchstmögliche Preisklasse einstuften. Die hohen Versicherungsprämien, die darüber hinaus nicht auf die Produkt- und Kund*innenanforderungen ausgerichtet waren, stellten somit ein hohes Hemmnis für Interessent*innen dar, ein Tesla Fahrzeug zu erwerben (Capgemini & Efma, 2020). Die Preise von Tesla sollten hingegen bis zu 30 Prozent günstiger als bei anderen Anbietenden von Versicherungen sein (Tesla, 2020; The Conversation, 2020).

Tesla erklärt die Ermöglichung der günstigeren Preise mit der Tatsache, dass das Unternehmen seine eigenen Produkte am besten kenne und somit über eine deutlich bessere Informationslage zur Risikoeinschätzung als die Konkurrenz verfüge. Dies gelte vor allem für die Funktionsweisen des Autopiloten[37], weitere Sicherheitsfunktionen der Fahrzeuge, wie z. B. die Stabilitätskontrolle und die Diebstahlsicherung, sowie die individuelle Fahrweise der Fahrer*innen, die für jedes Auto aufgrund von Kameraaufnahmen und Sensormesswerten einzeln vorliegen würden. So verfügt Tesla nach jedem Unfall über einen direkten Zugriff auf die Daten über das Fahrverhalten, das zu dem Unfall geführt hat. Dieser Informationsvorsprung erleichtert es nach Angaben von Tesla, andere Anbietende zu unterbieten und relevante Daten zu seinen Sicherheitsaspekten zu generieren. Tesla gibt an, dass, aufgrund der fortschrittlichen Technologie, innerhalb der Fahrzeuge bereits alle Daten für eine optimale Absicherung vorliegen würden und somit perfekt ausgearbeitete Versicherungspaket bestünden, die genau auf die Bedürfnisse der Kund*innen abgestimmt seien.[38] Ferner wirbt das Unternehmen damit, dass die Versicherung jederzeit gekündigt bzw. geändert werden kann, der Vertragsabschluss so einfach gestaltet ist, dass er in einer Minute auszufüllen ist und sogar individuelle Risikoprofile, basierend auf den Daten des Fahrzeuges, erstellt werden

---

[37] An dieser Stelle sei allerdings darauf hingewiesen, dass der Autopilot von Tesla unter Verdacht steht, technische Mängel aufzuweisen, woraus fehlerhafte Berechnungen bezüglich der jeweiligen Fahrweise und zu hohe individuelle Versicherungsprämien resultieren sollen (LaChance, 2022).

[38] Aufgrund der geringen Erfahrungswerte gibt es bisher nur selten spezifische Versicherungstarife für Elektrofahrzeuge. Insbesondere eine Vollkaskoversicherung des Elektrofahrzeuges gestaltet sich für Kund*innen häufig als schwierig (Handelsblatt, 2019c). Die Angebote von Tesla Insurance wurden hingegen von Grund auf für die Fahrzeuge von Tesla entwickelt und bieten bspw. einen speziellen Schutz für Batterieschäden, eine Absicherung des Tesla Wall-Connectors (Ladestation des Anbietenden) sowie einen Autopilot-Rabatt an (Tesla, 2020).

können, die wiederum langfristig eine personalisierte Preisgestaltung ermöglichen. Nicht zuletzt verfügt Tesla über eigene Werkstätten und ist dazu in der Lage, Ersatzteile ohne Aufschläge des Einzelhandels zu liefern (Tesla, 2020; The Conversation, 2020; Versicherungswirtschaft, 2019; Heise, 2019; Capgemini & Efma, 2020).

Durch das Angebot von eigens entwickelten Versicherungen werden somit nicht nur die Unterhaltskosten für ein Tesla Fahrzeug gesenkt, sondern weitere zentrale Vorteile wie ein größtmögliches Maß an Individualisierung, Flexibilität, Service und Benutzungsfreundlichkeit geboten. Die Strategie ist darüber hinaus genau auf die Klientel der Tesla-Kund*innen ausgerichtet, da das exklusive Versicherungsangebot einzigartig im Markt ist und das Gefühl stärkt, einer besonderen und zukunftsorientierten Community anzugehören. Dadurch wird ein hochgradig kund*innenzentrierter Ansatz verfolgt wird. Das Beispiel verdeutlicht, wie aktuell eine neue Form von Wettbewerber*innen in den Versicherungsmarkt drängt, die sich nicht länger auf ihr eigentliches Kerngeschäft beschränkt. Vielmehr erstellen sie attraktive Gesamtpakete, indem sie zusätzlich hoch personalisierte Mehrwertdienstleistungen anbieten, die perfekt auf das eigentliche Produkt abgestimmt worden sind und genau auf die Bedürfnisse ihrer Kund*innen eingehen. Versicherte profitieren wiederum von dieser Entwicklung durch ein tieferes und breiteres Produktportfolio sowie einer effizienteren Bereitstellung von Versicherungsprodukten (Capgemini & Efma, 2020; The Conversation, 2020).

Als Folge der aufgezeigten Entwicklungen wird deutlich, dass Versicherungsunternehmen Kund*innen bzw. Interessent*innen verlieren, wenn sie nicht auf zentrale Entwicklungen innerhalb der Gesellschaft eingehen bzw. zu langsam darauf reagieren. So ist davon auszugehen, dass Tesla nicht in den Versicherungsmarkt eingestiegen wäre, wenn es adäquate Angebote von bestehenden Versicherungsunternehmen gegeben hätte. Die ‚Trägheit' der Versicherungsbranche wurde jedoch von Elon Musk (CEO, Tesla) als eine Barriere für viele Innovationen, die er für die Zukunft plant, angesehen (The Conversation, 2020).

Die dargestellten Entwicklungen werden von traditionellen Versicherungsunternehmen genauestens verfolgt und als hohes Risiko eingestuft, insbesondere weil die neuen Akteur*innen vom nationalen Rechtsrahmen in der Regel nicht erfasst werden.[39] Die Politik ist in diesem Rahmen gefordert, zeitnah eine Anpassung der regulatorischen Anforderungen vorzunehmen, da nur auf diesem Wege ein fairer

---

[39] Nationale Rechtsrahmen stellen gleichzeitig ein zentrales Hindernis für einen europäischen Binnenmarkt für Versicherungsprodukte dar. Aufgrund national höchst unterschiedlicher Versicherungsvertragsgesetze werden im Privatkund*innengeschäft lediglich ein Prozent der Verträge grenzüberschreitend abgeschlossen. Darüber hinaus besteht für Versicherungsunternehmen das Problem, dass sie im Privatkund*innengeschäft keine Freiheit der Rechtswahl genießen. Stattdessen gilt das Recht am Sitz der Kund*innen. Aus diesem Grund

Wettbewerb zwischen traditionellen Versicherungsunternehmen und Neueinsteiger*innen sowie der internationalen Konkurrenz sichergestellt werden kann. Nicht zuletzt werden von den Versicherungsunternehmen aufgrund des steigenden Wettbewerbs wachsende Niedrigpreissegmente erwartet (Ehrentraut, Funke & Pivac, 2017).

(4) Bedeutung von Daten und KI innerhalb der Transformation
Neben den dargestellten Entwicklungen steigt die Relevanz von Daten für die Versicherungsunternehmen in erheblichem Maße. Aus diesem Grunde sind Aktuar*innen[40] nicht länger die einzigen Beschäftigten innerhalb eines Versicherungsunternehmens, die sich mit erweiterten Daten auseinandersetzen. Erweiterte Daten stellen inzwischen ein Gut dar, das einen enorm hohen Einfluss auf die Produktivität sämtlicher Versicherungsfunktionen nimmt. Diese Form der Daten kann beispielsweise über Smartwatches, Telematik-Geräte oder Chatbots in Echtzeit erfasst werden – ein Szenario, das vor der Digitalisierung für Versicherungsunternehmen unerreichbar war. Automatisierte Prozesse und intelligente Prozessautomatisierungen ermöglichen einen sachkundigen internen sowie externen Datentransfer zwischen Ökosystemen. Ferner können durch die analytischen Möglichkeiten neuer Technologien bspw. Verkaufsprognosen im Vorfeld erstellt werden. Aufgrund des erhöhten Datenfundus und den verbesserten technischen Analysemöglichkeiten über alle Prozessschritte hinweg – von der Erhebung über den Transfer bis hin zur Datenverarbeitung – ist es einfacher, Kund*innendaten in allen Geschäftsbereichen zu harmonisieren und eine 360-Grad- Perspektive von den Versicherungsnehmer*innen zu gewinnen. Hierdurch können wiederum Upselling- und Cross-Selling-Effekte gestärkt werden.[41] Die Präferenzen von Kund*innen entwickeln sich dynamisch; eine 360-Grad-Perspektive ermöglicht in diesem Rahmen tiefere Einblicke in die Bedürfnisse der Kund*innen, sodass Versicherungsunternehmen schneller

---

bevorzugen selbst international tätige Versicherungsunternehmen das Angebot von nationalen Versicherungsprodukten anstatt von Europaeinheitlichen (Jank, 2018). Jank (2018) kritisiert, dass auch die Realisierung der EU-Versicherungsvertriebsrichtlinie (Insurance Distribution Directive, IDD), die einem verbesserten Verbraucher*innenschutz dient, an dieser Gegebenheit nichts ändere.

[40] Sogenannte „Aktuar*innen" stellen Wirtschafts-/Versicherungsmathematiker*innen dar, die von der Deutschen Aktuarvereinigung (DAV) geprüft und innerhalb der EU anerkannt sind. Aktuar*innen sind dazu in der Lage, diverse Risiken, wie bspw. Versicherungs-, Liquiditäts- oder Kapitalanlagerisiken mit Hilfe von Methoden der Statistik und Wahrscheinlichkeitsrechnung zu analysieren (Bockshecker, Dobner & Müller, 2018).

[41] Unter dem Begriff „Upselling" wird in der vorliegenden Arbeit das Bestreben eines Unternehmens verstanden, seinem vorhandenen Kund*innenbestand höherwertige Produkte bzw.

auf veränderte Interessen und Risiken reagieren und bei Kund*innenkontakt exzellenten Service bieten können. Das deutsche Versicherungsunternehmen „Allianz" verwendet z. B. kontinuierliche Monitoringprozesse im Rahmen von Social Media und telefonischen Kund*innenkontakten, um Kund*innenrückmeldungen für Innovationen und kontinuierliche Verbesserungen zu verwenden. Die Allianz analysiert jede Woche Daten von tausenden Versicherungsnehmer*innen. Hierfür setzt sie die Software „Qualtrics" für Kund*innenbefragungen ein und nutzt das Sprachanalysetool „Verint", um Telefonate mit Versicherungsnehmer*innen auszuwerten, Muster zu erkennen und Maßnahmen zu entwickeln, um Kund*innenerlebnisse zu optimieren.[42] Des Weiteren werden Kommentare auf Social Media Accounts der Allianz verfolgt (Allianz Worldwide Partners, 2020).

Ferner besteht in einem besseren Verständnis der Kund*innen die große Chance für eine adäquatere Risiko-Bepreisung.[43] So führt die erhöhte Transparenz aufgrund der Digitalisierung nicht nur zu einem Abbau der Informationsasymmetrie zugunsten der Versicherungsnehmer*innen, sondern auch zu einer verbesserten

---

Dienstleistungen zu höheren Preisen anzubieten. Der Terminus „Cross-Selling" steht hingegen für die Ausschöpfung bestehender Kund*innenbeziehungen, indem zusätzliche Angebote gemacht werden. Eine hohe Cross-Selling-Quote repräsentiert einen effizienten Vertrieb, da Kund*innen eine hohe Anzahl an Verträgen abschließen bzw. eine hohe Anzahl an Produkten erwerben. Die Quote kann mit Hilfe von einschlägigen Preisgestaltungen (Rabatten) verbessert werden (Wagner, 2018b; Wagner & Esch, 2018).

[42] Durch die Rückmeldungen von Kund*innen können sog. „Schmerzpunkte" behoben werden. Bspw. meldeten Versicherte auf die Frage, wie Vorteile und Leistungen verständlicher dargestellt werden könnten, zu einem Großteil zurück, sich eine Liste mit Aufzählungszeichen und einfach formulierten und kurzen Beschreibungen zu wünschen. Generell wurde angegeben, dass keine „Versicherungssprache" verwendet werden sollte, was dazu führte, dass die Allianz ihre Policen umformulierte und eine intuitiv und leichter zu verstehende Sprache wählte (Allianz Worldwide Partners, 2020).

[43] Noch immer differenzieren sich Versicherungsunternehmen, gerade im Rahmen von Sachversicherungen, gegenüber Wettbewerbern verstärkt über den Preis. Hierdurch sind die Unternehmen dazu gezwungen, Prozesse und Organisation sorgfältig auf Einsparpotenziale zu überprüfen. Aktuell werden die größten Einsparpotenziale innerhalb der Schadenregulierung (Schäden online melden, Automatisierung, Betrugserkennung durch KI) und der Digitalisierung von Dokumenten gesehen. So ermöglichen bspw. bildgebende Verfahren, wie das Hochladen von Videos und Fotos durch die Versicherungsnehmer*innen, eine nahtlose Datenintegration in das Schadenmanagement. Gleichzeitig wird der Regulierungs- und Leistungsprozess für die Kund*innen auf diesem Wege schneller und transparenter. Insur-Techs wie „ONE" setzen Maßstäbe im Schadenmanagement, indem sie bis zu 60 Prozent der Schäden vollautomatisch und in Echtzeit regulieren. Darüber hinaus sollen direkte Onlinevertragsabschlüsse massiv die Schaden-Kosten-Quoten reduzieren (Branchenkompass Insurance, 2019).

Informationslage über zu versichernde Risiken. Die Big-Data-Technologien ermöglichen es zunehmend, Risiken für einzelne Kund*innen besser einzuschätzen. Daten, die bspw. Telematik-Geräte und Wearables erheben, versetzen Versicherungsunternehmen mehr und mehr in die Lage, Tarifhöhen individuell festlegen zu können, sodass eine vorsichtige Fahrweise oder ein gesunder Lebensstil in Zukunft günstigere Tarife zur Folge haben könnte. Versicherungsunternehmen können sich auf dieser breiteren Datenbasis vertieft mit der Frage auseinandersetzen, welche Risiken überhaupt versicherungswürdig oder noch versicherbar sind. Kund*innen, die bspw. überdurchschnittliche Risiken aufweisen, sich Verletzungen oder schwere Krankheiten zuzuziehen, könnten von sehr hohen, teilweise sogar nicht mehr zahlbaren Prämien betroffen sein oder gänzlich von einem Versicherungsschutz ausgeschlossen werden, da das Risiko als nicht tragbar eingestuft wird. Sollte dieses Szenario eintreten, ein Versicherungsschutz allerdings gesellschaftlich erwünscht sein, wären staatliche Maßnahmen bzw. Regulierungen erforderlich, um Versicherungsnehmer*innen, geschädigte Personen und den Sozialstaat zu schützen (Ehrentraut et al., 2017).[44]

Der WIR 2020 kommt zu dem Ergebnis, dass lediglich 38 Prozent der Versicherungsunternehmen Daten von IoT-Geräten und nur 33 Prozent Daten von Natural

---

[44] Die Versicherungsgesellschaft „John Hancock" war im Jahr 2018 das erste großes US-amerikanische Versicherungsunternehmen, das ankündigte, zukünftig ausschließlich Lebensversicherungen im Neugeschäft anzubieten, die auf der Weitergabe sensibler Gesundheitsdaten ihrer Kund*innen basieren. Die Versicherungsnehmer*innen zeichnen, bspw. mit Hilfe von Fitness-Apps und Armbändern, Ernährungs- und Lebensgewohnheiten auf und übermitteln diese an das Versicherungsunternehmen. Im Gegenzug für eine gesunde Lebensweise erhalten die Versicherten günstigere Tarife sowie Preisnachlässe (FAZ, 2018). Das sogenannte „Pay-as-you-live-Konzept" erfährt vor allem innerhalb der Europäischen Union eine kontroverse Diskussion (Eling & Lehmann, 2018). Seit das zweitgrößte Privatversicherungsunternehmen „Generali" derartige Tarife 2016 mit „Generali Vitality" für ausgewählte Risiko- und Berufsversicherungen einführte, wird in Deutschland verstärkt über die Thematik diskutiert. Dabei wird vor allem die Sicherheit sensibler Gesundheitsdaten behandelt, die an die Versicherungsunternehmen übertragen werden. Die „Verbraucherzentrale Bundesverband" (vzbv) sieht bspw. in derartigen Konzepten das „Solidarsystem" in hohem Maße gefährdet. Kritiker*innen warnen vor einer drohenden „Gesundheitsdiktatur" (Versicherungsbote, 2018).

6.1 Transformation der Versicherungsbranche

Language Processing (NLP) basierten Unterstützungssystemen, wie bspw. Chat-Bots[45], aufgreifen.[46] Darüber hinaus fokussieren sich 91 Prozent auf eine effiziente Datenhandhabung anhand von regelbasierten automatisierten Verfahren bzw. 64 Prozent auf Automatisierungen, die von Künstlicher Intelligenz (KI) Gebrauch machen.[47] 68 Prozent äußerten, dass sie fortgeschrittene analytische Methoden verwenden, um tiefer in gewonnene Daten eintauchen zu können. Fast 76 Prozent der

---

[45] Der Terminus „Chatbots" bezeichnet Dialogsysteme, die über natürlichsprachliche Fähigkeiten verfügen. Diese Fähigkeiten können auditiver oder textueller Art sein und werden meist mit animierten bzw. statischen Avataren kombiniert. Chatbots dienen der Bearbeitung von Kund*innen- und Interessent*innenanliegen aber auch ihrer Unterhaltung und finden Verwendung auf Webseiten oder in Instant-Messaging-Systemen. Innerhalb von sozialen Medien gibt es sog. Social Bots, die ebenfalls als Chatbots in Erscheinung treten können (Bendel, 2018a). Da bei einem Social Bot häufig Unklarheit darüber herrscht, ob es sich um einen Chatbot oder das Profil einer realen Person handelt, wurden Social Bots häufig in der Öffentlichkeit kritisiert. Vor allem ihr Einsatz zu Wahlkampfzeiten, z. B. in Großbritannien oder den USA, wurde als Gefahr für die Demokratie angesehen, da sie zur Verbreitung von Fake News und als Instrument zur Manipulation und Agitation eingesetzt werden können (Bendel, 2018b).

[46] Insbesondere in Bezug auf die Datenerfassung genießen BigTechs einen deutlichen Vorteil gegenüber Versicherungsunternehmen, da BigTechs jede Möglichkeit ausschöpfen, Kund*innendaten über IoT-Geräte bzw. NLP-basierte Unterstützungssysteme aufzunehmen. Gerade in Krisenzeiten wie der COVID-19-Pandemie stieg die Nutzung von Chatbots durch die Verbraucher*innen an, wodurch BigTechs über größere Datenmengen verfügen und dadurch präzise und hochwertigere Kund*innenerlebnisse ermöglichen können (Capgemini & Efma, 2020).

[47] Im Sommer 2018 führte das kanadische Unternehmen „Manulife" als erstes Lebensversicherungsunternehmen einen KI-basierten Entscheidungsalgorithmus für die Risikoeinschätzung ein, um manuelle Eingriffe zu reduzieren und somit die Policierung einfacher und zeitnaher durchführen zu können. Ferner erhalten (potenzielle) Kund*innen schneller eine Rückmeldung in Bezug auf ihren Antrag (Manulife, 2018). Das US-Versicherungsunternehmen „MetLife" verwendet Künstliche Intelligenz, um seinen Beschäftigten im Kund*innencenter dabei zu helfen, eine stärkere Kund*innenbindung aufzubauen, indem Kund*innenemotionen während der Konversation verfolgt werden. Das System weist die Betreuer*innen im Callcenter bspw. darauf hin, wenn sie zu schnell sprechen, eine zu lange Redepause festgestellt wurde oder gerade ein guter Moment wäre, um Empathie zu zeigen. Gerade Empathie ist ein zentraler Erfolgsfaktor für Lebensversicherungsunternehmen, da viele Kund*innen, die anrufen gerade eine nahestehende Person verloren haben oder selbst berufsunfähig geworden sind. Doch nicht nur das Verhalten der Kund*innen wird gemessen, auch die Emotionen der Beschäftigten werden erfasst und überprüft (z. B. ob sich Beschäftigte müde oder distanziert anhören, USA Today, 2019).

befragten Versicherungsunternehmen geben an, dass sie versuchen, ein ganzheitliches Bild (360-Grad-Perspektive) von ihren Kund*innen zu gewinnen, um diese besser zu verstehen und die Bindung zu stärken (siehe Abbildung 6.9).[48]

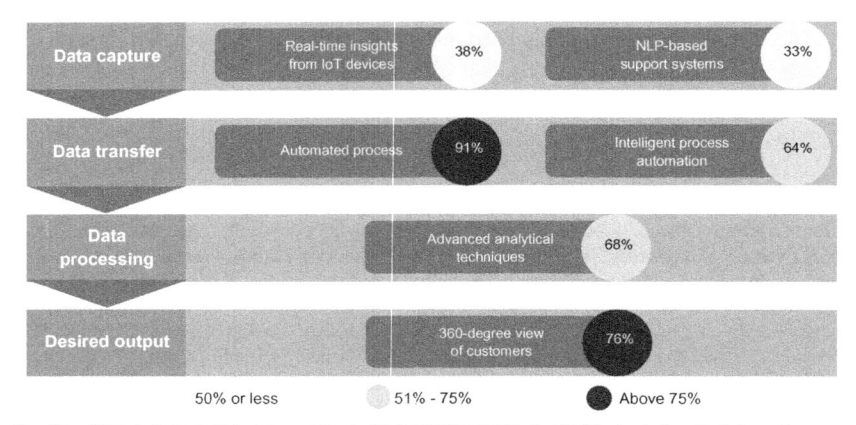

Data capture	Real-time insights from IoT devices	38%	NLP-based support systems	33%
Data transfer	Automated process	91%	Intelligent process automation	64%
Data processing		Advanced analytical techniques	68%	
Desired output		360-degree view of customers	76%	

50% or less   51% - 75%   Above 75%

Question: Please indicate at which stage your organization is when it comes to using the following tools and techniques. Use a scale of 1 to 4, where 1 = In progress, 2 = Plan to implement in the short to medium term (3-5 years), 3 = Plan to implement over the long term (>5 years), and 4 = No plants to implement. Only answer 1 is shown in the figure.

Abbildung 6.9 Insurers' implementation of tools/techniques for capturing customer preferences, 2020.
(Quelle: Eigene Darstellung, in Anlehnung an Capgemini & Efma, 2020, S. 20; Capgemini Financial Services Analysis, 2020; Capgemini Voice of the Customer Survey, 2020; WIR 2020 Executive Interview, 2020)

Da die wachsende Datenflut zukünftig nur durch den Einsatz von Künstlicher Intelligenz bewältigt werden kann, stellt sich die Frage, in welchem Entwicklungs- bzw. Nutzungsstadium sich diese Technologie bereits in Deutschland befindet. Eine Untersuchung der Unternehmensberatung PwC (2020) verdeutlicht, dass deutsche Versicherungsunternehmen im Vergleich zu chinesischen Anbietenden einen großen Nachholbedarf bzgl. der Investitionen in KI aufweisen. So schätzen Expert*innen, dass China einen Vorsprung von ca. fünf Jahren in Bezug auf die Verwendung von Künstlicher Intelligenz aufweist. Große Investitionen werden aktuell jedoch nicht getätigt, um diesen Rückstand zeitnah aufzuholen. Vielmehr werden einzelne Testfelder gestartet (z. B. zur individuellen Kund*innenkommunikation) bzw. einzelne Schritte digitalisiert (bspw. der Schriftguteingang).

---

[48] Eine vertiefende Untersuchung, in welchem Implementierungsstadium sich digitale Technologien innerhalb von Versicherungsunternehmen befinden, erfolgte im Rahmen des World Insurance Reports 2017 (siehe Anhang M im elektronischen Zusatzmaterial).

6.1 Transformation der Versicherungsbranche

Mit diesen Ansätzen ist es möglich, mit relativ kleinen Budgets einen vergleichsweise großen Nutzen zu erzielen. Ein umfassender Einsatz von KI-Technologien im Rahmen der Datenanalyse und somit im Underwriting liegt jedoch noch in weiter Ferne (Fromme, 2019; McKinsey, 2021). Zwar vertreten 97 Prozent der 151 befragten Führungskräfte aus dem deutschsprachigen Finanzsektor die Ansicht, dass Künstliche Intelligenz eine wichtige oder sehr wichtige Innovation innerhalb der kommenden fünf Jahre für die Branche darstellen wird, dennoch sehen sie gleichzeitig großen Hindernisse bei deren Adaption. Als schwerwiegendste Hürden werden der Mangel an verfügbaren Daten (69 Prozent), Budgetbeschränkungen (67 Prozent), fehlende KI-Fähigkeiten von Mitarbeitenden (64 Prozent) sowie Bedenken hinsichtlich des Datenschutzes (63 Prozent) von den Führungskräften genannt. Auf der anderen Seite sehen sie vor allem Chancen darin, mit Hilfe von KI die Effizienz ihrer Geschäftsprozesse zu steigern (79 Prozent), von Kosteneinsparungen zu profitieren (73 Prozent), Personalisierungen für Kund*innen vorzunehmen (55 Prozent, z. B. Chatbots, Angebote) oder Gesetze und Unternehmensrichtlinien effizienter einzuhalten (50 Prozent). Die Studie kommt zu dem Schluss, dass Künstliche Intelligenz zu einem zentralen Wettbewerbsfaktor innerhalb der Finanzdienstleistungsbranche in Europa werden wird. So sollten Versicherungsunternehmen jetzt in KI investieren, um nicht von Versicherungsunternehmen bzw. Technologiekonzernen aus China und Nordamerika verdrängt zu werden (PwC, 2020).[49]

Die genannten Bedenken der Führungskräfte in Bezug auf das Thema Datenschutz verdeutlichen, dass im Rahmen der Künstlichen Intelligenz nicht nur technische Hürden zu bewältigen sind. Je weiter die Technologie voranschreitet, umso mehr stoßen gerade europäische Versicherungsunternehmen, aufgrund von datenschutzrechtlichen Themen sowie den hohen regulatorischen Anforderungen innerhalb des Versicherungswesens, an Grenzen. Insbesondere aber wollen Versicherungsnehmer*innen wissen, was mit den Daten geschieht, die von ihnen erhoben werden und in welchen Fällen ein Algorithmus wie entscheidet. So stößt der Gedanke, dass ein Roboter ohne Empathie oder Kulanz über ihre

---

[49] Im Januar 2019 äußerte bspw. der chinesische Weltmarktführer Ping An die Einschätzung, dass europäische bzw. deutsche Versicherungsunternehmen aufgrund wachsender Anforderungen, steigendem Wettbewerb und sinkender Profitabilität innerhalb des Marktes vor einer schweren Krise stehen, die viele Unternehmen nicht überleben würden. Im Gegensatz zur Bankenkrise würde sich diese aber nicht schlagartig ausbreiten, sondern graduell. Donald Lacey (Leiter Operatives Geschäft der Ping An-Gesellschaft Global Voyager) greift in diesem Zusammenhang auf eine Metapher zurück, um seine Einschätzung zu veranschaulichen: So würde ein Frosch, der ins kochende Wasser geworfen wird, schnell wieder herausspringen. Bei einem langsamen Temperaturanstieg fühle er sich hingegen lange wohl, würde jedoch langfristig ebenso sterben (Süddeutsche, 2019c).

persönlichen Belange im Versicherungsfall entscheidet, bei deutschen Versicherungsnehmer*innen auf deutlich größere Zurückhaltung als bspw. bei Kund*innen im chinesischen Markt. Expert*innen fordern daher die Weiterentwicklung der „Explainable Artificial Intelligence (XAI)" (dt. „Erklärbare Künstliche Intelligenz"). Der Ausdruck repräsentiert ein Prinzip, das die Arbeits- und Funktionsweise von KI sowie ihrer erzielten Ergebnisse für die Anwendenden so verständlich wie möglich gestalten soll, sodass diese angemessen mit ihr arbeiten und ihr vertrauen können.[50] Nicht nachvollziehbare Entscheidungen in der „Black Box"[51] sollen mit Hilfe von Explainable Artificial Intelligence verhindert werden (Verbraucherzentrale Bundesverband, 2018, 2019).

Eine Erhebung, die im Auftrag der „Verbraucherzentrale Bundesverband (vzbv)" durchgeführt wurde, verdeutlicht, dass vor allem Transparenz zu einem zentralen Erfolgsfaktor für den Einsatz von Künstlicher Intelligenz in Deutschland wird. So sehen viele Verbraucher*innen automatisierte Entscheidungen eher als Gefahr denn als Chance an, gerade wenn die Entscheidungsprozesse und -kriterien dabei unklar bleiben (nur 18 Prozent der Befragten sehen mehr Chancen als Risiken). 75 Prozent der Befragten äußern eine Besorgnis in Bezug auf Black Box-Algorithmen. 77 Prozent geben an, dass für den Staat die Möglichkeit bestehen müsse, zu überprüfen, ob die automatisierten Entscheidungen geltendem Recht entsprechen würden (Verbraucherzentrale Bundesverband, 2018, 2019).

Untersuchungen von Zweig (2019, 2018) verdeutlichen, dass die Skepsis der Befragten nicht unbegründet ist. Anhand einer umfassenden Analyse veranschaulicht die Autorin, dass Fehler in sämtlichen Prozessphasen von algorithmischen

---

[50] In diesem Rahmen wurden diverse Methoden entwickelt, um ein besseres Verständnis dafür zu generieren aus welchem Grunde die KI bestimmte Entscheidungen getroffen hat. Zentrale Ansätze stellen die Counterfactual Method, die Local Interpretable Model-Agnostic Explanations, die Layerwise Relevance Propagation sowie die Rationalization dar (siehe hierzu Samek, Montavon, Vedaldi, Hansen & Müller, 2019).

[51] In der vorliegenden Arbeit wird unter dem Terminus „Black Box" (dt. schwarzer Kasten) ein Modell verstanden, in dem zwar die Eingabe- und Ausgabesignale bekannt sind, jedoch nicht die Prozesse und Mechanismen, die sich ‚innerhalb' der Black Box vollziehen (Stangl, 2020).

Entscheidungssystemen[52], die sich im Rahmen des KI-Einsatzes vollziehen, auftauchen können. Die Mängel sind hierbei nicht nur handwerklicher oder technischer Natur (Programmierung), sondern entstehen insbesondere in Fällen, in denen die KI eine Einbettung in einen gesellschaftlichen Kontext erfährt und Anwendende mit ihr interagieren. Sie weist daher daraufhin, dass Systeme, die algorithmusbasierte Entscheidungen treffen, nie isoliert betrachtet werden sollten, sondern immer als Bestandteil eines sozio-technischen Gesamtkonstruktes zu sehen sind. Als Fehlerquellen identifiziert sie hauptsächlich drei Mechanismen: zu geringe Datenmengen, zufällige Faktoren (z. B. unerwartete Erkrankungen von Leistungsträger*innen) sowie fehlerhafte Entwicklungen oder die inkorrekte Verwendung von Algorithmic Decision Making-Systemen. Aufgrund der sozialen Konsequenzen, die Künstliche Intelligenz für einzelne Individuen und die Gesellschaft haben kann (bspw. Diskriminierung von Bewerber*innen), plädiert sie für einen Diskurs über grundsätzlich gewünschte Effekte der KI, nötige Datengrundlagen sowie eine Festlegung des Rahmens innerhalb dessen die Systeme überhaupt eingesetzt werden können bzw. dürfen. Ferner betont sie das Erfordernis einer Überwachung der Entscheidungsqualität. Die Autorin skizziert erste Lösungsansätze, um Fehler aufgrund von ADM-Systemen zu vermeiden. Zentrale Schritte sieht sie hierbei in der transparenten Beschreibung des Dateneingangs sowie der Kriterien, mit denen das selbstständig lernende algorithmische Entscheidungssystem trainiert wurde. Die Gewährung von Einblicken in das ADM-System für einen Expert*innenkreis, der über eine entsprechende Qualifikation verfügt, sowie eine Darstellung der grundsätzlichen Wirkungsweise des ADM-Systems und seiner Entscheidungsregeln stellen weitere Anforderungen dar (Zweig, 2019).

Aus den genannten Gründen lehnt die Verbraucherzentrale Bundesverband (vzbv) Entscheidungsprozesse, die auf der Grundlage von ADM-Prozessen bzw. Künstlicher Intelligenz in einer Blackbox stattfinden, ab und fordert für die Verwendung von KI und Algorithmen ein klares Regelwerk, das Publikations- und

---

[52] Algorithmische Entscheidungssysteme (engl. algorithmic decision making Systems, ADM-Systeme) basieren auf Regeln, auf deren Grundlage eine Entscheidung durch das System getroffen werden kann. Die Bestimmung der Schadensfreiheitsklassen für KFZ-Versicherungen auf der Basis der vorhandenen Datenlage stellt hierfür ein einfaches Beispiel dar. In diesem Falle sind die Entscheidungsregeln für die Anwendenden eindeutig und erkennbar, da sie hauptsächlich auf der bisherigen Unfallhistorie sowie dem Alter der Fahrer*innen basieren. Gesellschaftlich herausfordernd sind jedoch Entscheidungssysteme, deren Regeln selbstständig von „Algorithmen" abgeleitet werden. Algorithmen werden eingesetzt, um Lösungen für mathematisch darstellbare Problemstellungen zu finden, die in differenzierten Anwendungssituationen wiederkehrend zu lösen sind. Sie definieren eine Handlungsfolge, die – basierend auf der gegebenen Informationslage (Eingabe) – eine Ausgabe mit geforderten Eigenschaften berechnet (Zweig, 2019).

Kennzeichnungspflichten sowie Auskunftsrechte umfassen soll. In diesem Rahmen sollen Verbraucher*innen das Recht haben, zu erfahren, wann ein Algorithmus über sie eine Entscheidung trifft bzw. ob dieser einen zentralen Einfluss in der Vorbereitung einer Entscheidung genommen hat. Darüber hinaus sollen alle Akteur*innen, die ADM-Prozesse geschäftlich nutzen, um wesentliche Entscheidungen über Personen zu treffen bzw. vorzubereiten, verpflichtet werden, Entscheidungslogiken darzustellen und Transparenz bzgl. der verwendeten Datenbasis zu erzeugen. Ferner fordern Verbraucherschützer*innen eine Kennzeichnungspflicht, ob Versicherungsnehmer*innen bei der Kontaktaufnahme mit Versicherungsunternehmen mit einer Maschine oder einem Menschen interagieren. Nicht zuletzt spricht sich der vzbv für ein staatlich legitimiertes Kontrollsystem aus, sodass Einblicke in relevante ADM-Prozesse ermöglicht werden und sichergestellt werden kann, dass dem Datenschutzrecht[53] entsprochen und das Diskriminierungsverbot eingehalten wird (Verbraucherzentrale Bundesverband, 2018, 2019). Die Resultate verdeutlichen, dass der erfolgreiche Einsatz von Künstlicher Intelligenz in der deutschen Versicherungsindustrie zukünftig nicht allein von der technischen Realisierung abhängt, sondern vielmehr davon, inwieweit die Versicherungsnehmer*innen der Technologie vertrauen sowie von dem Ausmaß der staatlichen Regulierung (Verbraucherzentrale Bundesverband, 2018, 2019).

(5) Globalisierung und kulturelle Differenzen innerhalb der Transformation
Die bisher dargestellten Ergebnisse sollten auch für das chinesische Versicherungsunternehmen Ping An von Interesse sein, das aktuell das Ziel verfolgt, in den Finanzdienstleistungsmarkt in Europa bzw. Deutschland verstärkt einzutreten. Ein erster Schritt hierzu erfolgte im November 2018, indem sich das Unternehmen mit vorerst 40 Mio. Euro bzw. 15 Prozent an dem Berliner Unternehmen „Finleap" beteiligte. Die Signal Iduna und Hannover Rück sind ebenfalls an Finleap beteiligt (Süddeutsche, 2019b; msg life, 2019). Finleap ist bekannt dafür das Insur-Tech „Element" sowie den digitalen Versicherungsanbietenden „Clark" gegründet zu haben. Ping An setzt sehr hohe Budgets ein, um seine 23.000 IT-Entwickler*innen beschäftigen und die neuesten Technologien nutzen zu können. Über Investitionen in europäische bzw. deutsche Unternehmen forciert der Konzern die Verbreitung seiner Entwicklungen, insbesondere aus den Bereichen Blockchain und Künstliche Intelligenz. Deutsche Versicherungsunternehmen sind mit diesen Entwicklungen

---

[53] Das sog. „Datenschutzrecht" setzt sich aus diversen Gesetzen zum Schutz des Individuums zusammen, die seine Privatsphäre in einer zunehmend computerisierten und automatisierten Welt vor unberechtigten externen Zugriffen (bspw. Staat oder andere Individuen) schützt (Siepermann, 2018a).

6.1 Transformation der Versicherungsbranche

konfrontiert und können nicht davon ausgehen, dass keine Gefahr von Versicherungsanbietenden aus dem asiatischen oder amerikanischen Raum droht, weil bspw. die Märkte oder Datenschutzvorgaben sehr unterschiedlich sind. So erklärt Lacey, dass aus seiner Sicht Technologien von Ping An ohne Probleme auf andere Länder übertragbar seien (Süddeutsche Zeitung, 2019b).

Doch nicht nur chinesische Versicherungsunternehmen haben das Potenzial anderer Märkte für sich erkannt. So nutzen auch europäische Versicherungsunternehmen die 2018 eingeleitete Liberalisierung des Finanz- und Versicherungssektors in China.[54] Im November 2018 erteilte die China Banking and Insurance Regulatory Commission (CBIRC) der Allianz, als erstem ausländischen Versicherungsunternehmen, die Genehmigung zur Gründung einer Holding, ohne jegliche Beteiligung eines chinesischen Unternehmens. Oliver Bäte, CEO der Allianz Gruppe, sieht diesen Schritt als einen wichtigen Meilenstein an, um die Präsenz in diesem strategisch wichtigen Markt auszubauen, der innerhalb der kommenden acht Jahre um ca. 14 Prozent pro Jahr wachsen soll (Handelsblatt, 2018b; Der Aktionär, 2018). Darüber hinaus ging die Allianz im Sommer 2018 eine Partnerschaft mit dem chinesischen E-Commerce-Anbieter „JD.com" ein, um digitale Versicherungen in China anbieten zu können. Das Unternehmen JD.com konnte im Jahr 2017 einen Umsatz in Höhe von rund 56 Milliarden US-Dollar vorweisen und zählt, neben dem Konkurrenten Alibaba, zu den größten chinesischen Online-Handelsplattformen. Das Unternehmen verfolgt schon seit 2015 das Vorhaben, sich mit der Allianz verstärkt in asiatischen Märkten zu platzieren, da er eine deutliche Verschiebung des globalen Wachstums von den traditionellen Märkten in die Schwellenländer (insbesondere nach Asien) sieht (Handelsblatt, 2018a; Weber et al., 2020).

Darüber hinaus zeigt das französische Versicherungsunternehmen AXA ein hohes Interesse am chinesischen Markt. Im November 2018 kündigte der Konzern an, die übrigen Anteile an dem Gemeinschaftsunternehmen „AXA Tianping" von seinen chinesischen Partner*innen zu erwerben. AXA Tianping ist innerhalb von 20 Provinzen mit 25 Niederlassungen sowie 93 Zweigstellen vertreten. Das Unternehmen belegt mit einem Prämienvolumen von rund einer Milliarde US-Dollar

---

[54] Die zentralste Veränderung besteht in dem Wegfall des Zwangs, dass internationale Versicherungsunternehmen und Banken ein Joint Venture mit einheimischen Gesellschaften bilden müssen. Darüber hinaus durften vor der Liberalisierung ausländische Versicherungsunternehmen nur in den chinesischen Markt eintreten, wenn sie ein bereits 30-jähriges Bestehen im Assekuranzgeschäft vorweisen konnten. Eine Entwicklung, von der insbesondere jüngere Gesellschaften bzw. InsurTechs und BigTechs profitieren dürften. Nicht zuletzt fällt ein weiteres Hindernis im Bankensektor. Hier mussten ausländische Institute bisher im Rahmen der Gründung einer chinesischen Geschäftsbank Aktiva in Höhe von 10 Mrd. US-Dollar vorweisen. Bei der Gründung einer Zweigstelle lag die Grenze sogar bei 20 Mrd. US-Dollar (GTAI, 2019).

im Segment der Unfall- und Gebäudeversicherung den 15. Rang im chinesischen Versicherungsmarkt. Das Versicherungsunternehmen AXA ist bereits seit Anfang der 1990er Jahre in asiatischen Märkten vertreten und konnte seine dortige Präsenz innerhalb der vergangenen Jahre in hohem Maße ausbauen. Inzwischen ist der Konzern mit Beteiligungen und Auslandstöchtern in Staaten wie Japan, Hongkong, Südkorea, Singapur sowie in Schwellenländern wie bspw. Thailand, den Philippinen, Indonesien und Malaysia vertreten (Versicherungsbote, 2019).[55]

Die Ausführungen verdeutlichen, wie sehr die Megatrends der Digitalisierung, Flexibilisierung und Globalisierung miteinander verflochten sind, sich wechselseitig beeinflussen und antreiben. Gerade innerhalb der Finanzwirtschaft nehmen diese Interdependenzen seit Jahren permanent zu und entwickeln einen äußerst komplexen und weitläufigen Charakter.[56] Finanzströme werden mehr und mehr von internationalen Transaktionen geprägt und Versicherungsunternehmen tätigen Investitionen in Staaten bzw. Währungen, von denen sie sich höhere Renditen oder niedrigere Kosten versprechen. Probleme werden zunehmend in einem globalen Rahmen betrachtet und gelöst. Internationale Versicherungsunternehmen tätigen Handlungen nicht innerhalb eines isolierten Systems, sondern innerhalb eines globalen Netzwerkes, aus dem sich globale Risiken aber auch Chancen ergeben (Handelsblatt, 2019b; GDV, 2020b; Capgemini & Efma, 2019). Gleichzeitig steigt aufgrund des wachsenden Wettbewerbs die Standortkonkurrenz, die einen hohen Druck auf die (Arbeits-) kosten und die (Arbeits-) einkommen ausübt (Widuckel, 2015b).

Darüber hinaus agieren auch Versicherte in höherem Maße über eigene Landesgrenzen hinweg und benötigen Versicherungsprodukte, die international gültig sind und vor allem durch internationales Recht abgedeckt werden. Ausländische Märkte unterliegen jedoch unterschiedlichen Rahmenbedingungen und weisen erhebliche Unterschiede in Bezug auf die Nachfrage der Produkte auf, sodass in jedem Land ein anderes Leistungsspektrum angeboten werden muss, um erfolgreich zu sein (Jank, 2018; Capgemini & Efma, 2020). Vor allem länderspezifische Faktoren wie z. B.

---

[55] An dieser Stelle sei darauf hingewiesen, dass aufgrund aktueller Entwicklungen in China, wie der Null-Covid-Strategie, der Immobilienkrise sowie Stromabschaltungen in industriell dicht besetzten Regionen, der Standort an Attraktivität für ausländische Direktinvestitionen verloren hat. Die Unternehmen scheuen zunehmend die Unberechenbarkeit der Staatsführung sowie die praktizierte Isolation des Landes (Handelsblatt, 2022a, 2022b; FAZ, 2022c).

[56] Erste Ansätze der Globalisierung sind bereits seit den 1970er Jahren erkennbar und führten zu einem stärkeren Fokus auf Effizienz und Kostenmanagement. Seither erfolgt eine kontinuierliche globale Ausweitung der Geschäftstätigkeiten von Versicherungsunternehmen, die vor allem in der Förderung des zwischenstaatlichen Wirtschaftsverkehrs, dem Abbau rechtlicher Barrieren und Regulierungen bzw. dem weltweiten Trend zur Marktliberalisierung, technologischen Fortschritten und der Internationalisierung der Versicherungsaufsicht begründet liegen (Theis & Wolgast, 2010).

der kollektive Sicherheitsgedanke, politische Machtverhältnisse, geografische und kulturelle Gegebenheiten oder die Pro-Kopf-Kaufkraft nehmen einen hohen Einfluss auf die Platzierung von Versicherungsprodukten. So kostet eine Versicherung gegen Unfälle, Überschwemmungen, Brände und weitere Naturkatastrophen Privatkund*innen in Indien lediglich einen Euro Prämie im Jahr.[57] In Japan ist zwar eine deutlich höhere Kaufkraft der Haushalte gegeben, hier nehmen jedoch kulturelle Aspekte einen wesentlichen Einfluss auf das Produktangebot, das Marketing und den Vertrieb. So sehen Japaner Haustiere nicht als Familienmitglied an, sondern vielmehr als ein Produkt wie eine Stereoanlage oder einen Fernseher. Der erfolgreiche Abschluss einer Tierkrankenversicherung kann nur über die direkte Gegenüberstellung von Kosten erfolgen, indem die Kund*innen davon überzeugt werden, dass die Tierkrankenversicherung günstiger ist als der Kauf eines neuen Haustieres (Die Welt, 2009). Hierdurch wird deutlich, dass die Ausweitung globaler Aktivitäten und Kooperationen sowie die hierfür notwendige Digitalisierung eine Diversität unterschiedlicher Kompetenzen erforderlich werden lässt, um den dargestellten Differenzierungen entsprechen zu können. Der in Abschnitt 5.3.2 beschriebene Fachkräftemangel wird hierbei vorwiegend durch Zuwanderung gedeckt werden (müssen), sodass eine wachsende Vielfalt unter den Beschäftigten zu erwarten ist. Versicherungsunternehmen sind in diesem Zusammenhang nicht nur auf eine größere Diversität bezüglich demografischer Merkmale wie Alter oder Geschlecht angewiesen, sondern vor allem auf eine Differenzierung an Kompetenzen und kulturellen Hintergründen ihrer Belegschaft. Die wachsende Diversität darf in diesem Rahmen nicht nur als Deckung des Personalbedarfs angesehen werden, sondern vielmehr als ein wertvoller Kompetenzzuwachs (Widuckel, 2015b).

(6) Auswirkungen der Transformation auf Versicherungsprodukte
Die Megatrends beeinflussen jedoch nicht nur die Erwartungen der Kund*innen oder führen zu einem verstärkten Wettbewerb im Markt, sondern haben gleichzeitig

---

[57] Derartige Versicherungen werden als „Mikroversicherungen" bezeichnet. Mikroversicherungen stellen ein Angebot von Versicherungsprodukten dar, die sich durch geringe Prämien sowie relativ kleine Versicherungssummen auszeichnen und hierdurch von einkommensschwachen Personen abgeschlossen werden können. Mikroversicherungen werden, ähnlich wie Mikrokredite, als Einzel- oder Gruppenversicherungen offeriert (Hastenteufel, 2018). Trotz der geringen Prämien rentiert sich das Geschäft aufgrund der großen Zielgruppe (GDV, 2019). So leben in Indien rund 1,4 Mrd. Menschen (Statista, 2020f). Während innerhalb Europas die Einnahmen aus klassischen Sachversicherungen wie Kfz- und Hausrat aufgrund des demografischen Wandels jährlich sinken, gestaltet sich die Entwicklung in Asien mit einer wachsenden Käuferschaft und Kaufkraft gänzlich anders (Handelsblatt, 2019b; GDV, 2019).

ein sich rasant wandelndes Umfeld zur Folge, dass die Risikolandschaft für die Versicherungsbranche komplett verändert. Diese Entwicklungen führen entweder zu komplett neuen Risiken, über die keine Historie besteht, oder sie verändert bereits bekannte Risiken in so hohem Maße, dass es Versicherungsunternehmen zunehmend schwer fällt diese richtig einschätzen bzw. absichern zu können (Capgemini & Efma, 2019; Capgemini, 2019b). Die Auswirkungen, der in Abbildung 6.10 dargestellten Risiken, treffen vor allem kleinere Versicherungsunternehmen mit bis zu 500 Beschäftigten schwer. Beispielsweise wirken sich hohe Bürokratiekosten aufgrund der Erfüllung von EU-Regularien deutlich stärker auf kleinere Akteur*innen aus, da sie die Fixkosten weniger über die Anzahl an Mitarbeitenden und Verträgen verteilen können. Große Versicherungsunternehmen können hingegen die Ausgaben, die z. B. in Verbindung mit der Datenschutzgrundverordnung (DSGVO)[58] oder Solvency II[59] stehen, aufgrund des höheren Kund*innen- und Personalbestands besser bewältigen (Branchenkompass Insurance, 2019).

Die neuen bzw. veränderten Risiken führen dazu, dass sich Kund*innen eine umfassendere Absicherung wünschen, um die entstehenden Deckungslücken[60] schließen zu können. Versicherte weisen eine zunehmende Besorgnis auf, dass ihre vorhandenen Versicherungsprodukte neue Risiken nicht ausreichend berücksichtigen und Versicherungsunternehmen nicht schnell genug auf diese Entwicklung reagieren könnten. Die Autoren der Untersuchung stellen fest, dass die Ängste

---

[58] Die „Datenschutz-Grundverordnung" (DSGVO) aus dem Jahr 2016 (Inkrafttreten) bzw. 2018 (Anwendung) stellt eine Vereinheitlichung der Regeln zur Verarbeitung personenbezogener Daten durch Behörden, Unternehmen und Vereine mit Sitz in der Europäischen Union dar. Die Anforderungen an den Umgang mit Daten von Mitarbeitenden, Kund*innen, Bürger*innen etc., im Rahmen des Datenschutzes, werden in elf Kapiteln und 99 Artikeln dargestellt (Bendel, 2019a).

[59] Die Solvency II-Richtlinie (Richtlinie 2009/138/EG) ist seit dem 1. Januar 2016 durch Versicherungsunternehmen zu erfüllen und hat für die Branche erweiterte Publikationspflichten sowie weiterentwickelte Solvabilitätsanforderungen zur Folge. Letztere basieren auf einer ganzheitlichen Risikobetrachtung, die sich in veränderten Bewertungsvorschriften in Bezug auf Verbindlichkeiten und Vermögenswerten äußert (Ansetzung von Marktwerten). Anspruch ist eine risikobasierte Eigenmittelausstattung der Versicherungsunternehmen. Hierdurch soll das Insolvenzrisiko der Versicherungsunternehmen reduziert und das Aufsichtsrecht im europäischen Binnenmarkt harmonisiert werden (BaFin, 2016).

[60] In der vorliegenden Arbeit wird unter dem Begriff „Deckungslücke" ein unzureichender Versicherungsschutz für ein versicherbares Risikos angesehen. Ein Beispiel für eine Deckungslücke stellt die meist nur teilweise Erstattung von Kosten durch die gesetzliche Krankenversicherung dar, die im Rahmen von Zahnbehandlungen entstehen. Eine derartige Deckungslücke können Versicherungsnehmer*innen durch den Abschluss einer Zusatzversicherung der privaten Krankenversicherung, die mehr Kosten bzw. alle entstandenen Kosten erstattet, reduzieren oder sogar vollständig schließen (GEV, 2020).

6.1 Transformation der Versicherungsbranche

der Befragten nicht unbegründet sind und sich von Umweltbedrohungen bis hin zu Cyberattacken Risiken erhöht haben. Erfolgreiche Versicherungsunternehmen müssen zukünftig die entstehende Chance ergreifen, mit Hilfe neuer Technologien und Partnerschaften, Makrotrends im Vorfeld zu erkennen und sich zu vorausschauenden, kommunizierenden und interagierenden Partner*innen für ihre Kund*innen zu entwickeln (Capgemini & Efma, 2019; Capgemini, 2019b). Die Studie stellt fünf Makrotrends heraus, denen Versicherte und Unternehmen aktuell gegenüberstehen und aus denen sich neue Risikoprofile ergeben: neue technologische Entwicklungen, demografische und soziale Trends, ein verändertes Geschäftsumfeld, disruptive Umweltmuster sowie neue gesundheitliche und medizinische Bedenken (siehe Abbildung 6.10). Aus diesen Trends gehen wiederum Risiken hervor, die großen Einfluss auf die Versicherungsbranche sowie ihre Geschäfts- und Privatkund*innen ausüben (siehe hierzu auch Anhang N im elektronischen Zusatzmaterial).

In Deutschland sind weniger als 30 Prozent der befragten Geschäftskund*innen der Ansicht, dass sie über eine ausreichende Absicherung gegen ein Risiko, dass aus den genannten Makrotrends hervorgeht, verfügen. International sind sogar weniger als 25 Prozent der Befragten dieser Meinung. Von den internationalen sowie deutschen Privatkund*innen sind sogar weniger als 15 Prozent diesbezüglich in ausreichendem Maße versichert. Erschwerend kommt hinzu, dass ein Großteil der etablierten Versicherungsunternehmen im Markt nur zaghaft auf diese Entwicklung reagiert hat. Kranken- und Lebensversicherungsunternehmen in Deutschland geben zu weniger als 30 Prozent an, dass sie bisher neue Produkte entwickelt hätten, die den neuen Risiken gerecht werden könnten. Das Ergebnis für die internationalen Versicherungsunternehmen beläuft sich auf einen etwas höheren Wert von fast 40 Prozent. Die Zurückhaltung der Versicherungsunternehmen hat schwerwiegende Deckungslücken zur Folge, die nun zu Lasten der Versicherten gehen. Zu lange war die Versicherungsbranche mit der Transformation ihrer Kernsysteme beschäftigt, sodass sie den neuen Absicherungsbedürfnissen ihrer Versicherten derzeit nicht nachkommen kann. Versicherungsunternehmen, die jedoch jetzt ihre technologische Weiterentwicklung intensiv vorantreiben und sich als Partner*innen ihrer Kund*innen sehen, die präventiv agiert, eröffnet sich die Chance, umso stärker mit einer hohen Nachfrage und Offenheit der Versicherungsnehmer*innen und Interessent*innen belohnt zu werden (Capgemini & Efma, 2019; Capgemini, 2019b).

Neben der Erkenntnis, dass Versicherungsunternehmen sehr zurückhaltend auf steigende bzw. neue Risiken reagieren, unterschätzen viele ebenso den von den Kund*innen benötigten und gewünschten Absicherungsumfang. So ermitteln die Autor*innen der Untersuchung, dass 72 Prozent der Privatkund*innen in Deutschland, bzw. 83 Prozent international, sicher einer mittleren bis hohen Gefahr in

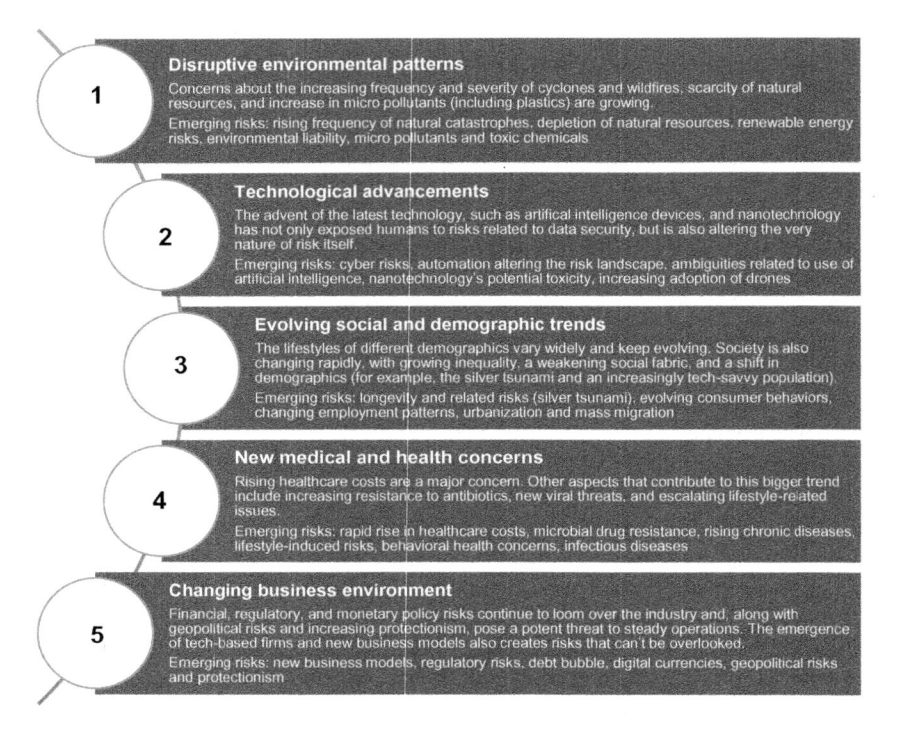

1	**Disruptive environmental patterns**
	Concerns about the increasing frequency and severity of cyclones and wildfires, scarcity of natural resources, and increase in micro pollutants (including plastics) are growing.
	Emerging risks: rising frequency of natural catastrophes, depletion of natural resources, renewable energy risks, environmental liability, micro pollutants and toxic chemicals
2	**Technological advancements**
	The advent of the latest technology, such as artifical intelligence devices, and nanotechnology has not only exposed humans to risks related to data security, but is also altering the very nature of risk itself.
	Emerging risks: cyber risks, automation altering the risk landscape, ambiguities related to use of artificial intelligence, nanotechnology's potential toxicity, increasing adoption of drones
3	**Evolving social and demographic trends**
	The lifestyles of different demographics vary widely and keep evolving. Society is also changing rapidly, with growing inequality, a weakening social fabric, and a shift in demographics (for example, the silver tsunami and an increasingly tech-savvy population).
	Emerging risks: longevity and related risks (silver tsunami), evolving consumer behaviors, changing employment patterns, urbanization and mass migration
4	**New medical and health concerns**
	Rising healthcare costs are a major concern. Other aspects that contribute to this bigger trend include increasing resistance to antibiotics, new viral threats, and escalating lifestyle-related issues.
	Emerging risks: rapid rise in healthcare costs, microbial drug resistance, rising chronic diseases, lifestyle-induced risks, behavioral health concerns, infectious diseases
5	**Changing business environment**
	Financial, regulatory, and monetary policy risks continue to loom over the industry and, along with geopolitical risks and increasing protectionism, pose a potent threat to steady operations. The emergence of tech-based firms and new business models also creates risks that can't be overlooked.
	Emerging risks: new business models, regulatory risks, debt bubble, digital currencies, geopolitical risks and protectionism

Abbildung 6.10 Macro trends & emerging risks grab the attention of the insurance industry.
(Quelle: Eigene Darstellung, in Anlehnung an Capgemini & Efma, 2019, S. 6 f.; Capgemini Financial Services Analysis, 2019; Swiss Re, 2018, 2017; AXA, 2018; World Economic Forum, 2018a)

Bezug auf einen Cyberangriff ausgesetzt sehen. Jedoch sind in Deutschland nur vier Prozent und international lediglich drei Prozent umfassend gegen dieses Risiko abgesichert. Gleichzeitig geben lediglich 16 Prozent aller befragten Führungskräfte an, dass sie den Bedarf von zusätzlichen Angeboten in Bezug auf Cyberrisiken[61] bei Privatkund*innen, bisher erkannt haben. Im Bereich der Geschäftskund*innen

---

[61] Unter dem Ausdruck „Cyber-Risiken" werden potenzielle Gefahren bzw. Angriffe verstanden, mit denen Nutzer*innen innerhalb einer vernetzten und digitalen Welt konfrontiert werden können (z. B. zielgerichtete vorsätzliche Angriffe auf IT-Systeme und Daten oder missbräuchliche Nutzung zur schnellen und weitreichenden Verbreitung von falschen Informationen, Metzger, 2018).

wird die mittel- bis hochgradige Gefahr eines Cyberangriffes mit 83 Prozent in Deutschland und 87 Prozent international noch höher eingeschätzt. Auch hier zeigen sich erhebliche Deckungslücken, da nur 24 Prozent bzw. 18 Prozent über einen ausreichenden Versicherungsschutz verfügen. Bei Geschäftskund*innen wird der zusätzliche Absicherungsbedarf von deutlich mehr Führungskräften genannt (45 Prozent), jedoch besteht auch an dieser Stelle eine klar erkennbare Kluft zwischen vorhandenem und wahrgenommenem Risiko von Seiten der Versicherungsunternehmen. Darüber hinaus führen steigende Gesundheitskosten zu Deckungslücken. So sehen sich 76 Prozent der Geschäftskund*innen in Deutschland mit mittel bis stark steigenden Gesundheitskosten konfrontiert, jedoch verfügen nur 21 Prozent über eine Absicherung, um auf diese Tendenz angemessen reagieren zu können. Die internationalen Geschäftskund*innen weisen sogar noch schlechtere Ergebnisse auf. Mit einer Betroffenheit von 81 Prozent sind hier nur 17 Prozent gegen diese Entwicklung abgesichert. Mit dem steigenden Risiko, Opfer einer Naturkatastrophe zu werden, wie beispielsweise im Rahmen der Hochwasserkatastrophe 2021 im Rheinland, sehen sich in Deutschland 65 Prozent der befragten Geschäftskund*innen konfrontiert, aber nur 28 Prozent sind hiergegen effektiv versichert. International zeigt sich erneut eine noch größere Kluft zwischen Gefahr (75 Prozent) und Absicherung (22 Prozent, Capgemini & Efma, 2019; Capgemini, 2019b). Auch bei den gesundheitlichen Risiken und den steigenden Gefahren von Naturkatastrophen zeigt sich eine deutliche Unterschätzung der Risiken aber auch der Chancen, das Produktportfolio erweitern zu können, durch die befragten Führungskräfte. Bei den Privatkund*innen zeigt sich diesbezüglich ein ähnliches Bild (siehe Abbildung 6.11).

Generell lässt sich eine größere Veränderungsbereitschaft bei den Versicherten erkennen als bei den Versicherungsunternehmen. So geben 53 Prozent der befragten Kund*innen in Deutschland bzw. 58 Prozent international an, dass sie Offenheit für neue Versicherungsmodelle zeigen würden. Jedoch investieren erst 39 Prozent der deutschen und 26 Prozent der internationalen Versicherungsunternehmen in neuartige Modelle. Um von einer höheren Servicequalität bzgl. der Risikoprävention und -kontrolle profitieren zu können, wären 27 Prozent der Kund*innen aus Deutschland und 37 Prozent der Versicherten international in hohem Maße dazu bereit, zusätzliche Daten zu übermitteln. Jedoch gaben 2019 nur 27 Prozent der Versicherungsunternehmen international bzw. 35 Prozent aus Deutschland an die Möglichkeit zu haben, Echtzeitdaten für die Risikomodellierung zu verwenden (Capgemini & Efma, 2019).

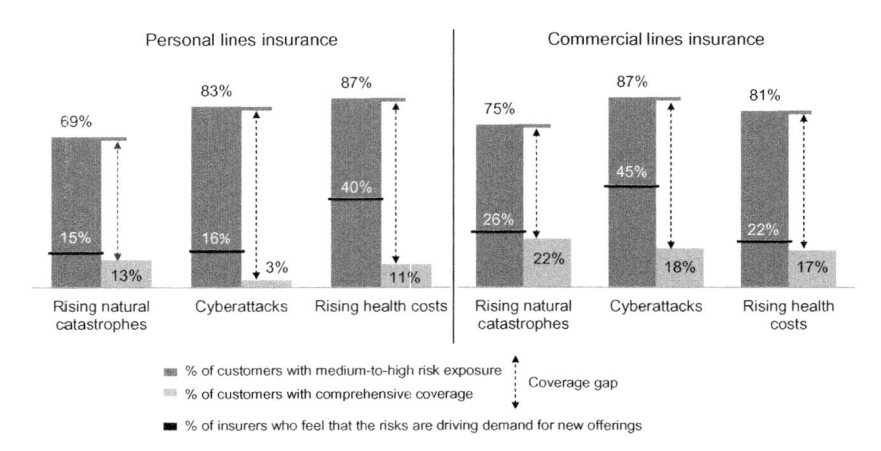

Abbildung 6.11 Emerging risks and demand for new offerings, customers' view vs insurers' view, 2019.
(Quelle: Eigene Darstellung, in Anlehnung an Capgemini & Efma, 2019, S. 13.; Capgemini Financial Services Analysis, 2019; WIR 2019 Executive Interviews, 2019; Capgemini Voice of the Customer Survey, 2019)

(7) InsurTechs als potenzielle Partner*innen innerhalb der Transformation

Die Befunde der World Insurance Reports veranschaulichen wie entscheidend eine Zusammenarbeit für Versicherungsunternehmen mit Partner*innen ist, die sich durch technologisches Fachwissen (bspw. in den Gebieten fortgeschrittene Analytik, Künstliche Intelligenz oder maschinelles Lernen) auszeichnen, um die eigene Digitalisierung voranzutreiben und Daten von Versicherten besser nutzen zu können (Capgemini & Efma, 2019; Capgemini, 2019b).

Versicherungsunternehmen erkennen in diesem Rahmen zunehmend die Bedeutung von Partnerschaften mit InsurTechs. Während InsurTechs ursprünglich als reine Konkurrenz von etablierten Versicherungsunternehmen angesehen wurden, nehmen sie mehr und mehr die Rolle wertvoller Partner*innen ein, um permanent steigenden Kund*innenerwartungen gerecht werden zu können, neue Technologien intensiver einzubinden sowie agiler und dynamischer zu werden (GDV, 2021; WIR, 2017).[62]

---

[62] Während sich im Jahr 2013 die ersten Anzeichen einer sich entwickelnden InsurTech-Szene erkennen ließen, zeigte die Mehrheit der etablierten Versicherungsunternehmen noch kein großes Interesse an Partner*innenschaften mit den kleinen Startups. Nachdem jedoch nur zwei Jahre später viele der InsurTechs stark ansteigende Kund*innen- und Absatzzahlen sowie rentable Geschäftsmodelle vorweisen konnten und sie mit neuen digitalisierten Angeboten und einer einfachen Handhabung ihre Versicherten begeisterten, wurde der

6.1 Transformation der Versicherungsbranche

Der WIR 2017 fokussiert sich u. a. auf die Potenziale einer wachsenden Partnerschaft und kommt zu dem Ergebnis, dass 53 Prozent der befragten Versicherungsunternehmen gerne mit InsurTechs zusammenarbeiten würden bzw. zwei Prozent ein oder mehrere InsurTechs erwerben möchten. 36 Prozent äußern hingegen, dass sie lieber betriebsintern ihre Digitalisierung vorantreiben möchten und 38 Prozent überlegen, eine Mischung aus allen drei genannten Ansätzen zu verfolgen, um keine Möglichkeit unberücksichtigt zu lassen (siehe Abbildung 6.12, Capgemini & Efma, 2017). Dieser Trend setzt sich gemäß GDV (2021) weiterhin ungebrochen fort.

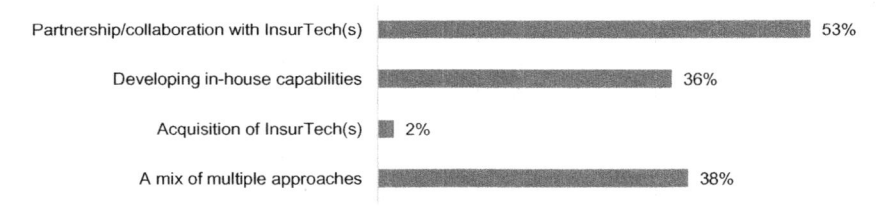

Partnership/collaboration with InsurTech(s)	53%
Developing in-house capabilities	36%
Acquisition of InsurTech(s)	2%
A mix of multiple approaches	38%

Abbildung 6.12 Insurers' Approaches to Leverage Digital Technologies, 2017. (Quelle: Eigene Darstellung, in Anlehnung an Capgemini & Efma, 2017, S. 12; Capgemini Financial Services Analysis, 2017; WIR 2017 Executive Interviews, 2017)

Ein wesentlicher Hintergrund für die hohe Bereitschaft mit InsurTechs zusammenzuarbeiten liegt in der Ansicht der Versicherungsunternehmen begründet, dass durch eine Kooperation mit InsurTechs die Möglichkeit besteht, die Erwartungen

---

Branche zunehmend klar, dass InsurTechs kein kurzfristiges Phänomen darstellen würden, sondern sich stattdessen zu einem festen Bestandteil der Branche entwickelten und ihre Transformation massiv vorantrieben (Weber et al., 2020). Eine veränderte Wahrnehmung von Startups und der Wunsch nach einer intensiveren Ausschöpfung von Synergiepotenzialen kann ebenfalls innerhalb des Bankensektors verstärkt beobachtet werden. In diesem Rahmen integrieren Banken sogenannte „FinTechs" (die Abkürzung setzt sich aus den Ausdrücken „Financial Services" und „Technology" zusammen) vermehrt in ihre strategischen Überlegungen (Hohmann, 2019). Eling und Lehmann (2018) teilen InsurTechs in drei Kategorien ein: „Kund*innenerlebnis", „Geschäftsprozesse" und „neue Produkte". Die Kategorie „Kund*innenerlebnis" repräsentiert InsurTechs, die Kund*innen vor allem den Vorteil bieten, alle Verträge (unabhängig vom Versicherungsunternehmen) innerhalb einer App zu verwalten und schnell digital in Kontakt mit Servicemitarbeitenden treten zu können. „Geschäftsprozesse" umfasst Anbietende, die als typische Aggregator-Plattformen in Erscheinung treten, um Kund*innen eine höhere Transparenz zu ermöglichen sowie jene, die bei der Abwicklung von Versicherungsansprüchen unterstützen. Die dritte Kategorie steht zum einen für InsurTechs, die neue Produkte anbieten und soll zum anderen darauf hinweisen, dass InsurTechs typischerweise nicht das volle Spektrum an versicherbaren Risiken abdecken, sondern sich eher auf den Vertrieb einzelner Produkte konzentrieren (ebd.).

ihrer Kund*innen besser erfüllen zu können (75 Prozent). Darüber hinaus gestehen 53 Prozent der über 100 interviewten Führungskräfte ein, dass sie bei der Konzipierung personalisierter Produkte und Dienstleistungen von den InsurTechs profitieren würden (Capgemini & Efma, 2017). So gelingt es den Start-ups bisher deutlich besser, die aufgrund der Megatrends wachsende Komplexität mit Hilfe der technischen Möglichkeiten, die die Digitalisierung eröffnet, zu bewältigen. Sie zeichnen sich durch Innovationskraft, Agilität sowie Experimentierfreude und das Eingehen von Risiken aus (Bradley, Loucks, Macaulya, Noronha & Wade, 2015). Die Hälfte der Befragten sieht die Entwicklung von neuen Geschäftsmodellen, um verbesserte Nutzenversprechen generieren zu können, als deutlichen Vorteil an. Auch die Verbesserung der Profitabilität (45 Prozent) und die Erhöhung der Effizienz von Unternehmensabläufen (41 Prozent) stellen wichtige wahrgenommene Vorteile von den etablierten Versicherungsunternehmen dar (siehe Abbildung 6.13, Capgemini & Efma, 2017).[63]

Ebenso wie die Versicherungsunternehmen ziehen InsurTechs einen hohen Nutzen aus einer Zusammenarbeit, da beide Seiten über komplementäre Stärken verfügen. Während Versicherungsunternehmen durch die Startups lernen wie sie sich von Blockaden, wie bspw. papierbasierten Prozessen oder veralteten Systemen lösen können, profitieren InsurTechs von der hohen Kapitalstärke der etablierten Gesellschaften und werden dazu in die Lage versetzt, Hindernisse, wie z. B. Erfahrungsdefizite beim Risikomanagement oder hohe Akquisitionskosten, zu überwinden (Capgemini & Efma, 2017; Bradley et al., 2015). Aus der Kund*innenperspektive bestehen die Stärken der InsurTechs vor allem in einem guten Preis-Leistungs-Verhältnis (35 Prozent), einer besseren Fähigkeit die soziale und die finanzielle Welt aufeinander abzustimmen (32 Prozent) sowie einem schnellen und effizienten Service (32 Prozent). InsurTechs bedienen das Bedürfnis der Versicherungsnehmer*innen nach personalisierten, einfachen und agilen Finanz- und Versicherungsprodukten, was dazu führt, dass trotz ihres kurzen Bestehens im Markt bereits 31 Prozent der weltweiten Kund*innen ihre Angebote ergänzend oder sogar ausschließlich nutzen und ihre Popularität bei Versicherten wächst.[64]

---

[63] Auch 2020 hat sich diese Einschätzung nicht verändert. So erklärt Stephen Barham (Asia CIO, MetLife) in einem Interview, dass InsurTechs etablierte Versicherungsunternehmen dazu befähigen technologische Lücken zu schließen, die Geschwindigkeit von Innovationen zu erhöhen, Markteinführungszeiten zu reduzieren und digitale Lösungen zu bauen (Capgemini & Efma, 2020).

[64] Der Erfolg von InsurTechs liegt, neben einer hohen Agilität und Kosteneffizienz, vor allem in ihrem Verständnis von Kund*innenbedürfnissen begründet, insbesondere dass es Kund*innen weniger um Technik, sondern vielmehr um Aspekte wie bspw. Flexibilität, Individualität, oder Unabhängigkeit geht. Der technische Fortschritt und seine Endgeräte stellen

6.1 Transformation der Versicherungsbranche

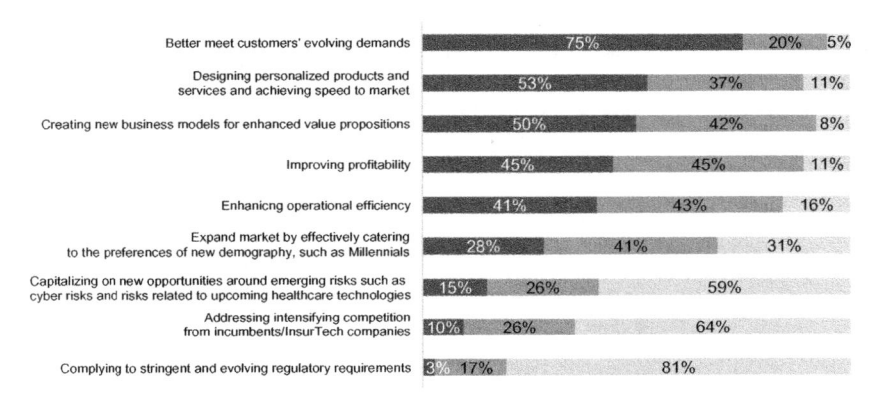

Benefit	High	Medium	Low
Better meet customers' evolving demands	75%	20%	5%
Designing personalized products and services and achieving speed to market	53%	37%	11%
Creating new business models for enhanced value propositions	50%	42%	8%
Improving profitability	45%	45%	11%
Enhancing operational efficiency	41%	43%	16%
Expand market by effectively catering to the preferences of new demography, such as Millennials	28%	41%	31%
Capitalizing on new opportunities around emerging risks such as cyber risks and risks related to upcoming healthcare technologies	15%	26%	59%
Addressing intensifying competition from incumbents/InsurTech companies	10%	26%	64%
Complying to stringent and evolving regulatory requirements	3%	17%	81%

■ High ■ Medium ■ Low

Note: High represents the percentage of executives who have given a ranking of 1,2, or 3; Medium represents the percentage of executives who have given a ranking of 4,5, or 6; Low represents the percentage of executives who have given a ranking of 7,8, or 9

Question: In your opinion, which of the below are the most important benefits that firms can gain by adopting innovations based on emerging technologies? (Please rank the benefits, with 1 being Most Important and 9 being Least Important)

Abbildung 6.13 Executives' Perception on Benefits Realized by Leveraging InsurTech Capabilities, 2017.
(Quelle: Eigene Darstellung, in Anlehnung an Capgemini & Efma, 2017, S. 19; Capgemini Financial Services Analysis, 2017; WIR 2017 Executive Interviews, 2017)

Jedoch sind Kund*innen bisher nicht dazu bereit, sich gänzlich von etablierten Versicherungsunternehmen zu lösen, da sie mit diesen in deutlich höherem Maße Aspekte wie Sicherheit und Betrugsschutz (46 Prozent), Markenwiedererkennung (44 Prozent) und persönliche Interaktion (42 Prozent) verbinden. Nicht zuletzt vertrauen Kund*innen InsurTechs mit einem Ergebnis von 26 Prozent deutlich weniger

---

hierbei lediglich verfügbare Hilfsmittel dar, damit diese Wünsche verwirklicht werden können. Etablierte Versicherungsunternehmen betrachteten die Digitalisierung hingegen vor dem Auftreten von InsurTechs als ein rein technisches Phänomen. Sie legten ihren Fokus auf technische Geräte z. B. durch die Einbindung eines Tablets in ein Kund*innengespräch, um Angebote zu präsentieren oder der Verwendung von USB-Sticks als Werbegeschenk, wodurch die eigentlichen Möglichkeiten der Digitalisierung nicht ausgeschöpft und den Erwartungen der Kund*innen in keiner Form entsprochen wurde. So wurde versucht einer neuen Entwicklung mit altem Verhalten zu begegnen und die soziale Transformation vernachlässigt (Weber et al., 2020).

als Versicherungsunternehmen (40 Prozent, siehe Abbildung 6.14).[65] Aufgrund der Tatsache, dass die Schwächen der einen durch die Stärken der anderen Seite kompensiert werden können, eignet sich eine partnerschaftliche Zusammenarbeit zwischen Versicherungsunternehmen und InsurTechs in besonderem Maße, vor allem im Hinblick auf neu auftretende Wettbewerber*innen im Markt (Capgemini & Efma, 2017).

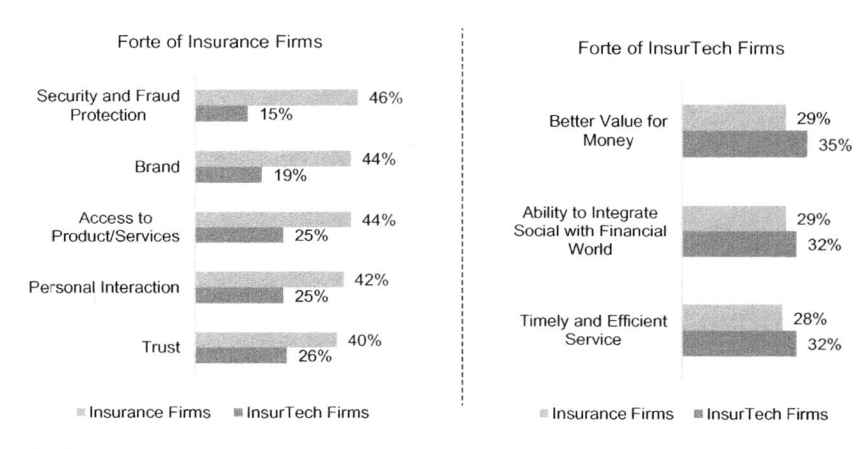

Forte of Insurance Firms	Insurance Firms	InsurTech Firms
Security and Fraud Protection	46%	15%
Brand	44%	19%
Access to Product/Services	44%	25%
Personal Interaction	42%	25%
Trust	40%	26%

Forte of InsurTech Firms	Insurance Firms	InsurTech Firms
Better Value for Money	29%	35%
Ability to Integrate Social with Financial World	29%	32%
Timely and Efficient Service	28%	32%

Abbildung 6.14 Customer Value Perception for Insurance and InsurTech Firms, 2017. (Quelle: Eigene Darstellung, in Anlehnung an Capgemini & Efma, 2017, S. 11; Capgemini Financial Services Analysis, 2017; WIR 2017 Executive Interviews, 2017)

Neue Technologien, wie z. B. Künstliche Intelligenz, werden den Erfolg und den Einfluss von InsurTechs in beachtlichem Maße beschleunigen, da sie die Digitalisierung und Innovationen innerhalb der Branche noch stärker vorantreiben werden. Etablierte Versicherungsunternehmen sollten daher Innovationsinvestitionen auf der Grundlage einer synergetischen Technologiestrategie planen und

---

[65] Ergebnisse des WIR 2018 zeigen, dass sich nicht nur InsurTechs sondern ebenso BigTechs der Problematik von mangelndem Vertrauen gegenüberstehen sehen. So gaben die befragten Verbraucher*innen an vor einem potenziellen Abschluss einer Versicherung bei einem BigTech zurückzuschrecken, aufgrund von Datenschutzbedenken (58 Prozent), fehlendem Vertrauen (48 Prozent), ungeeigneten Produkten und Leistungen (24 Prozent) oder negativen Erfahrungen in der Vergangenheit (17 Prozent, Capgemini & Efma, 2018).

tätigen, da durch ein Zusammenwirken mit InsurTechs die Problematik der richtigen Innovationsausgaben deutlich besser bewältigt werden kann (Capgemini & Efma, 2017).[66]

(8) Agilität innerhalb der Transformation
Die dargestellten Ergebnisse verdeutlichen die hohe Veränderungsdynamik des Marktes und die wachsenden Anforderungen und Unsicherheiten, mit denen Versicherungsunternehmen konfrontiert werden. Ausgiebige Planungen, starre Entscheidungsprozesse, ein hohes Maß an Bürokratie und langjährige Innovations- und Entwicklungszyklen können sich die Gesellschaften nicht länger erlauben. Im Rahmen dieses Umbruchs müssen sich Versicherungsunternehmen neu orientieren, sich strategisch und operativ neu positionieren und ihre Organisationsstrukturen grundlegend verändern (Bortolotti & Romano, 2012; Boes, Kämpf, Langes & Luhr, 2018). Sie sind auf der Suche nach Lösungsansätzen, die sie auf ihrem Weg durch die Transformation unterstützen und finden ein Leitbild in Form des „agilen Unternehmens" (Boes et al. 2016; Boes et al., 2018). Agilität stellt ein Gegenmodell zum fordistisch-bürokratischen Ansatz dar und eröffnet Unternehmen die Möglichkeit, auf die steigende Komplexität und Geschwindigkeit des Marktes reagieren zu können. Agile Organisationen zeichnen sich durch eine ausgeprägte Vernetzung und hochgradige (Veränderungs-) Flexibilität unter gleichzeitig einheitlicher Funktionsweise aus. Wertschöpfungsketten werden ganzheitlich betrachtet und nach Kund*innenpräferenzen ausgerichtet[67], Mitarbeitende dazu befähigt, in hohem Maße eigenverantwortlich zu agieren (Empowerment), die Wissenstransparenz erhöht und die Innovationsgeschwindigkeit gesteigert (Boes et al. 2016; Boes

---

[66] Die zum Zeitpunkt der Erhebung angenommenen Entwicklungen sind bisher in dieser Intensität nicht zu beobachten. Zwar kooperieren etablierte Versicherungsunternehmen immer häufiger mit InsurTechs, indem sie in diese investieren bzw. diese vollständig übernehmen, jedoch streben die Unternehmenskulturen der Organisationen so weit auseinander, dass sich die Zusammenarbeit als herausfordernd gestaltet. Beispielsweise sind InsurTechs auf zeitnahe Entscheidungen angewiesen, die etablierte Unternehmen aufgrund bestehender hierarchischer Strukturen häufig nur langsam treffen können (GDV, 2021). Ferner ist der Einsatz von KI, aufgrund zahlreicher regulatorischer Hürden innerhalb der deutschen Versicherungsindustrie sowie einem mangelnden Vertrauen der Versicherungsnehmer*innen in diese Technologie, in deutlich geringerem Maße festzustellen, als zum Beispiel innerhalb des chinesischen Marktes (siehe hierzu ausführlich Punkt 4, Verbraucherzentrale Bundesverband, 2018, 2019).

[67] Hierbei wird kontinuierlich jedes einzelne Kettenglied sowie sein Zusammenwirken mit anderen Gliedern in Bezug auf seinen Beitrag zur Wertschöpfung und seinen Kund*innennutzen überprüft, fortlaufend verbessert und so optimiert, dass ein verschwendungsfreies und hoch effizientes Zusammenspiel der jeweiligen Teilprozesse erfolgt (Boes et al., 2018).

et al., 2018; Capgemini & Efma, 2018).[68] In diesem Rahmen entwickeln agile Unternehmen die Fähigkeit, Veränderungserfordernisse frühzeitig mit allen Beschäftigten zu antizipieren, mit hoher Veränderungsbereitschaft und Innovationskraft darauf zu reagieren, als Unternehmen kontinuierlich zu lernen und das vorhandene Wissen effizient bereit zu stellen und verfügbar zu machen. Agilität wird somit zu einem zentralen Faktor für den Erhalt der Wettbewerbsfähigkeit, da sie im Kern die Fähigkeit eines Unternehmens darstellt, sich kontinuierlich an Umweltveränderungen anzupassen (Fischer & Häusling, 2018). Die Grundlage dieser Möglichkeiten ist der digitale Informationsraum. Durch ihn können stark vernetzte Unternehmensstrukturen, eine neue Form des Arbeitens und eine hohe Transparenz zur Steuerung realisiert werden (siehe hierzu Abschnitt 5.2, Boes et al., 2018).

Zahlreiche Aspekte aus den World Insurance Reports verdeutlichen die Anstrengungen und Maßnahmen, die Versicherungsunternehmen aufgrund der aufgezeigten Herausforderungen[69] ergreifen, um agile Unternehmen zu werden: der wachsende Einsatz von digitalen Technologien, die Erfassung von Echtzeitdaten der Versicherungsnehmer*innen, der Versuch ein möglichst umfassendes Bild von den Kund*innen zu gewinnen, die Zusammenarbeit mit agilen Unternehmen wie InsurTechs sowie die Entwicklung neuer Geschäftsmodelle stellen nur einige Beispiele hierfür dar. Versicherungsunternehmen erkennen zunehmend die Vorteile, die ihnen digitale Agilität bietet wie bspw. eine verbesserte Ansprache neuer Kund*innengruppen, schnellere Produkteinführungen, Kosteneinsparungen oder die schnellere Bearbeitung von Serviceanfragen (siehe hierzu Anhang O im elektronischen Zusatzmaterial). Nicht zuletzt gibt mit 95 Prozent ein Großteil der deutschen Versicherungsunternehmen an, eine Integration diverser Partnerunternehmen und Technologien in die eigene Wertschöpfungskette zu forcieren – wesentliche Schritte, um eine digitale Agilität zu gewährleisten und den Fortbestand des Unternehmens zu sichern. International stellt die sogenannte „Robotic Process Automation" das beliebteste Tool dar, um die digitale Agilität voranzutreiben. Rund 40 Prozent der

---

[68] Der Bedarf und der Wunsch nach mehr Agilität beschränkt sich nicht nur auf die Versicherungsindustrie, sondern ist in nahezu jeder Branche zu beobachten, da diese ebenfalls von den Auswirkungen der Megatrends betroffen sind (Boes et al., 2018; Leyer & Moormann, 2014).

[69] Innerhalb des WIR 2018 wurden die nachfolgenden Gründe für die Erfordernis einer zunehmenden Agilität von den über 130 befragten Führungskräften genannt; die Reihenfolge repräsentiert die Bedeutung, die den Themen beigemessen wird: veränderte Kund*innenerwartungen, steigender Wettbewerb bei einer gleichzeitig andauernden Niedrigzinsphase, die Entstehung neuer Businessmodelle, eine höhere Marktdynamik, wachsende Volumen an Echtzeitdaten, disruptive Technologien sowie neuartige Risiken (Capgemini & Efma, 2018).

6.1 Transformation der Versicherungsbranche

international befragten Versicherungsunternehmen geben an, RPA bereits zu verwenden. Versicherungsunternehmen aus Deutschland weisen mit einem Wert von 54 Prozent einen vergleichsweise höheren Einsatz von RPA auf (Capgemini & Efma, 2018).

Darüber hinaus setzten sich Versicherungsunternehmen, aufgrund ihres Wunsches nach mehr Agilität, zunehmend mit dem Managementkonzept „Lean" auseinander, dem Mitte des 20. Jahrhunderts in Japan zum Durchbruch verholfen wurde (Toyota-Produktionssystem). Lean Management stellt einen ganzheitlichen Ansatz der Unternehmensführung dar, der die gesamte Wertschöpfungskette einer Organisation untersucht und optimiert (Bornhöft & Faulhaber, 2010; Birnbach & Buchholz, 2011; Leyer & Moormann, 2014). Hierbei wird eine hohe Kund*innen-, Prozess- und Umsetzungsorientierung verfolgt und jede Form von Verschwendung vermieden (Pfeiffer & Weiß, 2015). Neben der industriellen Fertigung[70], haben es auch Dienstleistungsbranchen und servicebezogene Abteilungen von produzierenden Unternehmen geschafft von dem Grundgedanken des Lean Managements zu profitieren und ihre Effektivität und Effizienz zu steigern. Versicherungsunternehmen haben jedoch Schwierigkeiten die Lean-Prinzipien vollumfänglich auf ihre Branche zu übertragen, da zwischen dem Finanzdienstleistungssektor und produzierenden Unternehmen unterschiedliche Voraussetzungen gegeben sind (Leyer & Moormann, 2014).

Die Unternehmen der Versicherungsbranche stellen Dienstleistungsbetriebe dar, die immaterielle Güter erstellen (Davies, 1994). Statt Materialflüsse werden Informationen und Daten ausgetauscht (Bruhn, Meffert & Hadwich, 2019). Auch wenn zwischen den Beschäftigten und Kund*innen Dokumente ausgetauscht werden, kann die Leistung – die vom Versicherungsunternehmen im Schadenfall erfolgt – zu diesem Zeitpunkt nicht direkt erfahren werden und weist einen eher vagen Charakter für beide Seiten auf (Leyer & Moormann, 2014). Stattdessen beschränken sich die Leistungen der Versicherungsunternehmen, vor Eintritt eines versicherten Schadens, auf die Beratung, die Verarbeitung von Transaktionen und administrative Tätigkeiten.[71] Hierdurch werden weitere Differenzen zur industriellen Produktion deutlich, da der Produktionsprozess aufgrund der Digitalisierung unabhängig von einer

---

[70] Vor allem in produzierenden Unternehmen profitiert der Fertigungsbereich von einer sogenannten „Lean Production" (Optimierung der Materialbereitstellung mit Hilfe von „Kanban"-Systemen, Just-in-time, Fließfertigung, synchrone Taktung, Kaizen, Teamarbeit, etc.). Diese bietet enorme Produktivitätsvorteile, z. B. aufgrund von minimierten Ausschüssen und Lagerhaltungen, verkürzten Durchlaufzeiten und standardisierten Prozessschritten (Boes et al., 2018).

[71] Dies zeigt wie zentral der Service-Aspekt ist, der durch die Kund*innen wahrgenommen werden muss (vgl. Capgemini & Efma, 2018). Produkte wie bspw. Fahrzeuge, Kleidung,

bestimmten Lokalität erfolgen kann (Davies, 1994). Ferner sind die Kund*innen direkter Teil der Dienstleistungsproduktion (Corrêa, Ellram, Scavarda & Cooper, 2007). Solange nicht alle erforderlichen Informationen der Kund*innen vorliegen, kann die Dienstleistung durch die Versicherung nicht vollständig erfolgen (Leyer & Moormann, 2014). Somit ist keine vorrätige Produktion möglich, da die Produktion und der Vertrieb größtenteils im selben Moment erfolgen (Altuntas & Uhl, 2016). Diese Unterschiede stellen Hindernisse bei der Übertragung von Lean Management auf die Versicherungsbranche dar (Leyer & Moormann, 2014). Nicht zuletzt weisen Boes et al. (2018) zu Recht auf den branchenunabhängigen Aspekt hin, dass die Synchronität von Prozessen einen wesentlichen Übertragungsaspekt darstellen.

Doch auch wenn Lean Management nicht gänzlich auf die Versicherungsbranche übertragbar ist, so zeigen bspw. InsurTechs und BigTechs, dass etablierte Versicherungsunternehmen bestehende Potenziale des Konzeptes bisher nicht ausgeschöpft haben. Ferner stützen die aktuellen Erfolge dieser Wettbewerber*innen die Ergebnisse einer Untersuchung von Leyer und Moorman. Diese kamen schon 2014 zu dem Schluss, dass trotz bestehender Hindernisse ein grundsätzlicher Transfer der Lean Management-Idee für Finanzdienstleistende möglich ist und die Versicherungsbranche um rund 30 Prozent hinter ihren Möglichkeiten blieb. Vor allem wird durch die Studie deutlich, dass sich die Versicherungsunternehmen zwar mit dem Thema Lean Management auseinandersetzten, konkrete Handlungen jedoch meist ausblieben, was die Autor*innen zum damaligen Zeitpunkt auf einen zu geringen Leidensdruck zurückführten.[72] Ferner betonen Leyer und Moorman, dass der Weg zu einer „schlanken Organisation" viel weniger in der Verwendung spezieller Tools oder Techniken liegt, sondern vielmehr in der Verankerung dieser Denkweise bei allen Beschäftigten, in dem diese von den Vorteilen überzeugt werden. Durch diese Erkenntnis wird ebenfalls deutlich, dass Agilität nicht einfach implementiert, sondern nur integrativ und integriert entwickelt und stufenweise ausgebaut werden

---

Unterhaltungselektronik etc. befriedigen ein bestimmtes Bedürfnis von Kund*innen, sprechen deren Sinne an (z. B. visuell, auditiv, olfaktorisch, haptisch) und lösen Emotionen aus. Vermittelnde müssen es hingegen schaffen, die potenzielle Dienstleistung schon im Kund*innengespräch emotional erlebbar zu machen (Maas, 2012).

[72] In vielen Bereichen profitierten Versicherungsunternehmen immer noch von relativ hohen Margen (aufgrund des steigenden Wettbewerbs, der weiterhin anhaltenden Niedrigzinsphase und den Auswirkungen der COVID-19-Pandemie sinken diese aktuell zunehmend, Süddeutsche, 2019c). Gleichzeitig waren die hohen regulatorischen Anforderungen (z. B. in Bezug auf den Datenschutz) nicht förderlich für den Wunsch nach einer digitalen Transformation der Branche. Nicht zuletzt führte der immaterielle Charakter von Versicherungsprodukten bei Versicherungsunternehmen vor einigen Jahren zu der Schlussfolgerung, dass eine digitale Transformation weniger wichtig sei für die Versicherungsindustrie, bzw. andere Themen (z. B. regulatorische Anforderungen) Vorrang haben (Wiesböck et al., 2017).

kann. Implementieren lassen sich hingegen agile Tools und Methoden, wie z. B. Kaizen oder Kanban sowie Strukturen und Prozesse (Hofert, 2019).

6.2 Beschäftigungseffekte und demografische Entwicklungen

Anhand von Abschnitt 5.2 ist bereits deutlich geworden, dass der voranschreitende digitale Wandlungsprozess mit steigenden Substituierbarkeitspotenzialen und veränderten Tätigkeitsprofilen innerhalb zahlreicher Berufsbilder einhergeht. Die Tatsache, dass automatisierbare Tätigkeiten an Bedeutung verlieren, wohingegen nicht automatisierbare Tätigkeiten an Bedeutung gewinnen bzw. neue Tätigkeiten und Berufe[73] entstehen, führt zu der Fragestellung, mit welchen Beschäftigungseffekten diese Entwicklungen innerhalb der Finanzdienstleistungsbranche einhergehen (Dengler et al., 2018; Stettes, 2017b). Eine Untersuchung von Dengler et al. (2018) stellt in diesem Zusammenhang heraus, dass nach dem Verarbeitenden Gewerbe (53,7 Prozent) und dem Bergbau (48,2 Prozent), die Finanzwirtschaft mit einem Wert in Höhe von 47,9 Prozent das dritthöchste Substituierbarkeitspotenzial aufweist.[74] Insgesamt sind 3,1 Prozent der sozialversicherungspflichtigen Beschäftigten in Deutschland innerhalb der Finanzdienstleistungsbranche tätig, von denen demnach 1,5 Prozent einen Beruf mit einem Substituierbarkeitspotenzial von mehr als 70 Prozent ausüben.

---

[73] Die neu entstehenden Arbeitsplätze betreffen vor allem Berufssegmente, die eine Voraussetzung für die digitale Transformation darstellen, wie bspw. Informatik-, Kommunikations- und Informationstechnologieberufe. Die Bankkaufleute sind hingegen im Zeitraum zwischen 2012 und 2018 am stärksten von einem Abbau von Arbeitsplätzen betroffen gewesen (Dengler & Matthes, 2020).

[74] Der Ausdruck „Substituierbarkeitspotenzial" umfasst innerhalb der Untersuchung von Dengler et al. (2018) Berufe, die Tätigkeiten umfassen, die zu mehr als 70 Prozent von computergesteuerten Maschinen oder Computern umgesetzt werden könnten. Das Substituierbarkeitspotenzial wurde anhand einer Einschätzung der Kerntätigkeiten eines Berufes ermittelt, die durch eine Maschine aus rein technischer Perspektive substituiert werden könnten und durch die Gesamtzahl der Kerntätigkeiten dividiert. Die ca. 8.000 ermittelten Kerntätigkeiten der knapp 4.000 in Deutschland bekannten Berufe, stellen Tätigkeiten dar, die für die Berufsausübung unverzichtbar sind. Aufgrund mangelnder Datenlage wurde davon ausgegangen, dass jede Kerntätigkeit in einem Beruf den gleichen zeitlichen Raum einnimmt, sodass es hierdurch zu einer Über- bzw. Unterschätzung von Substituierbarkeitspotenzialen kommen kann (Dengler & Matthes, 2018).

Die geringsten Werte sind hingegen in den Branchen Erziehung und Unterricht (4,4 Prozent) sowie Gastgewerbe (3,3 Prozent) ermittelt worden (siehe Abbildung 6.15). Allerdings sei an dieser Stelle erneut darauf hingewiesen, dass Branchen bzw. Berufe, die ein hohes Substituierbarkeitspotenzial aufweisen, nicht automatisch von starken Arbeitsplatzverlusten betroffen sind bzw. von diesen ausgehen müssen.[75] Vielmehr repräsentieren die genannten Werte bestehende technologische Möglichkeiten, die nicht immer und unmittelbar ausgeschöpft werden (Dengler et al., 2018; Dengler & Matthes, 2020; Stettes, 2017b). Das dargestellte Substituierbarkeitspotenzial sollte daher nicht als eine Prognose für entstehende Beschäftigungsverluste angesehen werden (Dengler et al., 2018).

Dengler et al. (2018) weisen im Rahmen ihrer weiteren Ausführungen darauf hin, dass das Substituierbarkeitspotenzial innerhalb der Versicherungsbranche stark vom Qualifikationsniveau abhängt, woran erneut ein Aufwärtstrend zur Höherqualifizierung innerhalb des Dienstleistungsbereiches deutlich wird (siehe Abschnitt 5.2). Während „Fachkräfte" (z. B. Versicherungskaufleute) in hohem Maße von Substituierbarkeitspotenzialen betroffen sind, gestalten sich die Auswirkungen auf „Spezialisten" (bspw. Versicherungsfachwirt*innen) oder „Experten" (z. B. Versicherungsbetriebswirt*innen) in deutlich begrenzterem Maße.[76] So beläuft sich das Substituierbarkeitspotenzial von Versicherungskaufleuten auf einen Wert von 75 Prozent, wohingegen sich die Ergebnisse für Versicherungsfachwirt*innen auf 58 Prozent und für Versicherungsbetriebswirt*innen nur auf 38 Prozent belaufen (ebd.). Diese Befunde decken sich mit den Ergebnissen von Stettes (2017b), der darauf hinweist, dass innerhalb der Finanzwirtschaft die Anzahl der Arbeitsplätze für „Experten" steigen, obwohl insgesamt ein Beschäftigungsrückgang in der Branche zu beobachten ist. Auch Stettes führt den genannten Rückgang vor allem auf den sinkenden Bedarf an „Fachkräften" zurück.

Zika et al. (2018) betonen aufgrund dieser Entwicklungen, dass nicht die Arbeitsplatzverluste, sondern vielmehr die sich in hohem Maße verändernden

---

[75] Diverse Einflussfaktoren, die ein Hemmnis für einen tatsächlichen Abbau von Arbeitsplätzen darstellen können, werden in Abschnitt 5.2 genannt.

[76] Die Autor*innen differenzieren grundsätzlich zwischen den vier Anforderungsniveaus „Helfer", „Fachkräfte", „Spezialisten" und „Experten", die sich wiederum an den Bildungsabschlüssen orientieren. Helfer haben keine oder eine einjährige Berufsausbildung abgeschlossen. Fachkräfte weisen einen berufsqualifizierenden Abschluss an einer Kolleg- oder Berufsfachschule oder eine mindestens zweijährige berufliche Ausbildung auf. Spezialisten verfügen über eine Techniker- oder Meisterausbildung bzw. einen weiterführenden Bachelor- oder Fachschulabschluss. Experten haben mindestens ein vierjähriges Hochschulstudium absolviert (Paulus & Matthes, 2013; Matthes et al., 2018).

6.2 Beschäftigungseffekte und demografische Entwicklungen

Anteil der sozialversicherungspflichtig Beschäftigten einer Branche an allen Beschäftigten (Sortierkriterium) und Anteil der Beschäftigten mit hohem Substituierbarkeitspotenzial (>70 Prozent) an allen Beschäftigten sowie innerhalb der Branchen, in Prozent

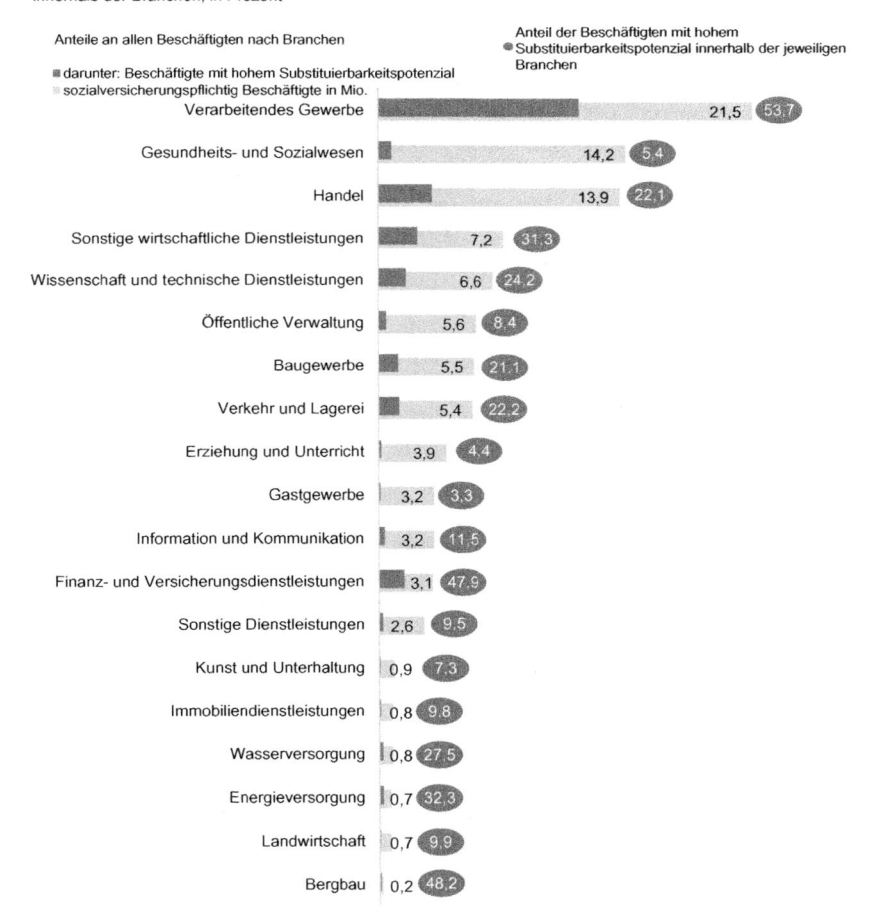

Anteile an allen Beschäftigten nach Branchen

■ darunter: Beschäftigte mit hohem Substituierbarkeitspotenzial
sozialversicherungspflichtig Beschäftigte in Mio.

Anteil der Beschäftigten mit hohem
● Substituierbarkeitspotenzial innerhalb der jeweiligen Branchen

Branche	Anteil	Substituierbarkeitspotenzial
Verarbeitendes Gewerbe	21,5	53,7
Gesundheits- und Sozialwesen	14,2	5,4
Handel	13,9	22,1
Sonstige wirtschaftliche Dienstleistungen	7,2	31,3
Wissenschaft und technische Dienstleistungen	6,6	24,2
Öffentliche Verwaltung	5,6	8,4
Baugewerbe	5,5	21,1
Verkehr und Lagerei	5,4	22,2
Erziehung und Unterricht	3,9	4,4
Gastgewerbe	3,2	3,3
Information und Kommunikation	3,2	11,5
Finanz- und Versicherungsdienstleistungen	3,1	47,9
Sonstige Dienstleistungen	2,6	9,5
Kunst und Unterhaltung	0,9	7,3
Immobiliendienstleistungen	0,8	9,8
Wasserversorgung	0,8	27,5
Energieversorgung	0,7	32,3
Landwirtschaft	0,7	9,9
Bergbau	0,2	48,2

Lesebeispiel: 3,1 Prozent der Beschäftigten in Deutschland arbeiten in der Finanz- und Versicherungsdienstleistungsbranche, darunter sind 1,5 Prozent in einem Beruf mit einem Substituierbarkeitspotenzial von mehr als 70 Prozent tätig. Dies bedeutet, dass 47,9 Prozent der sozialversicherungspflichtig Beschäftigten in der Finanz- und Versicherungsdienstleistungsbranche in einem Beruf mit hohem Substituierbarkeitspotenzial arbeiten.

Abbildung 6.15 Substituierbarkeitspotenziale nach Branchen 2016.
(Quelle: Eigene Darstellung, in Anlehnung an Dengler et al., 2018, S. 3; Dengler & Matthes, 2018; Beschäftigungsstatistik der Bundesagentur für Arbeit, Stand: 31.12.2016) © IAB

Berufs- und Branchenstrukturen innerhalb des Transformationsprozesses eine Beachtung erfahren müssten (siehe hierzu auch Abschnitt 5.2). Die Autor*innen vergleichen im Rahmen ihrer Untersuchung modellhaft eine vollständig digitalisierte Arbeitswelt bis zum Jahr 2035 (Wirtschaft-4.0-Szenario) mit einem Industrieszenario auf der Grundlage des bisherigen gängigen Strukturwandels (QuBe-Basisprojektion). Anhand dieses Vergleiches wird deutlich, dass unabhängig davon, ob eine ‚digitale Revolution' oder ein ‚schleichender Digitalisierungsprozess' angenommen wird, die Arbeitsplatzverluste insgesamt gering ausfallen. So stellt sich die Arbeitskräftenachfrage im Wirtschaft-4.0-Szenario beispielsweise im Jahr 2025 lediglich um 30.000 Beschäftigte geringer dar, als in der QuBe-Basisprojektion. Jedoch unterscheiden sich die Berufsstrukturen der beiden Szenarien deutlich voneinander, da innerhalb des Wirtschaft-4.0-Szenarios 1,22 Mio. Arbeitsplätze fehlen, die in der QuBe-Basisprojektion noch gegeben sind. Gleichzeitig gehen aus dem Wirtschaft-4.0-Szenario 1,19 Mio. neue Arbeitsplätze hervor, die nach der QuBe-Basisprojektion noch nicht entstehen würden (Weber, Zika, Wolter & Maier, 2017b).

Diese branchenübergreifenden Ergebnisse sind ebenso innerhalb der Finanzwirtschaft erkennbar, in der sich die erwarteten Beschäftigtenzahlen im Wirtschaft-4.0-Szenario im Jahr 2035 nur um einen Wert von 5.000 Erwerbstätigen (+0,4 Prozent) von der QuBe-Basisprojektion differenzieren (Zika et al., 2018). Die angenommene höhere Beschäftigtenzahl im Wirtschaft-4.0-Szenario deutet erneut auf den von Dengler et al. (2018) erwarteten Wandel des Anforderungsniveaus innerhalb der Finanzwirtschaft hin. So wird innerhalb des Wirtschaft-4.0-Szenarios von einer schnelleren Automatisierung von fachlichen Tätigkeiten, aufgrund der angenommenen vollständig digitalisierten Arbeitswelt bis zum Jahr 2035, ausgegangen und einem damit einhergehenden zügigeren Abbau von Fachkräften. Demgegenüber steht allerdings eine schneller wachsende Anzahl an Stellen, die komplexe Spezialist*innen- bzw. hoch komplexe Expert*innentätigkeiten umfassen (Weber, Zika, Wolter & Maier, 2017).

Neben den angenommenen Beschäftigungseffekten ist mit Hinblick auf den Forschungsschwerpunkt der Untersuchung eine Betrachtung der Auswirkungen des demografischen Wandels auf die Finanzdienstleistungsbranche bedeutsam. Diverse Studien weisen in diesem Zusammenhang auf den wachsenden Anteil älterer Beschäftigter innerhalb der Finanzwirtschaft hin (z. B. Brussig & Drescher, 2020a; Bundesagentur für Arbeit, 2019; Leber, Stegmaier & Tisch, 2013). Insbesondere die Befunde von Brussig & Drescher (2020a) veranschaulichen das rasant steigende Durchschnittsalter in der Finanzdienstleistungsbranche. So heben die Autor*innen hervor, dass die Finanzwirtschaft (inkl. Steuerberatung

6.2 Beschäftigungseffekte und demografische Entwicklungen

und Rechnungswesen) mit einem Altersdurchschnitt in Höhe von 43,2 Jahren, die am stärksten ‚alternde Branche' in Deutschland darstellt.[77]

Der Anstieg des durchschnittlichen Alters um 1,4 Jahre in einem Zeitraum von 2013 bis 2019 fiel in diesem Bereich besonders hoch aus.[78] Die starke Alterung innerhalb der Finanzwirtschaft lässt sich vor allem auf die sinkende Anzahl der jüngeren nachrückenden Beschäftigten zurückführen, während innerhalb der Gruppe der älteren Beschäftigten eine durchschnittliche Alterung[79] festgestellt werden konnte (Brussig & Drescher, 2020a, 2020b). Die Autor*innen betonen in diesem Rahmen, dass es sich bei den jüngeren Beschäftigten nicht nur um eine unterdurchschnittliche Entwicklung handelt, sondern vielmehr um eine absolute Abnahme der jüngeren Beschäftigten in Höhe von 10 Prozent im Zeitraum zwischen 2013 und 2019. Ferner kann anhand von Abbildung 6.16 ein zunehmender Wechsel der Babyboom-Generation in die Gruppe der Älteren konstatiert werden (Brussig & Drescher, 2020b). Während 2013 bereits ein deutlicher Anstieg der Beschäftigtenzahl ab dem 40. Lebensjahr ermittelt werden konnte, ist im Jahr 2019 eine Verschiebung auf das 46. Lebensjahr erkennbar. Diese Verschiebung resultiert darin, dass 2019 deutlich weniger Beschäftigte jünger als 50 Jahre alt gewesen sind als 2013 (Brussig & Drescher, 2020a).

Anhand der Ausführungen wird deutlich, welchen Effekt die Alterung der Babyboomer-Generation (siehe hierzu Abschnitt 5.3.1) in Kombination mit einer geringen Anzahl neu eintretender jüngerer Beschäftigter auf eine Branche

---

[77] Ein grundsätzlicher Altersanstieg konnte in fast allen beruflichen Gruppen festgestellt werden. So stieg das durchschnittliche Alter sämtlicher sozialversicherungspflichtiger Beschäftigter in den Jahren zwischen 2013 und 2019 um 0,6 Jahre (von 41,5 auf 42,1 Jahre) an (Brussig & Drescher, 2020a). Die Anzahl der älteren Erwerbstätigen (50- bis 67-Jährige) stieg im genannten Zeitraum um 30,7 Prozent (+2,7 Mio. Beschäftigte) an. Gleichzeitig nahm die Anzahl der jüngeren Erwerbstätigen (16- bis 49-Jährige) lediglich um 6,3 Prozent zu (Brussig & Drescher, 2020b).

[78] Hierbei sei darauf hingewiesen, dass die Finanzwirtschaft trotz dieser Tendenz nicht die Branche mit dem höchsten Durchschnittsalter darstellt. Innerhalb der Gruppen „Reinigung" (46,7 Jahre), „Führung von Fahrzeug- und Transportgeräten" (46,6 Jahre) sowie „Sicherheit und Überwachung" (45 Jahre) konnten beispielsweise noch höhere Werte ermittelt werden. Allerdings ‚altern' diese Bereiche deutlich langsamer mit Werten in Höhe von 0,2 Jahren („Sicherheit und Überwachung") und 0,7 Jahren („Führung von Fahrzeug- und Transportgeräten"). In der Gruppe „Reinigung" stagniert das Durchschnittsalter sogar (Brussig & Drescher, 2020a).

[79] Die in dem Zeitraum ermittelte durchschnittliche Alterung in der Finanzwirtschaft lässt sich hauptsächlich auf die Ergebnisse aus den Jahren 2013 bis 2017 zurückführen. In den beiden Jahren 2018 und 2019 wich die Entwicklung der älteren Beschäftigten hingegen bereits um 5 Prozentpunkte von dem durchschnittlichen Wert ab (Brussig & Drescher, 2020a, 2020b).

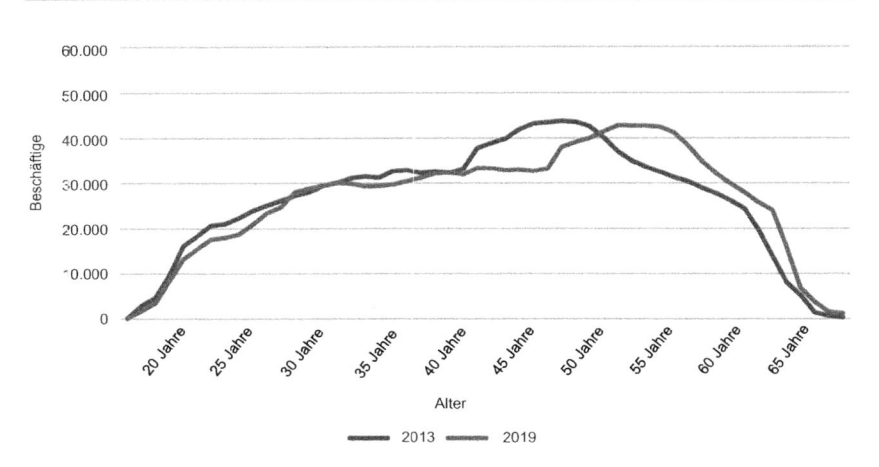

Abbildung 6.16 Altersstruktur in der Finanzwirtschaft 2013 und 2019. (Quelle: Eigene Darstellung in Anlehnung an Brussig & Drescher, 2020a, S. 11; Statistik der Bundesagentur, Sonderauswertung der BA, 2020)

haben kann. Zu welchen Teilen die sinkende Anzahl jüngerer Beschäftigter auf abnehmende Bedarfe aufgrund von strukturellen Veränderungen durch Automatisierungsprozesse oder der Attraktivität der Berufe innerhalb dieses Bereiches zurückzuführen sind, kann anhand der bisherigen Untersuchungen jedoch noch nicht abschließend beantwortet werden (Brussig & Drescher, 2020a, 2020b).

6.3 Zwischenfazit und weitere erwartete Entwicklungen

Ohne Zweifel müssen Versicherungsunternehmen derzeit zahlreiche Herausforderungen bewältigen, die von den Megatrends der Digitalisierung, Flexibilisierung und der Globalisierung getrieben werden. Die Wertschöpfungsstrukturen der Versicherungsindustrie erfahren eine fundamentale Veränderung, mit neuen Geschäftsprozessen, Kund*inneninteraktionen, Risiken und Produkten (Eling & Lehmann, 2018). Die Ergebnisse der dargestellten Untersuchungen verdeutlichen, dass vor allem eine veränderte Erwartungshaltung von Kund*innen, der steigende Wettbewerb und neue Geschäftsmodelle die Transformation der Branche antreiben. Ehemals bestehende Informationshürden werden zunehmend beseitigt und Versicherungsnehmer*innen, die früher ihr Vertrauen vollständig in ihre Vermittelnden bzw. das dahinterstehende Unternehmen legten, entwickeln

6.3 Zwischenfazit und weitere erwartete Entwicklungen

sich zunehmend zu mitdenkenden und qualifizierten Mikro-Produzent*innen. Kund*innen werden sich mehr und mehr ihrer Macht bewusst und sind durchaus dazu bereit, ihre gewonnene Stärke bei Bedarf zielorientiert einzusetzen (Capgemini & Efma, 2020, 2019, 2018, 2017; Weber et al., 2020).

Ferner weisen die dargestellten Befunde darauf hin, dass die Versicherungsbranche zunehmend die hohe Bedeutung von Kund*innendaten erkennt, jedoch gerade bei der Erfassung von Echtzeitdaten viele Versicherungsunternehmen noch Verbesserungspotenziale aufweisen. Diese Daten sind jedoch essentiell für die Generierung gesteigerter Kund*innenerlebnisse und eine langfristige Kund*innenbindung. Im Markt werden letztlich nur Versicherungsunternehmen weiterhin bestehen können, die dazu in Lage sind, die gestiegenen (Sicherheits-)Bedürfnisse und Präferenzen sowie das Vertrauensbedürfnis der Kund*innen zu verstehen und effiziente Prozesse zu gestalten, um individualisierte und zeitpunktsensitive Produkte, basierend auf Ökosystemdaten, anbieten zu können. Die Versicherungsbranche wird mit stetig neuen Technologien sowie Innovationen konfrontiert, die es erfolgreich einzusetzen gilt, um die Wettbewerbsfähigkeit aufrechterhalten und neu entstehende Risiken, die sich vorwiegend aus den Megatrends und der einhergehenden gesellschaftlichen Transformation ergeben, in ausreichendem Maße absichern zu können. In diesem Rahmen ist die Entwicklung einer ausgewogenen Strategie erforderlich, die nicht nur Innovationsinvestitionen berücksichtigt, sondern auch die Sicherstellung zukünftiger Erträge fokussiert. Vor allem muss eine Antwort auf die Frage gefunden werden, wie eine zunehmend global vernetzte Welt, in der sich Risiken verstärkt miteinander verweben und zu deutlich höheren Schäden führen können, zukünftig versicherbar ist (Eling & Lehmann, 2018).[80]

Darüber hinaus wird deutlich, dass die Bewältigung des digitalen Wandlungsprozesses für die Versicherungsbranche nicht nur in Verbindung mit Investitionen in neue Technologien steht, sondern ebenso hoch qualifizierte Beschäftigte erfordert, die diese Technologien beherrschen und nutzen können. In diesem Rahmen ist aufgrund der entstehenden Automatisierungspotenziale von einem sinkenden Bedarf an „Fachkräften" auszugehen, die voraussichtlich durch eine steigende Anzahl an benötigten „Spezialisten" und „Experten" kompensiert werden. Versicherungsunternehmen sind daher gerade mit Hinblick auf die künftigen demografischen Entwicklungen dazu angehalten, gleichfalls umfassende Investitionen in ihre Beschäftigten zu tätigen. So wird sich der Konkurrenzkampf um

---

[80] Bspw. setzen sich Biener, Eling & Wirfs (2015) in einer Untersuchung mit der Versicherbarkeit von Cyber-Risiken auseinander und zeigen auf, dass eine Haupthürde in diesem Bereich das Kumulrisiko darstellt.

hoch qualifizierte Erwerbstätige in den kommenden Jahren weiter verschärfen, wodurch sich die wachsende Zahl an älteren Beschäftigten – gerade innerhalb dieser Branche – zu einer zentralen Anspruchsgruppe entwickeln wird, um den Anforderungen des digitalen Wandels gerecht werden zu können (Dengler et al., 2018).

Des Weiteren stehen Versicherungsunternehmen zukünftig nicht nur vor der Herausforderung ihr eigentliches Kerngeschäft zu transformieren, sondern in diesem Zuge gleichzeitig ihr Produktportfolio stetig an nationale sowie internationale Marktanforderungen anpassen zu müssen. Die Unternehmen sind dazu angehalten, sich strategisch auf global verändernde Kund*innen- und Marktanforderungen einzustellen, die von einer zunehmenden Flexibilisierung und Digitalisierung vorangetrieben werden. Wie erfolgreich die Versicherungsindustrie diese wachsenden Anforderungen bewältigen wird, ist in hohem Maße davon abhängig, wie innovativ und vor allem agil sie den Strukturwandlungen begegnen werden. Agil zu agieren sowie neuartige Risiken einzugehen, ist jedoch keine Stärke von traditionellen Versicherungsunternehmen. Die Unternehmen kennzeichnen sich durch eine starke Hierarchisierung und werden in der öffentlichen Wahrnehmung häufig als schwerfällig, diffizil zu lenken und kulturell altmodisch beschrieben (exemplarisch Süddeutsche Zeitung, 2019a, 2017; Erdland, 2017; Die Welt, 2018). Strategisch geschickte Versicherungsunternehmen werden voraussichtlich eine Zusammenarbeit mit ausgereiften InsurTechs intensivieren und sich Ökosystem-Partner*innen suchen, mit denen sie gemeinsam Marktanteile gegenüber BigTech-Neulingen verteidigen und dem Zielbild einer agilen Organisation näherkommen können. Hierbei ist allerdings davon auszugehen, dass aufgrund der großen kulturellen Unterschiede zwischen InsurTechs und Versicherungsunternehmen eine Zusammenarbeit nicht ohne Spannungsfelder und Konfliktpotenziale verlaufen wird. So kann eine Annäherung der beiden divergenten Unternehmenskulturen nur schrittweise und nicht in Form eines unmittelbaren kulturellen Übertragungsprozesses erfolgen. Gleichzeitig müssen Versicherungsunternehmen die Kompetenzen ihrer eigenen Beschäftigten und Organisation stetig weiterentwickeln, um nicht in eine Abhängigkeit von anderen agileren und kompetenteren Unternehmen zu geraten (Capgemini & Efma, 2020, 2019, 2018; Boes et al., 2018; Wiesböck et al., 2017).

Schon 2017 forderte der World Insurance Report Versicherungsunternehmen dazu auf, in deutlich stärkerem Maße auf die Erfüllung von Kund*innenwünschen einzugehen und hierfür enger mit InsurTechs zusammenzuarbeiten. Die Feststellung von Weber et al. im Jahr 2020, dass etablierte Versicherungsunternehmen und InsurTechs zwar bereits das „Kriegsbeil" (S. 101) begraben hätten, die Schließung einer ‚Verwandtschaft im Geiste' aber noch ausstehe, verdeutlicht jedoch, dass auch drei Jahre später das Potenzial einer Zusammenarbeit mit InsurTechs noch immer bei weitem nicht ausgeschöpft wird. Diese Zurückhaltung werden sich etablierte Versicherungsunternehmen zukünftig nicht mehr leisten können. Insbesondere, da der zunehmend intensive Wettbewerb und das sich rasant verändernde Umfeld, das sich aktuell vor allem aufgrund der COVID-19-Pandemie unumkehrbar fortentwickelt, schlagartig langwierige Entscheidungsprozesse unmöglich und Innovationen überlebenswichtig werden lassen (Capgemini & Efma, 2020; Capgemini, 2020; Versicherungsbetriebe, 2020).

Die ermittelte generationsübergreifende digitale Orientierung der Verbraucher*innen sowie die beispiellosen Folgen der COVID-19-Pandemie zwingen Versicherungsunternehmen noch stärker dazu, ihre Geschäftsmodelle einer Transformation zu unterziehen. Verbraucher*innen zeigen eine wachsende Offenheit für digitale nicht-traditionelle Marktteilnehmende wie Produktherstellende und BigTechs, um von personalisierten und innovativen Angeboten sowie einem gesteigerten Kund*innenerlebnis zu profitieren (Capgemini & Efma, 2020; Capgemini & Efma, 2021). In diesem Rahmen sind sie dazu bereit, zunehmend auf Vermittelnde zu verzichten, um Angebote von neuen Akteur*innen wahrnehmen zu können, wobei sich deutsche Versicherungsnehmer*innen bisher als konservativer als der weltweite Durchschnitt erweisen. Jedoch müssen sich auch deutsche Versicherungsunternehmen zukünftig vermehrt von Einheitsprodukten verabschieden und individuellen Bedürfnissen gerecht werden, da sie ansonsten mit in den Markt drängenden BigTechs nicht konkurrieren können. Hierbei gilt es, den Versicherten Gründe zu liefern, sich nicht von digitalen Versicherungsanbietenden abwerben zu lassen. Zuverlässigkeit allein wird in Zukunft wohl nicht mehr ausreichend sein; die Individualisierung von Angeboten wird in den kommenden Jahren eine steigende Bedeutung einnehmen und das Kund*innenerlebnis wird mehr als je zuvor das Alleinstellungsmerkmal erfolgreicher Unternehmen im Versicherungsmarkt sein (Capgemini & Efma, 2020; Versicherungsbetriebe, 2020; Versicherungsjournal, 2020). Diese individualisierten Angebote sind jedoch vor allem an Automatisierungsprozesse gebunden, die auf Künstlicher Intelligenz basieren. Verbraucher*innen aus Deutschland weisen allerdings eine deutlich skeptischere Haltung gegenüber dem Einsatz von KI auf, als internationale Kund*innen und werden keine Intransparenz bzw. drohende Diskriminierung durch Algorithmen akzeptieren (Verbraucherzentrale Bundesverband, 2018, 2019; Zweig, Fischer & Lischka, 2018; Zweig, 2019). Auf ihrem Weg zur digitalen Transformation müssen Versicherungsunternehmen in Deutschland daher nicht nur regulatorische Hürden meistern, sondern vor allem Kund*inneninteressen hinsichtlich des Datenschutzes oder verhaltensabhängigen Versicherungstarifen berücksichtigen (Wiesböck et al., 2017). Deutsche Versicherungsunternehmen sind daher dazu angehalten, sich intensiv mit der Thematik „Datenethik" zu befassen und diese Auseinandersetzung nach außen offen darzustellen, um nachhaltig Vertrauen gewinnen zu können (Verbraucherzentrale Bundesverband, 2018, 2019; Zweig et al., 2018; Zweig, 2019).

Die Debatte darüber, welche Kommunikationskanäle letztendlich verschwinden könnten, wird innerhalb der Versicherungsbranche seit Jahren geführt. Die aktuellen Ergebnisse weisen darauf hin, dass voraussichtlich keiner der Kanäle gänzlich obsolet wird. Alle Kanäle werden weiterhin relevant bleiben und die Kund*innen aus den verschiedenen Kanälen, auf Grundlage ihrer individuellen Präferenzen und Bedürfnisse, ihren Kommunikations- bzw. Interaktionsweg auswählen. Daher müssen Versicherungsunternehmen sämtliche Kanäle vorurteilsfrei pflegen und ein konsistentes Kund*innenerlebnis anbieten (Capgemini & Efma, 2020). Diese Gegebenheit lässt jedoch einen strategischen Umgang bezüglich der vertrieblichen Kanäle für Versicherungsunternehmen umso wichtiger erscheinen, wenn diese sich nicht mit einem Kostenproblem konfrontiert sehen möchten.

Die Möglichkeiten, die Technologien wie Künstliche Intelligenz und Machine Learning eröffnen, werden zukünftig deutlich stärker ausgeschöpft und weiterentwickelt werden. Die hieraus entstehenden mittel- und langfristigen Folgen können derzeit nur vage abgeschätzt werden. Technische Fortschritte, wie das autonome Fahren, geben jedoch schon heute eine ungefähre Vorstellung von den weitreichenden Einflüssen dieser Technologien. Aktuelle Beispiele weisen allerdings daraufhin, dass zukünftig Vertrauen die wesentliche ‚Währung' in sämtlichen Lebens- und Wirtschaftsbereichen und der Schutz und die Sicherheit von Daten eine der zentralsten Aufgaben und Herausforderungen für Versicherungsunternehmen darstellen wird. Die Sensorik, die bereits in zahlreichen Wohnungen und Fahrzeugen integriert oder durch Wearables eine ständige Begleitung für Nutzende ist sowie die Verwendung des Internet der Dinge werden weiter ansteigen. Ein Szenario, indem ein Sensor Nutzenden bereits mehrere Stunden vor einem drohenden Herzinfarkt warnt, sodass ein rechtzeitiges Aufsuchen eines Krankenhauses möglich wird, verändert die Sicht auf die Abdeckung von gesundheitlichen Risiken sowie ihre entsprechenden Krankenversicherungspolicen vollkommen. Würden derartige Entwicklungen mit DNA- bzw. Genomic Sequencing[81] verbunden, könnten voraussichtlich frühzeitigere Diagnosen für

---

[81] Der Terminus „DNA-Sequenzierung" beschreibt ein Verfahren, mit dessen Hilfe Basenfolgen innerhalb der DNA bestimmt werden können. Die DNA-Sequenzierung revolutionierte die biologischen Wissenschaften und leitete die Ära der Genomik ein, wozu u. a. auch die Sequenzierung eines gesamten Genoms zählt. Die Methoden sind essentiell für die Untersuchung genetisch bedingter Erbkrankheiten und werden aufgrund technischer Fortschritte

6.3 Zwischenfazit und weitere erwartete Entwicklungen

schwerwiegende Krankheitsbilder wie Alzheimer oder Krebs ermöglicht werden. Mit diesen Fortschritten gingen allerdings gleichzeitig große rechtliche und ethische Herausforderungen und Fragestellungen einher (Welche Informationen können überhaupt genutzt werden? Wer haftet? etc.), die die Ausschöpfung der Möglichkeiten stark verlangsamen oder verhindern könnten. So ist davon auszugehen, dass viele Versicherte sich weigern würden, einen genetischen Test durchführen zu lassen, weil sie Angst davor hätten, dass das Ergebnis ihre Versicherungsprämie erhöht. Unabhängig davon würde eine weitere Hürde für die Erhebung und Verwendung derartiger Daten in gesetzgeberischen Einschränkungen in Form von den Maßgaben zur informationellen Selbstbestimmung bestehen, denen Versicherungsunternehmen nicht einfach in Form von AGBs begegnen können. Darüber hinaus könnten zahlreiche Personen eine Kenntnis über ihre zukünftigen gesundheitlichen Risiken ablehnen oder die Sorge teilen, dass die Informationen nicht vertraulich bleiben. Nicht zuletzt entsteht die Frage, wie mit Fällen verfahren wird, in denen die Versicherungsnehmer*innen ihr individuelles Risiko nicht durch eine Verhaltensänderung beeinflussen können (z. B. aufgrund von Erbkrankheiten, Eling & Lehmann, 2018).

Voranschreitende Automatisierungsprozesse (inkl. Robotic Process Automation) und der 3-D-Druck[82] werden in Zukunft dafür sorgen, dass Verletzungen umfassender und schneller einer Behandlung unterzogen werden können, da beispielsweise zerstörte Knochen bereits am Unfallort mit Hilfe eines 3-D-Druckers repliziert werden. Riesige Datenmengen (Big Data) werden noch größere Umfänge annehmen und nur durch eine schritthaltende Künstliche Intelligenz in Echtzeit verarbeitet werden können. Im Rahmen des Einsatzes von Künstlicher Intelligenz muss eine gesunde Balance zwischen menschlicher Empathiefähigkeit und Automatisierung gefunden werden, gerade weil der Einfluss von KI auf die Gesellschaft und vor allem die Arbeitswelt massiv sein wird. Insbesondere Plattformen werden von den KI-Entwicklungen sehr früh und in hohem Maße profitieren. Das rasante Wachstum an Daten könnte ohne Zweifel zukünftig einen erheblichen Einfluss auf das Underwriting nehmen und potenziell eine

---

immer günstiger und schneller. Vor allem Krebserkrankte sowie Personen, die unter seltenen Erkrankungen leiden, könnten in hohem Maße von zukünftigen Entwicklungen in diesen Bereichen profitieren (Knippers, 2012).

[82] Sogenannte „3D-Drucker" ermöglichen den ‚Ausdruck' von Gegenständen jeglicher Art. Ausgangsmaterialien können bspw. Kunststoff, Gips oder Metall sein. Die Materialien können sich in flüssiger Form, als Pulver oder Granulat aber auch am Stück (z. B. Metallfolie) im 3-D-Drucker befinden. Während des Druckens wird Schicht um Schicht aufgetragen und geklebt, getrocknet oder geschmolzen. Abhängig vom Objektaufbau erfordert der Ausdruck im Extremfall bis zu mehrere Stunden oder Tage (Bendel, 2019d).

nie dagewesene Hyperpersonalisierung ermöglichen. Hierdurch könnte nicht mehr das einzelne Individuum die kleinstmögliche Basis für die Personalisierung von Policen darstellen, sondern stattdessen einzelne Körperteile (Weber et al., 2020; Branchenkompass Insurance, 2019). Allerdings sei an dieser Stelle erneut darauf hingewiesen, dass technologische Potenziale nicht automatisch umgesetzt werden, sondern stets in einem gesellschaftlichen Kontext eingebettet sind, sodass von Potenzialen nicht umstandslos auf Realisierungen geschlossen werden darf (Verbraucherzentrale Bundesverband, 2018, 2019; Zweig et al., 2018; Zweig, 2019).

Die Assoziation „Risiko – Schaden – Versicherung", die sich über Jahrzehnte bei den Versicherten verfestigte, hat bisher zu einer unterschwelligen Abwehrhaltung gegenüber dem Thema Assekuranz geführt. Nehmen Versicherungsunternehmen hingegen Abstand von ihrer traditionellen Rolle als Kostentragende, die hypothetische Risikofelder absichern und fokussieren stattdessen die von innovativen Partner*innen und Präventor*innen, die eng mit ihren Kund*innen zusammenarbeiten, um On-Demand-Services anzubieten, Risiken zu minimieren und sie durch ihr Leben begleiten zu können, sollte es möglich sein, diese gedankliche Verbindung aufzulösen. Versicherungsunternehmen müssen zukünftig die Anzahl der qualitativ hochwertigen Berührungspunkte mit ihren Versicherungsnehmer*innen erhöhen, da sie auf diese Weise von einem verbesserten Zugang zu ihren Kund*innen profitieren und gleichzeitig ihre Loyalität stärken. Vor allem Letztere erodiert derzeit aufgrund von wachsender Transparenz und alternativen Angeboten zunehmend in sämtlichen Branchen (Weber et al., 2020; Branchenkompass Insurance, 2019; Capgemini & Efma, 2019).[83]

Weiterhin ist davon auszugehen, dass das bisher in der Branche unterrepräsentierte Thema der Nachhaltigkeit zukünftig stärker in den Fokus rücken wird.[84] Versicherungsunternehmen, die der Thematik weiterhin mit Ignoranz begegnen,

---

[83] Wie diese Rolle in der Zukunft aussehen könnte, veranschaulicht Anhang P im elektronischen Zusatzmaterial anhand der Darstellung eines beispielhaften Tages. Dieser verdeutlicht, dass Kund*innenkontakt allein nicht ausreichend ist, sondern ein Mehrwert durch zusätzliche Services geboten werden muss, um relevant für Kund*innen zu sein. Jedes positive Kund*innenerlebnis bietet wiederum die Möglichkeit zusätzliche Leistungen anbieten und die Kund*innenbeziehung ausbauen zu können (Capgemini & Efma, 2018).

[84] Wie aus der Nachhaltigkeitsstudie 2019 der Union Investment deutlich wird, nimmt das Thema Nachhaltigkeit zwar eine wachsende Bedeutung innerhalb der Branche ein, jedoch könnte das Engagement ausgeprägter sein. Laut der Untersuchung berücksichtigen 69 Prozent der 35 befragten Versicherungsunternehmen Nachhaltigkeitskriterien bei Anlageentscheidungen. In diesem Rahmen werden ca. 62 Prozent der Assets auf der Grundlage von Nachhaltigkeitskriterien angelegt. Das Ergebnis ist etwas höher als der Durchschnitt der institutionellen Anleger*innen (n = 201), der einen Wert in Höhe von 56 Prozent vorweist.

6.3 Zwischenfazit und weitere erwartete Entwicklungen

werden mit einer steigenden Ablehnung von Interessent*innen bzw. Kund*innen konfrontiert werden. Gerade jüngere Generationen, wie bspw. die Millennials[85], legen zunehmend Wert auf einen nachhaltigeren Lebensstil und werden diesen auch von Unternehmen, mit denen sie interagieren, einfordern (Weber et al., 2020).

Die Konvergenz der diversen Technologien, wie z. B. dem Internet der Dinge, Künstlicher Intelligenz und Blockchain, wird zukünftig neue und aktuell noch kaum vorstellbare Geschäftsmodelle hervorbringen. Die Anzahl der Versicherungsprodukte, die ohne jegliche persönliche Interaktion erworben werden, wird weiterhin ansteigen. Die Denkweise in Produkten wird mehr und mehr zurückgehen und stattdessen die Orientierung an Kund*innenkontakten in den Vordergrund treten (Weber et al., 2020; Eling & Lehmann, 2018). Die digitale Transformation rückt die Informationsebene in das strategische Zentrum von Wertschöpfungsprozessen (Boes et al., 2018). Auch wenn Versicherungsunternehmen schon immer umfangreich mit Daten gearbeitet und dies als wichtig betrachtet haben, müssen diese zukünftig noch viel stärker als Schlüssel für den Erfolg von den Versicherungsunternehmen und ihren Beschäftigten erkannt werden (Weber et al., 2020).

Die Versicherungsunternehmen geben an, dass die Kriterienberücksichtigung auf einem mittleren Niveau stattfindet. Einrichtungen wie Stiftungen oder Kirchen äußern hingegen, die Kriterien stark bis sehr stark im Rahmen ihrer Kapitalanlagen zu berücksichtigen. Als entscheidender Impuls für eine zukünftig verstärkte Auseinandersetzung mit nachhaltigen Kapitalanlagen werden „veränderte regulatorische Anforderungen" von 70 Prozent der befragten Versicherungsunternehmen angegeben (Union Investment, 2019).

[85] Der Ausdruck „Millennials" repräsentiert eine Generation, die um die Jahrtausendwende geboren wurde (nach den „Baby Boomern" und vor der „Generation Z"). In Abhängigkeit von der Quelle schwankt die Einordnung der Generation zwischen den Jahren 1976 und 1980 als Startpunkt, wohingegen das Ende i. d. R. auf das Jahr 2000 festgelegt wird. Sie wird häufig auch als „Generation Y" oder als Generation der „Digital Natives" bezeichnet (Kramp & Weichert, 2018).

Alter(n)smanagement 7

Nachdem der Wandel der Arbeitswelt und seine Einflüsse auf die Versicherungsbranche in Kapitel 5 und 6 eine detaillierte Darstellung erfahren haben, erfolgt im vorliegenden Kapitel eine ausführliche Diskussion des Konzepts des Alter(n)smanagements und seiner Rolle im Rahmen des Transformationsprozesses. Zu Beginn des Kapitels werden das der Untersuchung zugrunde gelegte Altersverständnis und die Folgen des Alterungsprozesses für Führungskräfte vorgestellt. Anschließend wird die Relevanz von Alter(n)smanagement vor dem Hintergrund des demografischen Wandels untersucht sowie einwirkende Spannungsfelder betrieblichen Alter(n)smanagements veranschaulicht.

7.1 Altersbegriff der Untersuchung

Die Vorstellungen von älteren Menschen sowie vom Altsein sind stark kontextbezogen und verändern sich mit fortschreitendem Lebensalter (Konradt & Rothermund, 2011; vgl. Wunderer, 2018). Vor allem das Bild ältere Mitarbeitender ist immer noch mit Sorgen, Stereotypen[1] und Vorurteilen behaftet (Walwei, 2018; Richenhagen, 2015; Börsch-Supan, Düzgün & Weiss, 2005; Debler et al., 2018).[2] Die Begriffe „Alter" und „ältere Beschäftigte" sind daher nicht eindeutig selbsterklärend (Richenhagen, 2015), sodass sich in Forschung und Praxis

---

[1] Rump und Eilers (2017a) bezeichnen bspw. die Grundannahme, dass Ältere keine Entwicklungsperspektiven mehr aufgezeigt bekommen möchten, als einen persistenten Stereotypen.
[2] Selbst bestehende Diversity-Konzepte innerhalb von Organisationen fokussieren sich vorwiegend auf eine Vielfalt von Kulturen und nicht auf eine Altersdiversität (Debler et al., 2018).

verschiedene Definitionen etabliert haben. Das Institut für Arbeitsmarkt und Berufsforschung (IAB) definiert ältere Betriebsangehörige bspw. als Personen, die das 45. Lebensjahr überschritten haben, weist jedoch in Abhängigkeit von den jeweiligen Berufen auf eine fließende Grenze zwischen dem 45. und 55. Lebensjahr hin (Becker, Bobrichtev & Henseler, 2006). In der Literatur finden sich darüber hinaus problemzentrierte Definitionen, die überwiegend einen Fokus auf gesundheitliche Aspekte legen (exemplarisch Hofbauer, 1982; Naegele, 1992). Die Organisation für wirtschaftliche Zusammenarbeit und Entwicklung (OECD) vermeidet hingegen die Angabe eines bestimmten Alters und beschreibt ältere Arbeitnehmende als arbeitsfähige Beschäftigte, die sich bereits in der zweiten Hälfte des Berufslebens befinden, aber das Pensionsalter noch nicht erreicht haben (Rump, 2003). In wirtschaftlichen Unternehmen werden hingegen überwiegend Beschäftigte ab dem 50. Lebensjahr als ‚ältere Arbeitnehmende' angesehen (Regnet, 2014; Naegele & Frerichs, 2004; Frerichs & Georg, 1999).

In der vorliegenden Untersuchung wird eine Kombination aus dem Begriffsverständnis wirtschaftlicher Organisationen und der Definition der OECD zugrunde gelegt. Die Definition aus der betrieblichen Praxis mit einem Mindestalter in Höhe von 50 Jahren weist einen operationalisierbaren und realitätsnahen Charakter auf. Ferner stammen die Interviewpartner*innen aus einem Unternehmen der Finanzdienstleistungsbranche, wodurch sie eindeutig einem wirtschaftlichen Umfeld zugeordnet werden können. Die Ergänzung des Altersverständnisses durch die Anforderungen aus der OECD-Definition gewährleistet, dass die ausgewählten Führungskräfte über eine ausreichende berufliche Erfahrung verfügen und als aktiv teilnehmende Person der Arbeitswelt eingestuft werden können.

7.2 Wissenschaftliche Modelle des Alterns

Neben der Frage des biografischen Mindestalters der Forschungssubjekte ist die Auseinandersetzung mit wissenschaftlichen Modellen des Alterns für die Dissertation von hoher Relevanz. Auf diese Weise werden Hindernisse und Entwicklungsfelder deutlich, die für ältere Arbeitnehmende im Arbeitsalltag bestehen. In Unternehmen beherrschen immer noch altersbezogene Vorurteile den Alltag (Naegele & Frerichs, 2004), die auf dem sogenannten Defizitmodell des Alterns beruhen (Lehr, 2007). Dieses Modell postuliert einen altersbezogenen Abbauprozess der physisch-psychischen Leistungsfähigkeit. Darüber hinaus wird von einer Reduktion der Lernfähigkeit mit zunehmendem Alter ausgegangen. Das Defizitmodell des Alterns nimmt keinerlei individuelle Differenzierung vor (z.B.

7.2 Wissenschaftliche Modelle des Alterns

Bildungshintergrund, Funktion, bisherige Lernbiografie), sondern geht ausschließlich von einer Leistungsreduktion bei älteren Personen aus (Naegele & Frerichs, 2004). Die Folgen dieses Deutungsmusters schlagen sich in verdeckter und auch offener Altersdiskriminierung in der Arbeitswelt nieder. Beispiele hierfür zeigen sich in einer mangelnden Wertschätzung von Erfahrungswissen, eingeschränkten betrieblichen Fortbildungs- und Aufstiegsmöglichkeiten für ältere Mitarbeitende sowie einer altersselektiven Personalrekrutierungspolitik (Frerichs, 1996; Wolff, Spieß & Mohr, 2001; Naegele & Frerichs, 2004).

Demgegenüber steht das Kompetenzmodell, das sich seit Anfang der 1990er Jahre zunehmend etabliert hat (Gerst, Pletke & Hattesohl, 2007). Das Modell geht davon aus, dass ein steigendes Alter zwar zu einem Abbau der Leistungsfähigkeit führt, jedoch nicht sämtliche physische und kognitive Funktionen unweigerlich einem Verfall unterliegen (Adenauer, 2002; Maintz 2003). Lediglich die Aufmerksamkeitsenergie, das Fassungsvermögen des Arbeitsgedächtnisses sowie die Geschwindigkeit, in der Informationen verarbeitet werden, sinken mit zunehmendem Alter (Prezewowsky, 2007). Allerdings können selbst diese Reduktionen nicht pauschalisiert werden, sondern variieren individuell (Brandenburg & Domschke, 2007; Bundesanstalt für Arbeitsschutz und Arbeitsmedizin, 2008). Das Kompetenzmodell geht davon aus, dass durch den Zuwachs bestimmter Kompetenzen im Alter (z. B. Erfahrung, Urteilsvermögen, Kommunikationsfähigkeit) die Verschlechterung bzw. der Wegfall anderer Kompetenzen kompensiert werden kann (z. B. Reaktionsgeschwindigkeit, Muskelkraft, Belastbarkeit, Freude, 2007; Bundesanstalt für Arbeitsschutz und Arbeitsmedizin, 2008).

Die Annahme, dass es Kompetenzen gibt, die altersstabil sind, wohingegen andere mit zunehmendem Alter tendenziell eher abnehmen, lässt sich ebenfalls in der Zweikomponententheorie von Cattell wiedererkennen. Die Theorie differenziert zwischen kristalliner und fluider Intelligenz (Horn & Cattell, 1966). Zu den fluiden Kompetenzen zählen beispielsweise Kombinationsgabe, der Umgang mit neuen Situationen und die Geschwindigkeit, in der Probleme gelöst werden können (Staudinger 1999; Lehr, 2007). Die kristalline Intelligenz umfasst hingegen Gebiete wie den Wortschatz, Erfahrungs- und Allgemeinwissen sowie das Sprachverständnis. Zahlreiche Untersuchungen zeigen, dass die fluiden Kompetenzen sich eher als altersabhängig erweisen, wohingegen sich die kristalline Intelligenz als weitgehend altersstabil zeigt (Staudinger & Baltes, 1996; Staudinger, 2002; Staudinger, 2005; Kessler, Schwender & Bowen, 2010; Staudinger & Bowen, 2011; Lehr, 2007). So stellt Schaie (1995, 1996) in seinen Untersuchungen fest, dass das Wortverständnis die höchste Alterskonstanz aufweist, wohingegen die Wortflüssigkeit – bei der die Schnelligkeit ein wesentlicher Faktor darstellt – die frühesten Leistungsabfälle erkennen lässt.

Ein weiteres Modell, das Parallelen zum Kompetenzmodell erkennen lässt, ist das SOK-Modell von Paul und Magret Baltes (1990). Die Autor*innen betonen allerdings, dass nicht nur eine Kompensation (K) altersbedingter Entwicklungen stattfindet, sondern verweisen auf die zusätzlichen adaptiven Verhaltensweisen Selektion (S) und Optimierung (O). Sie verstehen den gesamten menschlichen Entwicklungsprozess als eine stetige Verbindung aus den drei Strategien Selektion, Optimierung und Kompensation mit deren Hilfe Lebensqualität und Handlungskompetenz erhalten werden kann. Die Verhaltensweisen stehen dabei nicht losgelöst für sich, sondern beeinflussen sich gegenseitig und wirken als Gesamtkonstrukt. Die Adaption findet laut Baltes und Baltes in allen Altersstufen statt, nimmt allerdings im fortschreitenden Alter aufgrund der altersbedingten Reduktionen kognitiver, biologischer und sozialer Kapazitäten eine immer wichtiger werdende Rolle ein (Baltes, 1990; Baltes & Baltes, 1989). Als Beispiel für das SOK-Modell weist Paul Baltes (1999) auf ein Interview mit dem Pianisten Rubinstein hin, der trotz seines Lebensalters von über 80 Jahren weiterhin dazu in der Lage gewesen ist, hoch komplexe und temporeiche Stücke zu spielen. Rubinstein entwickelte die Strategie, sich auf wenige Stücke zu konzentrieren (Selektion), diese Stücke vermehrt zu üben (Optimierung) und die Kontraste zwischen langsamen und schnellen Passagen zu verstärken, da seine Geschwindigkeit mit den Jahren nachgelassen hatte (Kompensation, Baltes, 1999).

Allerdings ist das Alter nur als einer von vielen Einflüssen auf die Leistungsfähigkeit anzusehen. So resultiert nach Denney & Palmer (1981), Guttmann (1984) und Oswald (1996) eine bessere Schulbildung in einem deutlich langsameren Verlauf eines altersbedingten Rückgangs der intellektuellen Leistungen. Alle Untersuchungen kommen zu dem Ergebnis, dass kristalline und fluide Kompetenzen hoch signifikant mit dem Bildungsstand korrelieren.[3] Gutmann (1984) weist darauf hin, dass kein universeller altersbezogener Rückgang der Leistungsfähigkeit gegeben ist, sondern dieser vielmehr vom Bildungsgrad und den Aufgaben abhängt. Nicht zuletzt stellt Rudinger (1987) fest, dass der ausgeübte Beruf einen deutlichen Einfluss auf die Leistungsfähigkeit im Alter nimmt. Das Merkmal „Beruf" steht wiederum in einer großen Abhängigkeit von der zuvor genossenen Schulbildung (Lehr, 2007). Neben der schulischen und beruflichen Laufbahn nehmen weitere Faktoren Einfluss auf die Leistungsfähigkeit im Alter, wie z.B.

---

[3] Siehe hierzu auch die weiterführenden Untersuchungen von Sliwinsky, Lipton, Buschke & Stewart (1996) sowie die Ergebnisse aus der durch die McArthur Foundation geförderte Längsschnittstudie „Predictors of cognitive change in older persons". Die Autor*innen kommen zu dem Schluss, dass die Schulbildung als der beste Prädikator in Bezug auf die Intelligenzentwicklung im Verlauf des Alterungsprozesses angesehen werden kann (Albert, Jones, Savage, Berkman, Seeman, Blazer & Rowe, 1995).

langjährige Beziehungen mit gebildeten Partner*innen (Gruber & Schaie, 1986) oder die Freizeitgestaltung (Richter, 1992).[4]

Altern ist dementsprechend als ein vielschichtiger Prozess der Interaktion mit situativen Rahmenbedingungen (biologische Faktoren, Kultur, soziales Umfeld etc.) anzusehen, sodass Fähigkeiten und Kompetenzen zu-, abnehmen oder stagnieren können (Adenauer, 2002; Maintz, 2003; Bundesanstalt für Arbeitsschutz und Arbeitsmedizin, 2013; Kleindienst, Wolf, Ramsauer, Winter & Zierler, 2016). In der vorliegenden Untersuchung basiert das Verständnis des Alterungsprozesses daher auf dem dargestellten Kompetenzmodell mit der Einschränkung, dass steigende Kompensationsfähigkeiten im zunehmenden Alter – aufgrund der hohen individuellen Unterschiede – nicht durchgängig in gleichem Umfang vorausgesetzt werden (Gerst et al., 2007).

7.3 Folgen des Alterungsprozesses für Führungskräfte

Um eine genauere Vorstellung von den möglichen Auswirkungen des Alters auf Führende gewinnen zu können, erfolgt im vorliegenden Kapitel eine führungskräftespezifische Betrachtung von altersbedingten Einflüssen auf Kompetenzen. So gibt es bestimmte alterskorrelierte Faktoren, die Führungskräfte bei der Bewältigung ihrer Anforderungen unterstützen und andere, die wiederum einen negativen Einfluss ausüben können.

Trotz der beschriebenen stark individuell verlaufenden Alterungsprozesse können Tendenzen bzgl. der Fähigkeiten identifiziert werden, die altersbedingt eher rückläufig sind. Diese sind bspw. die Verschlechterung der Sinnesorgane, eine schwindende Muskulatur, ein eingeschränkter Bewegungsapparat, eine sinkende Vitalkapazität und Belastbarkeit sowie eine abnehmende Informationsaufnahme- und Reaktionsgeschwindigkeit. Fertigkeiten, die sich mit zunehmendem Alter hingegen vorwiegend positiv entwickeln, sind z. B. Urteilsvermögen, Kommunikationsfähigkeit, Arbeitsmotivation, die Einhaltung ethischer Aspekte, Sorgfalt, die Einschätzung von Risiken, Erfahrung, Vernunft, loyales Verhalten sowie die Einnahme einer ganzheitlichen Perspektive in diffizilen Situationen. Neben diesen Entwicklungen gibt es Kompetenzen, die im Alter unverändert bleiben. Hierzu zählen die Nutzung von Wissen sowie die Fähigkeiten sich zu konzentrieren und sich an gewöhnliche körperliche und psychische Anforderungen

---

[4] Die genannten Faktoren nehmen nicht nur Einfluss auf den Alterungsprozess, sondern ebenfalls auf die Entwicklungsinteressen und damit verbundene Gestaltungsspielräume (z. B. Arbeitsort und Arbeitszeiten, Debler et al., 2018).

anzupassen (Brandenburg & Domschke, 2007; Bundesanstalt für Arbeitsschutz und Arbeitsmedizin, 2008).

Die Altersübergangsszenarien von Brussig und Drescher (2020) bzw. Brussig und Ribbat (2014) verdeutlichen in diesem Zusammenhang, dass die aufgeführten abnehmenden physischen Fertigkeiten keine wesentlichen Auswirkungen auf Beschäftigte haben, die aus Branchen stammen, deren Aufgaben hauptsächlich aus Tätigkeiten mit geringen physischen Belastungen bestehen. Hierdurch sind beispielsweise innerhalb der Finanzdienstleistungsbranche deutlich vorteilhaftere Bedingungen gegeben, um eine längere Beschäftigung von älteren Personen zu ermöglichen, als in der Bauindustrie. Ferner können Einschränkungen beim Seh- und Hörvermögen durch Hörgeräte bzw. Sehhilfen auf technischem Wege ausgeglichen werden (Bundesanstalt für Arbeitsschutz und Arbeitsmedizin, 2008).

Darüber hinaus nehmen aufgrund der Transformation der Arbeitswelt und der sich verändernden Rolle der Führungskräfte anstatt physischer Gegebenheiten vielmehr die kognitiven Fähigkeiten eine immer größere Bedeutung ein (siehe Abschnitt 5.4.1.2). Geführte benötigen in der Transformation eine Person, die sie auf dem gemeinsamen Weg begleitet, Impulse gibt und stetig mit Feedback in der Entwicklung unterstützt, um sie individuell fördern zu können. Ferner benötigen sie Freiraum, um selbstbestimmt agieren zu können (Widuckel, 2018; Dennochweiler, Müller & Schulte-Deußen, 2018). Dementsprechend profitieren ältere Führungskräfte tendenziell von den altersbedingten Verbesserungen ihrer überfachlichen Kompetenzen, die im digitalen Wandel zunehmend gefordert werden (Wollenweber, 2018; Bundesanstalt für Arbeitsschutz und Arbeitsmedizin, 2008).

Nicht zuletzt stellt sich gerade im Rahmen des digitalen Wandlungsprozesses die Frage nach altersbedingten Differenzen in Bezug auf die Innovationsfähigkeit (Holz, 2007). Eine Studie von Maier (1998) verdeutlicht jedoch, dass die Innovationsfähigkeit einer Person nicht in Abhängigkeit ihres Alters steht, sondern vielmehr mit personalen Merkmalen, wie der generellen Zielorientierung oder der Bereitschaft Risiken einzugehen bzw. Verantwortung zu übernehmen, verbunden ist. Die Untersuchungen von Jasper und Fitzner (2000) stützen diesen Befund. So konnten die Autorinnen anhand eines Vergleichs innovativer Verhaltensweisen von älteren und jüngeren Beschäftigten keinerlei Anhaltspunkte hinsichtlich eines ‚Alterstrends' ermitteln. Die Forscherinnen weisen allerdings auf unterschiedliche Stärken älterer und jüngerer Beschäftigter im Rahmen innovativer Tätigkeiten hin. Während ältere Beschäftigte beispielsweise mit Lebenserfahrung, Übersicht, Entscheidungsfähigkeit und einer hohen Arbeitsmotivation überzeugten, wurde bei jüngeren Beschäftigten vor allem ihr hohes zeitliches Engagement, ihre Umstellungsfähigkeit sowie ihre Wendigkeit in der Wissensanwendung gelobt. Aufgrund

7.3 Folgen des Alterungsprozesses für Führungskräfte

dieser ergänzenden Stärken empfehlen Jasper und Fitzner (2000) gemischte Alterszusammensetzungen in Teams, um Innovationsaufgaben zu bearbeiten. Allerdings stehen ältere Führungskräfte vor der Herausforderung, den inneren Zwiespalt zwischen ihrem Alter und ihrer neuen Rolle sowie den äußeren Zwiespalt zwischen Organisations- und Mitarbeitendenerwartungen zu bewältigen. Aufgrund der wachsenden Komplexität wirken zunehmend spezielle Aufgabenfelder zusammen, die von unterschiedlichen Altersgruppen mit unterschiedlichen Erfahrungen bearbeitet werden (Bilinska & Wegge, 2016). Führende müssen daher die Bereitschaft und Offenheit zeigen, auf Augenhöhe mit den Geführten zu agieren und ggf. von ihnen lernen zu können. Dies bedeutet keinen Verlust ihrer Machtpotenziale, da weiterhin eine Machtasymmetrie gegeben ist. Führung stellt auch innerhalb eines Transformationsprozesses immer noch eine zielorientierte gegenseitige Beeinflussung zwischen Führenden und Geführten dar, um ihren gemeinsamen Aufgaben nachkommen zu können (Wunderer, 2011; Widuckel, 2018). Die Wechselseitigkeit dieser Einflussbeziehung gewinnt jedoch zunehmend an Bedeutung, insbesondere aufgrund einer steigenden Komplexität und Wissensintensität. Diese Faktoren lassen die vollständige Überschaubarkeit und Durchdringung eines Arbeitszusammenhangs für Führungskräfte unmöglich werden (siehe Abschnitt 5.4.1.2). Dies hat zur Folge, dass Führende innerhalb der Beziehung immer weniger vorgeben und sich verstärkt in anspruchsvollen Situationen wiederfinden, in denen sie das Wissen der Mitarbeitenden verarbeiten und nach kurzer Zeit selbst anwenden müssen. Sie stellen sich dementsprechend fortlaufend selbst unter Beweis und zeigen in immer höherem Maße, in welcher Form sie eigene Lernentwicklungen vorweisen können, wodurch eine zusätzliche Form von Druck auf sie ausgeübt wird (Lenz & Grützmacher, 2018; Boes et al., 2018; Widuckel, 2018).

Darüber hinaus nimmt ein fortschreitendes Alter Einfluss auf die Verhaltenserwartungen der Führungskräfte. Individuen neigen dazu, Verhaltenserwartungen an ihr Umfeld zu stellen, die sie selbst erfüllen würden und verkennen dabei oft die Unterschiedlichkeit der Rollen und Perspektiven (Bilinska & Wegge, 2016). Diese differierenden Erwartungshaltungen nehmen auf beiden Seiten mit einem steigenden Altersunterschied überwiegend zu, da jede Seite auf ihre jeweilige altersbezogene Verhaltenserwartung zurückgreift, die auf unterschiedlichen Erfahrungen, Lebensphasen, Interessen etc. fußt (Freude, 2007). Die Herausforderung für ältere Führungskräfte besteht darin, aus dieser Erwartungshaltung auszubrechen und sich auf eine Verhaltensflexibilität und -pluralität einzulassen. Gleichzeitig gilt es für sie, sich ihre Authentizität zu bewahren und nicht Verhaltensweisen jüngerer Geführter einfach zu imitieren. Sie müssen die Fähigkeit aufweisen, sich der Spannung auszusetzen, eigene Verhaltensmuster zu hinterfragen und zu reflektieren (Becker, 2014). Ein Vorteil, den ältere Führungskräfte in diesem Rahmen haben, ist der Zugriff auf ein bestehendes Verhaltensrepertoire; vor allem profitieren sie von diesem in offenen und nicht vorhersehbaren Situationen. Jüngere Beschäftigte müssen sich dieses Repertoire erst erarbeiten, sodass diese Aufgabe mehr Aufmerksamkeit fordert und von ihnen eine höhere Gewichtung erfährt. Ältere Personen können sich hingegen stärker auf die Wirksamkeit ihres Verhaltensrepertoires fokussieren und sich mit der Fragestellung auseinandersetzen, wie ihr Handeln auf andere und auch auf sie selbst wirkt (Lehr, 2007; Brandenburg & Domschke, 2007).

7.4 Relevanz und zentrale Elemente von Alter(n)smanagement innerhalb der Transformation

Die bisherigen Ausführungen verdeutlichen, dass aufgrund der unterschiedlich verlaufenden Alterungsprozesse und Dispositionen kognitive und physische Differenzen zwischen Beschäftigten im Alter zunehmen (Ilmarinen & Tempel, 2002; Semmer & Richter, 2004; Lehr, 2007). Unternehmen stehen vor der Herausforderung, diesem Umstand mit einer durch den demografischen Wandel wachsenden Anspruchsgruppe älterer Beschäftigter immer stärker gerecht werden zu müssen, um ihre Leistungsfähigkeit aufrechterhalten zu können (Zacher et al., 2018a; Kunze, Boehm & Bruch, 2011; Bellmann, Dummert & Leber, 2018b; Richter & Mühlenbrock, 2018; Anlauft, 2018; Brussig & Drescher, 2020a, 2020b). So wirkt sich das betriebliche Altersbild sowie die hierin enthaltenen, in Unternehmen gelebten Werte und Normen deutlich auf das Engagement und die Leistung von Älteren aus. In diesem Rahmen kann von einer Wechselwirkung ausgegangen werden, da ein geringes Engagement älterer Beschäftigter aufgrund innerbetrieblicher Rahmenbedingungen (alterssegmentierte Aufgabenzuweisung, mangelnde Perspektiven etc.) zu einer Verfestigung der bestehenden Vorurteile führt und somit eine Abwärtsspirale entsteht (Kunze et al., 2011; Naegele & Frerichs, 2004; Debler et al., 2018).

Darüber hinaus betonen Kunze, Boehm und Bruch (2011), dass sich der Umgang mit älteren Mitarbeitenden nicht nur auf deren Performance niederschlägt, sondern Konsequenzen für die gesamte Unternehmensleistung zu beobachten sind. Diese Aussage begründen die Autor*innen mit der Wirkungskette, wonach sich eine Altersvielfalt im Unternehmen auf die kollektive Wahrnehmung des Klimas der Altersdiskriminierung auswirkt, die ihrerseits das kollektive

7.4 Relevanz und zentrale Elemente ...

affektive Engagement der Mitarbeitenden beeinflusst. Dies stellt wiederum einen wichtigen Einflussfaktor auf die Gesamtleistung der Organisation dar (siehe Abbildung 7.1).

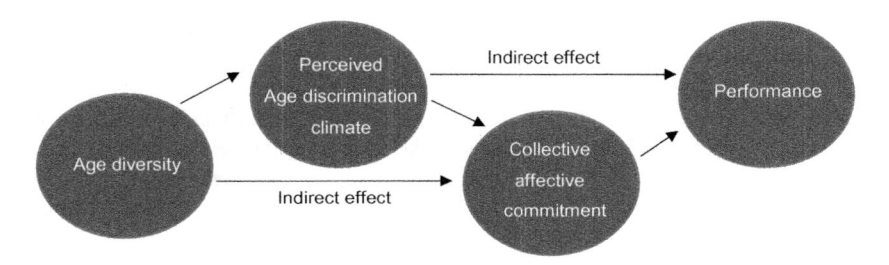

Abbildung 7.1 Auswirkungen von Altersdiversität und Altersdiskriminierung auf die Unternehmensleistung.
(Quelle: Eigene Darstellung, in Anlehnung an Kunze et al., 2011, S. 271)

Aufgrund der dargestellten Verknüpfungen wird innerhalb der vorliegenden Arbeit die Haltung vertreten, dass eine Realisierung von Altersdiversität[5] bzw. eine Vermeidung von Altersdiskriminierung, aufgrund der dargestellten direkten und indirekten Effekte auf das Commitment und die Performance der gesamten Belegschaft, zentrale Elemente für die Bewältigung der beschriebenen Megatrends darstellen. Mit Hinblick auf den zunehmenden Fachkräftemangel bildet sich das sogenannte Demografiemanagement als eine zentrale Aufgabe innerhalb des Transformationsprozesses heraus (Richenhagen, 2015; Leber et al., 2013). Demografiemanagement umfasst sämtliche Aktivitäten des Personalwesens und des Personalmanagements insgesamt, die mit der zukünftigen Bereitstellung von passenden personellen Ressourcen für ein Unternehmen in Verbindung stehen. Eine Teilaufgabe ist in diesem Zusammenhang das sogenannte Alter(n)smanagement.[6] Alter(n)smanagement bedeutet nicht, dass ausschließlich die Anforderungen älterer Beschäftigter eine Berücksichtigung erfahren. Es geht

---

[5] In der vorliegenden Arbeit wird unter dem Terminus „Altersdiversität" (engl. „Age Diversity") eine Berücksichtigung bzw. Integration der Heterogenität und Unterschiedlichkeit von Altersstrukturen in bestimmten Gruppen, wie beispielsweise den Belegschaften von Organisationen verstanden. In diesem Rahmen erfolgt eine Wertschätzung der Kompetenzen sämtlicher Kohorten, da der Leitgedanke von Age Diversity in einer sinnvollen Verknüpfung der Leistungspotenziale aller Altersgruppen besteht (Haeberlin, 2003; Bender, 2007).

[6] Altersmanagement setzt sich mit der Perspektive auf das Individuum bzw. eine bestimmte Altersgruppe auseinander, wohingegen Alternsmanagement das gesamte Unternehmen in den Blick nimmt (Anlauft, 2018).

vielmehr darum, Altern als Prozess zu verstehen, entsprechend zu begleiten und in den Fokus der Personalarbeit im Unternehmen zu stellen (in diesem Zusammenhang werden auch die Bezeichnungen Alter(n)sgerechtigkeit oder Alter(n)sorientierung verwendet). Dementsprechend werden auch die Bedürfnisse der jüngeren Mitarbeitenden beachtet und bestmöglich erfüllt.[7] Jedoch wird ein Unternehmen – zum Vorteil aller Beteiligten – situativ aus dem Blickwinkel der älteren Belegschaft mit seinen besonderen Anforderungen betrachtet.[8] Beispielsweise werden Fortbildungsangebote ab einem gewissen Lebensalter nicht reduziert, sondern ein Fokus auf den Gedanken des lebenslangen Lernens gesetzt. Hierbei wird geprüft, ob auch ältere Beschäftigte sich in ausreichendem Maße weiterbilden können bzw. inwieweit ihnen dieser Anspruch überhaupt ermöglicht wird, sodass ihre „Arbeitsfähigkeit" erhalten bleibt (Richenhagen, 2015; Ilmarinen, 2011). Ilmarinen, Frevel, Tempel und Thönnessen (2017) definieren in diesem Rahmen Arbeitsfähigkeit als „den Grad der Passung und die Stabilität der Balance zwischen den personenbezogenen Aspekten Gesundheit, Kompetenz und persönliche Werte einerseits und den Arbeitsanforderungen und -bedingungen andererseits" (S. 72). Dementsprechend ist der Ausdruck weder als grundsätzliche Fähigkeit zur Arbeit noch als Eigenschaft zu interpretieren (Ilmarinen et al., 2017; Richenhagen, 2015). Arbeitsfähigkeit weist keine grundsätzliche Konstanz auf, sondern verändert sich im Laufe des Lebens, da sie von zahlreichen organisationalen und individuellen Größen geprägt wird. Unter individuellen Einflussgrößen werden beispielsweise der Gesundheitszustand, der Lebensstil, der Zuwachs an Erfahrung sowie das biologische Altern verstanden. Organisatorische Einflussgrößen umfassen hingegen Aspekte, wie die Gestaltung der Arbeitszeit, Veränderungen in der Aufbau- bzw. Ablauforganisation und wertschätzende Führung. Die Arbeitsfähigkeit kann dementsprechend durch eine Person bzw. ihre Organisation aktiv beeinflusst werden, sodass sich die Aufgabe der Arbeitsfähigkeitserhaltung nicht allein auf die Seite des Unternehmens beschränkt. Vielmehr tragen die Mitarbeitenden ebenso eine Verantwortung, ihre Arbeits- bzw. Leistungsfähigkeit zu sichern, übertragene Aufgaben mit ihrem persönlichen Potenzial kontinuierlich abzugleichen und sich für einen fortlaufenden Ausbau ihrer Kompetenzen und Qualifikationen zu engagieren (Ilmarinen et al., 2017; Richenhagen, 2015; Ilmarinen, 2011; Widuckel, 2009).

---

[7] Ein Beispiel hierfür stellt das Jugendarbeitsschutzgesetz dar, dass spezifische Regelungen zum Schutz von jüngeren Mitarbeitenden beinhaltet (Anlauft, 2018).

[8] An dieser Stelle sei darauf hingewiesen, dass ein Großteil des Personalmanagements generationenunabhängig gestaltet werden kann. Themen, die allerdings eine altersspezifische Sichtweise erfordern, sind bspw. Personalentwicklung, Führung sowie die Arbeitsgestaltung (Richenhagen, 2015).

7.4 Relevanz und zentrale Elemente ...

Um die Arbeitsfähigkeit langfristig sichern und verbessern zu können, ist in über 30-jährigen Längsschnittstudien ein Arbeitsfähigkeits-Messinstrument (Workability-Index) konzipiert worden. Darüber hinaus konnten vier Handlungsfelder identifiziert und als „Etagen" im sogenannten „Haus der Arbeitsfähigkeit" zusammengetragen werden (siehe Abbildung 7.2). Die einzelnen Stockwerke repräsentieren die individuelle Leistungsfähigkeit und Gesundheit („Gesundheitsetage"), die Kompetenz der Beschäftigten („Kompetenzetage"), deren Werte, Einstellungen und motivatorischen Hintergründe („Motivetage") sowie die Erwerbstätigkeit selbst mit ihren Abläufen, Aufgabenfeldern, Umgebung, Zeitrahmen und Führung („Arbeitsetage"). Ferner werden das soziale und familiäre Umfeld sowie regionale und organisationale Rahmenbedingungen (z. B. die Arbeitskultur) als zentrale Einflussgrößen auf die Motivation und Arbeitsfähigkeit in diesem Modell gewertet (siehe hierzu auch Kapitel 3, Widuckel, 2015; Rump & Eilers, 2017d). Nicht zuletzt wurde das Haus der Arbeitsfähigkeit 2016 durch die Megatrends der Globalisierung, der neuen Technologien, der Digitalisierung sowie der demografischen Entwicklung erweitert (Ilmarinen, Frevel & Tempel, 2016).

Das erste Stockwerk des Hauses umfasst die Aspekte der physischen und psychischen Gesundheit, die das zentrale Fundament für die Arbeitsfähigkeit darstellen. Einschränkungen diesbezüglich bedrohen die gesamte Arbeitsfähigkeit, wohingegen gesundheitsfördernde Maßnahmen Möglichkeiten zu deren Steigerung eröffnen. Eine Erfüllung der Arbeitsanforderungen kann durch die Beschäftigten jedoch nur durch ein entsprechendes Kompetenzprofil erfüllt werden (zweites Stockwerk). Die Beschäftigten müssen daher über fachliche, soziale, personale sowie methodische Kompetenzen verfügen, die im Rahmen des lebenslangen Lernens fortlaufend weiterzuentwickeln sind. Mit Hinblick auf die sinkende Halbwertszeit des Wissens sowie des hoch volatilen Umfeldes aufgrund der Einflüsse der Megatrends, nimmt das zweite Stockwerk eine wachsende Bedeutung ein. Neben einer Auseinandersetzung mit der konkreten Person erfolgt eine Analyse, in welcher Form das Unternehmen den Kompetenzerwerb bzw. -ausbau unterstützt, der für die Bewältigung der zukünftigen Anforderungen sowie die persönliche Entwicklung erforderlich sind (Ilmarinen & Tempel, 2012).

Das dritte Stockwerk umfasst die Werte der Beschäftigten und differenziert zwischen Einstellungen und Motivationen. So prägen Einstellungen das gesamte Verhalten und beeinflussen gleichermaßen die Themen, die eine Person motivieren. In diesem Rahmen sollten die Einstellungen und Motivationen der Beschäftigten mit der Arbeit sowie den im Unternehmen gelebten Werten im Einklang stehen. In Hinblick auf das Thema Führung weisen die Dimensionen des dritten Stockwerks eine besondere Bedeutung auf, da subjektive Einstellungen,

Werte sowie die Motivation das Gleichgewicht zwischen persönlichen Ressourcen und Arbeit sowie die Beziehung zwischen Arbeit und Privatleben in hohem Maße beeinflussen und hierdurch auf die Arbeit i.e.S. zurückwirken (Ilmarinen & Tempel, 2012; Stecker & Zieler, 2018).

Das vierte Stockwerk repräsentiert die Arbeit selbst. Als höchstes Stockwerk wirkt es sich auf alle darunterliegenden Stockwerke aus und weist eine hohe Komplexität auf, da es sich aus diversen Aspekten zusammensetzt, die eng miteinander verknüpft sind. Hierunter fallen beispielsweise die Arbeitsaufgabe sowie die hiermit einhergehenden Anforderungen, das soziale Arbeitsumfeld (Kolleg*innen, Führungskräfte, etc.), die Organisationsstruktur sowie die Arbeitsumgebung (z. B. Raumgestaltung). Darüber hinaus wird die Arbeit der Beschäftigten in hohem Maße durch den Führungsstil beeinflusst (siehe hierzu ausführlich die Abschnitte 4.2 sowie 5.4.1), wodurch den Führungskräften eine hohe Verantwortung bezüglich der Erhaltung und Förderung der Arbeitsfähigkeit zukommt. So wird Arbeitsfähigkeit von der Zusammenarbeit und den Interaktionen zwischen Führungskräften und Mitarbeitenden geprägt. Aufgrund der in Abschnitt 4.1 dargestellten wechselseitigen Einflussbeziehung zwischen Führenden und Geführten wird in diesem Zusammenhang deutlich, dass, nur wenn beide Seiten das Ziel einer Erhaltung und Förderung der Arbeitsfähigkeit anstreben, dieser Anspruch erfüllt werden kann. Ebenso wirken die Kolleg*innen auf die Arbeitsfähigkeit der jeweiligen Person ein. Hierbei kann vor allem der Aspekt der sozialen Unterstützung (gegenseitiges Helfen und Beraten, Teilen von Informationen, etc.) als ein zentrales Element für eine ‚gute Arbeitsfähigkeit' angesehen werden (Ilmarinen & Tempel, 2012).

Die Befunde der Arbeitsfähigkeitsforschung verdeutlichen, dass die Arbeitsfähigkeit für einen langen Zeitraum erhalten werden bzw. im Alter sogar eine Steigerung erfahren kann, sofern die getroffenen Erhaltungs- bzw. Förderungsmaßnahmen sich innerhalb einer Organisation über sämtliche Etagen vollziehen (vgl. z. B. Pfeiffer et al., 2012). Hieran wird deutlich, dass die Arbeitsfähigkeit einer Person in deutlich höherem Maße von vergangenen bzw. aktuellen Lernmöglichkeiten sowie Arbeitsbedingungen und -belastungen beeinflusst wird, als durch ihr kalendarisches Alter (Maintz, 2003).

Alter(n)smanagement sollte somit einen ganzheitlichen Ansatz verfolgen; das bedeutet eine Vorgehensweise zu wählen, die sich parallel über alle Stockwerke des Hauses hinweg anhand der organisationalen Erfordernisse orientiert (Ilmarinen et al., 2016; Richenhagen, 2015).[9]

---

[9] Dieses Konzept deckt sich mit den Erkenntnissen aus zahlreichen Studien der Personalforschung. Eine Metaanalyse, die sich mit 92 Studien auseinandersetzt und sich auf die

7.4 Relevanz und zentrale Elemente ...

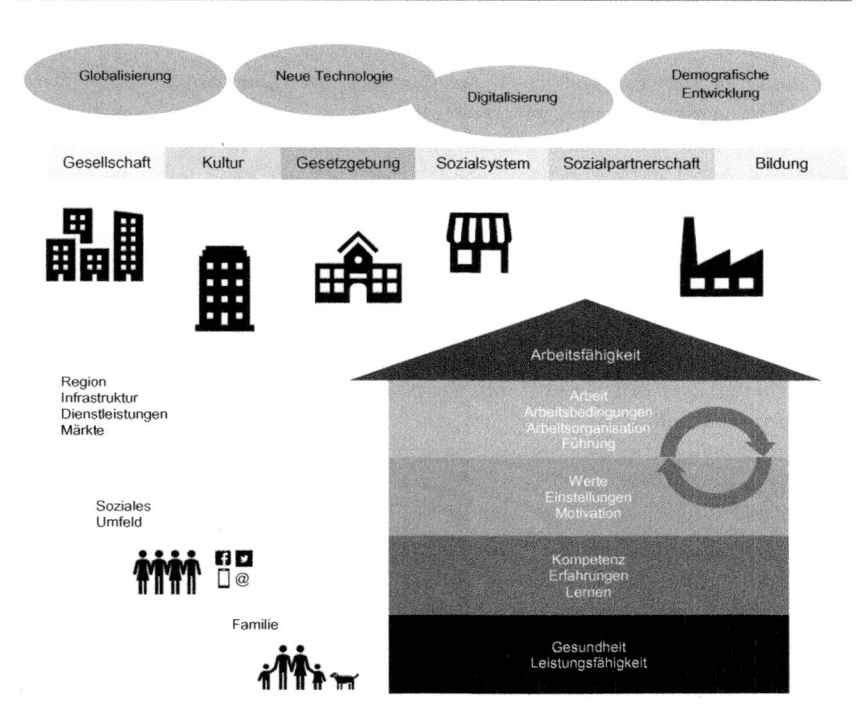

Abbildung 7.2 Haus der Arbeitsfähigkeit.
(Quelle: Eigene Darstellung, in Anlehnung an Ilmarinen et al., 2016, S. 223)

Das Personalmanagement kann, unter Vernachlässigung des ‚klassischen Arbeitsschutzes', die vier Ebenen des Hauses der Arbeitsfähigkeit mit Hilfe folgender Subsysteme beeinflussen:

(1) Arbeitsetage: Arbeitsgestaltung, Organisationsentwicklung und Führung
(2) Motivetage: Führung und Unternehmenskultur
(3) Kompetenzetage: Personalentwicklung

Ergebnisse aus 19.319 Unternehmen bezieht, veranschaulicht den Aspekt, dass erst das Zusammenwirken vieler verschiedener Maßnahmen des Personalmanagements (z. B. flexible Arbeitszeiten, Partizipation, Mentoring) in Erfolgen resultiert (Combs, Liu, Hall & Ketchen, 2006). Dementsprechend kann ein ‚erfolgreiches Handeln' des Personalmanagements als das Resultat eines Gesamtgefüges und nicht einzelner weniger Maßnahmen angesehen werden (Seitsamo, Tuomi & Ilmarinen, 2008).

(4) Gesundheitsetage: Betriebliches Gesundheitsmanagement
Organisationen können dementsprechend anhand der genannten Systeme in die Lage versetzt werden, einen wirksamen Beitrag zur Verlängerung der Lebensarbeitszeit zu leisten (Richenhagen, 2015; Bellmann et al., 2018b; Walwei, 2018; Richter & Mühlenbrock, 2018; Anlauft, 2018). Ferner kann von einer positiven Signalwirkung einer alter(n)sorientierten Personalpolitik für die jüngeren Beschäftigten ausgegangen werden, woraus organisationale Chancen einer längerfristigen Bindung von Nachwuchskräften erwachsen (Walwei, 2018). Eine nähere Betrachtung der einzelnen Elemente mit einem Fokus auf ältere Beschäftigte findet in den nachfolgenden Unterpunkten statt.

(1) Arbeitsetage: Alter(n)sorientierte Arbeitsgestaltung, Organisationsentwicklung und Führung
Auf der Grundlage zahlreicher Studien konnte belegt werden, dass sich jüngere und ältere Beschäftigte in ihrer gesamten Leistungsfähigkeit nicht zwangsläufig voneinander differenzieren; jedoch nehmen individuelle Unterschiede in Bezug auf die geistige und physische Leistungsfähigkeit mit steigendem Alter zu (Ilmarinen & Tempel, 2002; Semmer & Richter, 2004; Lehr, 2007). Diese wachsende Leistungsstreuung kann auf gesundheitliche Differenzen sowie Unterschiede in Bezug auf Erfahrungswerte und Ausbildung zurückgeführt werden (siehe hierzu Abschnitt 7.2). So belegen diverse wissenschaftliche Untersuchungen, dass positive Einflüsse auf die geistige Leistungsfähigkeit, die auf anspruchsvoller Arbeit basieren, mit steigendem Alter wachsen. Insbesondere die Demografieforschung betont die hohe Bedeutsamkeit von wechselnden Anforderungen während des Arbeitslebens als unentbehrliche Voraussetzung, um die Lern- und Leistungsfähigkeit zu erhalten (exemplarisch Morschhäuser, 2006; Geldermann, 2005; Morschhäuser, Ochs & Huber, 2003; Richter & Uhlig, 1998; Brussig, 2018; Richter & Mühlenbrock, 2018; Pack et al., 2000; Buck, Kistler & Mendius, 2002).[10] Horizontale Positionswechsel können daher als wertvolle Maßnahme zur Erhaltung der Veränderungsbereitschaft und Lernfähigkeit der Mitarbeitenden angesehen werden. Durch die Besetzung unterschiedlicher Funktionen kann vermieden werden, dass Beschäftigte über einen zu langen Zeitraum die gleichen Tätigkeiten erledigen und in ihrem Aufgabenspektrum begrenzt bleiben. Hierdurch wird das Selbstbewusstsein der Beschäftigten gestärkt, da diese die Erfahrung machen, sich immer wieder in neue Aufgabengebiete einarbeiten zu

---

[10] Richter und Uhlig (1998) betonen innerhalb ihrer Untersuchungen, dass vor allem für ältere Beschäftigte eine Erweiterung der Arbeitsinhalte zu einer sequenziell und zyklisch vollständigen Arbeitstätigkeit ein vermindertes Stresserleben zur Folge hat.

können (Widuckel, 2009). Hieraus lässt sich ableiten, dass eine gesundheits- und persönlichkeitsförderliche Gestaltung von Arbeit bereits für jüngere Beschäftigte gleichzusetzen ist mit einer alter(n)sgerechten Arbeitsgestaltung (Ulich, 2007; Widuckel, 2009). Konzepte, die eine Verlängerung der Erwerbsbiographien ihrer Mitarbeitenden anstreben, sind daher dazu angehalten, sich bereits mit deren Einstieg in das Berufsleben auseinanderzusetzen. Werden bspw. Beschäftigte schon in jungen Jahren mit der Bewältigung neuer Anforderungen konfrontiert, werden sie diese deutlich wahrscheinlicher auch im Alter bewältigen können (Widuckel, 2009).

Kennzeichen für eine nicht alter(n)sgerechte Arbeitsgestaltung lassen sich, jenseits von physischer Schwerarbeit und physikalischen Widrigkeiten[11] (siehe Brussig, 2018; Richter & Mühlenbrock, 2018), gerade in Unternehmen mit vorwiegend arbeitsteiligen Strukturen erkennen. Diese gehen aufgrund der stark gesteuerten Arbeitsinhalte vorwiegend mit einseitigen Belastungen einher und lassen meist berufliche Weiterentwicklungsmöglichkeiten für Beschäftigte vermissen (Ulich, 2007; Richter & Mühlenbrock, 2018; Stecker & Zierler, 2018). Doch nicht nur Einflüsse aus der Arbeitsumgebung können zu arbeitsbedingten Vor-Alterungsprozessen führen; auch Tätigkeiten, die so gestaltet werden, dass sie mit Hinblick auf gesundheitliche und qualifikatorische Aspekte eine ‚Sackgasse' darstellen, spielen eine große Rolle (Behrens, 2004; Widuckel, 2009). Derartige Faktoren werden häufig unterschätzt und sind in der Mehrheit der Arbeitsprozesse immer noch anzutreffen (Hacker, 2004). Untersuchungen haben jedoch gezeigt, dass vor allem bei älteren Beschäftigten größere Handlungsspielräume positive Effekte auf die Leistungsfähigkeit und geringe Erschöpfungserscheinungen zur Folge haben (z. B. Ng & Feldman, 2015). Gerade im Rahmen von hohen Anforderungen aufgrund von (taktgebundenem) Termindruck oder physisch anspruchsvoller Arbeit ist dies als ein wesentliches Element anzusehen. So können altersbedingt schwindende Fähigkeiten beispielsweise durch Möglichkeiten der selbstbestimmten Zeiteinteilung bzw. Belastungswechsel kompensiert und bestehende Stärken besser in das Unternehmen eingebracht werden (Stecker & Zierler, 2018; Richter & Mühlenbrock, 2018). Wichtig sind in diesem Zusammenhang die beiden Aspekte der Aufgaben- und der Anforderungsvielfalt (Richter & Mühlenbrock, 2018). Aufgabenvielfalt umfasst die Verschiedenartigkeit der Arbeitsaufgaben und beeinflusst die Arbeitsleistung, -motivation und

---

[11] Arbeitsbedingungen, die in diesem Rahmen als alterskritisch angesehen werden können, sind physiologisch ungünstige Gegebenheiten, wie beispielsweise schweres Heben und Tragen sowie Zwangshaltungen. Nachteilige physikalische Umstände stellen Aspekte wie extreme Klimabedingungen, unzureichende Beleuchtung und Lärm dar (Anlauft, 2018).

-zufriedenheit positiv. Anforderungsvielfalt bezieht sich auf den Einsatz unterschiedlicher Kompetenzen und Fähigkeiten. Insbesondere Ältere profitieren von vielfältigen Anforderungen, da sie auf diesem Wege Stärken besser zu Geltung bringen können und einen Ausgleich für Schwächen in anderen Arbeitsbereichen schaffen können (Zaniboni, Truxillo & Fraccaroli, 2013; Richter & Mühlenbrock, 2018; Stecker & Zierler, 2018). Diese Erkenntnis kann gleichzeitig als eine Erklärung dafür angesehen werden, weshalb Mitarbeitende in höher qualifizierten Berufen mit größeren Kompetenzbereichen und Entscheidungsbefugnissen in geringerem Maße alterstypische Befunde in Bezug auf Krankheitsrisiken aufweisen (siehe hierzu Sonntag, 2014). Die Gestaltung der Arbeitsaufgaben stellt daher ein zentrales Feld bezüglich der persönlichen Entwicklungskurve von Beschäftigten dar (Richter & Mühlenbrock, 2018). Ferner können alter(n)sgerechte Arbeitsmittel sowie eine Vermeidung von häufigen Unterbrechungen und Störungen sinkenden Reaktions- und Bewegungsfähigkeiten gerecht werden (Tams, Thatcher & Grover, 2018; Stecker & Zierler, 2018).

Eine alter(n)sorientierte Organisationsentwicklung fokussiert einen Wandel, um Verhaltensweisen, Strukturen und Prozesse in Organisationen dauerhaft zu etablieren, die zu einer Förderung eines konstruktiven Umgangs mit älteren Beschäftigten führen (Stock-Homburg & Groß, 2019). Zentrale Bausteine stellen in diesem Zusammenhang eine Realisierung altersgemischter Teams, alter(n)sgerechte Schichtsysteme, eine lebenslauforientierte Arbeitszeit sowie eine alter(n)sgemäße Gestaltung der Arbeitsaufgaben dar. Die alter(n)sorientierte Gestaltung der Arbeitsaufgaben intendiert eine stärkenbezogene Zuteilung von Arbeitsaufgaben, sodass jüngere und ältere Mitarbeitende ihr Potenzial bestmöglich im Unternehmen einbringen können (ebd.).[12]

Altersgemischte Teams und ihre Effekte sind eine Themenstellung, mit denen sich diverse Publikationen auseinandersetzen, die zu unterschiedlichen Ergebnissen kommen (z. B. Biemann & Weckmüller, 2013; Joshi & Roh, 2009; Jungmann & Wegge, 2017). Inwieweit positive, negative bzw. keine Auswirkungen festgestellt werden konnten, steht in Abhängigkeit der sozialen Fähigkeiten der Personen innerhalb der jeweiligen Gruppe. Diese Fähigkeiten umfassen das

---

[12] Ein praktikables Modell zur alter(n)sorientierten Aufgabenzuweisung ist der sogenannte „Four-Category-Ansatz", der von Warr (siehe hierzu 1993, 1994) entwickelt worden ist. Warr nimmt in diesem Rahmen eine Kategorisierung der Arbeitstätigkeit anhand von zwei wesentlichen Fragestellungen vor: Findet eine Überschreitung der physiologischen oder psychologischen Basisfähigkeiten der beschäftigten Person statt und besteht grundsätzlich die Möglichkeit eine Leistungssteigerung zu erzielen, indem relevante Erfahrungen der Person zur Erledigung der Arbeitsaufgaben eingebracht werden (vgl. auch Stock-Homburg & Groß, 2019)?

Ausmaß an Extraversion (z. B. gesellig), Gewissenhaftigkeit (z. B. zuverlässig) und emotionaler Stabilität (z. B. stressresistent) sowie die grundsätzliche Offenheit für Erfahrungen (z. B. wissbegierig) und die Verträglichkeit (z. B. kooperativ). Anhand der aufgeführten Aspekte wird deutlich, dass es sich um Fähigkeiten handelt, die von allgemeiner Bedeutung für eine erfolgreiche Arbeit im Team sind (Biemann & Weckmüller, 2013). Darüber hinaus weisen Jungmann, Ries & Wegge (2012) darauf hin, dass weitere wesentliche Aspekte erfolgreicher altersgemischter Teamarbeit in dem Betrieblichen Gesundheitsmanagement sowie der Unterstützung durch die Führungskräfte zu sehen sind. Eine alter(n)sorientierte Führung strebt hierbei eine Steigerung der Wertschätzung von Altersdifferenzen, einen Abbau von Altersdiskriminierung und Vorurteilen gegenüber älteren Beschäftigten sowie eine Sensibilisierung für stereotypbasierte Einstellungen an (Roth, Wegge & Schmidt, 2007).

Ferner stellen aufgrund einer biologisch bedingten sinkenden Fähigkeit zur Arbeitszeitanpassung alter(n)sgerechte Schichtsysteme ein zentrales Element zur Erhaltung der Arbeitsfähigkeit dar (Falkenstein & Gajewski, 2015, 2017; Stecker & Zierler, 2018). So führen nicht alter(n)sorientierte ‚konventionelle Schichtsysteme'[13] bei vielen Beschäftigten nach einigen Jahren zu einer hohen Beeinträchtigung der Arbeitsfähigkeit. Präventive Maßnahmen wie bspw. eine „Vorwärtsrotation" innerhalb der Schichtpläne, eine größere Flexibilität bei der Wahl der Schicht sowie häufigere und längere Pausenzeiten sind daher wesentliche Faktoren zur Erhaltung der Arbeitsfähigkeit, vor allem für ältere Beschäftigte (Knauth, 2005; Pfeiffer et al., 2012; Stecker & Zierler, 2018).

Des Weiteren nehmen lebenslauforientierte Arbeitszeitmodelle eine immer wichtigere Bedeutung innerhalb des demografischen Wandels ein, da sie eine Arbeitszeitanpassung an individuelle Lebensumstände der Mitarbeitenden ermöglichen. Eine wesentliche Rolle nehmen hierbei insbesondere die Lebensphasen innerhalb der zweiten Lebenshälfte ein. In diesem Rahmen können Maßnahmen wie flexible Arbeitszeiten zur besseren Vereinbarkeit von Erwerbstätigkeit und Privatleben, alter(n)sorientierte Pausenregelungen, gleitende Übergange in den Ruhestand, (Lebens-)Arbeitszeitkonten, verkürzte Arbeitszeiten sowie längere Freistellungsphasen realisiert werden (Pfeiffer et al., 2012; Richenhagen, 2015).

---

[13] Unter einem ‚konventionellen Schichtsystem' ist ein Dreischichtsystem (Früh-, Spätsowie Nachtschicht) zu verstehen, in dem vier Schichtbelegschaften tätig sind. Das System ist geprägt von sogenannten „Rückwärtsrotationen" (Wechsel von Spät- auf Frühschicht), langen Arbeitswochen sowie Nachtschichten an sieben aufeinanderfolgenden Abenden (Richenhagen, 2015).

Darüber hinaus stellt sich die Frage nach Konzeptionen, die älteren Beschäftigten einen für alle Betroffenen sinnvollen Übergang von der Erwerbsarbeit in den Ruhestand gestattet. Eine derartige Chance bieten bspw. Formen von Teilzeitarbeit in den letzten Jahren der beruflichen Tätigkeit (Ulich, 2007; Debler et al., 2018). Möglichkeiten dieser Art sowie ein ausreichendes Maß an Erholungs- und Reflexionsphasen nach bspw. anspruchsvollen beruflichen Projekten (rhythmische Flexibilität) stellen wesentliche Bausteine auf dem Weg zu einer schrittweisen Auflösung starrer Lebensarbeitszeiten dar (Widuckel, 2009, 2015b). So weist u. a. Sennett (1998) darauf hin, dass sich die Frage nach der Realisierung von Flexibilität bisher zu sehr auf die Kräfte konzentriert, die den Menschen verbiegen und zu wenig auf anschließend erforderliche Erholungsphasen.[14] Derartige Veränderungen von Arbeits- und Organisationsgestaltungen sollten allerdings nie allein aus der Perspektive des Unternehmens geplant und realisiert werden, sondern vielmehr in allen Phasen – insbesondere bei der Formulierung von Zielen, der Planung der Ressourcen sowie der Entwicklung von Kompetenzen – unter Einbezug der betroffenen Beschäftigten erfolgen (Widuckel, 2015b; Anlauft, 2018).

Der Aspekt der alter(n)sgerechten Führung als ein wesentlicher Teil der Arbeitsetage erfährt aufgrund seiner zentralen Rolle für die Motivetage im nachfolgenden Punkt eine ausführliche Darstellung.

(2) Motivetage: Alter(n)sorientierte Führung und Unternehmenskultur
Auf der Grundlage des Arbeitsfähigkeitskonzepts kann alter(n)sorientiertes Führen[15] als eine angemessene Haltung und Einstellung der Führenden gegenüber den Themen Alter und Altern sowie eine Sicherstellung einer alter(n)sgerechten Arbeitsgestaltung durch die Führungskräfte angesehen werden. In diesem Rahmen bedienen sich die Führenden partizipativer und kooperativer Führungsstile

---

[14] Sennett (1998) geht in seinen Ausführungen zur Flexibilität auf den Aspekt ein, dass die Bedeutung des Terminus „Flexibilität" ursprünglich auf die Beobachtung eines Baumes zurückgeht, der sich im Wind verbiegt und anschließend seine ursprüngliche Form wiederfindet. Flexibilität steht daher für die Fähigkeit, sich wechselnden Situationen anzupassen, ohne durch zu starke Belastungen „gebrochen zu werden" (S. 57). Daher ist es für den Menschen wesentlich, sich – analog zur Situation des Baumes – in ausreichendem Maße nach herausfordernden Situationen erholen zu können (ebd.).

[15] Das alter(n)sorientierte Führungsverhalten kann als größter Einflussfaktor hinsichtlich der angestrebten Erhaltung der Arbeitsfähigkeit angesehen werden (Widuckel, 2009; Ilmarinen & Tempel, 2002). Führende weisen einen Vorbildcharakter auf und prägen die Organisationskultur wesentlich, wodurch sie eine zentrale Rolle für ein Miteinander der Generationen einnehmen. Es kann daher von einer hohen Wirkung ausgegangen werden, wenn Führungskräfte auf die Kompetenzen und die Erfahrung von Älteren zurückgreifen (Debler et al., 2018).

7.4 Relevanz und zentrale Elemente ...

und kommunizieren die sich vollziehende Veränderungen transparent an sämtliche Hierarchieebenen. Die letzten beiden aufgeführten Aspekte müssen nicht altersspezifisch angewandt werden, woran erneut deutlich wird, dass zahlreiche Elemente des Personalmanagements altersunabhängig eingesetzt werden können (Ilmarinen & Tempel, 2002; Richenhagen, 2004, 2015).

Eine angemessene Haltung gegenüber Alter(n) ist dann gegeben, wenn sich die führende Person nicht von Stereotypen beeinflussen lässt, wie beispielsweise der Grundannahme einer geringeren Leistungsfähigkeit Älterer oder der Einstellung, dass der Alterungsprozess zwar für alle anderen Beschäftigten negative Konsequenzen habe, jedoch nicht für die Führungskraft selbst, da diese ‚ewig jung geblieben' sei. Stattdessen orientiert sich die führende Person am Kompetenzmodell (siehe Abschnitt 7.2) und berücksichtigt die sich entwickelnde größere Streuung der Arbeits- und Leistungsfähigkeit im Alter. Hierdurch wird ihr Führungsstil wesentlich individueller. Die Führungskraft verschafft sich einen Überblick bezüglich der jeweiligen Arbeits- und Leistungsfähigkeit der Teammitglieder, thematisiert bestehende Stärken und Schwächen Älterer und geht ggf. auf altersbedingte Einschränkungen im Mitarbeitendengespräch ein. Ferner vereinbart sie mit Hinblick auf die Personalentwicklung entsprechende Fördermaßnahmen, ermittelt und fördert ältere Leistungsträger*innen, sogenannte „Senior Potentials" (Stock-Homburg & Groß, 2019; Richenhagen, 2015).

Die Führungskräfte sämtlicher Hierarchieebenen müssen für die Anforderungen des demografischen Wandels sensibilisiert werden. Das bedeutet, dass ihnen die hieraus resultierenden Handlungsfelder bekannt sind und sie diese in ihren ‚Führungsalltag' integriert haben. Ferner sind Verhaltensweisen zu identifizieren und zu beenden, die mit einer Benachteiligung von älteren Beschäftigten einhergehen, wie bspw. Alterskriterien bei der Besetzung von Stellen oder der Weiterentwicklung von Mitarbeitenden (Widuckel, 2009).

Eine alter(n)sorientierte Unternehmenskultur basiert auf den zentralen Erkenntnissen der Arbeitswissenschaft (z. B. zur Arbeitsfähigkeit, zum Kompetenzmodell). Sie setzt sich aus diskriminierungs-, stereotypen- und vorurteilsfreien Normen, Werten, Überzeugungen und Einstellungen zusammen, die sich in der alltäglichen Praxis zeigen. Eine alter(n)sgerechte Ausrichtung der Unternehmenskultur fußt auf den drei Ebenen der Lern-, Kooperations- und Anerkennungskultur (Stock-Homburg & Groß, 2019; Richenhagen, 2015).

Eine Anerkennungskultur fokussiert sich auf eine Verbesserung der Arbeitsfähigkeit, indem das Selbstwertgefühl der Beschäftigten und das Betriebsklima gestärkt wird. Grundlage hierfür sind eine verbesserte Kommunikation sowie eine Förderung des respektvollen altersübergreifenden Verhaltens sowie ein wertschätzender altersunabhängiger Umgang mit Erfahrungen, Wissen und

Leistungen. Fördernde Maßnahmen für eine Anerkennungskultur stellen eine alter(n)sorientierte Laufbahnplanung, die Verwendung eines Beurteilungssystems, um Erfahrungen besser würdigen zu können, sowie eine Optimierung des Rückmeldeverhaltens aller Beschäftigten dar, beispielsweise durch regelmäßige Feedbackgespräche (Pfeiffer et al., 2012).

Die genannte Kooperationskultur strebt eine Partizipation der Mitarbeitenden an den Entscheidungen der Führenden an, zum Beispiel durch ihren Einbezug in die Unternehmensentwicklung, Zielvereinbarungen, partizipative Führung, Mitarbeitendenbefragungen und betriebliches Vorschlagswesen (ebd.).

Eine alter(n)sgerechte Lernkultur als dritte Voraussetzung für eine alter(n)sorientierte Unternehmenskultur kennzeichnet sich durch eine Förderung des lebenslangen Lernens bei allen Beschäftigten. Das bedeutet, dass eine offene Fehlerkultur gelebt (Fehler als Lernchancen zu begreifen), informelle Lernformen über sämtliche Altersgruppen hinweg realisiert und nicht zuletzt das Lernen Älterer im Unternehmen begünstigt und gewünscht wird. Entsprechende Maßnahmen hierfür stellen beispielsweise die Verankerung des Lernens in den Unternehmenszielen, eine Wertschätzung von fakultativen Lernaktivitäten, die Publikation von abteilungsspezifischen Weiterbildungsquoten und eine Förderung von längerfristigen Bildungsmaßnahmen, zum Beispiel in Form eines berufsbegleitenden Studiums, dar (Stock-Homburg & Groß, 2019; Richenhagen, 2015).

(3) Kompetenzetage: Alter(n)sorientierte Personalentwicklung
Innerhalb vieler Unternehmen ist immer noch eine relativ geringe Partizipation von Älteren an organisationalten Weiterbildungsmaßnahmen erkennbar (vgl. z. B. BMAS, 2014; Janssen & Leber, 2015; Bellmann et al., 2018b).[16] Als Hintergründe für diese Gegebenheit werden innerhalb von Untersuchungen vielfältige Gründe angeführt, die Bezug auf betriebliche Einflussfaktoren aber auch auf Verhaltensweisen älterer Beschäftigter nehmen (Bellmann et al., 2018b). Häufig wird in diesem Rahmen auf den kürzeren Zeitrahmen verwiesen, innerhalb dessen ältere Mitarbeitende die ‚Weiterbildungserträge' innerhalb von Organisationen noch einbringen können (Becker, 1964; Bellmann et al., 2018b; Debler et al., 2018). Jedoch hat sich mit Hinblick auf die sinkende Halbwertszeit des Wissens aufgrund des digitalen Wandels die ‚Auszahlungsphase' der Weiterbildungserträge ebenfalls bei den jüngeren Beschäftigten verkürzt. Ferner nimmt die

---

[16] Untersuchungen weisen in diesem Rahmen darauf hin, dass gerade ältere Beschäftigte, die einfache Tätigkeiten ausüben bzw. ein niedriges Qualifikationsniveau aufweisen, seltener an Weiterbildungsmaßnahmen teilnehmen (Leber et al., 2013; Janssen & Leber, 2015).

Mobilitätsneigung mit zunehmendem Alter ab, sodass sich Weiterbildungsmaßnahmen sogar eher für ältere Arbeitnehmende rentieren sollten als für jüngere (Bellmann et al., 2018b). Darüber hinaus wird – neben kaum alter(n)sorientierten Didaktiken – immer wieder eine auftretende Lernentwöhnung im Alter als Grund für eine geringere Beteiligung Älterer an Weiterbildungsmaßnahmen angeführt (Richenhagen, 2015). Befunde aus dem IAB-Betriebspanel verdeutlichen in diesem Zusammenhang, dass zwar fast ein Drittel der Unternehmen jüngeren Beschäftigten eine bessere Lernfähigkeit zuschreibt, der deutlich größere Teil an Organisationen jedoch keine Differenzen erkennt (Bellmann et al., 2018b).

Alter(n)smanagement hat daher die Aufgabe, die Weiterbildungsbeteiligung der älteren Beschäftigten zu analysieren und diese ggf. zu steigern, sodass der Anspruch nach lebenslangem bzw. lebensbegleitendem Lernen eine Realisierung erfährt. Eine zentrale Voraussetzung hierfür stellt eine systematische Erfassung der bestehenden Kompetenzen und Bildungsbedarfe mit Hilfe von Kompetenzmodellen dar.[17] Im Falle eines hohen Ausmaßes an Lernentwöhnung sowie einer Ausübung von lediglich einfachen Tätigkeiten über einen längeren Zeitraum, kann ein Training grundlegender Fähigkeiten erforderlich werden. Längsschnittuntersuchungen weisen diesbezüglich darauf hin, dass bereits mit kleinen Trainingseinheiten beispielsweise die Leistung von über 60-Jährigen bezüglich räumlicher Orientierung sowie des logischen Denkens wieder erhöht werden kann (vgl. z. B. Schlick, Bruder & Luczak, 2010).[18]

Lernentwöhnungen beschränken sich innerhalb von Organisationen nicht auf niedrige Qualifikationsniveaus, sondern können auf allen qualifikatorischen Ebenen in Erscheinung treten. Faktoren, die eine Lernentwöhnung Älterer begünstigen, sind beispielsweise ein etabliertes Vorruhestandsdenken, eine zu geringe Zielgruppenorientierung sowie eine Beschränkung der Fortbildungsmöglichkeiten auf gewisse (jüngere) Beschäftigtengruppen. Ein zentraler Aspekt bei Lernentwöhnten – unabhängig von Alter und Qualifikationsniveau – ist die selbstbestimmte Auswahl des Lerntempos. Diese Bedingung kann beispielsweise in Form von altersverschiedenen Lerngruppen bzw. in einer Lerngruppe mit Hilfe von Binnendifferenzierung innerhalb des Lernprozesses generiert werden (Richenhagen, 2015). Anhand dieses Befundes wird deutlich, dass eine schwindende Lernfähigkeit im Alter kein Hindernis für eine Weiterentwicklung darstellt,

---

[17] Innerhalb von Organisationen hat sich beispielsweise das Kompetenzmodell von Heyse und Erpenbeck (2009) als äußerst detailliert und praktikabel erwiesen (Richenhagen, 2015).
[18] Die Berücksichtigung von Lernentwöhnungen sowie alter(n)sspezifischer Unterschiede bezüglich der Lernfähigkeit spielen derzeit allerdings innerhalb der Praxis nur eine äußerst untergeordnete Rolle (Bellmann et al., 2018b; Leber et al., 2013).

da Lernen eine Fertigkeit ist, die ebenso wieder erlernt werden kann, wie sie verlernt wird (Stamov Roßnagel, 2010). Der wertvollste Grundstein für eine Erhaltung der Arbeitsfähigkeit im Alter stellt jedoch die Aneignung, Verwendung und Entwicklung von Kompetenzen bereits in jungen Jahren dar. Darüber hinaus sollten Voralterungsprozesse vermieden werden (Semmer & Richter, 2004; Leber et al., 2013).

Die individuelle Lernkompetenz eines Beschäftigten kann mit Hilfe eines Fragebogens zur Lernkompetenzanalyse ermittelt werden. Die Lernkompetenz setzt sich aus den vier Komponenten der Lerntechnik, Lernüberzeugung, Lernmotivation und Lernkontrolle zusammen und kann systematisch gefördert werden (z. B. durch eine alter(n)sorientierte Unternehmenskultur, siehe hierzu Punkt 2). Ferner beinhaltet eine alter(n)sgemäße Personalentwicklung eine phasenbezogene Karriereberatung und eine alter(n)sorientierte Laufbahnplanung (Stock-Homburg & Groß, 2019). Nicht zuletzt nehmen – wie in Abschnitt 2.3 erläutert – die informellen Lernwege eine wachsende Bedeutung innerhalb der (alter(n)sorientierten) Personalentwicklung ein (Pfeiffer et al., 2012).

(4) Gesundheitsetage: Alter(n)sorientiertes Betriebliches Gesundheitsmanagement

Das Betriebliche Gesundheitsmanagement (BGM) umfasst sämtliche Maßnahmen, die einer Verbesserung der psychischen, physischen sowie sozialen Arbeitsgesundheit dienen. Im Rahmen der Entwicklung des BGM gilt heute die Verfolgung eines strategischen Ansatzes, der sich nicht nur mit vorhandenen Problemen befasst. In diesem Zusammenhang findet eine Auseinandersetzung mit der zukünftigen Richtung der Unternehmensentwicklung und der Frage statt, welche Schritte innerhalb dieses Konstruktes sinnvoll erscheinen, um die Arbeitsgesundheit der Beschäftigten proaktiv zu erhalten bzw. zu fördern. Die Vision, das Leitbild sowie die langfristigen Zielsetzungen der Organisation werden berücksichtigt und strategische Tools wie zum Beispiel Trendanalysen und die Balanced Scorecard eingesetzt. In Bezug auf den demografischen Wandel werden beispielsweise auf Grundlage einer zukunftsgerichteten Altersstrukturanalyse präventive gesundheitsfördernde Aktivitäten erarbeitet. Dementsprechend analysiert das BGM nicht die aktuelle Arbeitssituation, sondern vielmehr zukünftige Entwicklungen (Richenhagen, 2015).

7.5 Alter(n)smanagement im Kontext organisationaler Spannungsfelder

Trotz der dargestellten Bedeutung von Alter(n)smanagement kann innerhalb der Praxis kein einheitlicher Trend einer längeren Beschäftigung älterer Personen identifiziert werden (Bellmann et al., 2018a; Stork & Widuckel, 2018; Brandl, Guggemos & Matuschek, 2018). So ist weiterhin ein deutlicher Abstand zwischen dem durchschnittlichen Erwerbsaustrittsalter und der Regelaltersgrenze zu bemerken (Brussig, 2018).[19] Vielmehr sind innerhalb von Organisationen weiterhin Anreize zu beobachten, die in der Erwartungshaltung münden, so früh wie möglich in den Ruhestand einzutreten und letztlich zu einem vorzeitigen Ausscheiden Älterer aus dem Erwerbsleben führen. Ferner fehlen immer noch Strategien in der Praxis, um die Beschäftigungsfähigkeit von Mitarbeitenden aufrechtzuerhalten bzw. zu fördern und Ältere als Zielgruppe für spezifische Personalentwicklungsmaßnahmen anzusehen (Debler et al., 2018; Bellmann et al., 2018b).[20] Hierdurch stellt sich unweigerlich die Frage, welche Hemmnisse in Unternehmen gegeben sind, die zu einer mangelnden Realisierung von Alter(n)smanagement führen. Das vorliegende Kapitel setzt sich daher mit potenziellen organisationalen Spannungsfeldern auseinander, die in diesem Rahmen diverse Erklärungsansätze bieten.

(1) Einfache vs. komplexe Lösungsansätze
Ein Erklärungsansatz kann in den generellen Anforderungen eines organisationalen Alter(n)smanagement gesehen werden (Stork & Widuckel, 2018). Wie in Abschnitt 7.2 deutlich geworden ist, stellt Alter das Resultat eines individuell verlaufenden vielschichtigen Prozesses dar. Dementsprechend kann sich ein organisationales Alter(n)smanagement nicht allein auf eine Zielgruppe in

---

[19] Neben den nachfolgend dargestellten unternehmensbezogenen Hemmnissen weist Walwei (2018) darauf hin, dass Maßnahmen der Rentengesetzgebung immer noch widersprüchliche Signale bezüglich der Beschäftigung Älterer senden. Der Autor führt in diesem Rahmen die Flexibilisierung des Rentenübergangs („Flexirente") auf der einen Seite sowie die „Rente mit 63" auf der anderen Seite an.

[20] Untersuchungen auf der Grundlage des IAB-Betriebspanels veranschaulichen, dass trotz einer wachsenden Anzahl Älterer in den Unternehmen organisationale Angebote für diese Anspruchsgruppe nur in geringem Maße gegeben sind bzw. nicht zunehmen (Leber et al., 2013; Bellmann et al., 2007; Bellmann et al., 2018b).

Form von älteren Beschäftigten fokussieren, sondern muss vielmehr die Interessen und Bedürfnisse aller Mitarbeitenden berücksichtigen (Brandenburg & Domschke, 2007; Widuckel, 2009). In diesem Zusammenhang gilt es Bedingungen zu schaffen, die auf den Altersprozess vorteilhaft einwirken. Dieser Anspruch geht mit dem Erfordernis eines mehrdimensionalen Ansatzes einher, der Aspekte wie die Personalführung und -entwicklung, die Arbeitsgestaltung, materielle und soziale Austauschbedingungen bis hin zu den gelebten Normen und Werten der Unternehmenskultur umfasst (siehe Abschnitt 7.4). Eine solche mehrdimensionale Vorgehensweise setzt definierte Prozesse, Kompetenz und nicht zuletzt verantwortungsvolle Agierende voraus und ist äußerst anspruchsvoll. Ein gestaltendes Management auf einem derartigen Niveau legt sein Augenmerk auf die Stärkung betrieblicher sowie individueller Ressourcen, um arbeitsbezogenen Anforderungen gerecht werden zu können. Hierbei ist eine explizite Verflechtung mit den organisationalen Zielen gegeben. Zu den gestaltenden Maßnahmen zählen eine aktive lebensbegleitende Kompetenzentwicklung, lernunterstützende Arbeitsaufgaben sowie die Erfüllung von Fairnesserwartungen in Bezug auf Partizipationsansprüche (Stork & Widuckel, 2018). Von weiterer Relevanz ist eine soziale Unterstützung, die auf einem kollegialen Umfeld sowie einer entsprechenden Führung fußt (ebd.; Bellmann et al., 2018b; Richter & Mühlenbrock, 2018). Diese Faktoren sind die Basis einer gesundheitsförderlichen und motivierenden Organisations- und Arbeitsgestaltung, die den Prozess der Alterung günstig beeinflusst. Die Herausforderung, einen derartig komplexen Ansatz in einem Unternehmen zu realisieren, ist hoch und setzt einen nicht zu unterschätzenden Ressourceneinsatz sowie ein hohes Maß an Kompetenzen voraus. Dagegen weisen eindimensionale Vorgehen nur eine geringe Wirksamkeit auf (Stork & Widuckel, 2018).

(2) Kurzfristige Kostenziele vs. langfristige Gestaltung
Ein weiterer Hintergrund für eine Vernachlässigung von Alter(n)smanagement ist in der potenziellen Nachweisproblematik des ökonomischen Nutzens zu sehen. Ein mehrdimensionales organisationales Alter(n)smanagement weist einen langfristigen Charakter auf. Eine Förderung von Ressourcen, wie Kooperationsfähigkeit oder Methoden- und Fachkompetenz, erfordert einen langen zeitlichen Rahmen sowie berechenbare stabile Rahmenbedingungen (Stork & Widuckel, 2018). Organisationen bewegen sich allerdings innerhalb dynamischer und volatiler Märkte und werden mit zunehmend beschleunigten Wandlungsanforderungen konfrontiert. Die Messung, wie erfolgreich diese Herausforderungen bewältigt werden, erfolgt mit Hilfe von ökonomischen Kennzahlen (ebd.; Richter & Mühlenbrock, 2018; Anlauft, 2018). Ein organisationales Alter(n)smanagement kann

hierbei schnell auf die Rolle eines erheblichen Kostenfaktors reduziert werden, der sich auf die betriebliche Ergebnisrechnung negativ auswirkt. Der gewünschte ‚Ertrag' für das Unternehmen tritt hingegen erst relativ spät ein und ist als eine Art ‚Rendite' häufig äußerst diffizil nachzuweisen. Ein Alter(n)smanagement, das sich allein an einer kurzfristig ausgerichteten Kosten-Nutzen-Rechnung orientiert, wird daher die notwendigen Veränderungen und Maßnahmen einer mehrdimensionalen Vorgehensweise stets blockieren (Stork & Widuckel, 2018). Brandl et al. (2018) weisen in diesem Zusammenhang darauf hin, dass gerade in kleinen und mittelständischen Unternehmen (KMU) finanzielle sowie personelle Ressourcenproblematiken substanzielle Hindernisse für ein mehrdimensionales Alter(n)smanagement darstellen. Stattdessen begegnen KMU den Herausforderungen des demografischen Wandels vorwiegend mit Hilfe von Einzelfalllösungen oder fakultativen Gruppenangeboten. Vor allem bemängeln die Autor*innen, dass das Vorgehen in Organisationen nur selten auf theoretischen Modellen basiert, die eine implizite Systematik vorweisen wie beispielsweise das „Haus der Arbeitsfähigkeit" (Ilmarinen et al., 2016; Brandl et al., 2018).

(3) Ausschluss Älterer vs. differenzierte Personalentwicklung
Ein drittes Hemmnis kann in personalwirtschaftlichen Handlungsmustern gesehen werden, die sich aufgrund gewisser Umgangspraktiken mit älteren Beschäftigten etabliert haben. Wandlungsprozesse in Organisationen sind meist mit Personalreduzierungen verbunden. Die vorwiegende Berücksichtigung älterer Beschäftigter wird in diesem Zusammenhang meist als ein übliches Instrument ‚sozialverträglichen' Personalabbaus angesehen. Grundsätzlich wird durch diese Vorgehensweise ein ‚Übergang' zum Renteneintrittsalter geschaffen, der jedoch ebenfalls mit einer Ausweitung des sozialen Anspruchsmusters einhergehen kann. In diesem Rahmen stellen ältere Beschäftigte aufgrund des früheren altersbedingten Ausscheidens den Anspruch an Organisationen, eine Gegenleistung für den langjährig erbrachten Einsatz zu erhalten. Eine wünschenswerte belastungsausgerichtete Unterscheidung von Altersübergängen wird hierbei von jenen als Diskriminierung empfunden, deren Belastungen als geringer eingestuft werden. Derartige personalwirtschaftliche Handlungsmuster gehen mit nicht zu unterschätzenden Konsequenzen einher. So kann immer noch bei Mitarbeitenden, die das 50. Lebensjahr überschritten haben, eine auffallend unterdurchschnittliche Beteiligung an organisationalen Weiterbildungsangeboten festgestellt werden. Dementsprechend ist – neben potenziellen motivatorischen und lernhinderlichen Faktoren – von altersbedingten Ausschlussmechanismen auszugehen. Jedoch sind solche Einflüsse in hohem Maße von situativen Umständen in den Unternehmen abhängig. So scheinen altersgemischte Gruppen, der Anteil an älteren

Beschäftigten (50plus) sowie an Qualifizierten, aber auch die grundsätzliche Weiterbildungsintensität innerhalb einer Organisation einen positiven Einfluss auf den Einbezug Älterer zu nehmen (Bellmann, Dummert & Leber, 2013b). Diese Befunde erlauben die Vermutung, dass ein wachsender Anteil an älteren Beschäftigten in Kombination mit einer zunehmenden Wissensintensität sowie dynamischen Kompetenzanforderungen die aufgeführten ausschließenden Faktoren aufbrechen könnten. Ein derartiger Prozess wird sich allerdings keinesfalls automatisch vollziehen. Unternehmen, die fortwährend an undifferenzierten Anspruchs- und Handlungsmustern festhalten, verletzen den integrativen Gedanken eines Alter(n)smanagements, in dem sämtliche Altersgruppen stets eine Weiterentwicklung erfahren und schließen weiterhin ältere Beschäftigte aus (Stork & Widuckel, 2018).

(4) Behandlung von Spätfolgen vs. Früherkennung
Der vierte Erklärungsansatz setzt sich mit der Herausforderung auseinander, psychische Fehlbelastungen in Organisationen zu identifizieren, die mit voranschreitendem Alter ein Abhandenkommen der Arbeitsfähigkeit zur Folge haben können. Das sogenannte „Konzept der Arbeitsfähigkeit" weist in diesem Zusammenhang darauf hin, dass der Verlust der Arbeitsfähigkeit nicht abrupt erfolgt, sondern vielmehr mit vorausgehenden Latenzzeiten verbunden ist (Ilmarinen & Tempel, 2012). Während der Latenzzeiten können Beeinträchtigungen des Wohlbefindens bzw. der Gesundheit entweder nur in Ansätzen oder überhaupt nicht gesehen werden. In dem Moment, in dem der Verlust der Arbeitsfähigkeit sichtbar wird, ist jedoch bereits eine dauerhafte Ressourcenschädigung eingetreten, die meist auf das Alter einer Person zurückgeführt wird, obwohl intervenierende Maßnahmen diese negative Entwicklung hätten verhindern bzw. verzögern können. Beispiele hierfür sind einseitige Fehlbelastungen, ein hoher terminlicher Druck sowie unzureichendes kollegiales Verhalten von Teammitgliedern und Führenden. Die Langzeitfolgen zeigen sich erst nach einem bestimmten Zeitrahmen (bspw. durch psychische Erschöpfung, körperlichen Verschleiß oder Herz-Kreislauferkrankungen). Die Einschätzung der Auswirkungen von psychischen Belastungen erfordert jedoch einen äußerst individuellen analytischen sowie diagnostischen Zugang von Führenden, des Personalwesens und des Betrieblichen Gesundheitswesens, der mit steigendem Alter der Mitarbeitenden fortwährend wichtiger wird. Die Aufrechterhaltung bzw. die Stärkung der psychischen Gesundheit durch eine Einflussnahme auf Organisations- und Arbeitsbedingungen sowie auf individuelle Verhaltensweisen kann daher als ein wesentliches Handlungsfeld aber zugleich auch große Hürde innerhalb des organisationalen Alter(n)smanagement angesehen werden. So sind die hierfür

erforderlichen Voraussetzungen bezüglich der Unternehmenskultur und der Kompetenzen erheblich, da die Bereitschaft gegeben sein muss, soziale Beziehungen, Arbeitsbedingungen, organisationale Systeme (bspw. die Personalentwicklung) sowie bestehende Werte und Normen auf ihre potenziell gesundheitsgefährdenden Risiken hin zu überprüfen. Ist diese Bereitschaft nicht gegeben, reduziert sich das Alter(n)smanagement auf eine reine Folgenbehandlung, ohne die Ursachen zu beheben (Stork & Widuckel, 2018).

(5) Altersabgang vs. Altersübergang
Ein anderer Einflussfaktor ist in den potenziellen Limitationen des Belastungsabbaus anhand einer entsprechenden Arbeitsgestaltung zu sehen (Stork & Widuckel, 2018). Beispielhaft sei in diesem Rahmen auf Pflege- und Bauberufe verwiesen aber auch Tätigkeiten in der Logistik oder der industriellen Montage. Diese Berufe sind, trotz bereits realisierter Belastungsreduzierungen, immer noch mit großen körperlichen Anstrengungen verbunden. Hierdurch kann davon ausgegangen werden, dass einem Alter(n)smanagement in gewissen Berufen bzw. Aufgabenfeldern aufgrund des altersbedingten physischen Verschleißes Limitationen gesetzt sind. Diese Gegebenheit darf jedoch nicht als ‚Deckmantel' für eine ausbleibende alter(n)sgerechte Arbeitsgestaltung missbraucht werden (Gerlmaier & Latniak, 2012). Darüber hinaus sollte nicht unberücksichtigt bleiben, dass gewisse betriebliche Möglichkeiten in nur eingeschränktem Maße umsetzbar sind. So weisen zum Beispiel kleinere Unternehmen aufgrund eines geringeren Aufgabenspektrums einen deutlich kleineren Spielraum für einen Tätigkeitswechsel auf (Bromberg, Gerlmaier, Kümmerling & Latniak, 2012). Analog haben ‚schlanke' Produktionskonzepte alternative Einsatzmöglichkeiten reduziert (Stork & Widuckel, 2018).

(6) Isolation vs. Integration
Der letzte dargestellte Erklärungsansatz berücksichtigt neben den Organisations- und Arbeitsbedingungen in Betrieben grundsätzliche Bedingungen für Differenzen im gesundheitlichen Status (Stork & Widuckel, 2018). Der Bildungsgrad sowie die materiellen Lebensumstände sind hierbei von entscheidender Bedeutung, wodurch der Gesundheitsstatus sozial differenziert ist. In diesem Rahmen können sich gegenseitig negativ verstärkende Effekte zwischen der Arbeits- und der Einkommenssituation in Erscheinung treten (v. d. Knesebeck, Vonneilich & Lüdecke, 2017). Ferner ist ein sozial ungleich verteilter Zugang zu gesundheitsförderlichen Ressourcen gegeben. Diese Unterschiede können anhand eines organisationalen Alter(n)smanagements allein nicht überwunden

werden. Daher ist ein eingliederndes Verständnis erforderlich, um eine Verbindung zur gesundheitlichen Versorgung herzustellen und in diesem Zusammenhang zielgerichtet zusammenzuarbeiten. Dies ist vor allem für das organisationale Alter(n)smanagement von Bedeutung, um Verknüpfungen potenzieller Einschränkungen bzw. Erkrankungen ermitteln und besser verstehen zu können. Ein organisationales Alter(n)smanagement, das diese ganzheitliche Perspektive unberücksichtigt lässt, bleibt oberflächlich (Stork & Widuckel, 2018).

Methodisches Vorgehen 8

Um ein höchstmögliches Maß an Transparenz in Bezug auf den vollzogenen Forschungsprozess gewährleisten zu können, erfolgt im vorliegenden Kapitel die Darstellung bzw. Begründung der Methodenauswahl, der gewählten Stichprobe, der Datenerhebung, -aufbereitung und -auswertung sowie der zu Grunde gelegten qualitativen Gütekriterien der Untersuchung.

8.1 Methodenauswahl

Die Einzelaspekte der Demografie, der Personalentwicklung und der Digitalisierung haben ohne Zweifel bereits in anderen empirischen Arbeiten eine intensive Untersuchung erfahren. In Bezug auf den reziproken Zusammenhang dieser Faktoren besteht allerdings eine Forschungslücke, womit eine Formulierung und Testung von Hypothesen mit Hilfe eines quantitativen Ansatzes als verfrüht anzusehen wäre. Auf der Grundlage des Theorieteils der Arbeit wurde daher die nachfolgende Feinstruktur der Leitfragen entwickelt, die sich aus den fünf übergeordneten Leitfragen aus Abschnitt 1.2 ableitet und im Rahmen der Untersuchung bearbeitet wird:

Ergänzende Information Die elektronische Version dieses Kapitels enthält Zusatzmaterial, auf das über folgenden Link zugegriffen werden kann https://doi.org/10.1007/978-3-658-41049-0_8.

1. Mit welchen Erwartungen und Anforderungen sehen sich ältere Führungskräfte durch den digitalen Wandel konfrontiert? Was macht diesen Wandel für sie herausfordernd?
2. Wie beeinflussen diese Erwartungen und Anforderungen die jeweiligen Ansprüche und Wünsche an die berufliche Entwicklung von Führungskräften?
3. Inwieweit führt die Digitalisierung zu veränderten Kompetenzanforderungen bei Führungskräften?
4. Welchen wahrgenommenen Einfluss haben ältere Führungskräfte auf die Gestaltung ihrer Aufgaben und Rollen vor dem Hintergrund des digitalen Wandels?
5. Welchen Einfluss hat die berufliche Sozialisation von Führungskräften auf die Erwartungen und die Wahrnehmungen bezüglich des digitalen Wandels?
6. Welchen Einfluss haben Erfahrungen mit vorherigen Veränderungsprozessen auf diese Wahrnehmungen und Erwartungen?
7. Welchen Einfluss haben vorherrschende Altersbilder des Unternehmens auf diese Wahrnehmungen und Erwartungen?
8. Werden digitale Wandlungsprozesse von den Führungskräften überhaupt als notwendig erachtet?
9. Bestehen Differenzen in den Erwartungen und Wahrnehmungen der Führungskräfte, die auf führungsorganisatorisch differenzierte Rollen zurückzuführen sind?
10. Welchen Einfluss üben Erwartungen an die Life-Domain-Balance auf die Erwartungen und Wahrnehmungen der Führungskräfte aus?
11. Welchen Einfluss üben Erwartungen an die Life-Domain-Balance auf die Erwartungen und Wahrnehmungen der Führungskräfte aus?
12. Wie definiert das Personalwesen seine Rolle bei der Gestaltung des digitalen Wandels?
13. Welche Erwartungen richten Führungskräfte und Personalwesen aneinander bei der Gestaltung des digitalen Wandels?
14. Wie definiert der Betriebsrat seine Rolle als Akteur bei der Gestaltung des digitalen Wandels?
15. Welche Erwartungen richtet der Betriebsrat an das Personalwesen und die Führungskräfte?
16. Welche Beschäftigungseffekte (Arbeitsplatzverluste bzw. -zuwächse) sind im Kontext des digitalen Wandels zu erwarten?

Im Rahmen der Arbeit werden objektive Bedingungsfaktoren des untersuchten Unternehmens in Bezug zu subjektiven Wahrnehmungen und Erwartungen

8.1 Methodenauswahl

der Agierenden gesetzt, sodass an dieser Stelle darauf hingewiesen sei, dass die vorliegende Erhebung von einer Subjektperspektive beeinflusst wird. Da die Untersuchung neuer weiterführender Fragestellungen angestrebt wird, wurde methodologisch eine explorativ-qualitative Vorgehensweise gewählt. Dieses Vorgehen ermöglicht es die Leitfragen der Arbeit offen und gleichzeitig umfassend zu untersuchen. Ferner können weitere angrenzende Themen (z. B. veränderte Kompetenzanforderungen) und Zielgruppen (z. B. Personalwesen) einbezogen und unterschiedliche Erfahrungen und Hintergründe miteinander verflochten werden (Mehrthemenbefragung, Kuckartz, 2014; Döring & Bortz, 2016). Darüber hinaus können auf diesem Wege auch unerwartete Untersuchungsergebnisse erhoben werden (Döring & Bortz, 2016). Nicht zuletzt gewährleistet der Einsatz eines Leitfadens im Rahmen der Befragung, dass alle wesentlichen Aspekte thematisiert werden und die Vergleichbarkeit der Beantwortungen gewährleistet ist (Mehrmann, 1995).

Grundsätzlich ist zwischen drei verschiedenen qualitativen Datenerhebungsmethoden zu differenzieren: der qualitativen Beobachtung[1], der qualitativen Befragung und nonreaktiven Verfahren[2] (Bortz & Döring, 2015). Für die Bearbeitung der dargestellten Leitfragen wurde die Durchführung von problemzentrierten Interviews mit Hilfe eines Interviewleifadens als Erhebungsmethode ausgewählt (qualitative Befragung). Der Vorteil des problemzentrierten Interviews liegt in der Fokussierung auf eine spezifische gesellschaftliche Problemstellung, die

---

[1] Die qualitative Beobachtung kennzeichnet sich durch vier Merkmale: (1) Die Beobachtung erfolgt im natürlichen Lebensumfeld (Vermeidung von Laborsituation). (2) Die beobachtende Person nimmt aktiv am Geschehen teil (Interaktion zwischen untersuchender Person und Forschungssubjekt). (3) Es erfolgt eine Fokussierung auf größere Verhaltensmuster, Einheiten bzw. Systeme (keine Messung einzelner Variablen). (4) Offenheit der forschenden Person für neue Beobachtungen und Einsichten (kein fixiertes Beobachtungsschema). Formen der qualitativen Beobachtung sind z. B. die Einzelfallbeobachtung, die Selbstbeobachtung sowie die Feldbeobachtung, wobei letztere die bedeutendste Form der qualitativen Beobachtung darstellt (Mayring, 2016; Döring & Bortz, 2016).

[2] Der Ausdruck „nonreaktive Verfahren" (auch als „nonreaktives Messen" bezeichnet) repräsentiert Datenerhebungsmethoden, bei denen während der Erhebung keinerlei Einfluss auf Ereignisse, Akteure, oder Prozesse genommen wird. Dieser Umstand liegt in der Tatsache begründet, dass die untersuchende Person sowie die Untersuchungsobjekte bzw. -subjekte in keinem Kontakt miteinander stehen. Hierdurch können ungewünschte Interview-Effekte oder sonstige unbeabsichtigte Reaktionen vermieden werden. Die erhobenen Daten unterliegen dementsprechend weniger Fehlerquellen. Lediglich die Auswahl der Untersuchungsobjekte bzw. -subjekte wird von der Subjektivität der forschenden Person beeinflusst, jedoch nicht die Erhebung. Ein Beispiel für ein nonreaktives Verfahren stellt die Dokumentenanalyse dar (Bortz & Döring, 2015; Mayring, 2016; Webb, Campbell, Schwartz & Sechrest, 1975; Bungard & Lück, 1974).

die interviewende Person einführt und auf die sie stetig zurückkommt. Die Problemstellung wurde von der Interviewerin im Vorfeld objektiv analysiert, untersuchungsrelevante Themen herausgearbeitet und in einem Interviewleitfaden zusammengetragen (Mayring, 2016; Witzel, 1982). Der Leitfaden beinhaltet eine Fragenliste zu den zuvor festgelegten Themen (teilstandardisiertes Interview[3], Gläser & Laudel, 2010). Diese Vorgehensweise stellt das gängigste Verfahren im Rahmen einer qualitativen Befragung dar (Döring & Bortz, 2016). Durch die Teilstandardisierung können die Interviewpartner*innen ihre Antworten frei artikulieren, sodass die Erhebung weniger einer Befragung, sondern mehr einem natürlichen Gespräch gleicht, in dem die interviewende Person die Befragten zu bestimmten Fragestellungen hinlenkt. Aufgrund der Offenheit dieser Interviewführung kann unmittelbar überprüft werden, ob die Gesprächspartner*innen die Frage richtig verstanden haben, es können subjektive Perspektiven und Deutungen der Befragten offengelegt werden und die Interviewten werden dazu in die Lage versetzt, selbst Zusammenhänge im Interview zu entwickeln. Nicht zuletzt können die spezifischen Bedingungen der Interviewsituation besprochen werden. Hierdurch kann die Erhebung von einer stärkeren Vertrauensbeziehung profitieren, da sich die befragte Person ernst genommen und nicht ausgehorcht fühlt (Döring & Bortz, 2016; Mayring, 2016).

Durch die Behandlung eines gesellschaftlich relevanten Problems und die Erzielung einer möglichst offenen und gleichberechtigten Beziehung profitiert auch die interviewte Person direkt vom Forschungsprozess. Hierdurch antworten die Befragten meist offener und ehrlicher und sind reflektierter als bei einer standardisierten Technik (z. B. Fragebogen, Mayring, 2016). Darüber hinaus können die Ergebnisse aufgrund der teilweisen Standardisierung leichter miteinander verglichen werden, als bei einer vollkommen offenen Befragung und die interviewende Person hat die Möglichkeit, im Rahmen bestimmter Aussagen nachhaken zu können. Ein weiterer Vorteil teilstandardisierter Interviews ist die Flexibilität bzgl. der Fragenreihenfolge und -formulierungen (Gläser & Laudel, 2010; Döring & Bortz, 2016; Mayring, 2016). Hierdurch kann eine umfassende, tiefgehende, differenzierte und individuelle Befragung erfolgen, in der alle relevanten Aspekte thematisiert werden, ohne die Interviewpartner*innen in ihrem Antwortspektrum einzuengen (Mayring, 2016). Insbesondere komplexe Zusammenhänge, detailliertes Wissen und individuelle Hintergründe (z. B. Bildungsbiografie, berufliche Sozialisation), können auf diese Weise besser berücksichtigt werden. Ferner werden bei einem teilstandardisierten Ansatz

---

[3] Grundsätzlich kann zwischen standardisierten, halbstandardisierten und offenen Befragungen unterschieden werden (Mayring, 2016; Döring & Bortz, 2016).

8.1 Methodenauswahl

wichtige Zusatzinformationen erhoben, die im Rahmen eines vollständig standardisierten Ansatzes häufig nicht erfasst werden können sowie neue Kategorien herausgefiltert und analysiert. Somit kann der Vielschichtigkeit der untersuchten Fragestellungen angemessen entsprochen werden (Mayring, 2016; Gläser & Laudel, 2010; Bortz & Döring, 2015).

Bei der Untersuchung handelt es sich um eine Feldstudie, in deren Rahmen 30 Personen befragt werden, die alle in einem Unternehmen der Finanzdienstleistungsbranche tätig sind. Auf diese Weise wird die Vergleichbarkeit der Daten sichergestellt (Meuser & Nagel, 2005). Bei den Befragten handelt es sich um Expert*innen, wobei in der vorliegenden Arbeit der Expert*innenbegriff nach Gläser und Laudel (2010) zu Grunde gelegt wird. Dieser Expert*innenbegriff setzt ein Spezialwissen der Interviewpartner*innen hinsichtlich der zu untersuchenden sozialen Sachverhalte voraus. Die Durchführung von Expert*inneninterviews stellt in diesem Rahmen eine Möglichkeit dar, das vorhandene Wissen durch die Interviewer*in zu erschließen (ebd.).

Um sich intensiv auf die Interviewpartner*innen konzentrieren und ihre Anonymität gewährleisten zu können sowie aufgrund der Sensibilität der behandelten Themen wurden Einzelinterviews geführt (Lamnek & Krell, 2016; Gläser & Laudel, 2010). Den Befragten wurde der Hintergrund der Untersuchung dargelegt, sodass diesen bekannt war, dass sie Teilnehmende einer Studie sind (reaktive Datenerhebung). Ein Nachteil der reaktiven Datenerhebung liegt in dem Risiko der Verzerrung begründet, aufgrund des Einflussfaktors der sozialen Erwünschtheit (siehe hierzu Abschnitt 10.4). Jedoch wurde eine non-reaktive Erhebung ausgeschlossen, da hierdurch ein Zugang zu dem Expert*innenwissen nicht möglich gewesen wäre (Döring & Bortz, 2016).

Die Grundlage für die Entwicklung des Interviewleitfadens stellten neben dem theoretischen Teil der Arbeit, Ergebnisse von sechs Mitarbeitendenbefragungen sowie drei offene Beobachtungen von Workshops innerhalb des Untersuchungsfeldes dar. Im Rahmen der Workshop-Beobachtung wurde eine unstrukturierte Vorgehensweise durchgeführt, bei der im Vorfeld ein Beobachtungsleitfaden entwickelt wurde, um aufzugliedern, welche Themen untersucht werden. Die zentralen Beobachtungsdimensionen wurden aus dem Theorieteil der Dissertation abgeleitet. Während der Beobachtung wurde ein detailliertes Beobachtungsprotokoll geführt, dass sich an dem Beobachtungsleitfaden und den Dimensionen orientiert. Durch Anmerkungen wurden neue Aspekte aufgegriffen und eingearbeitet. Nach einer abschließenden Überarbeitung der Protokolle erfolgte eine Schlussauswertung (Mayring, 2016).

Die einbezogenen Mitarbeitendenbefragungen werden jährlich von der Unternehmensleitung in Auftrag gegeben und behandeln Themen wie bspw. Entwicklungsmöglichkeiten, die Zusammenarbeit mit Führungskräften und Diversität. Die Befragungen werden online und anonym durchgeführt und sind allen Mitarbeitenden auf sämtlichen Hierarchieebenen zugänglich. Die Ergebnisse der Befragungen werden von den Führungskräften mit den Mitarbeitenden in Sitzungen erörtert, um gemeinsam Maßnahmen für Entwicklungsfelder herauszuarbeiten. Dementsprechend dienen die Ergebnisse der Befragungen als strukturierte Grundlage für Informationen, insbesondere in Bezug auf kulturelle und soziale Faktoren. Dies gilt ebenfalls für die Einbeziehung unternehmensbezogener Leitlinien und der Vision, die mit Hilfe der Dokumentenanalyse (nonreaktive Messung) erschlossen wurden (Mayring, 2016; Webb et al., 1975; Bungard & Lück, 1974). Im Gegensatz zu den Interviews und Mitarbeitendenbefragungen fokussieren sie sich allerdings deutlich stärker auf das angestrebte kulturelle Zielbild des Unternehmens und weniger auf den gelebten Status quo. Dadurch erweitert sich die zukunftsgerichtete Perspektive der Untersuchung.

Die Daten der Untersuchung werden mit dem theoretischen Bezugsrahmen und den Ergebnissen anderer Studien verglichen, um anschließend bestehende Forschungsdesiderate zu identifizieren. Hieraus können ebenfalls die Limitationen der Untersuchung und schließlich Implikationen für Wissenschaft und Praxis abgeleitet werden.

8.2 Stichprobe

In die Erhebung werden insgesamt 30 Expert*innen einbezogen, die unterschiedliche Perspektiven repräsentieren: zwölf Führungskräfte aus dem mittleren und zwölf Führungskräfte aus dem unteren Management (insgesamt 80 % der Befragten) sowie vier Mitarbeitende aus dem strategischen Personalwesen und zwei Mitglieder des Betriebsrates (insgesamt 20 % der Befragten). Durch die Einbindung der 24 befragten Expert*innen aus dem mittleren bzw. unteren Management wird die Perspektive der Führungskräfte in die Untersuchung einbezogen, auf der der hauptsächliche Fokus der Arbeit liegt. Aufgrund der Auswahl von zwei unterschiedlichen Hierarchieebenen kann die Leitfrage untersucht werden, inwieweit führungsorganisatorische Differenzen in den Erwartungen und Wahrnehmungen der Führungskräfte bestehen, die auf führungsorganisatorisch differenzierte Rollen zurückgeführt werden können. Die Perspektive der Stabilisatoren, die die Transformation begleiten (siehe Abschnitt 5.4), wird durch ausgewählte Expert*innen des strategischen Personalwesen sowie des Betriebsrates berücksichtigt (siehe Abbildung 8.1). Durch ihren Einbezug können vor allem Fragestellungen bzgl. der definierten Rollen von Personalwesen und Betriebsrat bei der Gestaltung des digitalen Wandels behandelt werden sowie aneinander gestellte Erwartungen im Rahmen der Transformation.

Die ausgewählten Führungskräfte erfüllen ein Mindestalter von 50 Jahren und sind seit mindestens 16 Jahren innerhalb der Finanzdienstleistungsbranche tätig. Die einbezogenen Vertreter*innen des Betriebsrates und des strategischen Personalwesens führen ihre Tätigkeit seit mindestens sechs Jahren aus. Alle befragten Personen verfügen dementsprechend über eine weitreichende Erfahrung sowie ein untersuchungsrelevantes Spezialwissen (siehe hierzu auch Abschnitt 9.1).

Führungskräfte mittleres Management n = 12	Führungskräfte unteres Management n = 12	**Perspektive der Führungskräfte (80 %)** mittleres Management (40 %) unteres Management (40 %)
Betriebsrat n = 2	Personalwesen n = 4	**Perspektive der Stabilisatoren (20%)** • Personalwesen (13 %) • Betriebsrat (7 %)

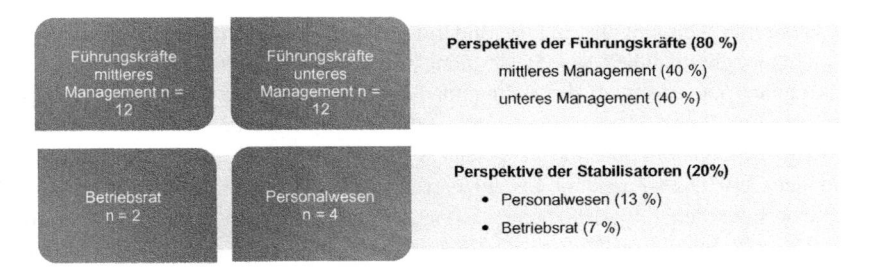

Abbildung 8.1 Stichprobe.
(Quelle: Eigene Darstellung)

Die Interviewpartner*innen wurden persönlich über das Forschungsvorhaben informiert und in Folge ihrer Zustimmung um einen Termin für die Interviewführung gebeten. 92 % der befragten Führungskräfte sind männlich und 8 % weiblich; dieses Ergebnis liegt in dem hohen Männeranteil unter den Führungskräften begründet, der mit zunehmendem Alter ansteigt.[4] Die Geschlechterverteilung der Erhebung spiegelt die Gegebenheiten innerhalb des Untersuchungsfeldes wider. Die befragten Personen des strategischen Personalwesens sind zu 50 % weiblich und zu 50 % männlich. Die befragten Personen des Betriebsrates sind zu 100 % männlich (detaillierte Ergebnisse siehe Abschnitt 9.1).

---

[4] Der Anteil an weiblichen Führungskräften in Deutschland belief sich im Jahr 2018 innerhalb der Finanzdienstleistungsbranche, unter Berücksichtigung aller Altersgruppen, auf 17 % (Stand: 30.10.2018). Hiermit lag die Branche deutlich hinter den führenden Branchen bzgl. des Frauenanteils in Führungspositionen: Gesundheitswesen (38 %), Handel (26,9 %) und Verlagswesen (24 %). Im Durchschnitt belief sich der branchenweite Anteil an weiblichen Führungskräften in Deutschland zu dem Zeitpunkt auf 22,6 %. Für die Erhebung wurden insgesamt 3,16 Mio. Führungspositionen ausgewertet (Statista, 2018b).

8.3 Vorgehen

Nachfolgend wird das genaue Vorgehen in Bezug auf die Datenerhebung sowie die Datenaufbereitung und -auswertung im Rahmen der Untersuchung dargestellt. Der Zeitrahmen, in dem die beschriebenen Arbeitsschritte erfolgten, erstreckte sich von Oktober 2020 bis Februar 2021.

8.3.1 Datenerhebung

Die Expert*inneninterviews wurden einmalig im Zeitraum von Oktober bis November 2020 an verschiedenen Standorten innerhalb Deutschlands durchgeführt (Querschnittstudie, Diekmann, 2007; Döring & Bortz, 2016). Eine Messung zu mehreren Zeitpunkten, um Veränderungen im Zeitverlauf zu berücksichtigten (Längsschnittstudie), wurde als nicht erforderlich eingestuft, da nicht davon auszugehen ist, dass sich die Rahmenbedingungen in Bezug auf die untersuchten Aspekte innerhalb von wenigen Wochen bzw. Monaten verändern. Ferner wird nicht angenommen, dass sich die Auswirkungen des äußeren Einflussfaktors der COVID-19-Pandemie bis zur Fertigstellung der Untersuchung wesentlich verändern werden. Grundsätzlich ist jedoch die Durchführung einer Längsschnittstudie im Rahmen von Untersuchungen sinnvoll, die längere zeitliche Perioden vorweisen als ein Dissertationsvorhaben.

Die Hälfte der leitfadengestützten Expert*inneninterviews konnte in persönlicher Form geführt werden, wohingegen die andere Hälfte – wegen verschärfter Kontaktbeschränkungen aufgrund der COVID-19-Pandemie – via Online-Meeting geführt wurde. Durch die Aktivierung der Bildschirmübertragung von der befragten Person und der Interviewerin konnten Reaktionen und Empfindungen von beiden Seiten erlebt werden, wodurch eine deutlich vertrauensvollere und angenehmere Gesprächsatmosphäre, als während eines Telefoninterviews erzeugt werden konnte. Um ein hohes Maß an Konzentration der Interviewerin sicherstellen zu können wurden maximal zwei Interviews pro Tag geführt, die von einer mehrstündigen Pause unterbrochen waren (Gläser & Laudel, 2010). Die Befragten wurden darum gebeten sich ein Zeitfenster von zwei Stunden für das Interview frei zu halten. Das kürzeste Interview dauerte 41 min, während das längste Gespräch 116 min in Anspruch nahm.

Durch den Einbezug unterschiedlicher Geschlechter, Funktionsgruppen, Hierarchieebenen und Regionen erfolgt eine multiperspektivische Erhebung innerhalb des Untersuchungsfeldes. Auf diese Weise können folgende Aspekte untersucht werden:

- Welche Unterschiede bestehen zwischen den Akteuren in Bezug auf die Erwartungen und Rollen innerhalb der Organisation?
- Inwieweit können führungsorganisatorisch bedingte Differenzen festgestellt werden?
- Sind regionale Unterschiede in Bezug auf die Ergebnisse festzustellen?

Das Zusammenspiel mehrerer Themenfelder und Expert*innengruppen innerhalb der Untersuchung spiegelt sich ebenfalls in der Gestaltung der Fragen wider (Interviewleitfäden siehe Anhang Q im elektronischen Zusatzmaterial). Die behandelten Themenblöcke stellen neben der Erhebung der soziodemografischen Daten die Gebiete „Digitalisierung", „Flexibilisierung" sowie „Alter(n)smanagement" dar, die zielgruppenspezifisch aufbereitet wurden. Alle Interviewfragen stellen offene Fragen dar, mit Ausnahme von Frage 2.2 bei der die Interviewten aus fünf Antwortmöglichkeiten auswählen konnten, um eine bessere Vergleichbarkeit der Antworten zu diesem Aspekt erzielen zu können (siehe Anhang R im elektronischen Zusatzmaterial). Um von einem natürlichen Gesprächsverlauf zu profitieren, wurden inhaltlich zusammenhängende Themenstellungen sinnvoll aufeinander aufgebaut und abrupte Themenübergänge vermieden (Gläser & Laudel, 2010). Zu Beginn des Gespräches wurden soziodemografische Daten erhoben (z. B. Alter, Geschlecht, Partnerschaft) und der persönliche Hintergrund der interviewten Person erfragt, mit der Bitte, den bisherigen beruflichen Werdegang kurz zu skizzieren, um bspw. die bisherige Bildungsbiografie und die Anzahl an Jahren als Führungskraft in Erfahrung zu bringen. Auf diese Weise war es der Interviewerin möglich, die Expert*innen besser kennenzulernen, aber auch für einen angenehmen und lockeren Gesprächseinstieg zu sorgen. Um den Interviewpartner*innen die Möglichkeit zu geben, zum Ende des Interviews noch etwas zu den besprochenen Themen äußern zu können, das in den bisherigen Fragen nicht thematisiert worden ist, wurde eine offene Abschlussfrage gestellt.

Da die Qualität der Interviewfragen in erheblichem Maße den Erfolg der Datenerhebung und den Erkenntnisgewinn der Untersuchung beeinflusst (Häder, 2019), wurde jede Frage der Leitfäden bereits vor der Durchführung des Pretests mit Hilfe eines Fragebewertungssystems ex ante überprüft. Dieses Vorgehen ermöglicht es, grundlegende Aspekte der Fragenqualität systematisch in einer Checkliste zu kontrollieren (siehe Anhang S im elektronischen Zusatzmaterial). Die Liste stellt ein hilfreiches Tool dar, um jede einzelne Frage auf Merkmale zu überprüfen, die ungewollt die Antworten der Interviewpartner*innen verzerren könnten (z. B. durch Suggestivfragen, unpräzise Formulierungen, unzutreffende Annahmen, etc.). Im Rahmen der Datenerhebung wurde das Ziel verfolgt, dass derartige Störvariablen nicht gegeben sind bzw. auf ein Minimum reduziert werden. Die Fragen wurden in diesem Rahmen nicht nur auf ihre Merkmale, Positionierung im Leitfaden und Ausführungsmodalitäten überprüft, sondern auch auf ihren Anspruch an die Befragten (erforderliches Leistungsvermögen und Kompetenz). So betonen Faulbaum, Prüfer & Rexroth (2009) wie bedeutsam eine Beachtung der Eigenschaften der Interviewten, der ablaufenden Prozesse der Informationsverarbeitung, die innerhalb der befragten Personen ablaufen sowie der anzunehmenden Wechselwirkungen mit den Fragenmerkmalen bei der Fragenkonzipierung ist.[5] Darüber hinaus wurde die Fragenqualität daran gemessen, in welchem Umfang die Leitfragen der Untersuchung durch die Fragestellungen in den Interviews inhaltlich abgedeckt werden (Grad der Zielerreichung, um die benötigten Informationen zu generieren). Aufgrund der Checkliste wurde bspw. der Entschluss gefasst, die Antwortvorgaben der geschlossenen Frage 2.2 nicht nur vorzulesen, sondern vorzulegen, sodass sich die Befragten nicht den gesamten Wortlaut der Antworten merken mussten.

Tools dieser Art lassen allerdings immer ein gewisses Maß an Interpretationsspielräumen und Ausnahmeregelungen zu, sodass die Durchführung einer Voruntersuchung in Form eines Pretests unerlässlich ist (Faulbaum et al., 2009). Ferner führt der hohe Grad an Individualität von Untersuchungen und ihren jeweiligen Interviewleitfäden zu dem Erfordernis, das Erhebungsinstrument immer unter realen Bedingungen im Vorfeld zu testen. Bevor die Interviews innerhalb des Untersuchungsfeldes durchgeführt wurden, erfolgte daher eine empirische Überprüfung des Interviewleitfadens für die Führungskräfte in Bezug auf Inhalt, Tiefe, Struktur sowie die Belastung für die Befragten mit Hilfe eines Pretests. Auf diese Weise konnten die Datenerhebung im Vorfeld optimiert und mögliche Störfaktoren ausgeschlossen werden (Weichbold, 2019). In diesem Rahmen wurden eine weibliche Führungskraft des unteren Managements und eine männliche Führungskraft des mittleren Managements als Testpersonen ausgewählt, die mit den befragten Personen der Erhebung bzgl. ihrer Funktion, ihres Alters sowie ihrer Erfahrung innerhalb des Unternehmens und ihrer Rolle vergleichbar sind. Der Zeitrahmen der Interviews belief sich durchschnittlich auf 61 min, sodass die angenommene Gesprächsdauer von 60 min als zutreffend eingestuft werden konnte. Im Verlauf der beiden Interviews wurde deutlich, dass ausreichend

---

[5] Die genannten Aspekte sind vor allem bei großangelegten Erhebungen, wie beispielsweise einer Umfrage innerhalb der Bevölkerung, für die Fragenkonzipierung besonders herausfordernd. Bei Untersuchungen dieser Art ist von einem hohen Grad an soziokultureller Heterogenität sowie starken Differenzen in Bezug auf die psychischen und physischen Voraussetzungen der Interviewpartner*innen auszugehen (Faulbaum et al., 2009).

8.3 Vorgehen

Zeit für Nachfragen zur Behandlung von Hintergründen bzw. Zusammenhängen einkalkuliert wurde. Die Interviewpartner*innen wurden gebeten, neben der inhaltlichen Beantwortung der Fragestellungen ebenfalls Feedback zu den Rahmenbedingungen der Befragung (siehe hierzu Tabelle 8.1 „Kriterienkatalog Pretest") zu geben. Die Kriterien des Pretest-Kataloges setzen sich hierbei aus den Anregungen zur empirischen Sozialforschung von Schnell (2019), Beywl und Schepp-Winter (2000), Mayntz, Hübner und Holm (1978), Friedrichs (1990) sowie Döring und Bortz (2016) zusammen.

Tabelle 8.1 Kriterienkatalog Pretest.
(Eigene Darstellung in Anlehnung an Schnell, 2019; Häder, 2019; Beywl & Schepp-Winter, 2000; Mayntz, Hübner & Holm, 1978; Friedrichs, 1990; Döring & Bortz, 2016)

Zu überprüfende Kriterien im Pretest	Ja	Nein
(1) Hintergrund der Untersuchung und Tiefe des Leitfadens		
(1.1) Ist den befragten Personen das Forschungsinteresse bekannt?		
(1.2) Ist das Forschungsinteresse durch eine klare Formulierung von den befragten Personen verstanden worden?		
(1.3) Finden alle Leitfragen der Untersuchung eine ausreichende Berücksichtigung im Leitfaden?		
(1.4) Werden in ausreichendem Maße Hintergründe und Ursachen durch den Leitfaden ermittelt?		
(1.5) Gibt es Ergänzungen von den Befragten bzgl. zusätzlicher Aspekte, die aufgenommen werden sollten?		
(2) Inhalt des Interviewleitfadens		
(2.1) Sind die gestellten Fragen verständlich und eindeutig?		
(2.2) Gibt es redundante Fragen?		
(2.3) Können Kontexteffekte beobachtet werden?		
(2.4) Gibt es Suggestivfragen?		
(2.5) Können die Fragen von der jeweiligen Zielgruppe inhaltlich beantwortet werden? (Schwierigkeitsgrad)		
(2.6) Sind die Fragen offen genug formuliert worden?		
(3) Struktur		
(3.1) Ist ein roter Faden erkennbar ohne Themensprünge?		
(3.2) Sind negative Effekte in Bezug auf die Fragenanordnung erkennbar?		

(Fortsetzung)

Tabelle 8.1 (Fortsetzung)

Zu überprüfende Kriterien im Pretest	Ja	Nein
(3.3) Ist die Interviewstruktur so offen, dass wichtige Ergänzungen von den Befragten aufgenommen werden können?		
(3.4) Unterstützen die gewählten Hilfsmittel (Visualisierungen) bei der Führung des Interviews?		
(4) Belastung und Atmosphäre für interviewte Person		
(4.1) Ist die Dauer der Befragung angemessen? (Konzentration)		
(4.2) Führt die Eröffnungsfrage zu einem angenehmen Einstieg in das Interview?		
(4.3) Entsteht eine gute Interviewatmosphäre? (Erzählfluss)		
(4.4) Ist die Abschlussfrage angemessen?		
(4.5) Gibt es Fragen, die von den Interviewten als unpassend empfunden werden?		
(4.6) Ist ein Interesse der befragten Person an dem Thema erkennbar?		

Beide Interviewpartner*innen des Pretests gaben die Rückmeldung, dass ihrer Ansicht nach der Inhalt sowie die Struktur des Leitfadens keiner Veränderungen bedürfen und die Tiefe des Leitfadens angemessen ist. Ferner wurden die Belastung als angemessen, die Gesprächsatmosphäre als angenehm beschrieben und der Hintergrund der Untersuchung als verständlich empfunden. Aufgrund der dargestellten Rückmeldungen wurde der Leitfaden als verwendbar eingestuft und mit der Erhebung begonnen. Angesichts des positiven Verlaufs der beiden Pretestinterviews konnten diese als die ersten beiden Hauptinterviews in die Untersuchung aufgenommen werden.

Vor jedem Interview wurde den Befragten das Forschungsprojekt sowie die enthaltenen Themenblöcke erneut kurz erläutert, um den Expert*innen die Möglichkeit zu geben, Fragen zur Untersuchung bzw. dem Interview stellen zu können. Darauffolgend wurden die Gesprächspartner*innen darüber informiert, dass das Interview durch eine Tonaufnahme dokumentiert und anschließend transkribiert wird und das schriftliche Einverständnis für diese Vorgehensweise eingeholt. In diesem Rahmen wurden gleichzeitig die ausschließliche Verwendung der erhobenen Daten für die vorliegende Untersuchung sowie die Anonymisierung der Interviewpartner*innen kommuniziert (Gläsel & Laudel, 2010). Darüber hinaus erfolgte der Hinweis, dass das Expert*inneninterview leitfadengestützt erfolgt, sodass die befragte Person jederzeit Anmerkungen äußern bzw. Rückfragen stellen kann und die Reihenfolge von Themen veränderbar ist. Während der

Interviewführung wurde durch die Interviewerin auf eine Vermeidung von Störfaktoren (z. B. Anrufe, spontane Anfragen von Kolleg*innen) geachtet, sodass sämtliche Gespräche ohne Unterbrechungen verliefen.

8.3.2 Datenaufbereitung und -auswertung

Sämtliche Interviews wurden mit der Software „f4transkript" transkribiert und in normales Schriftdeutsch übertragen (Mayring, 2015a), sodass die Transkripte die Basis der nachfolgenden Auswertung darstellen (siehe Kapitel 9). Aufgrund der guten Tonqualität der Aufnahmen konnten alle Interviewinhalte problemlos transkribiert werden. Die Transkripte wurden mit Zeitmarken nach jedem Sprecher*innenwechsel versehen, um eine zielgerichtete Analyse durchführen zu können. Dialekte wurden soweit möglich ins Hochdeutsche übersetzt.

Syntaktische Fehler wurden nicht korrigiert. Es erfolgte eine wortgenaue Transkription, bei der die Sprache leicht geglättet wurde. Das bedeutet, dass Ausdrücke, die von der Standardsprache abweichen, angepasst wurden (bspw. „musste" zu „musst du") und Stotterer unberücksichtigt bleiben, um die Lesbarkeit zu verbessern und einen leichteren Zugang zu dem Inhalt zu erhalten. Wortdoppelungen sowie Satzabbrüche (mit Hilfe von Abbruchzeichen) wurden hingegen erfasst. Nichtsprachliche Äußerungen der Gesprächspartner*innen, wie bspw. lachen oder seufzen, wurden ebenfalls transkribiert, sofern ein inhaltlicher Bezug erkennbar gewesen ist (Kowal & O'Connell, 2015). Pausen wurden ab einer Zeitspanne von vier Sekunden dokumentiert. Auf eine Transkription von Verständnissignalen der befragten Personen (z. B. „mmh") wurde verzichtet, außer eine Antwort bestand nur aus diesem Signal (Bejahung bzw. Verneinung einer Frage). Die Interviewerin wird durch ein „I", die befragte Person durch ein „U", „M", „PW" oder ein „BR" gekennzeichnet, in Abhängigkeit ihrer Hierarchie- bzw. Funktionsebene (U – unteres Management, M – mittleres Management bzw. PW – Personalwesen, BR – Betriebsrat).

Die Wahrung der Persönlichkeitsrechte der Interviewpartner*innen sowie die Einhaltung datenschutzrechtlicher Bestimmungen stellen wesentliche Ansprüche der Untersuchung dar. Ein zentrales Element ist in diesem Zusammenhang die Anonymisierung der Forschungsdaten. In der vorliegenden Arbeit wird Anonymisierung als ein Prozess verstanden, innerhalb dessen die erhobenen Daten um Identifikationsmerkmale von den befragten Personen reduziert werden. Im Rahmen der Abstraktion der Daten wurde die formale Anonymisierung gewählt, innerhalb derer Identifikatoren wie Namen von Personen, Abteilungen, Unternehmen etc. aus den Forschungsdaten entfernt werden (Meyermann & Porzelt, 2014).

Ferner wurden alle soziodemografischen Daten der Befragten – mit Ausnahme des Geschlechts – anonymisiert (siehe Tabelle 8.2).

Tabelle 8.2 Beispiel für die Anonymisierung der Forschungsdaten. (Quelle: Eigene Darstellung)

Identifikator	Angabe der Person	Anonymisierung
Name	Herr Mustermann	M2
Alter	52 Jahre	Alter M2
Geschlecht	Männlich	Männlich
Kinder	3 Kinder (Max, Nina, Lena Mustermann)	Kinder
Enkelkinder	2 Enkelkinder (Paul, Lisa Mustermann)	Enkelkinder
Partnerschaft	Verheiratet mit Frau Mustermann	Partnerin
Hierarchie	Mittleres bzw. unteres Management	M bzw. U
Abteilung	Vertrieb	Abteilung 1
Unternehmen	Name des Unternehmens innerhalb dessen die Untersuchung stattfindet	Untersuchtes Unternehmen
Andere Unternehmen	Name eines anderen Unternehmens als das untersuchte Unternehmen	Anderes Unternehmen

Die Auswertung der generierten Daten erfolgte anhand der qualitativen Inhaltsanalyse nach Mayring (2015a). Für die Kategorienbildung wurde eine Kombination aus deduktivem und induktivem Vorgehen gewählt, sodass Kategorien auf der Grundlage der theoretischen Ausführungen (deduktiv) entwickelt aber auch im Rahmen des Auswertungsprozesses direkt aus dem Untersuchungsmaterial (induktiv) gebildet wurden (Kuckartz, 2016; Mayring, 2015a, 2015b). Das entwickelte Kategoriensystem wird in Kapitel 10 in Bezug auf die dargestellte Theorie und die Leitfragen interpretiert (Mayring, 2016). Im Anschluss an die Kategorienbildung wird die Anzahl der eingeordneten Textpassagen in einzelne Kategorien quantitativ analysiert, um Kategorienhäufigkeiten und -kontingenzen zu ermitteln. Die qualitative Inhaltsanalyse verbindet somit quantitative und qualitative Untersuchungsschritte, sodass sie als Mixed-Methods-Ansatz bezeichnet werden kann. Hierdurch wird deutlich, dass die qualitative und die quantitative Forschung nicht als zwei antagonistische Vorgehensweisen anzusehen sind, sondern miteinander verbunden werden können (Mayring, Huber, Gürtler & Kiegelmann, 2007; Schreier, 2013). Allerdings sei darauf hingewiesen, dass die

quantitativen Untersuchungsschritte innerhalb der vorliegenden Analyse keinen Anspruch auf Repräsentativität erheben.
Die Analyse der Transkripte erfolgte mit Hilfe der gängigen Software „MAXQDA". Im Rahmen der Auswertung wurde ein Kodierleitfaden erarbeitet. Dieser Leitfaden (siehe Anhang T im elektronischen Zusatzmaterial) wurde vor der Durchführung der Pretests entwickelt und im Anschluss an die beiden Interviews in Bezug auf seine Vollständigkeit, Klarheit sowie Konsistenz von zwei Kodierer*innen überprüft (Mayring, 2015a). Der Kodierleitfaden wurde aufgrund der Befunde aus dem Pretest angepasst. Das genaue Vorgehen, das im Rahmen der Überarbeitung des Kodierleitfadens erfolgte, wird anhand der Ausführungen in Abschnitt 8.4.1 (Punkt 3 – Regelgeleitetheit) verdeutlicht.

8.4 Qualitative Gütekriterien der Untersuchung

Die Einschätzung der Untersuchungsergebnisse anhand von Gütekriterien stellt einen wesentlichen Standard empirischer Forschung dar (Mayring, 2015a). In der Regel wird zwischen Kriterien der Validität (Gültigkeit – Wurde das erfasst, was erfasst werden sollte?) und der Reliabilität (Genauigkeit – Wurde der Gegenstand exakt erfasst?) differenziert (Kerlinger, 1975; Lienert, 1969). Aufgrund der deutlich kleineren Datenbasis muss sich qualitative Forschung umso mehr mit Gütekriterien auseinandersetzen und sich an ihnen messen lassen. In aktuellen Diskussionen setzt sich zunehmend die Einsicht durch, dass die Maßstäbe, die an quantitative Forschung gelegt werden, nicht ohne weiteres auf die qualitative Forschung übertragbar sind. Flick weist bereits 1987 darauf hin, dass die Maßstäbe stets zu dem Analyseziel und -vorgehen passen müssen. Die Gütekriterien für qualitative Untersuchungen müssen daher anders definiert und mit anderen Inhalten bedacht werden. Im Rahmen der qualitativen Forschung ist die Geltungsbegründung der Ergebnisse deutlich flexibler, da im Gegensatz zur quantitativen Forschung nicht einfach Kennwerte ausgerechnet werden können. Stattdessen rückt die Argumentation für das Vorgehen viel stärker in den Fokus, in dessen Rahmen Belege aufgeführt und einer Diskussion unterzogen werden, um die Forschungsqualität nachweisen zu können. Hierdurch nimmt der Prozess der Begründbarkeit sowie der Verallgemeinerbarkeit der Untersuchungsergebnisse (Heinze, Müller, Stickelmann & Zinnecker, 1975; Heinze, 1987) eine immer wichtigere Rolle ein (Mayring, 2015a). In den nachfolgenden Kapiteln erfolgt daher die Darstellung der zugrunde gelegten Gütekriterien der vorliegenden Untersuchung.

8.4.1 Sechs allgemeine Gütekriterien qualitativer Forschung

Bevor eine Vorstellung der spezifischen inhaltsanalytischen Gütekriterien erfolgt, werden die „sechs allgemeinen Gütekriterien qualitativer Forschung" nach Mayring (2016, S. 144) näher betrachtet. Die Gütekriterien basieren auf methodenspezifischen aber auch grundsätzlichen Überlegungen aus der qualitativen Forschung (Kirk & Miller, 1986; Flick, 1987; Kvale, 1988). Sämtliche Kriterien wurden während des gesamten Forschungsprozesses eingehalten und werden anhand der folgenden Ausführungen transparent dargelegt.

(1) **Verfahrensdokumentation**
Im Rahmen der Verfahrensdokumentation erfolgt eine genaue Dokumentation des Forschungsprozesses, um diesen so nachvollziehbar wie möglich für andere zu gestalten (Kirk & Miller, 1986; Mayring, 2016). Die Dokumentation umfasst die Darlegung des Vorverständnisses der forschenden Person, die Darstellung des verwendeten Analyseinstrumentariums sowie die Vorgehensweise bei der Datenerhebung und -auswertung (Mayring, 2016). Das Vorverständnis der Forscherin zu den behandelten Themenstellungen wird durch den Theorieteil der vorliegenden Arbeit abgebildet (Kapitel 1 bis 7). Darüber hinaus stellen die Abschnitte 8.1 bis 8.4 sämtliche Forschungsschritte und die dazugehörigen Überlegungen und Hintergründe – beginnend bei der Methodenauswahl bis hin zur Datenauswertung und der Gütekriterien der Untersuchung – ausführlich und klar dar. In Kapitel 9 werden alle dargestellten Befunde anhand der jeweiligen Informationsquelle sowie der exakten Fundstelle belegt und Interpretationen argumentativ begründet. Hierdurch kann der Anspruch der Verfahrensdokumentation als erfüllt angesehen werden.

(2) **Argumentative Interpretationsabsicherung**
Interpretationen nehmen eine wesentliche Rolle in der qualitativen Forschung ein, vor allem, da sie keiner Beweisführung unterzogen werden können. Dennoch ist eine Qualitätseinschätzung in Bezug auf die interpretativen Teile vorzunehmen. Hierbei ist die Regel zu beachten, dass Interpretationen stets argumentativ zu begründen sind (Hirsch, 1967; Terhart, 1981; Mayring, 2016). Das Vorverständnis der entsprechenden Interpretationen muss adäquat sein, um eine sinnvolle theoriegeleitete Deutung gewährleisten zu können. Interpretationen dürfen keine „Brüche" enthalten, sondern müssen erklärt werden und in sich schlüssig sein. Insbesondere sind alternative Deutungen zu suchen und zu überprüfen. Die Widerlegung derartiger „Negativdeutungen" stellt einen wichtigen Baustein der

8.4 Qualitative Gütekriterien der Untersuchung

Geltungsbegründung der Interpretationen dar (Mayring, 2016). Alle Interpretationen, die im Rahmen der Ergebnisdarstellung der Untersuchung erfolgen, werden von Argumentationen getragen, die auf einem ausführlich ausgearbeiteten theoretischen Verständnis der Forscherin beruhen. Die Folgerichtigkeit aller Argumente wurde abschließend überprüft und alternative Deutungsmöglichkeiten insbesondere im Rahmen der kommunikativen Validierung (siehe Punkt 5) diskutiert, um Negativdeutungen ausschließen zu können. Ferner wurden die Interpretationen mit dem Doktorvater der vorliegenden Arbeit in gemeinsamen Diskussionen reflektiert.

(3) **Regelgeleitetheit**
Qualitative Forschung muss offen gegenüber ihrem Untersuchungsgegenstand sein (Hoffmann-Riem, 1980), vor allem auch um geplante Analyseschritte modifizieren zu können, um sich dem Gegenstand anzunähern. Dieses Vorgehen darf jedoch nicht vollkommen unsystematisch erfolgen. Auch qualitative Ansätze müssen sich an gewisse Verfahrensregeln halten, um eine systematische Bearbeitung des Forschungsmaterials sicherstellen zu können. Oevermann, Allert, Konau und Krambeck (1979) berichten beispielsweise, dass im Rahmen ihrer Untersuchungen die Interpretationsqualität insbesondere durch eine schrittweise, sequenzielle Vorgehensweise abgesichert wird. Die einzelnen Analyseschritte werden im Vorfeld bestimmt, das Forschungsmaterial wird in sinnvolle Einheiten eingeteilt und die Analyse erfolgt systematisch, indem eine Einheit nach der anderen durchgearbeitet wird. Aus diesem Grund legt Mayring (2016) auch einen sehr hohen Wert auf Ablaufmodelle im Rahmen qualitativer Techniken. Mit Hilfe von Modellen ist es möglich, einen Analyseprozess in einzelne Schritte zu zerlegen und somit die Grundlage für eine Systematik zu schaffen. Regelgeleitetheit ist allerdings nicht gleichzusetzen mit der strikten Befolgung von Regeln ohne Ausnahme, da es immer individuelle Gegebenheiten einer Untersuchung zu berücksichtigen gilt. Auch in diesem Zusammenhang ist auf eine sinnvolle und nachvollziehbare Argumentation zu achten (ebd.).

Um ein systematisches Vorgehen im Rahmen der Untersuchung gewährleisten zu können, wurde die Analyse anhand des Ablaufmodells der strukturierenden Inhaltsanalyse[6] vollzogen. Zielsetzung der strukturierenden Analyse ist es, gewisse Aspekte aus dem Forschungsmaterial herauszuziehen. Hierbei werden

---

[6] Grundsätzlich differenziert Mayring (2015a) drei verschiedene Grundformen des Interpretationsvorganges: die Strukturierung, die Zusammenfassung und die Explikation. Die Zusammenfassung reduziert das Forschungsmaterial auf die wesentlichen Inhalte (Abbild des Grundmaterials) und die Explikation ermöglicht eine Erweiterung der Perspektive, indem einzelne strittige Textteile mit Hilfe von zusätzlichem Material angereichert werden (ebd.).

im Vorfeld Ordnungskriterien festgelegt, nach denen ein Querschnitt durch das Material gelegt bzw. das Material anhand gewisser Kriterien eingeschätzt wird (kodifiziertes Analyseverfahren). Die strukturierende Inhaltsanalyse ist in Bezug auf ihre Zielsetzung zu hinterfragen, um hieraus die spezifische Form ableiten und das exakte Ablaufmodell bestimmen zu können. In der vorliegenden Untersuchung wird das Forschungsmaterial zu spezifischen Themenstellungen bzw. Inhaltsbereichen extrahiert und zusammengefasst, sodass das Ablaufmodell der inhaltlichen Strukturierung[7] verwendet wurde (Mayring, 2015a). Auf der Grundlage des verwendeten Ablaufmodells (siehe Abbildung 8.2) konnte ein Kategoriensystem entwickelt werden, mit dessen Hilfe alle Transkripte mit Hinblick auf die Leitfragen der Untersuchung ausgewertet werden konnten.

(4) **Nähe zum Gegenstand**
Gegenstandsangemessenheit stellt einen Leitgedanken jeder Form von Forschung und somit auch der qualitativen Forschung dar (Flick, 1987; Mayring, 2016). Bei qualitativen Ansätzen wird dieser Anspruch dadurch gewährleistet, dass die forschende Person sich innerhalb der Alltagswelt der beforschten Personen bewegt. Anstatt eine Laborsituation zu erzeugen, geht die forschende Person in die natürliche Lebenswelt der untersuchten Subjekte (Feldforschung). In welchem Grad dies gelingt, entscheidet wesentlich über die Güte der Forschung. Ein wichtiger Aspekt ist hierbei, dass eine Interessenübereinstimmung zwischen Forscher*in und Forschungssubjekten erreicht wird. Qualitative Forschung orientiert sich an bestimmten sozialen Problemen und verfolgt die Zielsetzung, Forschung im Sinne von Betroffenen durchzuführen und in diesem Zusammenhang ein von Offenheit und Gleichberechtigung geprägtes Verhältnis zu erzeugen (im Gegenzug zum klassischen Experiment, in dem die Versuchspersonen häufig getäuscht werden). Aufgrund dieser Interessenannäherung erzielt der Forschungsprozess ein höchstmögliches Maß an Nähe zum Gegenstand. Jede forschende Person sollte im Nachgang der Untersuchung nochmals überprüfen, inwieweit der Anspruch der Gegenstandsangemessenheit erfüllt wurde (Mayring, 2016).

Die Interviewpartner*innen wurden innerhalb der Räumlichkeiten eines Unternehmens der Finanzdienstleistungsbranche bzw. via Online-Meeting befragt und somit im Rahmen ihrer natürlichen beruflichen Alltagswelt. Sämtliche Befragten äußerten ein hohes Interesse an der Erhebung und den behandelten Themen, da sie diese als äußerst wichtig und aktuell einstufen. So wurde von den Expert*innen zurückgemeldet, dass die behandelten Aspekte Herausforderungen

---

[7] Neben der inhaltlichen Strukturierung beschreibt Mayring (2015a) die formale, die skalierende sowie die typisierende Strukturierung.

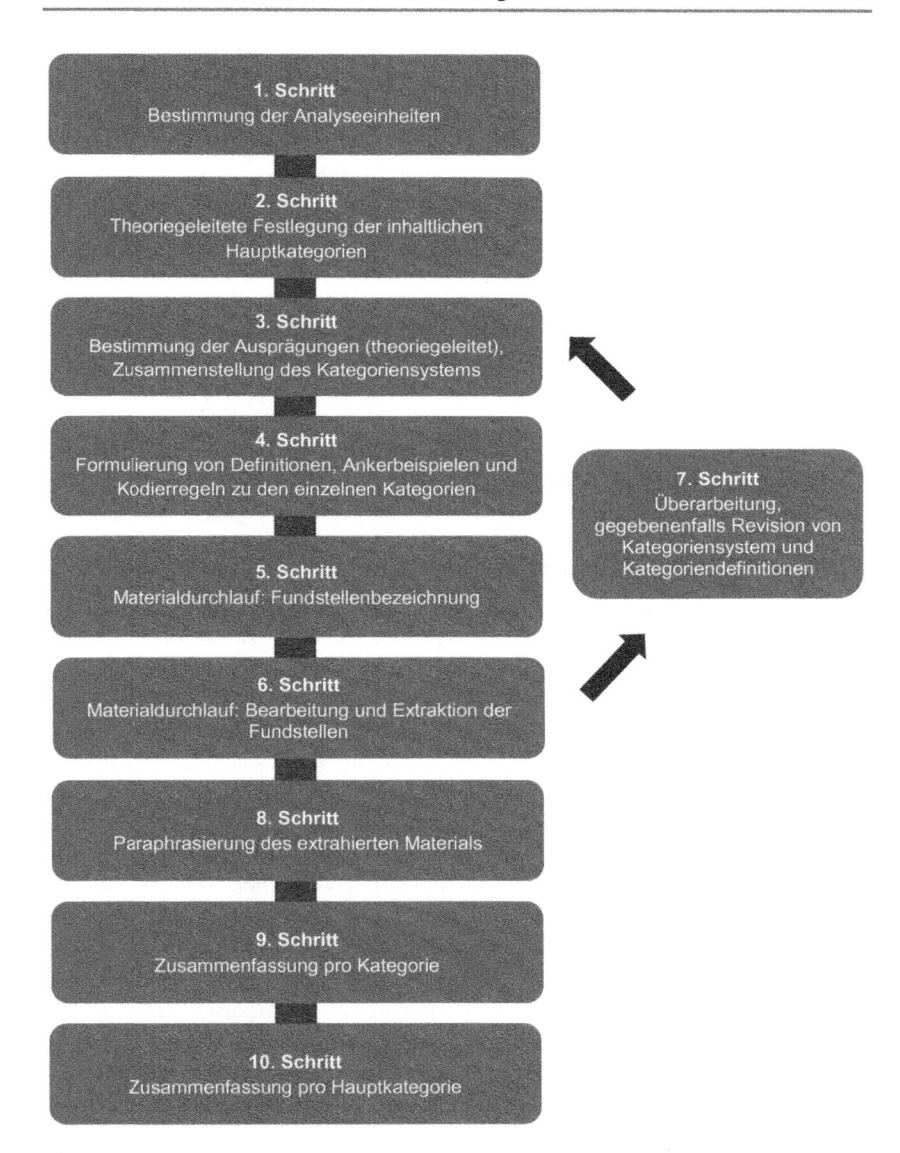

8.4 Qualitative Gütekriterien der Untersuchung

1. Schritt
Bestimmung der Analyseeinheiten

2. Schritt
Theoriegeleitete Festlegung der inhaltlichen Hauptkategorien

3. Schritt
Bestimmung der Ausprägungen (theoriegeleitet), Zusammenstellung des Kategoriensystems

4. Schritt
Formulierung von Definitionen, Ankerbeispielen und Kodierregeln zu den einzelnen Kategorien

5. Schritt
Materialdurchlauf: Fundstellenbezeichnung

6. Schritt
Materialdurchlauf: Bearbeitung und Extraktion der Fundstellen

7. Schritt
Überarbeitung, gegebenenfalls Revision von Kategoriensystem und Kategoriendefinitionen

8. Schritt
Paraphrasierung des extrahierten Materials

9. Schritt
Zusammenfassung pro Kategorie

10. Schritt
Zusammenfassung pro Hauptkategorie

Abbildung 8.2 Ablaufmodell inhaltlicher Strukturierung.
(Quelle: Eigene Darstellung, in Anlehnung an Mayring, 2015a, S. 98, S. 104)

thematisieren, mit denen die Befragten bzw. die gesamte Branche täglich konfrontiert werden und die auch weiterhin als zentrale Zukunftsthemen angesehen werden (siehe hierzu auch Kapitel 9). Dieses Feedback spiegelt sich auch in der durchgehend hohen Bereitschaft wider, an der Untersuchung teilzunehmen sowie der schnellen Terminvergabe zur Interviewführung durch die Befragten. Ferner wurde den Interviewpartner*innen der Hintergrund der Untersuchung dargestellt sowie ihre Rolle und Bedeutung als Expert*in für die Erhebung. Die Entscheidung für ein teilstandardisiertes Interview führte zu einer offenen Gesprächsführung auf Augenhöhe, in der den Befragten der Raum gegeben wurde selbst Fragen und Denkanstöße einzubringen. Demgemäß konnten die Anforderungen der Interessenübereinstimmung sowie eines vertrauensvollen und gleichberechtigten Verhältnisses zwischen Interviewerin und Gesprächspartner*in erfüllt werden.

(5) Kommunikative Validierung
Die Ergebnisgültigkeit der Interpretationen kann ebenfalls einer Überprüfung unterzogen werden, indem die Resultate den Forschungssubjekten abschließend vorgelegt und gemeinsam mit ihnen diskutiert werden (kommunikative Validierung, Klüver, 1979; Heinze & Thiemann, 1982; Mayring, 2016). Bestätigen die beforschten Personen die Analyseergebnisse und Interpretationen, können diese Rückmeldungen ein zentrales Argument für die Ergebnisabsicherung sein (Scheele & Groeben, 1988; Mayring, 2016). Die kommunikative Validierung darf jedoch nie das einzige Beurteilungskriterium für die Ergebnisgültigkeit der Interpretationen sein, denn sonst würde sich die Analyse stets auf die subjektiven Bedeutungsstrukturen der Beforschten beschränken. Die Interpretation wäre dann an die Stereotypen, Ideologien, etc. der Forschungssubjekte gebunden. Verfahren wie z. B. die psychoanalytische Textinterpretation oder die objektive Hermeneutik versuchen jedoch gerade über diese Punkte hinauszugehen. Dennoch wird in der qualitativen Forschung den beforschten Personen ein höherer Grad an Kompetenz zugesprochen als üblich (Groeben & Scheele, 1977; Mayring, 2016). Die Teilnehmenden der Untersuchung werden nicht auf die Funktion eines*r Datenlieferant*in reduziert, sondern vielmehr als wichtige Gesprächspartner*innen für die Diskussion der Analyseergebnisse angesehen. Die forschende Person sollte daher auch in diesem Stadium der Untersuchung immer den Dialog mit den beforschten Personen suchen (Sommer, 1987; Mayring, 2016). Im Rahmen des Dialoges können wertvolle Argumente aufgegriffen werden, gerade um die Rekonstruktion subjektiver Bedeutungen abzusichern (Mayring, 2016). Aus diesem Grunde gewinnt die kommunikative Validierung als Gütekriterium stetig an Bedeutung (Mayring, 2015a; Klüver, 1979; Heinze & Thiemann, 1982).

8.4 Qualitative Gütekriterien der Untersuchung

Die Ergebnisse der Untersuchung wurden den Expert*innen abschließend vorgelegt und gemeinsam mit diesen diskutiert. Alle in Kapitel 9 dargestellten Analyseergebnisse und Interpretationen wurden von den Interviewpartner*innen eingesehen und weitgehend bestätigt, sodass die Ergebnisabsicherung der Erhebung als gegeben eingestuft werden kann.

(6) Triangulation
Durch die Verbindung mehrerer Analysegänge (Triangulation) ist es möglich die Forschungsqualität zu vergrößern (Denzin, 1978; Jick, 1983; Fielding & Fielding, 1986; Mayring, 2016). Denzin (1978) weist hierbei auf die diversen Ebenen hin, die eine Triangulation ermöglichen: verschiedene Methoden, Datenquellen und Theorieansätze sowie unterschiedliche Interpret*innen. Triangulation bedeutet stets für eine Fragestellung verschiedene Lösungswege zu suchen und Resultate miteinander zu vergleichen. Die Zielsetzung der Triangulation stellt hierbei nie die Erreichung einer vollkommenen Übereinstimmung dar. Jedoch können Ergebnisse von verschiedenen Perspektiven miteinander verglichen, Schwächen aber auch Stärken des jeweiligen Analyseweges identifiziert und schließlich zu einem ganzheitlichen Bild zusammengefügt werden (Köckeis-Stangl, 1980; Mayring, 2016). In diesem Rahmen können natürlich auch die Ergebnisse qualitativer Analysen mit denen quantitativer Ansätze verglichen werden (Mayring, 2016).

Die erhobenen Daten der Untersuchung stammen aus mehreren Quellen (Datentriangulation) und wurden mit Hilfe von quantitativen und qualitativen Methoden (Mixed-Methods-Ansatz) erhoben. Auf diese Weise können Zusammenhänge aufgedeckt werden, wovon die Forschungsqualität in erheblichem Maße profitiert (Denzin, 2009). So konnten Grenzen und Schwächen einzelner Datenquellen (Expert*inneninterviews, Mitarbeitendenbefragungen, Workshop-Beobachtungen, Dokumentenanalyse) durch die ergänzenden Informationen und Perspektiven der jeweils anderen Quelle abgemildert werden. Ferner wurden die Interviewtranskripte von zwei Kodierer*innen unabhängig voneinander durchgearbeitet (siehe hierzu Abschnitt 8.4.2) und den Interviewpartner*innen abschließend die Auswertungsergebnisse vorgelegt, sodass unterschiedliche Interpret*innen sich mit dem Untersuchungsmaterial auseinandergesetzt haben, um eine hohe Ergebnisqualität sicherstellen zu können. Allerdings sei an dieser Stelle darauf hingewiesen, dass auch mehrere Datenquellen bzw. Interpret*innen immer nur einen begrenzten Einblick in den betrieblichen Alltag ermöglichen und von verschiedenen Effekten beeinflusst werden können (bspw. Beobachtereffekt, soziale Erwünschtheit, Mayring, 2016).

8.4.2 Inhaltsanalytische Gütekriterien

Neben den sechs allgemeinen Gütekriterien qualitativer Forschung werden in der vorliegenden Arbeit zusätzliche Kriterien herangezogen, die als spezifische Gütekriterien für die qualitative Inhaltsanalyse gelten (Mayring, 2015a). Mayring (ebd.) greift in diesem Rahmen auf eine Systematik von Krippendorf (1980) zurück, der zwischen acht Konzepten differenziert, die wie folgt miteinander verbunden sind und sich an den übergeordneten Gütekriterien der Validität und Reliabilität orientieren (siehe Abbildung 8.3).

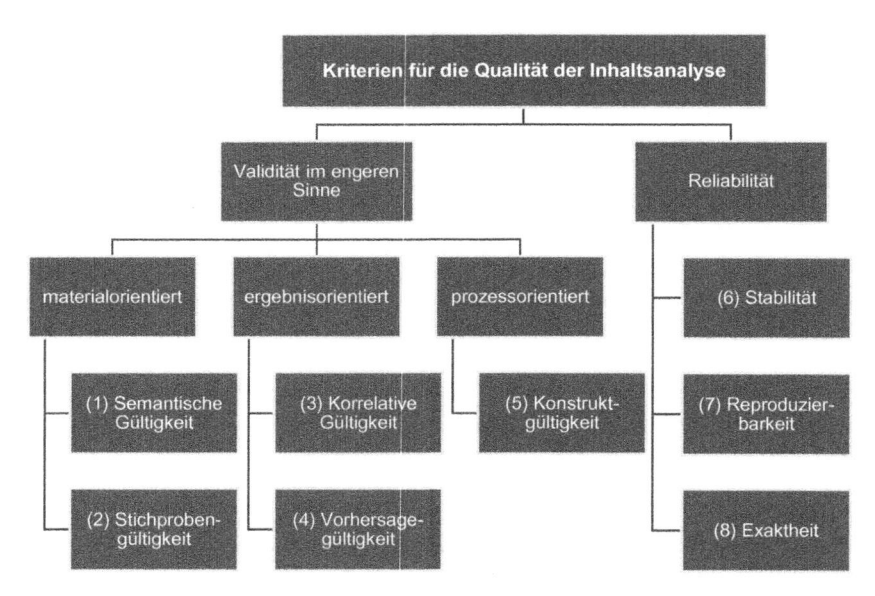

Abbildung 8.3 Inhaltsanalytische Gütekriterien nach Krippendorf.
(Quelle: Eigene Darstellung, in Anlehnung an Krippendorf, 1980, S. 158)

Das Gütekriterium der semantischen Gültigkeit (1) repräsentiert die Richtigkeit der Bedeutungsrekonstruktion des Forschungsmaterials. Sie kann anhand der Angemessenheit der Kategoriendefinitionen beurteilt werden (bspw. Ankerbeispiele, Definitionen, Kodierregeln). Eine Überprüfung der semantischen Gültigkeit kann mit Hilfe von Expert*innenurteilen oder durch einfache Checks vollzogen werden. Im Rahmen der Checks erfolgt eine Sammlung sämtlicher Textstellen, denen infolge der Analyseanweisungen eine spezifische Bedeutung

8.4 Qualitative Gütekriterien der Untersuchung

zugeteilt wurde. Die Textstellen werden mit dem Gesamtkonstrukt verglichen und auf ihre Homogenität überprüft. Ferner erfolgt eine Konstruktion hypothetischer Textstellen, die eine bekannte Bedeutung haben, eine anschließende Überprüfung, inwieweit das Analyseinstrument diese Bedeutung zu rekonstruieren vermag sowie die Konzipierung von Problemfällen (Mayring, 2015a). Zur Erfüllung des Gütekriteriums der semantischen Gültigkeit wurden abschließend sämtliche Textstellen, denen eine Bedeutung beigemessen wurde, zusammengetragen und bzgl. ihrer Homogenität überprüft. Der Anspruch der Homogenität kann in der vorliegenden Untersuchung als erfüllt angesehen werden, da alle Textstellen den Operationalisierungshinweisen der jeweiligen Kategorie entsprachen. Hieraus kann ebenfalls geschlossen werden, dass die gewählten Kategorien sowie ihre Definitionen disjunkt und erschöpfend waren (Diekmann, 2007; Kuckartz, 2016).

Die Stichprobengültigkeit (2) setzt sich mit Aspekten der Stichprobenziehung auseinander und somit Fragestellungen in Bezug auf die Grundgesamtheit, den Stichprobenumfang (mit Blick auf die Repräsentanz und Ökonomie) und das gewählte Modell (im Vorfeld festgelegte Quote, gestufte oder geschichtete Auswahl, reine Zufallsauswahl, Mayring, 2015a). Zur Gewährleistung einer angemessenen Stichprobengröße und -auswahl wurden umfangreiche Vorüberlegungen durchgeführt. So erfolgte im Vorfeld eine intensive Auseinandersetzung mit der Altersstruktur und den Transformationsentwicklungen innerhalb des Untersuchungsfeldes, um einen repräsentativ und ökonomisch sinnvollen Stichprobenumfang gewährleisten zu können (siehe hierzu auch Abschnitt 8.2). Als Stichprobenmodell wurde mit Hinblick auf die Leitfragen der Untersuchung und der stark heterogenen Grundgesamtheit des Untersuchungsfeldes ein Quotenverfahren ausgewählt. Die Selektion der Führungskräfte erfolgte nach den Aufteilungsmerkmalen Altersklasse (über 50 Jahre alt) und Hierarchiestufe (Führungskraft des unteren bzw. mittleren Managements), um die gewünschte homogene Struktur zu generieren, die für die Zielsetzung der Untersuchung erforderlich ist. Die Gruppe der Führungskräfte setzt sich zu jeweils gleichen Teilen aus Vertreter*innen des unteren bzw. mittleren Managements zusammensetzen, um mögliche führungsorganisatorische Differenzen optimal herausarbeiten und miteinander vergleichen zu können. Die befragten Führungskräfte stammen aus den Unternehmensbereichen Vertrieb (42 Prozent), Produktentwicklung (21 Prozent), interne Beratung (21 Prozent), HR (12 Prozent) und Finanzen (4 Prozent).

Die Gruppen der Stabilisatoren (Personalwesen und Betriebsrat) wurden auf der Grundlage des Theorieteils der vorliegenden Arbeit identifiziert. Aufgrund der Schwerpunktsetzung der Untersuchung auf die Erwartungen der Führungskräfte wurde eine Verteilung der Stichprobe von 80 % Führungskräfte zu 20 % Stabilisatoren als sinnvoll erachtet. Ein Aufteilungsmerkmal der Stabilisatoren stellt der Erfahrungswert von mindestens fünf Jahren in Bezug auf ihre Funktion dar, sodass die Befragten auf eine entsprechende Erfahrung in ihren Ausführungen zurückgreifen können. Die Gruppe des Personalwesens wurde weiterhin eingegrenzt auf Vertreter*innen des strategischen Personalwesens, um von der für die Erhebung relevanten strategischen Perspektive dieser Expert*innen profitieren zu können. Die Gruppe der Stabilisatoren unterteilt sich in 67 % Vertreter*innen des strategischen Personalwesens und 33 % Vertreter*innen des Betriebsrates. Die Aufgabenbereiche der befragten Mitarbeitenden aus dem strategischen Personalwesen erstrecken sich über die Themen Bildung, Personalentwicklung, Kommunikation und Change. Die Auswahl der Organisations- bzw. Funktionsbereiche der Befragten sowie das Ausmaß ihrer Repräsentanz liegt in einem Zusammenspiel aus Transformationsgrad, der Anzahl an Beschäftigten, die innerhalb des Bereiches tätig sind, sowie ihrer jeweiligen Rolle und Einflussnahme auf das Untersuchungsfeld begründet. So spiegelt bspw. die verstärkte Berücksichtigung der vertrieblichen Einheit vor allem den hohen Digitalisierungsgrad wider, den dieser Bereich gerade während der aufkommenden COVID-19-Pandemie erfahren hat und immer noch erfährt.

Im Rahmen der korrelativen Gültigkeit (3) erfolgt eine Validierung anhand eines Außenkriteriums. Eine Überprüfung dieses Kriteriums kann nur durchgeführt werden, soweit Untersuchungsergebnisse zu einer ähnlichen Fragestellung bzw. Forschungsgegenstand vorliegen. Sinnvoll sind hierbei insbesondere Vergleiche mit Ergebnissen, die mit Hilfe von anderen Methoden wie dem Experiment, der Beobachtung oder dem Test erhoben wurden. Allerdings ist auch eine umgekehrte Vorgehensweise möglich. So können ebenfalls Analyseinstrumente bzw. Gegenstände angegeben werden, die zu ganz anderen, vielleicht sogar gegensätzlichen Ergebnissen führen müssten. Dies kann auch korrelativ überprüft werden (Mayring, 2015a). Da es in der vorliegenden Arbeit um die Untersuchung neuer Fragestellungen geht, liegen derzeit keine Studienergebnisse zu einer ähnlichen Fragestellung vor. Jedoch gibt es Untersuchungen, die sich mit einzelnen Aspekten bzw. Themen der Erhebung auseinandersetzen. Diese werden in Kapitel 10 aufgegriffen und mit den Ergebnissen der vorliegenden Untersuchung verglichen. Ferner erfolgt im Rahmen der kommunikativen Validierung eine Diskussion der Befunde mit den Befragten (siehe Abschnitt 8.4.1), sodass das Gütekriterium der korrelativen Gültigkeit erfüllt wurde.

Das Kriterium der Vorhersagegültigkeit (4) kann nur angewendet werden soweit eine sinnvolle Ableitung von Prognosen aus dem Forschungsmaterial stattfinden kann. Gelingt dies jedoch, ist dieses Gütekriterium leicht zu überprüfen

8.4 Qualitative Gütekriterien der Untersuchung

und äußerst aussagekräftig (Mayring, 2015a). In Kapitel 10 erfolgt eine Schlussbetrachtung der empirischen Befunde, innerhalb der auch Prognosen dargestellt werden, die auf der Grundlage des Untersuchungsmaterials basieren. Hierdurch wird das Gütekriterium der Vorhersagegültigkeit erfüllt.

Die Konstruktgültigkeit (5), auch als Konstruktvalidität bekannt, thematisiert den Anspruch, dass auch qualitative Erhebungsinstrumente Gültigkeit in Bezug auf den untersuchten Forschungsgegenstand bzw. die untersuchten Forschungssubjekte haben müssen. Mayring listet zur Überprüfung der Konstruktgültigkeit verschiedene Kriterien auf:

- repräsentative Expert*innen bzw. Interpretationen
- etablierte Modelle und Theorien
- bestehende Erfolge mit vergleichbaren Situationen und/oder Konstrukten
- Erfahrungen mit dem Kontext des vorliegenden Forschungsmaterials

Döring und Bortz (2016) stellen in Bezug auf die Konstruktvalidität eine weitere Anforderung: „Die im Zusammenhang mit dem Forschungsproblem interessierenden theoretischen Konstrukte bzw. Konzepte müssen anhand des Forschungsstandes und des theoretischen Hintergrundes möglichst exakt definiert sein" (S. 95). Diese Definition stammt zwar aus dem Kontext quantitativer Messungen, dennoch kann eine Übertragung auf die vorliegende Untersuchung vollzogen werden. Hierbei sei auf die ausführliche Darstellung des aktuellen Forschungsstandes sowie der detaillierten Begründung des methodischen Vorgehens verwiesen. Des Weiteren stellt die Durchführung von leitfadengestützten Expert*inneninterviews ein etabliertes Erhebungsmodell zur Bearbeitung unerforschter Fragestellungen dar (siehe hierzu auch Abschnitt 8.1), sodass das Gütekriterium der Konstruktgültigkeit ebenfalls als erfüllt betrachtet werden kann.

Die Stabilität (6) kann als Gütekriterium überprüft werden, indem eine erneute Anwendung des Analyseinstrumentes erfolgt. Die Reproduzierbarkeit (7) umfasst den Grad, in dem das Analysevorgehen unter Anwendung des gleichen Kategoriensystems von anderen Analytiker*innen zu denselben Resultaten führt. Die Reproduzierbarkeit steht in Abhängigkeit zu der Explizitheit und Genauigkeit der Vorgehensbeschreibung. Mayring (2015a) empfiehlt zur Überprüfung beider Gütekriterien die Messung der Intercoder-Reliabilität (auch als Interrater-Reliabilität bezeichnet). Dieser Empfehlung wurde in der vorliegenden Untersuchung gefolgt (Ergebnisse siehe Anhang U im elektronischen Zusatzmaterial). Das Material wurde von einer zweiten Person kodiert, die bereits eine Promotion abgeschlossen hat und mit der Auswertung von Forschungsmaterial anhand der qualitativen Inhaltsanalyse nach Mayring (2015a) vertraut ist. Die

Durchführung einer Intracoder-Reliabilität wurde als nicht zielführend eingestuft, da diese eine erneute Analyse des gleichen Materials durch die gleiche Person voraussetzen würde, ohne dass diese sich noch an ihre ersten Kodierungen erinnert (ebd.). Aufgrund des Analysezeitraumes von zwei Monaten wurde davon ausgegangen, dass die vorgenommenen Kodierungen innerhalb dieses Zeitfensters nicht in Vergessenheit geraten und demgemäß kein Nutzen für die Untersuchung aus dieser Vorgehensweise gezogen werden kann.

Das Kriterium der Exaktheit (8) steht für den Grad des funktionellen Standards, dem die Analyse entspricht. Die Gütekriterien der Stabilität (6) und Reproduzierbarkeit (7) stellen die Voraussetzung für die Exaktheit des Instrumentes dar. Die Exaktheit ist laut Mayring (2015a) das stärkste Reliabilitätsmaß; ihre Überprüfung stellt allerdings auch die größte Herausforderung im Rahmen der Reliabilität dar (Mayring, 2015a). Krippendorf (1980) unterscheidet vier zentrale Quellen, anhand derer die Reliabilität allgemein überprüft werden kann: die Auswertungseinheiten (Fundstellen), die einzelnen Kategorien, die Kategoriendifferenzierung sowie die Analytiker*innen. Auswertungseinheiten bei denen Unstimmigkeiten mehrerer Kodierer*innen in Erscheinung treten, können auf eine systematische Unterscheidung zum restlichen Untersuchungsmaterial überprüft werden. Uneinigkeiten in Bezug auf einzelne Kategorien können durch präzisere Definitionen behoben werden. Darüber hinaus lässt sich die Reliabilität häufig erhöhen, indem zwei uneindeutige Kategorien zu einer Kategorie zusammengefasst werden, die zwar größer ist, aber ein exakter einsetzbares Kategoriensystem zu Folge hat. Das Vorgehen der Analytiker*innen kann anhand der bereits genannten Intercoder-Reliabilität überprüft werden (Mayring, 2015a). Aufgrund der positiven Ergebnisse der Intercoder-Reliabilität, die auf die klaren Kategoriendefinitionen und die Vermeidung zu eng gefasster Kategorien zurückzuführen ist, kann auch das Kriterium der Exaktheit als erfüllt angesehen werden.

Darstellung und Reflexion der Befunde 9

Die 30 befragten Personen werden anhand der in den Expert*inneninterviews erhobenen demografischen Daten in Abschnitt 9.1 beschrieben. Darauffolgend werden die Ergebnisse mit Hilfe der Abschnitte 9.2 Digitalisierung, 9.3 Flexibilisierung sowie 9.4 Alter(n)smanagement strukturiert und übersichtlich dargestellt. Die nachfolgende Datenaufbereitung ist, in Abhängigkeit von den Ergebnissen, von variierenden Darstellungsmitteln geprägt, wie bspw. Paraphrasen, wörtlichen Zitaten sowie Diagrammen (Kuckartz, 2016).

9.1 Soziodemografische Daten der Befragten und Beschreibung des Untersuchungsfeldes

Innerhalb des Untersuchungsfeldes sind 21 Prozent der mittleren Managementebene der Altersspanne von 20 bis 44 Jahre zuzuordnen, 22 Prozent sind zwischen 45 und 49 Jahre alt und 57 Prozent gehören der Altersgruppe der über 50-Jährigen an. Das untere Management weist eine Altersstruktur von 35 Prozent 20- bis 44-jährige, 19 Prozent 45- bis 49-jährige sowie 46 Prozent über 50-jährige Führungskräfte auf. In den kommenden 15 Jahren wird dementsprechend die Hälfte der Führenden unterhalb der Unternehmensleitung das Renteneintrittsalter erreichen und somit aus dem untersuchten Unternehmen austreten. Trotz dieser bevorstehenden Entwicklung stellt das Themenfeld Age Management keinen integralen Bestandteil eines übergeordneten Diversity Managements innerhalb der Organisation dar. Ferner hat sich die Beanspruchungs- und Belastungssituation der Führungskräfte in hohem Maße aufgrund stark vollzogener Personalabbauprozesse auf den Managementebenen im Rahmen vergangener Wandlungsprozesse intensiviert.

Die 30 Expert*innen sind im Durchschnitt aufgerundet 51 Jahre alt (Standardabweichung: 5,1 Jahre). Die 24 befragten Führungskräfte sind im arithmetischen Mittel aufgerundet 53 Jahre alt (Standardabweichung: 3,7 Jahre). Die Führungskräfte des mittleren Managements sind durchschnittlich aufgerundet 54 Jahre alt (Standardabweichung: 4,1 Jahre), die des unteren Managements im Durchschnitt aufgerundet 52 Jahre alt (Standardabweichung: 2,9 Jahre). Das Alter der befragten Beschäftigten des strategischen Personalwesens sowie der interviewten Betriebsräte beläuft sich aufgerundet auf durchschnittlich 44 Jahre (Standardabweichung: 4,1 Jahre). 26 der 30 Befragten sind männlich (87 Prozent) und vier Personen weiblich (13 Prozent). 23 Expert*innen (77 Prozent) haben Kinder, davon zwölf Personen aus der mittleren Managementebene, neun Führungskräfte aus der unteren Managementebene sowie zwei Befragte aus dem strategischen Personalwesen bzw. von Seiten des Betriebsrates.

Insgesamt zehn Prozent der Befragten gaben an, Enkelkinder zu haben (zwei Führungskräfte aus dem mittleren und eine Führungskraft aus dem unteren Management). 83 Prozent der Interviewten leben in einer Partnerschaft. Die befragten Führungskräfte des mittleren Managements befinden sich alle in einer Partnerschaft (100 Prozent). Die Führungskräfte des unteren Managements gaben zu 75 Prozent an in einer Partnerschaft zu leben. Von den befragten Beschäftigten des Personalwesens sowie den Betriebsräten bestätigten 67 Prozent eine Partnerschaft. Alle soziodemografischen Daten der Expert*innen werden in Tabelle 9.1 nach den Expert*innengruppen aufgeschlüsselt dargestellt.

Tabelle 9.1 Soziodemografische Daten der Expert*innen. (Quelle: Eigene Darstellung)

Soziodemografische Daten	Expert*innengruppe			
	Führungskräfte des mittleren Managements (n = 12)	Führungskräfte des unteren Managements (n = 12)	Personalwesen und Betriebsräte (n = 6)	Insgesamt (n = 30)
Durchschnittliches Alter	54 Jahre	52 Jahre	44 Jahre	51 Jahre
Geschlecht	100 % männlich	83 % männlich 17 % weiblich	67 % männlich 33 % weiblich	87 % männlich 13 % weiblich
Kinder	100 %	75 %	33 %	77 %
Enkelkinder	17 %	8 %	0 %	10 %
Partnerschaft	100 %	75 %	67 %	83 %

9.1 Soziodemografische Daten der Befragten ...

Die Dauer der Betriebszugehörigkeit der Führungskräfte beträgt im arithmetischen Mittel 23,8 Jahre (Standardabweichung: 6,9 Jahre). Die Führungskräfte des mittleren Managements sind im Durchschnitt bereits 24,1 Jahre im Unternehmen (Standardabweichung: 6,6 Jahre) und die Führungskräfte des unteren Managements 23,5 Jahre (Standardabweichung: 7,5 Jahre). Die Führungserfahrung der befragten Führungskräfte belief sich im arithmetischen Mittel auf 15,6 Jahre (Standardabweichung: 7,5 Jahre). Führungskräfte des mittleren Managements verfügten im arithmetischen Mittel über 17 Jahre Führungserfahrung (Standardabweichung: 4,8 Jahre), davon 5,2 Jahre auf der unteren Managementebene (Standardabweichung: 3,2 Jahre) und 11,8 Jahre auf der mittleren Managementebene (Standardabweichung: 5,2 Jahre). Führungskräfte des unteren Managements verfügen im arithmetischen Mittel über 14,3 Jahre Führungserfahrung (Standardabweichung: 9,5 Jahre). Eine befragte Führungskraft gab einen zwischenzeitlichen Unternehmenswechsel von drei Jahren an, alle anderen Führungskräfte verneinen einen Wechsel in ein anderes Unternehmen. Abbildung 9.1 veranschaulicht die Dauer der Betriebszugehörigkeit sowie die Führungserfahrung der befragten Führungskräfte.

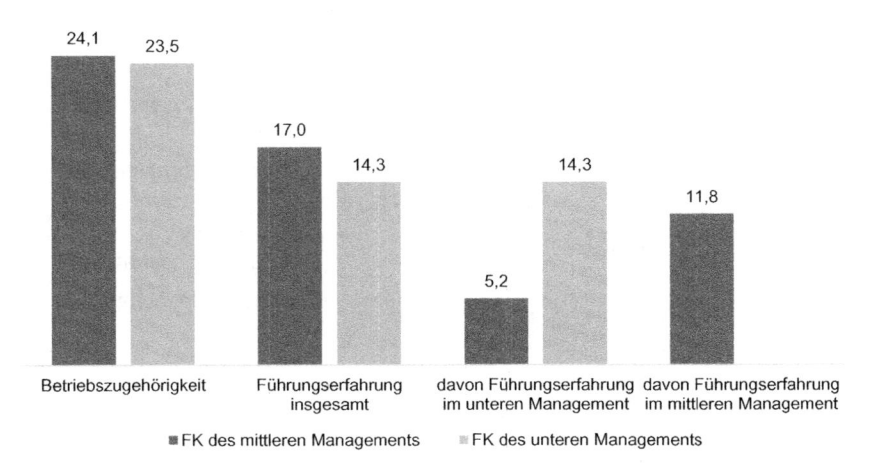

Abbildung 9.1 Erfahrung als Führungskraft & Dauer der Betriebszugehörigkeit in Jahren. (Quelle: Eigene Darstellung)

Die durchschnittliche Dauer der Betriebszugehörigkeit der befragten Personen des strategischen Personalwesens und der befragten Betriebsräte beläuft sich im arithmetischen Mittel auf 16,7 Jahre (Standardabweichung: 7,9 Jahre). Die eingebundenen Mitglieder des strategischen Personalwesens und des Betriebsrates üben ihre Funktion im arithmetischen Mittel seit 10 Jahren aus (Standardabweichung: 5,8 Jahre). Keine*r der befragten Vertreter*innen des strategischen Personalwesens bzw. des Betriebsrates gab einen Unternehmenswechsel an.

Von den 24 befragten Führungskräften gaben alle Expert*innen an, eine betriebliche Ausbildung innerhalb der Finanzwirtschaft abgeschlossen zu haben (100 Prozent). 16 Führungskräfte äußerten darüber hinaus, ein Studium absolviert zu haben (67 Prozent). Während im mittleren Management 92 Prozent der befragten Führungskräfte angaben, studiert zu haben, waren es im unteren Management mit einem Ergebnis von 42 Prozent deutlich weniger Befragte. Von den Führungskräften, die ein Studium absolviert haben, weisen 56 Prozent einen wirtschaftswissenschaftlichen Hintergrund auf (Betriebswirtschaftslehre bzw. Volkswirtschaftslehre). 19 Prozent äußerten, Rechtswissenschaften studiert zu haben. Jeweils 12,5 Prozent haben einen mathematisch-naturwissenschaftlichen bzw. sozialwissenschaftlichen Studiengang absolviert (siehe Abbildung 9.2).

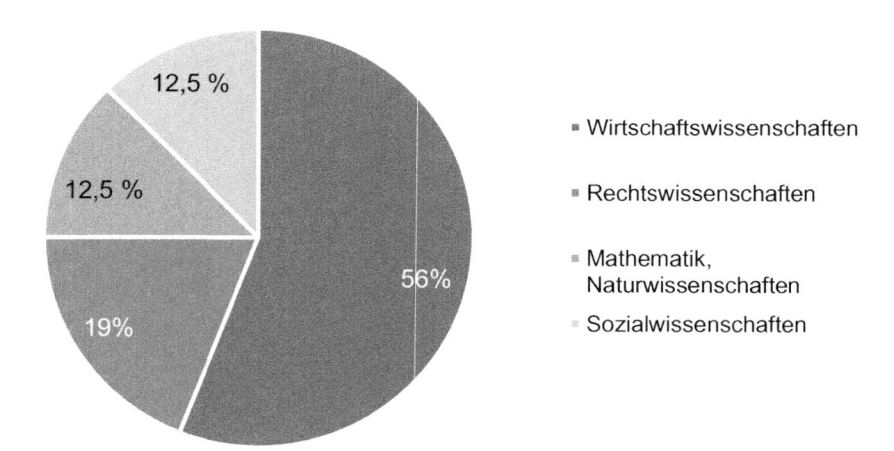

Abbildung 9.2 Aufschlüsselung der Führungskräfte mit akademischem Hintergrund nach Studienfächern.
(Quelle: Eigene Darstellung)

Die einbezogenen Personen des strategischen Personalwesens sowie die Betriebsräte gaben zu jeweils 50 Prozent an, ein Studium bzw. eine betriebliche Ausbildung innerhalb der Finanzdienstleistungsbranche abgeschlossen zu haben.

Die drei Befragten, die über einen akademischen Hintergrund verfügen, haben alle einen sozialwissenschaftlichen Studiengang absolviert. Keine*r der befragten Expert*innen hat eine Promotion abgeschlossen. 71 Prozent der befragten Führungskräfte gaben an, einen Direkteinstieg in das Unternehmen als Mitarbeiter*in bzw. Führungskraft vollzogen zu haben. Eine befragte Führungskraft (4 Prozent) äußerte, aufgrund einer bereits bekleideten Führungsposition in einem anderen finanzwirtschaftlichen Unternehmen als Führungskraft eingestiegen zu sein. 29 Prozent der Führungskräfte äußerten hingegen, über ein Nachwuchsentwicklungsprogramm mit Perspektive auf eine Führungsposition eingestellt worden zu sein. Von den Führungskräften der mittleren Managementebene gaben 58 Prozent an, über ein Nachwuchsentwicklungsprogramm eingestiegen zu sein und 42 Prozent über einen Direkteinstieg als Mitarbeiter*in. Die Führungskräfte des unteren Managements sowie die befragten Personen des strategischen Personalwesens und die Betriebsräte äußerten zu 100 Prozent, über einen Direkteinstieg in das Unternehmen eingetreten zu sein. Die nachfolgende Tabelle 9.2 nimmt abschließend eine Differenzierung des Bildungshintergrundes nach Expert*innengruppen vor.

9.2 Digitalisierung

Innerhalb des zweiten Interviewteils sind die Expert*innen mit Fragen zu ihrer Haltung und ihrer Rolle innerhalb des digitalen Wandlungsprozesses sowie Besonderheiten und Herausforderungen der Transformation konfrontiert worden. Darüber hinaus sind die Erfahrungen der Interviewpartner*innen aus vergangenen Wandlungsprozessen ermittelt worden, um feststellen zu können, inwieweit diese die Einstellung gegenüber dem digitalen Wandel beeinflussen. Mit Hilfe der aufgeführten Fragestellungen ist es möglich, zentrale Aspekte und Zusammenhänge des digitalen Wandlungsprozesses zu identifizieren und zu diskutieren. Eine umfassende Darstellung der Befunde erfolgt in den anschließenden Unterkapiteln.

9.2.1 Notwendigkeit des digitalen Wandels

Alle Interviewpartner*innen erkennen die Notwendigkeit des digitalen Wandlungsprozesses. So geben die Expert*innen übereinstimmend an, dass sie den digitalen Wandel, den die Finanzdienstleistungsbranche durchläuft, eher als Chance, denn als Bedrohung ansehen. Allerdings wird der Wandel differenziert von den Befragten wahrgenommen, da neben den Chancen auch

Tabelle 9.2 Bildungshintergrund und Einstiegsart der Expert*innen in die Organisation. (Quelle: Eigene Darstellung)

Bildungshintergrund und Einstiegsart	Expert*innengruppe			
	Führungskräfte des mittleren Managements (n = 12)	Führungskräfte des unteren Managements (n = 12)	Personalwesen und Betriebsräte (n = 6)	Insgesamt (n = 30)
Ausbildung	100 %	100 %	50 %	90 %
Studium	92 %	42 %	50 %	63 %
Studium und Ausbildung	92 %	42 %	0 %	53 %
Promotion	0 %	0 %	0 %	0 %
Direkteinstieg	42 %	100 %	100 %	77 %
Einstieg über Nachwuchsentwicklungsprogramm	58 %	0 %	0 %	23 %

zahlreiche bedrohliche Faktoren in den Antworten aufgeführt werden (siehe Abschnitt 9.2.1.2). Diese Bedrohungen dürfen laut den Interviewpartner*innen nicht vernachlässigt werden, da sie als existenzgefährdend für das Unternehmen angesehen werden.

9.2.1.1 Digitaler Wandel als Chance

79 Prozent der befragten Führungskräfte geben an, deutliche Chancen auf der Seite ihrer Kund*innen zu erkennen. In diesem Rahmen wird vor allem die Möglichkeit gesehen, die Zufriedenheit der Kund*innen steigern zu können (42 Prozent). Darüber hinaus nehmen 42 Prozent die Chance wahr, effizienter arbeiten zu können, und 17 Prozent, sich gegenüber Wettbewerber*innen besser behaupten zu können. Weitere 17 Prozent äußern, den digitalen Wandel als Chance sehen zu müssen, da dieser alternativlos sei. Die COVID-19-Pandemie verdeutlicht laut 17 Prozent der Führungskräfte in besonderem Maße die Chancen, die in einer voranschreitenden Digitalisierung für die Finanzdienstleistungsbranche liegen.

(1) Chancen bei den Kund*innen

Insgesamt 42 Prozent der interviewten Führungskräfte geben an, dass die Digitalisierung die Chance eröffnet, die Zufriedenheit der Kund*innen zu steigern. U10 sieht insbesondere die Möglichkeit, die Produkte und Leistungen für die Kund*innen verbessern zu können: „Naja, wir werden mehr Kundenzufriedenheit erreichen durch die digitalen Möglichkeiten, durch eine verbesserte Kommunikation, durch schnellere und automatisierte Prozesse. Wir werden schlagkräftigere und günstigere Produkte mit besseren Leistungen liefern können, was uns wiederum zu mehr Kunden bringt. Und wir haben dadurch die Möglichkeit, noch andere oder bessere und umfassendere Produkte zu konzipieren, kombiniert mit den Daten der Kunden und besseren Angeboten, in Bezug auf alle Produktgruppen" (U10, S. 2, Z. 46–52). U11 sieht vor allem die Chance, Kund*innen ihren Bedarf für Finanzdienstleistungsprodukte besser aufzeigen zu können: „Das ist eigentlich das Hauptproblem für uns in der Finanzdienstleistungsbranche, dass Kunden überhaupt den Bedarf sehen. Und das zu wecken und das irgendwie überhaupt sichtbar zu machen, ist schon eine echte Herausforderung. Und ich glaube, das ist in den letzten 20 Jahren oder 15 Jahren mit den zur Verfügung stehenden digitalen Mitteln immer noch in den Kinderschuhen gewesen" (S. 2, Z. 47–51). Die heutigen Technologien sind nach U11 hingegen in ihrer Performance so weit vorangeschritten, dass Bedarfe deutlich besser visualisiert bzw. den Kund*innen spielerisch nahegebracht werden können: „Das erlaubt ganz andere Möglichkeiten, Kunden, die jetzt wesentlich mehr auch in digitalen Welten unterwegs sind, auf gewissen Reisen einfach abzufangen beziehungsweise anzuteasern, auf eine wesentlich interessantere Art oder more sexy als jemals zuvor. […] Und dann auch diese Beratungsleistung zu adressieren" (S. 2 f., Z. 54–58).

U4 und M5 sehen die Möglichkeit, mit Hilfe von Prozessoptimierungen, die durch die Digitalisierung ermöglicht werden, schneller zu handeln und hierdurch die Zufriedenheit der Kund*innen steigern zu können. U4 erklärt hierzu: „Ich sehe es dahingehend als Chance, dass viele in diesem digitalen Wandlungsprozess auch viel, viel schneller agieren können, oder zumindest sollte das das Ziel sein, unsere Kunden dadurch auch schneller mit den richtigen Konzepten ausstatten zu können. Und ich denke auch, dass viele Funktionen, die es jetzt momentan gibt, zwangsläufig durch die Digitalisierung sicherlich besser gemacht werden können, beziehungsweise auch manuelle Prozesse wegfallen können und hoffentlich noch fehlerfreier laufen, als es der Fall ist, und dass sich die frei gewordenen Kapazitäten natürlich viel stärker um die individuellen Bedürfnisse kümmern können" (S. 2, Z. 39–47). M5 sieht darüber hinaus die Möglichkeit, auch neue Kund*innen gewinnen zu können, da es das Unternehmen in die Lage versetzt, die Kund*innen aufgrund der Vereinfachung von Prozessen schneller „mit an Bord" zu holen (S. 3, Z. 61–65).

M3 und M8 gehen auf den Aspekt ein, dass, aufgrund der voranschreitenden Digitalisierung, die Kund*innen transparenter und flexibler beraten werden können. M3 weist hierbei auf die veränderte Situation der Kund*innen hin, da sich die frühere Informationsasymmetrie zwischen Berater*in und Kund*in aufgrund der zahlreichen digitalen Informationsquellen deutlich reduziert hat. Die Rolle der Kund*innen verändert sich laut M3 aufgrund der gewachsenen Transparenz und Autonomie in die einer ‚Selbst-Beratung', die von den Finanzdienstleistungsunternehmen auf dem Weg zu einer Produktentscheidung begleitet wird. Darüber hinaus sieht M3 die Chance einer schnelleren Interaktion mit den Kund*innen sowie einer verbesserten Informationsaufbereitung. Beide Faktoren begünstigen laut M3 ebenfalls den Rollenwandel der Kund*innen: „Weil wir die Möglichkeit haben, schneller und effizienter mit dem Kunden in Kontakt zu kommen und auch den Beratungsprozess so zu gestalten, dass er für den Kunden leichter und nachvollziehbarer ist und einfacher im Handling wird, weil er uns viel mehr Flexibilität bietet. Also auch viel mehr Möglichkeiten, was ich dem Kunden zeigen kann interaktiv. Ich kann dem Kunden Dinge an die Hand geben, dass er eigenständig sich Informationen aneignet. Ich kann eine Mischung machen aus: ‚Der Kunde berät sich selber und wir begleiten ihn dabei.' Wir haben einfach viel mehr Optionen, viel mehr Spielräume" (S. 2, Z. 40–46).

M8 geht auf den Aspekt ein, dass sich diese neue Rolle der Kund*innen besonders bei einfacheren Produkten bemerkbar macht. Mit steigender Komplexität der Produkte schwindet laut M8 jedoch die Rolle als eigene*r Berater*in, sodass die persönliche Beratung weiterhin einen wichtigen Stellenwert einnimmt: „Also ein simples Produkt, das man kennt, kann man auch online kaufen. Es gibt viele Menschen, die kaufen mittlerweile sogar ein Auto nur noch im Netz. Die haben das

9.2 Digitalisierung

nie gesehen, bestellen das Leasingauto. Die wissen, das und das Zubehör, zack, angeklickt, drin. Aber wenn was völlig Komplexes da ist, dann bleibt es beim persönlichen Kontakt. Und das ist bei den Finanzdienstleistungsprodukten wahrscheinlich noch eine ganz lange Zeit so" (S. 3 f., Z. 79–91).

21 Prozent der befragten Führungskräfte geben an, dass sie eine Chance im digitalen Wandel sehen, da auf diese Weise den sich verändernden Kund*innenerwartungen entsprochen werden kann. So erklärt M12: „Also ich persönlich sehe den digitalen Wandel als eine ungeheure Chance an und im Grunde genommen auch als eine gewisse Notwendigkeit, die wir brauchen, um auch am Ende des Tages wettbewerbsfähige Produkte, vom Kunden akzeptierte Produkte zu haben. Um die Services, die ein Kunde in der heutigen Zeit erwartet, überhaupt leisten zu können in puncto Selbstständigkeit, also im Sinne von online abschließen. Aber auch in puncto Geschwindigkeit, also Vorgangsbearbeitung, Auftragsaufnahme durch wenige Klicks und Direktversand von Dokumenten und so weiter und so weiter" (S. 2, Z. 49–54). M4 verdeutlicht in diesem Rahmen, dass die Erwartungen der Kund*innen zunehmend einen Einfluss auf die Prozesse der Finanzdienstleistenden nehmen: „Also ich erlebe das stark, dass die Kundenbedürfnisse letztendlich einfache, schlanke, simple und schnelle Prozesse erfordern. Und die Entscheidung für ein Unternehmen kaum noch oder relativ wenig differenziert wird nach dem Produktbild selber. Die sind in der Regel auch eher identisch, manchmal natürlich auch mit Ausprägungen. Aber dass die Entscheidung hinsichtlich des Anbieters beim Kunden deutlich mehr dahin tendiert, wie die drei genannten Punkte dargestellt werden" (S. 2, Z. 47–52). M7 erklärt, vor allem eine Chance darin zu sehen, den wachsenden Bedürfnissen der Kund*innen nach Transparenz und schnellen Entscheidungen besser entsprechen zu können (S. 4, Z. 108–110). Ferner sieht er „das Thema Erreichbarkeit" (S. 4, Z. 110) als wichtigen Faktor für die Kund*innenzufriedenheit an: „Eben dann zur Verfügung zu stehen, wenn der Kunde die Zeit dazu hat" (S. 4, Z. 111).

16 Prozent der Führungskräfte erkennen die Chance, mit Hilfe der neuen technologischen Möglichkeiten mehr Kund*innen bzw. auch neue Zielgruppen durch eine stärkere Präsenz ansprechen zu können (z. B. U8, S. 2, Z. 42–45). U11 sieht beispielsweise die Möglichkeit, ein generell „schwer erklärbares Produkt besser zu verbreiten" (S. 2, Z. 41–45). M12 vertritt die Ansicht, dass Unternehmen der Branche Finanzdienstleistungsprodukte vertreiben, die grundsätzlich zwar „nicht sexy" (S. 3, Z. 57) seien, aber auf dem Markt durch die Digitalisierung eine „ungeheure Attraktivität" (S. 3, Z. 58) entwickeln könnten (S. 3, Z. 56–59). U7 sieht in diesem Rahmen vor allem die Chance, „gerade die jüngere Generation einfach besser" (S. 2, Z. 48) über den digitalen Weg zu erreichen (S. 2, Z. 47–50).

(2) Chancen durch effizienteres Arbeiten
42 Prozent der befragten Führungskräfte sehen im digitalen Wandel die Chance, effizienter arbeiten zu können. Gründe hierfür werden vor allem in der Möglichkeit gesehen, Prozesse vereinfachen und Reisezeit erheblich einsparen zu können (33 Prozent). U6 geht in seinen Ausführungen auf die Möglichkeiten ein, auf der einen Seite die Prozesse für die Kund*innen verbessern und hierdurch den Kund*innenfokus erhöhen zu können sowie andererseits die internen Prozesse zu überarbeiten, um die Zusammenarbeit im Unternehmen einer Optimierung unterziehen zu können (S. 2, Z. 46–48). Darüber hinaus sieht U6 die Verbindung des Finanzdienstleistungsbereiches mit anderen Lebensbereichen als eine interessante Chance an, um effizienter zu agieren: „Und dann letzten Endes auch das alleinige Finanzdienstleistungsprodukt zu verquicken mit anderen Lebensbereichen. (….) Wenn man das Beispiel Amazon sieht: Amazon wird auch über kurz oder lang Finanzdienstleistungsprodukte anbieten. Und das Normale, der Consuming-Bereich sozusagen, der verschmilzt. Und das, finde ich, ist spannend" (S. 2, Z. 48–53).

Auch M6 weist auf die Chance hin, Prozesse zu überarbeiten, da diese aus seiner Sicht lange „brachlagen" (S. 2, Z. 58) und dieses Thema jetzt richtig angegangen werden könne: „Wir sind ja ein sehr prozesslastiges Unternehmen und wir müssten sowieso mal viele Prozesse entstauben. Also unsere Prozesse zum Kunden sind an vielen Stellen sehr kompliziert, beamten-like. Wenn man es schafft, an der Stelle die Prozesse zu vereinfachen und dann zu digitalisieren, dann entsteht schon an der Stelle ein sehr großes Potenzial, Komplexität rauszunehmen und Dinge für den Kunden besser zu machen" (S. 2, Z. 39–44; Z. 57–58). Vor allem durch den digitalen Vertrieb sieht M6 die Chance, Prozesse „deutlich kostengünstiger und weniger komplex" (S. 2, Z. 53) darzustellen und mit den Kund*innen direkt in Kontakt zu treten (S. 2, Z. 51–56). U8 sieht darüber hinaus die Möglichkeit, den Austausch mit den Kund*innen effizienter zu gestalten, da sich beide Seiten besser vorbereiten können: „Man kann auch im Vorfeld einer analogen Beratung schon mehr durch den digitalen Austausch erklären und ist dann besser vorbereitet. Beide, Berater und Kunde, können sich da deutlich besser positionieren" (S. 7, Z. 200–202).

U12 geht vor allem auf den Aspekt der schnelleren und effizienteren Abwicklung des Kaufabschlusses ein: „Das heißt, wenn ich jetzt da noch mit einem Papier daherkomme und fange da an auszufüllen, dann fragt der Kunde mich, was das soll. Und die Leute in dieser schnelllebigen Zeit erwarten auch schnelle Abwicklungen. Statt hier noch Monster Papierseiten zu wälzen und auszufüllen, dafür hat keiner mehr Zeit und Muße. Das muss alles schnell, am besten über Handy oder Laptop über die Bühne gehen" (S. 2 f., Z. 52–57). M5 sieht hierdurch gleichzeitig den Vorteil des schnelleren Produkterwerbs für die Kund*innen und dem einhergehenden schnelleren Erhalt der Provision für die Mitarbeitenden (S. 3, Z. 74–76). Ferner sieht

U12 in der Verbesserung der Prozesse die Chance für eine geringere Fehlerquote: „Besser dadurch, dass ja viele Programme Punkte vorgeben, die man quasi nur ausfüllen muss. Das heißt, die Fehlerquote steigt schon mal nicht mehr an. Die fällt eher, weil es eben hier reibungsloser läuft. Man kann keine Fehler mehr machen, wenn (Hervorh. d. Verf.) das Programm stimmt. (lacht) Das ist wichtig" (S. 2, Z. 42–45). Nicht zuletzt nimmt U12 die Zentralisierung von Daten als eine Chance wahr, Reisezeiten einzusparen (S. 2, Z. 48–49), da hierdurch „die Wege auch viel kürzer geworden" (S. 2, Z. 49–50) sind. U7 hebt neben den geringeren Reisezeiten ebenso die Erhöhung der Reichweite hervor: „Also ich merke es jetzt auch in der täglichen Praxis, (…) ich habe gerade mit einem Finanzdienstleister telefoniert und es wäre eigentlich eine physische Veranstaltung gewesen. Klar, das ist jetzt auch ein Stück weit coronabedingt, also ich bin lieber vor Ort, ich bin lieber präsent, aber wir haben uns gleich auf das Thema Kontinuität verständigt. (….) Und insofern ist die Chance, eben auch in solchen Zeiten mit einer Botschaft draußen sein zu können, mit relativ wenig Aufwand. Auch von der Zeit her, also ich habe keine Fahrtwege, um eine größere Gruppe zu erreichen" (S. 2, Z. 38–46).

M11 sieht neben der höheren Effizienz aufgrund der reduzierten Fahrtzeiten auch den Austausch als effizienter an, da sich die Beteiligten stärker auf die zentralen Aspekte fokussieren. Dies führt M11 auf die veränderte Art der Kommunikation innerhalb von Telefonaten bzw. Online-Konferenzen zurück, da die Kolleg*innen sowie er selbst weniger „rumschwadronieren und schneller auf den Punkt kommen" (S. 2, Z. 47–52). M4 erklärt, dass zwar am Telefon bzw. via Online-Meeting viel geklärt werden kann, diese Arbeitsweise jedoch mit steigender Komplexität auch an ihre Grenzen stößt: „Wenn es aber um komplexe steuerliche Betrachtungen geht, wo auch noch ein Steuerberater eingebunden ist. Das ist echt schwer, das digital zu machen. Da ist es wirklich oft besser, man setzt sich an einen Tisch hin. Weil man dann sehr konkret auch die Fragen hat und dann auch sehr gezielt ins Problem gehen kann, das man digital oftmals nicht so abarbeiten kann. Also es gibt auch Grenzen" (S. 20, Z. 590–596).

(3) Chancen im Wettbewerb

17 Prozent der befragten Führungskräfte verweisen auf die Chance, sich aufgrund des digitalen Wandlungsprozesses gegenüber Wettbewerber*innen besser abgrenzen zu können. U10 sieht beispielsweise die Möglichkeit, die Positionierung im Markt zu verbessern: „Weil uns das, jetzt für unser Unternehmen gesprochen, nochmal zwei Schritte vor die Konkurrenz führen wird und wir dadurch mehr Macht ausüben können und wir noch viel, viel mehr Kunden gewinnen werden" (U10, S. 2, Z. 42–44). U5 sieht eine voranschreitende Digitalisierung der Finanzdienstleistungsunternehmen als eine Voraussetzung an, um sich überhaupt dauerhaft im

Markt halten zu können: „Für die Unternehmen sehe ich das als eine Chance. Eine Chance, am Markt langfristig bestehen zu bleiben, als Gesprächspartner für das Thema Finanzdienstleistung" (S. 2, Z. 38–40). Eine ähnliche Einschätzung äußert M4: „Es ist unabdingbar, um auch im Markt weiter in dem Wettbewerb standhaft zu sein" (S. 2, Z. 39–40).

(4) Alternativloser digitaler Wandel
17 Prozent der Führungskräfte betonen, dass sie den digitalen Wandlungsprozess als alternativlos ansehen. So erklärt M5 hierzu: „Eher als Chance. Was anderes bleibt uns auch nicht übrig. Also, das ist ja quasi, wie wenn Sie sagen würden: ‚Wenn die Sonne aufgeht, ist das eine Chance oder eine Bedrohung?' Das ist etwas, was Selbstverständlichkeit ist heutzutage. Und da muss man sich mit befassen. Da muss man dafür auch Konzepte haben. Und ich glaube, dass vor allem wir als ein Finanzunternehmen mehr davon haben, wenn wir uns dem Thema wirklich (Hervorh. d. Verf.) auch mal widmen und das auch als Chance wahrnehmen" (S. 2 f., Z. 51–56). Auch U3 betont die bereits fortgeschrittene Phase der Digitalisierung, in der sich nicht länger die Frage des ‚Ob', sondern nur noch des ‚Wie' stellt: „Meine Meinung ist, um in einer Metapher zu sprechen: ‚Der digitale Zug ist ja schon längst abgefahren.' Da geht es für mich gar nicht mehr um die Diskussion: ‚Brauchen wir Digitalisierung, ist die notwendig?' Ich glaube, das wäre zum heutigen Zeitpunkt die falsche Frage. Es ist eher die Frage: ‚Wie kann man den Digitalisierungsprozess noch mehr gestalten?'" (S. 4, Z. 93–97).

M7 weist im Rahmen der Digitalisierung auf deren vollständige Durchdringung der Gesellschaft hin sowie dem einhergehenden Kraftakt des Unternehmens, den digitalen Wandlungsprozess zu vollziehen. Diesen sieht M7 allerdings auch als unausweichlich an: „Also für mich ist es eine echte Chance, den digitalen Wandel zu vollziehen. Da wir natürlich einer gesamtgesellschaftlichen Entwicklung gegenüberstehen. Also im gesamten sozialen Umfeld ist Digitalisierung ein ganz starkes Thema. Und es wäre eher eine Bedrohung, wenn wir keine (Hervorh. d. Verf.) Wandlung vollziehen würden. Insofern finde ich es eine sehr, sehr große Chance. Allerdings sind da natürlich zum Teil erhebliche (Hervorh. d. Verf.) Umstrukturierungsprozesse notwendig" (S. 4, Z. 101–106). M9 greift in seinen Ausführungen ähnliche Aspekte auf und weist ebenfalls auf die Notwendigkeit hin, zukünftig schneller zu agieren: „Naja, weil die ganze Gesellschaft ist ja in einem digitalen Wandel und da kann sich die Wirtschaftsbranche nicht rausnehmen. Gerade unser Unternehmen, das in manchen Teilen noch recht konservativ unterwegs ist, muss da vielleicht noch sogar einen Schritt mehr gehen. Also da noch mehr Geschwindigkeit aufnehmen, da alle mitzunehmen" (S. 2, Z. 39–43).

9.2 Digitalisierung

(5) Verdeutlichung der Chancen durch die COVID-19-Pandemie
Ein Anteil von 17 Prozent der befragten Führungskräfte äußert, dass vor allem anhand der COVID-19-Pandemie deutlich geworden sei, wie wichtig eine voranschreitende Digitalisierung innerhalb des Unternehmens ist. M9 bezieht sich in diesem Rahmen auf die Erhaltung der Arbeitsfähigkeit der Beschäftigten trotz der Krise: „Haben wir ja jetzt auch gesehen mit Corona. Was das für eine große Chance war und uns auch geholfen hat, dass wir da schon so gut entwickelt waren. Dass wir dann zum Beispiel schon Online-Meeting-Lizenzen hatten für alle Mitarbeiter. Das ist ein riesen Vorsprung, wenn ich dann nicht erst anfange, Lizenzen für Online-Meetings zu bestellen für Mitarbeiter, wenn es notwendig ist. Das ist viel zu spät. Das zeigt, wie wichtig das ist, dass man vorbereitet ist" (S. 2, Z. 46–51). M11 hebt ebenso die Möglichkeit hervor, dass durch die Digitalisierung die Arbeitsfähigkeit der Beschäftigten während der Coronakrise erhalten werden konnte (S. 2, Z. 38–41). Ferner hat M11 durch die COVID-19-Pandemie erkannt, wie leicht ein Jobwechsel sein könnte: „Und ich sage, aus der Not heraus lässt sich eine Tugend machen. Mittlerweile weiß ich, dass ich jeden Job im Unternehmen auch von zu Hause aus machen könnte. Ich habe immer mal wieder mit einem Jobwechsel geliebäugelt, der dann deshalb nicht infrage kam, weil ich keine Lust hatte auf eine Fern- oder Wochenendbeziehung. Und mittlerweile wird jede Einheit mehr oder weniger aus dem Homeoffice heraus geführt" (S. 2, Z. 43–46).

M4 lobt ebenso wie M9 die gute Vorbereitung auf die COVID-19-Pandemie durch die entsprechende technologische Ausstattung: „Wir haben, glaube ich, sehr frühzeitig als Finanzdienstleistungsunternehmen auf digitale Instrumente gesetzt, insbesondere Kommunikationselemente und Plattformen für Online-Meetings. Wir haben viele Verwaltungstools, auch für unsere Kunden. Wir können mittlerweile viele Dinge online beraten, auch End-to-End. Also sprich, wir schaffen es auch, die Beratung, aber auch den Abschluss mit dem Kunden digital zu gestalten, also im Sinne von Komplettdigitalisierung. Das hat uns in dieser Lockdown-Zeit, die drei Monate angedauert hat, deutlich geholfen. Und deutlich geholfen heißt, wenn man es auch an Zahlen festmacht, die Vertriebszahlen waren relativ stabil" (S. 8, Z. 211–218). Die Darstellungen von M4 verdeutlichen die hohe Bedeutung einer digitalen Ausrichtung des Unternehmens, um auch in Krisenzeiten weiterhin erfolgreich agieren und den Fortbestand des Unternehmens sicherstellen zu können.

Die Nachfrage, ob das unsichere Umfeld aufgrund der Pandemie zu einem gesteigerten Bedürfnis der Kund*innen führt, Finanzdienstleistungsprodukte zu erwerben, wird von M4 verneint (S. 8, Z. 224–225) und wie folgt erläutert: „Unsere Strategie ist ja, dass wir irgendwann mal von ‚Push' zu ‚Pull' kommen. Aber es ist immer noch so, dass unser Geschäftsmodell stark vom Thema Push lebt. Also sprich, der Kunde kauft unsere Produkte noch nicht aktiv, sondern es bedarf immer eines Impulses, einer Ansprache, einer Kontaktfläche, wie immer die aussieht. Die muss nicht analog sein, kann auch digital sein. Aber der klassische Finanzdienstleistungskunde ist jetzt nicht der, der aktiv sich zu Hause hinsetzt und sagt: ‚Jetzt mache ich was.' Sondern, er braucht in der Regel immer noch irgendwo einen konkreten Anlass oder Impuls" (S. 8, Z. 227–233).

U5 betont allerdings, dass aus seiner Sicht die Bereitschaft der Kund*innen aufgrund der COVID-19-Pandemie gestiegen sei, eine digitale Beratung in Anspruch zu nehmen und auf deren Basis ein Finanzdienstleistungsprodukt zu erwerben. Diese Entwicklung beobachtet U5 sogar innerhalb seines betreuten Produktbereiches, obwohl dieser eine hohe Komplexität aufweist. Dies sah laut U5 vor der Coronakrise noch vollkommen anders aus: „Wenn ich mir anschaue, ich habe nun wirklich einen Verantwortungsbereich, der ausgesprochen viel Fachwissen bedarf, um den Kunden gut zu beraten. Wenn ich da mal zwei Jahre zurückdenke, dann hätte mir kaum ein Kunde am Telefon, mal perspektivisch ausgedrückt, etwas abgekauft" (S. 2, Z. 49–54). Dies hat sich nach U5 aufgrund der COVID-19-Pandemie grundlegend gewandelt: „Wenn ich mir die letzten sechs, sieben Monate anschaue, dann hat sich hier in einer rasenden Geschwindigkeit etwas gewandelt, das in der Spitze dazu führt, dass Sie ein Beratungsgespräch via Online-Meeting mit 20 Interessenten auf einmal führen. Und sie haben dann 15 neue Kunden gewonnen, mit einem Produkt, was ausgesprochen erklärungsbedürftig ist. Von daher hat sich ungeheuer etwas getan und das ist eine ungeheure Chance für das Unternehmen. Allerdings brauchen sie auch die Menschen dazu, die den komplexen Sachverhalt kurz und knackig, ohne Lyren rüberbringen" (S. 2 f., Z. 54–61).

(6) Bedeutung jedes Einzelnen, um Chancen auszuschöpfen
M12 betont die Verantwortung jedes einzelnen Beschäftigten im digitalen Wandlungsprozess, um von den Chancen profitieren zu können. So muss sich laut M12 jeder Beschäftigte ganz unabhängig von seiner Hierarchieebene mit folgenden Fragen auseinandersetzen: „‚What's in it for me? Wo kann ich mich im Grunde persönlich weiterentwickeln, um in dem Unternehmen einen Mehrwert zu bieten und damit ein integraler Bestandteil dieses Unternehmens zu bleiben?' Und gleichzeitig aber auch die Chance nehmen für eine verbesserte Work-Life-Balance" (S. 23 f., Z. 759–763). Solange sich jeder mit diesen Fragen auseinandersetzt, sieht M12 große Potenziale, die Chancen der Digitalisierung ausschöpfen zu können (S. 24, Z. 763–764).

9.2.1.2 Digitaler Wandel als Bedrohung

Trotz dem Ergebnis, dass die Expert*innen die Digitalisierung eher als Chance wahrnehmen, erklären diese, ebenso bedrohliche Faktoren zu erkennen. Die Führungskräfte sehen vor allem den Abbau von Stellen bzw. die Veränderung der aktuellen Jobprofile als eine Bedrohung an (50 Prozent). Darüber hinaus werden negative Einflüsse der Digitalisierung auf das Wohlbefinden (42 Prozent) sowie der einhergehende zunehmende Wettbewerb (25 Prozent) als nicht zu unterschätzende Aspekte geäußert. Ferner werden die steigenden Cyberrisiken und wachsenden Kontrollmechanismen (13 Prozent) sowie die reaktive Haltung und stärkere Abhängigkeit von den neuen Technologien als Bedrohung für das Unternehmen angesehen (8 Prozent). Weitere 8 Prozent der Führungskräfte gehen im Rahmen ihrer Antwort auf bedrohliche Einflüsse der Digitalisierung auf die Gesellschaft und dementsprechend auch auf das Verhalten der Kund*innen ein.

(1) Stellenabbau und Veränderung des Jobprofils als Bedrohung
Insgesamt 50 Prozent der Führungskräfte sehen einen möglichen Abbau von Stellen bzw. einen Verlust des Arbeitsplatzes als einen bedrohlichen Aspekt an, der mit der Digitalisierung einhergeht (z. B. M6, S. 2, Z. 45–46). Einige Führungskräfte vergleichen in diesem Rahmen die Digitalisierung mit der Industrialisierung, die bereits gezeigt habe, dass in Phasen des Wandels Arbeitsplätze eine Rationalisierung erfahren können (z. B. U11, S. 3, Z. 67–69; M10, S. 3, Z. 54–56). Gerade Funktionsgruppen, die einfache und standardisierte Tätigkeiten ausüben, werden als gefährdet angesehen, aufgrund der wachsenden Einflüsse des Kostendrucks und künstlicher Intelligenz (z. B. M2, S. 2, Z. 50–54; U6, S. 3, Z. 56–59). Ferner äußert U5 vor allem Arbeitsplätze am „Point of Sale" als bedroht anzusehen, da er davon ausgeht, dass vor allem „physische Verkaufspunkte" in den Fokus geraten werden (S. 2, Z. 40–44). M8 äußert, dass der Prozess des Stellenabbaus schon begonnen hat, er allerdings die Ansicht vertritt, dass vor allem die unteren Hierarchieebenen gefährdet bzw. betroffen seien und somit der Grad der Bedrohung für ihn hierarchieabhängig sei (S. 3, Z. 64–70). U3 räumt ein, nur die Gefahr einer Reduzierung von Arbeitsplätzen zu erkennen, soweit sich das Unternehmen dem digitalen Wandel nicht stelle (S. 2, Z. 33–36). Ebenso wie U6 sieht er hierbei die größte Gefahr darin, aufgrund der hohen Geschwindigkeit der Digitalisierung nicht alle Beschäftigten im Wandel mitzunehmen, wie z. B. die „nicht so technisch-affinen Menschen" (U3, S. 2, Z. 36–40; U6, S. 3, Z. 62–64).

Des Weiteren gehen die Führungskräfte darauf ein, dass eine Verschiebung der Arbeitsplätze zu Gunsten anderer Tätigkeitsprofile erfolgen wird: „Unter dem Strich braucht man vermutlich demnächst weniger Sachbearbeiter, aber vielleicht mehr Individualspezialisten für die Beratung. Mit Sachbearbeiter meine ich Menschen, die standardisiert irgendwas in Maschinen getippt haben, um das mal vereinfacht zu sagen" (M10, S. 3, Z. 62–65). U4 äußert allerdings, dass sich aufgrund der hohen Automatisierungspotenziale die „Mannschaftsstärke" (S. 2, Z. 52) aus seiner Sicht insgesamt reduzieren wird, da er die benötigten Kapazitäten für „die individuellen Ansprüche" (S. 2, Z. 55–56) der Kund*innen als geringer ansieht (S. 2 f., Z. 49–58).

Auch bestehende Jobprofile werden sich aus Sicht der Befragten in den kommenden Jahren verändern (M6, S. 6, Z. 174–178), sodass Beschäftigte in fünf Jahren „nicht mehr den Job ausüben" (S. 3, Z. 56–57) werden, den sie aktuell ausführen (U10, S. 3, Z. 55–58). U10 erklärt jedoch, dass er diesen bevorstehenden Wandel, bezogen auf sich selbst, eher als Chance und nicht als Bedrohung ansieht, da er den Veränderungen offen gegenüberstehe (S. 3, Z. 55–58). U2 und M10 vertreten eine ähnliche Sichtweise und äußern, dass der Grad der Bedrohung durch die Digitalisierung von der Offenheit gegenüber dem Wandel abhängen wird (U2, S. 3, Z. 58–62; M10, S. 3, Z. 57–59). So erklärt M10 hierzu: „Ich glaube, auch der Wandel hin zu stärkerer Digitalisierung wird einen deutlichen Impact hinsichtlich benötigter Arbeitskapazität von Menschen haben. Das ist aber aus meiner Sicht nur für die Leute bedrohlich, die mit diesem Wandel nicht mithalten oder diesen Wandel versuchen zu blockieren. Ich glaube in der neuen Welt gibt es viele Chancen für neue Berufsbilder. Viele Chancen für neue Herausforderungen, die Menschen eingehen können, ohne dass ich die im Detail schon alle kenne und alle benennen kann" (S. 3, Z. 56–61).

M12 erklärt, dass die Finanzdienstleistungsbranche aus seiner Sicht als eine Branche bezeichnet werden kann, „die von großen, tiefgreifenden Veränderungs- und Wandlungsprozessen bisher ein bisschen verschont geblieben ist" (S. 3, Z. 59–61). Daher versteht M12 die Verunsicherung der Mitarbeitenden aufgrund der voranschreitenden Digitalisierung und den einhergehenden Arbeitsplatzängsten. Umso mehr sieht er die Verantwortung beim Unternehmen, die Mitarbeitenden auf diesem Weg zu begleiten und ggf. neue Aufgaben zu finden: „Aber da ist es die Aufgabe des Unternehmens, diese Mitarbeiterinnen und Mitarbeiter mit auf den Weg zu nehmen und zu sagen: ‚An der Digitalisierung geht kein Weg dran vorbei, aber wir nehmen dich, sofern du das möchtest und kannst, mit auf den Weg, dass du auch nach der Digitalisierung eine Aufgabe im Unternehmen hast'" (S. 3, Z. 66–69). Ferner weist M12 darauf hin, dass Ängste in Bezug auf einen Arbeitsplatzverlust nicht nur auf der Seite der Mitarbeitenden bestehen: „Und ich meine, man darf nicht immer so tun, als würde sich nicht auch eine Führungskraft Gedanken darüber machen. Am Ende ist es ja eine gewisse Logik, dass wenn ich keine Mitarbeiter auf Nicht-Führungsebene mehr brauche oder sehr viel weniger, dann brauche ich auch sehr viel weniger Führungskräfte. Also diese Ängste, die sind ja nicht nur

9.2 Digitalisierung 283

Nicht-Führungskräften vorbehalten, sondern die haben Führungskräfte im Grunde in gleicher Art und Güte" (S. 11, Z. 338–343).

M2 und M4 äußern, ebenso die Ängste der Mitarbeitenden in Bezug auf einen Arbeitsplatzverlust verstehen zu können und erklären die hohe Bedeutung einer offenen Kommunikation seitens des Unternehmens, um die tiefgreifenden Veränderungen transparent werden zu lassen (M2, S. 2, Z. 44–46; M4, S. 2, Z. 40–44). Beide Führungskräfte sehen diesbezüglich noch Verbesserungspotenziale im Unternehmen (M4, S. 3, Z. 54–57). So erklärt M2: „Es werden Arbeitsplätze verloren gehen. Und her zu gehen und zu sagen, diesen Wandel als Unternehmen zu begleiten in der Kommunikation, der geht häufig unter. Und deswegen haben Mitarbeiter Angst vor diesem Wandel" (S. 2, Z. 47–50). M4 weist in diesem Rahmen darauf hin, dass es fatal wäre, wenn die Mitarbeitenden während des Wandels aufgrund einer mangelnden Kommunikation sowie eines Stellenabbaus „in eine Schockstarre fallen" (S. 11, Z. 325) würden und sich schließlich keinerlei Veränderung mehr unterziehen wollten (S. 11 f., Z. 323–326).

(2) Negativer Einfluss auf Wohlbefinden als Bedrohung
Ein Anteil von 42 Prozent der befragten Führungskräfte sieht in der Digitalisierung einen bedrohlichen Faktor in Form eines negativen Einflusses auf das Wohlbefinden. Sechs dieser Führungskräfte begründen ihre Antwort mit einer zunehmenden Entmenschlichung, die sie bemerken. M2 sieht beispielsweise im Rahmen des Beratungsprozesses den Einsatz einer künstlichen Intelligenz als potenzielle Bedrohung an (S. 3, Z. 56–58), da „wenig Mensch dahinter" (S. 3, Z. 59) stecke. M2 sieht hier vor allem die Gefahr, dass die Künstliche Intelligenz den Kund*innen zu viel an Informationen zumute bzw. voraussetze, sodass diese der Beratung nicht richtig folgen könnten und überfordert seien (S. 3, Z. 59–66). Darüber hinaus sieht er die Bedrohung der negativen Beeinflussung von Kund*innen durch die Künstliche Intelligenz: „Oder der Kunde auch ein Stück weit manipuliert werden kann, gerade durch die Digitalisierung. Von dem, was man ihm aufzeigt, was man ihm da suggeriert über den Bildschirm. Ist ja sehr viel über Bildschirm. Und eben Künstliche Intelligenz schlussfolgert: ‚Der tickt so oder so. Also muss er jetzt dieses oder jenes haben. Oder, da wird er schwach dabei. Und dann kauft er.' Also das sehe ich auch als Bedrohung" (S. 3, Z. 66–70).

Auch die Führungskräfte U9, U1 sowie M7 weisen darauf hin, dass aufgrund der Komplexität der Produkte „immer noch ein Ansprechpartner da sein" (U9, S. 3, Z. 63) solle, der Aspekte erläutern könne (U9, S. 3, Z. 62–63). Ein „Komplettverzicht" (U1, S. 2, Z. 39) auf die persönliche Beratung wird hingegen als Bedrohung für den erfolgreichen Fortbestand am Markt angesehen (U1, S. 2, Z. 38–40), da sich das Unternehmen in diesem Falle „zu stark in eine Richtung" (M7, S. 13, Z. 381) entwickeln würde. U7 teilt diese Ansicht, bezieht sich hierbei jedoch vor allem auf eine bestimmte Produktgruppe: „Gerade der Vorsorgebereich erfordert aus meiner Sicht immer eine physische Präsenz, einfach aufgrund der Komplexität der Materie" (S. 3, Z. 64–65). Ferner plädiert U7 für ein Gleichgewicht zwischen persönlicher und digitaler Beratung: „Was ich denke, ist, dass man in der Kundenberatung das eine oder das andere nicht abgrenzen oder ausschließen kann, sondern da muss ein Miteinander sein. Also in persönlicher Form, aber auch digital. Also das denke ich, die Kombination, wenn man das beides so nutzt und das persönlich auch nach wie vor genauso gleich gewichtet, dann ist das keine Bedrohung" (S. 3, Z. 67–71).

U11 äußert, den persönlichen Austausch zwischen Menschen immer als wichtig anzusehen und nicht nur innerhalb komplexer Branchen: „Also ich finde digitale Formate nicht schlecht, auch die dort jetzt zukünftig anberaumt werden. Aber ich sehe immer noch, dass wir alle Menschen sind. Und ich glaube, dass es ganz wichtig ist, dass man sich bei manchen Formaten auch immer nochmal eben physisch mit den Menschen auseinandersetzt" (S. 10, Z. 297–301). Diese Einstellung bezieht U11 nicht nur auf den Kontakt mit Kund*innen, sondern ebenso auf interne Interaktionen, gerade wenn es um „Weiterentwicklungsthemen" (S. 10, Z. 301) geht. Hier spüre U11 den Drang, Formate zunehmend digital umzusetzen (S. 10, Z. 301–304), was er „nicht unbedingt befürworten" (S. 10, Z. 304) könne.

Drei Führungskräfte, die einen negativen Einfluss auf das Wohlbefinden aufgrund der voranschreitenden Digitalisierung feststellen, erklären ihre Äußerung mit einer erhöhten Arbeitsbelastung bzw. der Reduzierung von Sozialkontakten. So erkennen M8 und U12 einen starken Anstieg des zeitlichen Drucks aufgrund immer schneller werdender Prozesse (M8, S. 3, Z. 55–56; U12, S. 14 f., Z. 426–430). M8 betont in diesem Rahmen die zunehmende Arbeitsmenge, die durch das mobil-flexible Arbeiten partiell weiterhin ansteige: „Ich nenne den Begriff immer Arbeitsverdichtung. Und so Homeoffice, wie ich jetzt gerade hier so sitze, das sieht so entspannt aus, de facto arbeitet man sogar teilweise noch länger und noch mehr" (S. 2 f., Z. 53–55). U8 weist in seinen Ausführungen auf die Gefahr der Reizüberflutung aufgrund der zunehmenden Informationsfülle hin, die eine Priorisierung immer schwieriger werden lasse. Dies könne gleichzeitig zu der Angst der Beschäftigten führen, nicht länger allem gerecht werden zu können bzw. zu einer Überforderung, gerade wenn die Personen jeder Ad-hoc-Anforderung entsprechen wollten (S. 3, Z. 70–76).

M11 sieht einen weiteren Hintergrund für die wachsende Arbeitsbelastung in den zahlreichen Online-Terminen, gerade im Homeoffice: „[…] die Möglichkeiten, sich bei Online-Besprechungen zusammenfinden, werden von dem ein oder anderen auch ein Stück weit ausgenutzt. Denn jeder glaubt jetzt, ein Online-Meeting machen zu müssen, sodass man teilweise mit den Terminen ein Stück weit überfrachtet ist und man sich doch zu Themen austauschen muss, zu denen früher kein

9.2 Digitalisierung

Austausch stattgefunden hat" (S. 3, Z. 54–58). M11 sieht daher die Fähigkeit, auf sich selbst zu achten und sich abgrenzen zu können, als zentral an, um das eigene Wohlbefinden weiterhin sicherstellen zu können: „Und man muss natürlich selber aufpassen, dass man seine eigenen Grenzen auch einhält und nicht tatsächlich eine Online-Besprechung nach der anderen macht. Teilweise sind die so eng getaktet oder überlappen sich, dass man aus dem einen Meeting rausgeht und dann in das andere rein muss. Und da muss man einfach aufpassen, dass man zwischendrin immer wieder Zeit findet, sich mal zu strecken, mal frische Luft zu schnappen" (S. 3, Z. 60–65). Ferner weist M11 darauf hin, dass auch die Erwartungen der direkten Führungskräfte bezüglich der Erreichbarkeit gestiegen seien, gerade wenn es um das Thema Homeoffice gehe (S. 3, Z. 58–60).

Nicht zuletzt sehen zwei Führungskräfte die Verringerung von Sozialkontakten als einen kritischen Aspekt an, da hierdurch informelle Gespräche wegfallen. So erklärt M11, dass das digitale Umfeld gut für Personen sei, die ihre Schnittstellenpartner bereits kennen, mit welchen eine vertrauensvolle und gute Zusammenarbeit aufgebaut wurde, auf der man aufsetzen könne. Für Beschäftigte, die jedoch gerade einen Jobwechsel vollzogen hätten, sei es hingegen unglaublich schwierig, ein derartiges Netzwerk aufzubauen (S. 3, Z. 65–76). M11 veranschaulicht diesen Aspekt anhand eines Beispiels: „Ich sehe das jetzt selber bei einem meiner Mitarbeiter, der war vorher Führungskraft des unteren Managements und war vom Typ jemand, der sehr viel durch persönliche Präsenz gewirkt hat. Das ist ihm komplett genommen worden und er hat sich dann in der Tat in der Beginnphase gefragt, ob er im richtigen Job angekommen ist. Weil er den Job, so wie er den von früher kannte, einfach nicht mehr leben konnte und auch gar nicht die Chance hatte, in die Netzwerkbildung zu gehen, die Ansprechpartnerinnen und Ansprechpartner zu besuchen, sondern versuchen musste, aus dem Homeoffice heraus die entsprechenden Kontakte zu knüpfen. Und das war am Anfang zumindest ungleich schwieriger" (S. 3, Z. 76–84).

Auch M2 sieht die Isolation, die aufgrund des Homeoffice entstehen kann, als eine Bedrohung an, die mit dem digitalen Wandel einhergeht. Zwar gibt es aus Sicht von M2 einige Beschäftigte, die mit der Situation problemlos umgehen könnten, andere hingegen müssten stärker abgeholt werden, da sie weniger produktiv seien (S. 6, Z. 176–179). Auf die Frage, welche Maßnahmen sich M2 beispielsweise vorstellen könne, erklärt dieser, dass auch im Rahmen einer wachsenden Digitalisierung immer eine persönliche Note im Alltag integriert werden könne. Allein die Frage zu stellen, wie es den Mitarbeitenden gehen würde, zusammen Zukunftsthemen zu erörtern und regelmäßige Termine für einen Austausch einzustellen, sieht er als wertvolle Instrumente an (S. 7, Z. 183–187). Ferner äußert er die Idee, gemeinsam „digital spazieren" (M2, S. 7, Z. 186) zu gehen: „Also man ist nicht zusammen, aber man sagt: ‚Komm, du gehst jetzt mal raus aus deinem Homeoffice. Und wir gehen jetzt einfach mal die nächste dreiviertel Stunde, nehmen wir uns mal Zeit und wir reden mal über ein paar Themen.' Das macht man nicht im Homeoffice, sondern man geht spazieren und telefoniert dabei. [...] Und dabei gibt man Raum für bestimmte Themen: ‚Wie geht es dir denn eigentlich selber mit dem Digitalen? Kommst du denn klar?'" (S. 7, Z. 187–192).

(3) Wettbewerbssituation als Bedrohung
25 Prozent der befragten Führungskräfte erklären, dass sie die Wettbewerbssituation als bedrohlichen Faktor ansehen. So sehen M3 und M8 beispielsweise eine potenzielle Bedrohung darin, wenn Wettbewerber*innen schneller auf wichtige Trends oder Veränderungen des Kund*innenverhaltens reagieren, da das Unternehmen hierdurch abgehängt werden könnte (M3, S. 3, Z. 49–51; M8, S. 3, 57–58). M4 erklärt, neben anderen gut positionierten Finanzdienstleistungsunternehmen vor allem neue Wettbewerber*innen als Bedrohung anzusehen (S. 6, Z. 159–167; Z. 182–193). Hierbei bezieht sich M4 weniger auf neue Startups, da diese Unternehmen bisher „gefühlt" (S. 7, Z. 174) noch keinen Marktanteil genommen hätten (S. 7, Z. 173–174). Vielmehr sieht M4 eine Bedrohung in größeren Unternehmen, die aus anderen Branchen stammen: „Ich glaube, die größere Gefahr, die gerade im Moment auf uns zukommt, sind so diese großen, sagen wir mal, digitalen Player, ob sie Amazon, Google oder so heißen" (S. 7, Z. 175–177). Diese Unternehmen würden laut M4 schon erste Gespräche in Bezug auf Kooperationen führen, da sie „das Geschäftssegment Finanzdienstleistungen für sich erschließen wollen, weil sie einfach in den digitalen Prozessen deutlich weiter sind und auch viel mehr Daten haben. Also auch beim Thema Datenhoheit viel, viel weiter sind als jeder Finanzdienstleister auf dem deutschen Markt" (S. 7, Z. 177–181). Auch M9 und U11 sehen in großen digital ausgerichteten Unternehmen, wie zum Beispiel „Google oder Amazon" (U11, S. 3, Z. 62) eine Gefahr, die wie ein „Damoklesschwert" (U11, S. 3, Z. 67) über dem eigenen Unternehmen schwebe (U11, S. 3, Z. 62–68; M9, S. 2, Z. 53–54). Vorsprünge dieser Unternehmen werden von U11 insbesondere beim Daten- und Schnittstellenmanagement sowie dem Zugang zu Kund*innen gesehen (S. 3, Z. 64–67). M9 weist auf die bedrohliche Entwicklung hin, dass Amazon bereits „verstärkte Schritte" (S. 2, Z. 55) unternehme, sich in Indien mit Finanzdienstleistungsprodukten zu etablieren (S. 2, Z. 54–56).

M5 äußert hingegen, auch die Startups als ernstzunehmende Bedrohung anzusehen: „Wenn Sie nicht die richtigen Konzepte haben und wenn Sie nicht schneller reagieren können, dann können Sie auch sehr schnell von den sogenannten Kleinen überholt werden. Und irgendwann, wenn Sie überholt worden sind, dann werden Sie irrelevant"

9.2 Digitalisierung

(S. 5, Z. 131–134). Vor allem hätte die Digitalisierung in Kombination mit der Globalisierung gezeigt, wie schnell so etwas passieren könne, gerade wenn wichtige Themen vernachlässigt bzw. falsche Entscheidungen getroffen würden (S. 5, Z. 134–139). M5 führt in diesem Zusammenhang das Unternehmen Nokia als Beispiel an und erläutert, dass es den Kund*innen aus seiner Sicht egal sei, welches Unternehmen die Produkte anbiete (S. 5, Z. 147). Vielmehr gehe es den Kund*innen zunehmend um „die beste Lösung" (M5, S. 6, Z. 159), die schnell und kund*innenfreundlich sein solle (M5, S. 6, Z. 159–162). Aspekte wie Tradition und ein langer Bestand des Unternehmens im Markt sieht M5 hingegen als Punkte an, die für Kund*innen an Bedeutung verlieren (S. 6, Z. 159–160). Dennoch verweist M5 darauf, dass diese Punkte aus Sicht des Unternehmens weiterhin sehr wichtig bleiben, da sie dabei helfen, mit den Risiken bzw. den Bedrohungen innerhalb der Finanzdienstleistungsbranche umgehen zu können (S. 6, Z. 162–164). Nicht zuletzt geht M5 auf die Bedeutung von Erfahrung, Finanzkraft und Vertrauen innerhalb der Finanzwirtschaft ein und betont, dass diese drei Aspekte aus seiner Sicht von Start-ups nicht einfach überholt werden können (S. 11, Z. 328–332).

(4) Cyberrisiken und Kontrollmechanismen
13 Prozent der befragten Führungskräfte sehen das Thema Cyberrisiken als eine Bedrohung für das Unternehmen im Rahmen des digitalen Wandlungsprozesses an. So erklärt M5, dass es früher derartige Herausforderungen nicht gab, da mit Karteikarten gearbeitet wurde (S. 5, Z. 120). Diese Gegebenheiten haben sich jedoch grundlegend geändert: „Heute, wenn Sie sehen, sind die Cloud-Systeme überall, weltweit verteilt. Also, da brauchen Sie jetzt zumindest physisch nicht was zu machen. Das hat Vorteile. Aber Nachteil kann auch sein, Sie wissen ja selber, wie schnell kann das System gehackt werden. Sie haben ja gesehen, von Yahoo wurden letztes Mal 1,5 Millionen oder 1,6 Millionen Daten geklaut. Das sind Risiken, die wir mitigieren und auf die wir reagieren müssen" (S. 5, Z. 123–128). U9 und U12 sehen die Datensicherheit ebenfalls als einen bedrohlichen Aspekt an, wobei U9 diese Thematik aufgrund positiver Erfahrungen als geringere Bedrohung wahrnimmt: „Natürlich ist auch eine Bedrohung im Sicherheitsbereich da und kriegt man ja auch immer wieder mit. Aber da macht man sich auch permanent Gedanken und verbessert ja auch die Sicherheit stetig. Und ich habe jetzt selber da noch nie schlechte Erfahrungen mit gemacht. Von daher sehe ich da jetzt die Bedrohung auch nicht so groß" (S. 3, Z. 65–69). Während M5 in seinen Ausführungen auf die externen Risiken eingeht, sieht U12 eher die Bedrohung der verstärkten internen Kontrolle, da alles messbar sei: „Dass man zu sehr nachvollziehen kann, wie die jeweilige Leistung ist. Da kann man ja auch manche Fehler herausziehen oder herauslesen. Man kann feststellen, wann habe ich angefangen zu arbeiten oder ich bin

einfach sehr kontrolliert, sage ich mal, dadurch" (S. 3, Z. 60–63). Hieraus resultiere die Gefahr, die Akzeptanz der Beschäftigten für bestimmte Arbeitsformen zu verlieren (S. 2, Z. 37–38).

(5) Reaktive Haltung und stärkere Abhängigkeit als Bedrohung
U8 sieht die bisherige reaktive Haltung, die er bei der Finanzdienstleistungsbranche sowie dem Unternehmen wahrnimmt, als bedrohlich an: „Wir sind noch ein Stück getrieben und machen das dann, weil es praktisch der Wandel verlangt. Wir sind nicht so richtig proaktiv unterwegs in vielen Bereichen. Das ist so mein Eindruck, dass wir mehr reagieren. Also nach dem Motto, jetzt müssen wir mal, weil sonst verlieren wir da den Anschluss. Und wir sind unserer Zeit sicher nicht voraus" (S. 2, Z. 45–50). Die reaktive Haltung der Branche folgert U8 aus der zu späten Erkenntnis, „dass dieser Zug immer schneller fährt. Man hat an einigen Bahnhöfen gewartet, ist aber nicht eingestiegen" (S. 2, Z. 52–54). Irgendwann hätte jedoch die Branche Angst bekommen, dass große Player wie Google oder Amazon in den Markt einsteigen würden und von ihren umfassenden Daten über Kund*innen und ihren unzähligen Schnittstellen profitieren und die bestehenden Unternehmen im Markt abhängen würden. Dies sei zwar noch nicht geschehen, würde aber laut U8 noch kommen (S. 2 f., Z. 57–61).

U9 weist auf die stärkere Abhängigkeit von der Technik hin, die mit der voranschreitenden Digitalisierung einhergehe: „Man merkt schon, wenn das Internet mal nicht geht oder irgendwas. Dann kannst du das Arbeiten einstellen, weil, dann geht halt nichts mehr" (S. 3, Z. 70–71).

(6) Einflüsse auf die Gesellschaft als Bedrohung
8 Prozent der befragten Führungskräfte gehen im Rahmen ihrer Antworten auch auf bedrohliche Einflüsse der Digitalisierung auf die Gesellschaft bzw. das Verhalten der Kund*innen ein. U7 greift hierbei die gesellschaftlichen Einflüsse von Social-Media auf: „Wenn ich sehe, wie die Gesellschaft verroht durch Beiträge, sei es Facebook, Instagram oder wie auch immer, dass ich mich quasi irgendwo wegducken kann und Parolen raushauen kann und Meinungsmacher sein kann, wie ich es vielleicht in dem Maße nicht gewesen wäre. Und vielleicht manche Themen, Stichwort jetzt so ‚Entwicklung USA mit politischen Entwicklungen', die vielleicht in der Form nicht so möglich gewesen wären ohne Social-Media. Da wird viel Schindluder getrieben aus meiner Sicht. Da kann man jetzt geteilter Meinung sein, aber da sehe ich die Bedrohung auch, dass man sich da versteckt" (S. 3, Z. 55–62).

U9 sieht den zunehmenden Einsatz von Vergleichsportalen als Bedrohung im Rahmen der Digitalisierung an, da diese die Kund*innen dazu verleiten würden, sich nur anhand des Preises zu orientieren: „Diese ganzen Vergleichsportale, die

9.2 Digitalisierung

machen einem dann glauben, dass das Angebot für zehn Euro super ist. Und wenn man sich einfach nicht genug auskennt oder sich nicht genug Zeit nimmt, wirklich auch die Inhalte zu vergleichen, dann ist natürlich schon eine größere Gefahr, dass man auch irgendwie die Katze im Sack kauft. Und hinterher einfach merkt: ‚Okay, es geht doch nicht nur um den Preis oder der Service passt nicht.' Also eine persönliche Beratung hat auch schon seine Vorteile" (S. 3, Z. 56–61).

9.2.1.3 Perspektive des Personalwesens und der Betriebsräte

Die Aussagen der Führungskräfte zu den wahrgenommenen Chancen und Bedrohungen des digitalen Wandels spiegeln sich ebenfalls in den Einschätzungen der befragten Betriebsräte und Mitarbeitenden des Personalwesens wider. So nehmen auch diese Interviewpartner*innen die entstehenden Chancen im Rahmen des digitalen Wandlungsprozesses deutlich stärker wahr als die bedrohlichen Faktoren. Als Chancen werden von den Befragten vor allem eine effizientere Arbeits- und Kommunikationsweise, neue Wege, mit Kund*innen interagieren zu können, Kosteneinsparungen sowie die Erschließung neuer Geschäftsfelder genannt. Bei den wahrgenommenen bedrohlichen Faktoren des digitalen Wandels gehen die Betriebsräte und Mitarbeitenden des Personalwesens auf die Einflüsse des Wettbewerbs, die Entgrenzung der beruflichen Arbeit sowie zunehmende Cyberrisiken ein.

(1) Chancen des digitalen Wandels

PW3 und PW4 sehen die Chance, mit Hilfe technologischer Entwicklungen und fortlaufenden Prozessoptimierungen effizienter arbeiten zu können (PW3, S. 2 f., Z. 54–57; PW4, S. 2, Z. 56–60). Darüber hinaus erkennt PW3 das Potenzial, aufgrund des digitalen Wandlungsprozesses von neuen „Möglichkeiten der Kundeninteraktion" (S. 3, Z. 57) zu profitieren. Aus Sicht des Unternehmens nimmt PW3 die Chance wahr, „das Geschäft mit weniger Menschen machen zu können" (S. 3, Z. 56). PW4 sieht die Möglichkeit, als Unternehmen aufgrund von Prozessoptimierungen einfacher bzw. schneller zu agieren, hierdurch Kosten einsparen (S. 2, Z. 56–59) und noch „näher am Kunden" (S. 3, Z. 60) sein zu können. Diese Chance sieht PW4 allerdings nur, wenn das Unternehmen „von Anfang an" (S. 2, Z. 58) investiert, um digitale Prozesse entwickeln und die benötigen Technologien einkaufen zu können (S. 2, Z. 57–58).

PW1 und PW3 erkennen eine Chance in der entstehenden Bewegung des Finanzdienstleistungsmarktes aufgrund veränderter Kund*innenbedürfnisse durch die Digitalisierung. So äußert PW1, dass ein Unternehmen durch eine rechtzeitige gute Positionierung im Markt und durch die Identifizierung der Erwartungen der

Kund*innen von der Möglichkeit profitieren könne, seine Marktanteile zu steigern (S. 2, Z. 36–38). PW3 erklärt, dass er aufgrund der aktuellen Marktpositionierung des Unternehmens davon ausgeht, dass diese Chance ausgeschöpft werden kann (S. 3, Z. 65–67). Ferner weisen PW2 und PW3 in ihren Ausführungen darauf hin, dass der digitale Wandlungsprozess aus ihrer Sicht alternativlos ist (PW2, S. 2, Z. 37–38; PW3, S. 3, Z. 64–65).

Eine überwiegend positive Sicht wird auch von den Interviewten des Betriebsrats zum Ausdruck gebracht. BR1 sieht vor allem die Chance, neue Geschäftsfelder erschließen zu können und sich schneller untereinander austauschen bzw. miteinander arbeiten zu können, da der digitale Wandel die Kommunikation aus seiner Sicht deutlich vereinfacht (S. 3, Z. 50–53). Gleichzeitig erklärt BR1, dass er die voranschreitende Digitalisierung nur als Chance wahrnehme, solange dieser Wandlungsprozess aktiv gestaltet werde: „Ich glaube aber, dass es eine Chance ist, die man gestalten muss, damit sie nicht zur Bedrohung wird. Und da ist auch die Frage, aus welcher Perspektive oder als welcher Mitarbeiter Sie das trifft. Also ich glaube, es ist eine große Chance, um bestimmte positive Veränderungsprozesse auch auf den Weg zu bringen, zum Beispiel digitales Lernen. Es ist aber auch genauso, dass Kollegen, die sich jetzt nicht Zeit ihres Lebens damit befassen, sich umstellen müssen und damit zum Teil auch ein Problem haben" (S. 2, Z. 31–38).

BR2 weist gleichermaßen auf den gestalterischen Aspekt im Rahmen des digitalen Wandels hin sowie auf die Bedeutung, auf die aktuellen Entwicklungen innerhalb des Finanzdienstleistungsmarktes schnell zu reagieren. Solange diese Faktoren allerdings eine Berücksichtigung erfahren, sieht BR2 die Digitalisierung als Chance an (S. 2, Z. 40–46).

(2) Bedrohungen im digitalen Wandel
Drei der befragten Mitarbeitenden des Personalwesens (75 Prozent) sehen im zunehmenden Wettbewerb aufgrund der Digitalisierung eine Bedrohung mit schwerwiegenden Folgen für viele Marktteilnehmende. So erklärt PW3, dass gerade in Deutschland der Finanzdienstleistungsmarkt noch in hohem Maße „zersplittert" (S. 3, Z. 74) ist, mit einer „extrem" (S. 3, Z. 74) hohen Anzahl an konkurrierenden Unternehmen. PW3 sei in diesem Rahmen gespannt, was vor diesem Hintergrund passiere, wenn die Digitalisierung weiterhin zunehme (S. 3, Z. 73–76). Grundsätzlich misst PW3 der Fähigkeit und Bereitschaft zu lernen sowie der erfolgreichen Besetzung von Kund*innenschnittstellen die größte Bedeutung für den erfolgreichen Fortbestand eines Unternehmens der Finanzwirtschaft bei (S. 2 f., Z. 52–54; S. 3, Z. 57–61). PW1 sieht hingegen die erfolgreiche Identifizierung und Befriedigung von sich fortlaufend verändernden Kund*innenbedürfnissen als wichtigsten Aspekt an, um sich dauerhaft von der Konkurrenz abzuheben (S. 2, Z. 41–44).

PW4 betrachtet die Fähigkeit, schnell auf die Gegebenheiten im Markt reagieren zu können, als zentralen Gesichtspunkt an, da aus ihrer Sicht ansonsten Wettbewerber*innen Marktanteile streitig machen (S. 3, Z. 50–54). PW2 erklärt, dass mit dem digitalen Wandel das Thema Datenschutz in entscheidendem Maße an Relevanz gewinnt und sich eine unzureichende Auseinandersetzung zu einer Bedrohung entwickeln kann (S. 2, Z. 38–41).

Auch die Betriebsräte sehen den bedrohlichen Aspekt, im Wettbewerb abgehängt zu werden, wenn das Unternehmen weiterhin zu stark in einer analogen Welt verhaftet bleibt (BR1, S. 2, Z. 41–43; BR2, S. 2, Z. 40–45). BR2 erklärt, dass das Unternehmen die Digitalisierung nicht verschlafen dürfe, gerade weil er innerhalb der Finanzwirtschaft Konkurrenzunternehmen wahrnehme, die bereits „progressiver unterwegs sind" (S. 2, Z. 43–44). Neben den Einflüssen des Wettbewerbs geht BR1 auf die Bedrohung einer Entgrenzung der Erwerbstätigkeit ein: „Man muss auch aufpassen, dass weiterhin gerade für die Mitarbeiter Freizeiten eingehalten werden. Dass es nicht so völlig vermischt. Und dadurch, dass Kommunikation immer und überall möglich ist, dass die Mitarbeiter dann nicht in die Situation kommen, dass es auch gefordert wird. Dass es okay ist, wenn sie irgendwann um 18 Uhr ihr Telefon ausmachen und dann auch mal nicht erreichbar sind" (S. 3, Z. 53–59). Ferner weist BR1 auf die Bedeutung hin, dass die Mitarbeitenden innerhalb des Wandels „mitgenommen werden" (S. 3, Z. 46) und ihnen das Unternehmen ein Arbeitsumfeld zur Verfügung stellt, „in dem sie klarkommen" (S. 3, Z. 47).

9.2.2 Einbezug in den digitalen Wandel

Auf die Frage, wie stark sich in die Expert*innen in den digitalen Wandlungsprozess im Unternehmen einbezogen fühlen, erklären 62 Prozent der Führungskräfte sowie 100 Prozent der Mitarbeitenden des Personalwesens und der Betriebsräte, den Transformationsprozess aktiv mitzugestalten. 38 Prozent der Führungskräfte geben an, über den digitalen Wandel umfassend informiert zu sein. Als Begründung für diese Einschätzungen werden von den Befragten vor allem die Mitarbeit an Projekten bzw. die eigene Rolle im Unternehmen angeführt. Ferner äußert ein Großteil der Expert*innen (87 Prozent), dass die Unternehmensleitung einen Austausch mit ihnen forciert, um Fragestellungen, die im Rahmen des digitalen Wandlungsprozesses entstehen, zu diskutieren. Die Zusammenarbeit mit der Unternehmensleitung wird von 80 Prozent der Interviewpartner*innen positiv bewertet. Die Befragten heben in diesem Rahmen vor allem die Regelmäßigkeit sowie den vertrauensvollen Umgang mit der Unternehmensleitung hervor.

9.2.2.1 Typenzuordnung und Begründung

Im Rahmen der Fragestellung, wie stark sich die Expert*innen in den digitalen Wandlungsprozess im Unternehmen einbezogen fühlen, ist den Befragten die nachfolgende graduelle Unterscheidung aus fünf verschiedenen Typen vorgelegt worden (geschlossene Frage):

- Typ 1 (nicht einbezogene Führungskraft[1]): Wird in den digitalen Wandlungsprozess im Unternehmen nicht einbezogen von der Unternehmensleitung.[2]
- Typ 2 (mangelhaft informierte Führungskraft): Wird nicht vollumfänglich über den digitalen Wandlungsprozess im Unternehmen von der Unternehmensleitung informiert.
- Typ 3 (umfassend informierte Führungskraft): Ist zwar über den digitalen Wandlungsprozess umfassend informiert, nimmt aber nicht aktiv am Prozess teil. Sie bringt keine eigenen Innovationsideen ein.
- Typ 4 (ambitioniert mitgestaltende Führungskraft): Ist über den digitalen Wandlungsprozess informiert und bringt eigene Innovationsideen ein.
- Typ 5 (machtvoll mitgestaltende Führungskraft mit großem Einfluss): Wird nicht nur grundsätzlich bei Innovationen durch die Unternehmensleitung einbezogen, sondern beteiligt sich mit eigenen Vorschlägen an den Veränderungen.

Keine*r der befragten Expert*innen gibt an, sich im Rahmen des digitalen Wandlungsprozesses im Unternehmen „nicht einbezogen" (Typ 1) bzw. „mangelhaft informiert" (Typ 2) zu fühlen. 38 Prozent der Führungskräfte äußern, sich in Bezug auf den digitalen Wandel innerhalb des untersuchten Unternehmens als „umfassend informiert" (Typ 3) bezeichnen zu können. Hiervon gehören 25 Prozent der mittleren Managementebene und 50 Prozent der unteren Managementebene an. Weitere 54 Prozent der Führungskräfte erklären, sich am meisten mit der Beschreibung der „ambitioniert mitgestaltenden Führungskraft" (Typ 4) identifizieren zu können. Der Anteil der Führungskräfte, der sich Typ 4 zuordnet, setzt sich aus 58 Prozent der mittleren Managementebene sowie 50 Prozent der unteren Managementebene zusammen. 8 Prozent der Führungskräfte geben an, sich als „machtvoll mitgestaltende Führungskraft mit großem Einfluss" (Typ 5) bezeichnen zu können. Diese Einstufung wurde ausschließlich von Führungskräften der

---

[1] Abhängig von der interviewten Zielgruppe erfolgte eine Anpassung der Bezeichnung, z. B. „nicht einbezogener Betriebsrat" bzw. „nicht einbezogenes Personalwesen".
[2] Innerhalb der Fragestellung werden Führungskräfte der höheren sowie höchsten Managementebene als Unternehmensleitung definiert.

mittleren Managementebene vorgenommen (17 Prozent). Die Mitarbeitenden des Personalwesens erkennen sich zu 50 Prozent im „ambitioniert mitgestaltenden Personalwesen" (Typ 4) und zu 50 Prozent im „machtvoll mitgestaltenden Personalwesen" (Typ 5) wieder. Beide Betriebsräte stufen sich als „ambitioniert mitgestaltend" (Typ 4) ein, sodass sich die Stabilisatoren zusammengefasst zu 67 Prozent Typ 4 zuordnen (siehe Abbildung 9.3).

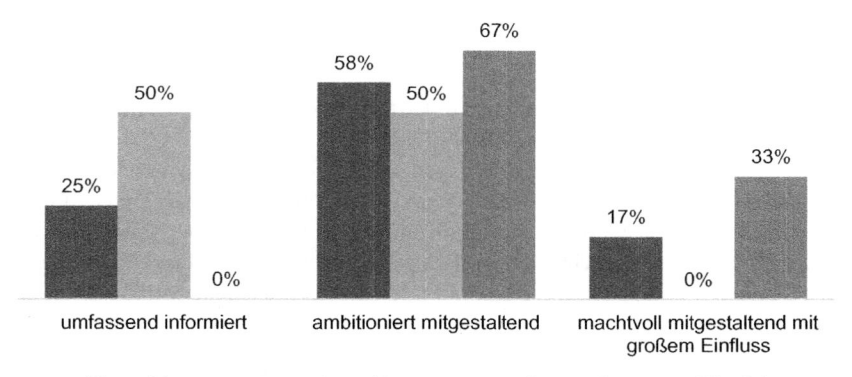

Abbildung 9.3 Einbezug in den digitalen Wandel.
(Quelle: Eigene Darstellung)

(1) Führungskräfte
Die insgesamt 38 Prozent der Führungskräfte, die sich als „umfassend informiert" (Typ 3) bezeichnen, begründen dies mit der Gegebenheit, keinerlei gestalterische Tätigkeit im Rahmen des digitalen Wandlungsprozesses im Unternehmen auszuüben (z. B. U7, S. 3, Z. 76–87; U10, S. 3, Z. 62–69). M8 begründet diese Angabe beispielsweise mit der stark fachlichen Ausrichtung seiner Funktion im Unternehmen, die seine gesamte Arbeitszeit in Anspruch nimmt (M8, S. 4, Z. 98–100). U5 und U11 loben im Rahmen ihrer Antwort die frühe bzw. fortlaufende in Kenntnissetzung über den digitalen Wandlungsprozess bzw. die Zielrichtung des Unternehmens (U5, S. 3, Z. 68–71; U11, S. 6, Z. 76–79). Gleichzeitig hebt U11 die diversen Informationsformate hervor: „Ja, also ich identifiziere mich spontan mit Typ drei, weil ich auf jeden Fall informiert bin. Also das, glaube ich, machen wir sehr gut und sind dort jetzt in den letzten Jahren durch unterschiedliche Formate vom Unternehmen auch immer kontinuierlich in Informationsschleifen gehalten, wo wir eigentlich immer

quasi up to date sind, was wir tun, um in diesem Wandlungsprozess vorne mit der Welle dabei zu sein" (S. 6, Z. 74–78).

U12 kritisiert im Rahmen seiner Einstufung die mangelnde Möglichkeit, sich innerhalb des digitalen Wandlungsprozesses als Führungskraft aktiv einbringen zu können: „Einbezogen heißt für mich ja, ich bin informiert. Das werde ich. Aber ich habe jetzt hier nicht die Aktivität drin, da mitzugestalten. Also, das ist dann für mich eher der Typ drei. Also, ich bin informiert, weiß um was es geht, was kommen wird. Aber selbst teilnehmen am Prozess tue ich nicht. Werde auch gar nicht gefragt dazu" (S. 3, Z. 73–77). Des Weiteren führt U12 aus, dass der digitale Wandel im Unternehmen eine starke Top-Down-Steuerung erfährt und es aus seiner Sicht keine Unterschiede zwischen der Mitarbeitendenebene und der unteren Managementebene gibt (S. 7, Z. 198–199).

U8 berichtet von ähnlichen Erfahrungen wie U12 im Rahmen seiner Ausführungen und stellt die Anforderungen der höheren Managementebenen im Unternehmen wie folgt dar: „Machen Sie das und so. Kümmern Sie sich um das, steuern Sie das ein.' Aber man ist jetzt nicht proaktiv. Das passt zu dem Ganzen. Das Unternehmen ist eigentlich sehr reaktiv unterwegs im Endeffekt. Aber auch die Mitarbeiter. Man bezieht sie jetzt nicht wirklich ein in die Gestaltung. Sondern nach dem Motto: ‚Das muss jetzt, das ist jetzt und das ist wichtig und damit haben wir mehr Erfolg.' Ob das dann so ist, das stellt sich ja immer erst hinterher raus. Weil das kann man immer behaupten, wir haben jetzt den Stein der Weisen gefunden und damit haben wir auch mehr Erfolg" (S. 3, Z. 85–91). Insgesamt beschreibt U8 den digitalen Wandlungsprozess als eine Phase des Ausprobierens, in deren Rahmen er die aufgenommene Geschwindigkeit des Unternehmens als noch nicht ausreichend ansieht: „Das sind sehr große Testfälle letztendlich, die da oft ins Leben gerufen werden, die auch immer wieder gnadenlos scheitern. Die reitet man dann noch eine Zeit, bis man dann erkennt, das war es dann doch nicht. Da müssten wir wahrscheinlich-, also man spricht ja sehr viel von agilem Arbeiten und ich glaube, in dem Punkt haben wir noch nicht die nötige Agilität und Entscheidungsfreudigkeit, hier schnell auf Einflüsse zu reagieren. Also das ist sehr allgemein jetzt gesprochen. Natürlich kann ich das nicht für alle Themen so sagen. Aber teilweise haben wir schon das Gefühl, man ist da noch zu langsam" (S. 3 f., Z. 91–93).

M1 äußert, ebenso wie die aufgeführten Führungskräfte der unteren Managementebene, eine geringfügige bis keinerlei Einbindung in den digitalen Wandlungsprozess für sich feststellen zu können (S. 5, Z. 105–120). Vor allem verbindet M1 mit dem digitalen Wandel die Entwicklung neuer digitaler Beratungsprozesse und erläutert seine Erfahrungen im Unternehmen wie folgt: „Jetzt im Verlauf meiner Verantwortung wurden immer wieder Beratungsprozesse eingeführt, in die die Führungskräfte letztendlich nur eingebunden wurden, wenn sie fertig waren, zum

Vertesten. Rückmeldungen wurden dann eher, oder überwiegend, nicht umgesetzt" (S. 3, Z. 75–78). Die Begründung der höheren Managementebenen für den bisherigen mangelnden Einbezug in den digitalen Wandel führt M1 ebenfalls an und geht darüber hinaus auf die Konsequenzen dieses Handelns ein: „Es wurde technisch begründet oder dass man anderer Meinung ist. Aber, ich sage mal, in der Implementierung war man dann natürlich auch weiter voll involviert. Aber nicht quasi in der technischen Ausgestaltung. Wie steuere ich einen digitalen Beratungsprozess? Es wurde dann etwas gegeben, so gesetzt. Was dann letztendlich jetzt zum Beispiel in der Beratungssoftware dazu geführt hat, dass dies nie zu einer Akzeptanz bei den Beschäftigten geführt hat" (S. 3, Z. 78–83).

M4 erklärt, die unterste und mittlere Managementebene im Unternehmen in der Rolle der Realisierer und nicht der Mitgestalter in Bezug auf den digitalen Wandel zu sehen und begründet diese Einschätzung folgendermaßen: „Wir sind eher Umsetzer, beziehungsweise uns werden die digitalen Themen und Tools und Möglichkeiten gezeigt. Wir werden da auch inhaltlich aufgeschlaut, um es mal so zu formulieren. Aber unsere Aufgabe ist, in unserem Verantwortungsbereich die digitalen Tools, Möglichkeiten in unsere Verantwortungsbereiche zu implementieren, zu multiplizieren und in die Umsetzung zu bringen. Also wir sind, wenn man so eine Wertschöpfungskette sieht, an einem Prozess beteiligt, der relativ weit hinten ist" (S. 3, Z. 66–71).

Insgesamt 63 Prozent der Führungskräfte stufen sich als „ambitioniert mitgestaltend" (Typ 4) bzw. „machtvoll mitgestaltend" (Typ 5) ein. 38 Prozent der Führungskräfte begründen ihre Einschätzung mit der intensiven Mitarbeit an Projekten (z. B. M11, S. 4, Z. 91–95; U4, S. 3, Z. 68–74) und 25 Prozent mit ihrer Funktion bzw. Abteilungszugehörigkeit (z. B. M7, S. 5, Z. 125–128). So erklärt beispielsweise M2 seine Einstufung in Typ 4 mit der Leitung eines Projektes (S. 3, Z. 75–80), dass sich verstärkt „mit digitalen Themen beschäftigt" (S. 3, Z. 79–80) und erläutert diese Aussage wie folgt: „Und das heißt: ‚Wie bringen wir digitale Themen, digitale Ansprache und digitale Vorteile für unsere Mitarbeiter mit rein in die Breite, um eben diesen physischen und digitalen Kontakt im Kundeninteresse besser gestalten zu können?' Und deswegen würde ich sagen, bin ich da sehr stark mit dabei, weil ich mit den Schnittstellenpartnern natürlich viel zu tun habe" (S. 3, Z. 80–84). Ferner beschreibt M2 die Leitung des Projektes gerade zu Beginn als zeitintensive Aufgabe: „Am Anfang sehr, sehr viel Zeit, weil wir schon immer am Anfang versucht haben, diese digitale Ansprache auch mit einzubringen. Ich würde sagen, das waren schon in der Woche mit Sicherheit am Anfang fünf, sechs Stunden. Und jetzt sind es in der Woche so ein, zwei Stunden" (S. 3 f., Z. 85–91).

M3 begründet seine Einordnung in Typ 4 mit dem Projekt, eine digitale Kund*innenplattform entwickelt zu haben, die sich gerade während der COVID-19-Pandemie als äußerst hilfreich herausstellt, da sie den digitalen Kauf eines Produktes ermöglicht, das zuvor nur in persönlicher Form erworben werden konnte (S. 3, Z. 59–73). Der Kaufprozess kann in diesem Rahmen von Kund*innen selbstständig, aber auch in Form einer aktiven Begleitung durch die Beschäftigten des Unternehmens durchlaufen werden (S. 3, Z. 63–67), indem diese den Kund*innen eine gemeinsame „Online-Besprechung" (S. 3, Z. 66) anbieten. M6 erklärt, dass er bereits an „den ersten, in Anführungszeichen, modernen, digitalen Projekten" (S. 3, Z. 67–68) im Unternehmen partizipiert habe, um Unternehmensprozesse, die zuvor analog durchgeführt wurden, digital darstellen zu können und in diesem Rahmen mit dem Thema agiles Projektmanagement stark in Berührung gekommen sei. Hierbei stellt M6 seine positiven Erfahrungen mit dem agilen Ansatz heraus, wie z. B. eine deutlich engere Zusammenarbeit mit den Mitarbeitenden (S. 3, Z. 67–74). Da M6 in Bezug auf die Digitalisierung des Unternehmens „schon eher am oberen Level für die Funktionen und Themen" (S. 3, Z. 76) verantwortlich sei, sieht er sich ebenfalls als eine „ambitioniert mitgestaltende Führungskraft" (Typ 4) an (S. 3, Z. 75–76; S. 3, Z. 63–64).

M10, M9 und U9 führen ihre Einschätzung, eine „ambitioniert mitgestaltende Führungskraft" im digitalen Wandel zu sein, auf ihre Zugehörigkeit zu einer Abteilung zurück, die sich stark mit digitalen Themen im Unternehmen auseinandersetzt. So erklärt M10 seine Aussage wie folgt: „Also wir sind ja in dem Thema durchaus strategisch, aber eher strategisch-operativ unterwegs. Also wir versuchen dann diese Prozesse und Technik für den Anwender so gut wie möglich zu gestalten. Der Typ fünf wäre für mich derjenige, der eher auch die Entscheidungsgewalt über richtungsweisende Digitalisierungsthemen hat. Also, um es bei VW zu sagen: Irgendjemand muss es ja entscheiden, dass es einen digitalen Golf gibt, also einen elektrischen Golf. Wir sind dann eher die, die überlegen, wie die UI[3] für den Anwender aussehen muss, dass er auch versteht, was er für ein Auto fährt" (S. 4, Z. 96–104).

M9 erklärt innerhalb eines Unternehmensbereiches tätig zu sein, der bereits sehr viele digitale Produkte umfasst: „Und insofern fühle ich mich da schon, was Produkte angeht, ja sehr nah dran und man hat da, dadurch, dass man immer wieder gefordert wird, dass man natürlich auch digitale Elemente mit einbringt, ist das eigentlich wirklich mittlerweile Alltagsgeschäft geworden, in Absprache natürlich

---

[3] UI stellt die Abkürzung für den Ausdruck „User Interface" (dt. Benutzungsschnittstelle) dar. Der Begriff „User Interface" repräsentiert die Schnittstelle zwischen Mensch und Maschine (Heinrich, Heinzl & Roithmayr, 2004).

mit den Schnittstellen. Wir haben ja auch Beschäftigte, die auf das Thema Digitalisierung spezialisiert sind, also hat man Unterstützung und kann diese Schnittstellen auch einbinden. Also das war mir immer auch wichtig, da mitzumachen" (S. 3, Z. 68–73). Ferner weist M9 darauf hin, jährlich eine Veranstaltung für seine Mitarbeitenden durchzuführen (S. 3, Z. 73–76), innerhalb derer eine ausschließliche Auseinandersetzung mit digitalen „Zukunftsthemen" (S. 3, Z. 75) erfolgt. Des Weiteren integriert M9 „seit fünf, sechs Jahren" (S. 3, Z. 78) in jede Tagung „einen Platzhalter für Digitalisierung" (S. 3, Z. 77), um mindestens „zwei Stunden auf jeden Fall über ein digitales Thema" (S. 3, Z. 79) diskutieren zu können. Die Themen sind hierbei breit gefächert und praxisbezogen: „Das kann ein Produkt sein, WhatsApp-Business, das kann Social Media sein, ganz egal, aber das, was immer besetzt ist als Thema. Insofern. Und da hatte ich auch immer die Freiheit, das zu machen. Die Beschäftigten nutzen das ja auch ganz viel schon. Ich habe das ganz früh schon eingeführt und deshalb Typ vier" (S. 3, Z. 79–83).

U9 erklärt, sich in Typ 4 wiederzuerkennen, da der gesamte Bildungsbereich im Unternehmen aktuell eine Digitalisierung erfahre: „Wir stellen gerade so ziemlich alles, was wir haben, von analog auf digital um. Ich meine, da hat uns auch Corona viel geholfen. Also wir haben schon immer lange dran gearbeitet, aber die Akzeptanz bei den Mitarbeitern war einfach nicht so da. Die wollten Präsenzschulungen. Klar, die wollen freigestellt werden, gemütlich dasitzen, zuhören und Kaffee trinken. Und nicht noch neben der Arbeit dann irgendwie lernen müssen. Aber jetzt geht es nicht anders. Und jetzt funktioniert es auch ganz gut. Und auf einmal werden diese Bildungsangebote auch angenommen. Das heißt, wir versuchen so viel als möglich in relativ kurzer Zeit jetzt zu digitalisieren. Aber natürlich wird das Arbeitsumfeld der Mitarbeiter auch immer digitaler. Auch da werden sie von uns geschult" (S. 4, Z. 85–94).

U2 und U6 begründen ihre Einordnung in Typ 4 neben der Mitarbeit an Projekten vor allem mit ihrer Persönlichkeit (U2, S. 3, Z. 67–68; U6, S. 3, Z. 72–79). So erklärt beispielsweise U2 hierzu: „Also ich bin selber von der Natur her so, dass ich gerne mitrede und mitmache und mitgestalte. Und wie gesagt, ich bin sehr offen, ich mag neue Dinge, die sich wandeln und hänge nicht so an alten Zöpfen. Deswegen würde ich mich als Typ 4, mitgestaltende Führungskraft, sehen" (S. 3, Z. 67–70).

M5 und M12 äußern, sich beide funktionsbedingt als „machtvoll mitgestaltende Führungskraft mit großem Einfluss" (Typ 5) bezeichnen zu können. So erklärt M5, dass seine hauptsächliche Aufgabe darin bestehe, gemeinsam mit der Unternehmensleitung neue digitale Konzepte für das Unternehmen zu entwickeln (S. 7, Z. 195–197) und für eine erfolgreiche Implementierung zu sorgen: „Das heißt, ich bin derjenige, der Ideen reinbringt, mitgestaltet und die auch umsetzt. Das ist, wie quasi diese Nummer 5" (S. 6, Z. 181–183). M12 erklärt, die Digitalisierung innerhalb des Unternehmens bereits seit Jahren in verschiedensten Funktionen in hohem Maße voranzutreiben, da er deren Chancen in Form von sinkenden Reisezeiten, einer Verbesserung der Weiterbildungsangebote durch Online-Seminare aber auch große vertriebliche Potenziale früh erkannt und sich mit diesen intensiv auseinandergesetzt habe (S. 4, Z. 102–118). Hierbei weist M12 darauf hin, dass sich das Unternehmen in Bezug auf diese Themen deutlich verändern musste, um weiterhin erfolgreich am Markt bestehen zu können (S. 4, Z. 106–107). Obwohl sich M12 als ein Treiber des digitalen Wandels ansieht, betont er, dass er diesen immer „sehr progressiv" und mit Hinblick auf die Fragestellung: „Wo ist Technik für uns eine Chance?", fördere (S. 5, Z. 123–124).

(2) Perspektive des Personalwesens und der Betriebsräte
Von den eingebundenen Mitarbeitenden des Personalwesens ordnet sich jeweils die Hälfte der Befragten in Typ 4 „ambitioniert mitgestaltendes Personalwesen" bzw. Typ 5 „machtvoll mitgestaltendes Personalwesen mit großem Einfluss" ein. PW2 erklärt, dass sie aufgrund ihrer strategischen Funktion, die mit der Realisierung von zahlreichen digitalen Zielen im Bereich der Weiterbildung (z. B. E-Learnings, selbstgesteuertes Lernen) einhergeht, den digitalen Wandlungsprozess im Unternehmen direkt beeinflussen kann und sich daher als „ambitioniert mitgestaltend" (Typ 4) bezeichnen würde (S. 2, Z. 46–52). Darüber hinaus weist PW2 darauf hin, dass ihre Tätigkeit aufgrund der COVID-19-Pandemie im Unternehmen noch stärker als zuvor in den Fokus gerückt sei bzw. gefördert werde (S. 2 f., Z. 55–59). PW3 stuft sich ebenfalls in Typ 4 ein und begründet diese Einschätzung mit der Mitarbeit an einem Projekt, „(…) das sich mit neuen Arbeitsformen auseinandersetzt, was ja ganz stark auch dieses Thema mobiles Arbeiten als Bestandteil hat im Unternehmen, was natürlich auch extrem das Thema Digitalisierung mit befördert. Weil klar, wenn ich Mitarbeiter haben möchte, die mobil arbeiten können, brauche ich dazu natürlich a. digitale Möglichkeiten, auf der anderen Seite brauche ich aber letztlich Geschäftsprozesse, die digital bearbeitbar sind. Und das geht natürlich da Hand in Hand und da bin ich natürlich auch stark involviert" (S. 3 f., Z. 84–90).

PW1 und PW4 identifizieren sich am meisten mit Typ 5 „machtvoll mitgestaltendes Personalwesen mit großem Einfluss" und führen diese Einstufung auf ihre tragende Rolle bei der digitalen Transformation des Unternehmens zurück (PW1, S. 2, Z. 49–50; PW4, S. 3, Z. 72–74). PW1 erklärt in diesem Zusammenhang, dass er an mehreren Themen gleichzeitig arbeitet: „Wir sind da in Projekten drin, um neue Formen des Arbeitens zu entwickeln. Also wo es zum einen darum geht, die neuen Arbeitsweisen im Unternehmen zu verankern. Aber auch neue Bürokonzepte sind da dabei. Und zum anderen haben wir auch ein neues Führungsprogramm, in dem

9.2 Digitalisierung

unser Ziel ist, eine neue Führungskultur ins Unternehmen zu bringen und auch neue Karrierewege aufzuzeigen" (S. 2, Z. 52–56). PW4 nimmt im Rahmen ihrer Tätigkeit ebenfalls ein hohes Maß an aktiver Mitgestaltung wahr, da sie die Implementierung neuer Lerntechnologien im Unternehmen verantwortet und in diesem Rahmen zwei Projekte betreut. Diese Projekte haben laut PW4 „eine große Tragweite im Unternehmen und wurden sehr schnell implementiert und in den Abteilungen ausgerollt" (S. 3 f., Z. 77–79), wodurch PW4 diese als „einen großen Schritt vorwärts" (S. 4, Z. 79) für den forcierten digitalen Wandel ansieht (S. 3 f., Z. 77–80). PW4 betont jedoch, dass ihre Einstufung in Typ 5 allein in ihrer Funktion bzw. Rolle (S. 3, Z. 67–69) und der damit „deutlich höheren Verantwortlichkeit für die Digitalisierung" (S. 3, Z. 68–69) begründet liege.

BR1 und BR2 äußern, sich aufgrund ihrer gestalterischen Rolle innerhalb ihrer Betriebsratstätigkeit als „ambitioniert mitgestaltend" (Typ 4) bezeichnen zu können. BR1 erklärt hierzu: „Also erstmal fühle ich mich sehr stark einbezogen, alleine durch meine Betriebsratsposition. Da ist es in den letzten Jahren tatsächlich so gewesen, dass es sich sehr stark dahin entwickelt hat, dass wir uns mit digitalen Themen auseinandersetzen. Also mit digitalem Lernen natürlich in erster Linie, welche Tools werden angewendet, ist das mitarbeiterfreundlich, wie viel Präsenz, wie viel digital. Und es ist auch so, dass wir zum Teil in Arbeitsgruppen mit dem Arbeitgeber gemeinsam auch bestimmte Dinge entwickeln. Wir machen auch eigene Vorschläge, bringen Themen mit ein. Also von daher bin ich auch gestaltend" (S. 3 f., Z. 67–75).

BR2 erklärt, ebenfalls Mitglied einer Arbeitsgruppe zu sein (S. 3, Z. 60–61) und geht hierbei auf den gestaltenden Aspekt seiner Tätigkeit ein: „Bei uns melden sich quasi immer wieder Vertreter des Arbeitgebers an mit bestimmten Vorschlägen, die mittlerweile alle sehr digitallastig sind. Das heißt, da kommen Vorschläge, Verbesserungen oder Veränderungen eines bestimmten Arbeitsprozesses, bei dem dann auch digitale Instrumente eine Rolle spielen. Und wir haben dann als Betriebsräte die Aufgabe, uns mit diesem Vorschlag zu befassen, Fragen zu stellen. Letztlich können wir den Vorschlag annehmen oder auch ablehnen oder um Veränderungen bitten, sodass an dem Prozess noch mal gearbeitet wird. Also insofern können wir oder ich auch in meiner Person die Dinge schon mitgestalten" (S. 3, Z. 62–69). In diesem Rahmen setzt sich BR2 vor allem mit der Einführung neuer digitaler Tools und deren Auswirkungen auseinander: „Viele der aktuellen Themen haben einen digitalen Hintergrund, weil schlichtweg kaum mehr Prozesse heute ohne digitale Unterstützung ablaufen. Das heißt, eigentlich bei jedem Veränderungsvorschlag gibt es irgendwo einen digitalen Hintergrund, der beleuchtet werden muss auf seine Funktionsfähigkeit und auf seine Rechtssicherheit. Was eben den Mitarbeiter betrifft, der dann ja auch mit dem Tool umgehen soll. Wir wollen ja da auch Mitarbeiter nicht mit Tools ausstatten, mit denen sie sich dann irgendwie rechtlich in Gefahr bringen, sage ich jetzt mal. Was auch den Arbeitsvertrag betrifft. Insofern muss das schon immer geprüft werden, bevor ein Mitarbeiter quasi ein digitales Tool bekommt. Was sind die Auswirkungen davon? Was könnten die Auswirkungen sein? Im Positiven, wie im Negativen" (S. 3, Z. 74–83).

9.2.2.2 Austausch mit der Unternehmensleitung

88 Prozent der befragten Führungskräfte äußern, dass sich ein Austausch zwischen ihnen und der Unternehmensleitung vollzieht, um Fragestellungen, die im Rahmen des digitalen Wandlungsprozesses entstehen, zu diskutieren (z. B. M2, S. 5, Z. 120–121; M6, S. 3, Z. 80–86). So stellt M9 seinen Austausch mit der höheren Managementebene zu digitalen Themen wie folgt dar: „Ich glaube, es fängt an beim Einzelgespräch. Also beispielsweise Quartalsgespräche mit der höheren Managementebene. Bis hin zu Tagungen, wo das auch immer mal Thema ist. Wir haben ja jetzt gerade auch in Coronazeiten alles auf Onlinemedien umgebaut. Man kann ja den Kunden nicht mehr besuchen, wurde alles online gemacht, selbst Stories entwickelt und da war natürlich in der Zeit, zumindest die letzten Monate ging ja kein Gespräch, ohne dass darüber gesprochen wurde" (S. 4, Z. 95–100). Auf die Rückfrage, ob sich auch ein Austausch mit der höchsten Managementebene vollzieht, erklärt M9: „Also es ist hauptsächlich mit der direkten Führungskraft, aber es gibt schon Austauschformate. Es gibt regelmäßig gute Online-Meetings, wo die höchste Managementebene dann aber eher berichtet über Maßnahmen, die geplant sind. Aber soweit ich das weiß, ist die Geschäftsleitung auch sehr interessiert am Best-Practice Austausch. Es gibt, glaube ich, soweit ich weiß, in der Unternehmensleitungssitzung sogar einen extra Part dafür, wo solche Themen dann auch platziert werden können" (S. 4, Z. 103–108).

M7 und M8 berichten von ähnlichen Einschätzungen und weisen darauf hin, dass sie sich im Rahmen des digitalen Wandels gut von der Unternehmensleitung einbezogen fühlen. M7 stellt seine Wahrnehmung wie folgt dar: „Diese Austauschforen, die finden durchaus in regelmäßigen Abständen statt. Hängt jetzt sicherlich von der Thematik ab, digitaler Wandlungsprozess ist ja jetzt eher ein übergeordneter Begriff. Es ist da wirklich die Frage, bettet man das ein in der ganz großen Strategie oder gibt es digitale Wandlungsprozesse, die sich eher so in dem eigenen Umfeld abspielen und da auch ihre Auswirkungen haben. Und unter diesem Aspekt ja. Das Einbeziehen ist definitiv vorhanden, sowohl was die strategische Ausrichtung angeht, also ich sage mal, diese gesamtunternehmerische Veränderung. Aber auch was und da wird es noch deutlich konkreter, was dann so der digitale Wandel im eigenen Umfeld betrifft. Da, denke ich, bin ich persönlich

9.2 Digitalisierung

gut abgeholt. Und da gibt es auch ein großes Interesse der Unternehmensleitung, hier mit einzubinden" (S. 5, Z. 132–141).

M8 erläutert, dass inzwischen auf Tagungen mit Führungskräften der mittleren Managementebene auch Workshops stattfinden, die von der höchsten Managementebene geleitet werden (S. 5, Z. 109–115). Laut M8 fließt das Feedback aus diesen Workshops in die weitere Planung der Unternehmensleitung ein und erfährt somit eine entsprechende Berücksichtigung: „Das wird von den höheren Führungsebenen mitgenommen und dann stellt man plötzlich fest, dass diese ‚rosa Welt', wie sie von oben runter gepredigt wird, wenn man sich dann auf die Grasnarbenhöhe begibt, ganz andere unerwartete Probleme hervorruft" (S. 5, Z. 121–123).

M10 und M11 betonen, dass aus ihrer Sicht der Rahmen für einen Austausch mit der Unternehmensleitung immer da ist, soweit dieser von den Führungskräften gewünscht wird. So sieht es beispielsweise M11 als Standard an, digitale Herausforderungen und Themen mit Hilfe von „verschiedensten Plattformen und Austauschmöglichkeiten" (S. 5, Z. 128–129) mit den höheren Managementebenen im Unternehmen zu diskutieren. Ferner erklärt M11, dass die Digitalisierung „ein regelmäßiger Tagesordnungspunkt" (S. 5, Z. 129) bei jedem Format im Unternehmen ist und hierdurch zahlreiche Chancen für Diskussionen gegeben werden (S. 4 f., Z. 118–130). Auch M10 sieht ausreichend Möglichkeiten im Unternehmen, um sich mit der Unternehmensleitung zu digitalen Themen auszutauschen, weist aber ebenso auf die Eigenverantwortung der Beschäftigten hin: „Wenn ich Diskussionsbedarf habe, dann sehe ich auch zu, dass der Diskussionsbedarf an der richtigen Stelle eingekippt ist. Und es gibt auch genügend Austauschformate, wo wir uns über aktuelle Themen unterhalten, beziehungsweise aktuelle Themenstellungen besprechen können. Das kann ich nur so generisch beantworten, weil da gibt es auch unterschiedlichste, auch agile Situationen, wo wir teilweise eher operativ, teilweise eher strategisch unterwegs sind. Also ja. Es gibt es. Und aus meiner Sicht gibt es dort genügend Austausch für. Und wenn nicht, liegt es an jedem einzelnen, diesen Austausch zu organisieren" (S. 4, Z. 109–116).

M3 erläutert, dass sich ein Austausch zwischen ihm und der Unternehmensleitung im Rahmen eines digitalen Projektes vollzogen hat und er in Bezug auf digitale Themen, die ihn betreffen, eingebunden wird (S. 4, Z. 91–93). Eine grundsätzliche Erörterung der Unternehmensstrategie im digitalen Wandlungsprozess (S. 4, Z. 93–95) wird aus Sicht von M3 jedoch „nicht direkt geführt" (S. 4, Z. 95). M4 erklärt, dass bei ihm ein Austausch zu digitalen Themen zwar „mit der übergeordneten Ebene" (S. 4, Z. 76) regelmäßig erfolgt (S. 4, Z. 75–78), er einen direkten Austausch mit der höchsten Managementebene jedoch „wenig bis gar nicht" (S. 4, Z. 78) erlebt.

M5 und M12 erklären, dass sie allein aufgrund ihrer sehr aktiven Rolle in Bezug auf die Digitalisierung im Unternehmen in einem regelmäßigen Austausch mit der Unternehmensleitung stehen (M5, S. 7, Z. 198–201; M12, S. 5, Z. 141–147). M12 erklärt, hierbei von der Unternehmensleitung nicht nur in Form eines Austausches eingebunden zu werden, sondern vor allem auch selbst gestaltend zu agieren: „Die Unternehmensleitung erwartet auch von mir, dass ich mir Gedanken mache: ‚Was könnte man digital tun? Was gibt es digital auf dem Markt?' Von der Fragestellung: ‚Kopieren wir irgendwo etwas, was andere Unternehmen schon mit großem Erfolg angewandt haben?', bis zu der Fragestellung: ‚Warum müssen wir eigentlich kopieren und erfinden bestimmte Dinge nicht auch einfach selbst?' Und insofern bin ich dort sehr eingebunden bis hin zur Verantwortung, die ich trage in dem Bereich, den ich, ja, ich sage mal, der mein Fachgebiet ist, den auch in der Digitalisierung voranzutreiben" (S. 5, Z. 141–147).

Auch die untere Managementebene äußert zu einem Großteil (75 Prozent), dass die Unternehmensleitung einen Austausch zu digitalen Themen mit ihnen forciert (z. B. U1, S. 3, Z. 78–81; U7, S. 4, Z. 93–103). So berichten beispielsweise U6 und U11 von einem regelmäßigen Austausch mit der Unternehmensleitung in Form von unterschiedlichen Formaten (U6, S. 4, Z. 91–95; U11, S. 4, Z. 83–97). U6 erklärt hierzu: „Also ich finde das im Unternehmen sehr gut. Also es gibt natürlich Plattformen, wie ein Intranet oder wie ein Social Media, was wir hier haben, wo regelmäßig Informationen laufen. Aber dann auch genauso persönliche Austauschformate von der höchsten Managementebene in Form von Präsentationen beispielsweise, ganz speziell für die Führungskräfte, bei denen im Anschluss Fragen gestellt werden können. Was ich ein extrem tolles Format finde, quartalsweise ist die höchste Managementebene mit allen Führungskräften sozusagen mit einer Webkonferenz zugeschalten. Da werden die aktuellen Zahlen vorgestellt, aber auch die strategischen Schwerpunkte. Und das ist schon, finde ich, toll, wenn man die komplette Führungsmannschaft mit der höchsten Managementebene zusammen, sag ich mal, sehr nah erlebe und dass die Unternehmensziele, aktuellen Themen et cetera dort diskutiert werden. Und in der eigenen Abteilung haben wir von der höchsten Managementebene aktuell, glaube ich, monatlich auch letzten Endes so Calls, so kleine Nuggets, wo wir die aktuellen Themen im Endeffekt besprechen. Also es ist ein enger Kontakt zum Management und man spürt die Hierarchieebene nicht" (S. 4, Z. 91–104). U10 weist darauf hin, dass er den Austausch mit der Unternehmensleitung im Rahmen des digitalen Wandels als „regelmäßig und zunehmend" (S. 4, Z. 82) sowie von wachsender „Intensität" (S. 4, Z. 83) bezeichnen würde. U5 erklärt, dass sich diesbezüglich eine sehr positive Entwicklung im Unternehmen vollzogen hat: „Vor zwei Jahren habe ich weder die Chance gehabt, an einem Debriefing

9.2 Digitalisierung

für Führungskräfte teilzunehmen, noch war mir transparent, über welche Themen die höchste Managementebene im Moment gerade berät. Und wenn ich mir anschaue, was sich da in den letzten eineinhalb bis zwei Jahren getan hat, dann empfinde ich das als extrem wertschätzend und als ausgesprochen informativ, wie man im Moment selbst mit der untersten Führungsebene zu diesen Themen umgeht" (S. 3, Z. 79–84).

Auch U2 äußert, dass sie sich mit ihrer Führungskraft der höchsten Managementebene immer austauschen kann: „Also ich erlebe es, dass ich überall hingehen kann, wenn ich Ideen habe oder etwas habe, was ich diskutieren möchte, ich erlebe das sehr positiv, dass ich das an mehreren Stellen kann und da überhaupt nicht aufgehalten werde" (S. 4, Z. 94–98). Gleichzeitig betont U2 die Verantwortung als Führungskraft, sich permanent selbst mit dem digitalen Wandel auseinanderzusetzen und eigene Ideen in den Wandlungsprozess einzubringen: „Ja, wir haben bei uns ja eh das Thema, dass wir uns eigentlich immer so ein Stück vor der Welle bewegen müssen. Weil, bevor die höchste Managementebene daherkommt und sagt: ‚Haben Sie sich das mal angeschaut?', sollten wir im besten Falle selber schon mal eine Idee haben" (S. 3, Z. 85–88). U4 erklärt ebenfalls, dass er sich mit der Unternehmensleitung zu digitalen Themen austauschen kann, wobei die Häufigkeit in Verbindung mit der Hierarchieebene steht: „Also auf höherer Managementebene regelmäßig, weil wir da ein bisschen Formate auch haben, sei es so Jour fixe Termine, im direkten Austausch aber auch mit den anderen Führungskräften der unteren Managementebene, geschweige denn den anderen Führungskräften der mittleren Managementebene, das schon. Auf höchster Managementebene eher nur partiell, zum Beispiel in Ausschüssen oder auch wenn wir halt bestimmte Austauschformate haben, also unregelmäßig auf höchster Managementebene" (S. 4, Z. 93–98). U9 weist darauf hin, dass er allein aufgrund seiner Mitarbeit an einem Projekt in einem regelmäßigen Austausch mit der höchsten Managementebene steht, um seine Fortschritte zu präsentieren, aber auch die Zustimmung für das weitere Vorgehen zu erhalten (S. 6, Z. 151–154).

Insgesamt 12 Prozent der Führungskräfte, die alle der unteren Managementebene angehören, äußern hingegen, dass kein Austausch zwischen ihnen und der Unternehmensleitung zu digitalen Themen stattfindet (z. B. U3, S. 3, Z. 81–87). So erklärt U8 hierzu: „Also es gibt offiziell keine Möglichkeiten. Ja, da ist es tatsächlich so, dass wir schon noch als Unternehmen extrem hierarchisch aufgestellt sind. Wir wollen uns manchmal vergleichen mit irgendwelchen Startups oder so. Aber das sind himmelweite Unterschiede, natürlich von der Hierarchie, von der Zusammenarbeit, von der Gleichwertigkeit" (S. 4, Z. 102–105). Zwar pflegt U8 den Austausch mit einer Führungskraft der höchsten Managementebene, dieser Umstand stellt laut U8 jedoch eher die Ausnahme im Unternehmen dar: „Ich kenne eine Führungskraft der höchsten Managementebene sehr gut. Da ist ein gutes Vertrauensverhältnis, der sehr viel Wert auf meine Meinung legt. Wo der direkte Austausch ist zu der höchsten Managementebene. Sehr vertrauensvoll. Aber das ist durch persönliche Beziehungen gewachsen. Offiziell sind die- selbst die höhere Managementebene ist offiziell meistens echt weit weg. Ich weiß auch nicht warum. Ich glaube, da müssen wir total von diesem Hierarchiedenken weg. Weil egal, ob unterste Managementebene, Mitarbeiterebene oder wer auch immer, die Leute können super Ideen haben und die können wirklich in manchen Bereichen auch kompetenter sein. Und wenn es Lebenskompetenz, Sozialkompetenz ist. Das hat nichts mit Hierarchiestrukturen zu tun" (S. 4, Z. 105–115).

U12 weist ebenso auf die wahrgenommene hierarchische Führung und den ausbleibenden Austausch digitaler Themen zwischen den hohen und unteren Managementebenen hin: „Also, da hat man eigentlich nichts mitzureden. Also, in meiner Position im unteren Management ist das eher, man muss das hinnehmen, wie es kommt. Und kann vielleicht mal was dazu sagen in einem freien Meinungsaustausch mit seinem Vorgesetzten. Wenn er sich die Zeit nimmt und das mal anhört. Aber ich glaube, damit war es das auch schon. Mehr ist es nicht. Also, da ist man als Führungskraft des unteren Managements, sage ich jetzt mal, der Annehmende. Das muss man akzeptieren" (S. 3 f., Z. 82–87).

Auf die Frage, wie die Führungskräfte die Zusammenarbeit mit der Unternehmensleitung beurteilen, äußern 79 Prozent der befragten Führungskräfte, die Zusammenarbeit positiv zu bewerten. Diese Führungskräfte loben vor allem die regelmäßige und offene Kommunikation der Unternehmensleitung (z. B. U1, S. 3, Z. 78–89; M5, S. 8, Z. 213–217; M11, S. 5, Z. 131–133). So erklärt M9, dass sich der Austausch mit der Unternehmensleitung in den letzten fünf Jahren intensiviert hat (S. 5, Z. 122–123) und sich aktuell wie folgt gestaltet: „Der ist schon offen und findet an sich regelmäßig statt. Also es könnte bestimmt noch mehr sein. Im ganzen Alltag walten ja auch noch andere Themen. Und man muss auch noch andere Dinge machen und es könnte bestimmt noch mehr sein, aber ich weiß nicht, auf einer Skala von eins bis zehn würde ich das auf einer acht schon einordnen wollen. Ich sehe das auch immer im Vergleich, ich habe einen großen Freundeskreis im Finanzdienstleistungsbereich. Da sind wir, glaube ich, auch schon relativ weit, wie auch das Management damit umgeht" (S. 4, Z. 111–117).

M7 erklärt, dass er die „Note Zwei" (S. 5, Z. 153) vergeben würde, wenn er die Zusammenarbeit benoten müsste und begründet seine Aussage wie folgt: „In der Zusammenarbeit, große strategische Prozesse, nicht nur, dass darüber informiert wird, da wird auch darüber diskutiert: ‚Was macht Sinn, was macht keinen Sinn? Wo könnte man Dinge verändern?' Also hier sehe ich da schon

9.2 Digitalisierung

ein deutliches Mitnehmen und Integrieren. Und in den konkreten Bereichen ist die Zusammenarbeit aus meiner Sicht sehr intensiv. Dort werden auch wirklich viele Fragen gestellt und wir ringen gemeinsam um Lösungen" (S. 5 f., Z. 153–158). M3 und M6 äußern ebenfalls, den Austausch als positiv zu empfinden und führen dies auf die Wahrnehmung zurück, dass die Unternehmensleitung „ein hohes Interesse" (M6, S. 3, Z. 80–81) an dem Austausch hegt bzw. sich die Kommunikation „auch nachvollziehbar" (M3, S. 4, Z. 99) gestaltet.

U5, U11, M8 und M12 betonen ebenfalls die positive Zusammenarbeit mit der Unternehmensführung, erklären jedoch auch, dass sich im Unternehmen diesbezüglich eine sehr positive Entwicklung vollzogen hat (U5, S. 3 f., Z. 93–95; U11, S. 4, Z. 100–105; M12, S. 5, Z. 150–152). So erklärt U11 hierzu: „Also da, wo ich direkte, grundsätzliche Schnittstellen zu den Themen habe, ist das absolut eng und vertrauensvoll. Das hat sich auch total gewandelt, muss man auch so sehen. Also in meinem Alter und meiner Betriebszugehörigkeit ist das eine lange Zeit, auf die ich zurückblicken kann. Und das war schon mal anders. Da stelle ich auf jeden Fall eine extreme Veränderung fest, wenn man sich das anschaut, wie es mal vor 20 Jahren der Fall war" (S. 4, Z. 100–105). U5 hebt vor allem die enge Zusammenarbeit mit seiner direkten Führungskraft der höheren Managementebene hervor und führt hierbei folgendes Beispiel an: „Am Freitagnachmittag rief meine höhere Führungskraft an und sagte mir: ‚Die Tagung für die Führungskräfte der mittleren Managementebene, welche Themen habt ihr, die ich dort platzieren soll?' Das war in der Vergangenheit nicht der Fall. In der Vergangenheit wurde das platziert, was halt gerade hoch eskaliert ist, in Anführungsstrichen. Dieses proaktive, dieses Abfragen von, wohin könnte die Reise gehen, das sind Themen, die ich als äußerst positiv wahrnehme, die ich vor zweieinhalb Jahren so noch nicht wahrgenommen habe" (S. 3 f., Z. 89–95).

M12 lobt vor allem die langfristige Ausrichtung der Unternehmensstrategie durch die Unternehmensleitung unter gleichzeitiger Berücksichtigung der Anliegen ihrer Beschäftigten: „Also ich glaube, in der Zwischenzeit kann man sagen, ich erachte die Zusammenarbeit an der Stelle für ausgesprochen fruchtbar und auch, ja, wie soll ich sagen, auch sehr zukunftsweisend. Denn die Unternehmensleitung präsentiert sich für mich als ausgesprochen modern und der Digitalisierung aufgeschlossen gegenüber, bis hin zu auch notwendiger Investitionsbereitschaft, was digitale Themen angeht. Ohne dabei, und das ist, glaube ich, auch wichtig, das hatte ich vorhin schon gesagt, ohne dabei aber den Menschen, der vielleicht in Bereichen, die bisher noch komplett analog stattfinden, den Menschen dabei zu vergessen oder den Wandel oder auch den Transformationsprozess von einer eher noch analogen Welt in eine digitale Welt dabei zu vernachlässigen. Also das, muss ich ehrlich sagen, das wird in unserem Unternehmen, glaube ich, schon ganz gut gemacht" (S. 5 f., Z. 150–159). Auch U2 schätzt den regelmäßigen und sehr offenen Austausch mit der Unternehmensleitung und findet vor allem das Format einer Klausur sehr hilfreich, da größere Zeitfenster zur Verfügung stehen, um digitale und damit einhergehende kulturelle Themen ausführlich diskutieren zu können (S. 4, Z. 99–110). M8 erklärt, dass die Unternehmensleitung seiner Ansicht nach aus den Fehlern der Vergangenheit gelernt hat und daher aktuell im Zweiwochenrhythmus strategische Themen mit den Führungskräften in Form von Debriefings diskutiert (S. 6, Z. 148–154).

U3 und U4 heben insbesondere ihre Führungskraft der höheren Managementebene positiv in Bezug auf die Zusammenarbeit hervor. So schätzt beispielsweise U4 die vertrauensvolle Zusammenarbeit und hat das Gefühl, dass sein Feedback weitere Entscheidungen der höheren Managementebenen beeinflusst: „Also zumindest jetzt, was meine Führungskraft der höheren Managementebene angeht sowieso, das kann ich dann zu 100 Prozent bestätigen, auf höherer Managementebene ist halt immer, je nachdem sage ich jetzt mal, wieviel Zeit und welche Themen es betrifft, aber zumindest gibt mir meine direkte Führungskraft der höchsten Managementebene schon das Gefühl, das zu berücksichtigen, in welcher Art und Weise auch immer. Man merkt halt nicht immer, dass der Input eins zu eins umgesetzt wird, das ist ja logisch. Aber ich habe zumindest immer das Gefühl, dass es irgendwo berücksichtigt worden ist" (S. 4, Z. 102–109). U3 äußert, dass seine Führungskraft der höheren Managementebene immer für ein Gespräch zur Verfügung steht und mit ihm gemeinsam über digitale Themen diskutiert (S. 4, Z. 109–111). U6, U7 und M10 betonen, vor allem die verschiedenen Formate, innerhalb derer sich der Austausch mit der Unternehmensleitung vollzieht, sowie die vertrauensvolle Art „mit erstaunlich wenig Distanz zwischen Management und Mitarbeitern" (U6, S. 4, Z. 110) als positiv zu empfinden (U6, S. 4, Z. 108–110; U7, S. 4, Z. 104–108; M10, S. 5, Z. 119).

M4 erklärt, dass er die Zusammenarbeit mit der Unternehmensleitung grundsätzlich als positiv empfindet, sich jedoch mehr Austauschmöglichkeiten mit der höchsten Managementebene wünschen würde, um auch strategische Aspekte diskutieren zu können und „zu erfahren, wo die Reise denn hingeht" (S. 4, Z. 95–100). So sind M4 zwar die Programme und Konzepte im digitalen Wandel klar, jedoch werden diese hauptsächlich von der höheren Managementebene an ihn herangetragen. Der direkte Austausch mit der höchsten Managementebene zu digitalen Themen (S. 4, Z. 102–106) stellt sich hingegen für M4 als „sehr gering bis null" (S. 4, Z. 106) dar.

Insgesamt 21 Prozent der befragten Führungskräfte sehen hingegen Verbesserungspotenziale in Bezug auf die Zusammenarbeit mit der Unternehmensleitung.

So erklärt M1, dass zwar ein offizieller Austausch mit der Unternehmensleitung stattfindet, er diesen Austausch jedoch eher als ein „vor vollendete Tatsachen stellen" (S. 4, Z. 105) empfindet. Diese Einschätzung begründet M1 wie folgt: „Man kann zwar diskutieren, aber ich habe das bisher nie so empfunden, dass man wirklich bereit war, hier noch etwas zu ändern, wenn wirklich Gegenwind kam. Es gab ja auch Dinge, wo wir sagen: ‚Ist gut. Tolle Sache. Machen wir.' Aber da wo jetzt, sagen wir mal, wo kritische Punkte waren, ziemlich viel auch beim Thema neuer Beratungsansatz, die sind einfach nicht aufgenommen worden. Wir können hier gerne diskutieren, aber ändern tun wir nichts" (S. 4, Z. 108–113). Dementsprechend hat M1 den Eindruck, dass das gegebene Feedback der Führungskräfte nur angehört wird, jedoch keinerlei Konsequenzen daraus erfolgen (S. 4 f., Z. 114–123). Ferner weist M1 darauf hin, dass ihm eine Beurteilung der Zusammenarbeit aufgrund der häufigen Führungswechsel nicht leichtfällt: „Es ist insofern jetzt für mich schwierig, da ich jetzt in den ganzen Jahren als Führungskraft der mittleren Managementebene schon zig verschiedene Chefs hatte. Was natürlich auch dazu führt, wenn da häufig Stellenwechsel sind auf der Ebene, dass es da, ja, dann auch wieder häufig von vorne losgeht" (S. 5, Z. 127–130).

U9 teilt diese Einschätzung und sieht dieses Vorgehen ebenfalls kritisch: „Also vereinfacht gesagt, man hat so den Eindruck, dass alle vier bis fünf Jahre immer das Gleiche, was wir schon hatten, wiederkommt. Und nur unter einem anderen Namen verkauft wird und irgendwie als ganz innovativ und neu. Was aber auch daran liegt, dass wir permanenten Wechsel auf der höchsten Managementebene haben. Wir haben ständig neue Führungskräfte. Und jeder, der kommt, will natürlich was Neues einführen, will sich selber beweisen. Aber irgendwo sind da die Mittel und Wege auch begrenzt" (S. 6 f., Z. 181–187).

Darüber hinaus erklärt M1: „Zum anderen boxt das Unternehmen dann auch bestimmte Dinge durch. Also es wird an bestimmten Prozessen festgehalten. Die werden extrem controlled. Aber selbst, wenn die Zahlen dann unterirdisch sind, versucht man das Problem damit zu lösen, dass man dann Druck auf die mittlere und untere Managementebene ausübt, damit die Zahlen hochgehen. Man versucht nicht Bottom-up eben, das Thema inhaltlich zu lösen: ‚Haben wir irgendwas falsch gemacht? Müssen wir uns hier neu aufstellen? Stimmt hier der digitale Prozess nicht?' Und das führt natürlich dann häufig zu Frust. Wenn man dann sagt: ‚Wir haben ein tolles Programm. Das können wir gar nicht verstehen, warum die das nicht aufrufen und nutzen. Bitte sorgt dafür, dass hier die Zahlen steigen'" (S. 5, Z. 132–141). Den Hintergrund für die teilweise geringen Nutzungszahlen von Programmen, die vom Unternehmen eingeführt werden, sieht M1 wiederum darin begründet, dass diese „mit Gewalt dann reindrückt" (S. 6, Z. 147) werden, ohne die Beschäftigten vorher einzubeziehen (S. 5 f., Z. 142–156). Abschließend betont M1 jedoch, dass die Form der Zusammenarbeit immer in Abhängigkeit von der jeweiligen Person steht und sich insgesamt aufgrund der Einführung von regelmäßig stattfindenden Führungskräfte-Online-Meetings verbessert hat (S. 6, Z. 159–170).

M2 beschreibt ebenfalls, dass zwar ein Austausch zum digitalen Wandel mit der Unternehmensleitung stattfindet, er diesen Austausch jedoch eher als in Kenntnissetzung und nicht als eine wirkliche Diskussion wahrnimmt (S. 5, Z. 146–147). Ferner äußert er, dass das Thema Kommunikation „immer schon so ein bisschen ein Problem" (S. 5, Z. 125–126) im Unternehmen gewesen ist, da diese aus seiner Sicht nicht immer passend sei (S. 5, Z. 125–127). Diese Aussagen erklärt M2 wie folgt: „Und zwar eben auf die verschiedenen Ebenen ausgerichtet. Ich glaube, es fehlt manchmal einfach an der Übersetzung, dass es auch der andere versteht. Also ich muss halt mit verschiedenen Zielgruppen im eigenen Haus, vom einfachen Sachbearbeiter bis zur Führungskraft, einfach die geeignete Kommunikation wählen: ‚Und warum betrifft das genau dich mit diesem Thema?' Und das, finde ich, da- wir sind da manchmal zu pauschal unterwegs. Und dann wird es schwierig, dass das natürlich jemand verstehen kann. ‚Ja, die machen das jetzt. Aber wo betrifft es mich? Was hat das für Auswirkungen für mich?' Und da würde ich aber eine Riesenchance drin sehen, die einzelnen Zielgruppen im Unternehmen abzuholen" (S. 5, Z. 127–135). Auf diesem Wege könnte die Unternehmensleitung laut M2 Ängste in Bezug auf einen Stellenabbau vermeiden. Ferner plädiert M2 dafür, Funktionsgruppen, die von Automatisierungspotenzialen betroffen sind, Perspektiven aufzuzeigen, welche neuen Funktionen sich im Rahmen der Digitalisierung ergeben und zu denen sich die Beschäftigten hin entwickeln könnten (S. 5, Z. 136–144). Nicht zuletzt passen die Zielsetzungen des Unternehmens laut M2 nicht immer mit der Kommunikation zusammen: „Also manche Ziele, die man dann hat, passen nicht zusammen mit den Vorstellungen, wie der Wandel des Unternehmens passieren soll. Man hält dann manchmal noch zu sehr an alten KPIs fest. Und das passt manchmal nicht so ganz zusammen. Also, so modern auf der einen Seite und gleichzeitig hat man auf der anderen Seite dann noch diese festen, starren Ziele, es muss jetzt genau das und das erfüllt werden und da fließt wenig das Digitale mit rein" (S. 6, Z. 155–160). Allerdings weist M2 darauf hin, dass sich „das leidige Thema" (S. 6, Z. 150–151) der Kommunikation im Unternehmen schon deutlich gebessert habe (S. 6, Z. 150–151).

U8 und U12 erkennen Verbesserungspotenziale aufgrund des „wahnsinnig traditionellen" (U8, S. 5, Z. 126–127) Hierarchiedenkens, das sie immer noch im Unternehmen verhaftet sehen (U12, S. 4, Z. 102–106). U8 äußert in diesem

Zusammenhang folgenden Vorschlag für die Zukunft: „Und wenn ich Digitalisierung wirklich ausbauen will und leben, ist meine Meinung, müssen wir das total reformieren. Flachere Hierarchiestrukturen und die Durchgängigkeit zwischen den Hierarchiestufen einfach öffnen und dem Unteren, also der unterhalb positioniert ist, dem das Gefühl geben, wir sind gleichwertige Partner" (S. 5, Z. 127–131).

(2) Perspektive des Personalwesens und der Betriebsräte
Von den Mitarbeitenden des Personalwesens erklären PW1 und PW3, dass sie aufgrund ihrer Tätigkeit in Projekten zu digitalen Themen regelmäßig im Austausch mit der Unternehmensleitung stehen. Dieser Austausch erfolgt vorwiegend in Form von Sitzungen, innerhalb derer der jeweilige Projektfortschritt präsentiert und diskutiert wird (PW1, S. 3, Z. 63–74; PW3, S. 5, Z. 129–139). Die beiden Experten beschreiben die Zusammenarbeit mit der Unternehmensleitung grundsätzlich als positiv, da sie diese als „eng und vertrauensvoll" (PW1, S. 4, Z. 81) wahrnehmen (PW1, S. 3 f., Z. 79–84; PW3, S. 6, Z. 180–186).

PW4 erklärt, dass die Projekte, die sie bearbeitet, stark im Fokus der Unternehmensleitung stehen und sie daher oft in Kontakt mit diesen Managementebenen steht (PW4, S. 5, Z. 87–95). PW4 empfindet die Termine, aufgrund der hierarchischen Strukturen im Unternehmen, jedoch nicht immer als einen wirklichen Austausch: „Also es hängt vom Thema ab, aber es nicht immer so, dass ich tolle Ideen auch wirklich implementieren kann, sondern ich habe Ideen, aber die höchste Managementebene hat auch ihre eigenen Ideen und bestimmt natürlich letztlich. Und dann machen wir einfach, was die höchste Managementebene will (lacht)" (S. 4, Z. 97–101). Aufgrund dieser Gegebenheit sieht PW4 den Austausch mit der Unternehmensleitung in gewissen Fällen eher als eine Entgegennahme von Aufträgen an (S. 5, Z. 125–129). Die Art des Austausches hängt hierbei laut PW4 von dem Grad der Vorbereitungszeit ab, die die Unternehmensleitung hat, um sich mit einem Thema auseinanderzusetzen: „Also es ist so, wenn es sich um ein ganz neues Thema handelt und die Unternehmensleitung keine Zeit dafür hatte, sich im Vorfeld Gedanken zu machen, dann ist sie offen und aufgeschlossen. Aber wenn sie die Chance hatte, darüber im Voraus nachzudenken, zu planen und ihre eigenen Ideen zu generieren, dann ist es deutlich schwerer, seine eigenen Ideen zu platzieren" (S. 5, Z. 130–134).

PW2 äußert, dass sich ihr Austausch auf Führungskräfte der unteren und mittleren Managementebene beschränkt und sie von höheren Ebenen lediglich Zielsetzungen erhält (PW2, S. 3, Z. 63–67). Obwohl sich die Zusammenarbeit zwischen PW2 und der Unternehmensleitung auf diese Ebene beschränkt, erklärt PW2, die Zusammenarbeit als gut bezeichnen zu können und lobt in diesem Rahmen die zunehmende Anzahl an „Touchpoints" (S. 3, Z. 75) mit diesen Führungsebenen (S. 3, Z. 71–76).

In Bezug auf die Betriebsräte erläutert BR1, dass ein regelmäßiger Austausch zwischen der Unternehmensleitung und der Betriebsratsleitung erfolgt, um digitale Themen gemeinsam zu erörtern, wie z. B. die Frage nach der Einführung eines neuen digitalen Tools (S. 4, Z. 93–96). Über die Betriebsratsvorsitzenden wird das Ergebnis dieses Austausches weiter in die jeweiligen Arbeitsgruppen getragen und bearbeitet (S. 4, Z. 79–82). BR2 erklärt, dass durchschnittlich alle vier Wochen eine Sitzung seines Arbeitskreises erfolgt und in diesem Rahmen die „Vorschläge des Arbeitgebers" diskutiert werden (S. 4, Z. 93–96). Bei der Frage nach der Beurteilung der Zusammenarbeit mit der Unternehmensleitung erklärt BR1: „Das hängt ziemlich stark von den handelnden Personen ab. Ich habe den Eindruck, dass, vielleicht auch gerade durch diese neue Herausforderung der Digitalisierung mit neuen Tools und neuen Prozessen, dass wir da ein gutes Stück aneinandergerückt sind. Und dass auch viele Dinge schneller diskutiert werden, auch schneller diskutiert werden müssen. Also es ist schnelllebiger geworden, gerade durch die Digitalisierung" (S. 4 f., Z. 96–102). Grundsätzlich bezeichnen beide Betriebsräte die Zusammenarbeit mit der Unternehmensleitung als offen und vertrauensvoll (BR1, S. 5, Z. 109–111; BR2, S. 4, Z. 115). So geht BR2 im Rahmen seiner Antwort vor allem auf diese Aspekte ein und erklärt hierzu: „Vertrauen hängt halt primär schon mal damit zusammen: ‚Was bekommt man denn an Informationen? Wie bekommt man von der Unternehmensleitung oder von den Abgesandten der Unternehmensleitung Chancen und Risiken, jetzt meinetwegen der Digitalisierung oder von bestimmten digitalen Tools, gleichermaßen aufgezeigt? Oder werden die Dinge einseitig dargestellt?' Und da habe ich ehrlich gesagt schon den Eindruck, dass wir Chance und Risiko ausgewogen präsentiert bekommen. Sofern derjenige das überhaupt beurteilen kann. Also viele Dinge im Bereich der Digitalisierung sind ja auch nicht für die Zukunft wirklich vorhersehbar. Sind ja auch alles keine Hellseher. Insofern kann man jetzt auch nicht immer verlangen, dass man eine Lösung bekommt wie in einer mathematischen Aufgabe. Aber man kann schon verlangen, und den Eindruck habe ich, dass nach besten Möglichkeiten eben die Auswirkungen, Chancen und Risiken präsentiert werden" (S. 4 f., Z. 118–129).

9.2.3 Erfahrungen mit bisherigen Wandlungsprozessen

Insgesamt 21 Prozent der interviewten Führungskräfte geben an, hauptsächlich positive Erfahrungen mit bisherigen Wandlungsprozessen im Unternehmen gemacht zu haben. Die Führungskräfte betonen deren Notwendigkeit und loben die gute Planung, die erzielten Effizienzsteigerungen sowie die Ausschöpfung wichtiger Chancen für das Unternehmen. Demgegenüber äußern 38 Prozent der eingebundenen Führungskräfte, überwiegend negative Assoziationen mit vorherigen Wandlungsprozessen zu verbinden und kritisieren in diesem Rahmen vor allem die wahrgenommene mangelnde Sinnhaftigkeit dieser Prozesse. Mit 42 Prozent erklärt der Großteil der befragten Führungskräfte, von positiven aber auch negativen Erfahrungen berichten zu können. Laut diesen Führungskräften zeichneten sich bisherige Wandlungsprozesse im Unternehmen zwar durch ein hohes Maß an Stringenz und Struktur aus, jedoch wird die kommunikative Begleitung dieser Wandlungsprozesse von Seiten des Unternehmens als kritisch angesehen. Von den Mitarbeitenden des Personalwesens äußert die Hälfte der Befragten überwiegend negative Erfahrungen, wohingegen PW1 von hauptsächlich positiven Erlebnissen und PW3 von gemischten Erfahrungen berichtet. Die befragten Betriebsräte erklären, dass sie Verbesserungspotenziale in Bezug auf eine offene Kommunikation sowie die Einschätzung der Folgen eines Stellenabbaus im Unternehmen sehen.

(1) Positive Erfahrungen
Ein Fünftel der befragten Führungskräfte äußert, dass sie überwiegend positive Erfahrungen mit bisherigen Wandlungsprozessen im Unternehmen assoziieren. U10 erklärt, dass die bisherigen Wandlungsprozesse aus seiner Sicht vom Unternehmen stets „sehr gut vorbereitet" sowie „konsequent" und „meistens geräuschlos" abliefen, wodurch sie immer „gut gemeistert" werden konnten (U10, S. 4, Z. 88–90). Allerdings räumt U10 ein, mit einer Umstrukturierung Schritte zu verbinden, „die vielleicht betriebswirtschaftlich sinnvoll" waren, „praktisch aber zu Problemen" geführt haben. Doch auch in diesem Fall besaß das Unternehmen laut U10 die Größe, getroffene „Entscheidungen zurückzudrehen" (S. 4, Z. 91–94). In diesem Rahmen weist U10 jedoch auf ein Verbesserungspotenzial für die Zukunft hin: „Zum Thema Größe, was ich mir dort tatsächlich noch wünschen würde, wäre, auch offen das zu kommunizieren, dass das ein Fehlweg war. Dieser kleine Weg, den wir jetzt wieder zurückdrehen, das passiert bei uns dann eher geräuschlos, im Verborgenen. Das sollte sich in Zukunft noch ändern. Das wird das Vertrauen auch stärken, wenn die Unternehmensleitung oder Verantwortliche dann auch mehr einräumen: ‚Da haben wir einen Fehler gemacht. Punkt'" (S. 4, Z. 94–100). U3 äußert, die Erfahrung gemacht zu haben, dass Wandlungsprozesse im Unternehmen bisher „stringent" (U3, S. 7, Z. 190) umgesetzt und auch „immer wieder ein Stück weit nachgeschärft" (U3, S. 8, Z. 227) werden, soweit dies erforderlich ist (U3, S. 8, Z. 225–228). Darüber hinaus zeigt sich U3 sogar dankbar für die bisherigen Wandlungsprozesse, da diese in der Vergangenheit auch mit der Entstehung neuer Positionen im Unternehmen einhergingen, wovon U3 bereits profitiert hat (S. 6, Z. 169–171). Dennoch weist

U3 darauf hin, dass das Unternehmen dazu neige, neben der generell höheren Komplexität der Finanzdienstleistungsbranche Themen zusätzlich zu „verkomplizieren" (S. 6, Z. 165) und sieht diesbezüglich noch deutliche Entwicklungspotenziale (S. 6, Z. 160–167).

Auch M5 äußert, bisher keine negativen Erfahrungen im Zusammenhang mit Wandlungsprozessen im Unternehmen gemacht zu haben: „Also, bis jetzt hatte ich nur positive Erfahrungen. Deswegen bin ich ja immer so, wie ich gesagt habe, immer positiv mit Veränderungen. Ich weiß auch nicht warum. Immer, wenn etwas Neues ansteht, dann ist irgendwie mein Name einer der Kandidaten ganz oben. Jetzt haben wir wieder was Neues neben dem, was ich mache, wo auch die Unternehmensleitung gleich meinen Namen genannt hat, der muss das machen. Insofern, ich sehe Wandlungen und Veränderungen sehr, sehr positiv" (S. 10, Z. 272–277). Zwar könne ein Wandel in dem Moment, in dem er sich vollzieht, auch negative Effekte haben, wie z. B. den Abbau von Arbeitsplätzen; langfristig überwogen laut M5 jedoch immer die positiven Effekte (S. 9, Z. 245–269; S. 10, Z. 277–290). Aus diesem Grunde sehe M5 Wandlungsprozesse stets als eine Chance: „Deswegen nehme ich auch gerne das englische Wort Change. Change und Chance, das sind ja nur dieses C und G, was man da einfach verändert. Und das können sie als Chance sehen oder als Wechsel sehen. Und insofern, ich habe es immer als Chance genommen, also als Chance für mich. Und ich sehe immer in diesen Veränderungen mehr Chancen als Risiken. Und vielleicht bin ich auch manchmal zu positiv in gewissen Sachen, aber da gibt es andere Kollegen, die es dann negativer sehen und deswegen ist auch die Zusammenarbeit mit den Kollegen auch der sogenannte ausgleichende Faktor, der für ein gutes Team dann auch sorgt" (S. 8, Z. 229–237).

U11 antwortet auf die Frage nach seinen Erfahrungen mit bisherigen Wandlungsprozessen: „Die waren aus meiner Sicht überwiegend positiv. Ich bin eher sowieso der inneren Überzeugung, dass ja, die Welt bleibt ja nicht stehen und das lässt sich gar nicht verhindern. Also ich bin absoluter Überzeugungstäter von, dass sich was ändern muss. Und ich bin, arbeite deswegen gerne für dieses Unternehmen, bin nach wie vor gerne da mit an Bord, weil wir hier sehr viele Menschen, Kollegen haben, die auch Spaß daran haben und vor allem sich, ich sage mal, dem Zeichen der Zeit entsprechend widmen. Oder beziehungsweise schon so weit vorausschauen und eben halt Änderungsbedarf schon antizipieren. Und das macht mir eigentlich am meisten Spaß. Das ist nicht immer bequem und trifft auch nicht immer meinen Komfortbereich, aber ich bin Verfechter davon" (S. 6, Z. 166–174). Auf die Rückfrage, ob U11 je negative Erlebnisse im Rahmen eines Wandels erlebt hat, erklärt dieser: „Ein konkretes Beispiel war, dass ich vor ein paar Jahren im Rahmen einer Umstrukturierung in meiner Einheit zusätzliche Themen reingeflochten bekommen habe, also das war ein schlechtes Beispiel für Einbindung von Führungskräften. Aus meiner Sicht lohnenswert gewesen wäre, auch mit mir mal im Ansatz zu diskutieren oder Meinungsbild einzuholen, anstatt es dann am Ende einfach so auf den Hof zu schieben: ‚So ist es.' Und hat natürlich erstens, also nicht nur bei mir, sondern auch bei den Mitarbeitern, betroffenen Mitarbeitern, zu mehr Arbeit geführt, was das Thema Veränderungsprozess angeht. Am Ende allerdings auch mit dem Ergebnis, dass das nach einem Jahr wieder zurückgedreht wurde. Wo ich sagen muss, wo ich dann massivst dran mitgearbeitet habe, weil das war einfach, das war eine Schnapsidee. Und das war halt auf dem Reisbrett gut gedacht, aber da hat man einfach vergessen, vielleicht sich doch mal eine Minute zu nehmen, um zumindest mir gegenüber so ein bisschen Offenheit zu zeigen" (S. 7, Z. 184–195).

U8 äußert, ebenfalls „überwiegend positiv" (S. 7, Z. 219) an bisherige Wandlungsprozesse zurückdenken zu können, da diese das Unternehmen effektiver gemacht und „doch sehr viel" (S. 7, Z. 219) erleichtert hätten. Dennoch weist U8 auch auf den negativen Aspekt hin, „im Kollegenkreis nicht nur einen Burnout-Fall erlebt" (S. 8, Z. 222) zu haben. Diese Entwicklung habe laut U8 „schon brutal zugenommen" (S. 8, Z. 222) aufgrund der bisherigen Wandlungsprozesse: „Das hat schon auch mit der Überflutung zu tun. Und das sind nicht nur Leute gewesen mit 50plus, die da gescheitert sind, sondern zum Teil erheblich jüngere Leute. Auch in den 30ern Leute. Und das ist nicht positiv. Also das empfinde ich als eher negativ. Und da sehen wir schon die Schattenseiten von der ganzen Entwicklung auch" (S. 8, Z. 225–229).

(2) Negative Erfahrungen
Insgesamt 38 Prozent der befragten Führungskräfte äußern, dass sie überwiegend negative Erfahrungen mit bisherigen Wandlungsprozessen im Unternehmen gemacht haben. Die Führungskräfte bemängeln in diesem Zusammenhang, dass viele Wandlungsprozesse von ihnen nicht verstanden bzw. als sinnlos empfunden worden sind, da sie letztlich keinerlei Bestand hatten (z. B. M1, S. 7, Z. 175–189). So äußert U12 hierzu: „Oft meint man, man macht einen Wandlungsprozess nur des Willens wegen, dass man was tut" (S. 5, Z. 126–127). Seine Antwort begründet U12 mit der Erklärung, dass es in der Vergangenheit zu viele Wandlungsprozesse gegeben habe, „wo man auch gemerkt hat, das hat gar nichts gebracht, sondern eigentlich nur Arbeit. Man schaltet dann irgendwann einfach ab. Das ist irgendwie wie ein Motor, der irgendwann einmal ausgebrannt ist" (S. 16, Z. 478–480). M11 führt diesen Aspekt im Rahmen seiner Ausführungen weiter aus und geht hierbei auf das hohe Maß an Unbeständigkeit im Unternehmen ein: „Ja, ich meine gerade bei uns im Unternehmen ist ja nichts so beständig wie der Wandel und es gibt eigentlich keine Zeit, wo man Stillstand hat. In jedem Jahr denkt man, es werden wieder neue Themen bewegt und das Rad dreht sich immer schneller. Insofern weiß ich

gar nicht, ob ich jetzt einen einzelnen Wandel beschreiben kann. Wir befinden uns eigentlich permanent im Wandel und die Anforderungen werden immer wieder neu definiert und neu ausgerichtet" (S. 5, Z. 146–151).

U9 berichtet im Rahmen seiner Antwort von ähnlichen Erfahrungen: „Also, unabhängig von der Digitalisierung ist das ja Volkssport bei uns, sich irgendwie zu wandeln und umzustrukturieren und wie auch immer. Und, also, ich bin ja schon eine ganze Weile beim Unternehmen und habe, wie viele Ältere, die dabei sind, die Erfahrung gemacht, dass sich das Ganze immer irgendwie im Kreis dreht" (S. 6, Z. 177–180). Diese Aussage begründet U9 wie folgt: „Das heißt, es ist eigentlich so eine ständige Auf- und Abbewegung. Und immer wieder kommt eigentlich das, was wir auch schon mal hatten. Deswegen lachen wir da oft schon drüber und sagen: ‚Kennen wir doch alles schon. Das haben sie uns doch schon mal verkauft. Und drei Jahre später war das überhaupt nichts. Und jetzt ist es wieder das Beste.' Also, man kennt es, man regt sich nicht mehr auf, man geht damit um. Aber, ja, es amüsiert einen fast schon eher, weil immer wieder dieselben Sachen einfach kommen und einfach nur anders heißen. Also, eher nicht so tolle Erfahrungen gemacht" (S. 7, Z. 188–195). Vor allem das hohe Maß an Verschwendung von Ressourcen sieht U9 in diesem Prozess als kritisch an: „Und da geht halt wahnsinnig viel Zeit drauf, wahnsinnig viel Energie, auch wahnsinnig viel Geld für, aus meiner Sicht, nichts und wieder nichts. Aber bitte, sollen sie es machen" (S. 7, Z. 213–215).

M1 äußert ebenfalls, in seiner Laufbahn viele Umstrukturierungen beobachtet zu haben, die letztlich nach einem gewissen Zeitraum wieder verworfen wurden, sodass der ursprüngliche Zustand wieder eine Realisierung erfuhr (S. 7, Z. 175–189). Diese Wandlungsprozesse haben M1 daher schon mehrfach ihre Zweckmäßigkeit anzweifeln lassen: „Da stellt sich mir die Frage: ‚War das jetzt sinnvoll, was da gemacht wurde.' Ich habe für mich persönlich mitgenommen: Strukturänderungen sind mühsam. Führen nicht unbedingt zu den betriebswirtschaftlichen Ergebnissen, die man sich wünscht. Auch Richtung, also betriebswirtschaftlich und auch Richtung Kundenorientierung. Ich mache nur ein Beispiel. Man hat mal Telefonie, Korrespondenz, alles zerschnitten. Das heißt, der Mitarbeiter bediente den Kunden vorher umfassend. Dann war es so, dass ein Mitarbeiter für die Korrespondenz mit dem Kunden zuständig war, der andere hat mit ihm telefoniert und der dritte Sachbearbeiter hat Verträge ausgestellt. Dass das Unsinn war, war allen klar, allen Praktikern. Hat man dann aber Jahre gebraucht, um es zurückzudrehen" (S. 7, Z. 191–199). Trotz dieser negativen Erfahrungen räumt M1 ein, einen positiven Aspekt aus den Erlebnissen ziehen zu können: „Ich habe es aber, um was Positives abzugewinnen, habe ich für mich persönlich die Erfahrung gemacht, dass es Sinn macht, Abteilungen, wie wir sie haben, alle paar Jahre einmal durchzuwürfeln, weil sich dann einfach neue

9.2 Digitalisierung

Netzwerke bilden. Weil sich neue Beziehungen bilden. Weil Dinge hinterfragt werden. Wenn man mich jetzt aber fragt: ‚Was ist jetzt, überwiegt das?' Würde ich klar sagen: ‚Nein.' Also es überwiegt eher der negative Eindruck, dass man Dinge ausprobiert, macht, die dann doch nicht so funktionieren. Dann wieder zurückdreht, die dann bei vielen Älteren, gerade älteren Mitarbeitern, zu dem Ergebnis führen: ‚Hätten Sie uns gefragt, das konnte doch nicht funktionieren'" (S. 7 f., Z. 200–208). Auf die Nachfrage, ob M1 im Rahmen einer Umstrukturierung jemals im Vorfeld um seine Meinung gefragt worden sei, antwortet dieser: „Nein, nein. Nein. Also in kleinsten Bereichen. Aber auch nur vor vollendete Tatsachen gestellt worden. Also Umstrukturierung beispielsweise: ‚Wir reduzieren die Zahlen Ihrer Mitarbeiter.' Da bin ich ja unmittelbar von betroffen. Das war immer so. Das gab Gerüchte, Gerüchte und irgendwann gab es einen Termin. Und da wurde einem das mitgeteilt: ‚Das ist so. Wir bauen jetzt ab von bis.' Das kann natürlich begründet sein, dass der Betriebsrat, denn man darf vorher nicht informieren oder so, der Betriebsrat involviert ist, muss er wahrscheinlich. Aber ich als Führungskraft war nie involviert vorher. Der Betriebsrat wusste immer vorher Bescheid. Wir waren nicht einbezogen in den Prozess. Da hieß es nur: ‚Umsetzen. Ein Jahr Zeit. Zehn Mitarbeiter weniger'" (S. 8, Z. 220–228).

M2 kritisiert, dass vorherige Wandlungsprozesse aus seiner Sicht immer „sehr ad hoc" auftraten (S. 7, Z. 203). Ferner vertritt er die Ansicht, dass die entsprechenden Hintergründe nicht ausreichend erklärt wurden: „Das kam immer sehr schnell. Und so: ‚Jetzt machen wir das.' Da fehlte halt auch häufig einmal, warum machen wir denn das? Und mit welchem Ziel machen wir das, was wollen wir denn damit erreichen?" (S. 7, Z. 205–207). Diese Fragestellungen sind laut M2 auch ganz unabhängig von der Art des Wandlungsprozesses immer wieder offengeblieben: „Ob das jetzt ein neuer Beratungsansatz war oder strukturelle Veränderungen. Oder früher einfach kleinere Veränderungen mit Zusammenlegen von Einheiten. Oder auch große Veränderungen, wie zum Beispiel, wenn man ein anderes Unternehmen kauft. Und dann schnell wieder in ein paar Jahren sieht, das war da nichts. Da hat sich der Sinn nicht so ganz erschlossen, glaube ich" (S. 7, Z. 208–213). Aus diesem Grunde fehlte M2 im Rahmen der vorherigen Wandlungsprozesse der Einbezug der Beschäftigten: „Und dann wurde mit Gewalt alles Mögliche versucht, um das erfolgreich zu machen. Und ja, ohne mehr die Mitarbeiter einzubinden oder anzuhören. So war es in der Vergangenheit" (S. 8, Z. 217–219). Abschließend weist M2 jedoch darauf hin, dass diese Vorgehensweise im Unternehmen nicht mehr zu beobachten ist: „Also ich muss schon sagen, dass sich das verändert hat. Also das Unternehmen hat sich da schon groß verändert und ist auch deutlich moderner geworden. Was das betrifft kann man das schon so sagen" (S. 8, Z. 219–221).

U4 und U5 berichten von ähnlichen Erlebnissen wie M2. So beschreibt U4 einen großen Wandlungsprozess, den er im Unternehmen erlebt hat als „sehr radikal" (S. 5, Z. 143) und begründet diese Wahrnehmung wie folgt: „Also, wenn ich mich zurück entsinne, eine große Umstrukturierung, das war alles sehr holprig und mit viel, sage ich jetzt mal, Schmerz bei vielen Kollegen. Also bei mir persönlich jetzt eher weniger, aber mit sehr viel Schmerz und Wandlungsproblemen behaftet, weil es einfach nicht, meines Erachtens, nicht schön oder sauber kommuniziert wurde. Und die Basis einfach, im Nachhinein gesehen, nicht die Richtige war, weil wir jetzt in gewisser Hinsicht ein bisschen zurück gehen, also in der Systematik" (S. 4, Z. 112–117). Ebenso wie M2 betont U4 jedoch, dass sich die Kommunikation im Rahmen von Wandlungsprozessen deutlich verbessert habe: „Also das ist mittlerweile besser geworden. Die Kommunikation war damals zu dieser Zeit noch sehr hierarchisch und nach dem Motto, es kommen halt Ansagen und ich glaube die Kultur hat sich mittlerweile sehr stark gewandelt" (S. 5, Z. 143–146).

U5 berichtet ebenfalls davon, ein deutlich verändertes Verhalten der Unternehmensleitung in Bezug auf die Kommunikation feststellen zu können und vergleicht hierbei seine Erfahrungen mit einem früheren Wandlungsprozess: „Da war mal ein Wandlungsprozess, den man als Bedrohung wahrgenommen hat. Wo plötzlich jemand um die Ecke geschlichen kam, die Ohren hängen ließ, und wenn man dann erfasst hat, wie es ihm ergangen ist, dann hat man sich nur gewundert. Und das nehme ich im Moment als deutlich anders wahr. Die höchste Managementebene artikuliert glasklar und offen, wo geht die Reise hin, wie geht es dem Unternehmen im Moment und welche Schlüsse werden daraus gezogen. Und das ist eine völlig andere Geschichte, wie vor einigen Jahren, als man da quasi über Nacht seinen Job los war" (S. 4, Z. 107–113). Darüber hinaus traten bisherige Wandlungsprozesse im Unternehmen laut U5 plötzlich und unerwartet in Erscheinung, wobei die mangelnde Kommunikation der Hintergründe die größte Herausforderung für ihn darstellte: „Und vor allen Dingen nicht transparent, weil es gibt ja Entscheidungen, die kann jemand transparent machen, und es gibt Entscheidungen, die hat man kommen sehen. Aber das war ja in der Vergangenheit schlicht und ergreifend ein Ding, wo man, auch wenn man die Köpfe verglichen hat, eigentlich nur mit dem Kopf geschüttelt hat, was macht das für einen Sinn? Nicht nur für die Beteiligten, sondern eben auch für die Sache an sich. Also wo gibt es einen Vorteil für das Unternehmen, einen Vorteil für die Prozesse, einen Vorteil für was auch immer. Und da ist man heute deutlich informierter" (S. 4 f., Z. 116–122).

Ein Anteil von 8 Prozent der Führungskräfte äußert, negative Assoziationen mit bisherigen Wandlungsprozessen aufgrund der geringen Veränderungsbereitschaft der Beschäftigten aufzuweisen. U2 führt hierzu aus: „Also ich empfinde das manchmal selber als ein bisschen schwer, also das Rad dreht sich manchmal langsam. Das liegt aber einfach auch daran, wir sind ein Unternehmen, da sind Mitarbeiter ganz, ganz lange und wenn ein Mitarbeiter ganz, ganz lange bleibt, dann sind das in der Regel auch sehr stetige Menschen und sehr auf Sicherheit bedachte Menschen, an vielen Stellen jedenfalls, und das führt auch dazu, dass man Wandlungsprozesse nicht so schnell hinbekommt" (S. 5, Z. 122–127). So erklärt U2 weiter, dass ein Großteil der Beschäftigten schon die Ausbildung innerhalb des Unternehmens absolviert hat und daher Prozesse schon seit etlichen Jahren in gleicher Art und Weise bearbeiten würden (S. 5, Z. 129–132). Diese Voraussetzung sieht U2 als besonders herausfordernd, da sich hierdurch über die Zeit gewisse Denk- und Verhaltensweisen verfestigen: „Und das Gehirn funktioniert nun mal gerne routiniert und das, was ich schon 20 Jahre gemacht habe, mache ich halt gerne, weil das schnell geht. Da aber in die Köpfe reinzubringen, das, was wir heute machen, das ist gut und das heißt nicht, dass wir schlechte Arbeit machen heute, aber für die Zukunft nach vorne gedacht, müssen wir anders denken. Weil, wir haben andere Herausforderungen. Das in die Köpfe zu kriegen, ist ganz schwer" (S. 5, Z. 132–127). Gleichzeitig weist U2 darauf hin, dass diese Form des Umdenkens aus ihrer Sicht zu einem Teil bei Führungskräften schneller gehe, „weil, die sind ja natürlich oft nicht ohne Grund verantwortlich für ein Thema oder für eine Gruppe" (S. 5, Z. 137–138). Bei Mitarbeitenden mit einer langjährigen Betriebszugehörigkeit müsse sich hingegen viel Zeit genommen werden, um diese im Wandel „mitzunehmen" (U2, S. 5, Z. 142). Da sich U2 jedoch selbst als eine Person ansieht, die gerne nach vorne geht, anstatt Probleme zu sehen, empfindet sie vergangene Wandlungsprozesse eher als „ein bisschen schwieriger oder holpriger" (S. 5, Z. 143–144).

M10 berichtet von ähnlichen Erlebnissen, führt diese Erfahrungen jedoch eher auf die Größe und die Tradierung (S. 5, Z. 141–144) des Unternehmens zurück: „Generell ist für eine Organisation, wie die unsere, ein Veränderungsprozess, ein Wandlungsprozess in aller Regel immer schwierig oder immer mit Friktionen behaftet. Weil, wenn ich etwas ändere, muss ich Menschen aus ihren gewohnten Prozessen, aus ihrem gewohnten Umfeld, aus ihrer gewohnten Arbeitssituation, aus ihrem gewohnten Denken rausholen. Und das führt bei denjenigen, die in dieser sicherlich nicht falschen Nische in den letzten fünfzehn Jahren gearbeitet haben und sich wohlfühlen, immer zu Abwehrprozessen. Von daher, ich würde sagen, jeder Veränderungsprozess in einem Unternehmen unserer Größe ist, je nach Schwere der Veränderung, immer davon geprägt, dass es Menschen gibt, die so einem Veränderungsprozess sehr, sehr schnell folgen. Dass sie verstehen, um was es geht. Bis auch zur anderen Ecke, Menschen, die sich bis zur letzten Sekunde gegen Veränderungsprozesse jeder Natur wehren" (S. 5, Z. 125–135). Ferner betont M10, dass er in Bezug auf die Abwehrhaltung der Beschäftigten keinen Unterschied zwischen vorherigen und dem aktuellen digitalen Wandlungsprozess feststellen kann: „Und ich glaube, da nehmen sich digitale oder analoge Änderungsprozesse, die nehmen sich nichts. Ob ich in der Vergangenheit irgendwelche Gleitzeitmodelle eingeführt habe, wo Menschen gesagt haben: ‚Ich arbeite doch schon immer von acht bis 16 Uhr, ich kann doch jetzt nicht meine Zeit verschieben.' Dagegen gewehrt haben. Ist es glaube ich in der Natur der Sache, dass, wenn ich einen Prozess, den ich die ganze Zeit auf der Schreibmaschine gemacht habe, jetzt irgendwie voll maschinell machen soll, dass es da in Teilen Abwehrreaktionen gibt" (S. 5, Z. 135–141).

(3) Positiv wie negativ
Insgesamt 42 Prozent der Führungskräfte äußern, weder von überwiegend positiven noch von hauptsächlich negativen Erfahrungen berichten zu können. Stattdessen antworten diese Führungskräfte, dass sie auf positive wie negative Erfahrungen gleichermaßen zurückblicken können (z. B. M8, S. 6, Z. 158). Die Führungskräfte begründen ihre Antwort mit der Erfahrung, dass bisherige Wandlungsprozesse zwar stringent und strukturiert vollzogen wurden, jedoch die Kommunikation des Wandels bzw. die Einbindung der Beschäftigten im Unternehmen nicht geglückt ist. So geht M12 zu Beginn seiner Antwort auf positiv wahrgenommene Aspekte ein: „Also grundsätzlich muss ich sagen, habe ich gute Erfahrungen gemacht. Gute Erfahrungen damit dahingehend gemacht, dass die Chancen und die, wie soll ich sagen, auch die Notwendigkeiten im Grunde genommen rechtzeitig erkannt wurden, um das Unternehmen wettbewerbsfähig zu halten und damit am Ende des Tages natürlich auch Arbeitsplätze zu sichern, Profit zu generieren und Ähnliches zu tun" (S. 6, Z. 169–173). Im weiteren Verlauf seiner Ausführungen erklärt M12 jedoch, auch negative Aspekte im Rahmen der Wandlungsprozesse wahrgenommen zu haben, die er jedoch auch auf Besonderheiten der Finanzdienstleistungsbranche zurückführt: „Es ist allerdings nicht immer gut gelungen, die Mitarbeiterschaft, also die Belegschaft, wirklich immer mit auf den Weg zu nehmen. Wobei das auch schwierig ist. Ich hatte das anfangs gesagt, wir sind eine Branche, die über Jahre, ich sage mal, sich durchaus verändert hat, aber keinen tiefgreifenden Wandel hatte, wenn man im Gegensatz dazu eine Automobilindustrie nimmt oder ähnliches. Bei uns fuhr der Mitarbeiter immer in einem sehr, sehr sicheren, von nicht großen Veränderungen geprägten Fahrwasser. Und es gibt ja sogar Studien dazu, die sagen, Menschen, die zu einem Finanzdienstleistungsunternehmen gehen, um dort zu arbeiten, die streben auch nach persönlicher Sicherheit und werden von Unsicherheit, die durch was auch immer hervorgerufen werden, eher sehr viel stärker verunsichert als das in anderen Branchen der Fall ist" (S. 6, Z. 175–183). Aus diesem Grund müsse das Unternehmen im Rahmen von Wandlungsprozessen laut M12 „sehr genau aufpassen" (S. 6, Z. 184), dass es die Beschäftigten auf dem Weg auch wirklich mitnehme,

um am Ende seine gesetzten Ziele auch wirklich erreichen zu können (S. 6, Z. 183–187). Allerdings habe sich das Unternehmen diesbezüglich „über die Jahre deutlich verbessert" (S. 6, Z. 187).

M8 kritisiert ebenfalls die Art der Kommunikation innerhalb der letzten Wandlungsprozesse. So berichtet M8, dass er die Kommunikation während seiner zuletzt erlebten Umstrukturierung als „ziemlich taff" (S. 6, Z. 164) bezeichnen würde, da kurzfristig ein Stellenabbau kommuniziert wurde: „Das war ein Gespräch, das ging zwei Minuten mit der damaligen höchsten Managementebene. Und man hatte nicht gewusst, was kommt. Und da waren andere Kollegen, die sind halt mit Tränen heimgefahren und das hat Spuren hinterlassen. (….) Das ging dann ‚zack'. Und ich war nicht Betroffener. Also, ich hatte keinen Grund, traurig zu sein. Aber das hat, ja, für einen Mensch, der irgendwo mal eine Uni besucht hat, Abitur gemacht hat, dann doch auch Erfahrungen hinterlassen, wo ich sage: ‚Ups, kann auch anders laufen'" (S. 6, Z. 164–171). Auf die Rückfrage, wie unerwartet diese Reduzierung von Stellen für die Führungskräfte erfolgte, antwortet dieser: „Ja für die, die nicht die Worte der höchsten Managementebene wirklich ermessen konnten, sehr plötzlich. Die hatten im Jahr davor gesagt: ‚Dann ist halt, wenn es so weitergeht, nächstes Jahr ein Drittel weniger da.' Da bin ich schon hellhörig geworden und ich hatte auch mit dem Schlimmsten gerechnet. Es waren aber Leute da, die hatten das überhaupt nicht auf dem Radar. Und die Prozesse gehen weiter. Ich meine, der Kostenpunkt ist da und wir werden wieder Sparprogramme erleben" (S. 7, Z. 184–189). Als besonders positiven Effekt der bisherigen Wandlungsprozesse hebt M8 hingegen seine gestiegene Mitarbeitendenverantwortung hervor, da hierdurch seine „Gestaltungsmöglichkeiten" (S. 7, Z. 197) als Führungskraft deutlich gestiegen seien (S. 7, Z. 192–197). Negativ empfindet M8 jedoch in diesem Zusammenhang, von keinerlei gehaltlicher Entwicklung, trotz der höheren Verantwortung und der zusätzlichen Arbeit von „mindestens 30, 40 Prozent" (S. 7, Z. 199), profitiert zu haben (S. 7, Z. 197–200). Die aktuelle Arbeitsbelastung kann M8 zwar noch mit der Hilfe seiner Kolleg*innen bewältigen, jedoch führt das hohe Arbeitspensum dazu, dass „Sachen wirklich liegen" (S. 8, Z. 212) bleiben bzw. M8 teilweise mit „gefährlichem Halbwissen" (S. 8, Z. 213) an Sitzungen teilnehmen müsse (S. 8, Z. 211–224).

M6 äußert ebenfalls, dass seine Erfahrungen „sehr gemischt" (S. 5, Z. 123) seien und begründet seine Aussage wie folgt: „Dem Unternehmen ging es immer sehr gut. Also es gab wenig Themen, warum man sich wandeln musste und deswegen haben wir uns schwergetan. Und wir haben viele strukturelle Änderungen gemacht, Umstrukturierungen, die nicht wirklich erfolgreich waren, wo man die Mitarbeiter nicht mitgenommen hat, die auch inhaltlich falsch waren. Wir haben Wandlungsprozesse, alle paar Jahre wird das Thema mal so geregelt und dann wieder so. Also, Kundenorientierung entweder regional oder über die einzelnen Produktgruppen.

Entweder jede Produktgruppe für sich oder dann doch wieder alle zusammen, den Kunden als einzelnen. Also wir haben viele Wandlungsprozesse, wo es fünf Jahre in die eine Richtung geht und wieder fünf Jahre in die andere und wieder fünf Jahre in die eine. Und ehrlicherweise, es gibt auch Bereiche in Unternehmen, die sagen das Klassische, okay, bend and wait, lehn dich zurück, es geht schon vorbei. Was natürlich nicht gut ist, um Mitarbeiter mitzunehmen. Also wirklich sehr gemischt, handwerklich nicht immer gut gemacht und auch inhaltlich nicht zukunftsorientiert manchmal" (S. 5, Z. 124–137).

M3 erklärt, die vergangenen Wandlungsprozesse zwar nicht als überwiegend positiv bezeichnen zu können, eine negative Bewertung jedoch auch nicht zutreffend sei (S. 5, Z. 132–133). Diese Antwort erklärt M3 wie folgt: „Ich glaube einfach, dass ich die bisherigen Wandlungsprozesse als ‚nicht optimal gelungen' sehen würde. Die waren aber so, wie ich sie erlebt habe, alternativlos. Es ist also die Frage, wie man Menschen anders bewegt bekommt, diesen Wandlungsprozess mit zu belgeiten. Und das gelingt manchmal schneller, manchmal weniger schnell. In der Regel ist das immer ein Thema der Kommunikation und der Einbindung der Mitarbeiter. Das ist sicherlich in der Vergangenheit nicht immer optimal gewesen. Aber per se jetzt sagen: ‚Die Wandlungsprozesse waren immer schlecht', das würde ich jetzt auch nicht sagen" (S. 5, Z. 133–140).

M4 äußert, sich vor allem an drei strukturelle Wandlungsprozesse im Unternehmen erinnern zu können. Zwar sei das Ergebnis dieser Prozesse aus seiner Sicht immer positiv gewesen, jedoch bemängelt M4 den Einbezug der Führungskräfte in diese Prozesse: „Was ich immer erlebt habe, ist, es war natürlich auch stark mit Personalveränderungen verbunden, dass es eine sehr schnelle und auch vorgegebene Umsetzung von Seiten der Unternehmensleitung letztendlich da war und vorgelegt wurde. Wo wir eigentlich keine Mitgestaltungsmöglichkeiten hatten, sondern eigentlich vor vollendete Tatsachen gestellt wurden" (S. 5, Z. 124–129). M4 räumt ein, dass die Erwartungshaltung „immer mitzugestalten" (S. 5, Z. 131) vielleicht im Rahmen von Strukturveränderungen zu viel wäre, „aber überhaupt ansatzweise eingebunden zu sein, das war nie gegeben, sondern, war eigentlich immer ein Spiel der vorgegebenen, dann geplanten Struktur" (S. 5, Z. 131–134).

M7 äußert, dass er schon „viele strukturelle Wandel" (S. 6, Z. 162–163) im Unternehmen erlebt hat, in deren Rahmen „Unternehmensteile aufgelöst wurden und neu restrukturiert wurden" (S. 6, Z. 163). Seine gemachten Erfahrungen beschreibt M7 in diesem Rahmen als „nicht immer ganz gradlinig" (S. 6, Z. 164) und erläutert diese Aussage folgendermaßen: „Wandlungsprozesse hängen ja auch ganz stark von den aktuellen politischen Strömungen ab. Und es gibt bei Wandlungen oder auch im Unternehmen ja nie nur einen Königsweg, den man gehen kann. Und insofern ist es so, ich will nicht sagen ‚Zeitgeist'. Aber insofern ist eben gerade das,

9.2 Digitalisierung

was als Unternehmensziel im Vordergrund steht oder eine hohe Priorität hat das, was einen Wandlungsprozess mit vorgibt. Das kann fünf, sechs, sieben Jahre später, kann sich das schon wieder verändert haben. Und durchwachsen insofern, als wir in die bestimmten Phasen aus meiner Sicht sehenden Auges eingeschliffene, gut funktionierende Prozesse aufgegeben haben. Und haben uns auf eine Reise begeben, deren Ende nicht sauber absehbar war. Um nach einer gewissen Zeit wieder alte Strukturen, nicht die gleichen, alten Strukturen, aber anlehnende an bisherige Erfahrungen und anlehnende Strukturen wieder einzubauen" (S. 6, Z. 165–175). Zwar habe es laut M7 bei bisherigen Wandlungsprozessen auch immer wieder den Versuch gegeben, eine Transparenz zu erzeugen (S. 6, Z. 175–177), jedoch seien auch in diesen Phasen die „Einflussmöglichkeiten äußerst begrenzt" (S. 6, Z. 176) gewesen. Diese geschilderten Erfahrungen belegt M7 im weiteren Verlauf des Interviews anhand eines Beispiels: „Es gab ja einen sehr harten Schnitt im Unternehmen. Also, es wurde ein sogenanntes ‚Silodenken', kann man sagen, eingeführt. Man hat ganz bewusst Abteilungen voneinander getrennt. Und das hat in vielen Bereichen ganz große Gräben geschaffen. Die sich dann auch nachher in Kundenunzufriedenheit ganz deutlich gezeigt haben. Und hier gab es viele Stimmen, die vor dieser extremen Veränderung zumindest gewarnt haben. Aber das wurde sehr, sehr konsequent umgesetzt. Das haben wir heute überwunden und sind in einigen Bereichen wieder zu den Themen zurückgekehrt, die wir schon mal hatten. Insofern, diese Wandlungsprozesse muss man mit einer gewissen kritischen Distanz betrachten" (S. 6, Z. 180–187). Dennoch hat es laut M7 auch positive Wandlungsprozesse gegeben (S. 7, Z. 187–191), innerhalb derer Restrukturierungsmaßnahmen vollzogen wurden, „die sehr eng begleitet" (S. 7, Z. 189) wurden, mit „ganz viel Transparenz und einem sehr, sehr intensiven Versuch, die Menschen mitzunehmen" (S. 7, Z. 190–191).

Auch U1 berichtet davon, bereits viele strukturelle Veränderungen im Unternehmen erlebt zu haben, in deren Rahmen beispielsweise Standorte zusammengeführt und eine „Reduzierung von Personal" (S. 4, Z. 94) erfolgte, es aber auch Situationen gab, dass „Mitarbeiter aufgenommen" (S. 4, Z. 96) wurden von anderen Abteilungen (S. 4, Z. 92–96). Auf die Frage, wie U1 diese Wandlungsprozesse erlebt hat, antwortet diese: „Also, grundsätzlich ist es natürlich immer schmerzhaft, also, negativ jetzt, in den Größenordnungen Personalveränderungen, Abbau zu begleiten. Aber es war immer strukturiert und mit einem längeren, von einem halben Jahr zirka Zeitplan, also Information und dann auch Sozialpläne. Also, grundsätzlich habe ich es als strukturiert wahrgenommen" (S. 4, Z. 102–105). Ferner sieht U1 die Kommunikation während der Wandlungsprozesse als verbesserungswürdig an: „Also, die Erstinformation war natürlich rechtzeitig und vorzeitig. Aber dann kommt für die Mitarbeiter so eine Phase, wo keinerlei Information kommt. Und das finde ich schon unglücklich, wo man auch selber nichts sagen kann, weil man auch noch gar nichts weiß. Also, dieser Zeitraum dazwischen ist sehr lange, von der Erstinformation bis zur tatsächlichen Information über Sozialpläne oder was auch immer, was es dann konkret in Zahlen heißt. Also, so habe ich es immer empfunden bis jetzt, wenn es mich persönlich betroffen hat" (S. 4 f., Z. 108–114).

U6 erklärt ebenso, dass er seine unterschiedlichen Erfahrungen mit Wandlungsprozessen im Unternehmen vor allem auf den differierenden Grad an kommunikativen Aktivitäten zurückführen kann: „Also letzten Endes kommt es immer darauf an, wie ein Wandel kommuniziert wird. Und da haben wir natürlich Sachen positiv gemacht und wir haben auch Fehler gemacht. Also ich bin ja schon ein bisschen dabei. Es heißt, wir hatten in der Vergangenheit Wandlungsprozesse, wo top-down neue Strukturen im Endeffekt eingeführt wurden. Ich tue mal erinnern an eine sehr große Umstrukturierung, die also zum Teil mit einer Kommunikation so gelaufen ist, dass man Dinge nicht direkt vom Vorgesetzten erfahren hat. Das mal als Negativbeispiel" (S. 5, Z. 115–121). Demgegenüber stellt U6 jedoch auch positive Erlebnisse dar, innerhalb derer die Beschäftigten einen Einbezug erfahren und die Notwendigkeit verstanden haben: „Es gibt aber auch absolut positive Beispiele, wo ein Wandel gemeinsam entwickelt wurde, wo man beteiligt war. Wo eine sehr, sehr gute Kommunikation, was ich als extrem wichtig halte, stattgefunden hat. Und wo dann die Mitarbeiter zum Schluss auch motiviert in eine neue Welt eingetreten sind und nicht so diese klassische Changekurve, mit diesem Tal der Tränen irgendwo, durchlaufen haben. Sondern wirklich mitgestaltet haben und auch motiviert waren, etwas Neues mitzugestalten. Und auch überzeugt davon waren, dass die neue Welt besser ist als die alte Welt" (S. 5, Z. 121–127).

Auf die Rückfrage, aufgrund welcher Grundlage die vorherigen Wandlungsprozesse empfohlen wurden, wenn die Führungskräfte in diese nicht einbezogen wurden, erklären die befragten Führungskräfte, dass diese auf Basis der Ratschläge von externen Berater*innen erfolgte. So erklärt M6 hierzu: „Definitiv wurden die Wandlungsprozesse Top-down gemacht. Nur mit Unternehmensberatung und wirklich glasklares Wissen, jetzt nicht nur von unten, sondern fachliches Know-how widerlegt, weil man es jetzt eben so machen möchte" (S. 5, Z. 140–142). M7 geht innerhalb seiner Ausführungen auf die damalige Vorgehensweise der Berater*innen ein: „Man hat zu dieser Zeit sehr, sehr technokratisch Kappas hochgerechnet und hat die hin und hergeschoben, dass die rein rechnerischen Zahlen gepackt haben und damit Nutzeninkasso generiert. Das hat aber derart große Lücken gerissen, dass man das so nicht mehr durchhalten konnte" (S. 7, Z. 201–204). Diese Art Wandlungsprozesse im Unternehmen zu realisieren, wird ebenso von U4 und U12 im Rahmen des Interviews kritisiert. So erklärt U12, dass die Beschäftigten des Unternehmens nicht glücklich damit gewesen seien, dass „ganz Fremde, die gar keine Ahnung haben vom Fach" (S. 6, Z. 176–177) für die Festlegung von Zielen und der Ausgestaltung der Wandlungsprozesse engagiert worden seien (S. 6, Z. 176–178). U4 erläutert, dass er die Erfahrung gemacht hat, dass durch die Beauftragung „von externen Einheiten" (S. 5, Z. 126) Wandlungsprozesse in Bezug auf ihre Größe und Systematik unterschätzt werden bzw. an den „falschen Stellen angesetzt" (S. 5, Z. 124) wird. Diese Fehler führt U4 darauf zurück, dass externe Berater*innen „die Problematik des Unternehmens nicht richtig kennen" (S. 5, Z. 126–127). Dieser Umstand wird zwar laut U4 von den Beschäftigten auf den unteren Hierarchieebenen erkannt, „(…) nur leider Gottes nicht von den Entscheidern" (S. 5, Z. 117–125). Weiterhin kritisiert U4, dass Unternehmen von externen Berater*innen oft so dargestellt werden, dass sie „(…) zu komplex sind und sie gefälligst genauso agieren sollten, wie es auf der Blaupause am schönsten aussieht. Und hierdurch sehr, sehr wenig Spielraum gegeben wird, zwangsläufig natürlich, weil man dann befürchtet, dass das Ganze halt nicht funktionieren kann, wenn jeder seine Belange reinbringt. Aber dadurch kommt es dann zu Störungen während des Wandlungsprozesses und dann kommt es zwangsläufig zu den Verzögerungen, die man eigentlich mit diesem harten Vorgehen umgehen wollte" (S. 5, Z. 127–134).

M7 betont jedoch abschließend, dass aus den Fehlern der Vergangenheit die richtigen Schlüsse im Unternehmen gezogen worden seien: „Daraus wurden aber aus meiner Sicht schon massiv Lehren gezogen. Wir haben jetzt verschiedene Projekte und Veränderungsprozesse in den letzten fünf Jahren gehabt. Und hier war der ganz klare Tenor, wir möchten die Themen aus dem eigenen Know-how heraus durchaus mal auch mit einer externen Beratung, aber überwiegend aus dem eigenen Knowhow heraus generieren und verändern. Und ich glaube das ist ein guter Weg" (S. 7, Z. 204–209).

(5) Perspektive Personalwesen und Betriebsrat
Bei der Frage nach den Erfahrungen mit bisherigen Wandlungsprozessen im Unternehmen beschreiben die Mitarbeitenden des Personalwesens unterschiedliche Wahrnehmungen. Dennoch stimmen alle Befragten dieser Interviewgruppe in dem Punkt überein, dass die kommunikative Begleitung entscheidend für den Erfolg eines Wandlungsprozesses ist. PW1 erklärt, positive wie negative Erfahrungen gemacht zu haben (S. 4, Z. 88–89), wobei er die Art der Erfahrung von der Frage abhängig macht, wie gut es dem Unternehmen gelungen ist, „die Mitarbeiter da wirklich mitzunehmen und einzubinden" (S. 4, Z. 89–90). Dennoch erklärt PW1, seine Erfahrungen als „überwiegend positiv" (S. 4, Z. 94) bezeichnen zu können und begründet die Aussage wie folgt: „Also das Unternehmen ist eigentlich jetzt seit Jahren in einem ständigen Wandel. Also, das sind dann auch nicht immer die megagroßen Umstrukturierungen, aber irgendwas verändert sich ständig. Und man

versucht schon, da immer daraus zu lernen und die Leute mitzunehmen. In der Realität ist es dann meistens eine Mischung. Also, es gelingt sehr selten, dass alle sowas gut finden. Aber meistens funktioniert es dann schon" (S. 4, Z. 94–99).

PW3 antwortet auf die Frage, welche Erfahrungen er mit bisherigen Wandlungsprozessen im Unternehmen gemacht hat: „Das ist eine schwierige Frage, oh Mann. Ja, das ist so: Wie wird das Wetter am 23. April 2054? Also, da gibt es, also alles. Also, es ist von total vorbildlich bis ‚total Grütze', um es mal so zu sagen (lacht)" (S. 7, Z. 190–192). Auf die Rückfrage, ob PW3 den Verlauf eines Wandlungsprozesses im Unternehmen in Verbindung mit bestimmten Einflussfaktoren bringen kann, erklärt dieser, dass vor allem die Ziele, die beteiligten Personen und die Rahmenbedingungen innerhalb derer sich der Prozess bewegt, für ihn entscheidend sind (S. 7, Z. 208–213). Einen weiteren zentralen Aspekt sieht PW3 in der Veränderungsbereitschaft der Mitarbeitenden: „Also, ich glaube, das Ding ist, das Unternehmen so von der Grundkultur her ist gerne modern und gerne vorne dran. Verändern tut es sich-, also die Mitarbeiter, verändern tun sie sich nicht so gerne. Aber das ist jetzt, glaube ich, in jedem Unternehmen so. Also alle Unternehmen oder auch die Mitarbeiter von allen Unternehmen freuen sich, wenn sie irgendwie sagen: ‚Hey, wir sind erfolgreich.' Aber die Arbeit oder der Aufwand, der damit verbunden ist dahin zu kommen, das ist halt was, was natürlich jetzt die breite Masse eher nicht so gerne hat, weil das halt mit viel Schweiß und Tränen verbunden ist. Und da unterscheidet sich unser Unternehmen natürlich auch nicht, aber ich glaube, dass wir da doch insgesamt einfach ein doch professionelles Niveau haben, natürlich solche Themen auch anzugehen" (S. 7, Z. 198–207).

PW2 und PW4 erklären, überwiegend negative Assoziationen mit bisherigen Wandlungsprozessen im Unternehmen zu verbinden. So erklärt PW2 zu ihren bisherigen Erlebnissen: „Also, die habe ich eher, sage ich jetzt mal, eher sehr schmerzhaft erlebt. Also ich erinnere mich jetzt nur an einen sehr großen Wandlungsprozess, der allerdings schon länger her ist. Aber das war wirklich ein Wandlungsprozess, der mit der Brechstange durchgeführt worden ist. Der sehr viele Arbeitsplätze gekostet hat und man davor halt nie mit den Mitarbeitern gesprochen hat, sondern das eben wirklich einfach nur durchgesetzt und dann die Leute, also wirklich zu guter Letzt auf die Straße gesetzt hat. Oder halt eben sehr viel Angebote den Mitarbeitern gemacht hat. Also da sehe ich den jetzigen Wandlungsprozess schon, also wesentlich angenehmer" (S. 4, Z. 82–89). PW4 kritisiert die wahrgenommene Diskrepanz zwischen kommuniziertem Anspruch und gelebter Wirklichkeit im Unternehmen: „Ich finde, dass das, was wir sagen und das, was wir machen, häufig nicht zusammenpasst. Also wir hören immer: Wir müssen digitalisieren, wir müssen schneller sein und dann sind unsere Arbeitsgeräte so unglaublich veraltet und langsam und unzuverlässig. Und dann denkt man als Mitarbeiter: ‚Okay, wir reden immer über

9.2 Digitalisierung

Digitalisierung, aber wir können uns selber nicht digitalisieren.' Und das kommt mir immer ein bisschen komisch vor" (S. 8, Z. 208–213).

Die befragten Betriebsräte erklären, dass ihnen bei der Frage nach Wandlungsprozessen im Unternehmen vor allem Umstrukturierungen sehr präsent in Erinnerung geblieben sind. So weist beispielsweise BR2 zu Beginn seiner Antwort auf die hohe Anzahl an Umstrukturierungen hin, die er im Unternehmen bereits erlebt hat: „(lacht) Also ich sage mal so, also Umstrukturierungen, ich habe irgendwann mal gesagt, bei uns wäre es eigentlich am besten, man würde Aktien kaufen des Umzugsunternehmers, der bei uns tätig ist, weil denen geht die Arbeit nie aus. Also es wird ständig irgendwo umstrukturiert" (S. 5, Z. 147–150). Grundsätzlich betrachtet BR2 kritisch, dass Themen im Rahmen von Wandlungsprozessen eine einseitige Darstellung erfahren bzw. negative Konsequenzen verschwiegen werden: „Es ist oftmals so: Da ist irgendjemand mit einem bestimmten Umstrukturierungsthema beauftragt, Wandlungsthema beauftragt. Und dieser jemand möchte dieses Thema auch erfolgreich durchsetzen, weil danach wird er bemessen oder glaubt er, dass er bemessen wird. Das hat öfter schon mal dazu geführt, dass Wandlungen quasi durchgedrückt wurden, auch mit der Brechstange teilweise durchgedrückt wurden. Eben nicht immer dann die Dinge ausgewogen dargestellt wurden, weil einzelne Handelnde versucht hatten, durch ausschließlich positive Botschaften schneller zum Ziel zu kommen. Und als Mitarbeiter oder als Betriebsrat hat man dann eben teilweise erst hinterher gemerkt, worauf man sich da eingelassen hat. Und dann eben auch negative Konsequenzen gesehen hat. Und das ist schon ein Problem, weil damit verspielt man Vertrauen, der Arbeitgeber Vertrauen" (S. 5 f., Z. 150–160). Weiterhin führt BR2 aus, dass aus diesem Grunde „immer sehr viele Menschen" (S. 6, Z. 163) gegenüber Wandlungsprozessen im Unternehmen voreingenommen seien „(…) und sagen: ‚Hey, ihr habt uns schon zu oft an der Nase herumgeführt.' Und das ist auch für uns als Betriebsrat natürlich wiederum ein Problem und ein Thema, unsere Kollegen, die uns hier gewählt haben und deren Interesse wir vertreten, auch davon zu überzeugen, dass wir sagen: ‚Ja, wir glauben, dass das so stimmt. Und dann, dass wir in die Richtung gehen können.' Dann sagen die natürlich auch: ‚Ja. Lasst euch da nicht belügen. Lasst euch da nicht irgendwelches Zeug erzählen.' Also insofern, welche Erfahrungen habe ich gemacht? Gemischte. In der Regel waren die Absichten gut. Die Ausführungen waren nicht immer ganz gut. Und ich habe momentan jetzt oder mittlerweile eher so den Eindruck, dass man tatsächlich, so wie ich es vorhin ja schon gesagt habe, versucht, unternehmensseitig Chancen und Risiken ausgewogener darzustellen. Und das stärkt" (S. 6, Z. 163–173). Die aktuelle Stärkung des Vertrauens im Rahmen des digitalen Wandlungsprozesses sieht BR2 als sehr wichtig an, da aufgrund vergangener Wandlungsprozesse das Vertrauen der Mitarbeitenden auch dem Betriebsrat gegenüber gelitten hat, wenn dieser Themen wie bspw. Produktivitätssteigerungen oder den Einsatz neuer Tools im Vorfeld nicht in ausreichendem Maße hinterfragt hat (S. 6, Z. 174–190).

BR1 äußert, grundsätzlich unterschiedliche Erfahrungen mit bisherigen Wandlungsprozessen gemacht zu haben: „Beides, also das kann mal was Gutes und mal was Negatives bedeuten. Also der Wandel an sich ist es nicht. Es hängt dann im Kleinen und im Arbeitsalltag einfach an den Personen, mit denen man zu tun hat. Und das kann sich mal zum Positiven verändern, mal zum Negativen" (S. 7, Z. 176–179). Auf die Rückfrage, welche positiven bzw. negativen Erfahrungen BR1 gemacht hat, bezieht dieser sich auf die negativen Folgen von Stellenabbau im Unternehmen: „Im Grunde ist es ja häufig so, dass mit einer Umstrukturierung auch Stellen eingespart werden und dadurch einfach mehr Aufgaben auf einen zukommen. Und wenn man das nicht gut vorbereitet und dann nicht vorher auch schaut, welche Aufgaben lassen wir denn eventuell mal weg, dann kann das auch negative Auswirkungen haben" (S. 7 f., Z. 181–185). Wandlungsprozesse, innerhalb derer im Vorfeld eine gute Vorbereitung sowie eine Prüfung erfolgte, „was man an alten Aufgaben vielleicht weglässt und wo man neue Schwerpunkte setzt" (S. 8, Z. 194–195), sind BR1 positiv in Erinnerung geblieben (S. 8, Z. 193–195).

9.2.4 Unterschied zu bisherigen Wandlungsprozessen

Der Großteil der befragten Führungskräfte erkennt vor allem in der hohen Geschwindigkeit (75 Prozent) sowie der langfristigen zeitlichen Ausrichtung des digitalen Wandels (67 Prozent) zentrale Unterschiede zu bisherigen Wandlungsprozessen. Darüber hinaus äußern 63 Prozent der Führungskräfte, dass sich der digitale Wandlungsprozess für sie durch eine veränderte Arbeits- und Denkweise auszeichnet. Insgesamt 54 Prozent der Führungskräfte erläutern, dass der digitale Wandel in deutlich höherem Maße extrinsisch getrieben ist als zuvor erlebte Wandlungsprozesse. Dieser Umstand führt laut den Führungskräften zu der Anforderung einer schnelleren Transformationsgeschwindigkeit für das Unternehmen. Ein weiterer Unterschied wird von den Führungskräften in der Anforderung gesehen, sich fortlaufend weiterbilden zu müssen, um den digitalen Wandlungsprozess erfolgreich bewältigen zu können (29 Prozent). Diese Führungskräfte weisen gleichzeitig darauf hin, dass sich aufgrund des hohen Tempos des digitalen Wandels auch die Art des Lernens verändert. Die Mitarbeitenden des Personalwesens und die Betriebsräte setzen im Rahmen ihrer Antworten Schwerpunkte auf die langfristige zeitliche Ausrichtung sowie den umfassenden und tiefgreifend Charakter des digitalen Wandels.

(1) Geschwindigkeit

Ein Anteil von 75 Prozent der befragten Führungskräfte äußert, dass sich der digitale Wandel vor allem durch seine hohe Geschwindigkeit von bisherigen Wandlungsprozessen unterscheidet (z. B. M9, S. 6, Z. 187–188; M4, S. 6, Z. 152–154). U6 beschreibt seine Wahrnehmung des hohen Tempos des digitalen Wandlungsprozesses wie folgt: „Der digitale Wandel ist anders, weil der extrem schnell kommt. Aktuell empfinde ich es als fast überfallartig. Man hat zwar, sag ich mal, seit vielen Jahren darüber geredet, dass er kommt. Aber aktuell, finde ich, spürt man, dass er mit einer unheimlichen Geschwindigkeit wirklich greifbar ist und sich zeigt" (S. 5, Z. 135–139). M8 erläutert, dass vor allem Unternehmensbereiche, die im direkten Kund*innenkontakt stehen, bezüglich einer voranschreitenden Digitalisierung fokussiert werden: „Der Druck ist sofortige Umsetzung. Es kommt und du musst es sofort annehmen. Also bei uns in der Abteilung ist das wie durch ein Brennglas im Vergleich zu anderen Abteilungen. (…) Bei uns kommt das neue Programm und es muss funktionieren, denn du bist direkt beim Kunden" (S. 9, Z. 250–254). U5 verdeutlicht anhand eines Vergleiches zu früheren strukturellen Veränderungen die hohe Geschwindigkeit, innerhalb derer sich der aktuelle Transformationsprozess vollzieht: „Ja, früher hatte man so den geflügelten Spruch: ‚Alle sechs, sieben Jahre gibt es eine neue Struktur im Unternehmen.' Diesen Eindruck hat man heute nicht mehr. Also ich zumindest habe den Eindruck, dass wir eher Getriebene der Gesellschaft schlechthin sind und nicht mehr nur der Beratungsunternehmen oder die Sklaven der Beratungsunternehmen, die eine neue Horde hochbezahlter Berater durch das Haus jagen, sondern man muss schon reagiert haben, bevor man den Berater überhaupt holt. Wir müssen unsere Produkte schon angepasst haben, bevor wir überhaupt mit jemandem darüber reden, was können wir besser machen" (S. 5, Z. 145–152).

Die Ausführungen von U5 und M8 verdeutlichen, dass das Unternehmen aufgrund des hohen Tempos des digitalen Wandels deutlich schneller auf dessen Anforderungen eingehen muss, vor allem wenn es um das Thema Produktentwicklung bzw. Kund*innenkontakt geht. Weitere Anpassungsmechanismen des Unternehmens bestehen in einer schnelleren Veränderung von Prozessen (U3, S. 9, Z. 258–263) sowie einer engeren Taktung von Austauschformaten (U8, S. 6, Z. 172–178) und des Berichtswesens (U2, S. 6, Z. 156–167). U2 erklärt hierzu: „Wenn ich nur mal von mir spreche, als ich angefangen habe in meiner Abteilung, habe ich eine Woche lang Berichte gemacht. Da kamen die aktuellen Zahlen einmal im Monat, dann habe ich eine Woche lang aus diesen Zahlen Berichte gemacht und die dann an alle möglichen Führungskräfte verschickt. Jetzt haben wir jeden Montag aktuelle Zahlen beziehungsweise manchmal noch schneller und jetzt muss das alles an einem Tag passieren und zwar nicht, indem sich 15 Leute hinsetzen und Präsentationen erstellen, sondern es muss so laufen, dass das alles automatisiert ist und nur noch bestimmte Kleinigkeiten manuell gemacht werden. Das ist natürlich eine ganz andere Geschwindigkeit. Ich habe aber zum Teil dieselben Mitarbeiter in so einer Einheit, als es damals der Fall war und dass die jetzt noch schneller werden müssen und sich ständig dieser Schnelligkeit aussetzen müssen, das ist schon für manche echt eine Herausforderung. Das ist nicht leicht" (S. 6, Z. 156–167).

Ferner betonen die Führungskräfte, dass die rasche Digitalisierung aufgrund der COVID-19-Pandemie weiterhin beschleunigt wurde (z. B. M1, S. 9, Z. 265–269; M11, S. 6, Z. 167–174). U1 verdeutlicht anhand ihrer Ausführungen den starken Einfluss der Pandemie auf den Digitalisierungsgrad des Unternehmens: „Also durch das Thema, dass wir ja durch Corona von heute auf morgen in den Lockdown gingen, mussten wir die Digitalisierung einfach schneller umsetzen. Hier wurde sofort eine Projektgruppe gegründet bei der wir mitgewirkt haben, möglichst alles schnell aufzubereiten, dass in digitaler Form ein Verkauf weiterhin möglich ist. Also, das war eigentlich innerhalb von drei Wochen von gefühlt 20 Prozent, die man tatsächlich in der Umsetzung hatte digital, auf 100 Prozent, um hier mal die Dimensionen aufzuzeigen. Also wir haben wahnsinnig schnell darauf reagiert mit dem Projekt, zum Beispiel auch mit Schulungsfoliensätzen, um in die digitale Ansprache beim Kunden zu gehen. Also, innerhalb von drei Wochen, glaube ich, haben wir das ganze Projekt auf die Beine gestellt und zwar konkret auf die Themen, die in der Coronaphase dem Kunden wichtig waren oder nach unserer Ansicht ein Bedarf beim Kunden besteht" (S. 5, Z. 118–128).

Insgesamt 21 Prozent der Führungskräfte betonen den hohen zyklischen Charakter des digitalen Wandels (z. B. M6, S. 5, Z. 154–155). So äußert M8, dass nach seiner Wahrnehmung allein die Intervalle, innerhalb derer sich die genutzten Software-Programme verändern, immer kürzer werden (S. 9, Z. 262–268). U12 äußert, dass die stetig kürzer werdenden Veränderungszyklen die Gefahr in sich bergen, die Beschäftigen für Wandlungsprozesse nicht länger motivieren zu können, da er diese Entwicklung bei sich selbst festgestellt hat: „Erst kam der langsame Wandel und diese Wandlungsprozesse waren immer in Zehnjahresschritten, dann waren sie in Fünfjahresschritten. Heute sind es schon, was weiß ich, in Dreijahresschritten. Also, der Wandel wird immer schneller. Und man hat so das Gefühl, zumindest geht es mir so, dass man irgendwann mal keine Lust mehr hat, diesen Wandlungsprozess so aktiv zu begleiten und mitzumachen. Man muss es halt hinnehmen, weil es so ist. Man kommt nicht raus. Aber so begeistert ist man nicht mehr" (S. 5, Z. 114–119).

M10 und M12 weisen ebenfalls auf die Herausforderung hin, trotz der hohen Geschwindigkeit des digitalen Wandels die Beschäftigten während des Wandlungsprozesses nicht zu verlieren. So erklärt M10 hierzu: „Wir sind in einem ganz

9.2 Digitalisierung

schnellen, dauerhaften Wandel. Deswegen sehe ich es auch nicht mehr so, dass wir auch mittlerweile richtig so eine Veränderung durchführen und so eine Struktur dann steht und läuft. Sondern, was für viele sehr ungewohnt ist und auch schwierig von der Adaptionsmöglichkeit her, ist, dass das, was eigentlich gestern noch aktuell war, morgen schon alt sein kann und überholt sein kann. Und das lässt aus meiner Sicht einige Leute intellektuell auf der Strecke. Und das meine ich gar nicht mit einer Wertung, im Sinne von ‚die Leute sind dumm oder beschränkt' oder sonst was. Überhaupt nicht. Das sind einfach Menschen, die diese Veränderungsgeschwindigkeit nicht mehr mitmachen können oder sehr schwer mitmachen können, weil das Verständnis nicht mehr da ist" (S. 7, Z. 202–211). M12 erläutert, dass aus seiner Sicht eine der größten Herausforderung im Rahmen der Digitalisierung darin besteht, dass sich auch ein „Wandel im Kopf der Menschen" (S. 8, Z. 249) vollzieht. Auch wenn die Digitalisierung eine hohe Veränderungsgeschwindigkeit erfordert, gilt es laut M12, diesem Prozess die nötige Zeit einzuräumen: „Manchmal muss man aus meiner Sicht aber auch sich bewusst sein, wie schnell kann eigentlich ein solcher Veränderungsprozess gehen? Es ist ja nicht einfach wie im Auto, dass ich sage, jetzt schalte ich vom zweiten in den dritten Gang oder ich schalte mein Allrad ein und plötzlich läuft eine gesamte Organisation wie eine Maschine eben anders. So ist es nicht. Und manche Prozesse sind, die dauern einfach schlichtweg länger und ich muss sie unterstützen, bis sie mal in einem gesamten Unternehmen auch irgendwo, ich sage mal, bei jedem einzelnen Mitarbeiter auch irgendwo Einzug, Platz gefunden haben. Und da muss man aus meiner Sicht auch manchmal die notwendige Geduld dafür haben, weil das eben nicht mit Hebel umlegen geht, sondern eines Überzeugungsprozesses bedarf, eines Routineprozesses bedarf und wo man einfach einen gewissen Prozentsatz einer Belegschaft auch überzeugt haben muss, um einen Selbstlauf im Unternehmen dann zu produzieren" (S. 8, Z. 225–235). Auch U10 weist auf das „Spannungsfeld" (S. 5, Z. 120) hin, dass der Transformationsprozess des Unternehmens aufgrund der Dringlichkeit dieses Themas bereits „gestern" (S. 5, Z. 121) abgeschlossen sein sollte, der Wandel sich jedoch gleichzeitig so umfassend und tiefgreifend gestaltet, dass er nicht in einer kurzen Zeitspanne abgeschlossen werden kann (S. 5, Z. 120–122).

U11 bezweifelt die Wahrnehmung der anderen Führungskräfte, dass sich der digitale Wandlungsprozess in einem höheren Tempo vollzieht als vorherige Wandlungsprozesse. Aus seiner Sicht gestaltet sich der digitale Wandel zwar zyklischer, aber innerhalb eines Zyklus nicht schneller: „Also vielleicht ist man verleitet zu sagen, dass das Thema digitaler Wandel auf jeden Fall schneller läuft, als andere Sachen. Das glaube ich aber nicht, weil ich glaube, die Veränderungsprozesse, die damals auch schon gemacht wurden, die ich miterlebt habe, ebenfalls schnell umgesetzt wurden. Ich glaube aber, dass das Thema, also digitales Zeitalter, digitale

Medien und vor allen Dingen die entsprechenden Werkzeuge, Tools, Software und so weiter, sich eben natürlich in einer relativ schnellen Zeit und in kurzen Zyklen sich schnell weiterentwickelt. Und das ist schon etwas, was so ein bisschen Spiralwirkung auslöst, dass sich, also ich sage mal, Möglichkeiten schneller ergeben, um weiteres Veränderungspotenzial zu erkennen und weitere Veränderungsideen zu entwickeln" (S. 7, Z. 205–213).

(2) Zeithorizont
Insgesamt 67 Prozent der Führungskräfte geben an, dass sich der digitale Wandel zu vorherigen Wandlungsprozessen in Bezug auf die zeitliche Ausrichtung deutlich unterscheidet (z. B. M8, S. 9, Z. 269–270; U10, S. 5, Z. 116–120). So erklären diese Führungskräfte, dass sie sich bereits seit mehreren Jahren mit dem digitalen Wandel auseinandersetzen, ohne dass ein bestimmter Endpunkt des digitalen Wandels abzusehen ist (z. B. M6, S. 5, Z. 145; U1, S. 6, Z. 156). So antwortet beispielsweise M9 auf die Frage, wie lange ihn der der digitale Wandel in seinem beruflichen Alltag noch begleiten wird: „Bis ich sterbe, wahrscheinlich" (S. 7, Z. 193–197). U11 gibt auf die Frage, wie lange er die Dauer des digitalen Wandels einschätze, folgende Antwort: „1000 Jahre. (lacht) Ja, also sehe ich kein Ende. Also das, ja, das wäre krass. Nein, sehe ich kein Ende, im Gegenteil" (S. 8, Z. 225–227). Auch M3 und M11 äußern, dass sie sich mit dem Thema digitaler Wandel bis zu ihrem Lebensende auseinandersetzen werden (M3, S. 6, Z. 165; M11, S. 7, Z. 205). M11 erklärt seine Antwort wie folgt: „Weil, in der Tat ist das Thema Digitalisierung ja nicht auf das Berufsleben beschränkt und auch nicht auf ein gewisses Lebensalter. Wenn ich jetzt zum Beispiel an meinen Stiefvater denke, der deutlich älter ist als ich, aber technisch deutlich affiner. Der ist begeisterter Hobbyfotograf und berichtet mir immer, wie er irgendwelche Fotos und auch Musiksammlungen in irgendwelche Clouds lädt. Von daher, wie gesagt, das begleitet einen tatsächlich ein Leben lang" (S. 7, Z. 205–210). Aufgrund der Langwierigkeit des Wandlungsprozesses empfindet M11 diesen gleichzeitig als sehr „kraftraubend" (S. 7, Z. 189), gerade wenn es darum geht, das Thema „wirklich bis zum letzten Beschäftigten zu tragen und die Leute zu missionieren" (S. 7, Z. 189–190). U4 äußert, dass diese Anstrengungen aus seiner Sicht jedoch unausweichlich sind, um weiterhin erfolgreich innerhalb der Finanzwirtschaft agieren zu können: „Ich glaube auch, dass dieser, ich nenne es jetzt einfach mal ganz lapidar Trend, dass dieser Trend nicht einfach vorbei geht, so nach dem Motto, wir lehnen uns zurück und dann wird schon nichts passieren. Das ist in dem Fall meines Erachtens nach ausgeschlossen. Weil es einfach kein Trend ist, sondern schlichtweg es ein neues Zeitalter in Anführungszeichen ist, um das jetzt mal dramatisch so darzustellen, und wir uns dessen nicht entziehen können. Und kein Unternehmen kann sich dem entziehen. Und wenn ein Unternehmen das

9.2 Digitalisierung

nicht auf die Reihe kriegt, dann wird das dann sagen wir mal, obsolet" (S. 6, Z. 167–173).

Ein Anteil von 25 Prozent der Führungskräfte betont, dass sich der digitale Wandel durch die Gegebenheit auszeichnet, dass bisher kein Zustand erreicht wurde, der für einen gewissen Zeitraum Bestand hat. U2 erklärt hierzu: „Frühere Veränderung waren so: ‚Wir haben jetzt eine Veränderung und für die nehmen wir uns jetzt ein Jahr oder zwei Jahre Zeit und dann war das erst einmal so.' Das, was sich verändert hat, war dann auch erst einmal wieder gültig. Das gibt es jetzt nicht mehr. Also man verändert alles, immer. Das ist ein laufender Prozess. Der Wandel ist einfach ein laufender Prozess und es ist nicht abgeschlossen" (S. 5 f., Z. 150–155). M10 äußert eine ähnliche Wahrnehmung wie U2: „Früher hat man einen Veränderungsprozess durchgeführt, ob der schmerzhaft war oder nicht, lasse ich mal dahinstehen. Aber es wurde eine Umstrukturierung vorgenommen. Es wurden vielleicht neue Produkte eingeführt, neue Prozesse eingeführt, dann hatten wir aber erst mal Bestand. Und genau diese Situation haben wir heute nicht mehr, weil aus meiner Sicht eine Veränderung die nächste jagt" (S. 7, Z. 197–201). Dieser Umstand spiegelt sich laut M10 auch in einer anderen Kommunikation des Wandels wider: „Und das führt auch dazu, um auf die zweite Teilfrage zu antworten, hatten wir früher eine Strukturänderung, hat man die kommuniziert und dann war es gut. Wir sind eigentlich in einem dauerhaften Kommunikationsprozess, weil sich die Welt nicht mehr fundamental ändert in einem großen Schritt, sondern eher iterativ in kleinen Schritten. Wir passen uns dynamisch dem an, was der Markt von uns erwartet und das stößt nicht überall auf uneingeschränktes Verständnis" (S. 7 f., Z. 211–216).

U7 weist darüber hinaus auf den Punkt hin, dass es ihm schwer falle einen Beginn des digitalen Wandels zu bestimmen: „Es gibt jetzt quasi keinen Stichtag, jetzt wird Digitalisierung eingeführt, sondern es ist so ein dauernder Prozess, der steht ja nicht still. Wenn man das jetzt mit einem Produkt vergleicht oder mit einer strukturellen Änderung, die wird quasi vorbereitet und die steht dann und dann geht es einfach mal auf der Basis weiter" (S. 5, Z. 144–147). Auch U8 sieht diese Unterschiede und erklärt, dass die Beschäftigten bisherige Wandlungsprozesse aufgrund eines klaren und deutlich kürzeren Zeitraums besser verstehen und annehmen konnten: „Also in den anderen Wandeln, die ja waren, mit Umstrukturierungen et cetera, da hat man sehr schnell da angenommen, okay, das ist jetzt wirklich die ‚neue Normalität'. Das Wort gab es noch nicht. Aber das ist jetzt einfach, wir arbeiten jetzt so, wir leben jetzt so. Gut, wir stellen uns darauf ein. Das war ein Prozess von wenigen Monaten, eigentlich" (S. 9, Z. 279–283). U9 äußert, dass er den digitalen Wandel im Gegensatz zu bisherigen Wandlungsprozessen als einen Prozess ansieht, „der sich einfach immer ständig verändert und sich auch ständig vergrößert" (S. 8, Z. 232–233). Bisherige Wandlungsprozesse des Unternehmens habe er hingegen wie einen

Hund wahrgenommen, der sich „permanent in den Schwanz beißt" (S. 8, Z. 234). Diese Metapher begründet U9 mit der Erfahrung, dass bisherige Wandlungsprozesse wie beispielsweise Umstrukturierungen „(…) immer ganz groß angekündigt und beworben wurden als das Neueste und Beste und Tollste. Und dann war es drei Jahre so und dann wurde alles wieder abgeschafft und wieder ganz anders gemacht. Und dieser digitale Wandlungsprozess, der läuft stetig und wird immer mehr, aber läuft so komplett nebenher" (S. 8, Z. 218–222).

M4 erläutert, dass die langfristige Ausrichtung des digitalen Wandlungsprozesses gleichzeitig mit der Problematik einhergeht, dass niemand eine Vorstellung von einem konkreten Zielbild hat bzw. dieses definieren könnte: „Ich glaube, dass beim digitalen Wandel keiner weiß, was das Zielbild ist. Also das ist ein Wandel, der kein Zielbild hat, sondern der stetig auch aufgrund der technologischen Fortschritte immer adaptiert wird. Somit kann sowas von oben auf, glaube ich, gar nicht passieren. Weil man nie das klare Bild hat. Umso mehr ist es wichtig und erlebe ich auch in unserem Unternehmen, jetzt auch die Führungskräfte alle mit einzubinden. Und den Weg gemeinsam zu gehen. Weil die bisherigen Wandlungsprozesse, die waren vom Zielbild und von der zeitlichen Struktur klar. Und der digitale Wandel-, aus meiner Sicht ist das eher ein Wandel, der uns jetzt die nächsten Jahre immer begleiten wird, bis vielleicht die nächste Technologieevolution oder -revolution kommt" (S. 5, Z. 140–149).

(3) Veränderte Denk- und Arbeitsweise
Insgesamt 63 Prozent der befragten Führungskräfte nennen den Aspekt einer veränderten Arbeits- und Denkweise, die sich aus ihrer Sicht aufgrund der voranschreitenden Digitalisierung vollzieht bzw. auch vollziehen muss, um den Wandel bewältigen zu können (z. B. U10, S. 4, Z. 108–113). So erklärt M8, dass sich durch den digitalen Wandel vor allem die Frage des „Wie deines Arbeitens" (S. 8, Z. 232) zunehmend stellt. U6 geht diesbezüglich in seinen Ausführungen in die Tiefe und beschreibt die wahrgenommenen Veränderungen wie folgt: „Und das bedeutet, dass sich nicht nur so klassische Aufbauorganisationen verändern, sondern es verändert sich die Zusammenarbeit. Es verändert sich auch wo man arbeitet, wie man sich selber organisiert. Es verändert sich auch im Team, wie man zusammenarbeitet, ein Lebensgefühl. Also aktuell ist der Wandel nicht nur irgendwo organisatorisch. Also, ich mache es mal an einem Beispiel deutlich. Kaum einer hat hier noch eine Krawatte an. Wir orientieren uns an coolen Typen aus Startups. Wir machen im nächsten Schritt auch-, übernehmen wir Prozesse, die komplett eine andere Art von Beteiligung darstellen, dass es nicht hierarchisch entschieden wird, sondern dass man ein Brainstorming von unten herausfordert, Eigenverantwortung herausfordert. Dass man Teams, die hierarchiefrei sind, bildet. Und das ist etwas, was sich

aktuell, finde ich, extrem zeigt, dass sich die Arbeitswelt bei allem gefühlt verändert" (S. 5, Z. 139–149). M5 bemerkt vor allem einen veränderten Dresscode auf den höheren Managementebenen, so würden Führungskräfte zunehmend nur noch zu wichtigen Terminen (S. 15, Z. 473–477), wie z. B. den Diskussionen von Regularien, „in Krawatte und Anzug" (S. 15, Z. 474) erscheinen. Darüber hinaus stellt M5 aufgrund des digitalen Wandels eine steigende Flexibilisierung der Arbeitszeiten fest (S. 15, Z. 470–471), die sich immer mehr vom „typischen Nine-to-five-Job" (S. 15, Z. 471) entfernen. M6 und U11 sehen den größten Unterschied zu bisherigen Wandlungsprozessen in dem erhöhten Maß an agilen Arbeitsweisen, wie z. B. Scrum-Projekte und agile Produktentwicklungen, in die Kund*innenbefragungen einbezogen werden (M6, S. 4, Z. 114–119; U11, S. 6, Z. 159–161). U11 betont, dass „solche Methoden wie Design Thinking oder agiles Projektmanagement oder agile Projektarbeit" (S. 6, Z. 159–160) innerhalb der täglichen Arbeit im Unternehmen „immer stärker verankert" (S. 6, Z. 160–161) werden.

M2 weist darauf hin, dass sich die neuen Denk- und Arbeitsweisen, wie z. B. mobil-flexible und agile Arbeitsformen, gleichzeitig stark auf die Führungskultur im Unternehmen auswirken: „Das geht mit einer ganz anderen Führungskultur für die Führungskräfte einher. Hat aber auch für den Mitarbeiter ein ganz anderes zukünftiges Zusammenspiel zwischen Mitarbeiter und Führungskraft zur Folge. Mit Auswirkungen auch auf seine Arbeit, weil dort wird es ja einen kompletten Einfluss nehmen. Also ist nicht nur mal umstrukturieren und wir machen das jetzt, sondern das ist ein dauerhafter Veränderungsprozess" (S. 8, Z. 236–240). Ferner unterscheidet sich laut M2 der digitale Wandel von anderen Wandlungsprozessen durch eine veränderte Verhaltensweise gegenüber den Kund*innen: „Weil wir hier nicht nur Veränderungen in der Arbeitsweise haben, in der eigenen Arbeitsweise oder in Strukturen haben, sondern wir auch diese Veränderungen gegenüber dem Kunden ganz stark haben. Und natürlich auch diese Veränderungen sehr, sehr viel von Mitarbeitern abverlangen. Und nicht nur für einen gewissen Veränderungszeitraum, sondern dauerhaft, weil er sich klar auf der technischen Ebene, also auf der digitalen Ebene deutlich verändern muss und auch persönlich" (S. 8, Z. 229–234). Unter den angesprochenen Veränderungen fasst M2 vor allem die intensive Auseinandersetzung mit den Bedürfnissen, Präferenzen und genutzten Kommunikationswegen der Kund*innen. Diese stehen laut M2 innerhalb der digitalen Transformation viel stärker im Mittelpunkt als bei bisherigen Wandlungsprozessen: „Also wir haben uns Marktforschungen angeschaut im eigenen Haus: Wie ticken denn unsere Zielgruppen? Welche digitalen Kanäle nutzen die? Wo sind die in Social Media unterwegs? Wer spricht die besonders an? Was sind deren persönliche Wünsche? Also wo wollen die mal hin? Was ist denen wichtig? Was ist denen völlig unwichtig?" (S. 4, Z. 106–110).

M11 weist ebenfalls auf einen veränderten Umgang mit den Kund*innen hin, da aufgrund des Wandlungsprozesses zunehmend eine Kommunikation auf digitalem Wege erfolgt, wodurch gleichzeitig die Betreuungseffizienz aus seiner Sicht gesteigert werden kann: „Dass wir durch die technischen Möglichkeiten immer mehr in die Lage versetzt werden, Themen eben auch von zentraler Stelle oder eben auch dezentral, wenn irgendwo jemand im Homeoffice sitzt, ableisten zu können, ohne dass man tatsächlich vor Ort sein muss. Und das ist, glaube ich, schon eine Neuerung. Früher war das üblich, dass eine Führungskraft oder ein Mitarbeiter immer am Point of Sale aufgeschlagen ist und da eben in Präsenz gewirkt hat. Und das lässt sich jetzt über die digitalen Möglichkeiten deutlich schlanker, effizienter und ja, wahrscheinlich sogar erfolgreicher abwickeln" (S. 6, Z. 158–164).

M1 und U4 betonen, dass der Effizienzcharakter des digitalen Wandels zwar gegeben ist, dieser aber aus ihrer Sicht weniger im Fokus steht als bei vorherigen Wandlungsprozessen. Stattdessen wird laut den beiden Führungskräften der Kund*innennutzen, der aus dem digitalen Wandlungsprozesse resultiert, als ein zentraler Grund für die Transformation im Unternehmen von der Unternehmensleitung kommuniziert (M1, S. 10, Z. 295–297; U4, S. 176–186). U4 erklärt hierzu: „Früher waren das die falschen Argumente, um jetzt mich persönlich zu überzeugen, aber auch viele andere in meinem Umfeld. Das was wir jetzt gerade erleben ist wieder ein anderer Kontext. Heißt, jetzt aktuell wird das auch so verargumentiert, was für mich schlüssiger ist, genau mit den Themen, die ich vorhin erwähnt habe, die Bedürfnisse unseres Kunden. Also nicht der internen Kunden, sondern auch der externen Kunden, die von unserem Unternehmen etwas kaufen möchten. Und das ist, meines Erachtens nach, eine ganz andere und schlüssigere Argumentation, weil es hier nicht nur um das Thema ‚Kosten senken, Kosten senken' geht, sondern tatsächlich der Kunde in den Fokus gestellt wird. Und die Effizienzen, die wir daraus gewinnen für den Kunden, die geben wir auch an den Kunden weiter. Und das ist dann legitim, meines Erachtens, und nicht nur, Hauptsache wir haben jetzt höhere Gewinne und führen die sonst wohin ab, sondern tatsächlich, dass wir schauen müssen, diesen Digitalisierungswandel für den Kundennutzen zu verwenden" (S. 7, Z. 182–198).

U8 erläutert die hohe Bedeutung dieses Vorgehens, da nach seinen Angaben die Kund*innen die Digitalisierung für einen Vergleich der Produkte bzw. der Beratung zunehmend einsetzen: „Also das ist mittlerweile absoluter Standard, dass Leute, alle Leute, also ich will ja gar keine Altersgruppen sehen, spätestens nach der Erstberatung dann da heimgehen und sofort oder vielleicht auf dem Heimweg sogar, wenn sie mit öffentlichen Verkehrsmitteln unterwegs sind, sofort ins Internet gehen und googeln und schauen, was ist das, passt das, ist das wirklich eine gute Beratung, was sind das für Produkte. Nach irgendwelchen Vergleichen suchen, sei es

9.2 Digitalisierung

Check24 et cetera. Das ist Standard, da muss man vorbereitet sein. Und das letztendlich empfiehlt sich für mich sogar, das in Beratungen proaktiv schon zu spielen, das Thema, dass man gewisse Sachen auch gerne mal aus den Vergleichsportalen, das einfach mit gleich in den Ring wirft und sagt: ‚Und da könnten sie dann selber auch nochmal schauen. Und wenn, dann können wir das nochmal besprechen im Nachgang oder jederzeit oder telefonisch oder per E-Mail' oder so, dass man das gleich proaktiv reinbringt, weil das machen die sowieso" (S. 7, Z. 205–217). Auch M4 erkennt eine zunehmende Ausrichtung des Unternehmens an den Bedürfnissen der Kund*innen. Allerdings sieht er im Vertrieb noch deutliche Verbesserungspotenziale in Bezug auf die Messinstrumente bzw. Incentivierungen für die Beschäftigten (S. 17, Z. 498–502), da sich diese aus seiner Sicht noch zu stark auf „objektiv messbare Zahlengrößen" (S. 17, Z. 502–503) konzentrieren. Laut M4 sollten stattdessen vielmehr qualitative Aspekte wie die Beratungsqualität, die Kund*innenzufriedenheit (S. 17 f., Z. 503–516) aber auch die „Komponente Digitalisierung" (S. 17, Z. 507) erfasst werden, um Fortschritte zu diesen Themenfeldern „irgendwo messbar zu machen" (S. 17, Z. 507).

M12, U1 und U12 geben an, dass der größte Unterschied zu bisherigen Wandlungsprozessen für sie in der starken Automatisierung von Arbeitstätigkeiten besteht, die zuvor von Beschäftigten ausgeübt wurden (M12, S. 7, Z. 202–206). Diese Entwicklung sehen U1 und U12 mit der Sorge, dass zukünftig die Beratungsqualität unter diesem Prozess leiden könnte und plädieren daher dauerhaft für eine „Mischform" (U1, S. 6, Z. 161) zwischen einer digitalen und einer persönlichen Betreuung (U1, S. 6, Z. 160–161; U12, S. 8, Z. 222–227). So antwortet U12 auf die Frage, wie er der voranschreitenden Automatisierung von Prozessen gegenübersteht: „Nicht so glücklich, weil immer mehr der Mensch ausgeschaltet wird. Der Mensch war und ist einfach immer noch angenehmer, schöner, höflicher, als wenn ich nur noch mit dem Computer rede und dort meine Sachen eingebe. Also, das geht mir zu anonym alles weiter. Man verwahrlost als Mensch. Also, man ist auch, ja, ja, irgendwann arbeitet der Mensch nicht mehr. Es geht so weit, dass der Mensch gar nicht mehr nötig sein wird. Dass da irgendwelche digitalen Prozesse ablaufen und der Kunde gibt es dann ein. Fertig" (S. 8, Z. 222–227). U1 sieht nicht nur den persönlichen Austausch zwischen den Kund*innen und den Ansprechpartner*innen weiterhin als zentral an, um eine angemessene Betreuung sicherstellen zu können, sondern geht ebenso auf die hohe Bedeutung der Interaktionen der Beschäftigten untereinander für die Beratungsqualität ein: „Also, digital heißt für mich, dass man sich persönlich nicht unbedingt sieht. Und das ist was, was ganz, ganz wichtig ist, weil wir alle soziale Wesen sind und das brauchen wir. Also, deswegen sage ich immer, man braucht es auch persönlich. Also, auch meine Mitarbeiter brauchen den Austausch persönlich. Und wir sind auch eine Einheit, wo alle sehr selbständig sind. Aber die Fachkompetenz ergibt sich ganz, ganz viel aus dem persönlichen Austausch, der nicht nur zustande kommt, weil ich jetzt einen Hörer in die Hand nehme und gezielt eine Frage habe, sondern weil sich das entwickelt durch das, dass man sich sieht und in Gespräche kommt, die Sie am Telefon nicht haben. Oder eine dritte Person dabei ist, die noch einen ganz anderen Aspekt einbringt" (S. 6, Z. 161–169).

U11 sieht hingegen in der zunehmenden Digitalisierung bzw. Automatisierung innerhalb der Finanzwirtschaft die Möglichkeit, frei gewordene Kapazitäten dafür zu nutzen, neue Ideen für die Produktentwicklung zu generieren: „In Zeiten, wo ich keine digitalen Medien, Tools, was auch immer, in der Breite hatte, dann haben sich die Ideen schon immer eigentlich mehr auf eine, sage mal, solide Basis bezogen. Und ich meine, Finanzdienstleistungsprodukte allein zu erfinden, wird ja schon sehr schwer. Aus meiner Sicht hat es ja wirklich kein neues Finanzdienstleistungsprodukt gegeben in den letzten Jahren, sondern wir verändern die immer irgendwie ein bisschen und bauen was dran. Aber ein ganz nagelneues Produkt, ja, kriegen wir ja nicht. Insofern stellt dieses Thema für uns auf jeden Fall einen Veränderungsbeschleuniger dar" (S. 8, Z. 214–223).

(4) Externe Auslöser
Ein Anteil von 54 Prozent der Führungskräfte äußert, dass der digitale Wandel in deutlich höherem Maße extern getrieben ist als bisherige Wandlungsprozesse, wodurch ein höherer Veränderungsdruck für das Unternehmen entsteht (z. B. M7, S. 8, Z. 232–237). Als externe Treiber werden in diesem Rahmen gestiegene Kund*innenerwartungen (29 Prozent), ein zunehmender Wettbewerb (13 Prozent) sowie technologische Entwicklungen (12 Prozent) von den Führungskräften genannt (z. B. M4, S. 6, Z. 158–159). So erläutert M10 hierzu: „Früher sind Veränderungsprozesse sehr, sehr analog geplant und gehandhabt worden. Da hat man irgendwo einen Missstand im Unternehmen gesehen, hat versucht den aufzuheben und hat nach und nach einen Veränderungsprozess implementiert" (S. 7, Z. 190–193). Dieser Ablauf hat sich aus Sicht von M10 verändert, da es sich bei dem digitalen Wandel um eine Veränderung handelt, die von außen auf das Unternehmen einwirkt (S. 7, Z. 193–195) und eine enorme „Veränderungsnotwendigkeit der eigenen Prozesse" (S. 7, Z. 195) erforderlich werden lässt. M1 verbindet bisherige Wandlungsprozesse mit Umstrukturierungen innerhalb des Unternehmens und nimmt folgende Differenzierung im Vergleich zum digitalen Wandel vor: „Also eine Umstrukturierung ist für mich jetzt immer mehr so unternehmensbezogen. Ich erkenne als höchste Managementebene: ‚Da müssen wir jetzt was ändern, weil irgendwelche Kosten zu hoch sind.' Wenn ich einen digitalen Veränderungsprozess anstoße, ist es aus meiner Sicht häufig so, dass man am Markt irgendwas erkennt. Auf Kundenseite, da müssen

9.2 Digitalisierung

wir was ändern. Wir müssen zum Beispiel unsere Kunden mehr erreichen" (S. 10, Z. 283–288). U5 vertritt eine ähnliche Sichtweise wie M1 und M10 und erläutert seine Wahrnehmung wie folgt: „Ich würde mal so sagen, vorherige Wandlungsprozesse habe ich wahrgenommen als eine aus dem Unternehmen heraus initiierte Veränderung. Also man hat gesagt, wir waren bisher mit 20 Mitarbeitern unterwegs, jetzt sind wir mit 15 Mitarbeitern unterwegs, das sind die fünf die raus sind. Wenn ich mir das Thema digitaler Wandel anschaue, dann würde ich eher sagen, das ist eine Thematik, die dem Unternehmen von außen aufgezwungen wird, ob es will oder nicht. Was eher eine Thematik ist, nach dem Motto: ,Entweder du gehst mit der Zeit', oder ,Du gehst mit der Zeit'. Und, das ist eher eine Thematik, die von Kunden befeuert wird, als von irgendeiner Effektivitätskennzahl oder einem Promille mehr Ertrag oder wie auch immer. Vielleicht auch von anderen Marktteilnehmern, noch nicht mal nur von Kunden. Vielleicht auch getrieben von anderen Marktteilnehmern wie den Amazons dieser Welt oder den Check24s oder wie die alle heißen" (S. 5, Z. 128–139). M5 weist darauf hin, dass seiner Wahrnehmung nach vor allem Start-ups innerhalb der Finanzwirtschaft „sehr schnell" (S. 11, Z. 316–317) gewachsen und auch „groß geworden" (S. 11, Z. 317) sind, wodurch sich der Wettbewerb und der damit einhergehende Wandlungsdruck zusätzlich intensiviert hat (S. 11, Z. 313–317).

U7 und U3 erläutern, dass digitale Angebote von Unternehmen inzwischen eine „Grunderwartung" (U7, S. 6, Z. 155) der Kund*innen darstellen (U7, S. 6, Z. 151–155). So erklärt U3 hierzu: „Die Kunden wollen jetzt einfach nicht mehr zu uns kommen nach der Arbeit, sondern die wollen einfach ihre Finanzdienstleistungslösung von Zuhause erarbeiten. Die wollen abends, am Sonntag um 20 Uhr einen Chat machen. Und das ist einfach die Antwort. Da geht es nicht um eine Umstrukturierung, sondern einfach darum dem Markt, den Kundenbedürfnissen gerecht zu werden" (S. 9, Z. 244–248).

U4 äußert, dass Finanzdienstleistende, die diesen veränderten Kund*innenbedürfnissen nicht gerecht werden, langfristig von anderen Marktteilnehmenden verdrängt würden. Diese Konsequenz sieht U4 jedoch auch als legitim an: „Und ich sehe das schon als notwendig an, wenn wir da nicht Schritt halten, egal welche Dienstleistung wir anbieten, dass dann uns auch der Kunde, der ja quasi unsere Dienstleistung kaufen will oder soll, uns dann einfach nicht mehr berücksichtigen wird. Und was auch zurecht ist, und wenn wir nicht schnell genug sind, im Sinne von Digitalisierung und wirklich Flexibilität an den Tag legen, dann werden wir irgendwann mal nicht mehr notwendig sein für den Kunden, weil er dann natürlich eine schnellere, sage ich jetzt mal, Reaktion erwartet und diese dann von anderen Anbietern bekommt" (S. 6, Z. 154–161). M5 erläutert, dass aufgrund dieser Entwicklung eine Auseinandersetzung des Unternehmens mit den nachfolgenden Fragestellungen eine zentrale Bedeutung einnimmt: „Wie gestalte ich die Produkte? Wie kann ich mehr Kundenservice bieten? Das sind, glaube ich, die wichtigsten Punkte für den digitalen Wandel vor allem für die Finanzdienstleistungsbranche" (S. 11, Z. 339–341).

Ferner betonen die Führungskräfte, dass ein großer Unterschied des digitalen Wandels darin besteht, dass es sich um einen Prozess handelt, der alle Branchen weltweit betrifft (z. B. U7, S. 6, Z. 151–152; U4, S. 6, Z. 152–154; U9, S. 8, Z. 225–229). M7 führt hierzu aus: „Der digitale Wandel ist ein gesamtgesellschaftlicher Prozess. Er betrifft nicht nur Finanzdienstleistungen oder speziell jetzt ein Unternehmen, sondern das ist ein Prozess und ein Geschehen, dass Sie in allen Bereichen der Gesellschaft finden. Und alles andere, was ich vorhin beschrieben hatte, das war sicherlich auch eine Reaktion auf veränderte Rahmenbedingungen, die sich aber sehr viel stärker nur auf die Branche bezogen oder auf das Unternehmen bezogen. Auf durchaus interne Strukturprobleme, die es gegeben hat und Fragen, die da gelöst werden sollten. Der digitale Wandel geht viel, viel tiefer und ist viel nachhaltiger. Und insofern sind wir im digitalen Wandel eigentlich nur ein kleiner Teil und das macht den ganz großen Unterschied" (S. 8, Z. 216–224). M3 vertritt eine vergleichbare Haltung und äußert sich wie folgt: „Aber das ist ein Prozess, der alle Lebensbereiche betrifft. Das bleibt ja nicht bei der Finanzdienstleistungsbranche stehen. Das betrifft ja unser tägliches Leben als Menschen. Das betrifft unsere Art, wie wir miteinander kommunizieren. Das betrifft unsere Art, wie wir uns informieren. Das betrifft, wie wir einkaufen. Das betrifft alles. Also hat uns das quasi als Megatrend extern erreicht und zwingt uns, uns damit auseinander zu setzen. Also das ‚Zwingt' ist jetzt gar nicht negativ so zu sehen. Aber den haben wir uns nicht ausgedacht, den digitalen Trend" (S. 6, Z. 151–157).

U10 und M5 geben an, dass sie aufgrund des hohen Zwangs zur Veränderung den digitalen Wandlungsprozess als einen Wandel erleben, der einfach „gelingen muss" (U10, S. 5, Z. 117). M5 erklärt diese Einschätzung mit Hilfe der folgenden Ausführungen: „Der digitale Wandel ist, ich sage mal, rücksichtsloser. Das ist so, wie soll ich sagen, der lässt einem keine Wahl. (….) Das ist eine 0–1-Option, da gibt es nur Schwarz oder Weiß, aber keine Grauschattierungen, dass man sagt: ‚Ja, ein bisschen! Ja, machen wir schon.' Oder: ‚Ein bisschen nicht.' Oder so. (….) Sie müssen sich entscheiden; entweder Sie machen es, oder Sie machen es nicht" (S. 11, Z. 293–299). Bisherige Wandlungsprozesse konnten laut M5 hingegen in gewissen zeitlichen Abschnitten in deutlich geringerem Tempo und anderen Maßnahmen realisiert werden: „Die anderen Veränderungen, zum Beispiel die Umstrukturierung, da kann man sagen: ‚Okay, das machen wir phasenweise.' Oder: ‚Die, die ausscheiden, die werden nicht nachbesetzt.' Solche Sachen. Das können Sie über einen Zeitraum strecken. Aber für diese Finanzdienstleistungen und Digitalisierung können Sie nicht sagen: ‚Ja, okay, dann in zehn Jahren. Schauen wir mal.' (…) Dann ist es zu spät" (S. 10, Z. 300–306). Jedoch weist M5 auch auf den Vorteil des digitalen Wandels hin, dass getätigte Maßnahmen deutlich schneller in Bezug auf ihren Erfolg beurteilt werden können: „Aber Sie sehen auch die Ergebnisse sofort, ob Sie etwas richtig oder falsch gemacht haben, sehen Sie direkt im Anschluss" (S. 10, Z. 307–309). Aufgrund des hohen Erfolgsdrucks sieht M12 den digitalen Wandel als einen besonderen Prozess an, innerhalb dessen sich aber auch größere Gestaltungsmöglichkeiten entwickeln, da das Unternehmen größere finanzielle Mittel und Experimentierräume schafft, als in bisherigen Wandlungsprozessen: „Und was sicherlich auch deutlich, ja, wie soll ich sagen, sehr deutlich wird, ist, im Unternehmen herrscht die aus meiner Sicht vollkommen richtige Bereitschaft, auch viel zu investieren, zu probieren, um die Chancen und Möglichkeiten der Digitalisierung auch tatsächlich zu nutzen" (S. 7, Z. 208–211).

(5) Weiterbildung

Insgesamt 29 Prozent der Führungskräfte sehen einen Unterschied im digitalen Wandlungsprozess aufgrund des Erfordernisses, sich permanent weiterbilden zu müssen, um den Anforderungen des digitalen Wandels gerecht werden zu können (siehe hierzu auch Abschnitt 9.2.8). Die Führungskräfte weisen in diesem Rahmen auf die ständig wachsenden Möglichkeiten der neuen Technologien hin, die permanent erlernt werden müssten (z. B. M7, S. 10, Z. 299–304). M11 führt hierzu das Beispiel der Hintergrundgestaltung bei Videokonferenzen an: „Und da gibt es jetzt über die Technik entsprechende Möglichkeiten mit einem Green-, weiß gar nicht, wie man das genau nennt. Mit so einem grünen Hintergrund, wo man irgendwie auch eine virtuelle Realität einspielen kann, sodass das die Anmutung schaffen würde, ich habe da viel Zuhörer im Hintergrund oder ich habe die Sitzung in einer schönen Bibliothek oder was auch immer man da einstellen kann. Und das sind ja Möglichkeiten, die waren mir ehrlicherweise vor einer Woche noch gar nicht geläufig, dass es so was gibt. Und das zeigt, dass es auf der einen Seite sehr schnell geht von den technischen Möglichkeiten. Also das ist extrem schnell" (S. 6, Z. 181–188).

Ferner weisen diese Führungskräfte darauf hin, dass sich durch das hohe Tempo des digitalen Wandels auch die Art des Lernens verändert. U2 erläutert, dass sich die Beschäftigten aufgrund der hohen Geschwindigkeit neue Lerntechniken aneignen müssen, um die Masse an Informationen überhaupt erfassen zu können: „Also der unterscheidet sich aus meiner Sicht insofern, dass Mitarbeiter Dinge lernen müssen, die nicht nur damit zu tun haben, dass sie das Thema an sich neu lernen müssen, sondern auch eine gewisse Technik sich anlernen müssen und das in einer Geschwindigkeit lernen müssen, die sich ja auch ständig ja wieder wandelt" (S. 5, Z. 147–150). M6 erklärt hierzu, dass sich im Unternehmen ein deutlicher Wandel bei den Weiterbildungsangeboten von „Präsenz- zu Non-Präsenz-Veranstaltungen" (S. 3, Z. 88) vollzogen hat: „Da wurde der Hebel zu digitalen Seminaren zwar spät, aber dann sehr stark umgestellt" (S. 3, Z. 88–91). M7 betont, dass die neuen digitalen Lernangebote zwar den Vorteil böten, kostengünstiger zu sein, jedoch nicht als ausschließliches Lernformat im Unternehmen eingesetzt werden sollten: „Virtuelle oder elektronische Weiterbildungsmaßnahmen, die haben natürlich auch Grenzen. Es ist aus Kostengesichtspunkten sicherlich ein tolles Instrument, virtuell und digital zu schulen, aber es fehlen nun auf der anderen Seite ganz wesentliche Elemente, die, ich sage mal, eine Ausbildung auch ‚rund' machen oder ‚rund' machen können. Das ist das Thema Netzwerk, das fällt vollkommen weg. Das ist auch das Thema Diskussion, Diskussionsbereitschaft und Diskussionsverhalten. Das ist virtuell sehr viel schwieriger, da zwischenmenschliche Beziehungen an der Stelle, ich will nicht sagen, ganz ausgeschaltet sind, aber sehr, sehr stark gedämpft vorhanden sind. Das geht bis hin zum Thema Lerngruppen bilden. Das und vor allen Dingen eben dann auch die haptischen Erfahrungen zu machen" (S. 12, Z. 352–361). Aus diesem Grunde würde laut M7 auch der Betriebsrat im Unternehmen verstärkt darauf achten, dass „vor dem Hintergrund von günstigeren Kostenkonstellationen diese gewachsenen und sehr positiven Erfahrungswerte" (S. 12, Z. 366–367) nicht vollständig zu Gunsten der Digitalisierung aufgelöst würden (S. 12, Z. 365–369).

U9 erläutert, dass die Beschäftigten zu Beginn digitalen Weiterbildungsangeboten des Unternehmens sehr zurückhaltend bzw. ablehnend gegenüberstanden, sich diese Haltung jedoch mit der Zeit gewandelt hat (S. 4, Z. 104–106). Auf die Nachfrage, warum die Beschäftigten laut U9 digitale Lernformate immer mehr annehmen, antwortet dieser: „Naja, sagen wir, weil ihnen nichts Anderes übrigbleibt. Also, das ist tatsächlich so. Also, vorher gab es ja immer noch beide Möglichkeiten. Es gab ja sowohl Präsenzveranstaltungen und auch digitale. Und die digitalen sind aus mehreren Gründen nicht so gut angekommen. Zum einen waren sie in vieler Hinsicht auch noch nicht so ausgereift. Also, oft hat die Technik gestreikt. Oder irgendwie, dann hat man gemerkt, dass die am Arbeitsplatz selber die Auflösungen gar nicht so funktionieren, dass dann der Ton, wenn wir irgendwelche Filme aufgenommen haben, geruckelt hat, oder ähnliches. Also, die Qualität hat nicht gepasst. Und es war auch nicht genug Freiraum da zum Lernen. Das heißt, sie wollten einfach lieber zu den Präsenzveranstaltungen gehen" (S. 4, Z. 107–115). Aufgrund technischer Verbesserungen, der sinkenden Anzahl an Lernangeboten in Präsenzform sowie dem verstärkten Arbeiten im Homeoffice aufgrund der COVID-19-Pandemie, stehen die Beschäftigten laut U9 jedoch digitalen Lernformaten aktuell deutlich offener gegenüber: „Und mittlerweile gibt es immer weniger Präsenzveranstaltungen und die wird es auch nie wieder in dem Umfang geben wie bisher. Die Technik wird aber auch besser. Das Lernangebot wird viel größer. Die Leute arbeiten von zu Hause. Das

9.2 Digitalisierung

heißt, sie können sich dann selber die Freiheit auch nehmen oder die Zeit, also müssen das nicht im Großraumbüro mit zehn anderen Leuten machen. Sondern können dann auch einigermaßen ungestört eben dann lernen, wenn sie das möchten. Und das hat dazu geführt, dass die Akzeptanz doch deutlich größer geworden ist und auch das Feedback besser geworden ist" (S. 4 f., Z. 115–122).

U12 kritisiert, dass das hohe Tempo der neuen technologischen Entwicklungen aus seiner Sicht generell zu einer gewissen Lernmüdigkeit bei den Beschäftigten führt, gerade wenn die Programme nicht nutzungsfreundlich gestaltet sind: „Digital fordert den Menschen natürlich auch anderweitig. Das heißt, ich muss da auch erst mal Lust dazu haben, diese Technik anzunehmen. Und wenn man aus dem Zeitalter kommt, wo Technik noch gar nicht da war und wächst dann in so eine Technik hinein, kann das schon interessant sein, weil es Spaß macht mit Laptop, Handy um die Welt und sonstigen Taschenrechnern umzugehen. Kann aber auch irgendwann mal einmal den Punkt erreichen, wo man keine Lust mehr hat. Dass man sagt: ‚Jetzt reicht es. Ich verstehe die Programme nicht mehr.' Die sind auch nicht so anwenderfreundlich. Und nicht jeder ist Informatiker, um das alles zu schaffen. Also, irgendwann einmal vergeht die Lust" (S. 7, Z. 202–209).

M4 sieht die anfängliche bzw. teilweise noch vorhandene Verschlossenheit, digitale Lernformen auszuprobieren, in der Gegebenheit begründet, dass sich die Beschäftigten bisher nur in geringem Maße verändern bzw. sich mit neuen Dingen auseinandersetzen mussten: „Wie viel Veränderung musste ich denn in meinem Berufsleben schon aktiv mitgehen? Mich selber verändern? Und das ist in unserem Unternehmen in vielen Bereichen kaum geschehen. Viele Kollegen, die machen das, was sie machen, schon viele, viele Jahrzehnte. Was auch extreme Vorteile hat. Aber wenn es darum geht, sich persönlich und schnell zu verändern, hat es extrem hohe Hürden. Weil die Kollegen es nicht gelernt haben und die Skills nicht mehr haben, mit Veränderungen umzugehen" (S. 9 f., Z. 263–268). Vor allem die Entwicklung von Kompetenzen, die entscheidend für die Bewältigung des digitalen Wandels sind, stellen laut M4 noch große Anforderungen an die Beschäftigten: „Aber auch grundsätzlich veränderte Arbeitsweisen, Prozesse, Denkmuster, Herangehensweisen. Das ist für so ein Unternehmen wie unserem, das sehr stark auch von langjährigen Mitarbeitern, die lange in ihren Funktionen sind, glaube ich, echt eine Herausforderung, die auf die Reise mitzunehmen" (S. 10, Z. 271–275). Um diese Themen zukünftig besser bewältigen zu können, sieht M4 es als sinnvoll an, zukünftig ein deutlich höheres Maß an „Job-Rotation" (S. 10, Z. 280) bzw. „Job-Enrichment" (S. 10, Z. 280) im Unternehmen zu realisieren (S. 10, Z. 276–280).

(1) Perspektive des Personalwesens und der Betriebsräte
Die Mitarbeitenden des Personalwesens äußern übereinstimmend, dass sich der digitale Wandlungsprozess vor allem durch seinen permanenten Charakter sowie den langfristigen Zeithorizont von bisherigen Wandlungsprozessen unterscheidet (PW1, S. 4, Z. 114–116; PW2, S. 5, Z. 125–128; PW3, S. 8, Z. 248–251; PW4, S. 9, Z. 236). So erklärt PW4, dass der digitale Wandel ein Prozess „ohne Ende" ist (S. 9, Z. 236), der sie in ihrem beruflichen Alltag täglich begleitet und aktuell ihre wichtigste Aufgabe darstellt (S. 9, Z. 239–242). Auch PW3 weist auf den nicht vorhandenen Endpunkt des digitalen Wandels hin: „Dann kommt dazu, dass beim Thema Digitalisierung ich manchmal den Eindruck habe, die Leute sagen: ‚Na ja, wir müssen jetzt hier mal digital werden und dann ist gut.' So nach dem Motto. Aber das stimmt ja nicht. Ich meine, Digitalisierung ist ja ein permanenter Prozess, der nie endet. Also, das ist meine Hypothese jetzt, die ich mal in den Raum stelle. Und das ist natürlich sonst bei einer Veränderung, bei einer klassischen Veränderung, ja auch so, dass ich ja so sage, okay, ich beginne die Veränderung, dann gehe ich durch die Veränderung durch und dann habe ich sie irgendwann mal auch beendet in dem Sinne, dass das halt dann der neue Status Quo ist, wenn man das ganz klassisch betrachtet so mit unfreeze, change, refreeze" (S. 8, Z. 234–242). Ferner weisen PW3 und PW4 darauf hin, dass sich der digitale Wandlungsprozess deutlich umfassender gestaltet als bisherige Wandlungsprozesse (PW3, S. 8, Z. 231–233; PW4, S. 9, Z. 243–245). So erklärt PW3 hierzu: „Also, es gab natürlich in der Vergangenheit auch schon Veränderungsprozesse, die das gesamte Unternehmen betroffen haben, aber häufig betreffen natürlich Veränderungsprozesse nur bestimmte Teile eines Unternehmens oder einer Organisation. Und bei der Digitalisierung ist es meines Erachtens nach schon so, dass es nahezu keinen Bereich gibt bei uns im Unternehmen, der nicht von der Digitalisierung betroffen ist" (PW3, S. 8, Z. 228–233). Des Weiteren erklärt PW3, dass das Unternehmen aufgrund der Eigenart des digitalen Wandels nicht auf Erfahrungswerte zurückgreifen kann: „Allein, weil das so innovativ oder so neu ist, gibt es damit keine Vorerfahrung. Also eine klassische Umstrukturierung von einem Bereich, natürlich strukturiere ich den vielleicht in einer Art und Weise, die ich bisher noch nicht hatte und ich habe neue Leute und so weiter, aber natürlich hat eine Organisation Erfahrung mit Umstrukturierung. Und jetzt bei dem Thema Digitalisierung kann man sagen, ja, also, wie der Markt und so weiter auf komplett digitale Geschäftsprozesse oder Angebote und so reagiert, das weiß man noch nicht. Das heißt, der Innovationsgrad oder der Neuigkeitsgrad dieser Veränderung ist einfach noch mal deutlich höher, als er es vorher war" (S. 9, Z. 253–260).

PW2 äußert, dass sich der digitale Wandlungsprozess aus ihrer Sicht durch eine bessere Kommunikation und Vorbereitung des Unternehmens kennzeichnet und sich die Beschäftigten hierdurch besser auf den Wandel „einstellen" (S. 5, Z. 114) können bzw. stärker in diesen Prozess eingebunden werden (S. 5, Z. 112–119). PW1 betont den Aspekt, dass aufgrund der langfristigen und permanenten Ausrichtung der digitalen Transformation für die Beschäftigten kein klares Zielbild definiert werden kann. Hierdurch entsteht zunehmend eine ‚Kultur des Ausprobierens', innerhalb derer eine stetige Überprüfung stattfindet, welche Handlungsweisen erfolgreich sind, um entsprechende Korrekturen vornehmen zu können: „Den Unterschied sehe ich zum einen darin, dass noch gar nicht so genau klar ist, wohin wir uns eigentlich wandeln, weil noch niemand so genau vorhersehen kann, wie sich die Zukunft entwickeln wird. Und deswegen ist man im Moment, glaube ich, bestrebt, das Unternehmen einfach so aufzustellen, dass wir wandlungsfähig und flexibel sind. Und uns relativ schnell an Marktveränderungen anpassen können. Früher war das oft so, dass man ein ganz klares Ziel hatte und dann wurde daran gearbeitet. Und das ging auch teilweise über Jahre hinweg. Und heute ist es so, dass man eher Schritt für Schritt geht, dass man Sachen auch ausprobiert. Guckt, was funktioniert und was nicht funktioniert und darauf dann aufbaut" (S. 4, Z. 105–113).

Auch die Betriebsräte gehen auf den deutlich längeren Zeitraum ein, innerhalb dessen sich der digitale Wandlungsprozess vollzieht. So erklärt BR2, dass es ihm schwer fällt, überhaupt einen Zeitraum bestimmen zu können, innerhalb dessen sich der digitale Wandel vollzieht: „Also die meisten Strukturprojekte haben ja einen klaren Beginnzeitpunkt und einen Endzeitpunkt. Und dann gibt es eine Gesamtbetriebsvereinbarung dazu mit dem Arbeitgeber. Und dann wird das, wie es vereinbart wurde, abgearbeitet. Und dann ist dieser Punkt gelaufen. Wenn wir jetzt dagegen von digitalem Wandel sprechen, dann kann ich es eigentlich gar nicht bestimmen mit einem bestimmten Zeitpunkt und Ende. Ich wüsste jetzt ehrlich gesagt auch nicht, wann der digitale Wandel begonnen hat" (S. 7, Z. 211–216). BR1 geht auf den weitreichenden Einfluss des digitalen Wandlungsprozesses ein: „Er ist auf jeden Fall allumfassender. Also es betrifft ja wirklich alle, und es ist auch nichts, was jetzt abgeschlossen ist. Also es ist nichts, wo man sagt, okay, jetzt ist die neue Struktur durch und es ist ein Haken dran. Also es ist größer und begleitender" (S. 8, Z. 199–208). Gleichzeitig vollzieht sich der Wandel laut BR1 „viel schneller" (S. 7, Z. 171) und wird aufgrund seines fortlaufenden Charakters „auch einfach ein Teil von Normalität" (S. 7, Z. 172).

9.2.5 Rolle der Führungskräfte im digitalen Wandel

Um ein genaueres Verständnis von der Rolle der Führungskräfte innerhalb des digitalen Wandels zu gewinnen, wurden diese mit der Frage konfrontiert, welche Erwartungen und Anforderungen ihnen im Rahmen des Transformationsprozesses von Seiten der Mitarbeitenden, des Personalwesens und des Betriebsrates begegnen. Darüber hinaus sind die Führungskräfte nach ihren eigenen Erwartungen und Anforderungen innerhalb des Wandlungsprozesses an diese Anspruchsgruppen befragt worden. Ferner wurden die Ziele der Führungskräfte sowie die eingesetzten Strategien zur Zielerreichung innerhalb des digitalen Wandlungsprozesses in Erfahrung gebracht. Die Ergebnisse dieser Fragestellungen werden in den nachfolgenden Unterkapiteln ausführlich dargestellt.

9.2.5.1 Erwartungen und Anforderungen an die Führungskräfte im digitalen Wandel

Die Führungskräfte äußern, dass sie bei ihren Mitarbeitenden vor allem das Bedürfnis nach Transparenz und Orientierung innerhalb des Transformationsprozesses (insgesamt 63 Prozent) sowie die Angst vor einem Stellenabbau bzw. vor veränderten Tätigkeitsanforderungen (insgesamt 54 Prozent) wahrnehmen. Von Seiten des Personalwesens werden die Führungskräfte hingegen am häufigsten mit der Anforderung eines digitalen Mindsets konfrontiert (insgesamt 25 Prozent). Bei den Betriebsräten berichten die Führungskräfte insbesondere von einem gesteigerten Bedürfnis nach Transparenz und kontinuierlicher Kommunikation (insgesamt 29 Prozent). Als Themenschwerpunkte dieser Austauschprozesse nennen die Führungskräfte die Aspekte der Verhaltenskontrolle, entstehende Überlastungsrisiken aufgrund digitaler Medien sowie ergonomische Anforderungen des Betriebsrates. Auffällig ist das Ergebnis, dass ein Großteil der Führungskräfte äußert, bisher mit keinerlei Erwartungen oder Anforderungen von Seiten des Personalwesens (50 Prozent) bzw. des Betriebsrates (71 Prozent) konfrontiert worden zu sein.

(1) Erwartungen und Anforderungen der Mitarbeitenden an die Führungskräfte

Insgesamt 63 Prozent der befragten Führungskräfte äußern, dass sich ihre Mitarbeitenden ein transparentes Vorgehen sowie die Formulierung von Zielbildern zur Orientierung von ihren Führungskräften wünschen (z. B. U4, S. 7, Z. 205–209). Weitere 54 Prozent der Führungskräfte werden von ihren Mitarbeitenden mit Ängsten vor einem Jobverlust bzw. einer Veränderung ihres Jobprofils konfrontiert (z. B. U3, S. 11, Z. 319–322). Insgesamt 29 Prozent der Führungskräfte weisen auf die Erwartungshaltung der Mitarbeitenden hin, eine Vorbildrolle im digitalen Wandlungsprozess einzunehmen (z. B. M2, S. 11, Z. 332). Weitere 17 Prozent der Führungskräfte antworten, dass ihre Mitarbeitenden erwarten, innerhalb des digitalen Wandels einbezogen und befähigt zu werden (z. B. U2, S. 6, Z. 175–183).

(1.1) Transparenz und Orientierung
Mit einem Ergebnis von insgesamt 63 Prozent äußern die Führungskräfte am häufigsten, dass ihre Mitarbeitenden eine transparente Kommunikation sowie Orientierung innerhalb des digitalen Wandels erwarten. Insgesamt 21 Prozent der befragten Führungskräfte gehen in diesem Zusammenhang auf den Aspekt ein, dass ihre Mitarbeitenden stets die Anforderung an sie stellen, dass ihnen die Notwendigkeit bzw. die genauen Hintergründe für die gestellten Aufträge im Rahmen des Wandlungsprozesses verdeutlicht werden (z. B. M3, S. 7, Z. 168–174; M4, S. 7, Z. 196–199; M6, S. 6, Z. 165–172; U2, S. 6, Z. 175–183). So fasst beispielsweise M3 die gestellten Erwartungen seiner Mitarbeitenden an seine Kommunikation wie folgt zusammen: „Also ich will es verstehen, warum wir das jetzt machen müssen. Ich will es jetzt verstehen, was es da noch besser macht. Ich will es verstehen, warum es jetzt so schnell gehen muss. Also das ist schon etwas, sage ich, das müssen wir schon als Führungskräfte auch immer wieder klarmachen, dass wir da Handlungsbedarf haben und dass wir da eine Chance haben" (S. 7, Z. 168–174). M4 greift ähnliche Gesichtspunkte innerhalb seiner Antwort auf: „Also die Mitarbeiter erwarten von mir Orientierung hinsichtlich, wie gehen wir in dem Verantwortungsbereich mit der Digitalisierung um? Was sind unsere Instrumente? Und welchen Nutzen haben die Instrumente sowohl für die Mitarbeiter, aber auch am Schluss für die Kunden?" (S. 7, Z. 196–199). M6 betont, dass er seinen Mitarbeitenden vor allem den Grund für das hohe Tempo, innerhalb dessen sich der digitale Wandel im Unternehmen vollziehen sollte, vermitteln muss (S. 6, Z. 169–172), um „die Leute mitnehmen" (S. 6, Z. 172) zu können.

Insgesamt 17 Prozent der Führungskräfte äußern die Anforderung der Offenheit sowie der Darstellung eines Zielbildes in ihrer Kommunikation durch die Mitarbeitenden. So erklärt U10 hierzu, dass er nur auf diesem Wege seinen Mitarbeitenden eine gewisse Zielrichtung im digitalen Wandel vermittelt werden kann: „Ja, die Anforderung, die Erwartung von Mitarbeitern ist immer, ihnen Orientierung zu geben, auch in diesem Veränderungsprozess. Der ehrliche Umgang und die ehrliche Darstellung der Realität" (S. 5, Z. 125–127). U4 berichtet von ähnlichen Erfahrungen: „Zum anderen wird auch von den Mitarbeitern natürlich erwartet, denen einen gewissen Rahmen zu geben oder beziehungsweise eine Vision oder ein Ziel mit auf den Weg zu geben, wo geht es denn hin? Machen wir einfach nur so und unterschreiben das mit Digitalisierung oder was ist das große Ziel? Im Sinne von, was ist das Endergebnis, was wir erreichen wollen? Also das wird sehr stark eingefordert" (S. 7, Z. 205–209).

M2 geht darüber hinaus auf den Aspekt ein, sich in seiner Kommunikation auf die unterschiedlichen Grade der digitalen Kenntnisse seiner Mitarbeitenden einzustellen: „Offene Kommunikation und die klare Erwartungshaltung auch dazu zu definieren und auch für diese nötige Transparenz zu sorgen, warum wir das jetzt so machen. Und warum das so eine Erwartung ist, ohne auch die unterschiedlichen Tempi der Mitarbeiter aus den Augen zu verlieren, weil, das ist sehr, sehr heterogen, muss man da ganz ehrlich sagen. Welche, die gehen da völlig unbeschwert den Weg und bei manchen merkt man, dass es schwieriger ist. Und ich glaube, das ist auch die Anforderung, demjenigen, der das gut macht, dem diese Freiräume zu lassen" (S. 12, Z. 341–347). M8 weist auf die Bedeutung einer offenen Kommunikation in Bezug auf die Auswirkungen des digitalen Wandels für die einzelnen Funktionsgruppen hin: „Das ist sehr gut, die Fragen gefallen mir, weil ich hatte vor kurzem ein Team übernommen mit gestandenen Mitarbeitern. Und die waren überhaupt nicht abgeholt. Jetzt will ich kein Bashing zum Vorgänger machen, aber der Vorgänger hat auch gesagt, eher so in die Richtung: ‚Das wird euch nicht betreffen. Also es wird sich nicht durchsetzen.' Aber faktisch habe ich diese Widerstände da gehabt und habe dann auch meine Führungskraft da hinzugezogen und mit viel Aufklärung haben wir es dann hingekriegt, dass es sich wieder beruhigt hat. Also das Abholen der Leute, warum sie etwas machen, tun sollen, also dieses ‚why' ist extremst wichtig. Wenn das nicht gemacht wird im Vorfeld, funktioniert es meistens nicht" (S. 11, Z. 308–316).

M10 erklärt, dass sich seine Mitarbeitenden vor allem einen zeitnah stattfindenden Austausch wünschen, was für ihn eine besondere Anforderung darstellt: „Also, die Erwartungshaltung oder der Wunsch, das ist eher unser Zusammenarbeitsmodus, ist es, dass wir uns möglichst schnell über Themen unterhalten, die sich verändern oder die sich aktualisiert haben. Und das ist wirklich eine Herausforderung, weil man als Führungskraft nur noch schwer in der Lage ist, wirklich alle Veränderungsprozesse an allen Themen, an allen Schnittstellen, an allen Prozessen gleichermaßen zu sehen, um da immer ein Gesamtbild darzustellen. Dafür haben wir nicht mehr nur eine Großbaustelle, den Flughafen BER, sondern wir haben 300 Baustellen. Und über die Baufortschritte von 300 Baustellen regelmäßig zu berichten, ist nicht ganz einfach" (S. 8, Z. 219–226). Weiterhin erklärt M10, dass es trotz des erhöhten Informationsaufkommens gelingt, für sich und das Team einen Überblick über alle relevanten digitalen Entwicklungen im Unternehmen zu behalten: „Deswegen versuchen wir uns auch funktional so aufzustellen, dass die Mitarbeiter für sich immer einen Teilbereich, einen Verantwortungsbereich haben. Wo sie diese Veränderungen, diese Neuerungen, diese neuen Digitalisierungsschritte für sich beurteilen, bewerten. Das heißt, für sich auch ein Stück verantwortlich sind in ihrem Rahmen, weil ich glaube, nur so kannst du so eine Informationspolitik auch aufrechterhalten. Also ich maße mir als Chef nicht mehr an, zu hundert Prozent und jeder Tageszeit über alle Themen informiert zu sein, die dann aktuell irgendwo als Miniprozessschritt auftreten. Von daher, eigentlich ist die Informationstransparenz

9.2 Digitalisierung

das, was die Leute brauchen, aber auch gleichzeitig diese große Herausforderung" (S. 8, Z. 227–235). Auf die Rückfrage, ob die gestiegene Eigenverantwortung der Mitarbeitenden gleichzeitig zu einer sinkenden Verantwortung bei den Führungskräften führt, antwortet M10: „Die Verantwortung bleibt. Also es wird keiner meiner Mitarbeiter irgendwie in die Verantwortung genommen, wenn eine Fehlentscheidung gelaufen ist. Aber dafür sind eben Hierarchien ja ein Stück weit da. Auch beim Militär musst du irgendjemand haben, der im Zweifelsfall den Befehl zum Angriff gibt. Wie soll ich sagen, vielleicht eine sehr martialische Darstellung, aber unter dem Strich, wenn es um Gelder geht, wenn es um Implementierung geht, dann brauchst du trotzdem ja immer noch irgendwo Entscheidungsträger. Das bin nicht immer ich, aber das müssen dann die Leute sein, die aus einem entsprechenden Verantwortungsbereich kommen" (S. 9, Z. 269–276).

U8 erklärt, dass er sich weniger mit Erwartungen von seinen Mitarbeitenden, sondern vielmehr mit den Anforderungen von Seiten der Unternehmensleitung konfrontiert sieht: „Also die Erwartungen sind eigentlich uns allen von oben aufoktroyiert. Also dass man natürlich viel digital kommuniziert, das hat einfach die Zeit mit sich gebracht. Von den Mitarbeitern, für die ich jetzt zuständig bin, kommen direkte digitale Erwartungen so gut wie gar nicht, weil das, was da ist, ist da. Das nutzen die. Das nutze ich. Das ist auch selbstverständlich. Da kommen auch tatsächlich wenig so neue Ideen, wie man das machen könnte. Wie man das digital noch besser machen könnte, weil man weiß, glaube ich, alle wissen, groß abweichen von dem, was die Unternehmensleitung vorgibt, können wir eh nicht. Und man nimmt das dann so an. Also, da ist ja in meinen Augen sehr wenig Diskussionsbereitschaft von den Leuten über Arbeitsschritte, über Vorgänge. Also, agil ist das nicht da in dem Punkt. Wenn wir das agile Arbeiten wollen, dann würden wir genau wollen, dass die Leute wirklich das stark reflektieren, dass die viel zurückspielen über Empfindungen, was gut ist, was schlecht ist, was man besser machen kann. Das ist da in dem Bereich, also in meinem Bereich jetzt, ganz selten" (S. 10, Z. 286–298).

(1.2) Umgang mit Angst vor Stellenabbau bzw. einer Veränderung des Stellenprofils

Insgesamt 54 Prozent der Führungskräfte werden von ihren Mitarbeitenden mit Ängsten vor einem Jobverlust bzw. einer Veränderung ihres Jobprofils konfrontiert (z. B. U3, S. 11, Z. 319–322). So erklärt beispielsweise M1 hierzu: „Natürlich gibt es große Unsicherheit. Unsicherheit häufig auch in der Form: Führt das Thema jetzt eventuell zu einer Reduktion der Stellen? Das ist, glaube ich, die größte Unsicherheit, die dort bei den Kolleginnen und Kollegen dann herrscht. Insbesondere auch bei den Älteren dann. Jüngere Kollegen sind da eher, ich sage mal, aufnahmefähiger kann man vielleicht nicht sagen, aber optimistischer" (S. 12, Z. 331–335). M7 äußert, dass seine Mitarbeitenden die Erwartungshaltung haben, dass er sich für den Fortbestand ihrer Stellen einsetzt und somit eine Schutzfunktion einnimmt: „Digitaler Wandel ist zwar nachhaltig, aber er wirkt sich ja in bestimmten Dingen nicht immer nur eindeutig positiv aus. Er kann ja durchaus Konsequenzen im gesamten Arbeitsleben haben und wenn es bedeutet, dass in dem digitalen Wandel bestimmte Themen einfach wegfallen, die man heute anders lösen kann. Und da ist auch die Erwartung, die Interessen der Mitarbeitenden an der Stelle mit zu berücksichtigen und auch ein bisschen schützend vor denen zu stehen" (S. 9, Z. 256–261).

U12 betont die Anforderung als Führungskraft, sehr sensibel mit der Angst der Mitarbeitenden vor einem Stellenabbau umzugehen: „Ja, aber zum Thema Digitalisierung, es ist schon ein heißes Thema. Das muss man sehr sorgfältig, sollte man das näherbringen, weil man auch oft Angst hat, als Mitarbeiter da der Notleidende zu sein, das heißt Abbau von Mitarbeitern. Und da muss man vorsichtig ran gehen und nicht mit aller Gewalt sagen: ‚Ab morgen machen wir alles nur noch so und so und damit brauche ich fünf Mitarbeiter weniger in deiner Abteilung.' Da muss man schon sehr, sehr vorsichtig umgehen damit. Der Mensch ist schon ein wichtiges Gut in der Firma und wenn die nicht mehr wollen oder nicht mehr können, dann kann die ganze Firma kopfstehen. Also, das Wichtigste ist schon, die Mitarbeiter bei der Stange zu haben" (S. 21, Z. 632–639).

M9 weist darauf hin, innerhalb eines Unternehmensbereiches tätig zu sein, in dem viele Mitarbeitende Angst um ihre Stelle haben (S. 8, Z. 224–228). Auf die Rückfrage, wie M9 mit dieser Situation umgeht, erklärt dieser: „Also, man kann die Sorge ja nicht nehmen, weil da ist ja was dran oder da kann ja was dran sein. Da kann ich nur sagen: ‚Die Entscheidung trifft jemand anderes.' Da kann ich die Ängste nicht so nehmen. Ich kann aber sagen: ‚Ey Leute, kümmert euch um einen Plan B. Stellt euch so und so auf, und und und.' Also da kann man schon den Leuten auch helfen. Aber ich kann keinem eine Jobgarantie geben" (S. 8, Z. 231–235). U4 sieht sich immer wieder mit der Angst eines Stellenabbaus seitens der operativen Einheiten konfrontiert und sieht allein in dem transparenten Aufzeigen der Konsequenzen, aber auch dem Verdeutlichen neuer Möglichkeiten den richtigen Weg, als Führungskraft mit diesen Sorgen umzugehen: „Und da ist es unheimlich wichtig, genau und wirklich auch ehrlich zu kommunizieren, was passiert mit diesen Kapazitäten. Also das heißt, wenn wir sowas tun, ist es jetzt ein Effizienzprogramm? Ja, es ist natürlich ein Effizienzprogramm, aber nicht zwingend in Bezug auf die Ressourcen der Mitarbeiter, sondern in Bezug auf diverse andere Stellschrauben und Kostenfaktoren, wie zum Beispiel der technischen Systematik. Und das ist, glaube ich, ein essentieller Part und das merken wir schon, dass das immer wiederkommt" (S. 8, Z. 228–234).

9.2 Digitalisierung

U8 erklärt, während der COVID-19-Pandemie die Ängste eines Stellenverlustes von seinen Mitarbeitenden weniger erlebt zu haben. Diesen Umstand führt U8 auf den vorwiegend digital stattfindenden Austausch in dieser Phase zurück: „Jetzt zurzeit weniger natürlich, weil wir ja zurzeit fast nur digital kommunizieren und so etwas kommt nur persönlich zur Sprache, weil, das sagt mir keiner am Telefon. Auch wenn ich den gut kenne. Das ist so in vertraulichen, persönlichen Gesprächen. Und die Angst haben sie schon. Die haben auch Angst, wenn sie ihren Job auch weiter haben, dürfen wir überhaupt noch rausfahren, dürfen wir noch etwas persönlich machen. Die haben Angst vor dieser, ich nenne es mal Anonymisierung beziehungsweise Auswechselbarkeit der Menschen, weil wer das dann digital macht, hat nicht so einen hohen Stellenwert, wie derjenige, der das persönlich macht beim Kunden" (S. 11, Z. 317–324). U8 erklärt, dass er diesen Ängsten mit der Argumentation begegnet, dass die Beratung von Kund*innen innerhalb der Finanzdienstleistungsbranche eine „Vertrauensgeschichte" (S. 10, Z. 315) bleiben wird, innerhalb der die Mitarbeitenden auch in Zukunft eine zentrale Rolle übernehmen: „Aber eines ist sicher, wenn sie weiter so arbeiten, wie sie arbeiten, also das sage ich nur bei denen, wo es wirklich berechtigt ist, werden Leute wie sie mit entsprechender Qualität und Erfahrung hier immer ihren Platz finden. Auch in einer hybriden Welt zwischen digital und analog, weil, wir müssen ja eigentlich reden über ein hybrides Modell, weil rein digital kann es ja gar nicht werden" (S. 10, S. 309–313).

Insgesamt 13 Prozent der Führungskräfte geben an, dass sie nicht nur vor der Herausforderung stehen, ihren Mitarbeitenden Sorgen in Bezug auf den Abbau von Stellen zu nehmen, sondern auch im Rahmen von sich verändernden Jobprofilen aufgrund des digitalen Wandels (z. B. M12, S. 8 f., Z. 254–266). So erklärt M6 hierzu: „In diesem Prozess fallen immer auch Stellen weg oder Teile des Stellenprofils oder lieb gewordene Tätigkeiten. Und das ist, glaube ich, der größte Teil, dass Teilaufgaben wegfallen. Dass Teilaufgaben sich so radikal ändern, dass man sagen kann, die fallen weg und man muss sich sozusagen dann an neue Aufgaben gewöhnen" (S. 6, Z. 174–178). M8 erklärt, dass er bereits so starke Abwehrreaktionen in Bezug auf die Akzeptanz neuer Tätigkeitsfelder aufgrund der Digitalisierung von Mitarbeitenden erlebt hat, dass er den Betriebsrat hinzugezogen hat und daraufhin das Stellenprofil der entsprechenden Mitarbeitenden angepasst worden ist (S. 10, Z. 284–287).

Insgesamt 17 Prozent der Führungskräfte erklären, dass sie zwar generell Ängste der Beschäftigten in Bezug auf einen Stellenabbau wahrnehmen, mit diesen Sorgen jedoch von ihren Mitarbeitenden nicht konfrontiert werden. Diese Gegebenheit führen die Führungskräfte darauf zurück, dass sie einen Unternehmensbereich verantworten, innerhalb dessen die Mitarbeitenden wenig bis keine standardisierbaren Tätigkeiten ausüben (M11, S. 8, Z. 226–241; U11, S. 8 f., Z. 240–245; M10, S. 9 f.,

Z. 277–289). So stellt beispielsweise M10 seine Erfahrungen wie folgt dar: „Also, da kann ich sagen, bei meinem Team nicht. Und wir sind alle, ich muss echt sagen, hochmotiviert, die tragen das auch mit. Die verstehen nicht jede Einzelentscheidung, das müssen sie auch nicht. Die können auch Einzelentscheidungen kritisieren, dafür sind wir da. Um uns auch mal zu reiben, aber Ängste vor Arbeitsplatzverlust bei unserem eher konzeptionellen Team verspüre ich nicht" (S. 10, Z. 279–283). U10 erklärt, dass er die mangelnde Konfrontation mit Sorgen in Bezug auf einen Verlust des Arbeitsplatzes auf die spezifischen Gegebenheiten im Unternehmen zurückführt: „Wir haben die Größe und die Resilienz, in diesem Wandlungsprozess jedem Mitarbeiter eine Heimat zu geben, sofern er bereit ist, sich zu verändern. Vielleicht kommt aus dem Grund auch nicht diese Angst, weil ich der festen Überzeugung bin und ich das auch so spiegle, wo wir hingehen werden und das vermittelt aus meiner Sicht Sicherheit, du lässt diese Ängste nicht aufkommen" (S. 5, Z. 136–140).

(1.3) Einnahme einer Vorbildrolle
Ein Anteil von 29 Prozent der Führungskräfte geht auf die Erwartungshaltung der Mitarbeitenden ein, eine Vorbildrolle im digitalen Wandlungsprozess einzunehmen (z. B. M2, S. 11, Z. 332). Aspekte wie Aufgeschlossenheit (z. B. M7, S. 9, Z. 251–253), aber auch die Beherrschung agiler Methoden und neuer Technologien (z. B. M9, S. 7, Z. 211–215) werden in diesem Rahmen von den Führungskräften genannt. M6 weist in diesem Zusammenhang darauf hin, dass er Authentizität als Führungskraft für unerlässlich hält, um den Anforderungen der Mitarbeitenden gerecht werden zu können: „Also das fängt an mit Führen als Vorbild, das Thema stirbt nie aus. Die Mitarbeiter schauen sehr genau hin, okay, also jetzt, wie gesagt, jetzt haben wir hier ein Projekt, machen wir das ‚Old Style', oder machen wir das mit einem agilen Scrum-Projekt. Die Mitarbeiter schauen auch sehr genau hin, kriegt man selber mal ein Ad-hoc-Online-Meeting hin und nutzt sozusagen die digitalen Tools. Und es wird erwartet, dass man sozusagen den Weg authentisch mitgeht und sozusagen auch Dinge verändert" (S. 6, Z. 159–164).

U5 geht auf den Gesichtspunkt ein, dass seine Mitarbeitenden die Anforderungen stellen, digitale Entwicklungen im Unternehmen bzw. innerhalb des eigenen Bereiches von ihm erläutert zu bekommen: „Natürlich erwarten die, dass man, so ein Stück weit auch ein bisschen despektierlich ausgedrückt, der ‚Erklärbär' ist. (…) Ich glaube schon, dass die erwarten, dass man der Erste ist, der Online-Meetings perfekt beherrscht. Dass man der Erste ist, der andere Wege der Kundenansprache sucht oder mal testet und darüber berichtet. Ich glaube schon, dass das ein Anspruch unserer Kollegen ist" (S. 6, Z. 155–161). U1 erklärt, dass ihre Mitarbeitenden zwar nicht die Erwartungshaltung haben, dass sie alle Technologien bzw. Programme

9.2 Digitalisierung

perfekt beherrscht, sie jedoch grundsätzlich im Umgang mit diesen mit gutem Beispiel vorangeht: „Also, grundsätzlich ist es natürlich so, aber das ist auch meine Ansicht, dass ich das auch vorlebe, was ich von meinen Mitarbeitern erwarte. Das heißt, ich muss es natürlich genauso tun. Da geht es noch gar nicht um das, dass ich es beherrsche wie ein Einser, sondern einfach die Dinge auch tun, die ich von meinen Mitarbeitern verlange. Oder zum Beispiel Online-Meetings plane oder führe mit allen technischen Problemen, die sich dann ergeben, weil es vielleicht nicht funktioniert oder weil man irgendwas noch nicht gefunden hat" (S. 7, Z. 173–179).

(1.4) Einbezug und Befähigung
Ein Anteil von 17 Prozent der Führungskräfte antwortet, dass sich ihre Mitarbeitenden einen Einbezug sowie eine Befähigung wünschen, um den digitalen Wandel erfolgreich bewältigen zu können (z. B. U2, S. 6, Z. 175–183). So erklärt U6, dass seine Mitarbeitenden die Erwartungshaltung haben, in dem Maße für den digitalen Wandel befähigt zu werden, dass ihr Verbleiben im Unternehmen dauerhaft gesichert ist: „Im Endeffekt sollen die Mitarbeiter als Gewinner aus der Digitalisierung herauskommen und nicht abgehängt werden. Und das ist eine Verantwortung, die man der Führungskraft auch überträgt, weil letzten Endes will man schon, dass man sozusagen das Team zukunftsfähig macht und das ist die Erwartung. Es ist jetzt nicht irgendwo die Erwartungshaltung, dass man alles der Führungskraft überlässt, sondern jeder will mitmachen, aber man vertraut schon darauf, dass die Führungskraft einen da rüberbringt im Wandel" (S. 6, Z. 155–161).

U9 und M4 gehen verstärkt auf die Anforderung ihrer Mitarbeitenden ein, an Weiterbildungen partizipieren zu können, um die Kompetenzen zu erlangen, die sie für den digitalen Wandel im Unternehmen benötigen (U9, S. 8, Z. 239–245). So erläutert beispielsweise M4 hierzu: „Also, natürlich ist es der Wunsch, natürlich viel Information und Weiterbildung zu erhalten. Das erlebe ich so. Das eine ist immer, was ein Mitarbeiter einem objektiv schildert und was aber auch am Ende, wenn man mehr in Kontakt ist, was eigentlich der Auslöser ist. Und ich erlebe, jetzt sind wir auch beim Punkt, auch vielleicht ältere Generation, da verbindet es sich ganz schön, oftmals die Angst, dem nicht mehr standzuhalten. Und daraus kommen dann im Endeffekt so die Impulse, dass sie sagen: ‚Ich brauche mehr Information, ich brauche mehr Kommunikation, ich brauche mehr Weiterbildung.' Aber es kommt oft aus einer Haltung der Unsicherheit und der Angst heraus: Ich schaffe das nicht. Und gar nicht mal objektiv, ist es mal gar nicht das Thema. Objektiv ist es immer so, die Kollegen können mit den Themen gut umgehen. Aber den Punkt, merke ich immer mehr, dass der so echt ein Brennpunkt ist, dass die Mitarbeiter umtreibt: Wie schnell geht es weiter? Was kommt noch alles? Und schaffe ich das? Gerade bei älteren Mitarbeitern" (S. 9, Z. 243–255).

(2) Erwartungen und Anforderungen des Personalwesens an die Führungskräfte

Die Hälfte der befragten Führungskräfte äußert, dass sie bisher mit keinerlei Erwartungen bzw. Anforderungen in Zusammenhang mit dem digitalen Wandel von Seiten des Personalwesens konfrontiert worden ist. Insgesamt 25 Prozent der Führungskräfte weisen hingegen auf die Anforderung des Personalwesens hin, ein „digitales Mindset" aufzuweisen (z. B. M6, S. 6, Z. 187). So erklärt beispielsweise M6, zahlreiche Anforderungen des Personalwesens als Führungskraft wahrzunehmen (S. 6, Z. 186), vor allem wenn es um die Einstellung gegenüber dem digitalen Wandel geht: „Also, das ist immer ganz wichtig, wenn bei diesen Veränderungen und Entwicklungen, dass wir als Führungskräfte im Speziellen sozusagen die geistige Haltung dazu haben, diesen Wandel aktiv anzugehen. Und das ist sicher eine Erwartung vom Personalwesen. Also nicht nur im Doing, im praktischen Doing, sondern sozusagen da auch Botschafter zu sein, für Personal" (S. 6 f., Z. 187–191). Gleichzeitig sieht M6 deutliche Verbesserungspotenziale, um die Erwartungen des Personalwesens als Führungskraft entsprechend umsetzen zu können: „Personal erwartet auch, dass wir diese Digitalisierung operationalisieren, jeder in seinem Alltag. Aber es gibt noch von Personal eigentlich, ja, wenig Angebote, beziehungsweise, ja, es sind zu wenig Angebote sowohl an Seminaren als auch Unterstützung. Also muss man auch sagen, jetzt bei uns im Unternehmen ist Personal zu schwach manchmal, Dinge zentral umzusetzen. Also, es wird immer wieder diskutiert, ob wir nicht die Organisationsstruktur im Unternehmen auch digitaler und agiler aufstellen. Aber wir kommen von einer starken Hierarchie und einer starken Organisation. Und wenn, dann müsste das vom Personal kommen und Unterstützung natürlich mit der Unternehmensleitung. Da gibt es immer wieder Bemühungen und die prallen ab. Und dann wird es immer lokal gelöst, man muss Dinge lokal regeln, was man zentral im Übergeordneten nie hingekriegt hat. Das ist natürlich auch immer so etwas, das man im Kleinen erwartet, Personal im Kleinen Dinge zu regeln, die Sie im Großen für das Gesamtunternehmen noch nicht durchsetzen können" (S. 7, Z. 191–203).

M7 und M9 nehmen die Anforderung einer digitalen Denkweise durch das Personalwesen im Rahmen des Recruitings bzw. innerhalb von Personalentwicklungsprogrammen wahr. In diesem Zusammenhang werden sie stets mit der Erwartungshaltung konfrontiert, bei Personen auf das Kriterium „digitale Affinität" (M7, S. 9, Z. 266–267) zu achten (M7, S. 9, Z. 264–267; M9, S. 8 f., Z. 238–258). Ferner bemerkt M7 die Erwartungshaltung, sich als Führungskraft mit den Weiterbildungsangeboten des Personalwesens, die „digitale Veränderungen" (S. 9, Z. 271) im Unternehmen behandeln, auseinanderzusetzen (S. 9, Z. 267–272). M5 und M12 berichten von ähnlichen Anforderungen in Bezug auf die Nutzung der Weiterbildungsangebote im digitalen Wandel (M5, S. 13 f., Z. 411–414; M12, S. 9,

9.2 Digitalisierung

Z. 299–300). Darüber hinaus weist M5 auf die Erwartungshaltung des Personalwesens hin, auf ergonomische Aspekte im Rahmen des digitalen Wandels bei seinen Mitarbeitenden zu achten (M5, S. 13 f., Z. 414–417).

U1 kritisiert, dass die Erwartungshaltung eines digitalen Mindsets durch das Personalwesens gleichzeitig mit der Anforderung einhergeht, sich immer wieder mit neuen technologischen Systemen auseinandersetzen zu müssen: „Also, was ich bemerke, dass sie ständig die Systeme umstellen und das ist jetzt was, was nicht gerade positiv ist. Weil, wenn laufend komplette Systemveränderungen kommen, auch im Portal für die Dienstreisen zum Beispiel, dann tun sie sich unheimlich schwer, mit den einfachsten Dingen überhaupt noch klar zu kommen" (S. 8, Z. 203–207). Vor allem bemängelt U1 in diesem Zusammenhang, dass das Personalwesen in diesen Situationen keine Unterstützung bieten kann, da es die neuen Systeme selbst noch nicht beherrscht: „Und ich bemerke auch, wenn man bei Personalwesen anruft, die haben die gleichen Schwierigkeiten, dass die teilweise einfach auch noch gar keine Antworten darauf geben können. Und, wie gesagt, das ständige Verändern von Systemen macht es unheimlich zeitaufwändig, weil es nicht nur Kleinigkeiten sind, die verändert werden, sondern immer gleich das ganze Portal, dass Sie gar nicht mehr wissen, wie komme ich denn jetzt da hin? Und das gilt zum Beispiel auch für das Portal für Dienstreisen. Das sind dann so große Veränderungen, dass Sie schon jedem Mitarbeiter auch erklären müssen, wie er noch eine Reise abrechnen kann. Und sie selber schon eine Stunde brauchen, bis sie da hinkommen. Also, es gibt zwar diese Schulungsvideos, die aber echt nur bedingt hilfreich sind und viele wichtige Dinge dann einfach gar nicht erwähnen. Also, das ist jetzt schon was, was negativ ist und das ist unheimlich zeitintensiv" (S. 8, Z. 207–217). U8 erklärt, zwar keinerlei Anforderungen des Personalwesens im Rahmen der Digitalisierung zu bemerken (S. 11, Z. 327–328), jedoch den deutlichen Wandel des Weiterbildungsangebotes von „Online-Seminare statt Präsenz-Seminare" (S. 11, Z. 330–331) wahrzunehmen.

Insgesamt 17 Prozent der Führungskräfte erkennen die Erwartungshaltung des Personalwesens, dass die Führungskräfte einen Beitrag zur strategischen Personalplanung innerhalb des Unternehmens leisten (z. B. U5, S. 6, Z. 171–173). So erklärt beispielsweise M10 hierzu: „Also es gibt eine Initiative, die über das ganze Unternehmen geht, bei der es um das Thema strategische Personalplanung geht. Das Personalwesen ist vor Kurzem erst auf uns zugekommen und beschäftigt sich ein Stück weit damit, wie wir mit den Mitarbeiterkapazitäten, die wir haben, die zukünftigen Herausforderungen meistern können. Und welche Weiterbildungen wir dort in die Mitarbeiter zentral vornehmen. Davor ist noch nichts passiert. Aber ich muss auch ehrlich sagen, da bin ich drei Tage groß und wenn ich bei Mitarbeitern Defizite sehe, also du schickst Mitarbeiter auf eine Projektarbeit und siehst, da sind gewisse Defizite, die dir widergespiegelt werden, dann muss man ja nicht auf zentrale Initiativen warten, um gegen diese Defizite zu arbeiten" (S. 11, Z. 319–327). Auf die Rückfrage, ob in diesem Rahmen eine Standortanalyse in Bezug auf die vorhandenen und der zukünftig benötigten Kompetenzen jedes einzelnen Mitarbeitenden erfolgt ist, antwortet M10: „Also bei jedem Einzelnen wäre jetzt zu viel, sondern es wurde in Arbeitsgruppen eingeteilt. Im Sinne von, ich nenne es mal eine etwas gröbere Struktur, weil es ja erst mal unerheblich ist, ob wir einen Mitarbeiter haben, der für ein Projekt A tätig ist oder der andere für ein Projekt B. Also bis auf Einzelmitarbeiter wurde das nicht gemacht. Das halte ich aber auch ehrlicherweise für die Aufgabe der Führungskraft. Ich glaube, strategisch musst du solche Gruppen einfach etwas gröber clustern, um überhaupt ein Gefühl dafür zu bekommen. Deswegen heißt es ja auch strategische Personalplanung und nicht operative Personalplanung. Dass du strategisch die Kapazität an den Ecken allokierst, wo du sie brauchst. Ob die dann operativ alles können, da muss ich dann ehrlich sagen, das sehe ich dann auch in meiner Verantwortung" (S. 11, Z. 330–339).

U4 erklärt, im Rahmen einer Veranstaltung die aktuellen Anforderungen in Bezug auf die strategische Personalplanung und die einhergehenden Weiterbildungsangebote erfahren zu haben: „Ja und zwar ist vor Kurzem erst eine Veranstaltung gewesen, die quasi so eine digitale Qualifizierung beziehungsweise auch die Möglichkeit, sich einzustufen et cetera pp, auch in Richtung Unterstützungsmaßnahmen in Bezug auf die Digitalisierungsprozesse und Veränderungen und so weiter, ist definitiv gekommen. Und ansonsten natürlich bestimmte, sage ich jetzt mal, Lernplattformen, die eingeführt wurden, bei denen man sich quasi in gewisser Hinsicht auch selbst entlanghangeln kann, wenn man Interesse zeigt. Und mit diesen neuen Prozessen, glaube ich, für Führungskräfte ist jetzt nicht Zwang, aber ein gewisser Anschub gekommen, der lange Zeit gefehlt hat, im Sinne von Qualifizierung, was ich grundsätzlich befürworte auch. Weil man in dieser Vielzahl an Möglichkeiten ja oft entweder den Wald vor lauter Bäumen nicht mehr sieht, geschweige denn auch sich vielleicht auch nicht unbedingt die Zeit nimmt, weil man halt mit diversen Dingen aus dem Projekt zu tun hat" (S. 10, Z. 284–295). Aufgrund der Einführung einer strategischen Personalplanung im Rahmen des digitalen Wandlungsprozesses sieht sich U6 mit der Anforderung konfrontiert, dass er mit anderen Unternehmensbereichen eine deutlich intensivere Zusammenarbeit pflegt. So erklärt U6, dass beispielsweise die Unternehmensbereiche Weiterbildung und Talent Management im Rahmen dieser Initiative deutlich stärker zusammenwachsen (S. 7, Z. 206–214).

U10 und U11 äußern, die neue Führungsstrategie im Unternehmen als Anforderung des Personalwesens für sich zu definieren (U10, S. 6, Z. 145–146; U11, S. 9, Z. 273–274). U11 erklärt die Inhalte der neuen Führungsstrategie in diesem Rahmen wie folgt: „Das ist sozusagen aus meiner Sicht eine Anforderung, die gestellt wurde, dass die sich dort Gedanken gemacht haben, dass eben Qualifikation und Führung, eine Führungskraft in Zukunft gewissen Mindeststandards unterliegen sollte. War es jetzt bislang ja auch schon, aber die werden jetzt im Grunde noch ein bisschen konkretisiert in einem Mindestansatz von Stunden pro Jahr, die man da auch dann entsprechend investieren soll. Und das Programm, was da vorgeschlagen wird und die entsprechende Evaluation, was an Bedarf besteht, orientiert sich natürlich auch an Aspekten zu digitalen Themen und damit auch zu Führung im digitalen Zeitalter" (S. 10, Z. 276–283). Auf die Rückfrage, ob sich die Anforderungen der neuen Führungsstrategie konträr zu dem bisherigen Führungsverhalten von U11 gestalten, antwortet dieser: „Nein, also nein, das hat mich jetzt nicht überwältigt. Ich finde es gut, ich finde es grundsätzlich gut, wenn etwas strukturiert wird und systematisiert wird. Und von daher finde ich den Ansatz auch völlig richtig und auch korrekt, dass man vor allen Dingen das Angebot innerhalb eines Unternehmens versucht zu bündeln und zu konzentrieren. Das sehe ich, ja, seit jetzt sehr, sehr langer Zeit, wie so Parallelwelten zu Ausbildungsideen bestehen und man im Grunde nachher nicht mehr weiß, wo man sich das passende Angebot raussucht. Und die Struktur über entsprechende, also über entsprechende Bedarfsermittlung und einer entsprechenden Lernreise aufzubauen, das gefällt mir schon ganz gut" (S. 10, Z. 287–295). U10 erklärt, dass er die Inhalte der neuen Führungsstrategie eher als „sanfte Empfehlungen" (S. 6, Z. 152) wahrnehme, über die die Führungskräfte vom Personalwesen informiert worden sind; eine Auseinandersetzung mit den Inhalten müsse jedoch jede Führungskraft selbst vornehmen (S. 6, Z. 150–152).

(3) Erwartungen und Anforderungen des Betriebsrates an die Führungskräfte
Insgesamt 71 Prozent der Führungskräfte äußert, dass der Betriebsrat im Rahmen des digitalen Wandlungsprozesses bisher keine Erwartungen oder Anforderungen an sie gestellt hat (z. B. M2, S. 13, Z. 382; M4, S. 10, Z. 286; U2, S. 7, Z. 210; U5, S. 7, Z. 192). Die restlichen 29 Prozent der befragten Führungskräfte berichtet hingegen von unterschiedlichen Erwartungshaltungen, die ihnen von Seiten des Betriebsrats innerhalb der voranschreitenden Digitalisierung begegnet sind. So erklärt beispielsweise M5, dass er sich bereits „massenhaft" (S. 16, Z. 489) mit Anforderungen vom Betriebsrat auseinandergesetzt hat. Diesen Umstand begründet M5 mit der Vereinfachung der Verhaltenskontrolle der Beschäftigten im Rahmen des digitalen Wandels (S. 16, Z. 489–493). Vor allem die Implementierung neuer Software hat laut M5 bisher stets intensive und monatelange Diskussionen zur Folge gehabt, innerhalb derer es zahlreiche Fragen zu klären galt: ‚„Wer darf das nutzen? Ja, okay, wenn er das nutzt, dann darf er nicht getrackt werden.' Und dann die Diskussion: ‚Ja warum

denn nicht? Nein, das dürfen wir nicht, das sind die Mitarbeiter, das muss ausgewiesen werden. Der muss dann seine Zustimmung geben können und freiwillig, ob er das nutzen will oder nicht nutzen will.' Das sind so Sachen, wo Sie sagen: ‚Ja, das funktioniert aber nicht. Der eine kann nicht mit Papier arbeiten und der andere macht es schon digital'" (S. 16, Z. 495–500). Die Erörterungen mit den Betriebsratsmitgliedern haben aus Sicht von M5 zu enormen Verzögerungen geführt (S. 16, Z. 514–515) und konnten nur durch ein gegenseitiges Aufeinanderzugehen beendet werden: „Also, das ist ja immer so, dass da mehr Kompromisse zustande gekommen sind, die nicht die schnellsten waren. Da hat man gesagt: ‚Okay, einfach um den Willen, das Ganze fortzusetzen, wir fangen mal mit so einer Phase Eins an. Phase Eins ist so eine Art Mischbetrieb: Ein bisschen digital. Ein bisschen- Ja, wie heißt es so schön? Auf Papier. Wir lassen den, aber dann in sechs Monaten oder ein Jahr einigen wir uns, dass wir dann auf voll digital switchen.' Dann heißt es: ‚Nein, da müssen wir nochmal gucken, da werten wir die Ergebnisse aus und so weiter.' Das kann dazu führen, dass wir langsamer werden" (S. 16, Z. 500–507).

M6 erklärt, dass aus seiner Sicht ein proaktiver Einbezug des Betriebsrates eine wesentliche Anforderung innerhalb des digitalen Wandels darstellt: „Grundsätzlich, wie bei den normalen Dingen, was ein Betriebsrat immer will, ist das Thema Transparenz und auch eine gute Kommunikation. Aber, ich sage mal beim Betriebsrat, wenn man ihn wirklich gewinnen will für die Digitalisierung, ist wichtig das Proaktive. Also schon im Vorfeld, bevor größere Veränderungen anstehen und bevor man die umsetzt, die proaktive Einbindung. Dann hat man am ehesten die Chance der Unterstützung. Und wie gesagt, das Thema Weiterbildung war ja auch mitbestimmungspflichtig. Also in dem Fall könnte der Betriebsrat Dinge, die man unternimmt, auch wirklich torpedieren, ausbremsen und auch terminieren, im Zweifelsfall, wenn sie wollen. Insofern war da immer wichtig, bevor man überhaupt die Dinge begonnen hat, drüber zu sprechen über Zielsetzungen, Ergebnisse, sonst kann es wirklich sein, dass man Projekte anfängt, durchsetzt und sie zum Schluss scheitern" (S. 7, Z. 207–217).

M7 erläutert, vor allem die Anforderung des Betriebsrates zu erleben, eine Überlastung der Mitarbeitenden aufgrund des digitalen Wandels zu vermeiden sowie auf die Sozialverträglichkeit des Wandlungsprozesses zu achten: „Die haben natürlich, wenn es um das Thema digitaler Wandel geht, hat der Betriebsrat natürlich die Anforderung auch an die Führungskräfte gestellt, diesen digitalen Wandel a. sozialverträglich zu begleiten und b. die Menschen nicht zu überfordern. An dieser Stelle das Thema digitaler Wandel, ich sage mal, insofern positiv zu begleiten, dass es nicht bedeutet, jetzt pro Mitarbeiter noch mehr Arbeit auf die Schultern ab zu lasten. Also, das ist eher Schutz der Mitarbeiter an dieser Stelle im Rahmen des digitalen Wandels und da gehört natürlich auch Arbeitsplatzschutz dazu" (S. 9 f.,

9.2 Digitalisierung

Z. 277–284). U11 erklärt, bisher insbesondere mit Anforderungen in Bezug auf das mobil-flexible Arbeiten vom Betriebsrat konfrontiert worden zu sein: „Und da ist mit Sicherheit das eine oder andere Mal auch nochmal so ein bisschen der Hinweis gegeben worden, dass das natürlich ein tolles Angebot ist und das man auch nutzen sollte. Und trotzdem natürlich auch aufpassen soll, dass das nicht dazu führt, dass man eben entsprechend privat und Beruf zu sehr vermischt und zu sehr oder zu viel arbeitet und entsprechend da auch die Führungskraft entsprechend mit einzubinden ist und darauf achten soll. Das würde mir jetzt mal einfallen, dass das eine Anforderung vom Betriebsrat war, bei diesen Angeboten auch entsprechend darauf zu achten und die Fürsorgepflicht wahrzunehmen" (S. 11, Z. 321–328).

M12 berichtet von ähnlichen Erwartungen des Betriebsrates wie M7 und U11 und erklärt in diesem Zusammenhang, dass diese Anforderungen aus seiner Sicht auch im Sinne des Unternehmens sind und sich hieraus keine Divergenz in Bezug auf die Interessenslage ergibt: „Wenn man als Unternehmen die Dinge insgesamt gut auf den Weg bringt und gut abwägt zwischen dem, was kann ich eigentlich dem Mitarbeiter zumuten im Prozesswandel und Ähnlichem, dann sind eigentlich die Erwartungshaltungen eines Betriebsrates gar nicht so konträr zu dem, was man als Unternehmen möchte. Natürlich muss eine Belegschaftsvertretung, ein Betriebsrat darauf achten, dass die Dinge sozialverträglich gemacht werden, dass auch tatsächlich die Belange der Mitarbeiter in genügendem Maße berücksichtigt worden sind. Aber ich habe überwiegend Betriebsräte erlebt, die auch durchaus ein Verständnis und auch die Notwendigkeit einer der unternehmerischen, im Sinne der Betriebswirtschaft, einer ökonomischen Führung des Unternehmens, sehr aufgeschlossen gegenüberstehen" (S. 10, Z. 308–317). Aus diesem Grund blickt M12 auch positiv auf seine bisherige Zusammenarbeit mit dem Betriebsrat im Unternehmen zurück: „Und insofern habe ich eigentlich in meiner Zeit Gremienvertreter oder weit überwiegend Gremienvertreter erlebt, die mit vollkommenem Recht auf bestimmte, ja, wie soll ich sagen, auf bestimmte Notwendigkeiten in einem Veränderungsprozess zum Wohle der Mitarbeiter hingewiesen haben. Wo wir aber per se zwischen Gremien und Unternehmen gar keinen Dissens hatten. Und insofern gibt es natürlich Erwartungshaltungen, die ich aber häufig oder eigentlich weit überwiegend auch als durchaus berechtigten Hinweis genommen habe. Die häufig auch, wie soll ich sagen, sehr hilfreich waren an mancher Stelle, wo man vielleicht selber sein Augenmerk noch nicht draufgelegt hatte und dann immer zu sehr, wie ich meine, sehr guten Kompromissen in der Umsetzung gefunden habe. Dass man nicht in jeder Fragestellung immer hundertprozentig einer Meinung ist, das ist aus meiner Sicht nicht tragisch und auch gar nicht notwendig" (S. 10, Z. 317–328).

U6 und U9 gehen auf die Erwartungshaltung des Betriebsrates ein, dass im Rahmen von digitalen Weiterbildungsangeboten von den Führungskräften verstärkt auf die Themen „Barrierefreiheit und Ergonomie" (U6, S. 7, Z. 194–195) geachtet wird (U6, S. 7, Z. 189–195; U9, S. 10, Z. 282–292). U9 führt in diesem Zusammenhang die Aspekte auf, die der Betriebsrat besonders fokussiert: „Egal, was wir machen, schauen die schon eben drauf, dass es nicht zu viele Teilnehmer sind, dass die Sachen auch einfach nachhaltig sind, dass die Leute auch trotzdem die Möglichkeit haben, Fragen zu stellen, dass es nicht zu lange ist, weil diese digitalen Geschichten natürlich auch auf Dauer anstrengend sind. Aber es gibt zum Beispiel auch die Ergonomie, das ist auch ganz wichtig. Man muss immer gucken, dass das Ganze auch für jemand machbar ist, der jetzt, was weiß ich, ein Sehproblem hat, ein Hörproblem hat. Also das muss alles mehr oder weniger auch behindertengerecht sein. Das heißt, wir müssen das immer durch den Ergonomieausschuss durchkriegen, wenn was Neues kommt. Und wir dürfen keine Maßnahmen durchführen, ohne dass die da ihr ‚Go' dazugegeben haben" (S. 10, Z. 282–292). U6 lobt in diesem Rahmen das Verständnis des Betriebsrates für die voranschreitende Digitalisierung der Weiterbildungsangebote im Unternehmen. Auf die Rückfrage, ob das gewachsene Verständnis aus seiner Sicht auch mit der COVID-19-Pandemie in Verbindung steht, antwortet dieser: „Also davor war es auch schon da, weil der Betriebsrat hat schon gesehen, dass sich die Zukunft einfach verändert. Aber durch Corona wurde einfach das nochmal forciert, weil die Situation ist halt aktuell so, dass wir alles an Präsenzveranstaltungen gestoppt haben. Das heißt, wir haben keine andere Alternative und dahingehend merke ich schon eine stärkere Unterstützung von den Gremien (S. 7, Z. 199–203).

U4 erklärt hingegen, dass er sich im Rahmen der ersten Diskussionen in Bezug auf digitale Weiterbildungsangebote eine größere Unterstützung durch den Betriebsrat gewünscht hätte: „Was ich aber gemerkt habe, zum Beispiel beim Thema elektronisches Lernen. Da wurde die Digitalisierung zu diesem Zeitpunkt, sagen wir jetzt mal, zweieinhalb Jahre her, eher so dahingestellt, so nach dem Motto: ‚Ja, das könnt ihr doch nicht von den Mitarbeitern verlangen.' Da habe ich das eher gemerkt, dass da eine Blockade in gewisser Hinsicht ist, zumindest was das Thema anging, seitens der Betriebsräte, dass da die Unterstützung nicht da war, die ich mir erwartet hätte. Also auch konstruktiv daher zu gehen, sondern eher so nach dem Motto: ‚Wer braucht das, wozu braucht ihr das und am liebsten druckt ihr das wieder aus.' Und da war die Bereitschaft noch nicht vorhanden, jetzt mittlerweile, ich glaube, ist das auch da angekommen, dass das auch einfach notwendig ist" (S. 9, Z. 251–260).

Ein Anteil von 21 Prozent der Führungskräfte erklärt sich die geringen Anforderungen des Betriebsrates im Rahmen des digitalen Wandels mit der Wahrnehmung, dass die Betriebsratsmitglieder selbst digitale Arbeitsweisen nicht präferieren bzw. eher „Ängste" (U4, S. 8, Z. 244) im Unternehmen in Bezug auf die voranschreitende

9.2 Digitalisierung

Digitalisierung schüren. So äußert beispielsweise U8 hierzu: „Also der Betriebsrat hält sich da wirklich zurück mit Stellungnahmen, mit Kommunikation. So gut wie gar nichts. So gut wie gar nichts. Wir merken, dass der Betriebsrat selber schon noch so weit geht, gern analog zu arbeiten. Dass er jetzt natürlich durch Corona seine Betriebsversammlungen online abhält, ja. Aber das ist natürlich auch nicht wirklich digitales Verhalten, wenn ich da so online eine Präsentation mache" (S. 11, Z. 335–339). M6 vertritt eine ähnliche Haltung wie U8 und erläutert, dass er sich eine stärkere Digitalisierung der Betriebsratstätigkeit wünschen würde: „Also wir haben ja das Beispiel, also es werden ja schon Kleinigkeiten nicht übernommen. Also zum Beispiel sind jetzt alle Sitzungen der Betriebsräte wegen Corona ausgefallen, also die großen Veranstaltungen, weil sie sich weigern, das via Online-Meeting zu machen oder per digitaler Schaltung. Also schon die einfachen Dinge, die sie im Alltag erleben, möchten sie nicht, dann fällt es eher aus. Und dann gibt es eben noch ein gedrucktes, gibt es ein PDF vielleicht, manchmal auch noch die gedruckte Variante der Betriebsratszeitschrift. Also ich erwarte einfach viele kleine Schritte, die man gehen könnte im Alltag, die sie aber auch noch nicht bereit sind an manchen Stellen" (S. 11, Z. 329–336). Auf die Rückfrage, ob die vorwiegend analoge Arbeitsweise in Zusammenhang mit dem Thema Datenschutz stehen könnte, erklärt M6, dass die Themen, mit denen sich die Betriebsräte befassen, auch ohne Probleme digital bearbeitet werden könnten (S. 11, Z. 337–338). Weiterhin erklärt M6, ebenso wie M9 (S. 9, Z. 263–266), dass er keine Affinität der Betriebsratsmitglieder in Bezug auf die Digitalisierung feststellen kann: „Also ich erlebe in meinem Umfeld eher das Gegenteil. Es gibt Ausgewählte, die dabei sind, aber grosso modo eher rückständiger und eher das Thema Fundamentalopposition, wo auch Handlungsbedarf im Mindset wäre" (S. 11, Z. 321–323).

9.2.5.2 Erwartungen und Anforderungen der Führungskräfte im digitalen Wandel

Die befragten Führungskräfte geben an, sich vor allem Offenheit, Verständnis und Engagement von ihren Mitarbeitenden innerhalb des digitalen Wandlungsprozesses zu wünschen (insgesamt 67 Prozent). Vom Personalwesen erwarten die Führungskräfte insbesondere die Einnahme einer Vorbildfunktion, indem beispielsweise Personalprozesse stärker vereinfacht und digitalisiert oder das eigene Rollenprofil eine Anpassung an den Transformationsprozess erfährt (insgesamt 42 Prozent). Die häufigste von den Führungskräften genannte Anforderung an die Betriebsratsmitglieder stellt die Erwartung dar, den digitalen Wandlungsprozess wohlwollend zu begleiten und gegen diesen nicht zu opponieren (insgesamt

29 Prozent). Insgesamt 25 Prozent bzw. 13 Prozent der Führungskräfte äußern, keinerlei Erwartungen an das Personalwesen bzw. den Betriebsrat zu stellen.

(1) Erwartungen und Anforderungen der Führungskräfte an die Mitarbeitenden

Zwei Drittel der Führungskräfte erwarten eine verständnisvolle, offene sowie engagierte Haltung ihrer Mitarbeitenden gegenüber dem digitalen Wandel. Ein Viertel der befragten Führungskräfte stellt die Anforderung, dass ihre Mitarbeitenden den digitalen Wandlungsprozess als Chance wahrnehmen, um eine ‚Kultur des Ausprobierens' im Unternehmen zu etablieren. Insgesamt 17 Prozent der Führungskräfte äußern die Erwartungshaltung, dass ihre Mitarbeitenden offen und ehrlich mit Ängsten und Sorgen im Rahmen des Transformationsprozesses umgehen. Jeweils 13 Prozent der Führungskräfte wünschen sich, dass ihre Mitarbeitenden den Willen zeigen, Neues zu erlernen bzw. ein kritisches Mitdenken innerhalb des Wandlungsprozesses aufweisen.

(1.1) Offenheit, Verständnis und Engagement

Insgesamt 67 Prozent der Führungskräfte äußern die Erwartungshaltung, dass ihre Mitarbeitenden dem digitalen Wandel offen und engagiert gegenüberstehen und dessen Notwendigkeit verstanden haben (z. B. U10, S. 7, Z. 174–175; U11, S. 11, Z. 331–341; U12, S. 9, Z. 267–268). So beschreibt beispielsweise M12 seine Anforderungen an die Mitarbeitenden wie folgt: „Ich glaube, die Erwartungshaltung an meine Mitarbeiterinnen und Mitarbeiter ist fast die Identische, die ich auch an mich persönlich habe, dass ich mich zunächst mal den Veränderungen, die kommen, aufgeschlossen gegenüber zeige und nicht, ja, wie soll ich sagen, sie wie Teufelszeug verdamme. Weil das Ausblenden, oder besser gesagt, das Verdrängen von Veränderungsprozessen kommt ja meistens aus einer persönlichen Gefühlslage heraus, dass man sagt: ‚Ich möchte mich jetzt eigentlich nicht oder nicht mehr verändern'" (S. 11, Z. 331–337). Weiterhin führt M12 aus, dass er aus diesem Grunde seine Mitarbeitenden innerhalb des Transformationsprozesses immer mit folgenden Leitsätzen konfrontiert: „‚Seid dem Wandel gegenüber aufgeschlossen. Macht euch rechtzeitig auf den Weg, diesen Wandel für euch persönlich, zunächst mal vielleicht eher gedanklich und im Kopf, aber später auch praktisch, dass ihr euch diesen Wandel zu eigen macht, um für die Zukunft vorbereitet zu sein und über die entsprechenden Skills zu verfügen, dass ich, selbst wenn meine eigene Tätigkeit sich entweder sehr, sehr stark verändert hat oder vielleicht sogar weggefallen ist, dass ich in der Lage bin, auch etwas anderes oder die dann sehr stark veränderte Tätigkeit weiter auszuüben'" (S. 11, Z. 345–352).

9.2 Digitalisierung

M3 äußert die Anforderung, dass seine Mitarbeitenden die positiven Aspekte und Möglichkeiten, die sich aus dem digitalen Wandlungsprozess ergeben, für sich begreifen und innerhalb des Prozesses viel Eigeninitiative zeigen (S. 8, Z. 207–208). Hierzu gehört für M3 auch ein stetiges Hinterfragen, wie mit Hilfe der Digitalisierung Themenfelder innerhalb des eigenen Tätigkeitsbereiches verbessert werden können: „Ich versuche schon, Verständnis dazu zu generieren, dass es eine Chance ist. Dass man es also nicht nur, nicht in erster Linie als Bedrohung und als lästige Veränderung betrachtet, sondern als Chance sieht. Und ich habe schon die Erwartung, dass man sich mit solchen Trends und mit solchen Entwicklungen auch auseinandersetzt. Ich meine, das macht auch jeder auf der privaten Seite, sich damit auseinander zu setzen. Und dann habe ich auch schon die Erwartung, dass man sich da aktiv auch mit diesen Dingen auseinandersetzt. Auch den täglichen Job dahingehend überprüft, zu sagen: ‚Kann ich da für das Thema oder mit Thema Digitalisierung, kann ich da etwas für meinen Arbeitsbereich gewinnen? Habe ich da Ideen, wie man das gut und klug nutzen könnte?'" (S. 7 f., Z. 198–206). M10 erklärt, dass er von seinen Mitarbeitenden erwartet, dass sie den digitalen Wandel nicht als eine Phase ansehen, die nach einem gewissen Zeitraum beendet ist, sondern als dauerhafte Gegebenheit wahrnehmen, die unausweichlich ist: „Ich glaube, wenn ich es mal auf den Punkt bringen sollte, dann wünsche ich mir von jedem meiner Mitarbeiter, dass sie das Thema Wandel als normal gegeben und notwendig akzeptieren" (S. 15, Z. 447–449).

M7 äußert, dass er von seinen Mitarbeitenden eine Auseinandersetzung mit dem digitalen Wandel erwartet, weil dies im Sinne eines jeden Beschäftigten im Unternehmen sei: „Also, Erwartung an der Stelle, die ich als Führungskraft habe, ist ganz klar, dass ein Mitarbeiter nicht per se sich einem digitalen Wandlungsprozess verschließt. Ich erwarte, dass er sich zumindest einmal mit dem Gedanken auseinandersetzt. Dass die Sichtweisen nicht immer die Gleichen sind und dass da auch vielleicht mal kritische Sachen bei entstehen, das ist für mich völlig normal und das gehört zu einem Entwicklungsprozess dazu. Aber es liegt auch im Interesse eines jeden einzelnen Mitarbeiters, dass er nicht als Dinosaurier in die Geschichte eingeht. So wie ein Mitarbeiter üblicherweise heutzutage WhatsApp benutzt und mit einem Smartphone umgeht, weil er das für sich privat macht oder googelt oder bei Amazon bestellt, oder, oder, oder, da gibt es ja mannigfaltige Beispiele. So erwarte ich auch, dass ein Mitarbeiter, wenn es um das eigene Arbeitsumfeld geht, zumindest einmal mit den Ideen auseinandersetzt und das auch artikuliert. Er muss das nicht immer gleich akzeptieren. Aber das Auseinandersetzen ist das wichtige, weil dann beginnt ein Prozess und den sollte er mitgehen" (S. 13, Z. 386–398). Darüber hinaus stellt M7 die Anforderung, dass Mitarbeitende digital affin sind (S. 13, Z. 400) und begründet seine Aussage wie folgt: „Denn die Drehzahl und die Geschwindigkeit, die verändert sich, die wird tendenziell größer. Und das bedingt, dass man sich mit diesen Themen intensiver oder auch schneller befassen muss. Und insofern ist da eine Affinität schon notwendig. Hängt aber sicherlich auch von der Position und von der Tätigkeit ab" (S. 13, Z. 401–404).

M6 vertritt eine ähnliche Haltung wie M7 und bemängelt in diesem Rahmen, dass einige Mitarbeitende nicht ehrlich im Unternehmen mit dem Thema digitale Affinität umgehen: „Also erstmal offen sein, natürlich, und ich meine jetzt echt offen. Also wir erleben wirklich oft bei uns im Unternehmen, wie sagen wir es immer so schön: ‚Der Mitarbeiter ist digital zu Hause und wenn er in das Unternehmen kommt, legt er das irgendwie ab.' Also da braucht man schon wirklich von den Mitarbeitenden Grundehrlichkeit und Offenheit, sozusagen, für den Wandel und die Digitalisierung. Das erwarte ich auch. Also reagiere ich auch nicht wirklich immer positiv, wenn man für blöd verkauft wird, sozusagen also grundsätzliche Dinge in Frage gestellt werden, die sie sonst im Alltag leben. Also jeder bucht ein Bahnticket oder sonst irgendwas und merkt, die Schalter werden immer weniger. Und sie nutzen auch die ein oder andere App. Aber wenn wir sowas im Unternehmen einführen wollen, dann gibt es da fünf Fragezeichen oder wird es grundsätzlich hinterfragt, wo es eher, ja, eher ein Vorwand ist" (S. 8 f., Z. 246–256). Ferner betont M6, dass er einen intensiven Austausch mit seinen Mitarbeitenden für unerlässlich hält, um gemeinsam die Masse an Themen, die mit dem digitalen Wandel verbunden sind, bewältigen zu können: „Auch klare Rückmeldung, also wir sind nicht mehr allwissend als Führungskräfte. Wie gesagt, das liegt an der hohen Frequenz. Dinge können sich ändern. Man braucht auch sozusagen Feedback und Kommunikationsverhalten von den Mitarbeitern. Da ist viel Wahres dran, wo man sagt, die Ebenen verschmelzen, die Führungskraft kann nicht mehr alles wissen. Und sie braucht auch Mitarbeiter, die vielleicht sowieso dem Wandel positiv gegenüberstehen. Auf jeden Fall auch dort die Proaktivität. Also man braucht Unterstützung in den Teams. Man braucht auch Leute, die aktiv das Thema von sich aus mit angehen. Im Sinne Kommunikation und Feedback, weil sonst kann man auch mal an die Wand laufen. Also das ist sicher auch wichtig. Wie bei Führungskräften auch, braucht man den ein oder anderen Leuchtturm, der andere dann mitzieht in Projekten, in Themen. Wenn man da ein agiles Projekt macht sozusagen, die da mit vorangehen auch" (S. 9, Z. 257–268).

U5 und M2 äußern die Erwartungshaltung, dass ihre Mitarbeitenden ihre Offenheit und ihr Engagement in Bezug auf den digitalen Wandel verdeutlichen, indem sie eine Vorbildrolle für sich selbst und andere einnehmen (U5, S. 7, Z. 195–204; M2, S. 14, Z. 413–423). So erklärt U5 hierzu: „Naja, ich habe schon die Erwartung, dass sie so ein Stück weit eine Vorbildfunktion einnehmen. Es macht ja wenig Sinn, wenn wir Mitarbeiter haben, die dem Ewiggestrigen zugewandt sind, die gar nicht merken, wie der Zug an ihnen immer schneller vorüberfährt. Und meine Mitarbeiter vielleicht doch auch mit diesen Wölfen heulen und sich immer weiter abhängen lassen. Also da habe ich schon die Erwartungshaltung, dass man versteht, und das versuche ich auch zu forcieren, dass meine Mitarbeiter dieses Verstehen regelmäßig überprüfen, wohin die Reise geht. Sich selbst entsprechend danach auszurichten und auch sich selbst als ein gefragter Gesprächspartner erhalten, der sicherlich nicht übertreibt, aber der genau weiß, wovon der spricht, und der auch eine eigene Meinung hat, wohin geht die Reise" (S. 7, Z. 195–204).

M2 sieht in dem Erkennen der Chancen des digitalen Wandels sowie der Integration eines digitalen Verständnisses in den beruflichen Alltag die Erfüllung einer Vorbildfunktion: „Dass sie nicht drüber jammern. (lacht) Dass sie das selber als Chance sehen. Und dass jeder in seinem Bereich auch dafür verantwortlich ist, dass er das passend für seinen Bereich auch mit in seinen Arbeitsalltag trägt und vor allem vorlebt. Also dieses Vorleben ist für mich das Entscheidende" (S. 14, Z. 413–416). Darüber hinaus plädiert M2 für einen stärkeren Best-Practice-Austausch der Mitarbeitenden untereinander, um vorhandenes Wissen besser teilen zu können, und kritisiert, diesbezüglich im Unternehmen deutliche Verbesserungspotenziale zu erkennen: „Und was mich richtig tierisch nervt, das will ich auch mal so sagen, das ist Einfordern von Best-Practice. Gerade in dieser-, man spricht ja immer von Schwarmintelligenz, hat ja auch diese Vorteile in der Digitalisierung. Aber dass Leute dann, oder Mitarbeiter und Kolleginnen und Kollegen die Chance, die wir haben beim Thema Digitalisierung, dass man schneller teilen kann, Best-Practice teilen kann, nicht wahrnehmen. Es ist ja nicht schwierig, wenn ich als Einzelner in das Glas hier was reinschütte, ein Best-Practice, und das machen 100 andere auch, dann habe ich halt da 101 Ideen in dem Glas. Und der eine kann sich aber, der da was rein gegeben hat, 101 rausnehmen und das fehlt mir" (S. 15, Z. 426–434).

U8 stellt die Anforderung an seine Mitarbeitenden, die „digitalen Schnittstellen zu erhöhen" (S. 11, Z. 346–347), indem sie „offen sind für digitale Zugangswege" (S. 11, Z. 342–343) zu den Kund*innen. Allerdings nur, wenn die Kund*innen selbst ein gewisses Maß an Interesse hierfür zeigen: „Das sind nämlich tatsächlich auch nicht alle, weil gerade die, die aus der analogen Welt kommen, wollen das persönlich oder gar nicht. Das passiert schon regelmäßig" (S. 11, Z. 342–347). U7 erwartet gerade während der COVID-19-Pandemie, dass seine Mitarbeitenden die Chance, auf digitalem Wege mit den Kund*innen zu kommunizieren, nutzen: „Ja, einfach die Offenheit gegenüber Themen der Digitalisierung, die uns sicherlich einiges erleichtern. Jetzt gerade im Hinblick einfach auf ganz praktische Themen eben, jetzt aktuell, wo ich nicht die Möglichkeit habe rauszufahren, habe ich halt nicht die Möglichkeit so zu reagieren, wie wenn ich vor Ort wäre. Das natürlich immer eine andere Wirkung hat eventuell, aber ich bin handlungsfähig. Und da eben nicht die-, quasi so dieses Jammern: ‚Wir dürfen nicht rausfahren. Oh je, oh je. Es ist alles schlecht und die Welt ist schlecht.' Sondern die Situation so anzunehmen, das

Beste daraus zu machen und da eben einfach mit Unterstützung der Instrumente, die wir digital haben, da offen und unvoreingenommen damit umzugehen, das einfach auch zu nutzen" (S. 7, Z. 196–204).

(1.2) ‚Kultur des Ausprobierens' leben
Insgesamt 25 Prozent der Führungskräfte stellen die Anforderung, dass ihre Mitarbeitenden den digitalen Wandel als eine Möglichkeit sehen, eine ‚Kultur des Ausprobierens' zu leben (z. B. U7, S. 7 f., Z. 204–219). So erklärt M11 hierzu: „Ja, am Ende des Tages geht es ja darum, neue Möglichkeiten erst mal zu reflektieren und auszuprobieren. Ich hätte jetzt nicht mal ein Problem damit, wenn ein Mitarbeiter mir sagt, er hat mit dem einen oder anderen Thema Probleme. Er sollte es zumindest mal ausprobiert haben. Wenn er es ausprobiert hat und weiß, wovon er tatsächlich redet, dann muss man wie immer unterscheiden, geht es ums Wollen oder geht es ums Können. Wenn er nicht kann, muss man ihn unterstützen, sodass er in die Lage versetzt wird. Und dann das Nicht-Wollen, ja gut, das würde bei mir zumindest mal ein Fragezeichen auslösen, denn warum sollte man so was nicht wollen. Also, klar hat ein persönliches Gespräch Vorteile, aber warum soll ich mich dem verschließen, wenn ich es digital machen kann. Also zumindest für viele Gesprächstypen" (S. 9, Z. 252–261). U1 erklärt, dass sie von ihren Mitarbeitenden zwar nicht erwartet, dass jeder mit den neuen technologischen Angeboten sofort umgehen kann, jedoch durch ein Ausprobieren sowie eine gegenseitige Unterstützung der Beschäftigten untereinander eine schrittweise Annäherung an neue Programme voraussetzt (S. 9, Z. 244–255). M4 sieht vor allem die Chance, aus dem Prozess des Ausprobierens neue Dinge zu lernen: „Ja, und die Themen auch aktiv echt auszuprobieren und umzusetzen. Also auch den Mut zu haben, auch wenn es vielleicht mal schief geht und auch nicht immer alles klappt, auch wirklich die Themen echt auszuprobieren. Es ist noch komplett, auch für alle, ein neues Umfeld. Wir haben viele neue Dinge, die wir die letzten 30, 40 Jahre Arbeit nicht kannten. Und da ist es ganz wichtig, sich einzulassen und auch wirklich mal auszuprobieren. Und auch mal wirklich dann auch offen und ehrlich zu sagen, okay, die Dinge funktionieren, es wird auch Dinge geben, die mal nicht funktionieren, aber ist auch in Ordnung. Aber daraus kann man auch lernen. Das wäre auch die-, sowohl der Wunsch an den Mitarbeiter, aber auch an mich" (S. 12, Z. 336–344).

U6 und M5 erklären, dass sie vor allem das Ausprobieren neuer Arbeitsweisen von ihren Mitarbeitenden erwarten. So führt U6 hierzu aus: „Meine Erwartung ist, dass wir uns auch anpassen und verändern. Das heißt, dass wir anders arbeiten. Das heißt, dass wir möglichst hierarchiefrei arbeiten. Dass jeder mutig ist, Verantwortung übernimmt. Dass er Lust hat, auch neue Dinge anzugreifen und anzugehen. Und auch loslassen kann von Prozessen, die bisher immer so waren, aber die wir vielleicht trotzdem hinterfragen müssen. Also für mich ist wichtig, dass wir als Team wirklich agieren und jeder seinen Beitrag auch leistet, dass wir also nicht nur vom Ergebnis erfolgreich sind, sondern dass wir auch eine gute Stimmung haben. Dass wir uns gegenseitig vertrauen, dass wir wirklich als Team Spaß haben" (S. 10, Z. 283–290). M5 äußert ebenfalls, sich Mitarbeitende zu wünschen, die „über den Tellerrand hinausdenken und die sehr schnell sind" (S. 15, Z. 455–456). Vor allem sieht M5 diese Eigenschaften im Rahmen der Produktentwicklung als entscheidend an: „Ich glaube, Digitalisierung geht ja auch mit dieser neuen Art und Weise, wie wir arbeiten müssen, einher: Agil. Und dann müssen wir sagen- MVP ist ja so ein Wort: Minimal Viable Product.[4] Man muss schnell liefern. Das heißt, die Mitarbeiter müssen sich entsprechend anpassen. Meine Erwartung an die Mitarbeiter ist, dass die sehr offen an die Sache rangehen. Sehr offen und nicht von Anfang an verurteilen: ‚Nein, das machen wir nicht. Das geht nicht.' Und so weiter. Und ich glaube, der Typus, der am meisten gewinnt, ist der, der sagt: ‚Okay. Warum nicht? Aber weißt du was, jetzt machen wir nicht alles auf einmal, sondern wir machen einen Piloten. Wir probieren aus.' Das heißt, im digitalen Wandel, wir brauchen viele Versuchsfelder, die nicht viel kosten" (S. 14, Z. 443–451).

(1.3) Adressierung von Ängsten und Sorgen

Insgesamt 17 Prozent der Führungskräfte äußern die Erwartungshaltung, dass ihre Mitarbeitenden offen und ehrlich mit Sorgen und Ängsten auf sie zukommen, um gemeinsam Lösungen bzw. Weiterbildungsbedarfe ermitteln zu können (z. B. M4, S. 11, Z. 301–314; U9, S. 10, Z. 299–308). So führt beispielsweise U9 hierzu aus: „Ja gut, ich habe natürlich die Erwartung, dass sie das mitgehen, den Weg mitgestalten, also dem offen gegenüberstehen. Wenn sie ein Problem haben, dann, natürlich, sollen sie es offen auch mir sagen: ‚Warum?' Also wichtig ist, dass sie eine positive Einstellung haben. Wenn es ein Problem gibt, dann sollen sie es nennen und dann versuchen wir es zu lösen. Wenn es einfach daran liegt, dass sie noch mehr Zeit für die Einarbeitung brauchen, dass sie mit manchen Dingen nicht so gut umgehen

---

[4] Der Ausdruck „Minimum Viable Product" (MVP) beschreibt die Entwicklungsstufe eines Produkts bzw. eines Service. Der Terminus definiert eine Entwicklungsstufe, die eine erstmalige Testung des Produkts oder Service unter realen Bedingungen bei Kund*innen ermöglicht. In diesem Rahmen erfolgt eine Implementierung von Funktionen, die ausschließlich dem eigentlichen Zweck des Produkts bzw. Service dienen und somit zwingend erforderlich sind. Durch diese Vorgehensweise können die Produktentwicklung zeitlich beschleunigt und wertvolle Ressourcen eingespart werden. MVP kann somit sinngemäß als die Veröffentlichung eines Produkts bzw. Service in seinem so gering wie möglichen Funktionsumfang angesehen werden. Die Zielsetzung von MVP besteht nicht in der Konzipierung von Produkten mit minimalem Funktionsumfang, sondern forciert die Erlangung von qualitativen Kund*innenrückmeldungen mit minimalstem Aufwand (Kuenen, 2018).

können, dann kann man ja schauen, dass man es irgendwie anders gestaltet. Aber so eine negative Grundhaltung: ‚Will ich nicht', ‚Mache ich nicht', ‚Habe ich noch nie getan', das geht nicht. Also, man muss es mitgehen, man muss wissen, das ist die Zukunft. Und man muss es auch aktiv mitgestalten" (S. 10, Z. 299–308). U4 äußert ebenfalls die Erwartungshaltung eines transparenten Austausches mit seinen Mitarbeitenden, um als Führungskraft unterstützend wirken zu können: „Erwartungen sind natürlich zunächst einmal, nicht den Wandel an sich nur zu akzeptieren, sondern an mich zu adressieren, was jetzt quasi, was hemmt denn den- oder diejenige, diesen Wandel mitzugehen. Oder beziehungsweise auch Informationsdefizite zu platzieren. Nicht zu sagen: ‚Nein, das mache ich jetzt nicht', sondern auch zu begründen: ‚Ja, an was fehlt es denn?' Also wie so eine Art Commitmentskala. Also wenn ich sage, keine Ahnung: ‚Neun und Zehn ist "Ja", da bin ich voll dabei, keine Fragen', aber wenn ich schon sage: ‚Die Sieben und drunter', dann erwarte ich auch eine Begründung, was benötigt der- oder diejenige dann, um, sage ich jetzt mal, diesen Weg mitzugehen" (S. 10 f., Z. 307–314).

M4 geht ebenso auf die Bedeutung eines vertrauensvollen Austausches mit den Mitarbeitenden ein, jedoch sieht er die vorherrschende Unternehmenskultur als ein Hindernis hierfür an: „Also die Grunderwartung an meine Mitarbeiter ist, dass wir, wenn wir in dieses Thema einsteigen, auch die Mitarbeiter sehr offen und ehrlich sind, wo sie selber stehen. Wo sie ihre Ängste und Nöte sehen. Und nur darauf aufsetzend kann überhaupt dann eine Mitarbeiterentwicklung im Bereich Digitalisierung, gilt natürlich auch für jeden anderen Bereich, aber insbesondere im Bereich Digitalisierung, stattfinden. Weil, ich erlebe oft auch, wir stellen Themen vor, wir präsentieren sie, wir schulen sie. Man sieht darauf das Kopfnicken: ‚Ja, passt, passt, passt.' Wenn man dann aber in die Umsetzung mal tiefer reingeht, merkt man eigentlich, dass es nicht so ausreichend angekommen ist, dass die Mitarbeiter die Themen umsetzen können. Aber da glaube ich auch, ist es oft ein Thema, dann die Angst zu haben, das zuzugeben, zu zeigen. Verbindet sich vielleicht mit meiner Aussage vorher, dass ich dann mit Konsequenzen aufgrund der Unternehmensführung rechnen muss, dass ich vielleicht nicht mehr in den nächsten zwei, drei Jahren der Mitarbeiter bin, den das Unternehmen haben will. Und mich vielleicht dann aussortiert, mich verändert, was auch immer. Also die Sorge sehe ich schon" (S. 11, Z. 301–314).

(1.4) Lernwille
Insgesamt 13 Prozent der befragten Führungskräfte äußern die Erwartungshaltung, dass ihre Mitarbeitenden offen dafür sein sollten neue Dinge innerhalb des digitalen Wandlungsprozesses zu lernen und anwenden zu können (z. B. M1, S. 20, Z. 596–597). M9 formuliert diesbezüglich seine Anforderungen wie folgt: „Ich habe das

immer so formuliert für meine Mitarbeitergruppe: ‚Ich möchte, dass jeder Mitarbeiter für sein Fachgebiet Experte in Bezug auf die digitalen Möglichkeiten ist, ohne jetzt der Experte für alles zu sein.' Aber der muss wissen: Wie richte ich zum Beispiel ein Homepage-Modul ein? Wie kriege ich Daten geschickt über WhatsApp? So etwas muss der wissen in seinem Bereich, so dass der jetzt auch noch nebenbei andere Sachen abdeckt. Das war immer so mein Anspruch an die Mitarbeiter, die digitalen Möglichkeiten für ihren Bereich zu kennen und sicher anwenden zu können" (S. 9 f., Z. 275–282). U2 äußert die Anforderung, dass ihre Mitarbeitenden vor allem den Umgang mit Datenbanken erlernen, um zukünftig die Informationsmenge, die aus dem digitalen Wandel resultiert, besser und schneller bewältigen zu können (S. 6, Z. 171–180).

(1.5) Kritisches Mitdenken
Weitere 13 Prozent der Führungskräfte wünschen sich, dass ihre Mitarbeitenden Themen im Rahmen des digitalen Wandels kritisch hinterfragen und eigene Gedankengänge in den Prozess einbringen. So erklärt M8 hierzu: „Ein kritisches Mitdenken, kritisch aber nicht destruktiv kritisch, sondern konstruktiv kritisch. Ich bin jemand, ich provoziere gerne manchmal mit so ein paar Presseartikeln oder so. Und dann gucke ich immer, ja, was ist denn jetzt die Reaktion. Kritische Artikel schicke ich dann rum und sag, ich will da gar nichts kommentieren. Und dann warte ich ab, gibt es denn jetzt eine Reaktion oder keine? Muss man bisschen wie so eine kleine Pflanze hegen und pflegen, dass man das Team konstruktiv kritisch hinbekommt. Das Schlimmste sind die, die alles nur ‚fressen' auf ‚gut Deutsch' in Anführungszeichen und keine Kritik äußern oder die, die halt nur destruktive Kritik äußern. Da ist so die goldene Mitte zu finden. Ein Mitarbeiter, der konstruktiv kritisch ist, ist immer einer, der auch mitarbeitet" (S. 11, Z. 319–328). M5 äußert eine ähnliche Erwartungshaltung und erklärt, dass er sich neben einer aktiven Mitgestaltung des digitalen Wandels durch die Mitarbeitenden genauso ein „aufmerksam machen" (S. 15, Z. 470) auf potenzielle Risiken bzw. auch „ein konstruktives Nein-Sagen" (S. 15, Z. 469) im Falle von berechtigten Zweifeln wünscht (S. 15, Z. 468–470). U4 erklärt, wie zentral er die Einnahme eines gewissen Abstandes gegenüber dem Transformationsprozess durch die Mitarbeitenden ansieht, da eine solche Haltung zu ganz neuen Perspektiven führt: „Und dritter Aspekt ist einfach, dass man einfach mal ein bisschen anders denkt, ein bisschen ‚out oft the box', einfach mal querdenken und einfach nicht zu sagen: ‚Ok, alles was wir bisher gemacht haben ist totaler Käse gewesen', sondern auch einfach mal einen Abstand zu nehmen, ein bisschen Metaebene und zu beleuchten: ‚Ja, ist das, auch wenn wir es bisher so gemacht haben, auch wenn das fachlich alles richtig ist, gibt es vielleicht auch noch andere Wege?', also Flexibilität" (S. 11, Z. 320–326).

M1 äußert, dass aus seiner Sicht die Mitarbeitenden permanent ihre Kompetenzen im digitalen Wandel hinterfragen müssen: „Es ist ein Stück auch Holschuld. Holschuld in der Form, dass ich mich äußern muss: ‚Was habe ich jetzt nicht verstanden.' Ein Seminar einfordern muss vielleicht. Auch das ist ein sehr heterogenes Thema. Das hängt stark vom Mitarbeiter ab. Wenn ich näher darüber nachdenke, hätte ich das vielleicht auch bei Älteren-, es gibt auch einige ältere Mitarbeiter, hätte man durchaus auch mal vielleicht von diesem Holschuldverständnis vielleicht auch ein bisschen weggehen sollen. Ein bisschen aktiver werden. Ich hinterfrage das jetzt gerade in dem Interview jetzt für mich kritisch, ob das nicht vielleicht doch mal angebracht gewesen wäre. Ich persönlich habe es immer gesagt: ‚Okay. Wir haben eine Einführungsschulung gemacht. So funktioniert das System. Das ist es.' Wenn einer damit nicht klarkommt, dann muss er auf seine Führungskraft zugehen und muss sagen: ‚Ich verstehe das nicht'" (S. 15, Z. 431–441). Als Hintergrund für seine Haltung führt M1 folgendes Beispiel an, das er im Unternehmen erlebt hat: „Wir hatten mal einen Techniker und es wurde dann Windows eingeführt bei den Sekretärinnen und der betreute die Hotline. Und ich saß neben ihm im Büro. Und dann rief da eine Sekretärin an, das war in dem Gebäude, und schilderte ihm dann: ‚Es funktioniert nicht und so.' Und er sagte dann zu ihr: ‚Schließen Sie jetzt erst mal das Fenster.' Und dann hörte er im Hintergrund, wie das Fenster im Büro geschlossen und zugemacht wurde und nicht das Windows-Fenster. Also ich meine damit, man muss sich halt auch selbst ein bisschen engagieren und sich selbst Gedanken machen. Das war natürlich über Jahre ein Running Gag bei uns" (S. 15, Z. 443–450).

(2) Erwartungen und Anforderungen der Führungskräfte an das Personalwesen

Die befragten Führungskräfte weisen in Bezug auf die gestellten Erwartungen und Anforderungen an das Personalwesens ein differenziertes Meinungsbild auf. U2 und M7 stellen die Anforderung, dass das Personalwesen sich mit der Frage auseinandersetzen muss, wie es gelingt, die Mitarbeitenden durch den Transformationsprozesses im Unternehmen erfolgreich zu begleiten (U2, S. 8, Z. 233; M7, S. 13, Z. 408–413). So führt U2 hierzu aus: „Das ist ja ein gemeinschaftliches, in Anführungsstrichen, Problem, dass wir viele Mitarbeiter haben, die ihren Job heute richtig und gut machen. Aber die Anforderungen in fünf Jahren werden einfach andere sein und wie schaffen wir es, gemeinsam unsere Leute dahin zu bewegen, auch den Wandel zu verstehen und es einfach zu verstehen, dass wir-. Die Entwicklung beschleunigt sich ja. Wofür früher zehn Jahre ins Land gegangen sind, das passiert ja heute in zwei Jahren und dies auch wirklich den Mitarbeitern nahezubringen, ich weiß nicht, wie man das machen kann. Da habe ich jetzt spontan keine Idee dafür, aber dass

9.2 Digitalisierung

man sich damit beschäftigt. Wie schaffen wir das, die Mitarbeiter mitzunehmen auf diese Reise?" (S. 8, Z. 225–233).

M7 greift dieses Thema ebenfalls auf und sieht vor allem in Bildungsangeboten des Unternehmens einen Weg, die Mitarbeitenden zu unterstützen: „Erwartung heißt, wir müssen unsere Mitarbeiter natürlich mitnehmen. Und, wir müssen die mitnehmen auch durch Angebot. Das heißt, flankierend an dieser Stelle entsprechend die Weiterbildungen und die Fortbildungen aufsetzten und Hilfestellungen leisten. Das halte ich für ungemein wichtig. Also nur zu sagen, wir sind im digitalen Wandel und jetzt wandelt mal bitte mit, das reicht bei Weitem nicht aus" (S. 13, Z. 408–413). Darüber hinaus stellt M7, ebenso wie M5 und M9, die Anforderung, dass im Rahmen des Recruiting auf digitale Kompetenzen bei der Personalauswahl geachtet wird (M7, S. 14, Z. 413–414; M5, S. 16, Z. 481–485; M9, S. 10, Z. 294–296). M5 bemängelt in diesem Zusammenhang, dass das Personalwesen viele digitale Möglichkeiten für das Recruiting lange vernachlässigt hat: „Leider, das Personalwesen, ich will sagen, wir haben es ja ein bisschen verpasst, aber die könnten noch viel mehr machen. Die Digitalisierung hat denen auch viele Möglichkeiten gegeben. Jobstreet oder über LinkedIn oder die Portale, Facebook und so weiter" (S. 16, Z. 481–484). M9 ergänzt den Aspekt, dass nicht nur ein Fokus auf neue Mitarbeitende und deren Rollenprofil gelegt werden sollte, sondern auch bestehende Stellenprofile um die Kompetenzen, die im digitalen Wandel benötigt werden, zu erweitern sind (S. 11, Z. 310–319).

U6 stellt die Anforderung, dass das Personalwesen eine stärkere beratende Rolle innerhalb des digitalen Wandlungsprozesses ausübt und interne Personalprozesse reibungslos funktionieren: „Ich erwarte eigentlich vom Personalwesen, dass sie die HR Business Partner Rolle spielen. Das heißt, dass sie als Berater fungieren. Und dass wir auch in der Digitalisierung funktionierende Systeme und Prozesse haben, weil daran scheitert das halt manchmal oft. Also, wir sind an der Kundenschnittstelle vielleicht deutlich digitaler als mit unseren internen Prozessen. Und das passt halt nicht zusammen, wenn man in den internen Prozessen in der Steinzeit ist und gegenüber dem Kunden in der Zukunft. Das muss auch irgendwo ineinanderpassen" (S. 6, Z. 163–169).

Während sich U6 eine stärkere Einnahme der „HR Business Partner Rolle" (S. 6, Z. 163–164) durch das Personalwesen wünscht, äußert M4 die Erwartungshaltung, dass sich das Personalwesen ein komplett neues Rollenverständnis innerhalb des digitalen Wandlungsprozesses erarbeiten sollte, mit einer deutlich aktiveren und differenzierten Rolle: „Also, ich glaube, Personalwesen muss, aber ich glaube das passiert auch schon, Personal muss sich die Frage stellen, welche Rolle es in Zukunft spielt. Also, ich glaube, Personal, wie wir es aus der, ich sage mal, aus der Historie kennen, da sind noch viele Aspekte, die wird Personal noch weiter begleiten müssen. Aber was ist denn mit Personalwesen in der Zukunft? Also, wie stellt sich denn Personal auch mit den Themen auch in der Zukunft auf, hinsichtlich der digitalen Anforderungen? Und das beginnt beispielhaft bei so einfachen Dingen wie Recruiting-Prozesse. Das ist aber die ganze Begleitung im Arbeitsleben der Mitarbeiter. Wo hat denn Personal immer die digitalen Schnittstellen auch dazu? Und was ist dann die Rolle auch von Personal in den einzelnen Bereichen?" (S. 12 f., Z. 352–361). Aus Sicht von M4 steht das Personalwesen „noch am Anfang" (S. 13, Z. 361) in Bezug auf eine Auseinandersetzung mit diesen Fragestellungen: „Also ich erlebe Personal noch sehr in der tradierten Rolle. Wie halt so eine Personalabteilung, ich nenne es mal groß, also Personaleinheit, halt so traditionell funktioniert. Erlebe jetzt aber auch schon, das geht jetzt so im Bereich jetzt von der neuen Führungsstrategie. Also den neuen Führungsmodellen oder Kompetenzmodellen, die ja sehr einheitlich und digitalisiert aufgebaut werden, dass das Thema in Personal jetzt schon echt eine Rolle spielt" (S. 13, Z. 361–366). Vor allem Themen wie Weiterbildung sowie eine engere Begleitung der Mitarbeitenden durch das berufliche Leben, bis hin zur Ruhestandsphase sieht M4 als ausbaufähig beim Personalwesen im Unternehmen an (S. 13, Z. 371–375).

U3 äußert, dass aus seiner Sicht viele Dinge zu komplex im Unternehmen gestaltet werden und er sich in Bezug auf Personalprozesse „alles möglichst einfach zu machen" (S. 12, Z. 344) ebenfalls als Maßgabe wünscht, um mehr Akzeptanz auf Seiten der Beschäftigten zu erzielen (S. 12, Z. 344–346). U5 und U11 teilen die Sichtweise von U3. So führt U11 das Beispiel der umständlichen Gestaltung des Anmeldeprozesses für Weiterbildungsangebote des Unternehmens aus: „Was ich im Zuge der Digitalisierung schon sehe ist, beispielsweise das Thema Aus- und Fortbildung, wie in Anführungsstrichen schwierig uns das gemacht wird. Also, wenn ich früher gesagt habe, ich biete einen qualifizierten Know-how-Transfer an, dann war das okay. Heute muss ich dazu noch sieben Blätter ausfüllen, 15 Fragen, die eigentlich niemand stellt, beantworten und das in vierfacher Ausfertigung, dass überhaupt jemand in der Lage ist, das einzustellen, damit sich Menschen anmelden können" (S. 6 f., Z. 180–187). U11 kritisiert die seiner Ansicht nach unübersichtliche Darstellung der Weiterbildungsangebote im Unternehmen, die er mit einem hohen zeitlichen Aufwand verbindet: „Und das sind Punkte, die mich in den letzten beiden Jahren gestört haben. Wo Personal das Personalangebot auf diese neue Plattform umgestellt hat und ich ehrlich gesagt zu viel Zeit investieren muss, um eigentlich ein passendes Angebot für mich herauszufinden. Ich finde es einfach extrem unübersichtlich und extrem unkomfortabel, dort für mich Weiterentwicklungsbedarf zu erkennen und dann entsprechend auch zu buchen. Also da ist ja wirklich einiges an Plattformen und Software weiterentwickelt worden und

9.2 Digitalisierung

umgebaut worden. Und das mag in den dahinter liegenden verarbeitenden Systemen wahrscheinlich total gut sein, aber für mich als Anwender ist das überhaupt nicht gut geworden. Und da bietet mir Personal ehrlich gesagt aktuell keine gute Unterstützung an" (S. 12, Z. 347–356). Allerdings räumt U11 auch ein, dass das Personalwesen seit Kurzem ein neues Weiterbildungsangebot mit einer deutlich besseren Struktur bereitstellt, mit dem er sich noch nicht intensiv auseinandersetzen konnte. Innerhalb dieses neuen Angebotes erfolgt eine Standortanalyse der vorhandenen Kompetenzen aufgrund der getätigten Angaben eines Beschäftigten, woraufhin eine Bedarfsermittlung erfolgt und letztlich Empfehlungen von einem Programm in Bezug auf passende Weiterbildungsangebote angezeigt werden (S. 12, Z. 344–347; Z. 356–367).

U4 äußert die Erwartungshaltung, eine größere Unterstützung von Seiten des Personalwesens in Bezug auf das Thema Personalentwicklung als Führungskraft zu erfahren: „Also, was ich mir wünschen würde, ist, dass man vor allem im Sinne der Personalentwicklung wirklich auch gezielt etwas macht, das fängt ja jetzt soweit an. Und dass man mehr Expertise aufbaut diesbezüglich, weil ich festgestellt habe, dass sehr viel Expertise in den technischen Einheiten ist, die man sich da holen muss, aber im Personalwesen das bisher sehr wenig forciert wurde" (S. 12, Z. 373–378). Darüber hinaus stellt U4 ebenso wie M6 (S. 9, Z. 271–283) die Anforderung an das Personalwesen, dass agile Unternehmensstrukturen stärker durch das Personalwesen gefördert werden: „Und vor allem, dass das Thema der Hierarchien und Co auch mal in Angriff genommen wird und vielleicht auch von Personalseite auch mal ein bisschen angeschoben wird, auch in Bezug auf Agilität und so weiter, dass auch die Strukturen vielleicht dahingehend angepasst werden. Und viele, sage ich jetzt mal, Strukturebenen, wie es jetzt momentan der Fall ist, vielleicht ein bisschen aufgebrochen werden, auch von Seiten Personal auch angeschoben wird, dass dieser Wandel notwendig ist, um schneller zu werden beispielsweise. Also, das kriege ich nicht mit, es kann sein, dass das passiert, aber das kriege ich nicht wirklich so mit" (S. 12 f., Z. 378–385). Ferner stellt M6 die Anforderung nach Führungskonzepten und Weiterbildungsmöglichkeiten zur Bewältigung des digitalen Wandels (S. 9 f., Z. 283–292).

M3 äußert den Anspruch einer digitalen und interaktiven Aus- und Weiterbildung an das Personalwesen, da aus seiner Sicht bei diesen Themen „noch viel, viel Luft nach oben" (S. 8, Z. 219) im Unternehmen besteht (S. 8, Z. 216–219). M3 begründet diese Erwartung wie folgt: „Also für mich ist eine digitale Weiterbildung nicht das, was ich früher in der Ausbildungsstätte per Beamer an Folien an die Wand geworfen habe, ist jetzt, bei Onlinekonferenz zu übertragen. Das ist für mich nicht Digitalisierung, sondern für mich ist Digitalisierung dann schon, interaktive Inhalte mit reinzubringen, moderne Instrumente mit reinzubringen. Also wie kann man zum

Beispiel gemeinsam Flipcharts nutzen? Da gibt es ja ganz tolle Tools am Markt. Wie kann ich das didaktisch anders aufbereiten, als ich das bisher gemacht habe? Ich glaube, da sind schon noch ein paar Dinge, die man da tun kann. Ich bin jetzt hier kein Profi, aber ich glaube, da gibt es schon viele, viele Dinge, die wir da gut gebrauchen können" (S. 8, Z. 222–230). Ferner äußert M3 den Wunsch, dass das Personalwesen beim Thema Digitalisierung selbst als Vorbild agiert und in den Arbeitsalltag integriert: „Die eigene Unterstützung, die eigene Systemlandschaft auch mal auf die Digitalisierung heben und keine Personalverkündigungen mehr per Mail mit integriertem Word-Dokument. Also, ist immer ein Beispiel, finde ich, immer noch irgendwie skurril" (S. 8, Z. 212–215).

U8 äußert die Erwartungshaltung einer stärkeren Authentizität des Personalwesens in Bezug auf das Thema Life-Domain-Balance: „Vom Personalwesen würde ich mir grundsätzlich schon wünschen, dass sie halt-, es kommen ja ständig dann so Emails dann über Gesundheitsvorsorge, Stressbewältigung und so weiter. Dass man aber nicht nur so in Alibi-Funktion sagt, wie wichtig das ist, sondern das wirklich auch lebt und wirklich den Leuten mehr Möglichkeiten bietet, das auch umzusetzen. Das erscheint mir noch ein bisschen so, ja, wir tun etwas, dass man das offiziell sieht, aber eigentlich wollen wir, dass die Leute alles hinten anstellen an die Arbeit. Also das wird nicht so ganz klar, wo wirklich dann die Substanz ist. Das könnte man sicher ehrlicher machen. Also Ehrlichkeit, Offenheit, das erwartet man vom Personalwesen und auch von den Unternehmensleitern, weil, das ist teilweise so, ein bisschen so alternative Fakten, die einem erzählt werden" (S. 12, Z. 350–359).

M11 wünscht sich eine intensivere Förderung von Homeoffice durch das Personalwesen, vor allem in Bezug auf die technischen und ergonomischen Gegebenheiten für die Beschäftigten: „Das fängt, glaube ich, schon damit an, dass man mal überlegen sollte, ob die technische Ausstattung bei den Mitarbeitern so ist, dass man das tatsächlich auch von zu Hause aus machen kann. Also, das ist ja mittlerweile sogar im Gespräch, ob man nicht die Tätigkeit im Homeoffice auch entsprechend steuerlich begünstigen sollte und so weiter und so fort. Und in dem Zusammenhang macht es natürlich auch Sinn, wenn Personalwesen mal drauf schaut, wie sind eigentlich die Arbeitsplätze ausgestattet beziehungsweise sind meine Mitarbeiter zu Hause in der Lage, den Job auch vernünftig digital auszufüllen: Haben die entsprechend große Monitore? Sind da die Werte so eingestellt, dass das idealerweise augenschonend ist? Haben die Leute ausreichend gute Headsets, vielleicht mit Knallschutz und was es da alles gibt?" (S. 9, Z. 265–274). Ferner erachtet M11 die Bereitstellung eines geschützten Umfeldes, innerhalb dessen ein Austausch zu digitalen Themen erfolgen kann, durch das Personalwesen als sinnvoll: „Und vielleicht würde es auch nicht schaden, denjenigen, die, ja ich sage mal, noch Befindlichkeiten mit dem Thema Digitalisierung haben, eine neutrale und ja, eine Anlaufstelle zu geben, wo man mal Sorgen und Nöte besprechen kann, die man jetzt vielleicht nicht mit seiner Führungskraft teilen will. So eine anonymisierte Einflugschneise, um sich zu diesem Thema auszutauschen" (S. 9, Z. 274–279).

U10 stellt ähnliche Anforderungen in Bezug auf eine klare und offene Kommunikation des Personalwesens und erwartet vor allem konkretere Aussagen, um von einer besseren Orientierung innerhalb des Transformationsprozesses zu profitieren: „Ich vertrage mehr Ehrlichkeit und mehr Realität. Ich habe auch nichts gegen klare Ansagen und so ein Lamentieren und Empfehlungen geben, das ist nett. Wenn mir aber jemand sagt zu dieser Empfehlung: ‚Pass mal auf, die Welt dreht sich weiter', das ist immer alles so weich gewaschen. Ich hätte es gerne direkter" (S. 7, Z. 180–183).

U1 stellt die Anforderung, dass die Implementierung neuer Portale des Personalwesens rechtzeitig kommuniziert und geschult werden sollten, um unnötigen Arbeitsaufwand zu vermeiden: „Also, wünschenswert wäre schon, dass man dann wirklich auch einmal erstens mal mit einem Vorlauf irgendwie informiert wird und nicht plötzlich ein neues Portal vor sich hat und dann in irgendein Online-Seminar einsteigt, sondern mit Vorlauf informiert wird. Und vielleicht auch die Möglichkeit hat, sich das mal in Ruhe anzuschauen, weil gerade solche Personaldinge, die brauchen Sie in dem Moment, wo Sie es anwenden. Und da haben Sie dann nicht die Zeit noch, sich einen 45-minütigen Film anzuschauen, der vielleicht das gar nicht beinhaltet, was Sie brauchen, also, nur als Beispiel. Aber das würde ich mir wünschen, mit Information rechtzeitig, dass man dann auch wirklich die Dinge auch dann besser umsetzen kann und nicht dann schon mit Druck das benötigt" (S. 9, Z. 258–266).

Insgesamt 25 Prozent der Führungskräfte äußern, dass sie keine Erwartungen oder Anforderungen an das Personalwesen im Rahmen des digitalen Wandels stellen (z. B. U9, S. 12, Z. 347–348). Insgesamt 17 Prozent der Führungskräfte erklären, dass diese Haltung in einem anderen Rollenverständnis des Personalwesens begründet liegt, das aus ihrer Sicht in keinem direkten Zusammenhang mit dem digitalen Wandel steht. So erklären M1, M8 und U12, dass sie in erster Linie die Erstellung der Gehaltsabrechnung mit dem Personalwesen assoziieren (M1, S. 16, Z. 469–478; M8, S. 11, Z. 328–332; M10, S. 13, Z. 387–398; U12, S. 10, Z. 288–298). M10 begründet seine Antwort vor allem mit der hohen Individualität von Weiterbildung innerhalb des digitalen Wandels und den immer kürzer werdenden Entwicklungszyklen: „Also ganz, ganz klares Nein. Für mich ist Human Resources ein klar abgestecktes Thema. Die können sich über generische Oberthemen kümmern. Die können auch irgendwelche Allgemeinplätze anbieten, was ich gar nicht negativ meine. Also mit Allgemeinplätzen meine ich, was weiß ich, in Zeiten, wo man von der Schreibmaschine auf den PC gegangen ist, haben die halt mal Word angeboten. Also nicht HR direkt, aber sie haben es initiiert. Ich glaube, die Themen sind dafür zu individuell. Und ich glaube, man muss mittlerweile viel, viel spezifischer hingucken, was man den Mitarbeitern wirklich als Weiterbildungsmaßnahme gibt, weil, was ich am Anfang gesagt habe, dass dieser Wandel eigentlich stetig ist und immer was Neues dazukommt. Du kannst nicht mehr Wissen generisch auf Halde produzieren, weil wenn du das tust, läufst du immer Gefahr, dass in einem halben Jahr dieses Wissen nicht mehr da ist und in einem halben Jahr das Thema, das, was du geschult hast, sich ohnehin überholt hat" (S. 13, Z. 387–398).

Insgesamt 13 Prozent der Führungskräfte erläutern, dass sie die aktuellen Aktivitäten des Personalwesens innerhalb des digitalen Wandlungsprozesses als ausreichend definieren würden (M2, S. 15, Z. 446–447; M12, S. 11 f., Z. 355–368; U7, S. 8, Z. 222–228). So erklärt M12 hierzu: „Also ich nehme es mal so, wie es bei uns im Unternehmen als Gesamtbereich aufgestellt ist, dann glaube ich, dass das Personal einmal für ihren eigenen Tätigkeitsbereich, ureigensten Tätigkeitsbereich, natürlich auch im Rahmen der Digitalisierung das ermöglicht, was State of the Art ist, um auch schlichtweg modern zu sein. Um sich auch als Gestalter des Unternehmens in Sitzungen der Unternehmensleitung zu präsentieren, im Sinne von aktiv etwas auf den Weg zu bringen und nicht nur als Dienstleister dort zu sein, im Sinne von wenn eine Abteilung etwas möchte, dann reagiere ich, sondern wirklich aktiv und modern zu sein. Und dann natürlich in bestimmten anderen Bereichen und da nehme ich einfach mal so etwas wie Change oder auch der Bildungsbereich, dass ich hier einfach, ja, ich sage mal, Angebote, Hilfsmittel, Coachings und Ähnliches anbiete, um sowohl im eigenen Bereich, aber insbesondere auch für die anderen Unternehmensbereiche Konzepte zur Verfügung zu stellen, die es allen Menschen, sowohl den Führungskräften als auch den Mitarbeitern es erleichtert, diesen Veränderungsprozess zu vollziehen" (S. 11 f., Z. 355–368). U7 verbindet mit der Rolle des Personalwesens im digitalen Wandel die Bereitstellung entsprechender Weiterbildungsmöglichkeiten und sieht diese Aufgabe als bereits vollständig erfüllt an: „Es wird viel angeboten, ich kann es nicht immer zuordnen, ob es aus originären-, quasi aus dem Personalwesen kommt. Wir kriegen ja wirklich viele Online-Schulungen oder auch Online-Seminare, die spezielle Themen aufgreifen. Wir haben viele Filme mit dabei, wir haben Links mit dabei, um sich da Schulungsunterlagen anzuschauen. Insofern sind wir da aus meiner Sicht da gut aufgestellt oder zumindest es gibt alle Informationsquellen, die wir brauchen aus meiner Sicht und insofern brauchen wir jetzt nichts unbedingt" (S. 8, Z. 222–228).

M2 erklärt, dass aufgrund der Einführung einer neuen Führungsstrategie von Seiten des Personalwesens „jetzt wirklich was Passendes" (S. 15, Z. 446–447) angeboten wird, um die Führungskräfte durch den digitalen Wandlungsprozess erfolgreich zu begleiten (S. 15, Z. 446–447). Auf die Nachfrage, welche Aspekte die Führungsstrategie beinhaltet, antwortet M2: „Die Förderung von Führung. Wie wollen wir führen als Unternehmen? Wie wollen wir miteinander umgehen? Und welche Möglichkeiten habe ich in einem agilen Arbeitsumfeld, um einen Teilbereich da rauszunehmen, mit meinen Mitarbeitern zu kommunizieren. Wie kann ich sie motivieren? Wie gebe ich ihnen Feedback? Wie können sie selber Feedback geben? Welche Methoden gibt es, um eben agile Teams zu führen? Also alle diese Punkte, die genau auf das einzahlen, wo wir hinwollen. Und da glaube ich so jetzt, wie gesagt, ich bin noch nicht so tief eingestiegen, aber was ich so von Kolleginnen und Kollegen höre, glaube ich, ist das ganz ein guter Schritt. Auch wenn man wieder hierher geht und die Erwartungshaltung gleich ganz, ganz nach oben schraubt, weil das ist jetzt nicht hier vier Stunden mal was zu tun, sondern da geht es gleich in ganze Arbeitstage und bis zu 100 Stunden auf zwei Jahre, wo man da lernen soll. Also, das ist in einer Woche eine Stunde" (S. 15 f., Z. 450–460). Auf die Rückfrage, über welche Wege das Personalwesen die neue Führungsstrategie kommuniziert, erläutert M2: „Intranet. Dazu haben wir aber auch so digitale Tage gehabt. Also, wie man sie immer nennen will. Die waren echt gut. Da ist das vorgestellt worden. Dann hat man es auch noch in eigenen Bereichen vorgestellt. Und im Führungskreis beispielsweise hatten wir gestern dieses Thema" (S. 16, Z. 465–468). Abschließend weist M2 darauf hin, dass es zwar für die Führungskräfte ein „riesiges Angebot" (S. 16, Z. 478) zur neuen Führungsstrategie gibt, die Auszubildenden des Unternehmens jedoch zu wenig von dieser neuen Kultur durch das Personalwesen vermittelt bekommen (S. 16, Z. 480–482).

(3) Erwartungen und Anforderungen der Führungskräfte an den Betriebsrat
Ein Anteil von 29 Prozent der Führungskräfte äußert die Erwartungshaltung, dass der Betriebsrat den digitalen Wandel wohlwollend begleiten und innerhalb des Transformationsprozesses nicht wie eine Art „Bremsklotz" (U10, S. 7, Z. 191) wirken sollte (z. B. U10, S. 7, Z. 186–191; U4, S. 9, Z. 397–399). M3 und M5 wünschen sich eine stärkere Wahrnehmung der entstehenden Chancen aufgrund des digitalen Wandlungsprozesses (M3, S. 9, Z. 238–243; M5, S. 17, Z. 518–533). So erklärt M3 hierzu: „Die grundsätzliche Haltung der Betriebsräte, das auch als Chance zu sehen und nicht nur als Bedrohung für die Mitarbeiter. Ich glaube, es würde uns helfen, diese Grundhaltung, wenn man mit dieser Grundsatzhaltung an die Themen rangeht. Natürlich sind die Mitarbeiterinteressen zu berücksichtigen. Das ist keine Frage. Aber ich glaube, wenn man erstmal das als Chance betrachtet, dann geht man mit dieser Haltung schon in ganz andere Diskussionen rein" (S. 9, Z. 238–243).

Insgesamt 13 Prozent der befragten Führungskräfte erklären, dass sie einen stetigen Austausch mit dem Betriebsrat als zentral erachten (U1, S. 10, Z. 285–288; M2, S. 13, Z. 385–392; M8, S. 11, Z. 333–336). So erklärt M8, dass er den Betriebsrat für „sehr wichtig" (S. 11, Z. 334) hält, um die Mitarbeitenden durch den digitalen Wandel zu begleiten (S. 11, Z. 333–336). U1 begründet die Notwendigkeit einer regelmäßigen Kommunikation mit dem Betriebsrat mit der Individualität der verschiedenen Einheiten im Unternehmen: „Der Austausch, also, das Feedback aller Mitarbeiter oder auch der Führungskraft, das wäre für mich das Wichtige, weil das ist das Leben und nicht nur die Theorie. Und passt die Theorie zum Leben? Und das ist in jeder Einheit dann auch anders" (S. 10, Z. 285–288). M2 kritisiert, dass aus seiner Sicht ein zu geringer Austausch zwischen den Beschäftigten und dem Betriebsrat erfolgt und wünscht sich diesbezüglich eine engere Begleitung der Mitarbeitenden durch den digitalen Wandlungsprozess: „Da hätte ich eine ganz andere Erwartungshaltung. Also persönlich auch mal, dass sich der mal hinstellt und sagt: ‚Wir müssen mal mit deinen Leuten reden. Wir als Betriebsrat begleiten dieses Thema auch aktiv. Und wir nehmen euch da auch mit und bitte spielt das zurück.' Es ist ja nicht nur die Unternehmensseite, sondern da gibt es eben die andere Seite und das ist die Arbeitnehmerseite. Und gerade so, wenn sie Chef sind, kriegen sie sehr häufig das nicht widergespiegelt von ihrem Mitarbeiter, dass er ein Problem hat, weil er sich nicht traut das zuzugeben" (S. 13, Z. 385–392).

M6 bemängelt die widersprüchlichen Haltungen der Betriebsratsmitglieder, da diese im Privatleben die Notwendigkeit des digitalen Wandlungsprozesses verinnerlicht hätten aber innerhalb des Unternehmens eine voranschreitende Digitalisierung in Frage stellen: „Also, dieses mit zwei Zungen sprechen erlebe ich oft in den Gremien. Dass man sozusagen wirklich im Alltag versteht, warum Digitalisierung von Nöten ist und an welchen Stellen und struktureller Wandel und nutzt Apps und nutzt Themen aus dem digitalen Wandel. Und daneben stellt man sich blöd und es fällt immer schon erstmal die Grundsatzfrage: ‚Warum?' Also, da gibt es schon an manchen Ecken auch Fundamentalopposition. An manchen Bereichen sind sie auch sehr weit wiederum. Also da Ecken, wo es Fundamentalopposition gibt, da würden wir natürlich mehr Offenheit, mehr Klarheit wünschen" (S. 10, Z. 303–310). Auch M7 stellt die Anforderung, dass der Betriebsrat den digitalen Wandel als ein umfassendes Phänomen versteht, das sich nicht nur auf das private Umfeld auswirkt: „Beim Betriebsrat, da habe ich natürlich schon die Erwartung, dass hier auch ein Betriebsrat sieht, dass ein digitaler Wandel gesamtgesellschaftlich vorhanden ist. Und der Schutz der Mitarbeiter unter anderem auch dadurch gewährt wird oder gewährleistet wird, wenn der Betriebsrat eben genau digitalen Wandel als einen, ja fast schon zwangsläufigen Prozess betrachtet und das in sein Agieren selbst miteinfließen lässt" (S. 14, Z. 425–430). Weiterhin führt M7 aus, dass ein Rollenverständnis des Betriebsrates, dass sich auf die eines Beschützers von Stellen beschränkt, innerhalb des digitalen Wandels deutlich zu kurz greift: „Also jetzt sich nur vor Mitarbeiter zu stellen und zu sagen, jetzt, es geht hier um Mitbestimmung,

9.2 Digitalisierung

es geht um den Schutz des Arbeitnehmers, dass er nicht überlastet wird, um irgendwelche Vergleiche, die man nicht ziehen darf. Also diese Dinge, das reicht an dieser Stelle aus meiner Sicht nicht, sondern hier ist das Thema digitaler Wandel ein, das muss auch essentieller Teil in der Betriebsratsarbeit sein. Das anerkennen, dass das da ist. Und diesen Wandel eben aus Betriebsratssicht, beziehungsweise dann Mitarbeitersicht dann konstruktiv zu begleiten, konstruktiv zu entscheiden" (S. 14, Z. 430–437).

M9 vertritt eine ähnliche Haltung und äußert die Erwartungshaltung, dass sich die Betriebsratsmitglieder stärker mit der Frage auseinandersetzen sollten, wie sie den digitalen Wandel aktiv mitgestalten und die Mitarbeitenden durch diesen Prozess begleiten können: „Ja also, dass der Betriebsrat auch digitale Themen annimmt und vielleicht sich dann noch Gedanken macht, wo kann er das als Betriebsrat auch unterstützen. Zum Beispiel, dass Mitarbeiter, die da noch nicht so fit sind, dass man die dann entsprechend qualifiziert oder dass man darauf hinwirkt, dass es dann diese Angebote gibt, dass für die Mitarbeiter also sozusagen aus der Bedrohung eine Chance werden kann. Das wäre jetzt so mein Wunsch, dass der Betriebsrat schaut, wo kann er da Mitarbeitern helfen, dass sozusagen Stellen erhalten bleiben oder Stellen, die abgebaut werden, an anderer Stelle wieder auftauchen mit digitalem Hintergrund" (S. 10, Z. 302–309).

M11 und M12 erklären, dass sie sich das Verständnis vom Betriebsrat wünschen, dass eine enge Verbindung zwischen den Interessen des Unternehmens und der Beschäftigten im Rahmen des digitalen Wandlungsprozesses besteht (M11, S. 10, Z. 282–292; M12, S. 12, Z. 327–376). Darüber hinaus plädiert M11 dafür, dass der Betriebsrat innerhalb des Transformationsprozesses mit positivem Beispiel vorangeht und führt hierzu aus: „Na ja, beim Betriebsrat habe ich schon die Erwartung, dass im Unternehmensinteresse, das ja dann auch dem Interesse eines jeden Mitarbeiters zugutekommt, dass das Thema wohlwollend begleitet wird. Dass auch der Betriebsrat sich seiner Vorbildfunktion bewusst wird, die digitalen Möglichkeiten selber nutzt und sofern es Mitarbeiter gibt, die Herausforderungen haben, die Mitarbeiter unterstützt und auch da noch mal hinterfragt, geht es hier ums Wollen oder ums Können. Und wenn es jetzt den Bereich, also ich sage mal den Bereich des Könnens, der fällt, glaube ich eher auf den Arbeitgeber zurück, entsprechende Angebote zu bieten, um sich digital weiterzubilden und digital fit zu werden, digitale Skills zu erwerben. Wenn es ums Wollen geht, könnte das auch eine Aufgabe für den Betriebsrat sein, im Sinne von Nutzenargumentation und Klärung, denn ja, das kommt dem Einzelnen zugute, aber dann eben auch dem Unternehmen in Summe" (S. 10, Z. 282–292).

Auch U3 greift im Rahmen seiner Ausführungen den Zusammenhang zwischen Unternehmenserfolg und der Sicherheit der Arbeitsplätze auf: „Der Betriebsrat muss dem Ganzen offen gegenüberstehen. Der Betriebsrat muss begreifen und ich glaube, das tut er im Wesentlichen auch, dass die Digitalisierung ja auch der Joberhaltung dient. Und sicherlich muss der Betriebsrat bei allen digitalen Themen immer gucken, dass der Arbeitsplatz sichergestellt ist, aber auch auf einen neuen Weg gehen. Definitiv. Also, Schutz der Arbeitnehmer einerseits, aber auch neuen Ideen offen gegenüber. Denn die Digitalisierung ist nicht der Feind, kann auch Arbeitsplätze erhalten" (S. 12, Z. 352–357). Weiterhin bindet U3 einen Vergleich zur Automobilbranche ein, um seine Haltung zu veranschaulichen: „Mal ganz plump gesprochen, bei der Automobilindustrie braucht ein Elektromotor-, das ist ja sozusagen deren Thema grade, Elektrifizierung, wesentlich weniger Arbeitsschritte und weniger Arbeitnehmer. Und alle sagen, es gehen Arbeitsplätze verloren. Aber wenn das Unternehmen sich nicht darauf einstellt, ist die Konsequenz, dass es in 20 Jahren das Unternehmen gar nicht mehr gibt, weil gar keine Verbrenner mehr gebaut werden dürfen" (S. 12 f., Z. 358–362).

U2 und U9 äußern die Erwartungshaltung, dass Anforderungen des Betriebsrates in Bezug auf digitale (Weiterbildungs-)Angebote im Unternehmen mit Augenmaß erfolgen (U9, S. 11, Z. 323–324). So erklärt U9, dass er sich eine vertrauensvollere Zusammenarbeit mit dem Betriebsrat wünscht: „Ja, einfach auch, dass sie uns das Leben nicht schwerer machen, als es sein muss. Also, dass einfach auch ein Vertrauen da ist, dass wir die Profis sind und die Dinge im Blick haben. Und dass man nicht auf alles gucken muss, also auch auf die maximalen Teilnehmerzahlen. Dass es jetzt Wurscht ist, ob da jetzt im Online-Meeting 20 oder 25 sind, dass man da einfach auch ein bisschen lockerer ist. Auch der Ergonomieausschuss, also wir basteln tolle Dinge und dann haben wir uns letztens mit denen eine Ewigkeit rumgestritten, weil einfach da irgendwas nur per Maus bedienbar war. Und dann haben wir es umprogrammieren müssen und haben dann nochmal viel Geld reingesteckt, nur damit man es auch mit der Tastenkombination machen kann, weil es vielleicht irgendjemanden gibt, der irgendwie ein Problem hat, die Maus zu bedienen. Und dann, irgendwo hört es auch auf. Also, man kann es auch übertreiben" (S. 10 f., Z. 311–321). Weiterhin erläutert U9, dass für ihn in diesem Zusammenhang der Nutzen im Vergleich zum erzeugten Aufwand in keiner Relation steht: „Ja, weil, was weiß ich, einer von tausend dann, der das macht, irgendwie vielleicht damit ein Problem hat. Dann kann es nicht sein, dass wir das Programm überhaupt nicht ausrollen dürfen. Oder dass ich da nochmal einen riesigen Zeit- und Geldaufwand reinstecken muss. Das muss schon im Verhältnis bleiben. Und da hat man schon manchmal den Eindruck, dass diese Verhältnismäßigkeit da nicht gesehen wird, sondern dass die den Blick nur auf das haben, was ihre Aufgabe ist und denen eigentlich dann Wurscht ist, was da noch alles hinten dranhängt" (S. 11, Z. 324–330).

9.2 Digitalisierung

U2 erläutert, ebenso eine Unverhältnismäßigkeit bei den Anforderungen des Betriebsrates wahrzunehmen und sieht diesen eher als ein Hemmnis für den digitalen Wandel im Unternehmen an: „Auch der Betriebsrat muss sich auf die Reise begeben, weil ich erlebe den Betriebsrat an manchen Stellen auch wirklich einfach als mächtige Blockierer, die uns, wenn man das mal weiterdenkt, die uns da eher auch ein Stück blockieren. Ich habe es jetzt selber erlebt in einem Projekt, wo eine Anforderung von einem Betriebsrat nach zwei Jahren Projektarbeit oder nach drei Jahren Projektarbeit hingelegt wird, die in Tat und Wahrheit als Anforderung später in der Fläche überhaupt nicht entstehen wird, weil wir nie einen blinden Mitarbeiter haben werden. Ein blinder Mitarbeiter kann nicht die Dinge erfüllen, die wir im Vertrieb brauchen. Aber nur, weil es theoretisch eine Anforderung sein müsste, steht jetzt ein Projekt still, was Millionen kostet" (S. 8, Z. 236–244). Vor allem kritisiert U2 die ausbleibende Berücksichtigung der investierten Arbeit der anderen Mitarbeitenden für eine voranschreitende Digitalisierung im Unternehmen: „Man beruft sich auf Dinge, die da heißen: ‚Ja, aber das ist ja für den möglicherweise vielleicht blinden Mitarbeiter.' Dass aber auf der anderen Seite viele Mitarbeiter drei Jahre in einem Projekt arbeiten und jetzt lahmgelegt sind und auch deprimiert sind, und das sind ein paar mehr als dieser mögliche Blinde, den es da überhaupt nicht geben wird aus meiner Sicht. Also das ist jetzt-, Sie merken, ich bin da emotional gerade, ein bisschen angriffslustig, weil ich da mir auch wünschen würde, dass auch ein Betriebsrat zukunftsorientiert denkt und nicht sich auf irgendwelche Machtspielchen da beruft, die am Ende viel Geld kosten und möglicherweise andere Mitarbeitergruppen blockieren" (S. 8, Z. 244–252).

U6 greift ebenfalls die Wahrnehmung einer blockierenden Haltung des Betriebsrates in Bezug auf die Digitalisierung im Unternehmen in seinen Ausführungen auf. Er sieht diese Haltung jedoch auch in der Rolle, die der Betriebsrat einnehmen muss, begründet: „Ja gut, der Betriebsrat hat auch eine schwierige Situation, weil letzten Endes wird er immer ein Stück weit, auch hier im Unternehmen, als Bremser wahrgenommen. Trotzdem muss der Betriebsrat, das ist seine Rolle, einfach auch gegen den Arbeitsplatzabbau ankämpfen, ein Stück. Das ist einfach seine Rolle" (S. 6, Z. 172–175). Trotz dieses Rollenverständnisses räumt U6 ein, sich eine stärkere digitale Ausrichtung des Betriebsrates zu wünschen: „Aber er muss auch schlichtweg, sag ich mal, die Zukunftsfähigkeit und die Vorteile von der Digitalisierung verstehen und mit treiben. Und da muss man sagen, ist es, ja die Erwartung an den Betriebsrat ist schlichtweg, dass sie nicht hinterherlaufen dieser Veränderung, sondern dass sie wirklich mit auch ein Treiber von diesen Veränderungen werden, wo sie, sag ich mal, ihre Stärken mit einbringen, aber nicht alles verhindern. Also ihre Stärken sind beispielsweise, wenn es um Arbeitsschutz geht von Mitarbeitern et cetera. Da muss man sagen, das ist eine richtige Rolle, dass man nicht alles über den Zaun wirft, was man mal geschaffen hat, sondern dass man gewisse Spielregeln auch definiert. Aber wir erleben es trotzdem auch zum Teil, dass aus Unsicherheit oder Unkenntnis alles erst einmal verhindert wird. Und das würde ich mir wünschen, dass das ein Stück konstruktiver, schneller, ja mitgestalterischer wird" (S. 6 f., Z. 175–185).

U8 und U11 äußern, dass sie sich eine stärkere „Lenkungsfunktion" (U8, S. 12, Z. 380) seitens des Betriebsrats in Bezug auf den digitalen Wandel und die Belastung der Mitarbeitenden wünschen (U8, S. 12 f., Z. 379–382; U11, S. 13, Z. 381–389). So erklärt beispielsweise U11, dass die voranschreitende Digitalisierung im Unternehmen mit einer automatisch ansteigenden Effizienz assoziiert wird und dementsprechend mit einer fortlaufenden Reduktion von Stellen einhergeht: „Was stattfindet, ist natürlich, ist nachvollziehbar, die Ableitung, wenn wir Prozesse digitalisieren wird es effizienter. Und wenn es effizienter wird, ist da immer das Potenzial, Arbeitskapazität zu reduzieren. Und das vollzieht sich jetzt seit zehn Jahren mindestens und das wird immer spürbarer. Und es heißt, es findet so eine Art Funktionskompression statt, sage ich immer. Und das wird halt spürbarer. Und das hat alles irgendwann ein Ende" (S. 13, Z. 376–381). U11 äußert daher die Erwartungshaltung, dass sich der Betriebsrat stärker dafür einsetzt, dass die stetig wachsenden Aufgaben der Mitarbeitenden aufgrund der Digitalisierung als Argumentation dafür genutzt werden, dass andere Tätigkeiten nicht länger ausgeführt werden müssen: „Was sie nicht schaffen, ist komischerweise, alte Aufgaben wirklich radikal rauszuschmeißen, sondern man versucht eben, das alles weiterzuführen, indem man aber trotzdem neue Sachen aufnimmt. Und weil man sie ja digital löst, ist das kein Problem, weil es ist ja nicht mehr Aufwand. Und das ist ein Trugschluss, vor allen Dingen vor dem Hintergrund, dass die Komplexität damit aber kontinuierlich und aus meiner Sicht auch nicht vielleicht unbedingt exponentiell, aber schon deutlich immer von Jahr zu Jahr erhöht, weil die Möglichkeiten auch dafür da sind. Und das vergisst man immer. Also Komplexität nimmt kontinuierlich extrem zu bei Fachlichkeit, bei allem Möglichen. Und das wird von der gleichen oder weniger Anzahl von Kollegen gemacht" (S. 13, Z. 381–389). U8 äußert im Rahmen seiner Ausführungen ebenfalls einen Verbesserungsvorschlag bezüglich der aktiven Begleitung des digitalen Wandels durch den Betriebsrat: „Ja, also ich könnte mir darunter vorstellen, dass der Betriebsrat mit der Unternehmensleitung gewisse Leitplanken aushandelt, wie wir das machen, dass hier praktisch Verhaltensmuster, die man zur Option hat, in denen man sich bewegt, dass die halt irgendwo vorgegeben werden. Und dass man dann weiß, wenn man sich da bewegt, dann ist es auch aus Unternehmensleitungssicht der richtige Weg. Und dann haben wir die Sicherheit, dass wir hier im Unternehmenssinne handeln. Da könnte der Betriebsrat meiner Meinung nach schon begleiten. Wobei er da natürlich, ich meine, da hat er ja kein Mitspracherecht laut Betriebsverfassungsgesetz, er kann nur beratend tätig

9.2 Digitalisierung

sein. Hier müsste aber durchaus auch die Unternehmensleitung offener werden für andere Meinungen, für andere Strömungen und für einen Austausch" (S. 13, Z. 384–393).

U5 und U7 äußern die Erwartungshaltung, dass der Betriebsrat eine ausgleichende Funktion übernimmt, sodass sich der digitale Wandel nicht zu schnell im Unternehmen vollzieht (U5, S. 7 f., Z. 210–216; U7, S. 8, Z. 236–242). So führt U7 in diesem Rahmen aus: „Den Betriebsrat sehe ich in den Funktionen im Allgemeinen, dass der der Wächter der Balance ist, zwischen der Person und der Maschine. Dass jetzt eben nicht das passiert, dass jetzt quasi alles euphorisch in die Digitalisierung, ich überspitze jetzt mal, treibt und wir am Ende des Tages sagen: „So, jetzt brauchen wir 50, 60 Prozent der Leute nicht mehr, das alles habt ihr jetzt toll gemacht und jetzt machen wir alles über die Maschine." Also dieser Ausgleich oder diese Schiedsfunktion, der Betriebsrat wahrt im Interesse natürlich der Mitarbeiter, dass beide Seiten entsprechend Platz haben" (S. 8, Z. 236–242). U5 wünscht sich eine unterstützende Rolle des Betriebsrates, wenn es um Mitarbeitende geht, die dem hohen Tempo des digitalen Wandels nicht mehr standhalten können: „Vielleicht das Thema, wie geht das Unternehmen mit Menschen um, für die der Digitalisierungsprozess vielleicht, ich weiß nicht, wie ich das sagen soll, also Menschen, die nicht mehr mitkommen, vielleicht so mal gesagt. Das wäre vielleicht eine Erwartungshaltung an den Betriebsrat, denn es geht ja nach wie vor nicht mit einer konstanten Geschwindigkeit, sondern man hat ja das Gefühl, es geht immer schneller. Und selbst dann, wenn man meint, schneller geht es nicht mehr, dann wird noch mal eins drauf gepackt" (S. 7 f., Z. 210–216).

M4 äußert die Erwartungshaltung, dass der Betriebsrat eine zentrale Rolle einnehmen sollte, wenn es um die Überarbeitung sämtlicher bestehender Rollenprofile innerhalb des Unternehmens geht: „Also, ich glaube, die größte Herausforderung, der sich auch der Betriebsrat dann stellen wird, aus meiner Sicht, wir werden jegliches Rollenprofil hinsichtlich der Digitalisierung erneut definieren müssen. Also, ich gucke mir alle meine Mitarbeiter, die ich in dem letzten Jahrzehnt als Führungskraft hatte und ich gucke mir jegliche Stellenbeschreibung an. Die hat immer eine klare Erwartungshaltung hinsichtlich der Rolle und der Funktion, was der Mitarbeiter als analoge Aufgabe zu erfüllen hat" (S. 13, Z. 379–384). Diese Anforderung begründet M4 mit der Gegebenheit, dass die bestehenden Rollenprofile nicht zu der voranschreitenden Digitalisierung innerhalb des Unternehmens passen und sich Mitarbeitende auf bestehende Rollenprofile beziehen und somit digitale Anforderungen verweigern können, ohne sich „angreifbar" (S. 14, Z. 396) zu machen (S. 14, Z. 392–396). Hierzu erklärt M4: „Wir finden in keiner Stellenbeschreibung irgendwo digitale Handlungsfelder. Also, wie wir mit dem Thema Digitalisierung umgehen. Und ich glaube, das ist für ein Unternehmen, wie auch dann für die Betriebsräte, die ja das Ganze dann auch gemeinschaftlich dann verhandeln müssen, das große Feld, dieses Thema auch in die Stellen- und Rollenprofile jeglicher Mitarbeitergruppe einzubringen. Da habe ich bis jetzt aus meiner Sicht noch nichts erlebt, dass man dieses Thema irgendwo aktiv angeht" (S. 13 f., Z. 384–390). Ferner betont M4, dass auch die Betriebsräte ihr eigenes Rollenprofil im Rahmen des Transformationsprozesses hinterfragen und überarbeiten sollten (S. 14, Z. 391–392).

Weitere 13 Prozent der Führungskräfte antworten, keine Erwartungen oder Anforderungen an den Betriebsrat im Rahmen des digitalen Wandlungsprozesses zu stellen (z. B. M1, S. 16, Z. 496). Die mangelnde Erwartungshaltung begründet beispielsweise U12 mit seinem Rollenverständnis des Betriebsrates: „Das sind ja eher so Schlichter, aber jetzt nicht irgendwie, dass die was favorisieren. Also, die schlichten eher Differenzen, das gibt es, aber jetzt nicht unbedingt in der Digitalisierung. Nein, da erwarte ich nichts" (S. 11, Z. 305–307). M10 erklärt, keine Anforderungen zu stellen, da er keine Einflussmöglichkeiten des Betriebsrates in Bezug auf den digitalen Wandel wahrnimmt, vor allem, da dieser kein Gesetzgeber ist: „Also ganz ehrlich, zum jetzigen Stand des Interviews müsste ich sagen: ‚Nein.' Aber ich habe mit dem Betriebsrat im Grunde ganz wenig Berührungspunkte. Und ich wüsste auch nicht, was ein Betriebsrat dort tun sollte, weil alle Themen, wo man sich fragt, ist da nicht eine Flexibilisierung sinnvoll, also zum Beispiel Arbeitszeitschutzgesetz, das liegt nicht in deren Sphäre. Die setzen geltendes Recht um. Und bis neues Recht geltendes Recht wird, gehen ja schon Jahre in das Land, wenn es überhaupt passiert. Also betriebsrätlich an sich fällt mir nichts ein" (S. 14, Z. 411–417).

9.2.5.3 Zielsetzungen und Strategien der Führungskräfte im digitalen Wandel

Insgesamt 58 Prozent der befragten Führungskräfte geben an, dass ihr wesentliches Ziel innerhalb des digitalen Wandels darin besteht, ihre Mitarbeitenden durch den Transformationsprozess aktiv zu begleiten und zu unterstützen (z. B. U10, S. 7 f., Z. 199–203; M6, S. 12, Z. 354–357). Die Erhaltung der Arbeitsfähigkeit (insgesamt 29 Prozent) sowie das Nehmen von Ängsten und Sorgen durch die Etablierung einer Fehlerkultur innerhalb des Verantwortungsbereiches (insgesamt 29 Prozent) sehen die Führungskräfte als Voraussetzungen an, um dieses übergeordnete Ziel zu erreichen (z. B. U1, S. 10, Z. 291–300; U2, S. 9, Z. 264–267; M2, S. 13, Z. 400; U9, S. 12, Z. 367–369). Ferner sehen insgesamt 21 Prozent der Führungskräfte eine Digitalisierung mit Augenmaß als weitere wichtige Grundlage an, um die Beschäftigten innerhalb des digitalen Wandels mit technischen Neuerungen nicht zu überfordern und „eine gewisse Nachhaltigkeit in diesem Prozess" (z. B. M8, S. 12, Z. 353) sicherstellen zu können.

Insgesamt 38 Prozent der Führungskräfte äußern, dass sie das Erkennen und Ausschöpfen von Chancen im digitalen Wandlungsprozess als wichtiges Ziel erachten (siehe hierzu auch Abschnitt 9.2.1). Weitere 21 Prozent der befragten Führungskräfte verfolgen das Ziel, mit Hilfe der voranschreitenden Digitalisierung ihre Aufträge im Unternehmen besser umsetzen zu können (z. B. U12, S. 11, Z. 311–316). Als Aufträge des Unternehmens nennen die Führungskräfte die Erzeugung eines Mehrwertes für die Kund*innen (z. B. M2, S. 17, Z. 509) und hieraus folgend eine Steigerung des Absatzes der Produkte (z. B. M2, S. 17, Z. 509–513; M8, S. 12, Z. 345–347; M9, S. 11, Z. 328–331).

Insgesamt 17 Prozent der Führungskräfte weisen darauf hin, dass sie effektivere bzw. effizientere Arbeitsweisen mit Hilfe der Digitalisierung fördern möchten (z. B. U7, S. 9, Z. 248–252; M1, S. 18, Z. 538–542; M9, S. 11, Z. 322–328). M8 geht in diesem Rahmen auf den Vorteil einer „reibungslosen Umsetzung" (S. 12, Z. 345) von Geschäftsprozessen mit Hilfe digitaler Technologien ein (S. 12, Z. 344–347). M9 äußert, durch den digitalen Wandel von zusätzlichen Kontaktstellen zu Kund*innen zu profitieren (S. 11, Z. 328–335), z. B. durch Social Media, E-Mail sowie „Werbung über Online-Plattformen" (S. 11, Z. 335) und gleichzeitig größere Veranstaltungen mit Kund*innen mit deutlich geringerem Aufwand realisieren zu können: „Wir haben jetzt zum Beispiel Veranstaltungen, da werden dann 80 Kunden eingeladen. Die wählen sich dann, so wie wir das machen, per Online-Meeting ein. Die Referenten erzählen dann was zu dem Thema und am Ende werden die Kunden dann nochmal kontaktiert Richtung Vertragsabschluss" (S. 11 f., Z. 340–343).

(1) Strategien zur Zielerreichung: Führung von Mitarbeitendengesprächen
Auf die Frage, wie die Führungskräfte die genannten Ziele erreichen wollen, erklären insgesamt 63 Prozent, dass sie das Führen von Mitarbeitendengesprächen als ein zentrales Instrument ansehen, um ihre genannten Ziele zu erreichen (z. B. M1, S. 18, Z. 523; M6, S. 11 f., Z. 346–350). Hierbei betonen insgesamt 21 Prozent die hohe Bedeutung eines regelmäßigen Austausches mit den Mitarbeitenden und das wiederholte Aufgreifen des digitalen Wandlungsprozesses als Gesprächsinhalt (z. B. U5, S. 8, Z. 241–249; U3, S. 13, Z. 385–389). So erklärt M8 hierzu: „Ich habe Jahresgespräche, Halbjahresgespräche. Ich habe eigentlich täglich einen Kontakt mit den meisten meiner Mitarbeiter und da werden die Maßnahmen durchgesprochen. Wir selektieren zwischen wichtig und unwichtig und wir machen eine klare Fokussierung auf Schwerpunktthemen und die versuchen wir gezielt einzusteuern. Also die Ziele zu erreichen, das geht mit einer klaren Schwerpunktbildung, was zieht und was zieht nicht, um es auf einer Metaebene mal auszudrücken. Wer nicht

versucht, an allen Stricken zu ziehen, wird seine Ziele nicht erreichen. Die Erfahrung habe ich schon mehrfach gemacht. Und jetzt als langjährige Führungskraft weiß ich, dass man gucken muss wo sind jetzt wirklich die Big Points zu holen" (S. 12 f., Z. 364–373).

Insgesamt 13 Prozent der Führungskräfte weisen darauf hin, dass sie einen Fokus auf den hohen Nutzen des digitalen Wandels für die Kund*innen in ihren Mitarbeitendengesprächen legen, um die Beschäftigten auf diesem Wege für das Thema Digitalisierung zu begeistern (M1, S. 18, Z. 527–529; M2, S. 18, Z. 531–535). So erklärt beispielsweise M10 zu dieser Vorgehensweise: „Ich versuche bei jedem Thema, das wir intern so besprechen, insbesondere auch immer die Kundenperspektive verstärkt einzunehmen. Und mit Kunde ist nicht unbedingt der Endkunde gemeint. Mit Kunde kann auch unser interner Kunde gemeint sein, der für verschiedene, digitale Prozesse auch einen Endkunden darstellt oder ein Endkunde ist. Weil ich glaube, es ist wichtig zu spiegeln, dass wir diesen Prozess nicht für jemanden machen, der den Prozess programmiert. Also nicht für irgendeinen ITler, der meint, der muss so sein, sondern mein Thema ist immer, versetzt euch in die Lage von demjenigen, der diesen Prozess nachher durchführen muss. Und das ist ein Spiel, das machen wir jetzt schon seit Jahren. Und aus meiner Sicht auch nicht ganz schlecht, weil das öffnet in vielen Bereichen die Augen und schafft auch ganz andere Diskussionsgrundlagen" (S. 15, Z. 461–470).

Weitere 13 Prozent der Führungskräfte erklären, dass sie im Rahmen ihrer Gespräche mit den Mitarbeitenden vor allem eine Anpassung der allgemein gefassten Unternehmensstrategie für den eigenen Verantwortungsbereich vornehmen (U12, S. 10, Z. 275–276; M7, S. 15, Z. 475–478). So betont U3 die hohe Bedeutung eines individuellen Vorgehens, um erfolgreich im digitalen Wandel zu sein: „Naja, was ich mache ist, ich nehme die Vehikel, die ich so habe, und versuche individuelle, passende Konzepte für meinen Verantwortungsbereich zu finden. Also, ich sage mal so, ein 70-Jähriger, den muss ich nicht überreden zu Facebook zu gehen, wenn der noch nicht mal einen privaten E-Mail-Account hat. Das bringt ja nichts. Und da sind wir so ein Stück weit in unserer Unternehmensgeschichte, man macht da einen Haken hinter, wenn einer einen Facebook-Post hat. Das bringt überhaupt nichts. Also das, was die Leute draußen machen, das müssen sie leben, da müssen sie hinter stehen. Und ich glaube, es gibt bei uns einen sehr erfolgreichen Beschäftigten, der nur so erfolgreich ist, weil er das lebt. Der ist nicht erfolgreich, weil ihm das das Unternehmen vorgibt. Und da muss es immer einen individuellen Weg geben, der zu einem passt, der authentisch ist. Es ist nicht damit gedient, dass jeder jedes Medium einfach angewendet hat. Ich kann jeden bei Facebook anmelden, wenn der Account aber tot bleibt, bringt ihm das nichts" (S. 13, Z. 369–380).

U2 und U9 weisen darauf hin, dass sie sich regelmäßig mit anderen Führungskräften austauschen, um Wege zu diskutieren, wie die Mitarbeitenden für den digitalen Wandel im Unternehmen motiviert werden können (U2, S. 9, Z. 273–276; U9, S. 13, Z. 400–401). Ferner sieht es U9 als wichtig an, gerade während der COVID-19-Pandemie, in Erfahrung zu bringen, ob seine Mitarbeitenden mit Themen überladen werden: „Grundsätzlich ist es immer wichtig, als Führungskraft mit seinen Leuten im Kontakt zu bleiben, einfach auch zu wissen: Wie viel Arbeit haben die? Auch mal persönlich immer abzuholen, abzufragen. Wenn man das Gefühl hat, irgendjemand ist mit irgendwas überfordert, ist zu viel, dann muss man einfach gemeinsam darüber sprechen. Dann muss man schon gemeinsam eine Lösung finden. Das war schon bisher so und wird immer so sein. Ist natürlich was Anderes, wenn ich im Büro sitze, wo ich die Leute auch immer sehe, dass, was weiß ich, da ständig das Telefon läutet und der ganze Platz voll liegt, als wenn die zu Hause sind. Da muss man auch schon ein bisschen aktiv auf die Leute zugehen oder die eben auch ermuntern, dass sie sich melden" (S. 15, Z. 448–456).

U1 erklärt, dass sie das Gespräch mit ihren Mitarbeitenden als zentral ansieht, um ihnen vor allem Ängste vor dem Umgang mit neuen Technologien zu nehmen und antwortet auf die Frage, wie sie in diesem Rahmen agiert: „Ganz banal, indem man es in unseren wöchentlichen oder zweiwöchentlichen Team-Meetings immer, immer wieder zum Thema macht, dass eben einer was präsentiert. Und sei es bloß eine Sache, die er mitbekommen hat oder wo wir eine E-Mail gekriegt haben und die anderen damit eben begeistert. Und das führt auch dazu, dass ich es öfters anwende und wiederum Vertrauen eigentlich in die Tools kriege und sage: ‚Ich kann ja nichts kaputt machen.' Ausprobieren, testen und sagen: Was ist gut, was ist schlecht? Es ist nicht immer alles gut, bringt es uns was oder nicht? Also, wirklich das vorzuführen in unseren eigenen Meetings" (S. 11 f., Z. 331–338). U12 sieht es als wichtig an, „nahe" (S. 11, Z. 318) an den Mitarbeitenden zu sein und deren bestehende Probleme mit der Digitalisierung ernst zu nehmen, indem diese intensiv diskutiert aber auch mit der darüber liegenden Führungsebene besprochen werden (S. 11, Z. 318–320). M7 sieht die gemeinsame Diskussion des digitalen Wandels mit seinen Mitarbeitenden als wichtigen Weg an, um eine reine Top-Down-Kultur im Unternehmen sowie den Verlust wertvoller Ideen zu vermeiden: „Und auch hier gilt es natürlich bei neuen Themen, das durchaus in den Runden zu diskutieren: Wo sehen wir unsere Möglichkeiten? Was hätten wir denn noch für Ideen? In welche Richtung könnte es gehen? Es muss ja nicht immer etwas nur von außen kommen, sondern wir können uns ja auch selbst versuchen mal Gedanken zu machen oder mal zu erarbeiten: Wo hätten wir denn Chancen, auf digitalem Wege bessere Ergebnisse zu erzielen?" (S. 16, Z. 493–498).

(2) Strategien zur Zielerreichung: Einnahme einer Vorbildfunktion
Insgesamt 46 Prozent der Führungskräfte äußern, dass sie die Strategie verfolgen, eine Vorbildfunktion einzunehmen, um ihre genannten Ziele zu erreichen (M1, S. 18 f., Z. 543–546; M2, S. 18, Z. 531; M12, S. 12 f., Z. 392–396). So äußert M7 hierzu: „Ich kann und das ist der andere Punkt, da sind wir jetzt beim Vorbild, ich kann natürlich nicht digitalen Wandel prägen, predigen und am Ende mich selbst nicht am digitalen Wandel beteiligen, da bin ich bei der Vorbildfunktion" (S. 16, Z. 491–493). M6 und M11 erklären, dass ihr persönliches Ziel darin besteht, bei jedem Thema, das sie im Unternehmen verantworten, eine Vorbildrolle einzunehmen (M6, S. 11, Z. 343–346; M11, S. 7 f., Z. 217–222). So führt beispielsweise M6 hierzu aus: „Also, dass man selber vorangeht, wo die Mitarbeiter mitgehen können. Eigentlich die Themen, die ich vorher genannt habe, also selber führen als Vorbild, immer wieder kleine Dinge zeigen, wie sich Veränderung und Digitalisierung im Alltag bei uns verändert. Da ganz konkrete Dinge bei sich selber ändern und die dann ausstrahlen" (S. 11, Z. 343–346). M10 betont, dass er zwar selbst als Vorbild agieren möchte, sich jedoch diese Rolle nicht nur auf die Führungskräfte im Unternehmen beschränken sollte: „Eine gewisse Vorbildfunktion versuche ich zu leben. Ja, das ist nicht verkehrt. Aber im Grunde genommen bin ich über jeden Mitarbeiter froh, der für sich selber Vorbild in dem Thema wird, weil auch hier gilt: Der Chef muss nicht alles vormachen. Es gibt Menschen, die sind da versierter, die sind da besser, die sind da schneller" (S. 15, Z. 439–444).

(3) Strategien zur Zielerreichung: Befähigung der Mitarbeitenden
Insgesamt 13 Prozent der Führungskräfte sehen die Befähigung ihrer Mitarbeitenden als eine wichtige Voraussetzung an, damit diese den digitalen Wandlungsprozess erfolgreich bewältigen können (z. B. M11, S. 9, Z. 256–257). Hierbei nimmt das Thema erhöhter Weiterbildungsbedarf im digitalen Wandel eine hohe Bedeutung für die Führungskräfte ein (z. B. M12, S. 13, Z. 410–419; siehe hierzu auch Abschnitt 9.2.8). So erklärt beispielsweise U9 in diesem Kontext: „Es müssen aber auch die Mitarbeiter vor Ort nicht nur fachlich geschult werden, sondern eben auch im Umgang mit den digitalen Medien geschult werden. Auch, wenn sie nur Teilnehmer sind, aber wir bieten zum Beispiel Schulungen an, ganz weit ausgerollt, über das Online-Meeting an sich, über Spielregeln bei Online-Meetings: Wie kann ich das am besten nutzen? Wie wähle ich mich da am besten ein? Wie funktioniert das mit dem Melden, wenn ich was sagen will? Und was habe ich da für interaktive Instrumente? Auch so etwas muss gelernt werden. Die Leute müssen lernen, damit umzugehen. Das ist auch eine ganz neue Anforderung, die jetzt auf uns dazugekommen ist, dass wir also auch die digitalen Programme, mit denen wir arbeiten, selber auch erstmal den Umgang damit schulen" (U9, S. 13 f., Z. 403–411).

9.2 Digitalisierung

(4) Strategien zur Zielerreichung: Messung von Fortschritten
M4 weist auf seine Strategie hin, die Fortschritte in Bezug auf die Digitalisierung des Unternehmens kontinuierlich zu messen: „Also man kann ja wirklich die Dinge bei uns immer messen, also im Sinne von dynamischen Entwicklungsschritten: Wie viele Beratungen werden denn online getätigt? Wie viele Kunden nutzen denn die Instrumente im Bereich Firmenkunden, Privatkunden? Was tun wir dafür? In der Multiplikation zu unseren Beschäftigten. Also wie viel Schulungen, Multiplikationsveranstaltungen mache ich?" (S. 17, Z. 481–486). Weiterhin erklärt M4, dass er eine grundsätzliche Steigerung in Bezug auf den Einsatz digitaler Medien fokussiert, sich jedoch nicht auf bestimmte Werte festlegt: „Und da gibt es für mich nicht ein absolutes Ziel, sondern für mich ist es eine dynamische Entwicklung, dass wir da, vielleicht beginnend bei nicht ganz Null, aber wirklich von Zeitperiode zu Zeitperiode uns da deutlich steigern. Gibt es aber auch von der Unternehmensleitung keine klare Vorgabe. Es heißt jetzt nicht: ‚Ihr müsst bis zum Tag X', keine Ahnung, ‚50 Onlineberatungen machen', im Sinne eines Arbeitsauftrags an die Mitarbeiter. Das scheitert wahrscheinlich auch schon wieder an der Stellenbeschreibung et cetera. Aber das sind Dinge, die uns im Voranbringen der Digitalisierung wichtig sind" (S. 17, Z. 488–495).

(5) Strategien zur Zielerreichung: Förderung von Altersdiversität
Nicht zuletzt sieht U2 eine Förderung von Altersdiversität in den Teams als sinnvoll an, um die genannten Ziele zu erreichen: „Was ich gemerkt habe, was immer gut ist, wenn junge neue Leute dazukommen. Ich finde das bringt immer automatisch einen anderen Spirit. Ich kann mir ein Jahr lang irgendwie den Mund fusselig geredet haben, dann kommt irgend so ein junger Student zu uns oder ist gerade mit dem Studium fertig, macht die Dinge völlig anders, stellt völlig andere Fragen und daran merken die Kollegen: ‚Ach, guck, es geht ja doch anders.' Während ich das vorher habe 15-mal erzählen können: ‚Es geht vielleicht auch anders, hinterfrage das doch mal.' Ich habe immer erlebt, dass es super ist, wenn man eine Mischung hat von jungen und alten Leuten" (S. 10, Z. 305–313).

9.2.6 Rolle des Personalwesens im digitalen Wandel

Die Mitarbeitenden des Personalwesen sehen sich im Rahmen des digitalen Wandels hauptsächlich in einer gestalterischen Rolle (z. B. PW2, S. 5, Z. 131). Als Schwerpunkte, die durch das Personalwesen aktiv beeinflusst werden, nennen die

Befragten vor allem die Themen Weiterbildung, neue Arbeitsweisen, Unternehmenskultur sowie die dazugehörige Definition einer neuen Führungskultur (z. B. PW1, S. 5, Z. 119–123; PW3, S. 9, Z. 278–282; PW4, S. 9, Z. 248–255).

9.2.6.1 Erwartungen und Anforderungen an das Personalwesen im digitalen Wandel

Die Interviewpartner*innen des Personalwesens äußern, dass sich die Mitarbeitenden innerhalb des digitalen Wandlungsprozesses vor allem die Bereitstellung von Weiterbildungsangeboten wünschen, die sie mit den Kompetenzen ausstatten, welche sie zur erfolgreichen Bewältigung des Transformationsprozesses benötigen. Von den Führungskräften nimmt das Personalwesen die Erwartungshaltung wahr, dass die Weiterbildungsangebote motivierend und zeitnah zur Verfügung gestellt werden. Ferner erklären die Expert*innen, dass sich die Führungskräfte eine Bestimmung ihrer Rolle innerhalb des digitalen Wandels durch das Personalwesen erhoffen. Nicht zuletzt greifen auch die Betriebsratsmitglieder das Thema Weiterbildungsangebote im Rahmen ihrer Anforderungen an das Personalwesen auf. Die befragten Mitarbeitenden des Personalwesens erklären hierzu, dass die Betriebsratsmitglieder vor allem die Erwartungshaltung der Barrierefreiheit der digitalen Weiterbildungsmöglichkeiten sowie eine Förderung der digitalen Kompetenzen äußern. Ferner weisen die Befragten des Personalwesens auf den Anspruch des Betriebsrates hin, trotz der umfassenden Einflüsse der Digitalisierung das Betriebsverfassungsgesetz sowie informelle Praktiken im Unternehmen wie bisher zu befolgen.

(1) Erwartungen und Anforderungen der Mitarbeitenden an das Personalwesen

PW1 erklärt, dass sich die Mitarbeitenden vor allem nach Sicherheit und Klarheit in Bezug auf ihre Rolle und Aufgaben im digitalen Wandlungsprozess sehnen: „Also zum einen erwarten die Kolleginnen und Kollegen, dass wir Ihnen klare Perspektiven aufzeigen, dass wir sie auch mitnehmen und ihnen auch zeigen, wie sie sich in diesem Wandel wiederfinden. Und ich glaube, ganz wichtig ist auch, dass viele Mitarbeiter sich eine gewisse Sicherheit wünschen. Ich glaube, das ist schon das Wichtigste, dass wir ihnen zeigen, wo es hingeht und wie sie da auf diesem Weg mitgehen können und wie sie ihre Rolle in dieser neuen Welt finden können" (S. 5, Z. 135–140). Ferner erklärt PW1, auch mit Ängsten von den Mitarbeitenden konfrontiert zu werden, die sich mit Fragen des Stellenabbaus, der notwendigen Kompetenzen sowie der eigenen Rolle im digitalen Wandel befassen: „Ja, gibt es meinen Arbeitsplatz morgen noch? Was mache ich, wenn ich nicht reinpasse in diese digitale Welt? Wo ist da meine Rolle? Wie kriege ich die Skills, die ich brauche, um morgen noch attraktiv zu sein auf dem Arbeitsmarkt?" (S. 10, Z. 260–262). Darüber hinaus nimmt PW1 die Anforderung der Mitarbeitenden nach Weiterbildungsangeboten wahr: „Weil, man sagt natürlich immer: ‚Ja, also in der Digitalisierung braucht man andere Skills oder neue Skills.' Und dann sagen die Mitarbeiter natürlich: ‚Schön und gut, aber was bedeutet das jetzt für mich? Wie baue ich diese Skills auf, so dass ich dann in der neuen Welt auch noch meine Rolle finde?'" (S. 5, Z. 142–145).

PW2 und PW3 gehen ebenfalls auf die Erwartungshaltung der Mitarbeitenden ein, die Kompetenzen vermittelt zu bekommen, die sie zur Bewältigung des digitalen Wandels benötigen (PW2, S. 6, Z. 145–153; PW3, S. 10, Z. 299). PW2 weist in diesem Rahmen auf die Sorge der Mitarbeitenden hin, aufgrund von Zeitmangel die Weiterbildungsangebote des Unternehmens in ihrer Freizeit in Anspruch nehmen zu müssen: „Dass man eben nicht genügend Zeit bekommt, wenn wir jetzt schon auf der Reise sind, dass wir dieses selbstgesteuerte Lernen angehen. Dass es wirklich nur möglicherweise ein Ziel gibt, das die Führungskraft vorgibt und der Mitarbeiter dann das Ganze für sich selber einordnen muss, was aber gegebenenfalls nicht mit seiner eigentlichen Arbeitszeit einhergeht" (S. 10, Z. 290–295). Des Weiteren erkennt PW2 die Bedenken der Mitarbeitenden, dass das digitale Lernen von den Führungskräften weniger wahrgenommen und geschätzt wird als die bisherigen Präsenzformate, die die Mitarbeitenden mehrere Tage außerhalb des Unternehmens absolviert haben (S. 11, Z. 297–302).

Ferner erklärt PW3, dass er ein verstärktes Sicherheitsbedürfnis von Funktionsgruppen wahrnimmt, die automatisierbare Tätigkeiten ausüben: „Also, wenn ich jetzt ein Sachbearbeiter bin in einem Bereich, der jetzt, ich sage mal, wirklich einfache Tätigkeiten macht, da kann ich mir schon gut vorstellen, dass es diese Arbeiten in Zukunft deutlich, deutlich weniger gibt oder in geringerem Umfang, als es sie heute gibt. Das hat ja auch schon abgenommen in der Vergangenheit. Ist ja jetzt nicht so, dass wir jetzt erst anfangen, irgendwie zu digitalisieren, das läuft ja auch schon länger. Das kann man beobachten, aber das wird, glaube ich, noch weiter zunehmen in Zukunft. Oder wenn man einfachere Produkte macht, dann ist das da schon sogar noch viel stärker drin angelegt, dass man quasi die schon von vornherein so designed, die Produkte, dass man das entsprechend digital abarbeiten kann" (S. 10, Z. 303–311). PW4 erklärt, gerade während der COVID-19-Pandemie von den Mitarbeitenden mit der Anforderung konfrontiert worden zu sein, dass der beruflichen Tätigkeit sowie der Nutzung der Weiterbildungsangebote des Unternehmens auch im Homeoffice problemlos nachgegangen werden kann. Dieser Erwartungshaltung konnte das Personalwesen aus Sicht von PW4 gerecht werden (S. 10, Z. 267–269).

(2) Erwartungen und Anforderungen der Führungskräfte an das Personalwesen

PW1 erklärt, die aus seiner Sicht berechtigte Erwartungshaltung der Führungskräfte wahrzunehmen, dass das Personalwesen eine Rollendefinition für die Führungskräfte im digitalen Wandel vorgibt und die Konsequenzen von agilen Arbeitsweisen transparent aufzeigt: „Zum einen sind natürlich Führungskräfte selbst auch Mitarbeiter. Und, wenn wir sagen, dass sich die Rolle der Führungskraft wandelt, dann ist natürlich auch da die Frage: ‚Ja, wie funktioniert es, und wo ist da meine Rolle? Wird es mich überhaupt noch geben?' Gerade wenn es um das Thema flache Hierarchien geht, dann sagt es natürlich auch, dass wir eigentlich von einer gewissen Führungsschicht eher weniger Leute brauchen. Und dann ist natürlich die Frage: ‚Wo finde ich mich da als Führungskraft wieder?'" (S. 6, Z. 153–158). Des Weiteren stellen laut PW1 die Führungskräfte die Anforderung, mit den entsprechenden Tools ausgestattet zu werden, um die Mitarbeitenden innerhalb des Transformationsprozesses unterstützen zu können: „Und auf der anderen Seite ist die Führungskraft natürlich auch für den normalen Mitarbeiter so eine Art Wegbegleiter und da braucht der natürlich auch Handwerkszeug. Und auch wenn es um die neuen Methoden geht, die die Führungskräfte dann ja mit ihren Teams anwenden sollen, müssen sie natürlich wissen, wie es funktioniert und wie man es überhaupt macht" (S. 6, Z. 153–162).

PW3 erklärt ebenfalls eine Verunsicherung der Führungskräfte aufgrund der zunehmenden „Agilisierung" (S. 10, Z. 316) des Unternehmens zu bemerken, da sich in diesem Rahmen laut PW3 die „klassischen Hierarchien" (S. 11, Z. 319) im Unternehmen sowie „die klassischen Erwartungen" (S. 11, Z. 319) an die Führungskräfte auflösen (S. 10 f., Z. 316–320). Hierbei setzen sich die Führungskräfte aus Sicht von PW3 vor allem mit den nachfolgenden Gesichtspunkten auseinander: „Wie soll ich jetzt hier führen? Was ist meine Rolle in der Zukunft? Was gibt es denn eigentlich noch?' Es wird vielleicht weniger Führungskräfte, also in der klassischen disziplinarischen Führung, geben, dafür gibt es aber andere Leadershiprollen mehr, sage ich jetzt mal, um das einfach mal sprachlich abzugrenzen, wie Product Owner oder sonstige Funktionen. Und da fragen sich natürlich Führungskräfte auch: ‚Okay, wo ist da mein Platz in der Zukunft? Was kann ich da machen?' Also das für sie persönlich und natürlich dann auf der anderen Seite eben auch die Frage: ‚Ja, wie kann ich da mein Team weiterentwickeln, dass die da diesen Schritt in eine digitalere Arbeitswelt auch gut schaffen?'" (S. 11, Z. 320–328).

PW2 erlebt die Anforderung der Führungskräfte, dass sich auch das Personalwesen „digitale Kompetenzen" (S. 6, Z. 145–146) aneignet und für den Wandlungsprozess im Unternehmen entsprechend einsetzt (S. 6, Z. 157–158). Ferner berichtet PW2 von der Erwartungshaltung der Führungskräfte, dass das

Personalwesen die digitalen Weiterbildungsmöglichkeiten so gestaltet, dass Mitarbeitende und Führungskräfte ebenso begeistert und motiviert an diesen teilnehmen, wie zuvor an den Präsenzangeboten (S. 6, Z. 160–163). PW4 erklärt, von den Führungskräften die Erwartungshaltung zu erleben, dass die Digitalisierung der Weiterbildungsangebote zügig voranschreitet, indem beispielsweise eine intensive Vorbereitung auf die Termine mit dem Betriebsrat erfolgt, um von einer schnellen Zustimmung für die Implementierung profitieren zu können (S. 12, Z. 320–322).

(3) Erwartungen und Anforderungen des Betriebsrates an das Personalwesen
PW1 und PW4 gehen auf die Anforderung des Betriebsrates ein, trotz veränderter Rahmenbedingungen aufgrund des digitalen Wandels weiterhin bisher angewandte Verfahrensweisen und Regeln einzuhalten. So führt beispielsweise PW1 hierzu aus: „Ja, für den Betriebsrat ist das natürlich auch keine einfache Situation. Auf der einen Seite ist glaube ich allen klar, dass sich die Arbeitswelt wandelt. Auf der anderen Seite müssen da noch neue Regelungen gefunden werden, weil viele Regelungen, die es in der Vergangenheit gab, auf die neuen Bedingungen nicht passen. Und das ist aber auch ein schwieriges Feld, weil der Betriebsrat auch eine Schutzfunktion hat und nicht einfach sagen kann: ‚Ja, lassen wir mal alles so laufen, wie es jetzt gerade irgendwie die Zeit erfordert.' Das funktioniert so auch nicht, weil trotzdem Schutzrechte da sind und es gibt ja auch gesetzliche Bestimmungen, über die der Betriebsrat auch wacht, dass die eingehalten werden. Und ja, das ist ja die Aufgabe von dem Betriebsrat. Aber auch ein Betriebsrat befindet sich im Wandel, weil sich das gesamte Unternehmen wandelt" (S. 7, Z. 171–180). Auf die Rückfrage, welche Bedingungen sich aus Sicht von PW1 geändert haben, führt PW1 das Beispiel der „Arbeitszeitregelung" (S. 7, Z. 183) an und erklärt hierzu: „Das merkt man auch jetzt, wenn man im Homeoffice ist. Man ist jetzt natürlich viel flexibler und das finden viele Kollegen und Kolleginnen auch ganz chic. Die sagen dann: ‚Ja, dann kann ich mich abends erstmal nochmal um die Familie kümmern. Bringe dann zum Beispiel mein Kind ins Bett und dann setze ich mich abends spät, nachts nochmal an den Rechner und mach nochmal kurz was.' Und da kommt man halt relativ schnell in den Konflikt mit Ruhezeiten zum Beispiel, die eingehalten werden müssen. Weil die halt von einem normalen Arbeitstag ausgehen und sich der Arbeitstag-, also von einem Neun bis Fünf-Arbeitstag ausgehen und sich das halt total verändert hat" (S. 7, Z. 183–191). PW4 sieht in dieser Thematik sogar „die größte Herausforderung in der Zusammenarbeit mit dem Betriebsrat" (S. 10, Z. 270–271), da der Betriebsrat aus ihrer Sicht immer noch zu stark „in alten Prozessen" (S. 10, Z. 271) denkt. Besonders kritisch sieht PW4 diesbezüglich, dass sich der Betriebsrat nicht so schnell einer Veränderung unterzieht, wie es der digitale Wandel erfordert (S. 6, Z. 149–156; S. 10, Z. 280–285) und führt in diesem Rahmen folgende Situation

an: „Also zum Beispiel übt der Betriebsrat seine Mitbestimmung bei den Lernangeboten aus. Also was bieten wir dieses Jahr an? Und jetzt, wenn wir alles digital anbieten und beispielsweise auch auf Angebote aus dem Internet hinweisen und die sichtbar machen, dann kann der Betriebsrat nicht für jede Möglichkeit seine Mitbestimmung erst vollziehen. Das sind einfach freiwillige Angebote, die für alle Mitarbeiter verfügbar sind. Und es kann nicht jedes Mal erst die Mitbestimmung vollzogen werden, wenn wir einen Artikel posten wollen, das geht nicht. Also ich habe das Gefühl, der Betriebsrat ist im Wandel selber noch nicht so weit und will auch seine Kontrolle nicht abgeben" (S. 10, Z. 271–279).

PW2 beschreibt die Erwartungshaltung des Betriebsrates, dass digitale Weiterbildungsangebote stets der Anforderung der Barrierefreiheit entsprechen sollten: „Also, was zum Teil also für sehr viel Aufwand sorgt, aber wo ich dem Betriebsrat natürlich dann auch rechtgeben muss, ist das ganze spezielle Thema, dass digitale Formate auch barrierefrei sein müssen. Also, im Rahmen von den Präsenzangeboten weiß man, welche Zielgruppe man vor sich hat und kann entsprechend dann, vielleicht auch möglicherweise noch kurzfristig reagieren. Aber wenn man E-Learnings erstellt oder auch Webinare, muss man dann wirklich auf das Thema Barrierefreiheit achten. Und vollkommen richtig, was der Betriebsrat hier macht, ist aber für uns zum Teil wirklich sehr, sehr viel Aufwand" (S. 6 f., Z. 169–176). PW3 greift die Anforderung des Betriebsrates auf, dass die Mitarbeitenden vom Personalwesen mit den erforderlichen „Digitalisierungsskills" (S. 11, Z. 332) und die Führungskräfte mit den entsprechenden „Leadershipskills" (S. 11, Z. 333) zur Bewältigung des Transformationsprozesses unterstützt werden (S. 11, Z. 331–334). Darüber hinaus nimmt PW3 die Sorge der Betriebsratsmitglieder in Bezug auf einen Stellenabbau wahr: „Und natürlich treibt den Betriebsrat ja auch immer das Thema um: Welchen Einfluss hat Digitalisierung dann einfach auf die Anzahl der Arbeitsplätze? Und da hängt er einfach mit HR stark zusammen. Und von daher ist es natürlich auch immer eine Erwartung, Arbeitsplätze zu erhalten und auch attraktiv zu gestalten" (S. 11, Z. 334–338). Auf die Rückfrage, ob das Personalwesen diese gestellten Anforderungen aus Sicht von PW3 erfüllt, antwortet dieser: „Ja, denke ich schon. Also, es gibt jetzt keine ganz groß angelegten Arbeitsplatzabbauprogramme und es gibt viele Skillingmaßnahmen bei uns im Unternehmen" (S. 11, Z. 340–341). Hierzu erläutert PW3 weiterhin, dass es das gemeinsame Ziel des Personalwesens und des Betriebsrates sei, eine Reduktion von Stellen, die auf die Digitalisierung zurückzuführen ist, über einen längeren Zeitraum zu vollziehen: „Das bestehende Geschäft kann ja nicht von einem Tag auf den anderen einfach umklappen. Das geht ja nicht, bei uns zumindest nicht. (lacht) Und deshalb muss man einfach diesen Übergang gestalten. Und das gibt ja auch eine gewisse Zeit, die man da hat, um diesen Übergang zu gestalten. Das ist ja dann auch gut für die Belegschaft oder auch natürlich aus Sicht des Betriebsrats, dass man da auch mitgestalten kann. Und ich glaube, dass das an sich schon auch eine ganz gute gemeinsame Arbeit ist, über das, was jetzt hier Unternehmensleitung und Betriebsrat gemeinsam besprechen" (S. 11, Z. 344–350).

9.2.6.2 Erwartungen und Anforderungen des Personalwesens im digitalen Wandel

Die Expert*innen des Personalwesens äußern, sich von den Mitarbeitenden insbesondere einen kooperativen und offenen Umgang mit dem Transformationsprozess des Unternehmens zu wünschen. Von den Führungskräften erwarten die Mitarbeitenden des Personalwesens primär die Einnahme einer Vorbildfunktion im Rahmen des digitalen Wandels. Die Betriebsratsmitglieder sollten aus Sicht des Personalwesens vor allem die voranschreitende Digitalisierung nicht nur akzeptieren, sondern selbst einen Anpassungsprozess an diesen Megatrend vollziehen, um diesen langfristig aktiv mitgestalten zu können.

(1) Erwartungen und Anforderungen des Personalwesens an die Mitarbeitenden

Die befragten Expert*innen des Personalwesens äußern übereinstimmend, dass sie sich von den Mitarbeitenden eine Offenheit im Umgang mit dem digitalen Wandlungsprozess wünschen. So richtet beispielsweise PW2 die Erwartungshaltung an die Mitarbeitenden wie folgt: „Dass sie auf alle Fälle für diese Veränderungen offen sind, dass sie sich hier nicht verschließen. Und auch das Privatleben mit dem beruflichen verheiraten. Also ich erlebe oftmals, dass Mitarbeiter oder eben auch Kollegen im privaten Umfeld also wirklich digital unterwegs sind. Aber sich dann im Betrieb, also im beruflichen, dagegen wehren, weil es eben einfach nicht Usus ist, weil es auch noch nicht so war bisher. Und also, da sehe ich jetzt eher also die Erwartungen, dass hier auch die Mitarbeiter oder die Kollegen, also wirklich auf die Veränderung eingehen und das auch zulassen" (S. 7, Z. 182–189). PW1 stellt darüber hinaus die Anforderung an die Mitarbeitenden, mit ihren Kolleg*innen als Team zu agieren, um zusammen den digitalen Wandel bewältigen zu können (S. 8, Z. 207–208).

PW3 greift im Rahmen seiner Antwort die Chance für die Mitarbeitenden auf, von neuen Weiterbildungsangeboten und Entwicklungsmöglichkeiten profitieren zu können und stellt daher die Anforderung, dass diese neuen Perspektiven von den Mitarbeitenden genutzt werden: „Also letztlich natürlich, dass die sich dem nicht verschließen, offen für den Wandel sind und sie da auch die Möglichkeiten nutzen, im Sinne jetzt eben von Reskilling oder vielleicht auch von neuen Karrieremöglichkeiten. Dass die sich da einfach darauf einlassen und entsprechend hier nicht sich dem komplett verweigern, also so ein Stück auch eine Lernhaltung da auch an den

Tag legen bei dem Thema" (S. 12, Z. 355–359). PW4 erklärt, dass das Personalwesen gerne häufig „bessere Tools implementieren oder anbieten" (S. 16, Z. 453) würde, dies „aber aus finanziellen Gründen nicht immer möglich" (S. 16, Z. 453–454) sei, sodass sich PW4 Geduld und Verständnis von den Mitarbeitenden für die teilweise langsam voranschreitende Digitalisierung des Personalwesens wünsche (S. 16, Z. 452–454).

(2) Erwartungen und Anforderungen des Personalwesens an die Führungskräfte

PW1 und PW2 äußern die Erwartungshaltung, dass die Führungskräfte den digitalen Wandlungsprozess „positiv unterstützen" (PW1, S. 8, Z. 210) und als Vorbild fungieren, gerade wenn es um das Thema Offenheit gegenüber Veränderungen geht (PW2, S. 8, Z. 205–206). So erklärt PW2 hierzu: „Auch hier eine Veränderungsbereitschaft und vor allem, also hier würde ich sogar nochmal sagen, einen Tick den Mitarbeiten vielleicht nochmal ein Stückchen voraus, was auch noch die Anwendung der Tools oder der Technik der Medien angeht. Dass man hier einfach auch den Mitarbeiter dann nochmal befähigen kann, beziehungsweise auch nochmal ambitionieren kann und die Veränderung bestimmen kann, die der Mitarbeiter mitbringen muss, oder mitbringen sollte. Oder die Veränderung, die jetzt der Mitarbeiter mitmacht, dass er die auch annimmt. Also da sollten aus meiner Sicht die Führungskräfte noch ein Stückchen weiter sein, um die Veränderungen anzunehmen und auch wirklich den digitalen Wandel anzunehmen und auch zu leben" (S. 7, Z. 195–204).

PW3 und PW4 äußern ebenfalls den Anspruch, dass die Führungskräfte eine Vorbildrolle im Rahmen des digitalen Wandels einnehmen, indem sie dem Transformationsprozess offen gegenüberstehen und sich permanent weiterentwickeln. So führt PW3 hierzu aus: „Also, ich glaube, bei denen ist es auch extrem, weil das einfach so neu ist, dass die eben auch hier diese Führungshaltung oder auch das Mindset oder wie auch immer man das da nennen will, an den Tag legen, dass die das auch vorleben, also auch in einer Vorbildfunktion da wirklich auch deutlich sichtbar sind, sowohl was Methoden aber auch was Haltung angeht, da dabei. Und eben auch natürlich das Thema, sich da auch weiterzubilden, zu lernen, die Angebote zu nutzen, sich da aktiv einfach auch drum zu bemühen, das Thema konstruktiv zu begleiten" (S. 12, Z. 362–368). Darüber hinaus setzt PW4 im Rahmen ihrer Antwort einen Fokus auf eine zukunftsgerichtete Perspektive, die sie von den Führungskräften erwartet: „Also meine Meinung wäre, dass die Führungskräfte eine Vorbildrolle einnehmen müssen. Also die sollten den Mitarbeitern zeigen: Das ist wichtig und es ist leicht und einfach umzusetzen. Und wenn ein Mitarbeiter bei seiner Führungskraft sieht, dass die Führungskraft immer noch in der Vergangenheit lebt, warum sollte sich dann der Mitarbeiter verändern? Also aus meiner Sicht sollte das oberste Ziel der Führungskräfte sein, zukunftsgerichtet zu agieren" (S. 17, Z. 483–488).

(3) Erwartungen und Anforderungen des Personalwesens an den Betriebsrat
PW1 stellt die Anforderung, dass sich der Betriebsrat kooperationsbereit innerhalb des digitalen Wandels zeigt (S. 8, Z. 215) und sich an den Transformationsprozess selbst anpasst, da aus Sicht von PW1 „die alten Konzepte in der neuen Welt so nicht mehr funktionieren" (S. 7, Z. 199–200). PW4 wünscht sich ein stärkeres Vertrauensverhältnis zwischen dem Betriebsrat und dem Personalwesen, um Verhandlungsprozesse schneller abschließen zu können: „Ein bisschen mehr Vertrauen. Also, die gehen immer vom Schlimmsten aus und glauben, dass wir in der Personalabteilung alle böse sind und wir wollen nur das Schlechteste für die Mitarbeiter und das ist natürlich nicht der Fall. Und die haben kein Verständnis, dass wir auch die Mitarbeiter unterstützen und ihnen helfen wollen. Also ich würde mir ein bisschen mehr Aufgeschlossenheit wünschen" (S. 15, Z. 418–422). Auf die Rückfrage, welche Sorgen PW4 von Seiten des Betriebsrates begegnen, weist PW4 vor allem auf Ängste in Bezug auf einen Stellenabbau (S. 7, Z. 181–186) sowie einer Leistungskontrolle der Mitarbeitenden hin (S. 7, Z. 187–190). Insbesondere die Ängste in Bezug auf eine verstärkte Leistungskontrolle und hieraus folgende Konsequenzen für den Arbeitsplatz sieht PW4 als unbegründet an: „Also, ich glaube, dass die meisten von den Mitarbeitern wenig Angst haben und insbesondere keine Angst, dass wir leere Lerndaten für Umstrukturierungsmaßnahmen gegen sie verwenden. Natürlich hat jeder in 2020, einem Jahr von Corona, Angst um seinen Job. Also, das kann jederzeit passieren, dass das Unternehmen Geld sparen will, aber wenn man sagt: ‚Ja, meine leeren Lerndaten werden gegen mich eingesetzt.' Wer glaubt das? Oder wer denkt das? Ich als Mitarbeiter nicht" (S. 11, Z. 296–302). Allerdings räumt PW4 ein, dass die aus ihrer Sicht unverhältnismäßig großen Ängste der Betriebsratsmitglieder vor allem in negativen Erfahrungen mit vergangenen Wandlungsprozessen im Unternehmen begründet liegen, wodurch das Vertrauen der Betriebsräte bereits in Mitleidenschaft gezogen wurde (S. 11, Z. 290–293).

PW2 äußert die Erwartungshaltung, dass der Betriebsrat die Veränderungen, die mit dem digitalen Wandlungsprozess einhergehen, „akzeptiert" (S. 8, Z. 209), weist jedoch gleichzeitig darauf hin, dass sie aktuell keine gegenteilige Haltung beim Betriebsrat wahrnimmt (S. 8, Z. 208–211). PW3 wünscht sich eine langfristig ausgerichtete Sichtweise des Betriebsrates in Bezug auf den digitalen Wandel sowie eine Ausschöpfung der gestalterischen Möglichkeiten, um den Transformationsprozess aktiv mitgestalten zu können: „Also, ich glaube, das bringt jetzt nichts, wenn dein Betriebsrat irgendwie total nur auf der ‚Blockierbremse' steht, um irgendwelche paar Arbeitsplätze mal kurzfristig zu sichern. Ich denke, da erwarte ich auch von einem Betriebsrat, dass der auch eine langfristige Perspektive hat und das heißt einfach: ‚Es funktioniert.' Man kann diese Digitalisierung aus meiner Sicht nicht aufhalten, die kommt. Kann ich sie mitgestalten und von Anfang an mitgestalten, dann, glaube ich, habe ich da einfach eine bessere Ausgangsposition, als wenn ich das versuche alles zu blockieren. Und deshalb würde ich da auch beim Betriebsrat sehen, das Gleiche, dass die lernen, weil auch für den Betriebsrat ist das natürlich total Neuland, dass die da auch selber lernen und dass sie einfach diesen Prozess konstruktiv mitbegleiten" (S. 12, Z. 370–379).

9.2.6.3 Herausforderungen und Zielsetzungen des Personalwesens im digitalen Wandel

Die befragten Mitarbeitenden des Personalwesens erläutern, dass vor allem die Themen Unternehmens- und Führungskultur, strategische Personalplanung sowie neue Arbeits- und Lernmethoden eine besondere Bedeutung innerhalb des Transformationsprozesses für sie einnehmen (z. B. PW1, S. 5, Z. 119–124; PW3, S. 9 f., Z. 278–295). In diesem Rahmen sehen sich die Expert*innen vor allem in der „Rolle eines Gestalters" (z. B. PW2, S. 5, Z. 131; PW1, S. 9, Z. 238–239), der einen wesentlichen Beitrag für die Anpassungsprozesse des Unternehmens an den digitalen Wandel leistet (z. B. PW2, S. 5, Z. 131–140). Gleichzeitig sehen die Mitarbeitenden des Personalwesens die voranschreitende Digitalisierung als einen Weg an, um einen Wandlungsprozess überhaupt umsetzen zu können, indem beispielsweise Weiterbildungsangebote oder Personalprozesse zunehmend digitalisiert werden (z. B. PW4, S. 9 f., Z. 248–260).

(1) Zielsetzungen des Personalwesens

Auf die Fragestellung, welche Ziele das Personalwesen mit seinem Einfluss bei der Gestaltung des digitalen Wandels verfolgt, erklärt PW1, dass diese mit den Unternehmenszielen kongruieren: „Die Gleichen, die sich auch das Unternehmen stellt. Nämlich, dass wir flexibel werden und es schaffen, so wandlungsfähig zu sein, dass wir uns den Marktbedürfnissen anpassen können und zwar auch relativ schnell, wenn es notwendig ist" (S. 8, Z. 219–221). PW2 äußert, die Zielsetzung des Personalwesens bestehe darin, im Rahmen des digitalen Wandlungsprozesses eine Vorreiterrolle im Unternehmen einzunehmen: „Insgesamt sehe ich es schon so, dass Personal hier vorausgeht, um wirklich auch zu schauen, dass man die Mitarbeiter befähigt, den digitalen Wandel mitzumachen und dann auch zu leben. Also so würde es ich schon sehen. Also wenn man jetzt auch Einblick in manch andere Unternehmensbereiche hat, die sind glaube ich noch nicht so weit" (S. 8,

Z. 221–225). Vor allem werden in diesem Rahmen laut PW2 alle Personalprozesse digitalisiert, die eine Digitalisierung erlauben (S. 8, Z. 232–233).

PW3 nennt als zentrale Zielsetzungen des Personalwesens, den Beschäftigten Weiterbildungsangebote zur Bewältigung des digitalen Wandels bereitzustellen und mit Hilfe des Talentmanagements eine gute Personalakquise für das Unternehmen zu betreiben: „Also, ich meine, wir wollen ja ein guter Arbeitgeber sein und dementsprechend heißt es natürlich auch, da zu sagen: ‚Hey, klar, das Thema Skill, also Reskilling der bestehenden Mitarbeiter oder auch Upskilling, je nachdem, wenn es eben darum geht zu sagen, ja, da zusätzliches Wissen zu erlangen.' Und dann natürlich auch zu gucken, dass wir die richtigen Talente vom Markt für uns begeistern als Unternehmen und auch in unser Unternehmen reinholen und gut integrieren" (S. 13, Z. 382–387). Ferner nennt PW3, ebenso wie PW1 (S. 5, Z. 119–124) das Ziel, die kulturellen Rahmenbedingungen für den Transformationsprozess des Unternehmens mitzugestalten: „Von der Kultur angefangen, Führungskultur, was wir gerade mit der neuen Führungsstrategie machen. Aber auch natürlich Karrierewege, Vergütungskonzepte, ich sage jetzt mal, dann diese ganzen Sozialleistungen oder Sonderleistungen des Unternehmens, dass wir das einfach so gestalten. Arbeitszeitmodelle, Vereinbarkeit von Familie und Beruf, dass wir das einfach so mitgestalten als Personal, dass das echt ein attraktiver Arbeitsplatz ist, gerade auch für die Leute, die man dringend braucht und die sind halt am Markt auch sehr begehrt, um diese Digitalisierung voranzutreiben und erfolgreich dann auch hinzukriegen" (S. 13, Z. 389–396).

PW4 bezeichnet die Vorbereitung der Mitarbeitenden auf den digitalen Wandel als eine zentrale Zielsetzung des Personalwesens: „Also, die Mitarbeiter in den richtigen Rollen zu haben und sie mit der Entwicklung von den richtigen Fähigkeiten zu unterstützen. Also, es gibt drei Teile: Also Lernen, Recruiting und Talent Management, also Recruiting innerhalb des Unternehmens" (S. 18, Z. 507–509). PW4 sieht in Bezug auf das Recruiting die Herausforderung eines wachsenden Wettbewerbes mit Unternehmen aus anderen Branchen: „Also, jetzt müssen wir nach den sogenannten digitalen Talenten suchen, also zum Beispiel Data Scientists. Und wir müssen aktuell nicht nur gegen andere Finanzdienstleister kämpfen, sondern auch gegen Unternehmen wie Google, Amazon oder Apple. Also, alle Firmen brauchen diese Menschen und daher muss das Unternehmen noch attraktiver werden" (S. 18, Z. 517–521). Auf die Rückfrage, ob das Unternehmen aus Sicht von PW4 inzwischen attraktiver für externe Bewerber*innen erscheint, antwortet PW4: „Nein. Wir sind immer noch ein klassisches Finanzdienstleistungsunternehmen. Vielleicht ein bisschen, aber das Problem ist, was passiert, wenn junge Personen in unser Unternehmen eintreten. Was finden sie, wenn sie bei uns sind: Unsere alten Prozesse und langsame Veränderungen" (S. 18, Z. 524–527). Die sich langsam vollziehenden

Änderungen im Unternehmen führt PW4 vor allem auf die geringe Veränderungsbereitschaft der Beschäftigten und das geringe Maß an Fluktuation im Unternehmen zurück (S. 19, Z. 530–533).

(2) Strategien des Personalwesens zur Zielerreichung
Als Strategien zur Zielerreichung nennt PW1 die Einführung einer neuen Führungskultur durch das Personalwesen, in deren Rahmen vor allem ein „Empowerment" (S. 5, Z. 120) der Mitarbeitenden und eine geringe Leistungskontrolle forciert wird (S. 5, Z. 120–123). Darüber hinaus weist PW1 auf den zunehmenden Einsatz agiler Arbeitsmethoden (S. 5, Z. 125–130; S. 8, Z. 226–227) wie beispielsweise „Design Thinking oder auch Scrum" (S. 5, Z. 128–129) hin. Ferner sieht PW1 den Wandel der Unternehmenskultur als ein zentrales Anliegen des Personalwesens an, um ein Umfeld zu schaffen, dass stärker von „Vertrauen" (S. 5, Z. 123) geprägt ist: „Zum Dritten durch ganz viele kleine Punkte, die die Unternehmenskultur verändern, durch Role Models. Natürlich auch durch den Support der höchsten Managementebene. Auch wichtig, dass die dahintersteht. Dann durch eine Kommunikation, die auch erklärt, warum man was macht und wie man das macht" (S. 8 f., Z. 226–232).

PW2 erläutert, dass insbesondere durch den Einkauf zahlreicher digitaler Tools das Personalwesen viele Prozesse zunehmend digitalisiert, um beispielsweise die Erstellung von Arbeitsverträgen und Zeugnissen zu vereinfachen (S. 9, Z. 235–240). Ferner geht PW2 auf den Aspekt ein, dass der Prozess der Veränderung von Skills von Beschäftigten mit Hilfe digitaler Formate erfolgt: „Auch läuft momentan eine Umskillierung im Personalwesen und hier sind beispielsweise auch diese Umskillierungen sehr digital unterwegs. Also hier wird den Kollegen, die umskilliert werden, auch wirklich eine digitale Lernreise an die Hand gegeben, um ihren Prozess eben im Rahmen der Umskillierung digital zu durchlaufen" (S. 9, Z. 240–244).

PW3 geht auf ein breites Spektrum an kulturellen Maßnahmen des Personalwesens ein, um die genannten Ziele zu erreichen: „Ja, also Bildungsprogramme, Karrierewege, also Kulturprogramme in Anführungszeichen, also Führungskultur, Zusammenarbeitskultur. Also, da gibt es ja verschiedenste Möglichkeiten im Prinzip zu dem, was ich gerade vorher aufgezählt habe, da dann natürlich das mit aktiven Maßnahmen dann zu machen, dass wir ein attraktiver Arbeitgeber sind. Ich sage jetzt mal, eine gute Employer Brand aufzubauen, ein gutes Personalmarketing zu machen und so weiter" (S. 13, Z. 400–405). PW4 sieht in der strategischen Personalplanung eine wichtige Voraussetzung, um die Zielsetzungen des Personalwesens innerhalb des digitalen Wandels erreichen zu können (S. 18, Z. 511–514). Ferner erklärt PW4, dass das Personalwesen versucht, „überall digital zu unterstützen" (S. 20, Z. 559), um die aufgeführten Zielsetzungen erreichen zu können und den

Beschäftigten zukünftig ausreichend Raum für die Nutzung von Weiterbildungsangeboten zu geben: „Und es kommt nächstes Jahr diese eine Stunde pro Woche Lernzeit, dass die garantiert ist. Also allen Mitarbeitern wird eine Stunde pro Woche Lernzeit versprochen, die wirklich fürs Lernen zu haben und das ist ein wichtiger Schritt" (S. 20, Z. 559–562).

(3) Verantwortung des Personalwesens
Auf die Frage, welche Verantwortung das Personalwesen mit seiner Beeinflussung des digitalen Wandels aus Sicht der Expert*innen wahrnehmen sollte, antwortet PW1, das Personalwesen vor allem als einen „Gestalter" (S. 9, Z. 238) und Treiber des Transformationsprozesses anzusehen (S. 9, Z. 238–239). PW3 vertritt eine ähnliche Ansicht wie PW1 und erklärt diese Haltung wie folgt: „Da einfach ein Mitgestalter dieser Transformation zu sein, also jetzt nicht nur eine reine Supportfunktion für das Business, sondern da auch wirklich aktiv mitzugestalten. Weil ich glaube, das kann Personal auch gut, weil gerade auch viele von diesen Kulturthemen, das liegt einfach nochmal stärker dann auch in der Hand oder auch in der Expertise von Personal und das sollte das dann auch tun" (S. 10, Z. 410–414). PW2 und PW4 sehen vor allem die Verantwortung des Personalwesens darin, die Mitarbeitenden mit den benötigten Kompetenzen und Instrumenten zur Bewältigung des digitalen Wandels auszustatten bzw. durch Recruitungaktivitäten digital affine Bewerber*innen für das Unternehmen zu gewinnen. So erklärt PW4 hierzu: „Also, wir müssen die Mitarbeiter mit den Skills für die Zukunft für unser Unternehmen gewinnen durch Recruitingmaßnahmen und die Mitarbeiter, die wir schon haben, in die richtige Richtung weiterentwickeln. Und wir sind dafür verantwortlich den Mitarbeitern die richtigen Inhalte oder Trainings oder Tools zur Verfügung zu stellen" (S. 20, Z. 565–568). Auch PW2 betont im Rahmen ihrer Antwort, wie zentral sie die Rolle des Personalwesens innerhalb des digitalen Wandlungsprozesses ansieht: „Also, auf alle Fälle, also es liegt eine sehr hohe Verantwortung aus meiner Sicht beim Personalwesen. Wenn nicht sogar die Größte oder zumindest der Fokus, weil das Personalwesen ja eigentlich noch die Verantwortung für die Mitarbeiter trägt. Also insbesondere auch für die Skills, für das Recruiting und da muss aus meiner Sicht eigentlich die größte Verantwortung liegen. Um den digitalen Wandel-, also um hier die Mitarbeiter da mitzunehmen und auf die digitale Reise zu schicken" (S. 9, Z. 249–254).

(4) Neue Möglichkeiten der Personalarbeit

Die befragten Mitarbeitenden des Personalwesens äußern übereinstimmend, dass sich aufgrund des digitalen Wandlungsprozesses neue Möglichkeiten der Personalarbeit eröffnen. So erklärt beispielsweise PW1, dass er vor allem im „Weiterbildungsbereich" (S. 9, Z. 244) noch viele Potenziale sieht, „um diesen Wandel erfolgreich zu begleiten und den Mitarbeitern auch eine Perspektive zu geben" (S. 9, Z. 245–246). Darüber hinaus weist PW1 auf Automatisierungspotenziale für Themen wie z. B. „die klassische Gehaltsabrechnung" (S. 9, Z. 247) hin bzw. sieht er die Möglichkeit, dass derartige Tätigkeiten „an die Mitarbeiter selber ausgelagert werden" (S. 9, Z. 248–249) können. Nicht zuletzt erklärt PW1, dass das Personalwesen agile Methoden erprobt, um seine Arbeitsweise an den digitalen Wandel anzupassen: „Es gibt zum Beispiel ganze Bereiche, die agile Methoden probieren, also die organisieren sich dann anders, nicht mehr nur über normale Führungskräfte, sondern auch über Product Owner und Themen Owner und solche Geschichten. Es gibt auch Projekte, die einen Scrum Master dabeihaben, die nach Scrum zum Beispiel arbeiten" (S. 12, Z. 329–333).

PW2 erklärt, dass aus ihrer Sicht die Personalarbeit durch den digitalen Wandel „vereinfacht" (S. 9, Z. 258) wird, da beispielsweise Lernangebote und Personaltools von den Beschäftigten selbst bedient werden können und somit weniger Aufwand für das Personalwesen anfällt. Des Weiteren erkennt PW2 ebenso wie PW1 neue Perspektiven in Bezug auf Weiterbildungsangebote für die Mitarbeitenden (S. 9, Z. 257–263). Die neuen Perspektiven führen PW1 und PW2 vor allem auf die stärkere Individualisierung und Flexibilisierung der Weiterbildungsangebote im Rahmen der voranschreitenden Digitalisierung zurück. So erklärt PW2 hierzu: „Indem es andere Möglichkeiten gibt, also wirklich diese digitalen Möglichkeiten. Also bisher, glaube ich, hat sich ein Mitarbeiter eher weniger um seine Learnings oder um seine Weiterbildung Gedanken gemacht. Also ich vermute, dass die meisten Mitarbeiter sagen, wenn sie an Weiterbildung denken, denken sie an eine Präsenzschulung. Und dem ist aus meiner Sicht nicht so und somit sehe ich das als die neuen Möglichkeiten, die man jetzt hat. Also das Thema neue Wege zu lernen, neue digitale Tools: ‚Wie lerne ich denn? Wann lerne ich?' Also diese ganzen Möglichkeiten sind, glaube ich, wirklich neue Perspektiven, die zumindest momentan noch nicht bei den Mitarbeitern verankert sind" (S. 10, Z. 268–276).

PW3 sieht in einer zunehmenden Automatisierung vor allem die Möglichkeit eingesparte Kapazitäten für andere Tätigkeiten des Personalwesens nutzen zu können, die dem Unternehmen einen größeren Nutzen innerhalb des Transformationsprozesses generieren: „Ja, es bieten sich natürlich auch neue Möglichkeiten, weil wenn ich sage, zum Beispiel, ich digitalisiere jetzt irgendwelche Standardprozesse in

Personal, dann gibt es natürlich auch Möglichkeiten, da zu sagen, dass man Ressourcen reallokiert und für neue Felder stärker priorisiert, also zum Beispiel Beratung des Business" (S. 14, Z. 418–421). Darüber hinaus sieht PW3 in der Sammlung von Daten eine Chance, die Personalarbeit im Unternehmen durch eine fundierte Datenbasis weiterzuentwickeln: „Oder wenn ich sage, ich kann da eben mehr datengetriebene Personalarbeit machen, die mich einfach auch in die Lage versetzt, einfach noch mal bessere oder auch zahlenbasierte Personalentscheidungen zu treffen. Also, das sind dann schon auch neue Möglichkeiten, die eine Digitalisierung fürs Unternehmen oder auch für die Personalfunktion bieten kann" (S. 14, Z. 421–425). Nicht zuletzt geht PW3 auf den Aspekt ein, dass vor allem das mobil-flexible Arbeiten im Unternehmen durch den digitalen Wandel sowie die COVID-19-Pandemie für alle Mitarbeitenden ermöglicht wurde (S. 18, Z. 574–577).

PW4 erkennt ebenfalls neue Möglichkeiten der Personalarbeit. Neben Chancen für die Weiterbildungsangebote des Unternehmens sieht PW4 jedoch zusätzlich die Möglichkeit, das „Recruiting" (S. 20, Z. 574) zu verbessern und bezeichnet diese beiden Themenfelder gleichzeitig als „so wichtig wie noch nie" (S. 20, Z. 574). Durch eine Ausschöpfung der Potenziale sieht PW4 gleichzeitig die Möglichkeit, die Rolle des Personalwesens sowie der Mitarbeitenden innerhalb des Transformationsprozesses zu stärken: „Und daher haben wir auch neue Möglichkeiten, den Stellenwert des Personalwesens und seiner Mitarbeiter zu erhöhen. Also ich sehe das als eine Riesenchance, die Rolle des Personalwesens komplett zu verändern und sich zu einem großen Unterstützer der Mitarbeiter zu entwickeln" (S. 20, Z. 574–577). Ferner erklärt PW4, dass die Personalentwicklungsprogramme aufgrund des digitalen Wandels zunehmend digitale Anteile vorweisen und stetig weniger Präsenzanteile. Diese Entwicklung hat sich laut PW4 aufgrund der Pandemie deutlich schneller vollzogen (S. 10, Z. 256–260). In Bezug auf die Testung des mobil-flexiblen Arbeitens sieht PW4 aufgrund der COVID-19-Pandemie alle Möglichkeiten als ausgeschöpft an (S. 25, Z. 732–739).

(5) Größte Herausforderungen für das Personalwesen
PW1 und PW2 sehen die Begeisterung der Beschäftigten für den Transformationsprozess als größte Herausforderung für das Personalwesen im Rahmen des digitalen Wandels an. So erklärt PW1 hierzu: „Ja, die Mitarbeiter mitzunehmen und zu begeistern und auf diesem Weg wirklich zu begleiten, weil diese Transformation macht Ängste und Ängste blockieren. Und deswegen muss man es schaffen, Perspektiven aufzuzeigen und die Leute dann mitzunehmen und vor allem dafür zu begeistern, dass sie auch das gleiche Ziel erreichen wollen. Und auch dieser kulturelle Wandel ist etwas, was nicht von heute auf morgen passiert und was eine große Herausforderung ist" (S. 9, Z. 252–257). PW2 sieht darüber hinaus in der Realisierung technischer

Voraussetzung eine wesentliche Anforderung: „Auf alle Fälle die Umsetzung. Also die Umsetzung zum einen in Richtung Technik, aber eben auch die Umsetzung in Richtung, die Mitarbeiter zu ermutigen, die Mitarbeiter zum Umdenken anzuregen und die Mitarbeiter mitzunehmen auf die Reise" (S. 10, Z. 285–287).

PW3 sieht in der Aufgabe, dass sich das Personalwesen selbst digitalisieren und gleichzeitig diesen Prozess für andere Unternehmensbereiche begleiten muss, die größte Herausforderung: „Ja, auf der einen Seite natürlich wirklich diesen Spagat hinzukriegen, selber sich zu digitalisieren und zu wandeln als Abteilung und gleichzeitig aber auch das Unternehmen bei der Veränderung dann zu unterstützen. Weil in der Vergangenheit war es häufig so, dass Personal quasi selbst von der Veränderung zum Beispiel nicht betroffen war, aber irgendwelche Abteilungen oder Bereiche in ihrer Veränderung unterstützt hat. Und jetzt ist es gerade so, dass es einfach beides parallel läuft und das ist schon echt eine Herausforderung" (S. 14, Z. 428–434).

PW4 sieht vor allem die personellen Kapazitäten des Personalwesens als kritisch an, um den Anforderungen, die aus dem digitalen Wandel resultieren, gerecht werden zu können: „Im Moment, dass wir nicht genug Mitarbeiter im Personalwesen haben, um schnell genug zu sein. Ich persönlich arbeite eng mit dem Team der strategischen Personalplanung zusammen. Und wir müssen immer sehr schnell auf die Ereignisse reagieren, aber wenn wir nur sehr wenige Personen sind, wie sollen wir das bitte hinkriegen? Und wir kriegen keine Unterstützung mehr im Team wegen Corona oder aus finanziellen Gründen. Also, das ist eine Bedrohung für uns, dass wir nicht genug Ressourcen haben. Also Ressourcen heißt Geld und Mitarbeiter. Also, es kommt immer mehr Arbeit auf uns zu, ohne dass etwas anderes pausiert oder gestoppt wird. Wir machen nur mehr, mehr, mehr" (S. 21, Z. 597–604). Auf die Rückfrage, ob es laut PW4 Tätigkeiten geben würde, die aus ihrer Sicht nicht zwingend ausgeführt werden müssten, antwortet diese: „Also, was wir ignorieren könnten, sind einige spontane Ideen von der Unternehmensleitung, weil manchmal kein Verständnis dafür herrscht wie hoch der Arbeitsaufwand ist, der dahintersteckt und wie zeitaufwendig alles ist. Und wenn eine neue Idee entsteht, wird angenommen, dass wir das einfach und schnell umsetzen können. Also, viele neue Initiativen beinhalten gute Ideen, aber wenn wir etwas neu anfangen, müssen wir entweder mehr personelle Ressourcen erhalten oder ein anderes Projekt stoppen, aber das dürfen wir nicht" (S. 21, Z. 607–613). Darüber hinaus kritisiert PW4 den starken Fokus innerhalb des Unternehmens auf das Layout von Präsentationen: „Und ein Problem ist auch, dass wir immer Folien zu allen Ideen machen müssen und dann verschwenden wir unglaublich viel Zeit, um diese Folien hübsch zu machen. Das ist auch eine Verschwendung von Zeit" (S. 22, Z. 629–631).

(6) Erwartete Veränderungen der Arbeitsbedingungen

Auf die Fragestellung, welche Auswirkungen die Mitarbeitenden des Personalwesens auf die Arbeitsbedingungen aufgrund des digitalen Wandlungsprozesses erwarten, äußern die Befragten insbesondere von einem wachsenden Automatisierungsgrad, einem höheren Maß des mobil-flexiblen Arbeitens sowie von einer steigenden Eigenverantwortung der Mitarbeitenden auszugehen.

So erklärt beispielsweise PW1, dass sich ein hoher Grad an Automatisierung innerhalb des Unternehmens vollziehen wird und die freiwerdenden Ressourcen für andere Tätigkeiten genutzt werden können: „Ich erwarte, dass so konzeptionelle Dinge mehr Raum bekommen und administrative Tätigkeiten zurückgehen. Sprich, alles was automatisiert werden kann, wird über kurz oder lang automatisiert werden. Und die höherwertigen Tätigkeiten, die eben nicht automatisiert werden können, auch die menschliche Komponente da drin, solche Tätigkeiten werden, glaube ich, an Raum gewinnen" (S. 11, Z. 295–299). PW2 äußert die Erwartungshaltung, dass die Eigenverantwortung der Mitarbeitenden aufgrund des digitalen Wandels in deutlichem Maße ansteigen wird: „Ja, viel in Richtung selbstgesteuert. Man kriegt eigentlich nur noch, also, vermutlich das Ziel vorgegeben und man hat dann selber die Möglichkeit, sich den Weg dahin selber auszugestalten" (S. 12, Z. 347–349). Des Weiteren geht PW2 davon aus, dass die Hierarchien im Unternehmen abgebaut werden und die Mitarbeitenden in Teams mit deutlich größerem Freiraum agieren werden, sodass eine geringere Arbeitskontrolle erfolgt (S. 12, Z. 350–354). PW3 und PW4 gehen davon aus, dass das mobil-flexible Arbeiten aufgrund der COVID-19-Pandemie deutlich zunehmen wird (PW3, S. 16, Z. 498–503; PW4, S. 24, Z. 686–691). PW4 führt hierzu aus: „Meiner Meinung nach ist dieses Jahr mit Corona eine Vorschau auf die Zukunft. Also, vermutlich oder hoffentlich behalten wir diese Flexibilität und diese Vertrauenskultur und dass Präsenz im Büro nicht mehr so überbewertet wird in Zukunft. Ich denke, dass die Führungskräfte und Mitarbeiter durch diese Zeit auch deutlich offener für diese neuen Arbeitsmethoden geworden sind. Und ich vermute, dass die Zukunft mehr den Arbeitsbedingungen aus dem Jahr 2020 entsprechen wird, als denen aus 2019" (S. 24, Z. 686–691). PW3 erklärt, dass die COVID-19-Pandemie sowie der Wunsch der Beschäftigten nach einer größeren Flexibilisierung als Treiber dieser Entwicklung wirken: „Das haben wir ja auch schon die letzten Jahre bemerkt, dass einfach da der Drang der Mitarbeiter, mehr mobil zu arbeiten, einfach höher geworden ist und ich denke, das wird sich in Zukunft fortsetzen" (S. 16, Z. 501–503). Ferner erklärt PW3, dass sich das agile Arbeiten im Unternehmen vor der COVID-19-Pandemie „sehr stark als ein Präsenzarbeiten gezeigt hat" (S. 16, Z. 505–506) und er daher gespannt sei, wie sich dieses Thema zukünftig entwickle (S. 17, Z. 507–510).

PW4 erklärt, die Tendenz zu bemerken, dass die Arbeitsbelastung für die Mitarbeitenden stetig zunehme, da dies der Erwartungshaltung der Unternehmensleitung entsprechen würde. Diese Entwicklung habe PW4 bereits vor der COVID-19-Pandemie wahrgenommen (S. 24, Z. 695–696) und befürchte daher, dass aufgrund des Arbeitens im Homeoffice diese Belastung weiterhin „noch schlimmer" (S. 24, Z. 697) werde. Ihre Aussage begründet PW4 mit folgendem Beispiel: „Man hört auch immer in Artikeln von irgendwelchen CEOs: ‚Die Mitarbeiter haben jetzt mehr Freizeit aufgrund von Homeoffice.' Also, meine Zeit in der U-Bahn war nie die Zeit der Firma, das war immer meine Zeit. Und jetzt verliere ich diese Zeit und sie wird zu zusätzlicher Arbeitszeit" (S. 24, Z. 700–703). Darüber hinaus bemängelt PW4, dass sich ein Ausfall der Mittagspause inzwischen für sie zur Normalität entwickelt hat: „Ja, also normalerweise habe ich mein Mittagessen vor dem PC und manchmal auch, wenn ich am Telefon bin. Und dann muss ich mich stumm halten, so dass ich irgendwann am Tag essen kann" (S. 25, Z. 706–708).

(7) Erwartete Beschäftigungseffekte
Auf die Frage, welche Beschäftigungseffekte die Mitarbeitenden des Personalwesens im Kontext des digitalen Wandlungsprozesses erwarten, erklärt PW1, dass ihm unterschiedliche Prognosen in Bezug auf Arbeitsplatzverluste begegnet sind: „Ist ja schwierig vorauszusagen, weil das eigentlich keiner so genau weiß. Also, da gibt es auch unterschiedliche Studien, zwischen zwei Prozent und 70 Prozent. Dann hatte ich mal die Aussage von einer ehemaligen Führungskraft gehört, die innerhalb der Finanzdienstleistungsbranche für die digitale Transformation eines Unternehmens zuständig gewesen ist. Der meinte, es wird wohl 20 Prozent, hält er für realistisch. Aber, dass kann Ihnen heute niemand verlässlich sagen" (S. 10, Z. 266–271).

PW2 äußert, zwar mittelfristig keine Einflüsse auf die Anzahl an Arbeitsplätzen zu erwarten, langfristig jedoch von Arbeitsplatzverlusten auszugehen: „Also, auf ganz lange Sicht, also wirklich ganz langfristig gesehen, könnte ich mir vorstellen, dass es Arbeitsplatzverluste gibt. Aber ich würde sagen, mittelfristig weder noch, sondern man hat einfach andere Rollen, die man annehmen muss, oder soll. ‚Muss' ist vielleicht jetzt falsch gesagt" (S. 11, Z. 317–320). Damit mittelfristig kein Abbau von Arbeitsplätzen erfolgt, sieht es PW2 jedoch als Voraussetzung an, dass die Mitarbeitenden neuen Aufgaben und Rollen offen gegenüberstehen: „Aber nochmal, auch was ich vorher mal gesagt habe, also die Mitarbeiter, die den Veränderungen positiv gegenüberstehen sollen, die müssen eben auch sich in andere Rollen reinversetzen. Also für diese Veränderungen auch offen sein. Also, es werden im Rahmen des digitalen Wandels manche Aufgaben obsolet. Und dass man dann möglicherweise den Mitarbeitern natürlich dann-, dann hätte man hier einen

Arbeitsplatzverslust. Aber, aus meiner Sicht müssten die Mitarbeiter hier dahingehend offen sein und die Veränderung annehmen und eine neue Rolle, auch eben eine neue Aufgabe annehmen" (S. 11, Z. 317–327).

Während PW1 und PW2 erklären, dass sie (langfristig) von Arbeitsplatzverlusten ausgehen, trifft PW3 keine Tendenz innerhalb seiner Aussage. So antwortet PW3 auf die Frage welche Beschäftigungseffekte er aufgrund des digitalen Wandels erwartet: „Also, ich sage mal, die offizielle Aussage im Unternehmen ist ja immer die, zu sagen: ‚Wenn wir in der Digitalisierung gut vorankommen, dann wächst unser Geschäft und dann brauchen wir faktisch auch unterm Strich trotzdem mehr Leute, zwar an anderen Stellen, als wir sie vielleicht heute haben, aber dass sich das gar nicht so großartig jetzt auf die Beschäftigtenzahl dann auswirkt.' Was davon jetzt nur Geschichte ist und was davon Wahrheit ist, kann ich natürlich auch nicht beantworten. Also, ich meine, noch sagt man zum Beispiel: ‚Die Kundenbetreuung muss auch persönlich möglich sein.' Und noch haben wir viele Kunden, die auch wirklich den persönlichen Weg der Interaktion suchen. Wie sich das Kundenverhalten in der Zukunft entwickelt, ich weiß nicht, da müsste man eher die Prognosen bei Marktmanagern aus der Branche einholen und natürlich auch schauen: ‚Okay, wächst unser Geschäft?'" (S. 14 f., Z. 439–449). PW4 äußert, davon auszugehen, dass sich aufgrund des digitalen Wandels „keine Änderungen in Bezug auf die Anzahl an Arbeitsplätzen" (S. 22, Z. 644–645) ergeben werden. Diese Einschätzung erklärt PW4 mit der Wahrnehmung, dass zwar einerseits neue Funktionen aufgrund des digitalen Wandels entstehen, jedoch in anderen Unternehmensbereichen mit Automatisierungspotenzialen Stellen wegfallen bzw. nicht nachbesetzt werden (S. 22, Z. 645–648).

(8) Fachkräftesituation
Auf die Frage, ob der digitale Wandel die Fachkräftesituation aus Sicht der Mitarbeitenden des Personalwesens beeinflusst, antwortet PW1: „Auf jeden Fall, weil andere Skills vonnöten sind und diese Skills sehr begehrt sind. Es ist heutzutage nicht mehr so, dass es branchenabhängig ist, weil diese Skills, die in der digitalen Welt wichtig sind, auch IT-Skills oder Skills im naturwissenschaftlichen Bereich sind eben welche, die nicht auf eine Branche festgelegt sind, sondern auf den gesamten Arbeitsmarkt und damit konkurrieren wir plötzlich auch mit ganz anderen Unternehmen. Also nicht nur mit anderen Finanzdienstleistungsunternehmen, sondern auch mit den Googles, Apples, Amazons der Welt. Und wenn wir auf dem Finanzdienstleistungsmarkt noch sehr gut mithalten können, um neue Talente zu kriegen, dann schaut es auf dem Gesamtmarkt vielleicht schon ganz anders aus, weil viele da auch gar nicht wissen, dass wir da überhaupt Talente suchen" (S. 10, Z. 278–287).

PW3 vertritt eine ähnliche Haltung wie PW1 und nimmt deutliche Einflüsse des digitalen Wandels, aber auch des demografischen Wandels auf die Fachkräftesituation wahr (S. 15, Z. 457–459). Gleichzeitig weist PW3 darauf hin, dass „natürlich alle Branchen gerade in die Digitalisierung gehen und da Leute suchen" (S. 15, Z. 459–460), wodurch sich der Wettbewerb um die Fachkräfte erhöht (S. 15, Z. 459–460). Vor allem sieht PW3 Unternehmen aus anderen Branchen als große Konkurrent*innen an, da diese aus seiner Sicht auf Bewerber*innen deutlich attraktiver wirken: „Auch da ist natürlich dann die Frage, wenn ein Amazon oder ein Google dann lockt oder so was, ja? Oder Microsoft, dann ist vielleicht die Frage, ja, auch für einen guten ITler, selbst wenn das Gehalt stimmt, zu sagen: ‚Ja, warum? Weil ganz ehrlich, bei den anderen stimmt es dann ja auch oder es stimmt vielleicht sogar noch mehr.' Also, da ist ja dann schon immer die Frage: ‚Warum soll sich dann einer gerade für einen Finanzdienstleister entscheiden, der jetzt erst mal, ja, auf dem Papier nach Außen gar nicht so super agil, digital, wie auch immer, sexy wirkt'" (S. 15, Z. 467–473).

PW2 erklärt, dass aus ihrer Sicht aufgrund der Digitalisierung und den einhergehenden Automatisierungspotenzialen in einigen Unternehmensbereichen weniger Fachkräfte in Zukunft erforderlich sind, wohingegen für spezielle fachliche Themen mehr Fachkräfte benötigt werden (S. 12, Z. 340–342). PW4 vertritt die Ansicht, dass zukünftig dieselbe Anzahl an Fachkräften gebraucht wird wie aktuell, sich jedoch die Art der erforderlichen Kompetenzen verändern wird: „Also wir brauchen in Zukunft immer noch Mitarbeiter für die Sachbearbeitung, aber die müssen in Zukunft zum Beispiel besser in digitaler Kommunikation sein. Also die gleiche Anzahl an Mitarbeitern, aber die Fähigkeiten sind in Zukunft ein bisschen anders. Und diese Mitarbeiter, die jetzt alles mit Papier und in Form von persönlichen Gesprächen machen, in 15 Jahren gibt es diese spezifische Rolle nicht mehr" (S. 23, Z. 655–659).

(9) Widersprüchliche Anforderungen und Erwartungen
Mit Ausnahme von PW2 (S. 12, Z. 356–357) berichten die Mitarbeitenden des Personalwesens, dass sie sich selber mit widersprüchlichen Anforderungen und Erwartungen im digitalen Wandlungsprozess konfrontiert sehen. So erklärt PW1, dass sich allein schon aus dem hohen Sicherheitsbedürfnis der Mitarbeitenden innerhalb des digitalen Wandels ein Zielkonflikt ergibt: „Also, zum Beispiel dieses Bedürfnis an Sicherheit, das es bei vielen Mitarbeitern gibt, steht natürlich im Widerspruch zu dem Wandel an sich. Weil Wandel immer was Neues hervorruft und auch Strukturen aufbricht. Und das per se erst mal Unsicherheit verursacht" (S. 11, Z. 306–309). Darüber hinaus sieht sich PW1 mit widersprüchlichen Anforderungen von Seiten der Unternehmensleitung im digitalen Wandlungsprozess konfrontiert:

9.2 Digitalisierung

„Die Erwartung von der Geschäftsleitung ist, dass es möglichst schnell passiert und dann die Realität, dass die Strukturen aber nicht dazu passen. Also, dass man neue Arbeitsmethoden und neue Arbeitsweisen einführen will. Diese aber nicht zu den aktuell herrschenden Strukturen und auch gar nicht zur Kultur passen" (S. 11, Z. 312–315). Aus diesem Grunde sieht es PW1 als sinnvoll an, zuerst die Unternehmenskultur sowie vorherrschende Strukturen anzupassen (S. 11, Z. 318–321).

PW3 erklärt, Zielkonflikte aufgrund der zunehmenden Digitalisierung, dem Aspekt der Kundenorientierung und den gleichzeitig vorherrschenden Forderungen der Unternehmensleitung nach Produktivität zu erkennen (S. 17, Z. 523–526). So erläutert PW3 hierzu: „Ich denke, die gibt es auch beim Thema Digitalisierung, weil natürlich Digitalisierung eben, wenn man sagt: ‚Na ja, was ist denn Kundenorientierung?' Ist es denn eigentlich wirklich so super kundenorientiert, wenn ich sage, der Kunde kann alles selbst machen, also ein Self-Service. Manche Kunden finden das natürlich als schöne Kundenorientierung und andere finden das total doof, weil die sagen: ‚Ja, warum muss ich denn das jetzt selber machen? Dafür gibt es doch die Firma?' Und andere sagen sich: ‚Um Gottes Willen, ich will bloß mit keinem von den Typen reden, ich hocke lieber mit meinem Smartphone da und tippe das da alles selber ein.' Und da gibt es ja momentan noch beide Wege. Und jetzt ist halt die Frage, wie sich das da auch in Zukunft entwickelt" (S. 17, Z. 526–535). Ferner geht PW3 auf den Gesichtspunkt ein, dass er große Differenzen in Bezug auf den externen und den internen Digitalisierungsgrad im Unternehmen sieht, worunter nach seiner Ansicht vor allem die Mitarbeitenden leiden: „Also, dass man sagt: ‚Hey, auf der einen Seite sollen sie sich vorbereiten für eine digitalere Zukunft', aber die Realität ist eben noch nicht so digital. Und das macht es natürlich schwieriger. Oder sie erleben, dass wir für die Kunden alles Mögliche draußen tun, um denen möglichst ein tolles Kundenerlebnis zu schaffen. Und wenn sie dann in die eigene Arbeitsrealität reingucken, dann erleben sie, dass es nicht irgendwie eine einzige Anwendung gibt, wo sie alles machen können und die voll durchdigitalisiert ist und wo alles flutscht und alles fancy und schön und kundenorientiert und einfach ist. Oder sie erleben vielleicht auch mal die Kehrseite von Standardisierung, weil Digitalisierung heißt natürlich, zumindest heute noch in vielen Fällen, das ist eine Standardisierung und das ist eher eine Einschränkung des Angebots. Das heißt, wenn jemand eher das Individuelle liebt, dann hat der natürlich in so einer Digitalisierungswelt, zumindest heute noch, häufig eher ein Problem" (S. 18, Z. 535–546). Nicht zuletzt sieht PW3 Zielkonflikte, die sich für die Führungskräfte ergeben, wenn es beispielsweise um Personalthemen geht: „Und so ist es bei Personalsachen natürlich auch. Also, das heißt, wir erleben schon noch viel von irgendwelchen Einzellösungen und so weiter. Und je digitaler wir da werden, desto mehr geben wir zum Beispiel Self-Services auch an Führungskräfte oder so was, die das heute gewohnt sind: ‚Ja, das macht für Sie ein Personalberater.' Und das ist natürlich schon auch Kulturwandel, der sich da irgendwie einstellt, weil man da auch um Ressourcen letztlich auch kämpft. Weil der sagt: ‚Na ja, das soll ich jetzt auch noch machen?' und, ‚Was soll ich denn noch alles machen?', und, ‚Bisher habt ihr das eben für mich gemacht, also macht das doch bitte weiterhin für mich oder entlastet mich von anderen Tätigkeiten'" (S. 18, Z. 546–554).

PW4 sieht sich dem Zielkonflikt gegenüberstehen, dass sie trotz steigender Anforderungen an die Weiterbildungsangebote, immer weniger finanzielle Mittel von Seiten der Unternehmensleitung zur Verfügung gestellt bekommt. So erklärt PW4 hierzu: „Also wir dürfen immer weniger Geld ausgeben und gleichzeitig mehr Arbeit machen. Also es gibt jedes Jahr weniger Budget für das Lernen, obwohl Weiterbildung unglaublich wichtig für die Zukunft des Unternehmens ist. Also Weiterbildung ist die erste Stelle, wo geschaut wird, wie man Geld einsparen kann" (S. 12, Z. 325–328). Auf die Rückfrage, wie PW4 diesem Zielkonflikt begegnet, erklärt sie, Präsenzformate mit Referenten zunehmend zu reduzieren und stattdessen digitale Weiterbildungsmöglichkeiten auszubauen (S. 22, Z. 329–332).

Ferner bemängelt PW4, dass sie keine zeitlichen Ressourcen zur Verfügung hat, um die von der Unternehmensleitung gewünschten Prozessverbesserungen vornehmen zu können: „Und wir sollen immer effizienter sein und unsere Prozesse verbessern. Aber wenn ich meine ganze Zeit dafür einsetzen muss, Prozesse einzuhalten, wann soll ich mir dann die Zeit nehmen, um Prozesse zu verbessern? Wann mache ich das? Es gibt einfach nicht genug Zeit während des Tages, alles zu schaffen" (S. 25, Z. 714–718). Nicht zuletzt sieht PW4 Verbesserungspotenzial in Bezug auf die Unternehmenskultur, innerhalb derer eine Darstellung der einzelnen Arbeitsschritte mittels Präsentationen gleichgesetzt wird mit guter Leistung: „Und ich habe auch das Gefühl, wenn ich keine Folie über meine Arbeit mache, glauben manche Führungskräfte, also nicht meine direkte Führungskraft, aber die glauben, dass ich nichts mache, weil ich keine Folien zeigen kann. Aber will jemand, dass ich Folien mache oder, dass ich meine Arbeit mache? Das sind zwei verschiedene Themen" (S. 22, Z. 634–637). Diese Anforderung führt laut PW4 zu Zielkonflikten in Bezug auf die Produktivität und zeitliche Ressourcen: „Und wir kommen dann zurück zum Thema: Produktivität oder Präsenz? Und wenn ich Folien zeigen kann, das ist eine Art von Präsenz" (S. 22, Z. 640–641).

9.2.7 Rolle des Betriebsrats im digitalen Wandel

Die Ergebnisse aus der Befragung der Betriebsratsmitglieder verdeutlichen, dass der Betriebsrat die Herausforderung bewältigen muss, den Transformationsprozess zu begleiten und zu fördern, um die Zukunftsfähigkeit des Unternehmens und somit den Erhalt von Arbeitsplätzen sicherzustellen. Gleichzeitig müssen die Betriebsratsmitglieder jedoch der Erwartungshaltung der Beschäftigten gerecht werden, dass der digitale Wandlungsprozess nicht in einer Überforderung der Mitarbeitenden bzw. einer Reduzierung von zahlreichen Stellen resultiert, wodurch sich ein Spannungsfeld ergibt. Neben den gestellten Erwartungen und Anforderungen von den Mitarbeitenden, den Führungskräften und des Personalwesens sind die Expert*innen mit spezifischen Fragen in Bezug auf die Einflüsse der Digitalisierung auf die Betriebsratstätigkeit konfrontiert worden. Beispiele hierfür sind die Fragestellungen zu den Einflüssen des digitalen Wandels auf die Betriebsratsarbeit oder die Verantwortung des Betriebsrates mit seiner Beeinflussung des digitalen Wandels. Die Ergebnisse dieser spezifischen Fragenstellungen werden in Abschnitt 9.2.7.3 ausführlich dargestellt.

9.2.7.1 Erwartungen und Anforderungen an den Betriebsrat im digitalen Wandel

Die befragten Betriebsratsmitglieder weisen auf differenzierte Erwartungshaltungen der unterschiedlichen Anspruchsgruppen im Unternehmen hin. Von den Mitarbeitenden werden die Betriebsratsmitglieder insbesondere mit Ängsten vor einem Stellenabbau bzw. einer Veränderung des Jobprofils sowie einer zunehmenden Entgrenzung von Privatleben und beruflicher Tätigkeit konfrontiert. Von den Führungskräften wird hingegen die Anforderung gestellt, dass der Betriebsrat dem digitalen Wandlungsprozess offen gegenübersteht und diesen als Unterstützer im Unternehmen fördert. Das Personalwesen forciert vor allem einen Austausch mit dem Betriebsrat bezüglich des entstehenden Weiterbildungsbedarfes im Rahmen des Transformationsprozesses.

(1) Erwartungen und Anforderungen der Mitarbeitenden an den Betriebsrat
Auf die Frage, welche Anforderungen von den Mitarbeitenden an den Betriebsrat gestellt werden, erklärt BR1, vor allem mit aufkommenden Ängsten von den Mitarbeitenden im Rahmen der Digitalisierung konfrontiert zu werden: „Es ist im Grunde, dass die Mitarbeiter natürlich zum einen, die sehen das nicht alle als Chance. Viele haben auch einfach Angst davor, vor Veränderung grundsätzlich und vor Digitalisierung. Und haben starke Angst, dass sie überfordert sind oder dass sie eben noch mehr zu tun haben" (S. 9, Z. 214–218). BR1 weist allerdings darauf hin, dass nicht

nur der Betriebsrat als Gesprächspartner für derartige Themen dient: „Wobei es dafür auch einen extra-, also extra Anlaufstellen bei uns gibt für psychische Gefährdung und so weiter. Aber zum Teil kommen die auch zu uns. Und klar hören wir oder höre ich zu, aber sage dann eben auch, dass es die Anlaufstelle gibt, die darauf wirklich spezialisiert sind" (S. 10, Z. 256–260). Auf die Rückfrage, ob es sich bei den Ängsten, denen BR1 begegnet, auch um Sorgen in Bezug auf einen Stellenabbau handelt, antwortet BR1, dass sich die Ängste stärker um eine Veränderung des eigenen Jobprofils handeln: „Ja, auf jeden Fall, wobei Angst um die Stelle, das ist immer-, ja, gibt es auch natürlich. Die meisten wissen, dass es jetzt nicht ganz so einfach ist, einfach an die Luft gesetzt zu werden. Das ist vielleicht auch gar nicht die größte Angst. Die gibt es auch, ja, aber oft ist es einfach auch eine Angst, dass sich die Stelle selbst so stark verändert oder die Anforderungen sich so stark verändern, dass man eben selbst gar nicht mehr dem gerecht werden kann. Also dass die eigenen Fähigkeiten nicht mehr zur Stelle passen und damit dann natürlich langfristig auch Jobverlust, ja" (S. 10, Z. 264–271).

Darüber hinaus weist BR1 auf die Erwartungshaltung der Mitarbeitenden hin, dass weiterhin eine klare Trennung zwischen beruflicher Tätigkeit und Privatleben erfolgt und verdeutlicht diese Anforderung anhand des Themas Weiterbildung: „Und Forderungen, jetzt mal ganz konkret, sind, zu schauen, dass eben Lernen weiterhin in der Arbeitszeit stattfinden kann und auch, dass Zeit vorgesehen wird. Zum Teil, dass die Ausstattung vorhanden sein muss. Wenn das zum Beispiel Mitarbeiter sind, die mit vielen Kollegen im Raum sitzen, die stellen dann schon die Fragen: ‚Wie soll ich denn jetzt hier gerade mal mein E-Learning machen in Ruhe?' Das funktioniert halt nicht, wenn um mich herum 20 Leute telefonieren. Also wirklich, genau solche Fragen. Und einige hängen natürlich sehr stark an den Präsenzveranstaltungen und möchten eben nicht nur digital lernen" (S. 8, Z. 218–226). So schätzen die Mitarbeitenden laut BR1 vor allem die Interaktion mit einem Referenten sowie den sozialen Austausch untereinander im Rahmen der Präsenzveranstaltungen (S. 9, Z. 227–230). Aus diesem Grunde sieht sich der Betriebsrat laut BR1 als „Korrektiv" (S. 9, Z. 233) und prüft stets, welche Weiterbildungsangebote in digitaler und welche in Präsenzform sinnvoller sind (S. 9, Z. 233–234). Zur Beantwortung dieser Frage werden laut BR1 folgende Aspekte von den Betriebsratsmitgliedern diskutiert: „Das geht tatsächlich in erster Linie vom Thema aus. Also, es ist immer die Frage: Welches Thema habe ich und welche Zielgruppe? Wie groß ist auch die Zielgruppe? Was will ich eigentlich erreichen in der Vermittlung? Und dann muss eben entschieden werden. Also ich bin überzeugt, nicht jedes Thema kann oder sollte digital vermittelt werden" (S. 9 f., Z. 233–239).

BR2 sieht sich vor allem mit Anforderungen der Mitarbeitenden konfrontiert, die in Verbindung mit der Implementierung neuer digitaler Tools im Unternehmen stehen: „Also, was den Kollegen da im Kopf vorgeht, mit dem sie an uns herantreten, das sind natürlich Tools, die funktionieren sollen. Das geht schon mal ganz banal damit los, mit einer Stabilität der Anwendung. Also häufige Abbrüche oder schwarzer Bildschirm oder Datenverlust und so Geschichten, haben wir alles zur Genüge erlebt. Katastrophe, doppelte Arbeitszeit, die damit dann für die Betroffenen einhergeht. Und das heißt, da geht es um das Thema Qualität. Also nur Tools zuzulassen, auszurollen, die stabil sind in der Anwendung, die auch in der Ergonomie, sage ich jetzt mal, die Voraussetzungen erfüllen, dass man damit vernünftig arbeiten kann" (S. 8, Z. 232–239). Diese Anforderungen der Mitarbeitenden sieht BR2 zum aktuellen Zeitpunkt im Unternehmen als nicht erfüllt an: „Also, wir haben teilweise heute ja immer noch Zustände, dass Leute mit zwei oder sogar drei Bildschirmen arbeiten müssen, weil sie eine Vielzahl von Altsystemen parallel offen haben müssen. Wo sie dann von links nach rechts Daten übertragen, weil die einzelnen Systeme noch nicht richtig miteinander kommunizieren. Also das sind so die Themen, die von den Mitarbeitern kommen: ‚Digitaler Wandel ja. Aber bitte qualitativ, eben eine Verbesserung, was die Anwendung betrifft, was die Stabilität betrifft, was die Ergonomie betrifft'" (S. 8, Z. 239–245).

Darüber hinaus sieht sich BR2 mit Ängsten der Mitarbeitenden in Bezug auf einen drohenden Arbeitsplatzverlust sowie einer begrenzten Anzahl an sozialen Interaktionen konfrontiert: „Eine grundsätzliche Sache ist schon ein bisschen die Sorge: ‚Wie weit geht denn der digitale Wandel?' Da reicht die Sorge von den Mitarbeitern von: ‚Ja, ich entfremde mich irgendwie, weil ich nicht mehr mit Menschen spreche, sondern nur noch mit Maschinen.' Bis hin zu der Frage: ‚Ja, wenn die Maschinen so gut sind, vielleicht ersetzt mich dann irgendwann irgendein Bit.' Und das heißt, der Verlust oder der drohende Verlust des Arbeitsplatzes ist also auch ein Thema, das bei den Mitarbeitern als Sorge geäußert wird. Und da ist die Erwartung oder Anforderung quasi an uns als Betriebsräte, darauf zu schauen: Was stellt uns denn der Arbeitgeber da vor? Ist das etwas, was uns als Betrieb voranbringt? Und aber auch noch verträglich mit dem Personal voranbringt?" (S. 8, Z. 245–254). Nicht zuletzt weist BR2 ebenfalls auf Besorgnisse in Bezug auf veränderte Rollen- bzw. Funktionsanforderungen im Unternehmen hin: „Oder auch Ängste, die dahin gehen, ich bin jetzt, weiß ich nicht, 30, 35 Jahre im Unternehmen und müsste mich jetzt nochmal komplett umstrukturieren. Die Ängste gehen auch in die Richtung. Es ist plötzlich nichts mehr wert von dem, was ich kann, von dem, was ich weiß, andere überholen mich. Ich muss alles neu lernen auf die letzten fünf Arbeitsjahre, die ich habe" (S. 9, Z. 257–261).

(2) Erwartungen und Anforderungen der Führungskräfte an den Betriebsrat
Beide Betriebsräte äußern, dass sie von den Führungskräften mit der Erwartungshaltung konfrontiert werden, dem digitalen Wandel offen gegenüberzustehen und den Transformationsprozess des Unternehmens zu unterstützen, indem sie die erforderlichen Freigaben für digitale Vorhaben erteilen (BR1, S. 12, Z. 302–308; S. 13, Z. 338–342; BR2, S. 9, Z. 274–285). So erklärt beispielsweise BR1 hierzu: „Oft sind es die Führungskräfte, die bei uns in den Arbeitssitzungen auftreten und dann präsentieren und mit uns die Konzepte diskutieren. Also die brauchen ja Freigaben für das, was sie tun möchten vom Betriebsrat. Und das sind natürlich dann die, unser Adressatenkreis, also mit denen besprechen wir es. Das ist jetzt nicht klar, dass es eine Führungskraft sein muss, manchmal sind es auch Mitarbeiter, die ihr Thema vertreten, aber in der Regel sind es Führungskräfte" (S. 12, Z. 302–308).

BR2 erläutert, dass die Führungskräfte die Erwartungshaltung haben, dass der Betriebsrat vor allem als ein Förderer und Fürsprecher geplanter digitaler Projekte fungiert, um die Mitarbeitenden von dem digitalen Wandel überzeugen und für diesen motivieren zu können: „Also von den Führungskräften würde ich jetzt mal so sagen, da ist schon irgendwo eine klare Hoffnung, nenne ich es jetzt mal, da, dass wir als Betriebsrat digitale Fortschritte unterstützen und dass wir das nicht blockieren. Also das ist so die Erwartung der Führungskräfte. Wir sind da jetzt nicht den Führungskräften verpflichtet, das zu tun, aber auf verschiedenem Wege versucht man natürlich da den Betriebsrat hinter sich zu stellen als Führungskraft. Zum einen in den Bereichen, wo man den Betriebsrat aufgrund der Mitbestimmung braucht und zum anderen natürlich auch irgendwie als prominente Werbeträger. Die Betriebsräte sind ja so eine Art Klassensprecher in der Belegschaft. Und wenn ein Betriebsrat, der gewählt wurde, weil man ihn für fähig hält, wenn der dann was für gut befindet, dann ist das für die Führungskraft oft auch hilfreich, weil man dann die Belegschaft auch eher hinter eine Sache oder hinter einen neuen Prozess bekommt. Also das sind so die Erwartungen der Führungskräfte, die wir aber nicht immer erfüllen können" (S. 9, Z. 274–285).

(3) Erwartungen und Anforderungen des Personalwesens an den Betriebsrat
Beide Betriebsräte erklären, dass das Personalwesen die Anforderung stellt, das Thema Weiterbildungsbedarfe im Rahmen des digitalen Wandels mit den Betriebsräten zu diskutieren (BR1, S. 13, Z. 326–330; BR2, S. 10, Z. 297–298). So erklärt beispielsweise BR2 hierzu: „Das Weiterbildungsthema, würde ich jetzt mal sagen, ist eigentlich so das Hauptthema. Also jetzt nehmen wir mal dieses eine kleine Beispiel von vorhin: WhatsApp for Business. Klingt irgendwie total easy. Trotzdem muss irgendwie der Mitarbeiter abgeholt werden. Was bedeutet das für ihn? Wie geht er damit um? Was soll er eigentlich konkret machen?

Also da sind wir dann eigentlich schon in so einer Miniweiterbildung drin, die noch eine Rolle spielt. Bis hin zu- wir haben auch digitale Zertifikate für Mitarbeiter. Wenn der also die verschiedenen Tools dann lernt und beherrscht, dann kommt das eben auch in seine Personalakte hinein. Dass er eben, quasi, ‚Master of Digital Solutions' ist bei uns" (S. 10, Z. 297–304). Auf die Rückfrage, ob zwischen dem Betriebsrat und dem Personalwesen ein Austausch in Bezug auf die internen Stellenbeschreibungen bzw. die externen Stellenausschreibungen erfolgt, antwortet BR2: „Stellenprofile ist bei uns jetzt eher weniger so das Thema. Also wir haben Stellenbeschreibungen, die sind aber sehr allgemein gehalten. Die sind absichtlich ziemlich an der Oberfläche, sodass man dann nicht bei jeder kleinen Aufgabenänderung ein neues Stellenprofil anfertigen muss. Das ist da jetzt nicht so das Thema. Eher eigentlich bei den Stellenausschreibungen, wenn es darum geht, Stellen neu zu besetzen, sei es intern oder sei es auch mit externen Bewerbern. Dann muss man schon sehr präzise hineinschreiben, was quasi die Aufgabe ist und mit welchen digitalen Themen oder Tools sich derjenige zu befassen hat. Es ist dann schon Thema, wo wir gemeinsam mit Personal darauf schauen. Und letzten Endes natürlich, wenn es darum geht, konkret eine Stelle zu besetzen. Und wir dann im Mitspracherecht sind und es dann auch um digitale Qualifikationen geht. Das ist dann auch ein Punkt, wo wir ein Bild dazu haben und brauchen. Und wo wir eben mit Personal, aber eben auch mit den Führungskräften im Austausch sind" (S. 10, Z. 307–318).

Allerdings weist BR2 darauf hin, dass es aufgrund der bisher sehr allgemein gefassten Stellenprofile „regelmäßig" (S. 11, Z. 338) dazu kommt, dass Mitarbeitende die Nutzung digitaler Möglichkeiten bzw. Angebote im Unternehmen verweigern, da diese nicht in ihrer Stellenbeschreibung als Anforderung enthalten sind (S. 11, Z. 335–338). In diesem Rahmen führt BR2 folgendes Beispiel an: „Also, wir haben eine ganze Menge an digitalen Tools, die ausschließlich auf freiwilliger Basis basieren. Also, das ist anders auch in nur wenig Fällen durchsetzbar, dass wir digitale Tools obligatorisch einführen. Also, ich mache mal ein Beispiel. Die Nutzung von der persönlichen Mailadresse des Unternehmens, das ist schon obligatorisch für den Mitarbeiter. Also, wir haben das Programm Outlook, mit dem wir die Mails quasi lesen und schreiben. Okay, das ist obligatorisch. Aber zum Beispiel die Öffnung oder überhaupt, dass jemand den Kalender führt in Outlook und dass er diesen Kalender dann auch öffnet gegenüber seinen Kollegen, die vielleicht auch mal hineinschauen müssten, ob er denn nächsten Dienstag Zeit hat für den Kunden. Das ist nicht verpflichtend. Und das trauen wir uns auch als Betriebsrat nicht zu. Sehen da auch, aktuell jedenfalls, noch Gründe, warum wir das nicht machen können" (S. 11, Z. 338–348).

9.2.7.2 Erwartungen und Anforderungen des Betriebsrats im digitalen Wandel

Auf die Fragestellung, welche Erwartungen und Anforderungen der Betriebsrat an die Mitarbeitenden stellt, erklären die Interviewpartner*innen, sich eine motivierte und aufgeschlossene Haltung der Beschäftigten gegenüber dem digitalen Wandlungsprozess zu wünschen. Von den Führungskräften erwarten die Betriebsratsmitglieder, dass diese die Folgen ihres Handelns für die Mitarbeitenden stärker durchdenken und einen langfristig ausgerichteten Fokus zum Wohle der gesamten Organisation legen. Das Personalwesen sollte aus Sicht der befragten Betriebsratsmitglieder sein Rollenverständnis innerhalb des Transformationsprozesses definieren und das Talentmanagement bzw. die Personalentwicklung des Unternehmens überarbeiten.

(1) Erwartungen und Anforderungen des Betriebsrats an die Mitarbeitenden
Beide Betriebsräte äußern die Erwartungshaltung, dass die Mitarbeitenden dem digitalen Wandlungsprozess und seinen einhergehenden Veränderungen offen gegenüberstehen. So erklärt BR2, die Anforderung zu stellen, dass sich die Mitarbeitenden als wichtiger Teil des Transformationsprozesses ansehen: „Also, ich sage mal so, als Betriebsrat haben wir ja eine beratende Tätigkeit für den Betrieb, so steckt es ja auch in dem Wort schon darin. Und unser Interesse ist, dass der Betrieb vorwärts geht, denn der Erfolg des Unternehmens sichert ja wiederum Arbeitsplätze. Jetzt muss man schauen, dass das nicht um jeden Preis ist, sondern, dass es eben zu Bedingungen passiert, die für die Mitarbeiter gut sind, sagen wir es mal ganz einfach so. Meine Erwartung an Mitarbeiter, an Kollegen ist, sich den Neuerungen zu öffnen. Also sich nicht einer Veränderung oder einem Wandel von Haus aus zu verschließen, aus Trotz zu verschließen, sondern sich Dinge offen anzuschauen und bereit zu sein, an einem Wandel teilzunehmen" (S. 12, Z. 354–562).

BR1 erklärt, dass die Mitarbeitenden aus seiner Sicht den digitalen Wandel als ein „Gemeinschaftsprojekt" (S. 14, Z. 348) betrachten sollten und verdeutlicht seinen Anspruch anhand des Beispiels der Weiterbildungsangebote im Rahmen der Digitalisierung: „Ich kann und sollte natürlich als Mitarbeiter darauf achten, dass meine Rechte und auch meine Möglichkeiten gewahrt bleiben, dass ich Zeit kriege zu lernen. Es ist aber auch nicht nur ein Nehmen. Es ist auch so, dass, wenn sich was verändert, dass jeder was beizutragen hat. Und auf der Seite des Mitarbeiters ist es dann, dass wir uns wünschen, dass wirklich Motivation und Offenheit da ist für neue Arten zu lernen und auch digital zu lernen. Also es hilft ja nichts zu sagen, ich beharre darauf, ich habe schon immer nur Seminare gemacht, das möchte ich weitermachen. Das bringt halt nichts. Sondern, dass man das wirklich aus zwei Perspektiven sieht, was kann man vom Unternehmen erwarten, was erwartet man aber auch von den Mitarbeitern" (S. 14, Z. 348–358).

(2) Erwartungen und Anforderungen des Betriebsrats an die Führungskräfte
BR1 äußert die Erwartungshaltung, dass die Führungskräfte digitale Projekte differenziert betrachten und deren Konsequenzen für die Beschäftigten im Vorfeld in der Tiefe durchdenken. Vor allem zusätzlicher Arbeitsaufwand für die Mitarbeitenden aufgrund des digitalen Wandels sollte aus Sicht von BR1 von den Führungskräften nicht unterschätzt werden (S. 15, Z. 369–377). So führt BR1 hierzu aus: „Ja tatsächlich, dass sie diese beidseitige Perspektive mitdenken und zum Teil auch stärker mitdenken. Dass wirklich mehr ein Wert noch daraufgelegt wird oder mehr Augenmerk daraufgelegt wird: ‚Wie soll der Mitarbeiter das denn realisieren? Und bei allen guten, neuen Ideen, gibt es Zeit und gibt es Budget?' Das sind wirklich immer diese harten Fakten, wenn man ganz tolle Ideen hat zu digitalen Projekten, vorher sollte das geklärt werden: Finanziert es jemand? Und haben die Mitarbeiter dann auch wirklich Zeit, das in ihrer Arbeitszeit zu tun?" (S. 14, Z. 361–368).

BR2 wünscht sich von den Führungskräften, dem digitalen Wandel mit „Augenmaß" (S. 12, Z. 366) und einer nachhaltigen Denkweise zu begegnen und erklärt diese Anforderungen wie folgt: „Also nicht alles, was gerade von der Decke regnet oder gerade irgendwie modern ist oder irgendwie vielleicht ein paar Pluspunkte auf der eigenen Hierarchieskala einbringen kann, durchzudrücken und versuchen zu verkaufen. Sondern immer so ein bisschen langfristig zu denken, als ob einem selber dieser Teil des Unternehmens gehören würde. Und dann überlegt man sich auch, ob man quasi jetzt irgendwas einführt, um des schnellen Geldes Willen. Oder ob man etwas wandelt, weil man davon überzeugt ist, dass es dauerhaften und langfristigen Erfolg bringt" (S. 12, Z. 366–372).

(3) Erwartungen und Anforderungen des Betriebsrats an das Personalwesen
BR1 äußert die Erwartungshaltung, dass das Personalwesen sein Rollenverständnis aufgrund des digitalen Wandels überarbeiten sollte, um die Beschäftigten innerhalb des Transformationsprozesses besser begleiten zu können. Gleichzeitig weist BR1 darauf hin, dass dieser Prozess aktuell begonnen hat: „Was im Moment im Personalwesen läuft, ist, dass diese Rolle vom HR Business Partner neugestaltet wird. Das heißt, dass diese Leute eben mehr Verantwortung für Betreuung und Beratung übernehmen und das ist natürlich ein Teil vom digitalen Wandel" (S. 15, Z. 383–386).
BR2 bemängelt, dass aus seiner Sicht immer noch viele Talente im Unternehmen, die einen wertvollen Beitrag zur Realisierung des digitalen Wandlungsprozesses leisten könnten, nicht genug gefördert werden. Diesen Umstand führt BR2 auf die

aktuelle Form der Personalentwicklung im Unternehmen und die mangelnde Transparenz in Bezug auf die vorhandenen Kompetenzen der Beschäftigten zurück: „Ich glaube, dass wir sehr viele Talente haben in unserem Unternehmen. Und nicht jedes Talent entdeckt wird, weil der irgendwo stecken bleibt in seiner Gruppe, in der er da drinsitzt. Und ab und zu werden dann so Edelsteine entdeckt, wo man dann feststellt: ‚Hoppla. In seiner Freizeit macht er ja total interessante Sachen mit Software und in der Arbeit wird davon nichts genutzt.' Also das ist quasi so mein Thema. Paar wenige Leute kriegen immer so die Chancen aus irgendwelchen Gründen. Das hängt oft mit persönlichen Bekanntschaften zusammen, wer dann so weiterkommt und sich entwickeln und entfalten darf. Das ist so meine Erwartung an Personalwesen, aber auch an Führungskräfte, die hängen an der Stelle zusammen. Die Edelsteine, die wir haben, noch besser zu sehen, zu entwickeln und zu heben. Die Potenziale zu heben und die Leute, die etwas machen wollen, können, mehr Verantwortung tragen wollen, denen auch die Möglichkeit zu geben, das zu tun" (S. 12, Z. 374–385).

9.2.7.3 Herausforderungen und Zielsetzungen des Betriebsrats im digitalen Wandel

Die befragten Betriebsratsmitglieder verfolgen insbesondere die Zielsetzung, Arbeitsplätze innerhalb des digitalen Wandlungsprozesses zu erhalten, indem sie beispielsweise die Wettbewerbsfähigkeit des Unternehmens durch ihren Einfluss fördern. In diesem Zusammenhang weisen die Expert*innen darauf hin, dass sie die Frage nach dem richtigen Tempo der Transformation des Unternehmens als herausfordernd erachten. Ferner gehen die Betriebsräte davon aus, dass die Beschäftigten in Zukunft in immer stärkerem Maße mobil-flexibel arbeiten werden. Hierin sehen die Betriebsräte vor allem die Gefahr, dass eine Entgrenzung zwischen beruflicher Tätigkeit und Privatleben entsteht. Grundsätzlich nehmen die Betriebsräte den digitalen Wandel als eine Chance wahr, die Betriebsratsarbeit durch neue Möglichkeiten zu verbessern. Gerade Aspekte wie eine zeitnahe und reichweitenstarke Kommunikation sowie die Einsparung von Fahrtzeiten werden von den Betriebsratsmitgliedern als positiv empfunden.

(1) Zielsetzungen und erwartete Beschäftigungseffekte

Auf die Frage, welche Ziele der Betriebsrat mit seinem Einfluss bei der Gestaltung des digitalen Wandels verfolgt, gibt BR1 die Arbeitsplatzsicherung als ein zentrales Ziel an. Gleichzeitig weist BR1 darauf hin, dass dieses Ziel aus seiner Sicht eine der größten interessenpolitischen Herausforderungen für die Betriebsräte im Wandlungsprozess darstellt (S. 17, Z. 419–421; S. 20, Z. 510–511). Zwar geht BR1 davon aus, dass sich die entstehenden Arbeitsplatzverluste bzw. -zuwächse

9.2 Digitalisierung

innerhalb der Finanzdienstleistungsbranche „ungefähr ausgleichen" (S. 20, Z. 526) werden, jedoch sieht er ein großes Abbaupotenzial bei den einfachen automatisierbaren Tätigkeiten. So erklärt BR1 hierzu: „Ich glaube, dass in bestimmten Bereichen deutlich weniger Menschen benötigt werden als bisher, einfach weil ich es eben digitalisieren und automatisieren kann. Dafür entstehen in anderen Bereichen neue Jobs, die wir vor zwei Jahren noch gar nicht kannten. So, und das Problem ist ja, dass ich dann nicht unbedingt genau die Mitarbeiter, die in den Bereichen sitzen, wo die Jobs jetzt wegfallen, in die neuen Bereiche setzen kann, da brauche ich deutlich andere Fähigkeiten. Und dann ist die Frage: ‚Wie kriege ich diesen Shift hin?'" (S. 20 f., Z. 527–534).

Aufgrund der sich verändernden Kompetenzanforderungen durch den digitalen Wandel, sieht BR1 große Herausforderungen in Bezug auf die strategische Personalplanung und die Weiterbildung der Beschäftigten: „Also, in unterschiedlichen Studien zeigt sich ja wirklich, dass sich durch den digitalen Wandel Jobprofile stark verändern. Auch neue Jobs entstehen, die es bis vor ein paar Jahren gar nicht gab. Und ich denke, das ist keine Entwicklung hin dazu, dass man weniger Menschen braucht, sondern dass andere Fähigkeiten gefordert werden. Und gerade für den Bildungsbereich ist das natürlich eine Herausforderung und eine ganz, ganz wichtige Aufgabe. Und das ist für uns dann auch ein wichtiger Punkt, immer zu schauen, okay, es ist weniger effektiv, effizient und auch viel teurer, wenn ich erst Leute rausschmeiße oder was auch immer und dann Neue suche, als frühzeitig zu schauen, in welchen Bereichen entwickelt sich denn eigentlich was. Wo habe ich vielleicht auch verwandte Fähigkeiten? Wo kann ich Leute strategisch wohin qualifizieren?" (S. 17, Z. 424–435). Gleichzeitig erläutert BR1 als Ziel, eine Lernkultur im Unternehmen sicherzustellen, in der „Lernen modern ist, digital ist und alle Mitarbeiter anspricht. Und dass dem Mitarbeiter auch der Raum und die Möglichkeit gegeben wird, dieses Lernen zu nutzen" (S. 16, Z. 416–418).

BR2 setzt bei der Frage nach den Zielen des Betriebsrates einen Fokus auf die Sicherstellung der Wettbewerbsfähigkeit des Unternehmens und begründet diese Antwort wie folgt: „Wir sind ja im Wettbewerb deutschlandweit, eigentlich sogar irgendwie weltweit, mit anderen Finanzdienstleistern. Also mit diesen ganzen Unternehmen sind wir im Wettbewerb. Mein Ziel ist, dass sich unser Unternehmen besser entwickelt als andere Unternehmen. Das ist, glaube ich, das Fundament für die Arbeitsplätze, die wir haben. Für den Erhalt der Arbeitsplätze und für den weiteren Ausbau der Arbeitsplätze. Und insofern, wie wir das zum Anfang ja auch schon kurz besprochen hatten: Digitalisierung spielt da eine Rolle, ist Chance und Risiko. Und ich möchte meinen Einfluss geltend machen, die Chancen zu nutzen, zum Wohle der Entwicklung des Unternehmens. Aber möchte auch den Einfluss geltend machen, Risiken zu beleuchten, zu erkennen und dann auch Dinge zu bremsen, wenn sie nicht durchdacht sind oder wenn sie zu risikobehaftet sind. Und das können technische Hintergründe sein, das können aber auch menschliche Hintergründe sein. Dass man merkt, dass irgendeine Entwicklung schädlich ist für Mitarbeiter, dann ist es, selbst wenn die Anwendung technisch gut funktioniert, trotzdem ein Punkt, wo wir oder wo ich als Betriebsrat meinen Einfluss geltend machen muss" (S. 13, Z. 388–401).

In Bezug auf die erwarteten Beschäftigungseffekte im Kontext des digitalen Wandlungsprozesses erklärt auch BR2, dass die Antwort aus seiner Sicht in Verbindung mit dem Unternehmensbereich bzw. der Art der Tätigkeit zusammenhängt: „Also, es ist nicht ganz einfach zu sagen. Ich glaube, dass es dann in manchen Bereichen schon Arbeitsplatzverluste geben wird. Ich sehe es jetzt mal-, oder wenn ich es jetzt mal auf Vertrieb beziehe, dann glaube ich es eher nicht, dass da ein großer oder überhaupt ein Verlust der Arbeitsplätze einhergehen wird. Weil der Verkauf selber, also ist jedenfalls meine jetzige Überzeugung, findet immer noch zwischen Menschen statt. Also, das ist in der Finanzwirtschaft noch nicht ganz so wie bei Schuhen oder irgendwelchen technischen Bauteilen, die ich mir einfach mal schnell aus dem Internet irgendwie herausbestelle. Und von daher glaube ich es jetzt noch nicht so" (S. 15, Z. 472–479). Gleichzeitig betont BR2, dass insgesamt nicht von einem Anstieg der Arbeitsplätze innerhalb des Unternehmens auszugehen ist: „Zuwächse, glaube ich bei uns allerdings auch eher nicht, aus verschiedenen anderen Gründen. Da sprechen diverse betriebswirtschaftliche Kennzahlen schlichtweg dagegen. Insgesamt könnte ich mir vorstellen, für unsere Branche, wenn es gut geht, wird es ein Umsortieren. Vielleicht in einigen Bereichen, einigen Abteilungen weniger Leute, dafür in anderen Bereichen mehr. Generell aber haben wir als Finanzdienstleister natürlich einen großen Kostendruck. Nicht nur unternehmensseitig, sondern auch die Politik wirft uns das ja vor. Die Politik erwartet da ja auch von uns, weniger Kosten zu produzieren. Ansonsten droht das Verbot des Provisionsverkaufs da, ja, im Hintergrund, wenn wir quasi zu viele Kosten produzieren. Weil die Politik sagt: ‚Ihr müsst die Produkte günstig herstellen, zum Wohle der Verbraucher.' Das heißt: Personal ist der Hauptkostenfaktor. Von daher, wenn es gut geht, schaffen wir es, von links nach rechts irgendwie den Ausgleich herzustellen. Es wird, glaube ich, aber nur dann gelingen, wenn das Unternehmen sich insgesamt weiter durchsetzen wird am Markt. Und quasi die Digitalisierung als Chance wirklich auch gegen andere Mitbewerber nutzt" (S. 15 f., Z. 479–492).

(2) Strategien des Betriebsrates zur Zielerreichung
Auf die Frage, wie die Betriebsräte die genannten Ziele erreichen möchten, erklärt BR1, dass sich eine von ihm präferierte moderne Lernkultur dadurch auszeichnet, dass eine klare Trennung zwischen der beruflichen Tätigkeit und dem Privatleben ermöglicht wird (S. 16, Z. 415–418). Ferner ist eine Kombination aus Präsenz- und

digitalem Lernen aus Sicht von BR1 sinnvoll: „Also, dass man einfach wirklich schaut, weil ein Format auf digital oder präsent, das muss man einfach intelligent entscheiden. Und da ist nicht eins besser als das andere. Und das eine kann das andere auch nicht komplett ersetzen" (S. 17, Z. 439–442). Aus diesem Grunde sehe BR1 es als seine Aufgabe an, diese Punkte im Unternehmen sicherzustellen, indem er seine Rolle als Betriebsrat weiterhin stark wahrnehme und ausfülle (S. 18, Z. 447–451).

BR2 erklärt, dass für die Erreichung der genannten Ziele aus seiner Sicht eine ständige Weiterentwicklung der eigenen Kompetenzen als Betriebsratsmitglied erforderlich ist, um einen entsprechenden Wissenstand vorweisen und eine angemessene Verhandlung führen zu können: „Also es gibt letzten Endes bloß eine Möglichkeit. Die Möglichkeit ist: Wir sind ja in Verhandlungssituationen mit dem Arbeitgeber, wo wir über prozessuale Änderungen, über Einführung von neuen Tools beispielsweise oder auch über Umstrukturierungen verhandeln. Und in diesen Verhandlungen kommt es darauf an, was der Einzelne in diese Verhandlungen mit einbringt. Und da liegt es auch an mir, mich entsprechend zu informieren, Wissen, Erfahrung aufzubauen, auch in digitalen Themen. So, dass ich in diesen Verhandlungen dann auch meinen Einfluss geltend machen kann. Also ein gefragter Mensch zu sein, kommt ja zum Beispiel davon, dass man gefragt wird von jemandem. Und gefragt wird man eigentlich immer dann, wenn man auch etwas zur Sache beitragen kann. Und das ist in einer Betriebsratsfunktion natürlich auch ganz elementar wichtig. Dass man sich auch mit dem, über was man spricht und wo man sich eine Meinung bildet, dass man da auch einen fundierten Hintergrund dazu entwickelt" (S. 13, Z. 403–414).

(3) Verantwortung des Betriebsrates im Rahmen des digitalen Wandels
BR1 sieht es als eine Verantwortung des Betriebsrates an, dass zum Wohle der Mitarbeitenden gehandelt wird, gleichzeitig aber auch die Anforderungen, die sich aus dem digitalen Wandel ergeben, zu berücksichtigen: „Zum einen, dass der Betriebsrat sicherstellt, dass die Mitarbeiter im Wandel nicht verloren gehen. Also dass wirklich geschaut wird, dass sie die Möglichkeit haben, weiterhin einen wertvollen Beitrag zu leisten. Und dass wirklich auch darauf geguckt wird, wie man das darstellen kann. Wenn sich der Job wahnsinnig stark verändert, findet man dann andere Aufgaben, die den Fähigkeiten des Mitarbeiters eher entsprechen. Wann kann ich welche Mitarbeiter wohin qualifizieren, ist auch eine wichtige Frage. Wenn ich jetzt schon ahne, dass der Bereich jetzt nicht mehr zukunftsträchtig ist, heißt das ja nicht, dass es für alle anderen Bereiche auch gilt oder dass der nichts anderes mehr lernen kann. Also, dass der Betriebsrat zum einen schaut, natürlich die Mitarbeiterinteressen zu wahren. Heißt aber nicht, auf Stillstand zu beharren, sondern zu gucken,

wie ich den Wandel oder auch den digitalen Wandel dann im Sinne des Mitarbeiters mitgestalten kann" (S. 18, Z. 459–471). In diesem Zusammenhang weist BR1 auch auf die Bedeutung der Kommunikation von Seiten des Betriebsrates hin, um den Wandel so transparent wie möglich für die Mitarbeitenden darzustellen. Hierbei sieht BR1 Betriebsversammlungen, Journale des Betriebsrates sowie digitale Formate als zentrale Kommunikationswege an (S. 19, Z. 477–485), um einen Großteil der Belegschaft „regelmäßig und intensiv" (S. 19, Z. 481) zu informieren.

BR2 vertritt eine ähnliche Haltung wie BR1 und betont ebenfalls die hohe Bedeutung, die Perspektive der Mitarbeitenden, aber auch die des Unternehmens zu beachten. So erklärt BR2 hierzu: „Zum einen muss das Unternehmen laufen. Das ist ein Punkt, für den man als Betriebsrat auch mitverantwortlich ist. Aber eben auch auf die Mitarbeiter zu schauen. Die Dinge widersprechen sich auch nicht, sondern das Unternehmen, gerade so ein Unternehmen wie unseres, läuft nur dann, wenn die Mitarbeiter dabei sind und laufen. Also wir haben ja keine Patente irgendwie in der Schublade liegen, die von sich aus Geld bringen, sondern das ganze Business läuft bloß, weil es vorne Leute gibt, die verkaufen Produkte. Und hinten gibt es Leute, die arbeiten die schnell und sauber ab. Und das Ganze wird unterstützt durch digitale Tools. Und es muss vielleicht noch dieses Wort-, das muss irgendwie ausgewogen sein. Wenn ich jetzt das Steuer gerade in irgendeine Richtung überreiße, in Richtung Digitalisierung, gibt da ja auch ganz aggressive Modelle am Markt von Firmen, die da neu hineinkommen wollen in das Thema Finanzdienstleistungen. Wenn man das bei uns machen würde, glaube ich, würde man sehr viele Leute verprellen. Und das wäre, glaube ich, ein großes Risiko, dass das Unternehmen Einbrüche erlebt. Also von daher: Es ist ein Fortschritt, ist notwendig, aber eben ein ausgewogener, maßvoller Fortschritt" (S. 13 f., Z. 418–431). Die Einhaltung dieses Maßes stellt gleichzeitig die größte interessenpolitische Herausforderung für BR2 dar (S. 15, Z. 459–460).

In diesem Rahmen setzen sich die Betriebsräte laut BR2 vor allem mit den nachfolgenden Fragestellungen auseinander: „Wie weit gehen Mitarbeiter den Weg mit? Und wie schnell gehen sie den Weg mit? Der Mensch ist von Haus aus, dass er neuen Dingen eher reserviert gegenübersteht. Und das ist bei uns im Unternehmen auch so. Und teilweise auch aus gutem Grund. Das heißt, die Herausforderung ist, schlichtweg dieses Maß zu halten: Was ist Mitarbeitern zumutbar? Was ist realistisch umsetzbar? Wo gehen die Mitarbeiter noch mit? Versus: Der linke Straßengraben ist; Man macht überhaupt nichts. Es ist Stillstand. Und der rechte Straßengraben ist: Man bewegt sich zu schnell. Und da gibt es innerhalb des Unternehmens natürlich Verfechter, sowohl der ganz linken, als auch der ganz rechten Seite der Straße. Und das ist eigentlich dann auch so die Herausforderung an den Betriebsrat, da sich selber ein Bild davon zu machen: Wann bewegen wir uns eigentlich noch auf der

Straße und nicht im Straßengraben? Also, welche der Vorschläge sind die richtigen? Und wenn wir selber uns soweit hineingearbeitet haben, dann eben auch mit Macht und Kraft diese Vorschläge zu verhandeln. Und eben zu sehen, dass wir auf dem Wege bleiben, den wir noch als Straße bezeichnen" (S. 15, Z. 456–469).

(4) Einflüsse des digitalen Wandels auf die Betriebsratsarbeit
BR1 sieht aufgrund der schnelleren und reichweitenstarken Kommunikation, die durch die digitalen Medien ermöglicht wird, die Digitalisierung als eine Vereinfachung der Betriebsratsarbeit an: „Es macht es uns eher leichter, dadurch, dass wir ein überörtliches Gremium sind, das heißt, wir sind vertreten aus Mitarbeitern aus Stadt A, B, C, D. Und alleine solche einfachen Dinge wie Online-Meetings machen es natürlich einfacher, sich mal auszutauschen, da muss nicht jeder gleich reisen" (S. 19, Z. 493–497). Einschränkungen der Betriebsratsarbeit aufgrund des digitalen Wandlungsprozesses werden von BR1 hingegen nicht gesehen (S. 19, Z. 493).

BR2 erkennt ebenfalls „eher neue Möglichkeiten" (S. 14, Z. 435) der Betriebsratsarbeit durch den digitalen Wandel. Hierbei geht BR2 ebenfalls auf den Aspekt ein, dass aufgrund der Digitalisierung räumliche Entfernungen einfacher überwunden bzw. Reisezeiten gespart werden können: „Der Betriebsrat, jetzt schaue ich mal unseren Bereich an, ist deutschlandweit tätig. Das heißt, auch die Betriebsratsmitglieder sind deutschlandweit verstreut. Also die digitalen Möglichkeiten, die stimmen wir ja nicht nur ab für Dritte, damit die sie dann nutzen können, sondern wir nutzen die ja selber auch. Anders geht es ja gar, nicht über die Entfernung zu kommunizieren oder es sind ja oft ganz banale Dinge, wenn ich an Vertragswerke denke, Gesamtbetriebsvereinbarung oder dergleichen. Sozialpläne, die wir mit dem Arbeitgeber aushandeln" (S. 14, Z. 439–446). Darüber hinaus hebt BR2 die technologischen Vorteile, die mit dem digitalen Wandel einhergehen als Vorteil im Rahmen der Betriebsratsarbeit hervor: „Alleine die Möglichkeiten, die moderne Textverarbeitung heute bietet, sodass ich als Leser dann auch relativ schnell verstehen kann: Was sind denn die Unterschiede von der jetzigen Version zu der Version, die wir vor einer Woche diskutiert haben? Das war früher in Papierform alles sehr viel mühsamer. Heute, wenn man sich ein bisschen auskennt mit den Möglichkeiten, die es da eben gibt, dann kriegt man die Unterschiede auch schneller heraus. Suchfunktionen, beispielsweise, also ganz banale Dinge. Das heißt, auch für unsere eigene Arbeit nutzen wir die Tools und die sind hilfreich, klar" (S. 14, Z. 446–452).

Gleichzeitig weist BR2 auf die ungewohnte Situation eines digitalen Austausches für Betriebsräte hin: „Es ist bei uns nicht immer ganz leicht, weil wir eben auch viele vertrauliche Dinge besprechen, arbeitgeber-, arbeitnehmerseitig. Wo man einfach normalerweise in einen Besprechungsraum geht, der dafür geeignet ist, die Türen verschließt. Dann gibt es eine Anwesenheitsliste, sodass man hinterher auch nachverfolgen kann: Wer hat an der Sitzung teilgenommen? Wer kennt die Besprechungsinhalte? Wenn es irgendwo plötzlich undichte Stellen und Gerüchte und sonst was gibt, die ja teilweise enorm zu irgendwelchen Konsequenzen führen können" (S. 33 f., Z. 1081–1087). Vor allem, wenn es um personelle Themen geht, empfindet BR2 Diskussionen auf digitalem Wege noch als herausfordernd: „Also, ich rede jetzt nicht von der Einführung von irgendwelchen kleinen, digitalen Tools. Gibt ja auch andere Themen personeller Natur und sonst was. Und das ist natürlich über online nicht ganz so einfach, wenn ich auf der Gegenseite jemand sitze habe, wo ich nicht weiß, ob da noch im Hintergrund seine Kinder und seine Frau oder Nachbarn oder Bekannte, Verwandte oder sonst jemand herumsitzen. Das bremst die Redefreudigkeit, wenn ich mir nicht sicher sein kann, in welchem geschützten Umfeld bin ich denn da unterwegs. Aus dem Grunde haben wir da auch noch was eingeführt. Wo also dann auch jeder Teilnehmer bei bestimmten, heikleren Themen dann auch bestätigen muss, schriftlich, dass er sich alleine im Raum befindet. Und der Besprechung eben auch nur er zuhört und zuschaut" (S. 34, Z. 1087–1096).

In dieser Gegebenheit sieht BR2 auch den Drang des Betriebsrates begründet, Gespräche in persönlicher Form führen zu wollen und nicht aufgrund einer generellen Verschlossenheit gegenüber digitalen Formaten. So führt BR2 hierzu aus: „Es ist natürlich Vertraulichkeit, Datenschutz. Es ist auch Bequemlichkeit und weil man es schon immer so gemacht hat. Das spielt auch alles mit eine Rolle. Bis hin zu Themen, wenn wir große Verhandlungen haben, sind wir ja oft drei Tage lang im Hotel eingeschlossen mit dem Arbeitgeber zusammen. Wo man dann auch gemeinsam Mittag isst und Abend isst. Kann man sich auch vorstellen, dass diese ganzen Zeiten ja auch genutzt werden. Man geht dann auch mal bewusst irgendwo einen Spaziergang draußen, um da noch mal Themen zu bilden, nach zu besprechen und so. Das fällt halt alles weg. Also diese Möglichkeiten, dass ich auch mal, irgendwie noch mal ein Vieraugengespräch abseits der ganzen Geschichte führen kann. Aber mein Gott, wie gesagt, zwangsweise und letztlich auch, um als Beispiel voraus zu gehen, haben wir es eben aufgenommen, das Thema, gehen damit um, kommen überwiegend damit zurecht. Und ein paar Nuancen gehen allerdings eben auch verloren. Das merkt man" (S. 34, Z. 1100–1111).

(5) Erwartete Auswirkungen auf die Arbeitsbedingungen
Zu den erwarteten Auswirkungen auf die Arbeitsbedingungen aufgrund des digitalen Wandlungsprozesses gibt BR1 an, von erheblichen Effekten für die Beschäftigten auszugehen: „Ich glaube, es wird sich vieles sehr stark (Hervorh. d. Verf.) wandeln. Also, in meinen Augen geht es deutlich stärker, jetzt nicht nur durch Corona, Richtung Homeoffice. Durch Corona hat das natürlich nochmal einen Wahnsinnsschub (Hervorh. d. Verf.) gekriegt. Und man sieht, was auf einmal doch

9.2 Digitalisierung

möglich ist in Bereichen, in denen man das vorher nie für möglich gehalten hat, dass die Leute von zu Hause aus arbeiten. Das ist aber ein Prozess, der schon vor Corona angefangen hat bei uns. Also, es gab ja vorher schon diese Initiative, neue Arbeitsformen auszuprobieren. Und da war im Grunde ja diese Richtschnur, dass wir in vielen Funktionsbereichen eigentlich nur noch von drei Tagen im Büro ausgehen und von zwei Tagen Homeoffice. Also, das wird ein Wandel sein, dass Leute eben stärker mobil arbeiten" (S. 22, Z. 558–568). In dieser Entwicklung sieht BR1 jedoch gleichzeitig ein erhöhtes Risiko, in Bezug auf die Belastung der Mitarbeitenden: „Und das führt natürlich zu dieser Entgrenzung zwischen Arbeits- und Privatleben und das ist was, wo man auch stark schauen muss, dass es nicht Stress verursacht. Je stärker ich meinen Arbeitsalltag selbst strukturiere und dafür eben auch eigenverantwortlich bin, bin ich auch eigenverantwortlich dafür, für mich selbst Pausen zu setzen und die einzuhalten" (S. 22, Z. 569–573).

BR2 sieht vor allem die Gefahr von psychischen Auswirkungen für die Beschäftigten aufgrund des digitalen Wandels: „Also, die Leute beschäftigen sich viel mit ihrem Bildschirm und merken das auch selber. Dass sie weniger mit Menschen zu tun haben und mehr mit Anwendungen. Bei vielen kommt auch eine Unzufriedenheit auf, weil sie in irgendwelchen, vor allem qualitativ schlechten, Digitalisierungsprozessen dann nicht weiterkommen. Das ist wahnsinnig kräftezehrend für jemanden, der den Job schon seit Jahren und Jahrzehnten macht. Und dann ist da plötzlich irgend so eine Anwendung und man fühlt sich wie ein Anfänger und kommt nicht mehr weiter und die Zeit verrinnt. Also das zehrt unglaublich an den Nerven. Und man kriegt das dann auch mit, wenn man mit den Leuten spricht, wie gereizt die dann oft sind" (S. 16, Z. 498–506). Ferner thematisiert auch BR2 die wachsende Gefahr einer Entgrenzung der beruflichen Tätigkeit mit anderen Lebensbereichen: „So ein Thema ist natürlich auch das Verschwimmen von Arbeitszeit und Freizeit. Also, ich sage jetzt mal, in der alten Zeit, wo alles in Besprechungen gelöst wurde und man ist halt irgendwohin gegangen. Da konnte man nicht abends um zehn einfach zu einer Besprechung gehen, da hat keine Besprechung stattgefunden. Da gab es halt natürliche Zeiten, wann gearbeitet wurde und wann nicht. Heute ist es halt so: Jeder kann seinen Laptop zu jeder Uhrzeit hochfahren. Und kann dann in den Anwendungen arbeiten: Dinge vorbereiten, Dinge nachbereiten, Mails schreiben. Man sieht es dann auch, zu welchen verrückten Uhrzeiten manche Kollegen dann auch Mails losschicken, weil sie teilweise nicht anderweitig dazu kommen. Und das geht halt immer nur eine begrenzte Zeit gut. Also das ist so ein bisschen das Gift an der ganzen Geschichte, dass Leute quasi rein zeitlich überfordert werden oder auch inhaltlich überfordert werden oder auch mit schlechtem Handwerkszeug überfordert werden" (S. 16, Z. 506–517).

(6) Konfliktpotenziale innerhalb des digitalen Wandels
Auf die Fragestellung, welche Konfliktpotenziale aus Sicht der Betriebsräte im Rahmen des digitalen Wandlungsprozesses entstehen, erklärt BR1, ein Konfliktpotenzial in der Abgrenzung der Beschäftigten von der beruflichen Tätigkeit im Homeoffice zum Privatleben zu erkennen, gerade wenn es um Fragestellungen wie die Selbstorganisation, die Regelung von Pausen oder die Erreichbarkeit geht (S. 22 f, Z. 581–585). Ein weiteres Konfliktpotenzial sieht BR1 in den Ängsten vor sich verändernden Jobprofilen und die einhergehende Furcht vieler Beschäftigen, ihrer bisherigen Funktion im Unternehmen nicht länger gerecht werden zu können. Der Aspekt, dass der digitale Wandlungsprozess im Unternehmen gerade von Beschäftigten durchgeführt wird, die eher lernaffin sind und denen die Realisierung von Veränderungen tendenziell leichter fällt als den restlichen Beschäftigten, sieht BR1 in diesem Zusammenhang als besonders kritisch an: „Denn diejenigen, die diese Wandlungsprozesse gestalten im Unternehmen, sind in der Regel diejenigen, die sich selbst extrem leichttun damit, weil sie im Grunde genau diese Kompetenz mitbringen wie Flexibilität, Kreativität und so weiter. Und das sind genau die Personen, die diese Wandlungsprozesse leiten. Für die ist das mitunter recht schwierig, sich vorzustellen, welche Herausforderung, Probleme oder auch Ängste sowas bei einem Sachbearbeiter verursachen kann" (S. 23, Z. 589–596). Aufgrund unterschiedlicher Bildungsbiografien und Lernerfahrungen resultiert laut BR1 die Gefahr, dass von vielen Beschäftigten zu viel erwartet wird (S. 23, Z. 596–598), da viele Themen einfach als „selbstverständlich angenommen" (S. 23, Z. 597) werden. BR1 führt in diesem Rahmen folgende Beispiele an: „Das fängt mit E-Mail-Flut und schnellem Lesen und so weiter an. Das geht aber dann auch wieder ganz stark in dieses Thema Lernen. Für die Menschen, die diese Prozesse gestalten, ist das gang und gäbe, selbst zu lernen, digital zu lernen, sich Sachen zu erschließen, zu recherchieren, dann zu wissen. Für Leute, die das nicht Zeit ihres Lebens tun, ist es eine große Herausforderung. Und Problem kann eben sein, dass man die auf dem Weg verliert, wenn man nicht darauf achtet, dass eben auch genau solche Kompetenzen nicht vorausgesetzt werden können, sondern vermittelt werden müssen, wie Lernen lernen und solche Geschichten" (S. 23, Z. 596–606).

BR2 sieht ebenfalls das Risiko, dass die berufliche Tätigkeit im Homeoffice für die Beschäftigten zunehmend zu einer Entgrenzung der Lebensbereiche führt und psychische Belastungen deutlich zunehmen. Vor allem birgt jedoch für BR2 die wachsende Geschwindigkeit des digitalen Wandlungsprozesses erhebliche Konfliktpotenziale in sich: „Und vor allem das Thema Geschwindigkeit, da halt auch noch ein wesentliches Konfliktpotenzial. Also die Frage, wie schnell geht man diesen Wandel? Wie viel Zeit gibt uns der Markt, den Wandel zu gehen? Wie viel Zeit geben wir uns selber, die Leute mitzunehmen? Wenn die Mitarbeiter oder auch Geschäftspartner, die wir haben, den Eindruck haben, jetzt sind sie abgekoppelt, weil alle nur noch in kryptischen Dingen miteinander reden und man selber versteht es nicht, weil man in der Geschwindigkeit nicht mitkam. Das ist ein Riesenkonfliktpotenzial in dem Unternehmen, das eigentlich nur mit Menschenpower arbeitet. Wie gesagt, wir haben keine besonderen Patente in der Schublade, die uns irgendwie eine Marktmacht geben, sondern das sind in Anführungszeichen nur die Leute, die uns eigentlich diese Zahlen und diese Umsätze bescheren" (S. 17, Z. 548–558). Darüber hinaus sieht BR2 das Thema Vertrauen als entscheidenden Einflussfaktor im Rahmen des digitalen Wandels an (S. 18, Z. 567–568), da es Konflikte „reduzieren" (S. 18, Z. 567) aber auch „verschärfen" (S. 18, Z. 568) kann. Gerade, wenn es um Unsicherheiten der Beschäftigten in Bezug auf den eigenen Arbeitsplatz im Rahmen der Unternehmenstransformation geht: „Das ist natürlich ein Wahnsinnsvertrauensthema. Also wenn ich den Eindruck habe, dass der Arbeitsplatz unmittelbar gefährdet ist, dass ich mir den Ast absäge, auf dem ich sitze. Also, wenn der Eindruck da ist, dann ist das Vertrauen quasi ja bei Null, in so einem Wandel mit zu gehen. Und das sind natürlich ganz schlechte Bedingungen. Deswegen, glaube ich, ist es immer wichtig, aufzuzeigen, wenn man etwas verändert: Zu was führt das? Was sind die Chancen? Was sind die Risiken? Und aber auch dann zu sagen, wenn sich in irgendeinem bestimmten Bereich, wenn wir da auf eine Reduzierung von Arbeitsplätzen zielen, dann muss ich aber auch gleichzeitig sagen können: ‚Wo wollen wir denn in der Zukunft Alternativen schaffen für die Leute? Wo bauen wir auch wiederum auf? Wo gibt es was? Wo entsteht was Neues?'" (S. 18, Z. 571–580).

9.2.8 Weiterbildungsbedarf im digitalen Wandel

Der Großteil der Befragten (83 Prozent) nimmt einen steigenden Weiterbildungsbedarf aufgrund des digitalen Wandels wahr. Gründe werden hierfür vor allem in der voranschreitenden Entwicklung neuer Technologien und Programme gesehen, die die berufliche Tätigkeit zunehmend beeinflussen. Insgesamt 17 Prozent der Expert*innen erklären hingegen, dass durch die voranschreitende Digitalisierung der Weiterbildungsbedarf weder sinkt noch steigt, dieser aber einer Veränderung unterliegt, in Bezug auf seine Inhalte, Wege und Dauer des Lernens. Keine*r der Interviewpartner*innen sieht einen sinkenden Weiterbildungsbedarf im Rahmen des digitalen Wandlungsprozesses.

(1) Steigender Weiterbildungsbedarf

Laut 83 Prozent der Führungskräfte geht der digitale Wandlungsprozess mit einem gesteigerten Weiterbildungsbedarf im Unternehmen einher. Diese Führungskräfte führen den höheren Weiterbildungsbedarf auf die permanenten technologischen Fortschritte zurück, die den beruflichen Alltag immer stärker durchdringen würden und dessen Nutzung erst erlernt werden müsste (z. B. U9, S. 16, Z. 481–488). Vor allem die Analyse von Daten wird als immer wichtiger werdendes Feld von den Führungskräften angesehen. So erklärt U11 hierzu: „Das Thema Data Science und die damit verbundenen Methoden, die sich jetzt auch in den letzten Jahren erst weitererschlossen haben, ist ja auch sozusagen ein neueres Feld in der Datenanalyse, wo sich neue Methoden etablieren, auch durch neue Software, neue Instrumente ermöglicht werden, da besteht natürlich Bedarf, dass wir uns weiterbilden. Und da kommen auch entsprechende Anforderungen von den Mitarbeitern" (S. 9, Z. 249–254). U2 äußert, dass sie den Weiterbildungsbedarf allein aufgrund der wachsenden Einflüsse von Künstlicher Intelligenz als deutlich höher einschätzt, als vor dem digitalen Wandel (S. 11, Z. 332–335).

Ein Anteil von 25 Prozent der Führungskräfte äußert, dass sie den gesteigerten Weiterbildungsbedarf nicht nur auf den zunehmenden Einsatz digitaler Medien bzw. Programme im Unternehmen zurückführen, sondern darüber hinaus auf die steigende Frequenz, innerhalb derer sich Veränderungen vollziehen (z. B. M1, S. 21, Z. 604). So erläutert M7, dass durch den digitalen Wandlungsprozess die „schiere Umsetzungsgeschwindigkeit" (S. 16 f., Z. 516–517), mit der das Unterhemen auf diese Entwicklung reagieren muss, dazu führt, dass die Beschäftigten kontinuierlich weitergebildet werden müssten (S. 17, Z. 517–522). U7 äußert, dass er den Weiterbildungsbedarf aufgrund der hohen Fachlichkeit innerhalb der Finanzdienstleistungsbranche grundsätzlich als hoch einstuft (S. 10, Z. 282–284) und die voranschreitende Digitalisierung diesen Bedarf noch „beschleunigt beziehungsweise erweitert" (S. 10, Z. 284). Auch das steigende Wissen der Kund*innen, die sich durch digitale Informationsquellen auf die Beratungsgespräche besser vorbereiten könnten, führe laut U7 zu steigenden Anforderungen bei den Beschäftigten (S. 10, Z. 284–294).

Die Führungskräfte beschränken sich in ihren Begründungen jedoch nicht nur auf einen technologischen Weiterbildungsbedarf. So weisen 13 Prozent der Führungskräfte darüber hinaus auf einen, aus ihrer Sicht einhergehenden Weiterbildungsbedarf sozialer Kompetenzen hin. So hebt M6 einen erhöhten Weiterbildungsbedarf aufgrund des sich „radikal" (S. 13, Z. 393) verändernden Aufgabenspektrums der Beschäftigten hervor, wie z. B. die Arbeit innerhalb agiler Projekte und eine zunehmend digitale Kommunikation (S. 13, Z. 392–394; Z. 409–412). U6 greift ähnliche Aspekte in seinen Ausführungen auf: „Ja, das spüren wir heute schon, weil einfach

9.2 Digitalisierung

Themen entstehen oder vorhanden sind, wo die Leute oder die meisten Mitarbeiter einfach von ‚Null' anfangen. Das geht um agile Methoden beispielsweise, die einfach relativ schnell Einzug gehalten haben. Oder auch jetzt arbeiten im Homeoffice: ‚Wie führe ich virtuell?' ‚Wie arbeite ich virtuell zusammen?' Solche Beispiele" (S. 10, Z. 306–310). M2 sieht, gerade während der Coronakrise, einen gesteigerten Weiterbildungsbedarf aufgrund der starken Einflüsse der Digitalisierung auf das Arbeitsverhalten und auf die Beratung von Kund*innen. Punkte, wie der Umgang mit sozialer Isolation, die richtige Balance zwischen Beruf und Freizeit sowie die höhere Eigenverantwortung jedes bzw. jeder Einzelnen in dieser besonderen Phase, stellen für M2 zentrale Weiterbildungsinhalte dar (S. 18, Z. 542–551).

Neben dem steigenden Weiterbildungsbedarf aufgrund des digitalen Wandels bezieht sich U8 auf die höheren Anforderungen, basierend auf den stetig steigenden regulatorischen und gesellschaftlichen Anforderungen innerhalb der Finanzdienstleistungsbranche. Gleichzeitig erkennt U8 in der Digitalisierung die Lösung, Wissenslücken „durch digitale Weiterbildungsmaßnahmen gut und schnell schließen" (S. 15, Z. 455) zu können, weil Beschäftigte hierdurch „die Möglichkeit haben, zu jeder Zeit und an jedem Ort, überall, Weiterbildungsmaßnahmen zu nutzen" (S. 15, Z. 456–457).

M11 äußert, dass das Unternehmen auf den wachsenden Weiterbildungsbedarf mit einem steigenden Angebot zur Wissensvermittlung reagiert. Gleichzeitig lässt sich die Effizienz laut M11 mit Hilfe von digitalen Lernwegen deutlich steigern: „Über digitale Medien sind wir viel mehr in der Lage, eine Vielzahl von Veranstaltungen durchzuführen, das wirkt sich natürlich auch massiv auf das Thema Referentenkapazität aus. Weil ich mit einer digitalen Schulung, wenn man die jetzt zum Beispiel per Online-Schulung durchführen würde, auf einen Schlag 500 Leute verarzten kann. Wenn ich eine Präsenzveranstaltung durchführe, die Schulungscharakter haben soll, dann dürfen da maximal 18 Angestellte drinsitzen. Da muss ich viele Schulungen aufsetzen, um 500 Leute zu erreichen" (S. 11, Z. 319–325). Darüber hinaus lobt M11 die höhere Flexibilität des Lernens durch digitale Angebote, da Schulungsveranstaltungen den Beschäftigten jederzeit zur Verfügung stehen bzw. Passagen wiederholt angehört werden können (S. 11, Z. 326–334). U9 weist allerdings darauf hin, dass die zunehmende Digitalisierung von Weiterbildungsangeboten ebenfalls einen erhöhten Weiterbildungsbedarf zur Folge hat, da die Beschäftigten bisher an Weiterbildungen in Präsenzform teilgenommen haben und diesen neuen Lernweg erst erlernen müssen (S. 16, Z. 481–487).

M10 erklärt, dass aufgrund der steigenden Frequenz des Weiterbildungsbedarfes aus seiner Sicht das permanente Lernen von „Wissensportionen" (S. 16, Z. 482) immer mehr an Bedeutung gewinnt (S. 16, Z. 481–483). Aus Sicht von M12 führt das höhere Tempo gleichzeitig zu einer stärkeren Eigenverantwortung der Beschäftigten in Bezug auf deren Weiterbildung: „Also, der Weiterbildungsbedarf steigt mit Sicherheit. Der steigt aber nicht nur durch den digitalen Wandel, sondern er steigt natürlich auch durch die Veränderungsgeschwindigkeit an sich. Das heißt, ich muss eigentlich permanent an mir arbeiten, um up-to-date zu sein. Und das macht es natürlich auch erforderlich, dass ich nicht darauf warte, dass mir jemand etwas vorgibt, sondern dass ich mit offenen Augen auch schaue, wo geht der Weg hin? Und wo kann ich eigentlich an mir arbeiten, um zukunftssicherer zu sein?" (S. 13, Z. 423–429).

(2) Veränderter Weiterbildungsbedarf
Insgesamt 17 Prozent der Führungskräfte erkennen einen veränderten Weiterbildungsbedarf aufgrund des digitalen Wandels. M3 geht in diesem Rahmen auf die veränderten Lerninhalte aufgrund der Digitalisierung ein, z. B. in Bezug auf den Umgang mit neuen technologischen Instrumenten (S. 10, Z. 292–296). Darüber hinaus erklärt M3, dass sich die Kommunikation im Rahmen der Nutzung der digitalen Medien verändert und daher innerhalb der Weiterbildung berücksichtigt werden sollte: „Weil ich glaube auch, die Art und Weise, wie wir kommunizieren, ändert sich auch. Es wird knapper, es wird prägnanter. Ich muss, glaube ich, mehr darüber nachdenken, was ich an welcher Stelle sage. Die Aufmerksamkeitsspanne ist in solchen Online-Veranstaltungen auch deutlich geringer. Also nicht geringer, ist schneller erschöpft. Sagen wir mal so: Ich kann keine Sechs-Stunden-Meetings per Videokonferenz machen. Das wird schwierig. Also muss ich mir auch über die Dramaturgie, über die Abläufe, über die Didaktik, muss ich mir mehr Gedanken machen" (S. 11, Z. 308–315). Auch M5 geht auf „eine veränderte Art und Weise" (S. 19, Z. 593) des Lernens aufgrund der technologischen Einflüsse ein. Vor allem der Einsatz digitaler Endgeräte sowie eine höhere Flexibilisierung sieht M5 als bedeutsam für die Weiterbildung der Beschäftigten an: „Ich denke, es muss viel digitaler werden. Ich muss mich selber kontrollieren können. Und ich darf nicht an fixe Zeiten gebunden sein. Ich muss nicht immer um vier Uhr starten und um sechs Uhr beenden, ich kann auch am Samstag spät anfangen, abends oder sonntags. Ich muss die Flexibilität erfüllen können. Ich glaube, das ganze Lernverhalten wird sich viel stärker verändern, aber es wird nicht mehr" (S. 19, Z. 598–602).

M4 äußert, dass sich der Weiterbildungsbedarf im Rahmen des digitalen Wandels komplett verändert hat (S. 18, Z. 519–520). Diese Aussage begründet M4 mit den unterschiedlichen Wissensständen der Beschäftigten in Bezug auf die Digitalisierung, die neue Lernformate erfordern: „Bei den digitalen Themen ist es, glaube ich, nicht so richtig greifbar, weil jeder Mitarbeiter auch irgendwo anders steht.

9.2 Digitalisierung

Also, das ist unglaublich schwer zu sagen: ‚Okay, ich mache jetzt hier Digitalisierungsseminar eins. Alle Mitarbeiter gehen durch und dann sind wir auf einem guten Level.' Finde ich brutal schwer. Punkt eins, ist es denn für jeden überhaupt das Richtige? Oder wo hole ich den ab? Und Punkt zwei, wenn ich so eine Seminarreihe ein Jahr durchlaufen lasse, ist es wahrscheinlich schon wieder alles überholt. Deswegen ist es wahrscheinlich sehr viel Selbstlernen, webbasiertes Lernen und auch stärker extern" (S. 18, Z. 525–532). Diese neuen Lernwege bzw. stärkere Verlagerung der Weiterbildung an externe Anbietende führen laut M4 auch zu einer veränderten Rolle des Unternehmens: „Also, ich glaube, wir müssen weggehen, im Sinne von, mein Arbeitgeber stellt mir alles zur Verfügung, sondern, der muss mir sagen, in welchen Kompetenzbereichen sich Mitarbeiter entwickeln müssen. Da muss auch was angeboten werden. Aber da ist schon der Mitarbeiter auch sehr eigenverantwortlich, das vielleicht im Selbststudium, auch im Selbstlernen auch zu tun. Weil ich mir bei Gott nicht vorstellen kann, wie wir die Organisation flächig von Seiten unseres Hauses da schulen und entwickeln können. Nächster Punkt ist: Wer soll es denn machen? Also haben wir so viel digitale Kompetenz im Haus, die das auch alles kann?" (S. 18, Z. 533–540).

U12 erklärt, dass er selbst nie Schulungen bezüglich der wachsenden digitalen Einflüsse absolviert hat. Stattdessen habe er sich im beruflichen Alltag immer alles selbst beigebracht. Diese Vorgehensweise sieht er weiterhin als zielführend an und plädiert dafür, dass neue technologische Entwicklungen immer anwenderfreundlicher und selbsterklärender gestaltet werden sollten, sodass sich kein gesteigerter Weiterbildungsbedarf ergibt (S. 11, Z. 323–331).

(3) Bedeutung individueller Weiterbildungsangebote

Aufgrund der dargestellten Entwicklungen empfehlen 17 Prozent der Führungskräfte eine stärkere Individualisierung der Weiterbildung innerhalb des Unternehmens. So erklärt M1, dass im Unternehmen gerade Weiterbildungsangebote, die in Verbindung mit der Digitalisierung stehen, bisher nicht an unterschiedliche Zielgruppen bzw. Vorkenntnisse ausgerichtet werden, obwohl M1 dies als sinnvoll erachten würde (S. 20, Z. 594–596). M9 vertritt die gleiche Haltung zu dieser Thematik: „Ich glaube, die Weiterbildungsangebote müsste man auch mehr clustern und entsprechend anpassen. Also es bringt nichts, immer nur mehr, mehr Seminare anzubieten. Denn es gibt bestimmt Mitarbeiter in unserem Unternehmen, die sich nicht trauen, weil sie das Thema jahrelang vernachlässigt haben, dass man auch denen dann eine Plattform bietet. Und sagt, ich mache Grundlagenkurse, Einsteigerkurse, solche Themen. Ich mach mal ein Beispiel: WhatsApp. Das ist in aller Munde. Wird sich jetzt wahrscheinlich keiner trauen und sagen, ich kenne mich damit nicht aus. Weil dann alle lachen und sagen: ‚Wieso machst du nicht WhatsApp? Das kann doch jedes Kind.' Auch solche Themen finde ich wichtig" (S. 13, Z. 380–388). Diese Haltung begründet M9 mit bisherigen Erfahrungen im Unternehmen, die ihm verdeutlicht haben, wie bedeutsam zielgruppengerechte Weiterbildungsangebote sind: „Ich sag das deshalb, weil wir hatten sowas mal angeboten, so ein Grundlagenseminar. Und hatten da ganz, ganz viele, ich glaube vierhundert Anmeldungen. Was uns so gewundert hat, weil das wirklich nur Grundlagen waren. Haben auch gutes Feedback bekommen. Ich glaube, man muss viel mehr individuell auf die Bedürfnisse der Mitarbeiter eingehen. Also, vorher sozusagen eine Datenlage ermitteln und sagen: ‚Okay, das ist jetzt zum Beispiel jemand für ein Grundlagenseminar'" (S. 13, Z. 388–393). Vor allem sieht es M9 als förderlich an, den Beschäftigten einen Rahmen zu geben, innerhalb dessen sie sich sicher fühlen und in dem sie offen über ihre Schwächen reden können. Diesen Rahmen sieht M9 bisher als verbesserungswürdig an, da die Fehlerkultur aus seiner Sicht noch ein zu gestaltendes Entwicklungsfeld im Unternehmen darstellt (S. 13, Z. 396–406). Auch M10 weist auf die Bedeutung individueller Lernangebote im Unternehmen hin, da der Weiterbildungsbedarf aus seiner Sicht „von der Ausgangssituation jedes Mitarbeiters" (S. 16, Z. 473–474) abhängig ist und daher eine Berücksichtigung erfahren sollte. Gleichzeitig betont M10 die hiermit einhergehende wachsende Eigenverantwortung jedes bzw. jeder einzelnen Beschäftigten, stetig die vorhandenen Stärken und Schwächen zu reflektieren (S. 16, Z. 471–483).

U6 äußert, dass das Unternehmen den steigenden Bedarf von individuellen Weiterbildungsangeboten erkannt hat und sich mit diesem Thema aktuell auseinandersetzt: „Also, wir probieren gerade aus, dass wir sogenannte Lernreisen als Qualifizierungsweg entwickeln. Und das vertesten wir gerade, dass wir diese Karrierewege auch mit einer Qualifizierung sozusagen hinterlegen" (S. 11, Z. 322–324). Die Rückfrage, ob die Lernreisen eine individuelle Ausrichtung aufweisen, bestätigt U6 und erklärt hierzu: „Also, das ist auch der Anspruch, dass wir die Skills von jedem Mitarbeiter kennen und dass wir dann auch intelligente Systeme haben, durch eine individuelle Lernreise für die Bedarfe, die er dann auch hat. Und diese Lernreisen sind auch immer modular zu verstehen, weil jeder fängt ja mit verschiedenen Vorkenntnissen an, einem unterschiedlichen Startpunkt an. Und das heißt, wenn ich mal ein Beispiel mache, wenn eine Gesamtreise 100 Stunden dauert, dann kann es sein, dass der Herr Müller dafür vielleicht nur 20 Stunden benötigt und der Herr Meier vielleicht 80 Stunden und ganz andere Themen hat. Also so muss das sein, ja" (S. 11, Z. 326–333).

(4) Perspektive des Personalwesens und der Betriebsräte
Von den Mitarbeitenden des Personalwesens erklärt PW1, dass er nicht wisse, ob der Weiterbildungsbedarf wirklich ansteige, er aber die Meinung vertrete, dass sich

dieser aufgrund der Einflüsse der Digitalisierung definitiv verändere (S. 16, Z. 442). Die wahrgenommene Veränderung des Weiterbildungsbedarfes definiert PW1 wie folgt: „Er wird individueller würde ich sagen. Die Lerngewohnheiten werden auch anders. Also, während früher vor allem Präsenzseminare da waren, kann man heute rund um die Uhr online lernen. Auch in kleinen Häppchen, kurz mal zwischendurch, wenn ich in der S-Bahn sitze zum Beispiel. Und da brauche ich natürlich auch Möglichkeiten, die das zulassen. Und auch zeitliche Regelungen, die sowas möglich machen" (S. 16, Z. 442–447). Eine weitere Veränderung, die PW1 bei sich selbst festgestellt hat, ist, dass er zunehmend in dem Moment den Lernprozess vollzieht, in dem er das Wissen wirklich benötigt (S. 16, Z. 447–450) und nicht mehr „auf Vorrat" (S. 16, Z. 449) lernt und hofft, dass er „dann irgendwann mal was damit anfangen kann" (S. 16, Z. 449–450).

Die anderen Expert*innen des Personalwesens sehen hingegen einen zunehmenden Weiterbildungsbedarf aufgrund des digitalen Wandlungsprozesses (75 Prozent). Den wachsenden Bedarf führen diese Expert*innen auf die steigenden Anforderungen im Umgang mit den digitalen Medien und Programmen sowie an die sozialen Kompetenzen zurück (z. B. PW2, S. 18, Z. 534–539). PW4 stuft die Entwicklung dieser Kompetenzen als „so wichtig wie noch nie" (S. 33, Z. 951) ein, um die Zukunftsfähigkeit des Unternehmens sicherzustellen (S. 33, Z. 950–951). PW3 sieht im Rahmen der erforderlichen „IT-Skills" (S. 31, Z. 1009) vor allem das Thema „Data Analytics" (S. 31, Z. 1009) als wichtiges Weiterbildungsfeld an (S. 31, Z. 1007–1011). Um die erforderlichen Daten überhaupt analysieren zu können, sieht es PW3 als zentral an, sich im Vorfeld mit folgenden Fragestellungen auseinandersetzen zu können und hierfür über die erforderlichen IT-Kompetenzen zu verfügen: „Wie gestalte ich zum Beispiel Geschäftsprozesse so, dass sie mir halt möglichst viele Daten dann auch liefern, die ich analysieren kann, und in einer Form, wie ich sie analysieren kann" (S. 31, Z. 1011–1013). Auch der Kundenservice verändert sich laut PW3 aufgrund der digitalen Potenziale. Dieser muss sich nach Ansicht von PW3 verstärkt mit der Frage „Wie bediene ich Kunden in dieser digitalisierten Welt?" (S. 32, Z. 1019) auseinandersetzen und durch entsprechende Weiterbildungsangebote gefördert werden (S. 32, Z. 1017–1026). Ferner sieht PW3 das Thema Führen von virtuellen Teams als ein zentrales Weiterentwicklungsfeld für Führungskräfte im Unternehmen an (S. 32, Z. 1014–1015). PW3 weist in diesem Rahmen auf die bestehenden Weiterbildungsbedarfe im Unternehmen hin (S. 31, Z. 993–995), da die Digitalisierung aus seiner Sicht schon zum aktuellen Zeitpunkt Kompetenzen erfordert, die „vielfach in der Belegschaft noch gar nicht da sind" (S. 31, Z. 995–996).

Beide Betriebsräte geben ebenfalls an, einen gesteigerten Weiterbildungsbedarf aufgrund des digitalen Wandlungsprozesses wahrzunehmen. Diese Feststellung gelte laut BR1 für alle Beschäftigten auf sämtlichen Hierarchiestufen: „Das ist im Grunde gar nicht mal nur, dass man sagt: ‚Die müssen digitale Tools erlernen.' Das ist ja nur das eine, sondern wenn man es jetzt anschaut, das wird ja alles immer schnelllebiger. Also ich muss im Grunde schnell neue Informationen verarbeiten. Also Produkte werden immer schneller und agiler entwickelt. Das heißt, ich muss mir schneller neue Inhalte selber aneignen können. Ich kann jetzt eigentlich nicht mehr darauf warten, dass ich sage: ‚Okay, einmal im Jahr kommt eine Aktualisierung, dann gehe ich in eine Schulung und dann weiß ich alles'" (S. 6, Z. 130–139). Aufgrund des zunehmenden Tempos und der wachsenden Agilität sieht BR1 die Entwicklung, dass die Beschäftigten sich immer stärker Wissen selbst aneignen (S. 6, Z. 139–142) „und auch in einer anderen Art lernen, vor allem auf dem digitalen Wege" (S. 6, Z. 143). In diesem Zusammenhang betont BR1, dass der Betriebsrat Wert auf eine Lernkultur legt, innerhalb derer das Unternehmen „(…) auch eine Verantwortung trägt und die Rahmenbedingungen zur Verfügung stellt. Und das fängt an bei so einfachen Sachen wie Zeit, dass wirklich die Kollegen auch freigestellt werden, um zu lernen. Denn wenn man es einfach mal während des Jobs erledigen soll. funktioniert es nicht" (S. 6, Z. 147–153). Einen weiteren wichtigen Faktor stellt laut BR1 die Klärung des Themas Budget dar: „Also, wenn ich modern und digital lernen möchte, kostet das natürlich auch Geld und Investitionen, indem ich den Leuten Hardware zur Verfügung stelle und auch Software. Indem ich es in bestimmten Formaten entwickle oder entwickeln lasse. Und das ist auch ein wichtiger Punkt, wir achten darauf, dass man das jetzt nicht einfach voraussetzt, diese Fähigkeit, die machen das dann alles selber. Sondern wir möchten das auch begleitet wissen und unterstützt wissen. Denn nicht jeder ist dazu in der Lage, das alles sofort selbst zu bedienen und auch diesen Lernweg selbstverantwortlich zu gestalten" (S. 6, Z. 154–163).

BR2 erklärt, ebenfalls einen wachsenden Weiterbildungsbedarf zu erkennen, da die Beschäftigten den Umgang mit neuen technologischen Tools und der einhergehenden veränderten Kommunikation erst erlernen müssen: „Also, jetzt nehmen wir mal dieses eine kleine Beispiel von vorhin, WhatsApp Business. Klingt irgendwie total easy. Trotzdem muss irgendwie der Mitarbeiter abgeholt werden. Was bedeutet das für ihn? Wie geht er damit um? Was soll er eigentlich konkret machen? Also da sind wir dann eigentlich schon in so einer Miniweiterbildung drin, die eine Rolle spielt" (S. 10, Z. 298–302).

9.2.9 Kompetenzanforderungen im digitalen Wandel

Nachdem die Expert*innen auf die deutlichen Einflüsse des digitalen Wandlungsprozesses auf den Weiterbildungsbedarf der Beschäftigten hingewiesen haben, sind sie mit der Frage konfrontiert worden, inwieweit die Digitalisierung zu veränderten Kompetenzanforderungen bei ihnen selbst führt. Hierbei äußern 96 Prozent der Führungskräfte, dass überfachliche Kompetenzen im Rahmen der wachsenden digitalen Einflüsse für sie zunehmend an Bedeutung gewinnen. U7 erklärt als einzige Führungskraft, dass seiner Ansicht nach überfachliche Kompetenzen schon immer eine sehr hohe Bedeutung für den Erfolg des Unternehmens gehabt hätten und aufgrund des digitalen Wandels nicht zusätzlich an Gehalt gewinnen würden (S. 11, Z. 313–319). Vor allem werden digitale und kommunikative Kompetenzen als zentral angesehen, um als Führungskraft den Transformationsprozess des Unternehmens erfolgreich begleiten zu können. Darüber hinaus betonen die Führungskräfte, wie wichtig sie ein permanentes Hinterfragen ihrer eigenen, aber auch der Kompetenzen der Mitarbeitenden innerhalb des digitalen Wandels einschätzen.

(1) Bedeutung überfachlicher Kompetenzen

Insgesamt 38 Prozent der Führungskräfte äußern, dass sie ihre überfachlichen Kompetenzen aufgrund des digitalen Wandels permanent weiterentwickeln müssten, da sie ansonsten ihrer aktuellen Funktion im Unternehmen nicht länger gerecht werden könnten (z. B. M1, S. 21, Z. 622–625; M8, S. 14, Z. 402–404). M6 erklärt hierzu, dass die digitale Transformation, die das Unternehmen vollzieht, gleichzeitig mit einem deutlichen Wandel der überfachlichen Kompetenzanforderungen bei den Führungskräften einhergeht: „Wenn wir jetzt das Thema, Stichwort fachlich und überfachlich haben, früher war die Führungskraft eher der beste Fachmann im Unternehmen auf vielen Ebenen noch, viel zu hoch auch. Und es wurde auch von den Mitarbeitern erwartet, dass die diese tiefe Fachlichkeit haben. Aber eigentlich haben wir genügend Fachlichkeit im Unternehmen. Und von viel mehr Führungskräften wird jetzt erwartet, Themen wie Kommunikationsverhalten, Kooperation, Feedback bekommen und nehmen, Umgang mit digitalen Tools, alles, was nicht fachlich ist, zu fokussieren. Diese Themen hat die Führungskraft zwar größtenteils schon früher gehabt, aber sie werden durch den Wandel noch viel wichtiger. Also, von der Führungskraft wird noch mehr erwartet, den Weg weg von der Fachkraft in Richtung Generalist zu gehen und das im positiven Sinne" (S. 15, Z. 456–465). Auch M10 geht auf die Entwicklung eines veränderten Rollenbildes der Führungskraft im Unternehmen ein (siehe hierzu auch Abschnitt 9.2.5) und der damit einhergehenden Entfernung von der Person, die zu jedem Themengebiet über die größte

Fachlichkeit innerhalb seines Führungsbereiches verfügt: „Also, auch ich komme an Situationen, wo ich jetzt sage: ‚Das verstehe ich jetzt nicht.' Dann muss ich mir Menschen suchen, die mir das Ganze erklären. Also, da ist eine Unterscheidung zwischen Mitarbeiter und Führungskraft aus meiner Sicht nicht zweckmäßig. Ich glaube, das betrifft den ganzen Tannenbaum in unterschiedlicher Ausprägung. In unterschiedlicher Ausprägung heißt: Ich muss nicht jedes Tool bedienen können, mit denen irgendwelche Referenten von mir im Backlog irgendwelche Stories für die agile Arbeitsweise schreiben. Das muss ich nicht. Also aktuell nicht, vielleicht muss ich es mal. Aber zu verstehen, wie da Zusammenhänge sind und wie da Refinements laufen, damit ich einfach einen Überblick darüber habe, was geht gerade und was geht nicht, ist auch für mich total notwendig, weil ansonsten würde ich das, was meine Mitarbeiter machen, nicht nachvollziehen können" (S. 17 f., Z. 533–543).

In Bezug auf die digitalen Kompetenzen sehen die Führungskräfte nicht nur den richtigen Umgang mit den digitalen Medien als zentrale Kompetenz im Wandel an, sondern äußern, dass Kenntnisse über Social-Media-Kanäle bzw. Instant-Messaging-Dienste als ebenso wichtig angesehen werden. So erklären U5 und M3, dass, auch wenn sie selbst nur ein geringes Interesse an den Inhalten derartiger Plattformen hegen, sie eine Auseinandersetzung mit diesen als wichtig ansehen, vor allem um in Erfahrung zu bringen, welche Themen ihre Kund*innen aktuell bewegen (U5, S. 10, Z. 299–306; M3, S. 12, Z. 352–356). M3 und U3 erklären, dass sie es gerade als Führungskraft als zentral ansehen, sich mit den Interessen der Kund*innen auseinanderzusetzen und sich auf eine veränderte Art der Kund*inneninteraktion einzustellen (M3, S. 12, Z. 345–351; U3, S. 15, Z. 430–432). M3 erläutert diese Haltung wie folgt: „Jeder kennt es heute, zum Beispiel über WhatsApp zu kommunizieren. Das ist schon ein bisschen eine andere Sprache. Was interessiert auf Instagram? Also, wenn ich mir da angucke, was Leute da interessiert, dann ist das manchmal auch etwas, wo ich dann persönlich sage: ‚Nein, interessiert mich jetzt nicht. Aber wenn das 60 Prozent der Anderen interessiert, muss ich mich damit beschäftigen, weil ich kann ja nicht einfach sagen, egal.' Und das ist, glaube ich, etwas, was viele unterschätzen oder falsch machen. Aus dem eigenen Verhalten, aus dem eigenen Nutzerverhalten einen Kundenbedarf abzuleiten, das ist natürlich grundfalsch. Weil, so wie ich über Facebook nachdenke, so wie ich Facebook nutze, machen es vielleicht 10 Prozent der Menschen. Aber 90 Prozent machen es anders. Und da muss ich eben auch eine Antwort haben" (S. 12, Z. 342–351). Auch M5 sieht die Auseinandersetzung mit den Interessen und Bedürfnissen der Kund*innen im Rahmen der Digitalisierung als immer wichtiger an. Aus diesem Grunde nimmt er regelmäßig selbst die Kund*innenperspektive ein, gerade um dem wachsenden Anspruch der Kund*innen nach Einfachheit entsprechen zu können: „Ich muss sagen, ich bin einer, wenn wir diese Apps hier machen. Ich will das auch alles verstehen. Und ich stelle mich manchmal auch doof, weil ich sage, ich habe das noch nie gemacht. Ich muss das eigentlich von alleine verstehen" (S. 20, Z. 625–627).

M11 erklärt, dass er sich selbst nie als digital affin angesehen hat, die voranschreitende Digitalisierung innerhalb der Finanzwirtschaft jedoch dazu führt, dass er als Führungskraft seine digitalen Kompetenzen stets weiterentwickeln muss. Nur so ist es laut M11 möglich, auf dem aktuellen Stand zu bleiben und dem eigenen Anspruch einer Vorbildrolle gerecht zu werden: „Mir hat das nie wirklich Spaß gemacht, weil ich schon als Kind oder Jugendlicher nie den spielerischen Zugang gefunden habe, wie das viele gemacht haben, damals über Atari oder Commodore oder wie auch immer. Die eigentlich eher über Computerspiele zur Technik gekommen sind und die dann auch später genutzt haben. Ich habe mich da nie intrinsisch motiviert mit auseinandergesetzt, sondern immer im Rahmen der aktuellen Anforderungen. Und die heutige Zeit ist einfach so, dass es ja eine Anforderung ist, wenn man der nicht gerecht wird, kann man seinen Job nicht ausführen. Insofern stellt sich nicht die Frage, ob ich Lust dazu habe oder nicht. Es ist einfach so, dass man den Job gar nicht anders machen kann. Und dann bin ich eher ein Freund davon zu sagen, okay, ich nehme das Thema. Ich setze mich damit auseinander. Ich versuche das möglichst gut zu machen und eher eine Vorbildfunktion einzunehmen, anstatt dass ich der Musik hinterherlaufe" (S. 12, Z. 371–382).

U2 erklärt ebenso, dass sie allein aufgrund ihres eigenen Anspruchs, als Führungskraft eine Vorbildrolle einzunehmen, den Willen hat, sich stetig im digitalen Wandel weiterzuentwickeln: „Ich muss mich jetzt auch damit beschäftigen. Also, ich habe in meiner Vergangenheit schon immer viel mit Zahlen gearbeitet, aber auch jetzt muss ich mich wieder hinsetzen und diese Schulungen mitmachen. Ich muss nicht, ich will. Ich will. Weil, ich will das als Führungskraft natürlich auch können. Also ich bin noch nie so gewesen, dass ich mir denke: ‚Du musst das lernen und ich gebe dir nur die Aufträge.' Sondern ich will schon selber auch können, was die Mitarbeiter können müssen" (S. 12, Z. 351–356). Neben der Vorbildfunktion sieht U2 den Bedarf der ständigen Weiterentwicklung bei Führungskräften, um den Arbeitsaufwand für eine Auftragsbearbeitung überhaupt einschätzen zu können (S. 12, Z. 358–360) und dementsprechend eine „Ressourcen-Planung" (S. 12, Z. 360) korrekt vornehmen zu können.

Ferner wird aufgrund der hohen Geschwindigkeit, in dem sich der digitale Wandlungsprozess vollzieht, von 25 Prozent der Führungskräfte das permanente Hinterfragen der eigenen Kompetenzen bzw. der vorhandenen Kompetenzen der Beschäftigten innerhalb des Verantwortungsbereiches als notwendig erachtet. So erklärt M2, dass die Digitalisierung nicht nur zu einer Transformation des Unternehmens, sondern ebenso zu einem Wandlungsprozess bei ihm selbst führt: „Auch loszulassen von alten Gewohnheiten. Und auch bei mir selber zu überdenken, was für Kompetenzen sind denn jetzt erforderlich? Und was brauche ich denn selber, um das, was ich von meinen Mitarbeitern erwarte, ihnen auch mit auf den Weg geben zu können. Also, bin ich da in meiner fachlichen Kompetenz soweit? Bin ich da in meiner Sozialkompetenz soweit? Und auch in meiner Führungskompetenz. So, das alte Muster. Passt das überhaupt noch? Oder muss ich das auch anpassen? Gerade die disziplinarische Kompetenz. Kann ich zukünftig weiterhin überhaupt so führen? Und da kann ich ganz klar sagen, nein. Das kann ich nicht. Und ich merke das gerade sehr extrem. Und ich bin selber auch gerade in so einer eigenen Transformation" (S. 20, Z. 579–587). Auch U6 stellt aufgrund des digitalen Wandlungsprozesses sowie des Megatrends der Globalisierung stetig neue Entwicklungsfelder fest: „Natürlich ist das auch bei uns ein schleichender Prozess, dass man merkt, man hat in Bereichen, die einfach jetzt relativ schnell wichtig werden, Defizite. Also ich fang es mal so an. Das fängt ganz einfach, ganz trivial an mit der Sprache, mit Englisch. Dass einfach viele Projektgeschehnisse einfach nicht mehr lokal sind, sondern global und dann auch Englisch gesprochen wird. Das Nächste ist, dass man Methoden, Tools kennenlernt, die man vorher vielleicht nicht jeden Tag benutzt hat. Also es geht schon ganz, ganz trivial um Conferencing Tools beispielsweise" (S. 12, Z. 344–350). Aufgrund dieser Entwicklung wird laut U6 ein immer schnelleres Lerntempo erforderlich, da die Geschwindigkeit an neuen Themen stetig zunimmt (S. 12, Z. 354–357).

Gleichzeitig kann laut M4 dieses hohe Tempo in Bezug auf die digitalen Kompetenzen schnell zu blinden Flecken führen: „Ich bin auch ganz ehrlich, also ich beobachte das schon auch ein bisschen mit Respekt, weil ich einfach merke, wie unglaublich schnelllebig das ist. Beziehungsweise, ich habe manchmal so das Gefühl, ich weiß gar nicht, was es alles gibt. Ich glaube, das ist eher der Punkt. Man wird immer wieder mal überrascht, gerade auch von Kollegen, da sind es tatsächlich die Jüngeren. Ich mache es mal fest an unserem letzten Assistenten, der sehr, sagen wir mal, digitalisierungsaffin ist. Der einfach, ja, auch dann externe Tools mal mit einbringen wollte. Wo ich mir denke, wow, sowas gibt es. Und das oftmals so, das kommt bei mir so an, man lebt halt schon in einer Welt, man denkt, man weiß viel. Aber es gibt so viel drumherum, was nochmal das Arbeitsleben deutlich erleichtert. Wo man sagt: ‚Man hat überhaupt kein Gefühl, wo man so steht.' Also ich fühle mich gut aufgehoben oder fühle mich da auch gut qualifiziert. Merke es aber auch immer wieder, dass ich total ‚blinde Flecken' habe, es aber auch nicht weiß" (S. 21, Z. 598–609). U8 äußert, dass die Geschwindigkeit des Wandels und somit der Bedarf, sich „sehr schnell" (S. 18, Z. 556) neuen digitalen Anforderungen zu stellen, aufgrund der COVID-19-Pandemie noch gesteigert wurde. Als Beispiel führt U8 die Online-Beratung von Kund*innen an: „Vor einem Jahr haben wir so

9.2 Digitalisierung

gut wie noch keine gemacht. Das wurde jetzt beschleunigt, natürlich auch durch Corona" (S. 18, Z. 556–559).

M12 und U10 weisen darauf hin, dass im digitalen Wandel nicht nur die eigenen Kompetenzen, sondern der gesamte Verantwortungsbereich permanent in Bezug auf den Digitalisierungsgrad hinterfragt werden muss. Diese Führungsaufgabe geht gleichzeitig mit der Anforderung einher, ein Verständnis für digitale Möglichkeiten bzw. Lösungen zu haben (M12, S. 14, Z. 455–460; U10, S. 9, Z. 236–242). In diesem Rahmen ist es laut U10 wichtig, als Führungskraft durch das hohe Tempo des Wandels einen „Blick auf das Wesentliche" (S. 9, Z. 235) zu behalten und über ein ausreichendes Maß an „Stressresilienz" (S. 9, Z. 235) zu verfügen (S. 9, Z. 235–236). M12 nimmt die aktuellen Herausforderungen wie folgt wahr: „Ich möchte es mal so beschreiben, man muss sich im Grunde genommen natürlich einerseits permanent in seinem eigenen Bereich überlegen: ‚Was kann ich vorteilhafterweise digitalisieren? Wo habe ich durch Digitalisierung einen echten Fortschritt? Oder überhaupt einen Fortschritt, weil ich natürlich als Führungskraft auch dafür verantwortlich bin, dass Prozesse in meinem Verantwortungsbereich optimiert oder so effizient wie möglich gestaltet werden.' Und dafür brauche ich auch meine Mitarbeiter, die am Ende des Tages sagen: ‚Wäre das nicht eine Idee? Sollten wir nicht vielleicht eine Sache so programmieren? Oder sollten wir hier nicht mal schauen, dass wir stärker nach digitalen Lösungen schauen?' Und so weiter und so weiter. Das ist, glaube ich, die Verantwortung, die man dort hat und dass man selbst auch mit zunehmendem Lebensalter oder auch Dienstalter diese Offenheit für diese Prozesse auch hat" (S. 14, Z. 455–465). In diesem Rahmen sei M12 besonders dankbar für Rückmeldungen von diversen Teams, die sich aus Beschäftigten unterschiedlicher „Generationen" (S. 15, Z. 468) und „Herkünfte" (S. 15, Z. 468) zusammensetzen, „um auch hier einfach das Optimum produzieren zu können" (S. 15, Z. 468–469).

Insgesamt 33 Prozent der Führungskräfte nehmen Kommunikation als einen wesentlichen Teil der Führungsaufgabe aufgrund des digitalen Wandels wahr (z. B. U12, S. 12, Z. 347–360). So erklärt U7 hierzu: „Es besteht die Kompetenzanforderung, dass man einfach im Gegensatz zu früher mehr auch über digitale Medien, sei es jetzt fachliche Themen oder überfachliche Themen, platziert. In der Vergangenheit war natürlich die Kompetenz mehr in der Präsenz, vor Ort, und das wird jetzt einfach dahingehend ein Stück weit mit verlagert, dass neben dem Thema vor Ort natürlich auch von der Ferne aus erwartet wird, dass entsprechend auch rüberzubringen. Ob das immer gelingt ist das Zweite, aber damit steigt natürlich die Anforderung" (S. 11, Z. 332–338). M7 geht ebenfalls auf den Aspekt ein, dass ihm die Kommunikation mit seinen Mitarbeitenden in persönlicher Form wesentlich leichter fällt und ein zunehmender Austausch über digitale Medien zu wachsenden Kompetenzanforderungen führt: „Wenn ich vor der Mannschaft stehe und versuche,

Botschaften abzusetzen, oder die Menschen mitzunehmen. Also Absetzen ist ja das eine, aber am Ende geht es ja um das Mitnehmen. Dann ist das in einer Präsenz, wenn wir in einem Raum zusammen sind, ganz anders, als wenn ich das, wie im letzten halben Jahr, wo wir es ja quasi unter Laborbedingungen machen mussten, versuche, alles digital auf den Weg zu bringen" (S. 19, Z. 578–583).

Gleichermaßen sehen U1 und M9 die COVID-19-Pandemie und die daraus folgende intensive Phase einer vorwiegend digitalen Kommunikation als äußerst herausfordernd an (U1, S. 13, Z. 374; M9, S. 15, Z. 449–459). So beschreibt U1 ihren Führungsalltag wie folgt: „Wenn Sie jemanden nie sehen, dann ist das ganz schwierig und das obwohl ich meine Mannschaft kenne. Wenn Sie jetzt neue Mitarbeiter haben, ist das fatal. Also, fünf Tage ist eine wahnsinnige Herausforderung für eine Führungskraft. Und bei einer vollen Digitalisierung, wo Sie dann, verbunden mit Homeoffice, keine persönlichen Kontakte mehr haben, verliert sich dann auch die Qualität und die Effizienz, die man sehr stark lobt. Es ist eine völlig andere Situation. Also, ich persönlich habe es ja erlebt, aber fünf Tage in der Situation, Sie können gar nicht alle Mitarbeiter so führen, wie Sie sich das wünschen" (S. 13, Z. 380–387). Vor allem bemängelt U1, dass die Klärung einiger Themen bei einer rein digitalen Kommunikation deutlich mehr Zeit in Anspruch nehmen: „Was Sie manchmal in zehn Minuten mit drei machen, da brauchen Sie jetzt drei Stunden, bis Sie mit den drei Mitarbeitern das einzeln gemacht haben, jetzt mal nur als Beispiel" (S. 13, Z. 392–394).

M9 erklärt, dass er zwar mit Mitarbeitenden, die er lange kennt, sehr gut digital interagieren kann (S. 15, Z. 449–452), er jedoch ebenso wie U1 die Meinung vertritt, dass sich ein Vertrauensverhältnis bei neuen Mitarbeitenden auf diesem Wege nur schwer etablieren lässt: „Problematisch ist es bei jungen Mitarbeitern, die jetzt neu zu uns kommen, weil da fehlt natürlich so dieses Kennenlernen. Dieses man verbringt mal den Tag zusammen oder mal den Abend, ich sag mal, in einer anderen Atmosphäre. Das fehlt schon, da einen Draht jetzt zu ganz neuen Mitarbeitern zu bekommen, das ist schwierig. Wir haben das versucht, ein bisschen hinzubekommen, indem wir mal so, ich sag mal, so Care-Calls gemacht haben mit neuen Mitarbeitern, auch über Online-Meetings, weil im Lockdown konnten wir uns ja nicht treffen. Das ist schwierig, da mit neuen Mitarbeitern in Kontakt zu kommen oder schwieriger" (S. 15, Z. 449–459).

Auch M2 äußert, dass ihn die Führung aus der Ferne aktuell sehr fordert, obwohl er seine Sozialkompetenzen als eine Stärke ansieht: „Aber ich merke da schon, dass das bei mir auch sehr, sehr viel Veränderung jetzt gerade abverlangt. Und ich orientiere mich da auch noch gerade ganz extrem. Und ich muss mich da selber auch gerade orientieren. Und ich suche da das eine oder andere Mal auch noch nach der richtigen Lösung. Nehme mir aber sehr, sehr viel Zeit dafür" (S. 20, Z. 591–596).

9.2 Digitalisierung

Auf die Rückfrage, welche Aspekte M2 in diesem Rahmen als besonders diffizil wahrnimmt, antwortet dieser: „Die Interaktionen mit den Mitarbeitern. Die Zeit zu finden, um in Interaktionen mit dem Mitarbeiter zu gehen. Und aufzupassen, dass ich nicht diese fachlichen Themen und vertrieblichen Themen, die wir haben, zu sehr in den Vordergrund stelle. Und mir diese Zeit auch nehme, mal die Leute abzuholen und zu sagen, wie geht es dir eigentlich bei diesen ganzen Themen? Kommst du denn klar? Kommst du denn zurecht? Und das ist momentan gerade ganz, ganz schwierig aufgrund von dem Coronaumfeld, das wir gerade haben" (S. 20, Z. 598–604).

Darüber hinaus weist U8 darauf hin, dass er Kommunikation als eine zentrale Kompetenz im digitalen Wandel ansieht, weil sie aus seiner Sicht die Voraussetzung für ein Verständnis des Wandels und seiner Notwendigkeit darstellt: „Weil die Leute, unsere Mitarbeiter, müssen auch verstehen, warum und was es bringt. Die müssen nicht nur wissen, dass wir wahnsinnig digital werden müssen, sonst verlieren wir den Anschluss. Sondern die müssen wissen, was ist es im Kleinen für uns, für die Kommunikation, Vertrieb, der Kunde, et cetera. Wo haben wir echte Erleichterungen, wo haben wir die Effekte, auch mit denen Geschäft zu machen, das muss man verstehen. Und da ist die Kommunikation eminent wichtig" (S. 15, Z. 461–466).

U9 geht auf die Auswirkungen der Digitalisierung auf den Weiterbildungsbereich im Unternehmen ein und die damit einhergehenden veränderten Kompetenzanforderungen: „Also, vor zwei Jahren oder drei bin ich durch die Republik gereist, habe überall meine Metaplanrolle mit dabeigehabt, habe die da aufgehangen, habe was drüber erzählt, habe mit einem Stift ein paar Sachen auf die Metaplanwand geschrieben, habe noch eine PowerPoint-Präsentation dabeigehabt und fertig. Und jetzt sitze ich zu Hause, wenn ich selber noch Schulungen habe, dann mache ich die nur noch online. Das heißt, die Sachen werden entweder als Selbstlernprogramme aufbereitet oder wir machen es dann eben per Online-Seminar. Wobei ich jetzt auch nicht mehr so viel selber schulen muss aufgrund meiner Tätigkeit als Führungskraft. Aber natürlich brauche ich die Kompetenzen, muss mich mit den Programmen auskennen, muss wissen, über was die Leute reden. Wir müssen gemeinsam überlegen, wie wir das am besten gestalten. Ich mache die Qualitätskontrolle, und, und, und. Also, da hat sich ganz grundlegend, hat sich das geändert, also die Art, das zu schulen. Die Inhalte sind die Gleichen, aber wie man es rüberbringt ist ein Unterschied wie Tag und Nacht, und das aber auf relativ kurze Zeit" (S. 17, Z. 518–531). Weiterhin erklärt U9, dass sich vor allem die Anforderungen an die didaktischen Kompetenzen deutlich verändert haben: „Wenn wir aber Referent sind, ist es ja ein Unterschied, ob ich Leute vor mir sitzen habe, wo ich sehe, die schauen mich an, die sind wach. Oder ich rede vor mich hin und die Leute sind stummgestaltet und ich habe keine Ahnung, hören die mich noch, sind die eingeschlafen? Das heißt, man muss viel mehr aktiv auch auf die Leute zugehen, immer wieder mal abfragen: ‚Habt Ihr das verstanden? Seid Ihr noch dabei.' Das aber auch wiederum mit Spielregeln klären, dass da nicht irgendwie sechs Leute auf einmal reden" (S. 18, Z. 539–545).

(2) Bedeutung fachlicher Kompetenzen
Neben der wachsenden Bedeutung überfachlicher Kompetenzen erklären 96 Prozent der befragten Führungskräfte, dass die Fachlichkeit aus ihrer Sicht aufgrund der anspruchsvollen Themen und Inhalte innerhalb der Finanzwirtschaft weiterhin sehr wichtig bleiben wird (z. B. U2, S. 12, Z. 363–369). Allein M2 äußert, dass er davon ausgeht, „dass das Fachliche durch Algorithmen und durch Digitalisierung immer mehr in den Hintergrund rückt, weil das Fachwissen auf Abruf irgendwann mal da ist" (S. 28, Z. 829–831). Die anderen Führungskräfte sehen hingegen die digitalen Medien bzw. Programme lediglich als unterstützende Hilfsmittel an, die die fachliche Expertise der Beschäftigten nicht weniger wichtig werden lassen (z. B. M11, S. 12, Z. 353–365; U7, S. 10, Z. 300–301). So erklären 63 Prozent der Führungskräfte, dass das fachliche Wissen aus ihrer Sicht gleichermaßen wichtig bleibt, um die Kund*innen weiterhin kompetent beraten bzw. die berufliche Tätigkeit angemessen ausführen zu können (M3, S. 11, Z. 319–336; M6, S. 14, Z. 427–431). So erläutert beispielsweise U7, dass eine Beratungssoftware nur richtig eingesetzt werden kann, soweit das Fachwissen von dem bzw. der Berater*in und im Vorfeld der Kund*innenbedarf korrekt ermittelt wurde (U7, S. 10, Z. 300–307). Ansonsten besteht aus Sicht von U7 die Gefahr, den Kund*innen „etwas Falsches" (S. 10, Z. 308) zu verkaufen.

U5 beruft sich im Rahmen seiner Antwort auf eine aktuelle Erfahrung, die er gemacht hat: „Ich habe wie gesagt eine Ausbildung in der Finanzdienstleistungsbranche absolviert und habe schon jahrelange Erfahrung in der Branche. Ich war heute Morgen in einer Bank und wollte eine Dienstleistung einkaufen. Was ich dabei erlebt habe und abgeglichen habe mit dem, was mein beruflicher Einstieg damals war, das war eine Katastrophe. Dienstleistung in Sachen, da macht jemand einen Klick in einem Computer, hat aber keine Ahnung, wovon er da spricht. Von daher, ich glaube, dass Kunden, die heute die Finanzdienstleistung kaufen bei mir und aufgeklärte informierte Menschen sind, dass die sehr wohl differenzieren können zwischen: ‚Packt der da ein Häkchen in den Computer?', oder: ‚Hat der eine Ahnung und ist in der Lage, mich hochqualifiziert in Sachen Finanzdienstleistung zu beraten?'" (S. 9, Z. 268–277). Aufgrund dieser aktuellen Erfahrung vertritt U5 weiterhin die Ansicht, dass die fachliche Kompetenz innerhalb der Finanzwirtschaft unabhängig vom Kommunikationsweg auch in Zukunft wichtig bleiben wird: „Und von daher sage ich, die Digitalisierung in Finanzdienstleistungen ist nicht nur Häkchen machen und wird es auch morgen nicht sein. Qualifizierte Geschäfte und das

Vertrauen, das ich brauche, um erfolgreich Finanzdienstleistungen zu verkaufen, das wird auch morgen noch ein Thema sein, wo ein Gegenüber mich mit Kompetenz verbindet. Und sei das nur am Telefon, weil das merkt ein Mensch" (S. 9, Z. 277–282). Abschließend räumt U5 ein, dass seine Einschätzung stark von der Komplexität des Finanzdienstleistungsproduktes abhängt: „Das ist extrem produktabhängig. Ich kann morgen ein simples Produkt über das Internet verticken, das ist nicht das Problem. Aber komplexe Produkte, bei denen es um die Anlage einer hohen Summe geht, was ich in den letzten 35 Jahren mir mühsam angespart habe, das möchte ich bitte in kompetenten Händen eines kompetenten Menschen wissen und nicht bei dem grünen Häkchen eines doofen Computers" (S. 10, Z. 285–289).

Auch U2 geht auf den Aspekt ein, dass die hohe benötigte Fachlichkeit innerhalb der Finanzwirtschaft aus der Komplexität der Produkte resultiert. Diese würden zwar für die Kund*innen zunehmend so gestaltet, dass sie einfacher erklärt werden können, jedoch führt diese Entwicklung „im Umkehrschluss nicht zwangsläufig dazu, dass wir im Unternehmen dann einfachere Prozesse haben" (S. 12, Z. 363–368). Aus diesem Grunde würde sich die erforderliche Fachlichkeit für U2 nicht verändern (S. 12, Z. 368–369). U6 weist darauf hin, dass es viele Funktionen im Unternehmen gibt, die ein hohes Maß an Berufserfahrung erfordern. So ist eine berufliche Erfahrung von 20 Jahren in einigen Bereichen des Unternehmens laut U6 keine Seltenheit (S. 9, Z. 260–265). Ferner erklärt U6, dass neben der Erfahrung auch eigene Weiterbildungsmaßnahmen des Unternehmens erforderlich sind, damit diese Beschäftigten ihre Tätigkeit ausüben können: „Und die Leute, die kriegt man halt nicht einfach am Markt, sondern die muss man auch hier qualifizieren und hinführen. Und das ist etwas, wo ich sage, wenn da eine Population auf einen Schlag raus geht, dann hat man ein Problem. Und das gibt es jetzt nicht flächendeckend, aber es gibt-, an einzelnen Bereichen haben wir auch solche kritischen Skills, wo es nicht ganz so einfach ist" (S. 9, Z. 265–269). Aufgrund dieser Funktionsgruppen im Unternehmen sieht U6 die Fachlichkeit auch in Zukunft als wichtig an (S. 9, Z. 259).

M10 antwortet auf die Frage nach der Entwicklung der Fachlichkeit innerhalb des Unternehmens: „(lacht) Lustig. Hatte ich gestern erst mit einem Kollegen. Das ist übrigens ein Thema, was ich momentan kritisch sehe. Ja, Fachlichkeit bleibt extrem wichtig, weil wir zunehmend sehen, wo früher Menschen in Fachverantwortung waren, die nur ihre Fachlichkeit kannten, das hatte andere Probleme, sehen wir jetzt jene, die ihre Fachlichkeit nicht kennen, aber sich an die Fachlichkeit mit agilen Prozessen herantasten sollen. Das ist nicht immer ganz einfach" (S. 17, Z. 503–508). M10 sieht daher nur eine Kombination aus Fachlichkeit und Kenntnissen über agile Vorgehensweisen innerhalb der Finanzwirtschaft als sinnvoll an: „Ich glaube, es ist immer die Kombination aus Menschen, die in der Lage sind, solche agilen

Prozesse einfach zu managen, um einfach schneller zu werden. Und Menschen, die einfach wirklich fachlich fundiert Ahnung haben. Das ist nicht immer ganz kompatibel. Aber das ist 100 Prozent notwendig, auch wenn wir keine Raketen entwickeln, sondern nur Finanzdienstleistungsprodukte" (S. 17, Z. 520–524).

Insgesamt 21 Prozent der Führungskräfte äußern, dass sie sogar eine steigende Komplexität innerhalb der Finanzwirtschaft wahrnehmen, wodurch die ohnehin hohe Fachlichkeit der Branche aus ihrer Sicht weiter zunimmt (z. B. M12, S. 14, Z. 446–452). U10 erklärt seine Antwort mit der hohen Veränderungsgeschwindigkeit der Finanzdienstleistungsprodukte: „Die Produktwelt ändert sich, die wird zwar im Endeffekt einfacher, aber trotzdem ist die Frequenz der Veränderungen höher als in der Vergangenheit. Die Produkte von heute sind nicht mehr die Produkte von gestern. Und in 2021 sind die nicht mehr so wie in 2020. Ich muss die anders verkaufen, ich muss die Menschen dort anders mitnehmen" (S. 8, Z. 224–228).

U11 äußert, dass seiner Ansicht nach das Thema Fachlichkeit aufgrund der wachsenden „Möglichkeiten der Systeme" (S. 16, Z. 480–481) sogar relevanter wird, da diese immer „weiter ausgereizt werden" (S. 16, Z. 481). So erklärt U11, dass durch die Generierung von immer mehr Daten zusätzliche Kennzahlen und Indikatoren ermittelt werden können, wodurch sich seiner Meinung nach die Komplexität innerhalb der Branche immens erhöht. Aus diesem Grunde müssen die Beschäftigten laut U11 auch weiterhin eine fachliche Stärke aufweisen, um Zusammenhänge und Wirkungsketten verstehen zu können (S. 16, Z. 481–487). M8 erklärt, dass zwar der Anspruch im Unternehmen besteht, Komplexität zu reduzieren, aktuelle Produktentwicklungen diesem Anspruch jedoch widersprechen: „Wir haben ja diesen Prozess, dass wir sagen, wir machen es uns einfacher, es kommt ja vom Unternehmen und der höchsten Managementebene der Wunsch nach weniger Komplexität. Aber (lacht) wir haben gerade jetzt wieder eine neue Produktlandschaft mit einem Schlag hingestellt bekommen. Unter dem Strich haben schon die ersten gesagt, das wird ja noch komplexer, anstatt einfacher" (S. 14, Z. 416–422).

Während sich U10, U11 und M8 auf interne Hintergründe für die steigende Komplexität beziehen, geht U8 auf den externen Faktor einer sich zunehmend verändernden Informationsasymmetrie ein: „Also, man wünscht sich natürlich, dass man die Fachlichkeit durch irgendwelche Popup-Fenster herstellen kann, wo man reinschaut. Das klappt aber nicht. Also es steigt eher, ich muss mehr wissen letztendlich. Der Kunde ist viel besser informiert als noch vor zehn Jahren, als noch vor fünf Jahren. Es ist tatsächlich so, wenn ich heute eine Beratung mache und der Kunde stellt nach einer halben, Dreiviertelstunde Internetsurfen fest, jetzt weiß er mehr, dann bin ich weg von dem Geschäft. Das macht der nie bei mir. Der muss immer das Gefühl haben, der Mehrwert ist schon in der Beratung gewesen, ob digital

9.2 Digitalisierung

oder analog ist völlig egal. Und deswegen steigt für mich die fachliche Anforderung schon" (S. 16, Z. 476–484).

Ein Anteil von 13 Prozent der Führungskräfte äußert, dass sich die Fachlichkeit aufgrund der wachsenden digitalen Einflüsse aus ihrer Sicht zwar verändert, aber dennoch wichtig bleibt. So erklärt M7 hierzu: „Es gibt Themen, da würde ich sicherlich sagen, ja, da lässt die Fachlichkeit ein bisschen nach, weil die Maschine Dinge tut, die man vorher vielleicht selbst gemacht hat. Aber es heißt nicht insgesamt, dass Fachlichkeit weniger wird, aber sie wird anders. Und das wäre das Thema Komplexität, was Sie gerade angesprochen haben. So wie man früher multipliziert hat, indem man sich die Zahlen aufgeschrieben hat, hat man es ausmultipliziert und im Kopf gerechnet. Dann machte das irgendwann der Taschenrechner. Diese Fachlichkeit wurde flacher, aber die Komplexität in Rechenprozessen ist geblieben oder größer geworden. Und so würde ich das hier auch übertragen wollen" (S. 17, Z. 527–534). M9 äußert, ebenso einen veränderten fachlichen Anspruch zu bemerken: „Ich brauche jetzt weniger Produktwissen, weil das viel einfacher wird. Das wird ja wirklich zunehmend idiotensicher. Das ist ja auch so geplant, dass auch ein Kunde, der kein fachliches Wissen hat, die Produkte digital erwerben kann. Also das wird einfacher. Aber ich glaube, ich muss dann anderes Wissen haben. Ich muss dann wissen, wie kriege ich es denn digitaler an den Mann? Ich glaube, das wird einfach anders. Nicht weniger oder mehr, sondern ein anderes Wissen, was ich haben muss" (S. 14, Z. 420–425).

U4 äußert, dass nicht nur die Kund*innen und die Vertriebseinheit des Unternehmens aus der Vereinfachung der Produkte Vorteile ziehen, sondern ebenso die betrieblichen Einheiten von dieser Entwicklung profitieren. So erklärt U4, dass die vom Unternehmen angestrebte „einfache Fachlichkeit" (S. 16, Z. 496), dazu führt, dass weniger Rückfragen an den Innendienst gestellt werden und sich die „Masse an Standardfällen selbsterklärend" (S. 16, Z. 499–500) gestaltet. Dennoch sieht auch U4 das Thema Fachlichkeit weiterhin als bedeutsam an, um individuellen Anforderungen gerecht werden zu können: „Die Fachlichkeit brauche ich dann, und da sogar viel stärker und vertiefter, bei den individuellen Fragestellungen unserer Kunden. Und da denken wir noch zu stark in Schubladen. Also wie macht man dies, und wie macht man jenes? Ich habe da die Befürchtung, dass in der Vergangenheit ein bisschen da die Fachlichkeit verloren gegangen ist, auch aus Erfahrung bewertet. Und da müssen wir verstärkt und gezielter tatsächlich auch die Kolleginnen und Kollegen für dieses neue Zeitalter wappnen, im Sinne von: ‚Wenn was an dich herangetragen wird, dann sind das meistens Fälle, von denen du wirklich dann deine Kreativität mit ins Spiel bringen musst und dein Fachwissen'" (S. 16, Z. 500–508).

(3) Perspektive des Personalwesens und der Betriebsräte
Auch die Expert*innen des Personalwesens weisen übereinstimmend auf die wachsende Bedeutung überfachlicher Kompetenzen aufgrund des digitalen Wandels hin. So stuft PW1 die folgenden überfachlichen Kompetenzen als entscheidendste für die Zukunftsfähigkeit des Unternehmens ein: „Kreativität, auch die Fähigkeit, sich schnell in immer neue Themen einzuarbeiten. Eine gewisse Lösungskompetenz zu entwickeln. Mit anderen zusammenzuarbeiten. Auch eine gewisse Empathie und Verständnis für Kundenbedürfnisse" (S. 11, Z. 289–291). Die steigende Bedeutung dieser Kompetenzen führt laut PW1 gleichzeitig zu einer veränderten Rolle der Führungskräfte im Unternehmen: „Also früher war es so, dass die Führungskraft diejenige war, die ein gewisses Fachwissen hatte und am besten wusste, wie was zu machen ist. Das ist heute nicht mehr so. Heute kann es sein, dass die Führungskraft in einem gewissen Gebiet viel weniger weiß als ein Mitarbeiter, der darin spezialisiert ist. Aber die Aufgabe hat, die Mitarbeiter so zu koordinieren und so zu unterstützen, dass sie ihr volles Potenzial entfalten können" (S. 16, Z. 454–459). Auch PW4 stellt eine Verschiebung von einer bisher sehr fachlich ausgerichteten Führungsrolle zu einer stärkeren überfachlichen Führungsrolle im Unternehmen fest. Innerhalb dieser neuen Führungsrolle müssen sich die Führungskräfte in deutlich höherem Maße mit dem Thema Weiterbildung und -entwicklung von Mitarbeitenden auseinandersetzen (S. 33, Z. 960–962). Laut PW4 stellt diese Entwicklung die Führungskräfte vor wachsende Herausforderungen: „Früher reduzierte sich die Unterstützung der Führungskräfte nur auf die Zustimmung für das Budget. Und in Zukunft müssen sie einschätzen können: ‚Was brauchen meine Mitarbeiter überhaupt?' Und das ist neu für die Führungskräfte und auch schwierig" (S. 33, Z. 956–958).

PW3 äußert, dass für Führungskräfte besonders das überfachliche Thema „IT Literacy" (S. 32, Z. 1039) eine zentrale Rolle spielen wird und erläutert den Begriff wie folgt: „Digitale Geschäftsprozesse, was gibt es denn da einfach für Möglichkeiten. Dieses Thema eben, Daten, dieses ganze Thema datengetriebene Geschäftsmodelle. Ich glaube, das ist einfach für viele etwas Neues" (S. 31 f., Z. 1038–1042). Auch das Erkennen und Verstehen von Zusammenhängen und eine stärkere Einnahme der Kund*innenperspektive, um den Service verbessern zu können, sieht PW3 als immer wichtiger werdende Führungskompetenzen an (S. 31, Z. 1004–1007; Z. 1019–1034). Darüber hinaus nimmt PW3 deutliche Einflüsse der Digitalisierung auf die Arbeitsweisen wahr (S. 32, Z. 1042–1045), sodass er Kenntnisse über „agiles Arbeiten" (S. 32, Z. 1044) als zentral bei Führungskräften ansieht. Für PW2 nehmen ebenso der richtige Umgang mit neuen Technologien, sowie methodische und soziale Kompetenzen eine wachsende Bedeutung für Führungskräfte ein (S. 19 f., Z. 534–544; Z. 567–572). Im Rahmen dieser überfachlichen

Kompetenzen sieht es PW2 als notwendig an, dass die Führungskräfte eine Vorbildrolle einnehmen, indem sie den Beschäftigten stets „ein Stückchen voraus" (S. 20, Z. 568–569) sind. Die zentrale Bedeutung überfachlicher Kompetenzen für die Zukunftsfähigkeit des Unternehmens wird auch von den Betriebsräten gesehen. So erklärt BR2, dass bei jeder neuen Stellenausschreibung ein intensiver Austausch zusammen mit den Führungskräften sowie dem Personalwesen erfolgt, um die „digitalen Themen oder Tools" (S. 10, Z. 313), die mit der Stelle verbunden sind, „präzise" (S. 10, Z. 312) für die Ausschreibung definieren zu können (S. 10, Z. 310–318). Gerade innerhalb der vertrieblichen Einheit des Unternehmens sieht BR2 es als wichtig an, klare Erwartungen an die Bewerber*innen zu kommunizieren: „Wenn ich heute an den Vertrieb denke, dass ich mir Leute an Board hole, die auch wirklich digital affin sind, die Willens und in der Lage sind die digitalen Instrumente zu nutzen. Man muss da auch ganz klar eine Erwartung ja auch aufmalen, aufzeigen, wenn man Leute einstellt. Bringt ja nichts, eben die Verkaufskanonen einzustellen, die aber gar nicht wollen, irgendwie mit digitalen Instrumenten in Kontakt zu kommen. Das wird auf Dauer nicht klappen. Und von daher, so das Thema Erwartungsmanagement, das spielt sich eben sehr stark in den Stellenausschreibungen ab" (S. 11, Z. 326–332).

BR1 äußert ebenfalls, überfachlichen Kompetenzen, wie z. B. Kreativität und Kommunikation, im digitalen Wandlungsprozess eine hohe Bedeutung beizumessen (S. 21, Z. 540–543). Allerdings weist BR1 darauf hin, dass aus seiner Sicht überfachliche Kompetenzen auf bestimmten Hierarchieebenen schon immer von hoher Relevanz waren: „Ich glaube aber gar nicht mal, dass diese Fähigkeiten an Bedeutung zunehmen. Denn ich bin überzeugt, dass die jetzt auch schon oder vor Jahren auch tatsächlich schon sehr relevant waren. Allerdings natürlich nicht in dem Bereich, in dem die Menschen diese einfachen Tätigkeiten ausgeübt haben. Also ich sage mal so, die höchste Managementebene sollte auch schon vor Jahren eigenständig, analytisch und kreativ gewesen sein. Ich glaube nur, dass es mehr Jobs in diesem Bereich geben wird" (S. 21, Z. 543–550).

9.3 Flexibilisierung

Innerhalb des dritten Themenblocks der Interviews haben sich die Expert*innen mit Fragestellungen zur Flexibilisierung auseinandergesetzt. Aufgrund der hohen

Einflussnahme der Flexibilisierung auf die Unternehmenskultur, sind alle Befragten um eine Einschätzung der kulturellen Veränderungen innerhalb des Untersuchungsfeldes, aufgrund des mobil-flexiblen Arbeitens, gebeten worden. Gleichzeitig haben die Interviewpartner*innen geäußert, welche Aspekte der Unternehmenskultur aus ihrer Sicht noch weiteren Veränderungen bedürfen. Den Mitarbeitenden des Personalwesens sind darüber hinaus die Fragen gestellt worden, welche Erwartungen sie auf der Seite der Beschäftigten im Rahmen des mobil-flexiblen Arbeitens sehen und inwieweit diese Erwartungen aus ihrer Sicht eine Klärung erfahren haben. Die Betriebsräte sind hingegen zu den veränderten Anforderungen an die zeitliche und / oder inhaltliche Flexibilität der Beschäftigten aufgrund des digitalen Wandlungsprozesses befragt worden.

Ferner sind alle Expert*innen um eine Einschätzung zur Vereinbarkeit unterschiedlicher Lebensbereiche im Unternehmen sowie erforderlichen Verbesserungen bzgl. dieser Thematik gebeten worden. Durch diese beiden Fragen kann vor allem der Leitfrage der Untersuchung nach dem Einfluss der Erwartungen an die Life-Domain-Balance auf die Wahrnehmungen und Erwartungen der Führungskräfte Rechnung getragen werden. Die Führungskräfte sind abschließend mit der Fragestellung konfrontiert worden, inwieweit das mobil-flexible Arbeiten aus Ihrer Sicht einen möglichen Anreiz für einen späteren Eintritt in den Ruhestand darstellt. Die Ergebnisse zu den aufgeführten Fragestellungen werden in den nachfolgenden Unterkapiteln dargestellt.

9.3.1 Einflüsse des mobil-flexiblen Arbeitens auf die Unternehmenskultur

Die Expert*innen äußern übereinstimmend, dass sich aufgrund des mobil-flexiblen Arbeitens deutliche Veränderungen der Unternehmenskultur bereits vollzogen haben bzw. noch vollziehen werden. Um die Veränderungen verdeutlichen zu können, beschreiben viele Befragte ihre Wahrnehmung der Unternehmenskultur in Zusammenhang von Einflüssen des mobil-flexiblen Arbeitens. Das nachfolgende Unterkapitel ist daher geprägt von rückblickenden sowie aktuellen Darstellungen der Unternehmenskultur.

9.3.1.1 Wahrnehmung und Veränderungen der Unternehmenskultur

Die Expert*innen heben in ihren Ausführungen insbesondere den erlebten positiven Wandel von einer Präsenz- zu einer Vertrauenskultur im Unternehmen hervor (53 Prozent). Die Ernsthaftigkeit dieser kulturellen Veränderung wird allerdings von vielen Befragten angezweifelt. So weisen gerade die Führungskräfte in dieser Frage ein zwiespältiges Bild auf. Von insgesamt 42 Prozent der befragten Manager*innen, die einen kulturellen Wandel bemerken, äußert die eine Hälfte (insgesamt 21 Prozent), dass sie daran zweifeln, dass alle Führungskräfte im Unternehmen von dem mobil-flexiblen Arbeiten und der damit einhergehenden Vertrauenskultur wirklich überzeugt sind. Stattdessen führen diese Führungskräfte die aktuellen kulturellen Veränderungen im Unternehmen allein auf die Einflüsse der COVID-19-Pandemie zurück und nicht auf ein dauerhaft und wesentlich verändertes Mindset. Die andere Hälfte der Führungskräfte, die einen Wechsel in eine Vertrauenskultur wahrnehmen (ebenfalls insgesamt 21 Prozent), erklärt hingegen, diesen Wandel als glaubhaft zu erleben. Ferner sehen 25 Prozent der Führungskräfte die zunehmende Entwicklung einer Einzelkämpferkultur aufgrund der aktuellen Intensität des mobil-flexiblen Arbeitens mit Sorge. Weitere positive Entwicklungen sehen die Führungskräfte hingegen in neuen Freiräumen für die Beschäftigten (17 Prozent) sowie einer steigenden Agilität und veränderten Umgangsformen im Unternehmen (13 Prozent).

(1) Wandel von einer Präsenz- zu einer Vertrauenskultur
Die größte wahrgenommene Veränderung der Unternehmenskultur, aufgrund des mobil-flexiblen Arbeitens, zeigt sich aus Sicht der Führungskräfte in einem gestiegenen Vertrauen gegenüber den Beschäftigten (42 Prozent). U12 und U9 erklären in diesem Zusammenhang, dass das Thema Vertrauen in der Vergangenheit sehr gehemmt war, da man im Unternehmen als Führungskraft die Ansicht vertreten hat, dass nur beaufsichtigte Mitarbeitende auch gut arbeiten würden (U12, S. 13, Z. 384–387; U9, S. 19, Z. 578–579). Diese Ansicht wäre laut U12 vor allem bei den ersten Versuchen, Homeoffice zu implementieren, deutlich geworden: „Als wir einmal einen Versuch gemacht haben, in den Achtzigerjahren jemandem ein Homeoffice einzurichten, war das ja ganz ein schwieriges Thema seitens des Arbeitgebers. Die ja ganz dagegen waren, weil man meinte: ‚a. zu hohe Kosten, b. der Mitarbeiter wird nicht mehr kontrolliert. Und man weiß immer nicht, was er noch so den ganzen Tag macht.' Das war ein ganz wunder Punkt. Wir haben es dann auch wieder mal gelassen und wieder auf null gelegt. Aber das waren die ersten Erfahrungen dazu" (S. 13, Z. 369–375). Auch U6 berichtet von zuvor befürchteten „Produktivitätsverlusten" (S. 13, Z. 398) von Seiten des Unternehmens, die im Zusammenhang mit dem mobil-flexiblen Arbeiten angenommen worden sind (S. 13, Z. 394–397).

Insgesamt 21 Prozent der befragten Führungskräfte berichten, dass sich das Meinungsbild der Managementebenen hierzu inzwischen verändert habe, aufgrund der Erfahrungen aus der Coronakrise (z. B. U6, S. 13 f., Z. 397–402; U4, S. 18, Z. 547–550). So beschreibt U6 beispielsweise, dass vor der COVID-19-Pandemie der

Wunsch nach einer Ausweitung des mobil-flexiblen Arbeitens und einer Vertrauenskultur von der Unternehmensleitung zwar geäußert, aber letztlich „nicht richtig gewollt" (S. 14, Z. 414) worden sei, da an dem Konzept gezweifelt wurde: „Ich glaube schon, dass es durch COVID-19 gekommen ist. Das war davor, wie soll ich sagen, eine Willensbekundung, aber ich glaube, man hat es dem Management nicht so richtig abgenommen. Weil da war dieses ‚Kontrollgen' noch extrem ausgeprägt und jetzt ist der Beweis eingetreten mit COVID-19, dass es wirklich funktioniert. Und man merkt es auch an Beispielen, dass auch die Unternehmensleitung ja selber im Homeoffice arbeitet und selber leger sich in Meetings einklinkt et cetera. Also es ist kulturell schon ganz anders als davor. Aber ich glaube es ist erst durch COVID-19 so wirklich glaubhaft verinnerlicht worden" (S. 14, Z. 402–409; Z. 412–414).

U2 und U5 äußern ebenfalls, dass der Großteil der Führungskräfte es mittlerweile „verstanden" (U2, S. 13, Z. 413) habe, dass die Mitarbeitenden auch im Homeoffice arbeiten würden und erreichbar seien bzw. die Pandemie ein „Katalysator" (U5, S. 11, Z. 317) hierfür gewesen sei (U2, S. 13 f., 412–421 bzw. U5, S. 11, Z. 317–324). Beide Expert*innen gehen gleichzeitig auf die große Verwunderung über dieses Ergebnis bei vielen Führungskräften im Unternehmen ein. U5 erklärt hierzu: „Ich glaube, wir treffen im Moment, egal wo man hinschaut, auf Führungskräfte, die mit staunenden, weit aufgerissen Augen dastehen und merken: ‚Teufel nochmal, das läuft ja, obwohl die Leute zu Hause am Wohnzimmertisch sitzen. Ich muss ja da gar nicht dreimal am Tag reinlaufen und gucken, ob der zum Fenster rausschaut oder schon wieder zum Rauchen gegangen ist, sondern der macht ja einfach seinen Job, egal wo.' Und ich nehme das so wahr, dass hunderte von Führungskräften da ernsthaft baff sind, wie das tatsächlich läuft, wenn die Menschen von zu Hause aus arbeiten" (S. 11, Z. 317–324).

Ein Anteil von ebenfalls 21 Prozent der Führungskräfte bezweifelt hingegen ein verändertes Meinungsbild über eine Vertrauenskultur im Unternehmen, da sie die aktuellen Veränderungen allein auf die Einflüsse von der COVID-19-Pandemie zurückführen (z. B. U11, S. 21, Z. 541–544). Aus diesem Grunde erklärt M3, dass es aus seiner Sicht noch zu früh sei, von einer tatsächlichen kulturellen Veränderung im Unternehmen zu sprechen. Allerdings geht er davon aus, dass sich die Unternehmenskultur noch verändern wird (M3, S. 13, Z. 361–363). Wie tief diese Veränderungen gehen werden, ist für M3 allerdings noch fraglich, da die Rahmenbedingungen der Pandemie nicht von Dauer sind: „Aber dieser Zustand, den wir jetzt haben, ist ja nicht die Messlatte, sondern wir müssen die Frage stellen: ‚Was passiert, wenn es jetzt wieder normal ist? Was heißt das dann? Bleibe ich dann weiterhin mehr zu Hause? Wenn ja, in welchen Themen? Oder wenn nein, in welchen Themen fahre ich ins Büro?' Ich glaube, das wird sich neu justieren" (S. 13, Z.

9.3 Flexibilisierung

369–373). Diese Punkte gelte es laut M3 bilateral und in persönlicher Form nach der COVID-19-Pandemie zu besprechen (S. 13, Z. 373–374).

U4 sieht den Fortbestand der aktuellen Entwicklungen innerhalb der Unternehmenskultur ebenso wie M3 als fragwürdig an. Er empfindet die Veränderungen als „Zwangsmaßnahmen" (S. 17, Z. 539), die von einigen Führungskräften eher aufgrund einer hierarchischen Kultur im Unternehmen und weniger aus Überzeugung umgesetzt werden: „Also ich merke, es gibt dabei immer wieder Stimmen, die das noch nicht so positiv sehen, das war halt eine Order von oben: ‚Ihr bleibt jetzt zu Hause.' Das heißt, viele Führungskräfte, da zähle ich mich jetzt nicht dazu, wurden quasi gezwungen, das Vertrauen den Mitarbeitern mitzugeben, dass die von zu Hause aus genauso effektiv oder effizient sind, wie wenn ich quasi ihm auf die Finger gucke. Und dieser Kulturwandel ist in gewisser Weise jetzt erzwungen worden" (S. 17, Z. 532–537). Abschließend erklärt U4, dass es wichtig sei an den Veränderungen der Unternehmenskultur festzuhalten, sodass die Kolleg*innen weiterhin die gewonnene Flexibilität beibehalten dürften, wo es möglich sei. Gleichzeitig sei U4 aber kein „Fan" (S. 17, Z. 543) von ausschließlichem Homeoffice, da er auch den Austausch brauche. Daher plädiert U4 für einen zukünftigen Gleichklang zwischen Flexibilität und der Möglichkeit einer persönlichen Kommunikation (S. 17, Z. 539–546).

Auch U8 definiert die COVID-19-Pandemie als eine „Spezialsituation" (S. 19, Z. 592), deren hervorgerufene Veränderung der Unternehmenskultur sich nach der Coronakrise wieder „deutlich zurückentwickeln" (S. 19, Z. 595) würde. Diese Annahme führt U8 u. a. auf seine Erfahrungen mit der starken Präsenzkultur innerhalb des Unternehmens vor der Pandemie zurück: „Es gibt zum Beispiel eine Einheit, da hieß es vor Corona: ‚Nein, also von daheim telefonieren und digital unterstützen, das geht ja technisch schon gar nicht.' Haben sie gesagt. Was völliger Unsinn ist, das ist technisch überhaupt kein Problem. ‚Ja. Und da machen wir vielleicht mal ein Testfeld, um zu schauen, ob das geht.' Dann kam Corona, sofort waren natürlich alle im Homeoffice. Technisch war es ja kein Problem. Logischerweise, wäre ja sonst auch traurig" (S. 21, Z. 653–658).

Darüber hinaus äußert U8, den Drang von der Unternehmensseite, in diese Präsenzkultur zurückzukehren, bereits festgestellt zu haben. So wurde sich gegen den Vorschlag von U8, sobald die Infektionszahlen sinken, für die Einheit dauerhaft zwei Tage in der Woche mobiles Arbeiten zu ermöglichen, zu Beginn erneut „gewehrt" (S. 21, Z. 665). Die Begründung hierfür sei der immer noch bestehende Bedarf eines Testfeldes aus Sicht der Unternehmensleitung gewesen. Nachdem U8 jedoch auf die monatelange erfolgreiche Arbeit der Einheit unter realen Bedingungen verwiesen habe, hätte die Unternehmensleitung eingelenkt, die Bedingungen während der Pandemie doch als Testfeld zu akzeptieren (S. 21, Z. 658–668).

Nicht zuletzt stützt U8 seine Einschätzung auf Erfahrungen aus dem Juni 2020, da in dem Monat sinkende COVID-19-Infektionen direkt dazu geführt haben, wieder vorherige Arbeitsweisen zu verfolgen: „Plötzlich hat es geheißen, wir dürfen raus und alle sind raus und haben wieder ganz klassisch gearbeitet. Und auch ein Kundenbetreuer, der mit Online-Beratungen sich durch die Zeit so gekämpft hat, sobald es ging haben die, ganz ehrlich gesagt, 95 Prozent offline wieder gemacht" (S. 19, Z. 595–599). Die damalige Entwicklung sieht U8 jedoch auch als ein Zeichen dafür an, dass der persönliche Kontakt zwischen Kund*innen und Mitarbeitenden innerhalb der Branche weiterhin wichtig bleibe (S. 19, Z. 599–600).

M12 erklärt, dass sich aus seiner Sicht eine Veränderung der Unternehmenskultur aufgrund des mobil-flexiblen Arbeitens noch nicht vollzogen hat, Veränderungen zu einer Vertrauenskultur jedoch aufgrund der COVID-19-Pandemie angetrieben werden (4 Prozent). Insbesondere geht M12 davon aus, dass das mobil-flexible Arbeiten zukünftig einen starken Einfluss auf die Führung als ein Teil der Unternehmenskultur nehmen wird: „Im Bereich der Führungskultur wird sich aus meiner Sicht sehr viel ändern, weil natürlich virtuelles Führen ganz anders funktioniert und ganz andere Skills erfordert als das physische Führen, das Führen vor Ort. Weil ich im Grunde genommen sehr, sehr viel stärker darauf achten muss, dass ich alle mitnehme, dass ich fachlichen Austausch fördere, dass ich gerechte Arbeitsverteilung sicherstelle und so weiter. Denn natürlich bietet auch ein Homeoffice die Möglichkeit, mal etwas unter dem Radar zu verschwinden, was die eigene Arbeit angeht, und da bin ich natürlich als Führungskraft ganz anders gefordert als in der Vergangenheit" (S. 16, Z. 494–501). Darüber hinaus sieht M12 wachsende Herausforderungen auf der Seite der Mitarbeitenden, da diese aufgrund des mobil-flexiblen Arbeitens deutlich stärker auf sich selbst gestellt sind, sich weniger untereinander austauschen können und deutlich eigenständiger arbeiten und lernen müssen (S. 15, Z. 488–494). Diese wachsende Eigenständigkeit erfordert nach M12, aufgrund der Wechselseitigkeit der Führungsbeziehung, gleichzeitig eine veränderte Haltung bei den Führungskräften: „Und wir werden sicherlich sehr viel stärker auch mit dem Vertrauen in unsere Mitarbeiter und damit auch in das Vertrauen der eigenständigen, selbstverantwortlichen Entwicklung und Arbeitsweise der Mitarbeiter einen kulturellen Wandel erleben. Weil, und das wird vermutlich auch in Zukunft so sein, die Mitarbeiter nicht mehr in Scharen permanent vor Ort sind, sondern sehr viel stärker auch dauerhaft von zu Hause arbeiten, in welchem Umfang auch immer" (S. 16, Z. 501- 506).

(2) Entwicklung einer Einzelkämpferkultur
Insgesamt 25 Prozent der befragten Führungskräfte geben an, dass sich die Beschäftigten aufgrund des aktuell verstärkten mobil-flexiblen Arbeitens zunehmend zu

9.3 Flexibilisierung

Einzelkämpfern entwickeln, deren Austausch untereinander in Mitleidenschaft gezogen wird. M7 erklärt diese Feststellung wie folgt: „Es gibt diese kollegiale Zusammenarbeit, die das Erreichen eines gemeinsamen Ziels positiv flankierend begleitet. Durch dieses mobil-flexible Arbeiten werden wir immer mehr zu Einzelkämpfern. Wir arbeiten zwar an einem gemeinsamen Projekt aber es ist nicht diese, ich nenne es mal räumliche Klammer da. Dass man in einem Bürogebäude arbeitet und eben von dort aus die Dinge auf den Weg bringt. Und dadurch ein Gemeinsamkeitsgefühl einfach vorhanden ist. Das müssen sie jetzt vom Grunde her immer aktiv einfordern. Alles was sie tun beim mobil-flexiblen Arbeiten, das muss immer aktiv gemacht werden" (S. 19 f., Z. 610–617). Weiterhin führt M7 aus, dass das Unternehmen zwar „durch die heikle Phase 2020" (S. 20, Z. 620) gut durchgekommen sei, er dieses Ergebnis jedoch, neben der Disziplin der Beschäftigten, ebenso wie M10 auf die bestehenden sozialen Beziehungen zurückführt (M7, S. 20, Z. 620–623; M10, S. 19, Z. 572–576). Eine langfristige Verschiebung dieser Beziehungen sieht M7 jedoch als Gefahr für den Teamgedanken an und plädiert daher nach der Coronakrise für eine Begrenzung des mobil-flexiblen Arbeitens: „Aber die Menschen kennen sich und kannten sich. Diese sozialen Beziehungen, die sind alle da. Und die können sie dann vorübergehend digital auslagern. Das geht. Das geht aber nur endlich. Das wird nicht auf Dauer funktionieren. Und insofern ist dieses Thema, das sehe ich auf Dauer als gefährlich an, weil wir dann als Team zerfallen" (S. 20, Z. 623–627).

Auch M4 sieht langfristig eine Begrenzung des mobil-flexiblen Arbeitens, z. B. durch Leitplanken des Unternehmens bzw. der Führungskräfte, als sinnvoll an (S. 15, Z. 435–436). Diese Äußerung begründet M4 mit der Wahrnehmung einer zunehmend ablehnenden Haltung einiger Beschäftigten bzgl. der persönlichen Kommunikation im Büro: „Was ich auch erlebe, ist mittlerweile, dass Homeoffice zum Standard wird. Und die Bereitschaft, vielleicht mal wieder in die Betriebsstätte zu kommen, eher gering wird, es aber Einheiten gibt, wo ein Austausch oder ein Miteinander immer auch mal wichtig ist. Und da ist es wichtig, dass man sich schon ein-, zweimal die Woche in der Betriebsstätte sieht, um Themen zu besprechen, Austausch zu haben. Und da habe ich auch erlebt, dass es Kollegen gibt, die fast schon in eine Verweigerungshaltung gehen, in die Betriebsstätte zu kommen, weil das Homeoffice eben so angenehm ist" (S. 15, Z. 428–434). U10 beobachtet ebenfalls ein sinkendes Zusammengehörigkeitsgefühl aufgrund des mobil-flexiblen Arbeitens und sieht hierin ein zentrales Lernfeld für die Zukunft: „Es geht natürlich auch, wenn die Menschen zuhause arbeiten. Wir müssen aber einen Weg finden, diese Zusammengehörigkeit zu einem Unternehmen auch in dieser Einzelkämpfermanier, die wir gerade fahren, zu stärken, dort doch die Möglichkeit für einen informellen Plausch zu geben oder die Mitarbeiter dort selber anzuleiten oder einzuladen, zu sagen: ‚Hole dir deinen persönlichen Austausch mit deinen Kollegen.' Das müssen wir lernen, dass sich jeder dort auch nochmal einbringen muss und an seiner Arbeitsweise arbeiten muss (S. 9, Z. 248–254).

U5 sieht vor allem die sinkenden Synergieeffekte aufgrund des geringen Austausches als kritisch an: „Also, wenn ich heute in mein Büro fahre und sehe keinen mehr und ich denke fünf Jahre zurück, da saßen Büro an Büro meine Kollegen. Und dann ist man zusammen zu Tisch gegangen und wusste genau, woran arbeitet der eine oder der andere im Moment gerade, wo könnte man unter Umständen Synergien schaffen, welche Vorgehensweise mit welchen Listen könnten auch für mich, meine Produkte, meine Mitarbeiter von Erfolg gekrönt sein. Und dieser Austausch, sage ich jetzt mal, produktübergreifend, den gibt es quasi nicht mehr" (S. 12, Z. 349–355).

M11 äußert, den Austausch mit seinen Kolleg*innen generell als aufwendiger und formaler aufgrund des mobil-flexiblen Arbeitens zu empfinden und nimmt dies als einen negativen Einfluss auf die Unternehmenskultur wahr. So konnte M11 früher im Rahmen von informellen Gesprächen viele Themen deutlich leichter „auf dem kleinen Dienstweg über den Flurfunk" (S. 13, Z. 412–413) klären. M5 erklärt, diesen negativen Entwicklungen mit einem regelmäßigen Austausch am Morgen zu begegnen, um weiterhin den Austausch und das Gemeinschafsgefühl aufrechtzuerhalten. Diese Maßnahme sieht M5 besonders für neue Beschäftigte im Unternehmen als wertvoll an: „Das andere ist, dadurch, dass ich die Kollegen nicht sehe, habe ich auch jetzt meine Morningmeetings, die hatte ich schon vorher, aber das habe ich jetzt viel strikter. Vor allem die jungen Kollegen, die neu dabei sind. Für die ist das auch eine Herausforderung, weil, die haben das Unternehmen nicht richtig kennengelernt, die haben die Arbeit nicht richtig kennengelernt" (S. 22, Z. 701–705).

(3) Neue Freiräume
Ein Anteil von 17 Prozent der befragten Führungskräfte gibt an, dass das mobilflexible Arbeiten zu steigenden Freiheiten für die Beschäftigten führt. M1 weist in diesem Rahmen auf den Rollenwechsel hin, der aus dieser Entwicklung resultiert: „Was aber schon zu beobachten ist, ist das Thema Nutzen von zeitlichen Freiheiten. Das ist für mich auch ein Stück Unternehmenskultur. Also ich muss nicht präsent irgendwie vor Ort sein und abliefern. Sondern ich bin der eigene Unternehmer, obwohl ich Angestellter bin. Der schon seine Prozesse selbst so stellt, wie er sie für wichtig hält" (S. 24, Z. 671–674). Die Freiheit, sich selbst organisieren zu können, sehen M1 bzw. M5 als einen großen Vorteil an, unter der Voraussetzung, dass die Beschäftigten mit diesen Freiräumen auch umgehen können (M1, S. 25, Z. 741–750; M5, S. 24, Z. 776–778). So erläutert M5: „Für die, die clever sind, für die, die

smart sind, für die, die ihre Zeit gut managen, ist dieses mobil-flexible Arbeiten ein Segen. Das kann für die Chefs auch ein Segen sein, weil ich arbeite auch samstags, beispielsweise. Wenn ich früh samstags aufstehe, meine Kinder sind alle beim Sport, meine Frau auch, dann ist es das Beste. Nach dem Frühstück sitze ich hier und arbeite drei, vier Stunden, da arbeite ich so viel ab, wie wahrscheinlich an zwei Tagen im Büro" (S. 24, Z. 776–782).

Ferner gehen M5 und M11, auf den Aspekt der steigenden Arbeitseffizienz im Homeoffice ein, die beide im Rahmen der COVID-19-Pandemie festgestellt haben. Diese Effizienzsteigerung, die beide auf ein geringes Maß an Ablenkung zurückführen, sehen beide Führungskräfte jedoch als begrenzt an (M5, S. 22, Z. 708–715; M11, S. 13, Z. 404–410). M5 erklärt hierzu: „Aber jetzt ist eine Stagnation erkennbar. Oder es geht zurück. Weil irgendwann wird das auch langweilig. Also, das heißt, wir sind ja Menschen. Die brauchen irgendwie die Gesellschaft anderer" (S. 22, 715–718).

U2 sieht vor allem für Väter große Vorteile durch die gewonnenen Freiräume aufgrund des mobil-flexiblen Arbeitens. Deren Möglichkeiten zur Familienplanung bzw. Zeit mit der Familie hat U2 bisher als besonders kritisch im Unternehmen angesehen: „Das ist ja in unserem Unternehmen auch ein riesengroßer Vorteil, dass jetzt auch junge Väter ihre Kinder, einfach ihre Familienplanung viel besser hinkriegen, durch mehr Anwesenheit oder andere Präsenz zuhause, als das früher möglich war oder vor ein paar Jahren noch möglich war und auch jemand Führungskraft werden kann und trotzdem die Familie sieht. Früher war das so oder vor ein paar Jahren, spätestens ab der mittleren Managementebene hast du deine Kinder eigentlich nur noch einen Bruchteil gesehen, wenn du abends um acht zuhause warst" (U2, S. 13, Z. 396–402).

(4) Steigende Agilität und veränderte Umgangsformen
Insgesamt 13 Prozent der Führungskräfte beziehen sich in ihren Ausführungen auf eine wahrgenommene steigende Agilität (z. B. M2, S. 15, Z. 657–658) sowie veränderte Umgangsformen im Unternehmen (z. B. M8, S. 15, Z. 440–444). M2 und M8 gehen auf den Aspekt der steigenden Agilität näher ein und erklären, dass die Digitalisierung mit einer veränderten Führungskultur einhergeht, in Form von flacheren Hierarchien sowie einem starken Fokus auf Lösungsorientierung und Teamarbeit (M2, S. 21, Z. 643–645; M8, S. 15, Z. 440–443). So erklärt M8, dass die Beschäftigten projektbasierter arbeiten würden und weniger als „Einzelkämpfer in hierarchischen Strukturen" (S. 15, Z. 440–444). Ferner stellt M8 den kulturellen Wandel anhand eines veränderten Dresscodes und neuer Umgangsformen fest: „Die Krawatte ist ein Symbol der alten Welt, der alten Arbeitswelt. Die Krawatte ist so gut wie weg. Also wenn noch einer mit Krawatte kommt, das ist aus der IT-Branche

rübergeschwappt, dann wird der schon teilweise seltsam angeschaut. Das war für mich undenkbar, als ich im Unternehmen angefangen habe. Und noch undenkbar war, das ist auch rübergeschwappt, diese andere Kultur aus der IT-Branche oder man könnte auch sagen von IKEA, dieses Duzen fängt an" (S. 15, Z. 435–440).

U11 greift ähnliche Aspekte in seinen Ausführungen auf, glaubt jedoch nicht, dass diese Entwicklung allein vom mobil-flexiblen Arbeiten getrieben wird (S. 4, Z. 109–113), sondern vielmehr dem aktuellen „Zeitgeist" (S. 4, Z. 111) entspricht. Jedoch räumt U11 ein, dass der Zeitgeist ohne Zweifel auch von den neuen Technologien beeinflusst wird. So erklärt U11 anhand des Beispiels „iPhone" (S. 5, Z. 117), dass die dahinterstehende Firma und ihre Unternehmenskultur ebenfalls Einfluss auf andere Branchen nimmt, zum Beispiel durch die Duzkultur innerhalb der Kundenansprache (S. 4 f., Z. 114–120). Diese kulturellen Unterschiede sieht U11 allerdings nicht nur unternehmens- oder branchenbezogen, sondern auch aufgrund der kulturellen Gegebenheiten innerhalb der Firmensitzländer: „In Amerika ist das natürlich schon immer so gewesen, dass man sich da duzt oder anders umgeht. Und mit diesen Dingen schwappt das auch zu uns rüber. Also ist ein bisschen vielleicht gemischt. Grundsätzlich natürlich aber auch klar, dass diese, ich sage mal, Digital-Community eh eher mit jüngeren Einflüssen auch dem Thema anderer Umgang miteinander unterwegs war. Und das ist natürlich für so eine alte traditionelle Branche, wie die unsere, schon ein echter Knochen gewesen" (S. 5, Z. 120–125). Der Hintergrund für den kulturellen Wandel innerhalb des untersuchten Unternehmens begründet U11 damit, dass die Bedeutung einer guten Zusammenarbeit in Form eines deutlichen Produktivitätsgewinns erkannt worden sei (S. 5, Z. 125–128). Abschließend führt U11 die aktuell verfolgten Wege auf, um die Zusammenarbeit im Unternehmen zu verbessern: „Und der Schlüssel steckt schon da drin, dass man die Leute mehr zusammenbringt, das Vertrauen erhöht und eben dieses ‚Wir' verstärkt. Und das bekomme ich natürlich schon hin, indem ich persönliche Grenzen niedriger mache und den Zugang zu Persönlichkeiten entsprechend verbessere" (S. 5, Z. 128–131).

(5) Perspektive des Personalwesens und der Betriebsräte

Die Veränderungen der Unternehmenskultur werden nach Angaben der befragten Betriebsräte und des Personalwesens als ein Wandlungsprozess von einem traditionellen hin zu einem modernen Unternehmen empfunden. BR1 erklärt hierzu: „Also es ist im Moment in meinen Augen dadurch gekennzeichnet, dass es eine doch recht traditionelle Kultur ist, die sich stark Mühe gibt, modern zu sein oder zu werden. (lacht) Das merkt man dadurch, dass man de facto sehr hierarchiegläubig und strukturverhaftet ist. Und das schwingt in ganz vielen Dingen mit. Auf der anderen Seite gibt es wenig offizielle Veranstaltungen, in denen jetzt nicht der Vergleich zu Google, Amazon und so weiter, gesucht wird. Also das heißt, im Arbeitsalltag

9.3 Flexibilisierung

ist es doch eher traditionell, während man sich gerade sehr stark darum bemüht, modern zu werden" (S. 24, Z. 619–627). Diesen Wandel zu einem Unternehmen, dass „moderne Arbeitsweisen" (S. 26, Z. 669–670) einführe, sieht BR1 grundsätzlich als wichtig an, jedoch nur dort, wo es auch Sinn mache und nicht um der Modernisierung Willen (S. 25 f., Z. 665–671). Darüber hinaus erklärt BR1, dass er das Unternehmen grundsätzlich als sehr hierarchisch erlebe (S. 24, Z. 628–631).

BR2 erkennt die gleichen kulturellen Rahmenbedingungen (S. 20, Z. 631–632) und geht anhand des Beispiels der Personalentwicklung tiefer auf den Aspekt der hierarchischen Einflüsse im Unternehmen ein: „Kulturell weniger erfreulich sind so eingefahrene Pfade, die man geht. Man erkennt das an Verhaltensweisen. Es ist ein hierarchisch organisiertes Unternehmen. Ein höherer Hierarch wählt aus möglichen Potenzialkandidaten einen nächsten Hierarchen aus, dem man eine Stelle gibt, unterhalb seiner Linie. Und derjenige freut sich dann natürlich sehr stark, weil er, so wie andere auch, vielleicht auf die Stelle kommen wollte und versucht natürlich, dem oberen Hierarch zu gefallen und alle Wünsche von den Lippen abzulesen" (S. 19, Z. 591–597). Aufgrund dieser Abhängigkeiten würden die Nachwuchsführungskräfte bestimmte Dinge tun, nur um einzelnen Führungskräften zu gefallen. Diese Dinge hätten jedoch nicht lange Bestand: „(…) weil derjenige dann in dem Fall nicht an die Langfristigkeit und an das Unternehmen denkt, sondern aufgrund der Situation, in der er hier steckt, an sich selbst. Oder vielleicht so handelt, wie er glaubt, dass sein Auftraggeber ihn da ganz gerne sehen würde. Das ist so eine Personenabhängigkeit, die ich mit Sorge sehe" (S. 19, Z. 603–607).

Ferner sieht BR2 die mangelnde Transparenz der Stellenvergabe ab der mittleren Managementebene als kulturell kritisch an. Stellen auf der Mitarbeitendenebene sowie der untersten Managementebene würden so ausgeschrieben, dass sie für jede*n lesbar seien und sich grundsätzlich auch jede*r auf diese Stellen bewerben könne (S. 19, Z. 612–614). Diese Transparenz sei auf den höheren Managementebenen nicht mehr gegeben: „Ab der mittleren Managementebene wird nach oben hin nichts mehr ausgeschrieben, sondern das wird nur noch geheimnisvoll hinter verschlossen Türen vergeben, nach welchen Kriterien auch immer. Auch wir als Betriebsrat bekommen dann nur eine Personalinformation, wer zu welcher Funktion inthronisiert wurde. Und das ist so ein bisschen anrüchig in der Zeit, in der man kulturell Augenhöhe und Offenheit und Transparenz vorleben will und dann eigentlich in den höheren Ebenen das trotzdem geheimnisvoll macht" (S. 19, Z. 614–620). Aufgrund der mangelnden Transparenz würde der hierarchische Aufstieg im Unternehmen einer „Blackbox" (BR2, S. 19, Z. 622) gleichen. Ferner würden die Beschäftigten aufgrund der Gegebenheiten dazu verleitet, viel Energie darauf zu verwenden, „ihre persönlichen Seilschaften aufzubauen oder warm zu halten" (BR2, S. 19 f., Z. 623–624). Diese Seilschaften würden dazu führen, dass auch der höchsten Managementebene „nach dem Mund" (BR2, S. 20, Z. 625) geredet würde. Diese kulturellen Rahmenbedingungen, die sich bisher nur einer „sehr kleindosierten" (S. 20, Z. 634–635) Veränderung unterzogen hätten, sieht BR2 als blockierend für die weitere Entwicklung des Unternehmens an: „Dann sind wir aber nicht mehr in dem Bereich unbedingt, der uns inhaltlich voranbringt. Also das sind so Teufelskreisläufe, die man von früher übernommen hat. Ich weiß jetzt nicht, ob das bei Unternehmen wie Tesla oder sonst irgendwas, ob die das genauso machen, keine Ahnung. Aber bei uns ist es noch so. Das ist quasi unser Erbe. Und ich weiß nicht, ob es auch unsere Zukunft ist" (BR2, S. 20, Z. 626–630).

Beide Betriebsräte beobachten als zentralen positiven Einfluss des mobil-flexiblen Arbeitens einen Wandel von einer bisher sehr starken Präsenzkultur zu einer Vertrauenskultur. Die Einführung dieser Vertrauenskultur wird von den Betriebsräten, aufgrund der anhaltenden COVID-19-Pandemie, jedoch bisher als „erzwungenermaßen" (BR1, S. 25, Z. 643; BR2, S. 20, Z. 639–647) angesehen. BR2 erklärt allerdings, dass diese besondere Situation das Unternehmen aus seiner Sicht „in der Vertrauensfrage kulturell durchaus ein sehr großes Stück weiterbringen" (BR2, S. 20, Z. 648–649) kann. Auch BR1 geht davon aus, „dass man vieles von dem, was man jetzt gelernt hat, auch erhalten kann" (S. 25, Z. 643–644). BR2 weist jedoch auch auf einen negativen kulturellen Einfluss des mobil-flexiblen Arbeitens hin, indem er auf eine potenzielle Überlastung bzw. Überforderung der Beschäftigten hinweist. Diese Entwicklungen sieht BR2 vor allem in den geringen Möglichkeiten, sich im Team bzw. mit der Führungskraft abstimmen und unterstützen zu können: „Als Mitarbeiter konnte ich auch mal schnell zum Chef gehen und den nach seiner Meinung fragen. Und mich quasi damit auch entlasten, wenn es irgendwas zu entscheiden gab. Heute ist schlichtweg schon das Problem, schnell mal irgendwohin gehen von Zuhause, das geht halt nicht. Und telefonisch ist niemand erreichbar, weil alle durchgetaktet sind in Meetings. Das heißt, sich schnell mal abzustimmen, ist was, was sonst im Büro vielleicht irgendwie mit einem Wink oder sowas passiert, ist hier jetzt schwieriger. Da gibt es jetzt dann schon wieder Parallelwelten, dass eben dann doch privat mit WhatsApp noch hin und her gesimst wird. (lacht) Weil man über die offiziellen Kanäle, Telefon und so weiter, gar nicht durchkommt zu irgendjemandem" (S. 21, Z. 663–671).

PW4 beschreibt einen ähnlichen kulturellen Zwiespalt des Unternehmens, indem sie ihre eigene Abteilung „irgendwo zwischen altmodisch und zukunftsorientiert" (S. 26, Z. 747) einordnet. Zwar erkennt sie eine Form der Offenheit und Neugierde auf die Zukunft von Seiten des Unternehmens (S. 26, Z. 745–748), jedoch nimmt sie die kulturellen Veränderungen als „sehr langsam" (S. 26, Z. 748) wahr. Die langsamen Veränderungen führt PW4 darauf zurück, dass es eine geringe Fluktuation im Unternehmen gebe und die Mitarbeitenden ihr Leben lang im Unternehmen verbleiben würden. Die sichere Anstellung, die aus der langjährigen Betriebszugehörigkeit resultiert, sieht PW4 als erschwerend für eine schnelle Veränderung der Unternehmenskultur an, da sich langjährige Mitarbeitende nicht verändern müssten, um weiterhin im Unternehmen verbleiben zu können (S. 19, Z. 529–533).

Als kulturell vorbildlich betont PW4 allerdings die große Offenheit für Diversität innerhalb ihrer Abteilung, wodurch diese von einer „höheren Flexibilität" (S. 26, Z. 750) als andere Unternehmensbereiche profitiere (S. 26, Z. 745–750). Unter Diversität fasst PW4 jedoch keine Altersdiversität, sondern vielmehr die unterschiedlichen Herkunftsländer, aus denen die Kolleg*innen stammen. Dies führe nach PW4 zu einem „Unterschied in Bezug auf die Erwartungen und Ideen" (S. 26, Z. 754–755) im Rahmen der Arbeitskultur, da die Kolleg*innen vorwiegend schon auf Arbeitserfahrungen aus anderen Ländern zurückgreifen könnten (S. 26, Z. 752–755). So stünden Abteilungen, die eine geringere kulturelle Vielfalt aufweisen, Veränderungen tendenziell verhaltener gegenüber (PW4, S. 26, Z. 756–757). Auf die Frage, welche Veränderungen der Unternehmenskultur PW4 aufgrund des mobil-flexiblen Arbeitens bemerkt hat, bezieht sich diese auf die Einflüsse der COVID-19-Pandemie und der verstärkten Tätigkeit der Beschäftigten im Homeoffice: „Ich finde, es ist schöner geworden. Wir alle kennen unsere Kollegen und Kolleginnen besser als vorher, weil wir einen Einblick in ihr persönliches Leben erhalten haben. Und zwar kann ich jetzt im Hintergrund von meinen Kolleginnen Bücher sehen oder Pflanzen oder Kinder oder Hunde" (S. 26, Z. 762–765). Diese Einblicke in das persönliche Leben ihrer Kolleg*innen würden dazu führen, dass die sonst „recht dicke Grenze zwischen persönlichem Leben und Arbeitsleben" (S. 27, Z. 766) in Deutschland etwas dünner geworden sei und dies zu einer Förderung von Vielfalt und Inklusion führen würde, da die Beschäftigten mehr sie selbst sein könnten (S. 27, Z. 765–768). Jedoch gehe PW4 davon aus, dass nach der COVID-19-Pandemie teilweise wieder eine Rückkehr in die Präsenzkultur erfolge, da es Führungskräfte auf allen Hierarchieebenen gebe, die den Mitarbeitenden immer noch nicht das nötige Vertrauen entgegenbringen würden (S. 17, Z. 473–480).

PW3 erklärt, dass es der Wunsch des Unternehmens sei, den Beschäftigten mehr Vertrauen entgegenzubringen, diese Entwicklung aber auch Zeit brauche: „Ich glaube, dass es auch ein Prozess ist. Aber es steht zumindest auch überall draufgeschrieben, wir wollen mehr Vertrauen. Also das ist schon eine Ambition, dahinzugehen. Das ist jetzt sicher noch nicht flächendeckend, aber es geht auf jeden Fall in die Richtung" (S. 23, Z. 709–712). Ferner würde diese Entwicklung entweder von den Führungskräften selbst getrieben werden, da es ihnen wichtig sei, oder sie würden erkennen, dass es sowieso nicht anders gehe, da eine enge Kontrolle im Homeoffice nicht möglich sei (S. 23, Z. 711–714). Hierdurch wird deutlich, dass PW3 ebenso wie PW4 erkennt, dass einige Führungskräfte noch nicht von einer

Vertrauenskultur überzeugt sind. So schließt PW3 dieses Themenfeld mit folgender Erkenntnis ab: „Aber ich weiß natürlich auch, dass es Führungskräfte gibt, die das da am liebsten wieder zurückdrehen wollen oder da am liebsten, wenn sie irgendwie ein schlechtes Gefühl haben, sofort mit der Kontrolle draufhauen wollen würden und nicht mit dem Vertrauen. Also, das gibt es schon, aber ich glaube, in der Tendenz geht es eher, ob jetzt erwünscht (lacht) oder einfach, weil es nicht anders geht, in diese Vertrauenskultur (S. 23, Z. 715–720).

Einen weiteren zentralen Einfluss des mobil-flexiblen Arbeitens sieht PW3 in den neuen Raumkonzepten des Unternehmens, die ein tätigkeitsbezogenes Arbeiten ermöglichen sollen (S. 4, Z. 102–105). Neben dem Prinzip „Desksharing" (S. 4, Z. 114) wird hierbei laut PW3 Abstand vom üblichen „Standardbüro" (S. 4, Z. 108) bzw. Besprechungsraum genommen: „Also, dass man eben sagt, man hat Projekträume, man hat aber auch Rückzugsräume für Stillarbeitsmöglichkeiten oder für Telefoniemöglichkeiten und so weiter" (S. 4, Z. 105–112). Diese Änderungen werden nach PW3 erst durch die Berücksichtigung einer höheren Quote des mobil-flexiblen Arbeitens ermöglicht: „Weil, wenn eh immer nur ein Teil der Belegschaft da ist, warum soll man dann für jeden einen eigenen Schreibtisch vorhalten? Die Flächen kann man eben besser nutzen, indem man die dann entweder komplett abmietet natürlich, das ist dann der Kostenaspekt, aber auf der anderen Seite natürlich dann sagt: ‚Okay, dann machen wir hier die drei Büros, die eh leer stehen, die wandeln wir eben um in eine Projektfläche, die uns zum Beispiel als Team eine bessere Zusammenarbeit ermöglicht als drei Einzelbüros'" (S. 4, Z. 112–120).

PW1 und PW2 beschreiben in ihren Ausführungen ebenfalls einen Wandel der bisherigen Präsenzkultur im Unternehmen zu einer Vertrauenskultur (PW1, S. 13, Z. 357–363; PW2, S. 13, Z. 383–387; S. 14, Z. 396–398). Für PW1 fordert diese Entwicklung gleichzeitig eine erhöhte Selbstständigkeit der Mitarbeitenden (S. 13, Z. 357). Dennoch sieht PW1 die Mitarbeitenden nicht als Einzelkämpfer in dieser Phase, da die Kultur des Unternehmens auch für gegenseitige Unterstützung stehe, was die Beschäftigten gerade während der COVID-19-Pandemie wahrnehmen würden (PW1, S. 13, Z. 348–353). PW2 erklärt, dass sich der Wandel der Unternehmenskultur „in Richtung modern und offen" (S. 13, Z. 385–386) sowie weniger hierarchisch immer schneller vollziehe (PW2, S. 13, Z. 383–387). PW2 verdeutlicht diese wahrgenommene Veränderung der Unternehmenskultur anhand früherer Erfahrungen: „Also, da war es sehr streng. Um es einfach mal in sehr pragmatische Worte zu fassen, man hat oft gesagt: ‚Das ist ein Beamtenhaufen.' Und so habe ich das auch wirklich sehr häufig erlebt. Also es war wirklich sehr bürokratisch. Man musste für jede einzelne Sache ein Formular ausfüllen. Hat also wirklich um alles bei der Führungskraft bitten müssen und es war eine sehr bürokratische, hierarchische Kultur" (S. 14, Z. 389–393). Diese Unternehmenskultur habe eine geringe bis gar keine Entscheidungsfreiheit sowie eine enge Leistungskontrolle zur Folge gehabt (S. 14, Z. 394–398). Die dargestellte frühere Kultur habe sich verändert, was vor allem bei den Führungskräften zu bemerken sei, da sie den Mitarbeitenden mehr Vertrauen entgegenbringen würden bzw. aufgrund der aktuellen COVID-19-Pandemie auch müssten. Diese positive Entwicklung führe wiederum zu einer höheren Zufriedenheit der Mitarbeitenden, allein aufgrund der entfallenden Fahrtzeiten zum Büro und der besseren Vereinbarkeit unterschiedlicher Lebensbereiche (S. 14, Z. 401–408).

9.3.1.2 Erforderliche Veränderungen der Unternehmenskultur

Trotz bereits wahrgenommener Veränderungen der Unternehmenskultur erklären die Expert*innen, dass das Unternehmen in seiner kulturellen Entwicklung noch am Anfang steht. Diese Sichtweise wird vor allem anhand der diversen Verbesserungspotenziale deutlich, die die Befragten äußern. Der größte Teil der Führungskräfte sieht eine stärkere Vertrauenskultur im Unternehmen als erforderlich an (38 Prozent). 25 Prozent der Führungskräfte erläutern, vor allem die Uneinheitlichkeit und geringe Authentizität der Unternehmenskultur als kritisch zu betrachten. 33 Prozent der Führungskräfte erklären, dass aus ihrer Sicht keine weiteren Veränderungen der Unternehmenskultur notwendig sind, da sie die bereits vollzogenen Veränderungen als ausreichend ansehen. Die Betriebsräte und Mitarbeitenden des Personalwesens sehen den Weg in eine Vertrauenskultur sowie eine größere Transparenz im Unternehmen als wichtigste Veränderungen an.

(1) Stärkere Vertrauenskultur

38 Prozent der befragten Führungskräfte wünschen sich dauerhaft eine stärkere Vertrauenskultur im Unternehmen (z. B. U8, S. 22, Z. 677–678). So äußert U4, dass er unterschreiben könne, dass es im Unternehmen ganze Einheiten gebe, die aufgrund ihres „Kontrollzwangs" (S. 18, Z. 560) nach der COVID-19-Pandemie wieder in eine Präsenzkultur verfallen würden (S. 18, Z. 557–561). M11 erklärt, dass er vor allem eine veränderte Haltung des Unternehmens in Bezug auf die Arbeitsleistung der Beschäftigten im Homeoffice als erforderlich ansieht: „Natürlich schenkt man den Mitarbeitern Vertrauen, wenn man sagt, arbeite vom Homeoffice aus. Aber ich glaube, die Sorge, dass ein Mitarbeiter das ausnutzt, die ist eher unbegründet. Es gibt, egal in welchem Bereich man sich bewegt, immer vielleicht einzelne schwarze Schafe, die so was ausnutzen, aber der Großteil der Mitarbeiter neigt nach meiner Einschätzung eher dazu, zu viel zu arbeiten. Da muss man als Arbeitgeber vielmehr versuchen, klare Grenzen zu setzen" (S. 13, Z. 382–392).

M3 und M4 sehen die Realisierung der gewünschten Unternehmenskultur, in der Experimentierräume geschaffen werden, Fehler erlaubt sind und Vertrauen gelebt wird, in starker Abhängigkeit von der jeweiligen Führungskraft (M3, S. 14, Z. 400–401; M4, S. 21, Z. 621–623). Vor allem die Einstellung vieler Führungskräfte zur Leistungsfähigkeit der Mitarbeitenden, die mobil-flexibel arbeiten, sieht M3 als fragwürdig an: „Da sind noch viele Führungskräfte, die da sehr skeptisch sind. Die hätten ihre Schäfchen lieber von 8 bis 16:30 Uhr um sich herum, um zu sehen, was der denn da tut. In Klammern; er weiß trotzdem nicht, was er da tut, auch wenn er da ist" (S. 14, Z. 400–402). Diese Haltung bedarf nach M3 einer Veränderung, da das Unternehmen auf dem Weg zu mehr selbstbestimmten und eigenverantwortlichen Mitarbeitenden sei. Diese würden die Ziele genau kennen und wüssten, wofür sie arbeiten (S. 14, Z. 404–406), sodass die Mitarbeitenden „gerne eigenverantwortlich" (S. 14, Z. 406) agieren würden. Diese Entwicklung würde jedoch ebenso bedingen, dass der bzw. die Mitarbeitende von seiner Führungskraft wisse, worauf es ankomme, sodass „von allen Seiten" (S. 14, Z. 408) Input gegeben sei. Als eine zentrale Aufgabe der Führungskräfte sieht es M3 daher an, nicht in „alten Strukturen verhaftet" (S. 13, Z. 388) zu bleiben, die von einer engen Leistungskontrolle gekennzeichnet sind, sondern stattdessen die Mitarbeitenden dazu zu ermutigen, sich eigenverantwortlich zu organisieren und somit diese Entwicklung zu fördern (S. 13 f., Z. 387–397).

M6 sieht ebenso die Gleichsetzung von Präsenz mit Leistung im Unternehmen und den Wunsch der Führungskräfte, ihre Mitarbeitenden „greifbar" (S. 16, Z. 484) nah zu haben, als kritisch an (S. 16, Z. 481–486). Er wünscht sich eine stärkere Vertrauenskultur im Unternehmen sowie ein verändertes „Mindset" (S. 16, Z. 485) der Führungskräfte, sodass die Erkenntnis einsetzt, dass „zu Hause genauso gut oder vielleicht sogar besser gearbeitet wird" (S. 16, Z. 486–487). So nehme M6 die Tendenz wahr, dass im Homeoffice „eher mehr und teilweise effektiver und effizienter" (S. 16, Z. 490–491) gearbeitet würde, da die entfallende Fahrtzeit von vielen als Arbeitszeit genutzt werde (S. 16, Z. 490–494). Allerdings würde die Wertschätzung im Unternehmen dafür fehlen, dass viele Beschäftigte im Rahmen des mobil-flexiblen Arbeitens länger und effizienter arbeiten würden. Stattdessen wird laut M6 der Fokus auf negative Beispiele gelegt: „Eher werden wieder die kritischen Themen gesehen: ‚Arbeitet der wirklich richtig?' Oder die schwarzen Schafe rausgehoben. Also ich denke, man könnte noch viel mehr machen. Und ich würde sagen, das Unternehmen müsste auch mehr Geld in die Hand nehmen, um das zu fördern. Also, es gibt viele Diskussionen jetzt zu Coronazeiten: ‚Unterstützen wir den Arbeitsplatz, den mobilen, vor Ort?' Da machen wir auch immer nur das Minimum" (S. 16, Z. 494–500). Diesbezüglich gelte es nach M6, noch viele

Veränderungen anzustoßen, um das Thema mobil-flexibles Arbeiten „viel positiver zu belegen" (S. 16, Z. 501) und den Beschäftigten eine größere Unterstützung zukommen zu lassen, wie z. B. einen Bürostuhl, einen Schreibtisch sowie eine stabile Internetleitung (S. 16, Z. 500–502). Derartige Investitionen sind aus Sicht von M6 absolut lohnenswert für das Unternehmen, allein aufgrund der Einsparung von Büroflächen und Kosten. Zwar würden aktuell alle Projekte einer Überprüfung unterzogen, ob zuvor eingeplante Kapazitäten zukünftig noch erforderlich seien, da auch nach der COVID-19-Pandemie von einer steigenden Tendenz zum Homeoffice ausgegangen wird (S. 16 f., Z. 511–516). Diese Einsparungen müssten jedoch nach M6 auch „wieder an anderer Stelle sinnvoll" (S. 17., Z. 515) investiert werden.

M1 sieht in einer stärkeren Vertrauenskultur insbesondere den Vorteil eines reduzierten Berichtswesens zwischen den Hierarchieebenen, das er aktuell als sehr aufwendig empfindet (S. 23, Z. 665–670). Ferner sieht er aufgrund der Einflüsse der Megatrends die Mitarbeitenden deutlich stärker als „Unternehmer gefordert" (S. 23, Z. 663) und plädiert daher für „stärkere unternehmerische Freiheiten" (S. 23, Z. 664) für die Hierarchieebenen unterhalb der höchsten Managementebene. Diese Freiheiten beginnen für M1 mit einer geringen Präsenzkultur im Unternehmen (S. 22 f., Z. 661–665). M2 und M12 sehen ebenfalls eine Vertrauenskultur als Voraussetzung für eine eigenständige und selbstverantwortliche Entwicklung und Arbeitsweise der Beschäftigten an (M2, S. 22, Z. 649–655; M12, S. 16, Z. 501–504).

(2) Einheitlichkeit und Authentizität der Unternehmenskultur
Insgesamt 25 Prozent der Führungskräfte kritisieren die mangelnde Einheitlichkeit und Authentizität der Unternehmenskultur. So beklagt beispielsweise M6 den heterogenen Umgang mit dem Thema Homeoffice in den unterschiedlichen Unternehmensbereichen und sieht den Bedarf einer einheitlichen Vorgehensweise: „In manchen Dingen ist ein Unternehmensbereich sogar Vorreiter. In anderen Bereichen gibt es überhaupt gar keine Unterstützung für Homeoffice. Bei anderen ist es gemischt. […] Und da brauchen wir zwischen den einzelnen Unternehmensbereichen noch einen Gleichklang" (S. 17, Z. 522–530). M7 sieht die aktuellen Folgen einer uneinheitlichen Unternehmenskultur in einer steigenden Belastung der Beschäftigten während der COVID-19-Pandemie: „Was mir auch an dieser Stelle auffällt in der Unternehmenskultur, und das gehört mit dazu, das ist so ein unkoordiniertes Vorgehen zum Teil. Jeder, der in diesem Bereich drinsteckt, der hat an der Stelle so das Gefühl, wir arbeiten digital und jeder kann jeden immer und überall erreichen. Das war in der Vergangenheit ein bisschen anders. Und jetzt dominiert so ein Gefühl. Und was ist das Ergebnis? Das war auch in diesem halben Jahr deutlich spürbar. Das Ergebnis ist, die Menschen sitzen zuhause und sie werden

von digitalen Besprechungen zugeballert. Das kommt dann irgendwann zu einer Ermüdungserscheinung" (S. 20, Z. 628–635).

U11 erkennt vor allem hierarchiebezogene Unterschiede bei der Realisierung der kommunizierten Unternehmenskultur: „Also ich glaube, was noch erforderlich ist, dass das, was positiv empfunden wird, auch durchgängig gelebt wird. Also ich spiele jetzt damit darauf an, dass zum Beispiel unsere höchste Managementebene es natürlich gut findet, wenn wir in den Teams agil zusammenarbeiten und dafür auch entsprechende Verhaltensweisen an den Tag legen, aber die höchste Managementebene sich da selber entsprechend rausnimmt" (S. 18, Z. 546–550). Diese mangelnde Stringenz führe nach U11 zu einem „Bruch" (S. 18, Z. 558), der den Beschäftigten nur schwer zu vermitteln sei: „Also entweder ich stelle mich vorne hin und sage: ‚Okay, also ich will das so.' Und setze mich wie Mark Zuckerberg mit einem Schreibtisch in die Mannschaft rein, oder ich schotte mich im eigenen Bereich ab und ich heiße immer noch ‚Sie und Herr'" (S. 18, Z. 550–558).

M4 sieht einen zentralen Hintergrund für die uneinheitliche Unternehmenskultur in den mangelnden Sanktionen von Seiten des Unternehmens, wenn Führungskräfte die gewünschte Kultur nicht umsetzen: „Der strategische Rahmen ist aus meiner Sicht da. Ich würde mir wünschen, dass man wirklich sehr konsequent die Führungskräfte danach bewertet, ob sie es tun oder nicht tun. Und dass es in dem Rahmen auch Konsequenzen hat, wenn es nicht stattfindet. Das erlebe ich leider nicht" (S. 21 f., Z. 633–637). Dies hätte zur Folge, dass im Unternehmen immer noch unterschiedliche Kulturen gelebt würden (M4, S. 22, Z. 637–639), ohne jegliche Konsequenz für jene, die „in einer anderen Welt kulturell unterwegs" (M4, S. 22, Z. 637) seien. Hierdurch würde sich die Frage stellen, wie sich etwas verändern solle. Ferner führen nach M4 derartige Gegebenheiten zu dem Dilemma, dass Mitarbeitende in eine „Konfliktsituation" (S. 22, Z. 647) geraten, da sie sich zwischen der Erwartungshaltung der Führungskraft und der eigentlich vorgegebenen Unternehmenskultur entscheiden müssen (S. 22, Z. 640–650).

M1 erklärt, dass er sich eine authentische Unternehmenskultur wünscht, die nicht nur aus schriftlich fixierten Werten und Normen besteht, sondern wirklich im Unternehmen gelebt wird (S. 24, Z. 706–708). So äußert M1, dass er die Kultur immer als „übergestülpte Unternehmenskultur" (S. 23, Z. 687) empfunden habe, da das Kommunizierte aus seiner Sicht nicht gelebt werde (S. 23, Z. 686–689). Ferner bemängelt er, dass die stets allgemeine Formulierung der Unternehmenskultur aufgrund der starken Ausrichtung auf die Metaebene im Unternehmen zu unkonkret für die einzelnen Verantwortungsbereiche der Führungskräfte bleibt (S. 24, Z. 708–715). Einen Weg, die Unternehmenskultur für die Beschäftigten konkreter zu gestalten, sieht M7 in der Formulierung von Leitlinien für das mobil-flexible Arbeiten, sodass deutlich wird, was von den Beschäftigten gerade in Bezug auf

9.3 Flexibilisierung

die Erreichbarkeit, die Einhaltung von Pausen und die Anzahl an Meetings vom Unternehmen erwartet wird und sich die Beschäftigten besser von ihrer beruflichen Tätigkeit abgrenzen können (S. 21, Z. 652–660). Derartige Leitlinien sieht M7 als zentralen Schritt an, die Authentizität der Unternehmenskultur zu stärken: „Wir hatten ja in den vergangenen Jahren auch immer wieder mal so den, ja ich nenne es einmal Versuch, auch seitens der Unternehmensführung zu postulieren: ‚Wir erwarten keine Rückrufe oder Anrufe am Wochenende.' Telefonate, nur als Beispiel. Das waren dann Punkte die, ja, die wurden von vielen, so habe ich es jedenfalls wahrgenommen, wurde das gelesen. Das wurde aber nicht unbedingt als absolut glaubhaft angesehen. Wenn Aufträge, die dann trotzdem reinkommen, End of Business, die widersprechen dem zumindest ein Stück weit. Also da bräuchten wir mal mehr Authentizität an dieser Stelle" (S. 21, Z. 671–677).

(3) Ausgewogenheit der beruflichen Tätigkeitsorte
Ein Anteil von 17 Prozent der Führungskräfte sieht es als sinnvoll an, den Beschäftigten nach der COVID-19-Pandemie langfristig „eine gute Mischung" (U12, S. 13, Z. 392) zwischen dem mobil-flexiblen Arbeiten und einer Tätigkeit im Büro zu ermöglichen (z. B. U12, S. 13, Z. 390–394; U8, S. 21, Z. 635–645). U4 sieht daher den Bedarf, eine Analyse nach der COVID-19-Pandemie von Seiten des Unternehmens durchzuführen, um ermitteln zu können, welche Tätigkeiten und Formate eine Präsenz der Beschäftigten erfordern und welche dauerhaft digital realisiert werden können. Vorteile sieht U4 in diesem Rahmen nicht nur für die Beschäftigten, sondern aufgrund von Kostensenkungen ebenfalls für das Unternehmen, da beispielsweise Büroflächen reduziert werden könnten (S. 18, Z. 567–570). U6 betont, dass darüber hinaus das hohe Tempo des Wandels nach der Coronakrise reduziert werden sollte, um zu einer Balance zurückzukehren: „Veränderungen werden sicherlich immer nötig sein. Aber aktuell ist die Geschwindigkeit der Veränderungen brutal. Ich glaube, man muss auch mal durchschnaufen, dass die Mitarbeiter sich an verschiedene kulturelle Veränderungen auch gewöhnen, ein Stück weit, und sich da eingleisen" (S. 14, Z. 417–420).

(4) Verbesserung der Kommunikation während der COVID-19-Pandemie
Insgesamt 13 Prozent der Führungskräfte sehen Verbesserungspotenziale in Bezug auf die Kommunikation im Unternehmen während der COVID-19-Pandemie. M4 betont die Verantwortung der Führungskräfte, den Dialog mit den Mitarbeitenden in dieser besonderen Phase stärker zu suchen (S. 15, Z. 417–418). Hierbei gilt es laut M4 folgende Aspekte individuell zu klären: „Der erste wichtige Punkt ist: ‚Bin ich Homeoffice-fähig?' Also, es gibt eine Vielzahl von Konstellationen im privaten Umfeld, wo das problemlos ist. Es gibt auch Konstellationen, wo es extrem

schwierig ist. Also sprich, eher kleinerer Wohnraum. Vielleicht noch Kinder, die betreut werden müssen. Da gibt es schon Fälle, wo man sagt, das ist suboptimal. Die kann ich aber nicht generell lösen. Das sind Themen, da muss ich mir in der Abteilung wirklich jeden Einzelfall anschauen" (S. 15, Z. 418–424).

M11 sieht einen Bedarf in regelmäßigen Interaktionsgesprächen zwischen den Führungskräften und den Mitarbeitenden, um aufkommende Sorgen im Rahmen des mobil-flexiblen Arbeitens besser nehmen zu können. Hierzu führt M11 folgende Gesprächsthemen an, die er als wichtig erachtet: „(…) dass man auch kein schlechtes Gewissen entwickeln muss, wenn man mal an einem schönen Nachmittag nicht am Rechner sitzt, sondern sich lieber an der frischen Luft bewegt und dafür dann abends länger arbeitet. Oder ich sage mal, auch mal ein Zeitfenster am Wochenende einlegt, wenn man das denn möchte. Also alles mit Maß und Ziel. Es geht, glaube ich eher um die Gesamtarbeitszeit, dass man die im Auge behält und nicht um die Frage, in welchem Zeitfenster erledige ich meinen Job (S. 14, Z. 442–448). Gleichzeitig erkennt M11 eine Verantwortung auf der Seite des Unternehmens, wenn es um die Klärung gesundheitlicher Themen im Homeoffice geht. Hierbei sieht M11 die folgenden Punkte als verbesserungswürdig im Unternehmen an: „Und dass der Arbeitgeber eher darauf achten muss, dass der Mitarbeiter auf sich achtgibt. Dass er auch ausreichend Bewegung hat, er auf Sauerstoff achtet, auf das Einhalten der Biopausen, auf vernünftige Ernährung, auf einen guten anforderungsgerechten Arbeitsplatz, vielleicht einen höhenverstellbaren Schreibtisch, ergonomisch geformten Bürostuhl, ein Bildschirm, der augenschonend ist. Ich glaube, da gibt es eine ganze Reihe, wo der Arbeitgeber eigentlich drauf achten sollte" (S. 13 f., Z. 415–421).

U5 sieht hingegen das größte Optimierungspotenzial in der Kommunikation der Beschäftigten untereinander, die aus seiner Sicht aufgrund der außergewöhnlichen Rahmenbedingungen einer besonderen Förderung bedürfen: „Was meines Erachtens extrem auf der Strecke bleibt, ist die Kommunikation der Menschen untereinander. Und ich glaube, dass wir da noch eine riesige Baustelle haben. Ob dass das Thema ‚wie arbeite ich neue Menschen ein', das Thema ‚wie gebe ich meine Erfahrungen im Team weiter', das Thema Schwarmintelligenz nenne ich es mal als Überschrift, bezeichnet, ich glaube da haben wir noch ein ordentliches Stück nach oben zu dem Gebiet" (S. 12, Z. 340–345).

(5) Veränderung des Hierarchiedenkens
Ein Anteil von 8 Prozent der befragten Führungskräfte äußert, dass aus ihrer Sicht das stark hierarchische Denken innerhalb des Unternehmens einer Veränderung bedarf. M2 äußert in diesem Rahmen, dass er in der aktuellen Transformation des Unternehmens eine Chance sieht, dass sich diese hierarchische Haltung verändern

wird: „Ich glaube, es besteht die Chance, muss es so formulieren, es besteht die Chance, dass wir mehr tatsächlich in diesen Teamgedanken kommen, diesen Teamaustausch kommen als Unternehmen. Dass wir nicht mehr so dieses hierarchische Führen haben, sondern tatsächlich in agilen Teams arbeiten werden" (S. 21, Z. 629–633).

U8 sieht vor allem die starke Top-Down-Führung im Unternehmen als nicht zielführend an: „Und da muss das Gleichgewicht aus meiner Sicht besser sein und man müsste da doch den Leuten auf Augenhöhe begegnen und jede Meinung gleichwertig behandeln. Und nicht per se sagen, der, der höher ist, dessen Meinung ist schon wichtiger. Ist sie ja eigentlich nicht. Es kann auch der ‚Niedrigere' in dem Punkt eine deutlich bessere Idee haben. Aber da sind wir noch nicht" (S. 13, Z. 403–408).

Ferner erkennt U8 klare Differenzen zwischen der Sichtweise der Unternehmensleitung und der Perspektive der Mitarbeitenden in Bezug auf den Digitalisierungsgrad im Unternehmen und wünscht sich eine einheitliche Wahrnehmung der Realität über sämtliche Hierarchien hinweg: „Laut Unternehmensleitung heißt es, 90 Prozent unserer Kundenbetreuer machen Online-Beratungen. Das stimmt überhaupt nicht. Wenn es zehn Prozent sind, dann ist es gut. Und da ist die Diskrepanz. Die meinen, wir sind super digital und wir sind so weit. Und die Realität ist, wir fangen gerade erst an. Und das muss man deutlich annähern. Die Sichtweise von denen muss eigentlich im Optimalfall identisch sein mit der Sichtweise der Basis" (S. 19, Z. 600–609).

Die genannten Entwicklungsfelder resultieren laut U8 vor allem aus der mangelnden Kommunikation im Unternehmen, die U8 jedoch als „eminent wichtig" (S. 15, Z. 466) einschätzt. So erklärt U8 hierzu: „Also da haben wir, aus meiner Sicht, noch eine sehr große Baustelle, weil wir vieles einfach hinstellen nach dem Motto: ‚Das muss jetzt.' Dann wird es halbherzig gemacht. Und sobald der Druck weg ist auf das Thema, bricht es völlig ein. Es bringt eigentlich nichts. Weil prügeln kann ich alles durch Hierarchie, durch Druck. Aber wenn der Druck weg ist, dann sind die Leute davon weg. Und das ist keine Überzeugung. Und Nachhaltigkeit schon gar nicht" (S. 15, Z. 466–471).

(6) Kein Erfordernis für Veränderungen
Insgesamt 33 Prozent der Führungskräfte äußern, dass aus ihrer Sicht keine weiteren Veränderungen der Unternehmenskultur erforderlich sind (z. B. U3, S. 17, Z. 483). U2 begründet ihre Antwort mit der Wahrnehmung, dass aufgrund der COVID-19-Pandemie der Großteil der Führungskräfte erkannt habe, dass auch innerhalb einer Vertrauenskultur das Leistungsniveau der Mitarbeitenden nicht abfällt (S. 13 f., Z. 412–421). M8 erklärt, dass aus seiner Sicht keine Veränderungen mehr erforderlich

sind, solange die aktuelle Unternehmenskultur auch nach der Pandemie weitergelebt wird: „Ich würde es im Moment als gut so wie es ist bezeichnen, solange der Virus da ist. Es wäre aber fatal, wenn die Errungenschaften, die jetzt durch diese Krise gekommen sind, Corona, keine Lernkurve bei Vorgesetzten bewirken würden. Stichwort sobald die Zahlen wieder runtergehen, machen wir Treffen, egal wie lange die Reisezeiten sind. Das, finde ich, passt in die heutige Zeit nicht mehr. Also, da müssen auch dann, denke ich, andere Formate gefunden werden oder ein flexiblerer Weg" (S. 15, Z. 455–460). M9, U3 und U7 erklären, dass sie in einem Unternehmensbereich arbeiten, in dem es schon immer Vertrauensarbeitszeit und keine Präsenzpflicht gegeben hat, daher sehen sie keine weiteren Maßnahmen für ihren Bereich als erforderlich an (M9, S. 16, Z. 467–469; U3, S. 15, Z. 483; U7, S. 11 f., Z. 341–360). Nach der Einschätzung von M9 ist jedoch spätestens seit der COVID-19-Pandemie das Vertrauen gegenüber den Beschäftigten im gesamten Unternehmen vorhanden (S. 16, Z. 469–470).

U9 und M10 sehen aktuell keinen Bedarf für weitere Veränderungen, da aus ihrer Sicht das Unternehmen in der besonderen Situation der Pandemie „das Bestmögliche" (M10, S. 20, Z. 624) aus den bestehenden Möglichkeiten gemacht habe (U9, S. 20, Z. 608–613; M10, S. 20, Z. 615–624). Ferner vollziehen sich aus ihrer Sicht derartige Wandlungsprozesse fortlaufend, bedürfen immer eines gewissen Zeitrahmens und sind „das Ergebnis vieler Entscheidungen des tagtäglichen Miteinanders" (M10, S. 20, Z. 619–620; U9, S. 20, Z. 608–613). U9 erläutert diese Sichtweise wie folgt: „Es ist ein wandelnder Prozess, es geht nicht alles von heute auf morgen. Klar gibt es immer noch Verbesserungen in der Technik, in der Annahme von den Mitarbeitern und wie auch immer. Das ist aber ganz normal, aber es ist nichts Dramatisches, wo man sagt: ‚Genau da mangelt es noch total und da brauchen wir ganz viel.' In jeglichem Bereich gibt es noch Luft nach oben, das ist immer so. Aber das verbessert sich stetig. Oder es gibt auch immer welche, die dann prinzipiell gegen alles sind. Aber so alles in allem läuft es gut" (S. 20, Z. 608–613). Ferner erklärt U9, dass sich die Vertrauenskultur im Unternehmen aufgrund der Coronakrise positiv entwickelt hat: „Man sieht, dass viele Vorurteile einfach nicht richtig waren, dass also die Effektivität, wie so viele Angst gehabt haben, eigentlich nicht gelitten hat. Wie ich schon gesagt habe, es gibt immer solche und solche. Aber insgesamt hatten wir sogar den Eindruck, dass die Effektivität gesteigert wurde. Und natürlich sparen sie sich auch Kosten dadurch" (S. 19, Z. 587–591). Nicht zuletzt hebt U9 den professionellen Umgang mit der COVID-19-Pandemie hervor, der einen entscheidenden Einfluss auf die Wahrnehmung der aktuellen Unternehmenskultur nimmt: „Da muss ich wirklich sagen, gehen sie wirklich sehr vorbildlich mit der Situation um. Da kann man sich das eigentlich fast nicht besser wünschen, also von der Unterstützung her. Und ich habe immer Ansprechpartner, ich habe Hotlines, wo ich anrufen kann, wenn irgendwas ist. Das funktioniert gut. Ich kann ja auch trotzdem ins Büro gehen, ich habe da ja auch dort alle Möglichkeiten zu arbeiten. Da werden einem wenig Steine in den Weg gelegt. Und ist ja doch eine ganze Menge an innovativem Arbeiten" (S. 19, Z. 591–597).

U1 erklärt, dass aus ihrer Sicht der kulturelle Wandel bereits einige Jahre vor der COVID-19-Pandemie begonnen hat. Aufgrund der umfassenden Veränderungen, die weiterhin anhalten, sieht sie keine weiteren Maßnahmen als notwendig an: „Also ich denke, dass man sehr, sehr viel dafür tut, immer noch. Und wir haben eine Vertrauenskultur, eine Fehlerkultur. Das heißt, es dürfen Fehler angesprochen werden. Extrem viel Transparenz in den ganzen Entscheidungen der höchsten Managementebene. Das ist für mich Kultur. Und das sind für mich die wichtigsten Schlagwörter, an denen man aber auch wirklich nicht nur arbeitet, sondern die man tagtäglich sieht, dass das umgesetzt wird" (S. 15, Z. 442–447). Vor allem hebt U1 die positive Entwicklung der kommunikativen Aktivitäten der Unternehmensleitung hervor: „Veranstaltungen zum Beispiel, wo die höchste Managementebene zwei Stunden für alle Mitarbeiter zur Verfügung steht und denen live berichtet, was das Ziel ist, et cetera. Also, mehr Transparenz, glaube ich, kann man nicht mehr schaffen, würde ich jetzt aus meiner Warte sehen, was sich da echt sehr positiv verändert hat in den letzten Jahren. Und das jetzt nicht nur durch Corona" (S. 15, Z. 447–451).

(7) Perspektive der Betriebsräte und des Personalwesens
Viele der Verbesserungspotenziale, die von den Führungskräften genannt worden sind, spiegeln sich in den Äußerungen der Betriebsräte und der Mitarbeitenden des Personalwesens wider. So äußert BR1, dass er sich einen schnelleren Übergang in eine Unternehmenskultur wünscht, die von Vertrauen geprägt ist (BR1, S. 25, Z. 647–648). Er weist in diesem Zusammenhang auf die beiderseitige Verantwortung, auf Seiten des Unternehmens sowie der Beschäftigten, für diese Entwicklung hin. Vor allem die Führungskräfte sieht BR1 gefordert, von der zuvor verfolgten Präsenzkultur abzulassen (S. 25, Z. 648–652). Darüber hinaus wünscht sich BR1 zukünftig ein geringeres Maß an Hierarchie innerhalb des Unternehmens: „Also wirklich gezielt darauf schauen, bei welchen Themen wäre es denn sinnvoller, sie weniger hierarchisch zu bearbeiten, zum Beispiel in agilen Settings. Und bei welchen Themen macht es einfach auch Sinn, es so zu lassen, wie es ist" (S. 25, Z. 660–663).

BR2 sieht es als wichtig an, sich intensiv mit der Unternehmenskultur auseinanderzusetzen, sobald die Coronakrise überwunden ist: „Jeder arbeitet von Zuhause und ansonsten ist da kaum Austausch. Veränderung ist aus meiner Sicht jetzt notwendig, sobald es die Situation wieder zulässt. Dass man da wieder auf ein vernünftiges Maß kommt. Dass man auch mit den Beteiligten noch mal Resümee zieht" (S. 21,

Z. 677–680). BR2 sieht hierbei die nachfolgenden Fragen als zentrale Themen an, die erörtert werden sollten: „Was hat man denn jetzt daraus gelernt? Was sind denn jetzt die Vorteile? ‚Ist es für euch gut, am Küchentisch zu arbeiten. Und wenn ja, wie viel?' Oder wann wird es vielleicht auch zu viel des Guten? Braucht man vielleicht irgendwie Auszeiten, in denen bestimmte Zeiten des Tages, wo eben keiner Termine stattfinden dürfen oder sowas? Wo man dann eben auch weiß, da ist jemand erreichbar, weil der halt nicht in Terminen sein kann" (S. 21, Z. 680–685). Diese Themen würden aktuell noch jedem selbst überlassen bzw. lediglich durch „kleine Spielregeln" (S. 21, Z. 686) in einzelnen Gruppen uneinheitlich im Unternehmen behandelt (S. 21, Z. 685–687).

Ferner geht BR2 auf grundsätzliche kulturelle Aspekte ein, wie die Personalentwicklung und die Förderung von Talenten, die er sich im Unternehmen offener und transparenter wünscht (S. 22, Z. 694; Z. 709–714). Einen weiteren grundsätzlichen Optimierungsbedarf sieht BR2 im Rahmen der Auftragsklärung, den er vor allem auf die starken hierarchischen Strukturen im Unternehmen zurückführt: „Wir beschäftigen uns sehr viel mit uns selber. Das kostet alles Zeit und bringt uns nichts, bringt uns auch am Markt nichts. Das ist ein Thema der Arbeitssteuerung und Auftragsvergabe, das sehr von dieser hierarchischen Thematik negativ beeinflusst wird. Wenn die höchste Managementebene sagt: ‚Machen Sie mir mal eine Unterlage.' Oder: ‚Es wäre schön, eine Unterlage zu haben bis morgen.' Dieser eine Satz löst aus, dass anschließend X Leute eine Nachtschicht einlegen. Und es ist gar nicht sicher, ob dann morgen irgendwas passiert und die Unterlage auch wirklich den Geschmack trifft, weil ja die Vorgabe sehr ungenau war. Und in der ganzen Kette findet dann oft keiner den Mumm zu widersprechen oder zu sagen: ‚Ja, wie soll es denn jetzt genau sein.' Also das sind so Missstände, die würde man privat nicht akzeptieren" (S. 22, Z. 694–704). BR2 sieht in diesen Gegebenheiten vor allem den verschwenderischen Umgang mit der Zeit der Mitarbeitenden als kritisch an und letztlich „auch mit der Zeit, die das Unternehmen bezahlt" (S. 22, Z. 707–708).

Von den Expert*innen des Personalwesens äußert PW2, dass aus ihrer Sicht, aufgrund der bereits vollzogenen Veränderungen im Unternehmen, aktuell keine weiteren Verbesserungen erforderlich sind (S. 14, Z. 411). PW1 erklärt, sich eine größere Transparenz über Zuständigkeiten im Unternehmen zu wünschen, um gerade im Rahmen des mobil-flexiblen Arbeitens von einer offeneren Zusammenarbeit profitieren zu können. PW1 weist hierbei darauf hin, dass zwar die Beschäftigten von den Kolleg*innen die Unterstützung erfahren, die sie benötigen; die größte Hürde jedoch ist, überhaupt die Zuständigkeiten zu kennen (S. 13, Z. 366–370). PW4 sieht die hohe Arbeitsbelastung im Unternehmen als kritisch an. Hiervon sind laut PW4 vor allem die „jungen Leute" (S. 27, Z. 790) betroffen, da sich diese in besonderem Maße im Unternehmen beweisen müssen, um die Führungsebenen von

9.3 Flexibilisierung

sich zu überzeugen. PW4 wünscht sich daher eine bessere Arbeitsverteilung auf eine insgesamt höhere Anzahl an Beschäftigten (S. 27, Z. 788–798). PW3 äußert, dass das Unternehmen aus seiner Sicht durch die COVID-19-Pandemie verdeutlicht habe, „dass wir so en gros da ganz gut unterwegs sind" (S. 23, Z. 724–725). Jedoch sieht PW3 große Verbesserungspotenziale bei dem Thema eigenverantwortliches Agieren: „Also zum Beispiel das Thema Eigenverantwortung übernehmen, da, glaube ich, haben wir schon echt auch noch eine Baustelle und die wird natürlich auch über dieses mobil-flexible Arbeiten deutlich wichtiger. Also so wirklich auch zu sagen: ‚Hey, ich ziehe mich dahin nicht zurück, ich bringe mich da ein, wenn ich Probleme sehe oder ich gehe das wirklich aktiv auch an, ich kümmere mich um meine Weiterbildung auch selber und warte nicht immer nur darauf, bis mich da einer anschiebt, ich gehe da mit offenen Augen durchs Leben. Wenn da eine Veränderung kommt, dann schaue ich da erst mal, dass ich das konstruktiv begleite und zur Seite stehe'" (S. 23, Z. 726–733). Ferner erläutert PW3, dass er das Thema Eigenverantwortung der Mitarbeitenden in enger Verbindung mit der Haltung der jeweiligen Führungskraft sieht. Hier erlebt PW3 immer noch sehr unterschiedliche Verfahrensweisen bei den Führungskräften: „Also, auf der einen Seite gibt es natürlich Führungskräfte, die da lieber eben dieses empowern mit ‚ich gebe da Macht und Einfluss ab' erleben und von daher da eher auf der Bremse sind. Und andere, die erleben das ja, dass das gerade, wenn ich dann eine empowernde Belegschaft habe, dass das mir als Führungskraft eigentlich auch viel mehr Möglichkeiten gibt, anders zu agieren oder andere Themen voranzutreiben, die wirklich wichtig sind, als, sagen wir mal, meine Zeit damit zu verbringen, irgendwie Leute zu kontrollieren. Ja, weil, das ist eigentlich ja eine unnötige Arbeit, wenn das die Leute selber machen" (S. 23 f., Z. 741–748). Grundsätzlich hat nach PW3 die Unternehmensleitung dieses Entwicklungsfeld im Unternehmen jedoch erkannt und im Rahmen der neuen Führungsstrategie die Förderung von Eigenverantwortung und Empowerment als Schwerpunktthemen gesetzt (S. 24, Z. 750–755).

Die Expert*innen des Personalwesens wurden darüber hinaus gefragt, inwieweit aus ihrer Sicht die Erwartungen der Beschäftigten im Rahmen des mobil-flexiblen Arbeitens geklärt wurden. PW1 erklärt hierzu, dass aus seiner Sicht die Erwartung einer funktionsfähigen Technik ebenso eine Klärung erfahren habe, wie der Wunsch nach Vertrauen gegenüber den Mitarbeitenden (S. 14, Z. 396–399). PW2 äußert, dass im Rahmen der Implementierung des mobil-flexiblen Arbeitens, die Beschäftigten nicht explizit nach ihren Erwartungen befragt wurden. PW2 weist jedoch gleichzeitig darauf hin, dass das Angebot des mobil-flexiblen Arbeitens ein fakultatives Angebot für die Mitarbeitenden darstelle und Beschäftigte, die eine Präsenzkultur wahren möchten, hierzu weiterhin die Möglichkeit hätten (S. 17, Z. 484–488).

Ferner erklärt PW2, dass die Erwartung, den Beschäftigten Vertrauen entgegenzubringen, durch einen Großteil der Führungskräfte erfüllt würde, einige jedoch das Vertrauen noch entwickeln und etablieren müssten (S. 16, Z. 472–475). Weitere Verbesserungspotenziale sieht PW2 bei der Klärung der Frage nach der flexiblen Einteilung der Arbeitszeit: „Wenn man beispielsweise sein Kind zu einem bestimmten Zeitpunkt in die Schule oder in den Kindergarten bringen muss. Dass es hier auch die flexible Möglichkeit gibt, dann genau in diesem Zeitraum sich mal kurz auszuklinken, um das dann zu einem anderen Zeitpunkt nachzuholen. Also diese Flexibilität glaube ich, muss noch mehr gefördert werden" (S. 16, Z. 463–467).

PW4 erklärt, dass das Unternehmen auf die COVID-19-Pandemie, in der eine hohe Intensivierung des mobil-flexiblen Arbeitens erfolgte (S. 30, Z. 858–859), verstärkt mit Angeboten wie „Yoga-Kurse oder Achtsamkeits-Seminare" (S. 30, Z. 859) reagiert habe. Dies habe jedoch bei den Mitarbeitenden zu der Frage geführt, inwieweit die Angebote als Arbeitszeit gelten würden, woraus der Wunsch nach klaren Regeln entstanden sei, die inzwischen jedoch festgelegt werden konnten (S. 30, Z. 859–862).

PW3 äußert, dass die Implementierung des mobil-flexiblen Arbeitens sehr positiv aufgenommen wurde: „Erst mal war da eine große Begeisterung" (S. 26, Z. 827). Diese Begeisterung führt PW3 auf die reibungslose Einführung des mobil-flexiblen Arbeitens zurück, in deren Rahmen die Beschäftigten das erforderliche IT- und Telefon-Equipment nach Hause geliefert bekommen hätten (S. 26, Z. 827–830). Teilweise wären Wünsche nach einer zusätzlichen Büroausstattung von Seiten einiger Beschäftigter geäußert worden: „Was jetzt manchmal kam, war so eine Frage, wie: ,Ja, kann ich nicht vom Unternehmen auch einen Bürostuhl haben, weil, ich habe da keinen Gescheiten zu Hause?' Oder natürlich auch die Frage nach noch mehr Ausstattung, also ein Tisch und eine Lampe. Meines Erachtens waren das eher wenige Leute, die das jetzt wollten, also jetzt so in der Masse. Also, ich glaube, die überwiegende Mehrheit hat extrem positiv darauf reagiert, auf die Möglichkeiten, die es gab" (S. 26, Z. 830–835).

Eine weitere Erwartung, die PW3 vor der COVID-19-Pandemie regelmäßig wahrgenommen habe, sei die Möglichkeit der Ausweitung an Tagen, an denen mobil-flexibel gearbeitet werden dürfe. So sei mit der Implementierung gleichzeitig eine Regelung im Unternehmen eingeführt worden, dass die Beschäftigten mindestens zwei Tage in der Woche von dem Angebot des mobil-flexiblen Arbeitens Gebrauch machen können. Diese Regel sei jedoch in den jeweiligen Abteilungen sehr unterschiedlich gehandhabt worden, sodass die Beschäftigten eine Gleichbehandlung aller gefordert hätten: „Je nach Bereich gab es dann natürlich eine Diskussion: ,Na ja, warum darf ich denn bei mir eigentlich nur zwei Tage die Woche, während andere das flexibler haben?', im Sinne von: ,Die dürfen halt, extrem betrachtet, theoretisch ein halbes Jahr vor Ort sein und dann ein halbes Jahr weg am Stück, so was will ich doch auch.' Also, so was gab es dann schon natürlich als Anforderung" (S. 26, Z. 838–842). PW3 geht allerdings davon aus, dass zukünftig eine begrenzte Anzahl an mobil-flexiblen Arbeitstagen zunehmend in Frage gestellt werde, aufgrund der Erfahrungen aus der COVID-19-Pandemie. Letztlich liege die Entscheidung aber nicht allein beim Unternehmen, sondern ein Stück weit auch beim Gesetzgeber, aufgrund der Arbeitsstättenverordnung (S. 26, Z. 842–847).

Des Weiteren wurde laut PW3 die Erwartung von einigen Beschäftigten geäußert, dass das Unternehmen sich an den gestiegenen Ausgaben, die aus dem mobil-flexiblen Arbeiten resultieren würden, beteiligen solle: „Also, ich weiß nicht, ob es wirklich ernst gemeinte Fragen waren, aber die Leute, die dann sagen: ‚Na ja, ich verbrauche doch zu Hause mehr Wasser und Strom, jetzt, wenn ich den ganzen Tag da bin. Gibt es da nicht eine zusätzliche finanzielle Unterstützung für die Leute, die jetzt da Homeoffice machen?', oder, ‚ich brauche natürlich mehr Geld fürs Essen, weil ich halt mittags irgendwie nicht das schön subventionierte Kantinenessen habe.' Also, so was gibt es durchaus, diese Fragen" (S. 27, Z. 856–861). Nicht zuletzt gab es einige Beschäftige, die während der COVID-19-Pandemie aufgrund ihres Wohnsitzes im Ausland erklärten, nicht dauerhaft mobil-flexibel arbeiten zu dürfen (S. 27, Z. 863–865). Diesen Einwand führt PW3 näher aus: „Also, wenn ich meinen Wohnsitz jetzt in Österreich habe, dann wäre es zum Beispiel verboten, dass ich von dort permanent mobil-flexibel arbeite, weil das wäre quasi wie eine Niederlassungsgründung des Unternehmens in Österreich. Und das (lacht) kann man natürlich verstehen, dass das der Arbeitgeber jetzt nicht tun möchte" (S. 27, Z. 865–868). Diese Fragen seien jedoch noch nicht abschließend geklärt, u. a. weil es sich eher um Einzelfälle handle (S. 27, Z. 861–863; Z. 869–870).

9.3.2 Life-Domain-Balance

Die Expert*innen wurden im Rahmen des Interviews um eine Beurteilung der Vereinbarkeit von Beruf, Familie und anderen Lebensbereichen im Unternehmen gebeten sowie um eine Einschätzung, inwieweit Verbesserungen für die Beschäftigten notwendig sind. Insgesamt 21 Prozent der Führungskräfte sowie 75 Prozent des Personalwesens äußern, die Vereinbarkeit unterschiedlicher Lebensbereiche (Life-Domain-Balance) als positiv zu empfinden. Ein Anteil von 38 Prozent der Führungskräfte und beide Betriebsräte erklären, hierzu keine allgemeine Antwort geben zu können, da aus ihrer Sicht das Thema in hohem Maße von individuellen Faktoren, wie z. B. der Persönlichkeit beeinflusst wird. Weitere 42 Prozent der

Führungskräfte sowie PW4 stufen die Life-Domain-Balance im Unternehmen als negativ für die Beschäftigten ein.

9.3.2.1 Positive Beurteilung der Life-Domain-Balance und Einflussfaktoren

Neben der Darstellung der positiven Beurteilungen sowie der zentralen Einflussfaktoren auf die Life-Domain-Balance werden nachfolgend die Ergebnisse in Bezug auf die Anforderungen an die zeitliche und inhaltliche Flexibilität aufgrund des digitalen Wandlungsprozesses aufgezeigt. Abschließend wird die Verantwortung des Unternehmens sowie der Führungskräfte im Rahmen der Vereinbarkeit unterschiedlicher Lebensbereiche aus Sicht der unteren und mittleren Managementebene dargelegt.

(1) Positive Beurteilung der Life-Domain-Balance
Ein Anteil von 21 Prozent der befragten Führungskräfte beurteilt die Vereinbarkeit unterschiedlicher Lebensbereiche im Unternehmen positiv. So gibt beispielsweise M4 an, dass eine Vereinbarkeit generell gegeben und von der Unternehmensseite gewünscht sei (S. 22, Z. 654–655). U6 und U9 weisen auf die positiven Rahmenbedingungen im Unternehmen hin, wie beispielsweise ein hohes Maß an Flexibilität, die den Beschäftigten ermöglicht wird (U6, S. 14, Z. 430–431; U9, S. 20, Z. 618–621). U9 sieht in der hohen Flexibilität sogar den Grund dafür, dass das Unternehmen als attraktiver Arbeitgeber angesehen wird: „Sehe ich gut. Also, sehe ich überhaupt im Unternehmen gut. Ich glaube sogar, dass das ein Hauptgrund ist, warum viele bei uns arbeiten, weil es auch, für die Führungskräfte als auch für die Mitarbeiter, flexible Arbeitszeiten gibt, verschiedenste Möglichkeiten gibt, die Arbeit eben auch zu verteilen" (S. 20, Z. 618–621).

(2) Bedeutung individueller Faktoren und Einflüsse der COVID-19-Pandemie
Insgesamt 38 Prozent der interviewten Führungskräfte geben an, dass sie das Thema Life-Domain-Balance als ein stark individuell geprägtes Thema wahrnehmen, sodass sie weder eine generell positive noch negative Aussage diesbezüglich treffen können. Insbesondere der Aspekt der Eigenverantwortung wird von diesen Führungskräften als eine zentrale Komponente angesehen, der sich jede*r stellen müsse (z. B. M7, S. 22, Z. 707–708). Ferner vertreten diese Führungskräfte die Ansicht, dass die Eigenverantwortung jedes bzw. jeder Einzelnen aufgrund des mobil-flexiblen Arbeitens enorm an Bedeutung gewinnt.

Weitere 21 Prozent der Führungskräfte betonen, dass die Vereinbarkeit unterschiedlicher Lebensbereiche sehr in Abhängigkeit der jeweiligen Persönlichkeit

9.3 Flexibilisierung

steht. So sei beispielsweise M11 im Jahr 2020 sehr zufrieden mit seiner Life-Domain-Balance gewesen, trotz der Tatsache, dass er noch nie so viel in einem Jahr gearbeitet habe (S. 15, Z. 453–456). Er erklärt diesen Umstand wie folgt: „Aber die Möglichkeit von Homeoffice und die digitalen Möglichkeiten ermöglichen es, auf der einen Seite Work-Life-Balance zu leben, <u>wenn</u> (Hervorh. d. Verf.) man den Mut hat, entsprechende Grenzen zu setzen oder sich Zeitfenster zu nehmen. Und nicht das Gefühl haben muss, ich muss mich jetzt dafür rechtfertigen, dass ich jetzt mal an einem Nachmittag nicht arbeite und dafür am Abend arbeite" (S. 15, Z. 456–461). Ferner äußern diese Führungskräfte, dass sie das Thema Selbstdisziplin als größte Herausforderung im Rahmen des mobil-flexiblen Arbeitens ansehen. U6 reflektiert in diesem Rahmen sein eigenes Handeln: „Also die Rahmenbedingungen sind da. Wenn ich jetzt sage, ich gehe heute Mittag und hole mein Kind vom Kindergarten ab, wird jede meiner Führungskräfte das unterstützen und wird keiner irgendwo da ein negatives Wort verlieren. Aber das Problem bin ich selber, wo ich sage: ‚Oh Gott, ich muss das, das und das noch machen.' Und dann setze ich mich abends nochmal an den Laptop, um das zu machen" (S. 14–15, Z. 433–437). Weiterhin führt U6 aus, dass sich diese Herausforderung aufgrund der COVID-19-Pandemie sogar vergrößert habe: „(…) und da braucht es eigentlich noch mehr Disziplin, meiner Meinung nach, als davor. Weil ich merke, dass ich unter dem Strich länger arbeite von zu Hause. Ich merke, dass es intensiver wird, weil ich im Endeffekt eine Webkonferenz nach der anderen habe. Das ist anstrengend. Und auch zum Teil, dass ich dann keine Mittagspausen einhalte et cetera. Und das ist alles, wo mir keiner von außen das vorschreibt, aber selber muss ich da mehr Selbstdisziplin üben und das, glaube ich, ist das größte Hindernis" (S. 15, Z. 437–444). Auch die wegfallenden Fahrtzeiten, seien für U6 keine Erleichterung, da er in den Zeiten, die er sonst im Auto verbracht und ein stückweit als Freizeit betrachtet habe, jetzt dafür nutze, eher mit der Arbeit zu beginnen (S. 15, Z. 448–453).

M8 und U5 geben hingegen an, dass die entfallenden Fahrten aufgrund der Pandemie, die bei Ihnen vorher sehr viel Zeit beansprucht haben, die aktuelle Arbeitslast kompensieren würden bzw. zu einer leichten Entspannung ihrer Life-Domain-Balance geführt hätten (M8, S. 17, Z. 492–494; U5, S. 12, Z. 368–370). M8 weist in diesem Rahmen auf die Bedeutung eines eigenen Büros hin, um eine Abgrenzung zwischen Erwerbsarbeit und anderen Lebensbereichen gewährleisten zu können (S. 17, Z. 494–495). Gleichzeitig äußert M8, dass die Coronakrise insgesamt eine sehr belastende Situation sei, die bereits seit acht Monaten andauert und die Gefahr der emotionalen Entfernung untereinander und zum Unternehmen in sich berge: „Mir fehlen jetzt ganz gezielt diese analogen Treffen, um das Team einzuschwören und abzuholen, emotional. (….) Dieser Block, der gesamte emotionale

Block, der ist ja jetzt rausgenommen worden. Wir haben jetzt leider ein paar Veranstaltungen absagen müssen und das schmerzt. Das schmerzt dann richtig. Und es wird gefährlich, wenn das nicht zurückkommt. Weil dann habe ich die große Gefahr, habe ich auch mit Kollegen gesprochen, dass man sich über diese Digitalisierung zu weit vom Unternehmen emotional entfernt. Der emotionale Aufbau zu den Mitarbeitern, das würde mir fehlen jetzt, wenn man mich jetzt konkret fragt" (S. 18, Z. 524–537).

Gerade dieser emotionalen Entfremdung möchte die Führungskraft U1 entgegenwirken, indem sie trotz der anhaltenden Pandemie sehr häufig im Büro sei, um möglichst viele ihrer Mitarbeitenden persönlich zu sehen. Die Mitarbeitenden seien jedoch selber nur einmal wöchentlich sowie an unterschiedlichen Tagen im Büro. Hierdurch würde sie selbst kaum vom Homeoffice profitieren, um Themen effizient abarbeiten zu können. Dementsprechend führt die COVID-19-Pandemie für U1 zu einer deutlich erhöhten Anstrengung, da sie „wahnsinnig viel Zeit investieren muss" (S. 16, Z. 486), um überhaupt alle Mitarbeitenden zu kontaktieren und mit aktuellen Themen abholen zu können (S. 16 f., Z. 481–496). Auch U9 sieht, trotz der insgesamt positiv wahrgenommenen Vereinbarkeit unterschiedlicher Lebensbereiche, in den COVID-19-bedingten Rahmenbedingungen besondere Herausforderungen für viele Beschäftigten. Insbesondere für jene, die Kinder haben: „Das mag in Corona jetzt schlechter sein, wenn die Schulen geschlossen sind und die Kitas und die Mütter oder Väter sich nebenbei noch um die Kinder kümmern müssen. Das war eine Sondersituation, da waren viele natürlich irgendwo am Limit angekommen" (S. 21, Z. 654–657). Dennoch sieht er auch in diesem Rahmen eine angemessene Reaktion durch das Unternehmen, um die Beschäftigten in dieser schwierigen Phase zu entlasten: „Aber auch da gab es ja Unterstützungen bis dahin, dass die sogar dann vom Unternehmen freigestellt wurden. Sogar noch mit Geldfortzahlungen, wodurch die damit bis zwei Wochen zusätzlichen Urlaub nehmen konnten. Also, selbst da gab es gute Programme" (S. 21, Z. 657–660).

M6 sieht die besonderen Rahmenbedingungen aufgrund der COVID-19-Pandemie als einen wertvollen Lernprozess für das gesamte Unternehmen an, dessen dauerhafte Auswirkungen jedoch noch unklar seien: „Also es haben ja jetzt viele gemerkt, dass man auch viel von zu Hause stemmen kann, was natürlich ein wichtiges Thema ist. (….) Und ich glaube, da haben wir als Unternehmen in den letzten Monaten sehr, sehr viel gelernt, dass die Arbeit dort, dass da mehr möglich ist. (….) Da sind die Auswirkungen jetzt auch noch nicht ganz klar. Aber ich glaube, es hat jeder gemerkt, dass da die Welt nicht zusammenbricht und dass viele wichtige Meetings auch von zu Hause geführt werden können" (S. 19, Z. 577–585).

(3) Verantwortung des Unternehmens und der Führungskräfte

Neben der hohen Bedeutung der Eigenverantwortung sehen 25 Prozent der Führungskräfte auch eine große Verantwortung auf der Seite des Unternehmens, die Beschäftigten zu befähigen, mit dieser Eigenverantwortung überhaupt umgehen können. So erklärt M12: „Es ist natürlich sehr stark die Eigenverantwortung, aber um diese Eigenverantwortung herzustellen sowohl bei Führungskräften, als auch Mitarbeitern, muss ich als Unternehmen Hilfestellungen mit auf den Weg geben. Ob das jetzt Tools sind, ob das Gestaltungshinweise sind, ob das Tipps sind, ob das Best Practice ist (…). Das ist das, was das Unternehmen tun kann. Wie gestalte ich meinen Arbeitsablauf im Homeoffice? Wie sorge ich für eine gescheite Ernährung? Was kann ich alles tun, um das auf den Weg zu bringen?" (S. 17, Z. 541–548). Grundsätzlich weisen die Führungskräfte allerdings auf ein umfassendes Angebot im Unternehmen zu diesen Themen hin: „Es gibt unglaublich viel Angebote, wie betriebliches Gesundheitsmanagement. Man kann wahnsinnig viel machen. Auch Coaching-Dinge. Wir haben diese Hotlines, wo ich auch mal mich beraten lassen kann, wenn ich mal merke, ich komme da wirklich in eine Zwickmühle rein. Also, es ist alles da" (M4, S. 24, Z. 709–712). M2 betont ebenfalls die weitgehenden Möglichkeiten von Unternehmensseite und sieht gleichzeitig die Frage nach der Strukturierung des Arbeitstages als eine zentrale Herausforderung der Zukunft an: „Also gibt es auch immer wieder Kurse. Online-Schulungen dazu, wie man abschalten kann. Wie man das vereinbaren kann. Wie man mal loslassen kann, wie man sich vielleicht anders da strukturiert. Übrigens auch ein Thema ‚Sich zukünftig anders zu strukturieren'. Also, ich glaube, sogar eine der größten Herausforderungen, weil es mir genauso geht. Da gibt es sehr wohl einiges" (S. 23, Z. 692–696).

Ein Anteil von 21 Prozent der Führungskräfte bemerkt, gerade aufgrund des mobil-flexiblen Arbeitens, eine zunehmende Entgrenzung der beruflichen Tätigkeit und sieht es in der Verantwortung des Unternehmens, regulierend einzugreifen (z. B. M8, S. 15, Z. 448–452). So erklärt M11 hierzu: „Man muss selber aufpassen, dass man seine Arbeitszeiten einhält. Das sehe ich ja bei mir selber, ich fange morgens früher das Arbeiten an, ich arbeite abends länger, die Grenzen zwischen Beruf und Familie verschwimmen. Und da muss man sich selber disziplinieren und insofern ist das ein Thema, das man auch eigentlich aus Sicht des Arbeitgebers im Auge behalten soll. Denn den Arbeitgeber trifft ja auch eine Fürsorgepflicht. Und da wäre es zu kurz gesprungen zu sagen, es bleibt dem Mitarbeiter überlassen, sondern der Arbeitgeber muss vielmehr darauf achten, dass man gewisse Spielregeln einhält, auch zum Selbstschutz der Mitarbeiter" (S. 13, Z. 393–400).

M7 sieht vor allem aufgrund des hohen Pflichtgefühls der Beschäftigten einen Steuerungsbedarf auf Seiten des Unternehmens: „Privates und Berufliches, das verschwimmt. Und es fällt, glaube ich, einigen Menschen durchaus schwer, hier die saubere Trennung zu vollziehen. Und damit auch sowas wie, dass da sowas wie ein Pflichtbewusstsein generiert wird. Jeder weiß, dass ich daheimsitze, ich muss jetzt rangehen, ich muss jetzt dies machen, muss jenes machen. Und wenn um sieben Uhr das Telefon klingelt oder um acht, dann muss ich auch noch rangehen" (S. 20, Z. 640–645). M7 betont daher die Verantwortung des Unternehmens, klare Arbeitszeiten festzulegen, um eine Überlastung zu vermeiden. Gerade Abteilungen, die keine festen Arbeitszeiten haben, sieht M7 als gefährdet an, da diese noch schlechter kontrolliert werden können. Vor allem den Betriebsrat sieht M7 im Rahmen solcher Thematiken als wichtigen Gesprächspartner an, um gemeinsam Lösungen zu entwickeln (S. 22 f., Z. 708–714).

M5 betont ebenfalls eine hohe Verantwortung auf der Seite des Unternehmens. So könne aus Sicht von M5 nicht davon ausgegangen werden, dass alle Führungskräfte das Thema Life-Domain-Balance gleichermaßen berücksichtigen. Darüber hinaus verfolgen laut M5 immer noch zahlreiche Führungskräfte im Unternehmen eine starke Präsenzkultur: „Also als Unternehmen hat man schon eine Aufgabe, weil leider sind die Führungskräfte ja auch unterschiedlich. Die halten sich auch nicht alle daran. Da sind viele, die immer noch die Arbeitsqualität mit der Dauer oder mit dem Dasein im Büro verbinden. Das ist so" (S. 25, Z. 792–795). Ferner berichtet er von Situationen, in denen er mehrfach von Kolleg*innen angesprochen wurde, warum Mitarbeitende von M5 früher das Büro verlassen würden als andere Beschäftigte: „Dann habe ich gesagt: ‚Ja, dann sollten Sie die vielleicht mal in Time-Management-Seminare schicken. Wenn einer jeden Tag zwölf Stunden arbeitet, irgendetwas passt nicht. Sie als Chef haben dann auch irgendetwas falsch verstanden oder verpasst.' Und jetzt kennen mich die Kollegen langsam hier, wie ich bin, und die erlauben sich nicht mehr so einen Kommentar" (S. 25, Z. 795–802). Nicht zuletzt vertritt M5 die Ansicht, dass ein*e Mitarbeitende*r zwar eine Eigenverantwortung trage, dass er oder sie die eigene Life-Domain-Balance jedoch nur bis zu einem bestimmten Grad im Unternehmen selbst beeinflussen könne: „Vielleicht 20 Prozent kann er machen. Aber 80 Prozent braucht er seine Führungskraft, um ihn zu motivieren, das auch zu machen. Und die Führungskraft teilweise auch radikaler dazwischen gehen muss, dass man sagt: ‚Hier Sonntag regelmäßig zu arbeiten ist nicht normal'" (S. 25, Z. 812–817). Teilweise seien aus seiner Sicht sogar Verbote notwendig, bis die richtige Signalwirkung durch die Führungskraft gesetzt sei und es andere Führungskräfte und Mitarbeitende wirklich verstanden hätten (S. 25, Z. 817–818).

U11 geht ebenfalls auf die Verantwortung der Führungskräfte ein, stets einen Blick auf die Life-Domain-Balance der Mitarbeitenden zu richten. So sieht er es als seine Aufgabe an, dass die Mitarbeitenden „mit Freude zur Arbeit kommen und das Gefühl haben, dass die Sachen schaffbar sind. Und wenn sie nicht schaffbar sind, jederzeit bei mir ein offenes Ohr haben und wir auch in der Regel immer eine Lösung finden" (S. 19, Z. 575–577). M11 sieht es als Verantwortung der Führungskräfte an, sich mit der Frage auseinanderzusetzen, wie Leistung im Unternehmen definiert wird. So solle eine Führungskraft immer das Ergebnis eines Beschäftigten beurteilen und nicht dessen Anwesenheit im Büro (S. 15, Z. 461–463).

9.3.2.2 Negative Beurteilung der Life-Domain-Balance

Insgesamt 42 Prozent der befragten Führungskräfte geben an, dass sie die Vereinbarkeit unterschiedlicher Lebensbereiche aufgrund ihrer Tätigkeit im Unternehmen als negativ einstufen. Diese Führungskräfte äußern, dass das Unternehmen zwar die Bedeutung des Themas Life-Domain-Balance kommuniziere, die tatsächliche Denkweise (67 Prozent) bzw. die Erfüllbarkeit des Kommunizierten für die Beschäftigten (33 Prozent) jedoch oft nicht gegeben sei.

(1) Fehlendes Mindset der Führungskräfte

Die Führungskräfte gehen in ihren Ausführungen zur tatsächlichen Haltung zum Thema Life-Domain-Balance im Unternehmen vor allem auf Defizite bei anderen Führungskräften ein. So beschreibt M3 die Gegebenheiten wie folgt: „Ich erlebe da eine Zweigeteiltheit. Ich erlebe das, was das Unternehmen als Leitlinie vorgibt. Das ist ja explizit gewünscht, das sicherzustellen und das zu handhaben und als modernes Unternehmen nach außen auch das darzulegen, dass uns das wichtig ist, die Vereinbarkeit von Beruf und Familie. Ich erlebe aber auch, dass bei vielen Führungskräften die Haltung dazu noch nicht so da ist. Und da, glaube ich auch, wird es echt schwierig. Weil, wenn jemand diese innere Haltung nicht hat, dann nutzt es wenig, wenn das Unternehmen das als Marschroute vorgibt" (S. 14, Z. 412–418). So sieht es M3 als problematisch an, wenn eine Führungskraft Themen nicht aus innerer Überzeugung umsetze, weil es hierdurch nicht zu einer wirklichen Realisierung kommen würde. Derartige Situationen sehe er im Unternehmen jedoch nicht als Einzelfälle an: „Ich erlebe schon häufig, dass auf dem Papier mehr gewünscht und gewollt ist, nach außen hin vom Unternehmen, als dann tatsächlich intern gelebt wird" (S. 14, Z. 418–422).

Die Führungskraft M6 beschreibt ähnliche Erfahrungen. So würde das Thema Life-Domain-Balance stark vom Unternehmen propagiert, jedoch in bestimmten Situationen von vielen Führungskräften nicht gelebt werden: „Also auf dem Papier ist es alles sehr gut bei uns. (….) Es fehlt nochmal in konkreten Fällen ein Mindset bei vielen Führungskräften. Also wir tun uns immer noch sehr schwer, sozusagen für alleinstehende Mütter oder überhaupt Frauen im Beruf, diese Vereinbarkeit auch mit Kindern und Familie dann wirklich zu leben. Also in einigen Abteilungen hat es ganz lang gedauert, bis die erste Frau in Führung auch mal Elternzeit gemacht hat. Ich glaube, es gab auch noch lange in einigen Abteilungen Führungskräfte, die sich nicht getraut haben, ihre Vätermonate zu nehmen" (S. 17, Z. 535–543). Zwar würde die Kommunikation des Themas auf vorbildliche Weise erfolgen, aber auf der operativen Ebene würden sich einige Führungskräfte noch schwertun, sodass es an dieser Stelle einer Nachschärfung bedürfe. Auch sei bei einigen Themen bisher kein genaues Zielbild definiert worden (S. 18, Z. 549–556).

Ferner weist M3 darauf hin, dass er den Eindruck habe, dass das Thema Life-Domain-Balance, sobald es um den eigenen Verantwortungsbereich gehe, bei einigen Führungskräften ein schnelles Ende finden würde: „Also nach außen hin dann immer sagen: ‚Natürlich wollen wir als modernes Unternehmen Job und Familie vereinbaren können.' Und nach innen: ‚Aber bitte jetzt nicht bei mir konkret, weil ich will ja schon mit meiner Abteilung erfolgreich sein'" (S. 15, Z. 449–451). U12 kritisiert ebenfalls diese Thematik: „Auch nicht nur zu sagen: ‚Wir wollen es gar nicht so.' Aber sind dann doch froh, wenn es anders gemacht wird" (S. 16, Z. 461–462). Als Beispiel führt U12 folgende Erwartungshaltung an: „Weil, wenn ich am Freitag eine Mail kriege um 20 Uhr, dann erwartet jeder am Montag früh um Sieben die Antwort. Wann soll ich die machen?" (S. 16, Z. 464–466).

U5 bemängelt, dass es ihm bei der Realisierung der Vereinbarkeit unterschiedlicher Lebensbereiche an Ernsthaftigkeit im Unternehmen fehle, was an den ausbleibenden Maßnahmen erkennbar sei: „Ich würde mal so sagen, wenn es kommuniziert wird, hat man sehr schnell das Gefühl, dass es Lippenbekenntnisse sind. Und wenn man das ernsthaft umsetzen wollte, dann würde man das tun, wie andere Unternehmen das auch tun" (S. 13, Z. 377–379).

(2) Mangelnde Realisierung aufgrund der Arbeitslast
Ein Drittel der Führungskräfte, die eine negative Einschätzung hinsichtlich der Life-Domain-Balance geäußert haben, begründen dies mit der hohen Arbeitslast, die eine Realisierung der gewünschten Vereinbarkeit unterschiedlicher Lebensbereiche erst gar nicht ermögliche. So erklärt U8 hierzu: „(…) was dann per E-Mail kommt, wie man das vereinbaren kann, und dann gibt es irgendwelche Leitfäden dabei. Aber der Arbeitsdruck auf Einzelne erlaubt das halt teilweise nicht. Leute arbeiten natürlich im Moment, geht mir ja nicht anders, gern bis in den Abend rein. Dass die eigene Frau dann sagt: ‚Jetzt kannst du eigentlich schon mal aufhören. Wir wollten ja noch etwas zusammen essen.' Da ist das Ganze schon sehr grenzwertig dann" (S. 22, Z. 681–685). Auch U8 wünscht sich in diesem Rahmen eine stärkere Vorbildfunktion der Führungskräfte, die das Thema aus seiner Sicht stärker vorleben und unterstützen sollten (S. 22, Z. 686–687; S. 23, Z. 716). Auch gehe die Arbeitsbelastung so

weit, dass einige Führungskräfte voraussetzten, dass Themen in der Urlaubszeit vorbereitet bzw. Arbeitstage, die schon komplett voll mit Terminen seien, mit weiteren Aufgaben befüllt würden (S. 23 f., Z. 717–734).

Auch U12 weist auf die steigende Arbeitsbelastung und die zunehmende Geschwindigkeit im Unternehmen hin, die eine Abgrenzung von der beruflichen Tätigkeit erschwere. Ein Grund für diese Entwicklung sieht er auch in der zunehmenden Digitalisierung und den einhergehenden wachsenden Anforderungen: „Jeder erwartet natürlich auch eine schnelle Antwort. Brief hat früher acht Tage hin, acht Tage her gebraucht. Nach 14 Tagen hast du Antwort erwartet. Heute schickst es in Minutenschnelle hin und her. Also, man wird ja schon unruhig, wenn eine Mail nicht gelesen wird nach zwei Stunden. Hat sich schon was geändert. Damit nimmt auch der Druck zu" (S. 14 f., Z. 426–430).

9.3.2.3 Erforderliche Verbesserungen der Life-Domain-Balance

Die Führungskräfte sehen einen Verbesserungsbedarf im Unternehmen in Bezug auf die Führungskultur (33 Prozent) sowie die Life-Domain-Balance-Reglements des Unternehmens (33 Prozent). Nur ein Drittel der Führungskräfte gab an, aktuell keine Verbesserungen als erforderlich anzusehen. Das Personalwesen hebt in seinen Ausführungen insbesondere die bestehenden umfassenden Angebote des Unternehmens hervor. Die Betriebsräte weisen ebenfalls auf Verbesserungspotenziale in Bezug auf die Führungskultur im Unternehmen hin bzw. auf die besonderen Rahmenbedingungen der COVID-19-Pandemie, durch die Optimierungsfelder im Zusammenhang mit dem mobil-flexiblen Arbeiten aufgezeigt werden.

(1) Führungskultur

Insgesamt 33 Prozent der befragten Führungskräfte äußern, deutliche Verbesserungspotenziale in Bezug auf die Führungskultur im Unternehmen zu sehen. U12 sieht vor allem die Unternehmensleitung in Verantwortung, mit gutem Beispiel voranzugehen, aufgrund der Wirkung auf die nachfolgenden Managementebenen: „Es prägt von oben nach unten durch. Wenn die höchste Managementebene vorgibt, am Wochenende eine Tagung für das höhere Management abzuhalten, dann meint das höhere Management, beim nächsten Mal mache ich halt auch mal am Samstag meine Führungskraftveranstaltung für das mittlere Management. Das zieht sich schon oft von oben nach unten durch" (S. 15, Z. 455–459). Auch U4 fordert von der Unternehmensleitung eine stärkere Vorbildfunktion und Verantwortung: „Was nicht hilft, sind nur Phrasen von der Unternehmensleitung: ‚Wir wollen, dass ihr das macht.' Aber auf der anderen Seite wird es auch nicht vorgelebt, also das Thema muss schon auch vorgelebt werden" (S. 19 f., Z. 608–611).

M7 weist ebenfalls auf diese Wirkungskette hin, indem er sein eigenes Handeln kritisch reflektiert: „Ist manchmal erschreckend (Hervorh. d. Verf.), wenn sie, dazu muss ich selbst auch natürlich, mal dann in der Randzeit arbeiten. Wenn ich irgendwann, ich sage mal ein Beispiel, am Sonntagabend noch sage, ich will noch zwei Mails wegschicken, ich mache das gerade noch. Und schreibe die und kriege postwendend Antwort. Das ist schwierig. Aber dann muss ich selbst auch sagen, dann darf ich keine mehr schicken. Sonst laufe ich Gefahr, die Antwort zu kriegen. Aber dann, das sind so Baustellen, an denen muss man schon noch arbeiten" (S. 22, Z. 698–704). Aus diesem Grunde sieht M7 gerade im Rahmen des mobil-flexiblen Arbeitens die besondere Notwendigkeit eines klaren Reglements im Unternehmen: „Im Homeoffice zu arbeiten, heißt für mich, ich muss mich einklinken und muss mich ausklinken. Und dieses Ausklinken, das darf dann nicht irgendwie so halb inoffiziell sein, sondern da brauchen wir die Regularien, dass ich mich auch offiziell ausklinke. Damit wird das Ganze auch aus diesem Graubereich rausgenommen. Und dann funktioniert es aus meiner Sicht" (S. 22, Z. 683–687). Ein positives Beispiel, dass die Tragweite von Führung verdeutlicht, wird hingegen von M8 aufgeführt: „Ich habe Gott sei Dank eine Führungskraft, die hat das erkannt. Und die hat gerade eine Abfrage gemacht, eine umfangreiche, digital, wie wir die Formate besser stricken können" (S. 17, Z. 514–516). Ziel dieser Abfrage sei, zu ermitteln, welche Treffen weiterhin analog stattfinden sollten und welche Formate zukünftig auch in einem digitalen Format sinnvoll realisiert werden könnten, um die Arbeitslast zu reduzieren (S. 17, Z. 516–518).

M6 wünscht sich, dass Führungskräfte die Vereinbarkeit unterschiedlicher Lebensbereiche zukünftig stärker in den Fokus nehmen: „Da würde ich sagen, die Führungskräfte müssen da noch mehr nachlegen, dass sie es wirklich ernst meinen mit den Themen in ihrem konkreten Führungsalltag, wenn es um Situationen jetzt geht, wie kann die Mutter unterstützt werden, wie kann ein Beruf, Familie oder ein Ehrenamt verbunden werden" (S. 18, Z. 559–562). M11 sieht diesbezüglich vor allem die Verantwortung bei den Führungskräften, Transparenz zu schaffen und den Mitarbeitenden unbegründete Sorgen in Bezug auf die Wahrnehmung der neuen Flexibilität zu nehmen und ihnen zu verdeutlichen: „Es gibt eben einen Rahmen und wie man sich innerhalb des Rahmens bewegt, das darf man dann selber entscheiden" (S. 15, Z. 468–471).

(2) Verbesserung und Realisierung des Reglements
Weitere 33 Prozent der Führungskräfte äußern, striktere bzw. veränderte Regelungen von Seiten des Unternehmens als erforderlich anzusehen. So sehen 17 Prozent

9.3 Flexibilisierung

der Führungskräfte eine Möglichkeit darin, die Überlastung der Beschäftigten zu reduzieren, indem die E-Mail-Zeiten begrenzt werden (z. B. M5, S. 13, Z. 377–383). M7 führt hierzu aus: „Also es gibt ja Versuche, dass man in Unternehmen, dass man zum Beispiel in bestimmten Zeiten, Schichten, einfach Mailverkehr unterbindet. Ob das ein praktikabler Ansatz ist, vermag ich jetzt im Moment nicht zu beurteilen. Es könnte aber ein Weg oder ein Mittel sein, um hier an der Stelle Regularien zu bauen. Und damit auch glaubhaft zu machen, dass man bestimmte Dinge eben nicht möchte. Und Wert drauflegt, dass diese Dinge da eben nicht erfolgen" (S. 23, Z. 717–722). Auch wenn M7 keine direkte Einschätzung geben kann, ob dies der angemessenste Weg sei, betrachtet er es als wichtig, sich über solche Dinge ernsthaft Gedanken zu machen. Vor allem sieht M7 die Einbeziehung aller Beteiligten durch eine Erörterung flankierender bzw. begrenzender Maßnahmen als hilfreiche Maßnahme an (S. 23, Z. 723–727). Auf die Nachfrage, ob M7 bereits Diskussionen oder Überlegungen in Bezug auf die Begrenzung von E-Mailverkehr im Unternehmen erlebt hätte, verneint er die Frage deutlich und erklärt, dass er das nur von anderen Unternehmen gehört habe (S. 23, Z. 731–734).

U8 sieht eine Begrenzung des E-Mail-Verkehrs, die sich zumindest auf die unteren Hierarchieebenen erstreckt, als einen wesentlichen Schritt an: „Ich meine, der Weg, der da eigentlich viel bringen würde, man könnte mindestens bis zur unteren Managementebene einfach ab 19 Uhr das E-Mail-System sperren. Das gibt es ja bei anderen Unternehmen. Die haben das zum Teil, dass die Leute dann nichts mehr machen können, weil da ist Freizeit. Das wären zwar harte Mittel, aber da könnte nicht eine Führungskraft wieder verlangen vom Mitarbeiter: ‚Nein, das musst du aber und das brauchen wir'" (S. 22, Z. 688–693). Diesbezüglich wird von U8 ein großer Nachholbedarf gesehen, um sich als Unternehmen moderner zu positionieren und die Mitarbeitenden wirklich mitzunehmen, da nur durch reine Absichtserklärungen noch nichts passiert sei (S. 22, Z. 693–696). M11 äußert hingegen, dass er die Einschränkung von E-Mail-Zeiten als eine Maßnahme ablehnen würde und erklärt seine Haltung wie folgt: „Ja, darüber kann man natürlich nachdenken, aber das hätte doch so ein bisschen sehr viel von Kindergarten. Das würde mir insofern nicht ganz gut gefallen und wird auch, glaube ich, der Lebenswirklichkeit nicht gerecht" (S. 14, Z. 426–428).

M10 sieht nicht nur den Bedarf für eine zentrale Steuerung der E-Mail-freien Zeiten, sondern äußert darüber hinaus die Notwendigkeit einer Regulierung der Anzahl an Meetings: „Weil die Schwierigkeit bei Dauer-Homeoffice ist das Thema, dass die private Welt und die Arbeitswelt zunehmend miteinander verschwimmen. Das ist kein unternehmensspezifisches Problem, das ist ein Problem, das alle haben, bei denen Mitarbeiter zunehmend im Homeoffice sind. Und ich habe eher das Gefühl, das ist meine persönliche Meinung, dass die Arbeitslast durch das Thema Homeoffice eine ganze Ecke angestiegen ist" (S. 20 f., Z. 633–643). Gleichzeitig weist M10 darauf hin, dass bestimmte „harte Rahmenbedingungen" (S. 20, Z. 629) immer eingefordert werden könnten, die Eigenverantwortung jedes bzw. jeder Einzelnen sei jedoch der entscheidendste Faktor, da man seines Glückes Schmied sei (S. 20, Z. 628–630). So reflektiert er mit folgendem Hinweis sein eigenes Handeln: „Wenn ich so blöd bin, wie ich das in der letzten Woche wieder mehrfach war, dass ich morgens um sieben den Rechner aufgeklappt habe und abends um acht den Rechner zugeklappt habe, dann ist das erst mal mein Thema" (S. 20, Z. 630–632).

M4 erklärt, dass er trotz der Einstellung, dass die Eigenverantwortung ein elementarer Faktor sei, für einige Beschäftigte auch die Notwendigkeit sehe, seitens des Unternehmens einen klaren Rahmen zu setzen: „Es gibt aber auch Führungskräfte und Mitarbeiter, die brauchen Vorgaben. Das hört sich jetzt vielleicht ein bisschen hart an. Aber die haben nicht gelernt, sowohl im beruflichen, aber vielleicht auch wie im privaten Umfeld, eigenverantwortlich mit Situationen umzugehen. Für die ist das unglaublich schwer" (S. 22, Z. 655–664). Auch die Thematik, eigenverantwortlich zu lernen und Grenzen zu setzen, sei für viele in dieser neuen „eigenverantwortlichen Welt" (M4, S. 23, Z. 668) eine enorme Herausforderung, wie auch die Umfrageergebnisse im Unternehmen immer wieder zeigen würden. Gerade daher sei es sehr wichtig, die Beschäftigten dabei zu unterstützen, Eigenverantwortlichkeit zu erlernen und ihnen dabei hilfreiche Instrumente zur Verfügung zu stellen (S. 22, Z. 665–670). Insbesondere, da sich die starren Zeiten, die von Vorgaben geprägt waren, aufgrund der zunehmenden Flexibilisierung dem Ende zuneigten: „Weil dieses Stempeln von sieben auf 16 Uhr. Klar am Arbeitsprozess zu sitzen und alles ist vorgegeben, die Zeiten sind in den meisten Berufsbildern, auch bei uns, vorbei" (S. 23, Z. 672–673).

Nicht zuletzt weist M2 auf einen Veränderungsbedarf in Bezug auf die Steuerungsmechanismen innerhalb des Vertriebs hin. So äußert M2, dass er Instrumente wie beispielsweise Incentives und die hohen Zielwerte zur Erreichung des vollständigen Gehalts als veraltet ansieht sowie eine Form des unproduktiven Drucks, der auf die Beschäftigten ausgeübt wird (S. 23, Z. 697–703). M2 erklärt hierzu: „Ich finde die Form unserer Bezüge passt mit dem Thema digitaler Wandel nicht mehr ganz zusammen. Also für mich muss deutlich mehr Veränderung in den Bezügen stecken, zu dem wo wir hinwollen, wie das alleine abhängig zu machen von Umsatz, wieviel jemand jetzt verkauft. Klar, von dem leben wir. Aber ich glaube, wenn man auch einen starken Fokus darauf ausrichten würde, das zu beurteilen in seiner Qualität, wie er das macht, und auch den digitalen Wandel in seinem Verantwortungsbereich umsetzt, dann würde es trotzdem einhergehen. Dann würde man sehen, dass trotzdem das Geschäft kommt" (S. 23, Z. 703–710).

(3) Kein Erfordernis für Verbesserungen

Ein Drittel der Führungskräfte äußert, derzeit keinen Bedarf für Nachsteuerungen auf der Seite des Unternehmens zu sehen. Die Führungskräfte begründen ihre Antwort mit den bestehenden umfassenden Angeboten des Unternehmens. U2 erklärt hierzu beispielsweise: „Mir fällt nichts ein. Wir bieten schon wirklich viel. Also wenn man sich das wirklich alles einmal angeguckt, was wir als Unternehmen bieten, dann kann man doch nur ‚Hurra!' schreien. Wir haben Gleitzeit, wir können Arbeitszeitausgleich machen, wir können Sportkurse machen. Also ich habe noch nie erlebt, dass wenn ich zum Chef gegangen bin und habe gesagt: ‚Ich fühle mich jetzt richtig, richtig ausgebrannt. Ich brauch mal eine Pause.' Ich habe noch nie erlebt, dass ein Chef da komisch reagiert hat" (U2, S. 15, Z. 465–470).

Zwei Führungskräfte weisen auf die hohe Bedeutung der Eigenverantwortlichkeit hin, die sie bei der Frage sehen. So erklärt U10, dass aus seiner Sicht keine Verbesserungen durch das Unternehmen erforderlich seien, solange jede*r die neuen Möglichkeiten, die mit dem mobil-flexiblem Arbeiten einhergingen, für sich erkenne und richtig nutze: „Wenn man versteht und wenn ich auch als Führungskraft verstehe für meine Mitarbeiter, was es heißt, diese Freiheit richtig zu nehmen. Diese Freiheit, nicht mehr in das Unternehmen kommen zu müssen, und ich trotzdem meine Arbeit so abliefere, wie das Unternehmen sie von mir erhalten möchte, mir trotzdem die Freiheit nehme, meine Kinder in den Kindergarten zu bringen oder in die Schule zu bringen, oder mir am Mittwochnachmittag, weil hier ein Arzttermin ist, dann frei zu nehmen. Das geht, aber es liegt an mir selber. Das gilt auch für meine Mitarbeiter" (S. 10, Z. 274–281). M12 sieht ebenfalls den größten Schlüsselfaktor für Verbesserungen in einem verantwortungsvollen Umgang mit den neuen Freiheiten sowie dem Erkennen der entstehenden Chancen für alle Beteiligten (S. 17, Z. 511–523). Insbesondere sei im Rahmen des mobil-flexiblen Arbeitens darauf zu achten, „(…) dass ich dadurch, nicht beruflich überaktiv werde, dass ich das Gefühl habe, ich müsste permanent arbeiten und ich im Grunde genommen viel mehr arbeite und mich damit sehr viel stärker belaste, als das auch gut für mich ist. Denn Homeoffice heißt ja nicht, ich stehe um sieben Uhr auf, setze mich an den Computer und bleibe dann an meinem Computer sitzen bis abends um 23 Uhr oder bis 20 Uhr. Sondern ich muss nach wie vor natürlich auf Pausen achten und Ähnliches" (S. 17, Z. 529–535).

9.3.2.4 Perspektive des Personalwesens und der Betriebsräte

Insgesamt 75 Prozent der Expert*innen des Personalwesens stufen die Vereinbarkeit unterschiedlicher Lebensbereiche für Beschäftigte des Unternehmens als positiv ein. Auf die Frage, welche Verbesserungen aus der Perspektive des Personalwesens notwendig seien, antwortet PW1: „Ich würde sagen, dass wir uns da schon sehr gut engagieren. Und, dass wir auch in diese Richtung immer mehr machen" (S. 14, Z. 375–376). Dies gelte für Mitarbeitende, wie für Führungskräfte gleichermaßen, da die zahlreichen Unterstützungsleistungen allen zugänglich seien, wie zum Beispiel eine finanzielle Bezuschussung der Schülerhilfe für Kinder, die aufgrund der COVID-19-Pandemie und dem einhergehenden Schulausfall Probleme hätten (S. 14, Z. 379–387). Darüber hinaus führt PW1 folgende Angebote an: „Es gibt regelmäßig Webinare, die Eltern dazu befähigen, auch jetzt was den Umgang mit den Kindern während Corona oder Homeschooling anging. (….) Dann gibt es unterschiedliche Zuschüsse für Familien. Kinderbetreuungszuschuss gibt es zum Beispiel. Es gibt auch eine Ferienbetreuung. Also da gibt es sehr viele Programme" (S. 14, Z. 389–393).

PW3 sieht ebenfalls einen sehr positiven Rahmen, der vom Unternehmen gesetzt wird, insbesondere aufgrund der hohen Flexibilität, die ermöglicht wird: „Ansonsten gibt es natürlich auch einfach alle möglichen verschiedenen Arbeitsmodelle. (….) Es gibt alle Möglichkeiten von Teilzeit in Elternzeit oder nur Elternzeit. Es gibt diverse Unterstützungsmaßnahmen und Hilfsangebote, jetzt hier mit dem mobilen Arbeiten. Es gibt flexible Arbeitszeiten (…). Also, ich selber bin keiner zum Beispiel, der gerne früh arbeitet, also fange ich halt eher um zehn an. (….) Es gibt Modelle, dass ich mir Geld weg sparen kann von meinem monatlichen Gehalt, dass ich ein Sabbatical machen kann. Also, das heißt, da gibt es schon, finde ich, extrem viele Freiheiten für Leute" (S. 25, Z. 780–788). Grundsätzlich sieht PW3 auch bei dieser Thematik, dass die Eigenverantwortung jedes Einzelnen gefragt sei: „Ich sage immer, in dem Unternehmen gibt es im Prinzip nichts, was es nicht gibt, <u>wenn</u> (Hervorh. d. Verf.) man sich darum kümmert" (S. 25, Z. 790–792). Des Weiteren erklärt PW3, dass aus seiner Sicht bestimmte Funktionen „mit gewissen Rahmenbedingungen verbunden" (S. 26, Z. 821–822) seien, die letztlich auch jede*r in Kauf nehmen müsse (S. 26, Z. 817–822). So könnten beispielsweise Sachbearbeitende im Unternehmen regelmäßig nach „acht Stunden" (S. 26, Z. 811) ihren Arbeitstag beenden. Personen, die Stabstätigkeiten ausüben, Projekte oder viele Dienstreisen absolvieren müssen, hätten hingegen sehr unregelmäßige Arbeitszeiten (S. 26, Z. 809–814). Derartige Aufgaben lassen aus Sicht von PW3 eine Life-Domain-Balance nicht realisieren: „Ich meine, da kann man natürlich dann Familie und Beruf abhaken. Also, ich bin jetzt zum Beispiel in keinem Sportverein oder so, weil das könnte ich total vergessen, weil mal könnte ich an einem Training teilnehmen und das nächste Mal dann wieder nicht mehr" (S. 26, Z. 814–817). Daher müsse jede*r für sich selbst entscheiden, was wichtig sei (S. 26, Z. 818–819). Abschließend äußert PW3, dass trotz der vielen Möglichkeiten, die das Unternehmen biete, natürlich immer Verbesserungen möglich seien und er das Unternehmen nicht davon freisprechen wolle, dass noch mehr getan werden könne (S. 25, Z. 794–796; S. 26, Z. 823–825).

PW2 äußert den Wunsch, dass Führungskräfte gerade bei dem Thema mobilflexibles Arbeiten ihren Mitarbeitenden das nötige Vertrauen entgegenbringen und jene, die immer noch eine Präsenzkultur präferieren würden, an sich arbeiten sollten (S. 15, Z. 439–444). Generell würde aber von Seiten des Unternehmens bereits viel für die Vereinbarkeit unterschiedlicher Lebensbereiche getan: „Also das Unternehmen tut sehr viel für seine Mitarbeiter. Auch die Möglichkeit, sich wirklich bei einem Ehrenamt zu engagieren, beziehungsweise auch andersrum für diejenigen, die ein Ehrenamt begleiten, wird es auf alle Fälle auch gefördert" (S. 15, Z. 445–448). Ferner schlage das Unternehmen auch selbst Projekte vor, bei denen sich die Beschäftigten auf Wunsch engagieren könnten (S. 15, Z. 449–450). PW4 kritisiert hingegen die Life-Domain-Balance im Unternehmen sowie die wahrgenommene geringerwertigere Einstufung der Freizeit von kinderlosen Beschäftigten im Vergleich zu denen mit Kindern: „Also ich habe das Gefühl, nur weil ich keine Kinder habe, dass meine Freizeit nicht so wichtig ist. Also wenn ich sagen könnte: ‚Sorry, ich muss gehen. Mein Kind hat ein Fußballspiel oder irgendwas.' Das ist wichtiger für die Firma als: ‚Ich will zusammen mit meinem Partner Abendessen'" (S. 28, Z. 812–815). Die Berücksichtigung der Freizeit sieht PW4 jedoch als grundsätzliches Problem im Unternehmen an, da aus ihrer Sicht die Freizeit der Beschäftigten mit Kindern dem Unternehmen ebenfalls nicht sonderlich wichtig sei (S. 28, Z. 816–818).

Die befragten Betriebsräte äußern ebenso wie PW3 den Aspekt, dass es bei dem Thema Life-Domain-Balance im Unternehmen auf individuelle Gegebenheiten wie die Funktion und Hierarchieebene ankomme. So erklärt BR1: „Das kommt ganz auf die Position an und auf das, was der Mitarbeiter will. Also ich glaube, dass es durchaus Positionen gibt, in denen das sehr gut möglich ist. Und wo auch klar ist, ich habe einen 9-to-5-Job und danach ist dann Familie dran. Ab bestimmten Ebenen wird es schwierig, einfach weil es eine Aufgaben- und Arbeitszeitbelastung gibt, die dann mit weniger Dingen vereinbar ist" (S. 26, Z. 675–680). Eine andere Möglichkeit stelle nach BR1 die Möglichkeit dar, in Teilzeit zu arbeiten, wobei sich jede Person immer die Frage stellen müsse, was sie wirklich wolle, da nicht alle Ziele gleichzeitig erfüllt werden könnten: „Ich glaube nicht, dass es möglich ist, gleichzeitig in einem Jahr Familie zu gründen, Führungskraft der höchsten Managementebene zu werden und ein Ehrenamt wahrzunehmen. Aber das liegt nicht am Unternehmen. Das ist auch eine Entscheidung jedes Einzelnen, ob er jetzt seinen Schwerpunkt auf Familie oder Karriere legt. Parallel ist es wahrscheinlich schwierig" (S. 26, Z. 682–687). Dennoch sieht

BR1 in der COVID-19-Pandemie eine gute Chance, ermitteln zu können, welche Herausforderungen für die Beschäftigten mit Homeoffice einhergehen (S. 28, Z. 722–723). Diesbezüglich sieht BR1 noch Verbesserungspotenziale: „Und das ist garantiert auch ein Handlungsfeld für das Unternehmen. Wo man schauen sollte, okay, das haben wir jetzt gelernt, das war gut, das war schlecht, was machen wir denn jetzt daraus. Und wie können wir Leute auch unterstützen, diesen neuen Weg mitzugehen. Und wie kriege ich es auch hin, dass die inhaltlich flexibler werden. Das ist ja auch keine Gabe, die vom Himmel fällt" (S. 28, Z. 724–731).

BR2 erklärt, dass das Unternehmen aus seiner Sicht grundsätzlich „nicht schlecht unterwegs" (S. 22, Z. 718) sei. BR2 sieht wie BR1 eine deutliche Abhängigkeit der Life-Domain-Balance von unterschiedlichen Faktoren, wie zum Beispiel der jeweiligen Funktion, dem Umfeld sowie der Karrierestufe (S. 22, Z. 720–721). Darüber hinaus sieht er die Kompetenzen des Teams und der jeweiligen Führungskraft als entscheidende Einflussfaktoren an: „Im besten Fall ist man irgendwo in der Einheit, die erfolgreich arbeitet, weil sie personell gut besetzt ist, mit richtig ausgebildeten Leuten. Und auch eine Führungskraft darüber sitzt, die vernünftig und richtig entscheidet. Dann kriegt man meistens die Arbeitsaufgaben in einer kurzen Zeit weg. Und hat auch schön Erfolge und findet Anerkennung" (S. 23, Z. 722–726). Im ungünstigsten Fall würde hingegen eine unklare Auftragssituation bestehen, mit einer Führungskraft, die viel Angst hätte und keinerlei Kenntnisse über Abläufe. Wenn dies noch auf ein Team stoße, dass ebenfalls unsicher sei, dann würde viel in „irgendwelche Richtungen gearbeitet" (S. 23, Z. 727), ohne dass etwas dabei herauskomme, woraus „nur Ärger von oben" (S. 23, Z. 728) entstehe. Unter solchen Rahmenbedingungen könne es auch mit anderen Lebensbereichen wie der Familie nicht klappen, da es dann häufig aus dem Ruder laufe (S. 23, Z. 729–730). So kenne BR2 ganz unterschiedliche Einheiten im Unternehmen: „Ich sage das auch ganz offen, es gibt da Bereiche und Führungskräfte, für die würde ich nicht arbeiten, weil ich weiß, dass dort nur Chaos ist. Und dass die das nicht im Griff haben, mit der Zeit der Menschen vernünftig umzugehen. Und es gibt Leute, die haben es drauf. Die wissen wie es geht. Die haben es gelernt oder bilden sich vielleicht auch ständig weiter, hinterfragen auch ihr Tun in die richtige Richtung" (S. 23, Z. 732–737). Bei den positiv dargestellten Führungskräften könne sich BR2 daher darauf verlassen, dass die eingesetzte Zeit mit einem entsprechenden Erfolg einhergehe und somit in Zufriedenheit resultiere. Hierdurch würde es auch mit der Vereinbarkeit unterschiedlicher Lebensbereiche funktionieren, da Zeit und Zufriedenheit eine wesentliche Rolle hierfür spielen würden (S. 23, Z. 737–741).

Darüber hinaus wurden die Betriebsräte im Rahmen der Interviews mit der Frage konfrontiert, wie sie Anforderungen an die zeitliche und / oder inhaltliche Flexibilität der Beschäftigten im Rahmen des digitalen Wandlungsprozesses einschätzen. Beide Betriebsräte geben an, wachsende Herausforderungen für die Beschäftigten zu erkennen (BR1, S. 27, Z. 712–714; BR2, S. 24, Z. 777–779). BR1 erklärt allerdings, dass er die aktuellen Anforderungen, die aus seiner Sicht eine Abgrenzung der Beschäftigten von der Erwerbsarbeit erschweren, als ein „Anfangsphänomen" (S. 27, Z. 709) einschätze und nicht davon ausgehe, dass die Situation so bleibe (S. 27, Z. 709). Stattdessen nimmt BR1 an, dass die Betroffenen eine Entwicklung durchlaufen werden: „Also es ist wirklich ein Stückweit ein Lern- und Findungsprozess, dass man selbst auch ‚Stopp' sagen muss. Und das ist eine Entwicklung, die man sieht. Also es ist schnelllebiger, vieles ist zeitkritischer, also muss schnell umgesetzt werden und ist auch kurzlebiger. Und es ist auch inhaltlich flexibler. Also, es ist selten so, dass jemand jetzt sagt: ‚Ich habe irgendwo mal in einem Bereich gelernt und das mache ich bis zur Rente'" (S. 27, Z. 710–716).

BR2 erklärt, dass er auch diese Thematik in starker Abhängigkeit von der Qualität der Planung sehe: „Wenn ich Dinge ordentlich angehe, dann ist das Leben mit dem mobil-flexiblen Arbeiten nicht per se schwieriger oder irgendwie von akuten Einflüssen stärker durchzogen, wie wenn ich irgendwo vor Ort physisch arbeite. Also, das ist nicht zwangsweise das Problem. Also, eine gut sortierte Einheit kann mobil-flexibel genauso solide und auch nervenschonend arbeiten, genauso wie eine schlecht sortierte Einheit hier und da Chaos anrichtet" (S. 24, Z. 769–775). Eine Anforderung, die BR2 aktuell jedoch häufig erlebe, sei die zusätzliche Belastung aufgrund der COVID-19-Pandemie und der einhergehenden Kinderbetreuung, die die Beschäftigten sehr fordere. Dies sieht BR2 jedoch nicht als spezifisches Problem des Arbeitgebers an (S. 24, Z. 776–785). Abschließend betont BR2, dass für ihn die Führungskräfte eine große Verantwortung tragen würden, Themen gründlich abzustimmen und sich auf das Wesentliche zu konzentrieren, um Überlastungen der Beschäftigten zu vermeiden und gleichzeitig im Sinne des Unternehmens zu handeln: „Was ist notwendig? Was bringt uns vorwärts? Das machen und der Rest, der alles für das persönliche Schaufenster und Schaulaufen veranstaltet wird, um Pluspunkte zu sammeln, bitte weglassen. Das bringt dem Unternehmen und den Mitarbeitern nichts" (S. 24 f., Z. 786–792).

9.3.2.5 Unterschiede zwischen der Mitarbeitenden- und der Managementebene

Neben einer generellen Einschätzung der Life-Domain-Balance im Unternehmen wurden die Expert*innen darum gebeten, eine Differenzierung zwischen der Mitarbeitenden- und der Managementebene vorzunehmen. Ein Anteil von 42 Prozent der Führungskräfte sowie 75 Prozent des Personalwesens vertreten die Ansicht, dass es für Führungskräfte tendenziell schwieriger ist, unterschiedliche Lebensbereiche miteinander vereinbaren zu können. Weitere 23 Prozent der Führungskräfte geben hingegen an, geringfüge bzw. keine Unterschiede feststellen zu können. Auch bei dieser Fragestellung wird deutlich, dass die befragten Führungskräfte (37 Prozent) sowie beide Betriebsräte individuellen Gegebenheiten eine hohe Bedeutung beimessen.

(1) Größere Herausforderung auf der Führungsebene
Insgesamt 42 Prozent der interviewten Führungskräfte sind der Ansicht, dass die Einhaltung einer Life-Domain-Balance für Führungskräfte im Unternehmen tendenziell eine größere Herausforderung darstellt. So erklärt M8 hierzu: „Also um ehrlich zu sein, die Arbeitszeit für Mitarbeiter ist wahrscheinlich weitaus besser. Wenn Sie auf der mittleren Managementebene sind, wo ich es gerade bin. Ich habe vorhin von Arbeitsverdichtung gesprochen. Also ich bin am Anschlag. (....) Bei mir ist es so, Freitag bin ich jetzt mit 86 E-Mails ins Wochenende gegangen. Das ärgert mich, weil dann sage ich mir, ich muss am Wochenende nochmal was runterarbeiten" (S. 16, Z. 472–477). Vor allem Auswärtstermine führen zu einer Anhäufung von Arbeit, die es dann vorwiegend am Wochenende zu erledigen gilt: „Ich hatte vor zwei Wochen drei Auswärtstermine. Montag, Dienstag, Mittwoch war ich wieder draußen unterwegs. Und wenn man dann Donnerstag, Freitag 280 E-Mails hat, ist das eine sehr spaßbefreite Zeit" (S. 16, Z. 480–483).

M9 weist ebenfalls auf ein erhöhtes Arbeitspensum hin, sieht dies aufgrund seiner Funktion als Führungskraft und seiner Hierarchieebene jedoch nicht als ungewöhnlich an: „Ja gut, ich kann ja jetzt nur für mich sprechen. Also ich arbeite sehr, sehr viel. Auch mehr als normaler Arbeitstag. Aber dafür bin ich auch auf der mittleren Managementebene und habe auch andere Vorteile. Das fängt bei meiner Vergütung an. Fängt an, dass ich Führungskraft bin, also hat man sich irgendwie ausgesucht und muss damit umgehen" (S. 17, Z. 515–519). M7 weist ebenfalls daraufhin, dass seitens des Unternehmens von Führungskräften generell ein höherer Einsatz gefordert werde, was auch mit einer stärkeren Entgrenzung zwischen Privat- und Berufsleben einherginge. Gerade diese Entwicklung versuche M7 aber von den Mitarbeitenden fernzuhalten: „Von Führungskräften erwartet man eher, dass sie so einer Vermischung zustimmen. Bei Mitarbeitenden erwartet man das weniger. Ich erwarte das auch weniger. Das ist für mich schon klar, wenn ich in die Mannschaft reinschaue, dass die zu vernünftigen Zeiten aufhören zu arbeiten. (....) Aber es gibt Beispiele da läuft das völlig falsch. Da gibt es dann Mitarbeiter, die aus irgendeinem Pflichtgefühl heraus meinen, sie müssten jeden Abend bis zehn, elf Uhr, müssten die arbeiten.

Das geht nicht. Das muss man an der Stelle ganz klar sagen: ‚Hier ist ein Cut. Bitte, ich will jetzt nichts mehr hören, nichts mehr wissen'" (S. 22, Z. 690–698). U1 erklärt, dass sie sich eine bessere Vereinbarkeit der unterschiedlichen Lebensbereiche wünschen würde. Dieser Wunsch gehe aus ihrer Sicht jedoch nicht mit ihrer verantwortungsvollen Funktion als Führungskraft einher: „(…) ich würde mir schon mehr Balance wünschen, aber das geht halt als Führungskraft nicht, dass man die Tür zu macht und sagt: ‚Jetzt ist Feierabend.' Also, ich denke zumindest, es geht nicht" (S. 16, Z. 464–466). Auch U11 weist auf einen deutlichen Unterschied zwischen der Ebene der Mitarbeitenden und der Führungskräfte hin: „Bezogen auf mich als Führungskraft nehme ich das nicht besonders wahr, dass jemand an meiner Work-Life-Balance wirklich akut interessiert ist (lacht)" (S. 19, Z. 573–575). So sei bei Führungskräften von Beginn an „eingepreist" (S. 19, Z. 591), dass sie einen größeren Anteil ihrer Zeit opfern, Überstunden leisten und diese auch verfallen lassen (S. 19, Z. 588–592). Ferner müssten Beschäftigte, die weiterentwickelt werden möchten, nicht nur mit Erfolg, sondern ebenso mit einem hohen persönlichen Engagement glänzen (S. 20, Z. 597–603). Bezogen auf seine Mitarbeitenden sehe er die Thematik hingegen gänzlich anders, allein weil U11 als Führungskraft selber einen Fokus auf des Thema Life-Domain-Balance setze (S. 19, Z. 576–578).

Drei Mitarbeitende des Personalwesens (75 Prozent) vertreten ebenfalls die Ansicht, dass es Führungskräfte im Unternehmen tendenziell schwerer haben, unterschiedliche Lebensbereiche miteinander vereinbaren zu können. Dies wird von PW3 jedoch, ähnlich wie von M9, als „normal" (S. 25, Z. 805) angesehen. PW4 äußert den Eindruck, dass das Unternehmen von den Führungskräften eine hohe Abrufbereitschaft einfordere: „Also ich habe das Gefühl, dass im Unternehmen die Meinung vorherrscht, wenn man Führungskraft ist, muss man arbeiten, wenn die Firma sagt, man muss arbeiten, und für Mitarbeiter ist das ein bisschen besser" (S. 28, Z. 821–823).

(2) Geringfügige bzw. keine Unterschiede zwischen den Führungsebenen
Insgesamt 23 Prozent der befragten Führungskräfte sind der Ansicht, dass es geringe bis keine Unterschiede zwischen der Mitarbeitenden- und der Führungsebene gibt. Vor allem Mitarbeitende aus Einheiten, die mit vielen Schnittstellen interagieren, hätten größere Probleme bei der Abgrenzung von ihrer beruflichen Tätigkeit. So erklärt M10, dass er selbst die Life-Domain-Balance seiner Mitarbeitenden berücksichtige, andere Abteilungen jedoch weniger achtsam seien: „Also ich versuche zumindest, nicht mehr abends um 19 Uhr meine Mitarbeiter anzurufen. Es sei denn, es ist ein Mega-, Mega-Notfall. Ich versuche, mich ein Stück weit zu disziplinieren. Das kann ich nicht von allen Teilen des Unternehmens sagen. Aber das geht jetzt nicht hierarchisch nach oben" (S. 21, Z. 647–650). So seien die Stakeholder

der anderen Abteilungen nicht alle auf Unternehmensleitungsebene. Daher wäre es wichtig, dass sich alle Ebenen und Abteilungen im Unternehmen an gewisse Spielriegeln halten würden, dies passiere aber nicht. Daher gehe es den Mitarbeitenden nicht anders als den Führungskräften. Dies sei M10 bereits von seinem Team mitgeteilt worden, was er auch berücksichtige: „In Teilen wurde mir das auch schon widergespiegelt. Aber auch da habe ich gesagt: ‚Naja, wenn du eine Einladung bekommst, 19 Uhr zu einem Online-Meeting, Termin bis 20 Uhr, du hast völlige Freiheit, ob du den annimmst oder nicht, weil, wenn du an dem Tag um sieben Uhr den Rechner aufgemacht hast, dann nimmst du den nicht mehr an, weil zu einem Präsenzmeeting wäre auch keiner mehr da'" (S. 21, Z. 655–660).

M2 gibt ebenfalls an, keine erheblichen Differenzen zwischen der Mitarbeitenden- und der Managementebene zu erkennen: „Nein, ist kein großer Unterschied. Ich nehme schon wahr, dass viele Mitarbeiter auch am Wochenende arbeiten. Und ich gehe dann auch ins Gespräch mit denen. Aber die sagen dann sehr häufig, mich stört das nicht. Ich habe damit auch keinen Stress, mir ist es lieber, ich kann mal am Wochenende eine Stunde arbeiten. Und es stört mich keiner dabei. Bevor ich es jetzt noch unter der Woche reinbringe und dann bis 23 Uhr da sitze" (S. 23, Z. 682–687). M2 respektiere in diesem Rahmen die Freiheit seiner Mitarbeitenden sowie die Art und Weise, wie sich jede*r strukturiere. Dennoch suche er direkt das Gespräch, wenn er merke, dass Mitarbeitende mit ihrer Arbeitslast überfordert seien (S. 23, Z. 687–689).

(3) Einfluss von individuellen Faktoren
Ein Anteil von 37 Prozent der befragten Führungskräfte gibt an, dass es auch bei dieser Frage auf die individuelle Person bzw. ihre Funktion ankommt. So erläutert M4: „Auch wieder unterschiedlich. Also, es gibt Funktionsgruppen, wo ich sage, da geht es gut. Es gibt so Funktionsgruppen, da muss man echt aufpassen, dass die auch nicht in eine Überlastungssituation kommen. Also das kann man auch nicht über einen Kamm scheren. Überhaupt nicht" (S. 23, Z. 686–689). Hierbei sieht M4 vor allem Funktionsgruppen als gefährdet an, die weniger stark besetzt sind als andere, wie zum Beispiel Mitarbeitende, die sehr komplexe Themen betreuen würden (S. 23 f., Z. 694–701). Auch M11, U8 und U4 weisen auf individuelle Faktoren wie Persönlichkeit (M11, S. 15, Z. 453–454) bzw. Umgang mit Belastungen (U4, S. 19, Z. 595–597), individuellen Einsatz (U8, S. 23, Z. 704–712) sowie die jeweilige nächsthöhere Führungskraft hin (U4, S. 19, Z. 582–584). U4 erklärt hierzu: „Sagen wir es mal so, es hängt sicherlich immer davon ab, wie man sich selber dahinterklemmt, hinter die Unternehmensziele, oder wie ernst man es nimmt. Es gibt aber viele Führungskräfte, die sicherlich dieses Thema Work-Life-Balance und Überbelastung durch diverse Paralleltätigkeiten sicherlich spüren. Andere dann

9.3 Flexibilisierung

wieder weniger. (....) Und natürlich auch an den nächsthöheren Vorgesetzten oder da drüber, wie selbstverständlich wird es gesehen, dass die Sachen einfach erledigt werden" (S. 19, Z. 576–584).

Die befragten Mitarbeitenden des Personalwesens sehen ebenfalls individuelle Aspekte, wie die Eigenverantwortung, als einen großen Einflussfaktor bei der Frage der Vereinbarkeit unterschiedlicher Lebensbereiche im Unternehmen an. PW3 erklärt beispielsweise, dass die Art und Weise, wie sich die Beschäftigten strukturieren würden, ganz entscheidend sei: „Also, ich kenne auch Führungskräfte der mittleren Managementebene, die sagen: ‚Um halb sechs gehe ich, weil um sechs tue ich mit meiner Frau und meinen zwei kleinen Kindern Abendessen und dann bringe ich danach die kleinen Kinder ins Bett und dann hocke ich mich vielleicht noch mal wieder zwei Stunden an meinen Rechner und mache das dann.' Und wenn die das dann auch dreimal gesagt haben und das überzeugend rüberbringen und auch sonst die Leistung stimmt, dann wird das halt irgendwann mal akzeptiert" (S. 24, Z. 771–777). PW4 erklärt, ebenso wie die Führungskräfte, dass die Life-Domain-Balance in starker Abhängigkeit zum Thema Führung stehe: „(…) das ist auch sehr eng mit der Führungskraft verbunden, also in meinem Team ist das viel besser als in anderen Teams, weil das meiner Führungskraft wichtig ist. Und wenn ich ihm eine E-Mail nach 18:00 Uhr schreibe, antwortet er direkt: ‚Abmelden'" (S. 29, Z. 826–829).

Beide Betriebsräte erklären, dass es für Führungskräfte aus ihrer Sicht tendenziell nicht schwieriger sei, eine Life-Domain-Balance einzuhalten. So führt BR1 aus: „Es kommt darauf an, wie das organisiert ist. Also ich kenne tatsächlich viele Führungskräfte auf hohen Ebenen, die das hinkriegen. Dann ist entweder der andere Partner zu Hause oder das ist über Kinderfrau organisiert oder die machen es in Teilzeit" (S. 26, Z. 691–694). Auf die Nachfrage, ob eine Teilzeittätigkeit auf jeder Hierarchieebene im Unternehmen grundsätzlich möglich sei, antwortet BR1: „Ich glaube ja, aber es wird nicht gelebt" (S. 27, Z. 697). BR2 äußert zu der Frage: „Es ist, unterm Strich, glaube ich, alles gleich für Führungskräfte und für Mitarbeitende. Die Kette zieht sich von oben nach unten durch. Wenn die Führungskraft ihren Laden nicht im Griff hat und die Nächsthöhere auch nicht und die Nächsthöhere auch nicht, dann potenzieren sich die Probleme in der Regel nur" (S. 23, Z. 744–747). Gleiches gelte jedoch auch im Positiven; so würde eine „Kette von vernünftigen Leuten" (BR2, S. 23, Z. 747) dazu führen, dass die Aufgaben auch bei den Mitarbeitenden richtig ankommen würden (S. 23, Z. 747–749). Zentral sei für BR2 daher nur eine Sache, „saubere Personalarbeit zu machen" (S. 23, Z. 749). Hierunter fasst er das Abhalten von Mitarbeitendengesprächen, vorausschauende Vorbereitungen für das Jahr inklusive Zielvereinbarungen zu treffen und dann retrospektiv eine Zielauswertung am Ende durchzuführen (S. 23, Z. 750–752). Gleichzeitig bemängelt

BR2, dass diese wichtigen Aktivitäten auf bestimmten Führungsebenen nicht mehr durchgeführt würden: „Und ich habe immer den Eindruck, das hört irgendwann so ab der untersten Managementebene ungefähr dann auf. Also es übersteigt oft mein Vorstellungsvermögen, dass die höchste Managementebene die höhere Managementebene noch ernsthaft führt, sondern da habe ich oft den Eindruck, dass die die Leute wursteln lassen. Und Hauptsache, es kommt irgendwas dabei heraus. Zu welchem Preis das heraus kommt und wie viel Blut und Tränen da unterwegs fließen, das ist egal. Das Ergebnis zählt. Das ist aber die kurzfristige Denke" (S. 23 f., Z. 752–758). Die langfristige Denkweise sei jedoch eine andere, die aus Sicht von BR2 sämtliche Hierarchieebenen umfassen und in den Blick nehmen müsse, um kulturell voranschreiten zu können. In diesem Rahmen sollte nach BR2 eine Auseinandersetzung mit folgenden Fragen erfolgen: „Wie wirkt derjenige? Wie beeinflusst er sein Umfeld mit seinem Handeln? Und was zieht er für ein Umfeld nach sich?" (S. 24, Z. 758–760).

9.3.3 Mobil-flexibles Arbeiten als möglicher Anreiz für einen späteren Ruhestand

Die Interviewgruppe der Führungskräfte ist mit der Frage konfrontiert worden, inwieweit aus ihrer Sicht das mobil-flexible Arbeiten einen möglichen Anreiz für einen späteren Eintritt in den Ruhestand darstellt. Insgesamt 42 Prozent der befragten Führungskräfte stimmen dieser Aussage zu. Von diesen Befragten sehen 17 Prozent einen wesentlichen Vorteil in dem fließenden Übergang vom beruflichen Arbeitsleben in den Ruhestand (z. B. M1, S. 26, Z. 757–770). So erklärt M7: „Eine hochinteressante Frage. In den Ruhestand eintreten, hart eintreten, heißt ja, von eins auf null umschalten, zumindest mal was das Berufliche angeht. Ein Ausgleiten aus dem Berufsleben ist auch ein Eingleiten in einen anderen Lebensabschnitt. Das geht ja zwangsläufig miteinander einher. Insofern halte ich so etwas für ein super Mittel und einen super Weg. Das wäre für mich durchaus ein Weg, den man gehen sollte oder zumindest einmal verschiedene Wege dorthin prüfen sollte" (S. 23, Z. 736–741). M11 betont vor allem die höhere Flexibilität, die mit dieser Möglichkeit einhergehen würde: „Das kann ich mir durchaus vorstellen, dass das für viele eine Option ist, weil man sich die Zeiten besser einteilen kann. Weil man vielleicht auch besser in Teilzeit arbeiten kann. Weil man sich vielleicht durch eine Art Jobsharing auf Themen konzentrieren kann, die man auch noch im Alter machen kann. Das kann ich mir gut (Hervorh. d. Verf.) vorstellen" (S. 16, Z. 482–485).

9.3 Flexibilisierung

Auch M2 erkennt im mobil-flexiblen Arbeiten einen Weg, dass erfahrene Beschäftigte dem Unternehmen ihr Wissen und ihren Erfahrungsschatz länger zur Verfügung stellen. Vor allem die Freiräume und die größeren Gestaltungsmöglichkeiten, ohne „gleich alles" (S. 25, Z. 747) aufgeben zu müssen, sieht er als motivierend an, länger im Unternehmen zu verbleiben und die eigenen Stärken weiterhin einzubringen (S. 24 f., Z. 740–753). Gleichzeitig verweist M2 auf die Chance, auf diesem Wege den Fachkräftemangel zu kompensieren (S. 25, Z. 757–760), den er bereits „extrem" (S. 25, Z. 758) wahrnehme. M5 sieht im mobil-flexiblen Arbeiten nicht nur die Möglichkeit, ältere Beschäftigte zu einem späteren Eintritt in den Ruhestand zu bewegen, sondern auch von jüngeren Beschäftigten als attraktiver Arbeitgeber wahrgenommen zu werden und diese an sich zu binden. Er führt in diesem Rahmen ein Beispiel an, weist jedoch auch auf die unterschiedlichen Bedürfnisse der Beschäftigten hin: „Wir haben eine Kollegin, die hatte das Unternehmen verlassen. Und jetzt ist sie wieder zurück, weil sie gesagt hat: ,Ja, das war mir zu starr dort, wo ich hingegangen bin. Ich hatte immer diese 9-to-5-Zeiten, keine Flexibilität.' Also diese Flexibilität, das kann uns wirklich neue Türen öffnen. Aber man muss aufpassen, man kann nicht alle über einen Kamm scheren. Es gibt Kollegen, die brauchen mehr dieses Straffe. Die brauchen auch dieses Controlling. Die brauchen auch die Gesellschaft anderer Kollegen, auch um sich zu motivieren und ihren Job zu machen" (S. 26, Z. 843–849).

U6 weist darauf hin, dass die tendenziell bessere körperliche Verfassung der älteren Beschäftigten als noch vor 50 Jahren, es grundsätzlich ermögliche, dass diese länger im Erwerbsleben verbleiben könnten. Diese Voraussetzung in Kombination mit dem mobil-flexiblen Arbeiten könnte aus seiner Sicht in jedem Fall Personen zu einem späteren Eintritt in den Ruhestand bewegen (S. 16, Z. 471–474). M8 bejaht ebenfalls die Frage, vor allem da das Unternehmen aus seiner Sicht hierdurch keine Nachteile erleide und die Arbeitsleistung der Beschäftigten durch die Digitalisierung auch weiterhin genau nachvollzogen werden könne (S. 18, Z. 541–548).

U1 und U4 erklären, dass sie das mobil-flexible Arbeiten als einen Anreiz für einen späteren Eintritt in den Ruhestand ansehen, allerdings nur in Kombination mit einer Reduzierung der Arbeitszeit: „Das heißt, dass man stufenweise eigentlich vom Arbeitsleben weggeht, mehr Freizeit hat, aber immer noch mit seiner ganzen Erfahrung zur Verfügung steht. Also, das fände ich auch das perfekte Modell aus Sicht für den Rentennahen, langsam da sich zu verändern" (U1, S. 18, Z. 517–520). Ferner erklären U4 und M9, dass sie neben der höheren Flexibilität auch den Entfall der Anfahrtswege als wichtigen Einflussfaktor und somit als

Anstoß für eine längere Erwerbstätigkeit einstufen (U4, S. 20, Z. 626–629; M9, S. 18, Z. 546–551).

Nicht zuletzt wird von M7 die Realisierung von Seiten des Unternehmens als unkompliziert eingeschätzt, vor allem, weil es eine fakultative Möglichkeit für die Beschäftigten darstellen würde: „Das lässt sich ja auch aus Unternehmenssicht deutlich einfacher gestalten, als wenn ich einen Arbeitsplatz komplett irgendwo an irgendeiner Niederlassung zur Verfügung stellen muss. Da lassen sich vielleicht auch Aufgabenfelder und Arbeitsfelder finden, die man noch sehr gut auch mobil-flexibel beackern kann. Ja, also das könnte ein möglicher Anreiz sein. Es ist ja kein ‚must‘, sondern es wäre eher eine Option" (S. 23 f., Z. 744–748).

Insgesamt 33 Prozent der Führungskräfte sehen im mobil-flexiblen Arbeiten keinen Anreiz für einen längeren Verbleib im Erwerbsleben (z. B. U2, S. 16, Z. 484–487). Auf die Rückfrage, welche Aspekte als relevanter für einen späteren Eintritt in den Ruhestand gesehen werden, erklärt M4: „Arbeitsentlastung. Es ist eher Arbeitsentlastung. Da geht es eher in Richtung Teilzeitmodell. Also sagen wir mal, die Aufgabenvielfalt entweder in Zeit oder in Arbeitspensum zu reduzieren. Nur zu sagen, ich mache es mobil-flexibel und habe die gleichen Aufgaben, die gleiche Verantwortung, löst bei meiner Verantwortung das Problem nicht" (S. 24 f., Z. 726–730). M3 und U10 äußern ebenfalls, dass eine Verringerung der Arbeitslast mit Hilfe von flexiblen Arbeitszeitmodellen z. B. in Form einer Drei- oder Viertagewoche einen zentralen Einfluss auf ihre Entscheidung nehmen würde. Der Arbeitsort bzw. die Möglichkeit, sich die Arbeitszeit frei einteilen zu können, sind für sie jedoch nicht ausschlaggebend (M3, S. 16, Z. 472–474; U10, S. 10 f., Z. 285–295).

M10 betont, dass gerade der Ort, an dem die berufliche Tätigkeit ausgeübt wird, für ihn keinen wichtigen Einflussfaktor für einen längeren Verbleib innerhalb der beruflichen Arbeitswelt darstellt: „Nein. Nein. Weil wenn ich meine Arbeit ernst nehme, dann spielt es keine Rolle, ob ich mich da morgens an den Rechner setze oder morgens zu meinem Büro, oder wo auch immer, hin kämpfe. Das ist nur ein Prozess. Das ist nur eine Art und Weise. Und ganz ehrlich, ob ich meine Emails von zu Hause schreibe, ob ich meine Telefonate von zu Hause führe oder aus dem Büro, spielt ehrlicherweise keine Rolle" (S. 21, Z. 663–667). Stattdessen ist für M10 ebenso die Arbeitsmenge, aber auch die Arbeitsstruktur entscheidend: „Und wenn ein Online-Meeting im Projekt strukturiert und sauber durchgeführt wird, dann ist es auch nicht wirklich schlechter wie ein Präsenzmeeting, aber auch nicht massiv besser. Also, das ist einfach nur ein Ersatz einer Präsenzarbeitswelt gegen eine digitale Arbeitswelt, aber keine Incentivierung für ‚ich gehe <u>später</u> (Hervorh. d. Verf.) in den Ruhestand'" (S. 21, Z. 667–671).

9.3 Flexibilisierung

Ferner kritisiert M10, dass trotz der Erleichterungen, die mit den neuen Technologien einhergehen, die Arbeitsmenge nicht nachlässt, da sich die nötigen sozialen Anpassungsprozesse noch nicht vollzogen hätten: „Früher musste man einen Raum buchen und Leute einladen. Und dann musste man da hinkommen. Da hat man sich dreimal überlegt ob man dafür wirklich ein Meeting braucht mit 30 Leuten oder ob es nicht anders geht. Jetzt wird so ein Meeting einfach eingestellt. Und dieser einfachere Prozess führt nicht dazu, dass die Menschen mit der Arbeitskapazität ihrer Mitkolleginnen und -kollegen besser umgehen" (S. 22, Z. 678–682).

U8 äußert, dass die Arbeit aufgrund der Digitalisierung und des mobilflexiblen Arbeitens aus seiner Sicht sogar zugenommen hätte und dass für einen Großteil der älteren Beschäftigten ein längerer Verbleib im Unternehmen eine zu große Belastung sei: „Wie viele Mitarbeiter haben wir denn, die 60plus sind? Das ist schon dünn, in allen Funktionen, in allen Abteilungen. (….) Das ist nicht möglich, glaube ich. Wenn jemand das gerne macht und das noch schafft, ist es okay. Aber für viele Leute wird das dann einfach, glaube ich, zu viel" (S. 24, Z. 739–744). Aufgrund der wachsenden Belastungen sieht U8 das Alter 60 sogar als spätesten realistischen Endpunkt des Berufslebens an. Gleichzeitig begründet U8 seine Aussage mit der aus seiner Sicht vorwiegend abnehmenden Leistungsfähigkeit im Alter: „67 No-Go, weil, man ist ganz einfach nicht mehr so leistungsfähig, ist ja ganz normal, wenn man älter wird. Man ist sicherlich bis Anfang, Mitte 50 auf der Höhe. Und dann lassen die meisten nach, nicht alle. Aber deswegen glaube ich nicht, dass man da länger arbeitet, weil man mobilflexibel arbeiten kann" (S. 24, Z. 745–749). Stattdessen würde U8 „moderne Möglichkeiten von gleitenden Übergängen" (S. 24, Z. 753–754) als ausschlaggebenden Punkt ansehen, länger einer Erwerbstätigkeit nachzugehen. Unter dem genannten Aspekt versteht U8 eine reduzierte Arbeitszeit in Kombination mit einer langsamen Reduktion von Verantwortlichkeiten. Dieser Weg würde aus seiner Sicht ein „modernes, bedarfsgerechtes Arbeiten" (S. 24, Z. 756) abbilden. Dies sei jedoch nur eine Wunschvorstellung, da es so etwas im Unternehmen noch nicht gebe (S. 24, Z. 752–756). U12 teilt die Einstellung, dass die Belastung für ältere Beschäftigte tendenziell zunimmt. Dies führt U12 jedoch hauptsächlich auf die wachsenden Einflüsse durch Technologien zurück: „Meine Entscheidung wird sein, ich höre sobald auf, wie möglich, weil eben dieser Prozess der Digitalisierung enorm zunimmt. Ich brauche das gar nicht mehr. Und muss eben sehen, dass ich damit fertig werde. Also, eigentlich, nein. Sehe ich keinen Vorteil. Wird eher für Ältere schwieriger durch die zunehmende Technik" (S. 16, Z. 470–475).

U11 äußert ähnliche Aspekte wie U12 in seinen Ausführungen und erklärt, dass er nicht wisse, wie er der zunehmenden Arbeitsmenge und Geschwindigkeit aufgrund der Digitalisierung mit über 60 gegenüberstehen werde: „(…) das Rad dreht sich schneller und wie gesagt, die Komplexität steigt. Also, ich habe aus meiner heutigen Sicht einen ganz anderen Blick da drauf. Ich war ja sehr jung, als ich Führungskraft geworden bin. Da haben Sie einen anderen Blick, da haben Sie einen anderen Drive, da haben Sie alles Mögliche anders" (S. 20 f., Z. 616–622). Einen Weg, den sich U11 jedoch als Anreiz für einen späteren Eintritt in den Ruhestand vollstellen könnte, wäre die Einführung einer Art „Senior-Modell" (S. 21, Z. 622). Im Rahmen des Modells könnte laut U11 die Teamführung ab einem bestimmten Alter an jüngere Kolleg*innen abgegeben werden, sodass die ältere Führungskraft andere Aufgaben wahrnehmen könne, die trotzdem gewinnbringend für das Unternehmen wären (S. 21, Z. 622–626).

Ein Anteil von 17 Prozent der befragten Führungskräfte weist darauf hin, dass die Antwort aus ihrer Sicht sehr von der individuellen Person abhängt (z. B. U3, S. 17, Z. 497). So erklärt U5 hierzu: „Ich glaube, dass das Thema sehr viel mehr damit zu tun hat, was haben denn Menschen für einen Background, und was haben Menschen für Planungen mit ihrem Leben, wie sind sie sozial gesettelt" (S. 14, Z. 405–407). U5 führt weiter aus, dass aus seiner Sicht die jeweiligen Gegebenheiten und Entwicklungen in anderen Lebensbereichen einen wesentlichen Einfluss auf die Entscheidung jedes bzw. jeder Einzelnen nehmen: „In dem Moment, wo ich Familie habe, Kinder, eventuell Enkelkinder, und einen Sinn zu Hause habe, sozial gut vernetzt bin, in Vereinen aktiv bin, mich sozial engagiere. Dann wird nach meinem Empfinden es so sein, dass jemand sagt: ‚Nichts wie raus aus dem Berufsleben, damit ich diese vielen Themen, die ich links und rechts des Weges habe, noch bekleiden kann oder einen Gefallen tun kann.' Wenn ich aber derjenige bin, der vielleicht im 4. Stock in seiner Eigentumswohnung oder sowas Angst hat, dass mir der Himmel auf den Kopf fällt, ich glaube, der wird länger bleiben wollen" (S. 14, Z. 407–413).

Ebenso wie U5 erklärt U9, dass es sich um eine Frage handele, die stark von der jeweiligen Person abhänge: „Also, ich habe Leute kennengelernt, die sagen: ‚Ich bin jetzt seit 35, 40 Jahren im Unternehmen. Ich tue mir das doch nicht jetzt noch an, dass ich da noch tausend andere Sachen mache. Das sitze ich aus. Wenn ich flexibel von daheim arbeite, dann merken die eh nicht, ob ich da bin oder nicht. Das heißt, ich mache ein bisschen was, ansonsten mache ich es so gut, wie es halt sein muss und dann gehe ich bald in den Ruhestand.' Also, die gibt es tatsächlich. Aber das ist jetzt nicht übermäßig der Fall" (S. 21 f., Z. 672–678). Gleichzeitig habe U9 auch Gegenteiliges feststellen können und bezieht sich auf Erfahrungen mit Mitarbeitenden aus seinem eigenen Team: „Die sagen: ‚Auch,

9.3 Flexibilisierung

wenn ich älter bin, ich finde das toll, ich interessiere mich, ich will mich da weiterbilden, ich bilde mich weiter, ich habe da keine Angst vor, keine Scheu. Ich will nicht zum alten Eisen gehören'" (S. 22, Z. 679–681). Ferner sei ihm ein Fall bekannt, in dem ein Mitarbeitender ein „tolles Vorruhestandsangebot" (U9, S. 22, Z. 683) vehement ausgeschlagen habe: „Also, der hat ein Angebot bekommen, wo jeder sagt: ‚Das kannst Du nicht ausschlagen. Wie dumm kann man sein?' Nein, dem ist die Arbeit wichtiger. Der schlägt da, keine Ahnung, wie viel Geld aus und sagt: ‚Nein, ich will nicht mit 63 oder was in den Ruhestand gehen. Ich will weiterarbeiten. Ich will das vorantreiben. Da habe ich Spaß dran.' Und hat sich da mit Händen und Füßen gewehrt. War beim Betriebsrat sogar, weil sie versucht haben, ihn dahin zu drängen, ein bisschen. (…) Und hat Recht bekommen, ist nach wie vor da und ist aktiv" (S. 22, Z. 686–694).

M6 sieht ebenfalls individuelle Rahmenbedingungen als ausschlaggebend für den Zeitpunkt des Eintritts in den Ruhestand an, bezieht sich in seinen Ausführungen jedoch auf die jeweilige Einheit bzw. auf die Art der Tätigkeit. So leite M6 eine Einheit, die sehr operativ agiere und daher gerne in das Büro kommen würde. Wenn er jedoch an andere Unternehmensbereiche wie beispielsweise die Stäbe denke, so könne er sich das Angebot des mobil-flexiblen Arbeitens als einen Anreiz vorstellen (S. 20, Z. 628–633). Den Einflussgrad auf die Entscheidungsfindung sieht M6 jedoch nur als begrenzt an: „Ich glaube aber nicht, dass das bei so einer Entscheidung wie Ruhestand jetzt ein großes Ding ist. Das kann ein Pluspunkt sein an der ein oder anderen Stelle, aber dass es jetzt für einen späteren Ruhestand irgendwie jetzt ein wirklich großer Stellhebel wird, das glaube ich jetzt eher nicht" (S. 20, Z. 633–636). Diese Äußerung erklärt M6 u. a. damit, dass für ihn selbst andere Fragen entscheidender seien, wie zum Beispiel, ob er sich den Eintritt in den Ruhestand leisten könne und was er mit der gewonnenen Zeit anfange. Nicht zuletzt sieht er im Unternehmen bereits „alle Möglichkeiten, flexible Modelle" (S. 20, Z. 639) in Anspruch nehmen zu können, als gegeben an, aufgrund der bestehenden Altersteilzeitangebote (S. 20 f., Z. 640–648).

Die Führungskraft M12 gibt an, dass es ihm schwerfalle, eine Einschätzung zu dem Thema geben zu können. Zwar sehe er gewisse Vorteile, die mit der voranschreitenden Digitalisierung und Flexibilisierung einhergehen würden, wie zum Beispiel das Einsparen von Fahrtzeiten. Jedoch gibt er zu bedenken, dass derartige Entwicklungen nicht nur Vorteile in sich bergen würden: „Es gibt ja Menschen, die durch das permanente Homeoffice oder vielleicht auch der Verpflichtung zum Homeoffice, im Moment ja auch einer sehr starken Vereinsamung unterliegen. Wo jegliche Sozialkontakte plötzlich fehlen, weil der Beruf hauptsächlicher Sozialkontakt war. Und wenn ich das nehme, dann sind die Leute sogar eher psychisch belastet, als dass sie entlastet werden durch die Situation. Und so etwas führt auf Dauer leider eher zu einem verkürzten Arbeitsleben, aufgrund von Krankheitsbildern, sodass dabei eher der frühere Ausstieg erwogen wird, als der spätere Ausstieg" (S. 17 f., Z. 564–570).

9.4 Alter(n)smanagement

Innerhalb des letzten Interviewabschnitts sind die Expert*innen mit Fragestellungen zu den Themenfeldern Age Diversity und berufliche Entwicklungsmöglichkeiten für ältere Beschäftigte im Unternehmen konfrontiert worden. In diesem Rahmen wurden die befragten Interviewpartner*innen darum gebeten, eine Einschätzung vorzunehmen, inwieweit ein Altersbegriff innerhalb der Organisation gegeben ist und ob dieser einen Einfluss auf das Verhalten älterer Beschäftigter nimmt. Ferner sind die ausgewählten Führungskräfte gefragt worden, ob ihnen existierende bzw. geplante Weiterbildungs- bzw. Personalentwicklungsprogramme für ältere Beschäftigte im Unternehmen bekannt sind und wie sie die bestehenden Angebote beurteilen. Abschließend wurden die Wünsche der Führungskräfte in Bezug auf Weiterbildungs- und Personalentwicklungsangebote für ältere Beschäftigte ermittelt. Den Mitarbeitenden des Personalwesens sowie den Betriebsratsmitgliedern sind darüber hinaus funktionsspezifische Fragen gestellt worden. Diese setzen sich beispielsweise mit Aspekten wie einer demografieorientierten Personalpolitik im Unternehmen sowie der Form der Zusammenarbeit und Weiterbildung der Betriebsratsmitglieder innerhalb des digitalen Wandlungsprozesses auseinander.

9.4.1 Altersbegriff im Unternehmen

Die Interviewpartner*innen äußern übereinstimmend, dass ihnen kein offizieller Altersbegriff im Unternehmen bekannt ist. Allerdings leiten insgesamt 63 Prozent der befragten Führungskräfte, PW3 und PW4 sowie beide Betriebsräte insbesondere aus dem Umgang mit älteren Beschäftigten im Rahmen von Umstrukturierungen sowie einer zunehmend ausbleibenden Personalentwicklung einen inoffiziellen Altersbegriff innerhalb der Organisation ab. Die ausführlichen Ergebnisse werden in den nachfolgenden Unterkapiteln dargestellt.

9.4.1.1 Perspektive der Führungskräfte

Alle befragten Führungskräfte erklären, dass sie keinen offiziellen Altersbegriff im Unternehmen kennen. Allerdings nehmen insgesamt 63 Prozent der befragten

9.4 Alter(n)smanagement

Führungskräfte einen inoffiziellen Altersbegriff innerhalb des Untersuchungsfeldes wahr. Als einen wesentlichen Hintergrund für diese Wahrnehmung äußern die Führungskräfte den Eindruck, dass ältere Beschäftigte verstärkt von Abbauprogrammen innerhalb bisheriger Wandlungsprozesse betroffen gewesen sind (38 Prozent). Darüber hinaus merken die Führungskräfte an, dass ältere Beschäftigte im Unternehmen keine Wertschätzung erfahren, da beispielsweise ihr Erfahrungswissen nicht in Projekte einbezogen wird (25 Prozent) und ihnen die Personalentwicklungsmöglichkeiten des Unternehmens inoffiziell nicht mehr zugänglich sind (21 Prozent). Ferner äußern einige Führungskräfte konkrete Jahreszahlen, ab denen Beschäftigte im Unternehmen nach ihrer Wahrnehmung inoffiziell als ‚alt' angesehen werden. In diesem Rahmen führen die befragten Manager*innen Werte zwischen 50 und 63 Jahren an. Des Weiteren können Schlussfolgerungen über bestehende informelle Altersbilder der befragten Führungskräfte anhand einiger Aussagen gezogen werden. So wird deutlich, dass insgesamt 21 Prozent der Führungskräfte mit älteren Beschäftigten vorwiegend negative Aspekte assoziieren (z. B. eine geringere Leistungs- und Lernfähigkeit), wohingegen insgesamt 17 Prozent der Führungskräfte hauptsächlich positive Assoziationen mit einem zunehmenden Alter verbinden (z. B. Erfahrungswissen und bedachtes Handeln). Insgesamt 38 Prozent der Führungskräfte erklären keinen inoffiziellen Altersbegriff wahrzunehmen, da aus ihrer Sicht allein die Leistungen von Beschäftigten für deren Möglichkeiten im Unternehmen ausschlaggebend sind.

(1) Wahrnehmung eines offiziellen Altersbegriffes
Die befragten Führungskräfte äußern übereinstimmend, dass kein offizieller Altersbegriff im Unternehmen gegeben ist (z. B. M1, S. 26, Z. 781–783; M6, S. 22, Z. 687; M10, S. 22, Z. 686; U1, S. 18, Z. 527–532; U3, S. 18, Z. 505; U4, S. 20, Z. 632; U7, S. 13, Z. 395). So antwortet beispielsweise M7 auf die Frage nach einem Altersbegriff im Unternehmen: „Nein. Eindeutig, den sehe ich nicht. Ich erlebe das Unternehmen hier eher als alterslos. Wenn überhaupt wäre das der Begriff ‚jung' oder ‚junger Mitarbeiter' einer, der eher noch eingegrenzt wäre. Aber nicht nach oben hin" (S. 24, Z. 751–753).

M6 weist in seiner Antwort darauf hin, dass das Unternehmen offiziell alles gegen einen Altersbegriff tue (S. 21, Z. 660) und führt folgende Hintergründe an: „Diversity ist ein großes Thema bei uns im Unternehmen und wird auch, ja doch, das wird propagiert und gelebt. Und wir schauen immer wieder darauf, dass da Unterschiede, die aus historischen oder sonst irgendwie Themen zwischen Geschlechtern et cetera, also zwischen Geschlechtern oder Jung und Alt, also die ganze Palette des Diversity-Begriffes, dass man da auf Ausgewogenheit bedacht ist. Sogar-, also da wird dagegen gesteuert und wenn es noch was gibt, wird es weggemacht" (S. 21, Z. 661–666).

Als Beispiel für diese Unternehmenskultur führt M6 folgendes Beispiel an: „Ich erinnere mich, es gab ein Seminar, das hieß: ‚Für 50plus und Ältere' und das wurde abgeschafft. Also da wurde erst der Name geändert und zum Schluss wurde es, glaube ich, abgeschafft, weil wir so etwas nicht wollen, sozusagen. Wenn da ein Fokus auf Alter wäre, das ist gegen-, das ist also ein Diversity-Killer. Und es geht um die Inhalte und die können auch für andere etwas sein. Also insofern, es gibt bei uns im Unternehmen keinen Altersbegriff und an den Stellen, wo noch Dinge auftauchen, wird es entfernt, sozusagen" (S. 21, Z. 666–672).

(2) Wahrnehmung eines inoffiziellen Altersbegriffes
Insgesamt 63 Prozent der Führungskräfte weisen darauf hin, einen inoffiziellen Altersbegriff innerhalb der Organisation wahrzunehmen (z. B. M3, S. 17, Z. 486; U8, S. 25, Z. 773–774). Insgesamt 38 Prozent der befragten Führungskräfte begründen diese Wahrnehmung mit dem gezielten Abbau älterer Beschäftigter im Rahmen von Umstrukturierungsprozessen (z. B. M1, S. 29, Z. 840–844; M6, S. 22 f., Z. 700–707). So erklärt beispielsweise M2, bereits mehrfach die Erfahrung gemacht zu haben, dass im Zusammenhang mit strukturellen Wandlungsprozessen des Unternehmens „die Leute deutlich früher, also so mit 58, in den Ruhestand geschickt worden sind" (S. 26, Z. 797–798). Aufgrund mehrerer Umstrukturierungsprozesse in der Vergangenheit, in denen M2 diese Vorgehensweise des Unternehmens beobachten konnte, leitet M2 einen inoffiziellen Altersbegriff ab: „Und deswegen haben wir diesen Altersbegriff offiziell nicht. Aber einer selber nimmt das wahr und sagt: ‚Naja, 63 ist für mich kein Thema.' Das finde ich schade. Das ist sehr schade, weil, dadurch verkürzt sich quasi die gefühlte Restlaufzeit des Arbeitslebens und da muss man sich schon anders da motivieren" (S. 27, Z. 812–815).

M4 und U4 berichten von ähnlichen Erfahrungen wie M2 und äußern gleichermaßen, auf indirektem bzw. informellem Wege einen Altersbegriff im Unternehmen zu erleben (M4, S. 26, Z. 778–786; U4, S. 21 f., Z. 636–641). So erläutert M4 hierzu: „Was es vielleicht so ein bisschen gibt, wo man sagt: ‚Okay, das Unternehmen sieht Mitarbeiter, Ältere, vielleicht immer nicht in so einem positiven Licht.' Bei jedem Restrukturierungsprogramm schickt man die Älteren-, oder man nimmt sie aus dem System. Ich sage es mal so: Es gibt immer für alles gute Lösungen und man findet auch Wege. Aber man erlebt, dass man so ab 58, 59 bei jeder Strukturmaßnahme eigentlich weiß: ‚Okay, wenn ich dazu gehöre, bin ich aus dem System raus.' Das löst natürlich was aus, wenn man es erlebt und sieht" (S. 26, Z. 778–784). U4 äußert, eine ähnliche Altersspanne als Altersbegriff im Unternehmen aufgrund bisheriger Erfahrungen wahrzunehmen: „Also ich habe es nur so mitbekommen, dass wenn es dann Umstrukturierungen gab, oder wie auch immer, dass alles so ab einem gewissen-, sagen wir mal ab der Range Ende 50, dass die dann tatsächlich die ersten

9.4 Alter(n)smanagement

Kandidaten sind, die vielleicht in Betracht bezogen werden, entweder mit anderen Positionen oder sogar mit vorzeitigem Ruhestand et cetera pp. Also ich weiß jetzt kein gezieltes Alter, aber ich würde schon sagen, Richtung Ende 50 fängt es dann schon an" (S. 21 f., Z. 636–641). Während M2, M4 und U4 äußern, dass aus ihrer Sicht Personen ab 58 Jahren als ältere Beschäftigte im Unternehmen angesehen werden, schätzen M8 und M9, dass Mitarbeitende bereits im Alter von 55 Jahren als ‚alt' angesehen werden (M8, S. 19, Z. 558–561; M9, S. 18, Z. 554–560). So erklärt beispielsweise M9 hierzu: „Ja, also ich glaube schon, dass es sowas inoffiziell gibt. Ich stelle auch fest, dass, was ich so erlebt habe in meiner Zeit mit den Strukturen, auch die ich eingangs mal skizziert habe, dass der eine oder andere Mitarbeiter da mit 55, obwohl er wirklich noch, soweit ich das beurteilen konnte, motiviert war, fleißig war, gut unterwegs war, engagiert war, dann nach Hause geschickt wurde, weil in der Struktur einfach ein Personalabbau erfolgte. Insofern sind dann so eher die 55plus mit drin. Daher gibt es da glaube ich schon einen Altersbegriff" (S. 18, Z. 554–560). Weiterhin erläutert M9, dass er dieser Vorgehensweise zwiegespalten gegenübersteht: „Was ja auch Sinn machen kann, weil, die sind vielleicht auch abgesicherter oder es gibt auch gute Angebote. Aber ist natürlich schade, weil so jemand, der noch ganz viel Know-how mitbringt und auch noch sehr viel einbringen könnte. Das geht dann auch verloren, diese Erfahrungswerte" (S. 18 f., Z. 563–566). Nach Ansicht von U12 können Beschäftigte ab 50 Jahren bereits in den Fokus von Arbeitsplatzreduzierungen geraten: „Natürlich ist man ab 50 vielleicht schon in einem Bereich, wo man sagt, da kann man schon mal an Vorruhestand oder zu sonstigen Maßnahmen herangezogen werden, wenn es ums Aufhören geht. Wenn sich wieder eine Struktur ergibt, kannst du schon ganz gerne herangezogen werden" (S. 17, Z. 502–506).

U6 kritisiert den gezielten Abbau älterer Beschäftigter im Rahmen von Umstrukturierungsprozessen und sieht hier die Verantwortung des Unternehmens, die Beschäftigten für einen längeren Verbleib im Unternehmen zu motivieren: „Aus Unternehmenssicht wäre es an der einen oder anderen Stelle schon gut, wenn man auch Anreize schafft, länger zu arbeiten. Oder ein anderes Beispiel sind Altersteilzeitmodelle: Wir haben, meines Wissens nach, ganz wenige Fälle, die wirklich Altersteilzeit so leben, wie es gemeint war. Das heißt, dass sie in der aktiven Phase schon reduzieren und dann, also, dass sie letzten Endes sozusagen mit 57 bis 60 vielleicht auf 80 Prozent reduzieren und dann nochmal reduzieren. Und dass man dann, bevor man in den Ruhestand geht, weniger arbeitet. Die meisten machen es so, dass sie von 57 bis 60 100 Prozent arbeiten und dann von 60 bis 63 null Prozent in die passive Phase übergehen" (S. 16, Z. 485–492). Vor allem bemängelt U6 die Tatsache, dass die Möglichkeit, länger im Unternehmen zu verbleiben, nicht „beworben" (S. 17, Z. 501) wird, sondern stattdessen im Rahmen von Abbauprogrammen ältere Beschäftigte aus der Organisation rausgenommen würden: „Aber die Realität ist aktuell so, dass wir kaum über 60-Jährige im Unternehmen haben, weil wir verschiedene Restrukturierungsprogramme hatten und dann letzten Endes also Altersteilzeit, Vorruhestand und solche Instrumente wirken" (S. 16, Z. 475–477).

U9 weist in seiner Antwort darauf hin, dass er zwar indirekt bzw. informell einen Altersbegriff aufgrund von Verfahrensweisen innerhalb bisheriger Umstrukturierungen wahrnehme, ein derartiges Vorgehen des Unternehmens jedoch nicht als negativ empfinde. So stellt U9 seine Haltung wie folgt dar: „Das war jetzt tatsächlich so ein bisschen Thema bei den letzten Umstrukturierungen. Wir haben die ganze Abteilung umstrukturiert und da hat man ja eben auch jetzt Vorruhestandsregelungen angeboten. Und damit ist man dann schon ein bisschen aktiv oder progressiv auf ältere Beschäftigte zugegangen, wobei ich da nichts Schlechtes dran finde" (S. 24, Z. 749–753).

Auf die Rückfrage, warum aus Sicht der Führungskräfte das Unternehmen im Rahmen von Stellenreduzierungen in Wandlungsprozessen verstärkt auf ältere Beschäftigte zugeht, erklären diese, den Wunsch der Unternehmensleitung zu erkennen, Kosten zu senken (z. B. M1, S. 29, Z. 840–844; M2, S. 27, Z. 823; M4, S. 26 f., Z. 788–792; U12, S. 17, Z. 510–513). M1 sieht einen weiteren Einflussfaktor in der Haltung der Unternehmensleitung begründet, dass jüngere Beschäftigte leichter in ihrem Denken und Handeln beeinflusst werden könnten und weniger „Gegenmeinung" (S. 28, Z. 825) aufwiesen, aufgrund ihrer Ambition, in der Hierarchie noch aufzusteigen (S. 28, Z. 823–825). M2 bemerkt darüber hinaus das Ziel, die Belegschaft aufgrund des digitalen Wandlungsprozesses „zu verjüngen" (S. 27, Z. 821), da jüngeren Beschäftigten von der Unternehmensleitung eine größere digitale Affinität zugesprochen werde (S. 27, Z. 818–829).

M7 vertritt hingegen die Meinung, dass ein Abbau von Stellen, die ältere Beschäftigte bekleiden, lediglich eine sozialverträgliche Maßnahme darstelle (S. 24, Z. 765) und erläutert seine Aussage wie folgt: „Wenn sie eine Personalstruktur in einem Wandel verändern müssen und umsetzen müssen, dann ist natürlich immer die Frage, in welcher Richtung lässt sich das am verträglichsten umsetzten. Und wer irgendwo, ich sage einfach mal so drei, vier Jahre, fünf Jahre vor dem sowieso eintretenden Altersruhestand ist, da wird es einfacher in aller Regel, eine Veränderung herbeizuführen. Machen sie das mal bei einer jungen Familie, bei einem jungen Familienvater, oder bei einer-, in einer Familie, bei der die Mutter mitarbeiten geht. Was ja heute sehr, sehr viel häufiger der Fall ist als früher. Und man würde dann solche Maßnahmen ergreifen, halte ich für deutlich kritischer" (S. 24, Z. 765–773).

M3 äußert den Eindruck, dass Beschäftigte ab 50 Jahren als alt angesehen werden (S. 17, Z. 502–503). Diese Aussage begründet M3 mit der Wahrnehmung, dass

9.4 Alter(n)smanagement

Projekte, die sich mit dem Transformationsprozess des Unternehmens auseinandersetzen, stets mit jüngeren Beschäftigten (unter 50 Jahren) besetzt werden (S. 17, Z. 496–497). Ferner erfolgt laut M3 aufgrund des digitalen Wandlungsprozesses eine Verschiebung des gewünschten Kompetenzprofils im Unternehmen immer stärker hin zu Kompetenzen, die eher jüngeren Beschäftigten zugeschrieben werden, und weg von Stärken, die eher in älteren Beschäftigten gesehen werden. So erklärt M3 hierzu ausführlich: „Ich habe manchmal das Gefühl, dass Erfahrung kein Wert an sich mehr ist, sondern dass es nur darum geht: ‚Ich bin agil, schnell, bin voll motiviert.' Und dann häufig so unausgesprochen das Gefühl habe: ‚Ältere Mitarbeiter sind das eben alles nicht mehr.' Also sind nicht agil, sind nicht motiviert, sind auch nicht innovativ oder haben Lust auf Neues. Also, das schwingt immer so implizit mit. Das ist nie explizit ausgesprochen. Deswegen würde ich es begrüßen, wenn man über dieses Thema mal eine Diskussion führen würde: ‚Die Jungen, Frischen sind agil und haben die tollen Ideen und die Älteren sind eher so die Bremser.' Aber ich sehe mich durchaus noch als innovativ und agil. Ich wundere mich immer über manche Projektbesetzungen" (S. 17, Z. 489–497).

Die Wahrnehmung von M3, dass Beschäftigte mit Erfahrung im Unternehmen keine Wertschätzung mehr erfahren, wird von insgesamt 25 Prozent der befragten Führungskräfte geäußert (M1, S. 27, Z. 793–794; M5, S. 27, Z. 853–861; M11, S. 17, Z. 522–524; U6, S. 20, Z. 613–615; U12, S. 17 f., Z. 514–518). So beschreibt beispielsweise M5 ähnliche Erfahrungen wie M3 (S. 27, Z. 854–857) sowie das Gefühl, als älterer Beschäftigter im Unternehmen „ein bisschen stigmatisiert" (S. 27, Z. 853) zu sein. U8 bemängelt die von M3 dargestellte Sichtweise auf ältere Beschäftigte und wünscht sich stattdessen ein Umdenken im Unternehmen: „Vielleicht sollten wir uns mit dem Alter ein bisschen mehr von der Altersvorstellung loslösen. Weil, es kann einer genauso wendig in seinem Denken sein, in seiner Veränderungsbereitschaft, wenn er jetzt meinetwegen 45 ist, wie einer mit 35. Das ist nicht gesagt, dass der mit 35 da agiler ist oder entsprechend hier besser sich anpasst, mehr Kompetenz hat. Das sollte man schon ein bisschen offener angehen" (S. 27, Z. 831–835). M7 äußert hingegen, dass seine Erfahrung im Unternehmen, gerade im Rahmen von „verschiedenen strukturellen Wandeln" (S. 24, Z. 759–760), positiv gesehen worden sei und er in diesem Zusammenhang eine Wertschätzung erfahren habe (S. 24, Z. 759–761).

Insgesamt 21 Prozent der Führungskräfte geben an, dass für ältere Beschäftigte die Personalentwicklungsmöglichkeiten im Unternehmen inoffiziell nicht mehr zur Verfügung stehen (z. B. M1, S. 30, Z. 894). So beschreibt M2 beispielsweise die folgende Wahrnehmung: „Also ich glaube, dass jetzt so in meinem Alter-, aber jetzt auch wieder nur gefühlt, so, wenn man sich über Personen unterhält: ‚Entwickelt man die weiter? Nein, der macht seinen Job ganz gut. Der passt super. Der soll das auch weitermachen.' So. In die Auswahl zu kommen, kann der auch noch vielleicht noch mal was Anderes für das Unternehmen machen? Das glaube ich, ist eher zweitrangig" (S. 28, Z. 853–857). U5 erklärt, dass aus seiner Sicht bereits im Alter von 45 Jahren die gewünschte Karrierestufe erreicht bzw. der „Pfad eingeschlagen" (S. 18, Z. 554) sein sollte, da im Alter von 50 die Karriere bereits inoffiziell beendet sei und Personen auf ihrer bisherigen Stelle im Unternehmen verbleiben (S. 18, Z. 545–556).

U8 erklärt, diesbezüglich schon eigene Erfahrungen gemacht zu haben: „Da war ich noch keine 40, da hieß es immer: ‚Sie haben das Potenzial zur Führungskraft der mittleren Managementebene und das können wir uns gut vorstellen. Sie sind sehr erfolgreich, sie haben ein hohes fachliches Wissen, sie haben entsprechende Sozialkompetenzen. Das können wir uns gut vorstellen.' So. Dann hieß das immer: ‚Ja, und für den Entwicklungsprozess, da müssten sie natürlich dann noch mal eine andere Tätigkeit machen.' Alles okay. Das kam dann immer zuerst nicht zu Stande, weil es dann doch hieß: ‚Das ist so wichtig, dass sie da noch bleiben.' Und irgendwann hieß es dann, da war ich dann Anfang der 40er: ‚Naja, jetzt sind sie aber eigentlich schon altersmäßig schon drüber.' Und ja, so hat sich das dann im Sand verlaufen" (S. 25, Z. 775–783). Weiterhin führt U8 aus, dass er über diese Entwicklung letztlich nicht unglücklich gewesen sei, da er nicht an Hierarchien hänge und seine berufliche Tätigkeit gerne ausübe, jedoch erklärt er, dass er folgende Erkenntnis aus der Situation gezogen habe: „Aber da hat man schon gespürt: ‚Jetzt sind sie eigentlich zu alt.' Aber es war nicht alt. Ich wäre jetzt auch nicht alt. Von dem her, ich könnte das selbst jetzt noch. Aber das ist undenkbar natürlich, dass man einen in meinem Alter noch zur Führungskraft der mittleren Managementebene ernennt, weil der ist ja nicht mehr so flexibel und den können wir gar nicht mehr so formen, wie wir das wollen. Und da haben wir schon einen Altersbegriff, latent. Leider" (S. 25, Z. 788–793). U6 nimmt darüber hinaus wahr, dass im Unternehmen ab einem Lebensalter von 50 Jahren nicht nur die Karriere, sondern auch die finanzielle Entwicklung ins Stocken gerät (S. 17, Z. 507–510).

Insgesamt 13 Prozent der befragten Führungskräfte erläutern, dass die Wahrnehmung von Alter aus ihrer Sicht auch in Verbindung mit der Hierarchieebene steht (z. B. U8, S. 26, Z. 799–802; M4, S. 27, Z. 816–821). So äußert M8 diesbezüglich: „Je höher diejenige Hierarchie, desto geringer spielt das Alter eine Rolle. Bestes Beispiel- wir haben Personen auf der höchsten Managementebene mit über 60. Wenn du da oben angekommen bist, da spielt das Alter keine Rolle. Dann bist du der Held. Und je tiefer die Hierarchiestufe ist, würde ich sagen, also Mitarbeiterebene, giltst du als alt, also negativ alt, so ab 55. 55 würde ich sagen, 55 ist dann aber schon: ‚Ja, er hat dann nur noch', dann fängt es an: ‚Ja, der zählt ja schon nur noch runter', oder so nach dem Motto" (S. 19, Z. 555–561). U8 berichtet von einer

9.4 Alter(n)smanagement

ähnlichen Wahrnehmung (S. 25, Z. 788–793) und kritisiert in diesem Rahmen die ambivalente Haltung der Unternehmensleitung gegenüber der eigenen Leistungsfähigkeit und Agilität, im Vergleich zu der von älteren Beschäftigten auf niedrigeren Hierarchiestufen: „Wobei, komischerweise die in der höchsten Managementebene sind in der Regel schon älter im Schnitt. Da macht das nichts. Auf der höchsten Managementebene ist man natürlich noch super agil. Ein bisschen verschobene Wahrnehmung auch. Aber so ist es ja. Und nicht nur bei uns" (S. 26, Z. 799–802).

M4 äußert ebenfalls den Eindruck, dass branchenübergreifend Personen auf hohen Hierarchieebenen ihr eigenes voranschreitendes Alter nicht als negativ empfinden, wohingegen sie ältere Beschäftigte, die untere hierarchische Ebenen bekleiden, kritisch in Bezug auf ihre Leistungsbereitschaft hinterfragen: „Und witzigerweise sind alle erfolgreichen Vorstände und auch Politiker, sind meistens weit über 60 oder haben diese Alters-… Man soll sich auch mal überlegen, es gibt verantwortungsvolle Positionen, die oft mit solchen Alterssegmenten besetzt werden. Da macht man sich ja keine Gedanken, warum das so ist. Also mal so als Gedankenspiel. Und bei Führungskräften weiter unten oder Mitarbeiter setzt man da vielleicht anders an" (S. 27, Z. 816–821).

Ferner erläutern M4 und M11, einen inoffiziellen bzw. informellen Altersbegriff im Unternehmen aus vertraglichen Regularien ableiten zu können (M11, S. 16, Z. 495–499). So erklärt M11, dass in Abhängigkeit davon, „welche Generation von Vertrag" (S. 16, Z. 495) eine Führungskraft abgeschlossen habe, unterschiedliche Jahreszahlen abgelesen werden könnten, ab wann eine Person als ‚alt' im Unternehmen angesehen werde: „Die früheren Verträge für Führungskräfte des mittleren Managements waren befristet auf das sechzigste Lebensjahr. Bei mir persönlich jetzt ist das Endalter auf 63 fixiert. Und nur im gegenseitigen Einvernehmen, was nicht in allen Fällen initiiert wird, ist es möglich, die Arbeitszeit dann jeweils um ein Jahr zu verlängern" (S. 16, Z. 495–499). Diese Rahmenbedingungen, die in den Verträgen fixiert werden, haben laut M11 schon zu der Konsequenz geführt, dass ältere Führungskräfte zu anderen Unternehmen der Finanzwirtschaft gewechselt sind: „Und ich weiß von dem einen oder anderen, der in dieser Altersrange ist, dass der sich natürlich schon ein Stück weit fragt: ‚Bin ich jetzt auf einmal alt, weil ich 60 bin? Wem steht denn das Recht zu, mir vorzuschreiben, wie alt ich mich zu fühlen habe?' Und das führte ja auch schon dazu, dass der eine oder andere mit Anfang 60, der in unserem Unternehmen keine Weiterbeschäftigung gefunden hat, sich dann dem Mitbewerber zugewandt hat" (S. 16, Z. 499–504).

M4 begründet seine Aussage mit Inhalten aus einer Betriebsvereinbarung, die den Kündigungsschutz von älteren Beschäftigten behandelt: „Es gibt bei uns, ich weiß gar nicht, ob es niedergeschrieben ist, ich glaube, ab 55 ist es sogar niedergeschrieben, so ein bisschen ein Thema, wenn ein Mitarbeiter mehr wie 20 Jahre im

Unternehmen ist und älter, zumindest älter wie 55, ist er so gut wie unkündbar. Also andersrum gesagt, da muss der Arbeitgeber schon unglaublich viel arbeitsrechtliche Verwerfungen vorweisen können, um dann noch in Handlung zu gehen. Und ab 50, also beim mittleren Managementebene ist es auch so ab 50" (S. 25, Z. 749–756). Im weiteren Verlauf seiner Ausführungen betont M4, dass die genannten Alterszahlen keine offiziellen Werte im Unternehmen darstellen, findet es jedoch anderseits irritierend, dass in Bezug auf die Kund*innen mit der Definition von Altersgruppen und ihren Ansprüchen fokussierter im Unternehmen umgegangen wird: „Aber es ist nicht so, dass jetzt irgendwo gesagt wird: ‚Oh, ab 50, 50 ist jetzt alt oder ist der Best-Ager', wie man es ja tatsächlich in der Produktentwicklung macht. Ist ja witzigerweise-, bei Kunden machen wir es. Da beginnt ja der Best-Ager bei 55. Also da haben wir ein klares Bild. Vielleicht gibt es auch in HR oder Personal ein klares Bild, was Alter ist. Aber mir ist es nicht bekannt" (S. 26, Z. 758–762).

(3) Keine Wahrnehmung eines Altersbegriffes
Insgesamt 38 Prozent der befragten Führungskräfte weisen im Rahmen ihrer Antwort darauf hin, dass sie bisher weder einen offiziellen noch einen inoffiziellen Altersbegriff im Unternehmen wahrnehmen, da aus ihrer Sicht allein die individuelle Leistung innerhalb der Organisation entscheidend für die Beurteilung einer Person ist (z. B. U3, S. 17, Z. 508–515; U7, S. 13, Z. 396–398; U11, S. 22, Z. 655–664). So äußert beispielsweise U2 die folgende Wahrnehmung: „Ich finde, wir haben wirklich eine total gute Mischung. Wir haben auf der Mitarbeiterebene gute Leute, die sind mit 58 unersetzlich. Wir haben gleichzeitig welche, die sind 30, da kannst du sagen: ‚Na ja, wenn die morgen gehen, ist es auch nicht schlimm.' Das ist auch eine sehr persönliche Sache, wie jemand seinen Job macht" (S. 16, Z. 502–506). U7 teilt diese Einschätzung und vertritt die Meinung, dass Altersunterschiede aufgrund unterschiedlicher Stärken im jeweiligen Alter kompensiert werden können: „Das gibt es ja in der Fußballersprache: ‚Es gibt kein alt oder jung, sondern es gibt nur gut oder schlecht.' Und das würde ich auch ein Stück weit bei uns sehen, also sprich, es kann ein Älterer genauso gut aufgrund von Erfahrung, aufgrund von Wissen sein, wie ein Junger, wenn man das mal nur am Alter festmacht. Oder es kann ein Junger genauso gut unterwegs sein, weil er sich unheimlich engagiert und mit viel Weiterbildung auch in jungen Jahren sich ein gewisses Wissen angeeignet hat. Also von dem her würde ich sagen, personenabhängig" (S. 13, Z. 406–413). Auch U9 verneint die Kenntnis eines Altersbegriffes im Unternehmen (S. 22, Z. 702–703) und betont, dass er diesen als unangemessen betrachten würde aufgrund bisheriger Erfahrungen mit älteren Beschäftigten: „Das wäre ja auch vermessen zu sagen: ‚Okay, ich bin jetzt alt.' Also, das ist ja ein ganz weitläufiger Begriff. Und wie gesagt, ich sehe ja die Leute, die auch im Alter super sind und den Jungen was

9.4 Alter(n)smanagement

vormachen noch und mit der Digitalisierung gut umgehen können und umgekehrt" (S. 22 f., Z. 703–706). U10 erläutert, dass neben der Bewältigung der alltäglichen beruflichen Aufgaben auch das Ausmaß an Mitgestaltung des digitalen Wandlungsprozesses im Unternehmen durch die Beschäftigten entscheidend sei, wie deren Leistungsfähigkeit beurteilt würde. Im Falle einer guten Erfüllung dieser beiden Kriterien sei jedoch jeder „ein akzeptierter Mitarbeiter, unabhängig seines Alters" (S. 11, Z. 315–316). M10 teilt diese Haltung, bezieht sich jedoch nicht nur auf die Leistungen eines bzw. einer Beschäftigten im aktuellen Transformationsprozess, sondern ebenso auf den Umgang mit bisherigen Herausforderungen im beruflichen Alltag und antwortet auf die Frage nach einem Altersbegriff: „Nein, kenne ich nicht. Kenne ich überhaupt nicht. Würde ich auch niemals am Alter festmachen, sondern eher daran, ob jemand das geschafft hat über die Jahre, die er im Unternehmen ist, mit den Themen, die auf ihn einprasseln, und das ist nicht nur Digitalisierung, Schritt zu halten. Es gibt ja auch die Situation, dass irgendwann mal Mitarbeiter sagen: ‚Mensch, ich bin zu alt dafür.' Das ist so ein bisschen das Thema, da merkt man, die sind eigentlich von der Entwicklung ein Stück weit abgehängt" (S. 22, Z. 686–691). M12 vertritt ebenfalls die Ansicht, dass die Bereitschaft, den Anforderungen der beruflichen Tätigkeit gerecht zu werden, sowie eine Offenheit gegenüber einer stetigen Weiterentwicklung für ihn das Alter eines Beschäftigten ausmachen und nicht die Anzahl an Lebensjahren: „Die Frage ist ja sehr stark, wie ich mich persönlich in meiner jeweiligen, ja, wie soll ich es sagen, in meinem persönlichen Alter entsprechend den Herausforderungen des Alltags auch stelle. Wenn ich einfach stehen bleibe und nichts tue und nicht an mir arbeite, dann gehöre ich im wahrsten Sinne des Wortes irgendwann, egal, wie alt ich bin, zum alten Eisen. Und bin auch sehr, sehr schwierig in das Unternehmen integrierbar, vielleicht auch, ich sage mal, mental, geistig, intellektuell gar nicht in der Lage, mit den Dingen, die sich da tun, Schritt zu halten. So. Aber wenn ich im Grunde genommen immer auch an mir selbst arbeite, halte ich mich auch automatisch jung" (S. 19, Z. 601–609).

Weiterhin erläutert M12, dass es zwar keinen Altersbegriff im Unternehmen gebe (S. 18, Z. 574–576), jedoch Modelle, die sich an den Kompetenzen der Beschäftigten orientierten und die älteren Beschäftigten weitreichendere Erfahrungen zusprächen: „Natürlich gibt es den-, ich würde es mal eher in eine Richtung Junior und Senior oder so klassifizieren, weil ich natürlich Menschen habe, die über einen ungeheuren Erfahrungsschatz verfügen, der auch notwendig ist für die Gestaltung der Zukunft. Und das bedarf einfach schlicht einer gewissen Seniorität" (S. 18, Z. 576–580). Jüngeren Beschäftigten würden in den Juniorprogrammen hingegen ausgeprägtere digitale und marktorientierte Kompetenzen zugesprochen: „Auf der anderen Seite brauche ich aber auch die Offenheit für bestimmte, ja, wie soll ich sagen, nicht immer nur digitale, sondern zeitgemäße Lösungen, dafür den Zeitgeist zu haben. Und das ist etwas, wo ich, was, ja, ein Stückchen der jüngeren Generation oder den Junioren sozusagen nicht vorbehalten, aber immanent ist. Dass sie ein gutes Gespür dafür haben: ‚Was will ich eigentlich? Was will eigentlich die um mich direkt herum liegende Generation? Wo fahren die eigentlich', um es mal etwas salopp zu formulieren, ‚wo fahren die eigentlich drauf ab?' Was könnte, ich sage mal, die Produkte eines Finanzdienstleistungsunternehmens sexy machen? Was könnte Verarbeitungsschritte, auch im Sinne des Employer Brandings, attraktiv machen und so weiter?" (S. 18, Z. 580–588).

Abschließend erläutert M12, eine Kombination aus diesen beiden Kompetenzprofilen als überaus wertvoll und zielführend für das Unternehmen zu erachten: „Wenn ich diese beiden Dinge zusammentue, dann habe ich, glaube ich, das Optimum. Weil wenn der Senior im Grunde sagt: ‚Wir haben gute Dinge gemacht. Lass uns die doch einfach weiterentwickeln.' Und der junge Mensch sagt: ‚So sieht der Zeitgeist aus, lass uns doch einfach mal die seniore Erfahrung in den Zeitgeist mit reinpacken.' Dann kann da, glaube ich, etwas Gutes draus werden. Und Zeitgeist, damit meine ich auch durchaus nicht nur Alter, sondern natürlich auch andere Kulturen, andere Geschlechter sowieso und so weiter" (S. 18, Z. 588–595).

(4) Altersbilder der Führungskräfte
Neben der Darstellung des Altersbegriffes im Unternehmen können bestehende Altersbilder der befragten Führungskräfte anhand getätigter Aussagen im Verlauf des Interviews abgeleitet werden. So wird deutlich, dass 21 Prozent der Führungskräfte mit älteren Beschäftigten negative Aspekte assoziieren, wie z. B. eine langsamere Lernfähigkeit, eine geringere digitale Affinität sowie einen Abbau der Leistungsfähigkeit (z. B. U5, S. 9, Z. 254–260; U8, S. 24, Z. 745–749). So stellt U9 seine Wahrnehmung der Zusammenarbeit mit älteren bzw. jüngeren Beschäftigten wie folgt dar: „Gerade als Führungskraft muss man das natürlich schon im Blick haben, dass man jüngere Leute hat und einem auch klar sein muss, dass die viele Dinge einfach schneller begreifen oder mehr mit der Digitalisierung auch verankert sind als wie welche, die älter sind. Und das heißt, es ist eine Herausforderung. Also, ich habe auch einige ältere Leute. Also, man muss denen zum einen das Gefühl geben, dass sie nicht zum alten Eisen gehören und sie auch motivieren, da mitzumachen. Auf der anderen Seite muss man aber auch verstehen, dass die schon auch höhere Ansprüche haben als die Jüngeren. Dass sie einfach vielleicht nicht so schnell lernen, dass sie Dinge nicht so schnell verstehen und umsetzen können. Man muss ihnen auch die Möglichkeit geben, einfach die Zeit dafür geben, das Ganze umzusetzen, zu lernen und aber auch vielleicht eine höhere Fehlerkultur ihnen einfach

9.4 Alter(n)smanagement

zugestehen. Also nicht die gleichen Qualitätsansprüche haben, wie bei einem Jüngeren" (S. 23, Z. 713–724). Im weiteren Verlauf des Interviews erklärt U9, dass sein dargestelltes Altersbild zu einem Teil auf der Erfahrung basiert, dass Schulungen zu digitalen Themen, an denen ältere und jüngere Beschäftigte gemeinsam partizipiert haben, zu Problemen aufgrund der unterschiedlichen Lerngeschwindigkeit bzw. Themenaffinität geführt haben. Aus diesem Grunde mussten laut U9 erneut Schulungen für ältere Beschäftigte, in kleineren Gruppen und einem geringeren Tempo, durchgeführt werden (S. 25, Z. 774–778).

Auch U5 verbindet mit älteren Beschäftigten eine deutlich geringere digitale Affinität als mit jüngeren Beschäftigten: „Also jetzt der typische Mitarbeiter, der heute 30 ist, dem brauche ich nicht zu erklären, wie Facebook funktioniert. Dem Kollegen der 50 ist, dem muss ich das erklären, weil er vielleicht nicht getraut ist seine Kinder zu fragen. Oder von seinen Kindern da abgehängt wird und er dankbar ist, wenn so ein alter Esel, der ebenfalls die 50 bereits überschritten hat, ihn auf die Seite nimmt und sagt: ‚Komm mal her, ich zeig dir hier alles, dass du auch Positives daraus ziehen kannst'" (S. 9, Z. 254–260). Darüber hinaus wird im Zusammenhang mit dem Thema Stellenbesetzung deutlich, dass U5 ältere Beschäftigte als weniger wissbegierig einstuft sowie eine schwerere Einflussnahme auf ihr Verhalten voraussetzt: „Sagen wir mal so, ich glaube wenn ich eine Position neu zu besetzen hätte und ich hätte die Auswahl zwischen einem 35-Jährigen, extrem Hungrigen, der noch dazu an meinem Mund klebt und es mir permanent recht machen will und einem über 50-Jährigen, der schon ein bisschen relaxter durchs Leben geht, der vielleicht auch manchmal etwas stur in Anführungsstrichen auf seiner Meinung beharrt, dann würde ich als Personalchef-, wäre ich sicherlich auch geneigt, den 35-Jährigen zu nehmen" (S. 17, Z. 506–511).

U8 erklärt, dass er ein voranschreitendes Alter überwiegend mit einem automatischen Abbau der Leistungsfähigkeit verbinde. Aus diesem Grunde betrachte er das Lebensalter 60 als einen sinnvollen Zeitpunkt, um aus dem Berufsleben auszutreten (S. 24, Z. 745–749). M7 zeigt anhand seiner Aussagen, positive wie auch negative Verbindungen mit älteren Beschäftigten aufzuweisen. So nimmt er zum einen Vorteile, wie eine größere Erfahrung sowie eine leichtere Einnahme von anderen Perspektiven, zum anderen aber auch Nachteile, wie eine geringere Veränderungsgeschwindigkeit und Agilität, wahr (S. 25, Z. 807–815). M4 erklärt, dass er zwar im Rahmen des Interviews die Aussage getroffen habe, dass gerade ältere Beschäftigte größere Ängste vorweisen würden, in Bezug auf die Geschwindigkeit des digitalen Wandels und in inwieweit sie diesem hohen Tempo gerecht werden können (S. 9, Z. 246–248), er jedoch mit dem Ausdruck „alt" (S. 9, Z. 260) eigentlich etwas anderes ausdrücken wolle: „Aber alt heißt für mich eher Dienstzugehörigkeit im Unternehmen. Und wie lange macht jemand schon das, was er tut, also

Veränderungsbereitschaft. Das steckt dann vielleicht übersetzt dahinter" (S. 9, Z. 260–262).

Insgesamt 17 Prozent der befragten Führungskräfte verdeutlichen im Rahmen ihrer Antworten, vorwiegend positive Assoziationen mit dem Thema Alter vorzuweisen, wie z. B. Erfahrung, Gelassenheit und Besonnenheit (z. B. U5, S. 15, Z. 437–440). So betont beispielsweise U12, die aus seiner Sicht wertvollen Einflüssen älterer Beschäftigter innerhalb der Organisation: „Das Unternehmen baut ja auch darauf, dass man ältere Leute hat, weil die Erfahrung mitbringen und auch eine gewisse Ruhe in die Mannschaft bringen können. Wenn ich nur junge Leute habe, die sind vielleicht dynamischer das ein oder andere Mal, überstürzen aber das ein oder andere Thema. Und ein Älterer gleicht das vielleicht ein bisschen aus. Also, man sollte nicht nur auf Junge bauen" (S. 17, Z. 498–502).

Die Aussagen der Führungskräfte M5 und M11 verdeutlichen, wie stark das Altersbild der Führungskräfte auch von Erfahrungen aus dem privaten Umfeld abhängt. So weisen diese beiden Führungskräfte ein positives Altersbild auf, das auf Erfahrungen innerhalb der Familie zurückgeführt werden kann. M5 erklärt aufgrund seiner Erfahrungen beispielsweise, dass auf keinen Fall davon ausgegangen werden könne, dass Personen mit voranschreitendem Alter eine geringere digitale Affinität aufweisen: „Mein Vater war bis zuletzt sehr digital. Und man wird ja auch immer älter. Also jetzt bin ich über 50 und irgendwann werde ich 60 und dann 70 sein. Das heißt aber nicht, dass ich dann aufhöre digitale Medien zu nutzen. Ich weiß ja gar nicht, was in fünf Jahren wieder rauskommt, vielleicht irgendwelche unsichtbare-… Oder Brillen, die man steuern kann. Ich habe keine Ahnung. Ich werde das wahrscheinlich auch mitmachen, weil es einfach unumkehrbar ist, weil es einfach in die Richtung geht" (S. 18, Z. 554–559). M11 berichtet, dass sein deutlich älterer Stiefvater eine sehr viel höhere digitale Affinität aufweise als er selbst und er daher digitale Kompetenzen nicht mit einem bestimmten Lebensalter verbinde (S. 7, Z. 205–210).

9.4.1.2 Perspektive des Personalwesens und der Betriebsräte

Die Mitarbeitenden des Personalwesens äußern übereinstimmend, dass ihnen kein offizieller Altersbegriff im Unternehmen bekannt ist. So antwortet PW1 auf die Frage nach einem Altersbegriff innerhalb der Organisation: „Nein, ich würde sagen, den gibt es nicht, den Altersbegriff. Und die älteren Kollegen sind meistens auch die, die am meisten wissen. Die auch schon viel mitgenommen haben und das wird auch einbezogen. Also, es ist auch keine Seltenheit, dass wir Mitarbeiter haben, die schon mal 20, 30 Jahre im Unternehmen sind" (S. 15, Z.

407–410). PW2 verneint ebenfalls die Kenntnis eines Altersbegriffes im Unternehmen (S. 17, Z. 491–493) und erklärt, dass anstelle eines bestimmten Alters vielmehr das Thema Agilität im Fokus stehe: „Also, ich glaube nicht mal, dass man wirklich das Alter wahrnimmt, sondern ich glaube eher, dass es die-. Was man sicherlich wahrnimmt: Wie ist die berufliche Agilität? Also wenn jemand, also ich sage jetzt einfach mal, langsamer arbeitet, würde man vermutlich eher in Richtung Alter zielen, aber das kann ja genauso bei jungen Leuten auch sein. Also, daher würde ich jetzt mal dazu nichts bestätigen" (S. 17, Z. 495–499).

PW3 und PW4 weisen im Rahmen ihrer Antwort darauf hin, dass es aus ihrer Sicht einen inoffiziellen Altersbegriff im Unternehmen gibt. Beide Befragten leiten eine inoffizielle Definition aus dem Umgang mit älteren Beschäftigten im Rahmen von Stellenreduzierungen ab (PW3, S. 28, Z. 894–901; PW4, S. 31, Z. 907–910). So führt beispielsweise PW3 hierzu wie folgt aus: „Was schon ist, ist zum Beispiel, das ist so indirekt vielleicht eine Aussage, wenn wir Abbauprogramme haben, dann bevorzugen wir in der Regel die Leute, die partizipieren dürfen von solchen personalwirtschaftlichen Instrumenten, sprich Vorruhestand, Altersteilzeit, Abfindungen, wenn sie ganz nah an der Rente sind. Also da bevorzugen wir in der Regel die Kollegen, die eben rentennah sind. Und dementsprechend gibt es natürlich dann schon auch einen Altersbegriff und meistens ist es-. Also, es ist wie gesagt, das sind jetzt eher so indirekte Indizien. Offiziell gibt es das natürlich nicht, schon allein wegen AGG. Also, das ist klar" (S. 28, Z. 894–901). Allerdings betont PW3, dass er die indirekte bzw. informelle Festlegung eines Altersbegriffes im Unternehmen nicht von Seiten der Unternehmensleitung initiiert sieht: „Ich weiß es nicht, was da die Motivation ist, ob das eine soziale Komponente eigentlich hat oder so. Letztlich redet da auch der Betriebsrat mit. Also, es ist jetzt ja nicht so, dass die Unternehmensleitung das dann so festlegt, sondern da wird zum Beispiel festgelegt: ‚Okay, ab welchem Alter kann ich dann eben einen Altersteilzeitvertrag unterschreiben, beziehungsweise so einen Vorruhestandsvertrag.' Und da gibt es natürlich dann immer Grenzen. Und dann könnte man sagen: ‚Okay, für diese Betriebsvereinbarung, für einen Abbau ist halt quasi die Grenze-. Wenn man das vielleicht mal als alt betrachten würde, wäre die Grenze (lacht), wenn man es so definiert, das Alter, ab dem ich dann einen Vorruhestandsvertrag zum Beispiel unterschreiben dürfte'" (S. 28, Z. 902–910).

Auf die Rückfrage, wie ältere Beschäftigte aus Sicht von PW3 im Unternehmen wahrgenommen werden, erklärt dieser: „Man hört natürlich schon immer wieder solche Aussagen von wegen: ‚Ja, die Jungen seien digitalaffin und Digital Natives und so und die Alten seien das eben nicht und die Jungen seien irgendwie auch flexibler und die Alten seien es eben nicht.' Wenn ich dann in die Praxis reingucke, erlebe ich beides. Ich erlebe flexible Junge und ich erlebe unflexible

Junge und ich erlebe digitalaffine Junge und ich erlebe digital nicht affine Junge. Und das Gleiche gibt es bei den Alten auch. Vielleicht gibt es natürlich bei dem Thema irgendwie Zugang zur IT oder zu Onlineangeboten oder so was, klar gibt es da irgendwie eine Tendenz, dass Jüngere so was eher einfacher annehmen, sich vielleicht auch leichter damit tun als jetzt ältere Kollegen. Aber so wirklich ganz schwarz-weiß, wie das manchmal dargestellt wird, erlebe ich es jetzt selber nicht" (S. 29, Z. 913–922).

PW4 kritisiert, neben dem vorhandenen inoffiziellen Altersbegriff im Unternehmen, die mangelnde Altersdiversität innerhalb der Organisation: „Also beim Thema Altersvielfalt sind wir nicht so gut unterwegs und unser Betriebsrat meinte das Gleiche, dass, wenn man ungefähr 55 Jahre alt ist oder älter, dass man als alt angesehen wird und nicht mehr bei der Firma erwünscht ist. Was ich persönlich schade finde, weil diese Menschen unglaublich viel Erfahrung haben, von der man gut lernen kann und muss. Also wer Historie nicht versteht, macht die gleichen Fehler nochmal. Also diese Menschen, die ein bisschen älter sind, sind unglaublich wichtig. Und ich finde es schade, dass wir diesen Menschen immer Angebote machen, früher in Rente zu gehen" (S. 27, Z. 771–777). PW4 führt im Anschluss an ihre Aussage zugleich den Hintergrund dieses Verhaltens im Unternehmen an: „Also, aus meiner Sicht wird es so gemacht, weil die jüngeren Menschen mehr Stunden arbeiten für das gleiche Geld oder weniger, weil die jünger sind und weniger Erfahrungen haben. Also, wer kriegt ein höheres Gehalt? Jemand direkt nach dem Bachelor-Studium oder jemand mit dreißig Jahren Arbeitserfahrungen? Die Antwort ist schon klar. Da sind wir sind wieder beim Thema Geld" (S. 27, Z. 777–782). Nicht zuletzt bemängelt PW4 die verstärkte Konzentration des Unternehmens auf eine bestimmte Generation: „Ich habe das Gefühl, wir fokussieren uns nur auf Millennials. Und ich finde das ein bisschen lächerlich. Es gibt zum Beispiel schon die Gen Z oder andere Generationen und nicht nur die Millennials. Das verstehe ich nicht" (S. 30, Z. 880–882).

Beide Betriebsräte antworten auf die Frage nach einem bestehenden Altersbegriff im Unternehmen, ebenso wie PW3 und PW4, dass es aus ihrer Sicht zwar keinen offiziellen, jedoch einen inoffiziellen bzw. informellen Altersbegriff gibt (BR1, S. 28, Z. 734–739; BR2, S. 25, Z. 795–801). So führt BR1 das Beispiel einer Seminarbezeichnung an: „Es gab mal irgendwann, das wurde dann aber eingestellt, das tolle Seminar ‚50plus'. Also kann man da daran ja fast ablesen, dass man ab 50plus zu den Alten zählt. (lacht) Das wurde dann aber im Grunde mit Hinblick auf Diversity abgeschafft, weil man gesagt hat: ‚Leute, das funktioniert so nicht" (S. 28, Z. 734–745). BR2 erkennt schon in alltäglichen Situationen einen Altersbegriff, der sich im Unternehmen abzeichnet: „Natürlich gibt es Grüppchenbildungen und es gibt Ausschlusskriterien, so wie es halt immer

9.4 Alter(n)smanagement

ist in sozialen Gemeinschaften. Und man merkt das bei Kleinigkeiten schon: Wer geht mit wem zum Mittagessen? Da sind oft die Alten, in Anführungszeichen zusammen, die alle 20, 30 Jahre Betriebserfahrung haben und schon Diverses miteinander erlebt haben. Und am Nebentisch drüben sitzen die Jungen, die in den letzten drei Jahren eingestellt worden sind" (S. 25, Z. 802–807).

Vor allem leiten jedoch beide Betriebsräte anhand des Themenfeldes Personalentwicklung einen inoffiziellen Altersbegriff im Unternehmen ab. So führt beispielsweise BR2 die oben genannten „Ausschlusskriterien" (S. 25, Z. 803) im Verlauf des Interviews weiter aus: „Klar ist, dass wenn man sich heute anschaut: Wer wird denn in Führungsentwicklungsseminare geschickt? Da schickt man jetzt keinen 54-Jährigen hinein. Kann mich da an keinen einzigen Fall erinnern, sondern das sind Leute, die in so einer Range von ich sage jetzt mal vielleicht 26 bis 40 sind. Zu jung ist auch nichts. (lacht) Also, offiziell gibt es das alles nicht. Aber ja, da durchaus" (S. 25, Z. 807–812). Des Weiteren berichtet BR2 von Altersklassen, innerhalb derer aus seiner Sicht im Unternehmen gewisse Karrierestufen absolviert werden: „Also, ich habe jetzt noch keinen 25-Jährigen erlebt, der auf die höchste Managementebene kommt, sondern das sind eher dann so die Herrschaften zwischen 40 und 50. Und für die mittlere Managementebene sind das so die Leute zwischen 30 und 40, die da in Funktion kommen. Und unterste Managementebene kann man auch schon mal vor 30 in Funktion kommen oder auch so etwas über 30. Das sind aber jetzt so Baucherfahrungen, ohne, dass sich, glaube ich, jemand da getraut hätte, das irgendwo auszuschreiben" (S. 26, Z. 827–833). BR1 räumt ein, dass er davon ausgehe, dass die nachlassende berufliche Weiterentwicklung von älteren Beschäftigten durch ihre Führungskraft nicht bewusst erfolge und erklärt diese Haltung wie folgt: „Also, wenn jetzt einer, keine Ahnung, 20 Jahre schon Mitarbeiter ist, ich glaube nicht, dass die Führungskraft ihn dann jedes halbe Jahr fragt: ‚Hey, willst du dich nicht weiterentwickeln und Personalführungsverantwortung übernehmen?' Ich weiß aber gar nicht, ob das am Alter liegt oder daran, dass man wahrgenommen hat, dass der sich offenbar so wohl fühlt in dem, was er tut. Ich glaube nicht, dass, wenn jetzt jemand mit 50 sagt, ich habe jetzt gemerkt, ich will doch nochmal was anderes machen und das und das würde mich interessieren, ich glaube nicht, dass das so schwierig wäre" (S. 29, Z. 749–757).

Ferner geben beide Betriebsräte an, anhand von bisherigen Wandlungsprozessen in Form von Umstrukturierungen bemerkt zu haben, dass verstärkt ältere Beschäftigte von Stellenreduzierungen betroffen sind (BR1, S. 29, Z. 758–762; BR2, S. 25 f., Z. 816–821). BR1 erläutert, dass vor allem Vorruhestandsregelungen und Abfindungen zu den vorrangigen personalwirtschaftlichen Instrumenten des Unternehmens in diesem Zusammenhang zählen (S. 29, Z. 762–765). BR2 führt hierzu weiter aus: „Es gibt natürlich ganz klar die Kriterien, wenn es in Richtung einer Umstrukturierung geht, mit einem Sozialplan, wo es also auch um Personalabbau geht. Dann werden Altersklassen definiert, die Anspruch haben auf beispielsweise Altersteilzeit oder auf Vorruhestandsregelungen. Das sind jetzt aber keine Erfindungen des Unternehmens, sondern da gibt es gesetzliche Grundlagen, ab wann man dann in solche Modelle hineingenommen wird. Das geht so ungefähr mit 57 los, so ganz grob. Und ja, natürlich wird dann in die Richtung schon gesiebt: ‚Wer wird uns oder wer kann uns dann verlassen? Also mit wem kriegt man so eine Einigung hin?' Das sind dann halt doch oft die Älteren, die auch von sich aus natürlich eher vielleicht interessiert sind, irgendwie Vorruhestandsregelungen zu treffen" (S. 25 f., Z. 816–824). Ferner erklärt BR2, dass in Abhängigkeit von der Themenstellung unterschiedliche Altersklassen im Unternehmen mit deren Bearbeitung beauftragt würden. Während das Thema Digitalisierung eher den jüngeren Beschäftigten anvertraut werde, würden älteren Beschäftigte vor allem Aufgaben zugeteilt, die Erfahrung erfordern (S. 26, Z. 834–843). In diesem Rahmen führt BR2 folgendes Beispiel an: „Wenn wir eine Führungskraft der höchsten Managementebene haben, die jetzt seit ein paar Tagen nicht mehr bei uns, sondern einem anderen Finanzdienstleister arbeitet, mit dem wir aber auch zusammenarbeiten. Die Führungskraft ist aber nicht im Guten gegangen, wir wollen aber mit dem anderen Unternehmen zusammenarbeiten. Also da jetzt einen 25-Jährigen hinzuschicken, der mit der Führungskraft bespricht: ‚Wie machen wir denn jetzt weiter?' Das glaube ich nicht. Das wäre jetzt so ein Fall, da brauche ich jemand, der mit allen Wassern gewaschen ist, der Verhandlungen auf dieser Ebene kennt, der Erfahrung hat. Der auch von seinen Reaktionen da auch ein bisschen Bandbreite drauf hat, wie er damit umgeht. Ich würde da jetzt jemanden hinschicken, der in einem ähnlichen Umfeld wie er groß geworden ist, in einem ähnlichen Alter ist und auch eine ähnliche Vita hat" (S. 26, Z. 843–853).

9.4.2 Einfluss des Altersbildes sowie der Werte und Normen des Unternehmens auf das Verhalten älterer Beschäftigter

Insgesamt 58 Prozent der befragten Führungskräfte äußern, einen Einfluss des beschriebenen Altersbildes sowie der Werte und Normen im Unternehmen auf ihr eigenes Verhalten feststellen zu können. Insgesamt 50 Prozent der Führungskräfte erläutern, dass das wahrgenommene negative Altersbild im Unternehmen zur Folge hat, dass ältere Führungskräfte den Eindruck gewinnen, dass ihre Leistung bzw. ihre Erfahrung keinerlei Wertschätzung erfahren. Ferner führt der bisherige verstärkte Abbau älterer Beschäftigter im Rahmen von Umstrukturierungen zu der Sorge, dass es den befragten Führungskräften in Zukunft ähnlich ergehen wird, da diese den Eindruck haben, innerhalb von Wandlungsprozessen von der Unternehmensleitung eher als „unbequem" (M1, S. 27, Z. 797) empfunden zu werden. Insgesamt acht Prozent der befragten Führungskräfte äußern hingegen, aufgrund des empfundenen positiven Altersbildes innerhalb der Unternehmensbereiche, in denen sie tätig sind, einen guten Einfluss auf ihr Verhalten feststellen können. Insgesamt 42 Prozent der Führungskräfte äußern, keinen Einfluss des Altersbildes auf ihr eigenes Verhalten zu bemerken.

PW3 und PW4 sowie beide Betriebsräte geben an, dass aus ihrer Sicht das negativ geprägte Altersbild der Organisation zur Folge hat, dass ältere Beschäftigte das Gefühl vermittelt bekommen, im Unternehmen nicht mehr erwünscht zu sein. PW1 und PW2 erklären, aufgrund der ausbleibenden Wahrnehmung eines Altersbildes keine Einflüsse auf das Verhalten älterer Beschäftigter feststellen zu können.

(1) Perspektive der Führungskräfte
Insgesamt 50 Prozent der befragten Führungskräfte führen an, einen negativen Einfluss des beschriebenen Altersbildes sowie der Werte und Normen im Unternehmen auf ihr eigenes Verhalten bzw. das Verhalten anderer Beschäftigter wahrzunehmen (z. B. M1, S. 28, Z. 834–844; M3, S. 17, Z. 506–511). So beschreibt beispielsweise M1 den Eindruck, dass sich das Unternehmen mit der Vorgehensweise, ältere Beschäftigte im Rahmen von Umstrukturierungen verstärkt durch Vorruhestandsregelungen abzubauen, „(…) quasi freikauft. Und das wird überhaupt nicht dem gerecht, was Ältere, gerade in so einer Sandwichposition, Abteilungsleiter, über Jahrzehnte in dem Unternehmen gemacht haben" (S. 28, Z. 828–831).

M2 und M4 erläutern, dass diese Gegebenheit dazu führt, dass ältere Beschäftigte einen Rückschluss auf ihren eigenen voraussichtlichen Verbleib im Unternehmen ziehen (M2, S. 27, Z. 799–803; M4, S. 27, Z. 806–807). So nimmt beispielsweise M2 folgende Auswirkungen auf die Denkmuster älterer Führungskräfte war: „Dass viele sagen: ‚Naja, jetzt bin ich 52, könnte ich rein theoretisch hergehen und könnte sagen, naja, in sechs, sieben Jahren könnte es mir dann ja auch passieren, weil da ist vielleicht der nächste Strukturwandel oder generelle Wandel. Da trifft es mich dann.' Also mal dieses Thema Alter und Ende Arbeitszeit einzuläuten, ist da schon sehr viel so Wahrnehmung gerade da" (S. 27, Z. 799–803).

U4 berichtet von ähnlichen Gedanken und aufkommenden Ängsten aufgrund dieser Verfahrensweise im Unternehmen: „Sagen wir es mal so, je näher man dieser Sphäre kommt, würde ich schon sagen, dass es einen beschäftigt, wenn es wieder irgendwelche Wellen gibt oder irgendwelche Umstrukturierungen. Und wenn man dann vielleicht sich auch eingestehen muss: ‚Okay, vielleicht bin ich ja nicht mehr so schnell, mich auf die Sachen einzustellen.' Dann hat man natürlich dann schon Sorge, dass man dann vielleicht doch über die Klinge springen muss" (S. 21, Z. 644–648). Auch M9 weist darauf hin, dass die Sorge, zukünftig ähnliche Erfahrungen zu machen, nie ganz ausgeschalten werden könne (S. 19, Z. 578–582). Negative Auswirkungen auf seine Arbeitsleistung erkennt M9 jedoch nicht: „Ich versuche dann trotzdem immer, meinen Job gut zu machen, bestmöglich zu machen. Das, was sich da auch immer anbietet für weitere Funktionen und Folgefunktionen. Natürlich versucht man, sich da nicht angreifbar zu machen. Aber klar, wenn es eine Umstrukturierung gibt und man ist dann in dem Alterssegment, da kann es einen dann vielleicht auch treffen" (S. 19, Z. 582–586). Vor allem begegnet M9 diesen Gegebenheiten mit der Strategie, eine wertvolle Führungskraft für das Unternehmen zu bleiben, indem er seine Kompetenzen permanent weiterentwickelt: „Ich will da irgendwie nicht abgehängt sein, sondern will ja immer auf der Höhe der Zeit bleiben und deshalb lese ich da viel. Bereite mich selber vor. Ich habe jetzt noch mal eine Ausbildung gemacht. Das habe ich mir ausgesucht. Also, ich versuche da immer zu lernen, was ja auch Spaß macht, wenn man da jahrelang-. Also, ich könnte mir jetzt nicht vorstellen, jahrelang den gleichen Job 9 to 5 zu machen und immer das Gleiche. (….) Deshalb bin ich da auch ganz froh, dass man nach ein paar Jahren sagen kann, ich mach mal was ganz Neues oder es kommen neue Aspekte dazu. Macht ja auch Spaß, wenn man sich nicht langweilt" (S. 19, Z. 592–602).

M3 erklärt, dass das negative Altersbild, dass er im Unternehmen wahrnehme, wie beispielsweise eine geringere Agilität oder eine mangelnde Offenheit von älteren Beschäftigten gegenüber neuen Themen, deutliche Auswirkungen auf seine Zufriedenheit mit dem Arbeitgeber habe: „Mich nervt das. Das geht überhaupt nicht. Das Alter spielt für mich nie eine Rolle. Für mich ist das immer eine Frage: Wie tritt jemand auf? Welche Haltung hat jemand? Wie agiert er? Und deswegen finde ich, dass man darüber, glaube ich, mal sprechen muss. Wie ist jemand bereit, notwendige Änderungen und Wandel nicht nur mitzutragen, sondern auch aktiv zu gestalten? Ich fühle mich da, also, wenn ich da andere Kollegen sehe, fühle ich mich durchaus als innovativ" (S. 17, Z. 506–511). Auf die Rückfrage, ob sich diese Gegebenheiten auf seine Arbeitsmotivation auswirken, antwortet M3: „Das ist eine Gefahr, ist echt eine Gefahr. (4 Sek.) Aber dem muss man entgegentreten. Ich glaube, da muss man selber auch einfach mal den Finger heben und sagen: ‚Das kann ich auch. Da will ich auch mitmachen.' Und so weiter. Aber klar besteht die Gefahr, dass man sich da isolieren lässt oder auch irgendwie in den Hintergrund drängen lässt, aber da muss man dann gegensteuern. Das hat man schon ein Stück weit selbst in der Hand" (S. 17 f., Z. 515–520). Ferner weist M3 darauf hin, dass er eine derartige

Reaktion auf negative Altersbilder furchtbar fände und niemals als Lösung erachten würde: „Man will ja irgendwie was leisten und eine positive Entwicklung begleiten und anstoßen. Wenn ich mich jetzt hinstelle: ‚Dann sollen die mal alle machen und ich ziehe mich jetzt mal zurück und mache jetzt da die innere Kündigung.' Nein! Das ist es nicht. Aber ich glaube, das ist auch nochmal persönlichkeitsabhängig. Keine andere Frage. Es gibt auch jüngere Kollegen, wo ich den Eindruck habe, der ist schon in der inneren Kündigung" (S. 18, Z. 524–529).

M11 berichtet von ähnlichen Folgen des bestehenden Altersbildes im Unternehmen auf seine Gedanken, erklärt jedoch, sich hiervon besser emotional distanzieren zu können: „Also, das wird natürlich ein Stück weit beeinflusst, weil ich denke: ‚Okay, spätestens wenn ich das Alter erreicht habe, kommt das Unternehmen auch ohne mich aus.' Also man hält sich vielleicht nicht-. Oder ich bin der Meinung, oder ja, ich denke: ‚Das Rad dreht sich weiter, ob ich da bin oder nicht.' Ich halte mich selbst nicht für unersetzbar und bin dann auch im Gegenzug nicht bereit, mich aufzuopfern für ein Unternehmen, wenn man das große Ganze betrachtet, für ein Unternehmen, das weiterläuft, ob ich da bin oder ob ich nicht da bin" (S. 17 f., Z. 538–544). U8 erklärt ebenso wie M11, dass er sich gut von diesen Beobachtungen zum Umgang mit älteren Beschäftigten in Bezug auf die Themen Wandlungsprozesse und Personalentwicklung im Unternehmen abstrahieren könne: „Das akzeptiere ich einfach und sage: ‚Okay, mir geht es so auch gut und ich fühle mich nicht alt.' Und im direkten Kontakt ist es eigentlich nicht so. Das ist eher das Unternehmensleitbild" (S. 26, Z. 796–798). Den gelassenen Umgang mit der Tatsache, dass U8 nicht mehr auf die mittlere Managementebene weiterentwickelt wurde, schließt U8 jedoch auch auf die Art der Vertragsgestaltung, von der ältere Beschäftigte im Unternehmen profitieren: „Mein Gott, dann wurde ich halt keine Führungskraft der mittleren Managementebene. Das hat mir dann auch nichts ausgemacht. Aber vielleicht auch deswegen, weil ich natürlich aus der Zeit komme, als man durchaus noch ein bisschen andere Verträge und Gehälter ausgehandelt hat über die Zeit, die man mitnimmt. Man weiß dann irgendwann, naja, so jüngere Führungskräfte der mittleren Managementebene, die verdienen dann schon weniger, als man selber. Was ja eigentlich schräg ist, aber es ist so" (S. 26, Z. 805–811).

M4 erklärt, dass sich bei dem gezielten Abbau von älteren Beschäftigten im Rahmen von Umstrukturierungen die Frage stelle, ob dieses Vorgehen für das Unternehmen richtig sei oder es sinnvoller wäre, die Kompetenzen, die ältere Führungskräfte aufweisen, auf anderen Funktionen weiterhin einzusetzen (S. 27, Z. 807–810). Weiterhin erläutert M4, dass aufgrund dieser Verfahrensweise im Unternehmen der folgende Eindruck vermittelt würde: „Dass man vielleicht eher sagt: ‚Okay, ich verzichte auf Kompetenz und hole mir da lieber den Kostenvorteil und das macht dann der Jüngere.' Wissentlich, der ist vielleicht noch nicht so weit, aber der wird das schon hinbekommen. Oder generell: ‚Wir versuchen es mal ein bisschen mit weniger Kosten, die Funktionen zu besetzen.' Das ist so, was ankommt" (S. 26 f., Z. 788–792). Ferner impliziere diese Verfahrensweise ein negatives Altersbild, dass von einem automatischen Rückgang der Leistungsfähigkeit bzw. einer geringeren Motivation der Beschäftigten mit zunehmendem Alter ausgehe: „Natürlich ist es dann schade, weil das heißt ja nicht, dass man mit 58, 60 oder 62 keine Lust mehr hat zu arbeiten und auch keine Energie mehr hat" (S. 27, Z. 814–816).

Auch M6 bemängelt die Auswirkungen eines gezielten Abbaus älterer Beschäftigter im Rahmen von Umstrukturierungen, da aus seiner Sicht gerade den betroffenen Personen, die derartige Angebote ablehnen, für zukünftige Wandlungsprozesse im Unternehmen jegliche Motivation genommen werde: „Wenn man auf der anderen Seite dann sagt, man will alle Mitarbeiter mitnehmen in den digitalen Wandel, aber an der konkreten Stelle dann sagt: ‚Eigentlich gibt es dann Altersklassen, die wir abfinden können, die wir auch loswerden wollen', ist das natürlich kritisch, weil oft die, die man so anspricht, machen es dann nicht. Die sind ja dann weiter dabei und die dann beim nächsten Wandel zu gewinnen, wo die sich sagen: ‚Führungskraft denkt doch, ich bin abgeschrieben, dann kann ich mich auch zurücklehnen.' Da macht man natürlich wieder viel kaputt dann an der Stelle" (S. 23, Z. 723–729).

U9 berichtet von der Erfahrung, dass ein Mitarbeitender im Rahmen einer Umstrukturierung ein sehr attraktives Vorruhestandsangebot ausgeschlagen habe und aufgrund mehrerer Versuche des Unternehmens, ihn zur Annahme dieses Angebotes zu bewegen, das Gefühl vermittelt bekommen habe nicht länger erwünscht zu sein (S. 22, Z. 681–691). So beschreibt U9 die Wahrnehmung der Situation durch den Mitarbeitenden wie folgt: „Und er hat sich da wirklich übergangen gefühlt und hat gesagt: ‚Nein, die wollen mich raushaben. Die denken, ich bin ein alter Knacker. Aber ich bin das überhaupt nicht und ich will das nicht" (S. 22, Z. 691–694). U9 erklärt, dass er selbst eine derartige Reaktion nur in geringem Maße nachvollziehen könne: „Also, das waren super Angebote. Jeder durfte völlig frei entscheiden, ob er sie annimmt oder nicht. Aber tatsächlich haben manche der Älteren das auch ein bisschen diskriminierend empfunden, so mit der Meinung: ‚Ja, die wollen uns loshaben.' Das sehe ich nicht so dramatisch. Und viele dieser Angebote hätte ich in dem Alter gern angenommen, aber es wurde teilweise so empfunden. Finde ich aber tatsächlich ‚Jammern auf hohem Niveau'" (S. 24, Z. 753–758).

U6 erklärt, dass das Altersbild im Unternehmen zur Folge habe, dass ältere Beschäftigte an Selbstbewusstsein einbüßten, obwohl diese aus seiner Sicht über wertvolle Kompetenzen verfügen würden: „Ich merke das schon, auch von Kollegen, jetzt nicht bei mir selber, aber wo ich merke, die haben so viel drauf, aber die

9.4 Alter(n)smanagement

werden immer kleiner im Alter, weil sie sich klein fühlen oder klein gemacht werden. Und das ist schade, da geht Potenzial einfach verloren" (S. 20, Z. 609–612). Die verwendete Metapher des „klein gemacht werden" (S. 20, Z. 611–612) erklärt U6 mit der Wahrnehmung, dass ältere Beschäftigte im Unternehmen bemerken würden, dass ihre Karriere auf dem Papier zu Ende sei: „Da geht nach vorne nichts mehr" (S. 20, Z. 618). Auf die Frage, welche Auswirkungen des Altersbildes er im Unternehmen bei sich selbst feststelle, antwortet dieser: „Letzten Endes zieht man sich natürlich dann auch ein Stück zurück auf die Themen, die man gut kann, die einem Spaß machen. Man wird auch ein Stück wählerischer. Also man nimmt nicht jeden Job und jedes Thema an sozusagen, weil auch kein Karriereziel dahintersteht. Also für mich hat es jetzt nicht so große Auswirkungen, weil ich mich trotzdem mit den Themen selber motivieren kann, die wir hier machen. Aber es ist nicht mehr die Motivation da, dass man sagt: ‚Okay man kann eine andere Karrierestufe oder eine andere Gehaltsstufe erreichen. Und man sagt, dafür gehe ich jetzt nicht nochmal die extra Meile', weil das ist einfach nicht da" (S. 18, Z. 528–535). Abschließend erklärt U6, dass er aufgrund der Gegebenheiten im Unternehmen andere Wege gefunden habe, sich für seine berufliche Tätigkeit zu motivieren: „Also ich glaube, um es mal auf den Punkt zu bringen, für mich ist inzwischen wichtiger, dass ich mich erfüllt fühle in dem Job, dass ich Spaß habe, dass ich einen guten Job mache und dass ich Themen habe, die ich voranbringen kann. Dass ich darüber meinen Erfolg definiere und weniger über einen Erfolg auf der Karriereleiter" (S. 18, Z. 535–539).

U5 und M7 erklären, dass sie aufgrund des wahrgenommenen Altersbildes innerhalb ihrer Einheiten einen positiven Einfluss auf ihr Verhalten feststellen können (insgesamt 8 Prozent). So erklären beide, dass vor allem Attribute wie Erfahrung, gute Netzwerke sowie „Altersweisheit" (U5, S. 15, Z. 457), die mit älteren Führungskräften in ihrem Bereich verbunden werden, dazu führen, dass sie sich wertgeschätzt fühlen (U5, S. 14 f., Z. 430–441; M7, S. 25, Z. 796–798). Ferner weist M7 darauf hin, dass ein positives Altersbild nicht nur direkte Auswirkungen auf sein Wohlbefinden habe, sondern gleichzeitig dazu führe, dass seine eigenen Werte sowie sein Verhalten gegenüber anderen älteren Beschäftigten positiv beeinflusst werden (M7, S. 25, Z. 793–795). U5 erklärt, dass das positive Altersbild für ihn dazu führe, dass er die genannten Stärken im beruflichen Alltag gezielt einsetze und vor allem mit herausfordernden Situationen gelassener umgehen könne. Hierzu führt U5 folgendes Beispiel an: „Ich habe heute in meinem Alter einen völlig anderen Blick auf die Themen wie noch vor fünf oder vor acht Jahren. Vor fünf oder vor acht Jahren hätte ich schlaflose Nächte bekommen bei irgendeiner Nichteinhaltung von Unternehmenszielen. Das lässt einen heute etwas relaxter, hat aber nichts damit zu tun, dass man keinen Ehrgeiz mehr hat, man versucht damit ruhiger umzugehen. Und das wiederum lässt einen auf ganz andere Ideen kommen, wie jetzt, wenn man so kopflos durch die Gegend läuft und hihihi was muss ich tun, um auch da noch nach vorne zu kommen" (S. 15, Z. 450–456).

Insgesamt 42 Prozent der befragten Führungskräfte erklären, keinen Einfluss des Altersbildes sowie der Werte und Normen der Organisation auf ihr eigenes Verhalten feststellen zu können (z. B. M8, S. 19, Z. 576–582; M12, S. 19, Z. 597–613; U10, S. 11, Z. 313–316; U12, S. 18 f., Z. 544–553). Insgesamt 38 Prozent der Führungskräfte begründen ihre Äußerung mit der Gegebenheit, kein Altersbild bzw. damit in Verbindung stehende Werte und Normen im Unternehmen wahrzunehmen, sodass sie dementsprechend auch keinen Einfluss dieser Faktoren auf ihr Agieren bzw. ihre Denkmuster beschreiben können (z. B. M10, S. 22, Z. 696–698; U2, S. 17, Z. 510–513; U3, S. 18, Z. 516–517; U11, S. 22, Z. 675–678). M8 begründet seine Antwort mit der Haltung, dass er sich aufgrund seiner Erziehung in seinem Handeln grundsätzlich nicht von archaischen Weltbildern beeinflussen lasse und das wahrgenommene negative Altersbild im Unternehmen daher keine Auswirkung auf seine Denkweise habe (S. 19, Z. 576–582).

(2) Perspektive des Personalwesens und der Betriebsräte
PW1 und PW2 äußern auf die Frage, inwieweit das Altersbild sowie die Werte und Normen des Unternehmens aus ihrer Sicht das Verhalten älterer Beschäftigter beeinflussen, dass sie aufgrund des nicht wahrgenommenen Altersbildes keine Auswirkungen auf die Beschäftigten feststellen können. So vertritt PW1 die Ansicht, dass die Wahrnehmung einer Person im Unternehmen von der Person selbst abhänge und nicht von seinem Alter: „Ich kann jemand haben, der 60 ist und der geistig wie auch körperlich fit ist und auch beweglich flexibel ist. Und sie können auch junge Leute haben, die auch geistig schon so unflexibel sind, dass es schwierig wird, mit ihnen zusammenzuarbeiten. Das würde ich aber nicht an einem Alter festmachen" (S. 15, Z. 419–423). PW2 erklärt, dass es sicherlich immer Bilder gebe, die „bei manchen Leuten im Kopf sind" (S. 17, Z. 502), wenn es um ältere Beschäftigte gehe: „Also langsamer arbeiten, vielleicht nicht immer für Veränderungen offen. Also, diese Bilder spielt man, glaube ich, den Alten zu" (S. 17, Z. 503–505). Eine derartige Haltung sei ihr im Unternehmen bisher jedoch nicht aufgefallen, sodass sie derartige Meinungen über ältere Beschäftigte nur vermuten, jedoch nicht wirklich bestätigen und somit auch keine Einflüsse auf Verhaltensweisen feststellen könne (S. 17 f., Z. 502–508).

PW3 und PW4 äußern hingegen, dass sie davon ausgehen, dass das bestehende Altersbild sowie die Werte und Normen des Unternehmens Einfluss auf das Verhalten älterer Beschäftigter nehmen (PW3, S. 29, Z. 929–930; PW4, S. 31, Z. 898–899). So antwortet PW3 auf die genannte Fragestellung: „Ich kann mir schon vorstellen, dass das an der einen oder anderen Stelle natürlich was macht. Oder dass die Leute

9.4 Alter(n)smanagement

dann sagen: ‚Wer wird dann noch gefördert?' Wenn ich eh begrenzte Ressourcen habe, gebe ich dann das Seminar lieber jemandem, der 23 ist oder meinetwegen auch 33, oder gebe ich das jemandem, der 63 ist, weil der im Zweifel dann noch zwei Jahre arbeitet und in Rente geht. Da kann man jetzt fragen: ‚Ist das jetzt eine Diskriminierung wegen Alter oder eine Entscheidung wegen Alter?' Das ist eigentlich eine betriebswirtschaftliche Entscheidung" (S. 29, Z. 929–935). Gleichzeitig weist PW3 innerhalb seiner Ausführungen darauf hin, dass das Verhalten älterer Beschäftigter nicht allein auf externe Faktoren, wie die Rahmenbedingungen innerhalb des Unternehmens, zurückgeführt werden könne. Stattdessen sollte aus Sicht von PW3 jeder Fall aufgrund individueller Faktoren, wie beispielsweise der intrinsischen Motivation, einzeln betrachtet werden: „Ich kenne natürlich auch alte Kollegen, also, jetzt, wenn man das mal so bezeichnen möchte, die dann aber auch selber sagen: ‚Nein, das mache ich jetzt nicht mehr, weil ich hab ja nur noch zwei Jahre und die ziehe ich jetzt schon auch noch so durch.' Also, das gibt es auch durchaus, so ein Selbstverständnis dann der Leute. Und woher das jetzt kommt, ob das jetzt durch das Unternehmen verursacht wird, durch die Aussagen oder einfach im Selbstverständnis liegt, kann ich jetzt natürlich auch nicht beantworten, muss man individuell gucken. Aber wie gesagt, ich habe selber auch Kollegen, die deutlich über 60 sind und die alle einen super Job machen und die aber auch eben nach wie vor auf Weiterbildungen gehen, die das Unternehmen auch zahlt. Also, es gibt, glaube ich, hier irgendwie alles" (S. 29 f., Z. 936–945).

PW4 begründet ihre Wahrnehmung, eine Einflussnahme des Altersbildes auf die Verhaltensweisen von Beschäftigten zu bemerken, anhand eines Beispiels innerhalb ihres Kollegiums: „Also, wir haben jemanden in unserem Team. Der Mitarbeiter ist über 60 Jahre alt und der beschwert sich immer über schlechte Erfahrungen in der Vergangenheit mit seiner vorherigen Führungskraft. Und jetzt ist er froh bei uns zu sein, weil das Alter für uns im Team keine Rolle spielt. Er arbeitet wie jeder andere und ist unser Team-Mitglied und fertig. Er hat natürlich Kollegen im Unternehmen, die ungefähr im gleichen Alter sind und schlechtere Erfahrungen machen. Und deswegen denke ich, dass diese Mitarbeiter schon das Gefühl haben, dass sie von einen auf den anderen Moment nicht mehr in der Firma erwünscht sein könnten" (S. 31, Z. 898–906). Auf die Rückfrage, ob PW4 davon ausgehe, dass ältere Beschäftigte als Schlussfolgerung aus der bisherigen Verfahrensweise im Unternehmen zögen, im Falle eines Personalabbaus als erste Person betroffen zu sein, antwortet PW4: „Genau. Und das ist so oft passiert. Ich verstehe das total, warum sie das glauben und warum sie Angst haben. Die hätte ich auch" (S. 31, Z. 907–910).

Ferner erläutert PW4, einen verstärkten Widerstand bei älteren Beschäftigten gegenüber dem digitalen Wandel festzustellen (S. 32, Z. 937–938). Den Hintergrund für die tendenziell eher ablehnende Einstellung dieser Beschäftigten gegenüber dem Transformationsprozess, sieht PW4 jedoch ebenfalls im negativen Altersbild des Unternehmens begründet: „Weil die glauben, obwohl es nicht wahr ist, dass sie diese digitalen Themen nicht schaffen können. Also, sie haben das Gefühl, dass sie mit Technologie nicht besser sein können: ‚Es ist einfach schwierig, ich kann nicht und fertig.' Obwohl ich gesehen habe, sie können das umsetzen. Die versuchen es einfach nicht, weil wir ihnen das Gefühl geben, ‚du bist alt und du kannst nicht gut mit Technologie umgehen' und dann glaubt man das natürlich irgendwann" (S. 32, Z. 938–943).

Auch die Betriebsräte äußern, dass das wahrgenommene eher negativ behaftete Altersbild sowie die Werte und Normen des Unternehmens das Verhalten älterer Beschäftigter aus ihrer Sicht beeinflussen (BR1, S. 29, Z. 770; BR2, S. 27, Z. 860). BR1 erklärt, dass gerade Erfahrung im Rahmen von Transformationsprozessen im Unternehmen mehr wertgeschätzt werden sollte: „Also, es ist ja durchaus gut und wünschenswert, auf Positionen auch mal Menschen zu haben, die mehrere Jahre Erfahrung genau in dem haben, was sie da jetzt gerade tun. Das ist auch gerade in meinen Augen in Wandlungsprozessen entscheidend. Dadurch, dass sich viel verändert, wird Veränderung auch immer hochgehalten und ist sehr präsent für uns. Ich glaube, Veränderung funktioniert aber auch nur, wenn man das Gegenstück dazu hat. Gerade in Veränderungen muss ich auf Leute setzen können, die wirklich Erfahrung in dem haben, was sie da tun" (S. 29, Z. 773–780).

Allerdings weisen beide Betriebsräte darauf hin, dass im Falle einer mangelnden Wertschätzung bzw. einer ausbleibenden beruflichen Weiterentwicklung, negative Einflüsse auf die Motivation der Beschäftigten sämtlicher Altersklassen festzustellen sind und sich diese Effekte nicht auf eine Altersklasse begrenzen (BR1, S. 30, Z. 785–790; BR2, S. 28, Z. 911–919). So erklärt beispielsweise BR1 hierzu: „Ich würde das aber gar nicht nur auf Ältere beziehen. Also, das kann auch Jüngere treffen und es können auch Jüngere so tun. Es kann sein, das ist eine Gefahr, die eben gerade bei Veränderungsprozessen entsteht, dass Leute sich nicht mehr wahrgenommen oder mitgenommen oder gebraucht fühlen. Und dann ist es, glaube ich, ein altersübergreifendes Phänomen, was passieren kann" (S. 30, Z. 785–790).

Ferner äußert BR2, dass aus seiner Sicht bei der Frage nach der Einflussnahme des Altersbildes des Unternehmens auf das Verhalten älterer Beschäftigter, die individuellen Ziele einer Person nicht zu vernachlässigen seien: „Das Verhalten hängt ja auch davon ab: Was will man eigentlich noch erreichen? Jetzt nehme ich mal als Beispiel einen 48-Jährigen, der auf der Mitarbeiterebene ist, seit mittlerweile 20 Jahren. Wenn der Karriere hätte machen wollen, dann hätte der es irgendwann mal in Angriff nehmen müssen in den letzten 20 Jahren. So. Von daher ist das jetzt nicht mehr Ziel. Das heißt, mein Verhalten ist damit auch ein anderes, wie wenn ich jetzt sagen würde: ‚Ich muss bei der höchsten Managementebene auf mich aufmerksam machen, um irgendwie noch das nächstgrößere Projekt zu bekommen, mit dem ich dann glänzen kann'" (S. 27, Z. 860–867).

Ein derartiges Verhalten führt jedoch nach Ansicht von BR2 gleichzeitig zu einem geringeren Ausmaß an beruflicher Weiterentwicklung im Unternehmen, die BR2 allerdings auch in dem Verhalten der jeweiligen Person begründet sieht: „Auf der einen Seite grenzt man sich damit auch ab von anderen. Ganz bewusst sage ich: ‚Bin jetzt ein Älterer, habe nichts mehr vor und mache jetzt mein Business weiter. Ich will es nicht schlecht machen. Ich will es gut machen. Aber suche mir damit auch ein bestimmtes Verhalten selber heraus.' Mit der Zeit werde ich auch in eine bestimmte Verhaltensecke hineingeschoben, weil mir Fragen, die mir mit Anfang 30 gestellt wurden, zu meiner Karriere zum Beispiel oder welche Themen ich übernehmen möchte, heute nicht mehr gestellt werden" (S. 27, Z. 872–878).

9.4.3 Weiterbildungs- und Personalentwicklungsprogramme für ältere Beschäftigte im Unternehmen

Die befragten Führungskräfte sowie Mitarbeitenden des Personalwesens äußern übereinstimmend, dass ihnen keine spezifischen Weiterbildungs- und Personalentwicklungsprogramme für ältere Beschäftigte im Unternehmen bekannt sind. Insgesamt 21 Prozent der Führungskräfte sehen den Hintergrund für diese Gegebenheit in dem Wunsch der Unternehmensleitung begründet, dass allen Beschäftigten dieselben Entwicklungsangebote zur Verfügung stehen. PW1, PW2 sowie PW3 äußern, dass sie spezifische Angebote für ältere Beschäftigte als obsolet ansehen, da aus ihrer Sicht die vorhandenen Möglichkeiten im Unternehmen sämtlichen Altersgruppen zugänglich sind. PW4 erklärt hingegen, dass sie und die Abteilung für Personalentwicklung im Unternehmen gesonderte Personalentwicklungsangebote für ältere Beschäftigte aufgrund des demografischen Wandels als notwendig erachten.

(1) Perspektive der Führungskräfte
Auf die Frage, inwieweit Weiterbildungs- bzw. Personalentwicklungsprogramme für ältere Führungskräfte und Mitarbeitende (über 50 Jahre alt) innerhalb des Unternehmens angeboten werden, äußern die befragten Führungskräfte übereinstimmend, dass ihnen keine existierenden bzw. geplanten Programme bekannt sind (z. B. M1, S. 29, Z. 847–849; M2, S. 30, Z. 902–904; M11, S. 18, Z. 548; U1, S. 18, Z. 539–541). So antwortet beispielsweise M4 auf die genannte Fragestellung: „Nein,

also wir machen ‚Null-Komma-Null'-Unterschied hinsichtlich persönlich, fachlicher Entwicklung, was Alterssegmente betrifft. Tatsächlich nicht. Ich überlege auch mal ein bisschen in diese Historie rein, ob es sowas schon jemals gab. Nein" (S. 29, Z. 856–858). Insgesamt 21 Prozent der Führungskräfte erklären das mangelnde Angebot für ältere Führungskräfte mit dem Anspruch, dass alle Alterssegmente im Unternehmen eine Gleichbehandlung erfahren sollen (z. B. M10, S. 22, Z. 700–703; M12, S. 19, Z. 615–617). M6 führt diesbezüglich wie folgt aus: „Also, ich glaube, da machen wir keine Unterschiede in Systematik, Qualität und Umfang, ob die jetzt älter sind. Also das Angebot ist gleich für alle Altersklassen. Es gibt auch jetzt nicht irgendwie-, das habe ich jetzt nicht erlebt, dass man sagt, es lohnt sich nicht mehr. Also, da glaube ich schon, dass das Unternehmen einen Gleichklang hat, auch Älteren jetzt konkret gegenüber. Also, da bleiben die gleichen Zugangschancen, es gibt die gleiche Qualität, und auch nicht weniger Umfang" (S. 24, Z. 742–747).

Auch U9 weist darauf hin, dass es keine spezifischen Weiterbildungs- oder Personalentwicklungsprogramme für ältere Beschäftigte innerhalb des Unternehmens gibt, ihm jedoch Programme bekannt sind, die einen Fokus auf altersbedingte Belastungserscheinungen legen: „Was es aber gibt, also, das ist zwar kein Entwicklungsprogramm, aber wir haben zum Beispiel viel im sozialen Bereich, wenn die sich überfordert fühlen oder auf jegliche Art und Weise-, dass man da Ansprechpartner hat, wie man denen auch mal ein bisschen Freiräume schaffen kann. Das geht bis dahin, dass man die sogar auf Kur schickt oder so etwas, dass sie sich auch da einfach mal körperlich erholen können. Weil, natürlich, je älter man wird, schon auch die Wehwehchen zunehmen, auch die Belastbarkeit nicht mehr so groß ist. Da haben wir Programme" (S. 24 f., Z. 768–774). U6 sieht das ausbleibende Angebot spezifischer Personalentwicklungsangebote für ältere Beschäftigte in der Gegebenheit begründet, dass im Unternehmen aktuell „andere Themen mehr im Fokus liegen" (S. 18, Z. 549). Jedoch weist U6 darauf hin, dass die demografischen Entwicklungen innerhalb der Organisation nicht vollständig vernachlässigt werden: „Also, der demografische Wandel wird immer wieder thematisiert und auch die Probleme, die aus einem steigendem Fachkräftemangel resultieren. Man schaut sich auch Altersstrukturen mal an aber-… Also, es gibt kein spezielles Karrieremodell für 50plus" (S. 18, Z. 544–547).

M3 und M6 betonen im Rahmen ihrer Antwort, dass sie Weiterbildungs- und Personalentwicklungsprogramme, die als Zielgruppe explizit ältere Führungskräfte benennen, ablehnen würden. So erläutert M3, dass ein derartiges Angebot seiner Haltung widersprechen würde, eine altersunabhängige Personalentwicklung durchzuführen: „Also, grundsätzlich habe ich immer die Entwicklungsmaßnahmen für alle gleich wahrgenommen. Ich wüsste jetzt nicht, dass es da irgendwelche Alterslimits gibt auf der einen Seite. Ich wüsste aber auch nicht, dass es ab einer gewissen

9.4 Alter(n)smanagement

Altersgrenze etwas Spezielles gäbe. Da würde ich mich auch wehren. Das ist ja dann schon-... Da schwimmt man schon gegen den Gleichheitsgrundsatz. Das Alter ist kein Differentiator für mich" (S. 18, Z. 537–541). M10 erklärt, statt des Alters eines Beschäftigten vielmehr die Kompetenzen sowie den individuellen Willen der Person als sinnvolle Kriterien innerhalb von Personalentwicklung anzusehen, um eine Benachteiligung von einzelnen Beschäftigten zu vermeiden: „Bei Entwicklungsprogrammen für, ich sage es mal hart, ab 50 und über 50. Das würde ich sogar persönlich, wenn ich bei sowas teilnehmen würde, vielleicht sogar als Diskriminierung bezeichnen. Ich würde das nicht tun, sondern ich glaube, wenn ich mich in einer gewissen Position entwickeln will, dann bedarf es gewisser Skills. Und wenn ich die Skills habe, dann passt das" (S. 23, Z. 707–711).

Auch M12 greift im Rahmen seiner Ausführungen den Aspekt auf, dass er individuelle Entwicklungsprogramme befürwortet, die auf die jeweiligen Kompetenzen der Beschäftigten eingehen: „Ich finde Programme dann gut, wenn sie aus mehreren Bestandteilen bestehen, wo ich anhand meiner eigenen Einschätzung oder auch der Fremdeinschätzung einer der Führungskräfte einsteigen kann, um bestimmte Dinge zu tun. Das bedeutet aber nicht, dass zwangsläufig jede Führungskraft über 50 das Gleiche machen muss, weil sie über 50 ist, sondern man muss gucken: ‚Wo stehe ich? Wie weit bin ich? Inwieweit habe ich auch an einem Entwicklungsprozess, auch schon von jeher, teilgenommen oder eben auch nicht teilgenommen?' Und dann ist dieser Entwicklungsweg ein bisschen länger oder auch kürzer. Auch das ist häufig eine sehr individuelle Frage" (S. 19 f., Z. 624–631).

U2 erläutert, bisher keinen Bedarf für Personalentwicklungsprogramme für ältere Beschäftigte im Unternehmen wahrgenommen zu haben und begründet ihre Antwort mit den nachfolgenden Erfahrungen: „Bei den Mitarbeitern habe ich noch nie das Gefühl gehabt, dass einer, der über 50 ist, plötzlich entdeckt hat, er will sich irgendwie entwickeln. Ich nehme das eher so wahr, jetzt habe ich natürlich auch nicht so wahnsinnig unterschiedliche Gruppen, also ich kann nur von den Gruppen sprechen, mit denen ich bisher gearbeitet habe, da ist es eher so, über 50, die wollen sich nicht entwickeln. Die machen in der Regel ihren Job gerne, machen den auch schon lange, wollen den auch weitermachen und haben jetzt nicht das Bedürfnis, jetzt da irgendwelche Riesensprünge zu machen. Die, die so etwas haben, die fragen früher, die gehen früher auf die Suche" (S. 17, Z. 519–526). Darüber hinaus erklärt U2, bereits die Erfahrung gemacht zu haben, dass älteren Beschäftigten eine Weiterentwicklung, in Bezug auf die Hierarchieebene, problemlos ermöglicht wird: „Und was ich auch erlebt habe, man kann auch mit, weiß ich nicht, mit Ende 40 noch unterste Managementebene machen, man kann auch mit 50 noch mittlere Managementebene machen. Also, ich habe da noch keine Erfahrung gemacht, dass mir jemand gesagt hat oder erzählt hätte: ‚Du, mir ist jetzt das abgelehnt worden, weil ich zu alt bin.' Das habe ich noch nicht erfahren" (S. 17, Z. 526–531). U12 vertritt ebenso wie U2 die Meinung, dass Mitarbeitende Karriereschritte bereits in einem jüngeren Alter vollziehen: „Man sollte eigentlich, sage ich immer wieder, mit 40 seine Position haben, oder das erreicht haben, wo man hinwill. Mit 50 noch Karriere machen? Ja, gibt es sicherlich, war aber auch nicht beabsichtigt. Also, man ist dann froh, dass man seine Arbeit macht. Aber noch Karriere, nein (S. 19, Z. 560–563).

(2) Perspektive des Personalwesens
Die befragten Mitarbeitenden des Personalwesens äußern übereinstimmend, dass keine spezifischen Weiterbildungs- und Personalentwicklungsprogramme für ältere Beschäftigte im Unternehmen angeboten werden (PW1, S. 16, Z. 463–465; PW2, S. 19, Z. 556–557; PW3, S. 33, Z. 1064; PW4, S. 33, Z. 969). PW1, PW2 und PW3 erklären in diesem Zusammenhang, dass sie ein gesondertes Angebot für ältere Beschäftigte aufgrund der bestehenden Möglichkeiten als nicht notwendig erachten. So erklärt beispielsweise PW3, dass, solange eine nachvollziehbare Begründung eines Beschäftigten für einen Entwicklungswunsch geäußert wird, dieser Person sämtliche Möglichkeiten einer Förderung offenstehen: „Es gibt jetzt keine Beschränkung, warum nicht jemand mit 55 da noch mal irgendwie einen nächsten Karriereschritt machen sollte, wenn er das will und sich da einfach auch als Talent dann irgendwie zeigt. Also, ich meine, das sieht man ja auch immer wieder, dass es das gibt. Die Frage ist immer, wenn einer mit 55 kommt und sagt: ‚Hey, ich möchte jetzt Führungskraft werden.' Dann, finde ich, kann man schon auch mal berechtigt fragen: ‚Warum kommst du denn jetzt mit 55 darauf und warum bist du nicht schon vor 20 Jahren auf die Idee gekommen, dass du Führungskraft werden willst?' Aber, wenn da eine plausible Begründung kommt, warum nicht? Ich meine, der muss immer noch lange genug arbeiten und ist länger in der Funktion als (lacht) wahrscheinlich ein 25-Jähriger, der Führungskraft zum ersten Mal wird (S. 35, Z. 1128–1138).

Des Weiteren erläutert PW3, von einer sehr geringen Fluktuationsbereitschaft bei älteren Beschäftigten auszugehen, sodass eine Akquise von älteren Beschäftigten aus anderen Unternehmen, aufgrund einer speziellen Förderung dieser Zielgruppe, nicht erwartet werden könne: „Die Fachkraft, die 55 ist, die ist wahrscheinlich bei irgendeinem Finanzdienstleister schon seit 20 Jahren dabei und hat da seinen guten Job. Und ist jetzt die Frage: ‚Warum sollte der jetzt da gerade raus und zu uns wechseln?' Da ist die Fluktuationsbereitschaft, glaube ich, das ist auch einfach unsere Kultur in Deutschland, ziemlich gering an der Stelle. Da habe ich, eher mal vielleicht in die Zukunft reingesehen, das Szenario, dass die neuen Generationen auch einfach eher zur Fluktuation in einem höheren Alter dann noch bereit sind.

9.4 Alter(n)smanagement

Wenn die dann mal 55 sind oder 60, vielleicht sind die dann immer noch fluktuationsbereiter. Muss man ja gucken, wie sich das entwickelt. Aber ich glaube einfach, Stand heute, ist eher müßig" (S. 35, Z. 1114–1122). PW4 äußert, dass mit Hinblick auf den demografischen Wandel von Seiten der Abteilung für Personalentwicklung gezielte Personalentwicklungsangebote für ältere Beschäftigte im Unternehmen gewünscht seien und daher über das Thema bereits geredet würde. Allerdings seien aktuell keine konkreten Programme geplant (S. 33, Z. 969). Als Hintergründe für die bisher ausbleibende Planung bzw. Realisierung nennt PW4 mangelnde zeitliche Ressourcen für dieses Thema (S. 33, Z. 969–981). Auf die Rückfrage, wie die Unternehmensleitung auf die Idee von Personalentwicklungsangeboten für ältere Beschäftigte reagiert habe, erklärt PW4, dass bisher noch keine Kapazitäten zur Verfügung gestanden hätten, um einen Entwurf für die höheren Managementebene auszuarbeiten und das Thema platzieren zu können (S. 33, Z. 982–984).

9.4.4 Beurteilung der Weiterbildungs- und Personalentwicklungsangebote im Unternehmen

Aufgrund der Aussage der Führungskräfte und Mitarbeitenden des Personalwesens, dass ihnen keine spezifischen Weiterbildungs- und Personalentwicklungsangebote für ältere Führungskräfte im Unternehmen bekannt sind, wurden die Expert*innen darum gebeten, die bestehenden Programme zu beurteilen, die allen Beschäftigten und dementsprechend auch der älteren Anspruchsgruppe zur Verfügung stehen. In diesem Rahmen ist eine Differenzierung in Bezug auf den Umfang, die Qualität sowie die Systematik der vorhandenen Weiterbildungs- und Personalentwicklungsmöglichkeiten durch die Befragten vorgenommen worden.

9.4.4.1 Perspektive der Führungskräfte

Die Führungskräfte äußern übereinstimmend, dass sie die bestehenden Weiterbildungs- und Personalentwicklungsprogramme im Unternehmen als umfangreich wahrnehmen. Auch die Qualität der vorhandenen Weiterbildungs- bzw. Personalentwicklungsangebote wird von den befragten Führungskräften weitestgehend als hochwertig eingestuft (88 Prozent bzw. 100 Prozent positive Beurteilung). In Bezug auf die gebotene Systematik der Weiterbildungs- und Personalentwicklungsprogramme zeigt sich ein differenzierteres Meinungsbild. Während die Personalentwicklungsangebote von fast allen der befragten Führungskräfte als systematisch empfunden werden (96 Prozent), sprechen nur die

Hälfte der Manager*innen den Weiterbildungsangeboten einen systematischen Aufbau zu. So kritisieren 50 Prozent der Führungskräfte die Unübersichtlichkeit der zahlreichen Weiterbildungsangebote.

(1) Umfang Weiterbildungs- und Personalentwicklungsangebote
Die befragten Führungskräfte loben übereinstimmend den Umfang der bestehenden Weiterbildungsangebote im Unternehmen (z. B. M2, S. 32, Z. 952–953; M3, S. 18, Z. 546–547; U6, S. 19, Z. 565; U11, S. 23, Z. 694; U12, S. 19, Z. 577–578). Vor allem heben die Führungskräfte hervor, dass aufgrund der Vielfalt an Weiterbildungsangeboten den unterschiedlichen Bedürfnissen und Interessen der Beschäftigten entsprochen werden kann (z. B. U3, S. 19, Z. 533–535; U9, S. 25, Z. 795–796). So erklärt beispielsweise M10 hierzu: „Aus meiner Sicht haben wir bei uns im Unternehmen eigentlich für jedes Tierchen ein Pläsierchen, also für jedes Thema irgendwo eine Möglichkeit, sich weiterzuentwickeln. Und wenn es das nicht gibt, dann gibt es immer noch die Möglichkeit, irgendwo extern hinzugehen. Irgendwelche speziale Skills, die man sich aneignen möchte, die es bei uns nicht gibt. Da muss ich sagen, haben wir schon verdammt viel" (S. 23, Z. 729–733). Auch M8 berichtet von sehr positiven Erfahrungen in Bezug auf den Umfang an Weiterbildungsangeboten innerhalb der Organisation: „Das ist ja ein ganzer Pool. Das ist so viel, also ich glaube, da lässt sich das Unternehmen nichts zu Schulden kommen. Der Bildungsbereich, was da angeboten wird, auch nochmal dezentral" (S. 21, Z. 616–618). U1 lobt vor allem die Anpassung der Weiterbildungsinhalte, um den Einflüssen der COVID-19-Pandemie auf den Arbeitsalltag gerecht werden zu können: „Es wird sehr viel gerade digital zur Verfügung gestellt an Stress-Seminaren: ‚Wie gehe ich mit Homeoffice um?', da Balance zu finden. Also, ganz, ganz viel, was digital vom Unternehmen gerade angeboten wird aufgrund von Corona, wo jeder, wenn er will, während der Arbeitszeit sich einklinken kann, also wirklich" (S. 19, Z. 559–562).

U5 und M9 vergleichen die Weiterbildungsmöglichkeiten des Unternehmens mit Angeboten und Verfahrensweisen aus anderen Organisationen und loben in diesem Rahmen die breitgefächerten Inhalte ihres Unternehmens (U5, S. 16, Z. 475–482; M9, S. 21, Z. 638–640). So äußert beispielsweise U5 die Wahrnehmung, dass sich die Unternehmensleitung in hohem Maße darauf fokussiert, den Beschäftigten ein vielfältiges Weiterbildungsangebot von hoher Qualität bereitzustellen: „Wenn ich mich mit Menschen unterhalte, die in vergleichbaren Positionen in anderen Unternehmen unterwegs sind, dann habe ich sehr, sehr oft den Eindruck, dass man sich hier und da mal mit einem sündhaft teuren externen Angebot von seinen Mitarbeitern ‚freikauft'. Das ist nicht mein Eindruck in unserem Unternehmen. In unserem

9.4 Alter(n)smanagement

Unternehmen habe ich den Eindruck, dass man eine sehr breite Palette, von ‚Psychischer Belastung' über ‚Pflege für Angehörige' bis ‚Technik', ‚Digitalisierung' im weitesten Sinne des Wortes, sehr, sehr oft in einer eigenen Thematik darstellt, zwar mit einem externen Referenten, aber ein hochwertiges, von mir so empfunden, ein hochwertiges Angebot macht" (S. 16, Z. 475–482).

Auch U12 weist darauf hin, dass das Unternehmen nach seiner Wahrnehmung ein ernsthaftes Interesse daran hege, dass die zahlreichen Weiterbildungsangebote von den Beschäftigten in Anspruch genommen werden: „Also da gibt es eine ganze Reihe an Möglichkeiten, die man machen darf oder die das Unternehmen auch vorgibt. Klar gibt es da mal wieder mal so einen Zyklus, wo es heißt: ‚Bitte weniger Seminare in dem Bereich, weil wir Kosten sparen müssen.' Aber das war mal eine Zeit lang. Man wünscht sich schon als Unternehmensleitung, dass die Mitarbeiter Seminare mitmachen. Das ist schon gut so und wird auch gemacht" (S. 19, Z. 570–573).

M11 und U2 äußern ebenfalls, die bestehenden Weiterbildungsangebote als ausreichend zu empfinden, weisen jedoch gleichzeitig darauf hin, sich in den vergangenen Jahren nicht intensiv mit dem Thema auseinandergesetzt zu haben (M11, S. 18, Z. 555–559; U2, S. 17 f., Z. 542–552). M11 erklärt beispielsweise hierzu: „Ich glaube, der Umfang an Weiterbildungsmöglichkeiten ist schon sehr groß. Der wird natürlich unterschiedlich stark genutzt durch jeden Einzelnen. Aber das grundsätzliche Angebot, glaube ich, ist vielfältig und nach meiner Einschätzung auch recht gut. Wobei ich fairerweise eingestehen muss, dass ich in den letzten Jahren selber nicht durch entsprechende Weiterbildung aufgefallen bin" (S. 18, Z. 555–559). U2 weist im Rahmen ihrer Antwort darauf hin, dass ihre geringe Auseinandersetzung mit den Weiterbildungsangeboten des Unternehmens in den vergangenen Jahren nicht damit in Verbindung gestanden habe, dass hierfür keine Möglichkeit bestanden hätte. Stattdessen erklärt sie, dass Wünsche in Bezug auf Weiterbildungen jederzeit an die direkte Führungskraft kommuniziert und realisiert werden könnten (U2, S. 18, Z. 554–558). M2 beschreibt einen ähnlichen Eindruck und begründet seine Wahrnehmung mit folgender Aussage: „Also da kann man sich auch nicht beschweren. Weil, da kann man auch entsprechend, wenn man mit seinem Vorgesetzten spricht, da mal sagen: ‚Der braucht jetzt ein individuelles Coaching oder so oder ich bräuchte ein individuelles Coaching.' Dann würde mir das nicht verwehrt werden und das ist eine ganz positive Wahrnehmung, die ich habe" (S. 32, Z. 956–960).

Insgesamt 13 Prozent der befragten Führungskräfte weisen trotz der insgesamt positiven Beurteilung des Gesamtumfangs der Weiterbildungsangebote auf Verbesserungspotenziale hin. Beispielsweise erklärt M6, dass aus seiner Sicht zwar das Weiterbildungsangebot insgesamt groß sei, er jedoch Defizite bei den überfachlichen Angeboten wahrnehme. Vor allem erkennt M6 aufgrund des digitalen

Wandlungsprozesses die Notwendigkeit, dass das Unternehmen mehr Investitionen in überfachliche Weiterbildungsangebote tätigen sollte: „Also, wir haben mehrere Bildungsbereiche im Unternehmen. Ich würde sagen, zur Fachlichkeit ist es ausreichend, weil, wir haben viele fachliche Bildungsbereiche für die einzelnen Unternehmensbereiche und Produktgruppen. Ich glaube, im überfachlichen Bereich muss man deutlich mehr tun und auch mehr Geld in die Hand nehmen" (S. 24, Z. 759–762).

U9 vertritt grundsätzlich die Haltung, dass das Unternehmen sämtlichen Anspruchsgruppen in Bezug auf den bestehenden Weiterbildungsbedarf gerecht wird: „Aber es gibt für jede Art Mitarbeiter, egal ob alt oder jung, mittlerweile doch angemessene Weiterbildungsmöglichkeiten und Ansprechpartner, wenn es irgendwelche Probleme gibt. Also da, das bieten wir durchaus an" (S. 25, Z. 784–786). Dennoch äußert U9, dass der große Umfang gleichzeitig mit einem höheren Aufwand einhergeht, sich innerhalb des Angebotes zurechtzufinden: „Also, das Angebot ist breit, aber es muss halt auch ein bisschen die Bereitschaft dazu da sein, auch ein bisschen danach zu suchen" (S. 25, Z. 782–783). M12 erkennt den Bedarf, dass sich das Unternehmen zukünftig stärker mit den Angeboten des gesamten Weiterbildungsmarktes auseinandersetzt, um die bestehenden Möglichkeiten ausschöpfen zu können: „Wir müssen uns, glaube ich, sehr, sehr stark mit dem permanent Markt Research beschäftigen, um wirklich das, was gut ist, für die Weiterbildung und was es auf dem Markt gibt, auch zu nutzen. Wir werden sehr viel weniger als früher darauf achten müssen, haben wir etwas custom made, was nur wir haben, gebaut? Dass wir aus Effizienz-, aber am Ende des Tages auch aus Qualitätsgründen immer gucken, was hat der Markt schon? Was gibt es Gutes? Und das den Mitarbeiterinnen und Mitarbeitern, beziehungsweise auch Führungskräften dann zugänglich zu machen und dann im Grunde nur dafür sorgen, dass es auch tatsächlich gemacht wird" (S. 21, Z. 679–686).

Auch die bestehenden Personalentwicklungsprogramme im Unternehmen werden von allen befragten Führungskräften als umfassend empfunden (z. B. M5, S. 31, Z. 1006; U10, S. 12, Z. 330–331; U11, S. 24, Z. 719–721). So hebt beispielsweise U7 die vielfältigen Richtungen hervor, in die sich Beschäftigte im Unternehmen entwickeln können: „Also was das Unternehmen insgesamt anbietet, bin ich immer wieder begeistert. Also ich glaube das ist ein riesenbreites Spektrum. Ich glaube, wer sich einfach in welche Richtung auch immer weiterentwickeln will, vertiefen will oder so, hätte ich jetzt gesagt, auch wiederum aus meinem Mikrokosmos heraus, dass das Unternehmen wahnsinnig viel bietet. Vollumfänglich" (S. 15, Z. 442–446).

U3 erklärt, vor allem die regelmäßigen Entwicklungsgespräche zwischen Führungskraft und Mitarbeitenden sowie die langfristige Planung, die in diesem Rahmen vollzogen wird, als positiv zu empfinden (S. 19, Z. 539–541). Auch U4 äußert die

9.4 Alter(n)smanagement   531

Personalentwicklungsangebote im Unternehmen als umfangreich wahrzunehmen. Allerdings weist er darauf hin, dass die Programminhalte in den vergangenen Jahren zunehmend eine Dezimierung bzw. Digitalisierung erfahren hätten. Diese Entwicklung sieht U4 nur bis zu einem gewissen Grade als sinnvoll an: „Sagen wir es mal so: Eine lange Zeit wurden sie sehr stark dezimiert, ich glaube mit diesem Thema Digitalisierung und viel Selbstlernthematiken kann man das natürlich noch ausbauen. Nichtsdestotrotz würde ich es befürworten, wenn das Thema Personalentwicklung trotzdem immer noch hier und da eine persönliche Komponente hätte, weil man bestimmte Sachen einfach meines Erachtens nur im kollegialen Umfeld, sage ich jetzt mal, angehen kann" (S. 22, Z. 690–695).

Insgesamt 13 Prozent der befragten Führungskräfte äußern, dass die Personalentwicklungsangebote im Unternehmen aus ihrer Sicht schon einen zu großen Umfang aufweisen (z. B. M5, S. 31, Z. 1005–1006; M10, S. 24, Z. 751–753). U8 führt die Hintergründe für diese Einschätzung wie folgt aus: „Also heutzutage ist tatsächlich die Entwicklung zur Führungskraft, wenn ich mal sehe, die ist schon sehr, sehr, sehr umfangreich. Es ist letztendlich mit zig Rollenspielen und Seminaren und was weiß ich nicht alles. Ist heutzutage wahrscheinlich aus meiner Sicht zu umfangreich, weil je mehr Assessment ich mache, ob da eine Quote wirklich besser wird der guten Führungskräfte? Da gibt es ja sehr umstrittene Studien auch. Die einen sagen ‚Ja', die anderen sagen ‚Nein'. Ich habe damit auch nicht mehr Qualität im Schnitt" (S. 27, Z. 852–858). Zwar sei der Entwicklungsprozess, den U8 selbst durchlaufen habe, bei Weitem nicht ausgereift genug gewesen, die aktuelle Vorgehensweise stelle jedoch das andere Extrem dar (S. 27 f., Z. 859–864). Daher plädiert U8 für einen „Mittelweg" (S. 28, Z. 861) durch eine größere Einflussnahme der Führungskräfte auf den Prozess: „Also, ich persönlich bin der Meinung, dass man vieles gar nicht so objektiv messen kann, sondern dass mehr auch die Erfahrung des Vorgesetzten eine Rolle spielen müsste und dass die eigentlich das Feeling dafür haben, ob der jemand eine gute Führungskraft wird. Aber da kann man gespaltener Meinung sein" (S. 27 f., Z. 864–868).

(2) Qualität der Weiterbildungs- und Personalentwicklungsangebote
Insgesamt 88 Prozent der befragten Führungskräfte beurteilen die Weiterbildungsangebote im Unternehmen als qualitativ hochwertig (z. B. M2, S. 32, Z. 952–953; M11, S. 18, Z. 556–558; U3, S. 19, Z. 540–541; U10, S. 12, Z. 344–347). So beschreibt beispielsweise M3 seine Wahrnehmung der Weitbildungsangebote im Unternehmen wie folgt: „Auch was die Qualität anbelangt, gibt es Dinge, die echt gut sind. Es gibt immer Dinge, wo man sagen kann: ‚Das kann man besser machen. Warum ist diese Maßnahme jetzt da drin?' Aber ich glaube jetzt nicht, dass wir qualitativ schlechte Weiterbildungsmaßnahmen haben. Kann ich nicht sagen. Da sind

wir, glaube ich, echt gut aufgestellt" (S. 18 f., Z. 547–551). U5 teilt die Ansicht von M3 und betont die gute Selektion, die im Rahmen von externen Weiterbildungsangeboten im Vorfeld erfolgt: „Ich empfinde das als sehr angenehm und ich empfinde das auch als qualitätsgeprüft. Ich fahre da nicht auf ein Seminar und es schreibt mir einer oben drüber, es kostet 900 Euro, und ich gehe da hin und denke mir: ‚Mein Gott, das hätte man sich sparen können.' Ich habe den Eindruck, dass man sich da vorher sehr, sehr wohl seine Gedanken drüber gemacht hat, bevor das Unternehmen so viel Geld in einen externen Referenten investiert. Und, dass das den Aufwand wert ist" (S. 16, Z. 483–488).

Auch U6 erklärt, die Qualität der Weiterbildungsangebote, unabhängig davon ob sie intern erstellt oder extern bezogen worden sind, als hoch einzustufen (S. 19, Z. 572–573). Auf die Rückfrage, ob die Erstellung von Weiterbildungsangeboten vorwiegend intern oder extern erfolgt, antwortet U6: „Also, in der Fachlichkeit produzieren wir den größten Teil selber. Bei den überfachlichen, bei den Softskills kaufen wir externen Content über andere Bildungsanbieter" (S. 19, Z. 588–590). U7 und U8 heben vor allem die Qualität der fachlichen Weiterbildungsangebote hervor (U7, S. 15, Z. 456–457; U8, S. 29, Z. 906–907). So beschreibt U8 seine bisherigen Erfahrungen mit den Weiterbildungsangeboten im Unternehmen wie folgt: „Also jetzt in unserem Bereich sind die Weiterbildungsmöglichkeiten von der Qualität schon sehr hoch. Es sind tolle Referenten. Es sind wirklich Sachen, die einen echt weiterbringen. Auch sehr erfahrene, fachlich extrem fundierte Mitarbeiter, wo man echt etwas mitnimmt. Also das, wenn das so bleibt von der Qualität, digital wie analog, beides, dann erfüllt es für mich voll die Anforderungen und ist echt eine Bereicherung" (S. 29, Z. 906–910).

M12 lobt im Rahmen seiner Antwort vor allem, dass die Weiterbildungsangebote „an vielen Stellen auch am Puls der Zeit" (S. 21, Z. 689–690) seien. Allerdings bemängelt M12, dass das Unternehmen im Rahmen der COVID-19-Pandemie aus seiner Sicht nicht flexibel genug in Bezug auf die Anpassung der Weiterbildungsformate reagiert habe: „Sicherlich gibt es gerade jetzt, in einer besonderen Situation wie einer Coronapandemie, natürlich bei einer so ungeheuren Geschwindigkeit, jetzt keine ungeheure Kreativität, die bei virtuellen Bildungsangeboten an den Tag gelegt wird. Und man sich natürlich auch manchmal wünscht, dass man als Unternehmen mit der Umsetzung, oder besser gesagt, ja eigentlich der Umsetzung bestimmter technischer Notwendigkeiten, die diese Angebote haben, dass man da mal ein Stückchen schneller wäre" (S. 22, Z. 689–696).

Den Hintergrund für die geringe Geschwindigkeit sieht M12 in den langen Abstimmungsprozessen innerhalb des Unternehmens begründet sowie in der Notwendigkeit, bestehende Angebote am Markt sorgfältig im Vorfeld zu prüfen: „Bis bei uns mancher Genehmigungsprozess oder Einkaufsprozess mal abgeschlossen ist, da ist häufig viel Wasser den Rhein hinunter geschwommen. Aber ich muss im Gegenzug auch sagen, es ist auch nicht alles, was nun neu auf den Markt kommt, unbedingt notwendig, unbedingt durchdacht und so weiter, sodass man hier auch durchaus selektieren muss. Aber ich glaube schon, dass die Mischung aus externem Angebot und internem Angebot, dass die Qualität da derzeit wirklich gut ist" (S. 22, Z. 696–702).

Insgesamt 13 Prozent der Führungskräfte erklären Unterschiede in Bezug auf die Qualität der Weiterbildungsangebote wahrzunehmen, die sie jedoch eher als üblich bzw. als „Gaußsche Normalverteilung" (U11, S. 23, Z. 696) wahrnehmen. M10 äußert sich in diesem Zusammenhang wie folgt: „Also das, was ich beurteilen kann, passend. Auch hier gilt, man kann nicht für den einzelnen Referenten sprechen. Es gibt immer mal Ausfälle und Sachen, die nicht über die Maßen gut sind. Aber das würde ich mal als den normalen Spread bezeichnen, den man mit Weiterbildungen hat. Also, du kannst dir auch bei Online-Seminaren irgendwelche hochdotierten Referenten angucken, wo du dir im Nachhinein sagst: ‚Also, die halbe Stunde war jetzt völlig daneben'" (S. 24, Z. 735–740). U9 erklärt, vor allem qualitative Unterschiede bei Weiterbildungsangeboten zu bemerken, die intern produziert worden sind (S. 25, Z. 798). Mit externen Weiterbildungsangeboten hat U9 hingegen sehr gute Erfahrungen gemacht und hebt in diesem Rahmen deren unterschiedliche zeitliche Formate hervor: „Wenn wir es selber machen, dann ja, mal so, mal so. Aber wie gesagt, wir haben ja auch sehr viel vorgefertigte Dinge von anderen Anbietern, die oft in sehr guter Qualität sind, auch mit ganz unterschiedlichem zeitlichem Umfang. Also, da findet man was mit fünf Minuten oder was mit drei Stunden" (S. 25, Z. 798–801). U7 vertritt hingegen die Meinung, dass es weniger daran liege, ob Weiterbildungsangebote intern oder extern erstellt worden sind. Stattdessen sieht er die Qualitätsunterschiede viel stärker in den jeweiligen Referent*innen begründet (S. 15, Z. 448–456).

U4 und U8 äußern, die digitalen Weiterbildungsangebote zwar als sehr wichtig wahrzunehmen, jedoch der Status einer hohen Qualität aus ihrer Sicht nur gehalten werden kann, wenn weiterhin eine Kombination von digitalen und persönlich stattfindenden Formaten angeboten wird (U4, S. 22, Z. 697–699; U8, S. 29, Z. 899–904). So betont zum Beispiel U4 die hohe Bedeutung eines Austausches der Lernenden untereinander: „Viel Fachlichkeit kann man sich da wirklich erarbeiten, durch die ganzen Videos, die es gibt und so weiter, also das finde ich okay und das ist auch zeitgemäß. Der Austausch muss aber trotzdem noch irgendwo, in irgendeiner Form stattfinden. Ich weiß natürlich auch, dass nicht bei jedem E-Learning-Video oder so, dass ich da noch einen Austausch brauche, das ist nicht meine Art. Aber das hängt immer von der Persönlichkeit ab und von der Lernaffinität oder Lernart oder Lernpersönlichkeit, wie auch immer man das nennen möchte" (S. 23, Z. 700–706).

Ferner äußern die befragten Führungskräfte übereinstimmend, dass sie mit der Qualität der bestehenden Personalentwicklungsprogramme im Unternehmen zufrieden sind (z. B. M9, S. 21, Z. 633; U1, S. 19, Z. 563–564; U11, S. 24, Z. 722–723; U12, S. 19 f., Z. 579–580). Die Führungskräfte bezeichnen die Qualität beispielsweise als „sehr solide" (M10, S. 24, Z. 755), „klasse" (M5, S. 30, Z. 975) oder „exzellent" (U10, S. 12, Z. 333). M5 hebt vor allem hervor, dass das Unternehmen für die Personalentwicklungsprozesse „sehr viel Geld ausgibt" (S. 30, Z. 975–976) und beschreibt die aus seiner Sicht qualitativ hochwertige Weiterentwicklung der Beschäftigten wie folgt: „Wissen Sie, da besuchen Sie Seminare oder was auch immer. Und dann bereiten Sie sich auch noch auf so ein Seminar vor. Das bildet ja alles weiter. Also, das ist ja alles Weiterbildung. Und dann diese Rollenspiele. Alles ist hoch qualifizierte Weiterbildung, die Sie ja nicht so einfach kriegen. Das ist ja nicht so stupide, in irgendeiner Schulung sitzen und irgendwelche Folien kriegen und dann sagen Sie: ‚Okay', sondern Sie arbeiten an sich selber. Wissen Sie, an Ihrem Charakter, an Ihren Fähigkeiten, Sie kriegen Feedback. Ich finde es richtig toll" (S. 30, Z. 976–982). M7 betont, dass aus seiner Sicht die bestehenden Personalentwicklungsprogramme den individuellen Bedürfnissen der Beschäftigten gerecht werden: „Das Angebot ist schon wirklich gut. Und es ist auch sehr breit gefächert und bietet für einzelne Erfordernisse, bietet es da eine ganze Menge. Also ich glaube, da sind wir gut aufgestellt" (S. 26, Z. 835–837).

Auch U4 schätzt die Qualität der Personalentwicklungsangebote im Unternehmen (S. 22, Z. 676–677). Allerdings vertritt er die Meinung, dass einige Weiterentwicklungsbausteine aus dem Prozess nicht zeitnah genug bzw. zielgruppengerecht realisiert werden: „Manche Formate werden aber-, ich nenne es mal nicht Zwangsmaßnahme, aber als empfohlene Maßnahme dargestellt, die waren teilweise zu spät, einfach. Also im Bezug vor allem bei jungen Führungskräften, dass bestimmte, sage ich jetzt mal, Qualifizierungen erst verspätet kommen, wenn man schon lange im Job ist. Und da war es meines Erachtens nach nicht sauber strukturiert und von der Qualität dann nicht passend. Weil dann waren Anfänger mit dabei in Anführungszeichen und dann welche, die ein Jahr oder länger schon dabei waren, und da war die Zielgruppe nicht sauber zugeschnitten meines Erachtens" (S. 22, Z. 678–684).

(3) Systematik der Weiterbildungs- und Personalentwicklungsangebote
Insgesamt 50 Prozent der Führungskräfte bezeichnen die Weiterbildungsangebote des Unternehmens als systematisch (z. B. U9, S. 26, Z. 805–806; U12, S. 20, Z. 587–591; M8, S. 21, Z. 618). Insgesamt 25 Prozent der Führungskräfte heben im Rahmen ihrer Antwort die Einteilung der Weiterbildungsangebote in zentrale Themen, wie z. B. Stress- und Zeitmanagement, hervor (z. B. U1, S. 19, Z. 565–566;

U3, S. 19, Z. 538–539; U5, S. 16, Z. 482–483). M7 gibt in diesem Zusammenhang an, vor allem die zunehmende Integration von „Führungsthemen" (S. 27, Z. 841) in die Weiterbildungsangebote des Unternehmens zu schätzen. U8 weist darauf hin, dass nicht nur die Weiterbildungsangebote eine Systematik aufweisen, sondern er selbst in seiner Rolle als Führungskraft systematisch die Weiterbildung seiner Mitarbeitenden begleitet: „Also es ist ja so, dass bei der Einteilung der Seminare, Fachseminare, bespreche ich immer mit einem Kollegen, wo wir den Mitarbeiter hinschicken. Natürlich berücksichtigen wir auch die Wünsche der Leute und das ist schon systematisch. Wir schauen, was der schon absolviert hat, was dann vielleicht dazu passen könnte als nächster Schritt und so weiter" (S. 29, Z. 912–916). U12 erklärt, als Führungskraft „Informationen über die Seminare, die man auch für sich, beziehungsweise auch für seine Mitarbeiter natürlich einbringen soll" (S. 20, Z. 589–591) aus dem Personalwesen zu erhalten und sich auf diesem Wege innerhalb der Angebote orientieren zu können (S. 20, Z. 588–589).

Die andere Hälfte der befragten Führungskräfte bemängelt die Systematik der Weiterbildungsangebote im Unternehmen. Diese Führungskräfte empfinden das bestehende Angebot aufgrund der Vielfalt als unübersichtlich (z. B. U10, S. 12, Z. 349–351; M9, S. 21, Z. 644–645). So berichtet beispielsweise U2 von der nachfolgenden Erfahrung: „Ja, da kann man, glaube ich, besser werden. Neulich zum Beispiel habe ich ein Englisch-Angebot gesucht, da habe ich mich tatsächlich schwergetan. Ich glaube, da kann man sagen, diese Suche nach einem entsprechenden Angebot, die ist wirklich nicht leicht. Da musste ich erst drei Leute fragen, weil ich es selber nicht gefunden habe. Da kann man, glaube ich, auch noch was für die Zukunft machen" (S. 18, Z. 561–565). U7 teilt die Haltung von U2, räumt jedoch ein, dass die Organisation Broschüren zur Verfügung stellt, die einen Überblick über die zahlreichen Bildungsangebote der unterschiedlichen Unternehmensbereiche ermöglichen (S. 15, Z. 462–467). M10 geht ebenfalls auf den Versuch des Unternehmens ein, die mannigfaltigen Weiterbildungsangebote übersichtlicher darzustellen (S. 24, Z. 746–749). Allerdings würde sich M10 eine andere Systematisierung als bisher wünschen (S. 24, Z. 742–743) und begründet dies wie folgt: „Weil die Übersichtlichkeit dessen, was wird im Unternehmen wo angeboten, die ist in Teilen sehr, sehr gut, weil es diverse Kataloge gibt, die wirklich voll umfänglich sind. Aber ich glaube, das Gesamtbild zu erfassen, was es dort alles gibt, ist nicht ganz einfach" (S. 24, Z. 743–746).

U11 kritisiert vor allem die Gegebenheit, dass die „Mitarbeiter irgendwie ihren Bedarf sich selber erschließen müssen und dann schauen müssen in diesem ganzen, aus meiner Sicht wirklich sehr umfangreichen Programm, was denn da jetzt das Richtige wäre" (S. 23, Z. 704–707). Auf die Rückfrage, ob diese Themen nicht mit einer Person im Unternehmen besprochen werden, antwortet U11: „Nein, also nicht-, jein. Im Rahmen jährlicher Zielvereinbarungsgespräche und Meilensteingespräche, die wir führen mit den Mitarbeitern, die auch strukturiert sind und damit systematisiert, ist das ein gesetzter Gesprächspunkt, den wir aufnehmen. Und da wird gemeinsam geguckt und erarbeitet, was denn, also im Austausch mit mir und meinen Mitarbeitern, beide Sichten, was denn da relevant ist und bedarfsorientiert wäre" (S. 23, Z. 710–714). U10 geht ebenfalls auf die Herausforderung ein, eine Einschätzung als Beschäftigter über den eigenen Entwicklungsbedarf zu treffen: „Ich brauche natürlich einen eigenen Antrieb, um mich fortbilden zu wollen, habe aber nicht immer den korrekten Blick auf mich selber, wo denn mein größter Entwicklungsbedarf jetzt ist, weil ich vielleicht dort drüber hinwegsehen muss oder will oder mir das zu anstrengend ist" (S. 12, Z. 335–338). U10 sieht in diesem Zusammenhang eine besondere Verantwortung bei der direkten Führungskraft des bzw. der jeweiligen Beschäftigten, die bei der Ermittlung des Weiterbildungsbedarfes und der Auswahl der entsprechenden Weiterbildungsangebote aus seiner Sicht unterstützen sollte: „Systematik, da wir jetzt so offen sind und so vielfältig, total unsystematisch, es muss die Führungskraft in dieses Thema rein, dann wird es systematisch, wenn die Führungskraft gut ist" (S. 12, Z. 341–343).

Auch M12 vertritt die Meinung, dass die Systematik der Weiterbildungsangebote verbessert werden könnte (S. 22, Z. 704–705), sieht jedoch auch das Erfordernis, die Beschäftigten stärker im Rahmen des Transformationsprozesses im Unternehmen in die Verantwortung zu nehmen: „Ich glaube, wir müssen noch sehr viel stärker bestimmte Dinge einerseits systematisieren, aber wir müssen im Grunde genommen, und das geht wieder ganz zurück auf eine andere Fragestellung beziehungsweise eine Anmerkung von mir, dass ich den Mitarbeitern diese Selbstverantwortung auch auferlege, sich umzuschauen und zu machen und zu tun" (S. 22, Z. 705–709). Weiterhin führt M12 aus, dass es zur Normalität werden müsse, dass Beschäftigte, die ein Kompetenzdefizit bemerken, sich automatisch selbst auf die intensive Suche nach entsprechenden Weiterbildungsangeboten begeben (S. 22, Z. 715–720). Ferner wünscht sich M12 bei der Suche nach passenden Weiterbildungsangeboten die gleiche ambitionierte Haltung von den Beschäftigten, die sie im Privatleben erkennen lassen: „Wenn man sich auf die Suche macht, ich meine, das wissen Sie ja selbst, was wir in bestimmten Bereichen des täglichen Lebens für eine Akribie teilweise entwickeln, um etwas zu finden. Ein Produkt zu finden oder was auch immer, im Internet, im rein privaten Leben. Und wenn ich mir vorstelle, dass jemand die gleiche Akribie dann entwickelt, um ein Defizit, was er bei sich persönlich feststellt, auszugleichen und diese Akribie in unserem System entwickelt, dann wird er meist fündig. Meist, vielleicht nicht immer, denn je spezieller es ist, umso schwieriger wird es, aber da kann man schon viel finden" (S. 22, Z. 720–727).

Insgesamt 13 Prozent der befragten Führungskräfte erläutern, dass sie aktuell eine Veränderung in Bezug auf die Systematik der Weiterbildungsangebote feststellen. So beschreibt beispielsweise M3 die folgende Wahrnehmung: „Es war in der Vergangenheit unübersichtlich. Ich glaube, im Moment sind wir gerade auf einem Weg, da auch echt eine Systematik und eine Struktur reinzubringen" (S. 19, Z. 568–569). Dennoch bemängelt M3 die immer noch bestehende Zersplitterung des Bildungsbereiches innerhalb der Organisation: „Ich habe auch nie verstanden, warum es eine Trennung der Bildungsbereiche des Unternehmens gibt. Ist mir völlig unklar. Es gibt unterschiedliche Zielgruppen für die einzelnen Maßnahmen. Das ist logisch. Aber ich glaube das Thema Weiterbildung, Personalentwicklung gehört organisatorisch in einen Bereich. Da gibt es keine unterschiedlichen Unternehmensbereiche. Also das wäre-, als Trennung ist das für mich nicht logisch" (S. 19, Z. 569–574). Stattdessen führt M3 folgenden Verbesserungsvorschlag zur zukünftigen Systematisierung der Entwicklungsangebote im Unternehmen an: „Wenn ich Personal- und Weiterentwicklung habe, ist für mich nicht die Trennung Unternehmensbereich A und Unternehmensbereich B. Da geht es eher nach Skills, die ich für einzelne Funktionen benötige, also Skills trainiere. Man hat ja häufig auch den gewünschten Wechsel zwischen unterschiedlichen Unternehmensbereichen. Insofern ist es immer klug, Skills zu trainieren und jetzt nicht die Trennlinie zu ziehen zwischen Bereich A und Bereich B. Das ist für mich zu kurz gesprungen" (S. 19, Z. 575–580).

M6 sieht die zentrale Steuerung von Themen im Unternehmen als generelles Problem an, die aus seiner Sicht auch damit zusammenhänge, dass es immer noch kein Zielbild in Bezug auf eine sinnvolle Organisationsstruktur innerhalb des digitalen Wandlungsprozesses gebe (S. 24 f., Z. 766–768). So führt M6 hierzu aus: „Also wir haben nie ein zentrales Programm gestartet bei uns im Unternehmen, ‚Mein Pfad in die Digitalisierung' zum Beispiel. Da hat jeder einzelne Unternehmensbereich etwas gemacht. Aber da gäbe es sicher ein paar Grundthemen, die für alle gleich wichtig wären. Und da gab es auch nie ein zentrales Programm. Also sozusagen im Thema Überfachlichkeit und dann konkret zur Digitalisierung könnte man von zentral deutlich mehr machen, hat man aber nie gemacht. Hatte man immer Angst, immer wieder diskutiert und die Verantwortung dann doch wieder lokal vergeben sozusagen" (S. 25, Z. 768–775). Auf die Rückfrage, welche Angst im Unternehmen bestehe, derartige Themen zentral zu steuern, antwortet M6: „Zu scheitern, also ich habe mehrere Führungskräfte der höchsten Managementebene erlebt, die das Thema immer wieder andiskutiert haben, die digitale Transformation des Unternehmens und daraus resultierend zentrale Entwicklungsfelder, aber keiner hat sich getraut das umzusetzen" (S. 25, Z. 777–780). So sei aus Sicht der genannten Führungskräfte die Aufgabe als zu anspruchsvoll angesehen worden, da stets das „Strukturthema" (S. 25, Z. 782) als grundsätzliche Voraussetzung nicht gelöst worden sei (S. 25, Z. 782–784).

U6 erläutert, die Herausforderung für das Unternehmen zu erkennen, das weitreichende Weiterbildungsangebot bedarfsgerechter für die Beschäftigten darzustellen: „Also, ich glaube das Bildungsangebot ist extrem groß mittlerweile. Ich glaube die Schwierigkeit ist, es eher mundgerecht zu kuratieren für den Lernenden und zu individualisieren. Dass er wirklich merkt, aus dem Riesendschungel von Bildungsangeboten hilft mir jemand, dass ich die wenigen wirklich relevanten und guten Bildungsangebote für mich herausfinde. Also, ich glaube das ist die Herausforderung, die wir zurzeit haben" (S. 19, Z. 565–570). Auf die Rückfrage, welche Systematik im Unternehmen zukünftig verfolgt wird, um die von U6 genannten Ziele zu erreichen, erklärt dieser: „Also, wir wollen die Systematik dahin ausrichten, dass es wirklich eine personalisierte Lernreise für jeden Mitarbeiter ist. Das heißt, dass wir wissen, welche Skilldefizite-, oder wie verändert sich sein Job und dass wir dann individuell für ihn ein Lernangebot bereitstellen" (S. 19, Z. 577–580). Abschließend weist U6 jedoch darauf hin, dass die Organisation in Bezug auf das gewünschte Zielbild von individuellen Weiterbildungsangeboten noch am Anfang stehe: „Aber wir sind natürlich noch nicht so weit, dass wir das wirklich Treffer genau hinbekommen. Also, dahingehend ist es eher so, wir können es schon auf die Skills individualisieren. Natürlich hat die Führungskraft von dem Mitarbeiter auch einen Rieseneinfluss. Aber gefühlt haben wir immer noch zu viel im Angebot. Also, wenn wir ihm jetzt beispielsweise 100 verschiedene Seminare vorschlagen, die für ihn passen könnten, wäre es, glaube ich, für den Mitarbeiter am Ende besser, wenn er nur die zehn richtigen vorgeschlagen bekommt. Und wir sind aktuell noch bei den 100, würde ich sagen" (S. 19, Z. 581–586).

U4 äußert, „langsam" (S. 23, Z. 713) eine Verbesserung in Bezug auf die Übersichtlichkeit der Weiterbildungsangebote zu bemerken (S. 23, Z. 713–714). So geht U4 ebenso wie U6 auf die neue angestrebte Systematik der Weiterbildungsangebote ein und erklärt, dass durch eine Selbsteinschätzung der vorhandenen Kompetenzen ein System Weiterbildungsvorschläge für die Beschäftigten ermittelt: „Und das Gleiche gilt natürlich für unser Partnersystem, welches wir auch für die Mitarbeiter haben, die Lernplattformen, dass dann auch Vorschläge kommen, nachdem ich mir ein paar Sachen angeguckt habe: ,Das könnte dich auch interessieren.' Oder Empfehlungen, also, das finde ich wichtig, vor allem dann bei der Menge, dass da auch mit Empfehlungen gearbeitet wird, auch anhand des Profils, was ja jetzt gemacht wird" (S. 23, Z. 717–722).

M11 kritisiert die mangelnde Verbindlichkeit in Bezug auf das Thema Weiterbildung im Unternehmen und würde sich diesbezüglich einen höheren Grad an Obligation wünschen: „Also, man bekommt in regelmäßigen Abständen eine Art

9.4 Alter(n)smanagement

Weiterbildungskatalog, wo die Möglichkeiten abgebildet sind. Und es ist dann aber doch eher fakultativ ausgestattet, dass jedem überlassen bleibt, sich bei Bedarf bei dem einen oder anderen Seminar oder Weiterbildungsmöglichkeit anzumelden. Es wird allerdings auch nicht nachgefragt oder, wenn man es scharf formulieren würde, sanktioniert, wenn man die Weiterbildung nicht absolviert, wenngleich wir natürlich gewisse formale Anforderungen erfüllen müssen" (S. 18, Z. 561–567). Zwar gebe es eine Verpflichtung, eine gewisse Anzahl an Weiterbildungsstunden zu fachlichen Themen im Jahr zu absolvieren, jedoch versteht M11 dies nicht als die notwendige Weiterbildung, die für die erfolgreiche Bewältigung des Transformationsprozesses im Unternehmen nötig sei: „Wir haben ja als Unternehmen eine Weiterbildungsverpflichtung unserer Beschäftigten. Und dieser Weiterbildungsverantwortung komme ich natürlich nach und habe natürlich die erforderliche Anzahl von Weiterbildungsstunden, die gewünscht wird, die hatte ich schon ganz am Anfang des Jahres überschritten. Also stimmt es nicht ganz, wenn ich sage: ‚Keine Weiterbildung'. Aber das ist Weiterbildung, für die man sich nicht bewusst und freiwillig entscheidet, sondern das sind Weiterbildungsveranstaltungen oder Themen, die man im normalen Arbeitsalltag absolviert, ob man will oder nicht. Weil Veranstaltungen, Schulungen, die man einfach im Rahmen des Jobs absolvieren muss, entsprechend klassifiziert werden und wenn man an der Tagung teilgenommen hat, hat man dann automatisch die entsprechenden Weiterbildungspunkte" (S. 18 f., Z. 567–576).

Insgesamt 96 Prozent der befragten Führungskräfte äußern, dass sie die Personalentwicklungsangebote im Unternehmen als systematisch empfinden (z. B. U9, S. 26, Z. 805–806; M2, S. 32, Z. 952–953; M4, S. 29, Z. 862; M9, S. 21, Z. 633–635). So antwortet beispielsweise M3: „Also das, was wir uns gegeben haben als Personalentwicklung, ist ein systematischer Prozess. Ich finde den Prozess auch gut, den wir uns da gegeben haben" (S. 20, Z. 593–595). Auch U4 lobt die Systematik der Personalentwicklungsprozesse im Unternehmen und erklärt, eine positive Entwicklung diesbezüglich wahrzunehmen: „Das war schon systematisiert und ist auch über die Jahre besser geworden, also noch besser" (S. 21 f., Z. 670–671). M10 gibt an, den Großteil der Personalentwicklungsangebote in Bezug auf ihre Systematik als positiv zu bewerten und sieht ein systematisches Vorgehen als große Stärke des Unternehmens an: „90 Prozent sind sehr gut. Also wenn wir was können, dann ist das eine Systematik. Ob die Systematik immer richtig ist, liegt im Auge des Betrachters. Aber wenn du Entwicklungsprogramme aufsetzt, insbesondere im Führungskräftebereich, da musst du ja, ich sage mal, traditionsgemäß irgendeine Logik etablieren. Wohlwissend, dass du damit vielleicht nicht 100 Prozent der Teilnehmer zu 100 Prozent befriedigst" (S. 24, Z. 757–761).

Auch U11 und M5 beschreiben die Personalentwicklung im Unternehmen als „dezidierten Prozess" (U11, S. 23, Z. 702) bzw. als „super ausgereift" (M5, S. 31,

Z. 1006). M5 erklärt jedoch, ebenso wie U8 (S. 27, Z. 852–855), dass die Personalentwicklungsprozesse aus seiner Sicht schon „teilweise zu ausgereift" (S. 31, Z. 1007) seien, da diese über die Jahre eine immer aufwendigere Ausgestaltung erfahren hätten (S. 31, Z. 1006–1007).

U8 äußert, den Aufbau der Personalentwicklungsprozesse grundsätzlich als systematisch anzusehen, jedoch die Auswahl der Teilnehmenden für diese Prozesse als unsystematisch wahrzunehmen: „Also zum Teil wundert man sich schon, wer denn letztendlich dann da Führungskraft wird. Und wenn man das wirklich systematisch hätte, wen ich da raussuche, dann würden vielleicht der ein oder andere dafür nicht in Frage kommen" (S. 28, Z. 873–875). Die Förderung von Beschäftigten, die sich aus Sicht von U8 nicht immer für die Rolle einer Führungskraft eignen, sieht U8 vor allem in den Nachwuchsentwicklungsprogrammen des Unternehmens begründet (S. 28, Z. 877). Innerhalb der Nachwuchsentwicklungsprogramme sei es den Teilnehmenden vorbestimmt, eine Führungsrolle zu übernehmen. Jedoch würden Kandidat*innen nicht in ausreichendem Maße aus den Programmen ausscheiden, wenn diese nicht die nötigen Voraussetzungen erfüllten (S. 28, Z. 875–878). Diesbezüglich würde sich U8 ein Umdenken im Unternehmen wünschen: „Aber da ist die Frage, ob das teilweise einfach so sein muss, weil der auf den Weg, auf die Schiene gesetzt wird. Und dass man da oft nicht-, den teilweise woanders hin entwickeln sollte, weil man erkennt, das ist vielleicht doch nicht unbedingt der, der die disziplinarische Führung so gut macht, sondern eher im fachlichen Bereich. Da können wir wahrscheinlich doch ein bisschen differenzierter hingehen" (S. 28, Z. 879–883). Abschließend räumt U8 allerdings ein, dass ein Personalentwicklungsprogramm nie vollständig neutral durchgeführt werden kann, aufgrund der sozialen Einflüsse, die auf den Prozess einwirken: „Aber letztendlich auch da, wir werden nie den Weg finden, immer die besten Führungskräfte in jeder Position zu haben, weil, dafür arbeiten da Menschen und das ist gar nicht unbedingt so objektivierbar, weil es ja auch so ist, dass da Menschen entscheiden, ob jemand eine gute Führungskraft ist, haben die eigene Erfahrungen, die sie da einbringen. Und natürlich jetzt, stellen Sie sich mal vor, ich bin jetzt in so einem Entwicklungsprozess Beobachter. Die, die mir ähnlicher sind, die gefallen mir besser. Ist ja immer so. Ist ja auch im Privaten so" (S. 28, Z. 883–889).

9.4.4.2 Perspektive des Personalwesens

Die Mitarbeitenden des Personalwesens stufen die Systematik, Qualität sowie den Umfang der Weiterbildungs- und Personalentwicklungsangebote für alle Beschäftigten im Unternehmen als äußerst positiv ein. PW1 lobt vor allem den aus seiner

9.4 Alter(n)smanagement

Sicht „qualitativ hochwertigen Katalog" (S. 18, Z. 496) an systematisch aufgebauten Seminaren, der allen Beschäftigten und dementsprechend auch älteren Führungskräften zur Verfügung stehe (S. 18, Z. 495–497). Ferner weist PW1 darauf hin, dass aufgrund des Transformationsprozesses des Unternehmens dieser Katalog permanent erweitert werde, z. B. um Themen wie „diese neuen Arbeitsweisen" (S. 18, Z. 495), sodass fortwährend neue Lerninhalte zur Verfügung gestellt würden (S. 18, Z. 499–501).

PW2 erläutert, dass die Systematik der Personalentwicklungsangebote im Unternehmen vollständig überarbeitet wurde und lobt in diesem Zusammenhang insbesondere die Erweiterung der Personalentwicklungsmöglichkeiten um eine fachliche Karriere: „Und was ich auch sehr gut finde ist, dass man nicht nur das Thema ‚Führung' jetzt eingeführt hat, sondern eben auch eine Fachlaufbahn und das rechne ich sehr hoch an. Also das ist, glaube ich auch, für die Personalentwicklung ein sehr guter Schritt gewesen" (S. 20, Z. 583–587). Darüber hinaus betont PW2 die sehr hohe Qualität der Angebote: „Man hat also wirklich gute Trainer, auch gute Mitarbeiter, die die Personalentwicklungsmaßnahmen begleiten. Also, ich habe damit also bisher nur gute Erfahrungen gemacht" (S. 20, Z. 590–592).

PW3 stellt im Rahmen seiner Ausführungen vor allem den weitreichenden Umfang der Weiterbildungsangebote heraus: „Also der Umfang ist riesig. Also allein, was wir hier mit E-Learning und mit diesen ganzen Sachen haben. Ich glaube, wenn man die Leute fragt, also welche Möglichkeiten es gibt, das ist extrem vielfältig" (S. 36, Z. 1168–1170). Im weiteren Verlauf des Interviews verdeutlicht PW3 den Umfang zu einzelnen Themen anhand der bestehenden Angebote zur neuen Führungsstrategie im Unternehmen: „Wenn man jetzt allein guckt, hier mit unserer neuen Führungsstrategie, das ist ein ziemlich umfangreiches Curriculum zu allen möglichen Themen. Das sind allein schon mal zwei Tage im Prinzip E-Learning und zwei Tage Präsenzlernen plus dann noch mal diverse Veranstaltungsmöglichkeiten, Workshops und so weiter. Also, allein diese neue Führungsstrategie, damit kann ich mich als Führungskraft, wenn ich das will, kostenlos und in einer echt guten Qualität, könnte ich mich da wahrscheinlich anderthalb Wochen Vollzeit damit beschäftigen, nur mit der neuen Führungsstrategie" (S. 36 f., Z. 1171–1178). Weiterhin betont PW3, dass nicht nur der Umfang zu einzelnen Themenfeldern umfassend gestaltet worden sei, sondern auch die Themenvielfalt, die angeboten wird. Hierzu führt PW3 folgende Beispiele an: „Es gibt Weiterbildungsangebote für das ganze Thema ‚Agiles Arbeiten'. Dann gibt es zum Beispiel natürlich auch die Möglichkeit, Leute, die eher in die agilen Rollen reinrutschen wollen, mit Trainings wirklich methodisch fit zu machen. Es gibt in der fachlichen Qualifizierung diverseste Weiterbildungsangebote fachlicher Natur" (S. 37, Z. 1178–1182). Weitereichende Möglichkeiten sieht PW3 ebenfalls in der Personalentwicklung, betont allerdings gleichzeitig, dass die Tendenz immer stärker in Richtung Onlineformate geht: „Es gibt die Führungskräfteentwicklung, wo ich eben auch da Angebote finde: ‚Wie kann ich mich in meiner Führungsrolle und zu den ganzen Themen da auch weiterentwickeln?' Also, da gibt es echt ein Riesenangebot. Was ich dann mache, da ist manchmal vielleicht sogar eher die Frage, das Richtige für mich rauszufinden unter diesem Riesenangebot. Und natürlich ist es dann manchmal auch einfach die Frage: ‚Was ist für mich zugänglich?' Also, es gibt Leute, die wollen einfach online lieber lernen, und andere, die wollen online überhaupt nicht lernen. (lacht) Und dann gibt es mittlerweile natürlich viele Onlinekurse. Und wenn ich dann sage: ‚Ja, ich will lieber drei Tage auf ein Seminar', das gibt es natürlich immer weniger, aber der Umfang ist riesig" (S. 37, Z. 1182–1190).

Des Weiteren lobt PW3 die Qualität der Angebote und führt hierbei die positiven Rückmeldungen der Teilnehmenden als Qualitätskriterium an (S. 37, Z. 1193–1200). Die Systematik der Weiterbildungs- und Personalentwicklungsangebote sieht PW3 zwar als gegeben an (S. 37, Z. 1202), räumt jedoch gleichzeitig ein, diesen Aspekt aktuell noch als „die größte Baustelle" (S. 37, Z. 1209–1210) im Unternehmen anzusehen. Auf die Rückfrage, ob PW3 diese Einschätzung genauer erläutern könne, erklärt dieser, dass er im Rahmen der Angebote noch zu viel Umfang und Heterogenität erkenne: „Verschiedene Zielgruppen, verschiedene Anbieter, verschiedene Plattformen, verschiedene Programme. Also, ich glaube, das ist einfach da wirklich diese Masse. Und das ist natürlich für einen Außenstehenden oder einen Lerner extrem schwierig, da den Überblick zu behalten und sich vielleicht dann auch zu entscheiden: ‚Ja, mit was fange ich jetzt an oder was ist jetzt das Richtige für mich, um in meiner Zeit, die mir zur Verfügung steht, oder mit den Ressourcen das Optimum für mich rauszuholen?' Das ist, glaube ich, schon echt eine Herausforderung, da den Überblick zu behalten" (S. 38, Z. 1213–1219).

Auch PW4 beurteilt grundsätzlich den Umfang, die Systematik sowie Qualität der Weiterbildungs- und Personalentwicklungsangebote im Unternehmen als positiv (S. 35, Z. 1013–1024). Jedoch weist sie darauf hin, dass zwischen einzelnen Unternehmensbereichen immer noch qualitative Unterschiede festzustellen seien (S. 35, Z. 1007–1008). Diese Differenzen würden allerdings zunehmend mit Hilfe einer übergreifenden Bildungsstrategie sowie digitaler Angebote und einhergehenden Synergieeffekten behoben: „Also, vor fünf Jahren war es immer so, dass jeder Unternehmensbereich sein eigenes Ding gemacht hat. Und jetzt gibt es mehr Programme, die zwischen den Bereichen geteilt werden oder die digitalen Bereichen offen sind und ich finde auch, dass das die Qualität erhöht, weil man kriegt hier die Erfahrung von vielen Seiten mit und kann sich austauschen und voneinander lernen" (S. 35, Z. 1008–1012). In Bezug auf die gebotene Systematik beschreibt PW4, ebenfalls eine gute Entwicklung feststellen zu können: „Es wird noch systematischer. Also, es wird immer besser. Ich glaube vor zehn Jahren hieß es: ‚Hier sind unsere Programme, die hören sich gut an, viel Spaß.' Und jetzt ist es enger mit dem Unternehmen und mit den Wünschen von den Mitarbeitern verbunden und besser geplant" (S. 35, Z. 1016–1019).

9.4.5 Gewünschte Weiterbildungs- und Personalentwicklungsangebote für ältere Führungskräfte im Unternehmen

Insgesamt 58 Prozent der Führungskräfte erklären, sich keine spezifischen Weiterbildungsangebote für ältere Führungskräfte zu wünschen. Diese Einschätzung führen die Manager*innen vorwiegend auf die Haltung zurück, dass sich das Thema Weiterbildung aufgrund seines individuellen Charakters an den jeweiligen Kompetenzen eines bzw. einer Beschäftigten ausrichten sollte und nicht an dessen bzw. deren Alter. 42 Prozent aller befragten Führungskräfte äußern hingegen verschiedene Wünsche in Bezug auf Weiterbildungsangebote für ältere Beschäftigte, wie z. B. Übersichten mit hilfreichen digitalen Tools sowie deren strategische Einsatzmöglichkeiten, aber auch individuelle Coaching-Angebote zum digitalen Wandlungsprozess.

Insgesamt 63 Prozent der Führungskräfte äußern den Wunsch nach Personalentwicklungsangeboten für ältere Führungskräfte bzw. die bestehenden Angebote im Unternehmen ebenso wie die jüngeren Beschäftigten in Anspruch nehmen zu können. Über die Hälfte der befragten Führungskräfte (54 Prozent) sieht eine individuelle Ermittlung der persönlichen Entwicklungsziele von älteren Führungskräften als zentral an, um eine Planungssicherheit für beide Seiten – Unternehmen und jeweilige Führungskraft – gewährleisten zu können. 13 Prozent der ausgewählten Führungskräfte erachten in diesem Zusammenhang eine individuelle Standortbestimmung in Bezug auf das bestehende Kompetenzprofil der Führungskräfte als einen wichtigen Baustein. Weitere 13 Prozent der Führungskräfte äußern, ein Mentoring-Programm als sinnvoll anzusehen, um das Erfahrungswissen der älteren Beschäftigten im Unternehmen bewahren und die Stärken der jüngeren und älteren Beschäftigten gerade innerhalb des Transformationsprozesses besser miteinander verbinden zu können. Die restlichen 37

Prozent der Führungskräfte äußern, sich keine Personalentwicklungsangebote für ältere Führungskräfte zu wünschen. Die Führungskräfte begründen diese Antwort weitestgehend mit der Ansicht, dass sich Personalentwicklungsprogramme an Kompetenzprofilen und nicht an Altersklassen orientieren sollten.

9.4.5.1 Gewünschte Weiterbildungsangebote für ältere Führungskräfte

Insgesamt 58 Prozent der Führungskräfte äußern, dass sie sich keine spezifischen Weiterbildungsangebote für ältere Führungskräfte im Unternehmen wünschen (z. B. U7, S. 16, Z. 472–475; U10, S. 13, Z. 364–366; M8, S. 21, Z. 626–629). Ein Viertel aller befragten Führungskräfte erklärt ihre Haltung mit der Einschätzung, dass die Weiterbildung von Beschäftigten ein sehr individuelles Thema darstellt, das aus ihrer Sicht vielmehr anhand des jeweiligen Kompetenzprofils ausgerichtet sein sollte und nicht an einem bestimmten Lebensalter (z. B. M3, S. 20, Z. 599–607; M11, S. 19, Z. 596–597). So erklärt beispielsweise M11 hierzu: „Jemand mit 40 kann zum Beispiel im Bereich der Digitalisierung größere Bedarfe haben als jemand, der Anfang 50 ist. Das hängt einfach ein bisschen davon ab, wie man sich auf die Themen einlässt, an denen man selbst interessiert ist. Insofern würde ich sagen: ,Ja, Weiterbildung ist wichtig, auch ein transparentes Angebot ist wichtig.' Ich würde es jetzt aber nicht am Alter festmachen" (S. 19, Z. 597–602). M10 vertritt eine ähnliche Haltung und stuft eine Differenzierung von Weiterbildungsangeboten anhand von Altersgruppen als „nicht mehr zeitgemäß" (S. 25, Z. 765) ein. Vielmehr sieht er eine individuelle Analyse des Weiterbildungsbedarfes eines bzw. einer jeden einzelnen Beschäftigten als sinnvoll an: „Ob man die Altersgrenze bei 30, 40, 50 oder 60 schneidet, das spielt in meiner Welt überhaupt keine Rolle. Also ich kenne 60-Jährige, die sind total fit, auch in den Projekten. Die programmieren irgendwelche HTML-Codes, wo ich mit offenem Mund danebenstehe und sage: ,Meine Güte.' Und dagegen findest du 30-Jährige, die sagen: ,Naja, solange ich mein Android-Phone bedienen kann, geht es.' Ich glaube einfach, dass die Differenzierung zwischen Lernangeboten in gewissen Altern nicht zweckmäßig ist, sondern ich muss immer gucken, was braucht die Person und muss mich individuell darauf einstellen. Also, Stichwort Bildungsbedarfsanalyse beispielsweise" (S. 25, Z. 766–773).

M3 und U2 weisen im Rahmen ihrer Ausführungen darauf hin, dass eine Unterteilung der Weiterbildungsangebote nach Altersgruppen aus ihrer Sicht negative Effekte in Bezug auf die Wahrnehmung von Alter im Unternehmen zur Folge hätte (M3, S. 20, Z. 599–607; U8, S. 29, Z. 921–929). So äußert U2 die folgende Einschätzung: „Das würde ich auf keinen Fall machen. Auf gar keinen Fall! Fangt an und macht für 50plus irgendwas, weil dann schafft man erst

9.4 Alter(n)smanagement

diese Schubladen. Und welchen Sinn soll das machen, wenn sich nur 50-Jährige in einem Raum treffen und irgendetwas machen, wo sie dann in ihre Gruppen zurückgehen und da sind gemischte Leute? Das macht überhaupt gar keinen Sinn aus meiner Sicht. Aber das ist auch wieder eine Betrachtungssache. Ich fühle mich als über 50-Jährige gar nicht in einem bestimmten Ding. Ich fühle mich gut wie nie zuvor. Ich kann da überhaupt keinen Bedarf sehen und erlebe das auch nicht. Das hört sich jetzt alles total rosarot an, aber ich glaube, was man selber nicht für sich sieht, da hat man auch keinen Bedarf" (S. 19, Z. 582–590). M3 vertritt die Haltung, dass allein die Kompetenzen sowie das Mindset einer Person im Unternehmen in Bezug auf Weiterbildungsangebote zählen sollten: „Ich würde mir wünschen, dass Menschen aufgrund von ihrem Skill, von ihrer Haltung, von ihrer Arbeitsweise beurteilt und eingesetzt werden. Also diese Diskussion würde ich nicht aufmachen wollen. Ein Programm für Ab-Fünfzigjährige: Wie bediene ich einen Computer? Wie werde ich wieder agil? Nein. Also würde ich explizit nicht wollen. Ganz ehrlich. Das bringt mir schon wieder so Elemente rein, die ich da gar nicht haben will. Sondern ich würde mir wünschen, dass man eher auf den Möglichkeiten und Erfahrungen und Stärken der jeweiligen Person vertraut und die dann entsprechend einsetzt und nicht so sehr aufs Alter guckt" (S. 20, Z. 599–607).

U5 und M12 erklären im Rahmen ihrer Antwort, dass sich die gestellten Anforderungen an die Führungskräfte im Unternehmen altersunabhängig gestalten und daher aus ihrer Sicht eine Differenzierung der Weiterbildungsangebote nicht zweckmäßig wäre (U5, S. 16, Z. 494–495; M12, S. 23, Z. 738–741). So führt M12 hierzu wie folgt aus: „Also ich sage ganz ehrlich, ich weiß gar nicht, ob wir so etwas Spezielles brauchen. Am Ende sind die Skills, die ein 50-Jähriger braucht oder über 50-Jähriger, die sind in Teilbereichen ja die Gleichen, die ein Jüngerer braucht bei gleicher ausgeübter Tätigkeit. Also ob ich jetzt eine Führungskraft der mittleren Managementebene von 55 bin oder eine Führungskraft der mittleren Managementebene von 35 bin, um einfach mal zwei Dekaden dazwischen zu lassen, dann muss ich ehrlich sagen im Grunde müssen die beide am Ende das Gleiche können. Der eine hat den Vorteil, dass er vielleicht am Zeitgeist etwas näher ist, der andere ist wiederum auf der Expertise-Seite vielleicht ein bisschen besser. Aber von den Skills her müssen die eigentlich genauso gut sein" (S. 23, Z. 738–746). Stattdessen sieht M12 die Notwendigkeit, ein Augenmerk darauf zu legen, welche Flexibilität die Beschäftigten innerhalb des Transformationsprozesses aufweisen: „Und deswegen glaube ich, ist es eher erforderlich, dass wir auch Führungskräften und auch älteren Mitarbeitern, ich sage mal, mit auf den Weg geben, dass ihr weiterer Weg im Unternehmen auch davon abhängt, wie flexibel sie sich selbst geben und wie flexibel sie selbst sind in ihrer persönlichen Weiterentwicklung. Und wenn jemand eben mit 55 viel stärker an den Ruhestand und den dritten Lebensabschnitt denkt, dann hilft mir auch das beste Weiterbildungsprogramm nichts, um ihn, sage ich mal, bis 67 auch in voller Beschäftigung zu halten." (S. 23, Z. 746–753).

M8 und U9 begründen ihre Antwort mit dem aus ihrer Sicht weitreichenden bestehenden Weiterbildungsangeboten im Unternehmen (M8, S. 21, Z. 626–629; U9, S. 26, Z. 815–816). So antwortet M8 auf die Frage nach gewünschten Weiterbildungsangeboten für ältere Führungskräfte: „(7 Sek.) Fällt mir ad hoc nichts ein, weil es so umfassend ist. Wir haben ja selbst Gesundheitsthemen dabei, vom Betriebsrat, wenn man über 50 ist. Ernährungsseminare gibt es. Personalweiterbildung, Digitalisierung, Excel-Kurse, PowerPoint-Kurse. Also, nein, wunschlos glücklich, würde ich sagen" (S. 21, Z. 626–629). U9 äußert, dass aus seiner Sicht die Bedürfnisse älterer Beschäftigter in ausreichendem Maße im Unternehmen berücksichtigt werden: „Also, ich sehe wirklich ganz toll diese Sozialberatung, die wir haben. Das heißt, die Leute finden ganz viele Ansprechpartner, wenn sie sich einfach überfordert fühlen, wenn sie irgendwelche psychischen Probleme haben. Wir bieten Bandscheibenstühle. Also, für alle Arten sind wir wirklich gut gerüstet, was ältere Leute eben oder ältere Mitarbeiter für Bedürfnisse haben. Aber an Weiterbildungsmöglichkeiten? Wie gesagt, es gibt ja genug Programme, wo sie sich weiterbilden können" (S. 26, Z. 810–816). U3 erklärt, dass es aus seiner Sicht nicht nur die Bringschuld des Unternehmens sei, Weiterbildungsangebote zur Verfügung zu stellen, sondern er auch eine Holschuld der Beschäftigten sehe, benötigte Weiterbildungsangebote einzufordern. Er selbst habe in Bezug auf gewünschte Weiterbildungen nie Einschränkungen erlebt: „Das ist alles da. Da stehen die also, mir gegenüber zumindest, immer offen. Das war jetzt nie, dass ich gesagt habe: ‚Ich will, aber ich kann nicht', und das Unternehmen sagt: ‚Dann hast du Pech gehabt, ich befähige dich nicht.' Habe ich nie erlebt" (S. 20, Z. 562–565).

U1 und M6 äußern, dass nach ihrer Ansicht keine spezifischen Weiterbildungsangebote für ältere Führungskräfte im Unternehmen erforderlich sind, da Weiterbildungsangebote aus ihrer Sicht für alle Beschäftigten einheitlich gestaltet werden sollten (U1, S. 19, Z. 570–571; M6, S. 25, Z. 788–789). Beide Führungskräfte erklären jedoch, sich mehr überfachliche Weiterbildungsangebote zum Thema Digitalisierung für alle Beschäftigten zu wünschen (U1, S. 19, Z. 570–573; M6, S. 25, Z. 788–791). So führt zum Beispiel U1 hierzu wie folgt aus: „(6 Sek.) Also, was ich mir wünschen würde, aber das ist, glaube ich, echt altersunabhängig: ‚Führung in Zeiten der digitalen Welt und Homeoffice, mobilem Arbeiten.' Vielleicht gibt es da Instrumente, die einen unterstützen könnten, vielleicht in eine andere Richtung noch stärker die Mitarbeiter zu führen" (S. 19, Z. 570–573).

Insgesamt 42 Prozent der befragten Führungskräfte führen unterschiedliche Wünsche in Bezug auf Weiterbildungsangebote für ältere Führungskräfte im Unternehmen an. M1 äußert, sich ein stärkeres Angebot im Zusammenhang mit strategischen Aspekten der Digitalisierung zu wünschen, sieht es aber auch als sinnvoll an, gezielt „einzelne Anwendungsmöglichkeiten: Excel, PowerPoint" (S. 30, Z. 872–874) zu schulen. M4 erklärt, dass eine Auflistung bestehender digitaler Möglichkeiten und Angebote hilfreich sei, die auf die spezifischen Aufgabenbereiche der Beschäftigten eingehen, anstatt sich an Altersstrukturen zu orientieren: „Wenn man sagt, Mensch, ich muss viel in die Kommunikation gehen. Ich muss viel mit Mitarbeitern auch digital kommunizieren. Mal sagen: ‚Pass auf, das und das gibt es noch dazu. Das wären Dinge, die dein Arbeitsleben noch erleichtern. Wäre das denn nicht gescheit, du lernst noch das und das und das und das. Baust die und die Kompetenz noch auf.' Das wäre natürlich extrem hilfreich und das würde ich auch altersgruppenunabhängig tatsächlich machen" (S. 30, Z. 899–904). Auf die Rückfrage, wer die Initiative für die Erstellung einer derartigen Übersicht ergreifen sollte, antwortet M4: „Da würde ich tatsächlich bei Personal beginnen, weil ich glaube, jede Führungskraft so individuell ist, dass es dann auch wieder einen Rahmen dafür braucht. Also es braucht einen strukturellen Rahmen, der vorgegeben ist. Und es muss eine Einheit sein, die übergreifend das darstellen kann, wäre zum Beispiel Personal. In der Umsetzungsverantwortung sind natürlich dann die Führungskräfte. Aber den Rahmen vorgeben, dafür braucht es eine übergreifende Einheit" (S. 30, Z. 907–912).

U4 teilt den Wunsch von M4 und erklärt, eine „Roadmap" (S. 24, Z. 736) als sinnvoll zu erachten, um einen Überblick zu erhalten, mit welchen Themen er sich in welcher Tiefe auseinandersetzen müsse (S. 24, Z. 732–737). Ein derartiges Hilfsmittel würde aus Sicht von U4 gerade für ältere Beschäftigte eine wertvolle Unterstützung darstellen, um den Transformationsprozess des Unternehmens bewältigen zu können: „Damit ich am Ball bleibe und nicht allein gelassen werde. So Digitalisierung, so Buzzwords, quasi alles, also muss ich mich mit Big Data auseinandersetzen, wenn ich in dem Thema nicht unterwegs bin, reicht es vielleicht, wenn ich Überschriften kenne, muss ich mich mit gewissen technischen Tools auseinandersetzen, und und und. Solche Geschichten. Also quasi so ein bisschen einen Leitfaden zu haben, vor allem für die Generationen, die aus einer analogen Welt kommen" (S. 24, Z. 737–742).

M2 und M5 erklären, eine zielgerichtete, individuelle Förderung älterer Führungskräfte als sinnvoll zu erachten (M2, S. 32, Z. 971–974; M5, S. 32, Z.

1023–1029). So äußert beispielsweise M2 folgenden Vorschlag: „Gerade vielleicht ein individuelles Coaching zu dem digitalen Wandel: Wie löst man sich quasi von alten Gewohnheiten, die man da selber hat? Wie lege ich die ab? Und mache eben dieses Neue, die neue Arbeitswelt und viele Themen daraus zur neuen Gewohnheit" (S. 32, Z. 971–974). Ferner weist M2 darauf hin, dass er sich vom Unternehmen eine proaktivere Haltung in Bezug auf die spezifischen Anforderungen von älteren Führungskräften innerhalb des Transformationsprozesses wünschen würde: „Aber dann muss ich sagen, dann würde ich es jetzt nicht als Holschuld sehen, sondern gerade in einem Veränderungsthema, so wie wir es gerade haben, dass man mal hier geht und sagt: ‚Du bist jetzt über 50, für uns bist du nicht alt. Aber gerade in deiner Lebensphase jetzt gibt es Themen. Und da würden wir dich gerne begleiten wollen, weil wir dich noch lange als Mitarbeiter haben wollen, dass du gesund und fit bleibst, dass du auch Schritt halten kannst mit den vielen Themen, die wir haben.' Ist das meiste Thema, glaube ich, bei meinen Kolleginnen und Kollegen. Da tut sich ein Junger vielleicht leichter. ‚Da haben wir speziell was für Mitarbeiter mit vielen Erfahrungen' (lacht), um es nett zu formulieren" (S. 31, Z. 911–919).

M7 erläutert, dass er sich Weiterbildungsangebote wünschen würde, die ältere Führungskräfte auf die Rolle eines Mentors vorbereiten, um das Wissen, über das ältere Führungskräfte verfügen, besser an die jüngeren Führungskräfte weitergeben zu können (S. 28, Z. 888–891). U12 sieht ein Weiterbildungsangebot, das die Zusammenarbeit zwischen älteren und jüngeren Beschäftigten thematisiert, als sinnvoll an, damit „Ältere noch mal als Führungskraft den Umgang mit jungen Mitarbeitern lernen" (S. 20, Z. 597–598). Auch U6 äußert diesen Gedankengang und erklärt, ein Weiterbildungsangebot für ältere Beschäftigte als wertvoll zu erachten, das sich auf eine Einbringung ihrer vorhandenen Kompetenzen fokussiert: „Es geht aber auch beispielsweise darum: Wie kann ich meine Stärken von meiner Berufserfahrung in gemischte Teams einbringen? Das heißt: Wie schaffe ich es, mit jungen Mitarbeitern gut zusammen zu arbeiten im Team, dass ich über meine Stärken-, dass ich die einbringen kann?" (S. 20, Z. 599–602). Darüber hinaus führt U6 weitere Weiterbildungsthemen an, die er für ältere Beschäftigte als wesentlich erachten würde: „Dann auch beispielsweise, wo sich gerade Mitarbeiter ab 50 schwerer tun, ist Englisch. Es ist einfach-, es wird benötigt. Und wir merken auch, dass jüngere Mitarbeiter einfach von der Uni fließend Englisch sprechen. Das ist völlig normal. Und wie kann man diese Hürden abbauen? Wie kann man letzten Endes Hemmungen abbauen? Wie kann man in der Sprache besser werden, dass man das trainiert? Und dann natürlich auch der Umgang mit digitalen-, also mutig mit digitalen Tools umgehen. Und im Überfachlichen, im

Softskillbereich, ja Trainings wollte ich sagen, die zum Schluss Selbstbewusstsein stärken von Mitarbeitern in der Altersgruppe" (S. 20, Z. 602–609). Darüber hinaus sieht U12 ebenso wie M9 (S. 20, Z. 619–623) die Vorbereitung älterer Beschäftigter auf den Ruhestand als wichtig an: „Hier denen mitzuteilen, wie geht es dann weiter nach der Arbeit. Weil, das vergessen viele, dass mit Beginn des Ruhestandes die Firma auch geschlossen ist und man oft in ein tiefes Loch fällt, wenn man sich nicht rechtzeitig darauf vorbereitet. Und da, glaube ich, gibt es noch ein bisschen eine Lücke. Könnte man sicherlich schließen, entweder durchaus zwanghaft einführt, wenn man das will, oder mehr anbietet" (U12, S. 20, Z. 600–604).

9.4.5.2 Gewünschte Personalentwicklungsangebote für ältere Führungskräfte

Insgesamt 63 Prozent der befragten Führungskräfte erklären, sich Personalentwicklungsangebote für ältere Führungskräfte zu wünschen, bzw. dass die bestehenden Möglichkeiten im Unternehmen auch älteren Beschäftigten zur Verfügung stehen. Insgesamt 54 Prozent der Führungskräfte äußern den Wunsch nach individuellen Gesprächen mit älteren Führungskräften, um die Ziele der jeweiligen Person in Erfahrung zu bringen (z. B. M4, S. 32, Z. 947–954; M7, S. 27, Z. 871–874). Die Führungskräfte sehen vor allem eine Klärung der Frage, wie die Leistungen eines Beschäftigten im Unternehmen bisher wahrgenommen wurden, als zentral an (z. B. M9, S. 22, Z. 664–665; U6, S. 20, Z. 597–599). So weist beispielsweise M1 darauf hin, sich lediglich Transparenz darüber zu wünschen, in welcher Rolle und Funktion „man als Führungskraft in den letzten zehn, 15 Jahren gesehen" (S. 30, Z. 876–877) werde. Bis zu einem Alter von 55 Jahren bestünde diesbezüglich Klarheit, jedoch gebe es ab dem 55. Lebensjahr „so einen Knick" (M1, S. 30, Z. 894) in Bezug auf die Personalentwicklung von Führungskräften (M1, S. 30, Z. 891–897). Im weiteren Verlauf des Interviews spezifiziert M1 seine Vorstellung hinsichtlich des gewünschten Umgangs mit älteren Führungskräften: „Einfach einen eher offenen, ehrlichen, transparenten Austausch. Dass beide Seiten eine klare Vorstellung haben, wo kann denn die Reise jetzt im letzten Drittel noch hingehen? Was für Wünsche hat die Führungskraft gegebenenfalls noch. Und dann auch offen die Antwort: ‚Sehe ich keine Chance als Chef.' Einfach offen und transparent sich austauschen. Das muss, aus meiner Sicht, muss das einfach Standard sein. Das muss ich nicht einfordern, sondern da muss einfach irgendwie ein Gespräch geführt werden und das gibt es eigentlich nicht. Es gibt zwar eine Beurteilung, aber meine letzte Beurteilung, schriftliche Beurteilung, die ich bekommen habe, ist, glaube ich, vor fünf Jahren gewesen. Davor ist das jetzt 15 Jahre her" (S. 30, Z. 879–887).

U6 teilt die Meinung von M1 und wünscht sich ein Karriereangebot innerhalb des Unternehmens für den „Abschnitt der letzten zehn Jahre" (S. 20, Z. 597–599). Dieses gebe es laut U6 bisher leider nicht, was dazu führe, dass sich ältere Führungskräfte zunehmend nicht mehr wahrgenommen fühlen, „weil sie einfach merken, ihre Karriere ist sozusagen auf dem Papier zu Ende" (S. 20, Z. 617–618). M7 sieht ebenfalls einen „perspektivischen Austausch" (S. 27, Z. 872) als sinnvoll an, damit beide Seiten, die ältere Führungskraft sowie das Unternehmen, einschätzen können, wie lange die „Lebensarbeitszeit noch gehen" (S. 27, Z. 873) wird und eine entsprechende Planung vornehmen können.

M9 sieht das Thema Transparenz in Bezug auf die Leistungsbeurteilung von Führungskräften im Unternehmen ebenso wie M1 als kritisch an (S. 22, Z. 664–665). Zwar profitiere M9 selbst von regelmäßigen Interaktionen mit seiner Führungskraft, innerhalb derer er eine Rückmeldung zu seinen wahrgenommenen Leistungen erhält sowie kurze und mittelfristige Ziele für M9 gemeinsam erarbeitet werden (S. 21, Z. 651–653), jedoch sei diese Vorgehensweise nicht die Regel: „Und auch das ist, glaube ich, ein Thema, das wird noch zu wenig gemacht, dass man den Leuten auch mal ein Feedback gibt, wenn etwas nicht gut läuft. Weil, oft heißt es dann: ‚Jaja, ist alles okay', und dann bei einer Umstrukturierung wird derjenige dann vor die Tür gesetzt und der wundert sich: ‚Warum?' Weil ihm das nie jemand gesagt hat, und da kenne ich mehrere Beispiele, wo Mitarbeiter einer Umstrukturierung zum Opfer gefallen sind, die wussten aber gar nicht, dass sie, ich nenne es jetzt mal, als schlechter Mitarbeiter gesehen worden sind. Das finde ich persönlich furchtbar, weil derjenige hat ja nicht einmal die Möglichkeit gehabt, dann da gegenzusteuern" (S. 21 f., Z. 656–663). U5 äußert ebenfalls, dass er eine aktive Ansprache von älteren Führungskräften für sinnvoller hält als ein Personalentwicklungsprogramm und begründet seine Haltung wie folgt: „Programm tue ich mich so ein bisschen schwer, weil das bedeutet, dass man als über 50-Jähriger nochmal in ein Korsett gezwungen wird, ich glaube das ist schwieriger wie mit einem 30- oder 35-Jährigen" (S. 19, 568–570).

Auch M4 hält eine Auseinandersetzung des Unternehmens mit der Zielgruppe ältere Führungskräfte bzw. Mitarbeitende mit Hinblick auf den demografischen Wandel und einen zu erwartenden späteren Renteneintritt als zentral an: „Wir haben jetzt Regelaltersrente 67. Der Trend geht eher dahin, dass wir vielleicht mal eine Regelaltersrente mit 70 haben. So, wenn ich jetzt 50 bin, habe ich im Zweifel 17 bis 20 Jahre vor mir. Das ist manchmal mehr als ich davor hatte. Also, oftmals kann man sagen: ‚Ich stehe tatsächlich auch mit 50 vielleicht erst in der Mitte oder vielleicht knapp drüber.' Und dann schon zu sagen: ‚Naja, für die über 50-jährigen gibt es nichts oder nur wenig.' Das fände ich fatal" (S. 31 f., Z. 938–943). Weiterhin erläutert M4, dass es aus seiner Sicht Kolleg*innen gebe, die alle

9.4 Alter(n)smanagement

Voraussetzungen erfüllen würden, um noch innerhalb der Hierarchie aufzusteigen (S. 32, Z. 955–959) und bringt sein Unverständnis in Bezug auf die ausbleibende Weiterentwicklung von älteren Führungskräften im Unternehmen zum Ausdruck: „Oft ist auch so der Eindruck, dass, wenn jemand mit 50 oder über 50 eine Position hat: ‚Ja, die Funktion macht er bis zum Ruhestand.' Warum eigentlich? Warum muss der jetzt zehn, 15 Jahre jetzt-, warum kann der auch nicht, wie er das vielleicht davor gemacht hat, alle drei, vier Jahre bereit war, weil er noch den-… Weil er halt alle Skills und alle Dinge mitbringt. Warum kann der nicht auch noch mal alle drei, vier Jahre sich verändern, was Neues machen? Aber das erlebe ich weniger. Also das ist so gefühlt und auch so, zumindest ab Mitte 50: ‚Naja, nein. Das macht der jetzt bis zum Ruhestand.' Ohne zu schauen, was ist denn das überhaupt für einer?" (S. 32, Z. 947–954). Auf die Rückfrage, welche Personen bzw. Einheiten innerhalb der Organisation die Verantwortung für die Personalentwicklung älterer Führungskräfte übernehmen sollten, erklärt M4, dass er hierfür die direkte Führungskraft, aber auch das Personalwesen als zuständig erachte. Vom Personalwesen wünsche sich M4 vor allem die Entwicklung einer Plattform, die einen Überblick über alle Ressorts sowie deren Personal- bzw. Kompetenzbedarf im Unternehmen ermögliche, um die Chance als ältere Führungskraft zu erhalten, sich aus dem eigenen „Silo" (S. 32, Z. 971) hinausbewegen zu können (S. 32, Z. 965–973). Weiterhin erläutert M4, dass bisher keinerlei Kenntnisse über die Personalbedarfe in anderen Abteilungen bestünden, sondern diese auf sämtlichen Hierarchieebenen einer „Blackbox" (S. 33, Z. 978) gleichen würden (S. 33, Z. 976–978). So stellt M4 bisherige Personalwechsel, die zwischen unterschiedlichen Abteilungen im Unternehmen stattgefunden haben, wie folgt dar: „Also wir wissen fast nichts. Und wenn, dann ist es eher zufallsgetrieben, weil man Netzwerke hat, weil man sich kennt, weil man vielleicht auch mal in der Vergangenheit irgendwo mal Kontakt hatte oder vielleicht auch mal damit gearbeitet hat. Aber ansonsten-. Also es ist nicht strukturiert, ‚Null-Komma-Null'" (S. 33, Z. 980–984).

M11 greift ähnliche Aspekte im Rahmen seiner Ausführungen auf und kritisiert die mangelnde Offenheit und Kommunikation über weitere Entwicklungsmöglichkeiten für Führungskräfte: „Also das fängt eigentlich schon damit an, wenn wir im Bereich der Personalentwicklung sind, dass wir grundsätzlich wenig Transparenz haben, zumindest ab der mittleren Managementebene, welche Möglichkeiten es gibt. Bei uns im Unternehmen wird ja immer gesagt, es müsse silouübergreifend sein und wir brauchen verschiedene Job Families, wenn man sich weiterentwickeln will und so weiter und so fort. Mir ist allerdings nicht bekannt, mir ist auch kein Zugangsweg bekannt, wo ich mich über entsprechende Vakanzen informieren kann. Also nach meinem Kenntnisstand funktioniert das immer noch so ein bisschen auf Zuruf oder vielleicht gibt es auch, oder davon gehe ich sogar aus, schon auch irgendwo eine Planung, zumindest im Topmanagement, wo entsprechende Besetzungen nachgeplant werden" (S. 19, Z. 580–589). Weiterhin erläutert M11, dass sich selbst eine Weiterentwicklung auf derselben Hierarchieebene aus seiner Sicht als schwierig gestalte: „Aber selbst, wenn ich mich jetzt auf der gleichen Ebene verändern wollte, gibt es da schlichtweg keine Transparenz, außer ich werde aus einem anderen Bereich angesprochen, weil die mich aus einer Schnittstellentätigkeit kennen und sagen: ‚Okay, den sprechen wir an.' Aber mir ist jetzt kein Medium, keine Plattform bekannt, auf der ich mich selbst informieren könnte" (S. 19, Z. 589–593). M6 geht ebenfalls auf die Thematik „Wechsel der Jobfamilie" ein und würde die Förderung eines derartigen Angebotes als sinnvoll erachten: „Also, wir hatten das mal im Unternehmen, dass jemand, der im Unternehmensbereich A war, auch mal in Unternehmensbereich B arbeiten muss als Führungskraft. Also, da könnte-…, also muss ja nicht immer jetzt ein Führungskräfteentwicklungsprogramm sein, aber dass das Unternehmen auch wieder mehr tut für den Wechsel innerhalb der Unternehmensteile" (S. 25 f., Z. 795–799). Diese Möglichkeit wurde laut M6 in der Vergangenheit allen Führungskräften in deutlich höherem Maße angeboten, sei jedoch leider „ein bisschen verloren gegangen" (S. 26, Z. 802–803).

Insgesamt 13 Prozent der befragten Führungskräfte erklären, das Thema individuelle Standortbestimmung als zentral anzusehen, um eine Einschätzung über bestehende Kompetenzen und Entwicklungspotenziale von älteren Führungskräften vornehmen zu können (z. B. U11, S. 24, Z. 729–736; M2, S. 33, Z. 986–991). Die Hintergründe für diesen Wunsch führt beispielsweise U11 wie folgt aus: „Also, ich bin ein Fan davon, Persönlichkeitsentwicklung bei uns voranzutreiben. Und da braucht man, glaube ich, regelmäßig in gewissen Abschnitten Standortbestimmungen und Möglichkeiten, aufgrund identifizierter Themenpunkte Persönlichkeitsentwicklung voranzutreiben. Das sind für mich tatsächlich so Soft-Skills, wie die Kommunikationsfähigkeit, Konfliktfähigkeit, Veränderungsfähigkeit anzugehen. Und das ist etwas aus meiner Sicht, was mir fehlt" (S. 24, Z. 729–736). Ein derartiges Angebot würde sich U11 für alle Alterssegmente im Unternehmen wünschen, jedoch besonders für ältere Beschäftigte, da sich bestehende Angebote aus seiner Sicht verstärkt auf jüngere Beschäftigte ausrichten (S. 25, Z. 745–751).

M2 erläutert, dass im Rahmen einer Standortbestimmung auch feststellbar sei, ob die jeweilige Führungskraft weiterhin für die aktuelle Funktion eingeplant werden könne oder diese den Wunsch hege, ihre Kompetenzen an einer anderen Stelle im Unternehmen einzubringen: „Ich glaube, die ab 50-Jährigen, da wird es zwei geben. Die einen, die sagen: ‚Ich habe jetzt das erreicht, was ich will.

9.4 Alter(n)smanagement

Ich fühle mich da glücklich, ich würde das gerne machen, bis ich in meinem Rentenalter bin.' Da, glaube ich, bedarf es aber trotzdem, dass er eine gewisse Weiterbildung benötigt. Aber dann auch noch jemanden, der sagt: ‚Nein, ich bin noch nicht müde. Also ich möchte mich gerne noch einbringen, ich würde vielleicht noch mal gerne was anderes im Unternehmen sehen.' Wenn das möglich wäre, individueller und nicht allgemein" (S. 33, Z. 978–984). Ferner geht M2 auf mögliche Fragestellungen ein, die im Rahmen der Standortbestimmung, gerade mit Bezug auf den digitalen Wandlungsprozess, erörtert werden könnten: „„Wie können wir gemeinsam diesen Weg gehen? Wo kannst du dich jetzt noch einbringen? Wo kannst du dich einbringen, um deine Stellung nicht zu verlieren?' Weil, die gibt man-, ich würde jetzt die mittlere Managementebene nicht aufgeben wollen so schnell. Aber wenn man dann hergeht und sagt: ‚Naja, mit 60 hauen wir dich halt raus, oder Abstellgleis' oder was weiß ich. Stattdessen herzugehen und zu sagen: ‚Lass uns unseren gemeinsamen Weg mal planen. Der muss ja dann nicht so sein, sondern lass uns da mal planen.' Das findet in diesem Unternehmen null statt" (S. 31, Z. 927–933).

M5 teilt die Einschätzung von M2 und begründet seinen Wunsch nach individuellen Personalentwicklungsangeboten wie folgt: „Ich würde sagen, es gibt nicht so etwas wie: ‚One Size Fits All.' Ich könnte die nicht alle über einen Kamm scheren und sagen: ‚So ist das.' Es gibt jung gebliebene ältere Kollegen, die immer noch im Kopf sehr frisch sind, die immer noch neue Ideen haben und die verstehen. Es gibt eher andere, die einfach ihren Job machen wollen. Insofern würde ich auch in diese zwei Kategorien einteilen" (S. 31, Z. 1012–1016). Gleichzeitig weist M5 darauf hin, dass er unter einer zielgerichteten Weiterentwicklung älterer Führungskräfte auch eine Berücksichtigung ökonomischer Aspekte für das Unternehmen verstehe: „Das muss man auch, ich sage jetzt mal aus Unternehmenssicht, auch mal in die richtige Balance bringen. Also, wenn einer jetzt mit 58 kommt und sagt: ‚Ja, ich arbeite bis 63 und jetzt möchte ich mich ein Jahr noch vorbereiten auf etwas anderes.' Da würde ich skeptischer sein, zu sagen: ‚Ist es das wert, das Geld da noch zu investieren?' Wahrscheinlich gefällt es jetzt den Betriebsräten nicht, dass ich das sage. Aber das muss man spezifischer machen und mehr, so wie es im Englischen heißt, mehr targeted. Also, genau da, wo es richtig ankommt, sollten wir das machen" (S. 32, Z. 1023–1029).

Insgesamt 13 Prozent der befragten Führungskräfte wünschen sich ein Mentoring-Programm. M9 erklärt, dass er gerade im Zusammenhang mit dem digitalen Wandel ein Mentoring-Programm als ideal ansehen würde, um die Stärken von Mentee und Mentor*in zu verbinden: „Dass man so Tandems beispielsweise bildet von einem ganz Jungen, der vielleicht ganz frisch in dem Unternehmen ist, der dann dem Älteren digitale Themen vielleicht beibringen kann. Und die ältere Führungskraft könnte dem Jüngeren dann andere Erfahrungswerte weitergeben. Dass Alt und Jung die Stärken vereinen und die Diversität in dem Team dann auch nutzen (S. 22, Z. 668–672). U8 sieht den Vorteil eines Mentoring-Programms vor allem darin, „gleitende Übergaben" (S. 24, Z. 760) im Unternehmen sicherstellen zu können: „Das würde allen etwas bringen, weil man ja von den Erfahrungsschätzen der Älteren dann mehr profitieren kann. Der Neue auch besser reinfindet. Der muss es nicht genauso machen. Der kann es selber gestalten. Aber gewisse Sachen helfen ihm natürlich, wenn er da mehr Erfahrungsaustausch kriegt" (S. 25, Z. 760–764). Die aktuelle Realisierung von Altersteilzeit im Unternehmen würde hingegen weitestgehend darin bestehen, dass Personen weiterhin Vollzeit tätig seien und dann abrupt aus ihrer beruflichen Tätigkeit ausschieden (S. 25, Z. 764–765). Stattdessen sieht U8 folgende Vorgehensweise als sinnvoller an: „Man sollte eigentlich sagen, man reduziert langsam die Arbeitszeit und hat dann einen gleitenden Übergang. Ist für denjenigen besser und auch vom Informationsaustausch für den Nachfolger gewinnbringend, weil es ist ja keine Altersteilzeit, erst voll zu arbeiten und dann gar nicht mehr. Das ist eigentlich vorzeitiges Aufhören. Und ich finde das nicht mehr zeitgemäß. Also ich finde, da müssten wir schon weiter sein" (S. 25, Z. 765–770).

M7 erklärt, dass er neben der Vermittlung von Erfahrung durch ein Mentoring-Programm, den Einbezug älterer Führungskräfte in die Personalentwicklung jüngerer Beschäftigter als wertvoll erachten würde: „Also ich würde das einmal austesten, ob das eine Möglichkeit ist. Denn es geht ja-, bei den älteren Führungskräften geht es ja echt darum, was haben die, was vielleicht Jüngere nicht haben. Und da wäre das Thema Erfahrung. Und dann Wege: Wie kann ich Erfahrungsschatz weitergeben? Das wären so Themen, wo man auch eine ältere Führungskraft noch gut miteinbinden kann, in das Heranführen von Personalentwicklung bei Jüngeren" (S. 27, Z. 861–866).

Auch M8 äußert, sich Personalentwicklungsangebote für ältere Beschäftigte zu wünschen, da er zukünftig von einem längeren Verbleib im Berufsleben ausgeht und diese Personen als wichtige Anspruchsgruppe wahrnimmt: „Ich würde mir das wünschen, weil ich glaube, wenn man die digitalisierte Welt sieht, die nimmt rasant zu. Und es geht hier und da mal einer raus, wo man sagt: ‚Mensch, das Know-how haben wir jetzt verloren, zu früh.' Deswegen, man wird wahrscheinlich auch länger arbeiten müssen in der Zukunft. Und da wäre es aus Unternehmenssicht schon wichtig, denke ich, das Know-how von älteren Arbeitnehmern länger in einem Unternehmen binden zu können. Da sollten Angebote überlegt werden: ‚Wie kann ich jetzt so einen guten, erfahrenen Mitarbeiter länger an das Unternehmen binden?'" (S. 21, Z. 633–639). Auf die Rückfrage, welche

Möglichkeiten M8 sehe, ältere Beschäftigte länger an das Unternehmen zu binden, erklärt dieser, sich flexiblere Angebote in Bezug auf die Arbeitszeiten sowie finanzielle Anreize zu wünschen (S. 21 f., Z. 642–653).

M3 bemängelt, dass aus seiner Sicht die Kommunikation der Unternehmensleitung nicht im Einklang mit ihrem Handeln stehe (S. 19, Z. 552–554). So beschreibt er die Wahrnehmung der Personalentwicklung im Unternehmen wie folgt: „Also da erlebe ich immer wieder sehr unterschiedliche Dinge. Auch das, was offiziell verlautbart wird, nicht immer zu dem passt, was dann tatsächlich auch gemacht wird. Also Leistung und Verhalten ist nicht immer der richtige Maßstab für die Geeignetheit. Also da sind manche Dinge anders. Wird auch sehr-, ich würde sagen, auch nach anderen Maßstäben werden Personalentscheidungen getroffen" (S. 19, Z. 552–556). Auf die Rückfrage, auf welcher Grundlage Personen im Unternehmen für Personalentwicklungsmaßnahmen ausgewählt werden, erklärt M3, dass aus seiner Sicht ein hoher Fokus auf jüngere Beschäftigte, die als Assistent*innen tätig sind, gelegt werde sowie auf weibliche Potenzialkandidatinnen, um den Anteil an weiblichen Führungskräften im Unternehmen zu erhöhen (S. 19, Z. 557–562). Zwar betont M3, das Thema Frauenförderung als einen zentralen Gesichtspunkt innerhalb der Personalentwicklung zu erachten, jedoch nimmt er teilweise eine zu hohe Gewichtung dieses Aspektes wahr: „Das ist ein wichtiges Thema, was also auch als wichtig in den Führungsinstrumenten gesetzt ist. Und dann muss man sich-. Ich sage immer: Wenn man solche Steuerungsinstrumente etabliert, muss man sich nicht wundern, wenn sie wirken. Und ich erlebe schon, dass das Thema ‚Frau' ein ganz, ganz wichtiges Thema ist und ich häufig den Eindruck habe, dass es so die anderen Dinge, die uns auch wichtig sind, ein bisschen überlagert. Das mag aber auch ein sehr subjektiver Eindruck sein" (S. 20, Z. 584–590).

U4 erklärt, ebenfalls einen starken Fokus auf die jüngeren Beschäftigten zu erleben, wenn es um das Thema Personalentwicklung im Unternehmen geht: „Ich erlebe das immer mehr, dass vor allem mehr den jüngeren Kolleginnen und Kollegen die Chance gegeben wird, oft mit sehr hohem akademischen Grad, aus diversen Funktionen. Vor allem, wenn es um höhere Positionen geht, dass da oft die langjährigen Mitarbeiter, die sehr viel Erfahrung haben und sicherlich auch, sage ich jetzt mal, den Job auch gut machen würden, oft denen die Chance nicht gegeben wird, weil vielleicht strategische Komponenten fehlen" (S. 24, Z. 750–755). Zwar seien junge potenzialreiche Beschäftigte aus Sicht von U4 auch wichtig, um den Transformationsprozess im Unternehmen voranzutreiben (S. 25, Z. 769–771), jedoch dürften gerade innerhalb eines tiefgreifenden Wandlungsprozesses Aspekte wie Erfahrung und Stabilität nicht vernachlässigt werden: „Es ist wichtig, dass die jungen Leute, und vor allem die sehr intelligenten Leute, mit ans Ruder kommen, das halte ich für vollkommen legitim. Aber man sollte auch mal in Betracht ziehen, dass auch hier und da Erfahrung notwendig ist, weil leider Gottes erlebt man das oft, dass dann halt da die Karriereleiter noch weiter geht und dann ist es so ein ‚Hop-On, Hopf-Off‘ und in manchen Einheiten braucht man oft einfach ein bisschen Stabilität" (S. 24 f., Z. 765–769). Ferner würde es U4 begrüßen, wenn das Unternehmen grundsätzlich offener für ältere Mitarbeitende werden würde, die noch keine Führungsebene bekleiden, sich aber eine derartige Entwicklung wünschen würden (S. 24, Z. 746–749). Auch U7 erklärt, die Erwartungshaltung zu haben, dass den Führungskräften unabhängig von Ihrem Alter dieselben Personalentwicklungsangebote offenstehen: „Weil wenn einer zum Beispiel sagt: ‚Ich möchte mit 50 noch die höchste Managementebene erreichen‘, da würde ich auch die Erwartungshaltung haben, dass ich die und die Entwicklungsseminare habe" (S. 16, Z. 479–481).

Insgesamt 37 Prozent der befragten Führungskräfte erklären, dass sie sich keine Personalentwicklungsangebote für ältere Führungskräfte im Unternehmen wünschen (z. B. U1, S. 20, Z. 581–582; U3, S. 19, Z. 547–548). Ein Viertel aller befragten Führungskräfte begründet ihre Äußerung mit der Haltung, dass sie sich einheitliche Personalentwicklungsangebote im Unternehmen wünschen, die keine Differenzierung anhand von Altersklassen vornehmen (z. B. U2, S. 19, Z. 582–586; M10, S. 25, Z. 765–767; M12, S. 23, Z. 738–741). So antwortet beispielsweise U9 auf die gestellte Frage: „Wüsste ich jetzt nicht, warum wir da gerade für die Älteren was haben sollten. Also, alles, was es für Jüngere gibt, kann ein Älterer genauso machen, wenn es begründet ist. Aber warum sollte ich extra für Ältere was anbieten? Das erschließt sich mir ehrlich gesagt nicht" (S. 26, Z. 816–819).

U1 und U10 begründen ihre Haltung, sich keine spezifischen Personalentwicklungsangebote für ältere Führungskräfte zu wünschen, mit der Aussage, dass die bestehenden Angebote im Unternehmen umfassend und allen Altersklassen zugänglich sind und daher keine zusätzlichen Möglichkeiten eröffnet werden müssen (U1, S. 20, Z. 585–587; U10, S. 13, Z. 355–360). U12 vertritt die Haltung, dass Personen im Unternehmen schon vorher ihre „Position erreicht haben" (S. 21, Z. 626) sollten und er deshalb Personalentwicklungsprogramme für ältere Beschäftigte als nicht notwendig erachte (S. 21, Z. 624–626).

9.4.6 Spezifische Fragestellungen an das Personalwesen

Das vorliegende Kapitel trägt die Ergebnisse der funktionsspezifischen Fragestellungen an die Mitarbeitenden des Personalwesens zusammen. Die Expert*innen weisen bei der Frage nach einer demografieorientierten Personalpolitik im Unternehmen unterschiedliche Haltungen auf. So äußern PW2 und PW4, dass sie keine demografieorientierten Maßnahmen innerhalb der Organisation erkennen können, wohingegen PW1 und PW3 die strategische Personalplanung des Unternehmens als eine Form der demografieorientierten Personalpolitik erachten. Als Anforderungen an eine demografieorientierte Personalpolitik formulieren die Expert*innen eine umfassende Qualifizierung und Wertschätzung der bestehenden Belegschaft sowie die Akquise von neuen Beschäftigten und eine zeitnahe Realisierung demografieorientierter Maßnahmen. Durch diese Vorgehensweise hoffen die Mitarbeitenden des Personalwesens, die benötigten Fachkräfte für das Unternehmen gewinnen bzw. diese dauerhaft binden zu können. Auch in Bezug auf die Frage, ob ältere Beschäftigte in Zukunft innerhalb der Organisation als Zielgruppe für die Personalgewinnung und -entwicklung an Bedeutung gewinnen werden, weisen die Befragten ein differenziertes Meinungsbild auf. Während PW1 und PW2 äußern, eine derartige Tendenz anzunehmen, erklären PW3 und PW4, davon auszugehen, dass zukünftig im Unternehmen eher ein Fokus auf die Kompetenzen von Beschäftigten und weniger auf deren Alter gelegt wird. Darüber hinaus geben die Befragten übereinstimmend an, keine Differenzen in Bezug auf die Entwicklungsbereitschaft zwischen älteren und jüngeren Beschäftigten feststellen zu können.

(1) Demografieorientierte Personalpolitik des Unternehmens
Auf die Frage, ob im Unternehmen eine demografieorientierte Personalpolitik betrieben wird, antworten PW2 und PW4, diesbezüglich keinerlei spezifische Maßnahmen erkennen zu können (PW2, S. 18, Z. 511–521; PW4, S. 32, Z. 914–924). PW1 und PW3 erklären hingegen, in der strategischen Personalplanung einen Versuch der höheren Managementebenen wahrzunehmen, um auf den demografischen Wandel zu reagieren (PW1, S. 15, Z. 426–431; PW3, S. 30, Z. 951–953). Auf die Rückfrage, welche Maßnahmen die strategische Personalplanung im Unternehmen beinhaltet, erklärt beispielsweise PW3: „Ich versuche eine Prognose in die Zukunft zu machen, um zu sagen: ‚Wo brauche ich in der Zukunft welche Arbeitskräfte mit welchem Skill, also in welchem Ausmaß welchen Skill?' Und schaue mir an, wie das heute ist, und versuche dann einfach eine Prognose zu machen von der Belegschaft, wie sich die bis dahin entwickelt. Und dann sehe ich ja irgendwelche Überhänge oder Lücken und dann versuche ich, die eben entsprechend rechtzeitig durch Upskilling, Reskilling oder natürlich andere personalwirtschaftliche Instrumente, sei es Anstellung oder Einstellungsstopp, dann versuchen, das zu beheben, oder zum Beispiel auch durch Digitalisierungsprojekte et cetera, weil man das vielleicht über Manpower nicht flicken kann. Dann wird es manchmal ja durchaus auch

eine Digitalisierung geben, um überhaupt bestehende Lücken zu stopfen, die ich mit Menschen gar nicht mehr stopfen kann" (S. 30, Z. 956–966).

Darüber hinaus sind die Mitarbeitenden des Personalwesens mit der Frage konfrontiert worden, welche Anforderungen sie an eine demografieorientierte Personalpolitik stellen. PW2 erklärt, dass sich eine demografieorientierte Personalpolitik aus ihrer Sicht vor allem durch eine Qualifizierung und berufliche Weiterentwicklung der bestehenden Talente sowie der Akquise der erforderlichen neuen Talente auszeichnet, um dem demografischen Wandel entgegenzuwirken (PW2, S. 18, Z. 525–530). PW4 setzt im Rahmen ihrer Antwort einen Fokus auf das Thema Wertschätzung, die den Beschäftigten ihrer Meinung nach entgegengebracht werden müsse, um diese dauerhaft an das Unternehmen zu binden und zu verdeutlichen, dass Mitarbeitende jeder Altersklasse im Unternehmen geachtet würden: „Ich kann sagen, wir müssen mehr tun. Es muss besser sein. Und wir müssen vor allem die älteren Mitarbeiter besser unterstützen. Und auch zeigen, dass sie uns wichtig sind, weil wenn ich als Mitarbeiter das Gefühl hätte, dass ich unerwünscht bin, dann hätte ich keine Motivation mehr und ich würde nur das machen, was ich muss und kein bisschen mehr. Dann sind die Kreativität und die Motivation gestorben. Also wir müssen zeigen, dass diese Mitarbeiter immer noch bei uns erwünscht und wichtig sind" (S. 32, Z. 927–932).

PW1 erklärt, sich aufgrund der Dringlichkeit der Thematik eine zeitnahe Realisierung einer demografieorientierten Personalpolitik im Unternehmen zu wünschen: „Na, ich stelle vor allem die Erwartung daran, dass man jetzt damit beginnt und nicht wartet, bis es zu spät ist, weil solche demografischen Trends, die zeichnen sich ja ab. Und die entstehen nicht von heute auf morgen, sondern die wirken sich gegebenenfalls auch erst in ein paar Jahren richtig aus. Ich muss mich aber jetzt darauf vorbereiten, weil ich sonst auch gar nicht die richtigen Talente finde, um da gegebenenfalls Fachkräfte wieder aufzufüllen und da die Belegschaftsveränderung quasi mitzugehen" (S. 15 f., Z. 434–439). Auch PW3 kritisiert die bisherige Kurzfristigkeit der Personalplanung im Unternehmen: „Also, letztlich mal wirklich zu gucken: ‚Wo brauche ich in der Zukunft welche Skills?' Und da einfach auch rechtzeitig und proaktiv zu reagieren. In der Vergangenheit haben wir häufig ein Stück weit kurzfristiger reagiert, also so quasi mal: ‚Okay, wir brauchen jetzt mal wieder eine ganze Reihe Azubis.' Und bis wir die dann mal aber fertig ausgebildet hatten nach vier Jahren, also ein Jahr Suche in Anführungszeichen, drei Jahre Ausbildung, hat man festgestellt: ‚Na ja, so viele brauchen wir vielleicht doch nicht mehr.' Oder umgekehrt, dann hat man mal gesagt: ‚Wir brauchen weniger Azubis.' Und dann stellt man eben nach vier Jahren fest: ‚Ja, Mist, warum haben wir denn eigentlich nur so Wenige? Wir hätten doch viel mehr gebraucht.' Und das gibt es natürlich in anderen Bereichen auch" (S. 30, Z. 969–978).

9.4 Alter(n)smanagement

Des Weiteren führt PW3 aus, sich, im Gegensatz zu der bisherigen Verfahrensweise im Unternehmen, konkrete Maßnahmen des Unternehmens zu wünschen, um auf die zukünftigen Auswirkungen des demografischen Wandels besser vorbereitet zu sein: „Also, dass man zum Beispiel auch da sagt, rechtzeitig Leute irgendwie von einem Bereich in einen anderen Bereich versucht umzulotsen, wo sie vielleicht mehr Zukunftsperspektiven haben. Rechtzeitig in Qualifizierung investiert, weil, das kostet natürlich Zeit und Geld. Auch in die richtige Qualifizierung investiert, das ist natürlich ein extrem wichtiger Punkt. Und ich glaube, dass wäre einfach auch die Anforderung, dass das stärker gelingt, die Leute da auch einzusetzen, wo sie passen. Weil ich glaube, das Unternehmen und auch die einzelnen Betroffenen können extrem natürlich davon profitieren, je besser da die Passung ist und je vorausschauender das dann auch gelingt" (S. 31, Z. 978–985).

(2) Bedeutung älterer Beschäftigter für die Personalgewinnung und Personalentwicklung in der Zukunft
Auf die Frage, ob ältere Beschäftigte zukünftig im Unternehmen als Zielgruppe für die Personalgewinnung und -entwicklung aus Sicht der Befragten des Personalwesens an Bedeutung gewinnen werden, erklären PW1 und PW2, von einer derartigen Entwicklung auszugehen (PW1, S. 17, Z. 474–476; PW2, S. 19, Z. 563–564). Beide Interviewpartner*innen begründen ihre Antwort mit dem wachsenden Bedarf an Fachkräften sowie einer insgesamt sinkenden Anzahl an jüngeren Beschäftigten, die dem Arbeitsmarkt zur Verfügung stehen wird (PW1, S. 17, Z. 469–473; PW2, S. 19, Z. 561–564). So erklärt beispielsweise PW1 hierzu: „Das ist durchaus nicht auszuschließen. Also generell wird die Bevölkerung an sich ja schon älter. Und mit dem Alter geht ja auch eine gewisse Berufserfahrung und Expertise her und, wenn ich Experten einstellen möchte, werde ich vielleicht auch Leute einstellen müssen in Zukunft, die älter sind als die Mitarbeiter, die man heute so im Durchschnitt einstellt. Auch deswegen, weil die jüngere Zielgruppe einfach weniger wird" (S. 17, Z. 469–473).

PW3 und PW4 zweifeln hingegen an einer solchen Tendenz im Unternehmen in der Zukunft (PW3, S. 34, Z. 1082–1083; PW4, S. 34, Z. 985–988). Der Hintergrund für diese Haltung liegt in der Meinung der beiden Expert*innen begründet, dass weniger das Alter, als vielmehr die vorhandenen Kompetenzen einer Person von Bedeutung sein werden (PW3, S. 34, Z. 1086–1088; PW4, S. 23, Z. 663–667). So antwortet zum Beispiel PW3 wie folgt auf die genannte Fragestellung: „Es heißt so, aber ich glaube, das weiß momentan noch keiner, wie sich das wirklich entwickelt, also, wo das auch wie aufgeht. Also tendenziell, natürlich, erkennen wir schon an der einen oder anderen Stelle einfach, wo es auch kritische Ressourcen gibt. Und dann ist bestimmt auch die Bereitschaft da, noch mal stärker auch ältere

Kollegen da mit reinzuholen. Aber ich würde einfach eher noch mal weggehen von diesem Altersbegriff und stattdessen eher wirklich auf den Kompetenzbegriff gehen und gucken: ‚Wo kriege ich die Leute dann auch her?'" (S. 34, Z. 1082–1088). Gleichzeitig räumt PW3 ein, dass er ebenso wie PW1 und PW2 mit Hinblick auf einen zunehmenden Fachkräftemangel davon ausgehe, dass allein die Anstellung von jüngeren Beschäftigten nicht länger ausreichen wird, um den Personalbedarf des Unternehmens decken zu können: „Klar ist, glaube ich schon, auch nach wie vor als Reflex da zu sagen, wenn ich jetzt einen 33-jährigen ITler hätte und ich habe einen 63-jährigen ITler, würden wahrscheinlich die allermeisten Unternehmen nach wie vor den 33-Jährigen einstellen. Ich denke, das werden sie auch in Zukunft tun. Bloß, wenn sie einen 33-Jährigen nicht kriegen, werden sie vielleicht auch in Zukunft, wenn es denn unbedingt sein muss, auch den 63-Jährigen einstellen, weil einfach die Ressource deutlich knapper ist" (S. 35, Z. 1096–1102).

(3) Erfahrungen mit der beruflichen Entwicklungsbereitschaft älterer Beschäftigter
Die Befragten des Personalwesens äußern übereinstimmend, bisher keinen Unterschied in Bezug auf die berufliche Entwicklungsbereitschaft zwischen jüngeren und älteren Beschäftigten festgestellt zu haben (PW1, S. 17, Z. 484–485; PW2, S. 20, Z. 575–576; PW3, S. 36, Z. 1148–1150; PW4, S. 34, Z. 991–993). Stattdessen betonen die Expert*innen, dass die Entwicklungsbereitschaft einer Person aus ihrer Sicht eine sehr individuelle Frage darstellt und aus ihrer Sicht nicht an das Alter eines Beschäftigten gebunden ist (z. B. PW1, S. 17, Z. 486–488; PW3, S. 35, Z. 1141–1143). PW1 und PW3 weisen allerdings innerhalb ihrer Ausführungen darauf hin, dass sich berufliche Entwicklungsschritte üblicherweise in deutlich geringerem Maße bei älteren Beschäftigten vollziehen. Die Hintergründe für diese Gegebenheit führt PW1 auf die Ausrichtung bestehender Karrieremodelle auf jüngere Beschäftigte sowie einen aus seiner Sicht tendenziell abklingenden Karrierewunsch im voranschreitenden Alter zurück: „Na ja, die klassischen Karrieren, die sind schon so, dass sie natürlich schon irgendwann mal-, dass die Entwicklungsprogramme irgendwann mal auslaufen. Und dann auch der Karriere-, na ja, der Drang eine Karriere unbedingt zu machen, irgendwann mal nachlässt. Aber generell glaube ich, dass man sich bis ins hohe Alter weiterentwickeln kann" (S. 17, Z. 479–483). PW3 ist der Ansicht, dass in Abhängigkeit der jeweiligen Lebensphase, Beschäftigte unterschiedliche Schwerpunkte in ihrem Leben setzen und sich hieraus unterschiedliche Präferenzen in Bezug auf potenzielle Karriereschritte ergeben: „Also, klar ist es so, dass du wahrscheinlich unter 30-Jährigen eher Leute findest, die bereit sind für eine Führungskarriere oder für den nächsten Karriereschritt, als jetzt jemand mit 55, weil der einfach schon dann lange-, oder mit 60, weil der schon lange im

Unternehmen war und dann eh wahrscheinlich seine Karriere gemacht hat und dann vielleicht einfach auch noch mal wieder andere Pläne oder andere Prioritäten hat, als jemand Jüngeres. Aber ich weiß auch-, klar gibt es auch Leute, die eben älter sind und dann trotzdem noch mal irgendwie ihr Team wechseln und noch mal eine andere Herausforderung suchen oder sich da auch weiterbilden. Also das ist extrem unterschiedlich" (S. 36, Z. 1143–1151).

Ferner vertritt PW3 die Meinung, dass ältere Beschäftigte bereits einen ausreichenden Zeitraum zur Verfügung hatten, um ihr Entwicklungspotenzial verdeutlichen und eine entsprechende berufliche Förderung erfahren zu können: „Natürlich, wenn ich jetzt mir anschaue, wer da irgendwie in Top-Managementfunktionen auf neue Jobs kommt, dann sind es tendenziell natürlich die jüngeren Leute. Und jetzt kann man sagen: ‚Ist es eine Altersdiskriminierung?' Oder kann man einfach sagen: ‚Na ja, die Leute, die älter sind, die haben schon lange genug Zeit gehabt, da ihr Potenzial zu zeigen. Und die sind halt auch nicht aufgefallen, sonst wären die schon vor zehn Jahren befördert worden, weil sonst-…' Dass einer auf einmal zwischen 50 und 55 so extrem viel Potenzial entwickelt, das vorher nicht da war, das ist halt einfach-. Ich sage nicht ‚unmöglich', aber es ist unwahrscheinlicher, als dass man bei einem 25-Jährigen da dann anfängt, das Potenzial zu entdecken, wenn der sich anfängt zu entfalten in seinem beruflichen Kontext" (S. 36, Z. 1151–1160).

9.4.7 Spezifische Fragestellungen an den Betriebsrat

Die Betriebsratsmitglieder sind neben der Frage nach einem Altersbegriff im Unternehmen sowie dessen Einfluss auf das Verhalten älterer Beschäftigter mit Fragestellungen zu ihrer Arbeitsweise bzw. ihren Weiterbildungskonzepten innerhalb des Transformationsprozesses konfrontiert worden. Darüber hinaus wurden die Betriebsräte, ebenso wie die Mitarbeitenden des Personalwesens, um eine Einschätzung in Bezug auf eine demografieorientierte Personalpolitik im Unternehmen gebeten. Die Ergebnisse verdeutlichen, dass die Betriebsräte nur bedingt eine demografieorientierte Personalpolitik im Unternehmen erkennen können. Die beiden Expert*innen bemängeln die bisherige Vernachlässigung dieser Thematik durch die Unternehmensleitung, vor allem da sie die Einflüsse eines wachsenden Fachkräftemangels mit großer Sorge sehen. Ferner äußern die Befragten, dass keine systematischen Weiterbildungspläne bzw. -konzepte für Betriebsratsmitglieder innerhalb der Organisation gegeben sind und benötigte Kompetenzen spontan durch die Hilfe von internen und externen Expert*innen abgedeckt werden. Durch die Unterstützung dieser Expert*innen sowie der Zusammenarbeit des Betriebsrates in Projektgruppen, gelingt es den Betriebsratsmitgliedern bisher, interessenpolitische Zielsetzungen innerhalb des Transformationsprozesses formulieren zu können.

(1) Demografieorientierte Personalpolitik des Unternehmens
Beide Betriebsräte erklären, aufgrund der strategischen Personalplanung des Unternehmens ein gewisses Maß an demografieorientierter Personalpolitik feststellen zu können, da sich das Unternehmen in diesem Rahmen mit der Altersstruktur und den vorhandenen Kompetenzen aller Beschäftigten befasst (BR1, S. 30, Z. 789–801; BR2, S. 27 f., Z. 887–892). BR2 weist allerdings darauf hin, dass sich das Unternehmen in Bezug auf eine Auseinandersetzung mit diesem Thema noch am Anfang befindet und sieht hierin ein Versäumnis der Unternehmensleitung in den vorherigen Jahren: „Also ich glaube, da ist jetzt was im Entstehen, dass auch einheitsübergreifend, abteilungsübergreifend da eben geschaut wird, wo man welche Cluster von Mitarbeitern hat? Mit welchen Skills und in welchem Alter? Und dann eben auch versucht wird, wenn dort irgendwo ein Leck entsteht und woanders ein Überhang, dass man es dann besser ausgleicht. Es ist relativ spät jetzt eigentlich gekommen, dass man da so ein bisschen übergreifender denkt" (S. 27, Z. 887–892). Vor allem bemängelt BR2 den bisherigen Fokus im Unternehmen auf die bestehenden Kompetenzen der jüngeren Beschäftigten und die damit einhergehende Vernachlässigung des älteren Personals: „Bei dem Jüngeren wird eher noch mal geforscht: ‚Was kann der eigentlich?' Dem traut man es auch zu, sich da noch irgendwie zu entwickeln. Bei einem Älteren ist man eigentlich oft sogar schon froh, wenn der überhaupt noch irgendwie seinen Job macht und sich da nicht darauf ausruht, dass er unkündbar ist. Also da ist noch der Eindruck, dass man gerade die Älteren, wenn die mal 25 Jahre Betriebszugehörigkeit haben, sind sie in der Regel unkündbar. Dann lässt man die wursteln und sucht da gar nicht mehr großartig, sondern ist froh, dass die halbwegs ihr Business noch machen" (S. 28, Z. 904–911).

Im Rahmen ihrer Antwort weisen beide Betriebsräte darauf hin, dass eine demografieorientierte Personalpolitik aus ihrer Sicht bedeutsam ist, um zukünftig einem Fachkräftemangel im Unternehmen entgegenwirken zu können (BR1, S. 31, Z. 814–815; BR2, S. 29, Z. 924–926). Während BR1 vor allem die Gefahr eines Fachkräftemangels in der Zukunft sieht (S. 31, Z. 814–815), betont BR2, diesen Mangel bereits jetzt zu bemerken: „Also ich glaube, ehrlich gesagt, wir haben in dem Bereich, von dem wir vorhin besprochen haben, mit der Digitalisierung, da haben wir ganz massiv mit Fachkräftemangel zu tun. Also wenn ich mir anschaue, wer bei uns sich mit Digitalisierung befasst. Das sind Leute, die haben sich irgendwie an das Thema herangerobbt und sich da was zusammengetragen. So echte Digitalisierungsprofis sind wenige da. Also das würde ich eigentlich jetzt schon mal

9.4 Alter(n)smanagement

als Fachkräftemangel bezeichnen" (S. 29, Z. 924–929). Den bestehenden Fachkräftemangel führt BR2 auf das Problem zurück, dass das Unternehmen Schwierigkeiten hat, Fachkräfte mit den notwendigen digitalen Kompetenzen akquirieren zu können: „An der Ecke ist es oder scheint es schwierig zu sein, wirklich Know-how zu bekommen. Und da stolpern wir so irgendwie mit dem Markt mit, was die Geschwindigkeit und auch die technische Raffinesse der Lösungen betrifft. Wie gesagt, manche Anwendungen klappen dann nicht und dann gibt es wieder irgendwo Probleme. Bin ich überzeugt, ganz ehrlich, so richtig publik wird das ja nicht gesagt, aber ich bin überzeugt, wenn da die richtigen IT-Profis daran sitzen, dann entstehen solche Situationen erst gar nicht. Dann hat das Ding eine andere Qualität, als wenn da halt irgendwie daran herumgearbeitet wird" (S. 29, Z. 929–936). Auf die Rückfrage, ob die Finanzdienstleistungsbranche aus Sicht von BR2 für diese Fachkräfte nicht so attraktiv sei, erklärt dieser: „Kann ich mir, ehrlich gesagt, jetzt nicht so wahnsinnig vorstellen, dass die nicht attraktiv ist. Ich weiß nicht, ob es daran liegt, dass da das eigene Unternehmen zu wenig sucht oder vielleicht auch, wie gesagt, Talente, die es ja vielleicht gibt, die auch zu wenig sucht und dann fördert. Bin mir sicher, dass bei den Tausenden von Sachbearbeitern auch etliche dabei sind, die in ihrer Freizeit programmieren zum Beispiel. Was machen sie bei uns? Bearbeiten einfache Sachbearbeiteraufgaben und sowas" (S. 29, Z. 939–945).

(2) Systematische Weiterbildungspläne / -konzepte für Betriebsratsmitglieder
Beide Betriebsräte erklären, dass im Unternehmen keine systematischen Weiterbildungspläne bzw. -konzepte für Betriebsratsmitglieder vorhanden sind. Stattdessen werden im Augenblick des Bedarfs die bildungsbiographischen Hintergründe der Betriebsratsmitglieder diskutiert und auf dieser Basis themenspezifische Arbeitsgruppen erstellt. So antwortet BR2 auf die Frage nach einer Systematik bezüglich der Kompetenzentwicklung der Betriebsratsmitglieder: „Nein, würde ich so nicht bezeichnen. Es gibt Schulungen für Betriebsräte, wo man beispielsweise rechtliche Dinge lernt, Mitbestimmungsrecht, und da eben seinen Job ausüben kann. Damit kann ich aber keine Einschätzung treffen, ob irgendein digitales Tool jetzt sinnvoll oder nicht sinnvoll ist und da beratend tätig werden. Das ist dann eher so organisiert: Wenn wir uns in Arbeitsgruppen aufteilen oder Projektgruppen aufteilen, dann besprechen wir eben-. Also erstens mal suchen wir dann die Leute im Betriebsrat so aus, dass man sagt: ‚Derjenige, der jetzt meinetwegen von Weiterbildung eine Ahnung hat, geht in die Arbeitsgruppe Weiterbildung und muss sich dann aber für das Projekt, das dann behandelt wird, für die nächsten zwölf Monate, muss er sich noch mal individuell einarbeiten, einlesen, Unterlagen kommen lassen.' Es ist also eigentlich dann auch eher eine Ad-

hoc-Wissensauffrischung oder Wissensbildung, die man sich dann aneignet für eine bestimmte Aufgabe" (S. 29, Z. 950–961).

BR1 geht darüber hinaus auf den Aspekt ein, dass gegebenenfalls Expert*innen zur Bearbeitung von Themen hinzugezogen werden und den Betriebsratsmitgliedern dieselben überfachlichen Weiterbildungsangebote wie den Mitarbeitenden zur Verfügung gestellt werden: „Also in meinen Augen nicht, sondern eher ad hoc, dass, wenn ein Thema aufkommt, dass man sich zusammensetzt und im Zweifel auch mal einen Experten dazu holt. Aber jetzt, dass man sagt: ‚Okay, wirklich Bildungsprogramm exklusiv für Betriebsräte', wüsste ich jetzt nicht. Die meisten von uns haben aber auch noch eine andere Funktion. Und die sind natürlich dann über das Programm, was wirklich für sie, für ihre Funktion im Job angeboten wird, abgedeckt. Und da sind natürlich dann auch überfachliche Geschichten bei. Also ist ja nicht nur, wenn jetzt jemand aus unserer Gruppe aus einem fachlichen Bereich kommt, dass der nur fachliche Angebote kriegt, sondern er kann auch Sachen zu Digitalisierung, Kommunikation und so weiter kriegen" (S. 31, Z. 819–829).

(3) Zusammenarbeit der Betriebsratsmitglieder in Projektgruppen
Beide Betriebsratsmitglieder bestätigen, dass der Betriebsrat in Projektgruppen zusammenarbeitet, um interessenpolitische Zielsetzungen formulieren zu können (BR1, S. 32, Z. 838–843; BR2, S. 30, Z. 968–978). BR2 erläutert im Rahmen seiner Antwort, dass es zwei verschiedene Formen gibt, die es in der Zusammenarbeit aus seiner Sicht zu differenzieren gilt: „Also da gibt es zwei Ausprägungen, wo auch ja unsererseits unterschieden wird, in welchem Modus befinde ich mich denn? Befinde ich mich im Arbeitsmodus? Also wirklich: ‚Arbeite ich quasi in einer gemeinsamen Projektgruppe?' Die besteht aus Arbeitgeber- und Arbeitnehmervertretern. Und man bespricht oder erarbeitet gemeinsam neue Inhalte. Das ist wirklich Arbeitsmodus, sowas gibt es, ja. Und die Abgrenzung davon ist dann: ‚Befindet man sich in einer Verhandlungssituation?' Also in einer Verhandlungssituation sitzen auch Arbeitnehmer und Arbeitgeber in einem Raum. Aber da werden dann nicht mehr irgendwie neue Arbeitsideen verhandelt, sondern da werden dann letzten Endes Verträge, also Gesamtbetriebsvereinbarungen, geschlossen und dementsprechend ausgehandelt. Da geht es dann also um Argumente, da geht es um Berechnungen und da fließen eben oft Inhalte aus den Projektgruppen, die zuvor gelaufen sind, ein" (S. 30, Z. 968–978).

Auf die Frage, wie sich die Projektgruppen zusammensetzten, erklären beide Betriebsräte, dass, in Bezug auf die Hierarchieebene, die Mitarbeitendenebene sowie die untere Managementebene auf der Betriebsratsseite vertreten sind (BR1,

S. 32, Z. 852–854; BR2, S. 31, Z. 998–999). Die Arbeitgebervertretenden bekleiden hingegen tendenziell höhere Hierarchieebenen, was von BR2 allerdings auch als sinnvoll erachtet wird: „Und auf Seiten des Arbeitgebers ist es üblicherweise so, dass da schon auch Leute der mittleren Managementebene und oft auch der höheren Ebene darinsitzen. Das Unternehmen ist hierarchisch sortiert. Es müssen ja Dinge entschieden werden, damit man vorwärtskommt. Und das würde ich auch als Betriebsrat verlangen. Ich setze mich nicht hin mit Leuten, die keine Entscheidungsmandate haben. Die keine Spielräume haben. Also, als Arbeitgeber habe ich dann bloß zwei Möglichkeiten: Entweder ich schicke Mitarbeiter hinein, dann muss ich die aber auch ausstatten mit Entscheidungsbefugnissen. Das wird üblicherweise aber nicht getan oder selten. Und aus dem Grund sitzt meistens so ein Aufpasser der höheren Managementebene dabei. Der dann irgendwie entweder über den Geldbeutel entscheiden kann oder sagen kann: ‚Ja, dieser Vorschlag passt zur restlichen Unternehmensstrategie'" (S. 31, Z. 999–1008).

Darüber hinaus weisen beide Betriebsratsmitglieder darauf hin, dass in Abhängigkeit von der Themenstellung auch externe Personen als Unterstützung für die Projektgruppen hinzugezogen werden (BR1, S. 32, Z. 834–843; BR2, S. 30 f., Z. 1052–1057). BR2 führt hierzu wie folgt aus: „Also, wenn es zusammengesetzte Arbeitsgruppen sind, Arbeitgeber, Arbeitnehmer, ist es häufig so, dass der Arbeitgeber dann auch tatsächlich externe Berater dabeihat. Die Inhalte in irgendeiner Form, sei es jetzt Digitalisierungsthemen oder andere Themen-, Unternehmensberater, die also dann etwas vorstellen, vorschlagen. Wir selber als Betriebsräte haben in der Regel im Arbeitsmodus eigentlich keine Externen dabei. Das sind ausschließlich Betriebsräte. Im Verhandlungsmodus dann, wenn es wirklich darum geht, dann Verträge mit dem Arbeitgeber zu verfassen und Betriebsvereinbarungen, dann haben wir oft einen externen Anwalt dabei" (S. 30 f., Z. 980–987). BR1 erklärt, dass vor allem Expert*innen für die Zusammenarbeit in Projektgruppen hinzugezogen werden, wenn weitreichende Entscheidungen zur Einführung neuer digitaler Tools im Unternehmen anfallen: „Zum Beispiel, wenn es darum geht, eine Konzernbetriebsvereinbarung zu schließen zu bestimmten Themen. Zum Beispiel zu einer neuen Lernplattform, dann haben wir einen Anwalt dabei, externe Anwälte, die da beratend tätig sind und auch bei den Verhandlungen anwesend sind. Also, dann gibt es da wirklich Arbeitssitzungen mit den Arbeitgebern zusammen, wo dieses Dokument entworfen und diskutiert wird" (S. 32, Z. 838–843).

Neben der genannte Funktionsgruppe der Jurist*innen nennen die befragten Betriebsräte Unternehmensberater*innen sowie IT-Expert*innen als externe unterstützende Funktionsgruppen (BR1, S. 32, Z. 838–843; BR2, S. 33, Z. 1052–1058). So führt BR2 in diesem Zusammenhang folgendes Beispiel an: „Also das, was ich bisher erlebt habe, war eigentlich so, dass in inhaltlichen Dingen oftmals Beratung von außen hinzugezogen wurde. Also, ich kann mich erinnern an ein Tool zum Beispiel, das eingeführt wurde. Und da hat man quasi den externen Programmierer direkt mit dazu geholt in die Arbeitssitzung, weil der schlichtweg sein Tool am besten erklären konnte. Und auch sofort sagen konnte, was ist daran veränderbar? Kann man das nochmal umprogrammieren? Kann man das so machen, kann man es so machen? Also das ist aber dann eher Arbeitsebene, was da quasi auf externer Ebene passiert" (S. 32, Z. 1036–1043).

Nicht zuletzt weisen beide Betriebsratsmitglieder darauf hin, dass für die Arbeit in den Projektgruppen nicht nur externe Personen zur Unterstützung hinzugezogen werden. So erläutern sie, dass ebenso interne Beschäftigte, die sich intensiv in bestimmte Themen eingearbeitet haben, beispielsweise aufgrund ihrer Zugehörigkeit zu einem Arbeitskreis, die Projektgruppen unterstützen (BR2, S. 33, Z. 1057–1062). BR1 führt in diesem Rahmen die folgenden Beispiele an: „Also, wir haben natürlich auch intern Leute, die sich mit Themen besonders gut auskennen. Wir haben ja auch unterschiedliche Arbeitsgruppen. Also im Bereich Technik gibt es zum Beispiel den Technikausschuss bei uns und im Bereich Bildung den Bildungsausschuss" (S. 32, Z. 846–850).

Schlussbetrachtung 10

Im vorliegenden Kapitel erfolgen eine Interpretation und Diskussion der Untersuchungsergebnisse. Während in Abschnitt 10.1 eine allgemeine Interpretation der Befunde vorgenommen wird, findet in Abschnitt 10.2 eine Kontextualisierung der Ergebnisse mit bisherigen empirischen Untersuchungen statt. In den darauffolgenden Unterkapiteln werden die Implikationen für Wissenschaft und Praxis sowie die Limitationen der Untersuchung (Abschnitt 10.3 und Abschnitt 10.4) dargestellt. Abschließend werden die gewonnen Erkenntnisse in einem Fazit zusammengefasst und ein Ausblick auf erwartete Entwicklungen gegeben (Abschnitt 10.5).

10.1 Allgemeine Diskussion der Ergebnisse

Die Befunde der vorliegenden Untersuchung veranschaulichen wesentliche Gesichtspunkte und Kausalitäten des digitalen Wandlungsprozesses. Die Interviews zeigen, dass die Transformation im untersuchten Unternehmen mit Bewältigungsproblemen und Konflikten behaftet ist. Diese beschränken sich nicht nur auf technische Aspekte, wie beispielsweise die Gestaltung digitalisierter Prozesse sowie deren Anforderungen, sondern umfassen vor allem soziale Themenstellungen, wie die Rolle der befragten Interviewpartner*innen innerhalb dieser

Ergänzende Information Die elektronische Version dieses Kapitels enthält Zusatzmaterial, auf das über folgenden Link zugegriffen werden kann https://doi.org/10.1007/978-3-658-41049-0_10.

© Der/die Autor(en), exklusiv lizenziert an Springer Fachmedien Wiesbaden GmbH, ein Teil von Springer Nature 2023
D. Dohmen, *Berufliche Entwicklungserwartungen älterer Führungskräfte im Transformationsprozess eines Unternehmens*, https://doi.org/10.1007/978-3-658-41049-0_10

Prozesse. Die genannten Aspekte erfahren nachfolgend eine ausführliche Diskussion. Hierbei folgt die Gliederung des vorliegenden Kapitels den in Abschnitt 1.2 vorgestellten übergeordneten Leitfragen der Untersuchung sowie den damit verbundenen feinstrukturierten Fragestellungen (siehe Abschnitt 8.1), die in diesem Rahmen eine Beantwortung erfahren.

(1) Haltung gegenüber dem Transformationsprozess und wahrgenommene Herausforderungen
Die Ergebnisse zu der Frage nach der Notwendigkeit des digitalen Wandels weisen ein ambivalentes Bild auf, da sie eine differenzierte Wahrnehmung und Beurteilung des Transformationsprozesses durch die Befragten deutlich werden lassen. Ein auffälliges Ergebnis ist die übereinstimmende Haltung sämtlicher Interviewpartner*innen, den digitalen Wandlungsprozess eher als Chance denn als Bedrohung anzusehen. So heben auch die Betriebsräte ihre vorwiegend positive Haltung gegenüber der Transformation hervor, solange der Prozess eine aktive Gestaltung erfährt (BR1, S. 2, Z. 31–38; BR2, S. 2, Z. 40–46). Dennoch weisen die Befragten gleichzeitig darauf hin, zahlreiche bedrohliche Aspekte mit der voranschreitenden Digitalisierung zu verbinden. So nehmen bspw. das Personalwesen und die Betriebsräte insbesondere den steigenden Wettbewerbsdruck als eine zentrale Bedrohung des digitalen Wandels wahr (z. B. PW4, S. 3, Z. 50–54; BR2, S. 2, Z. 40–45).

Von den Führungskräften wird vor allem die Möglichkeit gesehen, die Zufriedenheit der Kund*innen mit Hilfe der digitalen Technologien zu steigern bzw. deren Erwartungshaltungen besser erfüllen zu können (79 Prozent). Aspekte wie eine effizientere Arbeitsweise (42 Prozent) bzw. eine Behauptung gegenüber Wettbewerber*innen (17 Prozent) werden hingegen seltener genannt. Hierdurch wird deutlich, dass die Organisation im Rahmen ihres Transformationsprozesses einen Fokus auf die Intensivierung der Beziehung zu ihren Kund*innen legt. Diese Beziehung kann aus Sicht der Führungskräfte vor allem durch eine Verbesserung der Produkte und Leistungen erfolgen, indem diese „mit den Daten der Kunden" (U10, S. 2, Z. 51) kombiniert werden, um deren Bedarfe individueller decken zu können. Darüber hinaus sehen die Führungskräfte die Möglichkeit, die Kund*innen mit Hilfe der digitalen Technologien transparenter und flexibler beraten zu können. Hierin erkennen sie gleichzeitig eine Stärkung der Position der Kund*innen, da diese zunehmend eine Rolle als ihre eigenen Berater*innen einnehmen, die von den Finanzdienstleistungsunternehmen auf ihrem Weg zur Produktentscheidung begleitet werden (z. B. M3, S. 2, Z. 40–46).

Gleichermaßen weisen die befragten Führungskräfte darauf hin, zahlreiche bedrohliche Gesichtspunkte mit dem digitalen Wandlungsprozess zu assoziieren. Hierbei nehmen die Führenden insbesondere einen möglichen Stellenabbau bzw.

10.1 Allgemeine Diskussion der Ergebnisse

die Veränderung von Jobprofilen (50 Prozent), aber auch negative Einflüsse auf das persönliche Wohlbefinden, aufgrund einer wachsenden Arbeitsbelastung (42 Prozent) sowie den zunehmenden Wettbewerbsdruck, als Bedrohungen wahr (25 Prozent). Dieses Ergebnis veranschaulicht den grundsätzlichen Spannungszustand der Führungskräfte innerhalb des digitalen Wandels. So empfinden die befragten Manager*innen diesen zwar als alternativlos, erleben das Voranschreiten dieses Prozesses jedoch gleichzeitig als Bedrohung für ihre Gesundheit sowie ihrer eigenen Rolle und Machtposition im Unternehmen (z. B. M12, S. 11, Z. 338–343; PW3, S. 10 f., Z. 316–328). Allerdings ist bei den Befunden auffallend, dass das Ausmaß der eigenen Betroffenheit von den Führungskräften eine differenzierte Bewertung erfährt. So wird beispielsweise der bedrohliche Faktor des Stellenabbaus bzw. sich verändernder Rollenprofile lediglich von der Hälfte der befragten Führungskräfte genannt.

Ein Hintergrund für die inhomogenen Einschätzungen kann in den unterschiedlichen Erfahrungen der Führungskräfte in Bezug auf bereits vollzogene Personalabbauprogramme gesehen werden. So beschreibt ein Teil der Führungskräfte, bereits weitreichende Reduzierungen von Führungspositionen bzw. Hierarchieebenen erlebt zu haben. Aufgrund der bereits hohen „Arbeitsverdichtung" (M8, S. 16, Z. 474), die sich aus bisherigen Abbauprogrammen für die Führungskräfte ergeben hat, können sich viele Führungskräfte nicht vorstellen, dass dieser Prozess weiter voranschreitet. Weiterhin betonen einige Führungskräfte, dass aus ihrer Sicht das Ausmaß der Bedrohung durch den digitalen Wandel immer in Abhängigkeit von der Offenheit gegenüber dem Prozess stehe (z. B. U2, S. 3, Z. 58–62; M10, S. 3, Z. 56–61) sowie dem Ausmaß an standardisierbaren Tätigkeiten, die eine Funktionsgruppe ausübe (z. B. M11, S. 8, Z. 226–241; M10, S. 9 f., Z. 277–289), sodass sie selbst keine Befürchtung hätten, von einem potenziellen Stellenabbau betroffen zu sein. Nicht zuletzt lassen sich die unterschiedlichen Einschätzungen der Führungskräfte auf die ‚Ungleichzeitigkeit', in dem der digitale Wandlungsprozess im Unternehmen vollzogen wird, zurückführen. So kann aus den Aussagen der Befragten abgeleitet werden, dass es innerhalb der Organisation sowohl ‚Vorreiterbereiche' als auch andere Unternehmensbereiche gibt, innerhalb denen sich der Transformationsprozess noch nicht vollzogen bzw. erst langsam begonnen hat. Auch hier zeigt sich die stark ausgeprägte Kund*innenorientierung der Organisation innerhalb des Wandlungsprozesses, da zuerst Unternehmensbereiche mit hoher Kund*innenrelevanz einer Transformation unterzogen werden (z. B. PW3, S. 18, Z. 535–546). So zählen zu den ‚Vorreiterbereichen' beispielsweise die vertrieblichen Einheiten, in denen digitale Services für die Kund*innen zunehmend ausgebaut werden (z. B. M3,

S. 2, Z. 40–46), aber auch die Produktentwicklung, in der agile Arbeitsweisen wie beispielsweise „Scrum" (PW1, S. 12, Z. 332) getestet werden.

Neben der übereinstimmenden Haltung gegenüber der Notwendigkeit einer voranschreitenden Digitalisierung, betonen einige Führungskräfte, dass die digitale Transformation des Unternehmens bereits lange überfällig gewesen sei. In diesem Rahmen wird die bisher überwiegend reaktive Haltung des Unternehmens innerhalb des digitalen Wandlungsprozesses kritisiert. Die aktuelle Rolle der Organisation wird hierbei als die eines ‚Getriebenen' empfunden, der seiner „Zeit sicher nicht voraus" (U8, S. 2, Z. 45–54) ist. Diese Aussagen deuten auf die aktuelle Auflösung eines ‚Modernisierungsstaus' innerhalb des Unternehmens hin. Es stellt sich in diesem Zusammenhang jedoch die Frage, wie dieser ‚Modernisierungsrückstand' in der dargestellten Schwere entstehen konnte, wenn der Bedarf einer Digitalisierung von der unteren und mittleren Managementebene gesehen worden ist. Ein Hintergrund kann in dem jahrelangen unzureichenden Austausch zwischen der unteren bzw. mittleren Managementebene und der Unternehmensleitung hinsichtlich des digitalen Wandels gesehen werden. Zwar geben 88 Prozent der befragten Führungskräfte an, dass aktuell ein Austausch zwischen ihnen und der Unternehmensleitung in Bezug auf den Transformationsprozess stattfindet, jedoch unter dem Einwand, dass sich dieser Austausch erst seit „zwei Jahren" (U5, S. 3, Z. 79) vollzieht. Bevor diese positive Entwicklung eines regelmäßigen Austausches eingetreten ist, bestand hingegen keinerlei Transparenz für die untere und mittlere Managementebene zu den Fragestellungen, über die „die höchste Managementebene im Moment gerade berät" (U5, S. 3, Z. 81). Die zunehmende „Intensität" (U10, S. 4, Z. 83) des Austausches mit der Unternehmensleitung wird von den Interviewpartner*innen als eine Folge des wachsenden Einflusses des digitalen Wandlungsprozesses auf das Unternehmen gesehen (z. B. U5, S. 3 f., Z. 93–95; U11, S. 4, Z. 100–105; M12, S. 5, Z. 150–152). So führen die Befragten den aufkommenden Wandel des bisher „wahnsinnig traditionellen" (U8, S. 5, Z. 126–127) hierarchischen Denkens im Unternehmen vor allem auf die Tatsache zurück, dass der aktuelle Transformationsprozess deutlich stärker von externen Faktoren getrieben wird als vorherige Wandlungsprozesse. So beschreibt BR1 den Eindruck, dass die unterschiedlichen Hierarchieebenen innerhalb der Organisation „ein gutes Stück aneinandergerückt sind" (S. 4, Z. 99–100), da zahlreiche Themen durch den höheren externen Veränderungsdruck „schneller diskutiert werden müssen" (S. 4 f. Z. 101). Als Treiber dieses höheren Veränderungsdrucks werden von den Führungskräften gestiegene Kund*innenerwartungen (insgesamt 29 Prozent), der wachsende Wettbewerb (insgesamt 13 Prozent) sowie die der technologische Fortschritt (12 Prozent) gesehen.

10.1 Allgemeine Diskussion der Ergebnisse

Trotz der wahrgenommenen Bedrohungen, weisen die Führungskräfte keine Verweigerungshaltung gegenüber dem Transformationsprozess auf. Stattdessen arbeitet über die Hälfte der befragten Führungskräfte in Form von Projekten oder im Rahmen ihrer Funktion bzw. Abteilungszugehörigkeit daran, den digitalen Wandel innerhalb des Unternehmens zu fördern. In diesem Rahmen werden die grundsätzlich immer noch stark verankerte hierarchische Denkweise sowie die führungsorganisatorisch differenzierten Rollen im Unternehmen deutlich, da mit dem Anstieg der Hierarchieebenen ein wachsender Einbezug in den Wandlungsprozess einhergeht. So geben 75 Prozent der mittleren Managementebene an, sich als „ambitioniert mitgestaltende Führungskraft" (58 Prozent) bzw. als „machtvoll mitgestaltende Führungskraft mit großem Einfluss" (17 Prozent) innerhalb des digitalen Wandlungsprozesses bezeichnen zu können. Von den befragten Führungskräften der unteren Managementebene kann sich hingegen keine als „machtvoll mitgestaltende Führungskraft mit großem Einfluss" bezeichnen. Ferner äußern nur 50 Prozent der Expert*innen der unteren Managementebene, die Transformation als „ambitioniert mitgestaltende Führungskraft" beeinflussen zu können, wohingegen die andere Hälfte angibt, dass sich ihre Rolle auf die einer „umfassend informierten Führungskraft" beschränkt. Die Aussagen der befragten Führungskräfte weisen in diesem Zusammenhang darauf hin, dass sich die mittlere Managementebene aufgrund des stärkeren Einbezugs in die Gestaltung des digitalen Wandels in höherem Maße mit der Transformation des Unternehmens identifiziert und sich eher der Unternehmensleitung zugehörig fühlt, als die untere Managementebene.

Des Weiteren wird anhand der Ausführungen der Befragten deutlich, dass ein besonderes Merkmal der digitalen Transformation in der Offenheit des Prozesses liegt, da die betroffenen Akteure keine Kenntnis haben, wie das „Endergebnis" (U4, S. 7, Z. 205–209) des Wandlungsprozesses aussehen wird. Dieses unbekannte Zielbild stört das Grundbedürfnis der Beschäftigten nach Sicherheit und Berechenbarkeit (z. B. U4, S. 7, Z. 205–209). Es stellt Führungskräfte vor die besondere Herausforderung, Orientierung und Beständigkeit innerhalb eines Prozesses zu geben (z. B. U10, S. 5, Z. 125–127), der bestehende „Strukturen aufbricht" (PW1, S. 11, Z. 308) und von unterschiedlichen Dynamiken und Widersprüchen gekennzeichnet ist. So verändert sich beispielsweise die Geschwindigkeit des Wandlungsprozesses aufgrund von Korrekturphasen, innerhalb derer eine Beurteilung der zahlreichen „Versuchsfelder" (M5, S. 15, Z. 451) der Organisation erfolgt. Diese Korrekturphasen sind erforderlich, damit sich das Unternehmen immer wieder Klarheit verschaffen kann, wie es sich weiterhin im Markt und dem Wandlungsprozess positionieren möchte. Sie stehen jedoch gleichzeitig dem Anspruch entgegen, den Wandlungsprozess schnellstmöglich zu vollziehen.

Darüber hinaus betonen die Befragten, dass die aktuelle Transformation des Unternehmens keinen graduellen, sondern vielmehr einen grundlegenden Wandlungsprozess für die Organisation darstellt. Diese tiefgreifende Einflussnahme führt zu einer Umwälzung der organisationalen Ziele, Zwecke und Identität mit noch unbekannten konkreten Folgen für das gesamte Unternehmen und seine Mitglieder. So wird, neben der hohen Geschwindigkeit (75 Prozent) und der langfristigen Ausrichtung (67 Prozent), der weitreichende und einschneidende Charakter des digitalen Wandels von den befragten Manager*innen hervorgehoben (63 Prozent), da er „alle Lebensbereiche" (M3, S. 6, Z. 151) durchdringt. Die Führungskräfte weisen in diesem Rahmen auf neue Denk- und Arbeitsformen hin, wie z. B. agiles und mobil-flexibles Arbeiten, die mit dem digitalen Wandel einhergehen bzw. aus ihrer Sicht erforderlich sind, damit sich der erforderliche „Wandel im Kopf der Menschen" (M12, S. 8, Z. 249) vollzieht.

Ferner veranschaulichen die Befunde den wahrgenommenen existenzbedrohenden Faktor, der mit der Digitalisierung trotz zahlreicher Chancen für die Finanzdienstleistungsbranche mitschwingt. So betonen beispielsweise die Betriebsräte, dass die Erhaltung der Beschäftigungssicherheit innerhalb des digitalen Wandlungsprozesses die größte interessenpolitische Herausforderung für sie darstellt (z. B. BR1, S. 17, Z. 419–421; S. 20, Z. 510–511). Ebenso wie die Mitarbeitenden des Personalwesens (z. B. PW2, S. 11, Z. 317–320) gehen die Betriebsräte aufgrund der Ausschöpfung von Automatisierungspotenzialen einerseits von Arbeitsplatzverlusten aus. Diese Verluste wird das Unternehmen aus Sicht der Expert*innen allerdings auf der anderen Seite durch Zuwächse in Unternehmensbereichen „ausgleichen" (BR1, S. 20, Z. 526), die in ihrer personellen Aufstellung von der Digitalisierung profitieren, wie bspw. die Datenanalyse (z. B. PW3, S. 14, Z. 440–443). Durch diese Entwicklungen findet laut den Befragten innerhalb der Organisation ein Prozess des ‚Umsortierens' von Arbeitsstellen statt (z. B. BR2, S. 15, Z. 482). Jedoch betonen die Betriebsräte und das Personalwesen, dass dieser Prozess sich nur vollziehen kann, wenn die Behauptung im Finanzdienstleistungsmarkt weiterhin „gut geht" (BR2, S. 15, Z. 482). Diese Einschränkung lässt eine gewisse Unsicherheit der Befragten in Bezug auf den künftigen Fortbestand des Unternehmens und seiner Positionierung am Markt deutlich werden.

Nicht zuletzt besteht eine weitere Besonderheit des digitalen Wandels in der Herausforderung, dass die Beschäftigten ihre vorhandenen Kompetenzen permanent hinterfragen und sich fortlaufend weiterbilden müssen, um den Anforderungen des Transformationsprozesses gerecht werden zu können. Dieser kontinuierliche ‚Weiterbildungsdruck' kann einerseits auf den hohen zyklischen

10.1 Allgemeine Diskussion der Ergebnisse

Charakter des digitalen Wandels zurückgeführt werden (z. B. M6, S. 5, Z. 154–155), der durch die COVID-19-Pandemie eine weitere Beschleunigung erfahren hat (z. B. U1, S. 5, Z. 118–128). Anderseits können die Beschäftigten aufgrund der aufgeführten Einzigartigkeit des digitalen Wandels auf keinerlei Erfahrungswerte zurückgreifen (z. B. PW3, S. 9, Z. 253–260), sodass die Transformation des Unternehmens einen großen Lernprozess für alle Agierenden darstellt.

Aufgrund dieser Gegebenheiten heben die Expert*innen den gestiegenen (83 Prozent) bzw. veränderten Weiterbildungsbedarf (17 Prozent) im Rahmen des Transformationsprozesses hervor. Die Digitalisierung verändert aus Sicht der Befragten vor allem die Wege, Inhalte und Dauer des Lernprozesses. In Bezug auf die Inhalte sehen die Befragten vor allem die Themen „Data Science" (z. B. U11, S. 9, Z. 250–251) und „Künstliche Intelligenz" (z. B. U2, S. 11, Z. 333) als zentrale technologische Weiterbildungsinhalte für die Beschäftigten an. Gleichzeitig führt die hohe Geschwindigkeit des digitalen Wandels zu einer höheren Eigenverantwortung der Lernenden (z. B. M12, S. 13, Z. 423–429). Diese realisieren den Lernprozess zunehmend selbstgesteuert und webbasiert im Moment des Wissensbedarfs in Form von kürzeren Lerneinheiten (z. B. M4, S. 18, Z. 525–532). Ein Lernen von größeren Inhalten „auf Vorrat" (PW1, S. 16, Z. 449) im Rahmen einer Präsenzschulung wird aus Sicht der Befragten hingegen tendenziell abnehmen, da sich die Halbwertszeit des Wissens innerhalb des Transformationsprozesses zunehmend verkürzt.

Neben einer Veränderung des Weiterbildungsbedarfes weisen die Befragten fast einstimmig auf die wachsende Bedeutung überfachlicher Kompetenzen im Rahmen des digitalen Wandlungsprozesses hin. Hierbei werden insbesondere kommunikative und digitale Kompetenzen bei Führungskräften von den Interviewpartner*innen als wichtig erachtet. So weisen die Befragten auf einen Wandel der Rolle der Führungskraft hin, vom besten „Fachmann im Unternehmen" (M6, S. 15, Z. 456) „in Richtung Generalist" (M6, S. 15, Z. 464), der sich vor allem auf „Themen wie Kommunikationsverhalten, Kooperation, Feedback bekommen und nehmen, Umgang mit digitalen Tools, alles, was nicht fachlich ist" (M6, S. 15, Z. 460–461) fokussiert. Diese Themen sind zwar nach Ansicht der Befragten bereits in der Vergangenheit wichtig gewesen, gewinnen jedoch innerhalb der Transformation zunehmend an Bedeutung. So werden beispielsweise die kommunikativen Kompetenzen als zentral angesehen, um bei den Mitarbeitenden ein Verständnis für die Digitalisierung und ihre Notwendigkeit generieren zu können (z. B. U8, S. 15, Z. 461–466).

Gleichzeitig verdeutlichen die Befunde, dass die Beschäftigten, aufgrund der hohen Komplexität und Veränderungsgeschwindigkeit der Finanzdienstleistungsprodukte sowie zunehmend besser informierten Kund*innen, auch in Zukunft eine hohe Fachlichkeit vorweisen müssen (z. B. U5, S. 9, Z. 268–277). So betonen die Befragten, dass zwar die Produkte zunehmend so gestaltet werden, dass sie für die Kund*innen leichter verständlich sind, die dahinterliegenden Prozesse jedoch weiterhin eine hohe Komplexität aufweisen (z. B. U2, S. 12, Z. 363–368). In dieser Gegebenheit ist zudem ein wesentlicher Hintergrund zu sehen, warum die Führungskräfte ein ausschließlich digitales Weiterbildungsangebot ablehnen würden und weiterhin für eine Kombination aus persönlichen und digitalen Weiterbildungsmöglichkeiten plädieren (z. B. U4, S. 22, Z. 697–699; U8, S. 29, Z. 899–904).

Insgesamt ist auffällig, dass die Befragten sich bei den Lerninhalten vor allem auf die hohe Bedeutung von technischen Themen beziehen. Hierdurch wird der technische Fokus des Unternehmens innerhalb der Transformation deutlich. So erfolgt innerhalb der Organisation eine Implementierung neuer digitaler Technologien, ohne dass eine Aufarbeitung der Fragestellung stattfindet, mit welcher ‚Mentalität' an Themenstellungen gearbeitet wird, die sich aus dem Wandlungsprozess ergeben. Folglich vollzieht sich bisher keine kulturelle Veränderung in der ‚Tiefe' des Unternehmens, sodass die notwendige soziale Transformation zur erfolgreichen Bewältigung des digitalen Wandlungsprozesses nicht erfolgen kann (Rump & Eilers, 2018).

(2) Wahrnehmung der Rollen im Transformationsprozess
Die differenzierte Beschreibung der Mitgestaltung des digitalen Wandels durch die Befragten setzt sich bei den Fragen nach den erlebten und selbst gestellten Erwartungen und Anforderungen innerhalb des Transformationsprozesses weiter fort. Auch in diesem Zusammenhang werden unterschiedliche Perspektiven in Bezug auf das eigene Handeln und Verhalten von den Führungskräften dargestellt. Ferner zeigt sich, dass die Agierenden eine Unsicherheit hinsichtlich der Ziele, ihrer eigenen Rolle aber auch den Rollen der anderen Akteur*innen im Wandlungsprozess aufweisen.

So erklären beispielsweise das Personalwesen und die Betriebsräte übereinstimmend, klare Erwartungshaltungen an die Führungskräfte zu stellen, wie die Einnahme einer Vorbildfunktion (PW3, S. 12, Z. 362–368) oder die Verfolgung einer langfristig orientierten Perspektive innerhalb der Transformation (z. B. BR2, S. 12, Z. 366–372). Die Führungskräfte äußern hingegen, zu einem Großteil weder von den Betriebsräten (insgesamt 71 Prozent) noch vom Personalwesen (insgesamt 50 Prozent) überhaupt eine Form der Erwartungshaltung innerhalb des Wandlungsprozesses feststellen zu können. In dieser Hinsicht divergieren Selbst- und Fremdbild der Agierenden in erheblichem Maße bezüglich ihrer Rolle bzw. ihres Beitrags zur erfolgreichen Bewältigung der Transformation.

10.1 Allgemeine Diskussion der Ergebnisse

Vor allem stehen die Wahrnehmungen der Mitarbeitenden des Personalwesens den Einschätzungen der Führungskräfte diametral gegenüber. Während sich die Mitarbeitenden des Personalwesens selbst als Gestaltende des digitalen Wandlungsprozesses ansehen (z. B. PW2, S. 5, Z. 131), äußern die befragten Manager*innen, die Rolle und den Einfluss des Personalwesens innerhalb des Unternehmens und der Transformation als „zu schwach" (M6, S. 7, Z. 195) zu erleben. Diese ‚Schwäche' des Personalwesen begründen die befragten Führungskräfte mit der geringen Unterstützung des Personalwesens innerhalb des digitalen Wandlungsprozesses, z. B. durch spezifische Weiterbildungsangebote (M6, S. 24, Z. 759–762) sowie der mangelnden ‚Stärke' im Unternehmen, „Dinge zentral umzusetzen" (M6, S. 7, Z. 195), wie beispielsweise die Personalentwicklung der Beschäftigten (M6, S. 25, Z. 768–775). In diesem Zusammenhang führt M6 an, dass es in der Vergangenheit bereits mehrfach Diskussionen gegeben habe, „die Organisationsstruktur im Unternehmen auch digitaler und agiler auf[zu]stellen" (S. 7, Z. 196–197). Diese Bemühungen seien jedoch aufgrund der „starken Hierarchie" (M6, S. 7, Z. 197) im Unternehmen immer ‚abgeprallt', sodass derartige Themen „immer lokal gelöst" (M6, S. 7, Z. 200) worden sind. Die mangelnde Zentralisierung bzw. Harmonisierung von Personalprozessen zeigt ein verhaftetes Silodenken innerhalb der Organisation und deutet auf Konflikte zwischen den Agierenden hin, die bisher nicht gelöst worden sind. Ferner weist dieser Befund auf ein grundsätzliches Problem der Positionierung und Organisation der Personalarbeit im Unternehmen hin.

Insgesamt 25 Prozent der Führungskräfte führen an, vom Personalwesen die Anforderung eines ‚digitalen Mindsets' zu bemerken, jedoch bemängeln diese Interviewpartner*innen die mangelnde Präzisierung dieser Erwartungshaltung (z. B. U10, S. 7, Z. 180–183). So äußern die Führungskräfte, die Implementierung neuer Weiterbildungsangebote bzw. die Einflussnahme des Personalwesens auf die Unternehmens- bzw. Führungskultur grundsätzlich zu erkennen. Die vermittelten Inhalte durch das Personalwesen werden von den Manger*innen jedoch lediglich als „sanfte Empfehlungen" (U10, S. 6, Z. 152) wahrgenommen, die äußerst allgemein gehalten sind und daher als zu „weich gewaschen" (U10, S. 7, Z. 183) empfunden werden. Die Führungskräfte betonen in diesem Zusammenhang, sich deutlich konkretere Anweisungen für ihren beruflichen Alltag zu wünschen, um ihre Rolle im Transformationsprozess besser verstehen zu können (z. B. U10, S. 7, Z. 183). Hierbei wird deutlich, dass die Führungskräfte eine starke operative Orientierung aufweisen, wohingegen eine Verankerung der Unternehmensstrategie bei den Manager*innen nur schwer erkennbar ist.

Ferner erklären die Führungskräfte, dass neu eingeführte Lernplattformen mit Inhalten zum digitalen Wandel aktuell einen gewissen „Anschub" (U4, S. 10,

Z. 291) für die Transformation darstellen, diese Angebote jedoch „lange Zeit gefehlt" (U4, S. 10, Z. 291) haben. Des Weiteren kritisieren die Führungskräfte die ständige Veränderung von Systemen, die das Personalwesen bereitstellt und wünschen sich eine Vereinfachung und Digitalisierung bestehender Personalprozesse sowie eine stärkere Ausschöpfung digitaler Kanäle für das Recruiting (z. B. U1, S. 8, Z. 207–217). Nicht zuletzt weist der Befund, dass ein Viertel der Führungskräfte keinerlei Erwartungen oder Anforderungen an das Personalwesen innerhalb des digitalen Wandlungsprozesses stellt (z. B. M10, S. 13, Z. 387–398), darauf hin, welchen geringen Einfluss diese Befragten bisher dem Personalwesen innerhalb der Transformation zuschreiben. Die aufgeführten Aspekte veranschaulichen, dass das Personalwesen eine stärkere Vorbildfunktion innerhalb der Transformation einnehmen sollte und weisen auf den dringenden Bedarf hin, sich ein wandlungsorientiertes Rollenprofil zu erarbeiten (z. B. M4, S. 12 f., Z. 352–361).

Die Expert*innen des Personalwesens formulieren wiederum ihre Anforderungen an die Führungskräfte eher verhalten und weitaus weniger offensiv als beispielsweise an die Mitarbeitenden. Charakteristisch hierfür sind die Äußerungen, dass die Führungskräfte den Wandel „positiv unterstützen" (PW1, S. 8, Z. 210) bzw. auf konstruktive Weise „begleiten" (PW3, S. 12, Z. 368) sollten, die recht zurückhaltend und allgemein gefasst sind und keinerlei gestalterische Komponenten beinhalten. Auch die Formulierung von PW3, dass in ausreichendem Maße Qualifizierungsangebote für die Führungskräfte bereitgestellt werden, „die eher in die agilen Rollen reinrutschen wollen" (S. 37, Z. 1180), weist eine große Unschärfe auf und deutet auf eine Unterschätzung dieses Prozesses von Seiten des Personalwesens hin.

Ferner erklärt das Personalwesen, die Führungskräfte müssten aus seiner Sicht „noch ein Stückchen weiter sein, um die Veränderungen anzunehmen und auch wirklich den digitalen Wandel anzunehmen und zu leben" (PW2, S. 7, Z. 195–204). Auch diese Wahrnehmung deckt sich nicht mit der Selbsteinschätzung der Führungskräfte. So sehen sich die Führungskräfte selbst als Personen an, die den Wandel verinnerlicht haben und in diesem Rahmen mit zahlreichen Anforderungen konfrontiert werden. Besonders herausfordernd erleben die Führungskräfte hierbei die Erwartungshaltung der Mitarbeitenden, innerhalb der Transformation Orientierung zu geben (insgesamt 63 Prozent) und mit ihren Ängsten vor einem drohenden Jobverlust bzw. einer Veränderung des Jobprofils umzugehen (insgesamt 54 Prozent). So wird anhand der Ausführungen der interviewten Manager*innen deutlich, dass die Mitarbeitenden darauf vertrauen, dass die Führungskraft ihr „Team zukunftsfähig macht" (U6, S. 6, Z. 158) und es somit „rüberbringt im Wandel" (U6, S. 6, Z. 160–161). Zusätzlich müssen sich die

10.1 Allgemeine Diskussion der Ergebnisse

Führungskräfte im Rahmen der Transformation zunehmend intensiver mit der Weiterbildung und -entwicklung der Mitarbeitenden auseinandersetzen (PW4, S. 33, Z. 956–962). Die Befunde weisen jedoch darauf hin, dass den Führungskräften die hierfür erforderlichen zeitlichen und finanziellen Ressourcen nicht bereitgestellt werden, um beispielsweise die erforderlichen Kompetenzen zur erfolgreichen Bewältigung des Transformationsprozesses ausprägen zu können (z. B. PW4, S. 20, Z. 559–562).

Darüber hinaus betonen die Mitarbeitenden des Personalwesens, sich selbst als prädestiniert dafür anzusehen, die Transformation im Unternehmen zu treiben und zu prägen, da aus ihrer Sicht gerade das Personalwesen die erforderliche Expertise besitzt, um „Kulturthemen" (PW3, S. 14, Z. 413) innerhalb von Wandlungsprozessen „aktiv mitzugestalten" (PW3, S. 13, Z. 411–412). Jedoch zeigt sich in den Ausführungen der anderen Interviewgruppen kein nachvollziehbarer Beleg, dass das Personalwesen bisher in dieser Rolle gesehen wird. So wird die vom Personalwesen dargestellte Einflussnahme auf die Unternehmens- und Führungskultur, die Implementierung neuer Arbeitsweisen sowie eine strategische Personalplanung und die Bereitstellung der benötigten Weiterbildungsangebote (z. B. PW1, S. 5, Z. 119–123; PW4, S. 9, Z. 248–255) von den anderen Agierenden kaum bemerkt. Die geringe Wahrnehmung der Einflüsse des Personalwesens innerhalb des Unternehmens und des Wandlungsprozesses deuten darauf hin, dass personalpolitische Themen innerhalb der Unternehmensstrategie bisher nicht stark genug integriert worden sind und innerhalb der Transformation eher technische als soziale Themenstellungen eine Beachtung erfahren.

Die gestellten Erwartungen des Betriebsrats, hinsichtlich einer kontinuierlichen, proaktiven und transparenten Kommunikation sowie einer sozialverträglichen Transformationsdynamik, werden von den Führungskräften und Mitarbeitenden des Personalwesens als nachvollziehbar empfunden (z. B. U6, S. 6, Z. 172–175). Auch die vom Betriebsrat gesetzten Themenschwerpunkte bezüglich der Einhaltung ergonomischer Anforderungen, der Vermeidung einer Verhaltenskontrolle mit Hilfe digitaler Technologien sowie möglicher Überlastungsrisiken, gerade im Rahmen des mobil-flexiblen Arbeitens, werden von den anderen Befragten als legitim eingestuft. Ferner lassen die befragten Betriebsräte anhand ihrer Äußerungen eher ein co-managerielles Verhalten erkennen, da sie keinerlei Widerspruch bei der Frage nach dem Erfordernis der Transformation äußern und diese allein aufgrund sich verändernder Wettbewerbsverhältnisse innerhalb der Finanzdienstleistungsbranche für notwendig erachten (z. B. BR2, S. 15 f., Z. 479–492). Allerdings wird von den Führungskräften die geringe digitale Affinität der Betriebsratsmitglieder kritisiert (z. B. M9, S. 9, Z. 263–266). Ferner wird anhand der Äußerungen der Führungskräfte und Mitarbeitenden des Personalwesens deutlich, dass der digitale Wandel von den Betriebsräten bisher nicht als ein „essentieller Teil in der Betriebsratsarbeit" (M7, S. 14, Z. 434–435) angesehen wird und in zu geringem Maße eine aktive Gestaltung erfährt (z. B. M9, S. 10, Z. 302–309; U6, S. 6 f., Z. 175–185; PW3, S. 12, Z. 370–379). Daher wünschen sich die Expert*innen, dass der Betriebsrat seine Tätigkeit stärker digitalisiert (z. B. M6, S. 11, Z. 329–336), um die Mitarbeitenden enger durch den Transformationsprozess begleiten zu können (z. B. M2, S. 13, Z. 385–392). Allerdings ist in diesem Zusammenhang darauf hinzuweisen, dass das Betriebsverfassungsgesetz erst im Zuge der COVID-19-Pandemie eine Anpassung erfahren hat, wodurch digitale Beschlüsse überhaupt eine arbeitsrechtliche Zulassung erhalten haben.[1]

Die befragten Betriebsratsmitglieder scheinen die rechtliche Anpassung nutzen zu wollen, um ihre Betriebsratstätigkeit digitaler zu gestalten. So äußern die Expert*innen, die Interessenvertretung zukünftig mit Hilfe der neuen digitalen Möglichkeiten effizienter gestalten zu wollen, aufgrund entstehender Zeitersparnisse in Bezug auf Fahrtwege sowie schnellerer sowie reichweitenstärkerer kommunikativer Aktivitäten (z. B. BR1, S. 19, Z. 493–497). In diesem Rahmen lassen die befragten Betriebsratsmitglieder eine Öffnung gegenüber dem digitalen Wandel und seinen Einflüssen auf sich selbst und die eigene Tätigkeit erkennen. In Bezug auf digitale Veränderungen bei den Mitarbeitenden zeigen sich die Betriebsratsmitglieder hingegen zurückhaltender. Exemplarisch sei in diesem Zusammenhang die Äußerung von BR2 angeführt, dass sich der Betriebsrat die Einführung einer verpflichtenden Nutzung des Outlook-Kalenders nicht zutraue (S. 11, Z. 343–347). Diese reserviertere Haltung gegenüber digitalen Veränderungen, die die Mitarbeitenden betreffen, kann auf bestehende Ängste vor deren Widerständen sowie einem angeschlagenen Vertrauensverhältnis zwischen den Beschäftigten und den Betriebsräten aus früheren Wandlungsprozessen zurückgeführt werden. So berichtet BR2 von der Wahrnehmung der Mitarbeitenden, dass sich der Betriebsrat in der Vergangenheit die Konsequenzen von Umstrukturierungen zu einseitig habe darstellen lassen (S. 6, Z. 155–163). Hierdurch ist das

---

[1] Das sog. Betriebsrätemodernisierungsgesetz ist am 18.06.2021 mit der Zielsetzung in Kraft getreten, die Betriebsratstätigkeit an den digitalen Wandel anzupassen. Mit Hilfe des Gesetzes sind bestimmte Arbeitsprozesse, die während der COVID-19-Pandemie implementiert worden sind, dauerhaft ins Betriebsverfassungsgesetz (BetrVG) integriert worden. Hierdurch sind digitale Betriebsratssitzungen, auf denen Beschlüsse gefasst werden, auf Dauer möglich. Bis zum Ausbruch der COVID-19-Pandemie im März 2020 gab § 30 Abs. 1 Betriebsverfassungsgesetz (BetrVG) zwingend vor, dass sämtliche Betriebsratssitzungen nur in Präsenzform durchgeführt werden dürfen und Beschlussfassungen ausschließlich in diesem Rahmen zulässig sind. Entscheidungen, die im Umlaufverfahren getroffen wurden, galten als ebenso unwirksam wie Beschlussfassungen über Video- bzw. Audiokonferenzen (Wedde, 2021).

10.1 Allgemeine Diskussion der Ergebnisse

Vertrauen der Mitarbeitenden gegenüber dem Betriebsrat geschwächt worden, da dieser aus Sicht der Beschäftigten schon zu oft „an der Nase" (BR2, S. 6, Z. 164) herumgeführt worden ist.

Die dargestellte ‚Vertrauensproblematik' lässt sich ebenfalls zwischen den anderen Beteiligten identifizieren. So wird deutlich, dass die Agierenden nicht in ausreichendem Maße miteinander kommunizieren und das Vertrauen in die jeweils andere Gruppe eine hohe Fragilität aufweist bzw. nicht existent ist (z. B. PW4, S. 15, Z. 418–422). Diese Gegebenheit wird vor allem durch den Hinweis der Betriebsräte deutlich, dass im Rahmen von Verhandlungen mit dem Arbeitgeber häufig Anwälte hinzugezogen werden (z. B. BR2, S. 30 f., Z. 981–988). Ferner weisen einige Führungskräfte darauf hin, dass sie die zurückhaltende Haltung der Betriebsräte bezüglich der Einführung neuer digitaler Tools als „Machtspielchen" (U2, S. 8, Z. 250) interpretieren. Diese Aussagen widersprechen einer kooperativen Basis und zeigen die tiefgreifende Misstrauenskultur zwischen den Verhandlungspartner*innen auf. Gleichzeitig veranschaulichen die Ausführungen der Befragten, dass die Agierenden sowie auch die einzelnen Organisationsbereiche ein starkes Bedürfnis aufweisen, sich voneinander abzugrenzen. In diesem Zusammenhang wird deutlich, dass sich unbearbeitete Interessendivergenzen zwischen Unternehmensbereichen bzw. -akteur*innen aufgrund wachsender Unsicherheiten innerhalb eines Wandlungsprozesses tendenziell verstärken und zu starken Reibungsverlusten führen.

Die differierenden Wahrnehmungen der jeweiligen Rollen und Anforderungen der Agierenden sowie das mangelnde Vertrauen untereinander stellen ein Hindernis der erfolgreichen Transformation des Unternehmens dar. So weisen die Agierenden kein einheitliches Verständnis von einer gemeinsamen Zielrichtung innerhalb des Transformationsprozesses auf. Bestehende Herausforderungen werden innerhalb der Transformation vorwiegend als die Problemstellungen der anderen Agierenden wahrgenommen. Nicht zuletzt werden bestehende Widerstände als ‚generelle Wandlungsträgheit' der Mitarbeitenden innerhalb der Finanzdienstleistungsbranche pauschalisiert. Die eigenen Einflüsse zur Entstehung oder Veränderung dieser Situation, Erfahrungen aus vergangenen Wandlungsprozessen (siehe hierzu Punkt 3), mögliche Ressourcenkonflikte aufgrund hoher Arbeitsbelastungen bzw. der Aspekt, inwieweit die gesamte Organisation eine hohe ‚Wandlungsträgheit' aufweist, werden von den Befragten hingegen nicht reflektiert (z. B. M12, S. 6, Z. 175–183; PW4, S. 19, Z. 530–533). Stattdessen wird per se eine Abwehrhaltung der Mitarbeitenden angenommen (z. B. M7, S. 13, Z. 386–387), die einer „persönlichen Gefühlslage" (M12, S. 11, Z. 335–336) entspringt und den Betroffenen eine sachliche Auseinandersetzung mit dem Wandel vorwiegend in Abrede stellt (z. B. M12, S. 6, Z. 175–183; PW4, S. 19, Z. 530–533).

Aufgrund der beschriebenen Gegebenheiten fehlt den Agierenden ein gemeinsamer Bezugspunkt, wie beispielsweise eine erfolgreiche Transformation der gesamten Organisation. Ferner stellen sich die unterschiedlichen Agierenden so dar, als wären sie für ein erfolgreiches Handeln nicht aufeinander angewiesen, sodass bestehende Konflikte nicht überwunden werden. Die bisher ausgebliebene Neudefinition der organisationalen Identität führt bei den Beschäftigten zu einer tiefen Verunsicherung und einem fehlenden Gemeinschaftsgefühl, innerhalb des digitalen Wandlungsprozesses an einem gemeinsamen Ziel zu arbeiten. Dieses Ergebnis sowie die bestehenden unternehmenskulturellen Spannungen führen dazu, dass unter den Agierenden keine durchgängige Einigkeit bzgl. der zentralen Werte, Normen und Verhaltenserwartungen besteht. Dieser Effekt wird durch die hohe Fluktuation der Führungskräfte auf den höheren Managementebenen (z. B. M1, S. 5, Z. 127–130; U9, S. 6 f., Z. 181–187) sowie der starken Volatilität der gesetzten Themenschwerpunkte innerhalb des Wandlungsprozesses zusätzlich verstärkt. Die exemplarische Aussage, dass „sobald der Druck weg ist" (U8, S. 15, Z. 468–469) Themen vollständig einbrechen würden, verdeutlicht gleichzeitig die mangelnde Überzeugung der Beschäftigten von den gesetzten Schwerpunkten der Unternehmensleitung, die teilweise schon lange im Voraus als ‚digitale Sackgassen' angesehen werden sowie die Inkonsistenz von getätigten Anstrengungen im Rahmen der Transformation. Aufgrund der mangelnden Stringenz sowie der unklaren strategischen Orientierung der Organisation wird der Transformationsprozess von den Befragten als zersplitterter und widersprüchlicher Vorgang erlebt.

Allerdings können auch Anschlusspunkte identifiziert werden, an denen die Agierenden bei den jeweils anderen anknüpfen könnten. Beispielsweise weisen die Befunde auf eine grundlegende Übereinstimmung der Befragten hin, dass sich innerhalb des Unternehmens Veränderungsprozesse vollziehen müssen (U4, S. 12 f., Z. 378–385; M6, S. 9, Z. 271–283). Ein weiterer zentraler Punkt, in dem die Interviewten übereinstimmen, ist die Haltung, dass alle Beteiligten im Unternehmen dem digitalen Wandel und dessen Gestaltung offen gegenüberstehen müssen und eine Vorbildfunktion für sich selbst und andere einnehmen sollten, um diesen erfolgreich bewältigen zu können (z. B. M11, S. 10, Z. 282–292; M10, S. 15, Z. 439–444). Vor allem äußern die Befragten übereinstimmend die Haltung, dass ohne die Begeisterung und Befähigung der Mitarbeitenden die ‚Basis' für eine erfolgreiche Transformation fehlt (z. B. BR2, S. 9, Z. 274–285). Jedoch stellen sich die unterschiedlichen Interviewgruppen die Frage nach der

Realisierung der konkreten Zielrichtung bzw. dem Grad an Partizipation. Letztere scheint gerade für die Mitarbeitenden kaum gegeben zu sein, wie zum Beispiel U8 auf bezeichnende Weise mit seinen Aussagen verdeutlicht. So erklärt diese Führungskraft resignativ, dass von den unteren Hierarchieebenen bisher wenig Ideen für den Transformationsprozess geäußert werden, da „alle wissen, groß abweichen von dem, was die Unternehmensleitung vorgibt, können wir eh nicht" (U8, S. 10, Z. 291–293).

(3) Einfluss vergangener Wandlungsprozesse auf die Transformation
Ein zentraler Erklärungsansatz für das dargestellte mangelnde Vertrauen zwischen den Agierenden und hieraus resultierende Abwehrreaktionen ist in den Erfahrungen mit bisherigen Wandlungsprozessen im Unternehmen zu sehen. So kritisieren insgesamt 80 Prozent der Befragten die Kommunikation der Handelnden untereinander sowie der Unternehmensleitung mit den Beschäftigten im Rahmen von bisherigen Wandlungsprozessen (z. B. M8, S. 6, Z. 164–171; M12, S. 6, Z. 173–175). Vor allem die gebotene Transparenz bezüglich der konkreten Folgen des Wandels für die Beschäftigten, wie beispielsweise der Abbau von Stellen oder die Veränderung von Rollen, wird in diesem Rahmen bemängelt (z. B. BR2, S. 5 f., Z. 150–160). Gleichzeitig weisen die Interviewpartner*innen darauf hin, dass zahlreiche vergangene Wandlungsprozesse aufgrund unzureichender Erklärungen der Unternehmensleitung von ihnen nicht verstanden bzw. aufgrund der ausbleibenden Nachhaltigkeit als obsolet eingestuft worden sind (z. B. M1, S. 7, Z. 175–189; M2, S. 7, Z. 208–213). Hierbei kritisieren die Interviewpartner*innen vor allem die Verschwendung von zeitlichen, finanziellen und personellen Ressourcen (z. B. U9, S. 7, Z. 213–215) sowie die ausbleibenden „Mitgestaltungsmöglichkeiten" (M4, S. 5, Z. 128) für die Beschäftigten.

Ferner beanstanden die Führungskräfte, dass in der Vergangenheit im Falle eines ausbleibenden Erfolgs von implementierten Wandlungsprozessen die genauen Ursachen nicht hinterfragt worden sind. Stattdessen ist aufgrund der mangelnden Fehlerkultur im Unternehmen die Strategie verfolgt worden, den jeweiligen Wandlungsprozess trotz inhaltlicher Fehler weiterhin zu realisieren: „Und dann wurde mit Gewalt alles Mögliche versucht, um das erfolgreich zu machen. Und ja, ohne mehr die Mitarbeiter einzubinden oder anzuhören" (M2, S. 8, Z. 217–219). Vor allem die hohe Ausübung von „Druck auf die mittlere und untere Managementebene" (M1, S. 5, Z. 135–136) verdeutlicht, dass Problemstellungen innerhalb vergangener Wandlungsprozesse nicht „Bottom-up" (M1, S. 5, Z. 136–137) gelöst worden sind, sondern stets eine Top-Down- Realisierung erfahren haben.

Der mangelnde Einbezug des Know-hows bzw. der Einwände der Beschäftigten kann auf Bedenken von Seiten der Unternehmensleitung zurückgeführt werden, dass der jeweilige Wandlungsprozess in zu hohem Maße von Störungen und Verzögerungen beeinflusst werden könnte (z. B. U4, S. 5, Z. 127–134). Aus diesem Grunde sind für die Umsetzung vergangener Wandlungsprozesse vorwiegend externe Berater*innen hinzugezogen worden. Die unzureichenden Kenntnisse der Berater*innen über „die Problematik des Unternehmens" (U4, S. 5, Z. 126–127) sowie ihre Vorgehensweise, dass „sehr, sehr technokratisch Kappas hochgerecht" (M7, S. 7, Z. 201–202) worden sind, ohne den entstehenden Aufwand zu berücksichtigen, stellen weitere negative Assoziation der Befragten mit vergangenen Wandlungsprozessen dar. Anhand dieser Ergebnisse wird deutlich, dass die Erfahrungen, die die Befragten in der Vergangenheit im Rahmen von Wandlungsprozessen gemacht haben, bei Zukunftsthemen fortwirken und zu unternehmenskulturellen Spannungen führen. Die von einigen Befragten dargestellte ‚Wandlungsträgheit' der Mitarbeitenden kann daher vielmehr als ein ‚Spiegelbild' der negativen Erfahrungen mit bisherigen Wandlungsprozessen interpretiert werden.

(4) Einflüsse der Transformation auf die Unternehmens- und Führungskultur
Die Aussagen der Befragten verdeutlichen eine starke Konfrontation der bestehenden Unternehmenskultur mit dem Transformationsprozess. Die Veränderungen der vorhandenen Unternehmenskultur werden nach Angaben der Befragten als ein Wandel wahrgenommen, in dessen Rahmen eine „recht traditionelle Kultur" (BR1, S. 24, Z. 620) versucht, „modern zu sein oder zu werden" (BR1, S. 24, Z. 621). Die traditionelle Kultur wird von den Interviewten als äußert „hierarchiegläubig und strukturverhaftet" (BR1, S. 24, Z. 622) beschrieben, wohingegen als Zielbild die Kulturen von Unternehmen wie Google, Amazon oder Apple genannt werden, da diese in der Transformation als größte Konkurrenz im Kampf um Fachkräfte angesehen werden (BR1, S. 24, Z. 623–625; PW1, S. 10, Z. 282–284; PW3, S. 18, Z. 517–521). Dieses Zielbild wirkt allerdings äußerst diffus, da es eher Vorstellungen als tiefgreifende Kenntnisse über diese Unternehmen repräsentiert. Als deutliche Anzeichen eines kulturellen Wandels in die Richtung der genannten Zielbilder, führen die Befragten vor allem einen legereren Dresscode sowie veränderte Umgangsformen in Form des Duzens an (z. B. U6, S. 5, Z. 139–149; M8, S. 15, Z. 435–440).

Darüber hinaus nehmen 53 Prozent aller Befragten derzeitig einen Wandel von einer Präsenz- in eine Vertrauenskultur aufgrund des verstärkten mobil-flexiblen Arbeitens im Unternehmen wahr. Jedoch weisen 33 Prozent der Expert*innen darauf hin, dass die aktuelle Vertrauenskultur von vielen Führungskräften nur

10.1 Allgemeine Diskussion der Ergebnisse

„erzwungenermaßen" (BR1, S. 25, Z. 643) aufgrund der COVID-19-Pandemie umgesetzt wird. Dieses Ergebnis verdeutlicht, dass ein Drittel der Interviewpartner*innen das mobil-flexible Arbeiten bzw. Homeoffice mit einer Vertrauenskultur gleichsetzt und nicht mit Vertrauen bzw. einer nachhaltig und grundlegend veränderten Denkweise. Eine derartige Einschätzung kann wiederum auf die Grundannahme dieser Befragten zurückgeführt werden, dass unternehmenskulturelle Veränderungen allein durch äußere Faktoren bzw. Zwang verändert werden können. Ferner zeigt sich, wie stark die bisherige kontrollorientierte und von Misstrauen geprägte Unternehmenskultur im Mindset vieler Agierender weiterhin verhaftet ist, da ein Drang besteht, in der Präsenzkultur verhaftet zu bleiben (z. B. M5, S. 25, Z. 792–795). Die hohe Präsenzkultur spiegelt sich darüber hinaus in dem von PW4 bemängelten hohen Aufwand für die permanente Erstellung von Präsentationen über einzelne Arbeitsschritte wider (S. 22, Z. 634–641). Die präferierte Präsenzkultur wird von einigen Führungskräften anscheinend mit einer besseren Verhaltenskontrolle der Beschäftigten assoziiert, die wiederum ein zielorientiertes Handeln der Agierenden sicherstellen soll. Diese Arbeitskultur steht allerdings im starken Widerspruch zur postulierten Kultur, die andere Führungskräfte bereits internalisiert haben. Aufgrund dieser unterschiedlichen Orientierungen innerhalb des Transformationsprozesses kann sich ein verdecktes kulturelles Konfliktpotenzial zwischen den Führungskräften entwickeln. So scheint ein Teil der Führungskräfte die kulturellen Veränderungen zu begrüßen und als notwendig für die erfolgreiche Transformation des Unternehmens anzusehen, wohingegen sich ein anderer Teil noch im innerlichen Widerstand befindet, da Ängste bestehen oder bestehende Machtverhältnisse nicht aufgegeben werden wollen. Gleichzeitig verdeutlicht dieser Befund, dass die Organisation zwar aufgrund der COVID-19-Pandemie grundlegende organisationale Veränderungen vorgenommen hat, den Befragten jedoch noch unklar ist, welche dauerhaften Folgen hieraus resultieren können bzw. werden.

Ferner weisen die Befragten im Rahmen des Interviews mehrfach auf die Diskrepanz zwischen postulierter und gelebter Kultur als eine zentrale Herausforderung innerhalb des Transformationsprozesses hin. Vor allem die Führungskräfte betonen, dass „das, was offiziell verlautbart wird, nicht immer zu dem passt, was dann tatsächlich auch gemacht wird" (M3, S. 19, Z. 553–554). So wird deutlich, dass die Beschäftigten einerseits eine ‚Kultur des Ausprobierens' innerhalb der Transformation leben sollen, dies jedoch andererseits eine unrealistische Erwartungshaltung darstellt, da die erforderliche Fehlerkultur im Unternehmen fehlt (z. B. M9, S. 13, Z. 396–406). Darüber hinaus veranschaulichen die Darstellungen der Interviewten, dass die ‚Kultur des Ausprobierens' nicht im Sinne eines offenen Experiments zu verstehen ist, sondern vielmehr als die Bereitschaft der

Beschäftigten, sich auf etwas „einzulassen" (M4, S. 12, Z. 340), um es dann in der Praxis zu übernehmen. Des Weiteren führen die kulturellen Gegebenheiten der Organisation zu Hindernissen auf der Vertrauensebene zwischen den Führungskräften und den Mitarbeitenden, da sich die Mitarbeitenden nicht trauen, Schwächen zu äußern bzw. ein hohes Risiko darin sehen, Fehler zu begehen (M2, S. 13, Z. 385–392). Vor allem die Sorge, im Rahmen des digitalen Wandels eine Person zu sein, die das Unternehmen nicht länger „haben will" (M4, S. 11, Z. 313), und „aussortiert" (M4, S. 11, Z. 313) zu werden, blockiert die Mitarbeitenden innerhalb des Prozesses. Diese Ängste führen innerhalb einer hierarchisch geprägten Organisation vor allem zu einer Divergenz zwischen der Sichtweise der Unternehmensleitung auf die Kompetenzen und Einstellungen der Beschäftigten gegenüber der Transformation und den tatsächlich vorhandenen Kompetenzen und Orientierungen im digitalen Wandel. Beispielhaft seien hierfür die Aussagen von M9 bzw. U8 angeführt, die auf die große Verwunderung seitens der Unternehmensleitung hinsichtlich des weiterhin hohen Bedarfs an Grundlagenseminaren zu digitalen Technologien (M9, S. 13, Z. 382–391) bzw. die deutlich geringere Realisierung von digitalen Beratungsgesprächen hinweisen (U8, S. 19, Z. 600–609).

Das mangelnde Vertrauen im Transformationsprozess ist über sämtliche Hierarchieebenen erkennbar. So äußern die befragten Führungskräfte, dass sie eine Arbeitszeitreduzierung nicht als Anreiz sehen würden, ihre berufliche Tätigkeit länger auszuüben, wenn nicht gleichsam eine Anpassung der aktuellen Belastungssituation erfolgen würde (z. B. U8, S. 24, Z. 753–757). Anhand dieser Äußerungen wird das Misstrauen der Führungskräfte gegenüber der Unternehmensleitung deutlich, da grundsätzlich angenommen wird, dass eine derartige Vereinbarung ausschließlich nachteilige Effekte für sie haben könnte. Gleichzeitig deutet dieser Befund darauf hin, dass das Flexibilitätsmanagement der Organisation Verbesserungspotenziale aufweist. Ferner sind in dem dargestellten Misstrauen sowie der bereits hohen Arbeitsbelastung wesentliche Hintergründe zu sehen, weshalb 58 Prozent der Manager*innen in der Möglichkeit, mobil-flexibel zu arbeiten, keinen Anreiz für einen späteren Eintritt in den Ruhestand erkennen. Stattdessen sehen die Führungskräfte in den Aspekten der Arbeitsentlastungen (z. B. M4, S. 24 f., Z. 726–730) bzw. der jeweiligen Lebensorientierung (z. B. U5, S. 14, Z. 405–413) weitaus zentralere Rollen für den Eintrittszeitpunkt in den Ruhestand.

Aufgrund der dargestellten Bedingungen entsteht eine von den Expert*innen bruchstückhaft und unglaubwürdig wahrgenommene Unternehmenskultur, in der unterschiedliche Kulturen innerhalb einer Organisation parallel gelebt werden und die in einem unkoordinierten Vorgehen resultiert (z. B. M7, S. 20, Z.

628–635). Darüber hinaus werden die Mitarbeitenden in die „Konfliktsituation" (M4, S. 22, Z. 647) gebracht, sich zwischen postulierter und gelebter Kultur entscheiden zu müssen (M4, S. 22, Z. 640–650). Einen wesentlichen Hintergrund für die unterschiedlich gelebte Unternehmenskultur sehen die Manager*innen in den ausbleibenden Sanktionen der Organisation, wenn die offiziell gewünschte Strategie des Unternehmens von den Führungskräften nicht realisiert wird (z. B. M4, S. 21 f., Z. 633–637). In diesem Zusammenhang stellt sich allerdings die Frage, wie die thematisierten Sanktionen gestaltet werden sollten, da Maßnahmen wie bspw. ausbleibende Beförderungen, Degradierungen oder Entlassungen schwer realisierbar erscheinen. Ferner ist hieran erkennbar, dass die kommunizierte Strategie des Unternehmens bei vielen Führungskräften entweder keinen Stellenwert besitzt und daher nicht konsequent umgesetzt wird oder die Inhalte als reine „Lippenbekenntnisse" (U5, S. 13, Z. 378) der Unternehmensleitung empfunden werden, deren tatsächliche Umsetzung nicht wirklich gewünscht ist. So wird deutlich, dass die Führungskräfte vor allem bei den Themen Life-Domain-Balance, agile Arbeitsweisen und Kundenorientierung an der Glaubhaftigkeit der Unternehmensleitung zweifeln. In diesem Zusammenhang kritisieren die Führungskräfte die mangelnde Authentizität aufgrund einer ausbleibenden Vorbildfunktion der Unternehmensleitung (U11, S. 18, Z. 546–558) sowie unzureichender Reglements (z. B. M7, S. 23, Z. 717–722) bzw. weiterhin bestehender Incentivierungen von Produkten (z. B. M2, S. 6, Z. 155–160). Anhand dieser Ergebnisse entsteht der Eindruck, dass die kulturellen Veränderungen innerhalb der Organisation nicht aus innerer Überzeugung oder Zukunftsorientierung vollzogen werden. Stattdessen scheinen eher äußere Rahmenbedingungen, wie die COVID-19-Pandemie sowie die Angst vor einem Reputationsverlust, stärkere Treiber der bisherigen Neuerungen zu sein. Hierdurch fehlt es dem postulierten kulturellen Wandel offensichtlich an der notwendigen Tiefe, da er sich vornehmlich auf die Erscheinungsebene und nur teilweise auf die kollektiven Werte konzentriert. Die Ebene der Grundannahmen bleibt hingegen unberührt.

Ferner veranschaulichen die Befunde, dass sich die Transformation in erheblichem Maße auf die Führungskultur auswirkt, was sich durch ein verändertes „Zusammenspiel zwischen Mitarbeiter und Führungskraft" (M2, S. 8, Z. 237–238) im Unternehmen kennzeichnet. So erklären die Führungskräfte, dass sie ihren Mitarbeitenden mit Hinblick auf den digitalen Wandlungsprozess zunehmend mehr Verantwortung übertragen, da es ihnen nicht länger möglich ist „(…) wirklich alle Veränderungsprozesse an allen Themen, an allen Schnittstellen, an allen Prozessen gleichermaßen zu sehen, um da immer ein Gesamtbild darzustellen" (M10, S. 8, Z. 222–224). Diese Entwicklung hat gleichzeitig zur

Folge, dass die Hierarchieebenen im Unternehmen zunehmend „verschmelzen" (M6, S. 9, Z. 261). Gleichzeitig wächst die Bedeutung von Mitarbeitenden, die dem Transformationsprozess „positiv gegenüberstehen" (M6, S. 9, Z. 262) und die Führungskräfte unterstützen, indem sie zentrale Themen für den Wandel proaktiv erkennen und bearbeiten und einen stetigen Austausch suchen. Die Führungskräfte betrachten in diesem Rahmen ein kontinuierliches Hinterfragen bestehender Prozesse auf Digitalisierungspotenziale als Voraussetzung für eine erfolgreiche Transformation (z. B. M3, S. 7 f., Z. 198–208). Des Weiteren wird deutlich, dass Mitarbeitende, die als „Leuchtturm" (M6, S. 9, Z. 267) in Projekten fungieren und somit andere Mitarbeitende durch Begeisterung ‚mitziehen', als zentrale Erfolgsfaktoren von den Führungskräften bezeichnet werden. Nicht zuletzt sticht die Aussage von M10 hervor, dass er zwar selbst als Führungskraft eine Vorbildrolle innerhalb der Transformation versuche einzunehmen, jedoch gleichzeitig über alle Mitarbeitenden froh sei, die ebenfalls eine Vorbildrolle einnehmen, vor allem da Mitarbeitende versierter, besser und schneller in digitalen Themenstellungen sein könnten (S. 15, Z. 439–444). Diese Aussage veranschaulicht, dass M10 aufgrund des digitalen Wandels eine Veränderung seiner Führungsrolle sieht und für eine Selbstführung innerhalb des Prozesses plädiert. Die aufgeführten Punkte zeigen auf, dass die Führungskräfte davon ausgehen bzw. erkennen, dass ihnen die erfolgreiche Transformation des Unternehmens ohne die Unterstützung der Mitarbeitenden misslingen wird.

Die zunehmende Delegation von Verantwortung in die Breite geht jedoch gleichzeitig mit einer sinkenden Flexibilität einher, da das Wissen über Vorgänge bzw. Kompetenzen nicht länger in einer Person in Form der Führungskraft gebündelt wird, sondern sich zunehmend auf mehrere Mitarbeitende verteilt. Hierdurch kann die Abwesenheit von Mitarbeitenden zu der Problematik führen, dass die Führungskraft nicht länger vollumfänglich auskunftsfähig ist. Trotz dieser Entwicklungen werden die Führungskräfte der widersprüchlichen Situation ausgesetzt, alleinige Verantwortungsträger*innen für die Arbeitsergebnisse ihrer Mitarbeitenden zu bleiben und im Falle einer „Fehlentscheidung" (M10, S. 9, Z. 270) für diese allein zur Rechenschaft gezogen zu werden. Hierdurch entsteht das Risiko, dass die Führungskraft Aufgaben und Verantwortlichkeiten an Mitarbeitende überträgt, die Arbeitsstände aufgrund der bestehenden Verantwortlichkeit aber dennoch permanent kontrolliert. Diese Art der ‚kontrollierten Delegation' birgt ein großes Konfliktrisiko in sich, wobei vor allem das Vertrauensverhältnis, die Kompetenzverteilung zwischen Führungskraft und Mitarbeitenden sowie die Fragestellung, inwieweit Ressourcen für die Delegation gegeben sind, entscheidende Aspekte darstellen. Überraschend ist in diesem Zusammenhang die Sichtweise von M10, der auch weiterhin für dieses Vorgehen plädiert, da es

10.1 Allgemeine Diskussion der Ergebnisse

beim Militär im Zweifelsfall auch jemanden geben müsse, der den Befehl zum Angriff gebe (S. 9, Z. 270–272). Dieser befremdlich wirkende Vergleich verdeutlicht, wie stark die bisherige ‚traditionelle' Kultur des Unternehmens bei einigen Führungskräften immer noch manifestiert ist und im starken Gegensatz zum offiziell gewünschten ‚digitalen Mindset' steht. Ferner zeigt sich, dass kulturelle Umstellungen für Organisationen mit starken ‚traditionellen Verwurzelungen' eine wesentlich größere Herausforderung darstellen, da sich das Loslösen von bestehenden Werten und Einstellungen sehr viel schwieriger gestaltet. Jedoch stellt sich unweigerlich die Frage, wie die Mitarbeitenden innerhalb der dargestellten kulturellen Zerrissenheit der Organisation die gewünschte Rolle einer eigeninitiativ handelnden Person entwickeln sollen, ohne die nötigen Handlungsfreiheiten eingeräumt zu bekommen. Erschwerend kommt hinzu, dass das digitale Mindset weder konzeptionell, noch praktisch ausgeführt oder begründet wird. Stattdessen scheint das Unternehmen eher durch die Verwendung von Worthülsen eine tatsächliche Durchdringung, Reflexion sowie ein einheitliches Verständnis zu ersetzen. Dieses Handeln geht gleichzeitig mit einer Beeinträchtigung der Kommunikation einher, die eher einer ‚wortgewaltigen Nicht-Kommunikation' gleichkommt.

Ferner weisen die Führungskräfte darauf hin, dass sich die an sie gestellten Anforderungen im Rahmen der Transformation aufgrund der COVID-19-Pandemie weiter erhöht haben und eine starke Anpassung des Führungsverhaltens erfordern (z. B. M12, S. 15 f., Z. 494–496). Der pandemiebedingt erzwungene Wandel führt laut den Befragten zu Widersprüchen, Unsicherheiten und Verunsicherungen sowie zu Unklarheiten, die tief in Verhaltensorientierungen und -erwartungen sowie das Herrschaftsgefüge im Unternehmen hineinwirken. So wird das fast ausschließliche Arbeiten im Homeoffice vorwiegend als Belastung wahrgenommen, da soziale Beziehungen nur unzureichend gelebt und gepflegt werden können und die Befragten von einer zunehmenden Entgrenzung der Erwerbsarbeit und anderen Life Domains berichten, die in Rollenkonflikten münden (z. B. PW4, S. 25, Z. 706–708; BR2, S. 16, Z. 506–517). Vor allem die ‚Führung aus der Ferne' wird als fordernd von den Führungskräften beschrieben und bedarf ausgeprägter Sozialkompetenzen, um eine emotionale Entfremdung zu vermeiden (z. B. M2, S. 20, Z. 591–596). So betonen die Führungskräfte die Herausforderung, aufgrund der rein digitalen Kommunikation nicht nur fachliche Gespräche zu führen, sondern auch schwierige persönliche Themen anzusprechen, um die Mitarbeitenden innerhalb des digitalen Wandlungsprozesses nicht ‚zu verlieren' (z. B. M2, S. 20, Z. 598–604). Weiterhin nehmen die Führungskräfte die Aufgabe der ‚gerechten Arbeitsverteilung' als deutlich schwieriger wahr, da Mitarbeitende im Homeoffice eher die Möglichkeit haben, „etwas unter dem Radar zu verschwinden, was die eigene Arbeit angeht" (M12, S. 16, Z. 499–500). Nicht zuletzt weisen die Führungskräfte auf die gestiegene Bedeutung von Vertrauen zwischen Führungskraft und Mitarbeitenden sowie der Förderung einer „selbstverantwortlichen Entwicklung und Arbeitsweise der Mitarbeiter" (M12, S. 16, Z. 503) hin, um im Rahmen des mobil-flexiblen Arbeitens erfolgreich zusammenwirken zu können.

Die erhöhten Anforderungen aufgrund des mobil-flexiblen Arbeitens beschränken sich jedoch nicht nur auf die Führungskräfte, sondern werden ebenfalls auf Seiten der Mitarbeitenden gesehen. Vor allem weisen die Befragten auf das deutlich höhere Maß an eigenständigem Arbeiten und Lernen und ein damit einhergehendes sinkendes Zusammengehörigkeitsgefühl hin (z. B. M12, S. 15, Z. 488–494). Die Angst, dass die Beschäftigten aufgrund dieser Entwicklung zunehmend „als Team zerfallen" (M7, S. 20, Z. 626), wächst in diesem Zusammenhang mit der anhaltenden Dauer der hohen Intensität des mobil-flexiblen Arbeitens. Aus diesem Grund betonen die Führungskräfte die Bedeutung eines regelmäßigen Austausches mit den Mitarbeitenden, um die Entstehung einer ‚Einzelkämpferkultur' zu vermeiden (z. B. M5, S. 22, Z. 700–702).

Neben den aufgeführten gestiegenen Anforderungen aufgrund des mobil-flexiblen Arbeitens, sehen die Befragten jedoch gleichzeitig äußerst positive Effekte, die mit dieser Arbeitsweise verbunden sind. Vor allem die deutlich größeren Freiräume in Bezug auf die Gestaltung des Arbeitstages, eine gesteigerte Arbeitseffizienz sowie eine gezieltere Arbeit an Lösungen werden von den Führungskräften als zu begrüßende Entwicklungen eingestuft (z. B. U2, S. 13, Z. 396–402; M11, S. 13, Z. 404–410; M8, S. 15, Z. 440–443). Aufgrund der genannten positiven Aspekte plädieren die Führungskräfte für eine zukünftige Fortführung des mobil-flexiblen Arbeitens. Die negativen Effekte führen jedoch zu der Haltung, dass das Ausmaß an Homeoffice zukünftig eine Begrenzung erfahren sollte und die Erarbeitung eines eindeutigen Regelwerks von zentraler Bedeutung ist (z. B. M4, S. 15, Z. 436–437; M11, S. 13, Z. 392). Hieran wird die Ansicht der Führungskräfte deutlich, dass die Beschäftigten vom Unternehmen stärker vor einer zunehmenden Entgrenzung der Lebensbereiche geschützt werden sollten und gleichzeitig ein einheitlicher Umgang mit dem mobil-flexiblen Arbeiten im Unternehmen zu gewährleisten ist.

Ferner veranschaulichen die Befunde, dass weder die Erwartungen der Beschäftigten, noch die des Unternehmens im Rahmen des mobil-flexiblen Arbeitens eine Klärung erfahren haben (z. B. PW2, S. 17, Z. 477–480). Dies umfasst vor allem Aspekte wie Arbeitszeiten, Erreichbarkeit und Flexibilität, aber auch erwartete Arbeitsergebnisse sowie der Austausch und die Zusammenarbeit mit

Führungskräften und Kolleg*innen (z. B. M11, S. 13 f., Z. 415–421). Stattdessen entsteht der Eindruck, dass die verstärkte berufliche Tätigkeit im Homeoffice von dem Unternehmen bisher als reine ‚Aufrechterhaltung der Geschäftstätigkeit' angesehen wird und nicht als eine wichtige Gestaltungsaufgabe im Rahmen der Transformation. Dieser Aspekt ist als besonders kritisch zu erachten, da die Befragten die unklaren Aufgabenstellungen und die hieraus resultierende hohe Arbeitslast für die Beschäftigten als ein generelles Problem der Organisation bemängeln (z. B. BR2, S. 23, Z. 726–729). In Kombination mit wachsenden Anforderungen an die zeitliche und inhaltliche Flexibilität im Homeoffice (z. B. BR1, S. 27, Z. 712–714; BR2, S. 24, Z. 777–779) sowie schnelleren „Ermüdungserscheinungen" (M7, S. 20, Z. 634) durch eine ausschließlich digital geführte Kommunikation, ist von einer Verstärkung dieser Thematik auszugehen.

Darüber hinaus berichten die Befragten von erforderlichen Verbesserungen bezüglich der Ergonomie im Homeoffice. In diesem Zusammenhang kritisieren die Führungskräfte, dass das Unternehmen für die Beschäftigten „nur das Minimum" (M6, S. 16, Z. 500) an ergonomischen Arbeitsstandards verwirklicht. Diese geringe Unterstützung deutet erneut daraufhin, dass das Unternehmen eine Präsenzkultur präferiert und daher die Arbeitsphase im Homeoffice während der Pandemie lediglich als Provisorium erachtet, die derzeit keinerlei weiterer finanzieller Investitionen bedarf. Dieser Befund ist umso interessanter, da die Befragten übereinstimmend davon ausgehen, dass die Beschäftigten auch weiterhin ihrer Erwerbsarbeit zu einem gewissen Grad mobil-flexibel nachgehen werden (z. B. M12, S. 16, Z. 501–506) und das wachsende Maß an Homeoffice eine „Vorschau auf die Zukunft" (PW4, S. 24, Z. 686) darstellt. Hieran wird deutlich, dass es eine Divergenz zwischen den Erwartungshaltungen der Befragten und der Unternehmensleitung bei der Frage nach dem zukünftigen Ausmaß an Homeoffice zu geben scheint. Diese Divergenz kann zu Spannungsfeldern führen, da die Realisierung von Homeoffice in hohem Maße mit der Form der täglichen Lebensführung verbunden ist.

(5) Alter(n)smanagement innerhalb des Transformationsprozesses
Die Befunde aus den Interviewfragen zum Themenfeld Age Diversity und berufliche Entwicklungsmöglichkeiten erwecken insgesamt einen disparaten Eindruck. So geht das Wahrnehmungsspektrum der Befragten in Bezug auf den Umgang mit älteren Beschäftigten im Unternehmen grundsätzlich sehr weit auseinander. Diese divergierenden Wahrnehmungen liegen allerdings nicht in den unterschiedlichen Funktionsgruppen der Interviewpartner*innen begründet. So können beispielsweise die Sichtweisen von PW1 und PW2 zu mehreren Aspekten fast diametral den Einschätzungen von PW3 und PW4 gegenübergestellt werden (z. B. PW1,

S. 15, Z. 419–423; PW2, S. 17 f., Z. 502–508; PW3, S. 29, Z. 929–935; PW4, S. 31, Z. 898–906). Deutlich wird dennoch, dass innerhalb des untersuchten Unternehmens ein strategisches und strukturiertes Alter(n)smanagement weder erfolgt, noch ein richtiges Verständnis dieser Thematik gegeben ist (z. B. PW2, S. 18, Z. 511–521; PW4, S. 32, Z. 914–924; BR2, S. 27, Z. 887–892). Ein altersbezogenes Diversity-Management kann aus den Ergebnissen ebenfalls nicht abgeleitet werden (z. B. PW4, S. 27, Z. 771–777). So weisen beispielsweise die Befragten übereinstimmend darauf hin, dass ihnen keine vorhandenen oder geplanten Weiterbildungs- und Personalentwicklungsprogramme für ältere Beschäftigte innerhalb der Organisation bekannt sind (z. B. M1, S. 29, Z. 847–849; M4, S. 29, Z. 856–858). Eine akute Altersdiskriminierung bzw. eine generelle Abwertung von ‚Alter' aufgrund einer Idealisierung von ‚Jugend' kann anhand der Befunde jedoch nicht identifiziert werden. Beispielsweise weisen U5 und M7 darauf hin, dass ‚Alter' aus ihrer Sicht mit einer gewissen Wertschätzung im Unternehmen verbunden ist (U5, S. 14 f., Z. 430–441; M7, S. 25, Z. 796–798). Gleichzeitig wird jedoch geäußert, dass gerade im Rahmen von Umstrukturierungen und einem damit einhergehenden Personalabbau verstärkt Ältere angesprochen werden.

Hierdurch werden ältere Beschäftigte latent mit der Bedrohung konfrontiert, im Rahmen eines Wandlungsprozesses des Unternehmens sowie einem damit einhergehenden Personalabbau zur Dispositionsmasse zu werden (z. B. U4, S. 21, Z. 644–648). Ein zentraler Hintergrund dieser wahrgenommenen Bedrohung stellen Erfahrungen der befragten Führungskräfte aufgrund von vorangegangenen Wandlungsprozessen dar, innerhalb derer verstärkt ältere Beschäftigte von Stellenabbau betroffen gewesen sind (z. B. M1, S. 29, Z. 840–844; M6, S. 22 f., Z. 700–707). Diese Gegebenheit führt bei den Befragten zu der Schlussfolgerung, dass auf Erfahrungswissen innerhalb des Unternehmens zugunsten von Kostenvorteilen verzichtet wird (z. B. M4, S. 26 f., Z. 788–792; PW4, S. 27, Z. 777–782), da ältere Beschäftigte in finanzieller Hinsicht noch ganz „andere Verträge und Gehälter" (U8, S. 26, Z. 808) aushandeln konnten. Nicht zuletzt haben viele ältere Führungskräfte den Eindruck, dass sie im Rahmen von Wandlungsprozessen eher als „unbequem" (M1, S. 27, Z. 797) von der Unternehmensleitung empfunden werden, da sie in deutlich höherem Maße Einwände und Bedenken äußern, als jüngere Beschäftigte (z. B. M1, S. 28, Z. 823–825). Diese Erfahrungen haben einen negativen Einfluss auf die Motivation einiger Führungskräfte, den digitalen Wandlungsprozess aktiv zu gestalten (z. B. M6, S. 23, Z. 723–729).

Ferner weisen 21 Prozent der befragten Führungskräfte darauf hin, dass die bestehenden Personalentwicklungsangebote für die älteren Beschäftigten inoffiziell nicht mehr offeriert werden (z. B. M2, S. 28, Z. 853–857; U8, S. 25, Z.

10.1 Allgemeine Diskussion der Ergebnisse

775–783). In diesem Zusammenhang bemängeln die Führungskräfte die „verschobene Wahrnehmung" (U8, S. 26, Z. 801) der Unternehmensleitung in Bezug auf die eigene Leistungsfähigkeit und Agilität im Alter im Vergleich zu jener der älteren Beschäftigten des Unternehmens. Vor allem die Abwendung älterer Führungskräfte zu Mitbewerber*innen und der Verlust von wertvollem Erfahrungswissen sehen die befragten Manager*innen in diesem Rahmen als kritisch an (z. B. M11, S. 16, Z. 499–504). Die dargestellten Gegebenheiten haben eine einschränkende Wirkung auf die Bereitschaft und den Willen, ab einem bestimmten Alter im Unternehmen Ambitionen in Bezug auf das Thema Personalentwicklung auszubilden (z. B. M2, S. 27, Z. 812–815; U6, S. 18, Z. 528–535).

Darüber hinaus ist das Ergebnis interessant, dass insgesamt 58 Prozent bzw. 37 Prozent der befragten Führungskräfte sich keine spezifischen Weiterbildungsangebote bzw. Personalentwicklungsangebote für ältere Beschäftigte wünschen, da sich nach ihrer Ansicht Entwicklungsprogramme anhand von Kompetenzen ausrichten sollten und nicht an einem bestimmten Lebensalter. Auch PW1 und PW3 sowie beide Betriebsräte äußern, dass der Fokus im Unternehmen aktuell nicht auf das Thema ‚Alter', sondern im Rahmen der strategischen Personalplanung allein auf die Frage nach vorhandenen bzw. zukünftig benötigten Kompetenzen gelegt wird (PW1, S. 15, Z. 426–431; PW3, S. 30, Z. 951–953; BR1, S. 30, Z. 789–801; BR2, S. 27 f., Z. 887–892). Diese Haltung impliziert allerdings den Grundgedanken, dass ‚Alter' und ‚Kompetenzen' keinerlei Bezug zueinander aufweisen. Diese allgemeine Einschätzung kann jedoch als unzutreffend eingestuft werden (Gerst, Pletke & Hattesohl, 2007; Freude, 2007; Bundesanstalt für Arbeitsschutz und Arbeitsmedizin, 2008). Ferner fallen unreflektierte Schlussfolgerungen von einigen Befragten in Bezug auf den Bedarf bzw. die Motivation von älteren Beschäftigten für Entwicklungsangebote auf. So begründet beispielsweise U2 ihre Aussage, keinen Bedarf für Entwicklungsangebote für ältere Beschäftigte zu erkennen, mit der Einschätzung, für sich selbst keine Notwendigkeit für ein derartiges Angebot zu sehen (S. 19, Z. 582–590). Dies könnte jedoch auf einen ‚blinden Fleck' und dementsprechend umso mehr auf einen Bedarf hinweisen. Auch die Aussage von M12, dass das beste Weiterbildungsprogramm nicht helfe, wenn Beschäftigte mit 55 viel stärker an den Ruhestand denken würden, als an ihre berufliche Tätigkeit (S. 23, Z. 746–753), veranschaulicht, dass mögliche organisationale Ursachen für vorhandene Einstellungen nicht hinterfragt werden.

Der Befund, dass sich 42 Prozent bzw. 63 Prozent der befragten Führungskräfte Weiterbildungsangebote bzw. Personalentwicklungsangebote für ältere Beschäftigte wünschen, weist auf bestehende Angebotsdefizite und Bedarfe hin. Vor allem erklären diese Führungskräfte, dass sie eine weitere Vernachlässigung der älteren Beschäftigten aufgrund der wachsenden Einflüsse des demografischen Wandels als „fatal" (M4, S. 32, Z. 943) ansehen würden. Auffallend ist in diesem Rahmen, dass 54 Prozent der Führungskräfte die hohe Bedeutung individueller Entwicklungsziele für ältere Beschäftigte hervorheben. So erklären die Befragten, dass aus ihrer Sicht vor allem in Bezug auf die Personalentwicklung individuelle Gespräche geführt werden sollten, um eine Standortanalyse vornehmen und persönliche Entwicklungsziele erarbeiten zu können. Allgemeine Programme, die einheitlich gestaltet werden, sehen diese Manager*innen hingegen als ein zu enges „Korsett" (U5, S. 19, Z. 570) an, in das ältere Beschäftigte gezwängt würden. In Bezug auf die Weiterbildungsmöglichkeiten wünschen sich die Führungskräfte, neben einer verbesserten Systematik vor allem eine „Roadmap" (U4, S. 24, Z. 736) zu digitalen Technologien zu erhalten. Hierdurch erhoffen sich die Manager*innen einen besseren Überblick über die aktuellen digitalen Tools und ihre Einsatzgebiete zu erhalten sowie eine Kenntnis darüber, welche digitalen Kompetenzen in welcher Tiefe von ihnen erwartet werden. Anhand dieses Befundes wird erneut die hohe Geschwindigkeit und Informationsdichte bezüglich neuer digitaler Möglichkeiten deutlich, die auf die Führungskräfte einwirken und nicht länger allein bewältigt werden können.

Die Befunde veranschaulichen, dass im Unternehmen die Fragestellungen, die sich aus dem digitalen Wandlungsprozess ergeben, bisher noch nicht mit den Einflüssen des demografischen Wandels verknüpft worden sind. So erwecken die dargestellten Ergebnisse den Eindruck, dass das Unternehmen der Thematik des demografischen Wandels derzeitig noch ‚ausweicht'. Aus diesem Grunde stellt sich die Frage, inwieweit ein Alter(n)smanagement innerhalb des Transformationsprozesses im Unternehmen überhaupt vorgesehen ist. Zwar nehmen die Befragten grundsätzlich einen Fachkräftemangel wahr und gehen auf den Aspekt ein, dass sich innerhalb der Organisation grundlegende Veränderungen vollziehen müssen, um ältere Beschäftigte zu einem längeren Verbleib im Unternehmen zu bewegen (z. B. BR2, S. 29, Z. 924–929; U6, S. 16, Z. 485–492). Dennoch werden innerhalb der Organisation Zweifel gehegt, dass der Transformationsprozess und die erforderlichen Veränderungen im Unternehmen erfolgreich mit älteren Beschäftigten bewältigt werden können. So wird vor allem bei Personalbesetzungen im Rahmen von digitalen Projekten des Unternehmens die Wahrnehmung einer Stigmatisierung (z. B. M5, S. 27, Z. 853) von Älteren als „Bremser" (M3, S. 17, Z. 495) des Transformationsprozesses durch die Führungskräfte geäußert. Dieser Befund verdeutlicht, dass die von einigen Führungskräften wahrgenommene Wertschätzung älterer Beschäftigter in hohem Maße mit dem situativen Kontext verbunden ist (M7, S. 24, Z. 759–761). Das Erfahrungswissen bzw. die

10.1 Allgemeine Diskussion der Ergebnisse

Kompetenzen von älteren Beschäftigten werden im Rahmen des digitalen Wandlungsprozesses nicht im erforderlichen Maße als wertvoll eingestuft (z. B. PW3, S. 29, Z. 913–915). Hierdurch zeigt sich, dass für Unternehmen bei der Frage nach einer längeren Beschäftigung älterer Mitarbeitender nicht nur körperliche Belastungen von zentraler Bedeutung sind, sondern auch kulturelle Aspekte und die Sicht auf das Thema ‚Alter'.

Darüber hinaus ist nicht außer Acht zu lassen, dass Transformationsprozesse zu gewissen Teilen auch den Charakter eines ‚Aussortierungsprozesses' besitzen und Beschäftigte, die mit dem Wandel nicht Schritt halten, vom Unternehmen als ‚entbehrlich' eingestuft werden können (Gamradt, 2022; Stork & Widuckel, 2018). So weist beispielsweise U10 darauf hin, dass das Ausmaß an Mitgestaltung des digitalen Wandlungsprozesses dafür entscheidend sei, wie die Leistungsfähigkeit von Beschäftigten innerhalb der Organisation beurteilt würde (S. 11, Z. 315–316). Dies wirft die Frage auf, ob der Hintergrund der Vernachlässigung des demografischen Wandels darin begründet liegt, dass innerhalb der Organisation ein informelles Verständnis dafür gegeben ist, dass ältere Beschäftigte aufgrund einer angenommenen geringeren digitalen Affinität eine gewisse Dispositionsmasse darstellen, da im Rahmen des Transformationsprozesses von einem Personalabbau ausgegangen wird. Vor allem vor dem Hintergrund der Institutionalisierung sowie bestehender Regulierungswerke innerhalb von Deutschland können ältere Beschäftigte schnell in den Fokus geraten, wenn es um die Thematik des Personalabbaus geht und der Kapazitätsdruck des Fachkräftemangels innerhalb eines Unternehmens noch nicht stark genug wahrgenommen wird (Stork & Widuckel, 2018). Ferner scheint die Organisation die Strategie zu verfolgen, durch Anpassungen, beispielsweise in Bezug auf Karrierewege oder Vergütungskonzepte, für zukünftig benötigte Fachkräfte attraktiver zu erscheinen und entstehende ‚personelle Lücken' auf diese Weise zu schließen (PW3, S. 13, Z. 389–396). Anhand dieses Vorgehens wird den Mitarbeitenden jedoch gleichzeitig das Bild vermittelt, dass externe Fachkräfte einen höheren Stellenwert für das Unternehmen einnehmen als interne Beschäftigte und sich somit negativ auf dessen Wandlungsbereitschaft auswirken. Beispielsweise wird von den Internen eine stetige Anpassung an die Transformation erwartet, wohingegen sich die Organisation an die Externen anpasst, um diese innerhalb des Prozesses für sich zu gewinnen.

Des Weiteren erklären einige Interviewpartner*innen, dass innerhalb der Organisation derzeit „andere Themen mehr im Fokus liegen" (U6, S. 18, Z. 549). So kritisiert PW4 die mangelnden zeitlichen Ressourcen, um ein Konzept zur Bewältigung des demografischen Wandels erarbeiten und der Unternehmensleitung präsentieren zu können (S. 33, Z. 969–981). Hierdurch werden bestehende Ressourcenkonflikte eines Alter(n)smanagement mit anderen organisationalen Vorhaben, wie zum Beispiel der voranschreitenden Digitalisierung des Unternehmens, deutlich.

Ferner ist das Ergebnis auffallend, dass innerhalb des Unternehmens nur in geringem Maße Bedenken in Bezug auf die organisationale Altersstruktur bestehen. So erklären die Befragten, dass innerhalb des Transformationsprozesses verstärkt ein Fokus auf den Wandel der Kompetenzanforderungen gelegt werde, ohne hierbei einen demografischen Ansatz zu verfolgen (z. B. PW3, S. 34, Z. 1086–1088). Anhand dieser Befunde wird deutlich, dass die Tragweite des demografischen Wandels innerhalb des untersuchten Unternehmens offenbar unterschätzt wird, da dessen Wirksamkeit und das damit einhergehende Erfordernis eines Alter(n)smanagements derzeit noch kaum wahrgenommen werden. Zudem scheinen die im Rahmen eines Alter(n)smanagements entstehenden Kosten nicht mit dem Paradigma des Personalabbaus des Unternehmens innerhalb der Transformation vereinbar zu sein. Der hohe Kostendruck, mit dem sich das Personalwesen konfrontiert sieht, wird beispielsweise anhand der Ausführungen von PW4 bezüglich vorhandener Zielkonflikte deutlich, die hinsichtlich wachsender Anforderungen an Weiterbildungsangebote bei gleichzeitig hierfür rückläufig zur Verfügung gestellten finanziellen Mitteln bestehen (S. 12, Z. 325–328).

Nicht zuletzt bemängeln die befragten Führungskräfte die mangelnde Transparenz innerhalb der Organisation in Bezug auf den Personalbedarf der jeweiligen Unternehmensbereiche und vergleichen diesen mit einer „Blackbox" (M4, S. 33, Z. 978). So werden bisherige Wechsel zwischen den Abteilungen bzw. Jobfamilien als rein „zufallsgetrieben" (M4, S. 33, Z. 981) aufgrund bestehender Netzwerke gesehen. Eine Plattform, die Transparenz über vakante Stelle und Entwicklungsmöglichkeiten für Führungskräfte bietet, ist in der Organisation nicht vorhanden. Diese Äußerungen veranschaulichen, dass innerhalb des Unternehmens personalpolitisch bisher kein Open-Book-Management[2] betrieben wird, um eine Offenlegung der personellen Ressourcenausstattung bzw. der Stärken und Schwächen einzelner Unternehmensbereiche zu umgehen. Ferner kann durch diese Vermeidungsstrategie ein möglicher personeller Ressourcentransfer zwischen den Abteilungen begrenzt und eine eigene Dispositionsmasse

---

[2] Der Terminus „Open-Book-Management" beschreibt einen Managementstil, der eine Zunahme der Effizienz einer Organisation fokussiert. Die Effizienzsteigerung wird durch die Sicherstellung einer umfassenden Transparenz auf sämtlichen Hierarchiestufen und einer hiermit einhergehenden Förderung und Stärkung der Position und Motivation der Beschäftigten erzielt (Case, 1995).

10.1 Allgemeine Diskussion der Ergebnisse

besser aufrechterhalten werden. Des Weiteren werden durch diese Verfahrensweise bestehende Macht- und Herrschaftsgefüge weniger gefährdet, da keine Verlagerung von Entscheidungskompetenzen und Ressourcen erfolgt.

Das dargestellte fragmentierte und unstrukturierte Vorgehen spiegelt sich ebenfalls in der Personalentwicklungsplanung und ihrer Systematik innerhalb der Organisation wider. So verwirklicht jeder Unternehmensbereich die Weiterentwicklung seiner Beschäftigten nach seinen eigenen Vorstellungen (z. B. M3, S. 19, Z. 569–574). Darüber hinaus veranschaulichen die Befunde, dass eine genaue Vorstellung davon, welchen Führungskompetenzen zukünftig welcher Grad an Bedeutung vor dem Hintergrund der Transformation beigemessen wird bzw. über den Verbleib von älteren Führungskräften im Unternehmen entscheiden, nicht vorhanden zu sein scheint. Ferner weisen einige Führungskräfte darauf hin, dass deutlich mehr überfachliche Weiterbildungsangebote erforderlich wären, die einen direkten Bezug zum Transformationsprozess des Unternehmens aufweisen (z. B. M6, S. 24, Z. 759–762; M11, S. 18 f., Z. 567–576) und bemängeln die bisherige unzureichende Systematik der bestehenden Angebote (insgesamt 50 Prozent).

In diesem Zusammenhang zeigt sich von Seiten des Personalwesens ein unreflektiertes Verhalten, da die Expert*innen die bestehenden Weiterbildungs- und Personalentwicklungsangebote weitestgehend als sehr positiv darstellen (z. B. PW1, S. 18, Z. 495–497; PW3, S. 36 f., Z. 1171–1178). Vor allem wird die Vielfalt der bestehenden Angebote im Unternehmen von den Mitarbeitenden des Personalwesens hervorgehoben (PW3, S. 36, Z. 1168–1170). Allein PW4 bemängelt die bisherige, kritisch zu betrachtende Vernachlässigung des demografischen Wandels aufgrund mangelnder zeitlicher Ressourcen (S. 33, Z. 969–984). Auch die Systematik der Angebote wird vom Personalwesen als gegeben angesehen (z. B. PW2, S. 20, Z. 583–587), wobei die Äußerungen hier eher einer Behauptung als einer argumentativ schlüssigen und nachvollziehbaren Begründung gleichen (z. B. PW4, S. 35, Z. 1016–1019). So scheint es vielmehr, dass das Personalwesen die hohe Angebotsvielfalt gleichzeitig mit einer vorhandenen Systematik assoziiert. Kriterien, anhand derer die Expert*innen eine Systematik erkennen, wie eine aufeinander aufbauende und miteinander in Verbindung stehende Logik oder die Verfolgung einer bestimmten übergeordneten Zielrichtung, werden hingegen nicht genannt bzw. hervorgehoben.

Auch die Betriebsräte erkennen Verbesserungspotenziale bezüglich der Weiterbildungsangebote für die Beschäftigten im Transformationsprozess und bezeichnen das bestehende Know-how im Unternehmen zur Digitalisierung als ein ‚Mitstolpern mit dem Markt' (BR2, S. 29, Z. 929–930). So erklärt beispielsweise BR2, dass sich die Beschäftigten bisher aufgrund der mangelnden Systematik an das Thema Digitalisierung selbst „herangerobbt und sich da was zusammengetragen" (S. 29, Z. 926) hätten. Auffällig ist weiterhin, dass sich die unzureichende Systematik bei der Weiterbildung der Betriebsräte im digitalen Wandlungsprozess fortsetzt. Zwar weist BR2 auf die hohe Bedeutung der Weiterbildung von Betriebsräten im Transformationsprozess hin (S. 13, Z. 403–414), jedoch äußern beide Betriebsräte, dass bisher keine systematischen Weiterbildungspläne bzw. -konzepte für Betriebsratsmitglieder des Unternehmens vorhanden sind. Stattdessen behelfen sich die Betriebsräte „eher ad hoc" (BR1, S. 31, Z. 819) durch die Hinzuziehung von IT-Expert*innen, Unternehmensberater*innen und Jurist*innen sowie der Zusammenarbeit in Projektgruppen, um interessenpolitische Zielsetzungen im Wandlungsprozess formulieren zu können (BR1, S. 32, Z. 838–843; BR2, S. 33, Z. 1052–1058). Hierdurch wird deutlich, dass die Herausforderung einer durchgängigen Weiterbildungssystematik innerhalb des Transformationsprozesses bisher in keinem der unterschiedlichen Unternehmensbereiche bewältigt werden konnte und ein durchgängiges Problem der Organisation darstellt.

10.2 Diskussion der Ergebnisse aus Sicht der Forschung

Im vorliegenden Kapitel werden die Untersuchungsergebnisse unter wissenschaftlichen Gesichtspunkten diskutiert, indem die Befunde der vorliegenden Arbeit in Bezug zum bisherigen Erkenntnisstand der empirischen Forschung gesetzt werden. Hierbei werden die wissenschaftlichen Modelle und Studien aus dem theoretischen Teil der Arbeit referenziert.

(1) Bedeutung der Unternehmens- und Führungskultur im Transformationsprozess
Die Ergebnisse veranschaulichen, dass innerhalb der Praxis konzeptionell unterschiedliche Typen von Transformationen eine Realisierung erfahren. So wird im untersuchten Unternehmen anstatt einer ‚integrierten Transformation', die auf einem gemeinsamen Verständnis des digitalen Wandels und seiner Ziele aufbaut, vielmehr eine ‚fragmentierte Transformation' vollzogen, die sich durch ‚unverbundenes Stückwerk' kennzeichnet. Jeder Unternehmensbereich befindet sich in einem anderen Transformationsstadium, was sich vor allem in dem breiten Spektrum an Aussagen der Befragten widerspiegelt und auf die vorhandenen ‚kulturellen Brüche' innerhalb der Transformation hinweist. Gleichzeitig wird ein mangelndes ‚Gemeinschaftsgefühl' in Bezug auf die Bewältigung des Transformationsprozesses deutlich. Dieser Befund kann auf die unkoordinierte Vorgehensweise sowie die mangelnde Berücksichtigung sozialer Prozesse

10.2 Diskussion der Ergebnisse aus Sicht der Forschung

innerhalb der Organisation zurückgeführt werden. Hierdurch wird der weiterhin ‚traditionelle Charakter' des untersuchten Unternehmens im Wandlungsprozess deutlich, das seinen Fokus auf die technische Transformation legt, wohingegen die soziale Transformation eine Vernachlässigung erfährt.

Das partielle, inkonsistente und unstrukturierte Transformationsprogramm des Unternehmens widerspricht den Empfehlungen der wissenschaftlichen Literatur zur Realisierung und Gestaltung von Transformationsprozessen (z. B. Rump et al., 2019; Hess, 2019; Wintermann, 2018; Argyris & Schön, 2018; Rump & Eilers, 2018; Wiesböck et al., 2017; Schein, 2017). Die internen ‚kulturellen Barrieren' in Kombination mit der Inkonsistenz zwischen den organisationalen Ebenen haben zur Folge, dass eine Transformation in den Tiefenstrukturen des untersuchten Unternehmens nicht stattfinden kann. Insbesondere mangelt es innerhalb der Organisation an einem Verständnis für die Bedeutung der Transformation für die Unternehmens-, Führungs- und Lernkultur und ihrer Einflüsse auf das Verhalten der Agierenden (z. B. auf Werte, Normen und Grundannahmen).

Werden die Aussagen der Befragten in Bezug zu dem „Drei-Ebenen-Modell" von Edgar Schein (2017) gesetzt, wird deutlich, dass sich die kulturellen Anstrengungen des Unternehmens vor allem auf die erste Ebene der „Artefakte" (z. B. Duzen, veränderter Dresscode) fokussieren. Auf der Ebene der „kollektiven Werte" (z. B. Traditionsbewusstsein, Offenheit für neue Entwicklungen) werden die kulturellen Veränderungen von den Expert*innen bereits deutlich ‚lückenhafter' wahrgenommen. Die dritte Ebene der „Grundannahmen" (z. B. Beziehungen zu anderen Agierenden), die die grundlegenden Orientierungen des Unternehmens repräsentiert und das Verhalten der Agierenden in wesentlichem Maße beeinflusst, wird hingegen kaum berührt. Diese Gegebenheiten veranschaulichen, dass sich die Organisation im Rahmen ihrer kulturellen Veränderungen insbesondere auf sichtbare Verhaltensweisen (Erscheinungsebene) konzentriert. Aufgrund der ausbleibenden ‚kulturellen Durchdringung' des Wandlungsprozesses über sämtliche Kulturebenen hinweg, befindet sich die organisationale Transformation jedoch im ‚Widerspruch und im Widerstand', da es ihr aus Sicht der Beschäftigten an der erforderlichen moralischen Legitimation mangelt (siehe hierzu Widuckel, 2015a). Die vorwiegende Auseinandersetzung mit der ‚kulturellen Oberfläche' und die Vernachlässigung der tieferliegenden Ebenen führt zu Friktionen und Konflikten, da die kulturelle Transformation des Unternehmens aufgrund der ausbleibenden Veränderung der Grundannahmen von den Befragten als unglaubwürdig wahrgenommen wird. Gleichzeitig schwächt dieses Vorgehen das Vertrauen der Agierenden in den digitalen Wandlungsprozess, da kein gemeinsames Verständnis besteht, welche Zielsetzungen mit der Transformation erreicht werden sollen und wie sich die Identität des Unternehmens aufgrund des Wandlungsprozesses verändern wird. Vielmehr erleben die Beschäftigten die stattfindenden Veränderungen innerhalb der Organisation als ‚erzwungenes Resultat' der Einflüsse externer Impulse und nicht aufgrund veränderter innerer Überzeugungen, was diese Veränderungen für das Unternehmen bzw. für sie selbst bedeuten.

Die Befunde der vorliegenden Untersuchung kongruieren dementsprechend mit dem „Drei-Ebenen-Modell" von Schein (2017), welches verdeutlicht, dass ein tiefgreifender Wandel der Unternehmenskultur nur erfolgen kann, wenn sämtliche Ebenen eine Veränderung erfahren und die Agierenden von einer ‚gemeinsamen Basis' ausgehen. Diese gemeinsame Basis kann innerhalb der Transformation als das Ziel eines gemeinsamen Lernfortschritts verstanden werden, um eine kulturelle Veränderung realisieren und das Verhalten der Agierenden auf eine andere Grundlage stellen zu können. So führen die dargestellte Einzigartigkeit und die mangelnden Erfahrungswerte bezüglich des digitalen Wandels dazu, dass dieser die große Komponente eines Lernprozesses für die Agierenden beinhaltet. Innerhalb dieses Lernprozesses ist es in der Transformation erforderlich, sich nicht nur auf das Anpassungslernen (Single-Loop- Lernen) zu beschränken, sondern vor allem das Veränderungslernen (Double-Loop-Lernen) zu forcieren. Die Ergebnisse veranschaulichen jedoch, dass das verändernde Lernen innerhalb des untersuchten Unternehmens daran scheitert, dass die Diskrepanz zwischen postulierter und gelebter Kultur nicht überwunden wird, wodurch sie sich mit den empirischen Forschungsarbeiten von Argyris und Schön (2018) decken. Die Befunde verdeutlichen in diesem Zusammenhang, dass innerhalb des untersuchten Unternehmens erhebliche Abweichungen zwischen den postulierten und gelebten Werten bestehen, wie an dem Beispiel einer kommunizierten Vertrauenskultur deutlich wird, die mit der gelebten Misstrauenskultur konfligiert und hierdurch den angestrebten Wandlungsprozess hemmt. Gleichzeitig erfahren die Darstellungen von Widuckel (2015a) hinsichtlich des herausfordernden Charakters von tiefgreifenden Wandlungsprozessen für Organisationen mit einer ‚starken Unternehmenskultur' eine Bestätigung. Die Ergebnisse weisen diesbezüglich darauf hin, dass sich insbesondere die hohe Dynamik, die mangelnden Planungsmöglichkeiten sowie die erforderlichen tiefgreifenden Veränderungen der Grundannahmen und kollektiven Werte als äußerst anspruchsvoll für das untersuchte Unternehmen gestalten.

Aufgrund der wechselseitigen Beeinflussung der Unternehmens- und Führungskultur, lassen sich die identifizierten kulturellen Differenzen und Spannungen ebenfalls innerhalb des Führungsverhaltens der befragten Manager*innen wiedererkennen. So scheint ein Teil der Führungskräfte den für den Wandlungsprozess vorteilhaften Ansatz der transformationalen Führung nach Bass (1985) zu realisieren, während andere Führende weiterhin der im Untersuchungsfeld

10.2 Diskussion der Ergebnisse aus Sicht der Forschung

etablierten Theorie der transaktionalen Führung nach Burns (1978) folgen, die sich durch eine enge Leistungskontrolle auszeichnet. Da der Führungsstil der transformationalen Führung einer inneren Haltung entspringt, die vor allem auf Vertrauen, Motivation und Förderung fußt und nicht auf den Einsatz bestimmter Tools, zeigt sich auch in diesem Zusammenhang, dass entsprechend des Drei-Ebenen-Modells von Schein (2017) die kulturelle Ebene der Grundannahmen bei einem Teil der Führungskräfte noch keine Veränderung erfahren hat. Neben dem Führungsstil stellen die Aspekte der Beteiligung sowie der sozialen Unterstützung wesentliche Elemente innerhalb von Wandlungsprozessen dar (Schwarz-Kocher et al., 2011; Widuckel, 2018). So geben die beiden Einflussgrößen Aufschluss darüber, in welchem Maße die Transformation als gemeinsames Projekt von den Beschäftigten angesehen wird. Die geringen Gestaltungsmöglichkeiten für Beschäftigte unterhalb der Unternehmensleitung innerhalb des digitalen Wandlungsprozesses deuten hierbei auf die Grundannahme einer hohen Geltung von Hierarchien im untersuchten Unternehmen hin. Hierdurch wird die Realisierung von sozialer Unterstützung sowie die Entwicklung eines Gemeinschaftsgedankens gehemmt, obwohl diese Elemente als wichtige Ressourcen für die Bewältigung der Transformation angesehen werden können (analog der Erkenntnisse von Schwarz-Kocher et al., 2011 und Widuckel, 2018). Das hieraus resultierende strategische Konfliktpotenzial aufgrund der unterschiedliche ‚Philosophien', die innerhalb der Gruppe der Führungskräfte gelebt werden, deckt sich mit den Ergebnissen der Untersuchung von Bella et al. (2022). Die Studie weist auf die Spannungen innerhalb des Transformationsprozesses hin, die zwischen Betriebsratsmitgliedern mit differierenden Grundhaltungen entstehen, und die hiermit einhergehenden Herausforderungen, den Wandel bewältigen zu können. Darüber hinaus veranschaulichen die differierenden Positionen der Führenden, dass der innerhalb der Managementliteratur (exemplarisch Oesterle, 2004; Führing, 2004; Kotter, 2012) häufig angenommene bzw. normativ gestellte Anspruch einer bedingungslosen Verfolgung der Unternehmensziele und -strategie als eine ‚Führungseinheit' nicht umsetzbar ist. Dies liegt in den unterschiedlichen Perspektiven der Führenden begründet aber auch in den weit auseinanderstrebenden Interpretationen der Unternehmensbotschaften durch die Führenden (siehe hierzu Widuckel, 2018). Die beiden genannten Aspekte weisen allerdings innerhalb des Untersuchungsfeldes eine besonders auffällige Diskrepanz auf.

(2) Rollen im Transformationsprozess
Die ‚kulturelle Spaltung' der Organisation wirkt sich gleichzeitig in Form von unklaren Rollenverständnissen der Agierenden innerhalb des Transformationsprozesses aus. Die vorliegende Untersuchung verdeutlicht grundsätzlich, dass

Führungskräfte der unteren und mittleren Managementebene (Sandwichposition) mit zahlreichen Erwartungen und Anforderungen von höheren sowie unteren Hierarchieebenen konfrontiert werden. So wird von den Manager*innen von der Unternehmensleitung ein Vorantreiben des digitalen Wandels erwartet, obwohl sie selbst Risiken mit diesem verbinden, wie ein Abbau von Beschäftigten sowie eine stark wachsende Arbeitsintensität. Darüber hinaus sollen die Führenden die Transformation nicht nur gestalten, sondern ebenfalls die Mitarbeitenden beim Durchlaufen des Prozesses unterstützen. Hierbei werden die Führungskräfte von ihren eigenen Bedürfnissen und Interessen geleitet. Insbesondere die fortlaufende eigene Kompetenzentwicklung sowie die der Mitarbeitenden nimmt eine steigende Bedeutung ein und fordert die Führenden in hohem Maße. Diese ermittelten Anforderungen stimmen mit den Ausführungen von bspw. Behrens et al. (2018), Widuckel (2018), Rump und Eilers (2017a) sowie Boes et al. (2015) überein. Trotz dieser anspruchsvollen Situation sehen sich die befragten Führungskräfte nicht als ‚Verlierer des Wandels' an, sondern betrachten diesen als Grundvoraussetzung für den erfolgreichen Fortbestand des Unternehmens (entsprechend der Ergebnisse des World Insurance Reports, 2020). Aufgrund der eigenen Unkenntnis über das Endergebnis der Transformation ist es für die Führenden allerdings äußerst herausfordernd, die Rolle des von Widuckel (2018) beschriebenen „Identifikationsankers" (S. 211) für die Mitabreitenden einzunehmen, da ihnen dieser ‚Anker' selbst zu fehlen scheint. Ein wesentlicher Hintergrund für diese Gegebenheit ist in dem mangelnden Vertrauen der älteren Führungskräfte gegenüber der Unternehmensleitung sowie zu den anderen Agierenden in Form des Personalwesens und der Betriebsräte zu sehen, das gleichzeitig die Offenheit gegenüber dem Wandel beeinflusst. Anhand dieses Befundes wird die Bedeutung von Vertrauensmanagement innerhalb von Wandlungsprozessen deutlich.

Hierdurch decken sich die Befunde mit den Ergebnissen von Schwarz-Kocher et al. (2011), da sie verdeutlichen, wie sehr die Veränderungsbereitschaft der Betroffenen innerhalb eines innovativen Wandlungsprozesses an anerkennende, wertschätzende und von Vertrauen geprägte Austausch- und Aushandlungsprozesse geknüpft sind. In diesem Rahmen nehmen nicht nur aktuelle Erfahrungen der Beschäftigten eine wesentliche Rolle ein, sondern ebenso vergangene Erlebnisse bzw. Partizipationsmöglichkeiten. So wurden die Führungskräfte in vorherige Wandlungsprozesse nicht einbezogen bzw. geäußerte Bedenken aufgrund einer angenommenen Irrationalität nicht berücksichtigt. Dieses Vorgehen stellt innerhalb der Praxis keine Seltenheit dar und kann mit existenzbedrohenden Konsequenzen für Unternehmen verbunden sein (analog den Beschreibungen von Widuckel, 2018).

10.2 Diskussion der Ergebnisse aus Sicht der Forschung

Insbesondere zeigen die Aussagen der Führenden auf, dass sie sich innerhalb der vermittelnden Position zwischen den Mitarbeitenden und der Unternehmensleitung vom Personalwesen nicht in ausreichendem Maße unterstützt fühlen, sodass sie diesen zentralen Stabilisator bisher als nicht einflussreich bzw. gestaltend genug im Wandel wahrnehmen. Diese Unterstützung wäre jedoch aufgrund einer derzeit unzureichenden Bedürfniserfüllung der Beschäftigten dringend erforderlich, da sich dieser Aspekt nicht nur negativ auf die Motivation der Mitarbeitenden, sondern gleichermaßen auf das Engagement der Führenden auswirkt (entsprechend Widuckel, 2018). Gleichzeitig bestätigt die mangelnde Bedeutung, die die befragten Führungskräfte dem Personalwesen innerhalb der Transformation beimessen, die Erkenntnis von Widuckel (2014), dass sich ein Bedeutungszuwachs des Personalwesens nicht automatisch innerhalb des digitalen Wandels vollzieht, sondern davon abhängt, wie sehr die hiermit einhergehenden Herausforderungen von diesem bewältigt werden. Ferner festigt sich der Eindruck der vorwiegend zurückhaltenden Art des Personalwesens in Bezug auf die Erarbeitung eines eigenen Rollenverständnisses als politische und intermediäre Institution, die die Transformation im Rahmen ihrer Gegenstandsbereiche berücksichtigt (siehe hierzu Nienhüser, 2006; Widuckel, 2014; Kotthoff & Matthai, 2001). Hierbei ist es nicht ausreichend, eine gestaltende Rolle innerhalb des Wandels lediglich zu behaupten bzw. sich als prädestiniert hierfür anzusehen, sondern diese auch zu realisieren, um glaubwürdig agieren zu können.

Ferner bestätigen sich die von Nienhüser (2006) identifizierten vier zentralen Problemstellungen des Personalwesens in Form des „Verfügbarkeitsproblems", des „Wirksamkeits- und Transformationsproblems", des „Aneignungs- und Herrschaftsproblems" sowie des „Kostenproblems". Die Bewältigung dieser Probleme gestaltet sich jedoch innerhalb der Transformation aufgrund des wachsenden Fachkräftemangels, des Kostendrucks sowie der Offenheit und der hohen Dynamik des Prozesses laut den Befunden zunehmend herausfordernder, wodurch sich die Spannungsfelder, innerhalb derer sich das Personalwesen bewegt, weiter verschärfen.

Auch werden anhand der Untersuchung die negativen Folgen einer vorwiegend ‚technischen Sicht' auf die Transformation deutlich, die die Sicherheits- und Entwicklungsbedürfnisse der Beschäftigten innerhalb des Wandels vernachlässigt. So zeigen beispielsweise die Ausführungen von PW2, dass sich der Fokus des Personalwesens vorwiegend auf den Einkauf digitaler Tools zur Erstellung von Zeugnissen, Arbeitsverträgen oder digitalen Lernmöglichkeiten richtet (S. 9, Z. 235–244). Dieses Vorgehen zeigt, dass das Personalwesen die tiefgreifenden sozialen Auswirkungen und die hierbei erforderlich werdenden Austausch- und Aushandlungsprozesse nicht erkannt hat und seine Aufgabe darin sieht, vor allem die nötigen Werkzeuge innerhalb des Wandlungsprozesses bereitzustellen (analog des Konzepts von Ulrich, 1998). Die Mitarbeitenden des Personalwesens limitieren sich hierdurch auf eine, in der Literatur als unzureichend dargestellte, dienstleistende und technikorientierte Funktion (exemplarisch Kotthoff & Matthai, 2001; Widuckel, 2014), ohne ein genaues Ziel- bzw. Rollenverständnis erkennen zu lassen. Die Befunde verdeutlichen in diesem Rahmen, dass die Einnahme einer gestaltenden Rolle innerhalb der Transformation eine Grundvoraussetzung darstellt, um zentrale Themen wie bspw. die Arbeitsgestaltung und Weiterentwicklung der Beschäftigten entsprechend diskutieren, fördern und hierbei aufkommende Konflikte vermittelnd lösen zu können. Allerdings scheint das Personalwesen des Untersuchungsfeldes zu viele Ressourcen darauf zu verwenden, die Bedürfnisse unterschiedlicher Unternehmensbereiche individuell zu berücksichtigen (z. B. Personalentwicklung, M6, S. 25, Z. 768–775), ohne eine übergreifende und systematische Verbindung zwischen den Organisationseinheiten zu schaffen. Die bruchstückhafte Umsetzung der Personalarbeit verstärkt in diesem Rahmen die fragmentiert wahrgenommene Unternehmens- und Führungskultur sowie das mangelnde Gemeinschaftsgefühl der Beschäftigten. Dieses Handeln geht gleichzeitig zu Lasten der erforderlichen Flexibilität im Transformationsprozess und steht hierdurch den Ansätzen der Fachliteratur entgegen (exemplarisch Boes et al., 2018; Widuckel, 2014; Rump et al., 2019).

Die Untersuchung veranschaulicht darüber hinaus, dass nicht nur die Personalarbeit, sondern ebenso die betriebliche Mitbestimmung von den Einflüssen der Megatrends durchdrungen wird und sich hierdurch zu einem zentralen Handlungsfeld entwickelt (entsprechend den Ausführungen von Ahlers, 2018a, 2018b; Widuckel, 2020; Gruber, 2018; Heitmann, 2018; Niedenhoff, 2018; Niedenhoff & Knoob, 2018; Niewerth et al., 2016). Die Betriebsratsmitglieder des Untersuchungsfeldes werden in diesem Zusammenhang vor allem in ihrer Schutzfunktion zu den Themenstellungen der Beschäftigungssicherheit, der Belastungsregulierung sowie der Vermeidung einer Leistungs- und Verhaltenskontrolle gefordert, wodurch die Ergebnisse mit den Ausführungen von Ahlers (2018a, 2018b), Widuckel (2020), Romahn (2019) und Gruber (2018) übereinstimmen. Die Aussagen der befragten Betriebsratsmitglieder stützen ebenfalls die Darstellungen der wissenschaftlichen Literatur, dass Betriebsräte aufgrund der zunehmenden Komplexität des digitalen Wandels in immer stärkerem Maße auf die Unterstützung von weiteren Expert*innen angewiesen sind (exemplarisch Niewerth et al., 2016; Widuckel, 2020; Findeisen, 2018; Ahlers, 2018a). Neben externen Expert*innen wie Jurist*innen, Unternehmensberater*innen und IT-Fachkräften wird die Bedeutung der Arbeit in internen Projektgruppen deutlich, die durch sachkundige Arbeitnehmende unterstützt wird (analog zu den Ergebnissen von

10.2 Diskussion der Ergebnisse aus Sicht der Forschung

Ahlers, 2018a). Der Befund von mangelnden systematischen Weiterbildungsplänen bzw. -konzepten für Betriebsräte in der Praxis deckt sich hierbei mit dem bisherigen Bild, das sich innerhalb von empirischen Untersuchungen abzeichnet (z. B. Niedenhoff & Knoob, 2018; Nierwerth et al., 2016).

Trotz der zunehmenden Integration von Mitarbeitenden mit spezifischen Fachkenntnissen in die Diskussion interessenspolitischer Fragestellungen innerhalb des Transformationsprozesses, erfolgt innerhalb des Untersuchungsfeldes nicht das in der Literatur geforderte Ausmaß an Empowerment und direkter Partizipation im Sinne eines ‚Open-Innovation-Prozesses' (siehe hierzu bspw. Ahlers, 2018b; Widuckel, 2020; Heitmann, 2018). Vielmehr sind die innerhalb der Praxis bekannten Rückkopplungsprozesse zwischen den Beschäftigten und den Betriebsratsmitgliedern zu erkennen. Eine systematische Organisation bzw. Institutionalisierung dieser Prozesse erfolgt jedoch nicht. Stattdessen deuten die Aussagen der befragten Betriebsratsmitglieder auf die gelebte Rolle eines von Schwarz-Kocher et al. (2011) beschriebenen „gestaltenden Begleiters" hin. So leisten die Betriebsratsmitglieder eine zentrale Unterstützungsleistung, indem sie innerhalb von Wandlungsprozessen vermittelnd und legitimierend agieren. Darüber hinaus nehmen sie jedoch eher eine passive Haltung ein und lösen keine neuen Innovationsprozesse aus.

(3) Kompetenzbedarfe und Beschäftigungseffekte im Transformationsprozess
Der Befund einer wachsenden Bedeutung überfachlicher Kompetenzen, die jedoch nicht mit einer Entbehrlichkeit fachlicher Kompetenzen einhergeht, stimmt mit den Ausführungen zahlreicher Autor*innen überein (exemplarisch Felfe et al., 2014; Hahn & Prüße, 2018; Rump et al., 2017). Der auch weiterhin gesehene Bedarf fachlicher Kompetenzen wird, neben der hohen Komplexität der Finanzwirtschaft, mit immer besser informierten Kund*innen begründet, wodurch sich die Aussagen mit den Ergebnissen des World Insurance Reports 2020 decken. Die hohe Fachlichkeit führt bei den Manager*innen gleichzeitig zu einer ablehnenden Haltung gegenüber ausschließlich digitalen Weiterbildungsmöglichkeiten. Die aus Sicht der Führungskräfte sinnvollste Kombination aus digitalem und persönlichem Lernen entspricht hierbei den Ergebnissen von Thalheimer (2017), der auf Basis der Auswertung von fünf Meta-Studien Blended Learning als effektivste Form im Rahmen von Bildungsangeboten ansieht.

Der in der Literatur beschriebene Rollenwechsel der Führungskräfte von Meister*innen zu Generalisten wird durch die vorliegende Erhebung gleichfalls gefestigt. Eine engmaschige fachliche Kontrolle der Mitarbeitenden scheint anhand der Ausführungen der Führungskräfte weder sinnvoll, noch langfristig umsetzbar. Stattdessen wird von den Befragten die wachsende Rolle sozialer

Kompetenzen hervorgehoben, indem sie den Bedarf eines stetigen Austausches sowie Offenheit und Ehrlichkeit innerhalb des Wandlungsprozesses betonen, um von einer gemeinsamen Vertrauensbasis ausgehen zu können (analog Hollmann & Kluge, 2018; Widuckel, 2018; Dennochweiler et al., 2018). Auch wenn die Führenden zukünftig nicht die höchste fachliche Expertise zu allen Themenbereichen aufweisen werden, verdeutlicht die vorherrschende hierarchische Denkweise im Unternehmen, dass bestehende führungsorganisatorisch differenzierte Rollen sich nicht ohne Widerstände auflösen werden (entsprechend Widuckel, 2018).

Eine Berücksichtigung kritischer Stimmen bzw. die notwendige Offenheit der Beschäftigten diese überhaupt zu äußern, scheint aufgrund der mangelnden kulturellen Voraussetzungen im Unternehmensfeld ebenfalls nicht gegeben zu sein. Die Realisierung des Wandlungsprozesses gleicht hierdurch eher einer Inkenntnissetzung über geplante Vorhaben, ohne die Erwartungen der Beschäftigten zu berücksichtigen und somit eine Interaktion zu gewährleisten. Hierdurch wird gleichzeitig die laut den Führungskräften gewünschte ‚Kultur des Ausprobierens' gehemmt bzw. die hierfür nötigen und Handlungs- und Entscheidungsspielräume nicht gewährt. Dieses Vorgehen steht den empfohlenen Ansätzen bspw. des Weißbuches „Arbeiten 4.0" bzw. von Widuckel (2018) sowie Rump und Eilers (2017c) entgegen.

Der von den Interviewten geäußerte Bedarf des lebenslangen Lernens sowie des permanenten Hinterfragens bestehender und zukünftig benötigter Kompetenzprofile innerhalb des Transformationsprozesses entspricht zahlreichen Darstellungen innerhalb der wissenschaftlichen Literatur, wie bspw. Behrens et al. (2018), Drumm (2008), Richenhagen (2015), Zika et al. (2018) und Janssen et al. (2018). Allerdings ist auffällig, dass sich die Befragten bei der Beschreibung der benötigten Kompetenzen in ihren Äußerungen allgemein halten und kaum auf personale oder methodische Kompetenzen eingehen. Die Führenden sehen insbesondere Kenntnisse über digitale Technologien als wertvoll an. In diesem Rahmen nehmen vor allem die Themen Künstliche Intelligenz und Data Science einen hohen Stellenwert bei den Führungskräften ein (analog der ausführlichen Darstellungen innerhalb der World Insurance Reports 2020, 2019, 2018, 2017). Kompetenzen wie Reflexionsfähigkeit und Leistungsmotivation scheinen hingegen nicht im Fokus der Führungskräfte zu stehen, was sich auch in den negativen Wahrnehmungen des Leistungsvermögens älterer Beschäftigter widerspiegelt (z. B. U5, S. 9, Z. 254–260; U8, S. 24, Z. 745–749). So werden die bestehenden Vorurteile und Stereotype von den Führenden nicht hinterfragt. An diesen Befunden ist erkennbar, dass unter den Führenden keine Klarheit über die konkreten Kompetenzanforderungen innerhalb des Transformationsprozesses besteht, trotz zahlreicher bestehender Ausführungen in der wissenschaftlichen Literatur (exemplarisch Felfe et al., 2014; Bangerth & Danhof, 2018; Wintermann, 2018; Hofmann, 2018; Hollmann & Kluge, 2018).

Ferner verdeutlichen die Aussagen der Befragten, dass sie sich aufgrund der digitalisierungsbedingten Automatisierungspotenziale und den veränderten Kompetenzanforderungen sorgen. Die Befragten gehen allerdings davon aus, dass Abbauprozesse in Organisationsbereichen mit automatisierbaren Tätigkeiten durch den wachsenden Personalbedarf in Unternehmenseinheiten mit nicht automatisierbaren Tätigkeiten kompensiert werden. Hierdurch werden die Annahmen von Dengler et al. (2018), Stettes (2017b) und Zika et al. (2018) untermauert, die darauf hinweisen, dass die Finanzwirtschaft zwar große Substituierbarkeitspotenziale bei den „Fachkräften" aufweist, die Branche allerdings aufgrund des steigenden Bedarfs an „Spezialisten" und „Experten" nicht automatisch von starken Arbeitsplatzverlusten betroffen sein muss.

Allerdings sehen die Expert*innen diese Entwicklung als eine große Herausforderung innerhalb des digitalen Wandels an, da die Kompetenzprofile sämtlicher Beschäftigter analysiert, in Bezug auf ihre Zukunftsfähigkeit hinterfragt und ggf. mit Hilfe von umfassenden Weiterbildungsmaßnahmen angepasst werden müssen (entsprechend den Ergebnissen des World Economic Forums, 2018b). Ein Gelingen dieser Aufgabe wird von den Interviewten als wesentliche Basis für einen weiteren Bestand innerhalb des Finanzdienstleistungsmarktes gesehen und verdeutlicht, wie sehr die Digitalisierung die für Unternehmen existenziellen Kompetenzen beeinflusst. Ferner wird in diesem Zusammenhang die Verknüpfung zwischen einem lang hinausgezögerten Beginn von Transformationsprozessen in Finanzdienstleistungsunternehmen (analog der Ergebnisse der World Insurance Reports, 2020, 2019, 2018, 2017) und einem hiermit in Verbindung stehenden Rückstand in Bezug auf die benötigten Kompetenzen deutlich. Ein ‚Aufholen' dieses Rückstands wird von den Befragten bereits jetzt als ‚gewaltiger Kraftakt' empfunden, obwohl die Auseinandersetzung des Unternehmens mit diesem Aspekt des Wandels immer noch als unzureichend eingestuft werden kann. Allerdings sei darauf hingewiesen, dass die Finanzwirtschaft innerhalb des anspruchsvollen Marktumfeldes nicht gänzlich untätig gewesen ist, sondern sich neben der Digitalisierung mit hohen Anforderungen insbesondere aufgrund der Niedrigzinsphase sowie der Richtlinie Solvency II auseinandergesetzt hat.

(4) Auswirkungen des mobil-flexiblen Arbeitens auf den Transformationsprozess

Das innerhalb des Untersuchungsfeldes ermittelte fehlende Gemeinschaftsgefühl sowie das mangelnde Vertrauen der Agierenden untereinander und in den Transformationsprozess werden durch die Folgen der COVID-19-Pandemie und der damit einhergehenden vorwiegenden Tätigkeitsausübung im Homeoffice zusätzlich verstärkt. So weisen die Befragten innerhalb der Interviews mehrfach auf die zunehmende ‚Einzelkämpferkultur' innerhalb des Unternehmens hin, die aus ihrer Sicht aus der Tätigkeit im Homeoffice resultiert. Die deutlich höhere Fokussierung der Agierenden auf ihre individuellen Interessen und Bedürfnisse kann vor allem auf die gestiegenen flexibilisierungsbedingten Anforderungen im Homeoffice zurückgeführt werden (Kinderbetreuung, Betreuung von Angehörigen etc.). Gleichzeitig bestätigt sich anhand der Untersuchung der Befund von Ulich (2011) und Richter (1992), dass ältere Beschäftigte nicht mindere Ansprüche an ihre Life-Domain-Balance aufweisen.

Aufgrund der erhöhten Flexibilitätsanforderungen und der zunehmenden ‚Verschmelzung' unterschiedlicher Lebensbereiche miteinander, werden die Agierenden mit vollkommen veränderten Anforderungen an ihre Life-Domain-Balance konfrontiert (z. B. erhöhte Anforderungen an Zeitmanagement, weniger Ruhephasen). Hierdurch stehen die Ergebnisse im Einklang mit den bisherigen Erkenntnissen zu den Auswirkungen einer wachsenden Flexibilisierung aufgrund der COVID-19-Pandemie von Autor*innen wie bspw. Grunau et al. (2020), Widuckel (2021) und Walwei (2020). Diese Autor*innen weisen hierbei insbesondere auf den Bedarf hin, die Formen und Konsequenzen der Flexibilisierung als eine zentrale Gestaltungsaufgabe im Unternehmen anzusehen und gemeinsam handlungsleitende Reglements zu erarbeiten, um Orientierung bieten zu können. Eine Klärung der Erwartungshaltung der Beschäftigten, um deren Bedürfnissen gerecht werden und eine Stärkung bzw. Festigung ihres Commitments vorzunehmen zu können, wird hierbei als wesentliche Grundlage für eine erfolgreiche Bewältigung dieses Megatrends gesehen. Die Befunde verdeutlichen, dass eine Klärung dieser Aspekte im untersuchten Unternehmen nicht erfolgt ist. Vor allem die mangelnde Transparenz in Bezug auf Verantwortlichkeiten, Entscheidungsprozesse und das Ausmaß an Partizipation innerhalb des digitalen Wandels führen in diesem Zusammenhang zu Irritationen bei den Agierenden.

Gleichfalls können die Befunde auf die Untersuchungsergebnisse von Forschenden wie bspw. Sennett (1998), Wieland und Krajewski (2002), Pongratz und Voß (2004), Riso (2007), Lenhardt et al. (2010), Ulich und Wiese (2011), Arnold et al. (2015a, 2015b, 2016a, 2017), Bellmann und Widuckel (2018) sowie Ahlers (2018a) bezogen werden. Die genannten Autor*innen haben sich bereits vor dem Auftreten der COVID-19-Pandemie mit den Folgen von flexibilisierungsbedingten Anforderungen der Erwerbsarbeit auf außerberufliche Lebenssphären auseinandergesetzt und weisen im Rahmen ihrer Ausführungen übereinstimmend auf die möglichen Auswirkungen von zeit-, raum- sowie personenbezogenen Flexibilisierungen in Form von Erosionen der Lebensführung hin. In diesem

Rahmen wird insbesondere in der zeitlichen und mobilen Flexibilisierung ein Auslöser für die Fragmentierung und Entgrenzung der Erwerbsarbeit gesehen, die gleichzeitig die Bildung bzw. Aufrechterhaltung von sozialen Kontakten erschwert. Die aufgeführten Ergebnisse und Schlussfolgerungen dieser Untersuchungen werden anhand der vorliegenden Befunde gefestigt, da die Befragten auf entstehende Herausforderungen im Homeoffice hinweisen, wie z. B. die Intensivierung der Arbeitsbelastung, die zunehmende Arbeitsgeschwindigkeit sowie die soziale Entfremdung.

Darüber hinaus veranschaulichen die Befunde der vorliegenden Untersuchung, dass die Einführung von Homeoffice innerhalb eines Unternehmens nicht mit einem automatischen Wandel von einer Präsenz- in eine Vertrauenskultur einhergeht. So weisen die Äußerungen der Befragten darauf hin, dass es grundsätzlich möglich wäre, auch im Rahmen von Homeoffice durch den Einsatz technischer Überwachungssysteme eine kontrollorientierte Arbeitskultur aufrechtzuerhalten bzw. sogar zu verschärfen, wodurch sie mit den Ergebnissen von Ahlers (2018a) und Collins et al. (2013) übereinstimmen. Gleichzeitig wird hieran deutlich, dass eine Vertrauenskultur nur durch ein gegenseitig aufgebrachtes Vertrauen der Agierenden entsteht und bestehendes Misstrauen nicht durch die Implementierung von Homeoffice ausgeräumt wird, wodurch die Ausführungen von Widuckel (2018, 2021) gestützt werden.

(5) Alter(n)smanagement im Transformationsprozess
Die Ergebnisse der vorliegenden Untersuchung verdeutlichen, dass die Beziehung zwischen strategischer und operativer Weiterentwicklung und dem demografischen Wandel bisher nicht als übergreifende Herausforderung des Unternehmens aufgenommen worden ist. Trotz der von Brussig und Drescher (2020b) ermittelten deutlichen Überalterung innerhalb der Berufshauptgruppe der Finanzdienstleistungen, die sich ebenfalls im Untersuchungsfeld widerspiegelt, eines bestehenden Fachkräftemangels und der erwarteten wachsenden demografischen Auswirkungen erfolgen keine personalpolitischen bzw. alter(n)sgerichteten Maßnahmen innerhalb der analysierten Organisation. Die Realisierung eines Alter(n)smanagements bzw. eines systematischen Ansatzes im Sinne des „Haus der Arbeitsfähigkeit" nach Ilmarinen et al. (2016) konnte somit innerhalb des Untersuchungsfeldes nicht festgestellt werden.

Dieser Befund ist umso frappierender, da die Altersübergangsszenarien von Brussig und Drescher (2020a, 2020b) bzw. Brussig und Ribbat (2014) verdeutlichen, dass aufgrund geringer physischer Belastungen innerhalb der Finanzdienstleistungsbranche grundsätzlich günstigere Voraussetzungen gegeben sind, um eine längere Beschäftigung von älteren Personen zu ermöglichen, als in

Branchen mit körperlich anspruchsvollen Tätigkeiten. Selbst vor dem Hintergrund des nahenden Renteneintritts der Babyboomer-Kohorte (Statistisches Bundesamt (Destatis), 2019c) und dem hiermit einhergehenden Fach- bzw. Arbeitskräftemangel (Fuchs et al., 2017) scheint das Unternehmen keinen Bedarf zu sehen, die Expertise der älteren Beschäftigten in der Organisation zu halten. Hieraus kann die Schlussfolgerung gezogen werden, dass das untersuchte Unternehmen nicht die Auffassung vertritt, dieses Potenzial nachhaltig zu benötigen. Stattdessen scheinen ältere Beschäftige, gerade innerhalb von Wandlungsprozessen, eher als ‚personalpolitischer Puffer' angesehen zu werden, die zur ‚Abfederung von Personalüberhängen' dienen (siehe hierzu Stork & Widuckel, 2018). So erwecken die Befragten anhand ihrer Aussagen den Eindruck, dass innerhalb des untersuchten Unternehmens offiziell kommuniziert wird, dass allein die Leistung von Beschäftigten entscheidend ist für deren Beschäftigung und Weiterentwicklung. Inoffiziell stellen aus ihrer Sicht jedoch innerhalb von Personalabbauprogrammen das Alter und nicht die berufliche Leistung oder Erfahrungswissen einen ausschlaggebenden Punkt dar. Das negative Altersbild, das auf diesem Wege an die älteren Beschäftigten herangetragen wird, hat eine ‚dämpfende Wirkung' auf das Engagement und die Entwicklungsbereitschaft der älteren Führungskräfte im Unternehmen, aufgrund einer wahrgenommenen Gerechtigkeitsverletzung und einem hiermit einhergehenden ‚Bruch' des psychologischen Vertrags. Die abnehmenden Ambitionen der älteren Beschäftigten festigen wiederum das bestehende Altersbild, das von einer sinkenden Leistungsfähigkeit ausgeht, wodurch ein wechselseitiger Verstärkungseffekt eintritt. Die Befunde untermauern somit das wissenschaftliche Modell von Kunze et al. (2011), das die dargestellte Abwärtsspirale von nachteiligen Altersbildern und ihren negativen Auswirkungen auf die Performance älterer Beschäftigter veranschaulicht. Gleichzeitig bestätigen sich die Ausführungen von Rousseau (1996), die auf die negativen Auswirkungen auf die Leistung der Beschäftigten im Falle einer Verletzung des psychologischen Vertrags hinweist.

Darüber hinaus wird deutlich, dass innerhalb der Praxis weiterhin negativ behaftete Altersstereotype anzutreffen sind, die aus wissenschaftlicher Sicht den Annahmen des Defizitmodells des Alterns und nicht denen des Kompetenzmodells entsprechen (äquivalent zu den Erkenntnissen von Walwei, 2018; Börsch-Supan et al., 2005; Debler et al., 2018). Hierin liegt gleichzeitig die mangelnde wahrgenommene Notwendigkeit des Unternehmens begründet, ältere Beschäftigte für einen längeren Verbleib innerhalb des Erwerbslebens zu gewinnen. Auch die Erkenntnisse aus den Untersuchungen von Bellmann et al. (2007), Leber et al. (2013), Bellmann et al. (2018b) und Debler et al. (2018), die die weiterhin bestehenden Anreize für einen frühen Austritt aus dem Erwerbsleben sowie die mangelnden organisationalen Angebote zur Erhaltung der Arbeitsfähigkeit für ältere Beschäftigte hervorheben, werden durch die Aussagen der Interviewten gestützt.

Weitere Aspekte, die hinderlich auf die Realisierung eines Alter(n)smanagements innerhalb des untersuchten Unternehmens wirken, sind in der starken Kontroll- und Kostenorientierung der Organisation zu sehen. So bestätigen sich die Ausführungen von Stork und Widuckel (2018), die in negativen kulturellen Voraussetzungen für Ältere sowie den hohen Anforderungen des mehrdimensionalen Ansatzes des Alter(n)smanagements potenzielle Hemmnisse in Organisationen für dessen Umsetzung sehen. Die Ergebnisse der vorliegenden Arbeit zeigen in diesem Zusammenhang auf, dass das untersuchte Unternehmen seinen Fokus innerhalb des Transformationsprozesses vor allem auf die Digitalisierung legt, da diese zu lange eine Vernachlässigung erfahren hat und als wichtigster Einflussfaktor auf die Wettbewerbsfähigkeit angesehen wird. Die hierfür benötigten Ressourcen können daher aus Organisationssicht aktuell nicht für ein langfristig ausgerichtetes Alter(n)smanagement aufgewendet werden, das als kostenintensiv gilt und dessen wirtschaftlicher Nutzen auf kurzfristige Sicht nur schwer nachvollziehbar ist.

10.3 Limitationen der Untersuchung

Die vorliegende explorativ-qualitative Untersuchung unterliegt mehreren Limitationen.

Zunächst ist auf den qualitativen Charakter der Untersuchung und die damit einhergehenden Grenzen der Repräsentativität hinzuweisen (Stichprobengröße von 30 Expert*innen). Dies gilt insbesondere für die Ergebnisse der beiden Interviewgruppen der Mitarbeitenden des Personalwesens (n = 4) sowie der Betriebsräte (n = 2). So ist es beispielsweise möglich, dass die ausgewählten Expert*innen der Stichprobe zufällig eine höhere Digitalisierungsaffinität aufweisen als andere Beschäftigte und sich daher weniger kritisch gegenüber dem Transformationsprozess geäußert haben. Hierdurch sind vergleichende Interpretationen zwischen Eigen- und Fremdwahrnehmung auch nur in begrenztem Maße aussagefähig. Darüber hinaus ist keine quantitative Überprüfung der qualitativ erhobenen Daten aufgrund ihres explorativen Charakters erfolgt.

Ferner fokussiert sich die Studie auf ein bestimmtes Untersuchungsfeld in Form eines ausgewählten Unternehmens der Finanzdienstleistungsbranche. Hieraus ergibt sich die Beschränkung, dass die Interviewpartner*innen, die innerhalb der Finanzwirtschaft tätig sind, nicht zufällig ausgewählt wurden, sondern eine gewisse Vorselektion durch die Auswahl des Unternehmens erfolgt ist (die Hintergründe für die Auswahl der Interviewpartner*innen werden in Abschnitt 8.4.2 ausführlich dargestellt). Aufgrund der genannten Auswahl des Untersuchungsfeldes konzentriert sich die Untersuchung auf eine bestimmte Branche sowie auf Standorte innerhalb von Deutschland. Vor diesem Hintergrund stellt sich die Frage, inwieweit die Resultate verallgemeinerbar bzw. auf andere Branchen und Länder übertragbar sind. Die Entscheidung, die Erhebung auf eine Nation zu beschränken, liegt in der Absicht begründet, interkulturelle Störvariablen zu minimieren. Die Finanzwirtschaft wurde aufgrund ihrer tiefgehenden Disruption durch die dargestellten Megatrends sowie bestehender Netzwerke der Autorin innerhalb der Branche für die Untersuchung ausgewählt. Die soziodemografischen Daten der Befragten entsprachen den Gegebenheiten innerhalb des untersuchten Unternehmens. Es ist anzunehmen, dass eine Ausdehnung der Untersuchung um weitere Branchen sowie heterogeneren soziodemografischen Merkmalen zu zusätzlichen bzw. anderen Ergebnisse führen würde.

Des Weiteren beschränkt sich die Untersuchung auf die Perspektive der Führungskräfte der unteren und mittleren Managementebene, sodass die Sichtweisen der Mitarbeitendenebene sowie der höheren Managementebenen innerhalb der Studie keine Berücksichtigung erfahren. Mit Hinblick auf die Zielsetzung der Arbeit, Führungskräfte in der ‚Sandwichposition' zu untersuchen, wurde jedoch die Entscheidung getroffen, dass die Berücksichtigung der vorhandenen Manager*innen als zweckmäßig erachtet werden kann. Die vorbereitenden Maßnahmen sowie die Realisierung dieser Untersuchung hat rund 14 Monate in Anspruch genommen. Daher ist davon auszugehen, dass eine Erweiterung der Interviewgruppen um zusätzliche Hierarchieebenen mit einem deutlich höheren zeitlichen Aufwand verbunden gewesen wäre, der den Umfang der vorliegenden Arbeit überschritten hätte. Nicht zuletzt ist eine Berücksichtigung der Perspektive der Mitarbeitenden durch den Einbezug von sechs quantitativen Mitarbeitendenbefragungen sowie der Beobachtung von drei Workshops mit der Mitarbeitendenebene für die Konstruktion der Interviewleitfäden erfolgt.

Zudem kann der ausgewählte Zeitraum, innerhalb dessen die Interviews mit den Expert*innen geführt wurden (Oktober bis November 2020), zu Verzerrungen aufgrund der Einflüsse der COVID-19-Pandemie führen. Dieser besondere externe Faktor, der von den Interviewpartner*innen bewältigt werden muss und bspw. mit Ängsten in Bezug auf den Fortbestand des eigenen Arbeitsplatzes verbunden ist, kann einen Einfluss auf die Antworten der Befragten nehmen. So haben die Expert*innen die Auswirkungen der Digitalisierung sowie der Flexibilisierung zum Zeitpunkt der Erhebung in einer noch nie dagewesenen

10.3 Limitationen der Untersuchung

Intensität erlebt, mit ungewissem Ausgang hinsichtlich des zukünftigen Umgangs des Unternehmens bzw. der Gesellschaft mit diesen beiden Megatrends sowie der COVID-19-Pandemie.[3]

Ferner sind die Hälfte der leitfadengestützten Expert*inneninterviews aufgrund verschärfter Kontaktbeschränkungen durch die COVID-19-Pandemie via Online-Meeting realisiert worden, woraus ebenfalls Verzerrungen resultieren können. Trotz der Aktivierung der Bildschirmübertragung durch die befragten Personen und die Interviewerin, um Reaktionen und Empfindungen erleben zu können, erzeugt eine physische Begegnung zweifelsfrei eine vertrauensvollere Atmosphäre (Gläser & Laudel, 2010). Vor allem Aspekte wie nonverbale Kommunikation (z. B. Körpersprache, interpersonaler Raum) und Spontanität werden durch den Einsatz von Technik beeinflusst, da diese einen hemmenden Faktor darstellen kann. Die genannten Gegebenheiten stellten die Interviewerin vor erschwerte Bedingungen, gerade wenn es um das Thema Anpassung an die befragte Person und korrekte Interpretation von Aussagen und Verhaltensweisen geht. Dennoch kann die Entscheidung für die Führung von Expert*inneninterviews als sinnvoll erachtet werden, da qualitative Methoden bei der Untersuchung neuer Fragestellungen ein genaueres, stärker in die Tiefe gehendes sowie in Bezug auf komplexe Prozesse detaillierteres Wissen generieren können (Lüders, 2015).

Nicht zuletzt basieren die Ergebnisse der Untersuchung zu einem Großteil auf der Grundlage einer reaktiven Datenerhebung (Expert*inneninterviews). Expert*inneninterviews unterliegen immer dem Risiko von Verzerrungen, beispielsweise aufgrund der Antworttendenz der sozialen Erwünschtheit durch die mangelnde Anonymität der Befragten gegenüber der interviewenden Person (Flick, 2009; Gläser & Laudel, 2010; Yin, 2018). Dieser Faktor ist aufgrund der Nähe der Autorin zum Untersuchungsfeld nicht zu vernachlässigen. Weitere Verzerrungen können zum Beispiel aufgrund von ungenauen Fragestellungen, unpräzisen Antwortskalen oder einem zu hohen Anspruch an die Erinnerungsleistung der Befragten auftreten (Yin, 2018; Faulbaum et al., 2009).

Trotz der beschriebenen Schwächen von Expert*inneninterviews wurde diese Erhebungsmethode durch die Autorin als die zielführendste für die Untersuchung eingestuft. Diese Einschätzung liegt vor allem in den Stärken dieser Form der Datenerhebung begründet, da durch die Interviewleitfäden eine gezielte Fokussierung auf die Leitfragen der Untersuchung erfolgen kann. Ferner erhalten die Forschungssubjekte im Rahmen eines Interviews in deutlich höherem Maße die Möglichkeit, Hintergründe für ihre Wahrnehmung, Haltung bzw.

---

[3] Siehe hierzu auch „Befunde der IAB-Forschung zur Coronakrise – Zwischenbilanz und Ausblick" (IAB, 2020).

Meinungen darzulegen, als bei einem Fragebogen, sodass tiefere Einblicke in komplexe Zusammenhänge gewährt werden. So können vor allem Fragestellungen nach dem ‚Wie und Warum' von Schlüsselereignissen im Rahmen eines Expert*inneninterviews intensiver behandelt werden (Yin, 2018). Ferner wurde, wie in Abschnitt 8.3.1 dargestellt, jede einzelne Frage des Leitfadens anhand eines Fragebewertungssystems im Vorfeld einer Überprüfung unterzogen, um mögliche Störvariablen zu vermeiden (siehe Anhang S im elektronischen Zusatzmaterial). Die in Kapitel 9 dargestellten Ergebnisse verdeutlichen, dass die genannten Zielsetzungen erreicht werden konnten, da durch die Interviews profunde und vielschichtige Erkenntnisse zur Beantwortung der Leitfragen der Untersuchung gewonnen werden konnten.

Wie in Abschnitt 8.4 thematisiert, muss innerhalb der qualitativen Forschung, noch stärker als in der quantitativen Forschung, eine Auseinandersetzung mit Gütekriterien erfolgen. So werden beispielsweise immer wieder der ‚impressionistische' Charakter sowie die schwierige intersubjektive Verifikation als Kritikpunkte in der einschlägigen Literatur angeführt (Knoblauch, 2013). Hierzu kann festgehalten werden, dass es zwar eine lange Liste von qualitativen Standards gibt, ein forschungspraktisch verbindlicher Konsens sich innerhalb der Literatur jedoch noch nicht abzeichnet (Lüders, 2015). In der vorliegenden Untersuchung wurde daher ein besonderes Augenmerk darauf gelegt, sich an Gütekriterien der qualitativen Sozialforschung zu messen, indem allgemeine aber auch spezifische Gütekriterien in Bezug auf die qualitative Inhaltsanalyse herangezogen worden sind. Jeder einzelne Forschungsschritt wurde so exakt wie möglich, bis hin zu genauen Ablaufmodellen, dargestellt, um eine Nachvollziehbarkeit und Überprüfbarkeit der Ergebnisse sicherstellen zu können. Dennoch sei an dieser Stelle darauf hingewiesen, dass Anforderungen wie beispielsweise ‚Forschung im Sinne der Betroffenen' (Mayring, 2016) zu betreiben (siehe Gütekriterium 4 – Nähe zum Gegenstand), auch Spielräume für Interpretationen lassen. So stellt sich in diesem Rahmen immer die Frage, was derartige Kriterien im jeweiligen Einzelfall genau bedeuten. Während die Einhaltung quantitativer Gütekriterien einfacher transparent dargestellt werden können, gilt es im Falle qualitativer Untersuchungen stärker mit Hilfe schlüssiger Argumentationen in Bezug auf ihre Güte zu arbeiten.

10.4 Implikationen für Wissenschaft und Praxis

Mit Hinblick auf eine angestrebte praxisnahe Anwendung der gewonnenen Erkenntnisse werden zu Beginn des Kapitels spezifische Handlungsempfehlungen für das untersuchte Unternehmen sowie allgemeingültige Implikationen für Finanzdienstleistungsunternehmen dargestellt. Die Erarbeitung von übergreifenden Empfehlungen wird durch den Umstand ermöglicht, dass innerhalb der vorliegenden Arbeit eine Auseinandersetzung mit Themenstellungen erfolgt, die die aktuelle und zukünftige Arbeitskultur zahlreicher Organisationen der Finanzwirtschaft betrifft. Ferner werden Anknüpfungspunkte für weitere Forschungsvorhaben dargestellt.

10.4.1 Implikationen für das untersuchte Unternehmen

Die nachfolgenden Ausführungen veranschaulichen die wesentlichen Handlungsfelder, die sich für das untersuchte Unternehmen auf Grundlage der Befunde der vorliegenden Arbeit ergeben. Die Themenschwerpunkte untergliedern sich in Empfehlungen zur Entwicklung eines Transformationsverständnisses sowie der Klärung der eigenen Rolle des Unternehmens und der Beschäftigten innerhalb des Wandlungsprozesses. Zudem werden Implikationen zur Gestaltung der zukünftigen Unternehmens- und Arbeitskultur sowie der Etablierung eines Alter(n)smanagements aufgezeigt.

(1) Entwicklung eines Verständnisses für die Transformation
Die Befunde verdeutlichen, dass das untersuchte Unternehmen den tiefgreifenden Charakter des digitalen Wandlungsprozesses nur unzureichend erfasst hat, sondern im Rahmen seiner Bewältigung vielmehr eine Denkweise in Kategorien klassischer Prozessveränderungen erkennen lässt. So reagiert das Unternehmen auf den Wandel mit einzelnen Projekten, die zum einen nur Teilbereiche des Unternehmens betreffen und zum anderen eher der Behebung von Missständen dienen (z. B. eine zu geringe Prozesseffizienz). Das fragmentierte Vorgehen, in Form von kleineren Projekten in einzelnen Unternehmensbereichen, entspricht der gefestigten Kultur der Organisation, ihr Handeln innerhalb eines kontrollierten Systems nachhalten zu können. Ferner gestaltet sich die Formulierung eines Zielbilds für die Führungskräfte deutlich leichter innerhalb eines konkreten und zeitlich begrenzten Projektes.
Der Transformationsprozess nimmt jedoch Einfluss auf die gesamte Gesellschaft, bspw. in Form von veränderten Sozialbeziehungen, Familienstrukturen,

Interaktionen sowie Lebensführungen und verändert in diesem Rahmen auch die Beziehungen zwischen der Erwerbsarbeit und anderen Life-Domains. Die Transformation von Organisationen ist dementsprechend in einen Kontext gesellschaftlicher Transformation eingebettet. Das untersuchte Unternehmen müsste daher die Transformation als eine ‚Umformung' der gesamten Organisation verstehen, die von zahlreichen sich wechselseitig beeinflussenden Faktoren eines sozio-kulturellen Systems in seiner Ganzheit geprägt wird. Dieser Weg ist als ein fortlaufender zukunftsbezogener Prozess von etwas ‚Bekanntem hin zu etwas Neuem' zu verstehen, in dessen Rahmen eine weitgehende ‚Neuerfindung' der Organisation und ihrer Geschäftsmodelle erfolgt. Das Unternehmen sollte daher seine tendenziell vergangenheits- bzw. gegenwartsbezogene Sichtweise ablegen (Was können wir auf der Grundlage vergangener Erfahrungen aktuell besser machen?) und deutlich stärker eine zukunftsgerichtete Sichtweise einnehmen (Wie wollen wir sein?).

Aufgrund der ganzheitlichen und langfristigen Ausrichtung der Transformation sind deren Folgen und Entwicklungen deutlich schwieriger einzuschätzen als innerhalb eines Change-Prozesses. Ursachen und Wirkungen sind im digitalen Wandel meist nicht deterministisch miteinander verbunden, wodurch dieser größtenteils auch mit höheren Risiken in Verbindung steht (siehe Kapitel 5). Die gesamte Organisation ist daher dazu angehalten, eine Strategie zu entwickeln, um den besonderen Herausforderungen der Transformation gerecht werden zu können und diese als einen permanenten gemeinsamen Lernprozess anzusehen (i.S.v. Argyris & Schön, 2018). Hierbei sollte die Zielsetzung verfolgt werden, dass alle Beteiligten nicht nur die Notwendigkeit der transformationsbedingten Veränderungen erkennen, sondern diese als positiven Weg zu einer weitgehend neuen Identität wahrnehmen, die sie aktiv mitgestalten können und wollen. Gleichzeitig ist trotz aller Volatilität innerhalb der Transformation auch bei gewissen Aspekten auf Kontinuität zu achten. Ein Beispiel hierfür stellt der Wert der Sicherheit dar, um den Beschäftigten ein grundlegendes Maß an Stabilität vermitteln zu können. Ferner könnte die Gegebenheit, dass die Transformation tendenziell alle Unternehmen und Branchen sowie Ebenen und Akteur*innen betrifft und beeinflusst, als ein zentrales Bindeglied für die Beschäftigten bei der Bewältigung des Wandels herausgestellt werden.

(2) Klärung des Selbstverständnisses des Unternehmens und der Rollen
Die notwendige grundlegende Veränderung der organisationalen Identität erfordert eine Klärung des Rollenverständnisses des Unternehmens und seiner Beschäftigten innerhalb der Transformation. Hierbei gilt es Veränderungen des grundlegenden Verhältnisses zu den Kund*innen sowie der einzelnen

10.4 Implikationen für Wissenschaft und Praxis

Akteur*innen zueinander zu diskutieren, aber auch die Beziehung zur Marktdynamik zu analysieren. So verdeutlichen die Ausführungen der Befragten, dass sich das untersuchte Unternehmen mit der Fragestellung auseinandersetzen sollte, wie sich die Gestaltung und Positionierung als ‚Finanzdienstleistungsunternehmen der Zukunft' darstellt, um weiterhin erfolgreich im Wettbewerb bestehen zu können. Die Befunde zeigen, dass das Unternehmen deutlich bewegungs- und anpassungsfähiger werden sollte, um der zunehmend wachsenden Dynamik der Märkte gerecht werden zu können. Statt einer schwerfälligen Interaktion und einer eingefahrenen Sichtweise auf die Bedürfnisse der Kund*innen gilt es, eine intensive Beziehung zu den Kund*innen zu pflegen, die sich durch eine schnelle und unkomplizierte digitale, aber auch persönliche Kommunikation auszeichnet. Die übergeordnete Zielsetzung der Unternehmen muss hierbei darin bestehen, die Kund*innen durch die Generierung von Daten so intensiv wie möglich kennenzulernen, um die passenden Interventionszeitpunkte für das Angebot von lebensphasenorientierten Finanzdienstleistungen bestimmen zu können. Gleichzeitig ist die Rolle der Kund*innen zunehmend zu stärken, indem Daten transparent und jederzeit verfügbar bzw. soweit möglich selbst bearbeitbar dargestellt werden, sodass eine höhere Flexibilität und eine weitere Verschiebung der Informationsasymmetrie erfolgen können. Kund*innen möchten gut informiert und vorbereitet mit ihrem Finanzdienstleistungsunternehmen interagieren können und in gewissen Maßen selbst die Rolle ihres ‚eigenen Beraters' leben. Hierbei sollte den Kund*innen jedoch aufgrund der weiterhin hohen Bedeutung von Vertrauen und persönlichen Ansprechpartner*innen (hybrides Modell) nicht das Gefühl vermittelt werden, im Falle eines Schadens bzw. Problems allein gelassen zu werden.

Eine derartige Entwicklung impliziert eine Loslösung von der aktuell eher paternalistisch geprägten Perspektive des Unternehmens auf seine Kund*innen, die dem Leitsatz folgt: ‚Wir wissen, was für dich gut ist'. Vielmehr gilt es, empfänglicher für die Vorstellungen der Kund*innen zu werden und mit diesen ‚auf Augenhöhe' zu interagieren, sodass sich ein grundsätzlicher Wandel des Sicherheitsversprechens unter der Maxime vollzieht: ‚Du bekommst das von uns, was du selbst für dich als gut erachtest'. Nicht zuletzt sollte sich das untersuchte Unternehmen mit der Fragestellung auseinandersetzen, wie eine zukünftige Absicherung von Lebenszyklen der Kund*innen und die hierfür entsprechenden Produkte gestaltet werden könnten. In diesem Zusammenhang muss das Unternehmen berücksichtigen, dass ‚Versichern', im Sinne einer Institutionalisierung und Organisation von Sicherheit, hochgradig an gesellschaftliche

Zustände und Entwicklungsprozesse gebunden ist. Die Veränderungen von Risiken, wie beispielsweise aufgrund des Klimawandels und daraus resultierende neue Sicherheitsansprüche, dürfen hierbei nicht außer Acht gelassen werden.

Ferner verdeutlichen die Befunde, dass der digitale Wandel innerhalb der Organisation bisher als eine vorwiegend technologische bzw. organisationale Herausforderung angesehen wird. Die soziale Transformation, die sich innerhalb des digitalen Wandlungsprozesses ebenfalls vollziehen muss, wird hingegen unterschätzt. Die Aussagen der Befragten veranschaulichen jedoch, dass die größten Herausforderungen für das Unternehmen nicht in der Bewältigung technologischer Themen liegen. So wird deutlich, dass der digitale Wandlungsprozess im Unternehmen zwar von den neuen Technologien begleitet und geformt wird, die Diskussion ihrer Einflussnahme auf soziale Aspekte jedoch einen zentraleren Aspekt darstellt. Aus diesem Grunde sollte das untersuchte Unternehmen seinen Fokus innerhalb des Transformationsprozesses nicht nur auf technologische und organisationale Gesichtspunkte legen, sondern sich gleichermaßen mit den sozialen Auswirkungen auseinandersetzen.

Der dargestellte erforderliche Wandel des Selbstverständnisses des Unternehmens führt gleichzeitig zu der Frage, wie sich diese Entwicklung auf die Rolle der Beschäftigten auswirkt. Die Befunde lassen in diesem Zusammenhang erkennen, dass die Transformation von unterschiedlichen Interessen beeinflusst wird und zahlreiche Konfliktpotenziale birgt (siehe hierzu Punkt 3). Hierbei werden vor allem die nötige Stabilität und Begleitung durch die Führungskräfte für eine erfolgreiche und nachhaltige Transformation des Unternehmens deutlich. Aufgrund der hohen Bedeutung der Führenden muss innerhalb des Unternehmens eine Auseinandersetzung mit der Fragestellung erfolgen, inwieweit sich der Transformationsprozess auf das Führungsverhalten bzw. Führungsbeziehungen auswirkt. Die sinkende Halbwertszeit des Wissens, die wachsende Anzahl an Themen sowie das Zielbild des bzw. der selbstbestimmten und eigenverantwortlichen Mitarbeitenden, veranschaulicht in diesem Zusammenhang das Erfordernis der transformationalen Führung. Das Unternehmen ist daher gefordert, sich von der weiterhin vornehmlich transaktional geprägten Führungskultur, die sich durch Leistungskontrolle und Präsenzverhalten kennzeichnet, zu distanzieren. Stattdessen sind die Aspekte des Teamgedankens, der Selbststeuerung und des Empowerments in den Vordergrund zu stellen. Die Schaffung von Handlungs- und Experimentierräumen sowie die fortlaufende Entwicklung der Kompetenzen der Mitarbeitenden stellen in diesem Rahmen zentrale Führungsaufgaben dar. Ferner sind die Führungskräfte gefordert, eine gemeinsame Arbeitsbasis mit den Mitarbeitenden zu entwickeln, die nicht nur von kollektiv anerkannten Zielsetzungen bestimmt wird, sondern ebenso auf gemeinsamen Normen und Wertvorstellungen

10.4 Implikationen für Wissenschaft und Praxis

basiert. In diesem Rahmen gilt es, die Mitarbeitenden nicht nur zu motivieren und ihre bestehende Leistungs- und Entwicklungspotenzial auszuschöpfen, sondern sie gleichfalls im Rahmen der Bewältigung der hiermit einhergehenden Anforderungen zu unterstützen. Nicht zuletzt bedürfen diese zahlreichen Ansprüche an die Führenden regelmäßig stattfindende Interaktionen mit den Mitarbeitenden.

Damit die Führungskräfte dieser unterstützenden und gestaltenden Rolle gerecht werden können, sind ihnen von Seiten des Unternehmens, neben entsprechenden kulturellen Rahmenbedingen (siehe Punkt 3), die hierfür erforderlichen zeitlichen, finanziellen sowie kompetenzbezogenen Ressourcen zur Verfügung zu stellen. Überfachliche Kompetenzen wie Kreativität, Experimentierfreude oder die Fähigkeit zur Selbstreflexion nehmen in diesem Zusammenhang eine wachsende Bedeutung ein. Auch wenn die Befragten diese wachsende Bedeutung überfachlicher Kompetenzen benennen, scheint kein übergreifendes Verständnis bezüglich des konkreten positiven Kompetenzportfolios zur Bewältigung des digitalen Wandels gegeben zu sein. Aufgrund der hohen Bedeutung dieses Portfolios sollte innerhalb des Unternehmens ein gemeinsames Verständnis dieser Zielgröße erarbeitet werden.

Neben der Rolle der Führungskräfte sind ebenso die Profile der weiteren organisationalen Stabilisatoren in Form des Betriebsrats und des Personalwesens innerhalb der Organisation zu hinterfragen. Die Ergebnisse der Untersuchung verdeutlichen in diesem Rahmen, dass das Personalwesen angehalten ist, den Transformationsprozess als Chance zu betrachten, um eine deutlich gestaltendere und unterstützendere Rolle im Unternehmen einnehmen zu können. So sollte das Zielbild des Personalwesens darin bestehen, die Beschäftigten durch ihr gesamtes Arbeitsleben zu begleiten und die Personalarbeit für die Beschäftigten auf positive Weise ‚erlebbar' zu machen. Beispielsweise könnten digitale Möglichkeiten für das Recruiting besser ausgeschöpft, Personalprozesse ohne Mehrwert verändert und die Verankerung des digitalen Wandels als ein ‚Gemeinschaftsprojekt' durch kommunikative Maßnahmen unterstützt werden. Darüber hinaus sollte das Personalwesen die Beschäftigten innerhalb der Transformation nicht nur auf eine begleitende Rolle reduzieren, sondern diese darin stärken, den Prozess beeinflussen zu können. Hierbei gilt es, die bestehenden Rollenprofile im Unternehmen mit den Betroffenen zu überarbeiten und die Beschäftigten auf die veränderten Profile durch systematische Weiterbildungsangebote vorzubereiten.

Des Weiteren sollte das Personalwesen in personalpolitischer Hinsicht die Realisierung eines Open-Book-Managements anstreben, um eine Transparenz über personelle Ressourcen innerhalb des Unternehmens zu erreichen. Insbesondere könnten hierdurch ein Transfer der Beschäftigten in unterschiedliche Funktionen und Unternehmensbereiche sowie eine übergreifende Kompetenzentwicklung und Personal(laufbahn-)planung ermöglicht bzw. erleichtert werden. In diesem Rahmen sollten die Weiterbildungsangebote mit den Entwicklungsmöglichkeiten des Unternehmens verwoben werden, sodass diese die Beschäftigten nicht nur durch Vielfalt, sondern gleichsam durch eine übergreifende Systematik überzeugen. Das bisher unstrukturierte und fragmentierte personalpolitische Vorgehen der unterschiedlichen Unternehmensbereiche könnte hierdurch vermieden, Prozesse vereinfacht und agile Strukturen gefördert werden. Ferner ist die bisherige Priorisierung der Einflüsse der Megatrends zu überdenken, da ein vornehmlicher Fokus auf den Folgen der Digitalisierung zu liegen scheint. Die Konsequenzen der Flexibilisierung und des demografischen Wandels erfahren hingegen eine starke Vernachlässigung (siehe Punkt 3 und 4).

Im Rahmen der Bearbeitung der genannten Themen sollte grundsätzlich eine stärkere Zusammenarbeit zwischen dem Personalwesen und Betriebsrat erfolgen, da beide Seiten von einem regelmäßigen Austausch aufgrund der unterschiedlichen Perspektiven voneinander profitieren würden. Die Stabilisatoren könnten gemeinsam an der Bewältigung ähnlicher Herausforderungen, wie ein Empowerment der Beschäftigten, die Diskussion zukünftiger Rollen- und Kompetenzanforderungen sowie die Sichtbarkeit ihrer Tätigkeiten arbeiten. So zeigen die Befunde auf, dass auch der Betriebsrat eine deutlich proaktivere Rolle innerhalb der Transformation einnehmen sollte. Die Befragten äußern diesbezüglich den Anspruch, dass dessen Mitglieder den digitalen Wandel und seine Gestaltung als einen essenziellen Teil ihrer Betriebsratsarbeit erachten und die Beschäftigten stärker in ihre Arbeit einbeziehen sollten. Die dargestellte schutzorientierte Rolle des Betriebsrats, der die Digitalisierung zwar begleitet, diese jedoch nicht durch eigenständig initiierte Lösungskonzepte und innovative Prozesse in ihrer Entwicklung fördert, kann hingegen als unzureichend eingestuft werden. Vor allem ist der Betriebsrat innerhalb des Untersuchungsfeldes gefragt, einen kulturellen Wandel der bisher stark kostenorientierten Unternehmenspolitik anzustoßen bzw. mitzugestalten, was über eine Beschränkung auf seine Schutzfunktion hinausgehen würde. Ferner lassen die Aussagen der Befragten deutlich werden, dass im Rahmen der Überarbeitung bestehender Rollenprofile vor allem eine Überprüfung der entstehenden Arbeitslast für die Beschäftigten erfolgen sollte, da bisher ein unzureichender Fokus auf wesentliche Aufgaben empfunden wird. Darüber hinaus ist eine transparentere Darstellung der Betriebsratsarbeit für die Beschäftigten durch die Intensivierung und Verbreiterung der Kommunikation mit dem Management und mit der Belegschaft ratsam. Um diese Herausforderungen bewältigen zu können, bedürfen auch die Mitglieder des Betriebsrates eines umfassenden Kompetenzbündels. Die Erstellung systematischer Weiterbildungspläne für die Betriebsratsmitglieder wäre sinnvoll, damit diese einen aktiveren Part bezüglich der Gestaltung der Transformation einnehmen können. Aufgrund der Tatsache, dass zahlreiche Betriebsräte ihre Tätigkeit nebenamtlich ausführen, sollten hierfür zeitliche Ressourcen bereitgestellt werden.

(3) Gestaltung der zukünftigen Unternehmens- und Arbeitskultur
Die Darstellungen der Befragten veranschaulichen die Spannungsfelder, innerhalb derer sich die Beschäftigten des untersuchten Unternehmens bewegen. So müssen diese beispielsweise die zunehmende Komplexität aufgrund der Megatrends der Digitalisierung, Flexibilisierung und des demografischen Wandels bewältigen, wohingegen sich das Unternehmen vornehmlich auf die Digitalisierung konzentriert. Die erforderliche Agilität sowie wandelnde Rollen- und Kompetenzanforderungen innerhalb des Wandels werden durch hierarchische Denkweisen und Strukturen im Unternehmen behindert. Dem wahrgenommenen wachsenden Fachkräftemangel wird durch die Organisation nicht in Form einer demografieorientierten Personalpolitik entgegengewirkt. Die besondere Situation, die sich für Führende in der Sandwichposition ergibt, umsetzende, aber auch betroffene Person der Transformation zu sein, erfährt bisher ebenfalls keine Beachtung seitens der Unternehmensleitung. Vielmehr erwartet die Unternehmensleitung von den Führungskräften eine Realisierung der Unternehmensziele, ohne hierbei deren Interessen und Bedürfnisse zu berücksichtigen. Weiterhin wird dem Wunsch der Führenden nach altersunabhängigen Personalentwicklungsangeboten sowie einer für sie nachvollziehbaren Förderung und Stellenvergabe nicht entsprochen, da bisher nach deren Wahrnehmung innerhalb des Untersuchungsfeldes keinerlei Transparenz in Bezug auf Entwicklungs- und Personalentscheidungen besteht.

Die zahlreichen Spannungsfelder, innerhalb derer sich die Beschäftigten in der Organisation bewegen, zeigen den Bedarf eines starken übergreifenden kulturellen Veränderungsprozesses auf. Diesbezüglich sind bisher im Unternehmen nur bestimmte Anzeichen zu erkennen; eine vollständige Überzeugung der Betroffenen, dass dieser Kulturwandel konsequent durchgeführt wird, scheint hingegen nicht gegeben zu sein. So ist die bisherige vornehmlich oberflächliche kulturelle Auseinandersetzung des Unternehmens mit den Auswirkungen des digitalen Wandels für dessen Bewältigung eher vordergründig, obwohl der Wandlungsprozess in die Tiefenstruktur der Organisation hineinwirkt. Beispielsweise können Führende nur den Erwartungen und Anforderungen innerhalb der Transformation gerecht werden, wenn ihnen hierfür der kulturelle Rahmen mit entsprechenden Handlungs- und Gestaltungsspielräumen geboten wird. Der notwendige kulturelle Wandel hat sich in der Folge innerhalb des Unternehmens noch nicht vollzogen, da es einem Verständnis für die Besonderheiten der Transformation mangelt (siehe Punkt 1). Die Erkenntnis, dass die Bewältigung des Wandels weniger durch den Einsatz bestimmter Technologien, Techniken und Tools, sondern vielmehr durch eine grundlegende Veränderung der Denkweise und des Verhaltens sämtlicher Beschäftigter erfolgt, scheint bisher keine tiefergehende Verankerung im Unternehmen gefunden zu haben. Darüber hinaus besteht, trotz einer erkannten Veränderungsnotwendigkeit, eine skeptische Haltung der Beschäftigten gegenüber der organisationalen Transformation. Diese liegt in negativen Erfahrungen bezüglich vergangener Wandlungsprozesse im Unternehmen begründet, da diese in ihren Augen weder durch Nachhaltigkeit, noch durch eine Einbeziehung der Betroffenen gekennzeichnet waren.

Der digitale Wandlungsprozess bedarf daher einer Auseinandersetzung und Reflexion der Organisationskultur und ihrer unterschiedlichen Ebenen im Sinne von Schein (2017). Um die erforderlichen tiefgreifenden kulturellen Veränderungen vollziehen zu können, ist das Unternehmen dazu angehalten, eine Unternehmenskultur zu etablieren, die sich als lernende Organisation versteht (i.S.v. Argyris & Schön, 2018). So ist deutlich geworden, dass sich aufgrund erforderlich werdender Veränderungen auf der Ebene der „Grundannahmen" (Schein, 2017) nicht nur das optimierende Lernen, sondern ebenso das verändernde Lernen im Unternehmen anzustreben ist. Dieser Lernprozess scheitert jedoch innerhalb der Organisation daran, dass die Diskrepanz zwischen postulierter und gelebter Kultur nicht überwunden wird. Dieser Befund kann auf eine mangelnde Überzeugung bezüglich tiefgreifender Veränderungen von Seiten der Unternehmensleitung zurückgeführt werden, was beispielsweise an dem Versuch der Etablierung von Agilität auf der Basis einer ausschließlichen Top-down-Führung deutlich wird. Das verändernde Lernen könnte jedoch wesentliche Voraussetzungen für die gemeinsame Erarbeitung eines integrierten übergreifendes Transformations- und Identifikationsverständnis schaffen. Die Verfolgung dieser übergeordneten Zielsetzung ist von hoher Bedeutung, um die bestehende Heterogenität der kulturellen Orientierungen innerhalb des Unternehmens exterminieren und einen Wandel von einer fragmentierten zu einer integrierten Transformation vollziehen zu können.

Gleichzeitig würde die Erarbeitung eines Verständnisses des digitalen Wandlungsprozesses als ‚Gemeinschaftswerk' eine zentrale Grundlage für die Etablierung eines Vertrauensmanagements legen, das sich durch eine Beteiligung der Beschäftigten sowie gegenseitige soziale Unterstützung kennzeichnen würde. Durch wirksame Partizipation könnte den Betroffenen die Möglichkeit eröffnet werden, die Gestaltung der Transformation mitzubestimmen und die Transformation des Unternehmens zu einem ‚Gemeinschaftswerk' werden zu lassen, anstatt diese durch eine übergeordnete Führungskraft vorgegeben zu bekommen. Durch eine derartige Vorgehensweise könnte gleichsam ein Weg gefunden

10.4 Implikationen für Wissenschaft und Praxis

werden, bestehende Interessendivergenzen der Organisationsmitglieder aufzuarbeiten, die bisher den erfolgreichen Transformationsprozess des Unternehmens gefährden. Die Einführung eines Vertrauensmanagements kann allerdings nur erfolgreich sein, wenn innerhalb der Organisation die „Grundannahmen" (i.S.v. Schein, 2017) nicht länger auf einer starken Bedeutung von Hierarchie basieren, die wiederum an Vertrauen eingebüßt hat. Diese starke ‚Hierarchiegläubigkeit' innerhalb des Unternehmens resultiert zwar in einer starken Zielorientierung, die allerdings nur in geringem Maße für die Beschäftigten in erforderliche Veränderungen von Haltung und Verhalten übersetzt werden. Erschwerend kommt hinzu, dass die gesetzten Zielbilder aufgrund des mangelnden Einbezugs der Beschäftigten sowie des Vergleiches mit branchenfremden Unternehmen bisher nicht als authentisch empfunden werden.

Erst durch die Realisierung der dargestellten kulturellen Veränderungen würden die Führungskräfte in die Lage versetzt, selbst einen kulturellen Wandel innerhalb ihres Verantwortungsbereichs zu managen und agile Führungsprozesse umzusetzen. Die Führenden sind hierbei gefordert, im Rahmen der transformationalen Führung die Etablierung einer Fehler- und Lernkultur zu unterstützen und für die Beschäftigten Transparenz durch eine stetige und offene Kommunikation zu schaffen. Die Bedeutung von Transparenz ist gerade mit Hinblick auf bestehende Sorgen der Mitarbeitenden bezüglich der Arbeitsplatzsicherheit sowie steigender Arbeitsbelastungen nicht zu unterschätzen. So verdeutlichen die Aussagen der Befragten, dass zunehmende Automatisierungen nicht damit gleichzusetzen sind, dass Aufgaben unmittelbar leichter erfüllt werden können bzw. gänzlich wegfallen. So weisen die Prozesse des Unternehmens, die eine Automatisierung erfahren, weiterhin eine hohe bzw. wachsende Komplexität auf, wodurch es eine umso größere Herausforderung darstellt, diese für die Kund*innen einfach und verständlich darzustellen. Diesem entstehenden Aufwand ist mit einem wachsenden Personalbedarf durch das Unternehmen zu begegnen, um Aspekte wie die Prozessorganisation und -gestaltung bewältigen zu können. Die Unternehmensleitung sollte daher den Ängsten der Beschäftigten vor Stellenabbau und Überforderung entgegenwirken, indem eine offene Darstellung bezüglich geplanter Automatisierungen und deren erwartete Produktivitätssteigerungen und Beschäftigungseffekte erfolgt.

Ferner wird anhand der Befunde der hohe Druck deutlich, den die COVID-19-Pandemie auf die sozialen Beziehungen der Betroffenen ausgeübt hat. Diese Entwicklung geht gleichzeitig mit offenen, aber auch verdeckten Konfliktpotenzialen einher, da das untersuchte Unternehmen noch kein einheitliches Verständnis von der zukünftigen Arbeitskultur vermitteln bzw. etablieren konnte. Daher sollte ein zentrales Ziel der Organisation darin bestehen, gesamtheitlich von der kontrollorientierten Arbeitskultur Abstand zu nehmen. Ein Wandel von einer Präsenzorientierung hin zu einer Vertrauenskultur ist in diesem Rahmen anzustreben. Vor allem die unzureichende Einhaltung ergonomischer Arbeitsstandards und die zunehmende Entgrenzung der Erwerbsarbeit, die sich nachteilig auf die anderen Life Domains auswirkt und mit Verunsicherungen verbunden ist, verdeutlicht den hohen und anspruchsvollen Gestaltungsbedarf, der mit Homeoffice einhergeht. Die bisher ausbleibende Klärung der Anforderungen und Erwartungen der Beschäftigten im Rahmen von Homeoffice ist von Seiten des Unternehmens nachzuholen, um bestehende Interessen und Bedürfnisse nicht länger zu vernachlässigen. Hierunter ist nicht nur eine entsprechende Ausstattung mit sachlichen und technischen Ressourcen zu verstehen, sondern ebenso eine Klärung der Leistungserwartungen, die das Unternehmen an die Beschäftigten richtet. Vor allem Aspekte wie Arbeitsumfang, Pausen, Erreichbarkeit, Flexibilität, Häufigkeit von Webkonferenzen, Qualität der Arbeitsergebnisse sowie Zusammenarbeit und Kommunikation sind in diesem Rahmen zu klären. Um Klarheit und ein einheitliches Vorgehen in Bezug auf die genannten Gesichtspunkte im Unternehmen zu schaffen, wäre sinnvollerweise ein Reglement zu erarbeiten, das einerseits Orientierung bietet und andererseits ausreichend Freiheiten für die Beschäftigten einräumt, damit diese flexibel auf unvorhergesehene Situationen reagieren können. Durch das Einführen hieraus ableitbarer Routinen könnten Führungskräfte zusätzlich Stabilität und Verhaltenssicherheit unter den Mitarbeitenden schaffen. Ein derartiges Vorgehen könnte zukünftig wesentlich zu einem Umfeld beitragen, in dem für Mitarbeitende und Führungskräfte weitgehend Klarheit über bestehende Rollen und Aufgaben vorhanden ist. Vor allem der von den Führenden thematisierte ‚zerfallende Gemeinschaftssinn' hebt die Bedeutung regelmäßiger Interaktionen und Präsenz hervor. So darf das zukünftige Ausmaß des mobil-flexiblen Arbeitens nicht in einem Gefühl der mangelnden Leistungswahrnehmung, Wertschätzung oder Zugehörigkeit resultieren.

Das Unternehmen ist vielmehr gefordert, aus den gewonnenen Erkenntnissen aus der intensiven Homeoffice-Phase zu lernen und diese als Grundlage für zukünftige Gestaltungsmöglichkeiten der Erwerbsarbeit anzusehen. Schlussfolgerungen aus dieser Zeit dürfen jedoch nicht zu Entscheidungen führen, die allein von der Unternehmensleitung bestimmt werden, sondern sind in Form eines partizipativen Ansatzes zu erarbeiten, um den notwendigen Differenzierungsgrad von Gestaltungslösungen sicherstellen zu können. Die Entwicklung eines Reglements könnte beispielsweise durch den Einsatz eines ‚Soundboards' begleitet werden, um auf zeitnahe und strukturierte Weise Feedback zu den geplanten Maßnahmen zu erhalten. Nur auf diesem Wege kann in Erfahrung gebracht werden, in

10.4 Implikationen für Wissenschaft und Praxis

welchem Ausmaß die Ausübung der Erwerbstätigkeit im Homeoffice zukünftig gewünscht bzw. sinnvoll ist. Hierbei sollte stets die Zielsetzung verfolgt werden, eine als angemessen wahrgenommene Balance zwischen Präsenzzeiten und Homeoffice zu finden, um den Beschäftigten Stabilität, Vertrauen und eine ausreichende soziale Unterstützung bieten zu können. In diesem Rahmen sind alle Betroffenen, Mitarbeitende wie Führende, Personalwesen wie Betriebsrat gefordert, um eine gemeinsame Basis für einen wichtigen Baustein der zukünftigen Arbeitskultur zu legen.

Darüber hinaus sollte sich das untersuchte Unternehmen mit dem Aspekt beschäftigen, wie ein ganzheitliches Flexibilisierungsszenario in Zukunft aussehen könnte. Neben zeitlichen und mobil-flexiblen Aspekten gilt es, vor allem auch Gestaltungsfelder, wie Aufgaben- und funktionale Flexibilität sowie die Flexibilität der gesamten Organisation zu diskutieren. So dürfen die hohe Fachlichkeit sowie die zahlreichen immer schwerer überschaubaren Themen nicht zu Lasten der Polyvalenz innerhalb des Transformationsprozesses gehen. Das Unternehmen sollte daher eine Analyse bezüglich der Kompetenzanforderungen auf Grundlage der zu erfüllenden Aufgaben vornehmen und überprüfen, in welchem Maße sich die Beschäftigten gegenseitig vertreten bzw. unterstützen können. Agile Arbeitsweisen können in diesem Zusammenhang hilfreich sein, Beschäftigte in geringerem Maße spezialisierten Rollen zuzuordnen und eine teambezogene Organisation zu schaffen. Durch einen polyvalenten Einsatz der Beschäftigten könnte somit im Falle einer Abwesenheit die Arbeitsfähigkeit des übrigen Teams weiterhin aufrechterhalten werden. Ferner wären Hospitationen für einen intensiveren übergreifenden Austausch und ein besseres Verständnis der Arbeitsweisen und Themen anderer Unternehmensbereiche hilfreich.

(4) Etablierung eines Alter(n)smanagements
Die Befunde der Untersuchung verdeutlichen, dass das bisher ausbleibende betriebliche Alter(n)smanagement sowie der vornehmliche Abbau von älteren Beschäftigten in Wandlungsprozessen innerhalb des Untersuchungsfeldes in hohem Maße betriebswirtschaftlich auf der Basis bestimmter sozial wirksamer altersbezogener Zuschreibungen getrieben sind. Zwar weisen die Befragten auf bestehende Ressourcenkonflikte aufgrund der Auswirkungen der Digitalisierung hin, der zentrale Grund ist allerdings vielmehr in der mangelnden Bedeutung, die den älteren Beschäftigten zur Bewältigung der Transformation zugesprochen wird, zu sehen. Die Aussagen der befragten Führungskräfte verdeutlichen jedoch, dass die pauschale Annahme eines mangelnden Willens bzw. einer unzureichende Fähigkeit Älterer zur Gestaltung des digitalen Wandlungsprozesses nicht zutreffend ist. Ein durchgängiges Interesse von älteren Beschäftigten an

einem frühen Ausstieg aus dem Erwerbsleben konnte ebenfalls nicht festgestellt und sollte innerhalb von Abbauprogrammen nicht unterstellt werden. Stattdessen veranschaulichen die Befunde, dass ältere Beschäftigte den Zeitpunkt des Erwerbsaustritts in ihrem Lebenskontext als individuelle Gestaltungsfrage ansehen, die nicht an spezifische Altersgrenzen geknüpft ist und die im Rahmen eines partizipativen Ansatzes diskutiert werden sollte.

Der bereits hohe Altersdurchschnitt der Führungskräfte, die weiterhin angenommene starke Alterung innerhalb der Finanzdienstleistungsbranche sowie der bevorstehende Renteneintritt der Babyboomer-Kohorte sind personalwirtschaftlich zweifelsohne mit erheblichen Konsequenzen verbunden. Die Zielsetzung des Unternehmens sollte daher das gesunde Erreichen der Regelaltersgrenze durch die Beschäftigten darstellen, um den zukünftigen Arbeits- bzw. Fachkräftebedarf decken zu können. Dieses Ziel geht mit einer veränderten Sichtweise auf Alterungsprozesse und die Leistungsfähigkeit von Älteren einher. Ältere Beschäftigte sollten innerhalb des Transformationsprozesses nicht länger als potenzielle Dispositionsmasse angesehen werden und müssen ebenso wie jüngere Mitarbeitende Zugang zu Personalentwicklungsmaßnahmen erhalten und für digitale Projekte vorgesehen werden. In diesem Rahmen ist ein Bewusstsein gefragt, dass sich an individuellen Lebensereignissen orientiert, die zu vollkommen differierenden Zeitpunkten den beruflichen Weg eines Beschäftigten prägen können und nicht an ein kalendarisches Alter gebunden sind. Auch sind Anforderungswechsel sowie flexible Erwerbsbiografien zu unterstützen. Ferner ist das Unternehmen dazu angehalten, die Erfahrung und Expertise, die ältere Beschäftigte aufweisen, in höherem Maße wertzuschätzen und die stabilisierende Wirkung von Älteren innerhalb eines hoch volatilen Prozesses nicht zu unterschätzen. So ist ein fortlaufender Wandlungsprozess nicht allein mit jüngeren Beschäftigten erfolgreich zu bewältigen, sondern kann nur in Verbindung mit erfahren Mitarbeitenden gelingen, die innerhalb der Belegschaft ein gewisses Vertrauen genießen. Hierbei ist davon auszugehen, dass eine derartige alter(n)sgerechte Personalpolitik nicht nur ein positives Umfeld für ältere Beschäftigte erzeugen würde, sondern gleichfalls die Chance böte, jüngere Beschäftigte aufgrund positiver Perspektiven längerfristig an das Unternehmen zu binden.

Die Förderung und Entwicklung sämtlicher Beschäftigter in allen Altersklassen sind zweifelsohne mit einer höheren Komplexität und Kosten verbunden. Die Organisation muss daher einen Wandel von der bisherigen kurzfristigen kostenorientierten Sicht zu einer langfristig orientierten Perspektive vollziehen. Dies bedeutet gleichzeitig, präventiv zu agieren (i.S.d. Arbeitsfähigkeitskonzeptes von Ilmarinen et al., 2016), um beispielsweise Schädigungen aufgrund einer hohen

10.4 Implikationen für Wissenschaft und Praxis

Arbeitsbelastung zu vermeiden. Eine zentrale Voraussetzung für diese Entwicklung ist eine Distanzierung vom Defizitmodell des Alterns, indem bestehende Normen und Werte in Bezug auf den Umgang mit älteren Beschäftigten hinterfragt werden und ein ganzheitliches Alter(n)smanagement im Unternehmen als Gestaltungsaufgabe anerkannt wird. In diesem Rahmen ist es empfehlenswert, auf der Basis von internen und externen Analysen ein gemeinsames Verständnis für die demografischen Herausforderungen zu entwickeln und hierauf aufbauend ein mehrdimensionales Alter(n)smanagement mit entsprechenden Handlungsfeldern sowie Maßnahmen und Programmen zu erarbeiten. In diesem Rahmen muss sich insbesondere die Unternehmensleitung sowie das Personalwesen mit der Fragestellung auseinandersetzen, welche Erwartungen Ältere hinsichtlich ihrer eigenen Positionierung und beruflichen Entwicklung innerhalb der Transformation aufweisen. Die Möglichkeit, dass diese Erwartungen eine andere Ausgestaltung aufweisen könnten als bei jüngeren Beschäftigten, erfährt bisher eine vollkommene Vernachlässigung, sodass diesbezüglich keinerlei Differenzierungsgrad erkennbar ist. Hierin ist ein grundlegendes Missverständnis zwischen den Agierenden zu sehen, das zu beheben sehr sinnvoll wäre.

Aufgrund des großen Veränderungsdrucks ist das untersuchte Unternehmen auf die Bereitschaft der Beschäftigten für Flexibilität, Wandel sowie zum lebenslangen Lernen angewiesen. Für diese Anforderungen muss ein organisationaler Rahmen geschaffen werden, indem die Beschäftigungsfähigkeit der Mitarbeitenden aufrechterhalten wird. Die fortlaufende Entwicklung von beruflichen Kompetenzen, die Gewährleistung eines Wissenstransfers, der Erhalt und die Förderung der Gesundheit sowie die Steigerung der Motivation durch flexible Lösungen und ein Aufzeigen von Karrieremöglichkeiten für alle Altersgruppen stellen in diesem Zusammenhang zentrale Handlungsfelder dar. Dieser organisationale Rahmen wäre auch ein wesentlicher Baustein für ein kulturelles Umfeld, dass die Eigen- und Mitverantwortung sämtlicher Beschäftigter fördert.

Aufgrund des in der wissenschaftlichen Literatur prognostizierten höheren Bedarfs an „Spezialisten" und „Experten" (z. B. Dengler et al., 2018; Stettes, 2017b), sollte die Organisation mit einem gezielten Aufbau der hierfür erforderlichen Kompetenzen beginnen. In diesem Rahmen sind die Beschäftigten frühzeitig systematisch in die Richtung ihrer zukünftigen Funktion zu entwickeln, um eine langfristige Personalentwicklungsplanung realisieren zu können. Dieser Anspruch fordert in personalpolitischer Hinsicht wiederum einen langfristigen strategischen Planungshorizont. Dieser verlangt Kenntnisse darüber, zu welchem Zeitpunkt ältere Beschäftigte voraussichtlich aus dem Unternehmen ausscheiden werden bzw. wollen, um auf dieser Grundlage den erforderlichen Qualifizierungsbedarf ermitteln zu können. Da ein früherer Austritt mit einem wachsenden Qualifizierungsbedarf einhergeht, sollte die Erhaltung und Förderung der Leistungsfähigkeit der Beschäftigten durch eine koordinierte und strukturierte Verhältnis- und Verhaltensprävention fokussiert werden. Eine gesundheitsgerechte und ergonomische Arbeitsgestaltung ist hierbei z. B. im Rahmen des Homeoffice durch das Unternehmen in den Blick zu nehmen. Grundsätzlich ist jedoch nicht nur ein Fokus auf einen längeren Verbleib innerhalb des Erwerbslebens zu richten. Individuelle Situationen der Beschäftigten, die diese dazu zwingen, frühzeitig aus dem Unternehmen auszutreten (z. B. gesundheitliche Gründe, private Lebensumstände), müssen ebenfalls eine entsprechende Berücksichtigung erfahren, ohne dass dies zu einem Verlust an Wertschätzung führt.

Nicht zuletzt verdeutlicht die Untersuchung, dass gerade in Bezug auf ältere Beschäftigte im Rahmen der Setzung eines neuen Impulses, wie beispielsweise der Implementierung eines Wandlungsprozesses, eine besonders intensive Auseinandersetzung mit den bereits gemachten Erfahrungen und deren Verarbeitung zu erfolgen hat. Aus diesem Grunde kann ein Vertrauensmanagement, in dessen Rahmen eine Auseinandersetzung mit gemachten Erfahrungen sowie eine Glaubwürdigkeit der angestrebten Transformation angestrebt wird, als wesentlicher Aspekt eines Alter(n)smanagements bezeichnet werden. Die überzeugende Vermittlung der Botschaft, dass aus Fehlern vergangener Prozesse gelernt worden ist, kann hierbei als essenziell für die Motivation älterer Beschäftigter für neue Vorhaben angesehen werden. So sind gerade ältere Beschäftigte, die auf ein deutlich höheres Maß an Erfahrungen zurückgreifen können, deutlich schwieriger von neuen Veränderungsprozessen zu überzeugen, wenn diesbezüglich mehrfach negative Erfahrungen hinsichtlich der Partizipation und Sinnhaftigkeit gemacht worden sind. Vertrauensmanagement kann dementsprechend als ein altersbezogener Aspekt interpretiert werden, der zwar nicht in unmittelbarer Beziehung zu Alter steht, sondern dessen Bezug über Erfahrung und Expertise herzustellen ist, die jedoch erst über einen gewissen Zeitraum erworben werden können und somit wiederum einen starken Bezug zu Alter aufweisen.

10.4.2 Implikationen für die Finanzwirtschaft

Finanzdienstleistungsunternehmen, die weiterhin Vorbehalte gegenüber Innovationen hegen und die Digitalisierung lediglich als eine Entwicklung ansehen, an die zwangsweise eine Anpassung erfolgen muss, sind dazu angehalten, diese Haltung abzulegen. Stattdessen ist ein stärkerer Fokus auf die entstehenden Chancen zu legen, wie zum Beispiel eine höhere Kund*innenbindung, langfristig sinkende

Kosten sowie die Möglichkeit, bestehende Produkte modifizieren bzw. gänzlich neue Produkte entwickeln zu können. Ein Perspektivenwechsel muss hierbei nicht nur aus Haltungsgründen erfolgen, sondern auch aufgrund des Erfordernisses von tiefgreifenden Veränderungen. Ferner sollte die voranschreitende Digitalisierung der Organisationen von einer konkreten Zielorientierung (Was soll durch die Digitalisierung erreicht werden?) sowie einem neuen Rollenverständnis (Warum gibt es Finanzdienstleistungen und welche Rolle nehmen Unternehmen der Finanzwirtschaft innerhalb der Gesellschaft ein?) begleitet werden. Die Erarbeitung dieses neuen Identitätsverständnisses darf allerdings nicht von höheren Hierachieebenen aufoktroyiert werden, sondern ist im Rahmen eines partizipativen Ansatzes gemeinsam mit der Belegschaft zu definieren.

Darüber hinaus sollten Finanzdienstleistungsunternehmen nicht nur situativ bzw. inselhaft auf Anpassungszwänge reagieren oder die Transformation als eine ausschließliche Verbesserung technologischer Prozesse verstehen. Vielmehr gilt es die Interaktionen und Beziehungen mit Kund*innen und anderen Agierenden sowie der Beschäftigten untereinander zu verbessern. Um Kund*innen individuelle Lösungen anzubieten, müssen die Unternehmen flexibler und schneller agieren, um die wechselnden Kund*innenbedürfnisse zeitnah erkennen und auf diese reagieren zu können. Gleichzeitig gilt es, die Kund*innen durch das gesamte Leben zu begleiten und in den entscheidenden Phasen mit passenden Angeboten abzusichern.

Die Veränderungen der Organisation von Arbeit, ihrer Prozesse und Ergebnisse sowie die erforderliche Initiierung und Förderung organisationaler Wandlungsprozesse durch die Führungskräfte bedürfen eines vielfältiges Kompetenzprofil. Die Offenheit der Transformation, die mit Verunsicherungen und Konfliktpotenzialen einhergeht, fordert vor allem die sozialen, personalen und methodischen Kompetenzen der Führungskräfte. Hierbei gilt es für die Führenden, die richtige Balance zwischen einer Befähigung der Mitarbeitenden zu einer eigenständigen und selbstbestimmten Arbeitsweise und einer intensiven Unterstützung und regelmäßigen Interaktion zu finden, um Stabilität und Vertrauen schaffen zu können. Aspekte der Verhaltens- bzw. Ausführungskontrolle sollten hingegen innerhalb der Führungsbeziehung an Bedeutung verlieren. Gleichzeitig müssen die Finanzdienstleistungsunternehmen ihre Annahmen und hieraus resultierende Anforderungen an die Personalführung aufgrund der Volatilität des Transformationsprozesses stetig hinterfragen und den Bedürfnissen der Führungskräfte und Mitarbeitenden gegenüberstellen.

Die Einflüsse der Flexibilisierung lassen eine veränderte Vorstellung von Personalentwicklung sowie der Beziehung zwischen der beruflichen Tätigkeit und anderen Lebensbereichen erforderlich werden. Diese Beziehung muss durch die gemeinsame Bestimmung von Reglements für Beschäftigte wie für Unternehmen für Transparenz und Verhaltenssicherheit sorgen. Die Auswirkungen der COVID-19-Pandemie haben auf besondere Weise verdeutlicht, wie sehr die soziale Unterstützung durch Kolleg*innen eine zentrale arbeitsbezogene Ressource darstellt und negative Folgen auf die Gesundheit abschwächen kann. Bleibt diese soziale Unterstützung über einen längeren Zeitraum aus, zeigen sich hingegen nachteilige Effekte, wie beispielsweise eine emotionale Erschöpfung aufgrund wachsender Rollenkonflikte. Daher sei darauf verwiesen, dass eine wachsende Flexibilisierung nicht als eine vollkommene Auflösung stabilisierender Rahmenbedingungen bzw. sozialer Unterstützungsprozesse interpretiert werden darf.

Der wachsende Arbeits- bzw. Fachkräftemangel innerhalb der Finanzwirtschaft muss für die Unternehmen zu dem Anspruch führen, die Beschäftigungs- und Arbeitsfähigkeit der Beschäftigten in allen Lebensphase zu erhalten und zu fördern. Die vorliegende Untersuchung verdeutlicht, dass eine Sichtweise auf Erwerbsbiografien, die eine Verdichtung von zentralen Lebensereignissen ausschließlich jüngeren Beschäftigten zuspricht (z. B. Karriere, Veränderungen innerhalb der Familie) weder die Realität noch die individuellen Erwartungen von älteren Beschäftigten widerspiegelt. Dementsprechend sollten Finanzdienstleistungsunternehmen eine deutlich höhere Offenheit und Sensibilität in Bezug auf die Erwartungen von älteren Beschäftigten entwickeln. Neue Lösungen, die eine demografiegerechte Arbeitsgestaltung sowie eine alterssensible Personalentwicklung anstreben und diese auf individueller, organisationaler sowie tarifrechtlicher Ebene diskutieren, sollten daher eine zentrale Zielsetzung darstellen, um die Arbeitsfähigkeit und -zufriedenheit sowie eine Steigerung des Commitments sicherstellen zu können. Dieses Erfordernis geht gleichzeitig mit der Anforderung einher, Experimentierräume für partizipative Personalentwicklungskonzepte zu schaffen, um Beschäftigten den Raum zu geben, ihre berufliche Entwicklung und die hiermit verbundenen Möglichkeiten selbst gestalten zu können. Der Gedanke der Beteiligung und Mitgestaltung der Betroffenen sollte hierbei zu einem grundsätzlichen Bestandteil der Unternehmenskultur und Personalführung werden.

10.4.3 Implikationen für die Wissenschaft

Auf der Grundlage der vorliegenden Arbeit und ihrer Befunde können Ansatzpunkte für weiterführende empirische Untersuchungen abgeleitet werden. In

10.4 Implikationen für Wissenschaft und Praxis

diesem Zusammenhang werden nachfolgend Implikationen für künftige Forschungsvorhaben in Bezug auf die vorliegende Erhebung formuliert. Grundsätzlich sollten weitere Studien zum Umgang mit älteren Beschäftigten in Unternehmen durchgeführt werden, da bisher kaum empirische Informationen zu dieser Themenstellung existieren (vgl. Bellmann et al., 2018b). Die vorliegende Untersuchung könnte in diesem Zusammenhang repliziert werden, um mögliche Einflüsse wie bspw. die Nähe der Autorin zum Untersuchungsfeld oder eine potenziell höhere Digitalisierungsaffinität der Befragten auf die durchgeführte Erhebung zu eruieren. Vor allem erscheint eine weitere Befragung zu einem späteren Zeitpunkt mit Hinblick auf die Folgen der COVID-19-Pandemie sinnvoll, um zu überprüfen, inwieweit dieser externe Impuls die Haltung der Interviewten nachhaltig beeinflusst hat. Gleichfalls könnte in diesem Zusammenhang überprüft werden, inwieweit ‚traditionelle Unternehmen' der Finanzwirtschaft zu einer Rückkehr in eine Präsenzkultur neigen bzw. in welcher Form die Erarbeitung eines partizipativen Lösungsansatzes mit den Beschäftigten angestrebt wird. Expert*inneninterviews sollten hierbei vorzugsweise in persönlicher Form geführt werden, um potenzielle Verzerrungen zu vermeiden.

Ferner wäre es von Interesse, im Rahmen von weiteren Studien eine Abwandlung des Forschungsdesigns vorzunehmen, das sich auch auf die Methodenwahl bezieht. So könnten als Ergebnis dieser Dissertation Hypothesen zur Beziehung zwischen Führung, Personalentwicklung und Alter(n)smanagement formuliert werden, die sich sowohl auf Erwartungen als auch auf Wirkungszusammenhänge beziehen und somit den Fokus auf die Gestaltung digitaler Transformation in Organisationen erweitert. Die Auswahl einer größeren Stichprobe würde repräsentativere Ergebnisse liefern, da sich die soziodemografischen Daten der Befragten differenzierter darstellen ließen. Der Einbezug sämtlicher Managementebenen könnte zu einem umfassenderen Bild der beruflichen Entwicklungserwartungen älterer Führungskräfte im Transformationsprozess eines Unternehmens führen. Ferner böte eine Einbeziehung von Mitarbeitendenebene den Vorteil, dass die Perspektive dieser Zielgruppe nicht nur aus Sicht anderer Anspruchsgruppen (Führungskräfte, Mitarbeitende des Personalwesens und Betriebsräte) im Unternehmen wiedergegeben wird. Durch den Einbezug der Perspektive der Führungskräfte auf den höheren Hierarchieebenen könnten das komplexe Beziehungsnetz in Unternehmen sowie die führungsorganisatorisch differenzierten Rollen ganzheitlicher dargestellt werden. Vor allem wäre es möglich, die Ambivalenz der Situation, innerhalb derer sich Führungskräfte in der Sandwichposition befinden – selbst führen, aber auch gleichzeitig geführt werden – und den hieraus entstehenden Zwiespalt noch intensiver herauszuarbeiten. Hinsichtlich der Interviewgruppen der Betriebsräte und der Mitarbeitenden des Personalwesens würde eine größere Grundgesamtheit zur Darstellung eines differenzierteren Meinungsbildes in Bezug auf die Stabilisatoren innerhalb des digitalen Wandlungsprozesses führen. Darüber hinaus könnten rollenbedingte Unterschiede noch tiefer untersucht werden.

Mit Hinblick auf die Begrenzung der vorliegenden Untersuchung auf ein Finanzdienstleistungsunternehmen mit einem Fokus auf deutsche Standorte[4] wäre es sinnvoll, in weiteren Untersuchungen andere Branchen und Länder einzubeziehen. Hierdurch würden die vorselektiven Effekte der Erhebung reduziert, die Verallgemeinerbarkeit der Ergebnisse erhöht und Besonderheiten in anderen Nationen und Sektoren ermittelt. Darüber hinaus wäre es aufgrund der hohen Bedeutung organisationaler kultureller Faktoren innerhalb des Untersuchungsfeldes interessant, die vorliegende Erhebung in Unternehmen der Finanzwirtschaft durchzuführen, deren kulturelle Gegebenheiten stark abweichen (z. B. Insur-Techs). Hierdurch könnte eine Annäherung an die Fragestellung erfolgen, wie agilere Organisationen der Finanzwirtschaft mit den dargestellten Megatrends umgehen und in welchem Maße sich ihre Unternehmenskultur in diesem Rahmen als förderlich gestaltet. Unternehmen, die ‚traditionelle' kulturelle Gegebenheiten vorweisen, könnten hingegen daraufhin untersucht werden, welche Spannungsfelder und Hindernisse gegeben sind, die ein Empowerment der Beschäftigten innerhalb der Transformation hemmen.

Um Entwicklungen bezüglich der Unternehmenskultur, Führungsstile, Kompetenzanforderungen sowie sich vollziehender Automatisierungs- und Beschäftigungseffekte innerhalb des digitalen Wandlungsprozesses nachvollziehen zu können, sollten weitere Untersuchungen unternommen werden. In diesem Kontext wäre es aufgrund des weitreichenden Charakters des Transformationsprozesses und der anzunehmenden langen Dauer tiefgreifender kultureller Veränderungen in Organisationen sinnvoll, mehrere Erhebungswellen über einen längeren Zeitraum durchzuführen (Längsschnittstudie). Gleichzeitig könnten durch dieses Vorgehen die Folgen des aktuell ausbleibenden Alter(n)smanagements für das untersuchte Unternehmen bzw. dessen Umgang mit den Konsequenzen ermittelt werden.

Das Ergebnis, dass über die Hälfte der befragten Führungskräfte (54 Prozent) die gemeinsame Erarbeitung von individuellen Entwicklungszielen aufgrund der gegebenen Differenzen bezüglich der weiteren Lebensplanung von

---

[4] Hofstede (2003) weist beispielsweise darauf hin, dass sich die Kultur in Deutschland durch ein relativ hohes Maß an Individualismus und Männlichkeit und durch ein mittleres Maß an Unsicherheitsvermeidung und langfristiger Orientierung kennzeichnet. Diese Charakteristika können den Umgang mit älteren Beschäftigten in Unternehmen beeinflussen.

10.4 Implikationen für Wissenschaft und Praxis

älteren Beschäftigten als zentral ansehen, könnte als Grundlage für weitere Forschungsvorhaben dienen. So wäre zu untersuchen, welche Zustimmung ein potenzielles Entwicklungsangebot, basierend auf einem ganzheitlichen Alter(n)smanagement, in Kombination mit individuellen Entwicklungsmöglichkeiten bei älteren Beschäftigten findet bzw. welche Erwartungen diese möglicherweise hieran richten. Einen weiteren interessanten Aspekt würde die Betrachtung des Verhältnisses älterer Beschäftigter zu anderen Altersgruppen darstellen, um beispielsweise die wechselseitige Wirkung der Alterskohorten untersuchen zu können, da diese innerhalb der Praxis nicht separat voneinander agieren. Auch wäre eine Analyse der als wichtig empfundenen Kompetenzen zur Bewältigung der Transformation aus Sicht von jüngeren Beschäftigten aufschlussreich, da die Ergebnisse mit den Befunden aus dieser Untersuchung verglichen und mögliche altersbedingte Differenzen in den Wahrnehmungen ermittelt werden könnten.

Anhand der vorliegenden Untersuchung ist deutlich geworden, dass sich der Involvierungsgrad in die Gestaltung der Transformation deutlich auf die Veränderungsbereitschaft und die Offenheit der Betroffenen gegenüber den angestrebten Veränderungen auswirkt. Darüber hinaus zeigt sich, dass die befragten älteren Beschäftigten aufgrund ihrer größeren negativen Erfahrungswerte bezüglich vergangener Wandlungsprozesse, von diesen in höherem Maße vorgeprägt sind, als jüngere Beschäftigte. Die innerhalb der Change Management-Literatur häufig unterstellten irrationalen Ängste und Widerstände (z. B. Oesterle, 2004; Führing, 2004; Kotter, 2012), sollten daher vielmehr bezüglich ihrer Ursachen und möglichen Berechtigung hinterfragt werden. In diesem Zusammenhang könnte die Bedeutung von Vertrauensmanagement innerhalb von Transformationen näher beforscht werden, da sich anhand der Befunde die Aspekte der Involvierung und Partizipation, der Glaubwürdigkeit sowie der sozialen Unterstützung als zentral erweisen (siehe hierzu ausführlich Abschnitt 8.3.1).

Nicht zuletzt haben die Ergebnisse der vorliegenden Arbeit gezeigt, dass innerhalb der Praxis nicht nur integrierte, sondern auch fragmentierte Transformationen in Unternehmen eine Realisierung erfahren. Hierzu könnten weitere Untersuchungen zeigen, inwieweit die identifizierte zersplitterte Vorgehensweise eine Besonderheit des untersuchten Unternehmens darstellt oder deutlich häufiger umgesetzt wird, als auf Grundlage der bestehenden wissenschaftlichen Literatur anzunehmen wäre. In diesem Zusammenhang könnte ein Vergleich mit Branchen bzw. Unternehmen erfolgen, die sich bereits in einem fortgeschrittenerem Stadium des organisationalen Transformationsprozesses befinden, um zu ermitteln, welches Vorgehen für den angestrebten Wandel bestimmt worden ist. Hierbei könnte gleichzeitig der Frage nachgegangen werden, welcher Stellenwert dem organisationalen Lernen durch die Unternehmen eingeräumt wurde und in welcher Tiefe sich kulturelle Veränderungen bereits vollzogen haben.

10.5 Fazit und Ausblick

Die vorliegende Arbeit verfolgte die Zielsetzung einer tiefgehenden Untersuchung des digitalen Wandlungsprozesses innerhalb einer Organisation der Finanzdienstleistungsbranche mit besonderem Fokus auf die Aspekte Führung und Demografie.

Zu Beginn der Arbeit ist der Hintergrund für die vorliegende Untersuchung dargestellt worden. So existiert zwar eine Vielzahl an empirischen Studien zu den Herausforderungen, die sich aus den Megatrends der Digitalisierung, der Flexibilisierung sowie des Demografischen Wandels ergeben. Jedoch arbeiten diese Untersuchungen nur die themenspezifischen Aspekte des jeweiligen Megatrends heraus, vernachlässigen allerdings eine Verknüpfung der drei Themenfelder. Ferner beschränken sich bestehende wissenschaftliche Arbeiten vorwiegend auf die technologische Perspektive der Digitalisierung, ohne sich mit der daraus resultierenden Erforderlichkeit sozialer Transformation auseinanderzusetzen. Die Motivation der vorliegenden Arbeit bestand daher in einer Verbindung von organisationalen und individuellen Perspektiven, um hierdurch zentrale Herausforderungen für Unternehmen und deren Beschäftigte bei der Bewältigung des digitalen Wandlungsprozesses herausarbeiten zu können.

In den folgenden Kapiteln erfolgte eine Veranschaulichung der theoretischen und konzeptionellen Grundlagen der Arbeit. Anhand der theoretischen Ausführungen konnten die zentralen wissenschaftlichen Modelle der Untersuchung sowie die bisherigen empirischen Erkenntnisse zu den Konsequenzen der Megatrends für die Erwerbsarbeit bzw. die Finanzwirtschaft aufgezeigt werden. Ferner wurden die spezifischen Folgen des Wandels der Arbeitswelt für die untersuchten Funktionsgruppen (Führungskräfte, Betriebsratsmitglieder und Mitarbeitende des Personalwesens) dargestellt. Abschließend wurde das Konzept des Alter(n)smanagements dargelegt und in Bezug zum Transformationsprozess gesetzt.

Aufgrund identifizierter Desiderate innerhalb der Literatur hinsichtlich des Zusammenspiels aus Demografie, digitalem Wandel und Personalentwicklung, wurde methodologisch ein explorativ-qualitatives Vorgehen gewählt. Die hierfür als zielführend erachteten Leitfragen wurden auf Basis der bisherigen theoretischen Erkenntnisse erarbeitet (siehe Abschnitte 1.2 und 8.1). Zur Untersuchung dieser Leitfragen erfolgte die Durchführung problemzentrierter Interviews mit

10.5 Fazit und Ausblick

30 Expert*innen eines Unternehmens der Finanzdienstleistungsbranche. Hierfür wurde ein Unternehmen ausgewählt, das sich inmitten der digitalen Transformation befindet und sich auf organisationaler, technologischer und kultureller Ebene mit dem Wandlungsprozess auseinandersetzen muss.

Um die Herausforderungen, die sich für ältere Führungskräfte aus ihrer ‚Sandwichposition' ergeben, herausstellen zu können, sind 24 Befragte aus dem unteren und mittleren Management ausgewählt worden, die ein Mindestalter von 50 Jahren erfüllen. Die Sichtweise der Stabilisatoren innerhalb der Transformation erfährt durch vier Expert*innen des strategischen Personalwesen sowie zwei Expert*innen des Betriebsrats eine Berücksichtigung. Durch die Einbindung unterschiedlicher Regionen, Funktionsgruppen, Hierarchieebenen und Geschlechter profitiert die Untersuchung von einer Multiperspektive. Der Interviewleitfaden basiert neben dem Theorieteil der Arbeit auf drei offenen Beobachtungen von Workshops sowie den Befunden aus sechs quantitativen Mitarbeitendenbefragungen innerhalb des Untersuchungsfeldes (Mixed-Methods-Ansatz). Die Auswertung der Interviews erfolgte anhand der qualitativen Inhaltsanalyse nach Mayring. In diesem Rahmen wurden die Kategorien sowohl induktiv als auch deduktiv gebildet. Durch diese Vorgehensweise konnten zentrale Erkenntnisse in Bezug auf das untersuchte Unternehmen sowie auf übergreifender Ebene für die gesamte Finanzdienstleistungsbranche erarbeitet werden, wie nachfolgend dargestellt.

(1) Erkenntnisse innerhalb des Untersuchungsfeldes
Mit Hinblick auf die erste Leitfrage, die innerhalb des Untersuchungsfeldes analysiert worden ist, verdeutlichen die Befunde, dass die Führungskräfte den digitalen Wandel als notwendig erachten und die hieraus resultierenden Chancen aus ihrer Sicht überwiegen. Hierbei werden vor allem die Möglichkeiten einer besseren Kund*innenorientierung, einer erhöhten Arbeitseffizienz sowie einer Abgrenzung gegenüber Wettbewerber*innen gesehen. Gleichzeitig nehmen die Befragten bedrohliche Faktoren wahr, wie den Abbau von Stellen, die Veränderung von Jobprofilen aber auch eine Intensivierung der Arbeitsbelastung sowie einen wachsenden Wettbewerbsdruck. Ferner erleben die Führungskräfte die hohe Dynamik sowie den langfristig ausgerichteten Charakter des digitalen Wandels als äußert fordernd, da diese Gegebenheiten mit einem kontinuierlichen Bedarf der Kompetenzentwicklung einhergehen. Darüber hinaus heben die Führungskräfte das hohe Maß an Offenheit des Prozesses mit noch ungewissem Ausgang hervor, das ihrer Ansicht nach eine veränderte Denk- und Arbeitsweise erforderlich werden lässt. Diese Ergebnisse weisen auf das grundsätzliche Konfliktpotenzial hin,

das für Führungskräfte mit der Transformation einhergeht, insbesondere da viele Führungskräfte innerhalb von Projekten für deren Förderung verantwortlich sind. Verstärkt wurden diese Anforderungen durch die Auswirkungen der COVID-19-Pandemie, in deren Rahmen den Beschäftigten die Ausübung ihrer beruflichen Tätigkeit zwangsweise im Homeoffice ausüben mussten. Diese Entwicklung ging laut den Befragten nicht allein mit einer wachsenden Arbeitsverdichtung, sondern gleichfalls mit einer zunehmenden erwerbsorientierten Ausgestaltung der alltäglichen Lebensführung einher. Die hierdurch provozierte Erosion des Lebensalltags äußerte sich vor allem in einer Entgrenzung der Erwerbstätigkeit sowie einer erschwerten Aufrechterhaltung und Bildung von zufriedenstellenden Sozialkontakten. Die hohen flexibilisierungsbedingten Anforderungen aufgrund der Pandemie führten somit zu einer derartigen Intensivierung der beruflichen Tätigkeit, dass andere Lebensbereiche negativ beeinflusst wurden. Die ‚ausgleichende Funktion' anderer Lebensbereiche, durch eine Distanzierung von der Erwerbstätigkeit und die damit verbundene Erholung für die Beschäftigten, wurden dementsprechend unterminiert. Die Führungskräfte plädieren folglich dafür, dass zukünftig Modelle des mobil-flexiblen Arbeitens im Unternehmen im Rahmen von gemeinsamen Aushandlungsprozessen mit den Beschäftigten verhandelt werden.

Zur Fragestellung der Rollenwahrnehmung innerhalb des Transformationsprozesses weisen die Ergebnisse darauf hin, dass die Manager*innen sich sowohl ihrer eigenen Rolle als auch der Rollen des Betriebsrates und des Personalwesens unsicher sind. In diesem Zusammenhang streben die geäußerten Sichtweisen der Agierenden bezüglich der aneinander gestellten Anforderungen und Erwartungen weit auseinander. Während das Personalwesen sich selbst in einer äußerst gestaltenden Rolle mit einer deutlichen Einflussnahme auf die Unternehmens- und Führungskultur sieht, wird dies von den übrigen Akteur*innen kaum wahrgenommen. Ferner wird deutlich, dass der tiefgreifende identitätsverändernde Charakter des digitalen Wandels unterschätzt wird und die Personalpolitik bisher noch keine Verknüpfung mit der strategischen Ausrichtung des Unternehmens erfahren hat. Die Aussagen der Führungskräfte sowie der Betriebsratsmitglieder veranschaulichen hingegen auf positive Weise, dass die Interessen des Unternehmens und des Betriebsrates innerhalb des digitalen Wandlungsprozesses grundsätzlich nicht divergieren. So wird deutlich, dass sich eine ‚bremsende Funktion' des Betriebsrats und eine positive Grundhaltung gegenüber der Digitalisierung nicht ausschließen müssen.

Zu den anspruchsvollsten Anforderungen an die Führungskräfte zählt die Erwartungshaltung der Mitarbeitenden, orientierend zu agieren, ihnen Sorgen

10.5 Fazit und Ausblick

in Bezug auf die Beschäftigungssicherung zu nehmen und ihre stetige Kompetenzentwicklung sicherzustellen, um Überforderungserscheinungen aufgrund der Transformation zu vermeiden. In Bezug auf die transformationsbedingte erforderliche Anpassung der Kompetenzprofile bemängeln die Führenden vor allem die unzureichenden zeitlichen Ressourcen, die ihnen für diese Aufgabe zur Verfügung stehen. Erschwerend kommt hinzu, dass den Befragten zwar klar ist, dass sich die Anforderungen der Digitalisierung nicht auf ein gesteigertes technisches Wissen reduzieren lassen, sondern vielmehr mit einer wachsenden Bedeutung überfachlicher Kompetenzen einhergehen. Jedoch scheint kein konkretes Verständnis gegeben zu sein, mit welchen konkreten (Führungs-)kompetenzen dem Wandlungsprozess erfolgreich begegnet werden kann.

Ferner erweist sich das mangelnde Vertrauen der Agierenden untereinander, das durch den unsicheren Wandlungsprozess zusätzlich verstärkt wird, für alle Beteiligten als äußerst fordernd. Bezüglich der dritten Leitfrage der Untersuchung wird hierbei besonders deutlich, wie sehr der Umgang mit den Bedürfnissen und Interessen der Beschäftigten innerhalb vorangegangener Wandlungsprozesse die Offenheit und Veränderungsbereitschaft für kommende Transformationen beeinflusst. So weisen die Aussagen der Befragten auf Verletzungen von Partizipationsansprüchen der Betroffenen im Rahmen vorheriger Wandlungsprozesse hin, die sich deutlich auf die derzeit zu bewältigenden Herausforderungen auswirken. Die hierdurch entstehenden Spannungen und Konflikte und das mangelnde Verständnis einer gemeinsamen Zielrichtung können als ein wesentliches Hindernis für den ‚schleppenden Transformationsprozess' des Unternehmens angesehen werden.

Hinsichtlich der vierten Leitfrage der Untersuchung zeigen die Befunde auf, dass gerade für Organisationen, die eine ‚starke traditionelle Unternehmenskultur' aufweisen, kulturelle Veränderungen eine große Herausforderung darstellen, da sich eine Loslösung von tief verankerten Werten und Einstellungen für diese sehr viel schwieriger gestaltet. Dieser Effekt wird dadurch verstärkt, dass etablierte Unternehmen anscheinend nicht die Erarbeitung einer ‚eigenen kulturellen Identität' innerhalb des Transformationsprozesses anstreben. Stattdessen versuchen sie oberflächlich, kulturelle Zielbilder anderer, als modern angesehener Unternehmen, wie z. B. GAFAS, zu imitieren. Dieser vorgegebene kulturelle Wandel wird von den Beschäftigten jedoch als unglaubwürdig und fragmentiert wahrgenommen, sodass sie diesen nicht mittragen. Daran wird ersichtlich, dass der digitale Wandel kulturell und mit Blick auf die Beziehung zur Organisationsumwelt seitens des untersuchten Unternehmens grundsätzlich nicht reflektiert und durchdacht worden ist. Analog dazu ist das Ergebnis hinsichtlich der Frage nach den Einflüssen auf die Führungskultur zu bewerten, da eine Auseinandersetzung mit den Auswirkungen des Transformationsprozesses auf die Gestaltung von Führungsbeziehungen und Führungsverhalten bisher nur in Ansätzen erfolgt ist.

Verschärft werden diese bestehenden Probleme durch ein ausbleibendes Alter(n)smanagement bzw. altersbezogenes Diversity-Management. Vielmehr betonen ältere Führungskräfte, als potenzielle Dispositionsmasse innerhalb der Transformation angesehen zu werden. Diese Wahrnehmung basiert auf den vorherrschenden negativen Altersbildern innerhalb des Unternehmens, deren Konsequenzen sich bereits in vergangenen Wandlungsprozessen durch einen verstärkten Abbau älterer Beschäftigter geäußert haben. Diese Erfahrungen wirken sich hemmend auf die Motivation, den Transformationsprozess aktiv zu gestalten sowie die Ausbildung beruflicher Entwicklungsziele im Alter aus. Gleichzeitig gehen sie mit einem verfrühten Verlust wertvoller Fachkräfte und ihrem Erfahrungswissen einher. Eine Fortführung dieser Vorgehensweise wird von den Befragten mit Hinblick auf den bereits hohen Altersdurchschnitt im Unternehmen und dem voranschreitenden demografischen Wandel als Bedrohung für die Bewältigung des Transformationsprozesses gesehen. Anhand dieses Befundes kann abschließend die fünfte Leitfrage der Untersuchung beantwortet werden. So weist das Konzept des Alter(n)smanagement innerhalb des digitalen Wandlungsprozesses gerade für Unternehmen der Finanzdienstleistungsbranche, die tendenziell ‚stark alternde Belegschaften' aufweisen, eine hohe Relevanz auf.

(2) Übergreifende Erkenntnisse und Ausblick für die Finanzwirtschaft

Auf allgemeiner Ebene zeigen die Ergebnisse der Untersuchung, dass aufgrund der Einflüsse der Megatrends zukünftig eine wesentliche Herausforderung für Unternehmen der Finanzdienstleistungsbranche darin bestehen wird, ihre Wettbewerbsfähigkeit und die Beschäftigungssicherheit für ihre Mitarbeitenden erhalten zu können. Für eine stark regulierte und globalisierte Branche gehen diese Ziele mit dem Anspruch an eine massive Steigerung des Leistungsniveaus in sämtlichen Organisationsbereichen einher. Dieser Anspruch sieht sich allerdings gerade innerhalb der Finanzwirtschaft mit einem wachsenden Fachkräftemangel sowie einem zunehmend höheren Anteil älterer Beschäftigter konfrontiert. Allein durch eine Realisierung des lebensbegleitenden Lernens und einer damit einhergehenden fortwährenden Entwicklung von Kompetenzen können Organisationen der sinkenden Halbwertszeit des Wissens und sich weiterhin ausweitenden Erwerbsbiografien erfolgreich begegnen.

Eine demografiegerechte und alter(n)ssensible Personalpolitik muss sich hierbei von einer kalendarischen Sicht auf das Alter und damit verbundenen

10.5 Fazit und Ausblick

Stereotypen distanzieren. Stattdessen gilt es, die Beschäftigten differenziert zu betrachten und unter Beachtung spezifischer Lebensphasen und -planungen individuell zu fördern, um ihnen attraktive und motivierende Entwicklungsperspektiven aufzeigen zu können. Ein derartiger Ansatz erfordert einen Wandel der Unternehmenskultur, deren Grundannahmen auf einem veränderten Verständnis der Entwicklungspotenziale der Beschäftigten fußen. So wird die zukünftige Personalentwicklung davon geprägt sein, den Willen, die Fähigkeit, aber auch die Möglichkeit der Beschäftigten zu lernen, innerhalb jeder Altersgruppe intensiv zu fordern und zu fördern. Flexible, mobile und kreative Lernlösungen werden in diesem Rahmen an Bedeutung gewinnen. Einflüsse, wie die zunehmende Dynamik, die Entgrenzung der Erwerbsarbeit aber auch die wachsende Individualisierung können von der Personalentwicklung nur bewältigt werden, wenn die Ansprüche und Erwartungen der Beschäftigten eine Berücksichtigung erfahren.

Vor allem die Führungskräfte sind in diesem Rahmen gefordert, ihre Mitarbeitenden auf diesem Weg unterstützend zu begleiten und ihnen Verlässlichkeit und Sicherheit innerhalb eines höchst volatilen Umfeldes zu geben. So sind die wachsenden Einflüsse der Flexibilisierung nicht mit einem schwindenden Bedürfnis der Mitarbeitenden nach stabilen sozialen Beziehungen, Orientierung vermittelnden Werten und einer erfüllenden Erwerbstätigkeit gleichzusetzen. Die Befriedigung dieses grundlegenden Bedürfnisses nach Beständigkeit, unter gleichzeitiger Berücksichtigung der geforderten Agilität, aufgrund von unkontrollierbaren externen Impulsen, mit denen Unternehmen konfrontiert werden, lassen Personalführung zu einem immer anspruchsvolleren Balanceakt werden. Die individuellen Bedürfnisse und Interessen der Mitarbeitenden, die von einer wachsenden Komplexität der Lebensführung geprägt werden, treffen hierbei auf eine zunehmende effizienz- und kostengetriebene Sichtweise der Organisationen, die aus einem steigenden Wettbewerbsdruck und wachsenden Kund*innenanforderungen resultiert. Das Aufeinandertreffen dieser beiden Interessenslagen geht unweigerlich mit Spannungen und Konflikten einher, die gerade von den Führungskräften in der Sandwichposition immer weniger allein zu bewältigen sind. Das Personalwesen sowie der Betriebsrat werden in diesem Zusammenhang zunehmend gefordert, nicht nur eine vermittelnde, sondern vielmehr eine gestaltende Rolle innerhalb des digitalen Wandlungsprozesses einzunehmen, in dessen Rahmen ein Empowerment sowie eine Beteiligung der Mitarbeitenden an Austausch- und Aushandlungsprozessen anzustreben ist.

Diese Entwicklung kann gleichzeitig als eine zentrale Voraussetzung für die Interpretation einer erfolgreichen Unternehmenstransformation als ein ‚Gemeinschaftsprojekt' durch sämtliche Hierarchieebenen angesehen werden, das sich durch ein einheitliches Verständnis von Zielsetzungen und Visionen auszeichnet.

Finanzdienstleistungsunternehmen, denen der Schritt aus ihrer ‚inneren Zerrissenheit' zwischen postulierter und gelebter Kultur nicht gelingt und deren Zielbild sich nicht in die Richtung einer lernenden Organisation entwickelt, werden dieses gemeinsame Verständnis jedoch nicht etablieren können. Eine Erarbeitung der zukünftigen Rolle und Identität, die Finanzdienstleistungsunternehmen innerhalb der Gesellschaft einnehmen sollen, muss jedoch durch alle Beschäftige erfolgen und getragen werden. Diese Entwicklung wird nicht nur über die Form zukünftiger Lebensabsicherungskonzepte entscheiden, sondern auch über den Fortbestand etablierter Organisationen der Finanzwirtschaft.

Literaturverzeichnis

Acemoglu, D. (1998). Why do new technologies complement skills? Directed technical change and wage inequality. *Quarterly Journal of Economics, 113 (4)*, 1055–1089.

Acemoglu, D. & Autor, D. (2011). Skills, Tasks and Technologies: Implications for Employment and Earnings. In: O. Ashenfelter & D. Card (Eds.), *Handbook of Labor Economics* (Vol. 4b, pp. 1043–1171). Amsterdam: Elsevier-North.

Acemoglu, D. & Restrepo, P. (2017). Robots and Jobs: Evidence from US Labor Markets. *NBER Working Paper 23285.*

Acemoglu, D. & Restrepo, P. (2019). Automation and new tasks: the implications of the task content of production for labor demand. *Journal of Economic Perspectives, 33 (2)*, 3–30.

Adenauer, S. (2002). Die Potenziale älterer Mitarbeiter im Betrieb erkennen und nutzen. *Angewandte Arbeitswissenschaft, 27 (172)*, 19–34.

Ahlers, E. (2018a). Die Digitalisierung der Arbeit. Verbreitung und Einschätzung aus Sicht der Betriebsräte. *WSI Policy Report Nr. 40 (05/2018)*, 1–21.

Ahlers, E. (2018b). Forderungen der Betriebsräte für die Arbeitswelt 4.0. *WSI Policy Brief Nr. 20 (02/2018)*, 1–14.

Albert, M. S., Jones, K., Savage, C. R., Berkman, L., Seeman, T., Blazer, D. & Rowe, J. W. (1995). Predictors of cognitive change in older persons: MacArthur studies of successful aging. *Psychol Aging, 10 (4)*, 578–589.

Allianz Worldwide Partners (2020). Customer Experience is Your Competitive Advantage. Gefunden am 24.06.2020 unter https://www.allianzworldwidepartners.com/usa/thought-leadership/customer-experience-your-competitive-advantage.

Allmendinger, J., Krug von Nidda, S. & Wintermantel, V. (2016). *Lebensentwürfe junger Menschen in Bayern.* München: Friedrich-Ebert-Stiftung.

Altuntas, M. & Uhl, P. (2016). *Industrielle Exzellenz in der Versicherungswirtschaft: Bestimmung der Industrialisierungsreife in einer zunehmend digitalisierten Welt.* Wiesbaden: Springer-Gabler.

Alvesson, M. & Sveningsson, S. (2003). The great disappearing act: difficulties in doing „leadership". *The Leadership Quarterly, 14 (3)*, 359–381.

Andersch, S. & Sebold-Bender, M. (2017). Elementargefahrenversicherung. In: F. Elert (Hrsg.), *Gabler Versicherungslexikon* (2., aktualisierte Aufl., S. 267–268). Wiesbaden: Springer-Gabler.

Anlauft, W. (2018). Alter(n)sgerechte Arbeitsgestaltung: Ziele, Orientierungen und Erfolgsfaktoren bei betrieblichen Gestaltungsprojekten. *WSI-Mitteilungen, 71 (1)*, 66–70.

Arenberg, P. (2018). Age Diversity in Organisationen als Ressource zur erfolgreichen Adaption an den demografischen Wandel. In: SRH Fernhochschule (Hrsg.), *Demografischer Wandel – Aufbruch in eine altersgerechte Arbeitswelt* (S. 1–12). Wiesbaden: Springer.

Arendt, H. (2007). *Vita activa oder Vom tätigen Leben* (6. Aufl.). München: Piper (ursprünglich 1958).

Argyris, C. (1960). *Understanding organizational behavior*. London: Tavistock.

Argyris, C. & Schön, D. A. (2018). *Die lernende Organisation* (Sonderausgabe). Stuttgart: Schäffer-Poeschel.

Armutat, S., Bautz, C., Behrens, B., Ehrlich, H., Krause, B., Leibfried, T., Reichle, J., Schilling, J. & Schneider, C. (2007). Management Development. Zukunftssicherung durch kompetenzorientierte Führungskräfteentwicklung. In: Deutsche Gesellschaft für Personalführung e.V. (Hrsg.), *DGFP-Praxisedition: Band 87*. Bielefeld: wbv Media.

Arnold, D., Bellmann, L., Steffes, S. & Wolter, S. (2017). Digitalisierung am Arbeitsplatz: Wandel der Arbeitsanforderungen und -belastungen. In: J. Möller & U. Walwei (Hrsg.), *Arbeitsmarkt kompakt. Analysen, Daten, Fakten. IAB-Bibliothek, 363* (S. 125–126). Bielefeld: Bertelsmann.

Arnold, D., Butschek, S., Müller D. & Steffes, S. (2016a). *Digitalisierung am Arbeitsplatz. Forschungsbericht 468*. Berlin: Bundesministerium für Arbeit und Soziales.

Arnold, D., Gregory, T., Arntz, M., Steffens, S. & Zierahn, U. (2016b). Herausforderungen der Digitalisierung für die Zukunft der Arbeitswelt. *ZEW-policy brief Nr. 8*. Mannheim: Zentrum für Europäische Wirtschaftsforschung.

Arnold, D., Steffes, S. & Wolter, S. (2015a). *Mobiles und entgrenztes Arbeiten. Aktuelle Ergebnisse einer Betriebs- und Beschäftigtenbefragung*. Berlin: Bundesministerium für Arbeit und Soziales.

Arnold, D., Steffes, S. & Wolter, S. (2015b). *Mobiles und entgrenztes Arbeiten. Forschungsbericht 460*. Berlin: Bundesministerium für Arbeit und Soziales.

Arntz, M., Gregory, T., Jansen, S. & Zierahn, U. (2016a). *Tätigkeitswandel und Weiterbildungsbedarf in der digitalen Transformation*. Studie des Zentrums für Europäische Wirtschaftsforschung (ZEW) und des Instituts für Arbeitsmarkt und Berufsforschung (IAB) im Auftrag der Deutschen Akademie der Technikwissenschaften (acatech). Mannheim: Zentrum für Europäische Wirtschaftsforschung.

Arntz, M., Gregory, T., Lehmer, F., Matthes, B. & Zierahn, U. (2016b). Arbeitswelt 4.0 – Stand der Digitalisierung in Deutschland: Dienstleister haben die Nase vorn. In: Institut für Arbeitsmarkt- und Berufsforschung (Hrsg.), *IAB Kurzbericht* (22/2016). Nürnberg: Institut für Arbeitsmarkt- und Berufsforschung.

Arntz, M., Gregory, T. & Zierahn, U. (2016c). The Risk of Automation for Jobs in OECD Countries, OECD Social. *Employment and Migration Working Papers, No. 189*. Paris: OECD.

Arntz, M., Gregory, T. & Zierahn, U. (2017). Revisiting the risk of automation. *Economic Letters 159*, 157–160.

Arntz, M., Gregory, T. & Zierahn, U. (2018). *Digitalisierung und die Zukunft der Arbeit: Makroökonomische Auswirkungen auf Beschäftigung, Arbeitslosigkeit und Löhne von morgen*. Mannheim: Bundesministerium für Forschung und Entwicklung.

Arntz, M., Gregory, T. & Zierahn, U. (2020). Digitization and the Future of Work: Macroeconomic Consequences. In: K. F. Zimmermann (Ed.), *Handbook of Labor: Human Resources and Population Economics* (pp. 1–29). Wiesbaden: Springer.

Ashbys Ross, W. (1960). *Design for a Brain. The origin of adaptive behaviour* (2nd ed.). Dordrecht: Springer.

Autor, D. H. (2015). Why are there still so many jobs? The history and future of workplace automation. *Journal of Economic Perspectives, 29 (3)*, 3–30.

Autor, D. H. & Handel, M. (2013). Putting Tasks to the Test: Human Capital, Job Tasks, and Wages. *Journal of Labor Economics, 31 (1)*, 59–96.

Autor, D. H., Levy, F. & Murnane, R. J. (2003). The Skill Content of Recent Technological Change: An Empirical Exploration. *The Quarterly Journal of Economics, 118 (4)*, 1279–1333.

Autor, D. H., Katz, L. F. & Kearney, M. S. (2006). Measuring and Interpreting Trends in Economic Inequality: The Polarization of the U.S. Labor Market. *American Economic Review, 96 (2)*, 189–194.

Avolio, B. J., Walumbwa, F. O. & Weber, T. J. (2009). Leadership: Current Theories, Research and Future Directions. *Annual Review of Psychology, 60 (1)*, 421–449.

AXA (2018). Emerging Risks Survey 2018. Gefunden am 30.06.2020 unter https://www-axa-com.cdn.axa-contento-118412.eu/www-axa-com%2F77953fa3-bc71-45d2-9d53-b36d5ae6a246_axa_er_survey2018_b.pdf.

Baethge, M. (1991). Arbeit, Vergesellschaftung, Identität – Zur normativen Subjektivierung der Arbeit. *Soziale Welt, 42 (1)*, 6–19.

BaFin (2016). Solvency II. Gefunden am 13.07.2020 unter https://www.bafin.de/DE/Aufsicht/VersichererPensionsfonds/Aufsichtsregime/SolvencyII/solvency_II_node.html.

Baltes, P. B. (1990). Entwicklungspsychologie der Lebensspanne: Theoretische Leitsätze. *Psychologische Rundschau, 41 (1)*, 1–24.

Baltes, P. B. (1999). Alter und Altern als unvollendete Architektur der Humanontogenese. In: W. Köhler (Hrsg.), *Altern und Lebenszeit*. Vorträge anlässlich der Jahresversammlung vom 26. bis 29. März 1999 zu Halle (Saale). Abhandlungen der Deutschen Akademie der Naturforscher Nova Acta Leopoldina Nummer 314 Band 81 (S. 379–403). Halle: Deutsche Akademie der Naturforscher Verlag.

Baltes, P. B. & Baltes, M. M. (1989). Optimierung durch Selektion und Kompensation. Ein psychologisches Modell erfolgreichen Alterns. *Zeitschrift für Pädagogik, 35 (1)*, 85–105.

Baltes, P. B. & Baltes, M. M. (1990). Psychological perspectives on successful aging: The model of selective optimization with compensation. In: P. B. Baltes & M. M. Baltes (Eds.), *Successful aging: Perspectives from the behavioral sciences* (pp. 1–34). New York: Cambridge University Press.

Bangerth, J. & Danhof, E. (2018). Digitaler Wandel und Organisationskultur – worauf kommt es wirklich an? In: K. de Molina, S. Kaiser & W. Widuckel (Hrsg.), *Kompetenzen der Zukunft – Arbeit 2030* (S. 327–342). Freiburg: Haufe.

Bartölke, K. & Grieger, J. (2004). Führung und Kommunikation. In: E. Gaugler, W. A. Oechsler & W. Weber (Hrsg.), *Handwörterbuch des Personalwesens* (3., grundlegend neu bearbeitete und erweiterte Aufl., S. 85–93). Stuttgart: Schäffer-Poeschel.

Bartscher, T. & Nissen, R. (2017). *Personalmanagement. Grundlagen, Handlungsfelder, Praxis* (2., aktualisierte Aufl.). London: Pearson Education.

Bass, B. M. (1985). *Leadership and Performance beyond Expectations*. New York: Academic Press.
Bass, B. M. & Avolio, B. J. (1995). Individual Consideration Viewed at Multiple Levels of Analysis: A Multi-Level Framework for Examining the Diffusion of Transformational Leadership. *Leadership Quarterly, 6 (2)*, 199–218.
Bass, B. M. & Bass, R. (2008). *The Bass handbook of leadership: Theory, research, and managerial applications* (4th ed.). New York: Free Press.
Bass, B. M. & Riggio, R. E. (2006). *Transformational Leadership* (2nd ed.). Mahwah: Lawrence Erlbaum Associates.
Bateson, G. (1972). *Steps to an Ecology of Mind*. San Francisco: Chandler Publishing Company.
Bateson, G. (1981). Die logischen Kategorien von Lernen und Kommunikation. In: G. Bateson (Hrsg.), *Ökologie des Geistes* (S. 362–399). Frankfurt am Main: Suhrkamp (ursprünglich 1964).
Bateson, G. (1982). *Geist und Natur*. Frankfurt: Suhrkamp.
Becker, G. S. (1964). *Human Capital*. New York: Columbia University Press.
Becker, F. G. (2002). *Lexikon des Personalmanagements* (2., aktualisierte und erweiterte Aufl.). München: Beck.
Becker, F. G., Bobrichtev, R. & Henseler, N. (2006). Ältere Arbeitnehmer und alternde Belegschaften. Eine empirische Studie bei den 100 größten deutschen Unternehmungen. *Zeitschrift für Management, 1 (1)*, 68–87.
Becker, M. (2004). Personalentwicklung. In: E. Gaugler, W. A. Oechsler & W. Weber (Hrsg.), *Handwörterbuch des Personalwesens* (3., grundlegend neu bearbeitete und erweiterte Aufl., S. 1500–1512). Stuttgart: Schäffer-Poeschel.
Becker, M. (2010). Entwicklungstendenzen der Personalentwicklung – Personalentwicklung 2015. In: D. Wagner & S. Herlt (Hrsg.), *Perspektiven des Personalmanagements 2015* (S. 233–266). Wiesbaden: Springer-Gabler.
Becker, M. (2013). *Personalentwicklung. Bildung, Förderung und Organisationsentwicklung in Theorie und Praxis* (6., überarbeitete und aktualisierte Aufl.). Stuttgart: Schäffer-Poeschel.
Becker, F. (2014). *Psychologie der Mitarbeiterführung*. Wiesbaden: Springer.
Becker, M. (2018). Optimistisch altern! In: A. Ritz & N. Thom (Hrsg.), *Talent Management: Talente identifizieren, Kompetenzen entwickeln, Leistungsträger erhalten* (3. Aufl., S. 45–61). Wiesbaden: Springer-Gabler.
Beermann, B., Amlinger-Chatterjee, M., Brenscheidt, F., Gerstenberg, S., Niehaus, M. & Wöhrmann, A. M. (2017). *Orts- und zeitflexibles Arbeiten: Gesundheitliche Chancen und Risiken*. Dortmund, Berlin und Dresden: Bundesanstalt für Arbeitsschutz und Arbeitsmedizin.
Behrens, J. (2004). Betriebliche Strategien und demografische Folgen. Die komprimierte Berufsphase. *Arbeit, 13 (3)*, 248–263.
Behrens, B., Bellmann, L. & Widuckel, W. (2018). Digitalisierung und Führung: Unterstützen und gestalten statt kontrollieren. Gefunden am 21.05.2020 unter https://www.iab-forum.de/digitalisierung-und-fuehrung-unterstuetzen-und-gestalten-statt-kontrollieren/.
Bella, N., Gamradt, J., Staples, R., Widuckel, W., Wilga, M. & Whittall, M. (2022). *Partizipation und Un_gleichzeitigkeit. Eine Herausforderung für die Mitbestimmung*. Wiesbaden: Springer VS.

Bellmann, L. (2017a). Chancen und Risiken der Digitalisierung für ältere Produktionsarbeiter. In: Institut für Arbeitsmarkt- und Berufsforschung (Hrsg.), *IAB-Forschungsbericht* (15/2017). Nürnberg: Institut für Arbeitsmarkt- und Berufsforschung.

Bellmann, L. (2017b). Digitalisierung und Arbeitszeit. *Wirtschaftsdienst, 97 (7)*, 470–473.

Bellmann, L., Bender, S., Bossler, M., Stephani, J., Wolter, S., Sliwka, D., Kampkötter, P., Laske, K., Steffes, S., Mohrenweiser, J. & Nolte, A. (2013a). Erster Zwischenbericht im Projekt Arbeitsqualität und wirtschaftlicher Erfolg: Längsschnittstudie in deutschen Betrieben. Forschungskooperation des Bundesministeriums für Arbeit und Soziales (BMAS). Gefunden am 09.04.2020 unter http://www.inqa.de/SharedDocs/PDFs/DE/Meldungen/Personalfuehrung/Zwischenbericht_Arbeitsqualitaet-wirtschaftlicher-Erfolg.pdf?__blob=publicationFile.

Bellmann, L., Dummert, S. & Leber, U. (2013b). Betriebliche Weiterbildung für Ältere – eine Längsschnittanalyse mit Daten des IAB-Betriebspanels. *Die Unternehmung – Swiss Journal of Business Research and Practice, 67 (4)*, 311–330.

Bellmann, L., Brandl, S. & Matuschek, I. (2018a). Altern im Betrieb. *WSI-Mitteilungen, 71 (1)*, 2.

Bellmann, L., Dummert, S. & Leber, U. (2018b). Konstanz altersgerechter Maßnahmen trotz steigender Beschäftigung Älterer. *WSI-Mitteilungen, 71 (1)*, 20–27.

Bellmann, L., Kistler, E. & Wahse, J. (2007). Demographischer Wandel: Betriebe müssen sich auf alternde Belegschaften einstellen. *IAB-Kurzbericht* (21/2007). Nürnberg: Institut für Arbeitsmarkt- und Berufsforschung (IAB).

Bellmann, L. & Widuckel, W. (2018). Macht Homeoffice krank? In: D. Matusiewicz, V. Nürnberg & S. Nobis (Hrsg.), *Gesundheit und Arbeit 4.0* (S. 119–126). Heidelberg: medhochzwei.

Bendel, O. (2018a). Chatbot. Gefunden am 03.06.2020 unter https://wirtschaftslexikon.gabler.de/definition/chatbot-54248/version-277297.

Bendel, O. (2018b). Social Bots. Gefunden am 03.06.2020 unter https://wirtschaftslexikon.gabler.de/definition/social-bots-54247/version-277296.

Bendel, O. (2019a). Datenschutz-Grundverordnung (DSGVO). Gefunden am 13.07.2020 unter https://wirtschaftslexikon.gabler.de/definition/datenschutz-grundverordnung-99476/version-370595.

Bendel, O. (2019b). Sharing Economy. Gefunden am 07.07.2020 unter https://wirtschaftslexikon.gabler.de/definition/sharing-economy-53876/version-368822.

Bendel, O. (2019c). Wearables. Gefunden am 03.07.2020 unter https://wirtschaftslexikon.gabler.de/definition/wearables-54088/version-368816.

Bendel, O. (2019d). 3D-Drucker. Gefunden am 07.06.2020 unter https://wirtschaftslexikon.gabler.de/definition/3d-drucker-53558/version-369945.

Bender, S. F. (2007). Age-Diversity: Ein Ansatz zur Verbesserung der Beschäftigungssituation älterer ArbeitnehmerInnen. In: U. Pasero, G. M. Backes & K. R. Schroeter (Hrsg.), *Altern in Gesellschaft* (S. 171–186). Wiesbaden: VS Verlag für Sozialwissenschaften.

Bernard, R. M., Borokhovski, E., Schmid, R. F., Tamim, R. M. & Abrami, P. C. (2014). A meta-analysis of blended learning and technology use in higher education: From the general to the applied. *Journal of Computing in Higher Education, 26 (1)*, 87–122.

Bessen, J. (2015). Toil and technology. *Finance and Development, 52 (1)*, 16–19.

Beywl, W. & Schepp-Winter, E. (2000). Zielgeführte Evaluation von Programmen – ein Leitfaden. In: Bundesministerium für Familie, Senioren, Frauen und Jugend (Hrsg.), *QS:*

Materialien zur Qualitätssicherung in der Kinder- und Jugendhilfe Band 29. Berlin: BMFSFJ.

Biemann, T. & Weckmüller, H. (2013). Teamzusammensetzung und Teamerfolg. In: H. Weckmüller (Hrsg.), *Exzellenz im Personalmanagement – Neue Ergebnisse der Personalforschung für Unternehmen nutzbar machen* (S. 112–117). Freiburg: Haufe.

Biener, C., Eling, M. & Wirfs, J. H. (2015). Insurability of cyber risk: An empirical analysis. *The Geneva Papers on Risk and Insurance – Issues and Practice, 40 (1)*, 131–158.

Bilinska, P. & Wegge, J. (2016). Jung führt Alt. Wenn Altersunterschiede zwischen Mitarbeitern und Führungskräften zum Problem werden. In: J. Felfe & R. van Dick (Hrsg.), *Handbuch Mitarbeiterführung. Wirtschaftspsychologisches Praxiswissen für Fach- und Führungskräfte* (S. 213–225). Berlin und Heidelberg: Springer.

Birkner, G. (2017). Versicherung digital 2017. Gefunden am 12.04.2018 unter https://www.gothaer.de/media/ueber_uns_1/presse/studien_2/digitalisierung/gothaer-versicherung-digitalisierung-studie-2017.pdf.

Birnbach, K. & Buchholz, A. (2011). Digitalisierung als Megatrend in der Assekuranz. In: C. Gensch, J. Moormann & R. Wehn (Hrsg.), *Prozessmanagement in der Assekuranz* (S. 273–296). Frankfurt am Main: Frankfurt School Verlag.

Blake, R. R. & Mouton, J. S. (1969). *Building a dynamic corporation through grid organization development*. Reading: Addison-Wesley.

Bleicher, K. (1992). Unternehmenskultur. In: E. Gaugler & W. Weber (Hrsg.), *Handwörterbuch des Personalwesens* (2., neu bearbeitete und ergänzte Aufl., S. 2241–2252). Stuttgart: Schäffer-Poeschel.

Blessin, B. & Wick, A. (2021). *Führen und führen lassen* (9., überarbeitete und erweiterte Aufl.). Stuttgart: UTB.

Bloomberg (2019). Future Finance. Jack Ma Is Selling Cancer Coverage for Pennies a Month in China. Gefunden am 11.06.2020 unter https://www.bloomberg.com/news/articles/2019-05-20/jack-ma-is-selling-cancer-coverage-for-pennies-a-month-in-china.

Böcking, H.-J. (2018). Stille Reserve. Gefunden am 14.05.2020 unter https://wirtschaftslexikon.gabler.de/definition/stille-reserve-43276/version-266607.

Bockshecker, W., Dobner, W. & Müller, H. (2017). Aktuar. In: F. Elert (Hrsg.), *Gabler Versicherungslexikon* (2., aktualisierte Aufl., S. 17). Wiesbaden: Springer-Gabler.

Boes, A. & Bultemeier, A. (2008). Informatisierung – Unsicherheit – Kontrolle. In: K. Dröge, K. Marrs & W. Menz (Hrsg.), *Die Rückkehr der Leistungsfrage* (S. 59–90). Berlin: edition sigma.

Boes, A., Bultemeier, A., Kämpf T. & Trinczek, R. (2015). Die Digitalisierung braucht die Menschen. In: Boes, A. (Hrsg.), *Die digitale Arbeitswelt von morgen braucht die Menschen. Eine Handlungsbroschüre für die Wissensarbeit der Zukunft* (S. 8–13). München: ISF.

Boes, A., Kämpf, T., Gül, K., Langes, B., Lühr, T., Marrs, K. & Ziegler, A. (2016). Digitalisierung und „Wissensarbeit": Der Informationsraum als Fundament der Arbeitswelt der Zukunft. *Aus Politik und Zeitgeschichte, 66 (18–19)*, 32–39.

Boes, A., Kämpf, T., Langes, B. & Lühr, T. (2018). *„Lean" und „agil" im Büro: Neue Organisationskonzepte in der digitalen Transformation und ihre Folgen für die Angestellten*. Bielefeld: transcript Verlag.

Bonin, H., Gregory, T. & Zierahn, U. (2015). Übertragung der Studie von Frey/Osborne (2013) auf Deutschland. *Kurzexpertise Nr. 57*. Mannheim: Bundesministerium für Arbeit und Soziales.

Bornhöft, F. & Faulhaber, N. (2010). *Lean Six Sigma erfolgreich implementieren* (2., erweiterte und überarbeitete Aufl.). Frankfurt am Main: Frankfurt School Verlag.

Börsch-Supan, A., Düzgün, I. & Weiss, M. (2005). Altern und Produktivität: zum Stand der Forschung. *MEA discussion papers, 73 (5)*, Mannheim: Mannheim Research Institute for the Economics of Aging.

Bortolotti, T. & Romano, P. (2012). Lean first then automate. A framework for process improvement in pure service companies. a case study. *Production Planning & Control, 23 (7)*, 513–522.

Bortz, J. & Döring, N. (2015). *Forschungsmethoden und Evaluation in den Sozial- und Humanwissenschaften* (5., vollständig überarbeitete, aktualisierte und erweiterte Aufl.). Berlin und Heidelberg: Springer.

Bosua, R., Gloet, M., Kurnia, S., Mendoza, A. & Young, J. (2013). Telework, productivity and wellbeing: An Australian perspective. *Telecommunications Journal of Australia, 63 (1)*, 11.1–11.12.

Boswell, W. R. & Olson-Buchanan, J. B. (2007). The use of communication technologies after hours: The role of work attitudes and work-life conflict. *Journal of Management, 33 (4)*, 592–610.

Boudiny, K. (2013). „Active ageing": from empty rhetoric to effective policy tool. *Ageing & Society, 33 (6)*, 1077–1098.

Bowers, D. G. & Seashore, S. E. (1966). Predicting Organizational Effectiveness with a Four-Factor Theory of Leadership. *Administrative Science Quarterly, 11 (2)*, 238–263.

Bowles, J. (2014). *The computerization of European Jobs*. Brüssel: Bruegel.

Bradley, J., Loucks, J., Macaulya, J., Noronha, A. & Wade, M. (2015). Digital Vortex. How Digital Disruption Is Redefining Industries. Gefunden am 10.07.2018 unter https://www.cisco.com/c/dam/en/us/solutions/collateral/industry-solutions/digital-vortex-report.pdf.

Branchenkompass Insurance (2019). Datenschutz, Digitalisierung und Ökosysteme: Flexibel auf Kundenbedarf reagieren. Gefunden am 10.07.2020 unter https://www.soprasteria.de/docs/librariesprovider2/sopra-steria-de/publikationen/studien/branchenkompass-insurance-2019-expose.pdf?sfvrsn=610c45dc_4.

Brandenburg, U. & Domschke, J.-P. (2007). *Die Zukunft sieht alt aus – Herausforderungen des demografischen Wandels für das Personalmanagement*. Wiesbaden: Springer-Gabler.

Brandl, S., Guggemos, P. & Matuschek, I. (2018). Vom Einzelfall zum systematischen Alter(n)smanagement in KMU. *WSI-Mitteilungen, 71 (1)*, 51–58.

Brenke, K. & Clemens, M. (2017). Steigende Erwerbsbeteiligung wird künftig kaum ausreichen, um den demografischen Wandel in Deutschland zu meistern. *DIW Wochenbericht, 8 (35)*, 675–685.

Bresnahan, T. F., Brynjolfsson, E. & Hitt, L. M. (2002). Information technology, workplace organization, and the demand for skilled labor: firm-level evidence. *Quarterly Journal of Economics, 117 (1)*, 339–376.

Bromberg, T., Gerlmaier, A., Kümmerling, A. & Latniak, E. (2012). Bis zur Rente arbeiten in der Bauwirtschaft. Tätigkeitswechsel als Chance für eine dauerhafte Beschäftigung. In: Institut Arbeit und Qualifikation (Hrsg.), *IAQ-Report* (15/2012). Duisburg und Essen: Institut Arbeit und Qualifikation.

Brown A., Fishenden, J. & Thompson, M. (2014). *Digitizing Government. Understanding and Implementing New Digital Business Models*. London: Palgrave Macmillan.

Bruggemann, A. (1980). Zur Entwicklung von Einstellungen und sozialem Verhalten in den untersuchten teilautonomen Gruppen. *BMFT-Forschungsbericht 1980*, HA 80–018.

Bruhn, M., Meffert, H. & Hadwich, K. (2019). *Handbuch Dienstleistungsmarketing. Planung – Umsetzung – Kontrolle* (2., vollständig überarbeitete und erweiterte Aufl.). Springer-Gabler: Wiesbaden.

Bruhn, M. & Reichwald, R. (2005). Führung, Organisation und Kommunikation: Bestandsaufnahme der Schnittstellen, Problemstellungen und Lösungsansätze. *Zeitschrift Führung + Organisation, 74 (3)*, 132–138.

Brussig, M. (2015). Demografischer Wandel, Alterung und Arbeitsmarkt in Deutschland. *Kölner Zeitschrift für Soziologie und Sozialpsychologie, 67 (1)*, 295–324.

Brussig, M. (2018). Verlängerte Erwerbsbiografien: Triebkräfte, Grenzen, soziale Ungleichheiten. *WSI-Mitteilungen, 71 (1)*, 12–19.

Brussig, M. & Drescher, S. (2020a). Der Altersdurchschnitt steigt in allen Berufen – Babyboomer werden älter, aber auch jüngere Beschäftigte rücken nach. In: Institut Arbeit und Qualifikation (Hrsg.), *Altersübergangs-Report* (04/2020). Duisburg und Düsseldorf: Institut Arbeit und Qualifikation.

Brussig, M. & Drescher, S. (2020b). Die Anzahl der älteren sozialversicherungspflichtig Beschäftigten nahm bis 2019 in allen Berufen zu – aber unterschiedlich stark. In: Institut Arbeit und Qualifikation (Hrsg.), *Altersübergangs-Report* (03/2020). Duisburg und Düsseldorf: Institut Arbeit und Qualifikation.

Brussig, M. & Ribbat, M. (2014). Entwicklung des Erwerbsaustrittsalters: Anstieg und Differenzierung. In: Institut Arbeit und Qualifikation (Hrsg.), *Altersübergangs-Report* (01/2014). Duisburg und Düsseldorf: Institut Arbeit und Qualifikation.

Bryman, A. (1996). Leadership in organizations. In: S. R. Clegg & C. Hardy (Hrsg.), *Handbook of organization studies* (S. 276–292). London: Sage.

Brynjolfsson, E. & McAfee, A. (2014). *The Second Machine Age: Work, Progress, and Prosperity in a Time of Brilliant Technologies*. New York: W. W. Norton and Company.

Brynjolfsson, E. & Mitchell, T. (2017). What can machine learning do? Workforce implications. *Science, 358 (6379)*, 1530–1534.

Brynjolfsson, E., Rock, D. & Syverson, C. (2017). Artificial intelligence and the modern productivity paradox: a clash of expectations and statistics. *NBER working paper Nr. 24001*.

Buck, H., Kistler, E. & Mendius, H. G. (2002). *Demografischer Wandel in der Arbeitswelt. Chancen für eine innovative Arbeitsgestaltung*. Stuttgart: Fraunhofer IRB Verlag.

Bundesagentur für Arbeit (2019). Situation von Älteren. In: Bundesagentur für Arbeit (Hrsg.), *Berichte Blickpunkt Arbeitsmarkt* (09/2019). Nürnberg: Bundesagentur für Arbeit.

Bundesanstalt für Arbeitsschutz und Arbeitsmedizin (2008). *Alles grau in grau? Ältere Arbeitnehmer und Büroarbeit* (2. Aufl.). Paderborn: Bonifatius Druckerei.

Bundesanstalt für Arbeitsschutz und Arbeitsmedizin (2013). *Geistig fit im Beruf! Wege für ältere Arbeitnehmer zur Stärkung der grauen Zellen* (4., überarbeitete und erweiterte Aufl.). Paderborn: Bonifatius Druckerei.

Bundesinstitut für Bevölkerungsforschung (BiB) (2020). Fakten zu Altersstrukturen. Gefunden am 30.03.2020 unter https://www.bib.bund.de/DE/Fakten/Bevoelkerungsentwickl ung/Altersstrukturen.html.

Bundesministerium für Arbeit und Soziales (BMAS) (2014). *Fortschrittsreport Altersgerechte Arbeitswelt – Ausgabe 4: Lebenslanges Lernen und betriebliche Weiterbildung.* Berlin: Bundesministerium für Arbeit und Soziales.

Bundesministerium für Arbeit und Soziales (BMAS) (2015). Grünbuch Arbeiten 4.0. Gefunden am 27.04.2020 unter https://www.bmas.de/DE/Service/Medien/Publikationen/A872-gruenbuch-arbeiten-vier-null.html.

Bundesministerium für Arbeit und Soziales (BMAS) (2016a). Gesamtkonzept zur Alterssicherung. Gefunden am 01.04.2020 unter http://www.portal-sozialpolitik.de/uploads/sopo/pdf/2016a/2016a-11-25_BMAS_Gesamtkonzept_Alterssicherung.pdf.

Bundesministerium für Arbeit und Soziales (BMAS) (2016b). Rentenversicherungsbericht 2016b. Gefunden am 01.04.2020 unter https://www.bmas.de/SharedDocs/Downloads/DE/PDF-Pressemitteilungen/2016b/rentenversicherungsbericht-2016.pdf?__blob=pub licationFile&v=5.

Bundesministerium für Arbeit und Soziales (BMAS) (2016c). Weißbuch Arbeiten 4.0. Gefunden am 08.07.2020 unter https://www.bmas.de/DE/Service/Publikationen/Brosch ueren/a883-weissbuch.html.

Bundesministerium für Arbeit und Soziales (BMAS) (2017). Arbeit weiterdenken. Weißbuch Arbeiten 4.0. Gefunden am 10.07.2020 unter https://www.denkfabrik-bmas.de/fileadmin/Downloads/Publikationen/weissbuch_barrierefrei.pdf.

Bundesministerium für Arbeit und Soziales (BMAS) (2020). Mobile Arbeit stärken: Gesetzesinitiative für eine gesetzliche Regelung zur mobilen Arbeit. Gefunden am 05.10.2020 unter https://www.bmas.de/DE/Themen/Arbeitsrecht/mobile-arbeit.html.

Bundesministerium für Familie, Senioren, Frauen und Jugend (BMFSFJ) (2017). Siebter Altenbericht. Gefunden am 12.05.2020 unter https://www.bmfsfj.de/bmfsfj/service/pub likationen/siebter-altenbericht/120148.

Bundesministerium für Familie, Senioren, Frauen und Jugend (BMFSFJ) (2020). Achter Altersbericht. Übergabe des Achten Altersberichts an die Bundesministerin Dr. Franziska Giffey. Gefunden am 12.05.2020 unter https://www.achter-altersbericht.de.

Bundesministerium für Wirtschaft und Energie (BMWi) (2018). Nationales Reformprogramm 2018. Gefunden am 22.04.2020 unter https://www.bmwi.de/Redaktion/DE/Publikationen/Europa/nationales-reformprogramm-2018.pdf?__blob=publicationFile& v=10.

Bundesministerium für Wirtschaft und Energie (BMWi) (2020). Fachkräftesicherung – Fachkräfte für Deutschland. Gefunden am 25.03.2020 unter https://www.bmwi.de/Redaktion/DE/Dossier/fachkraeftesicherung.html.

Bundeszentrale für politische Bildung (bpb) (2013). Ausgewählte Erwerbstätigenquoten I. Gefunden am 12.05.2020 unter https://www.bpb.de/nachschlagen/zahlen-und-fakten/soz iale-situation-in-deutschland/61688/erwerbstaetigenquoten-i.

Bundeszentrale für politische Bildung (bpb) (2020). Zahlen und Fakten – Globalisierung. Gefunden am 07.04.2020 unter https://www.bpb.de/nachschlagen/zahlen-und-fakten/glo balisierung/.

Bungard, W. & Lück, H. E. (1974). *Forschungsartefakte und nicht-reaktive Meßverfahren.* Stuttgart: Teubner.

Burns, J. M. (1978). *Leadership.* New York: Harper & Row.

Burstedde, A., Malin, L. & Risius, P. (2017). Fachkräfteengpässe in Unternehmen Rezepte gegen den Fachkräftemangel: Internationale Fachkräfte, ältere Beschäftigte und Frauen finden und binden. In: Institut der deutschen Wirtschaft Köln e.V. (Hrsg.), *KOFA-Studie* (04/2017). Köln: Institut der deutschen Wirtschaft Köln e.V.

Buslei, H., Haan, P. & Kemptner, D. (2017). Rente mit 67: Beitragssatz wird stabilisiert – Egal, ob tatsächlich länger gearbeitet wird. *DIW Wochenbericht, 84 (3),* 60–67.

Buslei, H., Haan, P., Kempter, D., Weinhardt, F. & Deutsches Institut für Wirtschaftsforschung (DIW) (2018). *Arbeitskräfte und Arbeitsmarkt im demographischen Wandel – Expertise.* Gütersloh: Bertelsmann Stiftung.

Büssing, A. (1992). Arbeit und Freizeit: Einführung in das Thema. *Zeitschrift für Arbeits- und Organisationspsychologie, 36 (2),* 52–54.

Calasanti, T. (2020). Brown Slime, the Silver Tsunami, and Apocalyptic Demography: The Importance of Ageism and Age Relations. *Social Currents, 7 (3),* 195–211.

Capgemini (2019a). Annual Report 2019a. Gefunden am 29.06.2020 unter https://reports.capgemini.com/2019a/files/ra/Capgemini_RA_2019_VA.pdf.

Capgemini (2019b). Kunden verlangen umfassendere Versicherungsprodukte, um „Deckungslücken" hinsichtlich neuer Risiken zu schließen. Gefunden am 26.06.2020 unter https://www.capgemini.com/de-de/news/world-insurance-report-2019-kunden-ohne-ausreichende-risikodeckung-versicherer-muessen-reagieren/.

Capgemini (2020). World Insurance Report 2020. Verbraucherverhalten ändert sich schnell zugunsten digitaler Versicherungsanbieter. Gefunden am 01.06.2020 unter https://www.capgemini.com/de-de/news/world-insurance-report-2020/.

Capgemini & Efma (2017). World Insurance Report 2017 from Capgemini and Efma. Gefunden am 17.01.2018 unter https://www.kreditwesen.de/system/files/content/inserts/2017/world_insurance_report_2017.pdf.

Capgemini & Efma (2018). World Insurance Report 2018 from Capgemini and Efma. Gefunden am 17.05.2018 unter https://worldinsurancereport.com/resources/world-insurance-report-2018/.

Capgemini & Efma (2019). World Insurance Report 2019 from Capgemini and Efma. Gefunden am 16.05.2019 unter https://www.capgemini.com/de-de/wp-content/uploads/sites/5/2019/05/World-Insurance-Report-2019.pdf.

Capgemini & Efma (2020). World Insurance Report 2020 from Capgemini and Efma. Gefunden am 01.06.2020 unter https://www.capgemini.com/de-de/wp-content/uploads/sites/5/2020/05/WorldInsuranceReport2020_Web.pdf.

Capgemini & Efma (2021). World Insurance Report 2021 from Capgemini and Efma. Gefunden am 21.05.2021 unter https://www.capgemini.com/de-de/wp-content/uploads/sites/5/2021/05/World-Insurance-Report-2021_web.pdf.

Carbonero, F., Ernst, E. & Weber, E. (2018). Robots worldwide: The impact of automation on employment and trade. International Labour Office, *ILO Research Department working paper, No. 36.* Geneva: International Labour Office.

Casanova-Aizpún, F., Krüger, F. & Puttaiah, M. H. (2019). Emerging markets: the silver lining amid a challenging outlook. In: Swiss Re Institute (Ed.), *sigma study No. 1/2019.* Zürich: Swiss Re Institute.

Case, J. (1995). *Open-Book Management: The Coming Business Revolution.* New York: HarperCollins.

CB Insights (2017). A Look at Amazon Protect: Amazon's Warranty Insurance Brand Expands in Europe. Gefunden am 10.07.2020 unter https://www.cbinsights.com/research/amazon-protect-product-insurance/.

Ciupka, D. (1991). Strategisches Personalmanagement und Führungskräfteentwicklung. In: K. Barth, R. Elschen, B. Kaluza, G. Müller-Stewens, B. Rolfes & M. Wohlgemuth (Hrsg.), *Duisburger Betriebswirtschaftliche Schriften Band 2*. Hamburg: S+W Steuer- und Wirtschaftsverlag.

Clark, D. B., Tanner-Smith, E. E. & Killingsworth, S. S. (2016). Digital games, design, and learning: A systematic review and meta-analysis. *Review of Educational Research, 86 (1)*, 79–122.

Collins, A. M., Cartwright, S. & Hislop, D. (2013). Homeworking: negotiating the psychological contract. *Human Resource Management Journal, 23 (2)*, S. 211–225.

Comelli, G., Rosenstiel, L. von & Nerdinger, F. W. (2014). *Führung durch Motivation: Mitarbeiter für die Ziele des Unternehmens gewinnen* (5., überarbeitete Aufl.). München: Vahlen.

Conradi, W. (1983). *Personalentwicklung*. Stuttgart: Enke.

Continentale Versicherungsverbund (2020). Wir begleiten Sie – ein Leben lang. Gefunden am 10.06.2020 unter https://www.continentale.de/web/peter-wiza.

Combs, J., Liu, Y., Hall, A. & Ketchen, D. (2006). How much do High-Performance Work Practices matter. A Meta-Analysis of their Effects on Organizational Performance. *Personnel Psychology, 59 (3)*, 501–528.

Cormen, T. H., Leiserson, C. E., Rivest, R. L. & Stein, C. (2009). *Introduction to Algorithms* (3rd ed.). Cambridge: The Mit Press.

Corrêa, H. L., Ellram, L. M., Scavarda, A. J. & Cooper, M. C. (2007). An operations management view of the services and goods offering mix. *International Journal of Operations & Production Management, 27 (5)*, 444–463.

Cyert, R. M. & March, J. G. (1963). *A behavioral theory of the firm*. Englewood Cliffs: Prentice Hall.

Cziesla, T. (2014). A *Literature Review on Digital Transformation in the Financial Service Industry*. Proceedings of the 27th Bled eConference (BLED 2014), Bled, Slovenia.

Dahm, M. H. (2011). Alles eine Frage der Führung, Kommunikation und Organisation. Chancen und Risiken der Telearbeit. *Personalführung, 44 (3)*, 16–27.

Davies, M.N. (1994). Bank-office process management in the financial services. A simulation approach using a model generator. *The Journal of the Operational Research Society, 45 (12)*, 1363–1373.

Debler, C., Leunig, C., Osterwald, J. & Schlegel, U. (2018). Karriere 50plus – neue Perspektiven schaffen. Erste Ergebnisse einer qualitativen Branchenerhebung. *WSI-Mitteilungen, 71 (1)*, 59–65.

Delhees, K. H. (1995). Führungstheorien – Eigenschaftstheorie. In: A. Kieser (Hrsg.), *Handwörterbuch der Führung* (2. Aufl., S. 898–906). Stuttgart: Schäffer-Poeschel.

Dengler, K. & Matthes, B. (2018). Substituierbarkeitspotenziale von Berufen. Wenige Berufsbilder halten mit der Digitalisierung Schritt. In: Institut für Arbeitsmarkt- und Berufsforschung (Hrsg.), *IAB-Kurzbericht* (04/2018). Nürnberg: Institut für Arbeitsmarkt- und Berufsforschung.

Dengler, K. & Matthes, B. (2020). *Substituierbarkeitspotenziale von Berufen und die möglichen Folgen für die Gleichstellung auf dem Arbeitsmarkt. Expertise für den Dritten*

Gleichstellungsbericht der Bundesregierung. Berlin: Geschäftsstelle Dritter Gleichstellungsbericht der Bundesregierung.

Dengler, K. & Matthes, B. & Wydra-Somaggio, G. (2018). Digitalisierung in den Bundesländern. Regionale Branchen- und Berufsstrukturen prägen die Substituierbarkeitspotenziale. In: Institut für Arbeitsmarkt- und Berufsforschung (Hrsg.), *IAB-Kurzbericht* (22/2018). Nürnberg: Institut für Arbeitsmarkt- und Berufsforschung.

Denney, N. W. & Palmer, A. M. (1981). Adult age differences on traditional and practical problems. *Journal of Gerontology, 36 (3)*, 323–328.

Dennochweiler, S.-J., Müller, P. & Schulte-Deußen, K. (2018). Kompetenzen von Mitarbeitenden und Führungskräften in einer agilen und innovativen Unternehmenskultur in Zeiten der digitalen Transformation. In: K. de Molina, S. Kaiser & W. Widuckel (Hrsg.), *Kompetenzen der Zukunft – Arbeit 2030* (S. 343–356). Freiburg: Haufe.

Denzin, N. K. (1978). *The research act*. New York: McGraw Hill.

Denzin, N. K. (2009). *The research act. A theoretical introduction to sociological methods*. London: Routledge.

Der Aktionär (2018). Allianz darf China-Markt aufrollen. Gefunden am 15.07.2020 unter https://www.deraktionaer.de/artikel/aktien/allianz-darf-china-markt-aufrollen-416480.html.

Der Aktionär (2019). Von wegen Amazon: Alibaba rollt gerade den nächsten Markt auf. Gefunden am 11.06.2020 unter https://www.deraktionaer.de/artikel/aktien/von-wegen-amazon-alibaba-rollt-gerade-den-naechsten-markt-auf-486570.html.

Deutsche Rentenversicherung Bund (2018). Geschäftsbericht. 2018. Gefunden am 19.05.2020 unter https://www.deutsche-rentenversicherung.de/Bund/DE/Allgemein/Downloads/Geschaeftsberichte/geschaeftsbericht_download.pdf;jsessionid=ED0E27B36E6775031787693D27C405C3.delivery2-9-replication?__blob=publicationFile&v=11.

Dick, R. v. (2004). *Commitment und Identifikation mit Organisationen*. Göttingen: Hogrefe.

Diekmann, A. (2007). *Empirische Sozialforschung: Grundlagen, Methoden, Anwendungen* (13., erweiterte Aufl.). Reinbek: Rowohlt.

Die Welt (2009). Einmal um die Welt versichert. Gefunden am 20.06.2020 unter https://www.welt.de/finanzen/globalisierung-kinder/article3087284/Einmal-um-die-Welt-versichert.html.

Die Welt (2017). Das Ende des Home Office? Alles nur ein Mythos. Gefunden am 05.10.2020 unter https://www.welt.de/wirtschaft/article163146335/Das-Ende-des-Home-Office-Alles-nur-ein-Mythos.html.

Die Welt (2018). Allianz-Chef verordnet Einfachheit: Länderchefs an die Zügel. Gefunden am 20.05.2019 unter https://www.welt.de/regionales/bayern/article176206242/Allianz-Chef-verordnet-Einfachheit-Laenderchefs-an-die-Zuegel.html.

Die Welt (2019). Umstrittene Heimarbeit. Gefunden am 17.04.2020 unter https://www.welt.de/print/welt_kompakt/print_wirtschaft/article195110585/Umstrittene-Heimarbeit.html.

Die Welt (2020). Kanzleramt blockiert Anspruch auf Homeoffice. Gefunden am 06.04.20 unter https://www.welt.de/newsticker/dpa_nt/infoline_nt/wirtschaft_nt/article217272726/Kanzleramt-blockiert-Anspruch-auf-Homeoffice.html.

Dimitrova, D. (2009). *Das Konzept der Metakompetenz: Theoretische und empirische Untersuchung am Beispiel der Automobilindustrie*. Wiesbaden: Gabler.

Doppler, K. & Lauterburg, C. (2019). *Change Management* (14., aktualisierte Aufl.). Frankfurt am Main: campus.

Döring, N. & Bortz, J. (2016). *Forschungsmethoden und Evaluation in den Sozial- und Humanwissenschaften* (5., vollständig überarbeitete, aktualisierte und erweiterte Aufl.). Berlin und Heidelberg: Springer.

Drumm, H. J. (2008). *Personalwirtschaft* (6., überarbeitete Aufl.). Berlin und Heidelberg: Springer.

Drumm, H. J. & Scholz, C. (1988). *Personalplanung. Planungsmethoden und Methodenakzeptanz* (2., erweiterte Auflage). Bern: Haupt.

Duncan, K. A. & Pettigrew, R. N. (2012). The effect of work arrangements on perception of work-family balance. *Community, Work & Family, 15 (4)*, 403–423.

Duncan, R. & Weiss, A. (1979). Organizational learning: implications for organizational design. *Research in organizational behavior: an annual series of analytical essays and critical reviews, 1 (1)*, 75–123.

Dütsch, M. & Struck, O. (2010). *Interne und externe Flexibilität: eine Analyse von Personalanpassungsformen anhand des IAB-Betriebspanels 2007*. (Working Paper der Universität Bamberg, Professur für Arbeitswissenschaft, 2). Bamberg: Universität Bamberg.

Eckstein, A. & Liebetrau, A. (2018). InsurTech-Ökosystem – vom Hackathon bis zum globalen Scouting. In: A. Eckstein, A. Funk-Münchmeyer & A. Liebetrau (Hrsg.), *Insurance & Innovation 2018: Ideen und Erfolgskonzepte von Experten aus der Praxis* (S. 1–2). Karlsruhe: VVW GmbH.

Eder, I. (2017). Homeoffice – mit Betriebsrat. *Arbeitsrecht im Betrieb, 16 (3)*, 10–15.

Effron, M., Gandossy, R. & Goldsmith, M. (2003). *Human resources in the 21st century*. Hoboken: John Wiley & Sons.

Efma (2020). About us. Gefunden am 29.06.2020 unter https://www.efma.com/about/contact_us.

Ehrentraut, O., Funke, C. & Pivac, A. (2017). *Neue Wertschöpfung durch Digitalisierung*. München: vbw.

Ehrentraut, O. & Moog, S. (2017). *Zukunft der gesetzlichen Rentenversicherung – Möglichkeiten und Grenzen ausgewählter Reformvorschläge Study Nr. 345*. Düsseldorf: Hans-Böckler-Stiftung.

Elder, G. H. jr. & Rockwell, R. C. (1979). The life-course and human development: An ecological perspective. *International Journal of Behavioral Development, 2 (1)*, 1–21.

Elert, F. (2017). Digitalisierungsentwicklungen in der Versicherungswirtschaft. In: F. Elert (Hrsg.), *Gabler Versicherungslexikon* (2., aktualisierte Aufl., S. 228–230). Wiesbaden: Springer-Gabler.

Eling, M. & Lehmann, M. (2018). The Impact of Digitalization on the Insurance Value Chain and the Insurability of Risks. *The Geneva Papers on Risk Insurance – Issues Practice, 43 (3)*, 359–396.

Ellguth, P., Gerner, H.-D. & Zapf, I. (2018). Arbeitszeitkonten in Betrieben und Verwaltungen. Flexible Arbeitszeitgestaltung wird immer wichtiger. In: Institut für Arbeitsmarkt- und Berufsforschung (Hrsg.), *IAB Kurzbericht* (15/2018). Nürnberg: Institut für Arbeitsmarkt- und Berufsforschung.

Émond, M. (2020). Preparing the emergency departments for the "Silver Tsunami". *Canadian Journal of Emergency Medicine, 22 (1)*, 6–7.

Erdland, A. (2017). Versicherung in Zeiten des Umbruchs. Gefunden am 13.07.2018 unter https://www.gdv.de/resource/blob/12312/d3416b958639a275c220078c876cdc59/download-rede-erdland-versicherungstag-2017-data.pdf.

Erpenbeck, J., Grote, S. & Sauter. W. (2017). Einleitung. In: J. Erpenbeck, L. v. Rosenstiel, S. Grote & W. Sauter (Hrsg.), *Handbuch Kompetenzmessung* (3. Aufl., S. IX–XXVIII). Stuttgart: Schäffer-Poeschel.

Erpenbeck, J. & Rosenstiel, L. v. (2003). Einleitung. In: J. Erpenbeck & L. v. Rosenstiel (Hrsg.), *Handbuch Kompetenzmessung* (S. IX–XL). Stuttgart: Schäffer-Poeschel.

Erten-Buch, C., Mayrhofer, W., Seebacher, U. & Strunk, G. (2006). *Personalmanagement und Führungskräfteentwicklung.* Wien: Linde.

European Commission (1999). *Towards a Europe for all ages – Promoting prosperity and intergenerational solidarity. COM 221 final, 21.05.1999.* Brüssel: European Commission.

European Commission (2014). *The 2015 Ageing Report – Underlying Assumptions and Projections Methodologies.* European Economy (8/2014). Brüssel: European Commission.

European Commission (2015). *The 2015 Ageing Report – Economic and Budgetary Projections for the 28 EU Member States (2013–2060).* European Economy (3/2015). Brüssel: European Commission.

Europäisches Parlament (2012). 2012: Das Europäische Jahr für aktives Altern. Gefunden am 12.05.2020 unter https://www.europarl.europa.eu/news/de/headlines/eu-affairs/20120106STO34946/2012-das-europaische-jahr-fur-aktives-altern.

Eurostat (2018a). Employment rate of older workers, age group 55–64. Gefunden am 28.03.2020 unter https://ec.europa.eu/eurostat/tgm/mapToolClosed.do?tab=map&init=1&plugin=1&language=en&pcode=tesem050.

Eurostat (2018b). Working from home in the EU. Gefunden am 16.08.2021 unter https://ec.europa.eu/eurostat/de/web/products-eurostat-news/-/DDN-20180620-1.

Eurostat (2019). Europa 2020-Beschäftigungsindikatoren. Gefunden am 12.05.2020 unter https://ec.europa.eu/eurostat/documents/2995521/9747520/3-25042019-AP-DE.pdf/9d522481-c827-4c65-9f50-33aa56cddc06.

Eurostat (2020). Europa 2020 – Übersicht. Gefunden am 12.05.2020 unter https://ec.europa.eu/eurostat/de/web/europe-2020-indicators.

Falkenstein, M. & Gajewski, P. D. (2015). Verhaltens- und Verhältnisprävention für gesundes Altern. In: Bundesanstalt für Arbeitsschutz und Arbeitsmedizin, G. Richter & M. Niehaus (Hrsg.), *Personalarbeit im demografischen Wandel. Beratungsinstrumente zur Verbesserung der Arbeitsqualität* (S. 61–78). Bielefeld: Bertelsmann.

Falkenstein, M. & Gajewski, P. D. (2017). Lifestyle and interventions for improving cognitive performance in older adults. In: M. Raab, B. Lobinger, S. Hoffmann, A. Pizzera & S. Laborde (Eds.), *Performance Psychology: Perception, Action, Cognition and Emotion* (2nd ed., pp. 191–207). Oxford: Elsevier.

Faulbaum, F., Prüfer, P. & Rexroth, M. (2009). *Was ist eine gute Frage? Die systematische Evaluation der Fragenqualität.* Wiesbaden: Springer VS.

FAZ (2017). Radikaler Schritt: IBM schafft das Home Office ab. Gefunden am 05.10.2020 unter https://www.faz.net/aktuell/karriere-hochschule/buero-co/radikaler-schritt-ibm-schafft-das-home-office-ab-14938885.html.

FAZ (2018). Lebensversicherer verlangt, dass Kunden Fitness-Tracker nutzen. Gefunden am 13.07.2019 unter https://www.faz.net/aktuell/wirtschaft/digitec/lebensversicherung-bei-john-hancock-nur-mit-fitness-tracker-15798146.html.

FAZ (2020). „Mobile Arbeit Gesetz": Heil will Mindestanspruch auf 24 Tage Homeoffice pro Jahr. Gefunden am 05.10.2019 unter https://www.faz.net/aktuell/karriere-hochschule/buero-co/heils-gesetzesentwurf-mindestens-24-tage-homeoffice-im-jahr-16984543.html.

FAZ (2022a). Arbeitsminister Heil plant Rechtsanspruch auf Homeoffice. Gefunden am 04.06.2022 unter https://www.faz.net/aktuell/politik/inland/arbeitsminister-hubertus-heil-plant-rechtsanspruch-auf-homeoffice-17727389.html.

FAZ (2022b). Das Ende der Homeoffice-Ära. Gefunden am 02.05.2022 unter https://www.faz.net/aktuell/karriere-hochschule/homeoffice-pflicht-endet-ein-grund-zum-jubeln-fuer-arbeitnehmer-17885483.html.

FAZ (2022c). Stromkrise in Asien. China leidet unter der Hitzewelle. Gefunden am 25.09.2022. unter https://www.faz.net/aktuell/wirtschaft/china-leidet-unter-der-hitzewelle-stromausfaelle-in-asien-18261531.html.

Felfe, J., Ducki, A. & Franke, F. (2014). Führungskompetenzen der Zukunft. In: B. Badura, A. Ducki, H. Schröder, J. Klose & M. Meyer (Hrsg.), *Fehlzeiten-Report 2014. Erfolgreiche Unternehmen von morgen – gesunde Zukunft heute gestalten. Zahlen, Daten, Analysen aus allen Bereichen der Wirtschaft* (S. 139–148). Berlin und Heidelberg: Springer.

Fiedler, F. (1967). *A theory of leadership effectiveness*. New York: McGraw-Hill.

Fielding, N. C. & Fielding, J. L. (1986). *Linking data. Sage university paper series on qualitative research methods* (Vol. 4). Beverly Hills: Sage.

Findeisen, J. (2018). Betriebsratsarbeit in einer „Minderheitsfraktion". In: H. U. Niedenhoff & R. Knoob (Hrsg.), *Die Praxis der betrieblichen Mitbestimmung* (S. 121–125). Borsdorf: Winterwork.

Fischer, S. & Häusling, A. (2018). Agilität und Arbeit 4.0. In: S. Werther & L. Bruckner (Hrsg.), *Arbeit 4.0 aktiv gestalten: Die Zukunft der Arbeit zwischen Agilität, People Analytics und Digitalisierung* (S. 88–113). Berlin und Heidelberg: Springer.

Flick, U. (1987). Methodenangemessene Gütekriterien in der qualitativen-interpretativen Forschung. In: J. B. Bergold & U. Flick (Hrsg.), *Ein-Sichten* (S. 247–262). Tübingen: DGVT.

Focus (2015). Test Rechtsschutzversicherung. Das sind die fairsten Rechtsschutzversicherer. Gefunden am 09.06.2020 unter https://www.focus.de/finanzen/versicherungen/rechtssch utz/test-rechtsschutzversicherung-recht-fair_id_4968966.html.

Forbes (2019). Global Aging In A Warming World. Gefunden am 30.06.2020 unter https://www.forbes.com/sites/andrewcarle/2019/01/03/global-aging-in-a-warming-world/#590 ddbca276e.

Forchhammer, L. S. (2018). Studie zur digitalen Transformation: Macht und Verantwortung noch ungleich verteilt. *Arbeit und Arbeitsrecht, 73 (4)*, 230–232.

Frank, G. (2012). Informelles Lernen als Erfolgsfaktor. In: K. Schwuchow & J. Gutmann (Hrsg.), *Personalentwicklung 2013* (S. 131–139). Freiburg: Haufe.

Frei, F. (1993). Partizipation und Selbstregulation bei CIM: das »Baugruppenprojekt« bei Alcatel STR. In: G. Cyranek & E. Ulich (Hrsg.), *CIM – Herausforderung an Mensch, Technik, Organisation. Schriftenreihe Mensch, Technik, Organisation Band 1* (S. 321–338). Zürich und Stuttgart: vdf Hochschulverlag.

Freude, G. (2007). Stärken und Kompetenzen älterer Führungskräfte – Untersuchungen zur Vitalität, Arbeits- und Leistungsfähigkeit in einem Unternehmen. In: Marie-Luise und Ernst Becker Stiftung (Hrsg.), *Vom Defizit zum Kompetenzmodell – Stärken älterer*

Arbeitnehmer erkennen und fördern (S. 19–29). Köln: Marie-Luise und Ernst Becker Stiftung.

Frerichs, F. (1996). *Ältere Arbeitnehmer im demografischen Wandel – Qualifizierungsmodelle und Eingliederungsstrategien.* Münster: Lit Münster.

Frerichs, F. & Georg, A. (1999). *Ältere Arbeitnehmer in NRW. Betriebliche Problemfelder und Handlungsansätze.* Münster: Lit.

Frey, C. & Osborne, M. A. (2013): *The Future of Employment: How Susceptible are Jobs to Computerization?* Oxford: University of Oxford.

Frey, C. & Osborne, M. A. (2017). The Future of Employment: How Susceptible are Jobs to Computerization? *Technological Forecasting and Social Change, 114 (C),* 254–280.

Friedrichs, J. (1990). *Methoden empirischer Sozialforschung Band 28* (14. Aufl.). Opladen: Westdeutscher Verlag.

Fromme, H. (2019). Sieben Monate, 65 Millionen Kunden. Gefunden am 11.06.2020 unter https://versicherungsmonitor.de/2019/05/31/finleap-fonds-finanz-wefox-es-bewegt-sichwas-2/.

Fuchs, J., Hummel, M., Hutter, C., Gehrke, B., Wanger, S., Weber, E., Weigand, R. & Zika, G. (2016). IAB-Prognose 2016: Beschäftigung und Arbeitskräfteangebot so hoch wie nie. In: Institut für Arbeitsmarkt- und Berufsforschung (Hrsg.), *IAB-Kurzbericht* (06/2016). Nürnberg: Institut für Arbeitsmarkt und Berufsforschung.

Fuchs, J., Kubis, A. & Schneider, L. (2018). Die deutsche Wirtschaft braucht künftig mehr Fachkräfte aus Drittstaaten. Gefunden am 21.05.2019 unter https://www.iab-forum.de/die-deutsche-wirtschaft-braucht-kuenftig-mehr-fachkraefte-aus-drittstaaten/.

Fuchs, J. & Reinberg, A. (2007). *Materialsammlung Fachkräftebedarf der Wirtschaft – Zukünftiger Fachkräftemangel? – B1 Demografische Effekte auf das Erwerbspersonenpotenzial.* Wiesbaden: Institut für Arbeitsmarkt- und Berufsforschung.

Fuchs, J., Söhnlein, D. & Weber, B. (2017). Arbeitskräfteangebot sinkt auch bei hoher Zuwanderung. In: Institut für Arbeitsmarkt- und Berufsforschung (Hrsg.), *IAB-Kurzbericht* (6/2017). Nürnberg: Institut für Arbeitsmarkt und Berufsforschung.

Fuchs, J. & Weber, E. (2016). Effekte der Flüchtlingsmigration auf das Erwerbspersonenpotenzial. *Aktuelle Berichte* (22/2016). Nürnberg: Institut für Arbeitsmarkt- und Berufsforschung.

Führing, M. (2004). Ressourcenorientierte Unternehmensführung – Strategisches HRM und FKE. In: U. G. Seebacher & G. Klaus (Hrsg.), *Handbuch Führungskräfteentwicklung. Theorie, Praxis und Fallstudien* (S. 67–81). München: USP Publishing.

Gambles, R., Lewis, S. & Rapoport, R. (2006). *The myth of work-life balance: The challenge of our time for men, women and societies.* Chichester: John Wiley & Sons.

Gamradt, J. (2022). *Konflikte und Flexibilisierung in organisationalen Transformationsprozessen.* Dissertation, Friedrich-Alexander-Universität Erlangen-Nürnberg. Hamburg: Dr. Kovač.

GDV (2019). Viel Aussicht auf Wachstum. Gefunden am 16.07.202 unter https://www.gdv.de/de/themen/positionen-magazin/viel-aussicht-auf-wachstum-44450.

GDV (2020a). Coronavirus – Warum Seuchen selten mitversichert sind. Gefunden am 15.06.2020 unter https://www.gdv.de/de/themen/positionen-magazin/warum-seuchen-selten-mitversichert-sind-57130.

GDV (2020b). Im Bann der Coronakrise. Gefunden am 18.05.2020 unter https://www.gdv.de/resource/blob/59004/2a2ef1d842e7b37559aa2010b29 b5980/fokus-maerkte-apiel-2020---pdf-data.pdf.
GDV (2021). Neue Wettbewerber. Von wegen Dickschiffe: So kooperieren Versicherer mit Insurtechs. Gefunden am 26.08.2022 unter https://www.gdv.de/de/themen/positionenmagazin/von-wegen-dickschiffe-so-kooperieren-versicherer-mit-insurtechs-70224.
Gebert, D. (1974). *Organisationsentwicklung: Probleme des geplanten organisatorischen Wandels*. Stuttgart: Kohlhammer.
Geldermann, B. (2005). Weiterbildung für die Älteren im Betrieb. In: H. Loehe & E. Severing (Hrsg.), *Wettbewerbsfähig mit alternden Belegschaften: Betriebliche Bildung und Beschäftigung im Zeichen des demografischen Wandels* (S. 69–79). Bielefeld: wbv Media.
Genz, S., Bellmann, L. & Matthes, B. (2018). *Do German works councils counter or foster the implementation of digital technologies? (IZA discussion paper, 11616)*. Bonn: Institute of Labor Economics.
Gerlmaier, A. (2006). Nachhaltige Arbeitsgestaltung in der Wissensökonomie. In: S. Lehndorff (Hrsg.), *Das Politische in der Arbeitspolitik* (S. 71–98). Berlin: edition Sigma.
Gerlmaier, A. & Latniak, E. (2012). Arbeiten in der Bauwirtschaft – wer schafft es bis zum regulären Renteneintritt und wer nicht? In: Institut Arbeit und Qualifikation (Hrsg.), *IAQ-Report* (04/2012). Duisburg und Essen: Institut Arbeit und Qualifikation.
Gerlmaier, A. & Latniak, E. (2013). Psychische Belastungen in der IT-Projektarbeit – betriebliche Ansatzpunkte der Gestaltung und ihre Grenzen. In: Bundesanstalt für Arbeitsschutz und Arbeitsmedizin, G. Junghanns & M. Morschhäuser (Hrsg.), *Immer schneller, immer mehr. Psychische Belastung bei Wissens- und Dienstleistungsarbeit* (S. 165–193). Wiesbaden: VS Verlag für Sozialwissenschaften.
Gerst, D, Pletke, M. & Hattesohl, S. (2007). Wie leistungsfähig sind ältere Arbeitnehmer? *Unimagazin Hannover, 4 (3)*, 24–27.
Gessler, M. & Stübbe, B. A. (2008). *Diversity Management: Berufliche Weiterbildung im demografischen Wandel*. Münster: Waxmann.
GEV (2020). Deckungslücken. Gefunden am 06.07.2020 unter https://www.gev-versicherung.de/service/versicherungslexikon/.
Gläser, J. & Laudel, G. (2010). *Experteninterviews und qualitative Inhaltsanalyse* (4. Aufl.). Wiesbaden: VS Verlag für Sozialwissenschaften.
Gondring, H. (2015). *Versicherungswirtschaft: Handbuch für Studium und Praxis*. München: Vahlen.
Goodfellow, I., Bengio, Y. & Courville, A. (2016). *Deep Learning*. Cambridge: The MIT Press.
Green, F. & McIntosh, S. (2001). The intensification of work in Europe. *Labour Economics, 8 (2)*, 291–308.
Greenberg, J. & Colquitt, J. A. (2005). *Handbook of organizational justice*. Mahwah: Lawrence Erlbaum Associates Publishers.
Greenhaus, J. H. & Allen, T. D. (2011). Work-family balance: A review and extension of the literature. In J. C. Quick & L. E. Tetrick (Eds.), *Handbook of occupational health psychology* (2nd ed., pp. 165–183). Washington: American Psychological Association.
Greenhaus, J. H. & Beutel, N. J. (1985). Sources of Conflict between Work and Family Roles. *The Academy of Management Review, 10 (1)*, 76–88.

Gregory, T., Salomons, A. & Zierahn, U. (2016). *The Employment Effects of Routine-Biased Technological Change in Europe.* unpublished.

Gregory, T., Salomons, A. & Zierahn, U. (2019). Racing With or Against the Machine? Evidence from Europe. Institute of Labor Economics (Ed.), *Discussion Paper Series – IZA DP No. 12063.* Bonn: Institute of Labor Economics.

Groeben, N. & Scheele, B. (1977). *Argumente für eine Psychologie des reflexiven Subjekts.* Darmstadt: Steinkopff.

Grote, S. (2012). *Die Zukunft der Führung.* Heidelberg: Springer.

Gruber, S. (2018). Die Betriebsratsarbeit der Zukunft. In: H. U. Niedenhoff & R. Knoob (Hrsg.), *Die Praxis der betrieblichen Mitbestimmung* (S. 115–116). Borsdorf: Winterwork.

Gruber, A. L. & Schaie, K. W. (1986). *Longitudinal-sequential studies of marital assortativity.* Paper presented at Annual Meeting of the Gerontological Society of America.

Grunau, P., Ruf, K., Steffes, S. & Wolter, S. (2019). Homeoffice bietet Vorteile, hat aber auch Tücken. In: Institut für Arbeitsmarkt- und Berufsforschung (Hrsg.), *IAB-Kurzbericht* (11/2019). Nürnberg: Institut für Arbeitsmarkt- und Berufsforschung.

Grunau, P., Steffes, S. & Wolter, S. (2020). Homeoffice in Zeiten von Corona: In vielen Berufen gibt es bislang ungenutzte Potenziale. Gefunden am 02.05.2020 https://www.iab-forum.de/homeoffice-in-zeiten-von-corona-in-vielen-berufen-gibt-es-bislang-ung enutzte-potenziale/.

GTAI (2019). China will Finanzsektor stärker für ausländische Firmen öffnen. Gefunden am 15.07.2020 unter https://www.gtai.de/gtai-de/trade/branchen/branchenbericht/china/china-will-finanzsektor-staerker-fuer-auslaendische-firmen-152370.

Guest, D. E. (2002). Perspectives on the study of work-life balance. *Social Science Information, 41 (2),* 255–279.

Guttmann, R. (1984). Performance on eight spatial ability tests as a function of age and education. *Educational Gerontology, 10 (1),* 1–11.

Hacker, W. (2004). Leistungs- und Lernfähigkeiten älterer Menschen. In: M. Cranach, H. D. v., Schneider, R. Winkler & E. Ulich (Hrsg.), *Ältere Menschen im Unternehmen. Chancen, Risiken, Modelle* (S. 163–172). Bern: Haupt.

Hackman, J. & Oldham, G. (1980). *Work Redesign.* Boston: Addison-Wesley.

Häder, M. (2019). *Empirische Sozialforschung – Eine Einführung* (4. Aufl.). Wiesbaden: VS Verlag für Sozialwissenschaften.

Haeberlin, F. (2003). Ältere Arbeitnehmer im Betrieb. In: L. v. Rosenstiel, E. Regnet & M. E. Domsch (Hrsg.), *Führung von Mitarbeitern. Handbuch für erfolgreiches Personalmanagement* (5. Aufl., S. 593–606). Stuttgart: Schäffer-Poeschel.

Hahn, N. v. & Prüße, N. (2018). Schlüsselkompetenz Lernagilität – Selbstaktualisierung für Führungskräfte und Mitarbeiter in der Arbeitswelt 4.0. In: K. de Molina, S. Kaiser & W. Widuckel (Hrsg.), *Kompetenzen der Zukunft – Arbeit 2030* (S. 59–69). Freiburg: Haufe.

Handelsblatt (2018a). Allianz wittert das große Geschäft in China – Zusammenarbeit mit Online-Gigant JD.com geplant. Gefunden am 15.06.2020 unter https://www.handelsbl att.com/finanzen/banken-versicherungen/versicherer-allianz-wittert-das-grosse-gescha eft-in-china-zusammenarbeit-mit-online-gigant-jd-com-geplant/22781228.html?ticket= ST-4731743-edic7RBbTtvFONLcvfHk-ap3.

Handelsblatt (2018b). „Meilenstein" für Allianz: Konzern darf nach China. Gefunden am 15.06.2020 unter https://www.handelsblatt.com/finanzen/banken-versicherungen/versicherung-meilenstein-fuer-allianz-konzern-darf-nach-china/23678240.html.
Handelsblatt (2019a). Banken sollten sich Google zum Vorbild nehmen. Gefunden am 30.05.2020 unter https://www.handelsblatt.com/meinung/kommentare/kommentar-banken-sollten-sich-google-bei-der-datennutzung-zum-vorbild-nehmen/25225836.html?ticket=ST-245786-oMwbU7uXDdFi6aQeE9dk-ap6.
Handelsblatt (2019b). Investoren entdecken Chinas Milliardenmarkt. Gefunden am 15.06.2020 unter https://www.handelsblatt.com/finanzen/immobilien/immobilien-investoren-entdecken-chinas-milliardenmarkt/25355916.html?ticket=ST-5676229-JNnHm6eF7CmNfk3ZIrr9-ap6.
Handelsblatt (2019c). So versichert man ein Elektroauto am besten. Gefunden am 04.06.2020 unter https://www.handelsblatt.com/auto/ratgeber-service/kfz-versicherung-so-versichert-man-ein-elektroauto-am-besten/24895310.html?ticket=ST-216583-9USdzaLndfGafBNSax2U-ap4.
Handelsblatt (2022a). BMW-Deal verzerrt Bilanz: Chinas Ruf als Investitionsstandort „erodiert". Gefunden am 25.09.2022 unter https://www.handelsblatt.com/unternehmen/management/auslandsgeschaeft-bmw-deal-verzerrt-bilanz-chinas-ruf-als-investitionsstandort-erodiert/28692338.html.
Handelsblatt (2022b). Chinas Wirtschaft trotz Corona-Lockdowns – aber Immobilienkrise belastet. Gefunden am 25.09.2022b unter https://www.handelsblatt.com/politik/konjunktur/nachrichten/asien-chinas-wirtschaft-trotzt-corona-lockdowns-aber-immobilienkrise-belastet/28685270.html.
Hart, J. (2020). Top 200 Tools for Learning 2019. Gefunden am 22.01.2020 unter https://www.toptools4learning.com.
Hartl, E. & Hess, T. (2017). *The Role of Cultural Values for Digital Transformation: Insights from a Delphi Study*. Paper präsentiert auf der Twenty-third Americas Conference on Information Systems, Boston, USA.
Hasbargen, U. & Hernandez, S. (2017). EY Jobstudie 2017 – Digitales Arbeiten. Gefunden am 20.06.2019 unter https://www.ey.com/Publication/vwLUAssets/ey-jobstudie-2017-digitales-arbeiten/$FILE/ey-jobstudie-2017-digitales-arbeiten.pdf.
Hastenteufel, J. (2018). Mikroversicherungen. Gefunden am 16.07.2020 unter https://www.gabler-banklexikon.de/definition/mikroversicherungen-81485/version-347541.
Hax, K. (1977). *Personalpolitik der Unternehmung*. Reinbek: Rowohlt.
Heimann, K. (2022). Das gut geregelte Homeoffice soll bleiben. *Gute Arbeit, 34 (5)*, 8–11.
Heinrich, L., Heinzl, A. & Roithmayr, F. (2004). *Wirtschaftsinformatik-Lexikon* (7., vollständig überarbeitete und erweiterte Aufl.). München: Oldenbourg Wissenschaftsverlag.
Heinze, T. (1987). *Qualitative Sozialforschung: Erfahrungen, Probleme und Perspektiven*. Opladen: Westdeutscher Verlag.
Heinze, T., Müller, E., Stickelmann, B. & Zinnecker, H. (1975). *Handlungsforschung im pädagogischen Feld*. München: Juventa.
Heinze, T. & Thiemann, F. (1982). Kommunikative Validierung und das Problem der Geltungsbegründung. *Zeitschrift für Pädagogik, 28 (4)*, 635–642.
Heise (2019). Tesla bietet US-Kunden eigene Autoversicherung. Gefunden am 04.06.2020 unter https://www.heise.de/newsticker/meldung/Tesla-bietet-US-Kunden-eigene-Autoversicherung-4509022.html.

Heitmann, H. (2018). Wie die Digitalisierung mit dem Betriebsrat gelingt. Gefunden am 07.09.2018 unter https://www.springerprofessional.de/transformation/unternehmensprozesse/wie-die-digitalisierung-mit-dem-betriebsrat-gelingt/15990162.

Heller, F. A. (2002). Leadership. In: A. Sorge (Ed.), *Organization* (pp. 388–401). London: Thompson.

Hess, T. (2019). *Digitale Transformation strategisch steuern.* Wiesbaden: Springer.

Hirsch, E. D. (1967). *Validity in interpretation.* New Haven: University Press.

Hirsch-Kreinsen, H. (2017). Arbeiten 4.0 – Qualifikationsentwicklung und Gestaltungsoptionen. *Wirtschaftsdienst, 97 (7),* 473–476.

Hirsch-Kreinsen, H. (2018). Einleitung: Digitalisierung industrieller Arbeit. In: H. Hirsch-Kreinsen, P. Ittermann & S. Niehaus (Hrsg.), *Digitalisierung industrieller Arbeit* (2. Aufl., S. 13–32). Baden-Baden: Nomos (edition sigma).

Hofbauer, H. (1982). Materialien zur Situation älterer Erwerbspersonen in der Bundesrepublik Deutschland. *Mitteilungen aus der Arbeits- und Berufsforschung, 15 (2),* 99–110.

Hofert, S. (2019). *Der agile Kulturwandel.* Wiesbaden: Springer-Gabler.

Hoff, E.-H., Grote, S., Dettmer, S., Hohner, H. U. & Olos, L. (2005). Work-Life-Balance: berufliche und private Lebensgestaltung von Frauen und Männern in hochqualifizierten Berufen. *Zeitschrift für Arbeits- und Organisationspsychologie, 49 (4),* 196–207.

Hoffmann-Riem, C. (1980). Die Sozialforschung einer interpretativen Soziologie. *Kölner Zeitschrift für Soziologie und Sozialpsychologie, 32 (2),* 339–372.

Hofmann, M. (2018). Selbstführung als Schlüssel zur Zukunftsfähigkeit. In: K. de Molina, S. Kaiser & W. Widuckel (Hrsg.), *Kompetenzen der Zukunft – Arbeit 2030* (S. 315–326). Freiburg: Haufe.

Hofstede, G. (2003). *Cultures consequences. Comparing values, behaviors, institutions, and organizations across nations* (2nd ed.). Thousand Oaks: Sage.

Hohensee, L. (2017). *Lebensphasen von Mitarbeitern und ihre Life-Domain-Balance: Neue Herausforderungen für das Personalmanagement.* Dissertation, Friedrich-Alexander-Universität Erlangen-Nürnberg. Hamburg: Dr. Kovač.

Hohmann, M. (2019). Banken und Fintechs sollten Partner auf Augenhöhe werden. Gefunden am 10.07.2020 unter https://www.springerprofessional.de/fintechs/bankvertrieb/banken-und-fintechs-sollten-partner-auf-augenhoehe-werden/16515788.

Holland, H. (2018). Customer Experience Management. Gefunden am 02.06.2020 unter https://wirtschaftslexikon.gabler.de/definition/customer-experience-management-54478/version-277507.

Hollmann, S. & Kluge, S. (2018). Social Learning als Schlüsselkompetenz für die digitale Arbeitswelt. In: K. de Molina, S. Kaiser & W. Widuckel (Hrsg.), *Kompetenzen der Zukunft – Arbeit 2030* (S. 471–483). Freiburg: Haufe.

Holthausen, A., Rausch J. & Wilke, C. (2012). *MEA-PENSIM 2.0: Weiterentwicklung eines Rentensimulationsmodells. Konzeption und ausgewählte Anwendungen.* Max Planck Institute for Social Law and Social Policy Discussion Paper No. 03–2012. München: MEA.

Holz, M. (2007). Sicherung der Innovationsfähigkeit bei alternden Belegschaften. In: M. Holz & P. Da-Cruz (Hrsg.), *Demografischer Wandel in Unternehmen* (S. 127–141). Wiesbaden: Gabler.

Höpflinger, F., Beck, A., Grob, M. & Lüthi, A. (2006). *Arbeit und Karriere: Wie es nach 50 weitergeht. Eine Befragung von Personalverantwortlichen in 804 Schweizer Unternehmen.* Zürich: Avenir Suisse.
Horbach, J. & Rammer, H. (2020). Labor Shortage and Innovation. In: Leibniz-Zentrum für Europäische Wirtschaftsforschung (Hrsg.), *Discussion Paper No. 20–009* (02/2020). Mannheim: Leibniz-Zentrum für Europäische Wirtschaftsforschung.
Horn, J. L. & Catell, R. B. (1966). Age differences in primary mental ability factors. *Journal of Gerontology, 21 (2)*, 210–220.
House, R. & Shamir, B. (1995). Führungstheorien – Charismatische Führung. In: A. Kieser, G. Reber & R. Wunderer (Hrsg.), *Handwörterbuch der Führung* (S. 878–897). Stuttgart: Schäffer-Poeschel.
Hummel, T. R. (2010). Innovationen in der Arbeitswelt und Auswirkungen auf die Work-Life-Balance. In: D. Wagner & S. Herlt (Hrsg.), *Perspektiven des Personalmanagements 2015* (S. 177–193). Wiesbaden: Springer-Gabler.
Hüppe, M. (2019). E-Learning Content allein reicht nicht. *Wirtschaftsinformatik & Management, 11 (6)*, 383.
Ilmarinen, J. (2006). *Towards a longer worklife! Ageing and the quality of worklife in the European Union*. Helsinki: Finnish Institute of Occupational Health, Ministry of Social Affairs and Health.
Ilmarinen, J. (2011). Arbeitsfähig in die Zukunft. In: M. Giesert (Hrsg.), *Arbeitsfähig in die Zukunft – Willkommen im Haus der Arbeitsfähigkeit*. Hamburg: VSA Verlag.
Ilmarinen, J., Frevel, A. & Tempel, J. (2016). Arbeitsfähigkeit 2.0: Der „Radar-Prozess" zur Erhaltung und Förderung der Arbeitsfähigkeit und des Arbeits-Wohlbefindens. In: F. Knieps & H. Pfaff (Hrsg.), *Gesundheit und Arbeit. BKK-Gesundheitsreport 2016* (S. 222–228). Berlin: MWV.
Ilmarinen, J., Frevel, A., Tempel, J. & Thönnessen, K. (2017). Arbeitsfähigkeit 2.0: Der „Radar-Prozess" zur Erhaltung und Förderung der Arbeitsfähigkeit und des Arbeits-Wohlbefindens. In: M. Giesert, T. Reuter & A. Liebrich (Hrsg.), *Arbeitsfähigkeit 4.0. Eine gute Balance im Dialog gestalten* (S. 72–85). Hamburg: VSA Verlag.
Ilmarinen, J. & Tempel, J. (2002). *Arbeitsfähigkeit 2010. Was können wir tun, damit Sie gesund bleiben?* Hamburg: VSA Verlag.
Ilmarinen, J. & Tempel, J. (2012). *Arbeitsleben 2025*. Hamburg: VSA Verlag.
Institut für Arbeitsmarkt- und Berufsforschung (IAB) (2019). Arbeiten von zu Hause aus oder von unterwegs: Jeder vierte Betrieb ermöglicht mobiles Arbeiten. Presseinformation des Instituts für Arbeitsmarkt- und Berufsforschung vom 11.6.2019. Gefunden am 17.04.2020 unter https://www.iab.de/de/informationsservice/presse/presseinformationen/kb1119.aspx.
Institut für Arbeitsmarkt- und Berufsforschung (IAB) (2020). IAB-Forschungsbericht 1/2020 – Langfristige Folgen von Demografie und Strukturwandel für regionale Arbeitsmärkte. Gefunden am 23.03.2020 unter http://doku.iab.de/forschungsbericht/2020/fb0120.pdf.
Jäger, C. (2015). Leistungsfähigkeit und Alter – praxisrelevante Hinweise für Unternehmen und Beschäftigte. In: Institut für angewandte Arbeitswissenschaften (Hrsg.), *Leistungsfähigkeit im Betrieb* (S. 41–51). Berlin und Heidelberg: Springer.

Jank, V. (2018). *Produktstandardisierung für Versicherungen – eine verbraucher- und binnenmarktfreundliche Alternative?* Dissertation, Humboldt-Universität zu Berlin. Karlsruhe: VVG.

Janssen, S. & Leber, U. (2015). Weiterbildung in Deutschland: Engagement der Betriebe steigt weiter. In: Institut für Arbeitsmarkt- und Berufsforschung (Hrsg.), *IAB-Kurzbericht* (13/2015). Nürnberg: Institut für Arbeitsmarkt- und Berufsforschung.

Janssen, S., Leber, U., Arntz, M., Gregory, T. & Zierahn, U. (2018). Betriebe und Arbeitswelt 4.0. Mit Investitionen in die Digitalisierung steigt auch die Weiterbildung. In: Institut für Arbeitsmarkt- und Berufsforschung (Hrsg.), *IAB-Kurzbericht* (26/2018). Nürnberg: Institut für Arbeitsmarkt- und Berufsforschung.

Jasper, G. & Fitzner, S. (2000). Innovatives Verhalten Jüngerer und Älterer: Einfluss von Arbeitsumwelt und Erfahrungswissen. In: A. Köchling, A. M. Astor, K. O. Fröhner, E. A. Hartmann, T. Hitzblech, G. Jasper & J. Reindl (Hrsg.), *Innovation und Leistung in älterwerdenden Belegschaften* (S. 140–188). München und Mering: Rainer Hampp.

Jick, T. (1983). Mixing qualitative and quantitative methods: Triangulation in action. In: J. v. Maanen (Ed.), *Qualitative Methodology* (pp. 135–148). London: Sage.

Joshi, A. & Roh, H. (2009). The Role of Context in Work Team Diversity Research: A Meta-Analytik Review. *Academy of Management Journal, 52 (3)*, 599–627.

Judge, T. A. & Piccolo, R. F. (2004). Transformational and Transactional Leadership: A Meta-Analytic Test to Their Relative Validity. *Journal of Applied Psychology, 89 (5)*, 755–768.

Jung, H. (2017). *Personalwirtschaft* (10., aktualisierte Aufl.). München: De Gruyter Oldenbourg.

Jungmann, F., Ries, B. C. & Wegge, J. (2012). Fallstudie zu altersgemischter Teamarbeit. In: M. Domsch, E. Regnet & L. v. Rosenstiel (Hrsg.), *Führung von Mitarbeitern. Fallstudien zum Personalmanagement* (S. 429–433). Stuttgart: Schäffer-Poeschel.

Jungmann, F. & Wegge, J. (2017). *Damit altersgemischte Teamarbeit gelingt: Konzipierung und Evaluation eines Führungskräftetrainings zur altersgemischten Teamarbeit in der Produktion.* Paper präsentiert auf dem GfA-Frühjahrskongress 2017, Soziotechnische Gestaltung des digitalen Wandels – kreativ, innovativ, sinnhaft. 63. Kongress der Gesellschaft für Arbeitswissenschaft, Brugg-Windisch, Schweiz.

Kalkowski, P. & Mickler, O. (2002). Zwischen Emergenz und Formalisierung – Zur Projektifizierung von Organisation und Arbeit in der Informationswirtschaft. *SOFI-Mitteilungen, 30 (1)*, 119–134.

Kaschube, J., (1997). *Ziele von Führungsnachwuchskräften: Berufliche Entwicklung nach der Einarbeitung.* München und Mering: Rainer Hampp.

Kerlinger, F. M. (1975). *Grundlagen der Sozialwissenschaften* (Band 1). Weinheim: Beltz.

Kessler E.-M., Schwender, C. & Bowen C. E. (2010). The portrayal of older people's social participation on German prime-time TV advertisements. *The Journals of Gerontology. Series B Psychological Sciences and Social Sciences, 65 (1)*, 97–106.

Kirk, J. & Miller, M. L. (1986). *Reliability and validity in qualitative research. Sage university paper series on qualitative research methods.* Beverly Hills: Sage.

Klammer, U. (2017). Digitalisierung als Gestaltungsaufgabe. *Wirtschaftsdienst, 97 (7)*, 459–463.

Kleindienst, M., Wolf, M., Ramsauer, C., Winter, E. & Zierler, C. (2016). Demographic change and its implications for ergonomic standardization. In: Croatian Ergonomics

Society (Ed.), *Book of proceedings of the 6th International Ergonomics Conference: Ergonomics 2016 – Focus on Synergy* (pp. 179–188). Zadar: Croatian Ergonomics Society.

Klinger, S. & Fuchs, J. (2020). Effects of population changes on the labour market in Germany. Gefunden am 15.05.2020 unter https://www.iab-forum.de/en/effects-of-population-changes-on-the-labour-market-in-germany/.

Klüver, J. (1979). Kommunikative Validierung – einige vorbereitete Bemerkungen zum Projekt „Lebensweltanalyse von Fernstudenten". In: T. Heinze (Hrsg.), *Theoretische und methodologische Überlegungen zum Typus hermeneutisch-lebensgeschichtlicher Forschung* (S. 69–84). Hagen: Werkstattbericht FernUniversität Hagen.

Knauth, P. (2005). Arbeitswissenschaftliche Kriterien der Schichtplangestaltung. In: J. Kutscher, E. Eyer & H. Antoni (Hrsg.), *Das flexible Unternehmen: Arbeitszeit, Gruppenarbeit, Entgeltsysteme*. Loseblattwerk. Wiesbaden: Gabler.

Knesebeck, O. v. d., Vonneilich. N. & Lüdecke, D. (2017). Income and functional limitations among the aged in Europe: A trend analysis in 16 countries. In: *Journal of Epidemiology and Community Health, 71 (6)*, 584–591.

Knippers, R. (2012). *Eine kurze Geschichte der Genetik*. Heidelberg: Spektrum Akademischer Verlag.

Knoblauch, H. (2013). Qualitative Methoden am Scheideweg: jüngere Entwicklungen der interpretativen Sozialforschung. *Historical Social Research, 38 (4)*, 257–270.

Köckeis-Stangl, E. (1980). Methoden der Sozialisationsforschung. In: K. Hurrelmann & D. Ulich (Hrsg.), *Handbuch der Sozialisationsforschung* (S. 321–370). Weinheim: Beltz.

Kohli, M. (1985). Die Institutionalisierung des Lebenslaufs: Historische Befunde und theoretische Argumente. *Kölner Zeitschrift für Soziologe und Sozialpsychologie, 37 (1)*, 1–29.

Kohs, S. C. & Irle, K. W. (1920). Prophesying army promotion. *Journal of Applied Psychology, 4 (1)*, 73–87.

Kolb, M., Burkart, B. & Zundel, F. (2010). *Personalmanagement. Grundlagen und Praxis des Human Resources Managements* (2. Aufl.). Wiesbaden: Springer-Gabler.

Kommission Nachhaltigkeit in der Sozialen Sicherung (Rürup-Kommission) (2003). *Nachhaltigkeit in der Finanzierung der Sozialen Sicherungssysteme: Bericht der Kommission*. Berlin: Bundesministerium für Gesundheit und Soziale Sicherung.

Konlechner, S. W. & Güttel, W. H. (2009). Kontinuierlicher Wandel mit Ambidexterity: Vorhandenes Wissen nutzen und gleichzeitig neues entwickeln. *Zeitschrift Führung und Organisation, 78 (1)*, 45–53.

Konradt, A. E. & Rothermund, K. (2011). Dimensionen und Deutungsmuster des Alterns. *Zeitschrift für Gerontologie und Geriatrie, 45 (5)*. Berlin: Springer.

Kotalakidis, N., Naujoks, H. & Mueller, F. (2016). Digitalisierung der Versicherungswirtschaft: Die 18-Milliarden-Chance. Gefunden am 20.05.2018 unter https://www.bain.com/contentassets/47d312fae3a94e9d9629c66d078243ab/bain-google-studie_digitalisierung_der_versicherungswirtschaft_ds_final.pdf.

Kotter, J. P. (2012). *Leading Change* (2nd ed.). Watertown: Harvard Business Review Press.

Kotthoff, H. (1994). *Betriebsräte und Bürgerstatus*. München und Mehring: Rainer Hampp.

Kotthoff, H. (1998). *Führung im Wandel der Führungskultur* (2., durchgesehene Aufl.). Berlin: edtion sigma.

Kotthoff, H. & Matthai, I. (2001). Die Stellung des Personalwesens im dezentralisierten Unternehmen: Dienstleistung oder Politik im Sinne des Ganzen? In: J. Abel & H.-J. Sperling (Hrsg.), *Umbrüche und Kontinuitäten* (S. 49–68). München und Mehring: Rainer Hampp.

Kowal, S. & O'Connell, D. C. (2015). Zur Transkription von Gesprächen. In: U. Flick, E. v. Kardorff & I. Steinke (Hrsg.), *Qualitative Forschung – Ein Handbuch* (11. Aufl., S. 437–447). Reinbek: Rowohlt.

Krämer, M. (2012). *Grundlagen und Praxis der Personalentwicklung (2.,* durchgesehene und ergänzte Aufl.). Göttingen: Vandenhoeck & Ruprecht.

Kramp, L. & Weichert, S. (2018). Millennials, die unbekannten Wesen: Wie journalistische Medien und Nachrichtenangebote junge Menschen im digitalen Zeitalter erreichen – und was sie von ihnen lernen. In: K. Otto & A. Köhler (Hrsg.), *Crossmedialität im Journalismus und in der Unternehmenskommunikation* (S. 269–290). Wiesbaden: VS Verlag für Sozialwissenschaften.

Kratzer, N. (2011). Arbeit und Gesundheit im Konflikt. Analysen und Ansätze für ein partizipatives Gesundheitsmanagement. Berlin: edition sigma.

Kratzer, N. (2016). Unternehmenskulturelle Aspekte des Umgangs mit Zeit- und Leistungsdruck. In: B. Badura, A. Ducki, H. Schröder, J. Klose & M. Meyer (Hrsg.), *Fehlzeitenreport 2016* (S. 21–31). Heidelberg: Springer.

Kratzer, N., Dunkel, W., Becker, K., Hinrichras, S. (2011). Arbeit und Gesundheit im Konflikt. Analysen und Ansätze für ein partizipatives Gesundheitsmanagement. Berlin: edition sigma.

Kratzer, N., Menz, W., Tulius, K. & Wolf, H. (2019). *Legitimationsprobleme in der Erwerbsarbeit (2.,* erweiterte Aufl.*).* Baden-Baden: Nomos.

Kreutzmann, T. (2020). „Mobile-Arbeit-Gesetz": Heil will Recht auf 24 Tage Homeoffice. Gefunden am 06.10.20 unter https://www.tagesschau.de/inland/homeoffice-rechtsanspruch-101.html.

Kriegesmann, B., Kley, T. & Kublik, S. (2010). Innovationstreiber betrieblicher Mitbestimmung. *WSI-Mitteilungen, 63 (2),* 71–78.

Krippendorf, K. (1980). *Content analysis: An Introduction to its methodology.* Beverly Hills: Sage publications.

Kruppe, T., Leber, U. & Matthes, B. (2017). Sicherung der Beschäftigungsfähigkeit in Zeiten des digitalen Umbruchs. In: Institut für Arbeitsmarkt- und Berufsforschung (Hrsg.), *IAB-Stellungnahme* (07/2017). Nürnberg: Institut für Arbeitsmarkt- und Berufsforschung.

Kubis, A. (2017). Demografischer Wandel und Beschäftigung. In: J. Möller & U. Walwei (Hrsg.), *Arbeitsmarkt kompakt. Analysen, Daten, Fakten. IAB-Bibliothek, 363* (S. 24–26). Bielefeld: Bertelsmann.

Kuckartz, U. (2014). *Mixed Methods: Methodologie, Forschungsdesigns und Analyseverfahren.* Wiesbaden: VS Verlag für Sozialwissenschaften.

Kuckartz, U. (2016). *Qualitative Inhaltsanalyse. Methoden, Praxis, Computerunterstützung* (3., überarbeitete Aufl.). Weinheim und Basel: Beltz.

Kuenen, K. (2018). Minimum Viable Product. Gefunden am 15.05.2021 unter: https://wirtschaftslexikon.gabler.de/definition/minimum-viable-product-mvp-119157/version-368108.

Kühlmann, T. M. (2008). *Mitarbeiterführung in internationalen Unternehmen.* Stuttgart: Kohlhammer.

Kuhlmann, M.; Sperling, H. J. & Bratzert, S. (2004). *Konzepte innovativer Arbeitspolitik. Good-Practice-Beispiele aus dem Maschinenbau, der Automobil-, Elektro- und Chemischen Industrie.* Berlin: edition sigma.

Kunze, F., Boehm, S. A. & Bruch, H. (2011). Age diversity, age discrimination climate and performance consequences – a cross organizational study. *Journal of Organizational Behavior, 32 (2),* 264–290.

Kvale, S. (1988). Validity in the qualitative research interview. In: A. de Koning (Ed.), *Research methodology in psychology: The qualitative perspective* (S. 73–92). Pittsburg: Duquesne University Press.

LaChance, D. (2022). Insurer accused of unfairly raising premiums based on false collision warnings from Tesla vehicles. Gefunden am 22.08.2022 unter https://www.repairerdrivennews.com/2022/05/05/insurer-accused-of-unfairly-raising-premiums-based-on-false-collision-warnings-from-tesla-vehicles/.

Lamnek, S. & Krell, C. (2016). *Qualitative Sozialforschung* (6., überarbeitete Aufl.). Weinheim: Beltz.

Lang, R. & Alt, R. (2004). Aus- und Fortbildung für Führungskräfte. In: E. Gaugler, W. A. Oechsler & W. Weber (Hrsg.), *Handwörterbuch des Personalwesens* (3., grundlegend neu bearbeitete und erweiterte Aufl., S. 483–492). Stuttgart: Schäffer-Poeschel.

Lang, R. & Rybnikova, I. (2014). *Aktuelle Führungstheorien und -konzepte.* Wiesbaden: Springer-Gabler.

Langmann, C. & Turi, D. (2020). *Robotic Process Automation (RPA) – Digitalisierung und Automatisierung von Prozessen. Voraussetzungen, Funktionsweise und Implementierung am Beispiel des Controllings und Rechnungswesens.* Wiesbaden: Springer-Gabler.

Latniak, E. & Gerlmaier, A. (2006). Zwischen Innovation und alltäglichem Kleinkrieg. *IAT Report 4.* Gelsenkirchen: Institut Arbeit und Technik.

Laurijssen, I. & Glorieux, I. (2013). Balancing work and family: A panel analysis of the impact of part-time work on the experience of time pressure. *Social Indicators Research, 112 (1),* 1–17.

LEAD (2015). Die Haltung entscheidet. Neue Führungspraxis für die digitale Welt. Gefunden am 01.07.2018 unter: https://www.lead.berlin/fileadmin/lead/Ideas/Studies/Die_Haltung_entscheidet/LEAD_Research_Series_2015__Die_Haltung_entscheidet_Studie.pdf.

Leber, U., Stegmaier, J. & Tisch, A. (2013). Altersspezifische Personalpolitik: Wie Betriebe auf die Alterung ihrer Belegschaften reagieren. *IAB-Kurzbericht* (13/2013). Nürnberg: Institut für Arbeitsmarkt- und Berufsforschung.

Lee, I. & Lee, K. (2015). The Internet of Things (IoT): Applications, investments, and challenges for enterprises. *Business Horizons, 58 (4),* 431–440.

Lehr, U. (2007). *Psychologie des Alterns* (11., korrigierte Aufl.). Wiebelsheim: Quelle & Meyer.

Lenhardt, U., Ertel, M. & Morschhäuser, M. (2010). Psychische Arbeitsbelastungen in Deutschland: Schwerpunkte – Trends – betriebliche Umgangsweisen. *WSI-Mitteilungen, 63 (7),* 335–342.

Lenz, U. & Grützmacher, P. (2018). Was bin ich (noch), und was sollte ich sein? Die Auswirkungen der Digitalisierung auf die Rolle der Führungskraft. In: C. v. Au (Hrsg.), *Führen in der vernetzten virtuellen und realen Welt. Leadership und Angewandte Psychologie* (S. 1–18). Wiesbaden: Springer.

Levinson, H. (1972). *Organizational Diagnosis.* Cambridge: Harvard University Press.

Levinson, H., Price, C. R., Munden, K. J., Mandl, H. J. & Solley, C. M. (1962). *Men, Management and Mental Health*. Cambridge: Harvard University Press.

Levy, R. & Pavie Team (2005). Why look at life courses in an interdisciplinary perspective? In: R. Levy, P. Ghisletta, J.-M. Le Goff, D. Spini & E. Widmer (Eds.), *Towards an interdisciplinary perspective on the life course* (pp. 3–32). Amsterdam: Elsevier.

Lewicki, R. J., McAllister, D. J. & Bies, R. J. (1998). Trust and distrust: New relationships and realities. *The Academy of Management, 23 (3)*, 438–458.

Leyer, M. & Moormann, J. (2014). How lean are financial service companies really? Empirical evidence from a large scale study in Germany. *International Journal of Operations & Production Management, 34 (11)*, 1366–1388.

Leymann, F. & Fehling, C. (2018). Cloud Computing. Gefunden am 15.06.2020 unter https://wirtschaftslexikon.gabler.de/definition/cloud-computing-53360/version-276453.

Liebel, H. J. (1992). Psychologie der Mitarbeiterführung. In: E. Gabele, H. J. Liebel & W. A. Oechsler (Hrsg.), *Führungsgrundsätze und Mitarbeiterführung* (S. 109–162). Wiesbaden: Gabler.

Lienert, G. A. (1969). *Testaufbau und Testanalyse* (3. Aufl.). Weinheim: Beltz.

Lott, Y. (2019). Weniger Arbeit, mehr Freizeit? Wofür Mütter und Väter flexible Arbeitsarrangements nutzen. *WSI-Report 47/2019*. Düsseldorf: Wirtschafts- und Sozialwissenschaftliches Institut (WSI).

Lüders, C. (2015). Herausforderungen qualitativer Forschung. In: U. Flick, E. v. Kardorff & I. Steinke (Hrsg.), *Qualitative Forschung – Ein Handbuch* (11. Aufl., S. 632–642). Reinbek: Rowohlt.

Lüders, E., Resch, M. & Weyerich, A. (1992). Auswirkungen psychischer Anforderungen und Belastungen in der Erwerbsarbeit auf das außerbetriebliche Handeln. *Zeitschrift für Arbeits- und Organisationspsychologie, 36 (2)*, 92–97.

Maas, M. (2012). *Praxiswissen Vertrieb: Berufseinstieg, Tagesgeschäft und Erfolgsstrategien*. Wiesbaden: Springer-Gabler.

Maier, G. (1998). Formen des Erlebens der Arbeitssituation: ein Beitrag zur Innovationsfähigkeit älterer Arbeitnehmer. *Zeitschrift für Gerontologie und Geriatrie, 31 (2)*, 127–137.

Maintz, G. (2003). Leistungsfähigkeit älterer Arbeitnehmer – Abschied vom Defizitmodell. In: B. Badura, H. Schnellschmidt & C. Vetter (Hrsg.), *Fehlzeiten-Report 2002* (S. 43–55). Berlin und Heidelberg: Springer.

Malin, L., Jansen, A., Seyda, S. & Flake, R. (2019). Fachkräfteengpässe in Unternehmen. Fachkräftesicherung in Deutschland – diese Potenziale gibt es noch. In: Institut der deutschen Wirtschaft Köln e.V. (Hrsg.), *KOFA-Studie* (02/2019). Köln: Institut der deutschen Wirtschaft Köln e.V.

Manager Magazin (2019). Wie Europa es mit Big Tech aufnimmt. Gefunden am 30.05.2020 unter https://www.manager-magazin.de/premium/facebook-google-amazon-wie-europa-big-tech-bekaempft-a-48e1fb1e-e32d-42c7-b8a4-637796d89a12.

Manulife (2018). Manulife Growing Canadian Insurance Business: Re-enters Participating Whole Life Insurance Market and the first in Canada to underwrite using artificial intelligence. Gefunden am 24.06.2020 unter http://manulife.force.com/Master-Article-Detail?content_id=a0Qf200000Jq4krEAB&ocmsLang=en_US.

Marand, A. D., Noe, R. A. & Tews, M. J. (2013). Individual differences and informal learning in the workplace. *Journal of Vocational Behavior, 83 (3)*, 327–335.

March, J. G. & Olsen, J. P. (1976). Ambiguity and Choice in Organizations. *American Journal of Sociology, 84 (3)*, 765–767.

Markgraf, D. (2018). Open Innovation. Gefunden am 16.08.2021 unter https://wirtschaftslexikon.gabler.de/definition/open-innovation-51786/version-274937.

Marr, R. & Fliaster, A. (2003). *Jenseits der „Ich-AG": der neue psychologische Vertrag der Führungskräfte in deutschen Unternehmen*. München und Mehring: Rainer Hampp.

Mayntz, R., Hübner, P. & Holm, K. (1978). *Einführung in die Methoden der empirischen Soziologie* (5. Aufl.). Opladen: Westdeutscher Verlag.

Mayrhofer, W. & Riedl, G. (2002). Personalentwicklung. In: H. Kasper & W. Mayrhofer (Hrsg.), *Personalmanagement, Führung, Organisation* (4. Aufl., S. 405–462). Wien: Linde.

Mayring, P. (2015a). *Qualitative Inhaltsanalyse – Grundlagen und Techniken* (12. vollständig überarbeitete und aktualisierte Aufl.). Weinheim und Basel: Beltz.

Mayring, P. (2015b). Qualitative Inhaltsanalyse. In: U. Flick, E. v. Kardorff & I. Steinke (Hrsg.), *Qualitative Forschung – Ein Handbuch* (11. Aufl., S. 468–475). Reinbek: Rowohlt.

Mayring, P. (2016). *Einführung in die qualitative Sozialforschung* (6., neu ausgestattete, überarbeitete Aufl.). Weinheim und Basel: Beltz.

Mayring, P., Huber, G. & Kiegelmann, M. (2007). *Mixed Methodology in Psychological Research*. Rotterdam: Sense Publ.

McKinsey (2018). Digital insurance in 2018: Driving real impact with digital and analytics. Gefunden am 01.07.2019 unter https://www.mckinsey.com/~/media/McKinsey/Industries/Financial%20Services/Our%20Insights/Digital%20insurance%20in%202018%20Driving%20real%20impact%20with%20digital%20and%20analytics/Digital-insurance-in-2018.pdf.

McKinsey (2021). Insurance 2030 – The impact of AI on the future of insurance. Gefunden am 19.08.2021 unter https://www.mckinsey.de/industries/financial-services/our-insights/insurance-2030-the-impact-of-ai-on-the-future-of-insurance.

Means, B., Toyama, Y., Murphy, R. F. & Baki, M. (2013). The Effectiveness of Online and Blended Learning: A Meta-Analysis of the Empirical Literature. *Teachers College Record, 115 (3)*, 1–47.

Mehrmann, E. (1995). *Vom Konzept zum Interview – Informationsgespräche richtig planen und führen*. Düsseldorf: Econ.

Meissner, M (1971). The long arm of the job: a study of work and leisure. *Industrial Relations, 10 (2)*, 239–260.

Mentzel, W. (1997). *Unternehmenssicherung durch Personalentwicklung. Mitarbeiter motivieren, fördern und weiterbilden* (7., aktualisierte Aufl.). Freiburg: Haufe.

Metzger, J. (2018). Cyber-Risiken. Gefunden am 28.06.2020 unter https://wirtschaftslexikon.gabler.de/definition/cyber-risiken-54413/version-277447.

Meuser, M. & Nagel, U. (2005). Experteninterviews – vielfach erprobt, wenig bedacht: Ein Beitrag zur qualitativen Methodendiskussion. In: A. Bogner, B. Littig & W. Menz (Hrsg.), *Das Experteninterview. Theorie, Methode, Anwendung* (2. Aufl., S. 71–93). Wiesbaden: VS Verlag für Sozialwissenschaften.

Meyermann, A. & Porzelt, M. (2014). Hinweise zur Anonymisierung von qualitativen Daten. In: Forschungsdatenzentrum (FDZ) Bildung am Deutschen Institut für Internationale

Pädagogische Forschung (DIPF) (Hrsg.), *forschungsdaten bildung informiert* (01/2014). Frankfurt am Main: FDZ.

Mintzberg, H. (2010). *Managen*. Offenbach: Gabal.

Mitschele, A. (2018). Blockchain. Gefunden am 29.06.2020 unter https://wirtschaftslexikon.gabler.de/definition/blockchain-54161/version-277215.

Mitschele, A. (2020). InsureTech. Gefunden am 29.06.2020 unter https://wirtschaftslexikon.gabler.de/definition/insuretech-54215/version-379055.

Mokyr, J., Vickers, C. & Ziebarth, N. L. (2015). The history of technological anxiety and the future of economic growth: is this time different? *Journal of Economic Perspectives, 29 (3)*, 31–50.

Morschhäuser, M. (2006). *Reife Leistung: Personal- und Qualifizierungspolitik für die künftige Altersstruktur*. Berlin: edition sigma.

Morschhäuser, M., Ochs, P. & Huber, A. (2003). *Erfolgreich mit älteren Arbeitnehmern. Strategien und Beispiele für die betriebliche Praxis*. Gütersloh: Bertelsmann Stiftung.

msg life (2019). *Chinesische Online-Versicherer nutzen die Potenziale digitaler Ökosysteme – und nehmen Europa ins Visier*. Leinfelden-Echterdingen: msg life AG.

Müller, H. (2017). Stresstest. In: F. Elert (Hrsg.), *Gabler Versicherungslexikon* (2., aktualisierte Aufl., S. 882–883). Wiesbaden: Springer-Gabler.

Müller, H. (2018). Agile Managementmethoden. Gefunden am 16.06.2021 https://wirtschaftslexikon.gabler.de/definition/agile-managementmethoden-54468/version-277497.

Müller-Jentsch, W. & Seitz, B. (1998). Betriebsräte gewinnen Konturen – Ergebnisse einer Befragung im Maschinenbau. *Industrielle Beziehungen, 5 (4)*, 361–387.

Naegele, G. (1992). *Zwischen Arbeit und Rente. Gesellschaftliche Chancen und Risiken älterer Arbeitnehmer*. Augsburg: Maro.

Naegele, G. & Frerichs, F. (2004). Arbeitnehmer, ältere. In: E. Gaugler, W. A. Oechsler & W. Weber (Hrsg.), *Handwörterbuch des Personalwesens* (3., grundlegend neu bearbeitete und erweiterte Aufl., S. 85–93). Stuttgart: Schäffer-Poeschel.

Naisbitt, J. (1982). *Megatrends: Ten New Directions Transforming Our Lives* (6th ed.). New York: Warner Books.

Nerdinger, F. W. (1997). *Führung durch Gespräche* (2. Aufl.). München: Bayerisches Staatsministerium für Arbeit und Sozialordnung.

Neuberger, O. (1992). Vorgesetzten-Mitarbeiter-Beziehungen. In: E. Gaugler & W. Weber (Hrsg.), *Handwörterbuch des Personalwesens* (2., neu bearbeitete und ergänzte Aufl., S. 2288–2299). Stuttgart: Schäffer-Poeschel.

Neuberger, O. (2002). *Führen und führen lassen* (6., völlig neu bearbeitete und erweiterte Aufl.). Stuttgart: Enke.

Neuberger, O. (2015). *Mikropolitik und Moral in Organisationen* (2., völlig neu bearbeitete Aufl.). Stuttgart: Lucius & Lucius.

Ng, T. W. H. & Feldman, D. C. (2015). The moderating effects of age in the relationships of job autonomy to work outcomes. *Work, Aging and Retirement, 1 (1)*, 64–78.

Niedenhoff, H. U. (2018). Betriebsratsthemen heute und morgen. In: H. U. Niedenhoff & R. Knoob (Hrsg.), *Die Praxis der betrieblichen Mitbestimmung* (S. 130–132). Borsdorf: Winterwork.

Niedenhoff, H. U. & Knoob, R. (2018). Vorwort: Eine Anregung zum Mitwirken. In: H. U. Niedenhoff & R. Knoob (Hrsg.), *Die Praxis der betrieblichen Mitbestimmung* (S. 9–11). Borsdorf: Winterwork.

Nieder, P. (1998). Reduzierung der Fehlzeiten als Organisationsentwicklung oder: Die Entwicklung einer gesunden Organisation. In: P. Nieder (Hrsg.), *Fehlzeiten wirksam reduzieren. Konzepte, Maßnahmen, Praxisbeispiele* (S. 157–164). Wiesbaden: Springer.

Nienhüser, W. (2006). Substanzielle und symbolische Personalmanagement-Forschung – das Beispiel des „Personalmanagement-Professionalisierungs-Index" der Deutschen Gesellschaft für Personalführung. *Zeitschrift für Personalführung, 20 (1)*, 42–57.

Niewerth, C., Massolle, J. & Grabski, C. (2016). *Zwischen Interessenvertretung und Unternehmensgestaltung – Der Betriebsrat als Promotor in betrieblichen Innovationsprozessen*. Düsseldorf: Hans-Böckler-Stiftung.

Nissen, R. (2018). Psychologischer Vertrag. Gefunden am 22.05.2019 unter https://wirtschaftslexikon.gabler.de/definition/psychologischer-vertrag-43642/version-266970.

Noll, H. H. (1992). Zur Legitimität sozialer Ungleichheit in Deutschland: Subjektive Wahrnehmungen und Bewertungen. In: P. P. Mohler & W. Bandilla (Hrsg.), *Blickpunkt Gesellschaft 2. ZUMA-Publikationen* (S. 1–20). Wiesbaden: VS Verlag für Sozialwissenschaften.

Nordhaus, W. D. (2007). Two centuries of productivity growth in computing. *Journal of Economic History, 67 (1)*, 128–159.

Nordhaus, W. D., (2015). Are We Approaching an Economic Singularity? Information Technology and the Future of Economic Growth, *NBER Working Paper 21547*.

Nürnberger Versicherungsgruppe (2009). 125 Jahre Nürnberger Versicherungsgruppe. Gefunden am 10.06.2020 unter https://www.nuernberger.de/medien/pdf/125-jahre-nuernberger-versicherung-2009.pdf.

OECD (2000). *Reforms for an ageing society*. Paris: OECD.

Oechsler, W. A. & Paul, C. (2018). *Personal und Arbeit: Einführung in das Personalmanagement* (11., überarbeitete und aktualisierte Aufl.). Berlin und München: De Gruyter und Oldenbourg.

Oeser, G. (2018). Omni-Channel-Management. Gefunden am 10.06.2020 unter https://wirtschaftslexikon.gabler.de/definition/omni-channel-management-54201/version-277253.

Oesterle, M. J. (2004). Führungskräfte. In: E. Gaugler, W. A. Oechsler & W. Weber (Hrsg.), *Handwörterbuch des Personalwesens* (3., grundlegend neu bearbeitete und erweiterte Aufl., S. 790–801). Stuttgart: Schäffer-Poeschel.

Oevermann, U., Allert, T., Konau, E. & Krambeck, J. (1979). Die Methodologie einer „objektiven Hermeneutik" und ihre allgemeine forschungslogische Bedeutung in den Sozialwissenschaften. In: H.-G. Soeffner (Hrsg.), *Interpretative Verfahren in den Sozial- und Textwissenschaften* (S. 352–434). Stuttgart: Metzler.

O*Net Online (2020). Build your future with O*Net Online. Gefunden am 02.05.2020 unter https://www.onetonline.org.

Osterloh, M. & Weibel, A. (2006). *Investition Vertrauen*. Wiesbaden: Springer-Gabler.

Oswald, P. A. (1996). The effects of cognitive and affective perspective taking on empathic concern and altruistic helping. *The Journal of Social Psychology, 136 (5)*, 613–623.

Pack, J., Buck, H., Kistler, E., Mendius, H. G., Moschhäuser, M. & Heimfried, W. (2000). *Zukunftsreport demografischer Wandel. Innovationsfähigkeit in einer alternden Belegschaft*. Bonn: Bundesministerium für Bildung und Forschung (BMBF).

Pajarinen, M. & Rouvinen, P. (2014). Computerization Threatens One Third of Finnish Employment. *ETLA Brief, 22 (13.01.2014)*, 1–8.

Park, Y., Fritz, C. & Jex, S. M. (2011). Relationships between work-home segmentation and psychological detachment from work: The role of communication technology use at home. *Journal of occupational health psychology, 16 (4)*, 457.
Parry, K. W. (2011). Leadership and organization theory. In: A. Bryman, D. Collinson, K. Grint, B. Jackson & M. Uhl-Bien (Eds.), *The Sage handbook of leadership* (pp. 53–70). Thousand Oaks: Sage.
Paulus, W. & Matthes, B. (2013). Klassifikation der Berufe – Struktur, Codierung und Umsteigeschlüssel. In: Forschungsdatenzentrum der Bundesagentur für Arbeit im Institut für Arbeitsmarkt- und Berufsforschung (Hrsg.), *FDZ-Methodenreport* (08/2013). Nürnberg: Forschungsdatenzentrum der Bundesagentur für Arbeit im Institut für Arbeitsmarkt- und Berufsforschung.
Pawlowsky, P. (1998). Integratives Wissensmanagement. In: P. Pawlowsky (Hrsg.), *Wissensmanagement: Erfahrungen und Perspektiven* (S. 9–45). Wiesbaden: Gabler.
Peters, T. & Waterman, R. H. (2007). *Auf der Suche nach Spitzenleistungen. Was man von den bestgeführten US-Unternehmen lernen kann* (9. Aufl.). Landsberg am Lech: Verlag modern industrie.
Pfeiffer, S. (2012). Arbeit in Bewegung – Innovation stillgestellt? Standardisierung 2.0 in der Innovationsarbeit des Maschinenbaus In: C. Schilcher & M. Will-Zocholl (Hrsg.), *Arbeitswelten in Bewegung* (S. 59–82). Wiesbaden: VS Verlag für Sozialwissenschaften.
Pfeiffer, I., Richenhagen, G., Heinzelmann, S., Münch, C., Riesenberg, D. & Schindler, E. (2012). Instrumentenkasten für eine altersgerechte Arbeitswelt in KMU – Analyse der Herausforderungen des demografischen Wandels und Systematisierung von Handlungsoptionen für kleine und mittlere Unternehmen. *Forschungsbericht 424*. Berlin: Bundesministerium für Arbeit und Soziales (BMAS).
Pfeiffer, W. & Weiß, E. (2015). *Lean Management – Grundlagen der Führung und Organisation lernender Unternehmen* (3., völlig neu bearbeitete und erweiterte Aufl.). Berlin: Erich Schmidt Verlag.
Philip, G. & McKeown, I. (2004). Business Transformation and Organizational Culture. *European Management Journal, 22 (6)*, 624–636.
Pieler, D. (2001). *Neue Wege zur lernenden Organisation: Bildungsmanagement – Wissensmanagement – Change-Management – Culture-Management*. Wiesbaden: Gabler.
Pines, A. M., Neal, M. B., Hammer, L. B. & Icekson, T. (2011). Job burnout and couple burnout in dual-earner couple in the sandwiched generation. *Social Psychology Quarterly, 74 (4)*, 361–386.
Ping An (2019). Ping An Annual Report 2018. Gefunden am 12.06.2020 unter http://www.pingan.com/app_upload/images/info/upload/31d203a3-cf6d-4335-8d52-146a0f2a4235.pdf.
Pongratz, H.-J. & Voß, G. G. (2004). *Arbeitskraftunternehmer: Erwerbsorientierungen in entgrenzten Arbeitsformen* (2. Aufl.). Berlin: edition sigma.
Power, D. J. & Power, M. L. (2015). *Sharing and Analyzing Data to Reduce Insurance Fraud*. Proceedings of the 10th Annual MWAIS Conference (MWAIS 2015), Pittsburg, USA.
Pratt, G. A. (2015). Is a cambrian explosion coming for robotics? *Journal of Economic Perspectives, 29 (3)*, 51–60.
Prezewowsky, M. (2007). *Demografischer Wandel und Personalmanagement – Herausforderungen und Handlungsalternativen vor dem Hintergrund der Bevölkerungsentwicklung*. Wiesbaden: Springer-Gabler.

Probst, G. J. B. & Büchel, B. S. T. (1998). *Organisationales Lernen* (2. Aufl.). Wiesbaden: Springer-Gabler.
Promberger, M. (2012). *Topographie der Leiharbeit. Flexibilität und Prekarität einer atypischen Beschäftigungsform.* Baden-Baden: Nomos.
Provinzial Versicherung (2020). Immer da, immer nah – jetzt auch wieder in den Geschäftsstellen. Gefunden am 10.06.2020 unter https://www.provinzial.com/content/.
Pundt, A. & Nerdinger, F. W. (2012). Transformationale Führung – Führung für den Wandel. In: S. Grote (Hrsg.), *Zukunft der Führung* (S. 27–45). Heidelberg: Springer.
PwC (2020). How mature is AI adoption in financial services? A PwC Study across the DACH region. Gefunden am 15.06.2020 unter https://www.pwc.de/de/future-of-finance/kuenstliche-intelligenz-im-finanzsektor.html.
Rauch, A., Tisch, A. & Tophoven, S. (2017): Erwerbsbeteiligung Älterer. In: J. Möller & U. Walwei (Hrsg.), *Arbeitsmarkt kompakt. Analysen, Daten, Fakten, IAB-Bibliothek, 363* (S. 30–31). Bielefeld: Bertelsmann.
Reckwitz, A. (2017). *Die Gesellschaft der Singularitäten* (4. Aufl.). Berlin: Suhrkamp.
Regnet, E. (2014). Ageing Workforce – Herausforderung für die Unternehmen. In: L. v. Rosenstiel, E. Regnet & M. E. Domsch (Hrsg.), *Führung von Mitarbeitern. Handbuch für erfolgreiches Personalmanagement* (7., überarbeitete Aufl., S. 671–685). Stuttgart: Schäfer Poeschel.
Rehder, B. (2006). Legitimationsdefizite des Co-Managements. *Zeitschrift für Soziologie, 35 (3),* 227–242.
Reick, C. & Kastner, M. (2001). Formen und Ausprägungen neuer Arbeits- und Organisationsformen. In: M. Kastner, K. Kipfmüller, W. Quaas, K. Sonntag & R. Wieland (Hrsg.), *Gesundheit und Sicherheit in Arbeits- und Organisationsformen der Zukunft. Werkstattbericht 29* (S. 9–24). Bremerhaven: Wirtschaftsverlag NW.
Remer, S. (2012). Service Oriented Architecture (SOA) – Schlüssel zur flexiblen Netzwerkorganisation? In: C. Schilcher & M. Will-Zocholl (Hrsg.), *Arbeitswelten in Bewegung* (S. 125–156). Wiesbaden: VS Verlag für Sozialwissenschaften.
Renzl, B., Rost, M. & Kaschube, J. (2012). Gestaltung des Wandels mit struktureller und kontextueller Ambidextrie am Beispiel eines Technologieführers in der Automobilzulieferbranche. *Journal of Competence-Based Management, 6 (2),* 77–100.
Resch, O. (2018). API-Economy. Gefunden am 31.05.2020 unter https://wirtschaftslexikon.gabler.de/definition/api-economy-54284/version-277330.
Richenhagen, G. (2004). Demografischer Wandel: Gesünder arbeiten bis ins Alter – Aufgaben und Lösungsansätze einer zukunftsorientierten Personalpolitik angesichts des demografischen Wandels. *Personalführung, 37 (2),* 60–69.
Richenhagen, G. (2015). Altersorientiertes Personalmanagement – Was muss der Praktiker wissen? In: S. Laske, A. Orthey & M. Schmid (Hrsg.), *Personal Entwickeln* [Loseblatt] (S. 1–17). Köln: Deutscher Wirtschaftsdienst.
Richter, G. & Mühlenbrock, I. (2018). Herausforderungen und Handlungsbedarfe einer alterns- und altersgerechten Arbeitsgestaltung. *WSI-Mitteilungen, 71 (1),* 28–35.
Richter, P. (1992). Kompetenz im höheren Lebensalter – Arbeitsinhalt und Alterspläne. *Psychosozial, 15 (4),* 33–41.
Richter, P. & Uhlig, K. (1998). Psychische Belastungen und Ressourcen in der Arbeit und Herz-Kreislauf-Erkrankungen – Ansätze für eine betriebliche Prävention. In: E. Bamberg, A. Ducki & A.-M. Metz (Hrsg.), *Handbuch betriebliche Gesundheitsförderung.*

Arbeits- und organisationspsychologische Methoden und Konzepte (S. 407–422). Göttingen: Hogrefe.

Rifkin, J. (1995). *The end of work: the decline of the global labor force and the dawn of the post-market era.* New York: Putnam Publishing Group.

Riley, M. W. (1979). Introduction: Life-course perspectives. In: M. W. Riley (Ed.), *Aging from birth to death: Interdisciplinary perspectives* (pp. 3–13). Boulder: Westview Press.

Riso, S. (2007). Does greater working time flexibility equal better work-life balance? *Family matters, 1 (4),* 6–7.

Ristau-Winkler, M. (2015). Fachkräfte dringend gesucht – von der Engpassanalyse zur erfolgreichen Sicherung. In: W. Widuckel, K. de Molina, M. J. Ringlstetter & D. Frey (Hrsg.), *Arbeitskultur 2020 – Herausforderungen und Best Practices der Arbeitswelt der Zukunft* (S. 13–26). Wiesbaden: Springer-Gabler.

Ristino, R. J. & Michalak, J. M. (2018). Employee Perceptions of Organizational Culture's influence on their Attitudes and Behaviour. *Journal of East European Management Studies, 23 (2),* 295–322.

Ritz, A. & Sinelli, P. (2018). Talent Management – Überblick und konzeptionelle Grundlagen. In: A. Ritz & N. Thom (Hrsg.), *Talent Management: Talente identifizieren, Kompetenzen entwickeln, Leistungsträger erhalten* (3. Aufl., S. 289–307). Wiesbaden: Springer-Gabler.

Romahn, R. (2019). Arbeitszeit gestalten. Wissenschaftliche Erkenntnisse für die Praxis (2., durchgesehene Aufl.). Marburg: Metropolis.

Roßbach, P., Kuhlmann, W. & Laszlo, M. (2015). Die Digitale Transformation in der Versicherungsbranche. Gefunden am 02.06.2018 unter https://de-statista-com.emedien.ub.uni-muenchen.de/statistik/studie/id/40569/dokument/umfrage-zur-digitalisierung-der-versicherungswitschaft-in-deutschland-2016/.

Roth, C., Wegge, J. & Schmidt, K.-H. (2007). Konsequenzen des demographischen Wandels für das Management von Humanressourcen. *Zeitschrift für Personal-psychologie, 6 (3),* 99–116.

Rousseau, D. M. (1996). *Psychological Contracts on Organizations.* Thousand Oaks: Sage.

Rousseau, D. M. (2005). *I-deals: Idiosyncratic deals employees bargain for themselves.* New York: Routledge.

Rudinger, G. (1987). Intelligenzentwicklung unter unterschiedlichen sozialen Bedingungen. In: U. Lehr & H. Thomae (Hrsg.), *Formen seelischen Alterns* (S. 57–65). Stuttgart: Enke.

Rump, J. (2003). Alter und Altern: Die Berücksichtigung der Intergenerativität und der Lebensphasenorientierung. In: H. Wächter, G. Vedder & M. Führing (Hrsg.), *Trierer Beiträge zum Diversity Management – Personelle Vielfalt in Organisationen, Band 1* (S. 153–171). München und Mehring: Rainer Hampp.

Rump, J. (2013). Fachkräfte sichern: Was Unternehmen heute für morgen wissen sollten. Gefunden am 07.04.2020 unter https://www.vb-mittelhessen.de/content/dam/f0603-0/Downloads/Firmenkunden/Mittelstandskolleg/rueckblicke/Fruehjahresveranstaltungen/volksbank-mittelhessen-Prof-Rump_Fachkraefte-sichern-Kompatibilitaetsmodus.pdf.

Rump, J. & Eilers, S. (2014). Personalrekrutierung und -entwicklung der Zukunft. In: B. Badura, A. Ducki, H. Schröder, J. Klose & M. Meyer (Hrsg.), *Fehlzeiten-Report 2014* (S. 195–200). Berlin und Heidelberg: Springer.

Rump, J. & Eilers, S. (2015). Führung für die Zukunft – neue Arbeitskultur und soziale Beziehungen. In: W. Widuckel, K. de Molina, M. J. Ringlstetter & D. Frey (Hrsg.),

Arbeitskultur 2020 – Herausforderungen und Best Practices der Arbeitswelt der Zukunft (S. 291–306). Wiesbaden: Springer-Gabler.

Rump, J. & Eilers, S. (2017a). Arbeit 4.0 – Leben und Arbeiten unter neuen Vorzeichen. In: J. Rump & S. Eilers (Hrsg.), *Auf dem Weg zur Arbeit 4.0: Innovationen in HR* (S. 3–77). Wiesbaden: Springer-Gabler.

Rump, J. & Eilers, S. (2017b). Arbeitswelt 2030: Radikales Umdenken notwendig. In: Deutsche Aktuarvereinigung e.V. (Hrsg.), *DAV/DGVFM-Jahrestagung 2017* (S. 12–14). Köln: DAV.

Rump, J. & Eilers, S. (2017c). Das Konzept des Employability Management. In: J. Rump & S. Eilers (Hrsg.), *Auf dem Weg zur Arbeit 4.0: Innovationen in HR* (S. 87–126). Wiesbaden: Springer-Gabler.

Rump, J. & Eilers, S. (2017d). Im Fokus: Digitalisierung und soziale Innovation. In: J. Rump & S. Eilers (Hrsg.), *Auf dem Weg zur Arbeit 4.0: Innovationen in HR* (S. 79–84). Wiesbaden: Springer-Gabler.

Rump, J. & Eilers, S. (2017e). Personalpolitik an Lebensphasen orientieren. *Innovative Verwaltung. Das Fachmedium für innovatives Verwaltungsmanagement, 13* (5), 20–22

Rump, J. & Eilers, S. (2018). Kompetenzanforderungen im Kontext der Digitalisierung. In: K. de Molina, S. Kaiser & W. Widuckel (Hrsg.), *Kompetenzen der Zukunft – Arbeit 2030* (S. 423–439). Freiburg: Haufe.

Rump, J., Eilers, S. & Wilms, G. (2011). *Strategie für die Zukunft – Lebensphasenorientierte Personalpolitik 2.0*. Mainz: Ministerium für Wirtschaft, Klimaschutz, Energie und Landesplanung Rheinland-Pfalz.

Rump, J., Schabel, F., Eilers, S. & Möckel, K. (2014). HR-Report 2014/2015 – Schwerpunkt Führung. Mannheim und Ludwigshafen: Hays AG und Institut für Beschäftigung und Employability.

Rump, J., Schabel, F., Eilers, S. & Möckel, K. (2015). HR-Report 2015/2016 – Schwerpunkt Unternehmenskultur. Mannheim und Ludwigshafen: Hays AG und Institut für Beschäftigung und Employability.

Rump, J., Schabel, F., Eilers, S. & Möckel, K. (2017). HR-Report 2017 – Schwerpunkt Kompetenzen für eine digitale Welt. Mannheim und Ludwigshafen: Hays AG und Institut für Beschäftigung und Employability.

Rump, J., Wilms, G. & Eilers, S. (2014). Die lebensphasenorientierte Personalpolitik. In: J. Rump & S. Eilers (Hrsg.), *Lebensphasenorientierte Personalpolitik. Strategien, Konzepte und Praxisbeispiele zur Fachkräftesicherung* (S. 7–69). Berlin: Springer-Gabler.

Rump, J., Zapp, D. & Eilers, S. (2017). *Erfolgsformel: Arbeiten 4.0 und Führung 4.0*. Ludwigshafen: Institut für Beschäftigung und Employability.

Rump, J., Zapp, D. & Eilers, S. (2019). Arbeitszeitpolitik im Kontext der Digitalisierung. In: J. Rump & S. Eilers (Hrsg.), *Arbeitszeitpolitik* (S. 3–24). Berlin und Heidelberg: Springer-Gabler.

Sachverständigenrat zur Begutachtung der gesamtwirtschaftlichen Entwicklung (2011). *Herausforderungen des demografischen Wandels. Expertise im Auftrag der Bundesregierung*. Wiesbaden: Statistisches Bundesamt.

Sackmann, S. (2011). Culture and Performance. In: N. M. Ashkanasy, C. P. M. Wilderom & M. F. Peterson (Eds.), *The Handbook of Organizational Culture and Climate* (2nd ed., pp. 188–224). Thousand Oaks: Sage.

Sackmann, S. (2017). *Unternehmenskultur: Erkennen – Entwickeln – Verändern: Erfolgreich durch kulturbewusstes Management* (2., vollständig überarbeitete und erweiterte Aufl.). Wiesbaden: Springer-Gabler.

Sagie, A. & Elizur, D. (1996). The structure of personal values: A conical representation of multiple life areas. *Journal of Organizational Behavior, 17 (Special Issue: Work Values)*, 573–586.

Salmela-Aro, K. & Wiese, B. S. (2006). Communicating personal goals: Consequences for person perception in the work and family domains. *Swiss Journal of Psychology, 65 (3)*, 181–191.

Salvatore, N. & Sastre, M. T. M. (2001). Appraisal of life: "Area" versus "dimension" conceptualizations. *Social Indicators Research, 53 (3)*, 229–255.

Samek, W., Montavon, G., Vedaldi, A., Hansen, L. K. & Müller, K.-R. (2019). Towards Explainable Artificial Intelligence. In: W. Samek, G. Montavon, A. Vedaldi, L. K. Hansen & K.-R. Müller (Eds.), *Explainable AI: Interpreting, Explaining and Visualizing Deep Learning* (pp. 5–22). Basel: Springer International Publishing.

Sattler, C. & Sonntag, K. (2016). Evaluation: Güte und Qualität personaler Förderung sichern. In: K. Sonntag (Hrsg.), *Personalentwicklung in Organisationen. Psychologische Grundlagen, Methoden und Strategien* (4., vollständig überarbeitete und erweiterte Aufl., S. 603–627). Göttingen: Hogrefe.

Sauer, D. (2012). Entgrenzung – Chiffre einer flexiblen Arbeitswelt – Ein Blick auf den historischen Wandel von Arbeit. In: B. Badura, A. Ducki, H. Schröder, J. Klose & M. Meyer (Hrsg.), *Fehlzeiten-Report 2012: Gesundheit in der flexiblen Arbeitswelt: Chancen nutzen – Risiken minimieren* (S. 3–13). Berlin: Springer.

Sauter, A., Sauter, W. & Bender, H. (2003). *Blended Learning: Effiziente Integration von E-Learning und Präsenztraining* (2., überarbeitete und erweiterte Aufl.). Köln: Luchterhand.

Savickas, M. L. (1997). Career adaptability: An integrative construct for lifespan, life-space theory. *Career Development Quarterly, 45 (3)*, 247–259.

Savickas, M. L., Nota, L., Rossier, J., Dauwalder J.-P., Duarte, M. E., Guichard, J., Soresi, S., Esbroeck, R. v. & Vianen, A. E. M. v. (2009). Life designing: A paradigm for career construction in the 21st century. *Journal of Vocational Behavior, 75 (3)*, 239–250.

Schaie, K. W. (1995). *Intellectual development in adulthood: The Seattle Longitudinal Study*. New York: Cambridge University Press.

Schaie, K. W. (1996). Intellectual development in adulthood. In: J. E. Birren & K. W. Schaie (Eds.), *Handbook of psychology of aging* (4th ed., pp. 266–286). San Diego: Academic Press.

Scheele, B. & Groeben, N. (1988). *Dialog-Konsens-Methoden zur Rekonstruktion subjektiver Theorien*. Tübingen: Francke.

Schein, E. H. (1978). *Career Dynamics: Matching Individual and Organizational Needs*. Boston: Addison-Wesley Publishing Company.

Schein, E. H. (1980). *Organisationspsychologie*. Wiesbaden: Gabler.

Schein, E. H. (1992). *Organizational Culture and Leadership* (2nd ed.). San Francisco: Jossey-Bass Publishers.

.Schein, E. H. (2017). *Organizational Culture and Leadership* (5th ed.). Hoboken: John Wiley & Sons.

Schlick, C., Bruder, R. & Luczak, H. (2010). *Arbeitswissenschaft* (3., vollständig überarbeitete und erweiterte Aufl.). Heidelberg: Springer.

Schlittler, G. & Erb, A. (2008). Unternehmensentwicklung erfordert Personalentwicklung. In: N. Thom & R. J. Zaugg (Hrsg.), *Mitarbeiterpotenziale erkennen, entwickeln und fördern* (3., aktualisierte Aufl., S. 231–246). Wiesbaden: Springer-Gabler.

Schmid, R. F., Bernard, R. M., Borokhovski, E., Tamim, R. M., Abrami, P. C., Surkes, M. A., Wade, C. A. & Woods, J. (2014). The effects of technology use in postsecondary education: A meta-analysis of classroom applications. *Computers & Education, 72 (3)*, 271–291.

Schnell, R. (2019). *Survey-Interviews – Methoden standardisierter Befragungen* (2. Aufl.). Wiesbaden: VS Verlag für Sozialwissenschaften.

Schreier, M. (2013). Qualitative Forschungsmethoden. In: W. Hussy, M. Schreier & G. Echterhoff (Hrsg.), *Forschungsmethoden* (2. Aufl., S. 189–221). Berlin und Heidelberg: Springer.

Schreyögg, G. & Geiger, D. (2016). *Organisation – Grundlagen moderner Organisationsgestaltung. Mit Fallstudien.* Wiesbaden: Springer-Gabler.

Schreyögg, G. & Koch, J. (2020). *Management – Grundlagen der Unternehmensführung* (8., vollständig überarbeitete Aufl.). Wiesbaden: Springer-Gabler.

Schwarz-Kocher, M., Kirner, E., Dispan, J., Jäger, A., Richter, U., Seibold, B. & Weißfloch, U. (2011). *Interessenvertretung im Innovationsprozess*. Berlin: edition sigma.

Seeberg, I. & Runde, B. (2004). Führung in Veränderungen. In: U. G. Seebacher & G. Klaus (Hrsg.), *Handbuch Führungskräfteentwicklung. Theorie, Praxis und Fallstudien* (S. 129–144). München: USP Publishing International.

Seitsamo, J., Tuomi, K., Ilmarinen, J. (2008). Diversity of Work Ability and the Work Ability Index. In: R. Gould, J. Ilmarinen, J. Järvisalo & S. Koskinen (Eds.), *Di-mensions of Work Ability – Results of the Health 2000 Survey* (pp. 109–122). Helsinki: Finnish Centre for Pensions.

Semmer, N. & Richter, P. (2004). Leistungsfähigkeit, Leistungsbereitschaft und Belastbarkeit älterer Menschen. In: M. v. Cranach, H.-D. Schneider, E. Ulich & R. Winkler (Hrsg.), *Ältere Menschen im Unternehmen. Chancen, Risiken, Modelle* (S. 95–116). Bern: Haupt.

Senge, P. M. (1990). *The fifth discipline: The art and practice of the learning organization.* New York: Doubleday-Currency.

Senge, P. M., Kleiner, A., Roberts, C., Ross, R. B. & Smith, B. J. (1994). *The Fifth Discipline Fieldbook: Strategies for Building a Learning Organization: Strategies and Tools for Building a Learning Organization.* New York, London, Toronto, Sydney, Auckland: Currency.

Sennett, R. (1998). *Der flexible Mensch – Die Kultur des neuen Kapitalismus.* Berlin: Berlin Verlag.

Seters, D. A. v. & Field, R. H. G. (1990). The Evolution of Leadership Theory. *Journal of Organizational Change Management, 3 (3)*, 29–45.

Settersten, R. A. jr. (2003). Rethinking social policy: Lessons of a life-course perspective. In: R. A. Settersten jr. (Ed.), *Invitation to the life course: Toward new understanding of later life* (pp. 191–222). Amityville: Baywood Publishing Company.

Sheehan, M. (2019). WeSure insurance platform from Tencent hits 55mn users. Gefunden am 12.06.2020 unter https://www.reinsurancene.ws/wesure-insurance-platform-from-tencent-hits-55mn-users/.

Shockley, K. M. & Allen, T. D. (2010). Investigating the missing link in flexible work arrangement utilization: An individual difference perspective. *Journal of Vocational Behavior, 76 (1)*, 131–142.

Siegrist, J. (1996). *Soziale Krisen und Gesundheit*. Göttingen: Hogrefe.

Siegrist, J. (2005). *Medizinische Soziologie* (6., neu bearbeitete und erweiterte Aufl.). München: Urban & Fischer.

Siegrist, J. & Dragona, N. (2008). Psychosoziale Belastungen und Erkrankungsrisiken im Erwerbsleben. *Bundesgesundheitsblatt 51*, 305–312.

Siepermann, M. (2018a). Datenschutz. Gefunden am 16.06.2020 unter https://wirtschaftslexikon.gabler.de/definition/datenschutz-28043/version-251682.

Siepermann, M. (2018b). Internet der Dinge. Gefunden am 03.06.2020 unter https://wirtschaftslexikon.gabler.de/definition/internet-der-dinge-53187/version-276282.

Siepermann, M. (2018c). Scrum. Gefunden am 27.06.2021 unter https://wirtschaftslexikon.gabler.de/definition/scrum-53462/version-276551.

Sitzmann, T., Kraiger, K., Stewart, D. & Wisher, R. (2006). The comparative effectiveness of web-based and classroom instruction: A meta-analysis. *Personnel Psychology, 59 (3)*, 623–664.

Sliwinski, M., Lipton, R. B., Buschke, H. & Stewart, W. (1996). The effects of preclinical dementia on estimates of normal cognitive functioning in aging. *The Journals of Gerontology: Series B: Psychological Sciences and Social Sciences, 51 (4)*, 217–225.

Smith, G. T. (2009). Why do different individuals progress along different life trajectories? *Perspectives on Psychological Science, 4 (4)*, 415–421.

Sommer, J. (1987). *Dialogische Forschungsmethoden. Qualitative Sozialwissenschaften*. München: Psychologie Verlags Union.

Sonntag, K. (1996). *Lernen im Unternehmen. Effiziente Organisation durch Lernkultur*. München: Beck.

Sonntag, K. (2014). *Arbeit und Privatleben harmonisieren – Life Balance Forschung und Unternehmenskultur: Das WLB-Projekt*. Kröning: Asanger.

South China Morning Post (2019a). Ant Financial's mutual-aid platform Xiang Hu Bao attracts 100 million users, boosts insurers' sales by 60 per cent in first year. Gefunden am 11.06.2020 unter https://www.scmp.com/business/companies/article/3039554/ant-financials-mutual-aid-platform-xiang-hu-bao-attracts-100.

South China Morning Post (2019b). Hong Kong insurer Blue Cross adopts blockchain to speed up medical claims, eliminate fraud. Gefunden am 17.06.2020 unter https://www.scmp.com/business/banking-finance/article/3006439/hong-kong-insurer-blue-cross-adopts-blockchain-speed.

South China Morning Post (2020). Insurance service providers rely on blockchain to fast track claims payout amid coronavirus outbreak. Gefunden am 15.06.2020 unter https://www.scmp.com/business/companies/article/3049479/insurance-service-providers-rely-blockchain-fast-track-claims.

Spath, D., Ganschar, O., Gerlach, S., Hämmerle, M., Krause, T., Schlund, S. (2013). *Produktionsarbeit der Zukunft – Industrie 4.0*. Stuttgart: Fraunhofer IAO.

Spiegel (1964). Automation in Deutschland. Gefunden am 19.08.2021 unter https://www.spiegel.de/spiegel/print/index-1964-14.html.
Spiegel (1978). Fortschritt macht arbeitslos. Gefunden am 19.08.2021 unter https://www.spiegel.de/spiegel/print/index-1978-16.html.
Spiegel (2016). Sie sind entlassen! Gefunden am 19.08.2021 unter https://www.spiegel.de/spiegel/print/index-2016-36.html.
Spitz-Oener, A. (2006). Technical Change, Job Tasks, and Rising Educational Demands: Looking outside the Wage Structure. *Journal of Labor Economics, 24 (2)*, 235–270.
Sporket, M. (2008). Age Diversity in Organisationen. Gefunden am 14.04.2018 unter https://heimatkunde.boell.de/2008/07/01/age-diversity-organisationen.
Sporket, M. (2011). *Organisationen im demographischen Wandel. Alternsmanagement in der betrieblichen Praxis*. Wiesbaden: VS Verlag für Sozialwissenschaften.
Staehle, W. H., Conrad, P. & Sydow, J. (2020). *Management – Eine verhaltenswissenschaftliche Perspektive* (9., überarbeitete Aufl.). München: Vahlen.
Staib, D. & Puttaiah, M. H. (2018). World insurance in 2017: solid, but mature life markets weigh on growth. In: Swiss Re Institute (Ed.), *sigma study No. 3/2018*. Zürich: Swiss Re Institute.
Stamov Roßnagel, C. (2011). Berufliche Weiterbildung älterer Beschäftigter: Elemente einer umfassenden Förderstrategie. In: B. Seyfried (Hrsg.), *Ältere Beschäftigte: Zu jung, um alt zu sein – Konzepte, Forschungsergebnisse, Instrumente* (S. 57–64). Bielefeld: Bertelsmann.
Stangl, W. (2020). Black-box. Gefunden am 16.07.2020 unter https://lexikon.stangl.eu/4186/black-box/.
Statista (2012). Anzahl der Jahre, bis folgende Technologien eine Reichweite von 50 Millionen Nutzern erlangt hatten. Gefunden am 7. April 2020 unter https://de.statista.com/statistik/daten/studie/298515/umfrage/entwicklung-ausgewaehlter-informationstechnologien-bis-50-millionen-nutzer/.
Statista (2018a). Demografischer Wandel – Statista-Dossier zum Demografischen Wandel. Gefunden am 10.12.2018a unter https://de-statista-com.emedien.ub.uni-muenchen.de/statistik/studie/id/6759/dokument/demografischer-wandel-statista-dossier/.
Statista (2018b). Frauenanteil in Führungspositionen in Deutschland nach Branchen im Jahr 2018. Gefunden am 05.11.2020 unter https://de.statista.com/statistik/daten/studie/575509/umfrage/frauenanteil-in-fuehrungspositionen-in-deutschland-nach-branchen/.
Statista (2019a). Bevölkerung in Deutschland nach Altersgruppen in den Jahren von 2018 bis 2060 (in Millionen). Gefunden am 25.03.2022 unter https://de.statista.com/statistik/daten/studie/71539/umfrage/bevoelkerung-in-deutschland-nach-altersgruppen/.
Statista (2019b). Entwicklung des durchschnittlichen Renteneintrittsalters in Deutschland in den Jahren von 1960 bis 2018. Gefunden am 14.05.2020 unter https://de.statista.com/statistik/daten/studie/616566/umfrage/entwicklung-des-renteneintrittsalters-in-deutschland/.
Statista (2020a). China: Einwohner (Gesamtbevölkerung) von 2008 bis 2024. Gefunden am 08.06.2020 unter https://de.statista.com/statistik/daten/studie/19323/umfrage/gesamtbevoelkerung-in-china/.

Statista (2020b). Entwicklung der täglich neu gemeldeten Fallzahl des Coronavirus (COVID-19) in Deutschland seit Januar 2020b. Gefunden am 08.06.2020b unter https://de.statista.com/statistik/daten/studie/1100739/umfrage/entwicklung-der-taeglichen-fallzahl-des-coronavirus-in-deutschland/#professional.

Statista (2020c). Entwicklung der weltweiten Fallzahl des Coronavirus (COVID-19) seit Januar 2020. Gefunden am 08.06.2020 unter https://de.statista.com/statistik/daten/studie/1094950/umfrage/entwicklung-der-weltweiten-fallzahl-des-coronavirus/.

Statista (2020d). Erkrankungs- und Todesfälle des Coronavirus in China (Wuhan) nach Region seit Dezember 2019. Gefunden am 08.06.2020 unter https://de.statista.com/statistik/daten/studie/1090434/umfrage/fallzahl-und-todesopfer-des-coronavirus-in-china/.

Statista (2020e). Fallzahl des Coronavirus (COVID-19) in Südkorea seit Januar 2020. Gefunden am 08.06.2020 unter https://de.statista.com/statistik/daten/studie/1101418/umfrage/fallzahl-des-coronavirus-in-suedkorea/.

Statista (2020f). Indien: Einwohnerzahl bzw. Gesamtbevölkerung bis 2024. Gefunden am 16.06.2020f unter https://de.statista.com/statistik/daten/studie/19326/umfrage/gesamtbevoelkerung-in-indien/.

Statistisches Bundesamt (Destatis) (2009). Bevölkerung Deutschlands bis 2060–12. koordinierte Bevölkerungsvorausberechnung. Gefunden am 23.03.2020 unter https://www.destatis.de/DE/Themen/Gesellschaft-Umwelt/Bevoelkerung/Bevoelkerungsvorausberechnung/Publikationen/Downloads-Vorausberechnung/bevoelkerung-deutschland-2060-presse-5124204099004.pdf?_blob =publicationFile.

Statistisches Bundesamt (Destatis) (2017). Bevölkerungsentwicklung bis 2060 – Ergebnisse der 13. koordinierten Bevölkerungsvorausberechnung. Aktualisierte Rechnung auf Basis 2015. Gefunden am 23.03.2020 unter https://www.destatis.de/DE/Themen/Gesellschaft-Umwelt/Bevoelkerung/Bevoelkerungsvorausberechnung/Publikationen/Downloads-Vorausberechnung/bevoelkerung-bundeslaender-2060-aktualisiert-5124207179004.pdf?__blob=publicationFile.

Statistisches Bundesamt (Destatis) (2019a). Altersaufbau 2020 – 14. koordinierte Bevölkerungsvorausberechnung für Deutschland. Gefunden am 24.03.2020 unter https://service.destatis.de/bevoelkerungspyramide/index.html#!y=2020&a=20,50&o=2060v1&g.

Statistisches Bundesamt (Destatis) (2019b). Bevölkerung im Erwerbsalter sinkt bis 2035 voraussichtlich um 4 bis 6 Millionen – Pressemitteilung Nr. 242 vom 27. Juni 2019. Gefunden am 23.03.2020 unter https://www.destatis.de/DE/Presse/Pressemitteilungen/2019/06/PD19_242_12411.html.

Statistisches Bundesamt (Destatis) (2019c). Bevölkerung im Wandel – Annahmen und Ergebnisse der 14. koordinierten Bevölkerungsvorausberechnung. Wiesbaden: Statistisches Bundesamt.

Statistisches Bundesamt (Destatis) (2019d). Erwerbstätige und Erwerbstätigenquote nach Geschlecht und Alter 2008 und 2018. Gefunden am 28.03.2020 unter https://www.destatis.de/DE/Themen/Arbeit/Arbeitsmarkt/Erwerbstaetigkeit/Tabellen/erwerbstaetige-erwerbstaetigenquote.html.

Statistisches Bundesamt (Destatis) (2020a). Bevölkerung – Erwerbstätigkeit älterer Menschen. Gefunden am 09.05.2020 unter https://www.destatis.de/DE/Themen/Querschnitt/Demografischer-Wandel/Aeltere-Menschen/erwerbstaetigkeit.html.

Statistisches Bundesamt (Destatis) (2020b). Mitten im demografischen Wandel. Gefunden am 25.03.2020 unter https://www.destatis.de/DE/Themen/Querschnitt/Demografischer-Wandel/demografie-mitten-im-wandel.html.
Statistisches Bundesamt (Destatis) (2020c). Statistik der Geburten – Lebendgeborene. Gefunden am 25.03.2020c unter https://www-genesis.destatis.de/genesis/online?operation=abruftabelleBearbeiten&levelindex=1&levelid=1585159812995&auswahloperation=abruftabelleAuspraegungAuswaehlen&auswahlverzeichnis=ordnungsstruktur&auswahlziel=werteabruf&code=12612-0001&auswahltext=&werteabruf=Werteabruf#astructure.
Staudinger, U. M. (1999). Selbst, Persönlichkeit und Lebensgestaltung im Alter. In: K. U. Mayer & P. B. Baltes (Hrsg.), *Die Berliner Altersstudie* (2. Aufl., S. 321–350). Berlin: Akademie Verlag.
Staudinger, U. M. (2002). Produktivität und gesellschaftliche Partizipation im Alter. In: B. Schlag & K. Megel (Hrsg.), *Mobilität und gesellschaftliche Partizipation im Alter* (S. 64–86). Stuttgart: Kohlhammer.
Staudinger, U. M. (2005). Personality and Ageing. In: M. L. Johnson (Ed.), *The Cambridge Handbook of Age and Ageing* (pp. 237–244). New York: Cambridge University Press.
Staudinger, U. M. & Baltes, P. B. (1996): Weisheit als Gegenstand psychologischer Forschung. *Psychologische Rundschau, 47 (2)*, 57–77.
Staudinger, U. M. & Bowen, C. E. (2011): A systemic approach to aging in the work context. *Journal for Labour Market Research, 44 (4)*, 295–306.
Stecker, C., Kühl, A. & Conrads, R. (2011). „GeniALe Unternehmen" – Betriebliche Gestaltungserfordernisse und Erfahrungen im Generationenmanagement. *Deutsche Rentenversicherung, 66 (4)*, 304–323.
Stecker, C. & Zierler, C. (2018). Erhalt der Arbeitsfähigkeit von Generationen. Die Bedeutung von Führung. *WSI-Mitteilungen, 71 (1)*, 36–43.
Steinert, C. (2002). *Gestaltung der Weiterbildung in kleinen und mittleren Unternehmen – Situationsanalyse und Entwicklungsmöglichkeiten*. Wiesbaden: Deutscher Universitätsverlag.
Stettes, O. (2017a). Arbeiten 4.0 als betriebliche Aufgabe. *Wirtschaftsdienst, 97 (7)*, 467–470.
Stettes, O. (2017b). Keine Angst vor Robotern: Beschäftigungseffekte der Digitalisierung – eine Aktualisierung früherer IW-Befunde. *IW-Report* (11/2018). Köln: Institut der deutschen Wirtschaft.
Stock-Homburg, R. & Groß, M. (2019). *Personalmanagement. Theorien – Konzepte – Instrumente* (4., vollständig überarbeitete und erweiterte Aufl). Wiesbaden: Springer-Gabler.
Stogdill, R. M. (1948). Personal factors associated with leadership. *Journal of psychology, 5 (25)*, 35–71.
Stogdill, R. M. (1974). *Handbook of leadership. A survey of theory and research*. New York: Free Press.
Stork, J. & Widuckel, W. (2018). Betriebliches Alter(n)smanagement – sechs Spannungsfelder betrieblicher Praxis. *WSI-Mitteilungen, 71 (1)*, 71–74.
Stückler, A. (2017). „Aktives Altern" und die Krise der Arbeit. Warum die Altersaktivierung die demographische Problematik nicht lösen wird. *Soziale Probleme, 28 (1)*, 75–99.
Süddeutsche Zeitung (2017). Viel Selbstkritik. Gefunden am 13.07.2018 unter https://www.sueddeutsche.de/wirtschaft/versicherungen-viel-selbstkritik-1.3685471.

Süddeutsche Zeitung (2019a). „Künstliche Intelligenz selbst ist strunzdumm". Gefunden am 20.05.2019 unter https://zeitung.sueddeutsche.de/webapp/issue/SZ/2019-05-20/page_2.347544/article_1.4452995/article.html.

Süddeutsche Zeitung (2019b). Ping An. Versicherer vor schwerer Krise. Gefunden am 21.06.2020 unter https://www.sueddeutsche.de/wirtschaft/ping-an-versicherer-vor-schwerer-krise-1.4301528.

Sverdrup, T. E. & Stensaker, I. G. (2018). Restoring trust in the context of strategic change. *Strategic Organization, 16 (4)*, 401–428.

Swiss Re (2017). SONAR 2017: New emerging risk insights. Gefunden am 30.06.2020 unter https://www.swissre.com/institute/research/sonar/swiss-re-sonar-new-emerging-risks-insights-2017.html.

Swiss Re (2018). SONAR 2018: New emerging risk insights. Gefunden am 30.06.2020 unter https://www.swissre.com/institute/research/sonar/sonar2018-a-peek-into-future-risk.html.

Szczutkowski, A. & Erlei, M. (2019). Informationsasymmetrie. Gefunden am 20.06.2019 unter https://wirtschaftslexikon.gabler.de/definition/informationsasymmetrie-41233/version-264602.

Tamim, R. M., Bernard, R. M., Borokhovski, E., Abrami, P. C. & Schmid, R. F. (2011). What Forty Years of Research Says About the Impact of Technology on Learning: A Second-Order Meta-Analysis and Validation Study. *Review of Educational Research, 81 (1)*, 4–28.

Tams, S., Thatcher, J. B. & Grover, V. (2018). Concentration, Competence, Confidence, and Capture: An Experimental Study of Age, Interruption-based Technostress, and Task Performance. *Journal of the Association for Information Systems, 19 (9)*, 857–908.

Terhart, E. (1981). Intuition-Interpretation-Argumentation. *Zeitschrift für Pädagogik, 27 (5)*, 769–793.

Tesla (2020). InsureMyTesla – KFZ-Versicherung. Gefunden am 03.06.2020 unter https://www.tesla.com/de_DE/support/insuremytesla.

Thalheimer, W. (2017). Does eLearning Work? What the Scientific Research Says! Gefunden am 14.01.2019 unter https://www.worklearning.com/wp-content/uploads/2017/10/Does-eLearning-Work-Full-Research-Report-FINAL2.pdf.

The Conversation (2020). Why is Tesla selling insurance and what does it mean for drivers? Gefunden am 04.06.2020 unter https://theconversation.com/why-is-tesla-selling-insurance-and-what-does-it-mean-for-drivers-130910.

The Economist (2017). Why 65-year-olds aren't old. Gefunden am 30.06.2020 unter https://www.economist.com/the-economist-explains/2017/07/18/why-65-year-olds-arent-old.

The Economist (2019). Europe's beef with GAFA. Big tech faces competition and privacy concerns in Brussels. Gefunden am 30.05.2020 unter https://www.economist.com/briefing/2019/03/23/big-tech-faces-competition-and-privacy-concerns-in-brussels.

Theis, A. & Wolgast, M. (2010). *Globalisierung der Erstversicherungsmärkte: Stand und Entwicklungstendenzen am deutschen Markt*. Berlin: GDV.

Thomas, W. I. & Znaniecki, F. (1918–1920). *The Polish Peasant in Europe and America*. Vol. 1–2:1918, Chicago: University of Chicago Press. Vol. 3–5: 1919–1920, Boston: Badger.

Thommen, J.-P. & Achleitner, A.-K. (2012). *Allgemeine Betriebswirtschaftslehre – Umfassende Einführung aus managementorientierter Sicht* (7., vollständig überarbeitete Aufl.). Wiesbaden: Springer-Gabler.

Tiefenbacher, K. & Olbrich, S. (2015). *Increasing the Level of Customer Orientation – A Big Data Case Study from Insurance Industry*. Proceedings of the 23rd European Conference on Information Systems (ECIS 2015), Münster, Germany.

Tietze, S. & Nadin, S. (2011). The psychological contract and the transition from officebased to home-based work. *Human Resource Management Journal, 21 (3)*, 318–334.

Tisdale, T. (2004). Führungstheorien. In: E. Gaugler, W. A. Oechsler & W. Weber (Hrsg.), *Handwörterbuch des Personalwesens* (3., grundlegend neu bearbeitete und erweiterte Aufl., S. 824–836). Stuttgart: Schäffer-Poeschel.

Titzrath, A. (2011). Strategische Führungskräfteentwicklung. In: R. Stock-Homburg (Hrsg.), *Handbuch Strategisches Personalmanagement* (S. 265–282). Wiesbaden: Springer-Gabler.

Tolimir, E. (2022). *Lebenszyklusorientierte Karriereplanung – ein realistischer Weg zur Förderung von Frauen bis in die Vorstandsetagen?* Dissertation, Friedrich-Alexander-Universität Erlangen-Nürnberg. Wiesbaden: Springer-Gabler.

Ulich, E. (1957). Zur Frage der Belastung des arbeitenden Menschen durch Nacht- und Schichtarbeit. *Psychologische Rundschau, 8*, 42–61.

Ulich, E. (1964). *Schicht- und Nachtarbeit im Betrieb*. Köln, Opladen: Westdeutscher Verlag.

Ulich, E. (1980). Bericht über die arbeits- und sozialpsychologische Begleitforschung. In: Bundesministerium für Forschung und Technologie (Hrsg.), *Gruppenarbeit in der Motorenmontage* (S. 97–14). Schriftenreihe Humanisierung des Arbeitslebens – Band 3. Frankfurt am Main: Campus.

Ulich, E. (2007). Von der Work Life Balance zur Life Domain Balance. *Zeitschrift Führung und Organisation, 88 (4)*. Stuttgart: Schäffer-Poeschel.

Ulich, E. (2011). *Arbeitspsychologie* (7., überarbeitete und aktualisierte Aufl.). Stuttgart und Zürich: Schäffer-Poeschel und vdf Hochschulverlag.

Ulich, E. (2013). Arbeitssysteme als soziotechnische Systeme – eine Erinnerung. *Journal Psychologie des Alltagshandelns, 6 (1)*, 4–12.

Ulich, E. & Baitsch, C. (1979). *Schicht- und Nachtarbeit im Betrieb*. (2. Aufl.). Rüschlikon: gdi-Verlag.

Ulich, E. & Wiese, B. S. (2011). *Life Domain Balance – Konzepte zur Verbesserung der Lebensqualität*. Wiesbaden: Springer-Gabler.

Ulrich, H. (1984). *Management*. Bern und Stuttgart: Haupt.

Ulrich, D. (1998). A New Mandate for Human Resource. *Harvard Business Review, 76 (1)*, 125–134.

Union Investment (2019). *Ergebnisbericht zur Nachhaltigkeitsstudie 2019. Nachhaltiges Vermögensmanagement institutioneller Anleger in Deutschland*. Frankfurt am Main: Union Investment Institutional GmbH.

USA Today (2019). *AI at work: Machines are training human workers to be more compassionate*. Gefunden am 25.06.2020 unter https://eu.usatoday.com/story/tech/2019/08/23/ai-training-human-employees-to-have-more-empathy-work/2070002001/.

Verbraucherzentrale Bundesverband (2018). *Künstliche Intelligenz: Vertrauen ist gut, Kontrolle ist besser*. Gefunden am 14.07.2020 unter https://www.vzbv.de/sites/default/files/2018_vzbv_faktenblatt_kuenstliche_intelligenz_1.pdf.

Verbraucherzentrale Bundesverband (2019). Algorithmenkontrolle. Positionspapier des Verbraucherzentrale Bundesverbands (vzbv). Gefunden am 14.07.2020 unter https://www.vzbv.de/sites/default/files/downloads/2019/10/22/19-05-02_vzbv_positionspapier_algorithmenkontrolle.pdf.

Versicherungsbetriebe (2020). World Insurance Report 2020: Verbraucherverhalten ändert sich zugunsten digitaler Versicherungsanbieter. Gefunden am 25.06.2020 unter https://www.versicherungsbetriebe.de/trends/2020/world-insurance-report-2020--verbraucherverhalten-aendert-sich--.html.

Versicherungsbote (2018). Erster Versicherer macht „Pay as you live" im Neugeschäft zur Bedingung. Gefunden am 13.07.2019 unter https://www.versicherungsbote.de/id/4871660/Versicherer-als-Life-Coach-John-Hancock/.

Versicherungsbote (2019). Axa will laut Insidern Auslandstöchter loswerden. Gefunden am 16.07.2020 unter https://www.versicherungsbote.de/id/4885773/Axa-will-laut-Insidern-Auslandstoechter-loswerden/.

Versicherungsjournal (2020). Studie: Mehr Bereitschaft zu Versicherungen von „Bigtechs". Gefunden am 25.06.2020 unter https://www.versicherungsjournal.at/markt-und-politik/studie-mehr-bereitschaft-zu-versicherungen-von-bigtechs-20392.php.

Versicherungswirtschaft (2019). 20 Prozent billiger: Tesla bietet eigene Autoversicherung an. Gefunden am 04.06.2020 unter https://versicherungswirtschaft-heute.de/unternehmen-und-management/2019-08-30/20-prozent-billiger-tesla-bietet-eigene-autoversicherung-an/.

Vogelbach, M., Huhn, K., Andrae, K., Bartke, E., Gewinnus, S., Gosau, C., Heidenreich, K. & Regele, U. (2019). Konjunktur auf Talfahrt. In: Deutscher Industrie- und Handelskammertag e. V. (Hrsg.), *DIHK-Konjunkturumfrage* (10/2019). Berlin: Deutscher Industrie- und Handelskammertag e. V.

Voigt, K.-I. (2018). Arbeit. Gefunden am 20.03.2020 unter https://wirtschaftslexikon.gabler.de/definition/arbeit-31465/version-255022.

Voß, G. G. (1995). Entwicklung und Eckpunkte des theoretischen Konzepts. In: Projektgruppe „Alltägliche Lebensführung" (Hrsg.), *Alltägliche Lebensführung: Arrangements zwischen Traditionalität und Modernisierung* (S. 23–43). Opladen: Leske + Budrich.

Wagner, F. (2018a). Underwriting. Gefunden am 07.06.2020 unter https://wirtschaftslexikon.gabler.de/definition/underwriting-51517/version-274678.

Wagner, F. (2018b). Upselling. Gefunden am 24.06.2020 unter https://wirtschaftslexikon.gabler.de/definition/selling-52581/version-275708.

Wagner, F. (2018c). Versicherungsfall. Gefunden am 14.06.2020 unter https://wirtschaftslexikon.gabler.de/definition/versicherungsfall-48285/version-378252.

Wagner, F. (2018d). Versicherungsleistung. Gefunden am 14.06.2020 unter https://wirtschaftslexikon.gabler.de/definition/versicherungsleistung-52582.

Wagner, F. (2018e). Versicherungsunternehmen. Gefunden am 14.06.2020 unter https://wirtschaftslexikon.gabler.de/definition/versicherungsunternehmen-49800/version-273026.

Wagner, F. & Esch, F. R. (2018). Cross-Selling. Gefunden am 24.06.2020 unter https://wirtschaftslexikon.gabler.de/definition/cross-selling-29491/version-253094.

Walenta, C. (2012). Empirie der Führung. In: P. Heimerl & R. Sichler (Hrsg.), *Strategie, Organisation, Personal, Führung* (S. 495–532). Wien: facultas.

Walker, A. (2002). A strategy for active ageing. *International Social Security Review, 55 (1)*, 121–139.

Walwei, U. (2018). Trends in der Beschäftigung Älterer. Rahmenbedingungen für betriebliche Personalpolitik. *WSI-Mitteilungen, 71 (1)*, 3–11.
Walwei, U. (2020). Die Welt nach der Corona-Krise – solidarischer, digitaler, nachhaltiger? Gefunden am 19.05.2020 unter https://www.iab-forum.de/die-welt-nach-der-cor ona-krise-solidarischer-digitaler-nachhaltiger/.
Warr, P. (1993). In what Circumstances does Job Performance vary with Age? *European Work and Organizational Psychologist, 3 (3)*, 237–249.
Warr, P. (1994). Age and Employment. In: H. Triandis, M. Dunette & L. Hough (Eds.), *Handbook of Industrial and Organizational Psychology* (2nd ed., pp. 485–550). Palo Alto: Consulting Psychologists Press.
Webb, E. J., Campbell, D. T., Schwartz, R. D. & Sechrest, L. (1975). *Nichtreaktive Meßverfahren*. Weinheim: Beltz.
Weber, E. (2016): Die Rente ist sicher – aber nur mit einer umfassenden Strategie. In: T. Köster (Hrsg.), *Zukunftsfeste Rente. Neue Impulse für die Alterssicherung* (S. 137–145). Freiburg im Breisgau: Herder.
Weber, E. (2017). Wirtschaft 4.0: Beschäftigung, Arbeitsmarkt, Qualifikation. In: M. Vassiliadis (Hrsg.), *Digitalisierung und Industrie 4.0 – Technik allein reicht nicht* (S. 95–113). Hannover: QUBUS media.
Weber, E., Zika, G., Wolter, M. I. & Maier, T. (2017). Wirtschaft 4.0 und die Folgen für die künftige Berufsfeldstruktur. In: J. Möller & U. Walwei (Hrsg.), *Arbeitsmarkt kompakt. Analysen, Daten, Fakten – IAB-Bibliothek, 363* (S. 118–119). Bielefeld: Bertelsmann.
Weber, I., Bakker, C. & Werring, R. (2020). *Transformiert Euch! InsurTechs, disruptive Technologien und das Ende der klassischen Versicherung*. München: FBV.
Wedde, P. (2021). Betriebsratsarbeit: Digitale Sitzungen werden normal. Gefunden am 20.09.2021 unter https://www.bund-verlag.de/aktuelles~Digitale-Sitzungen-werden-nor mal~.html.
Weibler, J. (2004). Führungsmodelle. In: E. Gaugler, W. A. Oechsler & W. Weber (Hrsg.), *Handwörterbuch des Personalwesens* (3., grundlegend neu bearbeitete und erweiterte Aufl., S. 801–816). Stuttgart: Schäffer-Poeschel.
Weibler, J. (2014). Führung der Mitarbeiter durch den nächsthöheren Vorgesetzten. In: L. v. Rosenstiel, E. Regnet & M. E. Domsch (Hrsg.), *Führung von Mitarbeitern – Handbuch für erfolgreiches Personalmanagement* (7., überarbeitete Aufl., S. 271–283). Stuttgart: Schäffer-Poeschel.
Weibler, J. (2016). *Personalführung* (3., komplett überarbeitete und erweiterte Aufl.). München: Vahlen.
Weichbold, M. (2019). Pretest. In: N. Baur & J. Blasius (Hrsg.), *Handbuch Methoden der empirischen Sozialforschung* (2. Aufl., S. 299–304). Wiesbaden: VS Verlag für Sozialwissenschaften.
Werding, M. (2016). *Modellrechnungen für den vierten Tragfähigkeitsbericht des BMF*. FiFo-Bericht Nr. 20. Köln: Finanzwissenschaftliches Forschungsinstitut Universität Köln.
WHO (2002). *Active ageing. A policy framework*. Genf: World Health Organization.
WHO (2012). *Strategy and action plan for healthy ageing in Europe, 2012–2020*. Kopenhagen: World Health Organization Regional Office for Europe.
WHO (2020). Pandemie der Coronavirus-Krankheit (COVID-19). Gefunden am 19.05.2020 unter http://www.euro.who.int/de/health-topics/health-emergencies/coronavirus-covid-19/novel-coronavirus-2019-ncov.

Widuckel, W. (2009). Gestaltung des demografischen Wandels als unternehmerische Aufgabe. In: J. U. Prager & A. Schleier (Hrsg.), Länger leben, arbeiten und sich engagieren (S. 117–132). Gütersloh: Bertelsmann Stiftung.
Widuckel, W. (2014). Die Rolle des Personalmanagements bei der Gestaltung des Wandels der Arbeit. *Politische Bildung, 4 (2)*, 45–64.
Widuckel, W. (2015a). Abgehängt. *Personalmagazin, 16 (4)*, 16–18.
Widuckel, W. (2015b). Arbeitskultur 2020 – Herausforderungen für die Zukunft der Arbeit. In: W. Widuckel, K. de Molina, M. J. Ringlstetter & D. Frey (Hrsg.), *Arbeitskultur 2020 – Herausforderungen und Best Practices der Arbeitswelt der Zukunft* (S. 27–44). Wiesbaden: Springer-Gabler.
Widuckel, W. (2018). Kompetent führen in der Transformation. In: K. de Molina, S. Kaiser & W. Widuckel (Hrsg.), *Kompetenzen der Zukunft – Arbeit 2030* (S. 205–236). Göttingen: Haufe.
Widuckel, W. (2020). Digitalisierung und Empowerment – Herausforderungen der betrieblichen Mitbestimmung in Deutschland. *spw – Zeitschrift für sozialistische Politik und Wirtschaft, 42 (1)*, 73–78.
Widuckel, W. (2021). Diffundieren wir in das Home-Office? Gefunden am 14.06.2021 unter https://www.butterflybay.one/lateral-07/.
Wieden, M. (2016). *Chronobiologie im Personalmanagement. Wissen, wie Mitarbeiter ticken* (2. Aufl.). Wiesbaden: Springer-Gabler.
Wieland, R. & Krajewski, J. (2002). Psychische Belastung und Qualifizierung in neuen Arbeitsformen: Zeitarbeit. *Wuppertaler Psychologische Berichte, 1 (1)*, 1–30.
Wiesböck, F., Li, L., Matt, C., Hess, T. & Richter, A. (2017). *How Management in the German Insurance Industry Can Handle Digital Transformation*. München: LMU.
Wilkins, A. L. (1983). The culture audit: A tool for understanding organizations. *Organizational Dynamics, 12 (2)*, 24–39.
Winston, B. E. & Patterson, K. (2006). An integrative defintion of leadership. *International Journal of Leadership Studies, 1 (2)*, 6–66.
Wintermann, O. (2018). Bausteine einer erfolgreichen betrieblichen Transformation der Arbeitswelt in der Digitalisierung. In: K. de Molina, S. Kaiser & W. Widuckel (Hrsg.), *Kompetenzen der Zukunft – Arbeit 2030* (S. 441–457). Freiburg: Haufe.
WirtschaftsWoche (2018). Drängt Amazon ins Versicherungs-Geschäft? Gefunden am 10.07.2020 unter https://www.wiwo.de/unternehmen/dienstleister/amazon-protect-draengt-amazon-ins-versicherungs-geschaeft/22770212.html.
Witte, E. (1995). Effizienz der Führung. In: A. Kieser, G. Reber & R. Wunderer (Hrsg.), *Handwörterbuch der Führung* (S. 2053–2062). Stuttgart: Schäffer-Poeschel.
Witzel, A. (1982). *Verfahren der qualitativen Sozialforschung. Überblick und Alternativen*. Frankfurt am Main: Campus.
Wolff, B., Fuchs-Kittowski, K., Klischewski, R., Möller, A., Rolf, A. (1999). Organisationstheorie als Fenster zur Wirklichkeit. In: J. Becker, W. König, R. Schütte, O. Wendt & S. Zelewski (Hrsg.), *Wirtschaftsinformatik und Wissenschaftstheorie* (S. 289–327). Wiesbaden: Gabler Verlag.
Wolff, H., Spieß, K. & Mohr, H. (2001). *Arbeit, Alter, Innovation*. Wiesbaden: Universum Verlag.

Wollenweber, L. E. (2018). Digital Leadership. In: A. Eckstein, A. Liebetrau & A. Funk-Münchmeyer (Hrsg.), *Insurance & Innovation 2018: Ideen und Erfolgskonzepte von Experten aus der Praxis* (S. 73–82). Karlsruhe: VVW GmbH.
Wolter, S., Bellmann, L., Arnold, D. & Steffes, S. (2016). Digitalisierung am Arbeitsplatz. Technologischer Wandel birgt für die Beschäftigten Chancen und Risiken. In: Institut für Arbeitsmarkt- und Berufsforschung (Hrsg.), *IAB-Forum* (1/2016). Nürnberg: Institut für Arbeitsmarkt- und Berufsforschung.
Wood, M. (2005). The fallacy of misplaced leadership. *Journal of Management Studies, 42 (6)*, 1101–1121.
World Economic Forum (2018a). The Global Risks Report 2018. Gefunden am 30.06.2018 unter https://www3.weforum.org/docs/WEF_GRR18_Report.pdf.
World Economic Forum (2018b). Towards a Reskilling Revolution. Gefunden am 10.09.2019 unter https://www3.weforum.org/docs/WEF_FOW_Reskilling_Revolution.pdf.
Wunderer, R. (2011). *Führung und Zusammenarbeit – Eine unternehmerische Führungslehre* (9., neu bearbeitete Aufl.). Neuwied: Luchterhand.
Wunderer, R. (2018). *Führung und Zusammenarbeit in Märchen und Arbeitswelten*. Wiesbaden: Springer-Gabler.
Yin, R. K. (2018). *Case Study Research and Applications: Design and Methods* (6th ed.). Thousand Oaks: Sage.
Yukl, G. A. (2019). *Leadership in organizations* (9th ed., global ed.). Upper Saddle River: Pearson.
Zacher, H., Kooij, D. T. & Beier, M. E. (2018a). Successful aging at work: empirical and methodological advancements. *Work, Aging and Retirement, 4 (2)*, 123–128.
Zaniboni, S., Truxillo, D. M. & Fraccaroli, F. (2013). Differential effects of task variety and skill variety on burnout and turnover intentions for older and younger workers. *European Journal of Work and Organizational Psychology, 22 (3)*, 306–317.
Zaugg, R. J. (2008). Nachhaltige Personalentwicklung. In: N. Thom & R. J. Zaugg (Hrsg.), *Moderne Personalentwicklung – Mitarbeiterpotenziale erkennen, entwickeln und fördern* (3., aktualisierte Aufl., S. 19–39). Wiesbaden: Springer-Gabler.
Zaugg, R. J. (2009). *Nachhaltiges Personalmanagement. Eine neue Perspektive und empirische Exploration des Human Resource Management*. Wiesbaden: Gabler.
ZEIT ONLINE (2017). Künstliche Intelligenz: Die Pi-mal-Daumen-Studie. Gefunden am 01.03.2020 unter https://www.zeit.de/2017/11/kuenstliche-intelligenz-arbeitsmarkt-jobs-roboter-arbeitsplaetze.
ZEIT ONLINE (2019). Homeoffice-Arbeit bleibt die Ausnahme. Gefunden am 17.04.2020 unter https://www.zeit.de/wirtschaft/2019-06/flexibles-arbeiten-homeoffice-anstieg-iab-studie.
Zeppenfeld, N. & Oimann, K. (2018). Mitarbeiterkompetenzen im agilen Wandel. In: K. de Molina, S. Kaiser & W. Widuckel (Hrsg.), *Kompetenzen der Zukunft – Arbeit 2030* (S. 83–98). Freiburg: Haufe.
Zika, G., Helmrich, R., Maier, T., Weber, E. & Wolter, M. I. (2018). Arbeitsmarkteffekte der Digitalisierung bis 2035. Regionale Branchenstruktur spielt eine wichtige Rolle. In: Institut für Arbeitsmarkt- und Berufsforschung (Hrsg.), *IAB-Kurzbericht* (9/2018). Nürnberg: Institut für Arbeitsmarkt- und Berufsforschung.
Zimber, A., Hentrich, S., Bockhoff, K., Wissing, K. & Petermann, F. (2015). Wie stark sind Führungskräfte psychisch gefährdet? Eine Literaturübersicht zu Gesundheitsrisiken und

arbeitsbezogenen Risiko- und Schutzfaktoren. *Zeitschrift für Gesundheitspsychologie, 23 (3)*, 123–140.

Zülch, G. & Starringer, M. (1984). Differentielle Arbeitsgestaltung in Fertigungen für elektronische Flachbaugruppen. *Zeitschrift für Arbeitswissenschaft, 38 (4)*, 211–216.

Zurich Insurance Group (2019). Zurich macht's wieder gut. Gefunden am 10.06.2020 unter https://www.zurich.at/service/tools/family-club/newsletter/wir-sind-fuer-sie-da.

Zurich Insurance Group, GfK & Google (2016). ROPO Studie für Versicherungsprodukte in Deutschland. Kernergebnisse. Gefunden am 17.07.2019 unter https://www.thinkwithgoogle.com/intl/de-de/insights/markteinblicke/der-ropo-effekt-in-der-versicherungsbranche/.

Zweig, K. A. (2019). *Algorithmische Entscheidungen: Transparenz und Kontrolle*. Gütersloh: Bertelsmann Stiftung.

Zweig, K. A., Fischer, S. & Lischka, K. (2018). *Wo Maschinen irren können. Fehlerquellen und Verantwortlichkeiten in Prozessen algorithmischer Entscheidungsfindung*. Berlin: Konrad Adenauer Stiftung.

Printed by Printforce, the Netherlands